WILEY

CONCISE ENCYCLOPEDIA OF SPECIAL EDUCATION

简明特殊教育百科全书

（第二版）

［美］ Cecil R. Reynolds
Elaine Fletcher-Janzen ○编

赵向东 等 ○译

华夏出版社　求真出版社

图书在版编目（CIP）数据

简明特殊教育百科全书（第二版）/［美］雷诺兹，［美］弗莱彻－詹曾编；赵向东译.
—北京：求真出版社，2011.12
书名原文：CONCISE ENCYCLOPEDIA OF SPECIAL EDUCATION，2/Edition
ISBN 978－7－80258－153－1

Ⅰ.①简… Ⅱ.①雷… ②弗… ③赵… Ⅲ.①特殊教育—研究 Ⅳ.①G76

中国版本图书馆 CIP 数据核字（2011）第 266504 号

CONCISE ENCYCLOPEDIA OF SPECIAL EDUCATION，2/Edition by Cecil R. Reynolds，Elaine Fletcher－Janzen，
ISBN：0－471－39261－8

北京市版权局著作权合同登记号 图字：01－2005－1467

简明特殊教育百科全书（第二版）

编　　者：［美］塞西尔 R. 雷诺兹，伊莱恩·弗莱彻－詹曾
译　　者：赵向东等
出版发行：求真出版社
社　　址：北京市西城区太平街甲 6 号
邮政编码：100050
电　　话：（010）83190289　83190217
印　　刷：北京盛通印刷股份有限公司
版次印次：2013 年 9 月第 1 版　2013 年 9 月第 1 次印刷
开　　本：889 毫米×1194 毫米　1/16
印　　张：40.75
字　　数：1400 千字
责任编辑：马文莉　唐雪峰
责任校译：唐雪峰　胡　梅　于　娟
书　　号：ISBN 978-7-80258-153-1/G·15
定　　价：168.00 元

顾问:朴永馨

主译:赵向东

参加翻译人员(按姓氏笔画排列):

毛荣建　王宁群　王　瑛　付传彩　孙华梅　孙海燕

吕　明　刘　丹　刘　扬　刘　强　朱　琳　任媛媛

李志龙　李彩云　李晓庆　李　瑾　宋　戈　吴春燕

肖阳梅　肖　艳　杨希洁　陈启敏　沈鸣翠　张　冲

林　路　赵长涛　赵向东　钟经华　胡晓毅　顾新荣

党建强　海　萍　徐　静　黄　英　黄丽娇　黄晓红

黄晶晶　韩　屹　焦　青　蒋璀芬　詹慧妮　谭明华

熊利萍　戴旭芳

参加部分译文审校的人员(按姓氏笔画排列):

王永顺　刘丰华　孟凡辉　陈美琮　张　瑶　谭伟峰

序　言

由我国自己培养的、北京大学哲学系毕业的博士赵向东（三级听残）同志主持翻译的《简明特殊教育百科全书》即将由求真出版社出版，主持者让我写序，我十分高兴地答应了。由我们自己培养的重听的博士主持翻译出版特殊教育方面的书本身就说明了我国残疾人的地位、状况，他们与社会其他人士融为一体，为社会发展、繁荣和体现自己的价值努力工作，为建成和谐社会做出自己的贡献。这是使人十分兴奋的事。

百科全书是以辞典形式编排的大型参考书，有包含社会科学和自然科学等广泛内容的大型、全面的全书，也有某一方面专业或学科的较窄范围的全书。特殊教育学科的发展使20世纪中期以后很多国家和地区出版了特殊教育方面的辞书，一方面适应特殊教育事业及学科发展的需要，另一方面总结和表现了该时期特殊教育发展的水平。1987年美国出版了《特殊教育百科全书》（Encyclopedia of Special Education），2000年出版了第二版，有三百多位专家参加编写，共两千多个辞条。由于百科全书的专业性强、全面，一般读者使用、购买都有困难，所以很多百科全书出版简编本或其他通俗、普及、更经济适用的版本。《简明特殊教育百科全书》就是美国出版的这样一种普及、实用的特殊教育方面的工具书。这本书中文版的出版为中国特殊教育工作者了解国外特殊教育和推动我国特殊教育事业及学科发展做出了贡献，提供了一个工具。

我想与各位读者共勉的是：使用这本工具书要注意时间和空间两个问题。该书作者撰写条目反映的是该国、该地当时的情况和观点，我们参考时要注意该国、该地当时的背景。这对我们了解或研究该国、该地当时的一种学术观点和状况有益，其中有一些相对稳定的、体现普遍规律性的内容至今适用；有一些表现当时当地情况和规律的，只能供我们参考，不具普遍价值。有一些内容，在不同时期作者自己也有变化，如关于弱智（智力落后），美国的权威机构就随时间变化和认识的进步而多次改变定义，美国对于残疾人的称呼在20世纪后25年就有几次变化，这必然反映到不同时期出版的辞书和其他工具书里。我们参考国外的材料是为了从中国的实际出发，促进中国的特殊教育的发展。

我衷心祝贺《简明特殊教育百科全书》中文版的出版，祝贺我们又多了一部推进特殊教育事业和学科发展的工具书。感谢赵向东同志和各位参与者的努力，希望我国有残疾的人在包容、和谐的社会中发挥更大的潜力，为和谐社会发展和有中国特色的特殊教育学科发展做出更大贡献！

写了以上感想，权作为序。

朴永馨

英 文 版 前 言

《特殊教育百科全书》初版于1987年，它是继1974年《所有残疾儿童教育法案》通过后第一部特殊教育领域专门的、综合性的参考书。由于初版的成功，它是美国图书馆联合会排名的各学科前25部参考书之一。该书的第二版经过修订和扩充，于2000年出版。《特殊教育百科全书》第二版遵循第一版的传统，留给作者很大的必要空间以涵盖他们所关注的论题。正像第一版明显出现的情况，全套百科全书不能停留在许多特殊教育专家的书桌上，而典型家长的咨询和求教是很昂贵的。为了使更大范围的专家群体便于使用《特殊教育百科全书》中所收录的广泛丰富的信息，并方便家长们接近这些信息，《简明特殊教育百科全书》出版了。遵循着这个传统，也希望再增加有关特殊教育信息的实用性和可获取性，《简明特殊教育百科全书》第二版将为特殊教育者、学校心理学家、教育和临床心理学家、教育诊断学家、资源教师和有关教师及愿意接受和需要特殊教育服务的儿童家长们提供案头参考。

像《简明特殊教育百科全书》第一版一样，个人作者不要求压缩他们的论文，编辑们自己精选文章以缩短出版成书时间，以此保证《简明特殊教育百科全书》(第二版)及时呈现在读者面前。这也允许我们增加贯穿全书的内容和风格的一致性。在论文需要修正的地方，增加了一些适当的、重要的参考资料。然而，就绝大部分而言，主要任务是压缩和节略，以期为读者容纳进基本的思想和最大的信息。更详细的信息是可以得到的，正像查阅全本《特殊教育百科全书》可以获得一样。论题的大部分予以保留，但我们也确实删除了仍在世的作者个人的传记，并将一些高相关论题压缩成一个简单的条目。我们为所有的出错和缩略承担责任；同样，新材料的所有开发利用、重写、节略以及相关工作也只是我们的责任，而不是原创作者的责任。但是，我们确实努力维护原始论文的完整性和意图。为了增加几分我们压缩工作的能力以形成能使我们负担得起的卷本，原作者以及合作者的名字被删除了，这导致了相关工作长度出人意料的节省。我们无论如何不想诋毁原作者的贡献，他们的名字以及合作者的名字可以在全本《特殊教育百科全书》(第二版)中找到。

特殊教育在许多前沿领域继续发展，知识的进步仍然使我们——这个领域的专业人士眼花缭乱。自从这套百科全书初版以来，对各种残疾儿童提供服务的广度和宽度也迅猛增加。我们希望已将这些进展的绝大多数融入了《特殊教育百科全书》(第二版)中，而它的续本也已呈现在这里，这就是《简明特殊教育百科全书》(第二版)。越来越多的普通民众与残疾儿童建立起联系，为他们提供完全进入社会和参与许多附带性活动的机会，这些附带性活动与儿童的积极成长和发展紧密联系。不论是以这个职业为基础，还是以其兼职为基础，任何一个与这些儿童进行联系的人都将遇到问题并需要信息和指导。很明显，怎样为每一个或任何一个遇到的问题确定最好的信息，对此，没有简单的答案。然而，我们提供这套百科全书作为备用资源库，在某些情况下它们将回答和解决手边的问题，而在其他情况下它们将为进一步的更详细文献的搜寻提供背景信息和资料。

我们希望我们的同事们将继续和我们一起参与诸如《特殊教育百科全书》系列参考著作的准备工作。没有他们的努力工作和合作,像这些参考著作从来不可能以我们希望提供的质量水平出现。我们向同事们的辛勤劳动和合作表示真诚的感谢。我们还必须感谢我们的家庭,感谢在这些项目进行期间他们给予我们的鼓励和支持。这期间,我们本来可以和他们在一起度过的。再次感谢你们:朱莉娅,克里斯,戴维,埃玛和利夫。

约翰·威利父子的努力,两人分别负责编辑部和出版部,对这些项目的开创和完成是绝对必需的。我们特别感谢珍妮弗·西蒙和她在威利出版公司的同事们。我们代表为特殊教育做出贡献的基础科学向全世界的残疾儿童和允许他们的孩子参与多项研究工作的家长们致谢。这些研究工作建立起了科学文化,在此基础上,为特殊教育做出贡献的学科才得以形成。没有他们的同意、合作和参与研究,特殊教育不会取得如此进步,以致超出19世纪晚叶莱特纳·威特默手边的概念化和他的“残疾儿童试验教室”。我们感谢所有的人,当你们与需要特殊教育服务的儿童、他们的家长以至他们的家庭打交道时,希望你们能够发现这部著作在某些方面是很有用处的。

巴斯特罗普精神卫生联合会　哲学博士　　塞西尔 R. 雷诺兹

北科罗拉多州立大学　教育博士　　伊莱恩·弗莱彻－詹曾

前　　言

特殊教育学是一门综合性、应用性比较强的科学，它几乎涵盖了教育学、心理学、社会学、法律学、生理学、医学、语言学、文化学、体育科学以及犯罪学等领域。面对研究领域如此广泛的学科，特殊教育工作者大有可为，值得探索的问题堆积如山。与发达国家相比，我国的特殊教育科学研究、教学的力量比较薄弱，无论从教学、研究人员的数量，还是学术水平方面，还有一定差距。平心而论，三十年来，我国的特殊教育，在党和政府的积极推动与民间的热心参与下，的确取得了不小的成绩。比如，学术界对特殊儿童的心理与教育问题研究渐多；家长和社会大众对于残疾儿童或资赋优异儿童的教育日益关切；普通学校和班级的教师也有了接触特殊儿童或直接参与特殊教育工作的机会；融合教育的理念日益深入人心。但我们对残疾人教育问题的研究仍有待加强。特殊教育科学的研究，任重而道远，需要特殊教育工作者做出更大的努力。

此外，在我国人文社会科学领域，关于"学术本土化"的倡议，愈来愈多地受到我国人文社会科学学者的重视和关注。特殊教育科学属于社会科学研究范畴，同样存在着"学术本土化"的问题。"学术本土化"实际是就研究的范围与广度而言，就研究对象而言。中国的学者，不论是以中国为研究对象，还是以外国为研究对象，其实问题意识应该与中国相关，都应对中国的实情有基本的了解。第一流的学者都应产生迫切的问题意识。特殊教育研究领域，由于同各个国家和地区的历史文化传统、经济与社会发展的快慢直接相关，同样存在发展的速度问题，本土研究课题的问题。外国先进的研究方法、学术成果可以借鉴，但不可照搬，必须与本地区的实际情况及问题相结合。特别是对特殊教育学这样一个最初建立在"舶来品"基础上的新兴学科，尤需如此。

"他山之石，可以攻玉"。我们正是本着上述认识，为了推动我国的特殊教育学科建设，创建特殊教育研究的"中国话语"，移译了这部具有重要参考价值的特殊教育百科全书。除此之外，我们的另一个初衷，是想把与特殊教育学科有关的术语使用规范化。目前，在我国的一些特殊教育媒体上，许多术语使用不是很准确，缺少规范性，已经引起了不少学术界同仁的疑问。例如，"孤独症"与"自闭症"这两个与特殊教育学科直接相关的术语，在使用上就不怎么严谨，有的学术期刊在同一期所刊发的文章中，将这两个术语混用，令人莫衷一是。其实，这两个术语本是一个意思。后者比前者更具科学性，更规范一些。此类现象，不胜枚举。术语关乎学术研究的质量与生命，含糊不得。笔者多年留心这个问题，认为应该有一个统一的学术术语规范了。否则，任这种混乱现象继续下去，既不利于学术研究的创新，也不利于教育实践和教育文化交流活动。相信这本特殊教育百科全书的问世，对于我国特殊教育界和相关学术界可能产生较大的影响。

2004 年 1 月，北京联合大学特殊教育研究所正式成立，在北京市特殊教育重点建设学科的引领之下，研究所确立了四大研究方向：发展性障碍儿童研究；残疾人高等教育研究；残疾人语言沟通与交流研究；学前融合教育。围绕上述研究方向，我们把特殊教育学科建设作为最紧迫的学术任务，扎扎实实从基础工作做起。考虑到国内还没有一部特殊教育方面的百科全书类工具书，我们决定把 2002 年美国巴斯特洛普精神卫生联合会雷诺兹博士和北科罗拉多州立大学伊莱恩·弗莱彻—詹曾博士主编的《简明特殊教育百科全书》(第二版)翻译为中文,作为我国特殊教育学科建设的一个理论平台和参考工具书。

本书译文的审校、统稿工作主要由笔者完成。部分条目翻译质量较差,由笔者作了较大修改,并重译了部分辞条。本书在审校和统稿过程中,对原书中不适合中国国情、使用价值不大的条目做了删除,个别条目进行了删节。为了保证译稿的质量,又请多位相关学科的专业人员对部分词条译文进行了复校。翻译这部书稿,历时六载,承担译事的多位特殊教育界同仁,倾注了较大心血。北京联合大学特殊教育学院院长许家成教授自始至终支持、鼓励本书的翻译工作,并在经费上给予资助;北京师范大学特殊教育系朴永馨教授在百忙中拨冗作序,并对译文的质量提出了宝贵的修改意见。王雁教授也对译稿质量提出了中肯的修改意见,顾定倩教授帮助推荐了多位翻译人才。求真出版社社长、总编辑张伟先生大力支持本书的出版。没有诸位同仁的共同努力,本书是不可能出版的。在此谨向所有参与、关心、支持本书翻译工作的学界同仁表示最衷心的感谢!

由于我们的能力有限,造诣不高,本书的翻译工作难免存在各种各样的问题,欢迎特殊教育学界的专家、学者、广大同仁批评指正,以便本书再版时,有机会改正。翻译工作费时耗力,要求颇高,只有参与过这种工作的人,才能体会到其中的甘苦。我们怀着一份良好的心愿和些许的诚惶诚恐,将此书奉献给大家。

赵向东

中文分类目录

一 特殊教育基本概念

二 视力残疾儿童教育

三 听力残疾儿童教育

四 言语和语言残疾儿童教育

五 智力残疾儿童教育

六 学习障碍儿童教育

七　情绪和行为障碍儿童教育

八　肢体残疾、病弱和其他健康损伤儿童教育

九 天才儿童教育

十 特殊教育人物传记

A

AAMD CLASSIFICATION SYSTEMS
美国智力缺陷协会分类系统

美国智力缺陷协会建于1876年,宗旨是通过开设专业课程,发布研究成果,提高服务设施的标准,以支持和促进智力落后人士的总体福利水平。该协会由来自不同领域、致力于智力落后的防治和治疗的一万多名专家组成。《智力落后》和《美国智力缺陷杂志》为该协会的两种研究性刊物。

1921年,该协会颁布了第一个用于诊断和分类的系统,并分别于1933年、1941年、1957年、1959年、1973年、1983年进行了修订。这些版本的修订内容主要涉及:双分类系统即医学和行为分类系统;适应性行为和智力的定义以及大量专业术语的界定;适应性行为的不同层次和行为系统内对智力落后诊断的程序等等。

美国智力缺陷协会1983年的分类系统反映了该领域的最新思想,并试图提供一种全世界范围内都可应用的分类系统。该分类系统参考了世界卫生组织颁布的国际疾病分类系统第九版(ICD－9)、美国精神病学协会的《精神障碍诊断与统计手册》第三版(DSM－III)和美国智力缺陷协会关于智力落后的分类标准。

该协会分类系统的第二大宗旨是拓宽收集和传播智力落后的诊断、治疗和研究等方面信息的途征。分类系统的第三大宗旨是为鉴定智力落后病因提供帮助,以预防智力落后的发生。

被权威人士广泛接受的智力落后定义就是由美国智力缺陷协会制定的,最早于1961年由海伯提出,1973年由格罗斯曼进行了重新修订。该定义为:“智力落后是指一般智力功能水平明显低于平均水平,导致或引起适应性行为缺陷和发育阶段落后。”依照这一定义,智力落后的标准必须是智力和适应性行为都低于平均水平。美国智力缺陷协会使用的描述性用语为轻度、中度、重度和极重度四类。

参见 美国智力落后协会适应性行为量表;智力落后

AAMR ADAPTIVE BEHAVIOR SCALES－RESIDENTIAL AND COMMUNITY:SECOND EDITION(ABS－RC:2)
美国智力落后协会适应性行为量表—居民和社区:第二版(ABS－RC:2)

美国智力落后协会适应性行为量表—居民和社区:第二版(ABS－RC:2)(尼希拉、利兰和兰伯特,1993)是美国智力落后协会于1969年和1974年颁布的适应性行为量表的修订版。这一适应性行为量表的最新版是该协会在全面综合以往美国和其他国家适用于智力落后人士的量表的基础之上设计的。该量表的条目较之1969年版有了多项改动,这是对这些条目多年以来诱彻分析的结果,是根据不同人群对适应性行为水平的不同表现制作而成的。该量表适用于18～80岁的个体。

凯里(1998)和哈里森(1998)在《智力测量年鉴第13版》一书中对该量表进行了分析和评论(普莱克,1998)。凯里认为,在技术上这个量表已经可以充分应对此类评估,哈里森在报告中指出,该量表有利于提升发展性障碍个体的评估质量。

AAMR ADAPTIVE BEHAVIOR SCALES－SCHOOL:SECOND EDITION (ABS－S:2)
美国智力落后协会适应性行为量表—学校:第二版(ABS－S:2)

美国智力落后协会适应性行为量表—学校:第二版(ABS－S:2)(尼希拉、利兰和兰伯特,1993)是用来评估儿童当前适应性功能情况,以此作为诊断智力落后的量表;也用于评价自闭症儿童适应性行为特征和区分需要特殊教育援助的行为异常儿童。该量表适用于3岁～18岁零11个月的少年儿童。

该修订版分为两个部分。第一部分关注个体的独立方面,主要评估日常生活中的技能,这些技能在独立自主和责任心等方面起着重要作用。该部分的技能归类为9个行为领域:个体生活能力、身体发育、经济活动、语言发展、数字和时间、就业前后的劳动表现、自我管理、责任心和社会化。第二部分着重评估个体的社会不良适应性行为,主要是通过调查公立和私立特殊学校、托养机构以及地方康复休养服务机构中的智力落后人士的社会期望行为来进行评估。对这些期望行为的描述主要是对托养机构、社区和学校的相关人员提供的重要事件报告进行分析得出。第二部分的行为可归类为7个行为领域,用于评估个体在个性和行为异常方面所表现出的适应性行为:社会性行为、从众行为、可信赖行为、模式化和多动行为、自虐行为、社会参与性行为以及不适当的人际交往行为。第一部分和第二部分所涉及的行为领域主要是由以下5个因素决定的:个体的自我满足感、社区的自我满足感、个体—社会的责任感、社会性适应和个体适应。

参见 美国智力缺陷协会分类系统;适应性行为

ABAB DESIGN
ABAB 设计

ABAB 设计是行为心理学个案设计中使用最广泛、历史最悠久的一个设计,最初是在动物研究实验室中使用(西德曼,1960)。然而,随着应用行为分析运动的兴起(贝尔,沃尔夫和里斯利,1968),ABAB 设计逐渐成为在自然环境中进行应用行为观察的原型。虽然在应用行为分析开始的早期个案设计的数量有了显著提高(卡兹丁,1980),但是 ABAB 设计在应用行为研究中仍然占据着重要的地位。此外,由于该设计具备了很高的实验操作性,因此 ABAB 设计也被广泛用于对不同残疾类型的个体的研究上(伯根,1977)。例如,ABAB 设计尤其适用于研究影响智力落后儿童语言习得的环境变量的分析(伯根,1977)。

ABAB 设计旨在解释实验性治疗和需要矫正的目标性行为之间的功能性关系。例如,该设计可以用于名词复数形式的使用和某一治疗措施之间建立一种功能性关联,如在患者使用复数名词后随即进行表扬。表扬和名词复数之间的功能性关系要求名词复数使用的频率与口头表扬的次数相关联。如果建立了一种功能性关系,口头表扬被认为是一种正强化物,能够增加实验中某一主体或若干主体使用名词复数的几率。

正如该设计的名称所表明,ABAB 设计包含四个阶段。第一阶段 A 是指基线期,记录干预不存在时,一系列时间点上的行为,基线期的长短是根据记录的行为变化决定的。如果某一行为的易变性高,与稳定性高的行为相比,其基线期将会更长。如果是易变性高的行为与稳定性高的行为相比,则需要实验者收集更多的资料和数据,分析在非干预期间内可能导致波动的原因。在第二个阶段,如字母 B 所示,是指治疗期。在这一阶段,要引入治疗行为。在第三阶段,如字母 A 所示,是指返回基线期,该逆转可能要有多种措施才能形成,也可能是指撤除治疗行为,或指引入另一治疗行为,目的是把目标行为带入基线期。例如,在逆转到基线期这一阶段,强化某一与目标行为不相同的行为。ABAB 设计的最后一个阶段是指第二次引入治疗行为,用第二次出现的字母 B 表示。第二次治疗行为的目的是证明治疗行为本身对目标行为的控制作用,这是通过减少与治疗同时发生的环境因素对可观察的行为改变所产生的影响来实现的。ABAB 设计的最大优势在于它减少了影响目标行为的环境因素同时出现的可能性。

参见 特殊教育研究

ABECEDARIAN PROJECT
早期学习项目

在过去25年里,美国教育特别关注来自贫困家庭的学生的学业表现,这是因为有确凿的证据表明,这些学生在学业成就的标准化测试中的成绩普遍低于平均水平,同时这些学生也是特殊教育对象的重要群体之一。他们学业表现差的原因还不是很明确,但后果确实非常严重,表现为经济地位低下和心理功能紊乱,这些后果经常被称为发展性滞后。

为了避免以上严重的后果,美国以补偿教育为题开展了大量的特殊教育课程研究。其中很多课程主要关注所谓的学前和小学低年级,其主要假设是加大和补充家庭教育,有助于弱势学生接受公立教育,获取学业成功。早期学习项目就是其中的一个试验。早期意味着学习一些初级知识(如字母表)。

早期学习项目的具体目标是:①通过教育性的日托,判定来自社会和经济高危家庭的儿童发展性滞后和学业失败是否能够被防止。②设置小学低年级完整必要的课程,并判定这些课程能否保证学前高危儿童智力的提高。③判定学龄期干预计划能否显著提高没有接受学前干预儿童的学业和智力表现。

为了发现高危家庭中出现的发展性滞后儿童,美国编制了高危儿童筛查指标(雷米和史密斯,1977)。该指标包括社会、环境和心理因素,主要是根据有关智力表现差和学业成绩落后的文献资料来制定的,并主要由所有参与评估的专业人员的统一意见来评定,因为这些因素能够判定儿童的智力和学业表现情况。共包括13个因素:父母的教育情况、家庭收入、没有父亲的家庭、其他家庭成员的心智落后情况、家庭解体、家庭内的不适当行为或反社会行为和不稳定的就业史。

早期学习项目的一个特色是参与者被随机分配到

学前实验教育治疗组和控制组。57 名儿童随机组成学前实验组,54 名儿童随机组成控制组,96 名儿童随机组成学龄治疗组。

学前教育计划是针对儿童设计的全面综合性教育方案,目的是创造一个内容丰富、催人上进,但仍安排有序的环境,保证每一个儿童能够健康成长和学习。该课程的设计目的是提升学生的认知和语言发展,为儿童提供成功掌握学习的机会。适用于幼儿和学前儿童的课程材料是由斯帕林和刘易斯(1979)设计的。此外,该项目还根据儿童的需要和兴趣设计了内容丰富的语言环境(雷米,1982)。

事实上,该项目的很多方面与其他高质量的幼儿日托项目和学前教育计划没有什么区别。儿童与照顾者的比例从幼儿的 1∶3 到 4 岁学前儿童的 1∶6 不等。项目教师普遍具有早期教育经验,并参加了大量的在职教育培训。在整个学前阶段,儿童所接受的教育将会更加结构化,在最后儿童还要接受初级看字读音教学、科学、数学、语言和语言学知识。其假设是儿童完成学前教育课程后能够顺利进入幼儿园,而不会经历突如其来的过渡期。

参加该学前计划的儿童从 6 周到 3 个月不等,他们每周参加日托项目 5 天,每年共 50 周。日托中心开放的时间是从早晨 7 点半到晚上 5 点 15 分,如果家庭有需要,中心还为儿童提供了来往于家庭与中心之间的免费班车。几乎所有的儿童都是由中心工作人员接送的,关于这方面的信息可查阅雷米、麦克菲和耶茨(1982)的著作。

学龄期的干预课程在幼儿园内进行。早期学龄实验组的两个组(EE 和 CE)的每个儿童及其家庭都有一名家庭或学校的资源教师。这些教师承担着多种角色:他们是设计个别化家庭活动的课程开发者,活动是儿童在校阅读和数学基础课程的有力补充。他们还承担着给家长讲授如何和儿童一起开展活动的任务,他们也是儿童的直接指导者。他们还需要和任课教师定期见面,保证家庭开展的活动能够配合学生在课堂所学的内容。当任课教师有疑惑时,他们则充当咨询者的角色,并在学校或社区为儿童及其家庭的权利进行辩护。他们帮助老师与父母进行沟通,帮助弱势父母为孩子在学校系统内的权利进行辩护,而学校系统被很多人认为是一个庞大的、难以理解的体制。每一个家庭或学校的资源教师每一年所负责的总人数约为 12 个家庭,他们都是十分熟悉当地学校系统的有经验的教育工作者。

补充课程是在家中进行的活动,主要包括两个基础科目:阅读和数学。强调这些科目的原因是高危儿童只有加强额外的基本概念的训练,才能更好地掌握和记忆这些基本概念。课程之所以提供这些强化训练,是认为通过直接教授和练习所需掌握的基本技能能够大大提高学业表现。该课程还包含供家长和儿童分享与体验的教学活动,此外,还经常包括一些课外训练和练习。

一般来说,家庭或学校的资源教师每一年会对每个儿童进行 17 次学校访问。在此期间,他们将会见任课教师,确定学生当前学习的技能,哪些知识领域还需要进行额外的学习和复习。资源教师还要会见学校系统内的各类专家,包括特殊教育资源负责人员、阅读课教师、学校咨询人员等等,目的是协调项目,确保最优质的、可用的所有资源都能够被利用起来。

在该教育项目中,家庭也同样是重要的组成部分。每一学年资源教师要进行 15 次家访,一般家访时间为 30 到 45 分钟,而母亲一般则是主要的访问参与者。教师主要介绍学生的课堂表现,为家长展示家庭活动的内容资料,解释每一项活动的目的和操作方法。儿童可以在场,参加 1/4 的家访,这样做有助于教师为家长示范家庭活动是如何进行的。有报告指出,家长平均每天花费 15 分钟的时间和孩子进行家庭活动,他们反映这些活动对孩子都很有益处;只有很少的家长反映他们不能成功地进行家庭活动,但是直接核实是不可能的。

除了智力水平和学习激励外,还有很多因素也会对儿童的学业表现产生重大影响:家庭内部的情感挫折、父母失业、家庭某成员的去世和经常搬家等等。家庭或学校的资源教师有时候能帮助家庭处理这些个人危机。如果他们试图帮助家庭解决这些现实问题,他们就需要进行额外的家访。家庭或学校的资源教师还会为儿童安排丰富多彩的暑假体验,如暑假活动、夏令营、参观图书馆;对某些儿童而言,也可能是为期 6 周的阅读训练等。

总而言之,从智商分数、学业成绩和升级情况来看,学前干预对公立学校一、二年级学生的智力表现与学业成功起着积极的作用。学前教育干预,并配以低年级学校或家庭资源教师的后续援助,可能是最为积极有效的干预措施。就实施效果而言,这样的努力使调查中的高危儿童的学业成绩接近于国家平均水平。此外,早期和持续教育干预是降低儿童留级可能性的三大因素之一。

参见 智力落后

ABILITY TRAINING
能力训练

很多教育工作者认为，大部分学生的学习能力和社会学习能力是由学生自身的能力、教学环境和教学方法等因素决定的。虽然这三个变量并不是构成学习能力的所有因素，但多数学者都认为它们的确是学生学业成功的重要因素。

学习者的天赋或能力是指个人所具备的变量，通常是指智力、品质、才能和性格。教育工作者总是用能力这个词表示儿童的学习潜能，好像能力是一个预先决定的因素，等待我们去发掘和探究。因此，学习是某种智力能力发展和存在的结果，而学习失败（无论是学业上还是社会上的）则是由残疾所造成的，这里也指学习或社交上的障碍。

如果普通教育（小学和中学）教师的任务是培养学生的学习能力的话，那么特殊教育教师的主要任务是根据抑制学生学习的残疾来设计、调整教学，由此出现了能力训练这一术语和概念。能力训练是由什么组成的呢？这个问题很难简单地回答。任何一个新定义的服务领域，特别是为儿童，尤其是为残疾儿童提供的服务，都会引起专业人士的争议。任何与经济、政治、社会、立法和法律以及基本人权、价值观等多方面相联系的领域都会具有多样性的特征。任何需要多学科有目的的整合统一的领域也都必然经受传媒的压力。然而，很少有专业人士像特殊教育和矫正教育工作者那样质疑本领域内的方法论，这从他们这么做的时间长度以及面临这么多的争议都可以看出来。

一些特殊教育学者推崇各种类型的能力训练，一些则完全摈弃，但不论他们是否认同能力训练，他们实际上都在进行能力训练。事实上，在过去 100 年里，人们总是质疑针对残疾人的能力训练的价值意义。那到底是什么原因导致特殊教育界如此执着地坚持抨击能力训练呢？纵观历史，我们不难发现，对心智功能和结构的研究是导致能力训练缺乏理论基础的根本原因。教育工作者，尤其是特殊教育工作者，一直试图诊断某些具体缺乏的能力，并采用补救措施来补偿这些能力，或者说是补偿残疾。

能力训练的历史可以和特殊教育的历史齐头并进。能力训练的先驱者也是特殊教育的奠基人。伊塔尔、豪、谢根、蒙台梭利、比奈、魏普曼、柯克、施特劳斯、菲那德、弗洛斯蒂和库克珊克在提倡特殊教育发展的同时，都提倡能力训练。在开发描述残疾的测验之后都会随之开发商业性教材，旨在训练能力，消除残疾。这就是能力训练存在的逻辑，但问题是它需要或缺乏科学论证。

20 世纪 60 年代早期，人们开始关注神经系统障碍儿童；在 60 年代中期，学习障碍成为残疾的一个类别。这些需要强化心理神经学和教育心理学的评估，由此开发出的教育心理学和心理神经学测试主要用于诊断和鉴定，这都加快了能力训练的发展，因为这类测试都描述了儿童的状况，这为能力训练提供了基础。

在此之后就出现了用于矫正和治疗不同残疾类型的商业性课程，全班的学生都采用了蒙台梭利、菲那德和弗洛斯蒂德的训练法，并进行菲那德、凯伯和德拉卡托评估。伊利诺心理语言能力测验成为重要的测评手段，而如今伍德科克—约翰逊系列测试则是重要的测验之一。当时的主要观点就是特定的心理过程必须经过测验诊断出来，以此对某特定的残疾进行矫正，使个体的学业补救成绩和潜在的正常化过程发生质的飞跃。因此，所谓的诊断处理方法成为了能力训练的一种形式。

但是，视力和听力感知训练，感知觉训练，语言训练和其他形式的知觉、运动觉、感觉和语言能力训练的操作困难又在哪里呢？问题是从能力训练的结果来看，通过看似科学的手段得到的数据尚存争议。若训练目标仅是改变某一种能力，则数据显示能力训练有效。而关于感知或认知能力训练和学业技能，如快速阅读之间的迁移训练方面的数据就比较缺乏。

目前还不明确哪个年龄群受益最多，有数据显示 3～7岁儿童的感觉训练最有效，18 个月到 14 或 15 岁儿童的语言训练最有效。关于学生从能力训练受益所需的能力水平并不明确，因为某些特定能力能够反映整体能力的总体水平。还存在文化和种族因素：城市的黑人儿童可能需要听觉训练，而美国印第安人在视觉测试中要比同龄的英裔美国人成绩更好。

训练中各种能力的相互影响作用并不知晓，只是听觉训练与语言发展，与视觉训练相比，关联可能更加紧密一些。语言训练似乎更有助于学业成绩的提高。但关于训练的普遍性研究仍存在争议。事实上，能力训练从理论上说是合乎逻辑的，但并没有充足的研究论证，也缺乏相关学龄儿童的教育实践来给予明确的证实。但是，能力训练不仅会继续应用，而且还会兴旺繁荣。

参见 诊断处方教学；菲那德法；智力；缺陷中心模式

ABSENCE SEIZURES
失神发作

失神发作（又称癫痫小发作）是短暂失去意识但不

伴有较大痉挛动作的一种癫痫病。失神发作是全身发作,包括大脑的异常活动。失神发作的特点是没有先兆,持续时间短(典型发作持续5～10秒)(门克斯,1985),突然终止。发作之后没有抽搐,患者没有疲劳感或想要睡觉,能继续从事发作之前的活动。失神发作的儿童往往意识不到自己失去了意识。

虽然在发作过程中没有出现惊厥,但有70%被确诊的儿童出现这样的症状:当发作开始时,观察者可见儿童双眼茫然,出现如颤唇、眨眼、眼睑或脸抽动等较小运动动作,儿童手中握着的东西会突然滑落,身体瞬间失去力量。发作多数是由于持续过度换气引起的,少数是由于光的刺激而引起的。

失神发作多见于女孩,发病年龄一般在5～15岁之间,一般有家族史。通常患者的神经病学检查和CAT扫描多数正常,发作时脑电图显示为每秒3次的棘慢波综合节律。尽管一些研究表明与同胞相比患者有轻度抑郁(德赖富斯,1983),但IQ一般在正常范围。他们在学习方面最主要的问题是难以集中注意力,有证据表明这与大脑功能不正常有关。当癫痫频繁发作时,学业通常中断。

治疗失神发作的药物有乙琥胺(扎荣廷)、2－丙基戊酸钠(德帕基恩)、氯硝安定(克罗纳品)、对甲双酮(派辰洛特恩)、甲琥胺(赛洛汀)。还有包括视觉性癫痫在内的其他类型的癫痫,但这些不是简单的失神发作。

参见 *脑电描记法;癫痫大发作*

ABSENTEEISM/ATTENDANCE OF HANDICAPPED CHILDREN

残疾儿童的旷课和就读

美国各州都通过了强制就读法律。由于豁免条款的引入,这些法律规定的范围在大多数州都由于豁免条款的引入而变窄了。这些条款为健康状况欠佳儿童或肢体或智力残疾儿童逃学提供了理由。根据州级关于教育平等的法律规定,残疾儿童的延期入学和受保护权利则遇到了法律上的挑战,这在20世纪70年代早期相继发生。在若干诉讼结案之后,联邦和各州的法律都开始规定,无论残疾儿童的残疾类型和严重程度如何,都应该为残疾儿童提供免费的、合适的公立教育,并保证其入校就读的权利。

根据美国《残疾人教育法案》和1973年《康复法案》第504条款的规定,只要他需要,残疾儿童就必须在最少受限制环境中接受教育。重度或患有慢性疾病的儿童,可以在医院或家中接受特殊教育和相关服务。学校可以通过各种途径,包括家访、家校电话联系和利用交互电视与在家中或住院的学生保持联系。联邦立法规定,由于重度残疾或残疾的性质所限,儿童除了在普通班级接受教育,也可以在其他环境中接受教育。最少受限制环境的规定禁止仅凭儿童的残疾就将儿童排斥在普通教育环境之外,安置在家或其他隔离环境中接受教育。而在家中的教学并不能够满足该儿童的教育需要。

根据《残疾人教育法案》和1973年《康复法案》第504条款关于强制程序的规定,家长有权反对学校采取影响残疾儿童教育的不当措施。开除学籍、中止学籍或把儿童从普通班级或学校转入其他环境的行为都是对儿童教育安置的变更,都会剥夺儿童接受目前教育或就读权利的机会(西蒙,1984)。根据联邦法律的规定,关于该领域的若干诉讼判决为判定残疾学生被开除或中止学业的时机和期限提供了重要的指导原则(雷施利和贝尔索夫,1999;西蒙,1984)。

参见 *在家教学;《残疾人教育法案》(IDEA);残疾人夏季学校*

ABSTRACTION,CAPACITY FOR

抽象能力

抽象推理是指辨别两个或两个以上概念共同特征的能力,是智力的重要组成部分(霍代克,1927)。抽象推理能力可以通过三种不同的任务评估出来:分辨某一普通概念与不同事例的共同点,如根据不同类型把事物归类和判别不同概念的共同特点等。每个人的概括抽象能力都有一定的差异,而对特定任务的抽象推理能力也是根据个人在该领域内的专业知识的不同而有所不同。

参见 *可教育性智力落后;智力测验*

ABUSED CHILDREN

受虐待儿童

如今,受虐待儿童一般被认为罹患一种原发性疾病(夸克,1980)。所谓原发性疾病是指长期在某种环境下生活,造成受害者需要接受基础治疗。受虐待儿童罹患的原发性疾病有明显症状、病因,及正式诊断证明和治疗方法。

治疗的第一步是准确找出受虐待儿童所需要治疗的问题所在。受虐待儿童常以显性或隐性的方式不断地在脑海中重温受虐待的情景。受虐待儿童会经常做受虐待的梦,记起受虐待时的情景,在成年期也可能会再建立起摧残性的关系。受虐待儿童与人交往不积极,缺乏亲密感,对人不信任(赫尔曼,1981)。这类儿童冷漠抑郁,很难建立起积极的人际关系,也难以获得有意义的人生体验。这类儿童常患失眠症,即使不做噩梦也会失眠。受虐待儿童还有罪恶感、羞辱感和自我厌恶感。对某个任务的关注和执著是这类儿童的另一个特征。

自我虐待,如药物滥用,也是这类儿童的一个显著特征,这在化学药物依赖治疗中有突出的反映。10 多岁的受虐待儿童经常会逃学、离家出走,还会用犯罪行为来泄愤。此外,受虐待儿童的不良行为问题也很突出,大部分该类儿童都会尝试自杀、产生幻觉、抽搐,最终会进入精神病院。除了以上提到的高发生率的问题行为外,该类儿童的另一显著特征就是他们成为文静的好孩子后,长大后和受虐待伴侣结婚的情况也很多。这些儿童还会表现出其他强迫性行为问题,在长大成人后,他们会加入匿名戒酒协会、匿名戒毒会、匿名饮食控制会、匿名戒赌会等自救性治疗组织。

由于受虐待儿童和青少年一般有不良的、破碎的人格特征,他们往往需要高强度治疗。在治疗过程中,他们会经常纠缠、妨碍医生进行治疗,或抱怨治疗有疏漏等等。这类病人还总是抱怨治疗的种种缺陷,声称自己受到不良待遇等等。这类报道应在预料之中,因为事实上受虐待儿童受过伤害,他们很难客观看待人际关系,毕竟那些对他们最重要的人,如父母,曾经虐待过他们。

受虐待儿童往往不能正确理解自己受虐待的经历,他们生活在充满犯罪感、羞辱和自我厌恶的梦境中,因为虐待者总是告诉他们这是由他们自己的过错造成的。儿童性骚扰者总是用罪恶来解释儿童受性骚扰的原因,使儿童不敢声张,而家长则以遵守纪律为由,体罚孩子,然而,受虐待儿童却认为他们父母的行为是正确无误的。一般来说,治疗师应和患者保持愉快的关系,受虐待儿童的治疗师尤其应该爱护受虐待儿童。人们可能认为所有的治疗师都喜欢他们的病人,但是脆弱的患者总担心治疗师并不喜爱他们,因为他们并不总是能够像治疗师预料的那样顺利成长,他们在治疗过程中往往表现出拒绝。

大部分儿童学会在没有父母的影响下做决定。受虐待儿童常常要应付更多的事情,但显然缺乏处理事情的技能。因此,受虐待儿童要重新体验受父母照顾的训练,不论年龄大小,他们都应该学会在真实的社会中生存和处理各种各样的事情,并意识到不是所有人都像虐待他们的父母一样。因此,治疗课程成功的关键就是教导儿童掌握处理事件的技能。

因为受虐待的情况总是在人际交往的情景中出现,所以治疗的环境非常有助于治疗的顺利进行。鉴于受虐待儿童的特征,受虐待儿童团队的领导应该着重强调以下几点:团队各成员应该互相支持、友善相待,当有新成员加入时,整个团队应该真诚接纳,因为只有这样,才能克服该类儿童不能互相信任的缺点。团队的总体氛围应该是安全的,这样才能有效制止成员不适当地表达自己的愤怒。领导应该正确处理成员间的冲突,这样就可以避免团队的破裂。团队领导必须监控整个环境的发展情况,避免某一成员儿时受虐待的类似情景发生。该团队的主要目标是帮助受虐待儿童正确看待受虐待,教导他们掌握处理各种事件的技能,以防止将来可能再次发生类似的受虐待事件。

参见 无意识行为表现;儿童虐待;病因学;忽视

ACADEMICALY TALENTED CHILDEN
学业性天才儿童

学业性天才儿童是指拥有超常智力或者在某一特定学科具备高超能力的儿童。这一观点得到威蒂(1940)关于天才定义的支持和接受,该定义指出天才就是儿童在有潜在价值的系列人类活动中始终表现出色。根据威蒂的定义,学业性天才是指在学校某一学科或若干学科表现出色,能力超常的人。该定义把美国教育部所认同的在其他领域表现超常的儿童区分开来,这些领域是指创造性思维、领导能力、视觉和表演艺术及心智活动(伦祖利,1978)。

学业能力的鉴定可以通过使用智商测验、学业成绩测试分数、学业成果和某一学科方面的成功发明创造来完成。此外,学业性天才学生在学科中的表现,与同龄伙伴相比,超前 2 到 8 年(克拉克,1983)。

参见 天才儿童速进法;天才与资优儿童

ACADEMIC ASSESSMENT
学业评估

成就测验的主要功能是评估学生对学业知识的掌握情况,学业成就的主要组成部分是阅读、写作和数学成绩。阿纳斯塔西(1982)指出,传统的学业评估与能力测验在一定程度上有所不同,学业评估侧重于单一的先前经验而能力测验侧重于多样的先前经验。学业成就测验主要评估学生以往非常单一的学业表现情况(如一年级的阅读),相反,能力测验主要是评估多种或多样的先前经验对个体的影响。当代评估专家意识到,学业成就测验和能力测验都能够评估学生已获得的知识,但是在具体与抽象的程度上存在差异。

萨尔维亚和伊塞尔代克(1981)描述了校内进行的成就测验的四大作用:用来筛选出哪些学生需要进一步测验以便确定是否提供适当的特殊教育服务;根据当地标准判定学生是否符合接受特殊教育的资格;评估学生的优势与劣势,为其今后一系列教育安置给出判断的依据;判断教育干预方案对班级或某学生群体的影响。

成就测验有不同的类型:常模参照测验和标准参照测验;个别测验和团体测验;非正式教师编制测验和标准化测验。所有这些类别都将一一讨论以突出学业成就评估的复杂多样性。

常模参照测验的最显著特征是被评估者的学业表现是通过比照参照组的成绩进行的,参照组或标准样本主要由同龄伙伴或同年级的伙伴组成。常模参照测验的成绩一般以常模曲线如九级记分制、T分数或标准分(一般中数为100,标准差为15,有时为16)等分数的形式表现出来。常模参照测验的成绩还可以用百分制的形式表现,即某个学生在假设的100名学生中所处的位置。例如,一个在百分制中排名第86的学生,意味着其成绩要优于假设的100名同龄学生中的前85个学生。

常模参照测验和标准参照测验的最大区别是二者阐述学业表现的方式不同,如前文所示,常模参照成就测验是用来提供某一特定学生的表现与同龄学生组对比的信息,而标准参照成就测验是用来提供某学生是否掌握学会了某一概念或技能的信息。因此,标准参照测验的设计标准是判定学生能做和不能做什么。例如,学生已经学会了10以内的个位数加法,但没有学过重组和简单减法。因为标准参照测验的目的不是为了区分学生,因此用以区分学生的题目难度和强度都不如常模参照测验的那么重要。标准参照测验的焦点是题目能否反映特定的教学领域。大部分团体测验被改编来提供标准参照信息,而若改编成常模参照测验,主要问题是教学目标的多样性(坎宁安,1986)。因为每一个教学目标需要设置多个题目,才能实现一定的可信度,这样测验的长度将难以操作。

由于组织测验的形式不同,学业成就测验又分为个别测验和团体测验。团体测验主要是由任课教师对整个班的学生集体施测,而个别测验主要是由经过专业训练的人员(特殊教育教师、教育诊断专家和学校心理咨询教师)对学生采用一对一的形式进行。通常,学生因其在普通班级中表现出学业或行为问题才会被转介进行测验。团体测验和个别测验的区别是关于测验结果的决策用途:团体测验用于对整个团体作出决策,而个别测验更适合为个体作出教学决策。因此,使用团体测验方法时,对单个儿童的学业表现进行阐释时必须特别谨慎。否则会因为团体测验中影响一个儿童学业表现的多种因素而导致对该儿童的学业技能描述不准确。误解测验指导语、厌倦、随意猜测、课堂干扰物、偷看邻座试卷等等都可能会影响学生分数的有效性。如果认为某个儿童需要接受特殊教育安置,而他在团体测验中表现较差,那么还要对该儿童进行个别测验。

最后,学业成就测验还可以从学生指导语的标准化程度来讨论。对于受测人来说,标准化的测验指导语和测试问题的展示形式都是一致的。而在另一方面,在教师编制的测验中,测验题目的范围、形式以及测验管理都没有任何限制。标准化测验和非正式教师编制测验既有优点,也有缺点,然而,测验必须具备某些相同的特性,也就是清晰明确的指导语,准确的题目表述和试题的样式。

教师编制开发测验的标准化与非正式化,最主要的区别在于前者的题目设计、加工、实验和最终选定题目所花费的时间要比后者所花费的时间多得多。在编制标准化成就测验的时候,要着重考虑测验内容的效度(题目应在受测知识领域中具有相当的代表性,试题的形式与措辞要符合被测试者的年龄水平),而且要对试题进行实验性施测,以保证其可信度。标准化测验的优点在于其已证实的可信度(记录在相应的专业性手册),并能通过与对照组或特定标准比较出某一学生的学业表现情况。就全国范围而言,标准化测验主要用于阅读和数学的考核,而教师编制的测验主要用于地方课程的考核或特定班级的考核。

除了教师编制测验被认为是非正式评估,非正式评估还适用于教育诊断过程。诊断的主要内容包括错误分析(见表1)、行为观察和学习者不同学习策略的应用情况(塞德拉克,斯特普-琼斯,1982)。

表1 算术错误类型的样本分析,为教师了解学生采用的不正确解题策略

加法

$$\begin{array}{r} 56 \\ +\ 7 \\ \hline 513 \end{array} \qquad \begin{array}{r} 24 \\ +\ 5 \\ \hline 11 \end{array}$$

(没有考虑位值,直接把所有数字相加)

减法

53 − 5 = 52	522 − 101 = 401
(没有分组)	(错误理解减数"0")

乘法

34 × 3 = 122	93 × 8 = 101
(在乘法运算之前,把重组数字相加)	(错误地使用运算法则)

除法

21 ÷ 2 = 21 余 20(竖式)	18 ÷ 3 = 5(竖式)
(使用从右至左运算模式)	(基本运算错误)

学业技能评估的另一种评估策略是课程评估(CBA)。课程的评估试图使评估与教学内容联系得更加紧密,以对学生的教学需求进行更直接的评估(夏皮罗和埃利奥特,2000)。虽然课程评估只是传统常模参照测验的替代形式,但二者被认为是相辅相成的测量模式,而不是互相竞争的测量模式。

总之,学业成就评估是对学生做出教学决策的重要基础,这些决策是根据一个标准化评估或学生对特定技能掌握情况来判定的。由于实施方法的不同,测验的形式可以分为学生个别测验或学生团体测验。常模参照成就测验提供了学生与参照组比照后的相关信息,而标准参照测验和非正式评估可以用于提供学生未来教育需求的非正式信息。

ACADEMIC LANGUAGE

学业语言

学业语言(教学用语、认知—学业语言或学校用语)是在教学环境中,教师与学生进行交流沟通的方式,目的是传递科学的或逻辑性的知识和技能。相反,日常用语(交谈、社会性用语和基本人际交流)的目的则是社会交往的规则,也起着人际交往的作用。

学业上的交流学习问题与许多发展性和后天形成的残疾有关。不同文化的学业语言的使用和规则也有所不同。然而,一般认为学生若要在主流教育环境中获得成功,就必须理解和使用与学业语言有关的认知性的、语言学的和情景性的交流准则。

ACADEMIC SKILLS

学业技能

对某些人来说,学业技能是指"读、写、背",然而对其他人而言,尤其是对特殊教育者来说,学业技能并不是一个如此简单的定义。例如,对于学前特殊教育者来说,某些精细动作技能可能是重要的学业技能,而另一方面,对于中等特殊教育者而言,重要的学业技能是指接受积极和消极的反馈(社会技能)、驾驶技能或家庭理财等,这些技能肯定包含在中等特殊教育课程中。

一本关于教学研究的综合资料书详细分析了学业技能的七大领域:书面写作、阅读、数学、自然科学、艺术与美学、道德和价值观教育及社会研究(维特罗克,1986)。至少以上领域有些被认为是个体应该掌握的核心或基本学业技能。关于以上领域已有大量的文献阐述,而相关的研究、理论以及争论也是非常多的。

除了学业技能定义问题的复杂性之外,不同年代关于学业技能的看法也有所不同(这主要是通过大众传媒体现出来),而且同样重要的是接受特殊教育的学生学习和获得学业技能的程序。卡特赖特和沃德(1981)列举了特殊教育教师用来讲授学业技能的方法,包括诊断性教学模式、补救和补偿性教育模式、直接指导、任务分析、知觉动作训练、探究、模仿、多媒体教学、教学游戏和计算机辅助及控制教学。20 世纪 70 年代,掌握学习法和合作学习法成为另外两种新兴的教学方法(斯托林斯和什计佩克,1986)。

关于影响学业技能习得的学习者的特点,维特罗克(1986)认为教育工作者应该考虑以下几个方面:学生的感觉和愿望、注意力、动机、学习和记忆、理解和知识习得、学习策略和元认知过程。总之,特殊教育工作者首先应该明确学生必须掌握的学业技能是什么,然后再考虑制定最佳学业技能习得方法的计划时的教学变量、学生变量和其他变量。

参见 记忆障碍;元认知

ACALCULIA

算术缺陷症

算术缺陷症被哈拉翰、考夫曼和劳埃德(1985)定义为"完全没有能力使用数学符号和进行数学运算"。哈拉翰等人把算术缺陷症与运算能力障碍区分开来,他们认为运算能力障碍"在这些领域问题不是很严重"。

施特劳斯和沃纳(1938)把算术缺陷症描述为"数字运算缺陷",并指出了算术缺陷症与手指失知症之间(没有能力辨别自己的手指)的关联性,据说手指失知症是由于角回受到损害而造成的。为此,他们还提供了手指失知症与算术缺陷症的关联性证据。

根据施特劳斯和莱特纳(1948)的研究,视知觉紊乱是造成算术缺陷症的主要原因,他们根据有组织的知觉训练发展了若干教学原则。目前,算术缺陷症和运算能力障碍等专业术语已经不再过多使用了,因为现在人们更关注教育的相关发展方向。通常,数字运算缺陷须由教师采用特定的任务教学策略来进行补救。默瑟(1979)对这些教学策略进行了阐述。目前,关于这方面障碍的专业术语主要归类于某类具体的发展性障碍当中。

参见 算术补救教学;运算能力障碍

ACCELERATION OF GIFTED CHILDREN
超常儿童加速教育

加速教育是指以较快的教学进度进行教学,主要以跳级和实际的学习效果为衡量标准(沃德,1980)。目前,学校针对综合智能以及/或在某个或多个学科领域能力超常的学生,有着多种多样的加速培养手段。

对综合智能超常的学生来说,现有三种加速形式,即缩短在校时间、跳级和提早入学接受正规教育。缩短在校时间是指用两年时间完成三年的学业,或是用三年时间完成四年学业(福克斯,1979)。跳级的学生会在一年内连升两级,通常,这些学生已经获得了免修那一年级的学分,而且有能力比平常儿童提前完成正规教育。提早入学是指让尚未达到入学年龄的儿童提前入校或入园学习。提早入学的儿童一般是那些智商测验或能力测验得分较高的儿童。

对某个学科或多个学科能力超常的学生来说,可以采取以下六种培养方式:双学分课程、函授课程、特殊学校或特殊班、自学、个别辅导,或通过考核获取学分。不同的班级、学校或教育体制内部也可以创立自己的培养方式。

对中学生来说,双学分课程就是通过高中和大学合作办学,允许学生同时进入高中和大学学习。这些学生在大学校园学习时获得大学授予的学分;有时候,大学教师在高中授课,学生也可以获得大学的学分。函授课程也是加速学习的另一种形式,中学生进入大学继续教育学院,通过函授课程,在完成全部课程之后,参加期末考试,由设计函授课程的大学教授给予评分,并获取学分。

加速教育的另一种形式是特殊学校和特殊班。通过短期集中授课,学生顺利通过考试后,完成某一学科一年以上的课程或是获得相应学分。最著名是由约翰·霍普金斯大学办的朱莉安·斯坦利数学早慧青少年研究会(SMPY,斯坦利,1977)。学术能力评估测试(SAT)中数学成绩550分以上的学生才有资格参与此课程,他们在暑假学习该学校的高级数学课程,或者在学年内完成大学函授课程。自从约翰·霍普金斯大学开设该课程以来,该大学还开设了语言英才课程和除数学以外的其他课程。仿照斯坦利的做法,伊利诺伊州西北大学开设了中西部搜寻天才课程,北卡罗莱纳州杜克大学也开展了发现天才项目。

天才学生也可以自学或在特殊辅导下完成高级课程。最后,希望通过加速教育超越同龄人的学生还可以参加各种考试,获取学分。其中包括:美国中学的跳级课程——学校自主考试,通过考试的学生可以获得高中学分;通过AP项目①,学生可以免修大学的相应课程或跳级;还有大学水平考试——参加大学考试中心的考试,可以拿到大学15门课程的学分。

虽然加速教育对学生社交能力和情商培养方面的影响还没有明确的答案,但在提高学生学术能力方面,却已有定论。在一个对26个控制组的元分析中,接受加速教育的学生考试成绩超过没有使用速进法的同龄、同智力水平学生约一个年级的水平。此外,使用速进法的学生的成绩与同年级年龄稍大的、没有使用速进法的天才学生的成绩相当。

参见 学业性天才儿童;天才和资优儿童;威廉姆·詹姆斯

ACCESSIBILITY OF BUILDINGS
无障碍建筑物

无障碍建筑物是指能供各种肢体残疾或有其他障碍(如感官功能障碍)的人方便使用的建筑物。主要供行动不便或感官障碍人士使用,十分方便,非残疾人士也可以使用。这类建筑物的设计标准是满足残疾人的需要,其实这与适用于普通健全人士的建筑物的设计并无实质上的区别,只是这类建筑物的设计标准更加明确。

美国国家标准研究所(ANSI)的相关规定中有关于建筑物无障碍的最低建筑标准,该标准已被广泛接受,最早于1961年正式通过,并于20世纪70年代不断修订和扩充。ANSI标准是各州法律和联邦标准关于无障碍建筑物规定的重要基础。国家建筑障碍物委员会(CAB)是经国会批准成立的一个联邦实体,该组织主要负责促进和免费评估联邦建筑物或联邦资助的建筑物必须符合ANSI标准。

---

① AP项目(Advanced Placement Program®)是由美国大学理事会(The College Board)主持,在高中阶段开设的具有大学水平的课程。

根据ANSI的规定,建筑师和专业人员必须保证所有使用者能够自由进出建筑物,能够在建筑物内部自由走动、定位,并感到舒适。根据科特勒和德格拉夫(1976)所说,建筑物的结构规格、室内设计、入口通道和家具摆放都要满足残疾人走动,轮椅使用者移动和使用拐杖、助行架、盲杖等人士行走的需求。无障碍建筑物对感官功能障碍人士也同样重要(如盲人或聋人),建筑物要为其提供一个简约正规、光照充足和标志显著的环境,并为其提供方向和大量的视觉、听觉和触觉信息。

参见 美国残疾人法案;建筑障碍物;建筑物和残疾人

ACCESSIBILITY OF PROGRAMS
教育计划的无障碍性

教育计划的无障碍性是执行联邦辅助教育计划和联邦实施教育计划的重要条件(联邦政府,1978、1985)。在这两种情况下,该条件并不意味着现有每一栋建筑物或每一间教室都能够方便肢体残疾人使用,而是指"教育计划或教育活动需完全具备无障碍性,能够供每一个残疾人使用"。所有新建的建筑物和设施必须以满足残疾人的使用要求为设计和建设准则。

从20世纪70年代晚期开始,联邦法院的判决和政策法规就准确地解释了教育计划无障碍性的要求。其中一个重要判决是美国最高法院对东南社区大学诉戴维斯(1979)一案的判决。该判决判定不要求学校根据听力障碍学生的要求调整护士训练计划,因为"这样会从根本上改变计划的性质"。在讨论教育计划的修正时,法院还指出实现理想目标的条件是"没有造成不适当的财政和管理负担"。

1984年该判决传到各个立法机构,成为一个非约束性的指导方针,并成为联邦实施教育方案的规定之一(联邦政府,1985),司法部还采用戴维斯一案的判决作为判案的标准之一。对于现行教育方案,教育计划的无障碍性并不"要求司法机构采取任何改变教育计划性质的根本性变更,或者造成不适当的财政和管理负担"。

一些司法部的评论员提出反对戴维斯一案"融合性"判定标准的规定,他们认为用语必须与司法部关于联邦辅助教育计划要与政府内的协调规定相一致,而该规定并没有包括以上的判定标准(联邦政府,1985)。司法部规定"第504条款的司法解释(包括戴维斯一案后的判决)迫使它重新修订",而关于联邦辅助教育计划规定的司法界定必须要与联邦法律和戴维斯一案的判定相一致(联邦政府,1985)。

关于以上司法解释的讨论可参见联邦立法条款第28条第39款的规定(联邦政府1985)。其他以往的案例已经表明,所有学生都具有享有教育计划无障碍性的权利(塞尔斯等,1999)。

参见 无障碍建筑物;美国残疾人法案;特殊教育的立法

ACCOMMODATION
顺应

根据皮亚杰的理论,顺应是个体适应环境的两个互补过程之一,而另外一个过程是同化。顺应是指根据环境的要求,变化或调整认知或感觉运动图式,同化则是指把外界因素整合成为现有的概念图式。

顺应和同化的区别可以通过婴儿对拨浪鼓的反应(金斯伯格和奥伯,1969)得到说明。当婴儿的胳膊摇动,导致悬挂在婴儿床上的拨浪鼓开始摇动时,婴儿开始看玩具、听玩具发出的咔嗒声,并把这一事件同化为其看和听的图式。为了让拨浪鼓再次响起来,婴儿必须做一些手和胳膊的动作,并根据情景的要求,顺应调整自己的动作。

皮亚杰认为同化和顺应是每一适应过程不可分割的两个部分,只是在讨论的时候才分别而论(布雷纳德,1978)。同化和顺应同时出现,二者保持平衡是适应的必要条件。

参见 同化;认知发展;让·皮亚杰

ACHIEVEMENT NEED
成就需要

成就需要又称为成就动机,是对成就的欲望。成就需要的定义最早是由默里(1938)提出的。他将成就需要定义为一种"克服困难与障碍,施展权力,努力在最短时间内把艰难的任务成功完成"的需要。然而默里并没有对成就需要做应用性的研究,该概念也没引起太多的注意,直到麦克利兰(1951)提出动机认知理论。麦克利兰认为成就动机是动机认知理论的重要组成部分。麦克利兰的理论声称,个体努力完成某项任务的动力来源于对成就的需要,来源于避免失败,争取成功的需要,是由个体对成功或失败的主观判定与成功失败相关的价值激励所导致的。根据麦克利兰(1951)和阿特金森(1964)所述,成就动机来自于内部,并不与外部奖励相联系,而外部奖励是成就导致的结果。成就动机一般通过主题统觉测验(TAT)进行测量。

许多研究者曾试图判定成就动机是如何形成和发展的。克兰德尔(1963)发现,高成就需要儿童的母亲在孩子年少时就奖励孩子取得的成就。当这些孩子遇到困难时,母亲并不总是提供援助。克兰德尔进而下结论道:经济地位中等和上等的家长与地位较低的家长相比,更容易参与到开发孩子成就动机的活动中去。韦纳(1970)发现,成就动机水平高的人在失败面前表现出坚韧不拔的品格,但成就动机水平低的人总是犹豫退缩。成就动机水平高的儿童和成就动机水平低的儿童都能够把失败归于自身的原因,但成就动机水平高的儿童能把失败归因于努力不够,成就动机水平低的儿童则把失败归因于能力不够。

参见 习得性无助;动机;自我概念;自我控制性课程

ACHIEVEMENT TESTS
成就测验

成就测验是适用于个体或集体的标准化测验,目的是测量之前训练的有效性。成就测验是教育中标准化测验的主要形式。成就测验的手段可以用来评估学生的学业表现、学校教学效果、获取奖学金的资格、学业课程的录取资格以及从业和应聘政府机关岗位的申请资格。集体成就测验多用于评估教育项目,而个体成就测验主要用来为学校教育安置形式提供帮助,也是学习障碍的鉴定和诊断方法。

参见 学业成就测验;评估;标准参照测验;常模参照测验

ACHONDROPLASIA
软骨发育不全

软骨发育不全也称作软骨营养障碍,指的是长骨骨骺软骨生成障碍,可导致侏儒症。最常见的侏儒症是由常染色体显性遗传造成的,或由自发的基因突变而成(阿维奥利,1979;马加利尼,1971)。软骨发育不全的临床特征包括四肢短小、躯干和头型正常、前额突出、鞍状鼻。侏儒症手脚异常短小,所有手指几乎同长,成人高度一般不超过1.4米。

据报道未见智力损伤(阿维奥利,1979;卢布斯,1971),但有证据表明神经系统并发症可在成人早期发生(马加利尼,1971)。据报道,软骨发育不全侏儒症患者繁殖率正常的为30%,但患者后代2/3会出现综合征。在教育环境中,儿童患者需要适应性设备以适应他们矮小的身材。没有证据表明,软骨发育不全会增加学习障碍的可能性,对学习有困难的学生应实行综合评估。

参见 先天障碍;未成年体格异常

ACTING OUT
无意识行为表现

哈里曼(1975)给无意识行为表现下了这样一个定义:它是"烦恼或幻想的反社会行为引起内心冲突的直接表现"。有无意识行为表现的儿童不易接受纪律约束,在课堂上难以进行管理。无意识行为表现与行为紊乱类似,但并不严重。二者相似的原因之一是无意识行为表现是行为紊乱的众多特点之一。无意识行为表现的出现率很高,持续时间长,但并不包括日常轻微的行为问题。

通常,任课教师会用具体、描述性的词语来定义、记录和判定某一种行为是无意识行为表现。可以被称为无意识行为表现的有:打架、说谎、发怒、撅嘴、偷窃、多动、威胁和欺侮他人等。

参见 应用行为分析;行为异常

ADAPTED PHYSICAL EDUCATION
适应性体育

适应性体育适用于那些无法安全、成功地自由参加普通体育课程中的各类体育活动的残疾学生,是根据这些残疾学生的兴趣、能力和局限性设计的能够促进其体格发展的活动、游戏、运动和韵律操等多种形式的体育项目(赫尔利,1981)。

适应性体育关注的是在类似运动环境中个体运动、体格健康以及基本运动模式和技能的发展(谢里尔,1985)。

适应性体育教育通过调整体育活动、规则、规章来适应特定残疾人群的限制因素。根据定义,适应性体育包括为智力、运动或情感障碍、残疾或功能不全导致的具有学习问题的个体设计的体育活动,为康复或矫正目的而设计的体育活动,为残疾人能够参与而调整的体育活动,以及为矫正运动能力而设计的体育活动。

适应性体育主要在学校环境中出现,但也可以出现在诊所、医院、居住场所、日托中心或者其他通过运动活动来影响个体学习或运动潜能的中心(美国健康—体育—休闲—舞蹈协会,1952)。

在学校环境中,适应性体育与普通体育有所不同。它得到了联邦第94-142号公法的法律保障,该法不但适用于残疾学生,还适用于那些在受限制环境中需要对体育活动进行一定调整的、没有被鉴定为残疾的学生,如肥胖学生。适应性体育班级一般是与普通体育班级分开的,且教学方式与普通体育明显不同,这是因为适应性体育要调整课程,以满足学生的兴趣和能力。

参见 残疾学生的体育

ADAPTIVE BEHAVIOR
适应性行为

适应性行为是个体为了满足自身和社会要求的日常活动,是对残疾个体和健全个体进行评估和活动设计的必要组成部分。适应性行为并不是新的概念,最早出现在智力落后者的治疗史中。随着适应性行为概念在特殊教育和残疾人教育计划中的突出应用,人们试图更加了解适应性行为的特点,并出版了许多测量适应性行为的新工具(迈耶,尼希拉和泽特林,1979)。

埃得加·多尔是适应性行为评估的主要先驱,他不同意仅仅用智力测验来评定智力落后。在20世纪30年代,他指出个体的社交能力或适应性行为是判定智力落后的首要和最重要的标准。直到1959年,美国智力缺陷协会出版其官方手册,正式指出适应性行为缺陷和低智商是智力落后定义中不可分割的组成部分(赫伯,1961)。该手册的后续版本又进一步强调了适应性行为的重要性。

20世纪六七十年代,适应性行为和适应性行为评估突然引起了人们的兴趣和关注,原因有很多方面(维特和马滕斯,1984)。其一,人们对"六小时落后儿童"或少数民族及社会经济地位低的儿童的关注度提高,这些儿童在公立学校被贴上了智力落后的标签,但是在家庭及社区中却表现出了足够的适应性行为(默瑟,1973)。这种关注导致了法律诉讼的出现,如瓜德罗普诉拉里 P. 等案件的判决表明,智力测验不能是鉴定智力落后的唯一标准,在鉴定评估过程中,必须要考虑适应性行为的评估。其二,在20世纪六七十年代残疾人正常化运动兴起,人们意识到有效的适应性技能训练课程有助于残疾个体尽可能地参与到正常的环境中。其三,人们越来越意识到对所有残疾儿童进行无歧视的、多方面评估的必要性,以便在评估的基础之上促进教育决策的公正性,以及全面了解与特定残疾相关的各种领域的功能。

1975年通过的《残疾儿童教育法案》(即联邦94-142公法)就是20世纪六七十年代上述争论的结果。94-142公法和其后颁布的《残疾人教育法案》(IDEA),包括评估残疾儿童的严格标准,规定适应性行为缺陷必须在该儿童被判定为智力落后儿童之前得到确定。此外,该法还强调了适应性行为评估对非智力落后儿童的重要性。该法通过后,美国大部分州都制定了适应性行为评估的原则(帕特里克和雷施利,1982),并且很多都对使用的适应性行为测量工具和分数类型有着严格的标准。

斯帕罗、巴拉和奇卡特(1984)讨论了适应性行为概念的若干内在特征。适应性行为与年龄相关,随着儿童年龄的增长,适应性行为水平会得到提高,并变得更加复杂。适应性行为是由他人的标准决定的,也就是个体在生活、工作、玩耍、学习中接触过的人。最后,适应性行为是由个体在日常生活中体现出来的,不是由个体的能力或能从事的工作所决定的。如果某个人有能力从事某项日常任务,但没有付诸实践,该个体的适应性行为则为不合格。

参见 儿童适应性行为量表;智力落后

ADAPTIVE BEHAVIOR INVENTORY FOR CHILDREN
儿童适应性行为量表(ABIC)

儿童适应性行为量表是多元文化评估系统的组成部分,它共有242个项目,适用于5~11岁的儿童。该量表提供了儿童在社会系统中(包括家庭、同龄群体和社区)的适应情况。该量表的项目是由儿童的家长或监护人来完成的,施测人为家长读出量表中的问题,由家长来指出儿童在这项活动中的表现是潜在的、自发的,还是熟练的。施测时间约为1个小时,该量表共由6个量表构成:家庭版量表、社区版量表、同龄群体版量表、非学业表现量表、收入消费量表和自我维护量表,这些量表还包括真实性的评估手段(即测谎量表)。

上述6个量表的每一个量表都有自身的量表分数(平均数为50,标准差为15)。儿童适应性行为量表平均量表分数,作为全面适应性行为的标准,是这6个量表分数的平均值。该量表的常模取样为2085名加利福尼亚州的在校学生(696名黑人学生、700名西班牙裔学生和689名白人学生)。桑珀测定法技术手册报告这6个量表的折半信度为0.82~0.89,ABIC平均量表分数的可靠性系数为0.97,但该手册并没有提供可信的数据。该量表被广泛地应用于若干个研究中,例如,ABIC和智力、成就测验的关系(如:哈里森,1981;奥克兰,1983)以及ABIC常模的代表性(奥克兰,1979)。随着ABIC的母系统,即桑珀测定法系统在专业应用中的衰落,其应用价值已大幅下降。

参见 适应性行为;行为观察;多元文化评估系统;瓦因兰社会—情绪早期儿童量表

ADAPTIVE DEVICES
适应性装置

适应性、辅助性、增强性、假体、矫正等装置可以帮助不同类型的残疾人克服日常生活中的困难。适应性装置包括从腿部支架到精细的、由微机控制的适用于残疾人的各种装置,还包括助听器、盲文书籍、放大眼镜、轮椅、特殊化的就餐辅助用具、支撑器、定向装置、翻书器、录音机、打字机和人工喉等等。

美国退役军人管理局(联邦政府印刷社,1982)出版的《残疾人生活辅具指南》一书为残疾人提供了大量日常生活辅具信息,详细地列出了适用于残疾人日常生活的辅助设备。此外,《适应性、辅助性和康复性装置信息系统》(ISAARE)(梅利查,1977)通过不同分类,如“交通”和“传媒”等,提供了大量的适用于残疾人康复的装置信息,并可以检索。

目前发展迅速,属于残疾人康复关键的适应性装置是扩大性沟通系统。非声音或扩大性沟通方式供那些表达性沟通存在障碍的人士使用,共有3类,包括手动沟通、沟通板和电子系统。手动沟通包括姿势、手势和手指拼写,广泛地应用于健听人和听力障碍人群,但手动沟通并不包括适应性装置。沟通板是不同大小、形状和质地的木板或小册子,并充分利用不同类别的符号系统。这些符号包括实物、图画、照片、画谜符号、布利斯符号、字母或单词。沟通板的设计和使用的信息主要来自于《语言板教学包》(奥克兰德,1980;卡尔森,1980;马塞尔怀特和圣·路易斯,1982;西尔弗曼,1980)和《非口语交流》(普拉旺,1980)。

计算机技术的迅猛发展促进了肢体残疾者交流沟通系统的发展,并能满足残疾个体的不同能力特点。适用于运动控制能力差的残疾个体直接选择(指向或使用键盘)的输入装置包括桨状开关、操纵杆、温度开关、光学开关、眉毛或舌头控制的开关、吸吮和轻击开关、声控开关等等。这些扩大性系统也适用于使用者的输出需求,包括多种输出方式,如打印输出、合成语音输出、显示屏输出等等。挑选最有效的符号系统、输入技术和输出方式,形成适宜的系统是一个复杂的过程,需要专家组的齐心合力才能达到。美国言语—语言—听力协会(ASHA)沟通过程和言语障碍者特别委员会(1980)明确了专家团队的成员和评估过程的主要组成部分。根据个体的需求,评估和训练过程中最重要的专业人员包括:言语—语言病理学家、职业治疗师、物理治疗师、家长、教师、系统使用者、心理学家、康复工程师和社会工作者。

关于设计和使用扩大性沟通系统的研究表明,对具体系统的讨论很快就过时了。

参见 扩大性沟通系统;布利斯符号;沟通板

ADJUSTMENT OF THE HANDICAPPED
残疾人的调整

由于残疾人的“差异”,他们及其家庭必须做出特殊的调整,才能过上充实、满意的生活。这些调整最明显、最重要的一点就是对残疾状况本身的接纳和评估。接纳是寻求和获取适当的照顾和服务的前提条件。

另一个必要的调整则是需要认识残疾对个体发展的各个方面的影响并进行应对。例如,最近才开始科学而专业地强调肢体残疾对个体社交发展和沟通方式的影响,但是长期以来这一点一直是使残疾人感到迷茫和焦虑的主要原因。

残疾儿童的发展轨迹与健全儿童的发展轨迹是相同的。然而,残疾儿童的发展与健全儿童相比较,表现出质的差异。偏离常态发展的特性既取决于残疾状态的性质与严重程度,也取决于儿童及其家庭、教师所达到的调整水平。残疾儿童调整过程中最重要的一点就是儿童个性和社交的发展。此外,还可能需要儿童身体或医学方面以及特殊教育的调整。

残疾可能限制儿童或青少年的身体活动。由于个体的身体限制或医学并发症,残疾可能限制个体无法在环境中自由活动。肢体和医学方面的限制可能会减少儿童在自然环境和社会环境中交流和探索的机会,减少激发和促进认知发展、个人社会发展的机会。应鼓励残疾儿童不要因为身体的限制而退出任何可以参加的活动,尽管这样做不太方便。专业人员和其他人员在必要的条件下,可以通过调整,帮助残疾儿童参与各种活动,给他们提供各种有利于发展的机会。

残疾儿童需要适应各种医学干预或者治疗,如药物治疗、支撑架、物理治疗、手术、听力辅助设备等。儿童能否适应医学干预无疑是非常重要的,因为儿童必须要和医学人员积极配合,才能达到治疗的最佳效果。

在教育过程中,残疾儿童很可能必须进行适当的调整,如简单地改变学习习惯或方法,全程参与特殊自足式的课程。专业人员则需要努力把影响残疾学生的教育不利因素降到最低。儿童教育计划的目标则应强调补偿或克服残疾的活动。

如果儿童的家长能够积极在家中实施行为和教育干预,那么儿童教育计划的有效性将会显著提高。家长参与会产生积极的效果。家长可以为儿童白天在学校学习的技能提供额外的强化和练习,帮助儿童更快地巩固学会的技能。此外,家长的参与表明家长对子女发展的关注,以及对子女学习成绩的重视。这样的态度能激发子女的学习动机,帮助子女渡过各种难关。

父母不能接受和适应子女的残疾,则会加重儿童所面临的困难。家长与残疾子女之间出现的不良行为模式可能由两方之中的任何一方引起,但都同样会产生有害的反应。父母可能高估或低估孩子的能力和潜力。高估可能是由于家长不愿意接受孩子的问题。这样的家长总是给儿童的发展和行为制定不合理的高标准。由于儿童想取悦家长,如果不能实现家长的期望,他们会因此感到失望、焦虑、无能为力,还会产生其他负面情绪,如自责、沮丧,甚至对自己在父母心中的地位不确定。另一方面,一些家长总是给儿童做出各种各样的补偿,包括制定过于容易实现的目标。当儿童完成低于其能力水平的任务时表扬或奖励儿童,当儿童在进行有难度的学习任务时则进行不适当的干预。这些行为间接表明,父母并不认可或者欣赏儿童的实际能力。这些暗示不利于儿童的自尊和积极的自我概念的发展。

鉴于大众对由残疾引发的社会和情绪问题的认知,美国《残疾人教育法案》规定,无论儿童的残疾状况如何,都要对所有残疾儿童进行行为评估。在初次转介和评估过程中,常使用目标性行为量表和个性评估(如,雷诺兹和爱普豪斯,1992)。此外,由于对伴随各种残疾的行为和情绪问题的认知,《残疾人教育法案》现在要求在鉴定儿童为残疾之前,必须进行行为评估,以此判定行为问题是否由残疾所导致。当儿童行为问题与残疾确实相关时,必须对其进行矫正治疗,而不是惩罚。教师在学校的行为干预中发挥着重要作用。

参见 *儿童行为评估系统;残疾儿童的家庭反应;障碍主义;《残疾人教育法案》;教师期望*

ADMINISTRATION OF SPECIAL EDUCATION
特殊教育管理

异常儿童的公立学校服务始于19世纪后半期(吉尔哈特和赖特,1979)。到20世纪中期,公立学校的班级成为异常儿童教育的主要形式。根据这一变化,特殊教育课程的管理主要由教育工作者和学校心理咨询师承担。虽然特殊教育课程是在公立学校内实施,但这些课程一般都是隔离式的,当时的研究者倡导使用独立的管理和监管系统(艾尔和巴尔,1928)。

伴随着隔离式公立教育课程的兴起,特殊教育的管理也成为一门独立的学科。在20世纪前25年里,特殊教育管理人员并不是经过专门训练的管理人员,直到1938年他们的职业身份才得到确立。在那一年,国家特殊教育指导人员联合会成立。1951年,特殊教育管理者协会(CASE)作为异常儿童协会的一个特殊兴趣组成立了。

虽然特殊教育管理特点突出、身份明确,但其内部仍存在复杂的多样性,主要体现在政府层次和组织管理上。在特殊教育管理中政府从三个层面进行管理:联邦政府、州政府和地方政府。在每个层面,教育管理者承担的职责也会有很大的差异,这主要是由管理者的特定角色、管理者工作的机构组织以及该机构对特殊教育服务实施的方式不同决定的。

目前,特殊教育管理中联邦政府的角色主要是通过美国教育部特殊教育和康复办公室实施。该办公室的管理职能主要包括:监督《残疾人教育法案》在各州的实施、进行调查研究、为公众提供信息、制定法规、推进人员发展和起草立法文件。由于94-142公法和《残疾人教育法案》的规定,联邦政府在特殊教育管理方面的作用显著提高。特殊教育中几乎所有的管理决策都必须根据《残疾人教育法案》的规定来制定和实施,因此,联邦政府级别的大部分管理人员必须参与到为各州提供服务的过程中来,以保证各州能履行《残疾人教育法案》的规定,并评估和监控各州的实施情况。

州级的特殊教育管理职能主要在以下三个部门:州教育局(SEA)、州级学校和州区域中心。州教育局的管理功能是制定法规和州级教育计划、获得和处理财政来源、开发人员准备系统和标准、为提高教学质量制订计划、提升和监督法规的实施并开展公关活动(吉尔哈特和赖特,1979;波代姆斯基、普赖斯、史密斯和马什,1984)。州教育局还直接管理教育课程,如对盲或聋生的州级学校的管理(如宾夕法尼亚)。这些教育课程是为残疾发生率低的地方设置的。在佐治亚州,州教育局管理州立学校和区域中心,他们为残疾发生率低的地方提供直接服务,区域中心同时还是地方教育机构(LEAs)的资源中心。

许多农村学校和郊区学校达成合作协议,提供更多经济的项目以帮助残疾者,特别是在残疾发生率低的地方(豪尔,1981)。像IEUS一样,这些合作项目也会产生同样的问题。另外,他们必须要处理好乘坐公共汽车上学的远距离学生的教育问题。

地方教育机构和IEU的特殊教育管理者的职能相似,不同点可能是在不同事件处理中花费的时间不同,而不是所负责事宜的不同。对于州级的直接教育服务计划的管理者来说也是如此(如州级学校)。这一级别的管理者的职权范围包括:组织及开展相关理论与行为的研究、预算管理、课程开发、监督、人员管理、社区联系、社区资源开发、程序变更、设施管理、科研、制定专业标准和政策等。

《残疾人教育法案》要求所有的地方教育机构提供一系列的服务实施方案,包括自足式班级、资源教室、非全日制班级、家庭内教育及其他方案(德诺,1970)。在94-142公法颁布之前,地方教育机构只提供一种服务(一般为自足式班级),这一变化和安置形式的多样化也为特殊教育管理者带来了新的问题,包括:与普通教育工作者的团队合作、适当的安置、与普通教育管理者的协调,以及父母参与程度的提高(明戈和布雷洛,1985)。

对特殊儿童教育管理者的专门化的、研究生阶段的训练从1965年就开始了,这是由于米拉佐和布莱辛(1964)发表的论文倡导实施专业训练的缘故。在此文章发表之后,美国教育办公室为大学提供资金,以开发训练课程(布雷洛和塞奇,1979)。虽然大部分州在录用特殊教育管理者时要求有专业证书,但也允许只有普通教育管理证书或进修过相关课程或有相关经验。因为市场需求的有限性,大部分训练课程还没有达到专业、清晰、效果明显的高水平。很多专家也明确表达了特殊教育管理训练课程应包括的内容。其中较为著名的课程是特殊教育监督训练工程(SEST,1974),该工程是在人力、概念、技术模式的基础之上开发出来的。

参见 《残疾人教育法案》;政治学与特殊教育;特殊教育课程;特殊教育中的监督与管理

ADULT PROGRAMS FOR THE DISABLED
残疾成人计划

适用于残疾成人的计划呈现出多样性、多类型的特点。大部分这样的计划都是由联邦政府、州级和地方政府资助的,还有很多其他计划则是由私人企业、私立非营利组织和慈善机构资助的。

《社会保障法案》批准了几个主要计划,为残疾成人提供现金补贴和健康保险。如果有工作经历的人因为肢体或身心障碍不能再继续工作,残疾保险(DI)计划就能弥补其收入的部分损失。很多残疾人都有单独的、商业性的残疾保险,主要是由雇佣方提供或自己购买。在接受社会保障残疾保险受益24个月之后,无论年龄大小,残疾个体都可以根据医疗保险计划,接受政府提供的健康保险,该医疗保险计划主要针对65岁及以上的人。《社会保障法案》还包括补充保障收入(SSI)项目。该项目为有需要的老年人、盲人或者残疾个体提供现金收入补贴。不论这些人是否有工作经历,只要他们满足要求就可以获得补助。在大部分州,只要个体符合SSI的条件,就有资格享受医疗援助计划(需要同时符合联邦和州级的要求)。该计划主要是为低收入人士提供健康保险。医疗援助包括为智力援助落后者(ICFs/MR)提供中间性的照顾服务,如提供家中照看和服务项目。很多残疾人还从其他计划中获益,这不是因为残疾才有资格获益,例如老年人和幸存者社会保障保险和医疗保险(65岁及以上的人)。

联邦适用于残疾人特殊团体的这类其他主要项目有4个。因服役引起的残疾退伍军人可以获得退伍军人补助项目的特殊现金补贴,不是因为服役成为残疾人的退伍军人也可以获得特殊养老金。煤矿工人由于肺尘病或其他肺病而导致残疾的,根据不同情况,可以接受两个不同的特殊补贴项目的任何一个(一个是由社会保障管理局分发,另一个是由劳动部分发)。

聋和听力残疾人的高等特殊教育课程得到了联邦政府的大力支持,主要是由加劳德特大学、国家聋人技术学院和其他4所地方性高等学院提供。此外,公立和私立大学获得联邦政府资助的教育课程必须适用于所有类型的残疾人。一些学校还超越了法律要求,调整并提供支持服务。

还有很多康复和职业培训服务。根据《康复法案》第一条款的规定,联邦政府和州政府需提供职业康复服务,如身体康复、职业培训及为智力残疾和肢体残疾人士提供安置,无论其是否有工作经验。大部分事故和健康保险政策涵盖了身体康复服务项目,有时候也会包括职业康复的项目。事实上,一些州的工人补偿法都有康复服务的要求。康复服务的筹资形式很多,包括私人机构、营利性公司和机构、私立非营利性机构和州级机构的保险等等。经过多年来的发展,如今由私营的营利性公司提供的康复服务已越来越成为一个较为普遍的现象(泰勒等人,1985)。

私立非营利性机构在为残疾成人提供职业培训、康复和其他技能发展服务方面,发挥了重要作用。这些组织包括智力落后公民协会、伊斯特尔·希尔斯、慈善工业和脑瘫联盟。这些组织的一些活动经费是由政府提供的,其他则是通过为一些商业组织工作来获取合同经费的。

大部分雇主面临残疾人就业成本不断增长的现状,因此对雇员的管理、康复和残疾预防非常关注(施瓦茨,1984)。他们在很多领域都投入了更多的精力,包括康复、职业训练和职位调整,以此方便残疾人就业和重新回到就业岗位。虽然与联邦政府签订的每一份合同价值超过2500美元,但必须配合坚决的行动计划才能保证并促进残疾人就业。

自我援助、推介和训练服务也适用于重度残疾人士，目的是提高他们独立生活的能力。这些服务可以从由社区的非营利性中心和州级康复机构形成的服务网获得。此外，支持性就业也是为重度残疾人设计的一个重要的新型计划，因为重度残疾人很长时间以来被认为是不能就业的。这些残疾人（尤其是智力落后者）可能需要持续性支持，但是他们若接受了高度结构化的训练，并能在工作当中获得一些支持，就可以在综合性环境中从事一般岗位的工作（曼克，1986）。

残疾人还可以获得特殊的住房和交通服务，这是由联邦政府和州级以及地方机构资助的。这与残疾人的特殊康复计划一样，地方政府、服务机构、慈善组织和私营商业机构发挥了重要的作用。治疗性康复也是一些康复计划的组成部分。此外，很多地方康复组织和机构，包括一些艺术类机构，都做出了调整，以方便残疾人参加或同普通公众一起参加。

参见 教育计划的无障碍性；美国残疾人法案；残疾人康复；康复

ADVANCED PLACEMENT PROGRAM
高级安置计划

1955年设计的高级安置计划是为中学生设计的，以达到大学水平的课程与考试。该项目是由公立和私立高中、学院、大学等成员组织组成的非营利性机构学院委员会实施与管理的，为高中生获得高级安置和大学教育提供了机会。

高级安置课程为能力强的学生提供了进一步学习的机会。完成该课程的学生并不需要通过高级安置考试，但选择考试并且考试成绩合格的学生就有获得高级安置并进入大学学习的机会。

参见 超常儿童加速教育；天才和资优儿童

ADVANCE ORGANIZERS
先行组织者

先行组织者是在学习者获取新信息之前，展示给学习者新信息的引导性概述或概念模型。奥苏贝尔（1960）最先提出了先行组织者的概念，主要是针对学习阅读的人设计的。先行组织者的理论基础是当信息与学习者现有认知结构相联系，学习将会被强化，这能让学习者组织和解释新的信息（迈耶，1979）。因此，先行组织者能帮助学习者有效做好接收新的学习的准备。他们既能为学习者提供他们未知的重要前提性知识（称为说明性组织者），也能帮助学习者在新信息与现有知识之间建立联系（称为比较性组织者）（奥苏贝尔，诺瓦克和黑尼西安，1979）。

先行组织者可以是口头的或者图解的，展示的形式是多种多样的，包括概述提纲、类比、举例、引人深思的提问、实体模型、图画（如认知地图）等等（亚历山大，威廉斯 1979；祖克，1991）。虽然，先行组织者最初被构思为抽象介绍，但当它是具体的或学习者熟知或是众所周知的时候，先行组织者的作用就会非常明显。以这种方式，先行组织者为新知识提供了框架或认知地图。

ADVENTITIOUS DISABILITIES
后天性残疾

残疾可能在儿童出生过程中出现，也可能是由于疾病或事故所导致的。在出生后才造成的残疾称为后天性残疾。其中有由于持续的高温或者脑部供氧不足导致的脑部损伤。后天性残疾还可能是由脑创伤所致，或者是身体其他部分的损伤所致。造成后天性残疾的另一主要原因是儿童虐待。儿童虐待是情感上、身体上的损害，可导致持久的学习问题。与后天性残疾相联系的儿童残疾还包括听力障碍或聋。听力缺失可能在出生时出现，也可能是后天偶发获得的，主要是由于疾病和事故造成的。后天性残疾和偶发性残疾的出现情况相类似（但有完全不同的病因学基础），结果可能也有所差异。

参见 脑损伤；儿童虐待；后机构化儿童

ADVOCACY FOR CHILDREN WITH DISABILILTIES
残疾儿童的辩护

残疾人的辩护如今已成为关注残疾人法律权利的复杂事实。该术语实际上有多种涵义，主要依据辩护者而言。从本质上说，辩护是指残疾个体、他人或团体试图保障残疾人所应得的权利。鲁斯（1983）指出，辩护运动应追溯到 20 世纪 30 年代，那时，智力落后儿童的家长开始对那些声称帮助儿童及其家庭的专业人员的冷漠、不适当的行为做出应对。对专业人员的回应感到失望的家长们转而相互帮助。

希尔（1983）对早期辩护运动发展的若干不同辩护类型进行了描述。虽然这些不同类型的辩护的定义和实际操作可能各不相同，但是以下残疾人的辩护途径可以得到确定：

（1）自我辩护：“部分自觉意识的提升，自信的训练和指导消费者参与的跳板。”（希尔，1983）

（2）家庭辩护：最悠久也是最深入人心的辩护。

（3）朋友辩护：助人为乐，来自个人、自愿的帮助，又称为公民辩护。

(4)残疾权利辩护:受过训练的专业辩护人员,主要负责满足个体需要和致力于人类服务系统。

(5)人权辩护:通常是由志愿者和专业人员组成的公民审查委员会。

(6)内在辩护:个体内部而不是外部,以及努力保护会员权利的人类服务机构(有时也称为巡视员)。

(7)法律辩护:主要为非营利性、代表公共利益的法律项目,包括一些私人的或政府律师(希尔,1983)。

虽然个别特殊教育工作者单独行动或通过专业组织行动,但是也可能视自己为他们所服务的残疾儿童的辩护者,其同时承担双重角色可能存在内在冲突(贝特曼,1982)。特殊教育工作者必须熟知本领域目前的伦理法则与法律进展情况以及整个教育领域的法律发展情况。

AFFECTIVE DISORDERS
情感障碍

情感是可以从外部观察的人类情感(如面部表情、语调)的即时表达成分。情绪被认为是个体感知世界的、持续不变的情感。情感障碍,如美国心理协会(1994)的定义,属于心智障碍,主要特点为情绪紊乱。

情感及其表达是人类经验的一个组成部分,只在某些条件下,情感的表达被认为是不适应的,事实上情感的缺乏有时也被认为是不正常的情况。只有当情感反应与发生事件不相符时,当反应持续的时间不典型时,或当情感反应影响了个体心理、社会或职业功能时,这种情感反应才能被确定为情感障碍。

情感障碍包括两个基本组成要素,即抑郁和躁狂,这两个表现是正常性的高兴与悲伤反应连续性过程中的两个平行的、相反的极端。在日常生活中,抑郁和躁狂都有相对应的表现:与抑郁相对应的表现为悲伤、沮丧,与躁狂相对应的表现并不明显,但可以描述为人有时在应对压力时所表现出的情绪爆发活动。

在形式上,抑郁和躁狂都是情感、认知和肉体或动机水平的表现特点。抑郁的主要情感成分为悲伤和忧郁,通常还伴有犯罪感和无用感。这些情感渗透了一个人一生所有的经历。从认知角度而言,抑郁者的特点是对自身、世界和未来抱悲观、扭曲的看法,抑郁者总是显出一副莫名的绝望感。从身体功能而言,抑郁者经常食欲不振、睡眠紊乱、精疲力竭、心灰意冷。从认知角度而言,躁狂者的特点是表现出夸张的、爆发性的自负,他们认为自己有能力实现宏伟的目标并获得成功,或者自认为拥有高超的才能。

情绪障碍一直就是精神疾病最常见的症状,但在现代社会中,它的比例仍在增长(凯勒和贝克,1992)。抑郁被认为是精神疾病的主要征兆,在美国,有10%的男性和22%的女性都会在人生的某一阶段经历严重的抑郁。这种男女比例为1∶2的情况也出现在很多不同文化圈中,如欧洲、非洲和北美(但也有例外,如美国宾夕法尼亚州的阿门宗派)。由于社会普遍接受的观点为女性对人生悲苦的反应为被动和抑郁,因此人们认为女性比男性有更多的抑郁经历。男性经历或表现抑郁的可能性要比女性小,因为男性表现抑郁时,与女性相比,可能受到的社会压力更大(或受到社会的支持要小)。此外,男性可能更能积极地应对各种压力,但伴有物质滥用(如酗酒)或反社会行为。

许多理论研究者认为抑郁会让人形成一种认知模式,而这一模式又会产生一系列抑郁症状。然而,贝克(1967)认为悲观和思维定式才是抑郁的原因,而不是抑郁的结果。他指出,有抑郁倾向的人易受到压力导致的消极思维模式的影响。在压抑之下,他们总是以最糟的可能情况和错误的逻辑(如根据一两件事情就下结论)来解释他们的经历,即使有其他合理的解释,他们仍会从经历的反面而不是经历的本来面貌解释。

对于从事儿童工作的人员来说,应对情感障碍最为重要的一点就是能否意识到并鉴别出儿童情感障碍的特征。首先要指出的是,这种障碍的出现率并不高,尤其当儿童没有进入青春期,没有经历各种坎坷的时候,表现出过于兴奋、多动、狂躁时,这更可能是多动症的症状(多动症也可能是由内分泌功能失调引起的)。另一方面,也有人在报告中声称抑郁的症状也会在3岁及以下的儿童身上出现。根据年龄的不同,抑郁的表现也会有所不同,岁数大的抑郁症儿童,其症状表现会与成人的症状表现很相似。接下来我们介绍年幼的学龄儿童的症状(年龄大约为6~14岁)。

儿童抑郁与成人抑郁的一个显著区别是,儿童很少在抑郁的时候寻求帮助或抱怨自己遇到这些不顺心的事情。相反,他们会对学校的态度非常冷漠或呈现社会性退缩的特点。有时候,他们会喜欢一个人在家,而不是和朋友们玩耍,他们可能会对头疼或胃疼做一些模糊的肢体示意,过于自觉或偷偷地哭泣。年龄大的儿童可能把自己看做学习能力差、不值得成人关爱、不愿意与其他儿童建立友谊的坏小孩。有时候,但不是所有的时候,他们看上去很难过,尤其是面部表情。在很长时间内,儿童的情绪也不会有明显的波动。总体而言,儿童总是只表现出一部分明显的抑郁症状,且症状模式可能在数周内不断发生变化。

这些症状表现都会以一种消极的方式被儿童表达出来，虽然对这点还远没有达成共识，一些专家认为在某些条件下，儿童可能会以攻击性的不良行为来表达抑郁。虽然一般很难区分真正的不良行为和因抑郁表现出的不良行为之间的不同，但有抑郁表现的儿童与其他原因导致的行为不良儿童相比，经常会对一些限制性强的环境做出反应。

参见 儿童神经衰弱症；儿童神经病；抑郁症；情绪障碍

AFFECTIVE EDUCATION
情感教育

情感教育是通过态度、思想、价值观、感情、信念和人际关系方面的教育来促进学生情感的发展(莫尔斯，阿迪宗，麦克唐纳和帕希克，1980)。藉由情感教育，给学生提供认知、原动力、社交和情感因素等交织、整合在一起的各种体验(莫尔斯等人，1980)，提升学生的自我意识(个体对自身的看法)和自尊心(个体对自身的感受)，发展学生的社交技能以满足学生的基本需要，让他们以愉快的方式与社会沟通(伍德，1982)。情感教育能帮助青少年培养价值体系、道德观念、独立性、责任感和自我指导能力(莫尔斯，1980；伍德，1982)。虽然情感教育并非仅针对特殊教育课程中的学生，但对其发展则是至关重要的，因为社交技能是在主流安置中成功的关键。

虽然大部分教育学者认可情感教育的重要性及其教育目标，但对具体目标或如何实现这些目标仍存在不同意见，这部分是因为目前一些专业术语的定义尚不明确，如自我意识、自尊心、情感态度等。然而缺乏系统化的课程并不说明情感教育的目标是不重要的(弗兰西斯卡尼，1982)。情感教育一般在普通教室中进行，并由教师在教学计划中清晰地设计出来(如伍尔福克，1995)。莫尔斯等人(1980)认为情感教育代表一种严肃的责任，是特殊教育的重要组成部分。本质上，所有儿童都有权利"在其情感发展过程中得到系统性的援助"(莫尔斯等人，1980)。

在情感世界中，系统性的教育对于情感障碍学生来说是至关重要的，这些学生包括那些没有掌握社交性发展、情感发展重要技能的学生，没有掌握控制自身行为、如何应对压力的学生，无法以一种社会可接受的方式交流情感与需求的学生，无法成功解决人际问题或与他人和平相处的学生(弗兰西斯卡尼，1982)。很难想象有上述缺陷的学生如何生活在一个他们毫无经验的环境中，然而，在高度社会化的教室中，必须实施情感教育，并且很多专家认识到了在日常教学中融合情感学习的必要性。

情感教育从学校心理健康发展运动中产生，但仍没有形成一个系统、完备的教学计划而成为正在进行中的学校教育改革的内在组成部分(莫尔斯，1980)。相反，情感教育发展的趋势是被降级到基础课程的边缘。如果情感教育要成功发展起来，教育者必须在目前的操作中为改变偶然性、随意性、间接性的教学方式而做出努力。

参见 自我和他人的发展性理解；自我感念；社交技能

AGE – APPROPRIATE CURRICULUM
与年龄相适合的课程

与年龄相适合的课程是一种特殊教育课程，主要是根据学生的生理年龄、发展水平或技能水平设计相当的教学活动。但与之匹配相当的课程是很难实现的，尤其对大龄、经过训练和重度残疾但水平一直处于学前阶段的学生。重度残疾的大龄学生经常需要持续的精细动作、认知和语言技能的训练，但也需要掌握某些实用技能，以便今后有利于社区和职业安置(德鲁，1984)。

《残疾人教育法案》规定为所有残疾学生提供合适的教育，但当解释什么是合适的教育时，仍存在不同的观点。根据正常化原则，学生有权获得与其年龄相适合的课程，尼戈(1979)把正常化定义为"为所有智力落后人士提供一切可能，使其生活方式和日常生活条件与社会正常环境尽可能一致"。虽然为有严重发展性滞后的学生讲授与其年龄相适合的课程可能不现实，但拉森和杰克逊(1981)认为这是特殊教育的使命："我们可能不会完全取得成功……(但)我们为学生设置的目标强调的是与一般文化相关的技能，而不仅只是在特殊教育教室中有一定价值的技能。"

目前，我们关于成长阶段、任务分析程序、行为矫正原则的知识，可以用来帮助我们考察与年龄相适合的教材、教授的技能、教学活动、教学环境、教学强化物。例如，小学年龄阶段的学生在学习视觉辨别形状的过程中，可以使用模板、形状分类装置，而对大龄学生可以开展使用社区标志和镶嵌图案等艺术类教学活动。对于其他技能，计算器可以代替数字线条，用彩色衣服来代替彩色立方体，装配组合职业类产品可以代替钉板和珠子类的教学工具(贝茨、伦扎里亚和韦曼，1981)。

由于大龄的重度残疾学生有很多技能根本无法掌

握(如阅读报纸和购买食品杂货),因此课程应关注其能通过学习获取的能力的培养(如读懂求生标识、指示说明)。为了判定不同学生群体需要掌握的技能,布莱恩等人(1979)采用生态细分法列出了学生当前或以后活动的环境和子环境。所列出的不同环境中的活动和参与这些活动所需的技能为课程目标的选择提供了参照标准。例如,匹配图片的技能可以和在药店购买指定药品联系起来,而识别不同食物则可以和在快餐店点餐联系起来。

教室的设计与装饰也应反映出学生生理年龄的特点。对大龄青年来说,青少年活动图片和电影明星的图片比卡通人物图片更适合用来装饰教室。很多特殊教育的课堂已经进入了中等教育的教学环境中,这为残疾学生使用与其年龄相适合的训练环境(如家庭理财室)提供了良好的机会。

重度残疾学生可能由于其极慢的学习进度和将学到的技能应用于新环境中存在困难,因此应给他们讲授多种重要技能,并让他们有机会在自然的环境中,如福利工厂、超市、公共交通工具等环境中练习使用这些操作技能。

参见 适应性行为;功能教学;功能性技能训练;智力落后

AGGRESSION

攻击性

攻击性通常定义为任何一种伤害或侵害某生命的行为(巴伦和比伦,1991),也有一些定义将攻击性行为视为对某物品的攻击(对财产的蓄意性破坏)或对自身的攻击(鲁尔和休斯,1985)。攻击性分为两大类:敌意攻击和工具攻击。如果攻击者的目的是伤害对方,该行为则称为敌意攻击,而工具攻击是指为实现某一目的而采取(获取某物或保护个人的活动空间)的攻击行为。霍兰伍兹(1977)把攻击性与武断性区分开来,他强调攻击性具备威胁性、暴力性和强迫性。

攻击性有时会与其他紊乱行为问题联系起来,经常会与多动症、过度分裂行为、冲动行为密切相关。已有研究表明,冲动认知速度和攻击性及对攻击性后果缺乏关注之间呈正相关(布罗津斯基,1979)。

某些攻击性行为在儿童中很常见,也是儿童行为发展过程中的正常组成部分,但只有当儿童的该类行为出现频率过高,并具备很大的潜在威胁时,才被鉴定为攻击性儿童。

对攻击性行为的解释可以从 5 个理论视角入手:行为学或生物学、心理动力学、动力理论、社会学习理论、社会认知理论。洛伦兹(1966)从生态学的视角出发,认为攻击性是由天生的争斗本性引发的。攻击的能量是日积月累地建立起来的,必然在最后直接或间接地得到释放。但关于人类进化或遗传因素的证据很少,更可能的是环境历史决定特定攻击性行为和目标(西梅尔,哈恩和沃尔特斯,1983)。

根据社会学习理论(班杜拉,1973),获得性攻击行为是通过示范者、儿童的强化历史和当前偶然攻击的强化而学习到的。众所周知,儿童可以从生活中或电影中的示范者、成人、同伴和卡通人物那里学到攻击性行为。他们还可能去模仿社会地位较高的人的攻击性行为和那些没有因攻击而受到惩罚或者攻击性行为得到强化的个体的攻击性行为。此外,当某一特定或一般的攻击性行为模仿没有受到惩罚,反而受到奖励时,儿童实施这一行为的可能性就更大了。威胁或者辱骂带来的厌恶性刺激,或者显著强化物的消退,也有可能激发攻击性行为。

一旦攻击性行为成为某人的行为特征,攻击性就会因不断的强化而得以长期存在。矛盾的是,一些受到体罚的人,其潜在攻击性行为可能会大大增加(阿克塞尔罗德和阿普舍,1983)。攻击性还可能由个人判断其行为合理性的心理过程来保持。随着班杜拉理论的不断发展,研究重心已从行为转到认知过程的重要性上,这包括个人的思维、感觉、态度和自信心。

人际间认知问题的解决关键在于儿童产生解决社交问题的多种策略的能力。解决社交问题的相关技能包括:对社交问题的敏感、确定其他解决途径、找出实现社交目标的途径、考虑行为的可能结果以及考虑造成其他人的行为的可能原因。儿童掌握解决社会问题的策略越多,那么他们的社交能力也就越强,而实施攻击性和冲动性行为的可能性也就越小。

一种相关的方法是强调要教儿童处理挫折的健康方式(费根和希尔,1987)。通过训练,儿童将能认识到挫折所带来的各种感受,接受这些感受,并学会忍受和采用应对技能,教师则应该教导有攻击性倾向的学生通过更适合的途径,去应对不可避免的各种挫折。

参见 认知行为治疗;行为失常;社会认知理论

AGRAPHIA

失写症

根据《教育百科全书》(1915),失写症是指已掌握言语表达能力的个体由于部分或全部能力缺失,以至无法通过书面符号来表达自己想法的,与言语相关的一种紊乱症状。该定义现在仍在使用。失写症经常与失动症以及所谓的运动失语症有联系。

参见 书写困难;书写

AICARDI SYNDROME
艾卡地氏综合征

艾卡地氏综合征(AS也称胼胝体发育不全)是最常见的裂脑术后引起的发育不全和生殖障碍综合征,有时被用来指替代胼胝体发育不全。胼胝体是脑内最大的联合区域,主要连接大脑的左右半球。

基于不同程度的生殖障碍,症状表现也各种各样。但最常见的症状是:智力落后、自闭症、强迫症、癫痫发作和巨头畸形症(吉尔伯特,1995)。当到了晚期时,ADHD即注意力缺陷多动障碍是常见的结果。女孩发病率较高,因为是X染色体显性基因突变所致,所以严格地说,AS只有女孩才发生。在胼胝体发育不全之中,AS最严重和典型的结果是严重的智力迟缓和身体畸形,特别是脊柱和口面区畸形。诊断采用CAT扫描或MRI(核磁共振成像)检查。由于可能存在各种反应,还建议采用神经心理测试。

治疗完全是根据症状实施的,所有患病儿童都需要接受特殊教育服务,并且可能需要接受多种残疾特殊教育服务。在少数严重胼胝体发育不全病例中,完全无症状的也有报道,故应强调必须进行神经心理定期复查和干预计划阶段性再评估。一般AS在青春期已无典型症状出现,失调不再发展。最严重的胼胝体发育不全,一般可导致婴儿期死亡。

AIDES TO PSYCHOLINGUISTIC TEACHING
心理语言学教学辅助

心理语言学关注交流的交互性和隐含的心理功能,注意说话者或书写者发出的信号或符号的过程,以及接收者是如何解释这些信号的。

语言课程和评估技巧以心理语言规则为根据,并应用于教学过程中。心理语言学的一个基本原则在于,语言是由具体的、可识别可测量的成分组成的;此外,如果某个成分中存在缺陷,这种缺陷也是可以补救的。这一理论引出另外两个设想:儿童学习失败是由其自身的弱点决定的,而改善弱点就能提高其课堂学习的效果(哈米尔和拉森,1974)。如果以上设想是正确的,那么旨在改善其心理语言弱势的课程既是必要的,又能产生积极的效果。如果以上设想不正确,则意味着在教育领域实施这些课程,是浪费宝贵的时间和资金。

在其研究综述中,哈米尔和拉森(1974)证明,心理语言学训练的效用性并没有充分地得到证实。他们指出,很多异常儿童正在接受旨在提高其心理语言能力的训练。根据他们的研究,他们认为有必要去判定在当前的课程中,语言的结构是否得到了很好的训练。他们还声称,必须确定这样的训练对哪些儿童有价值。

阿特和詹金斯(1977)在其对特殊教育中模式应用的益处和普及程度的考察中得出的结论是,在模式评估中,研究的结果并没能证明实施基础性教学计划的有效性。在14项研究中,13项研究表明,学生没有接受符合其模式优势的个别化辅助式教学指导。此外,他们声称"不断致力于测验工具和技巧的研究与发展可能能够保证模式的应用,但是,据实践者所知,模式的应用没有被证实有效"。

最近使用一种量化统计方法,也就是效应值(ES),来总结教育研究的成果。该统计进行量化后可以通过两个指数来判定不同研究中取得的进展情况,这两个指数分别为进展的方向(+或-)和进展的程度,1.00的效果值表示有34%的进展。卡瓦尔和格拉斯(1982)指出了使用由卡瓦尔1981年实施的多元分析法来调查心理语言训练的有效性。卡瓦尔的研究产生了240个效应值,总值为0.39,卡瓦尔总结指出,在某特定环境中心理语言训练是有效的,应该纳入总体补救教学中来。这个研究结果也有一定的局限性,因为在不同调查中研究方法会存在差异,而这一点在该研究中忽略了。此外,该测试结果是基于成果测验得出的(也就是伊利诺心理语言能力研究测验),而不是学业测验。采用成就测验的进一步分析研究找到了合适的效应。心理语言程序任务的进展是否要通过课堂学业任务表现,这一问题目前还没有答案。

参见 菲那德方法;奥顿—吉林厄姆方法;心理语言学

ALBRIGHT'S HEREDITARY OSTEODYSTROPHY (PSEUDOHYPOPARATHYROIDISM)
奥尔布赖特氏遗传性骨营养不良症(假性甲状旁腺机能减退)

奥尔布赖特氏遗传性骨营养不良症被认为是由X染色体遗传异常而引起的血中低钙和高磷,可导致不同程度的智力缺陷。罹患该疾病的多数儿童还被发现存在听觉和视觉问题。有时甲状腺机能亢进也与奥尔布赖特氏遗传性骨营养不良症有关,因此还可导致人格和行为的改变(卡特,1978)。

患此病症的儿童通常身材矮壮,四肢末端及前额骨骼畸形。脑、皮肤和器官出现钙沉积,异位钙化同样发生在掌、腕、跖,手指和脚趾变短而粗硬,还可能出现酸味和苦味的味觉损害及嗅觉的损害,腺体分泌紊乱,性腺发育迟缓(莱梅肖,1982)。

值得我们注意的是,神经学上的、感官的、运动的问题经常伴随这一综合征。发育和智力状况的评估对衡量每一个残疾儿童残疾的等级是必需的。由于可能出现癫痫发作,有时需要药物治疗,但用药物治疗时必须对药物充分了解,并对药物治疗过程加以监控。

参见 甲状腺机能亢进;身体异常

ALEXANDER GRAHAM BELL ASSOCIATION FOR THE DEAF

亚历山大·格雷厄姆·贝尔聋人协会

亚历山大·格雷厄姆·贝尔聋人协会是一个于1890年成立的非营利性组织,该协会的宗旨是通过提升听障人士学习、使用、保持、提高语言沟通能力的权利和机会,包括说话、看话、使用残余听力以及运用口头和书面语言的能力,来提高听力障碍人士独立行事的能力。为了达到这一目标,协会致力于:①促进公众更好地理解儿童和成人的听力缺陷问题,②促进婴儿早期听力缺陷筛查,③促进及时干预和使用适当的助听设备,④发布各种听力缺失的信息,包括致病原因和治疗途径,⑤为聋童和重听儿童教师提供在职训练。该组织还与医生、听力专家、言语语言专家和教育工作者合作进行听觉、口头沟通方面的相关研究,以促进不同年龄段听障人士的教育和社交机会。

ALEXIA

失读症

失读症经常是一种成人阅读障碍(莱扎克,1995),该术语主要是用来区分成人阅读障碍和发展性阅读障碍,后者又被称为诵读困难。从字面上看,失读症源自希腊语,大意为"不可阅读",因此,更准确地说,失读症是指由于中枢神经系统不正常所导致的阅读能力完全缺失(托马斯,1977)。该术语适用于任一个体,不必考虑年龄因素。

参见 诵读困难

ALLERGIC DISORDERS

过敏障碍

过敏是指对某一物质(抗原)的过度敏感,但等量的该物质对他人没有影响,这种异常反应的一般形式有哮喘、花粉热、湿疹、麻疹或慢性鼻堵塞(过敏性鼻炎)。理论上讲,该术语只用于描述有明显的免疫机制存在的情况。20% ~25% 的美国儿童都会出现过敏症状,并且是天生的。过敏反应可能在出生时就有,但可能在任何年龄都会发生。

过敏可以分为两大类:即时性过敏(如过敏性鼻炎、哮喘和食物过敏)和延迟性过敏(如对毒性常春藤的过敏)。前一类病人的机体系统内有更多的抗体IgE,该抗体对引起病人过敏的物质产生反应,该物质可能是人所呼吸、食用或者皮肤接触的。该反应会造成人体某些细胞释放化学介质,如组胺和 5 - 羟色胺。这些化学物质会造成细小血管扩张,黏液腺分泌增多,平滑肌收缩,产生过敏症状。

过敏在哮喘病源学中起着重要作用,尤其是在儿童期哮喘中。由过敏反应释放出的化学介质会造成支气管壁的肌肉收缩,支气管收缩和黏膜下层腺分泌速度加快,分泌物堵塞气道。这会导致呼吸困难、喘息以及呼吸急促。哮喘症状可能比较轻微(每年发作一次或两次轻度哮喘),也可能会严重到每日发作难以控制的喘息。重度哮喘可能会限制个体的肢体活动,使学龄儿童无法正常就学。肢体运动可能会造成呼吸困难,成为体育课的一个重要问题。皮肤过敏很常见,尤其在年龄小的儿童中。

食物过敏可能是过敏研究中争议颇大的领域。有些过敏反应专科医师认为对食物的过敏反应很少见,而很多人认为过敏是疾病的一个常见病因。随着儿童年龄的增长,食物过敏的发生率也会降低。食物过敏的常见症状为肠胃不适,如腹痛、呕吐、腹泻和皮疹等。食物在一些过敏症中起到了重要作用,如过敏性鼻炎、哮喘和湿疹,尤其是儿童在 3 ~4 岁的时候。对食物和药物产生的严重过敏反应是过敏休克性反应,可能会导致死亡。任何一种食物都可能引起过敏反应,最易引起儿童过敏反应的有牛奶、鸡蛋、鱼、小麦、玉米、花生、大豆、猪肉和巧克力。

能引起重度过敏反应的叮人类昆虫包括蜜蜂、黄蜂、大黄蜂和小黄蜂。反应症状可能会在被叮咬后数分钟内发生,若出现此过敏症状需要及时进行医学治疗。

完整的病史和身体检查是诊断的重要环节。季节性症状特征、与动物的接触和常规饮食都为诊断病因提供了有用信息。对鼻腔分泌物、唾液和血的实验分析,会确定嗜酸粒细胞是否出现,并且在过敏反应中数量是否增加。肺功能检查与过敏原的皮内测试也能为确诊提供参考信息。另一个检查工具是 RAST 测试,检测血液中 IgE 的含量,以确定某种过敏原(塔夫特,

1973)。消除式食疗测验也可以判定过敏原,在避免食用某一食物两到三周后,观察病人采用该食疗测验后的反应情况。关注环境条件,如季节的变换,不同地方的绿植以及家庭、学校及工作单位的环境因素都有助于诊断医生确诊。

虽然过敏原的治疗未必有效,但控制症状的方法却是多样的。首先,该症状的治疗包括药物治疗,其中抗组胺剂是治疗过敏反应的常见处方药,它能有效阻止组胺的活动,但常伴有副作用,如镇静、兴奋和失眠。抗组胺剂经常与解充血药一起服用。哮喘经常用支气管扩张剂治疗,以缓解放松支气管附近的平滑肌。急性哮喘和过敏反应可以用肾上腺素治疗。这些药可能都会有副作用。对过敏严重的患者来说,可以使用一定量的皮质类固醇,但要限制用量,因为它能抑制肾上腺和儿童体格的发展。

第二种治疗方法是通过对环境的控制,也就是去除引起反应的过敏原,如宠物的毛发、灰尘和花粉。经常清理家什、在家和车内使用空调及其他预防措施都能防止很多过敏问题。第三种相关的治疗法是教哮喘患者和其他类型过敏的患者一些自我控制方法,包括放松训练、生物反馈矫正生理反应和关于医学方面的普及性知识。第四种治疗方法为免疫疗法,它是指给患者注射少量的稀释性过敏原,刺激免疫系统释放另一种抗体,抑制过敏原体和抗体之间的反应。最初每周注射一到两次,直到 2 ~ 3 年后结束疗程(佩特森等人,1978)。

哮喘儿童和慢性鼻炎儿童在学校的出勤率很低(夏皮罗,1986),哮喘儿童可能有 10% 的时间不能在校学习,这是导致其出现各种学习问题的直接原因。此外,过敏反应的季节性发作(尤其是秋季)和规律性反复发作导致学生不能到校读书,都会影响其在课堂上的表现、倾听能力与社交技能的发展。轻度过敏学生可能不会有明显的缺课情况,尤其在医学治疗、自我管理课程和家长教育的努力之下(迈克洛克林,诺尔和彼得罗斯克,1985)。而且,一些经常缺课的过敏儿童可能会影响其未来的社会经济地位。

由于过敏,还可能会造成儿童因中耳炎导致的听力困难的出现(诺森,1980)。在过敏学生当中,桑顿(1966)发现,很多有间断性听力缺失的儿童在筛查阶段没有被诊断出来。在过敏学生中还发现了构音或音质问题(贝克和贝克,1980)。3 岁儿童周期性中耳炎与言语和语言表现水平低有一定联系(蒂尔等人,1984)。

在行为和情绪障碍儿童中有些有过过敏史。金(1981)估计有以上障碍的学生中,70% 都有个人或家庭过敏史,双盲条件下过敏后会出现认知和情绪问题。根据报告,哮喘儿童及其家长都经常产生心理和个性上的变化(克里尔、玛丽昂和克里尔,1983)。然而,与行为问题的发生率和安置服务比较,过敏学生和非过敏学生在退学方面并没有显著的区别(迈克洛克林等人,1985)。

多动症与食物过敏有关。范戈尔德(1975b)主要关注人造食物添加剂(食用色素和香精)以及食物中天然存在的水杨酸盐的摄取,并基于临床观察和案例描述,提出了范戈尔德 K - P 饮食疗法(范戈尔德,1975a)。然而,控制研究相关评论(福尼斯等人,1983)驳斥了这一主张,同样不支持这一疗法的还有美国国家健康研究所研究医学应用办公室主办的共识发展大会的讨论结果。

过敏药物对行为有副作用,并且能加重现有的行为问题(麦克洛克林,1983)。茶碱与注意力不集中、多动、易怒、嗜睡以及退缩性行为明显相关,其负面作用会随着用药时间延长而增大。弗兰克瓦和他的同事(1984)研究发现,在茶碱的影响下,受测试者表现不佳。特布他林可以引起受测试者出现社会不适应行为(克里尔,1979),而皮质类固醇会影响学业表现(查等人,1981)。莱德等人(1980)发现,过度兴奋、失眠以及视力损伤都与皮质类固醇有关。抗组胺剂能引起镇静、口唇干裂及易怒。接受解充血药治疗的儿童可能会出现幻视(桑吉等人,1984)。

过敏障碍对专业评估、特殊干预以及家长参与都有重要意义。某些过敏以及药物副作用可能会导致行为问题,在设计特殊服务的时候需要进行特殊考虑。特殊教育中所教授的自我控制和管理技能可能对治疗这种疾病和特殊教育都有益。

ALPHABETIC METHOD
字母法

教儿童阅读的字母法在历史上就是与字母的发展相联系的。一旦字母与声音建立了结构上的关联(字母表),一种掌握该结构的方法也就出现了。历史上第一次关于使用字母法的记载见于古希腊和古罗马文明。教师教学生按照正确的字母顺序学会所有的字母就表明阅读教学开始了。在完全掌握了字母表之后,儿童学习按照音节、单词和句子把字母组织起来。教学被认为主要是一个口头过程,儿童背诵他发出的每一个音节或单词的拼写,然后将音节或单词念出来。直到 19 世纪后期,希腊和罗马都主要使用这种方法教阅读,即按照字母、音节、单词和句子这样的发展顺序进行教学。

在使用该教学法时,16 世纪和 17 世纪的教师无情地让儿童反复练习字母的名称(马修斯,1966)。在课本开发之前,教学材料主要是字母、音节和单词表,用于学生记忆。《新英格兰初级读本》是 17 世纪美国最主要、最广泛的阅读教材,每一个阅读单元都关注一个道德或宗教启示,在教学内容之前插入元音和辅音字母表以及音节表(如 ab、eb 和 ib)。用于拼写的单词表一般先是单音节的单词,然后过渡到双音节和三音节的单词(休伊,1980)。

随着英语的不断发展,字母已经不再以语音的形式直接表现,因此,让儿童通过简单地背诵字母去学习现代文学,会让他们感到很迷茫。鉴于这种困惑会影响阅读教学的效率,语音阅读教学法逐渐替代了字母法。到 20 世纪初,经典的字母法就已经很少使用了。

参见 *直接教学系统;阅读补救教学;全字教学法*

ALTERNATIVE COMMUNICATION METHODS IN SPECIAL EDUCATION
特殊教育中的替代性沟通

有重度沟通障碍的人可以从 AAC(扩大和替代性沟通系统)获益,他们在手势、言语或书面沟通上存在暂时或长久的能力缺失,以至于其沟通需求无法得到满足。对这些人来说,听力障碍并不是沟通障碍的主要原因,虽然一些人有有限的口语能力,但仍无法满足其多变的沟通需求。过去有很多术语用来描述这种障碍,如无言语、无口语、无声音、无语言和失音症等,但现在都不常使用了(美国言语—语言—听力协会,1991)。

20 世纪 70 年代中期,替代性沟通方法开始用于言语障碍人群。该方法又称为扩大沟通系统。目前,肢体、智力、情感和语言障碍儿童及成人都在使用这种沟通系统。美国言语—语言听力协会把扩大和替代性沟通系统定义为"一种集符号、辅助工具、策略和技巧于一体,以提高个体沟通能力的系统"。无辅助式沟通系统只利用肢体去沟通,包括手语、手势和面部表情。辅助式沟通系统则需要额外的仪器来沟通。使用无辅助式沟通系统优点很多,由于沟通速度快,有助于增进社会交流。当使用无辅助系统时,说话者和听者的眼神交流也会存在,许多手势和手语的意义也是明确的,十分方便学习和记忆。此外,在训练过程中,教授者可以规定和激励使用各种手语和手势。

辅助沟通系统需要额外的设备或仪器来进行交流。计算机、写字用的笔和纸、交流板都属于辅助沟通系统。辅助沟通系统包括一个沟通辅助物,它是交流的主要媒介;还有一个符号系统,是交流所使用的语言。

沟通辅助物由 3 部分组成:输入设备、沟通设备和输出系统。复杂的电子系统通常包括以上 3 个组成部分。而简易的沟通板只包括一件沟通设备。输入设备是用来控制系统的,包括头控棒、操纵杆、计算机键盘等。输入设备用来选择沟通设备上的符号。使用者选中符号后直接将之应用于沟通。扫描系统把符号选择传送给使用者,当满意某种符号之后,使用者会进行回应。扫描系统就如同高级猜字游戏一样。沟通设备可以显示所有的词汇,或者用编码组合而成的一些符号代表词汇。电子设备常通过小型灯或 LCD 显示屏,显示选中的符号。只要将完整的沟通信息输入完毕,输出设备如言语合成器、调制解调器或打印机就可以给他人传送信息。

使用辅助沟通系统也有不利因素,这些设备自身庞大,不便于携带和运输。通过机械设备的沟通也降低了说话者和听者的眼神交流次数,还影响二者的位置和距离。辅助沟通系统的最大缺陷是沟通的速度极低。正常的言语沟通速度为每分钟 150 到 200 个单词(戈德曼 - 埃斯勒,1986)。直接选择式的辅助性沟通系统速度为每分钟 6 到 25 个单词,扫描系统的速度则更慢,为每分钟两个单词(福尔兹,1987)。辅助沟通系统的速度过慢,影响了沟通的方式和数量。在后面,将介绍提高沟通速度的几种方法。

在扩大沟通系统出现之前,必须要对使用者进行体格、语言、认知和学业技能方面的全面评估。这需要一个专业人员组成的团队进行,包括言语—语言治疗师、物理治疗师、职业治疗师和学校心理学家。体格评估包括判定使用者的总的动作技能、运动幅度和速度、适应性姿势和就座以及精细动作的准确性。语言技能的评估包括判定使用者目前的沟通策略和接受语言的技能及使用者的沟通需求(别克尔曼和米伦达,1998)。语言专家则评估使用者的学业和认知技能,判定沟通系统的语言符号系统是否在使用者的能力范围之内。此外,还需要鉴定使用者的学业、职业技能和需求。总的评估结果用来判定最适合使用者的沟通辅助物是什么,是沟通辅助设备还是无辅助沟通系统,抑或符号系统。

与他人进行沟通的能力是将社会成员联系在一起的纽带,扩大沟通系统的发展为言语障碍个体开通了很多沟通渠道。虽然大部分扩大沟通系统并不是口头表达的完美替代物,但他们确实为与他人进行交流、互动提供了一种手段。

AMBLYOPIA
弱视

弱视,又称为抑制性盲(哈利和劳伦斯,1977),是由于其他缺陷导致解剖学上健康的眼睛丧失视力功能的视觉状态（伊登，1978）。弱视经常又称为“懒惰眼”，但这是个不当的称呼（仲登，1978），它意味着弱视是由肌肉问题引起的。而事实上，产生弱视的原因有很多，例如斜视（当看某物体时，两眼无法平行）可以导致弱视。斜视导致大脑为了减少双视线的干扰而忽略其中一只眼睛接受到的视觉信号，造成视力低下。其他因素，如散光也可以导致弱视。

由弱视产生的视觉障碍程度不一，从略微低于正常水平的视力缺陷到只能分辨大型物体的视力水平各不相同。弱视的治疗必须要根据病因来进行，并在早期（6 岁前）进行，因为儿童可能由于眼睛受损，而将永远丧失处理 20/20 映像的能力。

参见 盲

AMERICAN ACADEMY FOR CEREBRAL PALSY AND DEVELOPMENTAL MEDICINE
美国脑瘫和发展性医学学会（AACPDM）

美国脑瘫学会于 1947 年成立，1976 年改名为美国脑瘫和发展性医学学会（AACPDM），是一个由医生、持有专业证书的专业人员以及在脑瘫与发展性障碍研究、诊断、护理、治疗方面获有博士学位的人员组成的组织。该学会的 1200 名成员还包括一些非正式会员，主要是一些作业治疗、物理治疗和言语—语言治疗的专业人员。

该学会的活动和服务包括为研究、演示以及个人预备性实习提供奖励和资助，支持和进行继续教育活动。该学会每年召开一次年会。

AMERICAN ANNALS OF THE DEAF
《美国聋人年鉴》

《美国聋人年鉴》是一份旨在提高听力障碍儿童及成人教育和相关服务品质的专业性刊物。该刊于 1847 年创刊，是聋人及其教育方面历史最悠久、读者数量最多的英文刊物。年鉴是美国聋人教育者协会、聋校和课程教育管理者委员会的官方刊物。两个组织的执行委员会成员组成联合年鉴管理委员会，承担年鉴的管理工作，负责年鉴的出版。

150 年来，年鉴主要关注于聋生教育以及为与聋人教育发展有关的专业人员提供各种信息。目前，年鉴扩展了涵盖内容，除了教育还包括与聋童和成人福利相关的教育者广泛感兴趣的各种议题，为各种专业读者提供出版服务。年鉴讨论的主题包括沟通方式和策略、语言发展、主流与寄宿学校、亲子关系、教师培训和教学技能等等。

该刊每年出版 4 期，分别于 3 月、7 月、10 月、12 月发行。此外，每年还出版一期参考刊，为聋生、重听学生及其老师详细介绍美国和加拿大的课程、学校的名称和概况等。除了上述内容，参考刊还提供聋生、重听学生及聋校在人口、听力和教育等方面的信息，这些数据资料是由加劳德特研究机构的评估和人口学中心每年进行收集和编辑的。

AMERICAN FOUNDATION FOR THE BLIND
美国盲人基金会（AFB）

美国盲人基金会（AFB）是一个于 1921 年成立的非营利性组织，为地方盲人和视觉障碍者服务的全国性合作伙伴。该组织是一个为盲人或视障者、视障组织以及公众提供资源的全国性组织，其宗旨是让盲人或视障者获取与健全人同等的机会和待遇，以保障其生活的自由。

美国盲人基金会的起源可以追溯到 1921 年夏天，那一年艾奥瓦州文顿市的专业人员在一起开会，会议由美国盲人工作者协会（AAWB）发起，该协会人员认识到组织一个全国性的，不隶属于任何特定利益集团、专业组织或任何地区或州级盲人组织的，为盲人提供服务的独立组织是迫切需要的。

海伦·凯勒自 20 世纪 20 年代起直到她去世，都和该基金会保持着密切的联系，该组织在美国也被认为是海伦·凯勒一生的事业。在为盲人基金会工作的 40 多年里，海伦·凯勒代表基金会，致力于教育立法者和公众盲人所需要的服务。

基金会主要是通过盲与视障者非医学方面的四大领域来实现其宗旨的。第一大领域是发展、收集和传播有关盲与视障者的各种信息。每年都有十万多盲人、视障者及其家人、朋友、盲领域的专业人员和普通大众需要基金会的活动、服务内容的介绍以及与失明和视障有关的各种信息。

该领域内的活动还包括为专业人员、消费者出版关于盲的相关书籍、手册、音像制品及期刊。基金会出版的一份专业学术期刊为《视障与盲》。此外，该组织还负责保存整理海伦·凯勒档案文献，这是由海伦·凯勒本人捐赠的、宝贵的个人材料。该基金会还拥有 M. C. 米格尔纪念图书馆，这是世界上有关失明印刷资料最全的图书馆之一。

鉴定、分析盲人与视障者的现状以及为其提供可行的解决方案是由专业机构、盲领域的专业人员以及决策机构完成的。该基金会的第二大领域就是在教育、就业、老龄化及科技方面为盲人提供专门知识或技能服务,开展评估并出版影响盲人及视障者生活质量的政策研究成果。该组织还是辅助产品与技术研发的倡导和评估机构。因此该基金会的另一职责就是建立职业维持与技术信息库,这个网络系统为来自 50 个州及加拿大的在家、学校、单位使用辅助技术的盲人提供服务,也为那些愿意和能够为盲人提供援助的人提供支持。

为实现其宗旨,该基金会还致力于对决策人员以及公众的教育,使其了解盲人和视障者的需求及能力,为立法提供咨询服务,并代表盲人与视障者在国会以及政府机构参与相关立法活动,以实现立法目标。通过公开出版的书刊、音像制品、展览和公共服务宣传等途径,公众对盲人以及视障者能力的认识已得到了提高。

美国盲人基金会出版和发行图书、音像材料,还包括录制和国会图书馆签约的有声图书,还为不同公司非营利性组织录制年度报告和其他出版物,这样可以使有印刷品阅读障碍的雇员、客户以及股东易于阅读这些资料。

AMERICAN JOURNAL OF ORTHOPSYCHIATRY
《美国行为精神病学杂志》(AJO)

《美国行为精神病学杂志》是美国行为精神病学协会的季刊。该协会于 1926 年成立,1930 年开始出版发行《美国行为精神病学杂志》。该季刊刊登的专业学术论文都是从跨学科角度来写的,内容涉及公共政策、专业实践,以及与精神健康、人类发展有关的信息,主要包括临床、理论、研究、综述以及说明类的文章。这些文章关系密切,主要针对相关概念理论的发展,主要议题的重新概念化以及解释说明等等。

该期刊讨论的很多主题都是特殊教育者所关注的。自创刊以来,《美国行为精神病学杂志》就围绕着社会问题与残疾、儿童精神病、精神病、学校恐惧症、抑郁症、自杀、儿童虐待、智力落后以及以上疾病的治疗展开研究与讨论。多年来,撰稿人和编者都是来自于发展性医学、发展精神病理学、儿童发展、学校心理学、临床心理学、特殊教育、神经学、精神病学、心理健康等领域的优秀学者。《美国行为精神病学杂志》是发表特殊教育领域优秀学者成果颇具影响力的学术期刊。

AMERICAN JOURNAL OF PSYCHIATRY
《美国精神病学杂志》

《美国精神病学杂志》于 1844 年创刊,原名为《美国精神失常者杂志》,于 1921 年改为现名。该刊是美国精神病学协会的官方刊物,是全世界精神病学领域内读者最多的刊物。该刊为月刊,发表供同学科研究者借鉴的研究成果与论文,主要内容为精神病学的生物学发展以及精神病学的法学、伦理、社会和经济问题的最新研究动态和治疗成果。该期刊还包括给编者的信、书评和美国精神病学协会的官方报告等。最让读者感兴趣的是一些专家的研究综述和特别栏目论文,这些文章颇有深度地讨论了精神病的主要症状和问题。

AMERICAN ORTHOPSYCHIATRIC ASSOCIATION
美国行为精神病学协会(ORTHO)

赫尔曼·阿德勒赫和卡尔·门宁格于 1924 年在芝加哥青少年研究院创立了美国行为精神病学者协会。该组织是一个非正式组织,在对其会名与目标进行了争论后,最终在次年改名并重新登记为美国行为精神病学协会。1926 年,该协会修改了章程,重新确立了入会资格,会员不再仅限于医生,而是包括精神病学者、心理学者、社会工作者和其他"致力于行为紊乱人士的研究与治疗"的专业人员。艾森伯格和德马索(1985)于 1927 年 10 月 1 日印制的第一批会员册显示,协会会员包括 45 名精神病学者、12 名心理学家、5 名社会工作者和几名律师及刑法学者。该协会的目标为集中精神病学者、心理学者及相关致力于人类行为的心理健康工作者的技术、目标与愿望,为行为问题学生和科学研究及传播提供交流平台。早期会员还包括许多特殊教育者耳熟能详的著名心理学家,如埃德加·杜尔、莱特纳·魏特默和卡尔·默奇森。

莱特纳·魏特默在心理学发展历史中占有重要地位,他创造了"临床心理学"这一术语,并创建了学校心理学,成立了第一个心理学诊所,还发明了"优生学"一词。当他邀请神经学者合作研究案例时,创造了团队合作解决儿童心理问题的方法(爱森伯格和德马索,1985)。该协会随后成为 20 世纪早期儿童辅导运动的主导力量。1930 年该协会出版了《美国行为精神病学杂志》,该期刊读者群广泛、信誉度高。在早期,该刊激烈争论了在儿童心理健康紊乱治疗中,不同专业人员(如精神病学者、心理学者、社会工作者等)的角色和职责。

目前,很多特殊教育者参加了该协会,协会也开始致力于残疾人社会、科学和公共政策问题的研究,包括旨在提高残疾人生活的诊断、评估和治疗。《美国行为精神病学杂志》实行会员优惠政策,刊登了很多与特殊教育相关的文章。

参见 《美国行为精神病学杂志》;莱特纳·魏特默

AMERICAN PRINTING HOUSE FOR THE BLIND (APH)

美国盲人出版社

美国盲人出版社是历史最悠久的私人、非营利性的盲人机构,于1858年在肯塔基州路易斯维尔创立。该出版社是世界上最大的专门致力于为视障者提供产品和服务的公司。1879年美国国会通过的《盲人教育促进法》,使得美国盲人出版社从联邦政府获得资金为视障者出版教材和教辅。根据该法律,拨发的资金由各州用于购买盲人出版社出版的教材,中小学盲生使用(美国盲人出版社,1998)。

该机构的宗旨是利用特殊媒介、工具及盲人教育、生活所必需的材料来提高盲人和视障者的独立性。美国盲人出版社提供多种产品和服务,包括盲文、大字体印刷品、录音制品、光盘、触觉图形出版物以及大量教育与日常用品。该出版社还设计了各种帮助消费者和专业人员的视觉服务,包括路易斯资料库,该资料库列出了在北美可以通过无障碍媒体获得的所有资料,还有帕特森项目,这是出版社研究开发的阅读教学课程。

出版社出版的磁带有声书,由代理录音室录制,深受不同年龄的盲人与视障者欢迎。有声书包括小说和非小说类作品。从浪漫小说到烹饪书,都是由教师、演员和传媒界的专业人员录制的。大部分有声书都可以在国会图书馆分馆,即国家盲人和残疾人图书馆免费借阅。出版社还直接为盲人读者提供3种杂志,即《读者文摘》、《新闻周刊》和《读者周刊》。

AMERICAN SIGN LANGUAGE

美国手语

在过去的20年里,美国手语作为聋人与健听人的一种切实可行的交流工具得到了迅速、广泛的传播。美国手语(ASL),又称为北美式手势语(Ameslan),被认为是一种有其独特语法结构特点的自然语言。目前,大约有50万的美国、加拿大聋人在使用美国手语。

手语是由手、手臂、眼睛、脸、头和身体的特殊运动与变化组成的,相当于口语中的单词与超音段特征。在确认美国手语主要组成部分时,语言学家发现区分手势中手与非手的运动是非常有用的。手势组成,最先被斯托克(1960)称为"cherology",与口语中的语音系统是相符的。每一个手势都包括4个基本组成部分:手的形状、准确的位置或方位、某一特定方向的运动以及与不同手形同时出现的手掌方向。

不同手语因其手势在空中位置的不同而形成不同的派别。男女手语不同也是因其位置不同而决定的。例如,"男人"的手语为在前额处的手的4个手指和大拇指握住想象中的帽檐,然后把手放平,手掌朝下,离开远离想象中的帽子。"女人"的手语则为右手拇指做字母A的手势状,在右侧脸颊处移动大拇指,然后把手放平,手掌朝下,远离脸部。

美国手语与英语之间在句法上存在一定的相似性,手语的其他语法特点适应以视觉—手语模式的沟通。关于手语语序可否相对灵活和某些句法手段能否有效表达信息仍存在争论。其中一个句法手段就是省略语法上的词素,如冠词和联系动词"to be"。信息的传递是通过在空间上建立参照指示,并通过手的指点和眼睛凝视来参照不同位置。第二个句法手段是表示地点、数字、方式、大小和形状的手势之间的组合。第三个句法手段是非手势语的运用,如面部表情和身体姿态。这在美国手语的句法、语义以及语用功能上都是非常重要的,他们经常承担着与口语超音段作用类似的功能。眼睛凝视可以实施指示性参照或建立交流中的参照。上扬眉毛意味着引入话题和提问,眨眼则意味着正确解释条件句和疑问句。对手势语做出部分摇头或全部性摇头可能意味着对部分或全部手语交流信息的否定。此外某些非手语行为可能意味着特定的词汇。例如"咬"的手语就会伴随着张嘴咬的动作。"放松"的手语伴随着快速呼气和撅起嘴唇出气。非手语指示经常会与手语配合使用,来表达特定的语言结构和语义联系。

参见 特殊教育中的替代性沟通;扩大性沟通系统

AMERICAN SOCIETY FOR DEAF CHILDREN

美国聋童协会(ASDC)

美国聋童协会于1967年成立,是一个面向聋童和重听儿童的家长及家庭的全国性非营利组织。其目标是为聋童家庭提供信息,给予支持和鼓励,倡导他们完全、高质量地参与教育与社区生活。该社团根据家庭的要求提供大量信息,帮助家人根据目前准确的资讯做出决策,支持使用手语,鼓励积极看待聋文化。

美国聋童协会开通了家长热线,其总部位于加州首府萨克拉曼多市。

AMERICAN SPEECH - LANGUAGE - HEARING ASSOCIATION

美国言语—语言—听力学会(ASHA)

美国言语—语言—听力学会是一家专业性、科学性学会,由超过96,000名美国和国际言语—语言治疗师,听力学家,言语、语言和听力科学家组成,其宗旨是维护听力学、言语—语言治疗专业从业人员的利益,为交流障碍人士提供高质量的服务。

该学会的一个重要举措就是制订言语治疗临床能力证书(CCC - SP)和听力治疗临床能力证书(CCC - A)的标准。交流障碍专业从业人员必须完成严格的培训并考核达标,才能获取这些颇有影响力的证书。该学会还与各州政府积极合作,制定交流障碍专业人员的从业标准与程序,并在言语—语言治疗学及听力学领域中占有地位。

AMERICANS WITH DISABILITIES ACT
《美国残疾人法案》(ADA)

1990 年通过的《美国残疾人法案》是一部综合性的公民权利法案,旨在消除对残疾人的歧视。该法是一部公民权利法,所以,它取代了其他任何地方性的、州级的或联邦级的赋予残疾人较少权利的法律条文(美国各州特殊教育行政主管联合会[NACDSE],1992)。联邦政府不为《美国残疾人法案》的执行拨款;但广大公立和私立的研究机构(包括教育机构)必须遵守法案的规定。《美国残疾人法案》的目的是:“①为消除对残疾人的歧视提供一个清晰、全面的国家规定;②为消除对残疾人的歧视提供清晰、有力、一致、可实施的标准;③确保联邦政府代表残疾人在实施该法中规定的各项标准时发挥核心作用;④维护国会的权威,包括实施第 14 次修正案的权力,解决残疾人面临歧视的主要领域。”《美国残疾人法案》借鉴了 1973 年《康复法案》第 504 条的内容,但立法程序则是根据 1964 年《民权法》及其 1991 年修订案的第七部分(菲尔斯特和柯西奥,1993)。

《美国残疾人法案》由 5 个部分组成,即就业、公共服务、公共设施、电信通讯和其他规定。第一部分是禁止残疾人就业中的各种歧视。根据该项规定,雇主必须录用“符合录用条件”的残疾应聘者及受佣者,除非造成“难以预料的困难”。如当雇主为了适应合格的残疾应聘者,对工作场所进行改变或调整时,极度困难与支出过多。这就是“难以预料的困难”的例子。所有学区,无论其录用的人数多少,都要符合第一部分的规定。

第二部分为禁止在州、地方政府及其下属机构提供的方案、活动和服务中歧视残疾人。第二部分适用于所有的公立机构,如公立学校,不论是否是政府拨款性质的。根据第二部分,无论现有的还是在建的学校设施,必须按照《康复法案》第 504 条的规定达到残疾人无障碍使用的要求。公共交通设施,如公共汽车和火车,也必须达到无障碍的要求。第二部分还规定学区必须提供适当的辅助设施,让残疾人拥有参与计划与服务的平等机会。同样,学区还要考虑残疾人的要求,保证听障或视障者以适当的、可行的方式获取教育计划与服务的信息。第二部分所指的学校教育计划、服务和活动主要包括学区资助的公共娱乐活动或讲座、学校组织的课外活动、社交活动、家长会、教室活动、郊游和任何适用于学生或职员的其他服务(公民权利办公室[OCR],1996)。

第三部分是禁止私营的公共设施对残疾人的歧视。非宗教的私立学校和校车服务,以及其他私营的公共设施必须在政策、实施、程序上做出适当的调整,以消除对残疾人的歧视。非宗教私立学校必须为视障、听障人士提供辅助设施与服务。此外,在可能的条件下,障碍性设施必须消除。如果无法消除,则必须提供替代性服务设施。所有现有设施的改造和所有新建筑都必须保证残疾人可以无障碍使用。校车服务,如校车路线,必须满足残疾学生与健全学生同样的等候与距离要求。

第四部分规定电话公司为听障和言语障碍人士提供电话通讯中继服务,还必须为残疾人提供闭路字幕的公共服务。根据第四部分,学校必须保障学校与残疾人的沟通和与健全人的沟通效果一样。

第五部分的规定很多,包括联邦政府对与《美国残疾人法案》相关规定的执行和技术辅助的责任。联邦政府还负责第二部分条款的实施,即教育部公民权利办公室[OCR]负责州级、地方政府及其机构,以及所有的公立学校为残疾人提供第一节中规定的教育计划、活动及服务。公民权利办公室不仅要保证第二部分第一节的实施,还要处理违反该部分条款的申诉。第五部分还规定州政府并不免除与《美国残疾人法案》相关的法律行动。此外,残疾人有权接受或拒绝根据《美国残疾人法案》提供的调整与服务。而且,残疾人和健全人在行使《美国残疾人法案》规定的权利时,不能遭到强迫或报复。本部分还强调了该法案与其他法律之间的关系,及其对保险提供者和受益者的影响。

鉴于《美国残疾人法案》与其他联邦政府颁布的、影响残疾人的法律之间的关系,该法案被视为一个补充性法律(昆柯南 - 拉尔,1991)。《美国残疾人法案》没有剥夺 1964 年的《民权法》及其 1991 年的修订法案、《残疾人教育法案》(IDEA)以及 1973 年《康复法案》第 504 条(美国各州特殊教育行政主管联合会[NASDSE],1992)规定的残疾人的任何权利。

《美国残疾人法案》的第二部分,A 节适用于公立学校,禁止对任何“合格的残疾人”的歧视。该法案对残疾人的定义与《康复法案》第 504 条的定义完全一致。该法案规定中的残疾有三层涵义,即“肢体或心理障碍,以至于严重限制个体或其主要的生活活动,或已具备以上障碍的记录,或者被认为具备以上障碍”。

《美国残疾人法案》定义残疾的第一层涵义,即肢体或心理障碍,包括影响机体系统的生理障碍、面容毁坏、解剖学上的损伤,还包括精神或心理障碍。根据该法案有关残疾的定义,肢体或心理障碍,主要为:癫痫、肌肉萎缩、多发性硬化、癌症、心脏病、糖尿病、智力落后、情感障碍、特殊学习障碍、药瘾、艾滋病(症状性或非症状性者)、酗酒者、肢体障碍、视觉障碍、言语障碍和听力障碍(公民权利办公室,1996)。以上这些障碍并不是《美国残疾人法案》残疾定义中所有的肢体或心理障碍的种类。

《美国残疾人法案》有关残疾定义的另一个重要的概念就是“严重限制个体主要的生活活动”。“主要生活活动”是指基本的活动,且“普通人在实践中没有困难或有极小的困难”,如走路、说话、观看、呼吸、工作和学习。任何一个存在“严重的限制性”的人,即其主要生活活动受到其障碍的特性、严重程度、持续时间、长期或永久性的影响,都受《美国残疾人法案》的保护(公民权利办公室,1996)。

在第二层涵义中,《美国残疾人法案》对残疾人的定义是一个有障碍史记录的人,且此障碍严重限制其主要的生活活动,包括有心理或情绪障碍、药瘾、酗酒、心脏病或癌症等病史的人。对错误地被诊断为残障的人(如被错误地诊断为智力落后或情绪障碍的人)也受到《美国残疾人法案》的保护(公民权利办公室,1996)。

《美国残疾人法案》关于残疾的第三层涵义为保护有严重限制其主要生活活动的障碍的人,或障碍不限制但被公众或公立机构认为确实具有限制性的个体。例如,瘸腿女孩的瘸腿并没有确实限制其走路的能力,但并不被允许参加学校的足球队,因为学校工作人员担心她会受伤。根据《美国残疾人法案》,残疾人的第三层涵义就适用于并保护这名女孩。残疾的第三层涵义还保护没有障碍的个体,但公众或公立机构认为其具有某种障碍。

第二部分和 1973 年《康复法案》第 504 条都使用残疾的以上三层涵义,而《残疾人教育法案》使用 13 种公认的残疾类别和“需要”这一标准,换句话说,该个体一定需要特殊教育及相关服务。鉴于残疾定义的差异性,可能有一些学生适用于《康复法案》第 504 条和《美国残疾人法案》第二部分的正常或特殊教育及相关服务,但并不一定符合《残疾人教育法案》所规定的 13 种残疾类型中的任何一种(公民权利办公室,1996)。

第二部分 A 节保护任何“有资格”的残疾个体。如果学生符合《康复法案》第 504 条规定的合格的残疾人的要求,那么他就有资格接受服务和参加中小学的教育计划。正如上文所指,第二部分加入了第 504 条内的更为具体的细节和标准。合格的残疾个体是指个体有残疾,达到合适的年龄(即学龄),且“对他们的法规、政策或实践经过或没有经过合理适当的调整,建筑、沟通或交通方面的障碍消除了,提供了辅助设备和服务,符合参加公共机构提供的教育计划或活动的要求”。

身有残疾的家长或同伴受邀参加学校组织的活动,或自愿参加学校对公众开放的活动,都被认为是合格的残疾人,受到《美国残疾人法案》的保护。在这种情况下,学区必须保证活动无障碍,且提供辅助设备和服务以确保与这些残疾人的有效沟通。例如,如果家长是聋人,被邀参加孩子的家长会,而孩子可能不符合《美国残疾人法案》所规定的残疾人的要求。学校有责任按照家长的要求,为其提供手语翻译,使家长参与到家长会中来。

第二部分还将保护的范围扩大到不是残疾人、但却帮助或和残疾人生活在一起的个体,但并未向他们提供相应的调整服务。联邦法案依法保护残疾人的家庭成员、朋友或其他与残疾人有关的个人或机构。第二部分还保护那些采取行动反对违反《美国残疾人法案》的残疾人或健全人。该法案还帮助或鼓励这些人实施法案所规定的各项权利。例如,如果一位教育工作者按照法案关于学校政策的规定,鼓励残疾人家庭实施其权利,那么这位教育工作者和家庭以及残疾个体都会受到《美国残疾人法案》的保护,学区不能对他们有任何强迫或报复性行为。

为了遵守《美国残疾人法案》的规定,学区必须采取五个步骤。首先,学区必须任命一个负责的雇员,负责协调法案的遵守情况。根据第二部分,如果学区有 50 名或更多的雇员,那么至少要任命一名协调员。《美国残疾人法案》协调员的职责包括计划、协调法案的遵守情况,实施和保证这五个步骤的完成,接收和调查各种对残疾人歧视性的申诉。第二,所有学区,无论其规模大小,必须为感兴趣人士或机构通告《美国残疾人法案》的规定,包括参与者、捐助者、雇员、申请者和公众,还要告知第二部分是如何适用于特定的教育计划、服务和活动的。传播以上信息的可行途径包括出版物、海报或媒体广播。让大众了解《美国残疾人法案》规定之下的权利与保护措施的最有效途径由学区负责人或法案协调员决定。第三，拥有50名或更多雇员时，必须采用和发布申诉程序，用于合理解决违背《美国残疾人法案》的诉讼。这些申诉程序适用于雇员、学生或公众。第四，所有学区，无论其规模大小，必须对其政策与实施情况，包括沟通和就业情况，进行自我评估。根据《美国残疾人法案》的规定，纠正政策与实施过程中出现的不一致情况。然而，如果学区接收了联邦资金，并按第504条规定实施了自我评估，那么这些教育计划和在第504条通过后的、新的或调整后的政策，或实施情况必须进行自我评估，并根据《美国残疾人法案》的要求，做出纠正，以保证其与法律规定的一致性。第五，为了遵守《美国残疾人法案》的规定，必须利用现有的服务设施制订过渡计划，过渡计划必须保证残疾人能无障碍参与各种计划、服务或活动。

非歧视性要求用来分析公立学区的政策、教育计划以及实施情况。根据第504条的规定，学区要有明确的非歧视性规定，这在第二部分中也有明确规定。根据第504条，校区必须为学龄残疾儿童提供免费的、合适的公立教育。第504条中明确规定了学区的责任，这也体现在第二部分中的总条款中。

第二部分还要求学区保证合格的残疾个体不能因其残疾而被排斥或剥夺参与或受益于学区教育计划、服务或活动的权利。这项规定还适用于由学区直接运作或提供的计划、服务或活动，也适用于根据协议合同或其他安排代表学区运作或提供的方案、服务或活动。例如，如果一家与学区签订过协议的私立校车公司不让残疾学生享用班车服务，那么按照法案第二部分的规定，学区就会因其歧视性行为而负法律责任。

学区还必须保证合格的残疾人与健全人一样，拥有参与学区教育计划的机会。同样，残疾人必须与健全人一样，享有从任何由学区提供的辅助设施、补助金或服务中受益的机会。例如，如果一名重度视觉障碍学生在鉴定评估后，有权接受免费的、合适的公立教育，那么学区就必须为其提供视觉辅助工具与服务。如果学区拒绝支付辅助工具的费用，在这种情况下，由于学区未能为学生提供相关的辅助工具和服务，就违反了法案第二部分的规定。这会导致该学生无法同健全学生一样，参与或从学校的教育计划中获益(OCR，1996)。同样，学区提供的服务与资助，必须足够有效以让残疾学生与健全学生平等地获得同样的学习成果益处和同等的成就。

根据第二部分，学区不能为残疾人提供不同的，或隔离式的教育计划、服务或资助项目，除非这些计划、服务和资助项目能够使残疾人像健全人一样从中获益。如果需要这种隔离式或差异化的教育计划、服务或资助项目，学区必须在最融合的环境中为残疾人提供。而且，在设置这类计划、服务或资助时，残疾人不能被剥夺参加普通教育计划或享受普通资助或服务的权利。

第二部分规定的另一项非歧视性要求是，禁止征收各项附加费用，学区不允许对残疾学生征收附加费，来抵消因提供非歧视性待遇而必需的各项开支。例如，如果评估鉴定某学生为残疾学生，该学生就应接受普通教育计划，并配有相关的辅助工具和服务，如计算机，那么学区不可以征收该学生或其家长使用计算机的费用，因为计算机是为学生提供的免费的、合适的公立教育的必要辅助工具。同样，根本性改变某一资助项目、教育计划或活动的调整措施都是不允许的。另一方面，若不能有效调整某一资助项目、教育计划或活动而导致免费的、合适的公立教育不能实施，学区则必须进行调整。但是，学区无义务提供个人设施，如轮椅，或具有个人性质的服务，如卫生间设施，除非这些设施或服务是向学生提供免费的、合适的公立教育的必要条件。

无歧视性要求也适用于资格认定这一标准。学区不能使用资格认定来筛选出参加教育计划或接受特殊资助或服务的残疾人。然而，学校鉴于服务资助项目或计划的安全运作，有权实施法定的安全要求，但安全要求必须建立在基于事实的风险之上，而不是模式性的规定之上。例如，如果学校开设戴水肺潜水课时，规定为了安全参加这项课程，学生必须具备一定的游泳技能，而无法通过游泳测试的学生，包括残疾学生，将被筛选出去，而这并没有违犯法律的规定。

除了无歧视性规定，学区还必须保证残疾人可以无障碍接受他们的教育计划、服务以及各项活动。这不仅仅包括残疾学生，还包括残疾学生的家长、监护人以及相关的残疾公众。根据第二部分，衡量教育计划无障碍性有两个标准，第一个标准针对现有的设施，第二个标准针对新的建筑设施和建筑改造。就现有设施而言，当从整体考虑，残疾人必须能够接近并使用这些教育计划或活动，除非课程要进行根本性的变更或造成严重的财政或管理负担。根据第二部分，证明其负担沉重的责任应由学区来承担。就新建或改造后的设施而言，适应同样的标准，但是不需要做出根本性的变更或造成过度的负担。

基于教育计划无障碍性标准，很多错误想法逐渐产生了。例如,建筑物必须是完全可接近的、无障碍的。只要教育计划、课堂或功能是无障碍的即可。第二部分并没有要求现有建筑物必须是完全无障碍的,也就是说,如果教育计划可以在另外的教室或建筑物内实行,而且教室与建筑物达到了可接近性的要求,则该学区对教育计划所作的根本性调整符合法案第二部分规定的标准。

除了教育计划要达到无障碍的要求之外,根据《美国残疾人法案》第二部分和第三部分的规定,过渡服务也要达到上述要求。过渡服务被定义为“一系列有助于从校内活动向校外活动过渡的适应性活动”(雅各布-蒂姆和哈茨霍恩,1995)。根据《残疾人教育法案》的规定,实施残疾人过渡服务是非常细致和严格的,《美国残疾人法案》的生效更有利于残疾青少年向校外活动的顺利过渡,并大大拓展了过渡的机会(美国教育委员会,1993)。校外活动包括职业训练、继续教育、融合就业、独立生活、社区参与和高等教育。

对于高等教育,《美国残疾人法案》继续关注残疾人使用教育设施参加教育计划、就业、提升等问题。此外,该法案为残疾学生在就业、公共设施调整、交通、通信服务方面提供了更多机会。因此,未来将会出现一大批合格的、有大学学历的残疾人,来弥补未来10年的人力资源短缺(美国教育理事会,1993)。

法案第二部分给教育官员开展工作提供了很多启示。首先,地方教育机构会发现要求公开听证以决定学生接受特殊教育资格的要求增加了。需要这类服务的学生人数有可能增多。其次,家长与成人要求参加学校活动的请求也会增多,因为公立学校为社区提供教育计划和机会,由于法案的通过,许多残疾成年人也渴望更多地参与学校的活动。结果,公立学校的责任与压力进一步增大,才能达到计划、服务、资助项目的无障碍性要求。再次,《美国残疾人法案》鼓励所有残疾人全面参与社会,这样,残疾儿童家长要求儿童参与学校活动(如体育活动、郊游、休闲娱乐等)的要求也会增加,由此,学校还需要解决交通服务问题(美国各州特殊教育行政主管联合会,1992)。

《美国残疾人法案》的实施已经扩展了学校的功能,学校帮助残疾学生为充分利用就业机会做好准备,更全面地参与学校活动,通过使用公共交通工具获取更大的独立性,通过使用电信系统有效地学习与交流(菲尔斯特和柯西奥,1993)。《美国残疾人法案》鼓励教育系统更加积极融入到残疾人的生活中来,帮助残疾学生提升自我。教师和家长被激励为残疾学生的生活和学校环境带来真正的意义,这不仅使学生获益,也会让所有人都从中获益。

参见 *建筑障碍物*

AMES, LOUISE BATES, 露易丝·贝茨·埃姆斯(1908—1996)

出生于波兰梅恩的露易丝·贝茨·埃姆斯在1930年获得了梅恩大学的学士学位,1933年获得耶鲁大学的实验心理学硕士学位,1937年获得博士学位。在耶鲁大学,她与阿诺德·格塞尔共同学习。1950年,他们共同创办了格塞尔研究院。

与弗朗西斯·伊尔克和阿诺德·格塞尔合作,埃姆斯博士提出了一个重要的发展理论,即规律性、可预测性行为与生理年龄和明晰的暗示相关,即人类发展经历了分离独立的、可被认识的发展阶段。这些观点在当时是相当新颖的,自从提出之后就产生了极大的影响。埃姆斯博士对家长、教师影响最大的莫过于其儿童发展阶段的理论。她这方面的代表著作包括《当今文化中的婴儿与儿童》(1940)、《准备入学》(1956),她还与同事合作在报纸上开辟专栏《儿童行为》(该栏目在20世纪50年代成为每周半小时的电视节目)。1981年,埃姆斯博士将专栏文章结集出版《儿童行为》一书。她还与女儿琼·埃姆丝·蔡斯合著了《不要荒废儿童的学前时光》一书(1980)。埃姆斯对影射评估深感兴趣,在《罗夏测验中儿童的反馈》(1974)一书中提供了相当规范的数据。她还把兴趣扩展到老年人的评估问题上(《罗夏测验中老年人的反馈》,1973),开发了一系列老年人功能退化的成套评估测验。

在她漫长的职业生涯中,埃姆斯博士撰写了300多篇文章与专著,合著了25本书,获得了多个荣誉学位与多项服务奖励。作为心理学著作最多的女学者之一,露易丝·贝茨·埃姆斯于1996年11月因癌症逝世,享年88岁。

AMNESIA 遗忘症

遗忘症是指在没有出现定向障碍、精神错乱或痴呆的情况下的一种记忆障碍。遗忘症包括逆行性遗忘,即遗忘发病前得知的信息或事件,以及顺行性遗忘,即对发病后新信息的掌握能力下降。遗忘症患者并无瞬间记忆困难,其数字广度和即时重复能力并未受损,但患者在遭遇干扰延迟后,就无法回想起所学的东西。

研究遗忘症让人充满好奇,因为观察遗忘症患者能帮助我们了解人是如何获得新信息的,比如大脑皮层哪一部分参与了,什么样的记忆程序有利于掌握新信息等。对遗忘症患者来说也有意义,因为通过不断地重拾早期和近期的记忆,让他们获得连续感、时间意识、回忆经历,最终获得自我身份认同(瓦尔顿,1977)。失忆症患者在重拾过去记忆中遇到的各种困难表明,记忆力是多么的重要。

遗忘症是一种特有的神经病,但往往被误诊为精神病(德荣,伊塔巴什和奥尔森,1969)。歇斯底里遗忘症只是精神极度悲痛的结果。神游症有 20 种互不相关的情节,在这些情节中患者的自我和过去经历被遗忘。歇斯底里遗忘症与神经性遗忘症不同,因为后者很少发生自我完全迷失的情况,而且神游状态可突然结束。由于神经性遗忘是渐进的,中止记忆丧失也是逐渐的。

顺行性遗忘一般发生在闭合性脑损伤之后(1997)。在受伤前一般少见逆行性遗忘。由脑闭合性损伤引发的顺行性遗忘是重伤的一个重要指标,也有助于判断患者的远期疗效。遗忘症缓解后,通常会有记忆障碍后遗症。

短暂性全面遗忘症是一种脑局部瞬间缺血引起的神经性疾病(黑斯菲尔德·克洛夫特和斯瓦什,1973)。短暂性全面遗忘症患者出现的症状特点是:突发的顺行性和逆行性遗忘,可能在初期出现轻度意识模糊,但认知和说话能力没有变化。这种现象往往只持续数小时,逆行性遗忘就会逐渐减轻,但顺行性遗忘将持续整个发病阶段(贺卡恩和艾尔伯特,1978)。

通过对数组不同类型遗忘症患者的研究,积累了许多关于遗忘症和记忆方面的知识。这些遗忘症有科尔萨克夫症引起的遗忘症、癫痫神经手术导致的遗忘症、脑外伤导致的遗忘症,还有痴呆引起的遗忘症(如亨廷顿舞蹈症、老年痴呆症,记忆缺陷在这类病中表现不均衡,但至少在疾病的某个特定阶段有表现)。尽管普通临床医生认为记忆是一维的,但对上述不同类型遗忘患者的深入研究表明:记忆损失是一种多维的症状,不同病源引起的记忆技能损失类型特点各异,容易识别(巴特尔斯,1984)。

遗忘症的一种模式反映了左右脑的差异。仅伤及右半脑的患者在记忆非语言表达的图形信息记忆方面存在缺陷,仅伤及左半脑的患者处理语言信息时困难更大。不管以何种感觉模式展示信息,例如通过图像表达语言信息,患者都存在语言信息记忆缺陷(贺卡恩与艾尔伯特,1978)。

不同病源的遗忘症对记忆康复训练的反应程度不一。例如,科尔萨克夫症引起的遗忘症患者通过延长练习时间,增加训练间隔和采用结构化的导向程序,来促进记忆效果,但语言干预对他们的帮助不大。相反,帮助亨廷顿舞蹈症患者则应采用帮助科尔萨克夫症患者不同的做法;无论是延长练习时间,增加训练间隔,还是总体导向,对他们记忆康复的作用都不大,但语言干预有效果。而对老年痴呆症患者语言干预没有任何帮助。

不同遗忘症存在的另一个差异与程序性记忆和陈述性记忆能力有关(斯夸尔,1982)。陈述性记忆的内容是具体事实和数据。程序性记忆的内容则是完成特定任务的技巧。有关遗忘症的研究表明,科尔萨克夫症引起的遗忘症患者能掌握程序性信息,但在掌握陈述性信息时却困难重重。亨廷顿舞蹈症引起的遗忘症患者则无法掌握程序性技巧,但能学会(或至少认识)刚展示的陈述性信息。

对患者的病源学研究有助于我们了解大脑皮层各部位在加工和读取信息中的作用。通过神经外科手术介入治疗严重癫痫症的证据表明,在颞叶之间部分受损,特别是海马受损,可导致严重的遗忘症(埃康和艾伯特,1978;斯夸尔 1982)。这类遗忘的特点是迅速而不正常的忘却。其他遗忘症似乎与间脑受损有关,但是具体与间脑哪部分有关还存在不同意见。可以肯定的是,与乳头体和丘脑脊核有关,但它们的影响各占多大比例并不清楚。丘脑脊核损伤似乎足以引起遗忘症。中脑损伤引起的遗忘,可以通过正常的遗忘曲线来判断,但很难编码。区分与记忆相关的大脑结构,有利于掌握特定的病症,也有利于运用药理学指导治疗。

除外伤引起的遗忘外,还没有儿童患上严格意义上的遗忘症的报道。作为脑颅伤的后遗症,患儿确实表现出伤后失忆症状,在学校学习新知识,回忆受伤前刚发生的事情方面存在困难。从而,他们在学校就会产生烦恼。伤后遗忘症一般会逐渐好转。这样的儿童应做康复治疗(在受伤后 6 个月内恢复最快),但也不能期望康复训练越刻苦,记忆恢复的效果就会有特别明显的提高。关键的 6 ~ 9 个月康复训练结束后,恢复认知方案对促进记忆会有帮助。由于成人实施恢复认知方案的数据有限,儿童的数据就更少,因此很难确定该方案的实际效果。

要明白的是智障儿童的短期记忆衰退与遗忘症并无雷同之处。遗忘症患者有短期记忆能力没有变化。大脑严重受伤的儿童可能患上遗忘症,但是他们在其他方面也存在能力衰退的情况。

参见 记忆障碍

AMNIOCENTESIS
羊膜腔穿刺术

羊膜腔穿刺术是一种从胎儿羊水中取样检查的技术。对孕妇腹部进行局部麻醉后,外科医生用小针刺透腹壁,通过超声波定位刺入羊膜腔抽取30毫升羊水。这项检查通常在妊娠第15周至18周时进行,主要检查胎儿是否有遗传性疾病或先天性缺陷。其弊端是化验需要2至4周时间,同时还可能对胎儿造成损害,但风险较小(普里查德,麦克多纳德和甘特,1985)。

妊娠中期三个月时进行的羊膜腔穿刺术,为未来父母提供生育选择,在遗传和产前咨询方面发挥着重要作用。如孕妇年龄超过35岁,或有明显的家族遗传病或先天性缺陷时,更应做这项检查(卡巴克,1979)。胎儿液体的细胞遗传学分析仅在美国每年就中止15,000个染色体异常胎儿的出生(普里查德,1985)。

羊膜腔穿刺术可以鉴定大约300种染色体、单基因和其他先天性缺陷(普里查德,1985)。随着新的遗传标记物的发现,能鉴定的缺陷越来越多。染色体疾病通过染色体组型和此后产生的一条或数条染色体变异来进行鉴定。其他缺陷则通过特定物质水平降低或升高来鉴定。能可靠诊断的疾病包括:①诸如唐氏综合征和猫叫综合征等所有染色体缺陷;②大约75种先天性代谢缺陷,包括半乳糖血症、家族黑蒙性白痴和莱斯琪—奈翰综合征(与X染色体有关),但不包括苯丙酮酸尿症;③一些包括脑(脊)膜突出(脊柱裂的一种)和无脑畸形等中枢神经系统疾病;④一些胎儿传染性疾病,如巨细胞病毒、单纯疱疹和风疹;⑤一些诸如镰状红细胞贫血症等血液病(普里查德等,1985)。

胚胎浆膜绒毛活组织切片检查法是一种新技术,可在妊娠8周时使用。它更具优越性,可以避免因妊娠中期流产而带来的感情和医学问题。

参见 遗传咨询;先天性代谢缺陷

AMPHETAMINE PSYCHOSIS
苯丙胺性精神病

苯丙胺性精神病是因过量服用苯丙胺药物,使影响神经系统的化学物质与行为产生交互作用而产生的。由于长期或短期大剂量服用苯丙胺产生的毒性反应可导致一些短期症状,临床意义上很难与偏执型精神分裂症相鉴别。大剂量服用苯丙胺可在36~48个小时内出现下述症状,如幻听、幻视、幻觉、情感变化、思维脱离现实、产生妄想等(吉尔曼,吉德曼等,1980)。该药物中毒者还表现出刻板和重复的行为,如不断摇摆或摩擦、反复擦洗(反复摩擦皮肤或剔除皮毛),以及其他一些怪异动作。苯丙胺性精神病是生物化学相互关联的产物,包括增强的多巴胺性行为,与精神分裂症相似(科金尼蒂斯和阿尼斯曼,1980)。

除了减少苯丙胺剂量外,还可采取包括服用镇静药、心理疗法和药物监管等治疗方式。尿液酸化能加速苯丙胺成分排出体外。治疗一周后,继幻觉首先消失后,精神病症状也可消失(美国医学协会,1980)。

参见 儿童精神分裂症;滥用毒品;迷幻药

ANDERSON, METAL L
梅塔·L·安德森(1878—1942)

梅塔·L·安德森在担任纽约市公立中学教师时,曾经参加过一个在新泽西州瓦因兰市培训学校开设的智力落后儿童教育的课程。在那里,爱德华·R约翰斯通和亨利H·戈达德发现了她所具有的非一般的能力,并将她推荐到新泽西州纽瓦克市教育部。她受聘于特殊班级教智力落后儿童。1910年,安德森建立了两个特殊班级,而纽瓦克市也将几个为残疾学生提供特殊教育的学校系统整合到了一起。

基于对每个学生能力和弱点的细致分析,安德森开发了一种教学方法,并且设计了贸易课程和工作经验计划,以此为学生提供职业准备。她在《公立学校中缺陷学生的教育》(1917)一书中对这个计划作了描述,并加入了推动美国增加特殊班级运动的内容。在第一次世界大战即将结束的最后几个月,她被派到欧洲领导重建救助的工作。战后她在塞尔维亚服务了一年。1920年,她返回到纽瓦克学校,担任城市综合特殊教育项目的主管。她于1922年在纽约大学获得了博士学位。1941年,她担任美国智力落后协会主席。

ANENCEPHALY
无脑畸形

无脑畸形是以大脑皮质缺失为标志的一种先天性疾病。它属于以神经管缺陷(NTD)命名的一类疾病,是神经管在胚胎形成过程中无法闭合所导致的结果。神经管是大脑和脊髓的前体,通常在受精后28天关闭(克洛泽,1985)。如果这一过程发生得不完全,各种各样的中枢神经系统(CNS)缺陷就会随之出现。如果不闭合发生在神经管上的"较低"处,就会出现脊柱裂。而如果神经管的"顶部"没有闭合,结果就是发生无脑畸形。伴随脊柱裂的无脑畸形很少发生(斯威曼和赖特,1973)。

无脑畸形表面上的标志是大脑皮层缺失,实质是高级认知功能的缺失。因此,尽管某一特定亚皮层组织可能保持完整无缺(产生反应模式和回应,通常预示婴儿期),高级脑活动也会因促进这些功能的组织缺失而受到阻碍。由于缺少支持呼吸功能和其他对生存而言至关重要的功能所必需的大脑组织,很多患有无脑畸形的胎儿是死产儿。即使是在患无脑畸形的新生儿生理上可存活的情况下,也应记住他们是不可能发展联想、推理、认知和语言能力的。所以,教育服务不是一个现实的考虑,而全方位的监护和照料才是明智的。同时也必须进行与照料有关的伦理方面的考虑。无脑畸形仍然是一种无法针对患儿提供现实的特殊教育服务的医学障碍。

ANGELMAN SYNDROME

安哥尔曼综合征

安哥尔曼综合征是一种刚刚被发现的疾病,对这种综合征的研究很少,也没有足够的人口研究数据用来估测此病大致的发病率。很多安哥尔曼综合征患者(但并非是全部)都缺失第15号染色体上与母体有关的片断(q11-q12),而其他患者则病因不明。这种疾病有明显的身体、肌肉运动、行为方面的特征。身体特征包括:大嘴、下颌突出、小短头。肌肉运动问题与变化多的、急促的、有时是有节奏的动作有关。有些患儿会经历特殊的困难——因对咀嚼和吞咽控制不足而造成进食问题。然而,对于多数患儿,在婴儿期之后这些问题会有所减少。患儿学会行走的时间会延迟,并且在学会走路后普遍出现轻到重度共济失调。

尽管一些安哥尔曼综合征的患儿只有中度智力落后,很少一部分患儿有轻度智力落后,但多数患儿都有重度至极重度的智力落后。75%~80%的安哥尔曼综合征患儿没有口语表达能力,但语言接受能力明显好于语言表达能力。一些患儿发展了手语技能,但在已经发表的研究文献中没有找到患儿可以达到正常交流水平的报告。安哥尔曼综合征的行为表现常常包括:过动、冲动、间歇性异食癖、随意大笑(几乎在每个病例中都有)、突然的夜间活动,以及通常快乐的性情。

安哥尔曼综合征在表现上与雷特综合征相似,许多病例还与普雷德—威利综合征相似,因此,安格尔曼综合征的诊断有时非常困难。详细的细胞遗传学研究对于做恰当的诊断,甚至对只是推断性诊断而并非确诊常常都是必需的。EEG作为一种普通的具有较晚慢波活动的测试图形被用做标志变量是有帮助的。30%~35%的患者的CT和MRI检查结果是正常的,而其他患者则表现出混杂的结果,包括弥散性萎缩、深层白质病变,并且不同病例中都报道有患者的小脑发育迟滞。

现在,人们认为,所有患有安哥尔曼综合征的儿童都需要接受特殊教育服务,特别是智力落后儿童,尽管许多其他相关服务也是必需的。干预很大程度上涉及症状处理和教会患儿最基本的适应性行为与沟通技能。许多患者享有就业保障,但并不是全部患者都可以。然而,更多更好的关于安哥尔曼综合征个体的纵向研究仍然有待进行,以期为干预的长期效果和一般生活结果提供证据和支持。

参见 普雷德—威利综合征;雷特综合征

ANIMALS FOR THE HANDICAPPED

为残疾人提供帮助的动物

现今,动物正在被用来帮助残疾人应对日常生活。盲人用狗来帮助行走已有几个世纪了。利用驯化过的猴子帮助轻度到重度残疾人在家中完成日常家庭杂务的计划已经成为一项成功的创举。骑马已渐渐成为许多不同类别残疾人休闲时间愿意从事的活动。

人们已经认识到,人与动物,特别是接受特殊教育的人与动物互动的好处。研究证明,与狗定期接触的实验参与者,其血压较低。在另一项研究中,弗里德曼(1980)发现拥有宠物的高血压患者的存活率显著增加。宠物已被认为是减少日常生活压力的有效工具,它们能带给人一种放松的感觉(基德,1981)。宠物还能给人提供锻炼的机会,并且会给人带来安全感(怀特和沃森,1983)。

根据莱文森(1969)的观点,把动物引入残疾人的居住环境表明专业人员相信任何对残疾人有治疗价值的方法都能够且应该被使用。这表明人们已经认识到饲养宠物具有潜在的治疗功效,尽管这些功效还没有在实验室中得到科学的证明。

一个残疾儿童在与宠物的互动中不会总被提醒他身有残疾。一位聋童完全可以照料一只狗,并能得到与健听儿童照料一只狗时所得到的相同回报。这同样也适用于各类残疾人,只需要变换宠物的种类。一位依赖轮椅的儿童可能与兔子或水族箱里的鱼互动良好,并获得其以前不能体验到的成就感和责任感。

针对情绪障碍儿童的教学会提供一种情境,动物在其中的作用特别有效,尤能彰显其益处。对教师而言,使这类学生产生参加到班级活动中的动机是个困难的任务。通常情况下,这些学生从不学习照顾他人或与他人分享。而班级中的动物可以作为学习目标,提供学习动机。以前从不相信任何人的儿童,当他看到教师关心并照看班级宠物时,第一次开始相信教师,这可能是这个儿童接受班级组织所迈出的第一步(莱文森,1969)。

参见 娱乐疗法

ANNALS OF DYSLEXIA
《诵读困难年报》

《奥顿协会公报》在琼·莉代奥顿的领导下创办于1950年,1981年这份奥顿诵读困难协会年报更名为《诵读困难年报》。出版这本杂志是增进奥顿诵读困难协会成员间交流的一种途径,这一组织成立于1949年,其目的是进一步研究并服务于有特殊语言障碍的儿童。《诵读困难年报》于1988年停刊。

ANOSMIA
嗅觉缺失

这一术语来源于希腊文 an(没有)和 osme(气味),这个词表示嗅觉的缺失或损伤。这种状况的同义词有 anodmia、anosphrasia 和 olfactory anesthesia(嗅觉缺乏)(多兰,1981)。嗅觉缺失的种类可以分为:传入性的(与嗅觉神经的传导性损伤有关)、中枢性的(由于大脑疾病导致的)、阻塞性的(与鼻道的阻塞有关)、外周性的(由外围嗅觉神经疾病导致的)(布莱基斯顿,1979)。

引起嗅觉缺失的最常见原因是,严重的头伤风或呼吸器官感染所造成的鼻内肿胀阻塞了鼻道,阻碍了气味达到嗅部。这类嗅觉缺失是暂时性的。其他引起这种状况的原因包括赘生物(瘤)、头部损伤,或伴随着肉芽肿病的慢性鼻炎(莱文,本顿和格罗斯曼 1982;莫斯比,1983;汤姆斯,1979)。嗅觉缺失还是嗅觉性发育异常的一个特征,嗅觉性发育异常也称为卡尔曼综合征或者嗅觉生殖器发育障碍综合征。这种病主要发生于男性,并伴有第二性征和嗅觉发展的缺失。很显然,与 x 相关的常染色体显性或隐性遗传状况与下丘脑和垂体的官能障碍有关系(马加利尼,1971)。由这些病因导致的嗅觉缺失通常是永久性的。嗅觉减退在老年人和吸烟者中也很常见。

ANTECEDENT TEACHING
先行教学法

先行刺激是指发生在反应之前的那些事件,且这些事件会影响反应发生的可能性。斯金纳(1953)将反应顺序描述为三个部分:先行事件、反应和结果。尽管已经有很多文章是关于结果的控制及结果对学生反应的作用,瑞普(1983)还是强调教学实际上是对先行事件和结果的有效安排,这种安排方式可以使学生学尽所能。

教师控制学生所能接触到的先行事件。在教学中运用的一些常见先行刺激包括:教学指导、课程、教学目标、教学要求、教学示范、教学材料(瑞普,1983)。由于教师操控着这些先行刺激,学生学会对不同刺激产生不同反应。如果学生的行为始终如一地受到先行刺激的影响,就可以认为他们的反应是在刺激控制之下。卡兹丁(1975)指出一种更为有效的先行策略,即反应引动。他认为"反应引动是任何引起一系列反应的最初步骤的程序"(卡兹丁,1975)。对各种提示或指导的应用,不包括反应引动的总概念,是一个得到了相当多关注的领域。

卡兹丁(1975)描述了另一种反应引动包含的有效方法,即强化刺激取样。在这个程序中,主体允许接触一小部分强化刺激,以引发主体为获得全部强化刺激所需进行的完整次序的反应。教师可以很容易地将这种程序融入到教学中来,尤其是在开始困难的行为序列之前(例如,在即将进行的数学测验结束之后,对接着要看的电影做一个口头描述)。

教学中使用的课程和材料是另一些容易控制的有力的先行刺激。在一份对教学材料的有趣说明中,瓦尔加斯(1984)指出许多现在正在使用的教学材料实际上有许多错误,而这会导致错误的刺激控制。她提出,就某份具体的教学材料提以下5个问题,如果其中有任何一个问题的答案是肯定的,那么这份材料就不适合采用。她所列举的5个问题是:

(1)学生能否利用图片或表格来代替文字用以完成一项练习?

(2)主页显示或页面排版会不会泄露了答案,而不需要读一遍作业?

(3)学生能不能不读文章就可以回答问题?

(4)是不是一页上的所有问题都需要使用相同的解决策略,而不需要对不同的策略加以区别使用?

(5)所提的问题是不是无意义的理解问题,即是不是仅仅利用语法提示就能回答这个问题?

只是随意分析一下就能发现,很多为商业目的准备的材料和教师制作的材料都暴露出了问题,即提供了不恰当的先行刺激来引发反应。

先行教学的领域很广泛也很重要。想阅读更多关于如何将这种策略融入行为教学领域的信息,请参考斯金纳(1953;1968)、瑞普(1983)和马滕斯等人(1999)的研究。

参见 应用行为分析;行为模型

ANTHROPSOPHIC MOVEMENT

人智学运动

人智学运动由鲁道夫·斯坦纳(1861—1925)发起。斯坦纳将人智学定义为人类的高级自我所生产的知识,这种知识承担着指导人类精神与宇宙精神进行交流的责任(沃纳梅克,1965)。人智学假定存在一个超越人类感觉经验的精神世界。斯坦纳指出,通过恰当的训练,每个人都可以发展出一种增强的意识,这种意识能够重建唯物主义社会的价值观和道德。

斯坦纳既参与到成人教育之中,又参与到儿童教育之中。成人人智学教育的开展在瑞士巴萨附近的一所自然科学学校进行。沃尔多夫学校于 1919 年在德国斯图加特成立,是试图探索儿童内心本质和提供成熟指导的几所学校中最早的一所。截至 1965 年,美国和欧洲的 25,000 多名儿童进入了 80 所沃尔多夫学校学习(沃纳梅克,1965)。运用有节拍的动作(演说的动作和音乐)来发展儿童的专注度、注意力、模仿能力以及空间位置意识(齐格勒,1979)。这些学校还为有情绪障碍、社会适应不良的儿童以及其他特殊儿童提供教育服务。

参见 社区运动

ANTICONVULSANTS

抗惊厥剂

抗惊厥剂是用来控制发作行为的药物。苯妥英(苯妥英纳)是世界上应用得最广泛的抗惊厥剂(贝内特和霍,1997;多瑞尔,1981;哈特拉格等,1997)。它已被证明是有效控制突然发作的药物,这些发作包括一般性强直性癫痫、多种局部发作,以及其他一些不太常见的发作类型。使用苯妥英进行急性麻醉会导致一种混乱的状态,偶尔会引起与毒性的神经学症状有关的脑病,特别是共济失调和眼球震颤(克尔贝特和特林布尔,1983)。实践也已证明,长期服用这种药物,即使剂量很低,也可能会出现渐行性退化性疾病的临床症状,尽管这些症状不是该病的主要临床表现(洛根和弗里曼,1969;巴利亚塔,贝尔和赖克特,1974)。罗森(1968)和斯托里(1975)二人都报告长期使用苯妥英进行治疗的患者出现了智力损伤。多特里尔(1975)报告说苯妥英会影响使用者的动作,很可能会导致运动能力下降。

乙琥胺是一种用于控制儿童癫痫小发作的药物,这种药物已经证实会损害记忆力和言语能力,也会造成情感障碍(盖等,1967)。索拉诺和罗杰(1970)报告使用这种药物进行治疗的儿童出现了智力损伤。然而,其他研究还没有确证这一点(布朗等,1975)。

氨甲酰氮草被报告对精神病有作用。多尔比(1975)在对这方面主要的研究做了文献综述之后,报告他引用的 40 项研究中有大约一半的研究显示氨甲酰氮草具有有益的心理作用。情绪的缓和与行为的改进是典型表现,具体表现为更愿意合作、不易发怒、攻击行为减少等。另外还报告有认知技能水平的提高(贝内特和霍,1997)。尽管偶尔有报告说成人服用正常治疗剂量的普里米酮会产生精神混乱状况,但还没有研究报告这种药物对儿童行为有影响(布克,1972)。一般认为这种药物在最初使用时可能引起嗜睡,并和苯巴比妥有相似的效果,会引起一些儿童失眠。

特林布尔和科比特(1980)研究了 312 名有发作经历的儿童使用按惊厥药物剂量与行为和认知表现之间的关系。通常使用的药物就是苯妥英,其次是氨甲酰氮草、丙戊酸、普里米酮和苯巴比妥。被研究的 204 名儿童中有 15% 出现过智力减退,这些儿童的苯妥英和普里米酮平均用药剂量明显高于其他儿童。据报告,血清药物浓度的增加与非语言技能的减退有显著关系。

尽管抗惊厥药物有这些副作用,但仍然被公认对于控制癫痫症非常重要。根据多瑞里(1981)的研究,当抗惊厥药物的血清浓度降至治疗范围之内,并且没有明显的毒性迹象时,有害作用就会很少。此外,发作频率的降低明显抵消了药物的有害作用,而发作次数对智力功能衰退的影响是众所周知的。承受适度的药物副作用远远比承受发作更为可取。另外,贝内特和豪(1997)还对不常用的抗惊厥剂进行了详细的分析。

参见 地仑丁;药物疗法;药物治疗;苯巴比妥发作;氨甲酰氮草

ANTIHITAMINES

抗组胺剂

抗组胺剂是一种阻止组胺作用的药物制剂。组胺是一种自然生成的身体物质,会在出现某些过敏反应时释放。一般来说,抗组胺剂在预防组胺反应时比逆转组胺反应更为有效。遗憾的是,抗组胺剂对于患哮喘或其他严重过敏性疾病的儿童没有任何明显的功效(马科维茨,1983)。对于小儿科的病人来说,抗组胺剂可以有效治疗花粉热或不明原因的轻度再发性麻疹。一些抗组胺剂,特别是安他乐和羟嗪,常被作为一种抗焦虑的安全和替代性药物来使用(塞佩达,1997)。一些研究也指出抗组胺剂具有预防儿童运动疾病的潜在功效(迈克奈尔,1983)。

一般来说,抗组胺剂可用于治疗儿童感冒(普鲁伊特,1985)。用抗组胺剂进行治疗的儿童可能流鼻涕不会太严重,然而这类药对普通感冒的其他症状不会有太大作用。抗组胺剂有类似阿托品的药效,即有降低被刺激的鼻内或支气管分泌物量的作用。尽管一些抗组胺剂已经作为止咳药在市场上出售,但大量研究表明抗组胺剂在缓解儿童普通感冒症状方面的作用几乎相当于安慰剂(马科维茨,1983)。

在儿童行为障碍和焦虑症障碍的治疗过程中,不管是弱安定剂还是强安定剂都有一定的副作用(波珀,1985),所以建议短期内可使用抗组胺剂来治疗极度焦虑的儿童(塞佩达,1997),以及控制患有严重精神病儿童的激动不安(波珀,1985)。抗组胺剂娱乐性滥用、管理滥用、耐药性和依赖性的风险也低于抗焦虑制剂和强安定剂(塞佩达,1997;波珀,1985),这使得这类药物更加吸引执业医师使用。抗组胺剂对认知的持久作用在实证文献中没有详细记录,尽管近来一些研究指出,行为障碍的改善和学业表现的进步是抗组胺剂治疗的作用(迈克洛克林,1983)。此外,一些研究人员(米利奇普,1973;马特斯,1979)发现抗组胺剂对于多动症的治疗和控制有效。虽然抗组胺剂在认知和学习成果方面似乎有效,但在这方面下最终结论之前还要进行更多的研究。而且,对于儿童精神疾病的治疗来说,抗组胺剂相对其他精神类药物制剂,包括安定剂和抗焦虑制剂,是一种更为安全的选择,但是仍然要承担相同的风险,医师必须谨慎地权衡潜在的益处和任何可能的风险。

尽管抗组胺剂的长期作用尚未得到系统的研究,但是使用这些药物制剂在短期内主要表现出的都是有效的。它们一般是安全的,因此不需要处方就可以买到。但它们有可能会产生副作用,尽管这通常在使用较高剂量时出现。镇静是出现在儿童身上的最常见的副作用,但也有可能逐渐产生一定的耐药性。应该避免将抗组胺剂与其他中枢神经系统镇静剂(如酒精)混合使用。当高剂量使用或使用者是对这些药物特别敏感的儿童时,抗组胺剂可能会导致不良反应,包括:兴奋、神经过敏、心悸、心跳加剧、口干、尿潴留和便秘。在极少的情况下,会造成红细胞破裂(溶血性贫血)或骨髓会因形成造血细胞而耗尽(马科维茨,1983)。小儿科病人长期使用抗组胺剂可能会导致持续的白日嗜睡、“宿醉”或对认知产生轻度持久影响(波珀,1985)。尽管低龄儿童对这些副作用的耐药力比青少年更强,但一旦出现这些副作用就应立即停止使用抗组胺剂疗法。

参见 *药物疗法;安定药*

ANTISOCIAL BEHAVIOR
反社会行为

彼得森所做的一项研究(1961,见奎伊和韦里的综述,1972)对许多被认为是反社会的儿童行为进行了抽样检查。研究对400多个来自儿童指导门诊档案的代表性个案文件进行了检查,并指出了每个儿童转介上的问题。彼得森的研究结果指出,58个项目之间的相互关系可以被简化为两个独立的群组,即行为问题和人格问题。在这两个主要的群组之中,最常在公立学校学生身上出现的两个方面的问题是攻击性和退缩性。如果不考虑问题行为的数量和儿童表现出的其他问题,那么每一个儿童都会有这两个方面的某些行为。儿童行为的差别表现在数量上而不是质量上。正常和异常之间数量上的差别程度通常很微小。

对一个背景复杂而又临界的概念下定义尤为不易,如“社会的”一词的使用。但是有必要对社会行为一词的意思用语言表达出来,行为发生的强度、时间以及行为对发生所在的文化/社会/团体中其他人的影响都决定着如何定义这一概念,因此,一个静态的含义是无效的。反社会行为或行为不当(令人讨厌的表现)是每天被社会所接受的。当一个行为超过了观察者对社会规则解释的容忍度时,这个行为就会被贴上反社会的标签。

例如,当学生在学校集会过程中起立并大喊粗话,这一举动可以被证明为攻击性反社会行为。这样的行为后果可以从听众(同伴群体)中消除,采取的主要措施有权威成人即时口头训斥、快速将其带到学校行政领导的办公室,或被学校开除。相反,如果这个学生在一场职业球赛过程中站立并高喊同样的粗话,这种行为不仅可能被观众赞同,甚至这种口头表达还可能得到鼓励。

当一个行为被评定为反社会行为时,定义观察者容忍度的环境变量有很多,包括:时间、社会地位、经济地位、事件、地点、年龄、名声、强度、持续时间、频率以及公众期望。当这些变量的累积效应是负面时,超过了一个时刻的动态可接受定义,一个人的行为表现就可以被判定是反社会的。例如:当一个行为是在不适当的时机出现的,而恰当的社会地位没有得到承认,行为强度高又违反了校规,臭名昭著且持续时间很长,行为发生频率过于频繁,而其他学生都遵守社会环境中的规则,那么就可以说出现了一个反社会行为。为了确定理解反社会行为的具体因素,最近的调查研究将重点放在那些让教师和学生感到最为厌烦的行为上。攻击性行为是最经常出现的主要问题,但是退缩性行为如恐惧、焦虑和紧张也被定义为反社会行为。

以上第二种反社会行为被认为更能被社会所接受。退缩性儿童可能比攻击性儿童更容易陷入更深的痛苦、绝望或沮丧之中,然而,这类儿童较少招来成人和同伴的厌恶,且激起环境对他们进行反应的可能性更小。这些儿童的行为过少而不是过多。伴随退缩性的特征包括:自卑感、自我意识强、社交性退缩、害羞、焦虑、哭泣、超敏感、很少礼貌性微笑、咬指甲、抑郁和长期悲伤、嗜睡、呆滞、做白日梦、被动、注意广度不足、痴迷、忧郁性孤寂。这些儿童也常被其他儿童捉弄。

反社会行为这一术语经常在行为保持不变或固定时使用,并且表现出这种行为的人持续以一种被群体评定为使人不快的、不适当的和不自在的方式对周围环境做出反应。反社会行为这个标签被贴在出现这种行为的人身上,并且定义本身放大了个体的差异。不仅是以行为对人进行了分类,而且反社会的定义本身也着重强调的是差异。只有当分类对为学生所制定的学校教学计划产生积极作用时,这种定义才是建设性的。

反社会行为的模式已经被贴上多种标签,例如,反社会化攻击、行为障碍、反社会心理变态、心理变态罪犯、反社会攻击性、虐待攻击性。很显然,学校职员和教师可以证明,显示出攻击性行为的儿童会表现出以下特征中的一个或多个:

(1)一种无法被常规智力、感觉、健康因素所解释的学习困难。一个学习障碍儿童很少能不被识别出来。他通常被贴上学习障碍的标签,因而自尊心受挫。由于学习障碍已经被证明是儿童不能得益于社会经验和学业指导的原因,因而学习困难大概是反社会儿童的一个最重要特征。

(2)无法建立并保持与同伴和教师之间令人满意的人际关系;不能向其他人表示同情和热情;不能在必要时独处;不能结交亲密的朋友;不能给予别人强有力的帮助;不能享受和别人一同工作和游戏的乐趣,也不能独自工作和游戏。不能建立并保持令人满意的人际关系的儿童很容易被教师和同伴界定为另类。

(3)在正常情况下,出现"不恰当"的行为或情绪。什么是恰当的由教师和学生的同伴来判定。这个判断可以被儿童所感知到,因为他们能从学校的经历和教师的关系中感觉出来。被归类为反社会的儿童通常不能学会怎样做是恰当的,因为他们不能将什么是恰当的行为与学校经历联系在一起,也不能从学校经历中受益。这增加了不能遵守社会/文化规范的儿童的日常失败次数,也使得他们缺乏社会化的情况更加恶化。

(4)缺乏灵活性。当行为固定于不恰当的模式,而这些不恰当的模式的强度、持续时间和频率干扰了群体的社会活动,这时,这些行为就被鉴定为是反社会的。

(5)沮丧、忧愁情绪和退缩性特征。当儿童很少微笑并在进行游戏、手工活动、小组讨论和语言艺术学习时表现出忧伤,那么观察者应该留意其反社会的表达。

(6)逐渐产生身体症状、疼痛或恐惧的倾向,尤其是面对学校情景或权威人士时。这些症状可能预示潜在的反社会行为。

(7)违抗、破坏、打斗、发脾气、无责任感、无礼、嫉妒、愤怒、跋扈、说粗话、吸引注意力、暴躁、挑衅权威、负罪感、不自信、易怒、好争吵,这些描述语经常与反社会现象联系在一起。

具有这些特征的行为明确地表现了一种主动的反社会行为模式,这种模式会导致学生与家长、同伴和社会制度之间的冲突。表现出这些极端的反社会行为模式的儿童和青少年可能会给执法机构造成困难。极端的反社会行为会被定义为犯罪行为,导致被逮捕、入狱、再犯,无法成为一个好公民。

在要求儿童高度集中注意力、遵循指令、表现控制、表现出社会可接受的行为和掌握学业技能时,最容易观察到儿童出现的反社会行为。学校是基本的社会化媒介,强调遵守规范和获得教育成就。这些期望对于正规训练秩序是最基本的。当儿童不能达到这些期望时,教师常常就会产生担忧。教师可能提出的问题包括:有多少儿童是这样的?他们的行为是怎样的?如何在班级集中控制和管理他们?他们应该如何被分类以减轻标签效应带来的不良后果?为这些需要特殊教育计划的儿童提供什么样的支持系统?

在教育领域中用来描述反社会行为儿童的术语有:情绪障碍、社会失调、最低程度的神经损伤、文化处境不利、行为障碍、教育障碍以及行为混乱。这些标签代表了教育者在面临为这些有反社会行为的儿童提供教育计划时所表现出的不同倾向性。所有这些标签都可以用于共同描述单个在学校经历困难的儿童。接受教育计划资格、标签和治疗都应该与反社会行为儿童(在教室里、社区中或家中)如何被(教师、社会群体或家庭)理解紧密相关。为这些儿童提供的教育通常取决于儿童是怎样被理解的,以及儿童所在学校对儿童的态度。

如果个体在其生活及活动中,出现不适当的行为反应,并在不适当的环境中做出反应,就认为该个体出现了反社会行为。通过系统地直接应用学习原理,可将行为管理应用于教育环境来矫正反社会行为。

个体可以通过接受根据特定声音线索改变反应的帮助,改变他们有缺陷的行为或适应不良的行为。例如,在出现适应不良行为的情况下,攻击性在被矫正后只会在适当的情况下被诱发或出现。这种类型的行为学习、忘记、再学习被称为行为管理。教师或行为主义者在假定行为可以被矫正,并且不需要理解为什么一个行为会是反社会的情况下,才使用行为管理。行为的先行事件不需要被重新组织来引发正确行为。教给学生如何更正确地做出反应才是唯一相关的问题,而不是寻找儿童是怎样表现出反社会行为的。行为疗法的核心是教给学生新的行为并消除旧的行为。临床医师(教师)的首要任务是决定矫正儿童的哪个行为。一旦确定了目标行为,就可以详细说明矫正的目标了。矫正是基于学习原理的:应答学习、操作性条件反射、操作和应答因素的相互联系、社会性强化、脱敏法、厌恶法和紧急情况控制。当反社会行为变为适应行为时就对矫正目标进行评估。如果在确定目标行为的过程中,教师发现先行事件是引发行为的原因,那么教室环境的组织、教学刺激、教学结果都要计划好,使学习的环境支持儿童的发展。为使学生产生适当行为并获得学业成就而提供一个带有明确预期和回报结果的、设计良好且结构合理的教室,可以让学生获得明确的学业和行为成就。基本的或物质的奖赏、教师的关注、“游戏”方法和学生有较大兴趣的活动都可以成为改变反社会行为的成功干预方法。精确教学包括:选择一个行为、将这个行为用图表分析、记录变化和发生情况、分析儿童的表现,以及根据效果更改计划。一些学校采用资源教室的计划,在那里儿童可以部分时间参与特殊教育计划,部分时间在普通班级接受教育。

为有较严重的学习和行为问题的儿童设计完全独立的教学方案能够成功。设计好的教学方案关注制定特定目标或发展一系列行为目标,例如,注意力、反应、秩序、探究、社会活动、行为掌握以及成就等行为方面的目标。这个设计方案将行为矫正策略转化为课堂的实际应用。课堂上对刺激和干预的持续可确保儿童不断获得进步。

如果森林里的一棵树倒在地上发出巨大的声响,但却没有人听到这个声响,那么这能算是噪音吗?当一个人以一种反社会的方式做出举动,但却没有人注意到这件事,那么这种行为会造成困扰吗?困扰的产生是源于做出行为的儿童,还是源于对行为做出反应的人,或者是二者的共同作用造成了困扰?

参见 行为障碍;情绪障碍;严重情绪障碍

ANTISOCAIL PERSONALITY
反社会人格

反社会人格的特征是反社会行为的重复出现模式和对他人权利的普遍漠视。在过去,这种行为模式被认为是心理变态或反社会。这种行为模式在儿童期表现的形式是逃学和其他与学校相关的学业和行为问题,例如:行为不良、说谎、打架、滥交、滥用药物和离家出走。《精神障碍诊断与统计手册》(DSM - IV)(美国精神病协会,1994)要求必须出现至少以下 9 种障碍表现中的 4 种,才能做出反社会人格障碍(APD)的诊断。这 9 种表现是:无法保持持续工作行为;缺少能力做一个负责任的家长;不能接受关于合法行为的社会规范;不能保持对一个性伴侣持久的爱恋;易怒或好斗;不能服从经济约束;不能提前计划好,或冲动;漠视事实;鲁莽。APD 的诊断只限于对 18 岁及以上的个体。年纪较小的儿童和青少年出现 APD 的迹象会被诊断为行为障碍。根据正常的社会情感和攻击性行为出现与否将行为障碍分为 4 种类型。虽然不是全部,但很多表现出行为障碍的儿童都会继续发展为反社会人格障碍(洛伯,1982)。研究认为有 5 种因素似乎是 APD 的病因,包括:遗传、脑异常、自主神经系统抑制、家庭因素和环境影响。

参见 攻击性;行为障碍;人格障碍

ANXIETY DISORDERS
焦虑障碍

焦虑是儿童和成人或多或少都会体验到的一种情绪状况。当人们对内部或外部事件的反应引起了消极的心理状态,焦虑就会产生。焦虑是一种普遍的情绪反应,每个个体多多少少都曾感受过它所带来的不快。引起恐惧的内部或外部条件是导致焦虑的最常见因素。当个体体验到的焦虑达到严重程度时,他们可能就会表现出各种各样的反应,且这些反应会逐渐与客观情境相对应。这些泛化的反应包括:情绪反应(包含生理学变化);在理解事物以及关于情境的想法上的认知变化;运动神经反应,如易怒或过动,或反之出现包括嗜睡症和退缩性行为等表现。一定程度的焦虑能激发潜能,具有积极的意义,如提高完成教育任务的表现。通常当焦虑达到了严重程度,且干扰了正常的适应性行为时,焦虑就成为了一个临床问题。焦虑障碍有其特有的精神病学分类(美国精神病协会,1994)。

1. 儿童期压力

压力是指引起儿童情绪和生理应对反应的环境压力和变化。环境常常引发焦虑反应。引起压力的变化常常在儿童正常发展中出现,例如,小婴儿会因为与母亲分开而以分离性焦虑的形式体验到焦虑。健康的儿童发展取决于儿童学习有效的方法来应对引起压力的变化,从而将焦虑保持在可控制的水平。

很多研究致力于探讨对成人来说变化所造成的影响和压力,并且已经编制了多种压力量表。尽管鲍尔比(1980)对分离和丧失对儿童期抑郁发展的影响进行了研究,但是关于在儿童发展过程中压力和变化的临床影响的研究仍然很少。临床医师、教师和指导咨询师应该了解变化、丧失和压力在焦虑障碍产生过程中的作用。由于死亡或离婚而造成失去父母之一,慢性疾病和学业失败,都会将儿童置于产生焦虑反应的危险之中。儿童行为评估系统(雷诺兹和坎普豪斯,1992)中包括了对学龄儿童压力的标准化测量方法。

2. 分离性焦虑障碍

这种综合征的主要症状是儿童与其主要依恋对象(如父母之一)分离时产生过分的焦虑。通常的行为表现包括:害怕父母会受到伤害;担心会出现严重损伤,如发生交通事故;拒绝去学校上学;睡眠障碍;不愿独处;出现身体症状,如胃痛、头痛或晕眩;以及不参与正常社交活动。这种障碍可能在婴儿期到青春期之间的任何时间出现。这种障碍通常不是由单一事件所引起,而是由于被扰乱的亲子关系而逐渐形成一种行为模式。这种病例通常看似是由于一件具体的令人苦恼的事情所引发的,但仔细考察会发现一个已为时甚久的模式。

3. 学校恐怖症

儿童期焦虑障碍中最常见的,有时也是最难矫正的问题,就是儿童拒绝上学或者刚到学校就要求离开。儿童有时基于令人沮丧的学校经历而建立起了消极的联系,因而拒绝去上学。这种案例会发生在由于注意力缺陷障碍而有严重学习障碍的儿童身上,这种障碍常对儿童的自尊造成不利影响。然而一般来说,拒绝上学或对学校恐惧的儿童表现出的行为是由与分离相关的焦虑所产生的。

学校恐怖症的病例可以分为两种类型。第一种常见于其家长具有合作精神的年幼儿童,这种情况更有利于干预。第二种类型发生在儿童晚期(10~12 岁)或青春期。家长不太乐意合作或可能有婚姻关系冲突,治疗效果相对缓慢,且可能要求儿童住院治疗。

4. 儿童期和青春期回避障碍

这种障碍出现于 2 岁半直至青春期。在社会交往中退缩和躲避他人的行为模式是这种障碍的主要特征。有这种障碍的儿童不仅仅是害羞,而是主动地退出社会交往,并且在与同龄人打交道时非常小心谨慎。这种障碍的非语言身体动作方面的特征是避免眼光接触、身体姿势不端正,以及举止行为像孩子。

5. 过虑障碍

有这种综合征的儿童表现出对成绩、潜在的伤害和能否被他人接纳过度担心。这种障碍与回避障碍的区别在于,其主要问题是担忧或焦虑,而不是回避行为。表现出这种问题综合征的儿童通常来自非常强调表现、成就和社会接纳行为的家庭。忧虑是泛化的,而不是与一个特殊情境有特定联系。这些忧虑通常包括对成为高能力个体的过分关注和对批评的敏感。这种障碍儿童表现出的症状有:强迫自我、追求完美和寻求认同,也可能表现出生理心理综合征,例如胃痛或一般的神经过敏。这类儿童总是想象最坏的事情。他们会害怕死亡或即将发生的灾难。有这种心理问题的儿童和那些有回避障碍的儿童有许多同样的忧虑,但是他们坚持尽力争取获得成就或满足,尽管他们过分担忧却不惧于社会交往。

6. 儿童期恐怖症

恐怖症是指强烈的焦虑,这种焦虑与对一特定事物或情境的恐惧相关,且这种恐惧与明显客观存在的危险不成比例。从这种意义上讲,恐怖症是不合理的恐惧。在评估儿童期的恐惧是否是恐怖症时,临床医师必须谨记,恐惧通常会明显出现于不同的发展年龄段。例如:在婴儿期出现对大声喧闹和对陌生人的恐惧是正常的;蹒跚学步的儿童对动物和黑暗的恐惧是正常的;青春期儿童对社交困窘的恐惧也是正常的。当儿童面对事物或情境时濒临崩溃,这种焦虑和恐慌感的严重程度可以鉴别儿童是否患上了恐怖症。恐怖症的一个绝对特点是,儿童有非常多的时间都在担心接触到那些事物。常见的恐怖症包括对动物、登高和昆虫的恐惧。

参见 儿童行为评估系统;儿童期精神病;抑郁症;情绪障碍;精神神经症;学校恐怖症

APGAR RATING SCALE

阿普加等级量表

阿普加等级量表是为评估身体状况危急的新生儿而特别设计的。由主治护士或医师在新生儿出生后 1 分钟做出等级判定,也可能需要在接下来的 3、5、10 分钟分别做出等级判定。对心率、呼吸、应激反应、肌肉弹性和肤色这5个至关重要的指标特征进行3分等级评定:2分是表现出这些特征;1分是表现但不充分;0分是没有表现。这样,可能出现的分数范围就是0分到10分。如果得分在7分以上(70%的新生儿)说明状况很好,3~7分(24%的新生儿)说明情况中度危险,如果得分低于3分(6%的新生儿)说明情况十分危险(阿普加,1953;阿普加,霍拉迪,詹姆斯和魏斯布罗特,1958)。

参见 低出生体重婴儿;新生儿行为评估量表;早产

APHASIS
失语症

任何被诊断为患有失语症的人都存在语言习得障碍,但语言障碍的类型(理解障碍、表达障碍、阅读障碍、书写障碍)及严重程度不同,反映着脑损伤的不同区域和范围。有相同区域脑损伤的患者在语言障碍类型上也有相似之处。失语症学者是那些研究失语症的人,他们试图基于这些相同点和不同点,建构对这种语言障碍的理解和诊断。他们的研究结果,形成了多种对失语症的不同定义以及其细分方法的分类系统(沙佩,1994;戴维斯,1993)。

近十年的研究文献在以下几方面表达一致:失语症(由于脑损伤造成语言习得障碍)这一术语应用于以前有过完整的、发展良好的语言功能的人,因此,这一术语不适用于儿童的语言障碍(戴维斯,1993)。一些失语症学家(达利,1982;舒尔代,1972)反对根据症状的不同或相似来对失语症进行细分或分类。这些专家认为症状的不同反映了整个综合性的脑功能问题的程度。

然而,如果要对失语症进行分类,一个常见的分类基础就是语言流畅与否,即以一个人的语言障碍症状是否破坏了语言的流畅性作为区分的基础(赫格德,1994)。罗森贝克、沃茨和拉普安特(1989)给流畅下的定义是说出5个或更多的连续的词语。显然,患有失语症的人和不能说出5个或更多的连续词语的人就患有非流畅性失语症。非流畅性失语症常见进一步划分为:波卡失语症、完全性失语症、隔离性失语症和经皮质运动性失语症。流畅性失语症可分为:威尼克式经皮质感觉性失语症和传导性失语症。

在界定失语症症状的研究文献中,其他常见的观点是认知缺陷(沙佩,1981;戴维斯,1993)和混乱语言的语言学分析(雅各布森,1971;卡普兰,1991)方面的。失语症的认知定义基于以下的观点,即认知是语言的基础,如果语言有障碍,那么认知的一些方面一定也有损伤。具体症状包括:对字词、短语和句子的长时和短时记忆的障碍,以及处理语言信息的障碍(赫格德,1994)。从语言学观点进行的研究被称为“神经语言学”,神经语言学从病人表现出在语言单位判断方面的困难来分析病人的症状,他们难以判断语言单位是较短还是较长、简单还是复杂、主动还是被动、嵌套还是非嵌套等等(赫格德,1994)。

患有失语症的人所遇到的语言障碍的类型包括:理解障碍(例如,患者无法在听到名称之后指出所代表的图片或物体,或不知道常用词语的意思)和表达障碍(患者可能替换声音或词语,并创造对于听者来说无意义的新词,或者患者会吞音或省略整个词语)。失语症患者可能说任何词语都很费力且说得很少,或者他们可能可以很轻松地说出很多,但说出的词语和语法对听者来说没有意义。失语症患者也可能遭遇阅读或书写以及进行数字计算方面的困难(赫格德,1994)。另外,经常出现很多由损伤造成的相关障碍发展到全面神经网络,如运动障碍或口腔组织和手臂、腿部的局部麻痹。

在美国,有超过100万的人患有失语症,而且每天有近300个新病例发生。失语症的康复需要专业人员和家庭的共同努力与支持。为了更好地了解这种障碍,一个全国性组织,全国失语症协会成立了(拉普安特,1997)。协会位于纽约市。

参见 发展性失语症;语言障碍

APPLIED BEHAVIOR ANALYSIS
应用行为分析

应用行为分析是系统地运用心理学理论的一系列原理来改变行为的一种方法。应用行为分析已经被证明是一种非常有效的管理系统,在学校(阿尔贝托和特劳特曼,1982;马滕斯等,1999)和家庭情景(贝克尔,1971)中皆是如此。其原理已经成功地应用于解决多种儿童问题,包括学业问题,如阅读、书写和完成作业;社会和行为问题,如攻击性、羞怯和逃学。

应用行为分析和行为矫正是密切相关的两个术语。二者都是应用学习原理来改变行为。从理论上说,行为矫正是个含义更广的术语,包含不以学习原理为基础的行为改变策略(例如:化学疗法、身体抑制以及脑外科手术)。学校中的行为矫正已经与源于操作性条件作用原理的强化程序同义。操作性条件作用程序通过改变发生在行为之后的结果(即行为结果)来改变行为。应用行为分析运用的原理源于操作性条件作用、社会理论以及反应型条件作用。应用行为分析家从结果和前提(即发生在行为之前的事件)两方面评定和看待行为。这些先行事件可能是被认为影响行为的环境事件或认知事件(即想法、态度或知觉)。

应用于解决问题行为的学习原理包括:正强化、负强化、塑造、促进、消退、行为消失、惩罚、榜样法、差别学习、任务分析和自我指导话语。这些术语中的大部分在本书中都有单独的词条进行更详细的描述,这里只是略作总结。之后将对行为分析的步骤进行概述。最后,用一个个案研究举例说明应用行为分析。

正强化的含义是,当儿童表现出一个具体的被期望出现的行为之后,对其给予奖励。如果在接受奖励之后,儿童该行为的发生频率增加,那么就可以说发生了正强化。一种强化物或奖励是根据它对随后的行为效果来界定的。如果某事物(一个激励物)随着一个特定行为出现,之后该行为的出现率有所增加,那么这个激励物即为一个强化物。没有普遍适用的强化物;儿童会对潜在的强化物如成人的表扬和泡泡糖产生不同的反应。当一个儿童完成了算术作业,并达到了 80% 的正确率时,就给他额外的 5 分钟自由时间,这就是一个正强化的范例。很重要的是,正强化物应视特定期望出现的行为而定。只要行为发生,就给予强化物。如果行为不发生,或没有按特定频率发生,就不给予强化物。有时教师和家长会无意间在儿童出现不期望的行为之后给予正强化物。例如,当一个儿童离开他的座位,教师就叫了那个儿童的名字。如果离开座位的行为出现得更为频繁,则教师叫出学生名字的做法就是一个强化物。使用强化时,强化可以跟随着每一个恰当的行为(连续性强化程序)或仅仅一部分恰当行为(间歇性强化)。连续性强化会引发被强化行为的出现率快速增加,而间歇性强化则会使行为不再被强化,但仍然有行为改变。

当一个过去被强化物跟随的行为不再被强化时,就会出现行为消失。通常,行为消失的即时结果是之前被强化的行为出现暂时性增加。如果一位教师开始忽视儿童发脾气的状况,那么这个儿童可能会增加发脾气的次数和持续时间;然而,如果教师持续忽视儿童发脾气的行为(并且没有其他强化物跟随发脾气行为,如同伴关注),那么发脾气行为的发生次数就会减少。

负强化和正强化一样,是一个用于增加所期望行为出现频率的程序。在负强化中,一些令人厌恶的事件(激励物)在所期望的行为发生后即终止。例如,一位教师告诉学生,以 85% 的正确率完成了作业的学生可以免除家庭作业。

惩罚是指行为结果减少了该行为日后出现率的程序。共有三种惩罚程序。运用令人厌恶的结果就是一个行为出现后给予一些厌恶刺激,如额外的工作、口头训斥或体罚。运用反应代价就是教师根据具体行为决定撤去强化物。每次在黑板上儿童的名字旁边做记号时,该儿童就失去了 3 分钟的休息时间。在运用暂停时间时,根据一个特定的不期望出现的行为,儿童在一段时间之内得不到分享正强化的机会。当儿童粗暴玩耍时,命令儿童在休息时间坐在长凳上,或在美术课的时候坐在垫子上,这都是运用暂停时间的范例。

当儿童学会仅当颜色在红色光谱内时说出“红色”,就是在红色的刺激控制之下做出说出“红色”的反应。这种控制的建立是通过对正确反应进行强化,并/或对不正确的反应给予惩罚。强化物可以是表扬,或是一颗星星。惩罚物可以是否定或试卷上的一个叉号。当儿童学会对红色和非红色做出不同反应时,即表明出现了差别学习。趁母亲忙于接电话时从甜饼盒里偷拿甜饼吃的儿童也掌握了一种差别学习任务。去拿甜饼盒的行为得到了趁母亲接电话时偷吃到甜饼的强化。当母亲没有接电话时,她或者会阻止儿童拿甜饼吃,或者会训斥儿童。

塑造是指对行为进行强化使之不断改进的过程。例如:一个儿童可能在30 分钟之内只做了 3 道数学题,而教师希望这个儿童能做 15 道题(假定教师确定这些题目的难度水平适合这个儿童)。如果持续强化使儿童做了 15 道题,那么就不要再进行强化了。教师在儿童的当前表现水平和目标行为之间确定了一系列步骤,并在每一步中应用差别强化。仅当儿童在这一系列操作步骤中表现出的行为达到或超过行为标准时,他才能得到强化物。如果儿童在一个步骤中一直表现得很成功,那么就进行下一个步骤,并且儿童的行为必须达到或超过在该步骤获得强化的标准。一个相关的程序是任务分析。任务分析是指详细说明成功表现某个特定行为的一系列前提行为。很多指导性任务由一些较小的步骤按特定顺序组成。通常任务的难度是儿童难以完成任务的原因。技能等级将一个复杂的技能,如两位数乘法,拆散为连续的步骤,其中每一步都是等级层次中下一个要求更高的步骤的前提。技能等级存在于人类学习的所有领域之中,包括:阅读、书写、穿着和饮食。任务分析是选择教授何种技能的一个实用工具。塑造程序包含了应用强化和消退来进行所选技能的教学。

提示是指利用额外线索增加儿童对差别刺激做出

恰当反应的可能性。这些额外提示突出了差别激励,并且一旦当行为处在差别刺激控制之下,额外提示就逐渐停止。提示可以是视觉上的、口头上的或动作上的。一年级的教师给学生看字母图片,就是在应用视觉提示增加儿童建立正确的字母—发音联系的可能性。提示的逐渐停止是指逐渐淡化提示的作用。

榜样法是指让一位教师或同龄人为儿童做出希望其出现的行为示范。榜样可以是真实存在的或虚构的。当榜样出现的时候,儿童就模仿榜样的行为,这时榜样就可以被看做是视觉提示的一种特殊类型。榜样法的效果超过了对特定行为的直接和即时模仿。儿童可以通过观察来学习复杂的行为序列(如:参与一项游戏或在餐馆中点餐)。此外,榜样法的效果不依赖于儿童或因模仿行为出现而受到强化的榜样。一个易冲动的儿童和一个更加深思熟虑的儿童协作解难题和做游戏,这个易冲动的儿童以后可能会采用更加深思熟虑的方法解决问题。

近些年来,行为分析学家试图改变被认为影响外在行为的认知(即思想、态度和知觉)(迈耶斯等,1985)。例如,一个易冲动的儿童可能被要求模仿一个在解决问题时大声谈论的榜样。这个榜样给儿童提供了有益的自我指导谈论的范例(休斯,1999;迈亨鲍姆和古德曼,1971)。

参见 行为评估;行为目标;行为矫正;任务分析

APPLIED PSYCHOLINGUISTICS
《应用心理语言学》

《应用心理语言学》刊登研究语言活动中的心理过程的原创文章。文章主要涉及所有语言形式的发展、使用和损伤,包括口头的、手势的和书面的。《应用心理语言学》得到了多种领域专业人士的关注,包括语言学、心理学、言语和听力、阅读、语言教学、特殊教育和神经学领域的专家。该期刊的特色主题包括:语言发展(言语知觉的产生与发展、手语的习得与使用、话语发展研究、第二语言学习);儿童和成人语言障碍(包括与脑损伤、智力落后、自闭症、特殊学习障碍、听力损失以及情绪障碍有关的那些语言障碍);读写能力发展(早期读写技能、诵读困难和其他阅读障碍、书写发展和障碍、拼写发展和障碍);以及心理语言学处理(双语、句子处理、词汇获得)。

APTITUDE TESTING
能力倾向测验

能力倾向测验这一术语一般用于指那些以评估个体所获得的发展水平为目的的测验,所测的发展水平是指相对同质的和明确界定的能力部分的发展水平,例如:空间思维、数学能力或知觉速度。能力倾向测验测量在相对不受控制的和未知的日常生活状况下的学习效果。从这个意义上来讲,能力倾向测验与成就测验不同,成就测验用来测量一个教育计划中相对标准化的系列经历的效果。这两种类型的测验在用途上也不同。成就测验一般代表了对个体完成训练状况的最终评估。而能力倾向测验则用来预测个体以后的表现,评估个体能在多大程度上从特定的训练课程中受益,或预测在新情境下个体的成就质量。

“特殊能力”这一术语产生于大部分测验都把重点放在一般智力上的时期。传统智力测验主要用来对个体认知发展的一般水平,如智商,进行专一的、综合的测量。虽然智力测验是由不同种类的子测验构成的,但实践和理论分析很快就显示出智力测验在能力覆盖范围方面有限,需要更准确的测量方法。这种认识引发了单独测验的编制,以测量不包括在智力测验中的能力领域。传统的智力测验过多抽取了包括言语或数学符号的抽象的功能,因此,人们认为特别需要测验更具体或实际的能力。最早的能力倾向测验测量的是手工操作的能力,但不久之后编制出的测验就开始测量文书、音乐和艺术能力。在描述个体时,这些特殊能力被看做是智商的补充,特殊能力测验通常与标准智力成套测验共同实施。

编制特殊能力测验的一股强大的推动力来自于将工作要求与每个个体的特定能力模式特点相匹配的问题,这个任务是心理学家在职业咨询或划分工人和军人时常常面对的。智力测验并不是出于这个目的而编制的。除了前面讨论过的对特定能力倾向的有限表现之外,智力测验的子测验对于分类目的所要求的证明其个体内分析的种类来说常常是不可靠的。为了响应这种需要,测验领域转而开发多元能力倾向成套测试。

和智力测验一样,多元能力倾向成套测试测量许多能力,但不是用一个总分的形式,它们产生出一个分数概览,一个分数代表一种能力倾向,因此它们提供了一种进行个体内分析的恰当工具(阿纳斯塔西,1997)。此外,多元能力倾向测验所测量的能力常常与智力测验所测量的能力不同。能力倾向成套测试趋向于测量更具体的技能,例如算术推理、数字计算能力、知觉速度和空间思维,因而与智力测验相比,更少将重点放在语言技能上。

几乎所有的多元能力倾向测试都是从 1945 年后

开始出现的。大量的测验研究和发展都始于第二次世界大战期间的美国海陆空三军。当时美国空军设计了特殊能力成套测试来选择决定受训学员成为飞行员、投弹手、无线电报务员和测距员。美军仍然赞助在此领域的大量研究,但许多多元能力倾向成套测试已经开发出来用于为平民百姓提供教育和职业咨询服务,以及用来进行人员选择和分类(墨菲,1994)。

许多能力倾向测验明确是为咨询目的编制的,在这些测验中,分类决定的目的十分突出。在具体的咨询中,测验分数概览用于帮助咨询师在一些可能的教育或职业专门领域中进行选择。一般性能力倾向成套测验(GATB;美国劳动部,1980)由美国就业服务中心开发,供美国国家就业服务办公室的就业咨询师使用。GATB由12项测验组成,总共产生9种能力分数,包括:智力、语言能力、数字计算能力、空间能力、形式知觉、文书知觉、运动协调能力、手指灵敏度和手工灵巧性。这些子测验分数的概览随后可与相应的庞大的工作种类的概览进行比较。另一种替代的形式可以应用于不能阅读的成人。许多研究都是针对GATB进行的,这些研究的结果一致表明,这种测验是许多领域内工作表现的有效预测工具(比米斯,1968)。

和多元能力倾向成套测试不同,特殊能力倾向测验通常测试单一的能力倾向。特定的领域如视觉、听觉、运动灵敏性和艺术才能常常由于过于专门化而不宜包含在标准能力倾向测试中,而通常这些能力对于某项特定任务来讲是至关重要的。特殊能力倾向测验就是用来测评这些能力的。它们通常与能力倾向成套测试共同进行,或用来评估一个不包括在这个能力倾向成套测试中的技能,或用来进一步探查一项技能或兴趣。特殊能力倾向测验也可能是为了一项特别的工作所订制的,并且利用模拟该工作所必需的条件创制这个测验,如:明尼苏达州文职测验(心理社团,1959)、迈耶艺术评价测验(迈耶,1942),或西肖尔音乐才能测验(西肖尔,1938)。尽管已被广泛地应用于教育、咨询和工业管理中,能力倾向测验的发展还是很缓慢(墨菲,1994)。当前在应用的许多能力倾向测验都是20世纪四五十年代开发编制的,之后被修订并重新发行的。

参见 成就测验;评估;标准参照测验;残疾人职能训练

APTITUDE - TREATMENT INTERACTION
能力倾向—治疗交互作用

能力倾向—治疗交互作用是指一个教育现象。在其中,不同学生的独特能力倾向在可替换的教学情境下表现不同。可替换的教学情境是为反映学生能力倾向的不同而特别设计的。因此,如果群组间在可替换的教学情境下的表现显著不同,这时一个能力倾向和治疗的交互作用就发生了。

巴赫特(1970)对能力倾向—治疗交互作用进行了详细的讨论,他将能力倾向—治疗交互作用定义为"可替换的治疗与个性变量之间的明显的、不寻常的交互作用"。个性变量是个体特征的任何测量尺度,如学习风格、智力、成就焦虑或控制点。不寻常的交互作用是指群体间的表现差别,这种差别表明一个群组在一个情境下有明显更好的表现,而在另一个情境下的另一组的表现明显更好。图1表明了不寻常能力倾向—治疗交互作用。

图1 能力倾向—治疗交互作用的不同表现

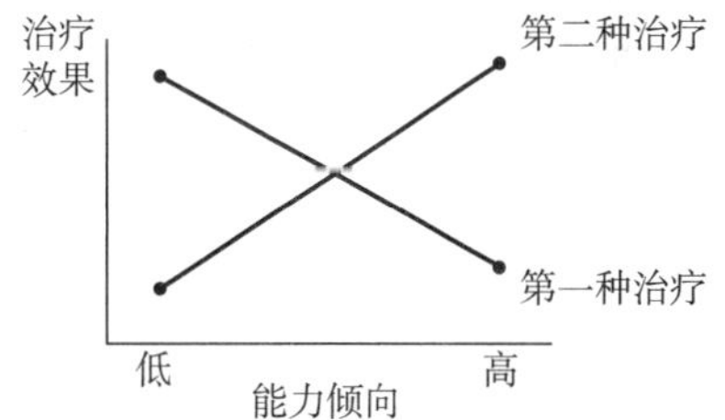

图1表示了两组学生的假设数据,他们在一个特殊的能力倾向上表现不同,一组的分值高,另一组的分值低。为了匹配学生的能力倾向,还提供了可替换的治疗。能力倾向分值低的学生在第一种治疗中表现得更好。能力倾向分值高的学生在第二种治疗中表现得更好。这个数据证实存在能力倾向—治疗交互作用,并支持对这两组学生采用不同的教学方法。

图2和图3分别呈现了没有表示出能力倾向—治疗交互作用的假设的实验结果。在图2中,尽管两组学生的能力倾向有差别,但都在第一种治疗中表现得更好。在图3中,两组学生仍然是在第一种治疗中表现得更好。然而,低能力倾向组的学生在第一种治疗和第二种治疗中表现得差别不显著。能力倾向的不同不能使人认为应对两组学生采用不同的治疗;其他因素可能控制着对两组学生都采用一种或另一种治疗。在这种情况下,能力倾向分值高低不能清晰地表明该选择何种治疗。

受到广泛支持的个别化教学以及提高个别学生表现的教学调整探索激发了人们对能力倾向—治疗交互作用的研究兴趣。对个别差异重要性的认识是相对新近的发展(斯诺,1977)。斯诺认为"对能力倾向个别差异的认识不但可以预测学习成果,还

图2　假设实验结果与能力倾向—治疗交互作用的指标显示不符

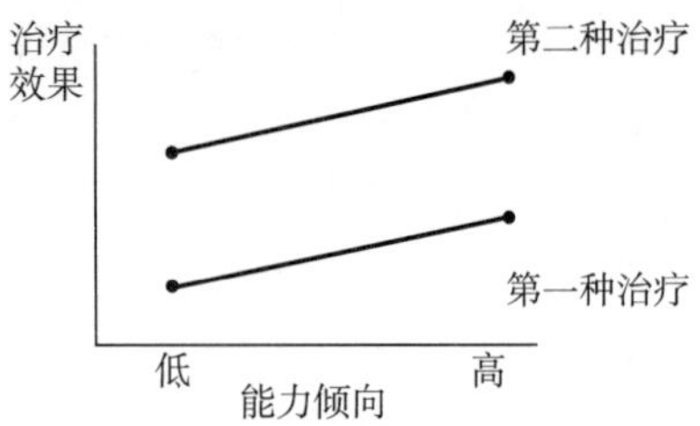

图3　假设实验结果与能力倾向—治疗交互作用的指标显示不符

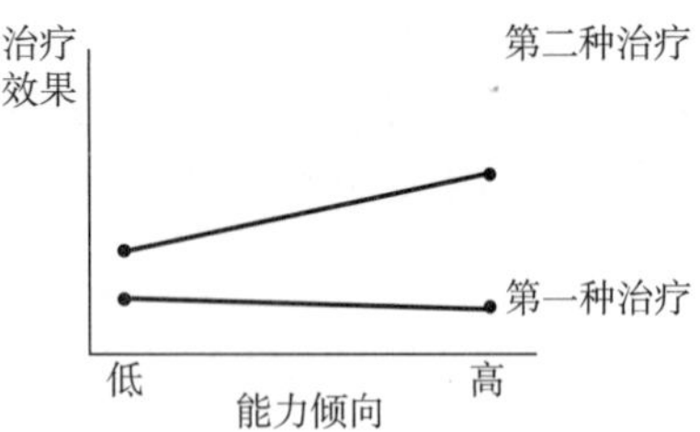

能经常与教学治疗的变更相互作用”。这种观念使适应性教学成为可能。教师们很早之前就已经认识到了个别差异,并且应用了无数的方法去适应这些差异。没有哪个领域比特殊教育更多地考虑个体差异了。94－142 公法提出的个别化教育计划这一必要条件要求为所有特殊儿童制定个别化教育计划。特殊教育教学过程中的核心就是顺应和适应个体学习者的需要和特点。克诺和斯诺(1986)在对适应性教学的讨论中认为,适应包含着直接的能力倾向的发展或间接的非能力倾向。在特殊教育中,盛行谚语“扬长补短”。教师通常寻找完整的或相对较强的能力作为教学的途径。伴随的补偿通常集中在妨碍学业表现或自主机能的特殊技能或知识缺陷方同。不幸的是,教育工作者,尤其是特殊教育教师进行的个别化教学并没有得到与之相对应的较强的个别化教学研究的支持。“虽然已经明白教师们应在各级教育中将自身的行为与学生的个别差异相适应,但调节这些适应的根本逻辑和意图还不太清楚”(克诺和斯诺,1986)。

特别为证明模态与教学之间的互动作用的少量研究结果还不足以成为专业人员强有力的武器。尽管缺乏支持性的研究,但基于模态概念的教学已经得到广泛实施。这种教学方式针对经测验被确定为模态偏好的儿童,教学采用偏好的模态进行。此外也包括知觉和知觉—运动技能的训练,以提高儿童对未来学业教学的准备。大量的研究文献讨论了知觉—运动训练的功效。卡瓦勒和马特森(1983)将元分析技术应用于180 项功效研究。元分析对大量的独立研究结果进行综合,揭示在叙述模式的传统研究综述中无法清楚显示的治疗作用。作者发现知觉—运动干预在促进学业、认知或知觉—运动变量的发展上没有效果。这个研究结果与其他早期关于知觉—运动训练的研究结果一致(克鲁克香克和哈拉罕,1973;迈尔斯和哈米尔,1976)。为证明模态—教学匹配功效而设计的研究中很少发现有能力倾向—治疗交互作用,鉴于这一结果,功效研究得出的否定或可以忽略的结果也就不令人觉得惊讶了。教学的模态模式建立在能力倾向—治疗交互作用理论之上,但从能力倾向—治疗交互作用理论到模态教学的适用性还没有得到证明和证实。

能力倾向—治疗交互作用研究决不没有局限在特殊教育或以模态教学研究中。能力倾向—治疗交互作用研究也在其他学术领域中开展,例如数学(霍尔顿,1982)和阅读(布兰顿,1971)。但这些研究的结果通常是令人失望的。

尽管已经成功证明能力倾向—治疗交互作用的研究数量是有限的,但研究还是对交互作用现象的复杂性和促成能力倾向—治疗交互作用出现的条件有了很深的了解。

在对能力倾向—治疗交互作用研究和教学理论关系的讨论中,斯诺(1977)劝告教育工作者不要指望由能力倾向—治疗交互作用调查研究推衍出的一般教学理论。到目前为止的研究发现,每个能力倾向—治疗交互作用只在一个特殊的情景下有效。每个发现将在独特的教学情景下适用于一个独特的学生群体。如果要做一个全面的概括是很有限的。教育工作者不应期望从能力倾向—治疗交互作用研究中得出可以广泛应用的一般教育理论。那些以能力倾向—治疗交互作用为前提提出的“毯子治疗”(斯诺,1984)的人也可能会失望,就像那些知觉—运动训练的倡导工作者们一样。较为合理的是,能力倾向—治疗交互作用理论暗示人们对学生和教学变量随时进行不间断的评估以适应变化的环境。

参见　诊断—规定性教学;直接教学法;康复;缺陷中心模式;教师效能

ARCHITECTURAL BARRIERS

建筑物障碍

近来将残疾人融合到社会主流中的努力要求消除妨碍残疾人使用设施和接触周围环境的有形障碍。残疾公民所面临的使用设施或获得服务上的共同障碍包括:狭窄的门口或入口、装备不完善的公共设施(例如厕所和停车场)、狭小的通道以及房屋空间和布局、照明不足,以及缺少提供公共信息的补充媒介(如盲文指示牌、可视化警告或疏散警报)。

在20世纪60年代之前,大量的建筑物和通道都是为"理想的使用者"(即一个健全的年轻成人)所设计的。然而,在过去的二十多年中,法律和残疾人国家中心(1978)以及美国住房和城市发展部(1983)报告,联邦和州的立法、法院的判决以及公众所接受的无障碍标准已经共同引起了在建筑物结构和通道设计上的重大、持久的变化。这些改变促进了限制肢体和感官障碍市民使用(例如定向与行走)的障碍物的移除。

美国国家标准研究所(ANSI)的规定最初在1961年被采用,并在20世纪70年代得到更新。该规定详细制定了建筑物、入口和通道的无障碍标准。设计这些标准是为了消除建筑上的障碍,而这些障碍曾经对以下这些人群在建筑的使用上造成障碍:

不能走动的残疾人:依靠轮椅活动的肢体障碍者。

半能走动的残疾人:由于有肢体残疾而导致其行走不安全或有困难的残疾人,并且他们需要拐杖、助行架或矫形器的帮助。

共济失调残疾人:共济失调者会由于肌肉控制的障碍导致不健全的协调能力,并造成受到人身伤害的可能性增加。

视力残疾人:那些视觉受到全部或部分损伤的人,其残疾程度造成在环境中的机能不可靠或易受伤害。

听力残疾人:那些听觉受到全部或部分损伤的人,其残疾程度造成在环境中的机能不可靠或易受伤害。

消除建筑上的障碍需要对设施和公共通道进行改造。除此之外,还要修建坡道,提供轮椅升降机和控制保险装置;改善移动区域和扩大停车空间;改造公共设施,如厕所、电话亭、体育设施和用餐区;并改善过道、入口(如门、门口)、房间设计(如空间与布局)、照明设施以及公共/用户信息系统。

参见 *无障碍建筑物;美国残疾人法案;建筑物和残疾人*

ARCHITECTURE AND THE HANDICAPPED
建筑物和残疾人

约有10%的人口有某种程度的身体残疾(莫,1977)。这些身体残疾的三个常见类型是:视觉的、听觉的和肢体的(矫形外科的)。美国有2200万人都存在某些行动限制,其中大约有40万人必须依靠轮椅才能行动。另外,有550万是视力残疾人,有800万是聋或听力残疾人(索伦森,1979)。

除了视力残疾人(盲人)、听力残疾人(聋人)和肢体残疾人(矫形外科损伤者)之外,还包括患有心肺功能障碍或神经肌肉病变的病弱者。这些障碍可能不会影响患者的某些行动,但却可能造成体力衰退、协调性差,或握力和操控能力受限。

针对残疾人的不同需求,建筑学考虑各不相同,主要取决于残疾类型,即是肢体、视觉还是听力残疾。事实上,这些考虑包括要为残疾人提供一个独特的环境,但要考虑肢体残疾人和视力残疾人的区别,谁的需要应被优先考虑。例如,一个使用轮椅的肢体残疾人在开放的、宽敞的空间中能更好地进行活动。相反,盲人则在较小空间中更方便活动,因为其感觉环境中关键要素都在近距离内。同样,一个吵闹的环境也许对盲人更有利,而对聋人就不利,因为聋人会在缩小多种多样的声音线索方面遇到困难。

这里有一些在设计环境或使环境与残疾人相适应时通常要考虑的因素:

(1)许多残疾人都比一般人矮小或虚弱,因此,应减小坡道的倾斜度,缩短到达目的地的距离,减弱打开或关上物体所需的力度。

(2)很多使用助动设备(例如轮椅)的残疾人都有次要的残疾,包括力量或抓握等方面的困难。

(3)多数在出生时或出生后不久就失明的盲人懂盲文,但那些后天致盲的盲人通常不懂盲文。

(4)触觉信号和标志在数量上应该少些,并且确保在一栋建筑物中,所有触觉信息的位置都是一致的。

(5)听觉信号应该是在低频区域内的,因为随着年龄增长,人们逐渐失去听高频声音的能力。

(6)许多聋人和盲人都能在有利的环境"听到"和"看到",例如,为聋人创造的声音"固定"的环境,为盲人创造的照明良好和放大印刷的环境。

(7)为聋人和盲人提供适应性视觉和听觉信号是为他们提供各种线索的最佳方法(索伦森,1979)。

为方便肢体残疾人而对建筑物和设施进行改造的多数推动力都来自于1968年建筑物障碍法案(90-480公法)及其后续的修订法案。这项法案明确规定用联邦资金投资建设的建筑物的设计和施工必须方便肢体残疾人的使用。

许多州的州法令都要求,新建的、私人投资的对公众开放的建筑物必须能够方便肢体残疾者使用。所有州都要求公共投资的建筑物必须方便残疾人使用。许多州都要求,在对建筑物进行大规模改建时,必须包括无障碍设施的改建,以方便残疾人使用。

州教育主管部门已拨出专项资金消除学校中的建筑物障碍。这项一次性的、不会再重现的拨款是由《残疾儿童教育法案》(94 - 142 公法)第 607 款所批准的,后来修订为 1983 年 98 - 199 公法,即《残疾人教育法案》修订案的第 5 款。《美国残疾人法案》则规定建筑物要能够方便残疾人使用。

参见 无障碍建筑物;美国残疾人法案;行走训练

ARCHIVES OF CLINICAL NEUROPSYCHOLOGY, ACN
《临床神经心理学档案》

《临床神经心理学档案》(ACN)是美国神经心理学学会的官方期刊。美国神经心理学学会是一个主要由 4,000 多名执业临床神经心理学家组成的成员机构。该期刊于 1985 年由美国神经心理学会主席雷蒙德 · 迪安创办,他也是期刊的首位编辑。该刊最初是季刊,1996 年增加至每年出版 8 次,并且版面也进行了扩充,从而得以刊登更多的文章。期刊向学会会员免费提供,非学会会员可以订阅。塞西尔 R. 雷诺兹于 1990 年担任该期刊的主编。期刊的版权属于学会,由"爱思唯尔科学"这一当今全球最大的科学出版社出版。

该期刊刊发的原创性研究文章主要探讨中枢神经系统功能障碍引起的病症的病源学、诊断以及治疗,有时也会刊登对已有研究做出新的、见解深刻的综述或提出专业论题的稿件。该期刊刊发的原始研究文章主要探讨中枢神经系统功能障碍引起的病症的病源学、诊断以及治疗。期刊对专业领域内引起人们兴趣的书籍和测验进行评论,并刊发学会年会的会议纪要。"重要信息摘要"部分还提供患有独特的、罕见的或低发生率的障碍的个体或小群体的详细信息。根据社会科学引用索引所计算的影响因素,该期刊是临床神经心理学领域中影响最大的期刊之一。

ARITHMETIC REMEDIATION
算术补救

算术补救已经发展成为一种教学系统,这种系统的组成部分包括:目的和目标,不同水平的测验,各种评价目标的方法,代表具体、图示和抽象水平课程的教学活动,以及累积性评定。教学目的基于一个学区或相似教育机构中通常的数学教学目的。这些目的通常由教师课程团队、督学、行政人员和学区外的教学内容专家制定。在有些情况下,教学目的取决于采用的教科书。目标是将目的转化为对可观察的表现的描述。

依照国家数学督学委员会(NCSM,1979)的规定,数学课程的目的应该确保每个学生都能做到:①解决问题;②将数学应用到日常生活中;③判断结果是否正确;④估算;⑤计算;⑥运用几何学;⑦测量;⑧理解、说明和建构表格、图表及图示;⑨运用数学进行预测;⑩了解计算机的功能。

诊断评估包括调查测验、概念测验、面试、态度量表和学习风格评估。调查测验主要测查多种数学能力,并综合展现出学生的优点和弱点。调查测验也被称为筛查测验,在筛查测验中,对大量目标中的每一项设计的条目相对少一些。

概念测验用于诊断在调查测验中鉴别出的更为严重的弱点。概念测验测查的目标比调查测验中的条目要多。在每个目标上,概念测验可能有 5 个条目,与之相比,调查测验只有两个条目。此外,概念测验中评估的目标也较多。概念测验的实例包括算术策略诊断测验、关键数学诊断测验和个别评估集、标准形式。

参见 计算力缺失;数学学习障碍

ARMITAGE, THOMAS RHODES
托马斯 · 罗兹 · 阿米蒂奇(1824—1890)

托马斯 · 罗兹 · 阿米蒂奇是一位英国医生,由于眼睛失明,他不得不放弃医学实践工作。1868 年,阿米蒂奇创立了英国和外国盲人协会。这一组织后来成为皇家国立盲人协会,该协会的主要目的就是为盲人制定有效的教育计划并消除盲人文字印刷体系上存在的混乱。

阿米蒂奇创立了皇家师范音乐学院,为盲学生提供职业准备。该学院 80% 的毕业生可以自谋生计,这在当时是空前的成就。在对盲人文字印刷系统做了广泛的研究之后,阿米蒂奇和他的协会成为英国最主要的盲文支持者。他们对最终在全英国采用这种盲文体系起到了推动作用。

ARTHRITIS, JUVENILE
青少年关节炎

青少年类风湿性关节炎(JRA)是一种通常由一个或多个关节发炎所引起的全身(Juvenile Rheumatoid Arthritis 幼年型类风湿性关节炎性)疾病。在不同患者之间症状大不相同。最常见的症状包括:关节水肿、发热、压痛和疼痛,这些可能导致关节变硬、挛缩和发育延迟。这种疾病通常伴随骤然高烧、皮疹和内脏症状。

这种关节炎是发生在儿童身上的最常见的结缔组织疾病,并且是关节炎疾病中最常发生的一种。据估计,大约 25 万美国人患有 JRA,其中每年在 1,000 个学龄儿童中就有 1.1 人患有此病(瓦尔尼,1984)。女孩比男孩更容易患此病。这种病类似于成人风湿性关节炎,但不同的是,其特点是在青春期前发病,且更容易好转。

JRA 主要有三种:全身性的、多关节性的、少关节性的。全身性 JRA 占总患病人数的20%。高烧、皮疹、胃痛和严重贫血是这类疾病的常见症状。少关节性 JRA 占总患病人数的30% ~40%。这种疾病是由少数几个关节所引起的,这些关节通常是大关节(膝、踝或肘)。多关节性 JRA 是 JRA 中最常见的类型,占 JRA 患病儿童总数的 40% ~50%。这种疾病由几个关节(五个或更多)所引起,这些关节通常是手指和手掌部位的小关节(关节炎基金会,1983)。

JRA 的长期影响根据患病类型和患病个体差异而有很大不同。人们没有办法从患病早期就知道疾病发生的后果。然而,患有 JRA 的儿童的总体预后是好的。大多数都能进入成年期并且不会存在严重的身体缺陷。仅有约 25% 的患者会留下明显的残疾(杰伊、赫尔姆和雷,1982)。在大多数病例中,疾病能够得到根治,但患者的组织结构损伤和功能性缺陷仍会存在。在其他案例中,疾病可能继续活跃着,患者将终生受其影响(伦尼邦,1994)。

除了对身体方面的考虑之外,JRA 对某些心理方面的影响也很重要。麦克安那聂、普勒斯、萨特、怀特和弗里德曼(1974)发现患有 JRA 但没有残疾的儿童,其情绪问题比伤残的关节更严重。他们还发现,非残疾患病儿童的家长对这种疾病的了解很少,也不认为这种疾病会影响儿童的行为、学业和社会关系。利特、卡斯基和罗森堡(1982)发现良好的自我形象和较好的自主性与治疗中的较高配合度相符。

威尔金森(1982)对患有慢性风湿性关节炎的青少年的情绪和社会行为做了研究。她发现这些青少年最大的抱怨就是,由于他们身材矮,人们很容易把他们当做比其实际年龄小的儿童对待。她还报告说,行动受限和对不确定的未来的恐惧,导致患病青少年的焦虑水平很高。患有 JRA 的儿童出现情绪和行为问题的风险增大,但心理失调的反应可变性相当大(瓦尔尼,拉波夫和瓦尔德洛夫,1994)。

无论在教室里还是在家里,儿童的活动自由都不该在不必要的情况下被限制。当儿童不能参加常规的游戏时,教师和家长应鼓励他们寻找替代的玩法。在儿童不感觉疼痛的时候,应定期鼓励他们做一些需要运动的活动,这样能减轻他们身体的僵硬度。比尔斯、基恩和霍尔特(1983)着重指出了了解儿童对疼痛的知觉的重要性。儿童很少能将内部感觉理解为疼痛,因此很可能无法将其看做是警报信号。情况常常是,即使儿童感觉到自己的疼痛也不会表达出来,甚至试图隐瞒这种感觉。有一些明显的迹象可帮助人们确定儿童已感到疼痛,这些迹象包括:走起路来步态僵硬,小步走路,肌肉紧张,以及无力完成某项任务。认知行为疗法对控制 JRA 的长期疼痛有一定帮助。

另一个对 JRA 的重要考虑就是其不稳定性,以及每天,甚至是一天之内不可预知的变化。通常一天之中身体最僵硬的时候是早上。最后,很重要的一点是,JRA 患者监护人要了解阿司匹林服用过量的症状,即快而深的呼吸、耳鸣、听力减退、嗜睡、恶心、呕吐、易激动和不寻常的行为。

参见 *身体残疾*

ARTICULATION DISORDERS
构音障碍

构音包括对以下四方面的研究:①特定语言的音素;②音素产生的方式;③文化成员习得这些音素的顺序;④以上可能出现的障碍。在英语中一共有 40 个音素,由 26 个辅音和 14 个元音组成(贝恩塔尔和班克森,1998)。音素被定义为是传达意义改变的最小差别单位,这就和音位变体形成对比。音位变体包括一个特定音素的所有可接受的意义。音位变体的变化不影响意义。

可以根据发音位置、发音方式、发出的声音对辅音做出区别。元音的变化取决于舌头的高度、位置,以及舌头是处于紧张的还是松弛的状态。在英语中,还有一些其他音素特征,如超切分特征,这些特征会引起发音变化但不引起意义变化。超切分特征在一些语言中是特殊的。例如,在音调语言中,音素的音高变化会引起意义变化。

按照构音发展的传统观点,特殊音素出现的年龄是可以确定的。例如/p/、/b/和/m/是早期发展出的音素,通常儿童在 3 岁时就可掌握。相反,/s/音素直到儿童 8 岁或更大年龄时才会出现。许多研究,包括桑德(1972)所做的一项研究,对各种音素的出现年龄进行了检测。所有儿童在年幼时都会出现构音错误,并逐渐进入正常的发展过程。随着儿童的成长,构音错误数量不断减少。总的来说,专家认为构音发展在儿童 8 岁时全部完成,尽管一些儿童在超过这一年龄之后还在继续发展构音技能。

当一个儿童或成人存在构音障碍时,通常是以发音错误为特点的,一般涉及不足 10 个音素。个体将声音合并为词语的潜在规则系统是完好的。换句话说,说话者知道声音如何合在一起产生表达意义的词语,但说话者在发出个别声音时有困难。这些错误在本质上可以进一步分为语音的或音素的。

产生构音障碍的最常见原因是:①不准确的学习;②不正确的言语榜样;③言语和听觉机制的结构缺陷;④肌肉运动协调性差或不精确。在第一个原因中,即不准确的学习,一些因素干扰了儿童习得发音的过程。例如,如果一个儿童在他的耳朵中或脑伤部位中有液体,而这些部位正是习得音素的关键点,那么这个儿童就可能听不到发音或复述得不准确。在儿童学习发音时,非常依赖其听觉形态,但随后就要将重心转移到监控发音准确度的本体感受或肌肉运动知觉上来。可以这样说,儿童最初将重心放在如何将他们的发音与别人的发音在声音上相匹配,但之后,一旦学会了音素,儿童就将较少的注意力放在听觉方面,而将注意力较多地集中在发音时本体感受和肌肉运动的知觉上。然后他们假设,如果他们的发音和上次一样,那么发音就是正确的。一个错误的已习得的发音就这样被保留了下来。第二,一个儿童的家庭成员或重要的他人中可能有人存在构音错误,这就为儿童提供了一个不正确的榜样。儿童可能会学到错误的发音,因为他们模仿了错误的音素,并将之吸收到自己的语库中。第三,言语和听觉机制结构混乱也是导致构音错误的一个原因。例如,牙齿咬合不完全,或不适当的腭帆与咽的闭合。这种结构可能妨碍发出符合标准的音素的能力。第四,不精确的肌肉运动或这些运动不协调可以引发构音错误。正确的构音需要精确的发音位置、发音时间和发音器官的准确动作。例如,脑瘫、构音障碍或失语症患者在这些方面都存在困难,并且他们的言语生成受到了不同程度的影响。

对构音错误的治疗一般包括,在隔离的情景下进行音素教学,然后帮助学生将新的发音推广到他们的发音系统中。可以使用诸如范里佩尔(1978)或班克森和伯恩索尔(1998)所提出的传统治疗策略。也可以利用最小配对和联合构音策略。通常,消除这些错误的预后是良好的。

参见 交流障碍;言语和语言障碍

ART THERAPY

艺术疗法

艺术疗法是由玛格丽特·农伯格(1917)提出的一项技术。她在创造这项技术时应用了她作为艺术教师和心理学家在治疗行为问题儿童时的经验。艺术疗法基于这样一个理念,即每个人都有能力将自己的内心想法用视觉形式表现出来。

农伯格的第一本著作出版于1947年,她在这本书中对心理分析原则在艺术疗法的应用进行了描述(德特雷,1983)。农伯格还因开发了活动教学法,促进了艺术表达而受到好评,即用涂鸦技术和韵律练习提高创造力和想象力。

艺术疗法的方法有两种。心理分析法是由农伯格提出的,这种方法利用艺术作品揭示潜意识。然而,在1958年,伊迪思·克雷默开始将艺术治疗作为帮助个体表达当前生活经历和解决生活问题的一种方法来使用(达利,1984)。图奇纳(1980)将艺术疗法划分为三种独立的形式,即支持要素、活动要素和心理分析要素。支持形式旨在实现社会性康复;活动形式主要关注自我发展;心理分析形式将患者的画作作为一个诊断工具。所有参加艺术疗法的患者都要求进行绘画。据称,这些技术对防止自杀、诊断成年人的抑郁症和精神分裂症有一定作用。

艺术疗法还被用于特殊教育。艺术疗法可用于治疗学习障碍儿童(马林,1974)和智力落后儿童。马林发现,那些由于智力所限或过于抑郁,甚至不能进行简单绘画的儿童,可以用杂志中的图片来刺激他们进行思考。儿童被鼓励通过画作进行彼此间的交流,这种方式已经证明对减少情绪压力有一定作用。萨伦特(1974)使用艺术疗法帮助学前儿童解决他们的问题。在儿童完成艺术作品的过程中,艺术治疗师、教师和家长中的一方要一起对儿童进行帮助。艺术疗法基于的理念是,人类的大多数基本想法和感受都可以从潜意识迁移到图像中,且更胜于迁移到文字中(达利,1984)。

由农伯格开创的这项疗法现在已经被用于学校、医院和公共机构中。艺术治疗师必须接受高水平的培训(鲁宾,1984),并具有管理和直接面对幼儿到成年患者进行工作的实践经验。对艺术疗法的有效性进行的研究很少。

参见 精神分析和特殊教育;残疾人心理疗法;治疗娱乐

ASPHYXIA

窒息

窒息是一种医学上的紧急情况,需要立即进行抢救,以防婴儿死亡或致病(戈尔登和彼得斯,1985)。发生窒息时会有细胞供氧不足。本条目特别对发生在出生时或出生后短时间内的窒息进行讨论。许多术语与此阶段的缺氧相关,相关信息可以从以下标题所包括的不同资源中获得:新生儿窒息、围产期窒息、分娩期窒息和低氧缺血性脑病(HIE)。窒息很难准确定义,这就造成了对其影响和痊愈的预后进行研究很困难。对窒息的权威定义更强调出生5或10分钟后婴儿的阿普加得分低于标准,而不是强调出生后1分钟的状况(菲茨哈丁和佩普,1981)。然而,由于阿普加分数低与窒息并不必然相关,因此,这个界定并不总是准确的,且对窒息的神经学后果预测性差。要预测后果是非常困难的。即使是出生时阿普加分数为0的婴儿也可能在接受了有效的干预后存活下来,并没有留下严重的残疾(罗森,1985)。与实际发现相比,窒息所造成的伤害的出现率被过高估计了(布兰,1985)。下面将讨论的HIE是后发缺陷的前兆。

在接近围产期期间发生的窒息,以4个基本的机制为基础:①脐血中断;②由于胎盘过早与子宫分离,而无法通过胎盘进行交换;③由于严重的低血压,胎盘靠近母方的侧面灌注不足或供氧不足;④婴儿不能让肺充气,无法完成从子宫内到子宫外生活的转换。在窒息发生早期,一旦消除了引发窒息的诱因,婴儿的状况将自动好转。但在窒息发生后期,由于循环系统和神经学上已经产生变化,因此需要不同程度的医学干预(菲茨哈丁和佩普,1981)。

脑瘫(CP)是最常见的窒息并发症。尽管如此,仅仅在阿普加分数长时间(超过10~15分钟)较低(低于3分)的情况下,病发的风险才较高(弗里曼,1985)。在出生后20分钟阿普加分数在0~3分的婴儿中,脑瘫的出现率高达38%,并常常同时出现智力落后和癫痫发作。如果不产生脑瘫,窒息似乎与重度智力低下没有联系(帕内特和斯塔克,1983)。

严重的窒息可以引起HIE。被诊断为患有HIE的儿童会在出生后一周之内,经常是在出生后12小时之内,表现出神经功能紊乱的症状。神经功能紊乱的症状主要包括癫痫发作,变化的意识状态和音调、姿势、反射、呼吸异常。出现癫痫发作的婴儿中,有30%~75%都可能留下长期的后遗症。在脱离监护后,有确定的神经异常的婴儿的死亡率很高。在出生后一周之内曾经发生过窒息,且神经学测验结果不正常的足月产婴儿,其夭折率为7%,神经缺陷的出现率达28%。在由于窒息而受到严重影响的儿童中,出现的最常见缺陷包括:强直性四肢麻痹(脑瘫的一种形式)、重度智力落后、癫痫发作、听觉缺陷和小头畸形。对HIE的治疗在不断进步,但对此进行研究却很困难。随着早期干预技术的进步,对可能出现神经缺陷的高危儿童的鉴别越来越重要。

总的来说,多数曾窒息过的婴儿并没有出现可察觉的神经学上或智力上的后遗症。窒息的预后良好,即使在相对严重的病例中也是如此,只要婴儿出生后一周时间的神经学检验结果是正常的。与人们所预料的一样,当窒息出现时间较长且程度较严重,或有继发的异常临床症状出现时,其预后较差(帕内特和斯塔克,1983)。人们对窒息及其后遗症依然缺乏了解。然而,恰当的产前护理,在阵痛和分娩时的细致监控,并及时进行助产干预,以及在婴儿出生后立即由有急救技能的专业人员进行干预,这些措施都能使窒息的发生率降低,并减轻窒息的长期影响(菲布斯,1981)。

参见 阿普加等级量表;脑瘫;低体重产儿;早产

ASSESSMENT, EDUCATIONAL
教育评估

在美国国会于1975年通过《残疾儿童教育法案》,即94-142公法以前,人们就已经认识到对学生能力进行评估的需要。托马斯·杰斐逊发现了对天才儿童进行鉴别和为有需要的学生提供经济资助的好处,认为这样做可以确保这些学生能继续接受教育(克龙巴赫,1984)。虽然在很久以前就认识到为特殊儿童提供特殊服务的需要,但在全美国统一的基础上却很少有所作为,直到94-142公法的颁布。

应该问的一个很重要的问题是:为什么要进行评估?泰勒(1984)对这个问题的回答是,他认为应该进行阶段评估,并解释了原因。评估的第一步是进行筛查,并鉴别出那些可能存在问题的儿童,这个步骤可以是正式的,如团体测验;也可以是非正式的,如行为观察。进行评估的第二步是确定和评价适合一个独特的学生的教学计划和策略。这样做使得在提出正式转介之前,可以先在教室中对儿童实施一些策略。这一步也考虑到将先前成功的策略融合到教学计划中。

第三步是确定儿童当前的机能水平及其教育需要。在这一阶段中,学生的优点和缺点得以明确,并提出可能的矫正策略。在下一阶段中,将运用评估来决定特殊教育安置及学生的类别。也就是说,对于学生来说,什么是最少受限制环境?最后一步是利用评估过程中得到的信息为学生制定个别化教育计划(IEP)。

这并不意味着所有有教育问题的学生都要经过这些评估阶段。如果一个问题能在普通教室中得以矫正,就没有必要继续进行评估。进行评估应做到全面和细致,以便准确地了解学生的需要,以及如何通过最佳方式满足这些需要。

许多重要的历史事件对确定当前如何评估特殊儿童的特殊需要起到了决定作用。很多资料文献都对这些事件进行了概述(克龙巴赫,1984;格兰哈姆和莉莉,1984;尼特克,1983;农纳利,1970;萨特勒 1982)。

测验出版业在第一次世界大战之后就成为了一个繁荣的、营利的行业。这种发展带来了一些实质性的益处,其中最重要的就是强调测验的标准化和常模的提供,以对照个体在其所在群体中的位置。这种状况在教育系统中对残疾儿童进行评估的各个领域里已经很普遍。

对学生智能以外方面的考虑也变得普遍起来,正如个体的其他方面和个体的能力同时在这个领域内被评估一样。与特殊教育评估相关的其他领域有学生当前的学业表现水平、适应性行为的水平,以及在一些案例中还包括对学生个性和行为因素的评估。所有这些领域都是对特殊学生进行评估时不可缺少的部分。

从对特殊儿童开始关注时起,智力评估就起到了关键的作用。智力评估领域中同样也出现了很多变化。由于测验出版业的发展,用于评估智力的工具在数量上也有所增长。随着工具的增多,评估内容和定义智力概念的方式都产生了变化。虽然比奈—西蒙智力量表的目的是对全面的智力概念进行测评,但后来的工具还是试图进一步精炼这个概念。例如,观察是韦氏量表的次级分数,韦氏量表不仅给出了一个全面的得分,还包括口头和表现的得分。麦肯锡儿童能力量表不仅得出一个总的认知指数,而且还给出了在口头、知觉—表现、数量记忆和运动发展领域中学生能力的信息。考夫曼儿童成套评估测验根据以往的研究,开发出一种工具,既能得出全面的智力处理综合分数,还能得出继时性信息加工和同时性信息加工方面的分数。随着这些改变而产生的进步不仅是如何评估智力概念,而且还有如何在智力测验结果与特殊教育干预之间建立联系。

对教育成就进行测验也是评估儿童特殊教育需要的一个重要方面。有许多测验都是为了对儿童的学业表现水平与同龄或同年级其他学生做比较而编制的。这些测量工具的内容通常与实际的学业课程相关。在已有的测量工具中,有些是在一个测验中评估许多学业领域,而另一些则是仅仅集中于一个特定的领域。已有的这些不同类型测量工具的数量是非常多的,而且它们被应用到各种测验中(康普顿,1984)。当评估特殊儿童的需要时,这些测验的作用是很明显的。从这些测验中得出的数据可以为学生提供更为有效的教育计划。这些工具对学生学业领域的优缺点进行了细致的检查,从而确定哪些学生需要接受矫正服务。

适应性行为也是对特殊学生进行评估不可缺少的一个部分。要对智力落后进行分级就必须对这个领域进行评估,这是因为美国智力缺陷协会(AAMD)对智力落后的定义不仅包括智力功能低下,还包括低于平均水平的适应性行为表现(萨特勒,1982)。其他教育分类例如情绪障碍和行为障碍也必须进行适应性行为方面的评估。同智力及成就的评估工具一样,现有的用于评估适应性行为水平的工具也有很多,如美国智力落后协会适应性行为量表和瓦因兰适应性行为量表。这些工具使得对特定行为缺陷或强度的评估成为可能,从中得到的信息对于设计教育环境中适当的行为管理或训练计划是十分必要的。

对人格和情绪障碍的评估也受益于测验出版业的发展。尽管此类测验也在教育系统中起到作用,但其应用的范围要比前面提到的测验小很多。这些测量工具的实用性取决于一个独特的学生所存在的问题类型。此类工具大多用于评估那些可能被归类为情绪障碍的学生。尽管其他领域(智力、适应性行为和学业成就)的评估更多采用在性质上更为客观的工具,但这对于人格测量工具来说并不必要。

从 20 世纪 90 年代早期开始,对行为和人格的客观评估就成为规范,尽管之前在情感领域的评估成果非常依赖投射技术和主观诠释。行为等级量表(例如:儿童行为评估系统;雷诺兹和坎普豪斯,1992)和客观性自我报告(例如:雷诺兹和里士满,1985)现在在学校环境中的应用很普遍,并且促成了对情绪障碍的客观判定和更好的干预方法。

所有这些评估类型都是特殊教育评估的重要组成部分,它们都可以提供关于在教育环境中学生及其特殊需要的信息。

参见 成就测验;儿童行为评估系统;"g"因素理论;智力测验;考夫曼儿童评估群组;瓦因兰适应性行为量表;韦氏成人智力量表;韦氏儿童智力量表

ASSIMILATION
同化

同化是让·皮亚杰智力发展理论中适应环境的两个互补作用之一,与它互补的另一个作用是顺应。同化是指将外部因素(物体或事件)纳入到已经存在的认知或感觉运动图式之中;新信息经过转译和调整,从而与现有的认知结构相一致。相反,顺应是指改变结构来纳入信息(布雷纳德,1978)。

同化和顺应之间的区别可以通过一个生理学实例来说明:消化食物(金斯伯格和奥伯,1969)。胃酸(或身体内现有的图式或结构)将食物转化为可利用的形式,这样外部世界的因素就被同化了。在这个例子中也发生了顺应,即为了应对外界物质,胃部肌肉收缩,特定器官释放出胃酸等等。身体结构(胃和其他器官)顺应了一个外部因素(食物)。

同化在性质和范围两方面对儿童与外界相互作用进行约束,并搜寻可被纳入到现有图式中的新刺激(格尔曼和巴亚尔容,1983)。皮亚杰论述了同化的三种形式:功能性同化,是基本倾向于使用现有结构,如吮吸反射;再认性同化,是指认识图式必须适应的独特情境;概括性同化,是指将一个图式类推到新物体或情境上的倾向(金斯伯格和奥伯,1969)。

参见 顺应;让·皮亚杰

ASSISTIVE DEVICES
辅助设备

辅助设备这个术语广泛应用于高度专业化的机械、电子和以计算机为基础的实用工具中。这些工具现在普遍应用于康复和特殊教育机构中。辅助设备专门用来实现补偿或矫正功能,但不是传统医学意义上的补偿或矫正(韦伯斯特,库克,汤普金斯和万德海登,1985)。例如,一个由使用者神经系统产生的电推动力来操纵的人造手臂不能算是辅助设备,同样,机械手臂也不是辅助设备。这种手臂完全与使用者的身体相分离,并可以由许多可供选择的控制机制所控制。虽然它的设置和应用是根据个人具体需要来设计的,但从本质上说,它还是模块化的而非定制的。机电手臂必须经过精心的设计,并适用于使用它的个体(考德维尔,巴克,洛夫利和斯科特,1985;阿波斯托洛斯,1985)。

沟通辅助设备应用于说话能力有限或完全不能说话的人,通常是那些由于缺乏肌肉运动控制而造成这种情况的人。这种状况可能是先天性异常、意外伤害的结果或是暂时的情况。

言语缺失可能会伴有,也可能不伴有认知言语损伤。言语缺失的学生常常存在多重障碍,这样的学生至少有以下三方面中的两方面的需要:言语、行动和自我照顾。沟通辅助设备中没有一个典型性的代表。学生可能有脑瘫、智力落后,或任何严重限制交谈、书写和处理学习或职业材料的残疾。沟通辅助设备起到了补偿作用,用输出可听见的言语(合成的或录制的)、书面语或图形替代自然言语、书写和绘画(兰德尔,1983)。

无声音或无言语这两个术语常被用于描述需要增强语言辅助设备的学生。但这些术语是不太合适的,因为学生可能会发声,有一些可令人理解的言语表达功能,甚至可能有完好的语言技能包括阅读和写作。贝克(1982)建议用语言异常这个术语,但没有得到普遍的接受。对于没有功能性言语的学生和那些使用增强沟通系统的学生,当前普遍接受用来形容他们的术语就是言语缺失。增强沟通系统可以并入到现有言语中,作为一种沟通的模式。

多重身体残疾学生不仅需要谈话和书写,而且还需要使用环境中的设备,如:电器、灯、门、报警系统、电话和交通系统。在这个方面,辅助设备使用与个人控制沟通辅助设备一样的机制或控制界面,实现对这些所需用具的控制。

辅助设备应用的第三个方面就是获得由电脑提供的大量的教育材料和职业机会。许多辅助设备,从简单的机械板到复杂的高科技设备如键盘仿真器和红外线数据传送器,完全都是为了实现这方面的目的而设计的,并且现在很容易就可以得到。计算机技术及其可用性极大地提高了辅助设备的复杂程度,且现在的变化是非常迅速的。

参见 增强沟通系统;沟通板;电子沟通辅助设备

ASSOCIATION FOR CHILDHOOD EDUCATION INTERNATIONAL(ACEI)
国际儿童教育协会

国际儿童教育协会(ACEI)成立于1892年,是一个非营利性的专业教育协会,其成员包括教育工作者、家长和其他关心提高儿童教育实践质量的护理人员。这个协会最初的设想是建立一个正式组织,从而引起人们对全世界范围内开展的幼儿园运动的兴趣,并促进这一运动的专业性。ACEI在美国和加拿大拥有超过11,000多位会员,在同类组织中历史最悠久。会员们参加地方和州一级团体活动,包括集会、研讨会和地方性会议。从1896年开始,协会每年召开年度研讨会进行学术交流,并致力于建立在各种场所中优秀教学的标准,这些场所包括公立和私立的日托中心、幼儿园、小学、初中、高中及大学等。

ACEI的使命是促进所有儿童,包括从婴儿期到青春期早期的儿童,在家庭、学校和社区中天赋权利、教育和福利的实现。该组织实行会员制,并且受动态教育哲学的指导,这种教育哲学在变化的社会中对人们的需要适应性强,且响应积极。会员们致力于研究整体的、以儿童为中心的教育方法,并考虑到儿童在家庭、学校、社区和社会的经历。

ASSOCIATION FOR THE GIFTED,THE

天才协会

天才协会成立于1958年,是特殊儿童理事会的17个专业协会之一。协会的目标是:①促进具有天赋、天才或高度潜能的儿童及青少年的福利和教育;②改善所有来自不同群体的具有天赋、天才和高度潜能的个体的教育机会;③发起并鼓励发展天才教育领域的活动,例如传播信息、开展研究和其他学术性活动;④支持并鼓励为具有天赋、天才或高度潜能的儿童的教师以及相关领域的专业人员进行专门的职业准备;⑤同与天才儿童协会具有一致目标的组织、机构、家庭或个人进行合作。

ASSOCIATIVE LEARNING

联想学习

就像在巴甫洛夫经典条件反射实验(1927)中得到证明的一样,联想学习是基于这样一个概念,即同时经历的事件或想法会彼此联系起来。当一个新的条件刺激伴随一个旧的非条件刺激出现时,条件刺激就能引起一个与最初非条件反应相同的条件反应。条件刺激应比非条件刺激提前半秒出现,这样能得到最佳效果。

当学生学习词汇、拼写和回忆数学事实时,会习惯地应用联想学习。许多治疗技术也是基于联想原理。多感觉阅读方法认为可通过感觉建立联想联结,这种方法在补救轻度和重度阅读障碍儿童及智力落后学生的缺陷方面是成功的(苏达利亚,1982)。视觉影像训练已经被证明能够提高学习障碍学生的阅读理解能力,儿童通过这种训练学会将心理印象和书面文本联系起来(克拉克,沃纳,1981)。

联想技能常常是智力落后儿童的相对强项,当被教授如何根据概念相似性配对词语时,他们的记忆力有所改善(莱西和托拜厄斯,1981)。联想学习是教学的基本原理,且儿童的联想学习技能可以通过多种技术得到纠正和补偿(沃尔夫克,1995)。

参见 条件作用;再现

ASTHMA

哮喘

人类对哮喘的研究已有200多年,该病是儿童期最常见的肺病之一。哮喘是一种由于支气管内气流遇阻而导致的呼吸困难,而气流遇阻是因为内膜肿胀、周围肌肉组织收缩以及黏液造成的气管阻塞,这就不可避免地伴随有气喘。有时也表现出其他症状,如持续咳嗽和呼吸急促。有时简单的活动如发笑或躺倒会使哮喘发作的危急状况更加恶化(美国哮喘和过敏症基金会,1980)。

哮喘可以分为两类,一类是内源性或长期性哮喘(全年表现出症状的一类哮喘),另一类是外源性或季节性哮喘(往往在某个季节恶化,特别是秋天)。由于哮喘的可变性,其治疗必须不断进行评估。哮喘的医学治疗分为两类:第一类是免疫疗法,即通过给儿童逐渐增量注射过敏原以进行脱敏的方法。但这种治疗的效果受过敏原注射的限制。第二类是药物治疗,最经常使用的药物是茶碱,茶碱是降低哮喘发作频率和严重程度的支气管扩张药。如果这种药或其他药物治疗不能控制发作,就应该使用皮质类固醇。

心理因素本身通常不足以引起哮喘。出于各种原因,心理疗法不作为控制疾病的一种方法,但已被证明对治疗由疾病导致的心理问题有效。哮喘病患者的支气管收缩会引起患者及其父母的焦虑。放松技术、生物反馈和全身脱敏也被证明对控制一些病例有效。有时会推荐使用亲职切除术,即将患者从易于引发伤害的家庭环境中移除出来。近来,许多治疗哮喘的综合性自我控制计划已经开发出来。这些计划给患者提供控制痛苦的技能,如《身患哮喘》计划(格里尔等人,1984)是由CARIH设计的治疗和康复计划发展而成的。患者可以得到关于呼吸机理、哮喘发作时产生的变化、发作的诱因和控制发作的药物等信息。当一位哮喘病患者知道他的情况是由于过敏反应引发的,那么控制哮喘发作的一种有效方法就是避免接触他所敏感的过敏原(弗洛德,弗朗茨和,1976)。

患有哮喘的儿童在教育环境中面临的问题是,教师可能对他们的情况不熟悉,并会被哮喘发作所吓到。十分重要的是,教师要和家长、儿童及医生见面,以了解儿童的状况,并熟悉哮喘发作时的应对步骤。体育教师通常能够考虑到儿童对其自身情况的了解,即使锻炼也会引起哮喘发作。锻炼前的药物治疗有时能有效预防哮喘发作。认识到通过药物治疗,疾病发作可以得到控制,缺课情况就会减少。如果哮喘控制住了,儿童就能够参与所有教育活动。患有哮喘的儿童有更多出现行为和情绪问题的危险,但是哮喘太过复杂,无法在不考虑儿童个人情况下对后果进行详细说明(格里尔,1994)。

参见 过敏障碍;生物反馈

ASTIGMATISM

散光

散光是一种折射误差,这种误差可以引起视力下降和缺少精确聚焦的清晰视觉。在散光的状态下,角膜的弯曲是不规则的。由于这种不规则,一些光线会在视网膜前面聚焦,一些在视网膜上聚焦,还有一些在视网膜后的假设点上聚焦。结果造成视线歪曲或模糊,并且在高强度工作之后出现头痛或眼睛疲劳。

散光似乎与学习阅读上的困难没有明显的关联。在一些个案中,散光甚至与优于一般阅读相关(勒纳,1985)。特殊教育工作者应该了解散光的症状(劳斯和瑞安,1984):头痛,完成需要视觉转换的任务感到不适,看近处和远处都有困难,眼红,看物体的大小、形状和倾斜度变形,在伏案完成作业时皱眉和斜视,出现在年级较低的儿童或较低机能水平的学生中的恶心。散光一般可通过眼镜或隐形眼镜得到矫正,患有散光的学生在所有时间都要配戴眼镜。将这些学生的座位调到教室前面,并减少他们做近距离作业的时间,这些有助于他们在教室里学习。

参见 视力;视觉训练

ASYMMETRICAL TONIC NECK REFLEX(ATNR)
不对称颈紧张反射

不对称颈紧张反射(ATNR)是体位性中枢神经系统反射之一。在普通儿童身上,这个反射是被抑制,并融入到更复杂的运动技能中的。在普通婴儿大约40周时,通过让儿童仰卧在床上,将其头转向左侧或右侧,ATNR就能容易地被检查出来。当脸转向左侧时,左臂伸直,右臂弯曲,将右臂弯曲到头侧,同时将右腿弯曲到相反方向。没有病变的普通儿童,这种反射将逐渐被抑制。这样,24~36个月大的儿童能够拿到他们面前的玩具,当头在中心位置时,儿童可以向旁边看,并将饼干或勺子跨过中线送到嘴边。稍后,儿童可以用手臂和膝盖支撑重量,头的旋转不会引起头侧手臂的塌陷或支撑。

在中脑水平以上存在中枢神经系统损伤(通常被认为是在基底神经节、大脑皮层或两个位置都有)的儿童,将在1岁之后出现持久的ATNR,成年期将伴随更严重的损伤。有严重ATNR的儿童无法自己进食。ATNR的持续性会干扰坐立平衡和穿衣、书写,并会造成随意运动困难或无法进行随意运动。

参见 中枢神经系统

ATARAX
安太乐

安太乐(盐酸羟嗪制剂)用于减轻伴随精神、神经疾患产生的焦虑和紧张症状,以及其他器官疾病所引发的焦虑症状。它也被用作镇静剂,最常见的过量现象是极度镇静。其他用法包括治疗过敏引起的瘙痒(如慢性风疹)和皮肤病。虽然不是大脑皮层抑制剂,但它的作用抑制了中枢神经系统大脑皮层下某一区域的活性。当使用超过推荐剂量时,出现的不良反应包括口干、嗜睡,可能出现震颤、不自主的运动和抽搐。

作为勒里斯制药公司的一个品牌,安太乐被制成每片为10、25、50和100毫克的片剂和糖浆。推荐6岁以下儿童使用剂量为每天50毫克分次服用;6岁以上儿童使用剂量为每天50－100毫克,分次服用。作为镇静剂使用时,推荐剂量是儿童0.6毫克/千克体重,成人50~100毫克。

参见 抗组胺剂;苯海拉明;药物治疗

ATAXIA
共济失调

共济失调是由于小脑失去控制而引起的一类脑瘫,以不平衡的步态为特征。共济失调的步态常被称为醉酒步态,因为很像喝醉了酒的人走路的样子。

巴特索和佩雷特(1981)的研究认为,小脑协调随意肌的运动并控制它们的收缩时间,从而使动作平稳和精确。也就是说,小脑感受四肢的空间位置(基于对小脑的输入信息),判断目标的位置,整合信息后做出细微的调整来弥补运动输出的不精确,从而保持流畅的动作。

初始诊断为共济失调的儿童的位置和平衡反应差,步态是蹒跚的、东倒西歪的、不规则的和失控的(布朗,1973)。根据康纳、威廉森和夏皮(1978)的研究,这类儿童在保持身体姿势和以协调方式转换姿势方面有困难。他们常常被绊倒或摔倒。这种姿势的不稳定性会造成儿童过度小心。儿童会使自己的躯干异常僵硬来增强稳定性。在走路的时候,儿童会盯着一个环境中的物体,努力保持对姿势的控制。根据瓦尔施(1963)的研究,当一个大龄儿童试图够到一个目标时,他常常会由于末梢的摇晃震颤而把手伸过目标。这类儿童常常出现眼球震颤。

参见 脑瘫;小脑失调

ATHETOSIS
手足徐动症

手足徐动症是一种中枢神经系统疾病,其特征是缓慢的、扭动的动作,在手足上的表现最明显。这些不随意肌运动也被描述为像虫一样蠕动或像蛇一样爬行。实际动作包括肢体的弯曲—伸展和内旋—外旋的交替运动,并且通常伴有增强的而又变化的肌肉紧张状况(乔,达拉德,费尔德曼和米尔斯,1979)。

手足徐动症是脑瘫(CP)的一种最常见形式,约有15%～30%被诊断为脑瘫的儿童会出现手足徐动症。然而,总体发病率在下降,可能是由于新生儿得到精细护理(巴特肖和佩雷特,1981)。手足徐动症也被称为舞蹈徐动症脑瘫,常常和其他脑瘫形式一同出现,尤其是痉挛状态。作为脑瘫的一种形式,手足徐动症是一组由早期脑损伤引起的一种非渐进性神经肌肉运动失调。与其他常见的脑瘫形式不同,手足徐动症表现出在控制运动和身体姿势方面有问题,而不是在进行随意运动上有困难。和手足徐动症相关的不受控制的、无目的的、不随意运动在睡觉时不表现出来。尽管中枢神经系统损伤的精确特性常常是无法确定的,但在已知的原因之中,可能是由于各种各样的产前因素(例如:缺氧,血型不相容,孕期辐射过多,身体伤害、各种母方感染)和产期因素(例如:早产、脑外伤、窒息、核黄疸)以及产后因素(例如:脑外伤、脑或颅内感染)引起的。在美国,每1000个儿童中就有一到两个患有脑瘫,包括手足徐动症或伴有手足徐动症的复合型脑瘫。人们认为,在较单纯的手足徐动类型脑瘫中,损伤的部位一般在基底神经节或锥体外束的传导索(坎德尔、施瓦茨和杰塞尔,1991;沃恩、麦凯和贝尔曼,1979)。

对特殊教育工作者很重要的继发性问题常常伴随手足徐动症出现。可观察到的早期困难有吮吸、进食、咀嚼和吞咽困难。处理这些问题的特殊方法可由言语—语言病理学家、职业治疗师、物理治疗师或医生提供。言语清晰度常常减弱,并且可能会出现流口水。另外,听力损失、癫痫和智力落后也可能同时出现。无论如何,对认知功能进行细致评估是最基本的,因为言语和运动技能都受认知功能的影响。

参见 中枢神经系统;脑瘫

ATTENTION - DEFICIT/HYPERACTIVITY DISORDER, ADHD
注意力缺陷多动障碍(ADHD)

注意力缺陷多动障碍(ADHD)是最近为一类儿童贴上的诊断标签,这类儿童在发展过程中表现出注意力不集中、冲动和过动(美国精神病协会,1994)。ADHD儿童表现出毅力降低,或在将注意力集中在几乎没有什么内在价值的任务上出现困难,表现出过多的肌肉运动或声音活动,并且在根据情境要求约束自己行为方面有困难(巴克利,1997)。这些儿童表现出的行为抑制解除是这种障碍的必要条件(巴克利,1998)。行为抑制解除、过度活动和注意力不集中是这种障碍的最主要特征,并且这些特征在多种环境中都会表现出来(例如,家庭和学校),表现的程度在不同的环境中和在不同的照料者照料下有明显的变动(巴克利,1998;曾陶尔,1985)。

ADHD的出现率很难确定,这是因为ADHD不仅很难界定,而且很难对其进行准确和客观的测量(巴克利,1998)。对学龄儿童ADHD出现率的估测在1%～12%之间(弗里克、施特劳斯、莱希和克赖斯特,1993)。而这一领域的专家一致认为,学龄儿童群体中ADHD的出现率应在大约3%～5%之间(美国精神病协会,1994)。

还有一些研究报告了ADHD的性别差异。患有这种障碍的男女比例从2.5:1到5.1:1不等,平均约为3.4:1(绍特马里、奥福德和博伊尔,1989)。然而,在临床病例中,男孩被诊断为ADHD的比例是女孩的6～9倍(巴克利,1998)。研究发现,患有ADHD的女孩更多出现智力上的缺陷。与男孩相比,女孩较少出现活动过度,也较少表现出其他外在化(如攻击、挑衅和操行问题)和内在化的症状(如焦虑、抑郁和退缩行为)(高布和卡尔森,1997)。

当前对ADHD的定义是在《精神障碍诊断与统计学手册》第四版(DSM－Ⅳ;美国精神病学协会,1994)中提出的。在DSM－Ⅱ中,ADHD的症状被分为两种主要类型,即缺乏注意和多动—冲动。只有当儿童在一种类型或在两种类型中都表现出九条症状中的六条时,才能被诊断为符合ADHD三种子类型中的一种标准。这三种子类型是:以注意缺乏为主的类型、以多动—冲动为主的类型,以及复合类型。此外,注意缺乏和多动—冲动的症状必须在至少六个月中表现得较为频繁,才能被认为具有临床意义。这些症状也必须是跨环境的(也就是说,在两种或更多的环境中都有所表现,如在家中和在学校中)。一些症状还必须在7岁之前表现出来。

在ADHD的三种子类型中,复合类型是最常见的。符合这种子类型标准的儿童既表现出注意缺乏,又表现出多动—冲动行为。相反,以注意缺乏为主的类型所描述的儿童,表现出注意缺乏,但不符合多动—冲动的诊断标准。这些儿童在集中注意力和完成任务上有困难。在旧的DSM－Ⅲ标准之下,这些儿童符合不伴有多动的注意缺陷障碍的标准。现在,我们对第三种类型即以多动—冲动为主的类型了解很少。这些儿童大概会表现出多动—冲动行为,但不符合注意缺乏的诊断标准。麦克波恩特、莱希和菲夫纳(1993)指出许多学龄前儿童属于这种子类型。

ADHD 儿童有发展成为共存性疾病的危险。超过50%的 ADHD 儿童至少患有一种其他障碍(巴克利,1998)。ADHD 儿童最常出现的共存性精神病障碍包括品行障碍、对立违抗性障碍、焦虑障碍、重度抑郁、躁郁症和躯体化障碍。在这些障碍中,对立违抗性障碍和品行障碍又是与 ADHD 相关的最常见障碍。另一方面,情绪和焦虑障碍共同出现在 ADHD 儿童身上的情况比较少见一些。

除了共存性精神病障碍之外,ADHD 儿童很可能出现明显的社会性缺陷。不良的同伴关系和对社交信号的误解常常发生(巴克利,1998)。这些儿童很可能攻击他们的同伴,从而导致被同伴排斥。在与成人的关系方面,这些儿童很少遵从父母和教师的要求,并常常受到责备、训斥和惩罚(巴克利,1998)。家长培训计划可以告诉家长怎样处理儿童的不顺从行为。此外,为 ADHD 儿童提供的家庭治疗和个别咨询也能帮助一些儿童和家庭应对他们所遇到的与这种障碍相关的困难。

在这些年中所提出的 ADHD 的主要病因包括神经失常(韦里等,1972)、食品添加剂(法因格尔德,1975)、荧光照明(弗里克等,1993),以及环境压力(巴克利,1981)。近来,神经学和遗传因素得到实际经验的支持,被认为是这种障碍的最主要病因(巴克利,1998)。可能存在的遗传性和神经学病因包括孕期和分娩过程中的并发症(兰伯特,1985)、后天脑损伤(克鲁克香克和梅里菲尔德,1988)、暴露在环境毒素之中(内德勒曼,谢尔,贝林杰,列维通和艾尔弗雷德,1990)、感染(比德曼和法劳内,1996)和遗传作用(伦德和汤普森,1995)。遗传和神经学因素破坏了神经系统的关键性公共通路,即额叶前部的皮质纤维网,并且对神经通路的这种破坏可能引起 ADHD 的出现(巴克利,1998)。基于家族、收养、双生子和分子遗传学的研究,遗传因素在儿童出现 ADHD 症状上起主要作用。另一方面,环境因素(诸如社会逆境和家庭因素)作为可能的病因,也得到了一些研究的支持(卡尔森,1995)。这些研究(西尔弗曼和拉古萨,1992)强调了家庭动态、家长特点和养育方式。然而,巴克利(1998)认为,社会心理因素的影响仅次于遗传和神经学因素。环境因素影响 ADHD 发展过程中的持续性,并且可能强化已经出现的症状。

根据巴克利和爱德华兹(1998)的研究,对 ADHD 儿童进行的综合性评估包括三个重要部分:临床访谈、医学检查和完成行为等级量表。在条件允许的情况下,还应将心理测验和观察包括在内,从而帮助进行特异性诊断或得出额外信息,这些信息是关于是否会出现与一些 ADHD 病例有关的认知缺陷以及缺陷的严重程度。被纳入到 ADHD 相关评估之中的心理测验分为四类:①智力与成就测验;②神经心理学测验群组;③个体神经心理学测验;④投射与人格测验(戈登和巴克利,1998)。

临床访谈是与家长和教师进行访谈,其目的是获得关于儿童在家及在校的心理调整的详细描述信息。从这些访谈中还可以收集到关于学校、家庭和治疗史的信息。儿童也要接受访谈,访谈内容根据儿童的年龄而定。对于一个学龄前儿童,使用访谈这种方法可以与儿童建立友善的关系,并记录儿童的外貌、行为、发展特征和一般举止。对于大龄儿童或青少年,访谈的目的是获得儿童或青少年的看法,了解他们对转介理由、评估和面临困难的观点(巴克利和爱德华兹,1998)。

除访谈之外,儿童还必须接受完整的医学检查。过去,这些检查非常简单,结果不可靠或无效(科斯特洛等,1988)。儿科的医学检查应该包括两个部分,即医学访谈和身体检查。医学访谈的目的是将重点放在特异性诊断上,评估可能同时存在的医学疾病,并确定是否存在任何妨碍药物治疗 ADHD 的身体状况。另一方面,身体检查包括许多筛查测验、一个神经学检查和一个神经发育检查(巴克利和爱德华兹,1998)。

综合性评估的第三个部分就是完成行为等级量表。儿童行为列表和等级量表能够在时间投入较少的情况下提供大量信息。巴克利和爱德华兹(1998)所给的建议是,如果条件允许,家长、教师和儿童都应该完成一个大范围等级量表和一个小范围等级量表,并根据儿童的问题完成一些附加量表。大范围等级量表涵盖了儿童精神病理学的主要维度,内容包括儿童—家长行为评估系统等级量表、教师等级量表和人格自我报告(BASC;雷诺和坎普豪斯,1994),以及儿童行为列表—家长报告表(阿肯巴克和埃德尔布罗克,1983)、教师报告表(阿肯巴克和埃德尔布罗克,1986a)和青少年自我报告表(阿肯巴克和埃德尔布罗克,1986b)。与大范围等级量表相反,小范围等级量表用来评估 ADHD 的具体症状表现,包括破坏性行为等级量表(巴克利和莫菲,1998)和儿童注意概评(巴克利,1990)。进行附加的行为评定是考虑到所关心的特殊领域,例如同伴关系或适应性功能。

除了巴克利和爱德华兹(1998)所采用的在临床环境中对 ADHD 儿童进行评估的方法,杜保罗(1992)还提出了在学校环境中对 ADHD 儿童进行评估的一种模式。杜保罗的模式基于多元方法评估手段,并包括五个阶段。在最初对儿童进行转介之后,该模式的第一阶段是筛查。要求儿童的教师填写教师等级量表,用来评估 ADHD 的总症状。第二阶段是对 ADHD 进行多元方法评估。这一阶段包括教师和家长访谈和完成行为等级量表、对儿童教育档案的回顾、观察儿童在学校中的表现、查看儿童的学业记录袋。第三阶段是参照 DSM－Ⅳ有关 ADHD 的诊断标准对评估数据进行评估和解释。第四阶段是制订治疗计划。第五阶段则是评估治疗效果。基于多元评估模式可以设计和实施多种干预,从而使儿童尽可能获得学习和教育上的成功。

ADHD 儿童的各种治疗方法已经得到了广泛研究。干预方法从荧光照明(斯普拉格,1979)到饮食控制(法因戈尔德,1975)。兴奋剂治疗是最常见的一种治疗方式(米利希,利希特,墨菲和佩勒姆,1989)。据估计,有1%～2%的学龄儿童在接受 ADHD 的兴奋剂治疗,利他林是最常使用的药物(塞弗和克拉格,1988)。兴奋剂药物治疗的主要反应包括增强注意力和减少冲动、破坏、不恰当行为(杜鲍尔和拉伯特,1993)。医生、学校工作人员和家长要开展合作,共同进行临床药物实验,从而保证使用最佳的药物剂量帮助儿童最有效地学习(杜鲍尔,巴克利和康纳,1998)。研究表明,接受兴奋剂治疗的 ADHD 儿童会出现短期的行为、学业和社交功能改进(埃文斯和佩勒姆,1991)。但据报告,兴奋剂治疗的长期效果十分有限。药物治疗无法使儿童的行为和学业表现与其同伴一样"正常化",这就促使人们开展更积极的研究以找到更多可行的治疗方法(埃文斯和佩勒姆,1991)。

患有 ADHD 的儿童很可能出现许多认知和学业问题。在认知方面,患有 ADHD 的儿童的智力发展很可能落后于他们的同伴;在学业方面,他们在阅读、拼写、数学和书写方面出现困难(巴克利,1998)。据估计,高达80%患有 ADHD 的儿童出现相关的学习障碍或成绩问题(斯姆尔德－克里克曼等,1992),同时还存在阅读和数学上的缺陷(里德等,1994)。斯姆尔德－克里克曼等人(1992)发现38%患有 ADHD 的儿童存在阅读困难。患有 ADHD 的学生还可能出现许多问题,包括时间感差、非言语和言语工作记忆下降、缺乏规划能力、对错误不敏感、注意广度减小、在同时和相继完成任务上有困难,以及目的性行为出现问题(巴克利,1998;里尔登,1992)。另外,患有 ADHD 的儿童还可能出现语言和肌肉运动问题(巴克利,1998)。研究者发现,这些儿童更容易出现学业困难、不及格、留级和辍学(巴克利,1990)。此外,患有 ADHD 的儿童在行为上表现出过多的肌肉运动,说话也增多,反应抑制力差,缺乏毅力,很少遵守规定(菲夫纳和巴克利,1998)。那么问题是:是 ADHD 的症状影响了儿童的学习,还是儿童由于学习困难才表现出 ADHD 的症状(弗里克和莱希,1991)? 一些儿童可能就会出现这种情况。然而,研究者指出,许多患有 ADHD 的儿童的学业表现与没有患 ADHD 的儿童一样好(里德等,1994)。

教室中有患有 ADHD 的儿童对教师是很有挑战性的。对此类儿童的成功教育不仅依赖于儿童本身,还依赖于对 ADHD 了解并愿意与患有 ADHD 的儿童建立良好师生关系的教师。菲夫纳和巴克利(1998)建议教师要了解以下几点:

(1)由于 ADHD 的症状具有难以完全治愈的特点,因此,即使在实施了干预措施的情况下,患有 ADHD 的儿童仍可能在学业和社交方面出现一些困难。

(2)患有 ADHD 的儿童在保持注意、努力和动机方面存在困难,且不能长时间以一贯的方式控制自己的行为。因此,患有 ADHD 的儿童会在完成任务时遇到困难,是因为他们的注意力有限,并且缺乏动机,而不是能力不够。

(3)患有 ADHD 的儿童在完成任务时,需要更加结构化、更频繁出现的正强化、更一致的负强化和修正。

(4)学校实施的干预必须保持一致性。

许多学校采取协作咨询模式,通过咨询师(即学校心理学家)和顾问(即普通教师和特殊教育教师或家长和普通教育工作者及特殊教育工作者),共同工作,解决患有 ADHD 的儿童所面临的困难(杜恩森,休斯和杰克逊,1994)。通过协作咨询,咨询师和顾问一起工作,使学校和家庭环境更加适合儿童的特点。咨询师和顾问要评估儿童的需要,设计并实施干预措施,从而促进儿童在学业和非学业方面取得进步。

多种非药理学的干预措施已经在学校和家庭中应用于患有 ADHD 的儿童。其中一组可行的行为策略是改变环境或根据儿童的困难给儿童分派任务(布拉德利和杜鲍尔等,1997)。这些策略的焦点集中于行为的先行事件。例如,将儿童的课桌放在靠近教师的地方,而远离分散儿童注意力的人或事物,从而增加儿童保持注意的可能性。

另一组应用于患有 ADHD 的儿童的策略是,教师根据儿童在特定目标行为上的表现给予强化。这种策略是最常用于患有 ADHD 的学生的行为干预策略。在行为出现之后,立刻同时给予正强化(如教师的表扬、物质奖励和代币)和负强化(如反应代价、训斥和罚时出局),且正强化要多于负强化,此时,这种策略的应用是最为有效的(菲夫纳和巴克利,1998)。

同伴策略也是一组应用于患有ADHD的儿童的行为干预策略。同伴指导和班级范围内的同伴指导对患有ADHD的学生的课堂行为和学业表现都有积极作用(杜鲍尔,1993)。当患有ADHD的学生与头脑清楚和尽职尽责的学生结成小组时,同伴指导策略的应用最为有效(菲夫纳和巴克利,1998)。

家校合作是第四组能应用于患有ADHD的儿童的策略。家校合作计划是应用最广泛的策略之一(菲夫纳和巴克利,1998)。家校合作需要家庭和学校系统相互协作,从而实施策略并取得有效的成果。家校联系簿就是家校合作计划的一个例子。此类干预措施的优点是,致力于发展儿童行为的跨情境性,这样可以增加希望良好行为的泛化和保持的可能性。家校合作的策略给予教师的工作负担也较轻(凯利,1990)。

自我管理策略也适用于患有ADHD的儿童。这些策略是由认知或认知—行为策略衍生出来的。自我管理干预措施强调儿童自我控制的发展,包括自我监督、自我指导、自我强化和问题解决策略方面的发展。自我管理策略(如自我指导和问题解决策略)是以认知控制为核心的,而并非以附带管理(如自我监督和自我强化)为核心。自我管理策略在患有ADHD的儿童干预方面的效果不明显(杜鲍尔和斯托纳,1994)。总的来说,自我管理策略达不到人们最初的期望(阿比科夫和吉特曼,1985;布拉斯韦尔等,1997)。认知或认知—行为干预策略不像人们所想的那样有力、持久和易泛化,并且这些策略并不优于应用于患有ADHD的儿童的传统行为干预策略(菲夫纳和巴克利,1998)。

到目前为止,没有研究证据表明有哪种方法在患有ADHD的儿童的干预上取得压倒性的成功(布拉德利和杜鲍尔,1997)。研究反而表明,我们需要在各种环境中以多样化的策略对患有ADHD的儿童进行干预(阿比科夫,1991)。多样化的策略包括利他林提出的将药物治疗加入到具体的治疗方法之中。研究普遍表明,将认知疗法与兴奋剂治疗相结合,比单独使用兴奋剂治疗要更为有效(拉伯特,卡尔森,凯利,保陶基,1993)。同样,行为疗法与兴奋剂治疗相结合的效果也比单独使用兴奋剂治疗的效果要好(卡尔森,佩利亚姆,米利希和狄克逊,1992)。因此,多样化的策略使坚持经验主义视野的人们对ADHD干预的短期和长期效果抱有一线希望。

有一种临床观点认为,ADHD在青少年和成人身上会产生良性预后,但这种观点还未得到任何实证性支持。超过70%患有ADHD的儿童都可能在青春期表现出ADHD症状(巴克利,费希尔等,1990),但这些症状会随着年龄的增长而减少到一定程度(哈特、莱希、洛伯、弗里克,1995)。研究指出,患有ADHD的青少年,其多动水平降低,注意广度和对冲动的控制力有所增加(哈特等,1995)。然而,认知和行为困难仍一直伴随一些患有ADHD的青少年。有研究报告,25%～45%患有ADHD的青少年会出现反抗和反社会行为(比德曼等,1996)。此外,与普通青少年相比,患有ADHD的青少年的学业成绩相当差。患有ADHD的青少年很可能留级、休学或被迫退学(巴克利,1998)。对于患有ADHD的青少年的饮酒和吸烟的各项研究,得出了相互矛盾的一些结论。然而,在患有ADHD的青少年中,吸烟和饮酒是很普遍的(巴克利,费希尔等,1990)。患有ADHD的青少年的社会关系也很贫乏(巴克利,1998)。这些研究结果都与认为ADHD会在青少年阶段消失的临床信念相反。对许多患有ADHD的人来说,这种障碍可能持续终生(韦斯和赫克特曼,1993)。

参见 注意广度;多动;利他林

ATTENTION SPAN
注意广度

足够的注意广度需要最佳的觉醒状态、对与任务相关信息的选择、足以完成一项任务的长时间的注意保持,以及对任务的集中处理(科恩,1993;波斯纳和博伊斯,1971)。觉醒状态是通过心率、呼吸或其他自主觉醒指标来评估的。对于学习来说,有一种觉醒程度是最佳的。觉醒水平很低时,学习是低效率的,对环境刺激的注意是分散的;觉醒水平很高时,注意范围虽然缩小了,但学习也是低效率的,尤其是在完成复杂任务时。教师提高学生的觉醒程度的方法包括:增加新颖的课堂活动(伯莱恩,1960),通过提问激发学生的好奇心(皮翁特科夫斯基和卡尔菲,1979),让学生轮流坐在"行动区域"(教室前排位置和中间区域所组成的T形区),或者直接向不坐在行动区域的学生提问。

选择性注意最常通过附带学习任务来进行评估。让儿童回忆一套特定的信息目标(如一组动物图片),但在向儿童呈现这些目标内容时,还配对呈现一些附带信息(如家庭住宅)。在儿童做完回忆主要信息的测试之后,还要完成回忆主要附带信息的测试。这种测试的假设是,儿童只能想起他所注意的信息。对主要信息的回忆量从学龄前到青春期稳步增加,而对附带信息的回忆量保持不变。对主要信息的回忆和对附带信息的回忆在 6 ~ 13 岁正常儿童身上表现出逐渐增大的负相关,这表示儿童随着年龄的增长,将分散其注意力的事物筛除的能力也越来越强。青少年和成人是通过再现主要刺激来筛除分散其注意力的事物(哈根和斯坦诺维奇,1977)。哈拉汉等人(1980)已经发现,选择性注意问题在有学习障碍的儿童身上表现很普遍。他们还发现,通过任务—相关的自我谈话方法和在帮助下回忆主要信息的方法,这些儿童在经过训练后能够提高对主要刺激的注意(哈拉汉和里夫,1980)。

注意的保持可以通过观察、访谈、自我监控或正式测试来进行评估(见雷诺兹和比格勒,1997,1994)。在使用观察法时,目光接触指定任务材料、在教学中看老师,或是在任务—相关交互作用过程中看同伴,这些都被记录下来,作为儿童关注(任务)的表现;而其他的活动则被视为没有关注(皮翁特科夫斯基和卡尔菲,1979)。有效的关注时间与成绩相关,例如,利奇报告说,58%的小学生数学成绩的变化可以由学业关注时间解释(利奇和多兰,1985)。尽管学生可能越来越擅长于在发展过程中保持注意(赫金斯,1967),但有效的任务关注时间从 5 岁到 11 岁是逐渐增加的(赫金斯和图而努阿,1984)。对"专心"的自我监控增加了二年级学生的有效关注时间,并且对自我监控准确性的加强比单独使用自我监控更能增加儿童的关注时间(鲁尼和劳埃德,1984)。

参见 注意力缺陷多动障碍;多动;运动机能亢奋;记忆和学习测验

ATTITUDES TOWARD THE HANDICAPPED
对残疾人的态度

随着 94 - 142 公法和 504 法案的通过,残疾儿童和成人在美国主流社会的关注度不断提高。这促使人们检视自己对残疾人的态度、反应和行为,从而促进残疾人融入主流社会,而残疾人历来是受排斥的(哈泽德,1983)。

西勒(1976)指出,人们对残疾人的态度和反应有很大不同,且很复杂。这些态度和反应基于与态度形成相关的变量,这些变量对态度的形成有重要作用(例如,家庭背景、文化和个性)。年龄、性别和其他人口统计学变量对人们表达对残疾人态度的方式起到了重要的决定作用,而对态度的形成没有重要影响。

同残疾人的个人接触有可能实质性地改善人们的态度,也可能恶化人们的态度,这取决于先前的互动质量。由于越来越多的残疾儿童回归到普通班级(如轻度残疾儿童)或被安置在普通中小学校中(如重度残疾儿童),我们必须注意帮助普通教师让这些儿童适应普通学校的教育计划,并培养非残疾学生对残疾学生形成积极的态度。雷诺兹、马丁 - 雷诺兹和马克(1982)报告说,在做回归主流的工作时,最重要的因素就是教师的态度。一些研究显示,普通教师很难接受班级中有残疾儿童(亚历山大和斯特兰,1978)。这可能是由于教师们感觉到没有做好足够的准备来为这些残疾学生提供服务,而不是因为教师们对残疾持一种消极态度。通过多种旨在增加与残疾人接触和提供良好互动机会的计划,非残疾儿童对残疾的态度也会受到积极的影响。

由戈特利布(1974)和其他人一起做的关于将轻度残疾儿童与非残疾同伴融合到一个教室环境中所产生的社会性影响的调查研究是无法令人信服的(弗尔茨,1980)。而且,数据总结将轻度残疾儿童与重度残疾儿童的社会性融合混在一起不够准确(弗尔茨,1980)。人们都认为,对残疾人的消极态度是阻碍残疾人在社会中扮演适当角色的一个真实障碍(西列尔,1976)。积极的教师干预措施和有组织的、长期的与残疾同伴的接触(芬瑞克和彼得森,1984)是消除障碍的可行方法。

参见 教师期望

AUDIOGRAM
听力图

用不连续的频率上的纯音信号测量受检者每只耳朵的听力阈限,表示这些强度的曲线图就是听力图。测量时,通过耳机转换声音信号来确定气导(AC)阈限,用骨振动器来确定骨导(BC)阈限。表示阈限的听力图的表格和记号已经标准化(美国国家标准研究所 S3. 6 - 1996),如图 4 所示。听力图的横坐标表示从 125 ~ 8000 赫兹的频率。纵坐标表示从 - 10 ~ 120 分贝的听力水平(HL)。每个频率上的 0 分贝表示统计学上的正常听力平均水平。如果一个人有正常的听力,其所有纯音听力阈限都应该位于 0 分贝的线上。阈限低于 0 分贝的听力水平意味着听力优于正常水平,阈限高于 0 分贝的听力水平则意味着听力比正常水平差,或有一定的听力损失。气导听力阈限值的正常范围在 - 10 ~ 20 分贝之间,而阈限在 25 ~ 40 分贝之间则表示轻度听力损失;在 41 ~ 55 分贝之间表示中度听力损失;56 ~ 70 分贝之间表示中度到重度听力损失;71 ~ 90 分贝之间就是重度听力损失;而超过 91 分贝就是极重度的听力损失。

图4　听力图形式和符号

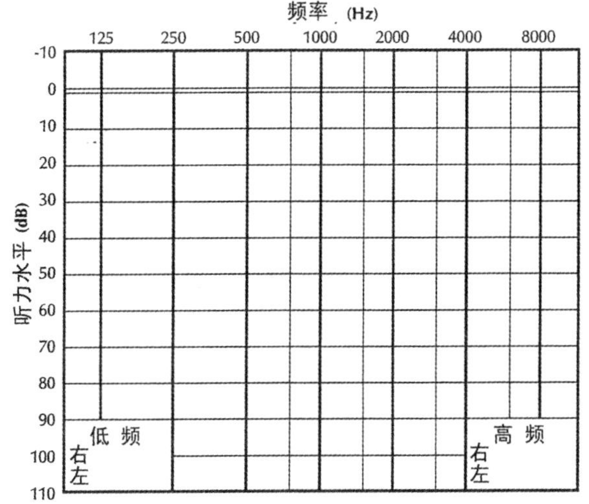

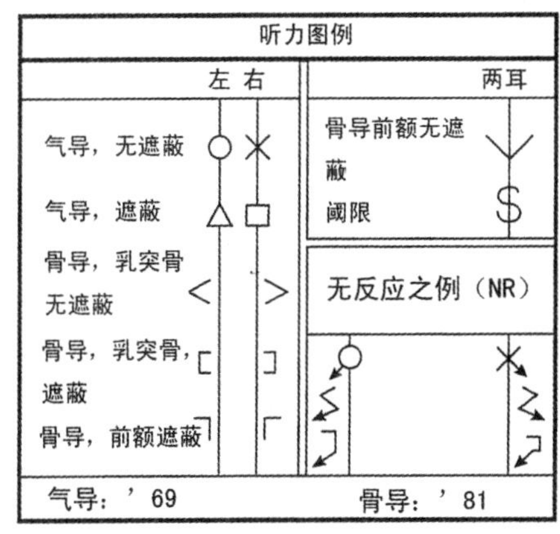

气导阈限值通过耳机测量，耳机可以让声音通过耳道内的空气传到内耳。将气导阈限值记入坐标时，右耳的听力阈限值以“O”为记号，左耳的听力阈限值以“X”为记号。骨导阈限值通过骨振动器测量，通常将骨振动器放在耳后的乳突骨位置上，这样声音可以通过颅骨传到内耳。将骨导阈限值记入坐标时，右耳的听力阈限值以“〈”为记号，左耳的听力阈限以“〉”为记号。由于在一只耳朵听到纯音信号时，另一只耳朵也可能会听到这个纯音信号，因此在测试时，直接向非测试耳传入一个窄波段的遮蔽声音，以消除非测试耳对向测试耳传入的纯音信息做出反应。在有遮蔽声音的情况下得到的气导和骨导阈限与没有遮蔽声音的情况下得到的气导和骨导阈限的记号不同。在测得阈限值之后，将每只耳朵的气导阈限值连成一条实线，并将骨导阈限值连成一条虚线。有时听力学家还会用不同颜色表示这些记号，这样所有右耳的听力阈限都用红色表示，所有左耳的听力阈限都用蓝色表示。

参见　听力测量；听觉异常

AUDIOLOGY
听力学

听力学是研究听觉和听觉障碍的一门科学，研究内容包括评估程序、听觉保护和听觉损伤个体的恢复与康复。听力学领域可以被分为不同的专业区域。

临床听力学的研究内容是评估听力损伤的程度、类型和位置，并确定适当的康复程序。其重点在于测试、诊断程序、解释结果和咨询服务。儿科听力学和临床听力学一样，只是重点放在婴幼儿听力评估的特殊程序上。实验听力学关注的是调查研究，调查研究的目的是为了发展测试和图解程序，并增加人们对正常和异常听觉系统的了解。教育听力学为那些在教育方面存在显著听觉损伤的学龄前和学龄儿童提供恰当的治疗。工业听力学研究噪音对人的影响、听觉保护计划、噪音控制、对州政府和联邦政府项目的诠释和噪音标准。康复听力学的基本目标是为有听力损伤的儿童和成人提供治疗。治疗包括言语阅读、听力训练和言语—语言治疗。

参见　听力测量；听觉异常

AUDIOMETRY
听力测量

听力测量是测量听力的技术和程序的总称。传统观点认为，测量是通过一个称为听力计的校准的电子工具来进行的。一般来说，听力测量分为两类，即纯音和言语听力测量，以及中耳测量法，统称为声导抗测量法，在进行听力学评估时应用。

纯音听力测量是对气—骨传导纯音听力阈限的测量。气导纯音通过耳机来传送，这样声音可以通过耳道中的空气传入内耳，耳道就是传导路径的一部分。骨导纯音通过骨振动器来传送，骨振动器通常放在外耳后的乳突骨上，这样声音就可以通过颅骨传入内耳。

美国国家标准研究所（ANSI）已经对手工操作的纯音听力测量的方法进行了详细说明（美国国家标准研究所，S3.21－1978.R1992）。纯音听力测量的结果表明左右耳各自的听力损失程度和类型。言语听力测量用于确定言语听力的阈限，以及测量言语辨别能力。言语阈限测量是通过测定能使个体察觉到言语的最低听力水平来进行的，这个水平就是言语感受阈限（SAT），或称为言语察觉阈限（SDT）。另外一种言语阈限测量，即扬扬格阈限测量，是通过测定最低水平而决定的，在这个水平个体刚好能听见和理解发音中有一半扬扬格重音的双音节词汇。如果除了双音节词汇，还使用了言语刺激（如身体部位），那么这种测量方法就是言语接受阈限(SRT)测量。言语辨别测试的目的是确定正确识别词汇(通常是单音节词汇)的百分比,呈现词汇时的音量要和正常对话水平一样,能够被人们听到。这种测量方法也被称为词汇或言语认知或识别,可以用来判断配戴助听器的社交适当性,以及用于损伤位置的诊断测试。

声导抗测量法通过一个特殊仪器完成。声导抗测量法确切地说并不是一个听觉测量法,而是一个测试群组,通过它可以获得关于耳膜活动性(鼓室图)和中耳及内耳功能(声反射测试)的诊断信息。声导抗测量法的结果可以单独用于诊断目的;然而,当将这个结果与纯音和言语听力测定的结果一起应用时,我们就可以确定听力损失的类型、程度、损伤位置,在一些病例中,还可以确定听力损失的潜在病因。

参见 听力学;听觉异常

AUDITORY ABNORMALITIES
听觉异常

听觉异常是耳朵的疾病或机能障碍,会影响到听觉机制或听觉。听觉异常可能仅仅发生在耳朵的一个部位,也可能同时发生在多个部位。

外耳道的先天异常被称为小耳畸形。如果一位病人患有小耳畸形,但耳道完好,那么他/她通常不会有听力损失。患有唐氏综合征的人,其耳道要比普通人狭窄,但这样的狭窄耳道通常不会引起听力损失。没有耳道或耳道"盲端"则被认为是出现了闭锁。闭锁会引发中度到重度的传导性听力损失。耳道里耳垢(耳屎)过多造成堵塞,可以引起轻度到中度的传导性听力损失。

在儿童中最常见的听觉异常是中耳通道出现液体,这通常是由咽鼓管的机能障碍造成的。然而,很多原因都会引起中耳产生液体。中耳液体主要常见于颅面疾病的儿童(唐氏综合征、腭裂等)。通常来说,由于中耳液体会导致鼓膜和中耳骨的活动受限,因此可能引发轻度到中度的、对教育影响显著的传导性听力损失。耳膜穿孔或破裂可引起轻度到中度的传导性听力损失,其严重程度取决于损伤位置和面积。镫骨在内耳卵圆窗上的固定被称为耳硬化(症),这种情况通常会造成日益严重的轻度到中度的传导性听力损失。如果砧骨和镫骨的接合处脱节,则会发生中度到重度的传导性听力损失,这种情况通常是由于头部受重创所致。先天的中耳异常有很多,包括无中耳、中耳骨固定,或扭曲的中耳骨畸形。一般来说,发生在外耳或中耳并引发传导性听力损失的听觉异常可以通过药物治疗或外科手术矫正来恢复听力。

许多听觉异常都是一种涉及感官系统、骨骼结构、内脏器官或神经系统的整体综合征的组成部分。一般来说,内耳异常影响柯替器的毛细胞,引起轻度到极重度的感觉神经性听力损失,这种听力损失可能发生在单侧(单耳)或双侧(双耳)。在儿童中,50%对教育影响显著的内耳听力损失是由遗传造成的,而另外50%是后天形成的。如果一个儿童生来就没有内耳(耳蜗),这种情况被称为内耳发育不全。内耳听力损失的常见遗传原因是综合征(如厄舍氏综合征或瓦尔登伯格综合征)和近亲结婚。造成内耳听力损失的常见的后天原因是早产、脑膜炎和产伤。由于衰老所导致的内耳听力损失则被称为老年性耳聋。过多暴露于噪音之中所引起的听力损失被称为声学的或噪音引发的外伤。

参见 听力图;听力测量

AUDITORY DISCRIMINATION
听觉辨别

听觉辨别是个体有能力察觉、理解和区分听觉刺激,并对其做出恰当反应的过程。通常,听觉辨别被认为是与区分言语语音从而理解言语信息的能力密切相关。然而,听觉辨别也牵涉到个体区分各种强度、频率和持续时间的非言语声音的能力。从一定程度来说,心理声学研究致力于了解人类对声音刺激的知觉。

在应用于言语时,听觉辨别就是使个体能够察觉、理解和区分所有组成音节的音素的差别。从更广义的角度来说,听觉辨别是区分并理解言语的能力。听觉辨别还包括从环境中的非相关刺激中选择相关刺激的过程。这一过程被称为听觉图像背景、听觉区分、听觉选择性倾听、竞争信息融合,以及在噪音中聆听。

听觉辨别可以通过一些方法来进行测试,如多种特别设计的测验,这些测验可以在安静或吵闹的环境中进行,可以采取开放式或闭合式的反应。一些听觉辨别测验使用押韵的词语设计,这样个体只能通过听关键的音素来区分两个词语,或从押韵的词语选项中识别出刺激词语。还有一些听觉辨别测验要求听者听出一个句子或短语中的关键词。

一般来说,听觉辨别的测试要通过耳机或扩音器呈现一列单音节词语,这些词语的声压不同,听力水平与正常对话水平、最舒适水平,或个体言语阈限之上的感觉水平相符。单音节词语列的呈现可以通过磁带或监控的人工发音。通常,词语列达到语音学上的平衡,意思就是这些词语的语音要素和在正常言语中出现的一样。听力辨别的得分是正确识别词语的百分比。正常的辨别分数通常被认为是86%～100%,在一些情况下是80%～100%。辨别失败是指在相同情况下个体分数与正常分数的差别,按其严重程度可以分级为轻度到极重度。听觉辨别测验还可以通过测定正确和错误识别音素的数量来记分。

参见 听知觉;听觉处理

AUDITORY PERCEPTION
听知觉

听知觉是指通过听觉神经系统(包括脑干和听觉中枢皮质)所进行的听觉刺激处理。知觉遵循一系列步骤,从声音信号的察觉到辨别。存在听知觉和处理障碍的儿童常常表现出语言和学习障碍(加尔斯特茨基和埃莱尔,1997;谢里,1992)。

听觉处理的顺序包括察觉一个单独的听觉现象,第一个声音现象初始到第二个声音现象初始的瞬时清晰度,辨别这两个声音现象(无论它们是相同还是不同),以及时序(哪个信号先出现,哪个后出现)。对两个信号的处理过程后面还可以跟随三个或更多的声音现象,这取决于一个人存储和记忆(即听觉记忆)的能力。

听知觉是脑干和大脑皮层对听觉刺激进行的处理。人们通过分等级的一系列步骤对听觉刺激进行处理,从察觉信号到将听觉信息存储在记忆中。知觉处理步骤的缺陷与特殊言语和阅读障碍相关。基本听知觉的评估应该与言语和语言知觉的评估分开进行,从而查明缺陷。之后,教育工作者和其他相关辅助服务人员要确保有听觉处理缺陷的儿童接受到特殊安置或言语语言服务,从而保证这些儿童在学习中获得成功。

参见 听觉异常;听觉辨别;听觉处理

AUDITORY PROCESSING
听觉处理

听觉处理是听觉信息被收集、转换并传送到大脑听觉部分的方式(贝丝和麦康奈尔,1981)。在大脑听觉部分,无论是言语刺激还是非言语刺激,都会被认为是信息。在教育环境中,多数信息都是通过听觉形式传送的。如果听觉系统出现损伤,无论是由于听力损失还是中枢听觉处理障碍,学习过程都会受到影响(加尔斯特茨基和埃莱尔,1997)。

对听觉处理过程可以做简洁、清楚的描述。声音信号在外耳被收集,经由外耳道传到鼓膜,鼓膜是中耳和外耳的交界处,在那里,声学信号被转换为机械能。在被转换为骨振动形式的机械能之后,信号被传送到内耳(耳蜗)靠近卵圆窗的位置上。耳蜗里面充满了液体,因此,信号随后又通过水力能得以传导。水波在耳蜗内引起毛细胞的运动,继而引起电冲动传输到第八对脑神经,这样信号就传送到了脑干,并随后到达听觉皮层。在脑干的不同位置,信号开始被处理以确定时间要素和定位。当信号进一步转移到瞬时听觉皮层时,解码和信息转换就开始进行,从而实现言语和语言接收。

听觉系统任何部位的损伤都可能引起听力损失。有时,神经纤维束或皮层的损伤不会引发明显的听力损失,但会导致较高水平(即脑干或听觉皮层)信号处理的中断。在以下倾听技能领域有残疾的人可能表现出听觉处理中断。

(1)辨别——区分不同强度、持续时间或频率的声音的能力;

(2)听觉辨别——区分相似词语和声音的能力;

(3)听觉联系——将声音及其来源一同识别的能力;

(4)听觉完形——在部分信号缺失的情况下理解词语或讯息;

(5)听觉记忆;时序记忆——按原有的顺序存储和记忆听觉刺激的能力;

(6)听觉定位——确定声源的能力;

(7)听觉图形背景——将说话者的声音从背景噪音中区别出来的能力;

(8)听觉注意——对声音产生注意的能力,特别是对言语长时间注意的能力;

(9)听觉合成——将音素合成为词语的能力;

(10)听觉分析——识别词语内音素或词素的能力(基思,1988;加尔斯特茨基和埃莱尔,1997)。

这些领域是相互联系的,一个领域出现问题可能会导致其他领域出现问题。

听觉处理是一个连续的过程,声学信号由外耳接收,通过中耳和内耳的处理,经由神经通路传送到听觉皮层。神经通路和听觉皮层的损伤或中断会导致听觉辨别、定位、注意、完形、分析、图像背景和记忆上的问题。这些问题通常以学习障碍的形式表现出来。因而,教育工作者需要为有听觉处理问题相关障碍的学生提供能满足其学习风格需要的服务。

参见 听觉辨别;中枢听觉机能障碍;学习障碍

AUGMENTATIVE COMMUNICATION SYSTEMS
扩大性沟通系统

扩大性沟通系统是用于补充有声言语的沟通方

法。这些系统供不能将言语作为主要交流方式的人们使用。它们被用于补偿临时性地或永久性地有严重表达性沟通障碍(即重度言语—语言和书写障碍)的人的损伤和残疾类型(美国言语—语言—听力协会,1989)。

许多类型的人都在使用扩大沟通系统来增强交流和语言技能的发展。由于肢体或其他残疾而无法进行符合其年龄发展水平的沟通的儿童或成人,很可能出现较差的社会交往和语言技能。即使看起来个体会最终发展出口头言语,扩大性沟通系统仍然被用于防止沟通的延迟发展。一些研究表明,扩大性沟通系统的应用有时能够改善口头交流技能(西尔弗曼,麦克诺顿和凯茨,1978)。

有两种类型的扩大性沟通系统,即无辅助式和辅助式。无辅助式沟通系统仅使用肢体进行沟通。手语、姿势、发声法和面部表情都是无辅助式沟通方法。辅助式沟通方法需要额外的工具或设备来传达讯息。打字机、交流板、笔、纸和计算机都可以用作辅助式沟通方法。虽然辅助式沟通系统在物质上比较麻烦,但它们的优势是容易被多数听者所理解。无辅助式系统通常需要听者熟悉该系统,这样,听者才能理解。

有效的扩大性沟通系统应该促进社会的沟通和互动。要增强多种社会情境的跨境互动,可能需要多种扩大性沟通系统。使用者应该能够使用多种扩大性沟通方法,并恰当应用这些方法。他们可能要依靠电脑,通过网络进行长时间的交谈、完成学校工作和打电话。而在购物或外出时他们则需要交流板。另外,点头、简单的手势和发声法可以在和熟悉的朋友或家人进行快速交流时使用。通过使用所有可利用的扩大性沟通方法,可以增强社会交往互动,并使沟通变得有效。

参见 特殊教育中的选择性沟通方法;布利斯符号

AUTISM
自闭症

利奥·坎纳于1943年所写的论文《情感交流的自闭性障碍》使自闭症成为了一个医学事实。又过了二十多年,自闭症成为了一个文化事实——引人兴趣的(对外人而言)和破坏性的(对自闭症儿童所在家庭而言)儿童发展失常,其发生率、产生原因和治疗方法还都是未知的、有待探索的。自闭症在儿童中的出现率,早期数据为一万个儿童中约有四五个,近来的发现表明,自闭症的出现率约为千分之一(布赖森,1996),男女比例为3∶1或4∶1。出现率随着时间的变化反映了界定自闭症的标准的扩充、报告数目的增加(科尔曼和吉尔伯格,1985)、环境污染和医原性抗生素的(致病)作用(里姆兰,1997)。自闭症的发作(儿童社会心理发展的非常规轨道的起点)常常出现于儿童出生的头几个月(科尔曼和吉尔伯格,1985)。从早期发展的异常到形成明确的自闭症大约有两年半的时间(福尔斯坦和拉特,1987)。

许多自闭症个体的生活都以远离普通青少年和成人活动为特点。例如,几十年前,拉特等人(1967)指出,少数自闭症患者到青春期后有了良好的社会适应能力,甚至有更为少数的患者可以有薪就业。最近的研究更加鼓舞人心:自闭症儿童成长至青春期和成人期的时候,病情有所缓解,能更容易地控制不良行为的发生,语言、社交和日常生活能力都有所提高(梅西波夫,1983)。从对声音的反应、幼年较少的问题行为、语言、学校教育和儿童早期较高的智商,可以预知良好的结果(例如:社会关系和独立生活)(科尔曼和伊尔贝里,1985)。

自闭症最突出和最普遍的特征是儿童在参与社交活动方面有困难。即使和他的父母在一起,自闭症儿童还是显得很孤独;在一般的社交关系中,他也是孤独的,或难以维持情感关系。特别是,自闭症儿童可能有如下表现:①很少关注其他人;②避免和他人身体接触,甚至有意避开别人的注视(洛德,1993);③不能和别人互动,或者不能以常规方式与别人互动(豪克、菲恩、沃特豪斯和范斯坦,1995);④不能模仿简单的常规动作,如挥手再见(科尔曼和伊尔贝里,1985);⑤不能遵循简单的指令(科尔曼和伊尔贝里,1985);⑥很难从别人的角度想问题(梅希波夫,1983)。自闭症儿童无法与他人合作完成同一项任务,没有同情心,且似乎不理解别人表现出的情感,这些都表明他们很难从别人的角度想问题(洛德,1993)。总而言之,自闭症儿童可能从婴儿期开始就没有适应互动模式,即吃饭时和别人轮流享用饭菜、玩耍和其他社交活动中的不同形式。而这种互动模式正是使儿童开始进入有组织的社交环境的重要方式。

自闭症的第二个特征是在注意和依恋对象方面选择性过高以及反应过度。例如,一个自闭症儿童可能:①关注与任务不相关的刺激(如冰箱门上光亮的螺栓,而不是把手);②长时间专注地盯着旋转的物体和摆动的手;③"对特定物体产生奇特的依恋,如石头、卷曲的头发、别针、塑胶玩具碎片或金属",这种依恋明显是基于物体的颜色或质地(科尔曼和伊尔贝里,1985);④很少关注相关事件,或对相关事件未做出应有的反应(例如:表明他人意图、期望和感受的言语、面部或姿势暗示)(格林、费恩、乔伊和沃特豪斯,1995)。

自闭症儿童的第三个特点是,他们在功能领域表现出不平衡的能力水平(拉特,1983)。约有75%的自闭症儿童智力落后(拉特,1983)。

参见 自闭行为;美国自闭症儿童和成人协会

AUTISM SOCIETY OF AMERICA(ASA)
美国自闭症协会

美国自闭症协会成立于1965年,其目的是帮助家长、家庭成员、专业人员和照料人员了解自闭症,并学习如何有效地对待这种残疾。有超过24,000位成员通过美国46个州的225个分会组织加入了这个协会。协会的任务是:通过支持、提高公众意识、教育及自闭症的相关研究促进自闭症人士和他们的家庭获得充分融入并参与社区生活的终身权利和机会。协会认为每个自闭症患者都是一个独特个体,因此这个协会的方针是促进自闭症患者及其家庭成员积极、广泛地参与到为其制定的个性化、合适的服务和支持过程中来。

该协会通过分发免费材料包提供当前关于自闭症的各种信息,包括综合性双月刊通讯《辩护者》,以及每年七月份的全国性年度大会资料。协会还拥有一个内容广泛的相关信息资料库,收集的信息包括:影响自闭症儿童和成人的因素、非典型自闭症、阿斯伯格综合征和其他相关障碍。另外,美国自闭症协会向国家立法委员和政府机构提供关于自闭症人士及其家庭需要的信息,并推进自闭症领域的医学研究。

AUTISM TREATMENT OPTIONS(ATO)
自闭症治疗法选择

自闭症治疗法选择(ATO)是一个非营利性组织,由自闭症儿童家长于1994年组建成立。该组织的主要目标就是为家长和其他对自闭症领域感兴趣的人提供不同类型治疗方法的信息。该组织出版了一本书,名为《自闭症选择指南资源手册》,该书为读者提供了大量可利用的自闭症资源信息。

该组织试图增加家长和专业人员对可选择的治疗方法的了解,并为自闭症患者的家庭成员提供支持。该组织的成员不断地更新自闭症领域内研究、治疗方法及最新发现。自闭症儿童的家长、亲属以及对自闭症感兴趣的专业人士都可以成为这个组织的会员。

AUTISTIC BEHAVIOR
自闭行为

自闭行为指常常与发展性障碍联系在一起的行为及特征,发展性障碍又称为自闭症、婴儿期自闭症或坎纳氏(1943)综合征。尽管自闭症是一个有明确诊断标准的特殊综合征,但有很多种行为都可以说是自闭行为。此外,许多有其他发展性综合征和障碍的儿童偶尔也表现出自闭行为,这些综合征和障碍包括智力落后、脑瘫、接受性或表达性语言障碍。一种幼年发作的社交及语言异常的特殊症状模式是自闭症的特征,并且这种模式将自闭症与其他儿童期精神障碍区别开来。因此,如果一个儿童仅仅表现出了被称为自闭性的行为,不能由此确诊该儿童罹患了自闭症。此外,任何有自闭行为的儿童通常都不会表现出所有与自闭症联系在一起的行为。

最先试图将在自闭症儿童中观察到的一系列行为进行汇编的人是英国的克里克(1964)及其同事。从那时起,其他人也对相似的观察进行了报告。观察报告总结如下:

(1)不寻常的或自我刺激的行为,例如:来回摇摆,在眼前轻弹手指,以特定频率快速地摆动手臂或拍打手掌,采用不寻常的姿势或用脚尖走路。

(2)不愿使用视觉和听觉的远距离感受器。这种情况转化为避免目光接触和不注意听觉和视觉提示及信息。相反,自闭症儿童常常表现出与其年龄不相称的过度依赖近距离感受器,如用味觉、触觉和嗅觉进行探索。痛觉阈限值也超乎寻常的高。

(3)全神贯注于特定物体或对特定物体的操作,却不注意物体本身的功能。例如,一个儿童可能被一个没放唱片的旋转的唱机转盘迷住,或是玩一辆玩具卡车,把车翻向侧面,让车轮转动。

(4)言语的缺失,或有言语能力,但语言发展迟缓或异常,如说没有意义的话,重复短语或整段话(言语模仿症),反用或错用人称代词,以及对词语的特殊使用(新语症)。

(5)异常焦虑,常常与现实环境状况无关。例如,如果房间的家具重新摆设,自闭症儿童可能变得异乎寻常心烦意乱,然而却可能在发生车祸时保持平静,表面上看起来不在乎的样子。在从事危险活动时,如在很高的地方攀爬或保持平衡等,自闭症儿童也显得很镇静。

(6)不愿意改变或延迟其所熟悉的常规活动,并且不愿意参与新的活动或应对意料之外的事件。所以,一个自闭症儿童可能坚持每天完全走同样的路线上学,可能希望永远占有某个特定玩具,或者食用某些特定食物。对这些常规活动的任何改变或中断都可能使自闭症儿童产生极度的焦虑。

(7)智力发展的不均衡模式,其特征为一般性智力落后,但有部分接近正常、正常或甚至超常的机能。一个自闭症儿童也许不能回答简单的问题(为什么、什么时候、在哪儿,等等),但却能够进行复杂的数学计算或阅读大量、不常用的词汇,尽管这些技能他们并非充分地了解。

参见 自闭症;美国自闭症儿童和成人协会

AUTOMATICITY
自动性

自动性是知觉和运动处理的一个方面,发生在意识之外。诸如新奇刺激和实际反应等因素被发现与认知机能的自动性相关(奈泽,1976)。当被一个新奇的或困难的刺激唤起时,深度的认知处理就发生了,迫使事件进入意识。然而,一个由预期刺激引起的习惯反应可能会在很少或不需注意的情况下自动表现出来。

由于人类只有有限的注意能力,因此自动性功能增加了信息处理系统的效率(库塔什和希利亚德,1980)。许多简单的知觉处理天生就是自动的,而复杂的活动(如阅读)经过充分练习都可以变成自动性的。汉考克和伯德(1984)指出,阅读效率事实上取决于解码技能自动化的程度。加纳特和弗莱舍(1980)将自动化与基本数学知识的习得联系在一起。

研究者还对学习障碍和智力落后在自动化处理不足的方面进行了讨论,发现学习障碍儿童与其没有学习障碍的同伴相比,需要花更长的时间习得数学知识(加纳特和弗莱舍,1980)。这些儿童不能在一个自动化水平完成这些反复练习的任务,这说明学习障碍儿童的思维过程更为曲折且耗费注意力。有严重阅读障碍的人在处理词语的字面意思上有困难,而较轻度的阅读障碍者能进行自动化的字面意思识别,因此在受控制的、注意力高度集中的方式下能够阅读全部词语(汉考克和伯德,1984)。

其他研究者提出,学习障碍和智力落后学生可以获得自动化功能,但其他因素会妨碍自动化功能的作用。因此,研究者发现,智力落后儿童与非智力落后的同伴在知觉记忆自动化测量中的成绩是一样的(斯坦、拉斯科夫斯基等,1982)。然而,智力落后儿童在组织新的技能时有更多的困难,因而阻碍了更多复杂过程的自动化。另一项研究发现,学习障碍儿童和无学习障碍儿童在正确定义相近词语时的比率是相等的,但是当出现不熟悉的词语时,学习障碍儿童定义的比率和准确度迅速下降(切奇,1983)。当被要求进行更有目的的加工处理时,学习障碍学生无法译解词语,而改用可以在自动化水平进行处理的词语。

参见 认知策略;条件作用;学习迁移

AUTONOMIC REACTIVITY
自主反应

自主神经系统由交感神经系统和副交感神经系统组成。交感神经系统可加快心率,增加肾上腺素分泌,促进发汗,还会进行其他一些促使身体为剧烈活动做好准备的反应。副交感神经系统可增加唾液分泌,促进消化和其他关于营养机能的反应,从而抵消交感神经系统的很多作用。

交感神经系统能够被突然的感觉刺激或情绪体验所激活。对一个刺激的反应取决于个体对刺激的解释,而不是刺激本身。震惊必然引起心率加快或减慢(马尔屈,1973)。让五年级的男孩子把一个任务当做测验来做,他们就会心率加快;而把一个相似的任务当做游戏来做,他们的心率就会降低(达利和卡茨,1973)。

交感神经系统显然在儿童早期最为敏感,这由心率变化的测量可以得知(希尔兹,1983)。交感神经的敏感度相当稳定,并且与人格特征相关。许多有反社会人格的人对令人恐惧的刺激的交感神经反应很弱。一些研究者将交感神经的高敏感度与冲动和易分心相联系(希尔兹,1983)。

参见 中枢神经系统;习得性无助

AVERSIVE CONTROL
厌恶控制

利用厌恶刺激控制行为是教师、研究者、心理学家、治疗师和其他人员所使用的最具争议的手段之一。这种方式的有效性由它对行为的作用所界定:它抑制了在它之后出现的行为。这个定义与惩罚相似。实际上,厌恶刺激就是惩罚的一种形式。

伍德和莱金(1982)举例说明了围绕厌恶控制所进行的争论。他们指出,尽管多数州允许使用适度的体罚,但其他州的法令却明确禁止体罚(如缅因州和马萨诸塞州)。

利用厌恶结果来控制行为一般被认为是只有当其他手段都无效时才使用的一项手段。斯内尔(1983)指出:"利用强大的即效厌恶(如电击和掌掴)来消除行为的厌恶条件作用在两种情况下可以使用:在出现非常危险的行为或自杀行为,且正强化和消退都行不通时;在恰当地应用了所有其他干预方法(强化竞争反应、消退、轻微惩罚形式)都证明无效时。"

尽管人们对使用厌恶控制持保留看法,但厌恶控制还是被用来控制行为,尤其是对自伤行为的控制(SIB)。柠檬汁(利贝等,1974)、有害气味(鲍迈斯特和鲍迈斯特,1978)和电击(麦康纳基,阿姆斯特朗,1981)是已经用过的厌恶控制方法。在特定情况下,厌恶控制方式是不得不选的治疗方法。然而,当期望出现的行为发生时或目标行为对强度低点的控制手段产生反应时,厌恶控制的使用就应减少或停止。

利用厌恶刺激来控制行为,引发了很多伦理问题。使用厌恶刺激的一个基本原则是当其他方法都证明是无效的,儿童又处于高危情况,并且使用厌恶刺激所带来的伤害远不及需要改变的目标行为本身的伤害。

参见 行为矫正;操作制约

AVERSIVE STIMULUS
厌恶刺激

厌恶刺激,无论是无条件的(如强光)还是有条件的(如皱眉或手势),都是“令人产生厌恶情绪的物品或事件”(祖尔策 - 阿泽洛夫和梅耶,1986),用来减少或提高某行为的出现率。作为某一行为的结果或条件,厌恶刺激可以减少或消除某行为的出现频率。然而,当某一行为出现后,厌恶刺激立即消失时,厌恶刺激就可以提高该行为的出现率。在任何情况下,厌恶刺激都可被称为惩罚物。

厌恶刺激的应用可以有效地减少或消除严重的自我破坏性行为和严重的慢性行为,这已经被很多研究者论证过,包括拉瓦斯、西蒙(1969)和利斯莱(1968)。然而,应用厌恶刺激来减少行为,如退缩、攻击、迁移、模仿、消极性自我判断(祖尔策 - 阿泽洛夫,1986)的负面效应要大大超过其正面效应。用来减少行为出现率的厌恶刺激应只用于严重的破坏性分裂行为,并只有在其他厌恶性手段尝试无效时方可使用。对厌恶刺激应用更为详细的介绍,参见阿尔寿 - 阿扎罗夫和迈尔的研究(1986)。

AYRES, A. JEAN
A. 简・艾尔斯(1920—1988)

A. 简・艾尔斯于 1988 年 12 月 16 日逝世,享年 68 岁。艾尔斯于 1945 年和 1954 年分别获得作业治疗的学士和硕士学位,1961 年获得南加利福尼亚大学教育心理学博士学位。她在多家加利福尼亚康复中心担任作业治疗师,1955 年至 1985 年,在南加利福尼亚大学的作业治疗和特殊教育系担任教师并从事研究。1985 年退休后,她成为荣誉退休教授。艾尔斯 1977 年至 1984 年还独自开展了作业治疗。

作业治疗,特别是与知觉和感官有关的综合性功能障碍以及神经一体化,是艾尔斯主要从事的工作。从 1964 年到 1966 年,她在加利福尼亚大学洛杉矶大脑研究院从事博士后研究,发现了感觉综合功能失调。该现象是指感觉器官的神经紊乱,特点是表现出学习和行为问题,以及在从事简单日常任务时还伴有一点疼痛。艾尔斯试图研究疾病所导致的与以上问题相似的学习问题,最终认定由神经系统传递的感觉信息的低效组织能力是产生以上各种问题的原因。也许艾尔斯最大的贡献是感觉综合治疗法,一种以神经系统为基础的治疗学习障碍的方法,得到了作业治疗师的广泛运用。艾尔斯还设计了南加利福尼亚感觉综合测验和感觉综合与运动处理测验,都是用于诊断各种紊乱的工具。

与其他学者不同的是,艾尔斯(1972)使用一种神经学的治疗方法,而不是教育学或心理学方法治疗学习障碍和行为紊乱。该疗法强调脑干的感觉综合过程的正常化,但并不排除皮层综合过程。她的研究发现,具有一些典型的感觉综合性功能障碍的学生,在接受针对综合障碍的作业治疗后,与接受同等时间量学业训练相比,能取得更高的学业成就。

艾尔斯取得了卓越的成就,发表了 50 多篇测验和论文,还拍摄了电影。她被授予了埃莉诺・克拉克・斯雷格勒学术奖和优异奖,这两个奖项均是美国作业治疗协会的最高奖。1971 年,她被列入《美国最优秀教育家名人录》。艾尔斯是美国作业治疗协会研究院的名誉发起人之一。

参见 作业治疗;感觉综合治疗法

B

BARDON, JACK I.
杰克·I·巴东(1925—1993)

杰克·I·巴东于1949年获得西里瑟夫大学克利弗兰学院心理学学士学位,并辅修教育学。他继续在宾夕法尼亚大学深造,于1951年获得心理学硕士学位,1956年获得临床心理学博士学位。从1952年至1958年,巴东在普林斯顿的新泽西学校做学校心理咨询师,从1958年到1960年,他是特殊教育服务协调员。1960年,他成为拉特格斯大学学校心理学博士项目主任,并被聘为副教授,1963年晋升为教授,1968年担任系主任。

巴东在拉特格斯大学任职时开始在为残疾儿童提供学校心理服务方面产生全国性影响。在发展学校心理学家最初的关键定义上,他起了一定作用(巴东,1982;巴东和本内特,1974)。巴东参与了把学校心理学从其他学科区分出来的工作(巴东,1983)。他的著作通过提高学校心理学家为各层次儿童提供服务的能力而使特殊教育和普通教育获益。在巴东的近作(1992)中,他就教育事业中成功与失败的理论根据以及它们怎样与学校心理学领域相关联进行了讨论。

巴东于1976年离开拉特格斯大学,在位于格林斯伯勒的北卡罗莱纳大学接受了一个教授职位,1983年他在该大学成为杰出基金会教授。巴东在1968年至1971年是《学校心理学》杂志的编辑,1969年成为美国心理学会学校心理学分会的会长。自1981年到1984年,他是美国心理卫生协会理事会成员。

杰克·巴东1991年从北卡罗莱纳大学退休,1993年11月逝世。他终其一生勤奋工作,应用心理学理论于教育领域,并积极实践,深受同事信任,在学校心理学的定义、专业组织问题以及有关学校心理学培训级别的讨论方面产生了巨大的影响。

BARRIER-FREE EDUCATION
无障碍教育

在最少受限制环境中为所有残疾儿童提供特殊教育服务,意味着学校的建筑和各项设施必须经过设计或改造以便使服务无障碍。无障碍设计标准一般包括建筑物的出入口、停车场、路缘、楼梯、电梯、洗手间、饮水器、危险物警告以及建筑要素和设备等技术规格。不管是新的建设还是对现存设施的改造,所有建筑都应符合不同的定义和设计标准(雷登,1979)。1973年,《康复法案》的第504条作为无障碍标准的最低要求,引用了美国国家标准研究所(ANSI)的标准以确保符合无歧视条款。统一联邦无障碍标准中规定的设计标准在效果、主要建筑规范、多数州及地方规范方面大体与联邦标准相符。1984年统一联邦无障碍标准适合成年人维度和人体测量学。然而,一些州为特殊教育设施的建立发展了设计指导方针,考虑到了有各种残疾的儿童的整体学习环境(阿本德等,1979)。无障碍环境要求消除所有的建筑障碍(雷登,1979)。

1990年,《美国残疾人法案》(ADA)的通过实质上支持了1973年《康复法案》第504条款所详细说明的无障碍含义。该法案第二章并未强加任何较多的新的要求于学区,因为学区获得了联邦政府的资助,早在1973年就在第504条款的要求下提供无障碍的设施。然而,正像ADA扩大无歧视保护给学校学生一样,该法案接受了第504条款中不太严格的规定。《美国残疾人法案》重申:"一个学区必须保证不能排斥残疾学生的加入或者剥夺残疾学生从它的服务、项目和活动中受益,必须确保残疾学生不会受到学校体制的歧视。"(公民权利办公室,第45页)该法案提供了新的基于"美国残疾人建筑物与设施无障碍标准"的指导方针和自我评估调查(美国教育部,1996)。

公民权利办公室(OCR)执行该法案的第二章和1973年《康复法案》的第504条。OCR调查残疾个体或其代表所提起的诉讼,他们认为他们由于残疾而受到了歧视。

此外,一个经设计适应不同残疾类型用户的名叫"无障碍教育"的因特网资源也能帮助教师、家长和学生们克服教育障碍。该网站的创建者之所以提供这个因特网资源,是因为他们相信,"学习社区有责任在实现环境无障碍方面发挥领导作用"(艾拉,1998)。

参见 无障碍建筑物;项目的可行性;美国残疾人法案

BASAL READERS
基础读本

基础读本项目是有目的地按顺序编排的综合性故

事集，常常一组一组地按照中心思想或主题编排。史密斯和约翰逊（1980）认为该项目是基于这样的观点，即经控制的高频率出现的词汇，结合容易译解的规范词汇的描述，能帮助儿童学习阅读和改进阅读技巧。

基础读本项目意欲通过习得发展技能教导儿童从不会阅读到学会熟练灵活地阅读。该项目包含各种相关补充材料，包括教师手册、练习手册、技能训练册、活动工具箱、标准参照系统，甚至计算机软件管理系统。基础读本项目这种包罗万象的做法是为了提供核心阅读课程所需的一切资料。配套的教师手册通过指导针对性的阅读活动为教师提供详细的指导。斯托弗（1969）和哈里斯（1970）解释过这些教案的结构，依次是阅读前的准备、指导性默读、口头复述和理解评估、技能发展活动和补充知识。此外，教师通常还能获得选择相关书籍和结合基础读本使用其他材料的建议。1996 年鲍曼和霍伊巴赫对 500 名教育工作者进行调查后发现，教师们认为有可采用、改编、扩充的教学思想的指导，这些材料十分有用。

近年来，一些学者还从文化能力方面来分析基础读本。福利和博尔维尔（1996）发现，基础读本中反映的性别平等自从 20 世纪 60 年代以来基本上没有变化。此外，有关基础读本中种族与民族的分析表明，文化的这些方面被多数基础读本所省略。基础读本与教师手册中省略种族和民族方面的内容不能满足众多儿童的需要（麦科德模特，1997）。对基础读本的其他分析表明，出版社审查制度依然存在，文学作品的重要内容正被广泛传播的选本所消除（洛采和拉森，1995）。然而，其他人（里斯纳和尼科尔森，1996）赞成为读本增加问题，即支持提高读本的理解难度。所以，研究仍然建议，基础读本支持额外的教师材料和有吸引力的活动的发展，由此提高学生的阅读理解能力。文化能力对将来基础读本的发展显然是最重要的。

参见 阅读障碍；阅读矫正

BATTERED CHILD SYNDROME
受虐儿童综合征

1962 年，儿科专家 C. 亨利·肯普发表了一篇文章，题目是《受虐儿童综合征》。这篇文章标志着儿童受虐问题第一次正式地受到医学界的关注。肯普的文章着重论述恶意的成人故意对儿童实施的暴力攻击，批评了医学专业人员没有能够诊断和报道这些病例。儿童受虐是一个广义的概念，目前用于描述暴力事件、忽略、性虐待等导致儿童的心理和行为的异常，以及身体甚至是威胁生命的损伤。埃勒斯坦（1981）称，在美国，有 1% ~3% 的儿童受虐。根据对报道儿童受虐的管理法律和儿童受虐的界定不同，此数字有变化。事实上，儿童遭受严重暴力的发生率在 20 世纪 80 年代中后期有所下降。下降的原因可能有：不愿报道的病例增多，研究方法不同，多年的防治工作，以及美国社会和家庭模式的变化。尽管儿童受虐的发生率下降了，但是每年仍有 4,000 名儿童死于受虐。

研究者们调查了与儿童受虐相关的几个因素。为解释这一现象，建立了多种模型，每种模型强调一种因子的重要性。心理疾病模型针对施虐者的个性特点而建。个人受虐史、自尊心弱、不能应对挫折等都是重要的作用因素（吉尔，1970）。社会学模型强调环境因素，如贫穷、受过体罚、家庭过于拥挤等（吉尔，1970）。认知一行为模型主要分析施虐父母对压力的反应方式及其信仰体系（格林，1984）。生态模型是一个更为广义的模型，它包括以上的元素，并解释了父母和孩子之间相互作用的意义。

调查者们发现，一些儿童比别的儿童更容易成为受虐的牺牲品。受虐高危儿童通常来自较大的家庭，出生体重较低或是早产儿，与看护者不能形成亲密的关系。对发生率的比较说明：年龄、家庭收入、种族是性虐待和身体虐待的危险因素。性别是性虐待而不是身体虐待的危险因素（卡佩莱里和鲍尔，1993）。男孩、残疾、智力落后，以及其他与常人不同或抚养困难的儿童都更有可能受到虐待（纽伯格，1982）。

1997 年，在一项让儿童保护专业人员评选儿童受虐方面最好的论文和章节的调查中，肯普 1962 年的文章被认为是关于儿童受虐的最好资源和研究文章之一。

BECHTEREV（BEKHTIAREV）VLADIMIR M.
弗拉基米尔 M·别奇捷列夫（1857—1927）

弗拉基米尔 M·别奇捷列夫生于俄罗斯的伏特加省。他是一个著名的心理学家和神经病理学家，反射论学派的创立者。别奇捷列夫于 1881 年在位于圣彼得堡的军事医学科学院获得博士学位。1885 年，别奇捷列夫成为喀山大学的教授，1893 年，他成为军事医学科学院教授。同年，他开始出版《神经学评论》杂志。别奇捷列夫还对特殊儿童的教育感兴趣并发表了教育反射论著作。1911 年，他出席了在比利时首都布鲁塞尔举行的国际教育学大会并发表了演说。他的开创性工作极大地促进了苏联缺陷学的发展。

别奇捷列夫对神经系统的解剖学与生理学知识作出了重要贡献。他进行了大脑定位功能方面的研究，并因其在神经电流方面的工作而著名。他还发现了处于大脑皮层的纤维层,现通称为"别奇捷列夫纤维"。

别奇捷列夫是一个多产的作家,他出版和发表了135种出版物和论文,包括《反射论的一般原理》(1818)和《客观心理学》(1935)。

BEERS,CIIFFORO W.

克利福德 W·比尔斯(1876—1943)

克利福德 W·比尔斯20世纪初期在康涅狄格州精神病医院住院3年,出院后他开创了精神卫生学运动。由于遭受虐待,离开医院后他决心改革医院体制,以医学治疗代替恶劣的看护。1908年他出版了一本书,题为《发现自我的心智》,将自己的经历作了生动的描述,引起了公众强烈反对对精神病人的非人道治疗。

作为一个有天赋的演说家和组织者,比尔斯得到了著名精神病专家和其他名人的支持,于1908年建立了康涅狄格州精神卫生协会,1909年建立了国家精神卫生学委员会,1930年建立了国际精神卫生学委员会。

BEERY - BUKTENICA DEVELOPMENT TEST OF VISUAL - MOTOR INTEGRATON

彼瑞—巴克特尼卡视动整合发展测验

彼瑞—巴克特尼卡视动整合发展测验(VMI;彼瑞,1997)用于评价儿童整合视觉和运动技能的能力。该测验包括27个复杂性逐渐加强的几何图形,要求接受测验的儿童在每个项目下面的空格内复制该图形。该测验对于个别测验和团体测验都适用。测验所需时间取决于应试者的年龄和能力,但是,通常要用15分钟。视觉感知和运动协调的补充测验是对这一测验最新的补充,研究者推荐将其运用于视动整合发展测验(VMI)中表现不佳的个体。这些补充测验(包括与视动整合发展测验中相同的几何图形)把视觉从视动整合测验的运动方面分离出来,以便主考确定应试者在哪个领域表现最差。研究者建议将这些测验按规范的顺序来实施,即视动整合测验、视觉感知测验和运动协调测验。

对视动整合测验及其补充测验的信度已有报告。测验手册报告的内部一致性信度是:视动整合发展测验为0.88,视觉感知测验是0.85,运动协调测验是0.87。视动整合发展、视觉感知和运动协调测验间隔3周的重测信度分别为0.87、0.84和0.83。同时效度分析表明,该测验与本德尔的完形测验(阿姆斯特朗和克诺夫,1982;韦森,1986)呈适度中等相关,与韦氏儿童智力量表(修订版)智商分数(布林等,1985)呈高度相关。预测效度是通过VMI低分、学业失败(福勒等,1986)以及学校适应性(威尔登伯格和詹曾,1985;西姆纳,1983)之间的关系形成的。VMI测验实施方便,简单的记分结构和自由文化本质促使它被广泛用作一种筛选和研究的工具。

BEHAVIORAL ASSESSMENT

行为评估

依据假定的基础和设计目的不同,行为评估不同于其他类型的评估(纳尔逊和海斯,1979)。行为评估已经应用于评估各种各样的社交恐惧症、失眠症、学习障碍和痉挛发作等(马什等,1981)。接受评估的行为领域包括认知行为、情感行为和运动行为(科内,1979)。

评估是用来设计治疗方案的,这意味着评估质量是根据干预计划产生的治疗效用来判断的(治疗效用)。内在的一致性、稳定性,评价者的一致性、效标效度、内容效度和结构效度,所有这些对于评估治疗效用都是必要的,因此,同传统治疗一样重要。

控制事件是先于行为信号发生的事件(原因),在行为发生之后,有加强或削弱这种行为的效果(结果)。一个单一目标行为的不同特征可能处于不同的控制之下。例如,发怒行为可能是因为必须完成令人沮丧的工作而促成的,但是,发怒持续时间可能会因工作人员的注意而维持。如果可以确定控制事件发生变化,目标行为发生变化,就能确认控制事件。其目标是通过决定什么支持儿童行为和什么危及儿童行为安全,将评估和干预连接起来(韦斯特伯里、史蒂文斯和格特尔,1996)。

技能不足可能阻止正在执行的令人满意的行为。任务分析中的方法是把行为分解成一些简单的部分,这些部分对执行行为都是必要的(雷斯尼克、旺和卡普兰,1973)。为执行这些必要的行为,要对顾客进行评估,评估产生的信息可以用来训练更复杂的技能。在其他方法中,来自标准参考测验中的信息对这一目的也有益。

为了评估干预效果,必须在干预前,在基线期以及在干预开始后收集有关目标行为的数据。因为行为干预可能会产生令人忽视的副作用。对于临床医生来说,推测和评估这些副作用和想得到的治疗效果都很重要。例如,一个干预计划可能会减少儿童在课堂上不适当地大声说话,临床医生应该考虑到这样做也会减少儿童在课堂讨论以及在运动场上大声说话。使用试验设计评估行为变化要尽可能消除那些在单学科研究中所遇到的效度因素的威胁(巴洛和赫森,1984)。

行为评估中最常使用的三种方法是访谈法、观察法和行为结果法。偶尔使用的方法包括自我控制、心理生理学评估、检查表和调查问卷、社会关系和心理教育评估。当行为是隐蔽的,且发生率较低或是行为发生的情景无法观察到时,访谈法可能是唯一可利用的评估方法。同样,目标行为的选择和确定必须通过与患者或患者代理人的访谈来进行。临床医生必须决定对于患者的行为,谁的信息最准确。如果任何一个人关于此问题的认识都不够全面,那么临床医生应该考虑多访谈几个人。行为访谈始于确定问题的最初阶段,在这个阶段,临床医生试图引出所有涉及被访问者和情况说明的问题;在这个阶段,问题行为得到充分说明,因此,如果这些行为被观察到,临床医生和被访问者都会认同行为的发生。接着进入到问题分析阶段,在这一阶段,临床医生和被访问者努力确认控制事件和技能不足。在会诊和一些直接服务中,访谈也可以用来制定干预计划。第五个阶段的访谈包括评估干预的效力。在这五个阶段中,成功解决问题的最重要阶段是问题说明阶段。这一阶段的成功取决于临床医生提出问题、引出确切的行为描述和控制事件的能力,同时与被访问者保持友好关系(海恩斯,1978;通巴里和伯根,1978)。

行为评估中使用的观察法有两个主要目的,即目标行为特征在干预后发生改变时,观察法用来评定目标行为的特征,以及识别行为的控制事件。另外,通过识别行为的团体常模,观察可以用来识别行为改变的目标。例如,一个教师可能想增加学生参与班级讨论的时间,但是,要求100%参与有些过多。观察发现同学们利用4%的课堂时间参与讨论,因此,达到这个水平是一个合适的目标。观察方法根据行为发生率、被评估的特征、观察者训练和经历以及观察者目的的不同而有所变化。发生率低的行为(例如,1小时少于1次)通常需要参与的观察者进行记录(例如,父母、工作人员),一般以1天或1周为基础记分,从而测量出行为发生的频率。行为的持续时间和潜伏期需要测定,强度可以由观察者测定,局部特征可以通过文字叙述来描述。确定控制事件需要立即追踪行为之前和行为之后的事件。如果观察者接受过专门训练去观察这些事件,就能记录得非常好,并对每一行为的发生给予叙述性报告。学生宿舍管理员报告一起逃逸事件,应记下事件发生的时间和背景、紧接着发生的事件、一系列的逃逸行为、事件的持续时间和可能产生的结果。当前的观察法多数依赖于计算机程序,如直接观察数据系统。这些程序节省时间,增加了信度和效度,并且方便使用(米诺和加西亚,1996)。

对于高频率行为的观察取样非常必要,因为连续观察目标行为不方便或不可能。在时间取样中,第一个步骤是必须确定观察时间的长度。这依赖于行为的发生频率,观察时间必须足够长,以便能够观察多次目标行为的发生。第二个步骤是把观察时间划分为比较小的单元(间隔),确定每个间隔的长度和使用间隔抽样法。间隔长度对于高频率行为应该尽可能短(如3秒),对于低频率行为应该尽可能长(如1小时)。时间间隔越短,时间取样和持续监测的一致性就越高,但是观察也就变得越单调乏味。在整体间隔取样中,只有行为在整个间隔内持续发生才可以记录;在部分间隔取样中,只要行为在间隔内的任意时间发生,都可以记录。与持续监测相比,整体间隔取样习惯于低估行为发生次数,部分间隔取样习惯于高估行为发生次数(鲍威尔,1984)。提供公正的估计频率的取样方法是瞬间时间取样。在这种方法中,观察是在一个间隔的开始阶段进行。假如这时行为发生了,它会被记录。每种方法会产生一个总分,表明行为发生的间隔比例。假如间隔时间比较短(比平均行为持续时间短),若计算行为发生的连续间隔,可以估算出行为的持续时间。

行为结果,如学生完成的数学作业或者一个饮食异常者增加的体重,同访谈法、观察法、自我控制、患者完成的检查表相比,反作用比较小(韦布等,1966)。这样的测量除了比较反应性的测量之外更多地用于行为改变的测量。虽然在很多情况下,很少提供控制事件的信息,但是一些作品可以提供这些事件的线索。例如,检查一个儿童的数学作业可以发现该儿童一贯误用的数学法则(布朗和伯顿,1978);检查缺席记录可以发现儿童缺席往往是在每个周末和假期之后发生。

参见 行为咨询;行为图表;功能行为评估

BEHAVIORAL CONSULTATION

行为咨询

过去30年里,在教育领域提供给儿童、青少年的心理服务中,行为咨询已经成为一个日益重要的手段(米哈姆和佩卡姆,1978;拉梅奇,1979)。学校咨询可以从多种理论角度进行阐释。其中包括:心理健康咨询,与心理动力学的人格理论相联系(卡普兰,1970);组织发展咨询(施穆克,1982),来源于社会心理学理论,受到勒温观点的强烈影响;行为咨询,与行为理论相联系(班杜拉,1977;斯金纳,1953)。下面将讨论行为咨询服务方法。

咨询服务通常包括一系列阶段,每个阶段都致力于解决问题的一个方面。通常认为咨询包括四个阶段(伯根,1977;多尔,1979;古德温和科茨,1976;通巴里和戴维斯,1979):①问题确认阶段;②问题分析阶段;③计划实施阶段;④问题评估阶段。

问题确认为咨询确定方向。行为主义观点认为,问题是通过观察到的行为与预期行为之间存在的差距来定义的。咨询的目的在于消除这种差距。确定观察到的行为与预期行为之间差距的存在要求咨询师用行为主义的术语来表达所关注的事情。在问题确认过程中,咨询顾问帮助咨询师用当前行为和预期行为来描述患者当前功能及预期功能。通常通过收集资料来证明当前行为的状态。假如资料显示当前行为与预期行为之间存在的差异让咨询师认为非常显著,那么问题就得到了确认。

问题确认之后是进行问题分析。在咨询的这个阶段,确定可能影响患者行为的因素,并且制定出达到预期行为改变的计划。行为主义的原理在很大程度上依赖于确定影响行为的因素。问题分析通常始于详细说明影响行为的先后环境条件。然而,患者的技能和行为模式也可能是分析的主题(皮尔斯尔;1985)。在假设的影响患者行为的因素已经确定之后,就可以制定改变患者行为的计划。咨询顾问通常负责确定可用于改变行为的策略。然而,咨询师常常在计划实施过程中决定运用具体有用的手段方面起主导作用。例如,咨询顾问认为正强化会有效增加咨询师所关注的特定行为,咨询师则要确定用于这种行为的具体强化类型。

制定适当的计划之后就可以实施了。实施计划通常由咨询师负责。但是,咨询师可能只是指导实施过程,而由其他人具体负责计划的实施。例如,教师可以指导一个提高儿童阅读技能的同伴辅导计划。在实施过程中,咨询的基本任务是监控发生的事情,帮助咨询师对那些没有按照预期设想实施的计划进行修订。

咨询的最后一个阶段是问题评估。在这个阶段,咨询顾问和咨询师确定咨询目标实现的程度,计划实施达到目标的有效程度。评估数据指导咨询过程。假如咨询目标达到了,新的问题可能已经确认,或者咨询服务结束。假如咨询目标没有实现,咨询通常需要回到问题分析阶段,重新进行分析。

大量的研究资料证明,行为咨询是有效的(费尔德,伯根和斯通 1984)。行为咨询的有效性研究包括两种类型:第一类研究是行为主义原理在改变行为咨询中的应用。这类研究表明,行为主义方法对于纠正各种各样的行为和学业问题是有效的(伯根和通巴里,1976;梅德韦,1979;梅德维和弗曼,1980)。第二类研究探讨行为主义方法的有效性,即比较行为咨询与其他心理服务的效用大小。许多这样的比较研究存在方法学缺陷(梅德韦,1979),因此研究结果和研究结论都没有说服力。

行为咨询近来的发展集中在特殊教育学生的父母与教育者之间的协作,特别重视文化—种族生活方式的研究(法恩和加德纳,1994)。

参见 行为评估;咨询;精神卫生咨询

BEHAVIORAL DEFICIT
行为缺陷

由于各种不完备的用法,与行为缺陷有关的术语已经变得十分混乱。最初的用法与 1961 年美国智力落后协会在其智力落后定义中包含的适应性行为有联系。适应性行为意味着教育、心理、社会和生理等方面对儿童的交互作用,影响儿童的功能和成就。适应性行为主要是一个用来弥补公立学校、心理健康机构和社会福利机构对智力测量依赖的术语。

1974 年,格利森和艾瑞提出了学习障碍的第一个全面的行为定义,并且使用行为缺陷这一术语作为与学习障碍概念相联系的基本结构。"我们把学习障碍看做是一种几乎总是与学业成绩相关联的行为缺陷,它可以通过细致的、个别化的教育措施来弥补"。

围绕行为缺陷的结构,有两个主要的问题。第一个问题是认知技能被分解成特定组成部分的可能性或效用。需要记住的是,所有假定的认知行为通常是在对这些行为进行测验或分测验之后而命名的。这些认知行为本质上是无法直接观察到的。第二个问题是大多数用来确定或描述一个基本行为进而说明行为缺陷的测验的信度。信度降低,效度也降低。

行为缺陷概念表明人类能力不是相同的,有些个案的能力处于不足水平。通过使用缺陷统计或临床存在等形式的测验或分测验来给缺陷下操作性定义不是很理想。然而,概念自身也带来一些大的冲击(既有诊断上又有治疗上的),如发展性障碍这个术语,理论上用于描述学习障碍,但它依然是一个不完整的术语,没有被那些临床使用者充分发展。

参见 能力训练;行为目标

BEHAVIORAL DISORDERS
《行为障碍》

《行为障碍》是特殊儿童理事会下属的行为障碍儿童委员会正式出版的杂志。于 1975 年创刊的《行为障碍》,为那些有兴趣研究儿童、青少年行为障碍的教育、治疗专业人员提供资源服务。

《行为障碍》杂志在印第安纳大学艾伯特·芬克(1975—1978)、路易斯维尔大学登齐尔·埃齐(1978—1981)、亚利桑那州立大学罗伯特 B·拉瑟福德(1981—1987)的主持下,形成了发表那些有明确的理论导向和实证证据的来稿的学术论坛。《行为障碍》杂志一年发行四期,提供给行为障碍儿童委员会的8400位会员及其数百位个人和团体订户。这些量化研究论文有几种不同发表形式:实验研究(包括创新研究和重复研究)、研究及实践综述和分析、项目或程序描述、课本、电影或其他媒介的专家评论。

BEHAVIORAL OBJECTIVES
行为目标

从广义来讲,目标是指对目的或预期结果的陈述。在教育领域,一个教育目标可能是一个可以计量和观察的学业或社会成就,详细指出在一定时间内完成这个目标所需的必要步骤。所有教育或行为目标必须有可观察或可测量的结果。教育目标与行为目标之间的区别在于获得的结果不同。后者适用的范围可能更大一些,不限于教育成就,它包括更大范围的特定行为结果,例如,演讲、语言、知觉发展、运动训练、社交技能发展等。

发展行为目标的目的是增加教学的有效性,主要是依据预先确定的标准,教育者和行为科学家确定在学习过程中什么是要学习的,如何来教,使用什么材料,时间要多长。行为目标成为教师用来指导他们教学的目标。在教育过程中,行为目标要求教育者明确是否能够有效地提供结果或成绩的观测并且具体规定学什么和怎么教。因而,教学法可用于一段具体时间,允许教育工作者在一定条件下判断已经取得的进步程度。

课程描述(或什么是课程)与行为目标(一个学生将在课程完成中展示的明确的、可测量的或可观察的表现)最容易混淆。行为目标必须包括具体的、可测量的或可观察的行为陈述。相反,非行为目标是广泛的、抽象的陈述,它们不是源于早先的观察或能力测验数据。它们不考虑具备更高工作水平时所必需的技能。非行为目标是以哲学、意识形态和态度为基础的,它不是所教授任务的熟练程度。

行为目标是要学习的一系列或连续活动中的一个活动。这种连续能成为课程。课程中有许多小而紧密的连续步骤,这主要是因为学习者的行为需要经常受到检测。更重要的是,每次检测后,应给学习者提供改正反馈。这一点是非常重要的。学习者所知道的不能是一个无法证实的假设。行为或教育目标一旦被确定,会成为重要的连续步骤。因为儿童的学习能力不同,尤其是当学习材料发生变化时,每一目标允许个体学生有充足的时间完成任务。

行为目标的三个主要优点:

(1)学生不与其他人相比较,但可以和他们自己以及和他们可能轻松学习一个特定目标的速度相比较。

(2)在课程过程中每一个紧密的连续步骤都是有效的,关于学习速度或所学内容的所有假设都不予考虑。

(3)有一个学生所熟悉的开始点,以及在轻松水平下学习任务的结束点。

基于一系列行为目标的课程是教学艺术的科学近似值。因为这一原因,94-142(公法)(1975)和1990年、1997年修订的《残疾人教育法案》(101-476公法)要求为每一个残疾儿童制定个性化教育计划(IEP)。该计划包括行为目标和教育目标,并要求明确的诊断过程和准备过程。这样可确保分析数据的有效性。

参见 年龄—适当课程;教学策略

BEHAVIORAL OBSERVATION
行为观察

行为观察是行为评估的核心。行为观察是一种程序,用于将运动行为和言语行为归类为有组织的、永久性记录。行为观察体系要符合三个标准(琼斯,里德和波尔特森,1974),包括:对自然环境中正在发生的行为事件进行记录,而不是回顾性记录;使用训练有素的、公正的观察编码者以及描述的行为无须观察者进行任何推测就能对事件进行编码。这个定义不包括叙述性记录、轶事记录、检查表和评定量表以及要求一个人观察并记录自己行为的程序。

行为观察存在各种环境中,且目的繁杂。在教育环境中,行为观察的目的在于诊断个别学生,制定干预计划以改变学生行为,评估干预,向教师咨询以及进行研究。

尽管具体的行为观察程序和工具差异巨大,但都具有选择性。观察工具组织观察者注意已选择的行为方面和被认为与观察目的极为相关的环境。

行为发生的状态是持续性的,然而观察者必须将行为划分为客观定义的行为编码,并将其编码为有组织的永久档案。注意定义那些被观察到的内容对测量结果是重要的。描述性记录和测查表能帮助选择最重要的行为编码,以及与选择行为有关的情景或环境事件。这些先行事件和随之发生的事件的数据资料对于制订矫正有关行为的计划是有用的。

为将观察的主观性减少到最小,被选择的行为应尽可能客观地加以界定。“攻击性行为”不如“打击、推挤、抢夺和抓住”之类的定义客观。尽管“攻击性行为”在编码行为中作为有用的简略语使用,但这一术语所包含的对行为的清楚说明给观察者一个客观的攻击定义。当行为编码被客观界定后,任何两个受过训练的观察者应该对行为的存在或不存在达成一致。行为观察可以在自然环境(例如,教室、同辈团体或家庭)或模拟或角色扮演的情境下进行。

从教师自制的实用工具到训练有素的观察者使用公开工具,观察工具形式多样。观察程序的三个主要类型是发生次数记录、持续时间记录和时间间隔记录(巴顿和阿斯西奥尼,1984)。在发生次数记录中,观察过程中行为发生的次数被记录下来。发生次数记录最适合开始和结束不连续的行为,这些行为每次发生的时间总量大致相同,但并不经常发生,以致难以分开每一次行为的发生。举手、制造不适当的噪音、尿床和打击是发生次数目标行为的例子。行为观察应持续几天,以便得到可靠的测量。

持续时间记录是目标行为中个体参与时间总量的直接测量。持续时间记录对有明确的开始和结束,以及持续超过几秒钟时间的行为是最适用的。如果一个儿童离开他的座位,并离开座位达 1 到 6 分钟,这一持续时间的计算表明了观察期间这个儿童离开座位的时间百分比。

时间间隔记录,是在一系列相等时间间隔中选中行为的发生与不发生的记录。时间间隔记录被推荐用于下列情况:当几种行为需要同时观察时,当行为发生的频率较高时,或当行为没有明确的开始和结束时。时间间隔记录有几种方法。典型的是,使用某种信号装置(例如,一个音频计时器或事先录好的嘟嘟声磁带)提示观察者做记录。观察者在先前的时间间隔中(通常是 10 秒钟)记录下目标行为的发生。

发生次数、持续时间和时间间隔记录可改编成这样的形式,即允许对选中行为编码的先前和随后发生的事件进行记录。在对被观察儿童的行为进行编码时,对行为先前和随后发生的事件也进行了编码。巴顿和阿肖内(1984)提供了这些不同观察手段的实例。

观察程序就是测量程序,需要确立它们的可靠性和有效性。确立可靠性的一个重要部分是确定两个观察者在观察同样行为和行为先前和随后发生的事件时他们使用工具的一致性程度。近年来计算机技术的进步已经通过使用类似于《直接观察数据系统》(DODS)来支持可靠数据的收集。这一程序节省时间,标准化输入,比起其他方法,教育工作者更青睐这种方法(约翰逊,布雷迪和拉森,1996)。效度问题包括行为编码与参照问题(表面效度)以及被观察行为常态之间的关系。决定一个儿童的行为是否在特殊背景下(如教室)是非典型的,要去观察相同环境下的其他儿童。如果观察者交替观察教室中的目标儿童和其他儿童,那么观察者将得到一个将目标儿童与被参照儿童进行比较的复合观察。观察者也必须有文化能力以便将社会文化背景包括在观察中。

参见 *应用行为分析;行为治疗*

BEHAVIOR ASSESSMENT SYSTEM FOR CHILDREN(BASC)
儿童行为评估系统

儿童行为评估系统(雷诺兹和爱普豪斯,1992)是用来评估 2 岁半至 19 岁儿童和青少年的行为、思想和情绪的多维度的、多元方法的协调工具系统(可以用做集体工具,也可以用做个体工具)。儿童行为评估系统使用传统的参考准则、标准化的行为检查表和综合性的个性自陈量表,以及访谈调查统计数据和结构性的学生观察。使用这样的系统,旨在对儿童和青少年的行为和影响提供全面综合的意见,必要时系统的每一种工具也能单独使用。

儿童行为评估系统包括下列内容:

(1)家长评定量表(PRS)。包括适用于学龄前儿童(2 岁半 ~5 岁)、学龄儿童(6 ~ 11 岁)和青少年(12 ~ 19岁)的三套表格。该量表是传统形式的行为评分量表,由家长或其他监护人在 10 到 20 分钟内完成,包括对广义行为与狭义行为以及外显行为与内隐行为的测量。特殊量表也用于评估学校问题。该量表通过它所采用的技能量表来评估儿童的积极行为。

(2)教师评定量表(TRS)。教师评定量表使用与家长评定量表类似的适用于 2 岁半 ~ 19 岁儿童和青少年的三套表格,测量方法(标准)也与家长评分量表一样(增加用于测量学习问题和研究技能的量表),但是是从教师的角度来设计的。

(3)个性自陈量表(SRP)。个性自陈量表是由儿童(8 ~ 11 岁)和青少年(12 ~ 19 岁)在 15 ~ 20 分钟内完成的思想、感觉和行为的自我综合陈述。量表既评估传统概念,例如焦虑和沮丧,也评估较新的概念,如追求刺激与无能感。其他与学校背景特别有关的量表也包括在内。

(4)学生观察量表(SOS)。只要在学习环境中,学生观察量表适用于任何结构背景的2岁半及以上年龄的儿童和青少年。学生观察量表是精密构建的、方便使用的观察和编码系统,它使用有效的时间取样方法来观察和计算行为。学生观察量表鼓励对班级和其他结构背景中的积极和消极行为以及二者的交互作用进行编码。用学生观察量表对儿童进行评估大约需要15分钟。

(5)结构性发展历史(SDH)。结构性发展历史是由知识渊博的护理者提供的关于发展的、个人的、医学的和社会历史的综合性评论。结构性发展历史的设计意图在于使大多数护理者能独立完成表格,但是它也用于结构性访谈。结构性发展历史给检查者和临床医师提供了被检查者一生发展的历程和主要家庭生活以及社会历史信息的全面评论,因此提高了诊断的准确性,增加了干预方式的选择。

儿童行为评估系统中,适合各年龄段的家长评定量表都有西班牙语版。家长评定量表和个性自陈量表还有有声版。西班牙语翻译版在美国的东、中、西、南部以及波多黎各都进行了实地测试,目前已在多个西班牙语和拉美语言地区,包括几个南美国家成功使用。

每一个儿童行为评估系统的标准参考组成部分(家长评分定表、教师评定量表和个性自陈量表的每一级别)都有供Windows或苹果计算机用户使用的手写得分版和计算机登录得分版且可扫描。

儿童行为评估系统的设计意图在于:①根据特殊教育安置标准,帮助对情绪障碍儿童进行客观鉴定;②有助于对可能影响儿童的行为、情绪和感情的各种临床疾病进行区别诊断;③有助于制定治疗计划和监控治疗效果;④对重要的、传统的情绪和行为概念进行评估,以及对有强大研究支撑的较新概念进行评估;⑤评估行为和情绪的强度以及精神病理学的存在。

儿童行为评估系统的心理测量特征尤其显著。在发展的7年中,其初版已被用于将近33,000个儿童。

(1)常模数据。儿童行为评估系统量表的常模化样本由来自美国和加拿大南部19,000多个儿童组成,运用了两倍随机化分层取样计划来模拟1990年美国人口普查局的人口统计数字。与人口统计学相匹配的样本是以种族、社会经济状况、父母教育水平、性别、居住的地理区域和社区大小为基础的。这是已知的、最大的针对个人的测试常模样本。

(2)测量(缩放比例)。儿童行为评估系统的总分数与分量表的原始分数通过线性转变转化为T分数。T分数平均数为50,标准差为10。提供了与T分数相对应的百分数。与大多数测试不一样的是,儿童行为评估系统给使用者提供了基于4个常模样本T分数的大量测试。儿童行为评估系统的使用者结合性别样本、具体性别常模(男性和女性分开),以及基于临床诊断的独立样本常模,选择使用分数。

(3)信度。各种儿童行为评估系统量表分数被儿童行为评估系统手册用来测量其内在一致性和时间稳定性。儿童行为评估系统分量表的内在一致可信度较高,个性自陈量表每一性别平均值约为0.8,合成分数的平均值为0.9。再测信度也是高的。教师评定量表和家长评定量表及其分数相对稳定,且研究著作都遵循一个共同模式,其外在量表分数往往比内在量表分数更可靠。

(4)效度。儿童行为评估系统手册提供了关于各种儿童行为评估系统量表中各种量表的内容、结构和与标准相关的分数有效性的解释与大量数据资料。手册的数据资料以及自1992年以来公开发表的研究成果,都为使用儿童行为评估系统决定儿童接受特殊教育服务的资格提供了有力支持。在注意缺陷多动障碍的区别诊断中,相对于其他普通量表,儿童行为评估系统被证明特别有效。尽管该系统能更准确地诊断各种形式的障碍,但它对于检测注意缺陷多动障碍,主要是注意力缺乏方面,运用得尤其好。

儿童行为评估系统已在公立学校广泛使用,目前它已用于超过100万个儿童的评估。私人诊所对它的使用也明显呈增长趋势。该评估系统为临床医生提供了可信有效的分数。这种综合评估对评估行为上与年龄有关的变化特别有效,且可以灵活选择评估手段。

BEHAVIOR CHARTING
行为图表

行为图表这一术语通常指用图表来等效地描述行为数据。图解行为数据使特殊教育工作者很容易看到目标行为(行为的发生次数或持续时间增加或减少)的变化。图解的纵坐标或垂直线标志着行为测量的数值范围。这可能是完成任务行为发生的数量,也可能是儿童打架的数量或是儿童遵循教育指导的时间的百分比。横坐标或水平线则标志着时间单位。这可能是治疗时间、日期、星期、瞬间或其他时间间隔,它上面的行为变化能得到测量(祖尔策-阿萨洛夫和迈耶,1977)。行为图表使特殊教育工作者评估任何最终可能执行的治疗的效果(安吉亚诺,2001)。

参见 *应用行为分析*

BEHAVIOR DISORDERS
行为障碍

行为障碍、情绪困扰、情感障碍和社交失调被特殊教育领域的专业人员作为同义词使用。不同术语被交替使用的一个原因在于,不同的州使用各自法定语言中的不同术语,来描述那些在个人和社会适应问题上关注自我的学生。

特殊教育在过去50年里发展了全套的可换用的术语。行为障碍意味着,在具体的社会或环境条件中,一个学生的社会或个人调解机制以及适应机制界定不清,且通常不完善。术语行为障碍的相关性开始于环境和社会的不受欢迎行为。在城市、乡村、大型学校、小型学校等环境中可接受的行为有明显差异。另外,年轻教师、老教师、校长的专制或民主哲学、社区类型等也影响可接受行为。总之,儿童和社区的直接文化语言环境都是相关因素。

我们什么时候说一个学生不能进行令人满意的调整?令人满意的调整这个措辞应该得到重视,这种表达要求社会相关价值的调整。价值调整的内容依赖于许多因素,包括邻近的规则被破坏以及谁的规则被破坏。

1977年,爱泼斯坦、卡利南和萨布蒂诺试图在各州调查行为障碍定义的使用。哥伦比亚特区和45个州都作了答复。在各州的定义中最流行的成分是情绪障碍或行为障碍;最少见的成分是预后。

这些研究者(爱泼斯坦、卡利南和萨布蒂诺,1977)确定了两种限定类型的定义:第一,众多的权威个体或组织已经定义了行为障碍。这些定义通常反映了研究者的理论立场和专业经验,经常试图构成对行为障碍的说明,或促使特殊立场的深度探究。第二种定义功能最初是指导对行为障碍儿童提供资源或服务传送,例如,一个州立教育机构的定义。

15种定义的组成部分得到识别,并在研究的统计资料中予以披露。

情绪或行为障碍、人际关系问题以及学习或成绩问题这三部分,显然是儿童机能出现问题的主要领域。对情绪或行为障碍有各种解释,但是定义的语言几乎都不能表明全国范围对此概念普遍赞同,例如,15种定义使用了词语情绪并提到了人际关系或精神状况的涵义,但不涉及行为问题;18种定义使用行为或间接提到各种明显的行为问题,但没有提及情绪困扰;16种定义涉及行为和情绪两类问题。在那些涉及情绪和行为障碍的定义中,术语和强调的重点明显变化多样。大多数州的定义包括人际关系问题和学习或学业问题。术语的广泛使用代表了不同的观点,这些观点依次强调了治疗形式,甚至预期结果。

在大多数定义中,作为限定词的成分偏离了规范、长期性、严重性、病因学、预后和排除。在几乎半数的定义中,偏离规范这一事实表明这样的意识,即情绪或行为障碍必须不仅考虑到家庭、学校和社会环境,而且还要考虑到特殊儿童机能同特定环境中同样年龄的其他学生的任何差异。定义中缺乏对正常行为和情绪模式的具体陈述。这意味着诊断这些行为模式的界限并没有多少,在那种情况下,规范成分的偏离可以始终考虑。严重性和长期性成分似乎大大超过了定义的三分之一,这些都明显有意将轻度行为障碍与重度行为障碍区别开来:区分开哪些需要班级支持或学校治疗,哪些需要进入专门机构进行治疗。

病因学成分的目的可以确保因行为障碍而接受特殊教育的儿童是真正的行为障碍,也就是说,他们的机能失常是由类似于器官伤害、父母有病、家庭破裂、文化剥夺等等这样一些典型原因引起的。有八种定义包含了这个成分,不过,也强调了分歧甚至是矛盾的病因学。与更难处理的行为障碍相比,很显然,主要对轻度行为障碍提供特殊教育的预后较好。这一成分与严重行为障碍产生冲突。行为障碍中的主要认同因素减少了对治疗进行有利反应的可能性。超过三分之一的定义包括排除成分,这些成分指出,如果一个儿童同时表现出残疾,不管他们存在情绪问题还是行为问题,都不能被鉴定为行为障碍。这些残疾最常见的是智力落后、感官损伤、肢体残疾、脑损伤、行为不良、社会适应不良和吸毒成瘾。

特殊教育需要和证明的成分要求在正式确认完成前,被指定为官方代表的某些个体或组织必须核实学生有行为障碍。许多州都没有推荐评估。事实上,诊断具体的程序很少被提到。

目前被许多教育家所推崇的是作为实践术语的行为障碍,而不是更偏向于临床或医学(心理的、精神病学的)的术语。原因是所有的儿童和青少年展示了各种各样的行为,大多数行为是正常的。这就是说,儿童通过对社会暗示展示可以令人接受的行为技能来学会反应。在学习过程中,儿童需要自由选择一个行为,并进行尝试;如果展示的是认可或适宜行为,就证明了是正常适应。当长期的、不适当的持续状态出现时,行为障碍就存在。当然,家庭环境、智力、适当模仿和所有重要的班级管理都能约束或不经意地加强许多有害行为。

行为障碍是短时间的暂时反应,许多行为障碍随着年龄和环境状况的变化而消失。因此,行为障碍的定义必须区分具体年龄发展阶段的行为和长时间持续的行为。贬义的标签有耻辱标记和社会学习意义,但除了将儿童按诊断分类外没有其他目的。社会相互作用和自我概念研究表明这些标签将消极的自我满足预见转变为行动。行为障碍是为了法律和教育的目的对残疾状况进行含糊的归类描述。这一定义在教育上的重要性在于它促进了对需要改变的目标行为的精确定义。这一术语提出教育工作者必须观察什么是引起儿童不愉快的注意,或什么导致儿童推迟社交和学业学习,并准备具体的行为目标来应对出现的问题。

对于引导当前的特殊教育实践来说,行为障碍是对目前知识状况的一个有用概念。行为障碍包含了许多超越初期分类系统的进步。然而,它不是复杂统计和临床术语的代替品,如美国精神病协会编写的《精神障碍诊断与统计手册》(第四版)(1994;DSM－IV)中的论述。行为障碍的主要类别中还存在许多细分类系统。如果不开处方,这些分类大部分试图提出诊断和治疗的大致方向。源于精神病学的分类系统 DSM－IV 用于给情绪障碍儿童和成年人归类。尽管在公共教育中很少有官方影响,但 DSM－IV 是美国心理健康机构的标准分类系统。

行为障碍儿童可能是学校和社会面对的主要国家问题之一。观察、诊断和干预策略在全国范围内的定义是拙劣的。有证据表明,具有攻击性的儿童经常能被察觉到有行为障碍。不幸的是,也有证据表明,性格内向的儿童可能难以发现存在行为障碍。实际上任何一种治疗方法的有效性都可能遭受怀疑。过于频繁的帮助是基于减少问题学生,而不是以教导适当行为为基础。目前,行为障碍作为一个症状界定不严谨的病症,可能在特殊教育实践中发展最慢。这些障碍比其他任何障碍的发生率都要高得多,大多数在资源需求和生产力损失方面都花费昂贵。另外,在融合性项目中安置行为障碍学生的压力并没有产生任何研究结果,这表明融合对严重行为障碍问题也是合适的(麦克米伦,格雷沙姆和福恩斯,1996)。

最后,行为障碍与学习障碍难以区分。两个术语经常同时使用。的确,儿童通过表现不适当的行为,对在学校中的失败受挫做出反应。毫无疑问,不安、攻击、冲突和其他行为障碍表现的症状影响了学业学习。阿尔戈辛和克林科(1985)注意到学习障碍学生人数在全国呈增加趋势,如果不是大规模地增加的话,而行为障碍学生人数相对较少(大约 10% 的在校人口)。为什么呢? 可能因为行为障碍仍然是个令人讨厌的、混杂的问题,很难被学校和社会所理解,也很难进行治疗。与学习障碍不同,行为障碍至今尚未成为一个概念。

参见 精神障碍诊断与统计手册(DSM－IV);情绪障碍

BEHAVIORISM
行为主义

行为主义的词根是术语“行为”,行为可以定义为一个有机体所能做的事情,或更简单地说,是一个有机体所做的一切。更有代表性的是,行为这一术语被运用于心理学或社会学领域来描述人类或动物的活动,但是需要重点指出的是,这一术语也能够被广泛应用于其他事物,包括植物、简单微生物、机器,甚至亚原子微粒。行为的关键特征在于有机体的活动或功能必须是观察得到的,并因此能对其加以测量。正像可说出单一有机体行为的多样复杂性和成分一样,也可以测量一组有机体的行为。行为这一术语的经验性强调在美国尤其突出。在美国,行为这一术语与被称做行为主义的特定心理学派相联系。

20 世纪初期,年轻的心理学科非常关注已有的重要概念,如意志与心智,在蒂奇纳这样的内省者的作品中特别明显。然而,当巴甫洛夫和他的同事论证了学习是个过程,它的参数能被经验所证明,它的结果能被可靠地预言时,像约翰·华生这样的心理学家发现人类行为的一些方面能够像其他科学一样,以更简单、得体的方式加以研究。华生对于内省、心理状态或任何其他非经验行为分析观念表示强烈反对,这使他被广泛尊认为行为主义的奠基人。

后来的思想家,著名的是爱德华 L·桑代克和 B. F. 斯金纳,提炼并明确地阐释了行为主义。华生在他的作品中强调了刺激条件(遵循了巴甫洛夫的反应条件原则),最著名的例子是他对一个小男孩害怕白鼠的介绍(沃森和雷纳,1920)。桑代克(1935)通过有效法规,斯金纳(1953)通过强化原则论证了反应结果决定人类学习的许多内容。斯金纳特别用多种方式阐述了强化原则中起作用的条件能够观察得到,并可应用于人们的日常活动中。像在他之前的华生一样,斯金纳坚定不移地反对用精神心理学或任何其他试图用主观术语理解行为的做法。对斯金纳来说,行为只受到外部事件的条件限制,因为这样行为才能被经验方法所控制、预言和研究。将人类和动物的学习作为行为方法的一种功能进行的广泛研究(卡兹丁,1975;金贝尔,1961)论证了当行为主义得到有效运用时行为主义原则力量的强大。

20世纪70年代,行为主义者慎重地对决定行为的心理过程的作用进行了再检验。这个思想流派的成员,有时被称做认知行为主义,包括心理学家艾伯特·班杜拉(1977)和唐纳德·麦亨鲍姆(1977)等。重新考虑行为中心理过程的作用有两个原因:第一,某些类型的学习,例如模仿,在缺少典型可观察的结果的情况下发生。人们认为在某些案例中通过语言这种形式的自我加强(或许是自我惩罚)是加强行为的原因(班杜拉,1977)。其他心理学家(麦亨鲍姆,1977)指出,传统的行为学习范式过于简单难以解释各种各样的行为差异,尤其是人类行为的差异。即使是强硬的行为分析,例如斯金纳的分析,也使用了诸如强化历史这样的变量,这暗示了某种认知过程最后影响了行为差异。

行为主义思想在心理学中的影响是不容否认的。强调实证法研究似乎在华生时代是不和谐和不适宜的,但现在却被教导为是良好研究的基础,巴甫洛夫学派和斯金纳学派的重要性甚至在大众文学中都有所体现。行为主义治疗方法在精神病理学的研究中占据一席之地,行为原则已经被应用于教育和工业/组织环境中。作为一个思想流派,行为主义拓宽了对行为相关变量的考虑,作为理解我们做什么和为什么做的一种工具,行为主义非常有发展前景。

参见 *行为改变;心理分析;社会学习理论*

BEHAVIOR MODELING

行为模仿

行为模仿是一种训练干预法,它被社会学习理论和艾伯特·班杜拉(班杜拉,1971)的作品所普及。当使用这一方法时,专业人员亲自示范或视觉展示(例如,一连串照片、录像带、电影)行为的产生。实质上专业人员向学生展示了适当的反应方式。这种演示经常包括一些次要信息,例如对模仿成功的反馈以及完成演示形式的模仿的环境和情景条件。

学生因素在行为模仿过程中很重要。首先,学生必须在行为模仿过程中成为有足够动机的积极参与者。缺乏足够的动机将会降低模仿质量,甚至否定模仿行为。第二,学生的注意力必须根据被模仿行为的相关性质进行调整。第三,学生必须拥有充分的运动能力来重复被模仿的行为。最后,学生的记忆力和回忆被模仿行为的能力将会极大地影响被模仿行为的综合作用和功能性效用。这种记忆力以想像和言语表达两个过程为基础。在第一种情形中,当激励物始终成双成对时,一对激励物中的一个出现时将会发出信号通知另一个激励物。在第二种情形中,一个事件的标记(一个口头的过程不管有声还是无声)使事件本身更为突出。

与教育变量相关的因素也影响模仿的效果。必须在数量和质量上充分强化被模仿行为,才能引导学生参与。例如,洛瓦斯(1967)指出,当儿童因准确重复被模仿行为得到奖赏时,儿童能准确地模仿。然而,当儿童被迫进行无差别模仿时(也就是说接近于反应),他们的表现很差。当被模仿行为对于目标学生来说是熟悉的并起作用时,被模仿行为最能被有效习得并保持。公开对被模仿反应进行排演,能相当大地提高被模仿行为习得和保持。

因此,模仿是一个有用的教育手段。作为教育的一项技术,模仿要求它的使用者遵循具体的步骤以便产生最大的成效。这些步骤既不深奥也不难以遵循。因为模仿被认为是一个"最不受限制"的教育促进程序,并且模仿在大多数环境下都可以用,被看做是大多数情况下可选择的一种教育方法。

参见 *认知行为治疗;社会学习理论;活动论*

BEHAVIOR MODIFICAION

行为矫正

一般认为,行为矫正是指学习理论中用于改变人类和其他动物反应模式的各种方法。班杜拉(1969)就是这样定义行为矫正的,他和其他行为主义者,例如斯金纳(1965),列举了大量的学习原则,这些原则已经被转换成学习或改变行为的方法。

尽管行为矫正有时在心理学某些问题的讨论中被认为是一个单一领域,但是有关行为矫正的技术却来源于几个不同的学习理论方法。与以人为本的决定因素相反,每一种方法往往强调学习行为过程中个体差异的环境决定因素。另一方面,每一种方法都强调决定特殊环境变量的重要性,这些变量会影响个体的行为。

一种这样的方法基于正规的或应答的条件作用,这种条件作用在20世纪初期得到俄国心理学家伊万·巴甫洛夫和美国公认的行为主义之父约翰·华生的广泛研究。在这种学习类型中,一个中立刺激物及时与另一个刺激物(称作无条件刺激物)组合成对,另一个刺激物已经能够从有机体的全部技能中得到特殊的反应,经常是不学就会的。通过重复配对,这一中立刺激物也获得引起原始(或有条件的)反应的能力;这个中立刺激物叫作条件刺激物。

行为矫正(斯金纳,1965)的第二个主要方法以操作性的或工具性的条件为基础。这种方法的基础是桑代克(1935)阐明的所谓的影响定律。桑代克提出产生令人愉悦的结果的反应将会得到加强,而让人不愉快的结果的反应将会被削弱。这一明确表达被其他学者细化并扩充,特别是斯金纳,他论证了在学习各种行为中这一结果(桑代克过去将其称为作用)的重要性。大部分行为涉及有机体习得的技能形式中的一些活动和操作(因此这个术语是操作性行为的条件作用)。

使用列出的操作性条件原则的行为矫正有时被称为应用行为分析。通常它包括被改变的(或被习得的)行为的详细经验说明,对条件基础起作用的仔细观察和实现想要结果的策略发展(改变先前刺激条件,对结果做出反应,或两者兼有)。需要重点指出的是,行为矫正技术不要求使用像正常或异常之类术语来描述被研究的行为。事实上,对行为矫正技术做出贡献的博学理论家认为,根据在所有情形下操作几乎都一样的原则,行为是可习得的,尽管一个假设的观察者可能有较高或较低的价值观念来评定一个特殊的习得性行为。结果,像异常之类的描述性术语经常会遭到抵制,因为它们的使用会诱导我们推断,不同的习得规则指导如此描述的行为。

参见 *应用行为分析;操作性条件反射*

BEHAVIOR PROBLEM CHECKLIST, REVISED
行为问题检查表(修订版)

行为问题检查表(修订版)(RBPC;夸伊和彼得森,1983)是广泛用于不正常行为临床评估的评定量表。该检查表(BPC)出版于1967年,RBPC为该表的修订版。修订版包括四个主要量表和两个次要量表。主要量表包括:行为失调(22个条目)、社会敌对行为(17个条目)、注意力不集中(16个条目)和焦虑—退缩(11个条目)。两个次要量表是精神病行为(6个条目)和肌肉过度紧张(5个条目)。另外,还包括只用于研究目的不计入整个量表得分的12个条目。

内部一致性信度的范围从0.68到0.95。评分者信度的范围从0.52到0.85。重测信度(两个月的间隔时间)范围从0.49到0.83(N = 149)。对于效度支持包括行为问题检查表(修订版)和行为问题检查表(原版)之间的可靠相关,正常儿童和临床小组之间的区别,以及对效度的多方面大量研究的支持(德佐特,1992;欣肖等,1987)。研究者没有提供以人口普查资料为依据的有代表性的常模,但是推荐了发展中的地方常模。然而,与标准化样本无关的地方常模的使用,可能会被诸如社会和流动人口的文化变化这类事情搞得复杂化。操作手册提供了来自临床和非临床样本的量表得分的平均数和标准差,以及来自家长和教师评估的量表得分的平均数和标准差。不过,手册几乎没有人口统计的信息,因此,不清楚这些样本是否具有代表性。

通常在与情感障碍相关的四个独立方面,行为问题检查表(修订版)是评估行为问题的一个有效的筛查工具(夸伊,1983)。然而,缺乏令人满意的标准化样本引起了一些使用者的关注(夏皮罗,1992)。

BEHAVIOR THERAPY
行为治疗

行为治疗对于"减轻人类痛苦和增强人类机能"来说,包含了广泛的哲学的、理论的和程序上的方法(戴维森和斯图尔特,1975)。作为一种用来进行评估、治疗、解决行为准则和专业问题的方法,行为治疗已经成功地用于处于各种环境的(学校、医院、精神病治疗机构、精神卫生中心等)各类人群(成人、儿童、青少年、智力落后者等),用来解决各种问题(焦虑、沮丧、成瘾失调、社交技能缺失、精神病行为、婚姻功能紊乱、学习技能、父母—子女问题等)。

在行为治疗中至少有四种主要模型得到确认:①应用行为分析,②新行为主义的中介模型,③社会学习理论,④认知行为治疗(卡兹丁和威尔逊等1979),这些模型根据历史传统、基本原则和治疗程序的不同而有所不同。

尽管行为结构体系中的模型具有多样性,且不能提供一个行为治疗的定义,但是行为治疗的许多特征和设想还是可以描述出来(阿格拉斯等,1979;海恩斯,1984;卡兹丁和赫森,1980)。这些特征中没有一个是这个领域定义的,也没有任何一个特征将行为治疗区别于其他体系。然而,它们代表了行为治疗的共同核心部分。

1. 关于调查法的特征

(1)作为发展、评估概念和治疗技术的主要基础,调查法应该运用经验的、科学的方法论。

(2)必须有清楚的、可测量的和准确的概念基础。

(3)说明治疗程序和足够精确的假设以便能够进行评估、重复和推广。

(4)与心理学的实验研究结果有紧密联系。

(5)严格控制对数据资料的推论,以便将偏差减到最少。

这些认识论原则表明行为治疗将继续成为来自实

验研究结果的新知识。

2. 有关行为和行为障碍假设的特征

(1)行为确定模型中环境的前提因素和后果被认为对行为产生的影响最大。近来提出的交互作用模型中的行为、环境和个人(主要是认知事件和生理条件)被认为是相互影响的。

(2)强调的是当前的行为决定因素而不是历史的行为决定因素(例如,幼儿时期的经历)。

(3)控制正常行为的原则,同样适用于控制异常行为。这就是说,没有性质上的差异将正常行为和异常行为分开。

(4)有大量的行为决定因素。行为障碍的决定因素可能会因人而异,也会因障碍而不同。

(5)否定异常行为的疾病模型和是潜在疾病症状的功能紊乱行为。换言之,功能紊乱行为被解释为“生命中的问题”或习得的不良适应行为。因此功能紊乱行为本身是行为改变的目标。

(6)心理障碍可以用行为的、认知的和情感的模型来解释。这些模型会因情境因素和个体差异而产生不同程度的变化。

(7)对行为发生的情形来说行为具有相对特异性,与行为具有跨情境一致性的观念不同。

3. 关于行为改变方法的特征

(1)行为治疗程序源自于实验心理学、临床心理学。

(2)行为治疗被定义为遗忘不良适应行为和习得适应行为的机会。

(3)强调以功能紊乱行为的特殊决定因素评估为基础的个性化治疗的重要性。

(4)强调临床治疗师和患者之间的互动是行为改变的一种源泉的重要性。

(5)为了修改程序以适合需要,应持续对干预结果进行评估。

(6)将干预结果从干预情境推广到患者的自然环境。

总之,行为治疗是与假设的共同核心相联系的多样化体系。它是一个可行的体系,经受住了大量批判,并成为心理治疗领域的主要方法之一。

参见 *应用行为分析;脱敏作用;社会学习理论*

BEHAVIOR THERAPY
《行为治疗》

《行为治疗》是行为治疗促进协会的定期刊物。该刊发表实验和临床性质的跨学科原创研究论文主要是关于认知行为治疗、行为治疗或行为矫正的理论、实践、评估的研究新成果。《行为治疗》每年出版四期(冬季、春季、夏季和秋季),编辑工作由美国布法罗市纽约州立大学心理学系的 J. 盖尔·贝克博士负责。

BELL, ALEXANDER GRAHAM
亚历山大·格雷厄姆·贝尔(1847—1922)

亚历山大·格雷厄姆·贝尔出生于苏格兰,并在此受教育,他是电话的发明者,又是教育家,聋人的代言人。移民到美国后,他于 1872 年在波士顿为聋人教师开办了一所培训学校,后来他成为波士顿大学的教授,并和一个名叫马珀·胡巴德的学生结了婚。胡巴德与贝尔的母亲一样,也是个聋人。

贝尔利用他的巨大影响来发展自己的主要兴趣——聋人教育。作为一个教聋人口语法的热心拥护者,贝尔成为美国口语运动公认的领袖。他还不知疲倦地为聋人全日制学校的建立而积极活动,以便为聋人提供一种寄宿学校之外的选择。贝尔是美国聋人促进口语教学协会的创办者,该协会后来更名为“亚历山大·格雷厄姆·贝尔聋人协会”。他还是沃尔特联络处的创办人,这是他为宣传有关聋人的知识而建立的。

BELL, TERREL H.
特雷尔 H. 贝尔(1921—1996)

特雷尔 H. 贝尔出生于爱达荷州的拉瓦·霍特·斯普令斯,1954 年从爱达荷大学获得硕士学位,1961 年获得犹他大学教育管理博士学位。

第二次世界大战中作为美国海军陆战队队员服务之后,贝尔在爱达荷州、怀俄明州与犹他州任学校负责人。1974 年至 1976 年他担任美国教育部部长,1981 年至 1984 年,任美国教育部秘书。他任命成员,签发国家许可证,为全国优等教育委员会的工作提供支持和领导。该委员会的报告《一个国家在冒险》发现教育体制中存在严重的缺陷,断定学校已陷入平庸之中。该委员会主办了十二场全国性讨论会来宣传委员会的报告,这份报告被认为引起了一场全面检查教育的运动。该报告印刷了 1200 多万册,并且重印了多次,被广泛散发。

贝尔获得许多荣誉,包括 1984 年被卡斯珀·温伯格国防秘书授予的国防部优秀公共服务勋章。他撰写了许多著作和文章,离开政府部门之后仍然积极促进教育和学习的发展。后来他在犹他大学讲授教育管理课程,并创办了 T. H. 贝尔教育咨询公司和教育咨询协会。1991 年,他发表了《怎样形成我国的学校:三个更新美国教育的重要步骤》一书。

BELLEVUE PSYCHIATRIC HOSPITAL
贝尔维精神病医院

公共教养所和改造之家于1736年开业,最终形成了贝尔维医院。这所医院包括一个6张床的单元,为虚弱的、年老的、任性的、发狂的患者提供看护服务。到1826年,184名住院患者中共有82名精神错乱病人。1879年,在医院广场上,建立了留给精神病人的观众席。综合性医院应当为精神病人提供看护和治疗,而不是仅仅为身体患病的人提供治疗,这一观点是革命性的。

贝尔维医院于1920年开始提供儿童住院精神病人服务,其男女分开的青少年病房可以分别为30个病人提供服务。1935年,纽约城市教育委员会在贝尔维医院为患有情感障碍的儿童建立了一所特殊学校。这所学校现在被定为P. S. 106,仍在贝尔维医院发挥着作用。

作为精神病牢房,贝尔维医院通过1931年建成的"刑事法庭精神病诊所",致力于法医学事业。精神病牢房坚决捍卫精神病人的权利,包括囚犯在内。

在贝尔维医院诞生过许多个"第一"。1936年,卡尔·默多克·鲍曼成为美国第一个应用胰岛素休克疗法治疗精神疾病的医生。1939年,戴维·韦克斯勒开发了韦克斯勒—贝尔维智力量表,后来叫做韦克斯勒成人智力量表,至今仍在广泛使用。韦克斯勒相继开发了包括"韦克斯勒儿童智力量表"、"韦克斯勒学前儿童智力量表"在内的许多智力测试表,经常在残疾儿童身上应用。劳雷塔·本德尔于20世纪五六十年代在贝尔维医院工作,她是从事自闭症儿童和青年工作的先驱。1984年,贝尔维医院新院在纽约第27大街建成时,贝尔维医院的精神科第一次与其他科室合并在一起。精神病学真正地融入了医院的全方位服务之中。

近年来,贝尔维医院继续在精神病治疗领域发挥着领导作用。20世纪90年代,贝尔维医院对吸毒人员和精神病患者创新开展先进的环境治疗(贝尔维,1993)。并且,通过对移民、文化水平较低的人员,以及其他难以接近的人员(多尔利,1996)发展教育方面的印刷资料,社会营销得到了发展。这个机构还建立了为无家可归的嗜酒者提供院外治疗的服务模式(米歇尔和加兰特尔,1996)。贝尔维医院的首席心理学家弗雷德里克在1995年写了一本书,生动地描述了贝尔维医院的工作人员和病人的日常生活,书名为《总是疯狂:贝尔维医院精神病房的生活、学习和精神错乱》。

BENADRYL
苯海拉明

苯海拉明(盐酸苯海拉明)用于常年性或季节性(花粉热)的由吸入过敏原或饮食所引起的过敏性鼻炎、运动病、过敏性结膜炎。作为一种抗组胺药,它具有抗胆碱能(干燥)和镇静的副作用。在个别病例中,用做治疗过动症的镇静剂。该药的副作用包括成人和儿童的机敏性减退,在幼儿中偶见情绪激动。1993年的一项研究(汉隆等,1993)发现,过敏反应降低了儿童的学习能力。并且,这一作用可因使用苯海拉明加大。因此,父母和教育人员应该明白,苯海拉明在缓解过敏的一些不适症状的同时,也增加了学习方面的问题。患过敏性疾病的儿童使用此药时各种活动都应根据镇静作用来调节。这些调节包括减少学习负荷,增加复习学习材料的时间,每日与父母进行交流,从而帮助监测药物的副作用和学习记忆力。过量使用该药或其他抗组胺药可能引起幻觉、惊厥,甚至死亡。

BENDER, LAURETA
劳雷塔·本德尔(1897—1987)

劳雷塔·本德尔1897年出生于蒙大拿州的布特,1922年和1923年先后从芝加哥大学获得理学学士学位和文学硕士学位,1926年她在艾奥瓦州立大学获得医学博士学位之后回到芝加哥,1927—1928年在比令斯医院当神经病学高级实习医生。1929—1930年在波士顿精神病医院担任精神病实习医生,又在约翰·霍普金斯的菲普斯诊所继续实习。1926—1927年,她获得洛克菲勒奖学金,到荷兰的阿姆斯特丹大学接受神经解剖学、生理学和病理学研究生培训。

本德尔在儿童精神病学、神经病学和心理学领域发表了一百多篇论文和书籍中的有关章节。她因视力运动格式塔测试专著系列(1937),包括《器质性大脑疾病儿童的精神病理学紊乱》(1956)和对学习障碍的研究而闻名。在幼年精神分裂症的发展方面,其大脑病理学作用的理论虽然不太出名,但也很重要。此外,她还发展了脸—手测试,检查双向同步触觉(脸和手)。这种测试的一个变体,芬克—格林—本德尔测试,被用来区别精神病儿童和精神分裂症儿童。

参见 本德尔格式塔测试

BETTELHEIM, BRUNO
布鲁诺·贝特尔海姆(1903—1990)

布鲁诺·贝特尔海姆1938年从维也纳大学获得博士学位,他受到弗洛伊德学派思想的强烈影响。贝特尔海姆是一个精神病学家,他因为情绪障碍儿童,特别是自闭症儿童工作而赢得声誉。

在与芝加哥大学的长期联系中,贝特尔海姆担任过芝加哥大学索尼亚·珊克曼儿童精神病学校的校长,该校是一个治疗严重情绪障碍儿童的寄宿学校。珊克曼学校的办学宗旨和运营方式在贝特尔海姆的著作《仅有爱还不够》中有详细描述(1950)。

贝特尔海姆在情绪障碍儿童的治疗中寻求创造一种特别的社会环境,一个拥有自己明确的道德观,并与整个社会的道德观一致的社会。他相信,社会规范和标准对情绪障碍儿童的治疗很重要,就像它们对正常人很重要一样。贝特尔海姆于1990年逝世,享年87岁。

BIBLIOTHERAPY
读书疗法

读书疗法是帮助学生理解他们自己及其感受的一种方法。该疗法提供课堂咨询,以满足他们在感情和社会方面的需要(勒纳,1985)。一般采用的阅读资料和其他媒体材料是,主人公学会有效地处理类似学生们所遇到或将会遇到的问题。

如心理治疗一样,读书疗法包括三个主要部分:识别、宣泄和启迪。故事人物、情景或要素的识别使读者从新的不同的角度认识他们的问题,从而找到希望和释放压力。宣泄这种压力的降低使得学生能够深刻认识他的动机和行动,从而积极地改变他们的态度和行为。这个过程由老师指导,并通过课堂讨论、举例和例证的方式来实现(科伦夫斯基,1980)。

读书疗法对特殊教育有很多好处。它对减轻和管理残疾儿童的压力非常有效(汉弗莱,1985),这种压力常常伴随并损害这些儿童的学习、发育和适应力。这种疗法可以对一个儿童,或一个小组,或一个班级使用。读书疗法能够适应任何年龄儿童的需要,并且教师不需要经过正式的培训或具有工作经验就能成为合格的读书治疗师。大量的文学著作描述了残疾儿童和青少年面临的问题、感情以及困境。而且研究应用表明,读书疗法对行为的改变有巨大的潜力。

参见 残疾人咨询;社交技能

BILINGUAL ASSESSMENT AND SPECIAL EDUCATION
双语评估和特殊教育

对文化上和语言上存在巨大差异的儿童进行特殊教育服务评估是一个有争议的问题,这种争议已经持续将近三十年了。这种争议首先在1970年通戴安娜诉加利福尼亚的案例引起了全国的注意,该案例涉及根据英语评估结果判定说西班牙语的儿童智力落后。这个案例裁定的结果,对法律要求和职业伦理标准都有影响。94-142公法规定必须用儿童的母语进行评估。美国心理协会的《教育与心理测试标准》(1985)的第13章认为必须用儿童的母语评估儿童的需要。

1. 使用译员

使用译员在双语评估中是比较常见的。由于学校心理学家必须评估许多使用小语种的语言群体,这并不令人惊讶(奥乔亚、贡萨雷斯,1996)。奥乔亚、贡萨雷斯等人(1996)报告说,53%的学校心理学家使用译员。他们发现,77%使用译员的学校心理学家报告说,他们显然没有在大学培训课程中学习过如何来做。此外,大约三分之二被学校心理学家使用的译员并未接受过这个职位的工作培训。奥乔亚、贡萨雷斯等人(1996)和努塔尔(1987)指出译员需要获得培训。当学校心理学家必须求助使用译员时,他们应该查阅相关资料,以了解他们在这种形势下应该获得的技巧(费哥洛,1984),以及译员应该具有的技巧(恰姆巴兰,1991)。

2. 语言能力评估

语言能力评估是双语评估的重要内容。因为它向学校心理学家提供了下述有关信息:①就他的语言发展而言,儿童当前的教育安置是否相称(奥乔亚,1996);②就学生是否已经习得认知学术语言能力(CALP)而论,儿童的母语和第二语言的发展水平如何。古敏斯(1984)指出,区分开CALP和基本的人际交往技能(BICS)很重要,前者需花五至七年才能习得,是一个人在学术环境中获得成功所需要的一种能力;后者是在社会环境中一个人所需要的能力,只需大约两年时间就可习得。如果一个双语学生不具备英语认知学术语言能力,他将发现他的教学安排的语言要求很难,这可能导致学业上的失败。奥乔亚、加拉尔萨和贡萨雷斯(1996)从他们对学校心理学家的语言能力评估实践的研究总结出,学校心理学家进行双语评估时"没有采用以下推荐的语言能力实践:①实行他们自己的测试而不依靠外在的数据资料,②获得有关LEP儿童的CALP水平的信息,③利用非正式的语言评估方法……"

3. 智力功能、学业及适应性行为评估

就智力功能来说,奥乔亚、鲍威尔和罗勃勒斯·宾那(1996)的研究提到下述用于双语和LEP(英语能力有限)学生的评估趋势:①利用多种方法;②一般使用非口语方法;③正式的、非正式的翻译测试和替代的、动态的方法（如：学习潜力评估手段和跨文化多元论评估系统）不经常使用。在第二语言学习者的学业评估领域，大约75%的学校心理学家报告说，他们使用了英语和西班牙语的伍德考克仪器（奥乔亚，鲍威尔等，1996）。此外，采用以课程为基础的测量（66%的学校心理学家）和西班牙语标准参考测试（49%的学校心理学家）是评估学业成就的常见方法（奥乔亚、鲍威尔等，1996）。就适合性行为而论，最常用来测量双语学生的工具是瓦因兰适应性行为量表（调查版）（奥乔亚、鲍威尔等，1996）。

4. 排斥条款的第四部分

94－142公法第四部分的排斥条款说明，如果一个学生"能力与成绩之间的差距主要是环境的、文化的或经济不利的结果"（美国教育办公室，1977），他/她不应该被鉴定为有学习障碍。奥乔亚、李维拉和鲍威尔的研究（1997）检查了学校心理学家怎样遵守这条法律的要求。他们发现了36个学校心理学家使用的因素，这些因素可以被概括为下述6个主题：①家族和家庭因素，②语言教学和与语言相关联的因素，③评估工具和程序的保障措施，④教育历史因素，⑤一般教育因素，⑥其他因素。奥乔亚、李维拉等人（1997）总结道："不过，这些因素中许多被运用的程度显然是很低的。此外，许多其他重要因素完全被学校心理学家忽略了"。

5. 结论

上述对用于双语和LEP学生的评估实践的研究表明，这个领域将继续饱受争议。或许休斯（1978）的话最好地概括了这种形势："少数民族学生教育安置的评估将继续是特殊教育中变数最大的问题之一。"

BILINGUAL SPECIAL EDUCATION
双语特殊教育

到2025年，美国总人口中约40%将是非洲裔美国人、拉美裔美国人或亚裔美国人（唐森，1995），到2080年，非拉美裔白人将成为少数民族。美国的每一个地区有少数民族背景的人数都有了显著的增加，学校也报告说，它们服务的语言少数民族学生的人数也有了显著的增加。"语言少数民族"学生指来自说英语之外的其他语言的家庭或社区的学生。这部分学生中一小部分英语技能有限，不能从完全用英语授课的教学中获益，这样就需要诸如双语教学或将英语作为第二语言教学的特别语言项目的支持。LEP（英语能力有限）学生代表约200个语言群体，而讲西班牙语的人数最多（约75%），其次是越南语、孟加拉语、广东话、柬埔寨语和韩语。

有大量证据表明，目前提供给语言少数民族学生的教育服务不足以满足他们的需要。这些学生的留级和退学率都较高，标准化测试得分较低，在学院和大学中所占比例非常小，完成中学后学习的比率也较低。他们在特殊教育中也未得到相称的代表。

1. 预防与筛选

随着日益增加的频率，诸如双语特殊学生（奥尔迪斯和威尔金森，1991）的评估与干预模式之类的服务模式强调采取积极措施以确保所有学生在学业上都能通过建立这样的学校氛围获得成功，即反映出对多样性的认识和接受，对所有学生的高期望，一种挑战性的课程，优质的双语教育和将英语作为第二语言的项目以及父母和社区的参与等方面的学校氛围。筛选干预经过设计增强了教师给多元化学生提供适当教育机会的能力。如果对LEP学生最终做了全面的个体评估，这些数据会帮助记录以排除可能是问题的原因的额外因素，如有限的英语成熟水平，或缺乏合适的教育。

2. 评估

虽然不适当的评估是导致特殊教育中语言少数民族学生所占比例不均衡的主要原因之一，但对这些学生进行评估的最佳实践研究仍然很有限（奥尔迪斯，1997）。对标准化程序的调整相当普遍（例如，翻译、译员的使用、测试内容的调整）。然而，这样的调整使测试无效，使打分和对结果的解释变得困难并易于出错（达米克，1991）。只有那些在常模样本中包括语言少数民族学生的合适样本的工具才可以用做合格的决策工具。如果测试常模不合适，或者标准化管理程序受到干扰，建议对语言表现的模型进行描述和使用，以支持合理的结论而不是报告测试分数。如果正式和非正式的测试结果能积极地关联，那么多学科测试组合就能更加准确地确定学生是否有残疾。

3. 教学

语言少数民族学生的个性化教育项目（IEPs）详细说明了母语和英语作为第二语言教学的目标，以及反映对文化差异、社会经济背景、偏好形式、学习风格和适当强化的理解的教学建议（耶茨和奥尔迪斯，1998）。由于需要考虑到学生的有限英语能力，"互动"教学法和基本技能教学的结合似乎对英语能力有限的残疾学生最有益（罗伯特森、威尔金森和奥尔迪斯，1991；威利希、斯韦多和奥尔迪斯1987；库敏斯，1984）。仅仅教零乱的英语技能的方法对英语能力有限的学生来说是有问题的，因为简单地关注具体技能的活动常常脱离有关背景，失去了意义和目的，对于第二语言学习者来说，变得不可理解。关注具体技能（例如，语言或语法）和语言的准确性,实际上可能妨碍第二语言的习得过程,因为教学试图改正的"错误"在现实中是发展的。另一方面,互动教学法的特点是:学生与教师之间的口头和书面交流都是真实的对话;有意义的语言使用机会;建立合作学习小组;基本技能的教学在关注高度有序思维的语境中进行,将语言运用和发展贯穿整个课程。

服务模式与替代性教学安排正在研究中,以保证语言少数民族学生由深谙语言和文化如何影响学习的特殊教师提供服务(耶茨和奥尔迪斯,1998)。为有效地提供服务,必须在特殊教育、特殊语言项目和普通教育之间建立联系,协调教学和相关服务,规定所有为这些学生服务的人员的角色和责任。此外,教师教育项目也必须培养单语和双语特殊教育工作者,以便为语言和文化上存在差异的学习者服务。

BILINGUAL SPEECH LANGUAGE PATHOLOGY
双语言语语言病理学

双语言语语言病理学是话语语言病理学中一个新兴研究领域。一般认为,双语言语语言病理学是为使用双语,且存在交流障碍的个体服务的。美国言语语言听力协会对谁能成为双语言语语言病理学家或听力学家作出了界定(阿莎,1989):"言语语言病理学家或听力学家应能够为了提供临床服务言语语言病理学家或听力学家应能够使用双语,至少必须能够讲一种主要语言和另外一种语言。在临床管理期间,能够像使用母语或接近母语一样掌握另外一种语言的词汇(词汇)、语义学(意义)、语音学(发音)、形态学/句法学(语法)、语用学(用法)等。"

学术要求包括下列几点:①语言熟练,在少数民族语言和英语两方面都达到像使用母语一样或接近母语的流利程度;②规范的方法:描述双语和单语个体的标准言语和语言习得过程的能力以及那些过程在口头语和书面语中是如何表达的;③评估:管理和解释正式和非正式评估以区分交流差别和交流障碍的能力;④干预:在少数民族语言中,应用干预策略治疗交流障碍的能力;⑤文化敏感性:认知文化因素的能力,因为这些文化因素影响向少数民族语言社区传授言语语言病理学和听力学服务。

BILL OF RIGHTS FOR THE DISABLED
《残疾人权利法案》

《残疾人权利法案》是20世纪六七十年代由联邦脑瘫者协会所编纂、为残疾人在法院案件和法律面前诉讼的法典。

这些权利如下:

(1)预防、早期诊断以及适当治疗的权利。

(2)无障碍环境与易用交通工具的权利。

(3)接受合适的公共教育的权利。

(4)接受必要的帮助,在某种程度上享有促进独立的权利。

(5)选择生活方式和住处的权利。

(6)有获得收入的权利,而这收入能让残疾人享有与健全人一样的生活方式。

(7)有接受培训和合格聘用的权利。

(8)请求社会机构提供公正及人道待遇的权利。

(9)维护自尊的权利。

BINET, ALFRED
阿尔弗雷德·比奈特(1857—1911)

阿尔弗雷德·比奈特,法国实验心理学的创始人,1895年成为位于巴黎索邦的生理心理学实验室主任。

1904年,公共教育部部长任命他到一个新成立的委员会工作,为识别公共学校的智力落后儿童构想一些方法,以便为这些儿童举办特殊学校项目。比奈特在这个委员会的工作中发展了第一个测量智力的量表,该量表按照在完成需要思考和推理的任务时个体的差异来给儿童分类。假定智力随着年龄而增长,他使用的是智力年龄的概念。

该量表1905年由比奈特和西奥多·西蒙首次发表,于1908年和1911年先后两次进行了修改,并由美国的H. H. 戈达德翻译为英文。1916年,斯坦福大学的L. M. 特尔曼出版了他的《比奈特量表斯坦福修订版》。在差不多半个世纪内,比奈特量表的多达几十个版本的翻译本和修订本主导着智力测试领域,直到现在还被广泛使用。

BIOCHEMICAL IRREGULARITIES
生化失调

众所周知,由于特异性酶的先天缺乏,多数代谢性疾病都具有临床、病理、生化的无规律性。这种酶的缺乏又是因为特定异常基因的出现所致。对这种生化失调的发现和了解开始于20世纪早期,孟德尔遗传定律出现之时。A. E. 加罗德(罗伯茨,1967)通过研究尿黑酸尿症这一罕见疾病(加罗德,1909),得出这些疾病的基本概念。他对此病的研究为随后发现的多种遗传疾病的阐释提供了精细而简明的模型。

最终,加罗德描述了许多代谢特质,称之为先天性代谢缺陷。他认为这种先天性缺陷是这样一种状况:

特异性酶的缺乏有效地阻碍了反应序列的特异环节，而这种反应序列是正常代谢过程的一部分。结果，在阻碍处之前的代谢物会积聚，阻碍处之后的代谢物则无法形成(哈里斯,1975)。这种疾病的各种生化、临床和病理表现可以视为原发性代谢障碍的继发症。这些继发性改变是复杂而广泛的，大体上依赖于代谢物的性质和生化作用，这些代谢物有积聚的趋势或形成受限(哈珀,罗德韦尔和迈耶斯,1977)。

目前人们认识到，基因作用的终端产物是蛋白，或者是结构性细胞成分或细胞外的基质成分，或是酶。由于基因是潜在的突变单元，基因的改变将影响它所控制的特异蛋白的合成，从而导致异常蛋白的形成(或者根本形不成蛋白)，改变了依赖于此蛋白的生化过程。当蛋白缺乏或缺失时，正常的生化过程就会受损。这种突变的表达是或多或少受个体影响的表型作用。细胞酶形成的这些缺陷常常是以异常蛋白、碳水化合物或脂肪代谢为特征的。

所有的生化过程都在基因的控制之下，每一个都包括复杂的反应序列。底物，即酶所作用的物质，通过特异酶的活性转变成某种产物。代谢通路包括许多类似的反应和步骤，每一步都依赖于先前的反应，都被特异性酶所催化(詹金斯,1983)。正常通路的阻断可能产生阻断部位之前物质的积聚，如乳糖血症中的单糖、乳糖或苯丙酮酸尿症中的氨基酸的苯丙氨酸。在其他情况下，这种阻断可能引起正常物质的缺乏，如白化病中的褪黑素或家族性呆小症中的甲状腺激素。有时代谢物质的替代通路会导致这些过程中产物的聚集，如苯丙酮酸尿症中的苯丙酮。缺陷基因的影响就是经常在个体中观察到的疾病。

有许多遗传病是先天性代谢障碍所引起的，包括代谢产物的降解或积聚。这种疾病多数是罕见病，遗传方式几乎总是常染色体隐性遗传。这种遗传方式与“一个基因决定一种酶”的观点相关，所以考虑双倍剂量的作用可能对理解遗传方式有帮助。如果一个特定的基因控制着一种酶的形成，并且每个个体有两个这样的基因(正常纯合体)，那么酶将以正常数量产生。杂合体仅有一个具有正常作用的基因，仍然能够产生足量的酶，并在正常情况下发挥代谢作用。然而，异常杂合体从父母双方那里分别遗传了一个患病基因，则没有功能性酶，因此而有临床症状。检测并筛查各种先天性代谢缺陷逐渐变得可能。这能检测出杂合体(携带者)、新生儿和出生前胎儿中疾病的存在。这使得父母能够接受正确的基因咨询服务，染病个体能够得到成功的治疗。

参见 认知障碍；先天性代谢缺陷

BIOFEEDBACK
生物反馈

生物反馈是一种结构复杂的治疗形式，为非随意生物功能，如心率、血压、脑波等提供即刻反馈。这种反馈通常运用视觉和听觉设备来告诉患者其身体自主功能发生了什么问题。

在特殊教育领域，生物反馈的有效性被夸大了，但是有些程序似乎有用。学习障碍和天才人士的两个最常用的生物反馈类型是被动反馈和主动反馈。在被动的肌动电流(EMG)生物反馈的过程中，受试者被要求维持一个信号，提示低水平的张力或其他所需反应。在主动的肌动电流生物反馈中，受试者被要求产生不同程度的张力或其他所需反应，来实施微分的放松。例如：在偏头痛的生物反馈治疗中，教会病人通过温度反馈来温暖他们的双手。这种暖手方法与流向手的血流增加有关，手的血流增加又导致脑动脉压的降低(艾伦和施赖弗,1997;布兰查德等,1978)。

肌动电流生物反馈已被用做治疗过动症的干预方案(布罗、吕潘和布罗,1975;克里斯蒂、德维特、卡尔滕巴赫和里德,1984;卡杜森和芬纳蒂,1995;奥米佐和迈克,1982;里韦拉和奥米佐,1980)。布罗等(1975)研究了过动症男童生物反馈对肌肉活性和张力的反馈作用。当儿童的额头肌群超过一定的限度，一个音调会响起，儿童被告知通过坐起来或放松来“关闭音调”。肌肉的张力和活动在训练过程中有所下降。维持治疗效果需要运用实验室技术进行持续的练习。没有家长和学校的协作，治疗效果会下降。

巴塔拉、安尔德、洛伦斯和古普塔(1979)回顾了有关肌动电流生物反馈的文献，总结出：没有足够的证据支持肌动电流生物反馈在过动症儿童中的临床应用。生物反馈在此领域被视为颇具前途的技术，但是目前研究中发现的问题必须得到解决(卡杜森和芬纳蒂,1995)。一定要有更加严格控制的设计方案来排除任务激发的暗示和期待态度的影响。必须有足够的大量样本的随访。研究人员必须质疑暗示、动机和情绪的影响。最后，大多数成功的研究生物反馈技术的结果与放松治疗密切相关。因此，生物反馈与有效的老治疗方法相结合将会卓有成效。

一个相对较近的研究领域是对脊髓脊膜突出(即脊柱裂，一种最常见的先天性中枢神经缺陷)的儿童应用尿动力生物反馈方法治疗。神经源性尿和大便失禁在大多数此类儿童中非常多见。与慢性尿失禁相关的生理和心理社会障碍,会引起脊柱裂儿童的抑郁(亨特,1981)。

直肠括约肌生物反馈用来减少8个脊柱裂的儿童大便失禁的次数。在这8个儿童中,有6个减少了便失禁的次数,2个儿童开始可以克制(瓦尼,1983)。沃尔德使用一个相似的程序,发现这8个儿童中的4个具备了良好的临床应答,表现为便失禁消失,或者是失禁发生的频率降低了75%以上。这些研究结果令人欢欣鼓舞。

在吉尔曼、杰佛里斯和瓦尼(1985)的研究中,使用尿动力学生物反馈训练,8个儿童中的6个提高了逼尿肌或括约肌功能的自我调整能力,但是只有1个儿童改善了尿失禁的状况。出乎意料的是,在4个儿童中通过肛周位置的表面电极的放置,而减少了慢性神经性便失禁的次数。

近年的研究表明,用于儿童的生物反馈的临床效果在于减轻焦虑(温克等,1996)、慢性疼痛(詹姆士等,1997)以及哮喘(里尼等,1996)。

参见 功能亢进;脊柱裂

BIOGENIC MODELS
生物源模型

现代行为模型很少是绝对的生物概念或心理术语。但是,当一个模型本质上是生物源性的,那么它对应用者理解行为、实施行为改变计划的概念框架具有重要的意义。生物源模型把问题行为的核心原因归结为个人的生物状态,而认为生态系统的其他部分如家庭或学校只起到最小的作用。大多数现代生物源模型是还原性的,它把最终的希望放在对生物、生化、行为现象中相互关系的理解上。在认知或社会关系中所观察到的变化被视为生理作用所产生的症状。尽管我们目前对生物因素的理解还不能达到对所有的行为问题进行生化治疗的地步,但是生物源方法的最终方向是生物性医疗干预(恩格尔,1977)。

生物源模型的批判者们对于否定在自然意义上"所有行为最终是一个生物过程"颇感困难。但是他们同意:还原论的方法对于教育实践不总是最好的指导方法。生物源模型强调改变生物体,而不是改变个体所生存的环境(阿尔,1980;米隆和戴维斯,1995)。人们经常把生物源模型的概念与医学或疾病模型的概念相混淆。然而,恩格尔(1977)在理解错乱行为方面提出了一种疾病模型,用生物心理社会的方法代替生物医学的方法。

生物源模型作为计划干预的基础,对特殊教育教师非常有价值。里德(1979)提出了在发展教育技能中神经心理诊断的作用,此种诊断考虑脑功能的缺损问题。巴洛(1979)则指出,这样的生物源模型对教师的作用有限,因为它与教育实践没有相关性,对特定生物功能不全和差别性教育计划之间的关联也没有明确的叙述。

参见 情绪失调的生物学基础;学习与记忆的生物学基础;医学模式的防守

BIOLOGICAL BASIS OF EMOTIONAL DISORDERS
情绪障碍的生物学基础

生物学因素可通过多种途径引起情绪障碍。精神分裂症、抑郁症、躁狂—抑郁症具有较明显的遗传倾向性。儿童自闭症、强迫症(弗朗茨伯劳、卡纳达尼安和雷蒂西,1995)、恐惧症(休伯纳和托马斯,1995)、残疾和其他障碍与遗传都有一定关系。

由于遗传、营养不良以及其他原因,神经系统的特定区域发生功能性障碍,从而导致了行为异常。例如,恐惧症患者就是交感神经系统过度反应。即使在休息时,他们的心率也会增加,血液肾上腺素水平升高(内瑟等,1984)。他们对注射会产生焦虑、激动、心悸等症状,而对正常人来说,只会有轻度的觉醒迹象(查尼、黑宁格和布赖尔,1984;利博维茨等,1984)。

情绪障碍的许多类型与影响大脑中一个或多个突触传导系统的异常有关。以抑郁症为例,大多数抗抑郁药物可延长脑中单胺递质的活性(多巴胺、去甲肾上腺素、5-羟色胺)。抗抑郁药物之所以有效是因为:它们能够对抗单胺突触活性的不足。但是,这种解释可能不对。突触递质分子的持续增加可能会导致对此递质敏感的受体数量的减少。由于多重效应,无法确定抗抑郁药物能否修复一个过度活跃或者活性不足的单胺突触。另外,有可能是这些突触的障碍导致了抑郁的种种表现。

然而,情绪障碍的生物学基础不一定是永久性的大脑化学性障碍,即使是对生物性疾病来说,药物也并非总是最好的治疗方法。许多抑郁症病例与睡眠不足或睡眠不规律有关。冬季抑郁症有时是由于光照时间不足所引起。没有矫正的视觉问题可能引起头痛。许多青少年的喜怒无常和攻击性行为发作,可能是由荷尔蒙的改变所导致。营养不良也会加重心理障碍。在某些病例中,情绪障碍可以通过改变睡眠、饮食、运动和其他习惯来缓解,而不需要使用镇静剂、抗抑郁药,以及其他医疗干预措施。

参见 精神障碍诊断与统计手册(DSM-IV);情

绪障碍

BIOLOGICAL BASIS OF LEARNING AND MEMORY
学习与记忆的生物学基础

为了理解学习和记忆的生物学基础,必须弄清两个相互关联的问题:①经验模式如何改变神经系统中细胞和突触的未来性质?②变化了的细胞如何在协作中产生适应性行为?

对于第一个问题的答案,人们已经取得了很大进步。根据对无脊椎动物的研究,短期内行为增加的原因是体内的某种化学变化,而这种化学变化是由于流经体内特定神经细胞突触膜上的钾元素受阻所致。长期持续的行为变化要求神经细胞中蛋白质的合成发生变化(坎德尔和施瓦茨,1982)。蛋白质的合成对脊椎动物的学习非常重要,而对长时记忆更是必不可少(戴维斯和斯夸尔,1984)。

与学习和学习能力相关的某种脑部变化在光学显微镜中能够观察到。高级学习能力与神经胶质细胞的增殖和树突分支的增加有关(厄普霍恩斯,1980)。学习障碍则与有机体结构的变化有关。树突分支的延伸程度和大脑中的突触数量密切相关。

另外,记忆是注意力"在大脑中留下的轨迹或痕迹"。在生物学意义上,记忆在两个不同层面起作用,一个是细胞层面而另一个是系统层面。记忆可以改变细胞膜和突触的生理机能(雷诺兹和比格勒,1997)。

到目前为止,研究者还不能确定改变的神经细胞是如何协同工作,以产生诸如学习这样的行为变化的。然而,他们已经发现在哺乳动物的脑结构中,有些区域对特定的学习功能是很重要的。对动物进行的实验已经表明,如果海马受损并牵连到扁桃腺,那么就会发生很严重的健忘症。这两个区域受损会损害动物储存信息并在几秒钟之后对其产生反应的能力(佐拉—摩根和斯夸尔,1985)。同时,由于大脑皮层前叶和大量的大脑皮层结构受损,也会引起许多学习和记忆能力受损的现象。

梅杰夫斯基(1997)认为,对环境和遗传所作的研究结果表明,大脑智力的形成和发展与遗传和社会环境的影响都有关系,而遗传比环境的影响要稍大一些。这表明,在学习和信息储存的过程中,是不同的脑皮层和皮下组织在起作用,而所谓婴儿的感觉可能部分是通过选择性注意过程而最终感觉或能够感觉到的结果。

在儿童时期,环境和身体因素与学习和记忆之间高度相关表明了相互作用的生物学背景。儿童和成年人中的学习和记忆障碍并非总是由特定的脑损伤引起的。长期酗酒或吸毒也会严重损害脑部发育,而苯丙酮尿症、极度营养不良或在儿童早期缺少正面的鼓励都会影响脑部发育。头部伤害引起的暂时性失去知觉也会造成不同程度的脑损伤,但这通常没有引起重视。所有这些因素连同脑部发育过程和文化适应等因素相互作用,使得对学习和记忆问题的诊断变得错综复杂。

BIRCH, HERBER
赫尔伯特 G. 伯奇(1918—1973)

赫尔伯特 G. 伯奇 1918 年 4 月 28 日出生于纽约市。他于 1939 年毕业于纽约大学,1940 年获得心理学博士学位。1960 年,伯奇又从纽约医学院获得医学博士学位。1944 年至 1946 年他在耶基斯重点生物实验室担任研究助理,次年在纽约大学任心理学讲师,1947 年至 1955 年在纽约市立学院任助教和副教授。在接下来的两年里,伯奇在纽约市的贝尔维医学中心任研究助理。从 1960 年获得医学博士学位直到逝世,伯奇是纽约市阿尔伯特·爱因斯坦医学院的教师,先是做研究副教授,然后升为儿科正式教授,并担任正常及异常行为发展中心主任。同时,他还是耶什华大学佛考父人文与社会科学研究生院的心理学与教育学教授。

作为一个国际知名儿童发展与脑损伤研究专家,伯奇发表了 200 篇论文、与人合著了 6 本书。这些书包括《儿童大脑损伤》(1964)、《弱势儿童:健康、营养与学校失败》(1970)和《智力官能障碍儿童》(1971)。他还是多家学术期刊的编辑,包括《特殊教育期刊》、《美国智力缺陷期刊》、《美国儿童心理学与人类发展期刊》和《国际精神卫生期刊》。1971 年,由于对智力落后的理解与减轻方面的杰出科研贡献,他获得肯尼迪国际科学研究奖。1973 年 2 月 4 日,伯奇在纽约苏芬的家中去世。

BIRCH, JACK W.
杰克·W. 伯奇(1915—1998)

杰克·W. 伯奇是宾夕法尼亚格拉斯港口本地人,在获得宾夕法尼亚州加利福尼亚大学的科学学士之后(1937),开始担任小学教师。大学期间他主修英语和科学,辅修特殊教育。后来他继续深造,获得宾夕法尼亚州立大学(1941)的教育硕士学位以及匹兹堡大学的心理学博士学位(1951)。

伯奇为可教育的智力落后儿童上过课,是一个心理学家和特殊教育监督人。从 1948 年到 1958 年,他是匹兹堡公共学校特殊教育的主管。此后他在匹兹堡大学担任心理学与教育学教授、特殊教育系主任和教育学院助理院长。他是匹兹堡大学理事会的最初学院组织者之一,他还担任过匹茨堡大学的副校长。伯奇 70 岁时,也就是 1985 年,成为荣誉退休教授。直到 1998 年 4 月 1 日去世,他在教育领域和社区服务方面一直很活跃。

伯奇发表了 120 多篇论文和著作,内容涉及天才、智力落后者、言语障碍者、盲人、聋人和肢体残疾人。他的两本主要著作是《在美国学校教特殊儿童》和《普通及特殊教育情境下的适应性学习环境模式的实践及效果报告》。他的著作还包括学术方面的几本书,如如何撰写更好的博士学位论文和怎样充分利用退休教授。

如何相信残疾学生应该有机会表现社会以为不能发展的技能。他是较早主张让残疾学生回归主流的倡导者之一。

伯奇一生中到过许多国家,经常为外国政府和学校做特殊教育方面的咨询。从 1985 年到 1986 年,他在荷兰乌得勒支大学担任临床儿童心理学和教育学教授。由于对特殊教育和康复的贡献,伯奇获得了宾夕法尼亚特殊儿童理事会联盟的嘉奖,他还因为对盲人及视力残疾者的服务,荣获国家盲人与视觉障碍服务鉴定理事会的嘉奖。

BIRTH INJURIES
出生损伤

出生损伤是指在生产过程中偶尔发生的新生儿脑、颅骨、脊柱、外周神经、肌肉的创伤性损害。这些损伤包括脑出血、颅骨骨折、中枢神经系统出血、脊柱损伤、外周神经损伤、腹部损伤、骨损伤、脑瘫、癫痫发作。出生损伤的发生率随着产钳应用的减少、产程监护的加强、臀位分娩的减少而有所下降(布兰,1985)。然而,出生损伤的发生率可能随着真空抽吸等助产新技术的应用而有不同的变化(海斯、德・容、帕斯和阿威扎特,1997)。

脑出血通常指的是良性的颅骨创伤,血液在骨膜下积聚,被缝合边界所限制。所有脑出血中的 10% ~ 25% 与潜在的颅骨骨折有关。这些骨折极少产生较大的影响,但是如果受到压迫,则可导致颅骨的压缩(门克斯,1984)。

中枢神经系统出血可能是生产过程中对婴儿大脑的机械性创伤所引起。这种出血可能发生在蛛网膜下腔、硬膜下腔隙或硬脑膜腔,也可能是大脑内出血。中枢神经系统创伤性出血的最常见类型是由于脑膜撕裂引起的蛛网膜下腔出血。通常这种情况是良性的,除非该情况与围产期缺氧或脑膜炎相关(奥克索恩,1986)。

硬膜下出血(目前已不常见)可能会导致脑积水和癫痫发作。脑内出血是新生儿创伤性中枢神经系统出血的罕见类型之一,可能导致颅内压升高、轻偏瘫和惊厥。硬膜腔的出血较罕见,但是此种情况通常会引起大量出血和围产期的早期死亡。

创伤性脊柱损伤不常见。最常见的损伤部位是颈椎下部和胸椎上部。这些损伤可致死产、呼吸衰竭、瘫痪或痉挛(奥克索恩,1986)。

外周神经损伤包括臂丛的创伤,膈神经、面神经、桡神经的损伤。外围神经损伤通常是神经本身受到牵引或直接压迫所引起。臂丛的创伤可以引起肌肉萎缩、挛缩以及四肢生长受损(门克斯,1984)。

膈神经的损伤可以引起膈肌瘫痪,类似先天性心肺疾病,必须使用长期的通气支持。面神经的损伤可致病侧的面肌无力,引起病侧嘴和眼睑不能闭合。桡神经损伤可导致腕下垂,手指不能张开(门克斯,1984)。

创伤性骨损伤包括锁骨、肱骨、股骨的骨折。锁骨的骨折是骨损伤最常见的形式,通常发生于肩位难产。肱骨和股骨的骨折较罕见,是创伤性助产所引起的(奥克索恩,1986)。

创伤性腹部损伤并不常见,但是后果较为严重。创伤性腹部损伤包括肝或脾破裂,这些状况都可以威胁生命(奥克索恩,1986)。

脑瘫是慢性非进行性锥体运动系统的疾病,可致随意肌的控制和协调能力丧失。其原因尚不明确,但是继之而来的脑损伤与围产期的脑缺氧有关。

癫痫发作可能由多种原因引起,包括围产期窒息、颅内出血、感染、先天性疾病、代谢性疾病、药物停用、遗传疾病、核黄疸。围产期缺氧是婴儿前期和婴儿期癫痫发作最经常的原因。围产期窒息作为引起新生儿癫痫发作的原因,其预后最差。

围产期窒息所致的癫痫患儿中大约 60% 有永久性神经后遗症和终生的癫痫病(布兰,1985)。

参见 失神发作;大脑损伤;脑瘫;癫痫大发作

BIRTH ORDER
出生序列

出生序列,或称兄弟姐妹状态,指的是儿童在家庭中的排行位置。关于出生顺序对个性特点、精神疾病、智商、成就、职业状态等的影响有很多假设,但是要明确它们之间的一致关系有一定困难。

尽管不同的个性侧面有时会重叠和不一致,但是排行顺序却可暗示不同的个性侧面:

第一胎:第一个孩子常显示出更高的道德诚实标准,对成功有更高的渴求,社会成熟较早,具有更好的工作习惯以及更高的被认可和赞同的需求(福勒,1976;哈里斯,1973)。他们的领导能力、独立性、对压力的敏感性(萨顿-史密斯和罗森堡,1970)均较强。他们更为主动,敢作敢为,更有野心,但比较保守(科克,1955)。

第二胎:他们具有较好的社交技能,乐于参加集体活动,与第一胎相比,具有更好的人际关系。他们的依赖性更强,喜欢寻求成人的帮助和赞同(福勒,1976;麦格克和刘易斯,1972)。

排行中间的孩子:排行居中的孩子,如第二胎,具有较好的人际关系技巧,对别人的情感和需要更为敏感(法尔博,1981;米勒和马鲁雅玛,1976)。这些孩子总的来说更少有行为方面的问题,能更好地适应生活,长大后在新环境和危险环境中较少焦虑(图利亚托斯和林霍尔姆,1980;扬纳基斯,1976)。他们更在意同龄人的行为准则,更愿意接受同伴的建议(哈里斯,1973)。

最后一胎:最小的孩子依赖性更强,更容易受同龄人影响(沙克特,1959),有更高的饮酒和吸烟倾向(厄恩斯特和昂斯特,1983)。

独生子(女):独生孩子倾向于成为领导者而不是参加者,喜欢从事独立的活动(法尔博,1981)。沙克特(1959)报道,独生孩子在青少年时期会经历更多的恐惧和焦虑。传统的观点认为独生孩子较为自私、孤独、不合群,此观点不太正确(法尔博,1981)。

许多因素会影响孩子对排行位置和相关家庭变化的理解。兄弟姐妹的性别和年龄差距很重要,被收养的孩子和继子的状况也是如此。例如,阿德勒(1958)认为,只有姐妹的男孩更看重自己的男性特征。由于第一胎孩子成熟较晚,第二胎孩子可能会承担起第一胎孩子的责任。对被收养的孩子和继子来说,原来家庭的交流方式会影响他们对新的排行位置的调整。

几项大规模的研究发现了出生顺序和智力、成就之间的关系(贝尔蒙和马罗拉,1973;扎伊翁茨和马库斯,1975;伯鲍姆和莫兰,1980)。一般而言,最大的孩子有更高的智商,在学校和工作中取得的成就也更高。独生子女也成就较高(扎伊翁茨和马库斯,1975)。然而,最近的一项研究运用1973年的大量数据,通过对教育成果(即受教育的总年数)的评估,说明出生顺序对兄弟姐妹较少的家庭(例如只有一到四个孩子)来说,其影响可忽略不计。对较大的家庭来说,最后一胎和倒数第二胎比第一胎接受教育年数要多(布雷克,1989)。出生顺序和SAT数据之间事实上并未显示有相关性。综合这些数据,可以推测出,最后一胎孩子所拥有的资源较多,受教育的机会也较多。

必须记住,所报道的关于出生顺序与智商的相关性很小,并且只有对大量的家庭进行比较时才会有所差异。因此,根据出生顺序来对个人发展进行预测是不明智的。家庭大小、结构和收入对智商的影响比出生顺序对智商的影响更大。兄弟姐妹之间年龄差距太大会使出生顺序的影响减小(谢弗,1993)。按照出生顺序对成就的影响程度而言,不应该认为这些影响会跨文化地发挥作用。

从个性来说,一些研究发现,第一胎婴儿、学前儿童以及成人更外向,对与同龄人之间的交往更有兴趣(沙赫特,1959;斯诺,杰克金和麦科比,1981;万德尔,威尔逊和惠伦,1981)。有证据显示,第一胎以后出生的孩子更受大众欢迎(米勒和马鲁雅玛,1976)。出生顺序可能是影响孩子被同龄人接受的一个因素。有一种理论认为,第一胎以后出生的孩子必须学会与比他强壮的兄姐相处,因此学会了怎样与他人合作。学习和运用更具包容性的人际关系技巧使得第一胎以后出生的孩子比第一胎孩子更受欢迎。第一胎孩子则可能运用他们的力量来统治比他们幼小的弟弟妹妹,与同龄人的相处多运用强制性的方法(伯恩特和布莱特,1985)。

弗兰克·萨洛韦(1996)在《天生造反者》一书中汇集了诸多有说服力的证据,证明出生顺序对个性发展的影响。他的元分析得出的结论是:就外向的个性维度而言,第一胎以后出生的孩子更具有不一致性和冒险性,更叛逆。第一胎孩子更负责任,更以成功为目标,更有组织性,总之,他们更有责任心。而他们在情绪上更容易不稳定、焦虑和恐惧。总之,“第一胎孩子倾向于主动、上进、有野心、嫉妒、保守”。他还声称,出生顺序对关键个性、外向程度、责任感、适应性、神经过敏症的影响比其对学业成就和智商的影响大5~10倍。

然而,报道所称,序数位置对社交能力的影响也非常小,就像出生顺序和智商评估之间的相关性很小一样。因此,出生顺序在决定一个孩子是否可能会变得善于交际方面,仅仅起着很小的作用。同样,出生顺序对一个孩子在同伴中的受欢迎程度也起着很小的作用。为了理解孩子在家庭中的经历是怎样转变成在家庭外的行为方式和社会位置,需要开展进一步的研究。

在一定的时刻和一定的文化下,出生顺序似乎是一个明显的发展性变量。在一些社会中,长子身份很重要,第一胎男孩的生活阅历与其他兄弟姐妹有很大不同,这些阅历促进了他们的成功。也有许多证据认为,通过复杂的家庭经历动力的中介作用,出生顺序对人性的各个方面都可能产生影响。尽管出生顺序可以影响发展结果,但是它的重要性很难得到系统的预测,因此应该把它作为个性发展的潜在因素进行理智而谨慎的思考。

参见 人格评估;社会经济地位;气质

BIRTH TRAUMA
出生创伤

根据弗洛伊德的心理动力学理论,早期不愉快的、痛苦的事件会产生记忆,如果被压制在潜意识中,会影响到以后的生活。奥托·兰克(1929)详细论述了出生本身是一种创伤:它突然痛苦地把婴儿从温暖安全的子宫强行推入冰冷、充满敌意、令人沮丧的世界。以后生活中再遇到挫折,人们会以某种方式表达出来愿意回到子宫中。

勒博耶(1975)强调出生对母婴都应当尽可能温柔。在论述的分娩技巧时,他认为降低产房照明亮度和噪音,可以减少出生带来的冲击。新生儿出生后,应马上喂母乳,并给他按摩以减少出生时的哭闹不安,然后将他放到温暖的地方。父亲要介入这些过程中并提供帮助。

采取勒博耶式分娩方法生产的婴儿生理功能正常(科利奥特和西尔弗斯坦,1984),并且,在母婴生病率和婴儿行为方面与其他方式分娩的婴儿没有差异(纳尔逊等,1980)。现在,除了较短期的主动式分娩外,母亲们都期待勒博耶式分娩(纳尔逊等,1980)。这种分娩方式的优越性更多地体现在心理方面而非生理方面(格罗弗,1984)。实际上,常规分娩和勒博耶式分娩的长期效果缺乏明显证据,出生创伤的概念总体上争议很大,尤其是兰基安倒转术。

BLATT, BURTON
伯顿·伯拉特(1927—1985)

伯顿·伯拉特是智力残疾人非机构化运动的著名领袖人物,他的职业生涯从纽约市公立学校的特殊班教师开始。1956 年获得宾夕法尼亚州立大学特殊教育博士学位后,他就职于南康涅狄格州立学院和波士顿大学。1969 年他就职于锡拉丘兹大学,从 1976 年到 1985 年去世,担任该校教育学院院长。

1971 年,他在锡拉丘兹大学创办了人类政策中心,致力于研究和促进开放智力落后人士和其他残疾人的环境。他的工作充满鼓舞人心的人文关怀,这一点极大地提升了他的领导效果。

BLIND
盲

盲是一个术语,指完全没有视力,或者最多有光感(分辨明暗的能力)而没有光投射(确定光源方向的能力)的人(费伊,1970;克伦伯兰德,1977)。在教育方面,盲生主要通过触觉、听觉、运动觉经验学习,而不用视力。在法律方面(美国),盲是指最佳矫正视力在20/200 或以下,或者视野在 20 度或以下(戈布尔,1984)。重度视力残疾(法定盲或全盲)的发生率为十万分之六。被划为法定盲的个人可以在某些方面受益,如特殊教育材料、额外减税等。

历史上,以学业为主的盲、低视力学生成功地回归到普通班级的主流中。他们可以通过不同安置方式获得所需的特殊技能,包括:

(1)巡回教师项目:盲、低视力学生在普通班就近入学,巡回教师一周几次到各个学校巡回辅导,直接为学生服务,或者为普通教师提供咨询。

(2)资源教室项目:盲、低视力学生在本社区、乡镇入学,学校有资源教室,资源教室的教师对学生提供日常服务,以及需要时的特定服务。

(3)特殊班级:盲、低视力学生在普通公立或私立学校的特殊班级学习,他们一天中的大部分时间待在只有残疾儿童的班级内。通常情况下,盲兼有其他残疾的儿童安排在这种环境里。

(4)寄宿制学校:盲、低视力学生通常兼有其他残疾,在家中得不到充分的关爱。有时候,盲生短期到寄宿学校强化一些技能,如,定向与行走、职业训练、技术培训等(卡特赖特和沃德,1981)。

盲生需要的特殊课程包括盲文的阅读和书写,打字,倾听他人或合成音,图表阅读,家政技能,定向与行走,职业教育,特殊辅具的使用,例如,算盘、有声计算器、盒式磁带录音机、电子阅读器、盲人使用的计算机软硬件(休厄德和奥尔兰斯基,1984)。

参见 美国盲人出版社;盲态;盲文;电子旅行辅助器

BLIND INFANTS
盲婴

盲婴出生率的上升可以归为4个主要因素:①早产;②家族视力残疾史;③孕期感染;④难产(埃林厄姆等,1976)。随着医疗水平的提高,早产儿存活率提高,早产儿视网膜病变发病率上升(原先称为水晶体后纤维增生)(莫尔斯和特里,1985)。实际上,在20世纪90年代,据估约有12,000到19,000名视力残疾学龄前儿童(5岁以下)(希尔等,1984)。

视力残疾婴儿的增加更需要早期干预,不幸的是,很多早产婴儿天生就有聋、智力落后、盲等残疾(莫尔斯和特里,1985)。对发育正常的盲婴和患有多重残疾的盲婴的早期干预项目应包括运动、感官、沟通、概念发展。父母的参与是盲婴早期干预的重要因素(莫尔斯,1984)。一个很好的例子是,费雷尔(1985)编辑了一本盲和多重残疾儿童父母训练手册,描述了几种早期干预策略。这一领域亟须研究,因为我们关于盲婴发展的了解还是基于20世纪60年代的研究(弗赖伯格,1997)。当前其他更多的研究多数集中于盲婴定向与行走方面。

参见 盲;视力损伤

BLINDISMS
盲态

盲态是描述简单或复杂的重复性行为的术语,这些行为包括身体不同部位的小运动,例如,揉眼睛、晃头、甩手,大幅度身体运动,如摇晃身体(沃伦,1984)。这个术语实际是用词不当,因为这些行为也发生在其他儿童身上,包括自闭症儿童、智力落后儿童、非残疾儿童。刻板习惯或行为是更恰当的术语,不会单单突出盲童。

盲童最常见的习惯性行为是抠眼睛,压眼球能够给儿童带来愉快的感觉,儿童可能感到好玩、放松。最经常抠眼睛的是患有视网膜病变的儿童(斯科特、简和弗里曼,1985)。经常抠眼睛的儿童容易眼睛塌陷、有黑眼圈,这会从整体上影响面部形象。另一种习惯性行为是摇晃身体,父母起初可能不觉得奇怪。明眼儿童在小时候也会摇晃身体,后来会用其他更愉悦的活动取代之,而盲童倾向于保持这种习惯。

习惯性行为经常发生在低视力儿童中,特别是患风疹的儿童,他们会凝视阳光或日光灯,把手放在眼前,对着光线晃动。有些人的习惯很顽固,很难把他们的注意力集中到恰当的事情上(斯科特等,1985)。

关于造成盲童刻板行为的原因有几个,其中之一是,这些行为是提高感知刺激水平的努力(柏林厄姆,1967;柯森,1979;斯科特,1985)。也有人认为重复性的刻板行为之所以是愉悦的,是因为运动能量可以得到释放(柏林厄姆,1965)。还有一种理论认为,导致刻板行为的是社会剥夺而不是感觉剥夺的结果(沃伦,1984)。但是,根据韦伯斯特(1983)的观点,无法区分导致盲婴幼儿刻板行为是感觉性刺激因素还是社会性刺激因素。威廉斯(1978)也指出,行动能力在阻止儿童产生刻板行为方面起重要作用,也就是说,缺乏早期行动能力可以导致刻板行为长期存在。

当儿童面临压力时,不论明眼儿童还是盲童,其刻板行为都会增加。但是,盲童的重复性行为模式更少,强度更大(沃伦,1984)。他们会持续做下去,因为他们会自我强化、自我维护(艾歇尔,1979)。研究表明,适当的行为矫正方法能够减少或消除视力残疾儿童的刻板行为(米勒,1976;卡埃塔诺和考夫曼,1975;威廉斯,1978)。

建议教师和父母一起努力,帮助盲、低视力儿童发展积极的、探索性的、灵活的行为。这种努力能够使他们更容易被同龄儿童所接受,多到室外活动,预防可能因过度抠眼、擦眼、撞头导致的生理伤害。

参见 盲;自我激励;视觉损伤;视力训练

BLIND LEARNING APTITUTE TEST(BLAT)
盲人学习能力测试

盲人学习能力测试(BLAT)是由T.欧内斯特·纽兰于1969年编制的,是一套非语言的、个别进行的多方面能力测试,适用于盲和低视力儿童和少年。它的适用范围是6~20岁,通常推荐使用的年龄是6~12岁。该测试是为了客观地测量盲童的学习过程而不是学习结果而设计的,尽量减少了明眼儿童学习经验的影响。实际上,很多项目是为减少文化偏见而设计的。该测试是用类似于盲文的凸起的点和线呈现的,但是,完成该测试并不需要盲文知识。该测试包括61个触觉项目,49项为记分项,12项为练习项。这些项目测量盲人的分辨能力、概括能力、排序能力(布若斯,1978)。

通过对961名美国各地的寄宿制和普通学校盲生样本的常模化,编制者报告该测试的信度系数在0.86至0.93之间。然而,很多相关数据是没有确定的,表格中存在许多信息缺失,如频数、平均数、标准差。该测试的效度也未完成。因素分析结果显示,与测试中6个不同项目相关的项目有成组的倾向。但是,关于样本的性质或大小,或因素的提取或轮换等信息并没有提供。

尽管在1969年它形成的时候,作为一项代替传统盲人测试的选择受到了广泛的欢迎,但是,今天,它并没有在教育和研究中得到广泛使用。

参见 视力损伤;视知觉与辨别

BLISSYMBOLS

布利斯符号

布利斯符号是由卡尔・布利斯于1942年首创发明的图解式符号系统(布利斯,1965)。布利斯符号是由100个有意义的图片有逻辑地结合而成的,用于人际间的沟通。布利斯符号不仅是简单的图片,也是一种语言,有自己的语言规则。发明布利斯符号的初衷是易学易用,方便国际交流。1971年,布利斯符号首次在加拿大多伦多的安大略残疾儿童中心作为语言障碍残疾儿童增加沟通符号系统而使用(西尔弗曼、麦克诺顿和凯茨,1978)。目前,布利斯符号是用于增强沟通系统的多种的图解式符号系统之一。

很多研究证实,使用布利斯符号对语言障碍者和身体有残疾的人是有效的。另外,还可以用于智力落后、自闭症(科兹莱斯基,1991)、听力残疾和成年失语症患者。布利斯符号特别适合不能使用传统的语言但能够学习语言词汇的人作为沟通的替代工具。

参见 特殊教育中的选择性交流方法;强化交流系统

BOBATATH METHOD

博巴斯方法

卡雷尔・博巴斯是一位神经病医生,伯塔・博巴斯是一位物理治疗师,他们在英国发展了一套基于中枢神经系统功能的评估、治疗项目。他们的方法主要关注整个儿童,被称为神经发展治疗(博巴斯,1980)。

在博巴斯方法中,中枢神经系统功能被认为是所有运动功能的基础。它使得个体能够完成各种姿势和运动,从最简单的到最复杂的复合动作。正是由于中枢神经系统的功能,个体才能够在完成动作时保持头和身躯在中线或者平衡的位置。

当用于儿童时,该方法强调教师和父母要接受适当的技能指导,这样的指导应在医生的许可下由治疗师提供。为了迁移和整合新技能,治疗师使用的同样处理程序应当也在家庭和教室里应用。该方法由于在满足特殊的认知、社会、情绪方面的问题以及把这些因素结合进患者的检查和康复中的低效受到批判。

参见 脑瘫;职业治疗;物理治疗

BODY IMAGE

身体意象

加洛韦和比恩把身体意象定义为"个体对自己身体的物理和空间特征的意识和知识"(1974)。这个定义包括对身体各部分的了解及其相互关系的认识。因此,方向方位起源于身体意象(马歇尔,1975)。并且,身体意象通常被认为是自我概念的一个组成部分。

由于残疾带来的感觉、知觉或认知功能异常,特殊儿童的身体意象可能是歪曲的。例如,视力或听力残疾,可能剥夺儿童形成完整功能身体意象所需要的感觉信息。学习障碍儿童可能有身体意象的问题而影响他们的学习和发展(克鲁克香克,1977)。智力落后儿童与普通儿童相比,他们表达身体意象比较粗糙,缺少细节和对称(维索茨基和维索茨基,1973)。得过癌症而存活下来的儿童和少年到7年后还有身体意象问题(本德雷、达尔奎斯特和德雷尔,1977)。身体意象扭曲还与文化密切相连,研究者发现盎格鲁－撒克逊裔和墨西哥裔美国女生比黑人女生更容易形成歪曲的身体意象,导致饮食异常(吉恩、森珀、乔根森和斯卡格斯,1997;格林伯格和拉波特,1996)。

通常,评估学生的身体意象的办法是让其画人像,如果儿童出现方向和方位的混淆,就能够发现儿童身体意象方面的问题。如果类似的基本问题发生,教育计划就应当包含与学前教育和身体运动发展相联系的发展方法。

身体意象除了强调身体意识和知识的定义,更普遍的定义包括随身体知识的情感。从概念形成的角度看,身体意象是自我概念的前身(莫尔斯,1975)。因此,精确的身体意象不仅是学习的基础,对自我概念的发展,对自我接纳也是至关重要的。

参见 绘人;智力状况测试

BODY TYPES

身体类型

1940年,美国心理学家、医生威廉・谢尔登做了根据人的身体特征及相关个性特征进行分类的著名尝试。谢尔登的分类体系从3种维度对人的身体进行度量和分类,并以此决定个体的身体类型(谢尔登,1940)。个体三种身体特征,即内胚层体质、中胚层体质、外胚层体质的这3个维度各项得分在1分至7分之间。内胚层体质的外观软而圆。极端内胚层体质者的三种得分是7－1－1,相关联的个性类型是内脏强健型,喜欢舒适、放松,好交际,外向。典型形象是快活的、爱交际的胖人。

第二种身体特征,中胚层体质是指强壮肌肉型。极端中胚层体质者的三种得分是1-7-1。相关联的人格是体力旺盛型。这意味着是一个身体活跃、武断、冒险的人。典型形象是声音洪亮、有攻击性的运动员。

外胚层体质是身体的第三种特征,极端外胚层体质者三种得分是1-1-7,指瘦弱的人。相关联的人格是大脑紧张型。这包括克制的、孤僻的、聪明的个体。典型形象是害羞的、内省的学者。三种身体特征每种都可以有7个级差,不同的组合类型有很多,假定的平均值是4-4-4。

起初,谢尔登的理论假定身体类型和行为有相对直接的关系。由基因、生物化学、生理学过程形成的人体结构定型后,某些行为伴随而来。尽管有些研究支持身体类型和行为有关联(斯卡斯比和金斯利,1978;谢尔登、刘易斯和坦尼,1969;沃克,1963),但目前的研究人员(科尔特斯和加蒂,1972;格卢克和格卢克,1956;麦坎德利斯,1961)强调不同身体类型的人与社会文化环境的相互关系,修正了基因生理学说。某些身体类型会引起他人消极或者积极的社会反应,这会养成不同的个性(柯林斯和普兰,1998;巴特勒和里克曼,1993;麦坎德利斯,1961)。有几项研究(布罗德斯基,1954;勒纳和科恩,1972;斯塔菲耶里,1976)支持这种社会学习的解释,证实存在身体形态决定行为的典型印象。有些人的体格会引起别人对他们行为有成见的预期。

参见 遗传;身体异常

BONET,JUAN P.
胡安 P.博内特(1579—1629)

胡安P.博内特是西班牙语言学家,他编制了手语字母符号,教聋人语言和发音。他撰写了第一本有关聋人教育方面的书:《教聋哑人学说话的简易字母和方法》。这本1620年问世的书,为18世纪英国和欧洲其他国家聋人教育的发展奠定了基础(莱恩,1984)。

BORDERLINE PERSONALITY DISORDER
边界人格障碍

边界人格障碍是《精神障碍诊断与统计手册》中的一项诊断分类(DSM-IV;美国精神病协会,1984)。边界人格障碍的诊断需要有下列行为中的至少5种表现:冲动或不可预期的行为,人际关系不稳定,难以控制的愤怒或不恰当的愤怒,身份困扰,情绪不稳定(包括压抑、焦虑、烦躁),身体自残,长期厌烦,不能忍受孤独。如同其他人格障碍,边界人格障碍表现出长期、渗透的行为模式,一般从儿童后期或青春期开始出现,往往影响个体成年后大部分的社会和职业生活。

尽管在青春期就有症状出现,但是,DSM-IV建议18岁以后才能确诊。对于18岁以下的应诊断为身份认同障碍,其临床症状与边界人格障碍相似(如轻度压抑、焦虑、自我怀疑、逆反行为)。身份认同障碍反映的问题包括无法接纳自我,对职业目标、性取向和性行为、道德价值观、朋友、长期目标等问题缺乏明确认识。与DSM-IV建议相反,边界障碍诊断经常被用于儿童和少年(布拉德利,1981),这有实践经验的支持(阿彻等,1985)。

经营性关爱伙伴的出现严重限制了专业人员对边界人格障碍人士重要的长期关爱(加巴德,1997)。结果,很多边界人格障碍患者在接受短期治疗后,就只能自己照顾自己。这种不理想的状态希望在未来得到改变。

参见 儿童精神病;儿童精神分裂症;精神障碍诊断与统计手册(DSM-IV)

BOWER,ELI M.
伊莱 M.鲍尔(1917—1991)

伊莱M.鲍尔1937年在纽约大学获得科学学士学位,1947年在哥伦比亚大学获得文科硕士学位,1954年在斯坦福大学获得心理咨询博士学位。他是残疾儿童早期教育领域的先驱。他的主要研究领域包括精神矫正学,促进残疾儿童的成长与学习,使在校儿童参与游戏。通过把精神健康专业人员和残疾儿童父母相结合,他于1924年建立了精神矫正学。精神矫正学是研究和治疗行为失调者(特别是有关行为失调的青年人)的科学。

鲍尔在该领域的兴趣主要是行为和社会问题及其日常对策(鲍尔,1971)。他认为应当把游戏作为教学手段来使用,应当给儿童自由的空间,让他们把所学与现实生活相联系。鲍尔认为,能否以经济、有效、社会能够接受的方式尽早地帮助学习障碍儿童,足以改变他们的教育发展轨迹。

鲍尔出版了几本著作,发表了100多篇文章。主要的有《教育和发展中的游戏》、《学校中情绪障碍儿童的早期鉴定》、《精神矫正学与教育》。伊莱M.鲍尔于1991年12月20在加利福尼亚的家中去世,享年74岁。

BRAIDWOOD,THOMAS
托马斯·布雷德伍德(1715—1806)

托马斯·布雷德伍德是一个苏格兰教师,于1760

年在爱丁堡创办了第一所大不列颠聋人学校。因为并不知晓在欧洲大陆海尼克、埃比和其他人已经创立了聋人教学方法,布雷德伍德独创了一套自己的方法,教他的学生学习说话和读唇、阅读与书写。在他的方法确定有效后,他提出了一个建议,公共基金应当为无力供聋童上学的家庭提供资金,为培训教师学习他的方法提供经费。当公共基金没有申请到时,布雷德伍德宣布教学系统是他的个人财产,并要求他的家人和在学校学过他的技巧的人保密(本德,1970)。

布雷德伍德于1783年把学校迁到了伦敦附近的哈克尼。由于他保密,直到他死后,其教学方法的细节才广为人知。他的侄子约瑟夫·沃森,在哈克尼学校做过他的助手,后来建立了英格兰第一所贫困聋童学校。沃森在其著作中透露,布雷德伍德曾创立了一套精心的口语教学法,与其他地方的口语教学法基本一致。

BRAILLE
盲文

盲文是供盲人阅读与书写的触觉体系。它的基本形态是由6个凸起的点组成的长方形的"方",两个竖列,每列3个点。标准英语盲文(二级)由字母符号、数字符号、标点符号、排版符号、189个缩写符号和简写字组成。缩写和简写都是以压缩字的方数来提高阅读和书写速度。聂美兹符号用于数学和科学,其他符号用于外语和音乐。

多数熟练的盲文阅读者使用两只手阅读。有技巧的双手阅读者通常把两只手放在行首开始阅读,到达行中时,右手继续向后读,左手向相反方向移动找到下一行的开头。右手读完整个第一行时,左手读了第二行的前几个字,右手快速与左手汇合(曼戈尔德,1982)。盲文阅读者需要的重要技能包括手指轻触、手指弯曲、双手平滑独立移动、翻页。

盲文阅读的主要劣势是阅读速度比印刷品的阅读速度平均慢2~3倍。典型的小学高年级学生的阅读平均速度为每分钟90字(哈利、亨德森和特鲁安,1979)。盲文书又大又笨重,需要很大的地方保存。但是,梅勒(1979)认为盲文作为阅读和记录信息的媒介比其他媒介在下列方面具有优越性:随意找到某页、跳过某页、打标记、归档、写备忘录、阅读图表、阅读技术性或难度高的资料、使阅读者积极地参与阅读活动、给盲一聋人提供的唯一阅读媒介。另外,盲文阅读者在拼写方面明显领先于明眼儿童,他们的拼写错误不到明眼儿童的一半(格雷尼尔和吉鲁,1997)。

在盲文阅读、书写的相关产品中有几项发明创造。其中之一是电子盲文设备,可以将信息存入、调出计算机。这种设备可以将资料存在录音磁带上,用20方或更多的单行触感屏通过上下活动的针显示盲文。盲人操作像盲文打字机一样的键盘,存在磁带上的信息被转化成数字信号。被编码的信息驱动6个针上下活动显示出盲文符形。读完一行,按换行键,开始显示磁带存储的下一行。盲人可以很容易地利用这些设备方便地进行写作和编辑(奥尔森,1981;卢克尼西,1984)。电子盲文装置可以大大地节省存储空间,一盒普通的60分钟磁带可以存储400页厚重的盲文纸的内容。有几家商业公司在营销此类产品。

另一个新近的发明是电子盲文刻印机,能够在硬纸上打印6点或8点计算机输出的盲文。它还可以翻译一级盲文。如果使用翻译软件,还可以打印6点计算机制式的二级盲文、聂美兹符号、音乐符号。

还有一个发明是无纸盲文装置,使盲人直接阅读计算机屏幕上存储的信息。通过使用20方的触感屏,盲人可以阅读整个屏幕上的信息,通过使用听觉或触觉信号保持在屏幕上的定位。

尽管这些设备非常昂贵,但它们带来的价值更巨大,能够让盲人使用各种技术。因此,未来几年内,会有越来越多的类似设备供接受特殊教育的盲生使用。

参见 盲;通用盲文

BRAILLE,LOUIS
路易·布莱尔(1809—1852)

路易·布莱尔,3岁时因为意外事故失明,他在巴黎盲校任教时编制了供盲人阅读和书写的点字体系。因为不满意以前的既笨拙又难摸的体系,布莱尔以高3个点、宽2个点为一方,使用一方中的1个或多个凸起的点组成了一套编码。作为一个音乐家,他还设计了点字乐谱符号。令人啼笑皆非的是,学校并不接受他的体系,甚至禁止使用。布莱尔担心他的体系会随他而亡,但是,这套体系还是生存下来了,尽管没有立即兴盛。直到1916年,美国盲校才正式接受了布莱尔点字体系。1932年,英语国家通用的布莱尔点字体系修订完成。

BRAIN DAMAGE/INJURY
脑损伤

脑损伤是指由于遗传之外的影响而遏止或损害大

脑组织的正常结构、生长、发展和功能的一种情况(克鲁克香克,1980)。大脑损伤可以是先天的也可能是后天形成的,后天损伤经常是由外伤造成的(鲁尔克、巴克、菲斯克和斯特朗,1983)。外伤康复后官能障碍和预后的严重程度取决于许多变量,包括先天因素、位置和造成伤害的程度、发展水平以及统计因素,比如年龄和性别(鲁尔克等,1983)。

儿童在大脑损伤后表现出了一种对大脑功能发展和恢复的能力。肯纳德理论认为,早期大脑损伤比后期大脑损伤对行为产生的影响要小,康复的预期要好。这种观点只是部分正确,因为早期大脑损伤的预后取决于许多变量,包括损伤的类型、所处位置和损伤的程度(鲁尔克等,1983)。尽管大多数大脑损伤儿童都表现出了恢复或发展大脑功能的某种能力,但是由于这些发展取决于许多神经病学和心理学因素,很难预测大脑恢复的范围、比例和程度(科尔布和范蒂,1997;鲁尔克等,1983)。

早期大脑损伤可能会造成永久性的官能障碍、延迟发作的官能障碍,或者不产生官能障碍,这取决于个体的身体成熟状况(托伊贝尔和鲁德尔,1962)。例如,大脑损伤的影响一开始可能会比较轻微,直到在行为发展过程中受损组织影响了行为功能才意味着大脑损伤较严重。

脑损伤被定义为一种缺陷,用来强调大脑区域受损时的成熟状况的重要性(鲁尔克等,1983)。鲁尔克(1983)认为,年幼的脑损伤儿童尤其容易出现注意力缺陷,而年龄大的脑损伤儿童则表现出认知缺陷。鲁尔克同意年幼的脑损伤儿童也存在认知缺陷,但由于注意力缺陷的全面影响使认知缺陷表现得不明显。当注意力缺陷得到矫正后,先前被掩盖的认知缺陷就变得明显了。康复过程部分可能包括损伤儿童通过重新组织行为的功能要素,学习用新方法解决旧问题(鲁利亚,1973)。

几乎没有描述脑损伤的普遍行为模式。然而,大多数的变化都表明缺失一种关于行为的大脑皮质的正常抑制功能(鲁尔克,1983)。也经常由于注意缺陷导致行为持续重复、过动和感知觉过程受损(克鲁克香克、本特森、拉茨伯格和坦豪泽,1961;戈登、怀特和迪勒,1972;哈斯克尔、巴雷特和泰勒,1977)。

注意力缺陷或过动是脑损伤的早期和普遍结果。这样的行为可能反映了行为计划和控制能力的缺陷、记忆缺陷或对脑干网状系统控制的缺失。假设主要的行为障碍是注意力缺陷,那么其他的缺陷就不能被发现或不容易测量。

缺陷对间脑的影响经常会损害记忆巩固。具有这类缺陷的个体能够专注一项任务却不能从中获益。由于具有注意力缺陷,记忆缺陷会更加严重并会导致综合缺陷,除非能得到有效的补救。

更高水平的功能包括更加复杂的大脑皮层的信息处理。大脑的左半球处理语言素材并分散处理素材,而右半球处理非语言素材并全面处理新素材。每个大脑半球的功能还可以进一步划分。因此大脑皮层损伤对行为和学习产生的不同影响取决于受损伤的大脑区域。认知功能主要涉及大脑皮层处理功能,并包括各种行为功能。在后天导致的脑损伤中早期缺陷可能是综合性的,但是大多数已公布的康复结果都只提及了感觉、动作功能和语言理解方面。语言经常能够恢复,其他功能则难以恢复。大脑左半球损伤可能会使语法功能受到损害,而且随着严重程度的增加,更多语言功能会受到影响。此外,右侧感觉和动作缺陷语言标记的素材处理会受到影响。右半球脑损伤会导致视觉空间功能和空间记忆的缺陷。这些功能的恢复可能会滞后于语言康复。发展的变化好像是从大脑右半球的整体功能向左半球的语言功能转移。鲁尔克(1983)假设大脑左半球自动发挥功能作用,因此右半球能自由处理新异事物、复杂事物以及整体性事物。

脑损伤不但减弱智力功能而且会增加情绪调整方面的问题(拉特,1981)。虽然大脑损伤能够导致情绪不稳定,但情绪问题与智力障碍、身体残疾等相比则是次要的。大脑受损的情绪结果实际上受儿童受伤前的功能水平和受伤后社会支持体系的影响。社会学习是一项复杂的认知功能,包括学习社会暗示和姿势并调整社会行为。头部受伤的儿童大都可能留下性格缺陷,这就限制了他们的完全康复(莱扎克,1976)。

表1 神经心理学评估的主要范围

基本感觉和动作功能
知觉和知觉动作动能
注意力
语言能力
智力
问题解决和理论论证
记忆力
情绪调整

对大脑受伤儿童的一次全面包括评估智力(语言和非语言的)、记忆力、学业成绩和情绪调整等方面的评估。有时候更为专业的神经心理学功能也必须进行测试(见表1)。另外,还必须考虑社会环境因素以及它们对所有行为的作用。评估必须要对个体的优点与缺点进行有效、可信的评估,以便对大脑的潜在功能做出推论。区分反映结构损伤的行为问题和对大脑连贯性没有直接联系的行为是很重要的。

为了康复和治疗,智力和学业优缺点评估,如个别化教育计划(IEP)仅当满足特定要求时才能发挥最大的效用(哈特拉格,1981)。首先,大多数与儿童教育相关的较高等级信息处理技巧的认知能力和方法必须以可计量的、可重复的和有效的方式进行评估。其次,评估应该能转化成一个恰当有效的教育计划。第三,评估的程序应该合理有效,有足够长的时间,能够进行管理和解释。实际上,神经心理学的评估应该测试专门提及的问题,并提供需要的信息来为问题儿童制定一个适宜的计划(哈特拉格,1981)。

值得关注的是,为儿童发展的综合神经心理学成套测验,如莱坦—印第安纳神经心理学成套量表和卢里亚—内布拉斯加神经心理学成套量表(儿童修订版)已加入到评估和矫正计划过程之中(伯格等,1984;莱扎克,1976)。使用这些量表以及类似套表的主要缺点是需要花费大量的时间,需要进行管理与解释的训练(哈特拉格,1981;雷诺兹,1981)。

哈特拉格(1981)提出了应用神经心理学原理解释发展、行为和测验数据的替代方法。测验数据能够为学习优缺点模型和为把发现结果直接转换成干预策略提供了系统的框架,这个干预策略是特别关于儿童大脑皮层组织的。通过了解普通心理教育测试的神经心理意义,如 WISC-Ⅲ,本德尔—格式塔、大范围成就测验和皮博迪图片词汇测验等,神经心理学家们能够决定需要哪些额外的测试来完成一个充分的神经心理学诊断图(哈特拉格,1981)。根据具有精确官能障碍描述的检测可以制定一个康复计划以提高儿童利用未受影响的大脑区域以及神经心理的优点获得技巧的能力。

脑损伤儿童的干预和矫正包括调整表现方式中的标准化程序。这些儿童需要对那些他们能够得到有效的反馈、有趣的以及以他们水平呈现的素材进行持续学习。计算机系统对这类儿童的特殊教育是一种理想的工具,因为它能够提供个性化学习课程。但是计算机系统只是一个辅助手段,并不能代替教育工作者。

参见 神经心理学

BRAIN DISORDERS (DEGENERARTVE MOTOR DYSFUNCTION)

脑紊乱(退行性运动功能紊乱)

中枢神经系统的退行性紊乱是一类病因不明并导致渐进恶化、最终死亡的疾病。许多脑紊乱呈现一种家族模式,并且有一些有遗传证据(斯莱格,1970;热尔巴、布斯塔尼和肖尔,1997)。近来的研究开始试图了解正常发展过程中细胞的死亡,这已有助于对病理性细胞死亡过程的了解(热尔巴、布斯塔尼和肖尔,1997)。确定的退行性紊乱通过独特的一系列与开始年龄、类型、发展症状相关的临床和病理特征表现出来(阿尔珀斯和曼克尔,1971;斯莱格,1970)。

几类由基因决定的紊乱与儿童渐进的大脑退化有关。主要的类型有脂质储存疾病、脑白质营养缺乏病和渐进性灰质退化(桑迪弗,1967)。泰—萨病,一种犹太血统儿童脑沉积病,是婴儿期的多样性脑组织退化(沃尔顿,1971)。症状在婴儿早期出现并在第二、三年中导致死亡,包括大脑麻痹、癫痫、痴呆和致盲性视觉衰退(桑迪弗,1967)。阿尔伯氏疾病是一个具有灰质退化紊乱特征的病例。症状开始于婴儿期或儿童早期,包括智力缺陷、脑瘫、运动失调、盲和癫痫(斯莱格,1970)。典型的死亡发生在几个月或几年内(桑迪弗,1967)。哈—施病包括一类对男孩比对女孩影响大的退行性紊乱(哈利迪,1995;桑迪弗,1967)。发生在 8~10 岁之间的症状包括脑瘫、手足徐动症和渐进性痴呆(桑迪弗,1967)。核磁共振成像的发展大大增加了这类疾病的报告数量,并且病例与病例的可变性是相当大的。脱髓鞘脑白质营养不良是与进行性麻痹和增长性智力损伤有关的紊乱(康韦,1977)。一个易染性脑白质营养不良的例子就是作为常染色体的隐性特征得到遗传。似乎儿童直到 2 岁左右出现症状前都是正常发展的,这些症状包括运动失调、吞咽和说话缺陷、强直性癫痫发作和智力衰退(康韦,1977)。脱髓鞘脑白质营养不良的其他例子包括克拉伯病、格林菲尔德病和亚历山大病(康韦,1977)。

脊髓小脑萎缩症是一组包括小脑和相关通路在内的渐进退行性紊乱。弗里德赖希氏共济失调是一种常染色体隐性遗传病,病症发生于 7~15 岁(康韦,1977)。早期症状包括共济失调、步态障碍以及协调性差(经常跌倒)(罗森伯格,1979)。其他小脑相关的明显体征,包括眼球震颤、构音障碍以及感觉损伤。其他影响儿童的进行性共济失调形式包括:拉姆齐·亨特综合征、遗传性小脑共济失调以及毛细血管扩张性共济失调综合征(康韦,1977)。

脱髓鞘脑病是一组导致死亡的渐进退行性紊乱。一个例子是利氏病(亚急性脑组织坏死病),一种发生于婴儿期的常染色体隐性病。这种紊乱的特征包括张力减退、运动失调、痉挛。这种病还可能伴随呼吸或进食障碍,易导致生长减缓(康韦,1977;斯莱格,1970)。脱髓鞘脑病的另一个例子是希尔德病。与这种病相关的渐进性退化可能会导致儿童在童年中期出现严重的行为障碍(康韦,1977)。希尔德病更为晚期的症状包括运动失调、脑皮质盲、疾病突发、聋。

这类紊乱的严重程度不一,因此个体的调控是至关重要的。总之,神经系统的退行性紊乱是渐进性的常见遗传病,这种病能产生严重的智力、运动和行为缺陷并导致死亡。由于这些疾病的发生与遗传有关,所以建议那些有一个孩子得此病的父母进行遗传咨询。对于那些患退行性紊乱疾病的学龄期儿童应提供特殊教育及相关服务。各种社会服务机构的帮助有助于患病儿童的家庭得到建议,并获得组织与个人的支持。

参见 认知障碍;步态失调;遗传;神经心理学;身体异常

BRAIN GROWTH PERIODIZATION
脑发育期

脑发育期通常是指中枢神经系统(CNS)的快速不平衡发展,尤其是大脑。从怀孕的那一刻起,神经细胞就开始了一个分裂和重组的加速发展过程(加德纳,1969)。这一过程包括一系列的神经细胞增殖、移动、分化、轴突发育、神经突触形成、机体净化处理,最后髓鞘形成。这种发展系统非常复杂,并且它在可塑和可更改的情况下发育,存在于整个产前、产中和产后早期的发育中(穆尔,1995)。

由快速神经细胞增殖所标记的神经板的形成显然在怀孕16天内,接着神经板褶皱起来形成一个管子的形状。大约一个月后,它朝向前部和后部关闭。大多数细胞依附管子的前部并最终形成大脑。

细胞分化以变化的速度出现,就像通过确定在中枢神经系统中细胞的位置一样,在皮层区变化得快,在其他区域则成熟得慢。接下来,轴突的生长和细胞树状形态的扩展使得突触之间相互连接。电化地连接大脑的这种非常规则的绕行是由基因控制的,并且受环境的影响很大。这些突触的功能关系到行动的特征,其变化与中枢神经系统的位置有关(艾德曼和拉基奇,1982)。基本感觉和运动结构是非常明确的功能区的例子。

基因程序开始了脑发育的过程,但环境的影响改变了它的形式和功能。髓鞘形成能够被看做隔离神经细胞来增加发送的传导性和接收电气化学的信息。早期营养和母亲的健康状况及生活方式影响产前的发展;社会、文化和经济因素通过产后生活进一步影响脑的发育(埃弗里,1985;弗里曼,1985)。

出生前后适应环境影响的发育和变化系统使病理结果的预测变得复杂(如早期的刺激导致后来特定的学习混乱)。特殊教育者应该了解在遗传和环境两者间一种动态的相互影响框架中脑的周期性发展。对这种复杂过程的认识促进了对学生个体差异的理解,使独特的干预发展成为必要。

参见 大脑损伤;脑紊乱;神经组织

BRAIN INJURY ASSOCIATION(BIA)
脑损伤协会

脑损伤协会(BIA)的前身为大脑损伤基金会,是由有关家长和专家在1980年为支持脑损伤者和他们的家庭而建立的第一个全国性组织。它的使命是“通过教育、辩护、研究基金以及减少儿童与成人脑损伤的发生并改善其结果的社区支持服务,来促进关注、理解和预防脑损伤”。BIA是美国唯一的为脑损伤群体利益工作的非营利性机构,在全国42个州分布有分支机构和几百个地方支持组织(BIA,1998)。

协会通过吸引各种不同的人共同工作来加强关注、教育和预防脑损伤,这些人包括脑损伤患者和他们的家人、康复工作者、医生、律师、教育工作者、治疗师、病例管理人员、咨询师、政府组织、公司合作伙伴以及市民们。预防和教育是通过提高公众关注度、举办培训研讨会、发表出版物而进行的,而辩护是各级政府部门的工作。BIA在这些方面的努力导致了诸如安全带和车座立法等重要措施的出台,并提高了人们对酒后驾车危险性的认识。在教育领域,暴力和脑损伤研究院由BIA和其他机构联合成立,最近开始发展聪明头脑学校计划,一个针对小学生和学前儿童进行的脑损伤和暴力预防计划,主要关注大脑发展和有意与无意的伤害(BIA,1998)。

关于脑损伤的信息通过协会的交互式多媒体软件计划,即由全国的州协会办公室和急救创伤中心的脑损伤资源中心提供。BIA还出版《脑损伤资源》,这是一本面向脑损伤领域内专业人士的杂志,同时也是一本当前的教育资源目录。这个组织每年颁发几个声望很高的奖项,授予那些在脑损伤领域做出了突出贡献的人。

BRAIN STEM AUDIOMETRY
脑干测听术

脑干测听术是一种听觉功能的电生理测量方法,目前通称为听性脑干反应听力测定法。作为一个诊断手段,脑干测听术主要用来为高危婴儿(迪里厄-史密斯、皮克顿、爱德华兹和麦克默里,1987)、智力落后个体和那些不能对传统测试做出反应的个体评估外部听觉功能,也用于确定听觉神经和脑干的神经完整性(尤其用于诊断疑似患有听觉神经或脑干瘤或其他神经系统疾病的成年人)。脑干测听术在病人处于轻度麻醉、入睡或清醒时都可以实施。

一个脑干听力计包括一个引发刺激产生装置的计算机,它能够通过耳机、扩音器或骨振器转换声音刺激。顺着病人头部中线安装上活性表面电极(通常是在头顶)和参照表面电极(通常是在每个耳后乳突骨和耳垂)。从电极引导出来的信号被放大、过滤,并被直接传输到计算机,这些信号被编成程序来呈现许多相同刺激的重复,并在刺激开始后大约10毫秒的时间内为每一个刺激神经活动的反应算出平均数。这种合成图形被称为ABR波形,它的特点是有六到七个可以辨别的具有不同反应时间和波幅的波峰。每一个波峰都被认为是起源于一个以听觉神经开始经过脑干的神经发生器。波峰I,特别是波峰V,是关于刺激水平和程序变量最全面的波峰。

如果脑干听力测听术被用来确定末端神经听力损伤的存在,那么直到一个ABR对每一只耳都不能被确定,一个ABR才被应用到高水平的听力刺激和低水平的相同刺激上。接着波峰I和V在每一个刺激水平上的反应时间通常都参照适当年龄标准转换成一个强度反应时间表。这个程序考虑到确定末梢神经听力损伤的程度和类型。当用来确定神经的完整性时,一个ABR波形通常被应用于每只耳的一个或两个高水平的刺激。ABR波峰的波幅和反应时间被单独分析并通过耳和标准进行比较来确定是否存在病理情况。

参见 听力学;听力计

BRAIN TUMORS
脑瘤

脑瘤是儿童期仅次于白血病的一种最常见的癌症类型。儿童期超过半数的脑瘤发生在小脑和脑干;其他的脑瘤发生在脑部较高的位置,主要是大脑。儿童脑瘤患者表现出的症状包括晨起头疼、恶心、呕吐、视力下降和失去平衡感。脑瘤发生在脑部较高位置的儿童可能表现出更为集中的症状,像半身虚弱或视力下降。对于患有脑瘤的儿童,这些症状还经常伴有情绪和学业成绩的改变。

很多脑瘤通过手术、放射和化疗等各种手段相结合都能成功治愈。根据脑瘤位置、类型及治疗的情况,大多数儿童能够在治疗后几个月内回到学校(至少是在有限制的基础上)。教师需要了解一个儿童治疗的情况和脑瘤恢复后可能产生的副作用。在手术后2~4个月的这段时间内能够经常观察到儿童情绪和行为的变化,这大概是头颅照射的结果和被诊断为患有严重疾病的心理影响(卡茨,1980;马尔赫恩、克里西科和库恩,1983)。有些患病儿童在手术后将接受1~3年的化疗。大多数儿童至少会经历以下一种副作用:掉头发(通常可以再生)、恶心、行为变化和嘴部发炎。可的松这种用来减少手术创伤影响的药物也可能造成情绪和身体面貌的变化。

当这些儿童回到学校后,需要对他们的能力和缺陷进行标准、仔细的评估。每隔几年还应该对他们进行一次完整的神经心理的评估。虽然没有足够的研究预测患病儿童将会产生什么特殊的缺陷,然而现有数据表明,脑瘤康复后的大多数儿童都至少出现下列问题的一种:①协调性差;②记忆力差;③获得和整合新概念困难;④整体智商下降(范围从很少到20分或更多一些);⑤情绪问题,尤其是身体焦虑和自尊心降低(马尔赫恩,克里西科和库恩,1983)。大多数儿童都要求特殊教育安置和获得一个强调基本技能渐进习得以及练习的学习计划,或者是被安置在能够获得额外资源的普通班级中。家长在帮助儿童做最佳表现上起着重要作用。

参见 脑紊乱;化学疗法

BRIDGMAN, LAURA DEWEY
劳拉·杜威·布里奇曼(1829—1899)

劳拉·杜威·布里奇曼,从2岁起就又聋又盲,7岁时进入马萨诸塞柏金斯盲人学校学习。学校的校长塞缪尔·格里德利·豪先生为布里奇曼制定了一个教育计划,很快她就学会了读凸起的文字并用手势与人交流。她与人相处融洽,活泼开朗,聪明伶俐,用自己的才华在柏金斯教其他盲聋学生。

布里奇曼是第一个受到良好教育的盲聋人,她的成就引起了广泛的注意。查尔斯·狄更斯采访了她,并发表了采访内容。这篇新闻引导海伦·凯勒的妈妈求助于豪先生,请他帮海伦找一个教师:豪推荐的教师是安妮·沙莉文·梅西,是布里奇曼在柏金斯学习时的室友。布里奇曼的成就后来在海伦·凯勒和其他有类似残疾的人身上得到了重现,但布里奇曼是第一个证明了适当教育能够使盲聋人过上幸福和有质量的生活。

BRIGANCE DIAGNOSTIC INVENTORIES
博瑞甘塞诊断调查表

博瑞甘塞调查表是一套个人管理的综合标准测验。这套测验由几个用于评估、诊断、档案记录和教学计划的调查表组成,每个调查表涉及一个特定的年龄范围。

博瑞甘塞诊断调查表的批评者们一致指出这些测量缺乏可信和有效的数据资料,这一点很麻烦(伯克,1995;卡彭特,1995;沃森,1995)。同时还受到一位批评者质疑的是用于那些母语不是英语的学生的工具的合适性(伯克,1995)。由于其灵活性和计划的有用性,这些工具一般被认为是可行的工具(卡彭特,1995)。一位评论者认为博瑞甘塞调查表是发现一个儿童优缺点的有用方法(彭菲尔德,1995)。由于缺乏有效数据,这些调查表可能最好用做非正式的筛查工具,为教师制定课程目标提供帮助。也正是由于缺乏有效的数据,基于调查表的安置决定是不适当的(沃森,1995)。

参见 标准参照测验;年级等值

BROCA,PIERRE PAUL
皮尔·保尔·布洛卡(1824—1880)

皮尔·保尔·布洛卡是法国的一名外科医生和自然人类学家,因研究脑和头颅而著名,也是法国巴黎医学院的外科病理学和临床外科教授。通过尸检,他了解到大脑左前额叶的第三个脑回(布洛卡脑回)受到损伤会造成说话能力的丧失。这是大脑某个区域和身体活动有联系的第一次证明。他在 1861 年宣布了这个发现结果,导致了对大脑位置的广泛研究。

布洛卡是法国自然人类学发展中的关键人物。他创办了一个实验室、一所学校、一本杂志、一个人类学研究协会。他为头颅的研究发明了研究技术和方法,并帮助确立了在他那个时代发现的尼安德特人是现代人的原始祖先。

BROCA'S APHASIA
布洛卡氏失语症

布洛卡氏失语症是一种非流利型失语症几大子类的一种。与这种语言习得障碍相关的症状,人们认为是布洛卡区受到损伤的结果。布洛卡区,即左脑半球的前额叶第三脑回,又称为伯路德曼 44 区(赫格德,1994)。

通常,与这种障碍的诊断最有关的主要言语特征是:发音困难、口语不流利、有许多不恰当的停顿、话语由不清晰短句组成、局限于名词和动词构成的电报式语言、语法功能词省略(冠词、代词、助动词和一些介词)、词句复述不完整和命名能力受到损害。虽然这些患者在听力理解、默读理解和书写方面存在一些问题,但是这些患者在这些方面经常比在表达交流方面有更好的技能(卡恩斯,1997,赫格德,1994)。其他非流畅型失语症包括如下几类:

1. 皮质间运动性失语症

与习得性语言障碍有关的症状的产生最初被认为是中脑和前动脉的分界区域和运动皮质前部的前运动区受到了损伤的结果。然而,正如卡恩斯(1997)报告的那样,当运用现代放射技术获得有关这个区域损伤特征的复杂数据时,可以证明脑的许多不同部分可能受到了损伤;但是仍然把造成这种症状的类型归为皮质间运动性失语症。

与这种障碍的诊断最有关的主要语言特征是:言语不流畅、语言错乱、语法缺失、电报式语言(与布洛卡失语症类似)和完整重复(和布洛卡失语症不同)以及语言模仿。患者对复杂言语的理解能力可能有损害,但对于一般的简单交谈理解得比较好(沙佩,1994;赫格德,1994)。

2. 完全性失语症

与习得性语言障碍有关的症状的产生最初被认为是脑中枢受到了损伤的结果。

与这种障碍的诊断最有关的主要语言特征是:语言技能在各个方面都受到了严重损伤,流畅性也大为降低(命名、复述、听力理解、阅读和书写能力都受到了损害)。语言能力仅局限于使用几个词、感叹词或自动发音上(沙佩,1994;赫格德,1994)。

3. 隔离性失语症

这是一种罕见的非流畅型失语症,除了有复述词语的技能外,其他语言功能都受到了严重损害。是这个特征将完全性失语症和隔离性失语症区别开来了。这种类型失语症尚未被所有的失语症学家所了解(赫格德,1994)。

BURKS' BEHAVIOR RATING SCALES – BBRS
伯克斯氏行为等级量表(BBRS)

学前和幼儿园形式以及一至九年级形式的伯克斯氏行为等级量表是通过参照 2 ~ 15 岁儿童用来识别问题行为的类型与严重性的等级调查表。该量表可以通过父母、教师或对待测儿童有很好了解的监护人来完成。

个人项目被聚集到一起,形成 19 个(18 个为学前和幼儿园形式)分析因素,这些分析因素源自于具有诊断标记的行为类别,如过度退缩、过分依赖、协调性差、学业不良、对冲动控制性差、缺少实际联系或过度侵犯行为。对每一个行为分类的项目都要概括(通常由评估人之外的其他人)并转成一张描述单。描述单要求每一个分类得分要配有对每个消极行为出现的重要程度的连续性简述。重要性分级能够用在不同的诊断中和优先考虑干预的需要中。BBRS 手册包括对分类得分的意义的长篇讨论和对每个问题行为方面的干预建议。BBRS 作为一种临床工具,在支持行为评估中得到了满意的评论。

参见 行为问题检查表(修订版);儿童行为检查表

BUROS,OSCAR K.
奥斯卡 K. 布洛斯(1905—1978)

作为教育和心理测试批判分析的最主要拥护者,奥斯卡 K. 布洛斯在国际上广为人知。1922 年至 1924 年,布洛斯就读于威斯康星州立高等师范学校,并于 1925 年在明尼苏达大学修完大学本科课程。布洛斯在哥伦比亚大学师范学院获得硕士学位。1932 年,布洛斯在拉特格斯大学获得职位并一直工作到 1965 年退休。第二次世界大战期间,他负责美军特别训练项目的测试工作,之后又担任了西点军校领导能力评估顾问。

布洛斯娶卢娜·古布鲁德为妻,她本身是位杰出的艺术家,这对夫妇一起负责著名的《布洛斯智力测试年鉴》(MMY)系列丛书。1978 年 3 月 19 日布洛斯去世后,卢娜坚持把最后一版完成。1938 年,布洛斯出版了第一本《智力测试年鉴》,接下来出版了另外七本年鉴和《智力测试年鉴》专题论文丛书以及《在印测试》丛书。

1979 年,布洛斯智力测试研究所迁至内布拉斯加-林肯大学。该研究所通过出版《在印测试Ⅲ》(米切尔,1983)和多达 12 本的《智力测试年鉴》继承了布洛斯的传统(墨菲等,1995)。

参见 在印测试

BURT,SIR CYRIL
西瑞尔·伯特爵士(1883—1971)

1913 年,伦敦郡议会任命西瑞尔·伯特为心理学家,他也因此成为世界上第一位学校系统聘用的心理学家。伯特一生致力于将心理学应用在儿童的学习和教育上。他在智力落后、犯罪学以及智力遗传学等领域都做过先驱性调查研究,并主持了一些将科学方法应用于人类性格研究的典范式研究。伯特发展了大量供学校心理学者使用的测试,并在 1941 年出版了代表作《心智的因素》。同时,他还是《不列颠统计心理学杂志》的编辑之一。

从 1931 年到 1950 年退休,伯特一直是位于伦敦的大学学院的心理学教授,在这里,他把自己大部分的精力贡献给心理学者的培训、继续研究及写作上。1946 年,他被授予爵士称号。

令人遗憾的是,最近的研究结果发现伯特在其部分著名研究中故意捏造数据,这对他的工作和名声都造成了一定损毁,这种欺骗行为使他的研究结果受到质疑,但这并不能抹杀他作为临床工作者、理论研究者和教师对心理学的巨大贡献。

C

CAPBELL, SIR FRANCIS JOSEPH
弗朗西斯·约瑟夫·坎贝尔爵士(1832—1914)

1832 年 10 月 9 日,弗朗西斯·J·坎贝尔出生在田纳西州的一个农场,3 岁时因一次事故而失明。他在新开办的田纳西州立盲校接受教育,后来,他一边在这里担任音乐教师,一边在田纳西大学学习。之后,他又在哈佛大学继续学习,随后在威斯康星做了一名盲人教师。后来,他成为柏金斯盲校和马萨诸塞盲人收容所的教员,并担任音乐系的主任达 11 年之久。

作为一位天才的钢琴家,坎贝尔离开柏金斯,到欧洲继续音乐教育并学习盲人教学法。他在伦敦与盲人医生托马斯·罗德·阿米塔格相遇,后者刚集合英国大量的盲人组织成立联合体,这一联合体最终成为著名的英国皇家盲人协会。

坎贝尔告诉阿米塔格,他在柏金斯盲人学校时曾帮助大量学生为成为成功的职业音乐者做好了准备。这促使阿米塔格建立了训练盲童的音乐学校,聘请坎贝尔担任校长。学校在 1872 年初创时只有两名学生,最终发展为皇家师范学院暨音乐专科学院,到 1885 年已招收 170 名学生。坎贝尔最初请的教师中有许多来自柏金斯,多年来,他一直和柏金斯及美国其他学校保持着教师之间的交流。因此,皇家师范学院暨音乐专科学院对美国教学法的影响可能比其他任何外国学校都大。在坎贝尔的领导下,该学院将普通教育、体育训练和细致的职业准备、就业安置及毕业后的跟踪服务结合在一起。学校毕业生 80% 到 90% 能自立,大多数成为音乐工作者、教师以及钢琴调律师或修理师。这种前所未有的成就激励了整个世界重视盲人在校时的职业准备。

为了表彰坎贝尔为盲人所做的工作,爱德华国王七世在 1909 年授予他爵士称号。1912 年,坎贝尔从校长岗位上退休,于 1914 年 6 月 30 日逝世。

CAMPING FOR THE HANDICAPPED
残疾人野营

残疾人的野营分为两种类型——个人和有组织的野营。个人野营的地点既可以在发达的各州,也可以在荒凉的地方。发达的野营地通常距离便利设施很近,这便于残疾野营者使用,如这种地方提供帐篷垫、电源、水、洗手间等。野营地的路又宽又平,方便被限制在轮椅上或运动功能受损的儿童和年轻人行进(格斯坦,1992;赛森,1984)。

有组织的野营被定义为在野营形式下的户外娱乐和教育的融合(赛森,1984)。有组织的野营在日间和居住基地举行。为残疾人组织的活动包括一般活动(如运动和游戏、兴趣爱好、艺术和手工、戏剧)和有特定目的的活动(如计算机培训和减肥)。这种野营也可能强调教育和康复(怀斯曼,1982)。有组织的野营主要强调培养社交技能,获得责任感和学习休闲技能,还有就是在社区氛围中更好地生活。

有组织的残疾人野营项目由以下几种类型的机构发起:①私人或商业野营者机构,他们的费用来自顾客;②半公共机构,他们的部分资金来自捐赠,不足部分由参加者补足,例如复活节海豹和美国红十字会野营;③公共野营项目,由地方、市级公园或娱乐系统或残疾人服务组织和家长团体支持和发起。

有组织的残疾人野营项目可分为四种不同的类型。一种是位于社区内的野营,野营者在日常生活的基础上参与,这种野营有便利的洗手间和玩耍、吃饭的地方。另一种是残疾人的居住野营。这种野营有房间、餐厅、工作人员室和室内外娱乐设施。时间一般持续 1 ~ 8 周。第三种是把居住野营和日间野营结合起来,允许部分野营者只参加日间活动而其他人留下过夜。最后是专门目的的野营,旨在促进某一单一概念或活动,如某一具体的运动或宗教(怀斯曼,1982)。

在融合性野营中,残疾野营者和健全野营者一起参加所有的活动。过渡组的残疾野营者可能拥有参与常规组的潜能但仍然缺乏完全参与活动的能力。通常情况下,他们参加和常规组一样的活动,共享同样的设施,但分开进行(赛森,1984)。

由于残疾的严重程度和复杂性,特别组的残疾野营者要求有隔离的、监督之下的项目。所有野营活动可以根据组员的能力和兴趣加以调整。

参见 *娱乐治疗*

CANCER, CHILDHOOD
童年癌症

癌症是 1 ~ 15 岁儿童死亡的主要原因,在这一年龄群中,仅次于意外事故致死之后。15 岁以下儿童的发病率为 100 万个儿童中有 130 个死于癌症。其中,大约 40% 的病例为白血病。

癌症的治疗方法包括放疗、化疗和很少用于儿童的手术。治疗通常会导致体重下降、疲倦、恶心、情绪低落,以及其他严重问题(林克,1982)。儿童所遭受的身体上的不适和随之而来的暴躁、易怒要求教师有极为敏感的态度。另外,由于疾病发作,且需要时间治疗,这都会耽误儿童上学和接受教育(阿姆斯特朗和霍恩,1995;比格和希尔维斯,1986)。

当患癌症的儿童不能完成普通学校的功课时,他们很可能被转介到具有特殊教育性质的教育和相关服务中去。根据《残疾人教育法案》所确立的指导方针,他们可以在健康受损类下接受这些服务,并可以尽可能地参与融合性服务(佩卡姆,1993)。

参见 脑瘤;化学疗法;慢性病

CARDIAC DISORDERS
心脏功能失调

伴随身体损伤的先天性心脏功能失调是最常见、最严重的儿童疾病。先天性心脏功能失调主要是心脏和大血管的结构缺陷使心肺系统改变了正常的血液流动。惠利和翁(1983)报告了先天性心脏疾病的发病率大约占婴儿出生的 8/1000 到 10/1000。他们还说,这种先天性异常是除了早产之外的主要死亡原因。但是,随着缓解药物和外科技术的进步,新生儿幸免于心脏损伤的比例已大大增加;因此,目前严重复杂的缺陷说明许多个体从幼年、童年到完全成熟期出现了这种疾病。外科手术矫正了先天性的缺陷,使很大一部分儿童存活到了成年期。

先天性心脏疾病的原因至今尚未被人知晓。但是这种疾病的发病率增加与很多因素相关,出生前的许多因素被认为在不同程度上导致了这种疾病,这主要包括母亲传染的风疹和其他病毒,如巨细胞病毒;母亲营养缺乏,滥用酒精、氯化锂、雌激素等,这些被怀疑是产生畸形的主要原因,还有母亲受辐射过多。

遗传因素与先天性心脏功能失调发病率的增加也有关系。曾经生过一个患心脏病孩子的父母生第二个孩子的发病率比没有生过缺陷性孩子的父母要高(金,1975)。尽管这个发病率比一般人要高,但是相对也是很小的(2% ~5%)。其他导致儿童患先天性心脏疾病的原因是父母患有先天性心脏疾病或染色体异常症,如唐氏综合征或其他非心脏异常症。罗和优契达(1961)发现 30% ~40% 的唐氏综合征的儿童都有某种心脏病。

米勒(1985)概括了先天性心脏功能失调儿童的一般特征和症状:①呼吸困难,特别费力;②进食困难或发育迟缓;③喘鸣或间歇性窒息;④呼吸急促,每次呼吸时肋骨收缩;⑤经常呼吸道感染;⑥年龄稍大的儿童,缺乏运动耐力而导致身体或精神发育迟缓;⑦黄萎病,主要是身体的姿势(尤其是蹲坐的姿势以及手指和脚趾呈杵状变);⑧心杂音;⑨耐受力差。

先天性心脏功能失调所需要的医疗干预或外科手术治疗的类型依据于心脏受损伤的类型和程度,绝大部分患有轻度先天性心脏功能失调的儿童不需要治疗,患有严重先天性心脏功能失调的儿童可能发展为充血性心力衰竭,常使用强心苷(异羟详地黄素苷)和呋喃苯胺酸进行治疗。选择性的微创外科手术可以暂时改善儿童的氧合作用情况,直到儿童长大。心脏疾病的全面治疗通常会延迟,直到外科手术的成功率超过风险,或者直到儿童长到 3 至 5 岁的时候(罗,1978)。

生有先天性心脏功能失调儿童的父母通常被鼓励正常地看待他们的孩子。除了最严重的个案,患病儿童一般都能过上正常的生活。一般很少建议限制儿童的活动,但父母通常把这当做一种控制病情的措施。纪律性问题是共通的,兄弟姐妹间的竞争也较普遍。因为父母、保健员、教育工作者都特别关心患有心脏病的儿童。避免过度保护儿童的最好方式就是去了解关于儿童心脏病的功能性知识。过度保护通常引起儿童更加焦虑,影响正常的生活方式。建议父母通过提供平衡的饮食、预防贫血、增强免疫力的方式来控制儿童的心脏病。

另外,给所有患有心脏疾病的儿童制定必要的指导方针,还包括处理极强的细菌感染,预防传染性心内膜炎,特别是紫绀型心脏病患者要警惕脱水和缺铁,这会影响他们的运动耐力。成年后女性应咨询生小孩以及使用避孕药物存在的风险。

参见 残疾人体育;身体残疾

CAREER EDUCATION FOR THE HANDICAPPED
残疾人的事业教育

事业教育是一项不局限于工作的全面性教育计划。它包括所有的人在这个社会的变化角色,如公民、家庭成员、学生和倡导者的职责和作用(科卡什加,1980)。事业教育常常被认为是一种职业教育的序曲,但比职业教育宽泛得多。事业教育的全面性和功能性定位,在特殊教育中作为一门主修重点课程已获得广泛接受（克拉克，1980）。

事业教育分为三个阶段：基本的职业意识、初高中或中学职业开发、大学以及高等院校事业准备（费尔普斯和露茨，1977）。

事业教育的每个阶段包括三大主要部分：学校、家庭和社区经历。按照事业教育顺序，事业教育在每个阶段和层次创造并使用社区、工商界、家庭和学校的教育经历。援助和经历的潜在资源是广泛的（布罗林和克卡斯加，1979）。这种功能性的、基于社区的教育重点构成重度残疾个体项目的基础（威尔考科斯和贝拉米，1982）。

事业教育融入课程中，创造了系统化的课程，这些课程通过高等院校组织起来，强调过程而不是内容。米勒和施洛斯（1982）认为融合课程增强了教育目标实现的可能性。

布罗林和科卡什加（1979）确定了三个主要类别中的 22 种事业教育能力：日常生活技能、社交技能、职业指导和准备等。研究表明：如果学生想在社会生活中取得成功，这些能力代表了他们必须学习的主要目标和结果。许多地方学校学生管理部门也提供事业咨询服务，成功的计划如“道路”（哈钦森和弗里曼，1995）。之所以推荐该计划因为其成果已经获得特殊教育学生的认同（哈钦森，1995）。

事业教育是一种观念，它能为教育残疾学生提供一个替代性的课程方向，包括所有的基本技能、社交技能、实质内容。它为残疾学生提供功能性的、实用的和全面的课程和教育培训，以发展适应残疾学生的课程和教学方法。它的内容比单纯的职业训练准备要丰富得多。事业教育是全面的课程发展训练，其目标是面向所有的残疾人士，而不仅仅是残疾的中学生或大学生。

参见 康复；职业评价

CARROW ELICITED LANGUAGE INVENTORY（CELI）

卡罗引发语言表

卡罗引发语言表（CELI；卡罗，1974）是一个关于语言表达的诊断性测试，包括需要儿童复述的 51 个句子和一个短语。

1973 年，卡罗引发语言表选取了 475 个 3 岁至 7 岁 11 个月之间的盎格鲁中产阶级的得克萨斯儿童进行了常模化。被识别为有言语或语言障碍的儿童被排除在常模样本之外。该表的效度已经确立，因为它能将正常儿童与语言障碍儿童区分开来，并能辨别出学习障碍高危儿童（布劳，1984；斯威夫特，1984）。每隔两周一次的复测信度为 0.98，但是必须对此进行谨慎的解释，因为所采用的样本量较小。

该表隐含的一个重要假设就是儿童对例句的模仿力非常类似于他/她的真实语言熟练程度。但是，许多研究对将句子模仿任务作为测试真实语言的措施的有效性提出了质疑。这个测试的缺陷在于常模化的数据非常有限（样本少、覆盖区域有限），且已经过时（库查伊，1975；哈尼夫，1975；康奈尔，1982；普鲁廷，1975；麦克达德，1983）。

CASCADE MODEL OF SPECIAL EDUCATION SERVICES

特殊教育服务的层叠模式

特殊教育服务的层叠模式是一种概念，指的是残疾儿童的安置和服务选择范围。安置选择包括从普通教育教室的最少受限制安置到最受限制的医院或机构式安置。这种模式由雷诺兹于 1962 年首次提出，修订版由德诺于 1970 年发表。这两个提议在日期上都早于 1975 年的《残疾儿童教育法案》（94 - 142 公法），那时残疾人的安置和服务选择还很匮乏。雷诺兹和比里奇（1977）认为在 94 - 142 公法通过之前，教育行政管理安排就像两个盒子共享一个系统，即普通教育和特殊教育是一个教育系统中两个并行但分离的教育计划。两个不同子系统中儿童的交互和运动非常困难，甚至可以说不存在。层叠模式帮助理解和支持一种更好的系统，促进根据个别需要而进行的量身治疗，而不是挑选儿童让他们去适应根据群体标准而规划好的环境，这样的环境不一定适合特定的个体（德诺，1970）。

这种模式呈现为一个三角形，包括两个必要元素，即各种安置中特殊安置的程度和相对应的儿童人数。这个三角形的底部是普通教育安置，这是绝大多数残疾学生更愿意选择的安置。三角形腰向顶点延伸反映的是日益增多的特殊安置，逐渐减小的宽度反映了安置在更受限制环境中的儿童数量在不断减少。德诺的这种模式被广泛地引用和发展，它已经成为特殊教育领域的一个基本概念。

体现在这种层叠模式中的特殊化的基本概念后来被融入了联邦和州的法律当中，即最少受限制环境的原则（彼得森、扎贝尔、史密斯和怀特，1983）。很多其他作者也描述了多种不同的层叠模式（卡特赖特和沃德，1985）。但是，在不同的安置选择中受限制程度和儿童的数量等基本元素仍然存在。

尽管这种模式具有一定普及性和有效性，但是它仍然受到批判。雷诺兹和比里奇(1977)认为最初的模式"安置导向太明显",因为它主要关注的是行政管理的组织和安置。他们提出了一种替代性的层叠模式概念,在这种概念中强调教学的多样性和差异性。

这种教育模式设想普通教育是对残疾儿童提供特殊服务的第一位的、最好的安置。儿童被看做是层叠式教育目的水平中运动的个体。理想的做法是,一个儿童被转移至更多受限制的环境中是因为强迫性教育的原因,应尽快地转移回去。过去几年融合教育的出现引发了一场争论,即特殊教育是否将废除这种层叠模式。一方是保守的教育工作者,他们相信最初的模式能提供一对一方式融合,另一方是废除主义者,他们相信融合教育包括了所有特殊教育需求的学生。那时,联邦法律仍然支持个别化而且许多人都崇尚这种思想(富克斯,1994)。接下来几年关于结果评估的研究可能会决定这场争论,决定这种层叠服务模式将怎样改变。

参见 融合;最少受限制的环境;特殊教育哲学;特殊班级

CASE HISTORY
病历

病历服务于几个目的:提供罕见疾病的信息,找出治疗响应的个别差异,或者了解一种疾病的自然发展过程等(克拉托赫维尔,1985);给计划和执行恰当的治疗提供必要的信息;提供外部机构需要的数据;说明应避免的陷阱;提供基于科学、行政和教育目的的信息。

一份完整的病历应该包括病人的姓名、出生日期、性别、种族、常用语言、婚姻状况、监护人姓名(如果是未成年人)、家庭住址、电话号码、紧急情况联系人、医疗状况、当前的状况(如安置在学校环境)。这些信息应该放在病历的显著位置。由多科委员会决定的与病人福利相关的历史数据应包括成长、健康和教育的历史,如果是成人还应包括工作的历史以及重要的家庭事件。

转介介绍人应具体说明其关心的病人在转介时的状况就是指其当前的健康情况,包括:当前所服药物、感知觉能力、动作能力、语言能力、当前适应性行为、智力水平和学业能力、其他认知数据,如与转介问题相关的当前信仰系统或其他因素,情绪行为、社交技能和行为、家庭状况、职业态度、能力和兴趣。转介时应对病人的状况进行描述。问题行为在干预之前的频率应该进行记录以便以后确定治疗效果。

为保证干预的效力,记录必须包括当事人的行为和能力水平的变化。通过观察、自我监测或其他方式得到的数据可以搜集并记录下来,效力可以通过单一的主题设计来评估(巴洛和赫森,1984)。这些方法有这样的优点:证明具体的治疗方式是试验过的,是有效还是无效的;对行为的微妙变化很敏感;允许比较几种可供选择的治疗方式。

参见 病史;心理状况测验

CATEGORICAL EDUCATION
分类教育

分类教育是把残疾儿童划分至不同类别残疾小组的教育实践,每个小组都有特殊的分类设计,所有成员组成一个团队接受教育。传统的分类小组组成原则是每个小组的学生具有显著的同质性,而不同小组之间具有明显的异质性。也就是说,一个小组的成员具有共同的特质,并且以此能和其他小组区分开。分类小组内的同质性与各小组间异质性的理论依据不足,尤其是对轻度残疾者(拉诺,1972;哈拉汉和考夫曼,1977;柯克和埃尔金斯,1975;利兰,1977)。

1975 年《残疾儿童教育法案》(94 - 142 公法)规定了 11 种残疾症状:智力落后、重听、聋、言语损伤、聋盲、学习障碍、视障、重度情绪障碍、肢体残疾以及其他健康损伤和多重残疾。这些类型已成为国家标准,在各州及地方的残疾儿童教育计划中得到了反映。它们还将继续发展、变化。

对传统分类教育的长期不满已经导致了替代性实践的发展。对诸如智力落后、学习障碍、社会情感障碍之类传统分类标签的批评者强调,这样的标签对必须制定适当教学计划的教师来说,几乎没有用处。因此,转向后的融合教育安置实践强调的是结果,而不是诊断或分类。其他评估,如课程评估,也脱离了标签或分类,试图实施个别化教育。

参见 特殊教育服务的阶梯模式

CATECHOLAMINES
儿茶酚胺类激素

肾上腺素和去甲肾上腺素是由自主神经系统的交感神经末梢释放的激素。肾上腺素是在 1897 年由阿莱伊首先从肾上腺体中分离获得的,它的分子式是 $C_{17}H_{15}NO_4$。1905 年,日本化学家高峰让吉将此物质命名为肾上腺素,并发现它的确切的分子组成为 $C_9H_{13}NO_3$。去甲肾上腺素 1942 年才得到鉴定,它的命名来源于德语,由于发现它与肾上腺素的差别只是氮原子上少了一个甲基,所以被称为去甲肾上腺素。

肾上腺素主要是在应急时发挥多种生理作用,如增加肾上腺素水平会产生“战斗”、“逃走”或“害怕”的反应(韦斯特和托德,1963),肾上腺素通过刺激毛发运动神经的效应细胞,引起毛发竖起,瞳孔放大,产生恐惧,血压升高,呼吸加快加深,这样有利于做好战斗准备或躲开危险。一般来说,去甲肾上腺素与肾上腺素只在某些方面的作用是相反的,如肾上腺素使心跳加快,而去甲肾上腺素却使心跳减慢(埃伦克,1955)。正常儿童血浆中去甲肾上腺素的含量是 3 ~ 6 毫升/升,肾上腺素大于 1 毫升/升(科恩,1968)。

CATTELL, JAMES MCKEEN

詹姆斯·麦基恩·卡特尔(1860—1944)

詹姆斯·麦基恩·卡特尔曾就读于宾夕法尼亚州的拉法耶特学院和德国的莱比锡大学。他在莱比锡大学教授冯特的指导下工作过,也在伦敦弗兰西斯·卡尔顿先生的心理实验室工作过。他在宾夕法尼亚大学获得了世界上第一个心理学教授的职位,后来还成为哥伦比亚大学心理学系教授,并担任系主任。

作为一位致力于心理学研究的专家,卡特尔在许多领域,诸如反应时间、感知觉和个体差异等进行过著名的研究,他发展了许多测试,创造了“心理测试”这个术语,他对许多杰出的科学家进行过背景和个性研究,出版了被广泛使用的《美国科学家传记辞典》。为了促进心理学的实际应用,他还创办了心理学社团,并多年担任该社团的理事长。卡特尔通过他的教学、研究、写作及编辑,在美国心理学的发展中扮演了一个重要角色。

CAWLEY'S PROJECT MATH

考利氏数学教学计划

考利氏数学教学方案是一套针对有特殊需求儿童的综合性发展数学教学计划。此计划是 1970 年到 1975 年由美国康涅狄格大学的约翰·考利博士和他的同事在联邦教育部资助下研究发展起来的,题目叫《智力障碍者数学研究与示范计划》,它是一个商业化的计划。

此计划所用的课程教学模式叫“互动单位”,这种模式允许教师用四种不同方法向学生传授知识,学生也可用四种不同方法对问题或知识做出反应,这样师生之间对任何被教的概念就会有 16 种可能的互动方式。没有哪一种互动教学方式被认为在认知方面优于其他方式。这种互动单元教学模式给教师带来了几大好处,其中主要优势是使教师能教授残疾学生。那些在阅读或写作方面有困难的学生可以用其余 9 种可能互动教学方式来教。在整个互动单元教学模式中,教师的任务是陈述、建构、呈现和使用图形标记或符号;而学生的任务是陈述、建构、辨识、使用图形标记或符号。

课程的目标是强调技能、概念和社会成长各方面发展的平衡。数学课程的内容有模型、数字、运算、测量、分数和几何。在每个方面所教的数学概念都有多个课时和大量支持材料。课程的每个级别都有一个教学概念详表。这个表主要是作为最初课程编排和衡量学生成长的一个重要参考测试标准。

经过从 1972 年到 1974 年两年的教学试验,在 7 个州 116 名教师对 1917 名儿童采用此计划进行教学。除了促进课程的发展,学者们进行了大量研究并发表了研究成果,研究领域主要是言语问题的解决。考利继续增加其数学教学计划资料并推广它的基础教学模式,以便被更多的特殊教育工作者所采用。同时,考利还在探索多种方法或途径,以减少在数学教学方面存在的特殊教育与普通教育之间的困难。

参见 数学中的学习障碍

CENTER FOR APPLIED SPECIAL TECHNOLOGY (CAST)

应用特殊技术中心(CAST)

应用特殊技术中心(CAST)是 1984 年成立的非营利性组织,主要任务是通过开发和创新使用技术来为残疾人拓展机会。该中心的工作主要包括科研、产品开发以及与教育机构合作,为学习者提供更多的通用设计服务。

CAST 工作的前提设想是提供更多教育机会,最有效的方法是“……通过学习的通用设计”。这里的“通用性设计”是指开发对每个人,包括所有年龄段的人都适用的计算机软件和学习模式,不论他们是天才、一般学习者还是有特殊需求的人都能利用它去更好地学习。

CENTRAL AUDITORY DYSFUNCTION

中枢听觉机能障碍

中枢听觉机能障碍是个体在处理听觉信号时出现大范围困难的现象。这种障碍甚至发生在听力测量正常的人们身上。这意味着个体尽管具有正常的听力值,但仍存在处理某些听觉信号时具有一定困难的问题。这与大脑的某些类型的损伤有关。

在过去的 25 年里,曾有多种研究尝试确定语言障碍儿童是否也同时存在中枢听觉障碍。如果存在,两种病会有何关联?何种补救策略会有效?语言习得、不同类型的语言障碍及学习障碍,都被认为直接与各种中枢听觉机能障碍有关。

两种最基本的测试被用来评估个体中枢听觉功能水平。第一种用来评估个体神经系统的发育水平。基思(1981)建议测试应该具有以下特点:①不包含语言理解条目;②不要求语言对信号进行处理;③不要求跨形式的输入或反应,或尽量减少;④使用非语言学的信号;⑤基本语音模仿任务应使用无意义的材料或是非常熟悉的而在测试过程没有任何理解困难的言语材料。为实现这些目的,基思提出了中枢听觉处理障碍的评估手段:听觉处理障碍筛查测试(SCAN)。该测试包括三个子测试:筛选字词测试、听力图像背景测试和字词竞赛测试。SCAN 适用于 3 ~ 11 岁的儿童(谢里,1992)。另一个中枢听觉处理障碍测试是由切利(1980)提出的选择性听觉注意测试(SAAT),被用来评估听觉注意力分散和注意力缺陷多动障碍。SAAT 包括两个子测试,在安静环境下的单音节字词测试和伴随语义干扰项的近似单音节字测试。

第二种测试可归类于听觉语言测试,这种测试很大程度上基于认知和语言层面。例如,被试儿童需要在听到词汇后在一系列图片中按顺序指出所听到的词汇。应该注意的是,这个测试不是简单的单因素的听觉测试,而是需要记忆和理解。

注意到多数有语言问题的儿童中枢听觉功能测试得分很低这一现象,里斯(1981)经研究发现还不清楚是中枢听觉损伤造成语言障碍,还是行为的原因造成这种和其他类型的残疾。她进一步批评这些测试,声称:“对于中枢听觉处理能力的强弱与语言习得或学业能力的相关性,还没有人清楚地论述过。”她认为测试大多使用语言认知材料,主要是评估个体儿童的无语言能力(语言分析和语言交流能力),而不是直接衡量儿童学习语言的能力。这些测试或可清楚地表明被试儿童是否有能力进入学校学习,但她质疑这与中枢听觉处理能力是否有基本的联系。里斯指出,从某种意义上说,与中枢听觉功能相关的所有现象都具有一个共同点,即都是通过耳朵收集信息。

总之,中枢听觉机能障碍指的是个体在处理听觉信号时出现的问题,甚至在没有特定的听力损失的状况下。让有大脑损伤的成人做特殊的关于听觉功能的测试时发现,他们表现出特殊的功能障碍。一些有学习障碍的儿童在进行听觉处理测试时表现相同。据此推测,这些儿童也可能有某种类型的大脑损伤。两类测试被用来评估听觉功能:一类用来评估听觉的发育水平,另一类是与语言相关的听觉功能测试。在听觉功能障碍与学习障碍之间是否有因果关系仍不清楚。

参见 听觉异常;听觉识别;听觉感知

CENTRAL NERVOUS SYSTEM
中枢神经系统(CNS)

中枢神经系统(CNS)指的是大脑,包括大脑皮层(灰质)、脑神经、小脑、脊髓和其他颅骨腔内皮质下组织,总共有 120 多亿个神经元细胞,约是神经胶质细胞数的十倍之多。大脑皮层代表中枢神经系统组织执行大多数适应性行为,如感觉、知觉、判断、智能及目的性活动。大脑分为两个大脑半球,各自的大脑皮层执行不同的功能。随着胚胎发育中其他中枢神经组织从前脑进一步的分化,大脑两半球逐渐有了控制身体对侧的功能,即左大脑皮层控制身体的右侧,反之亦然。每个大脑半球被中央沟或罗兰多脑沟分为前后两部分。中央沟的前部皮层区为运动区,专门负责运动功能,运动区上层皮质主要支配躯体下部的运动,运动区下层皮质支配面部肌肉的运动。在中央沟的后部皮质区为感觉区,控制躯体对某种刺激的敏感性。

除了负责感觉和运动功能外,大脑皮层区也负责处理指定的各类信息,并以指定的方式来处理信息。尤其对所有惯用右手和多数惯用左手的个体来说,大脑左半球能更有效地处理语言信息,大脑右半球能更好地处理空间信息。这种优势功能可通过选择性地向一侧大脑半球快速注射巴比妥类药物(如异戊巴比妥钠)的实验来证明,如向大脑左半球注射药物后,个体常会经历短暂的失语期,即他们不能理解语言,也无法进行语言表达。几分钟后,所有语言功能重新恢复到注射前水平。同样向大脑右半球注射药物后会出现暂时性空间功能损伤的表现。

有证据证明,许多人的左右两大脑半球是不对称的。这种不对称性会导致处理某类信息的能力不同或其他不同的心理特征。这种不对称性已被确认可能是某种精神障碍如精神分裂症、自闭症及其他许多不良适应行为的病因。

虽然多数适应性行为是由大脑半球控制,但是中枢神经系统其他部分调节对个人重要的行为,另外,十二对脑神经(嗅神经、视神经、动眼神经、滑车神经、三叉神经、展神经、面神经、位听神经、舌咽神经、迷走神经、副神经和舌下神经)控制嗅觉、视力、眼动、面部感觉和运动、听力等重要功能。

小脑位于枕叶的后下部,与大脑皮层许多部分相互联系,参与维持机体的平衡及一些运动功能的协调(因为小脑某些区域对酒精的作用特别敏感,所以有的执法官员经常通过检查小脑的这些部位来对怀疑醉酒的司机进行筛查）。在大脑皮层下还有一些皮质下结构（如杏仁核、海马、丘脑等）被证明在情绪、记忆、运动及不同皮层区信息的整合过程中发挥着重要作用。延髓，作为中枢神经系统的一部分与脊髓相连，它更多的是参与低级的感觉和运动功能，而不是高级的认知功能。

虽然已证明中枢神经系统某些区域对任务的执行具有至关重要的作用，但是在许多复杂任务的执行过程中，往往涉及中枢神经系统多种功能的参与及联系。所以中枢神经系统的损伤常会导致出现复杂性障碍，这种障碍患儿需要特殊教育服务。

参见 失语症；脑组织；单侧大脑优势；大脑功能

CENTRAL PROCESSING DYSFUNCTIONS IN CHILDREN

儿童中央处理机能失调

世界是一个充满色彩、喧闹和趣味的地方。不论是婴儿、儿童、青少年还是成年人，为了了解周围的世界并对之进行反应，他们通过视觉、听觉、嗅觉、触觉等各种感觉和身体活动来接受外界的种种信息。

如果大脑不能正确地接受、分析和贮存感觉信息或不能向身体各部分传送信息，就说明存在机能失调。中枢神经系统负责处理各种感觉信息，大脑又是中枢神经系统的一部分，如果系统出现故障就被认为是中央处理机能失调。

导致出现中央处理机能失调的原因可能是脑损伤，但脑损伤不是唯一原因。有许多表现出中央处理机能失调症状的病例，并无脑损伤，所以引起中央处理机能失调的所有原因还不完全清楚。

一个学生如果视觉处理机能失调，就会表现为视力正常，但不能正常处理和理解视觉信息的意思。一些视觉处理机能失调的主要特征是：①不能集中注意力看某物或人；②视觉辨别印刷的数字、字母或单词有困难；③学习如左—右、上—下、远—近等空间关系有困难；④从嵌入背景中难以辨清某个人物或物体；⑤如果某物体一个或多个部分缺失，不能从整体上认识它；⑥对看到过的东西记忆有困难；⑦不能快速对视觉刺激做出反应。视觉处理机能失调可导致学习障碍，如阅读、写作或算术方面的困难。

一个学生如果听觉处理机能失调，会表现为听力正常，但对听到的内容在处理和理解上有问题。它的主要特征是：①不能集中注意力于听到的声音；②在声音来源的定位上有困难；③在声音的音高、响度、节律、旋律、频率或持续时间的辨别上有困难；④从多声音背景的干扰中听清老师的声音有困难；⑤当某个词部分声音缺失，不能重新组词；⑥对听到过的东西记忆有困难；⑦不能将听到的声音与经验联系起来，如听到“叮咚”不能想到可发出此声音的“钟”。听觉处理机能失调也可导致学习障碍，如语言理解、口语表达、概念形成及抽象思维形成方面的困难。

在触觉处理系统中，触觉处理是指接收到的接触和运动信息。触觉系统机能失调将会导致动作任务不能很好完成，如书写、工具和设备的操作或操作性技术的学习有困难。

总之，中央处理机能失调会对一个儿童或学生产生广泛的影响。年幼的儿童常会出现一些功能发育上的延迟，如理解或使用口语的能力、视觉运动的协调、认知能力（注意、辨别、记忆、概念的形成及问题的解决等）发育迟滞；学龄儿童可能会表现出阅读、写作、拼写或算术方面的学习障碍。

参见 脑损伤；学习障碍；学习风格

CENTRAL TENDENCY

集中趋势

集中趋势的度量用于描述一个样本或一组分数总体的典型或平均值。集中趋势的度量值有很多种，但在行为科学中三种最经常使用的度量值为均值、中数和众数。

均值是度量集中趋势时使用的最广泛的方法。它是一组给定分数的算术平均值。

一组分数的中数是指将这组分数据分成两部分，每一组包含相同个数的分数。要计算中数，首先将这一组分数按从小到大的顺序排列。当这一组分数的个数为基数且没有相同分数时，中数就是重排后数组中最中间的那个分数。当这组分数的个数为偶数且没有相同分数时，中数就是重排后数组最中间两个数的算术平均值。因此，87，96，98，110，113，114，119，120 的中数就是$(110+113)/2=111.50$。

众数是一组分数中出现频率最高的那个分数。对于分数组 87，96，98，98，110，113，114，119，众数就是 98。如果有两个众数，这组分数的分布就称为成双峰分布。当数据被量化后，以上三种度量值都可以使用。中数和众数都可用于等级数据，但只有众数可用于名词数据。

当测量变量量化以后，且分布相对对称时，均值是集中趋势中的首选度量值。不像中数和众数，均值相对来说比较稳定，它是对分布曲线中每一个分数的一种反映。均值应符合算术和代数规则。这些性质使得均值不仅宜于描述一组数据的平均趋势,而且也宜于对群体的平均趋势做出推论。

对于不对称分布的数据,可使用中数。这是因为中数不受在它前后分数的影响。当数据分布对称且为单峰时,均值、中数和众数都是一样的。然而当数据分布不对称时,中数和均值不相等。负偏态分布时,中数 > 均值;正偏态分布时,均值 > 中数。

参见 标准差

CEREBELLAR DISORDERS

小脑机能障碍

小脑是脑的一个椭圆形部分,位于大脑枕叶的下方,脑干的后方。它包含左右两半球和中间连接部分。小脑的主要功能是整合重要信息来控制身体的姿势和随意运动,负责维持身体平衡;调节肌张力,脊神经反射及身体的姿势和肢体的平衡;调整大脑额叶控制的精细运动。

如果某人小脑功能有障碍,就会出现以下缺陷:步态不稳,意向运动震颤,笨拙,交替动作障碍;不能控制目标距离,常导致随意运动过度;肌紧张性低;言语表达中会出现不适当的重读音节;可观察到快速眼震颤,这可能与前庭器官有密切关系。

小脑肿瘤、重金属中毒、反复高烧、脑外伤以及甲状腺功能减退等都可能直接影响到小脑的功能。因为小脑从大脑多个部位接受各种姿势和运动的信息,整合后再将信息发送到身体各部位达到协调,所以小脑的功能会因许多神经生理条件的改变而损伤。多发性硬化症、血栓、大脑其他部分先天生理异常也会通过输入/输出通道影响小脑。脊髓小脑病是一类退化性遗传病,病变程度可不同,受到影响的部位有小脑、脊髓、脑干或神经系统的其他部分。这类疾病多数在儿童期发病,病情发展缓慢。虽然研究发现,一些家庭的临床表现和遗传特点存在一致性,但多数没有特定的遗传模式、病因及治疗方法。人们相信先天生化异常可能是疾病的原因,一些已得到确认。这类疾病中有一些表现为发作早、发展快、较强家族倾向性的特点,如马氏共济失调、罗—雷综合征、弗里德里希(氏)共济失调。在这几种病变过程中虽然也会出现笨拙、平衡能力差,为了安全而使用轮椅,急促不清的语言及手技能的丧失等症状,但通常都不会影响智力。

约翰 C. 埃克尔斯博士(1973),一位小脑方面的知名专家,认为小脑相对简单的神经构造及对运动的良好控制功能,使其成为大脑中第一个能充分证明结构与功能关系的重要部分。随着小脑疾病专业知识的快速增长,有必要对儿童小脑障碍进行更细致的神经学差异诊断及基因方面的研究,因为同属退化性障碍可能会有许多相似的表现,可进行治疗。

参见 共济失调;脑组织;弗里德里希(氏)共济失调

CEREBRAL DOMINANCE

大脑优势

大脑优势是指人类大脑的语言和感知功能的单侧不对称性。大脑优势或大脑半球特化,最初是指多数人的语言功能是由大脑左半球支配的左大脑半球优势,后来又扩大到与右大脑半球相联系的各种非言语推理和认知功能以及视觉空间信息处理等右大脑半球优势。总之,左大脑半球的优势功能包括语言的处理、分析及顺序性信息的处理等,而右大脑半球主要负责非言语或空间信息的整体性处理(维特逊,1976)。

彭菲尔德开创了直流电刺激脑进行研究的方法,这种技术对脑的功能区域定位图的研究绘制要先于外科手术。因为脑中没有痛觉感受器,所以病人在脑表面接受轻微电刺激时仍会处于清醒状态,这样就能更准确地判定脑的视觉、听觉、嗅觉或触觉等功能区。这种区域电刺激的应用证实了病人暂时不会说话的语言控制性,即当大脑语言区域受到电流刺激时这些“失语障碍”就会发生。用这种方法,同样可以证明大脑其他功能区受到刺激也会出现功能丧失的假设。

另一种介入性技术,是通过向病人左或右侧颈动脉注射异戊巴比妥钠来麻痹一侧大脑半球,从而研究大脑半球的功能。这种技术称为维达试验,是一种快速麻痹单侧大脑的研究方法。如左半球或语言优势一侧被药物浸入后,在药物作用时间内,病人语言功能丧失,但大脑右半球功能完好无损。维达和拉斯穆森(1960)提出了一种假说,认为左大脑半球的优势功能是对言语信息的处理,而右大脑半球是对非言语信息的处理。为了验证这种假说,维达和他的同事将异戊巴比妥钠注射到病人大脑左半球后要求病人唱《生日快乐》歌,病人能哼音但不能唱出歌词;当麻痹病人的右半球后要求病人完成同样的任务,病人只能单调地背诵《生日快乐》的歌词,但没有音调。运用此种方法,米尔纳(1974)研究发现,95% 惯用右手和 70% 惯用左手的个体表现为左大脑语言优势半球。

裂脑手术或联合部切开术是另一种研究大脑优势的介入性技术,它是一种外科手术,常被用来治疗癫痫,即通过切除联系两半球的胼胝体上某一部分来达到阻止癫痫的发作。此种技术是切断胼胝体来断绝大脑两半球的连接,胼胝体是连接左右两半球的一条粗大神经纤维。

20 世纪 50 年代,斯佩里进行过多项大脑半球的研究。许多研究者能对语言功能、同侧或对侧躯体运动功能的控制及视觉的辨别等功能进行定位。另外,列维和她的同事在视觉检测的研究中使用了刺激图形,图形将一个人的左半面部与另一个人的右半面部紧连在一起(列维等,1972)。先让病人盯住屏幕中央的一个点,然后从屏幕上闪过刺激图形,结果显示一侧大脑半球控制面部一半的视觉信息。当病人被要求从备选图中指出闪过的正确刺激图形时,不管是用左手还是右手指,右侧半球支配的左半面部要比左侧半球支配的右半面部选对率高。但是,如果要求用言语辨别图形,则是右半面部选对率高,虽然这种反应模式中可能会有很多的谬误存在。在随后进行的其他形式的刺激实验,结果也表明右大脑半球是处理非言语的视觉刺激信息的优势半球。

另一研究脑—行为关系的非介入性技术是双听技术,此实验技术是同时向受试者双耳呈现言语或非言语信息,但对每只耳朵呈现的信息是相似而有差异的,然后要求被试者辨别或重复听到的内容。这项技术最初是由布罗德本特为了研究听觉注意于 1954 年发展形成的,1961 年经过基穆拉修订后用来进行大脑单侧优势功能的研究。基穆拉发现此技术能说明左半球支配的右耳能正确辨别言语声音信息,对非言语信息却是右半球支配的左耳占优势。他又做了进一步的研究,表明有神经生理障碍的病人如果左大脑半球有语言优势,右耳对言语声音信号就最敏感。同样,如果病人语言优势半球是右大脑半球,那么对言语声音信号敏感的就是他的左耳。这些研究发现表明,每侧耳朵对声音信号的优势受大脑对侧半球的功能特化的影响。

通过典型的双听技术对诵读困难儿童进行语言优势的检测研究,已得出多种研究结果。诵读困难或阅读障碍儿童的阅读能力通常要比一般儿童落后两年(海因德和科恩,1983)。有研究报道,诵读困难儿童有左耳语言声音信息的优势(拉比诺维奇,1972),但也有其他研究表明,诵读困难儿童和正常儿童都表现为右耳语言声音信息的优势。不同的研究结果可能是由于选择的标准或研究方法不同造成的。

研究大脑优势的另一项非介入性技术是分视野研究。这涉及向右或左半视野呈现的视速仪的语言或空间信息。视觉通路是左半视野接受的信息由右半球处理,右半视野接受的信息由左半球处理。研究表明,诵读困难儿童的语言辨认能力比正常儿童低,但两者都表现为右半视野的语言优势。但是威特尔森报道说,如果对每半视野呈现的是图片信息,那么正常儿童会表现出明显的左侧视野优势,而对诵读组两视野却没有明显的区别。这些研究表明诵读困难者和正常阅读者一样都有左大脑半球语言优势,诵读困难者似乎缺少右大脑半球对视觉—空间信息的处理优势。

总之,无论是介入性还是非介入性技术对大脑功能图谱的研究绘制都有重要的贡献,但是,我们对大脑特化的认识还远远不够。认知过程的个体差异、大脑损伤的修复、发展因素、大脑半球的特化评估等都是复杂的过程,存在许多迷惑,还需要我们继续努力探究。

参见 中枢神经系统

CEREBRAL FUNCTION, LATERALIZATION OF
大脑功能单侧化

人类大脑按长轴分为两个不同的半球。上个世纪的研究已经证实了关于每个大脑半球都有特定的专业功能的早期猜想(迪安,1984)。虽然在出生时两半球之间的不同就能在解剖学上辨别,但更多更复杂的专业化功能模式在整个童年期会持续发展和完善(迪安,1985)。

大脑半球的单侧化被认为是一个相互作用的过程,其作用形式依赖于认知重塑的程度,注意的抑制度及实际大脑半球的不同功能(迪安,1984)。有人指出,正常个体不论最初受到的刺激形式是什么,都可以利用不同的一侧大脑半球做出不同的应对策略(迪安,1984)。我们知道,以视觉形式呈现的信息可能全部进行语义编码,同样,言语刺激也可能以视觉记忆痕迹进行编码与记忆。正如迪安在 1984 年指出的,"不论最初的刺激形式是什么,甚至年轻的学习者都能够产生与大脑半球特定能力相一致的视觉或言语形式的编码方式"。此观点既承认各大脑半球支配的认知处理过程的独立性,又强调两大脑半球之间相互联系的重要性。所以,不论是言语—非言语形式,还是左—右大脑半球的不同都是一种现实的夸大,也就是说,大脑半球的单侧化更多应归因于处理信息的不同方式,而不是针对特定刺激的单侧化。因此,任务的完成需要大脑对给定信息的处理,而不要过多强调大脑半球的单侧化。

大脑的单侧化功能部分依赖于信息翻译和编码过程中认知加工处理的程度(戈登,1974)。当进行低水平的信息处理时确实很难发现两大脑半球之间的差别,如在辨别一些感觉元素亮度、颜色、压力、清晰度、强度和轮廓时,几乎不存在单侧化的差异(迪安,1984;拉比诺维奇,1976);但如果学习者要求对感觉元素进行概括、分类、重排或整合,或说出它们所具有的抽象的共同性质时,两半球就会出现明显不同的单侧化差异。与我们期望的一样,大脑半球的单侧化功能更多依赖于我们在处理输入信息时已吸收的知识和信息的多少,并且此种认知处理过程同时也促进了大脑半球单侧化功能水平的提高(莫斯科维奇,1979)。

虽然许多神经学家的观点很难完全一致,但是多数人认为人类大脑半球的单侧化功能与一个人从出生到青春期的神经发育和完善有关。迪安于1984年提出,儿童的大脑单侧化发生率会随检测的特定功能的不同而改变。基于此种假说,后来克拉申又在1973年提供了数据材料说明,在言语分析任务的完成过程中,右大脑半球所起的作用是随着儿童的神经发育而减少的。所以大脑的单侧化功能似乎是伴随着大脑皮层联络区的成熟和发展变化而逐渐形成的(斯佩里,1969)。

有报告指出,大脑的单侧化功能存在着性别差异。有资料表明,女子大脑两半球功能的专门化程度不如男子(怀特森,1976)。虽然在解剖学上男女的大脑本身就存在着性别差异,但它们功能上的不同更多的似乎应归因于所含组织因子的差异,而不是结构上的不同。大脑单侧化功能存在性别差异的一个有说服力的论据是男女遗传激素和教养的差异(迪安,1984)。

总的来说,大脑左半球更偏向于处理有序的、暂时的或需要分析的信息,如语言就是这类认知中最优秀的一种工具。相反,大脑右半球更偏向于处理同时发生的、整体性的或非言语形式的信息,如空间感知和想象等最常见的思维方式。大脑的这种工作模式得到认知心理学和神经科学方面大量研究的证实。虽然大脑两半球的工作模式有这种差异,但我们应该认识到大脑两半球的功能是相互联系和彼此协调的,只有当个体为了更好地理解或学习输入大脑的信息,而必须采用更高的认知技术时才会表现出大脑功能的单侧化优势。

参见 大脑半球不对称性;大脑半球的功能;单侧化;神经心理学

CEREBRAL INFARCTION

大脑梗死

大脑梗死是指由于循环的突然中断引起的脑组织死亡,常会导致神经功能的缺陷。引起脑梗死的原因是缺氧、低血糖或缺血。缺氧性梗死是由于脑组织缺少氧气导致死亡;低血糖性梗死是由于血液循环中血糖长时间处于低水平,不能满足脑组织的需要而引起死亡。然而,最常见的脑梗死是缺血性梗死,它是由于动脉血管的阻塞导致血液供应的突然中断而引起脑组织的死亡。任何供应大脑皮质的血管如颈动脉(主供应大脑前部)或颈椎基底动脉系统(主供应大脑后部)的动脉阻塞都可引起脑梗死。脑梗死的表现症状需要与脑溢血、脑肿瘤或其他脑占位性病变进行区别。

脑梗死的药物治疗原则是能抑制红细胞的聚集或血栓的形成,防止血管变窄。这类药物有阿司匹林、苯磺唑酮、潘生丁等(卢比克和巴尔科威茨,1979)。

参见 缺氧

CEREBRAL LESION, CHRONIC

慢性脑损伤

慢性脑损伤是一种现存的被认为需要花费大量时间才能恢复失去功能的疾病。

慢性脑损伤与急性脑损伤一样都会以不同方式影响损伤部位(包括损伤的位置、范围或程度)所支配的相关行为。但不像急性脑损伤,慢性脑损伤对行为的影响比对损伤位置和程度的影响更大。慢性脑损伤对行为的影响会越来越大,这是由两种情况引起的。引起行为丧失的最主要原因是正常发育的中断。因为形成正常行为的各部分动作或反应离不开大脑区域的整合,如果一个儿童该大脑区域持续存在慢性损伤,必然会阻碍相应正常行为的发展,并且会相继出现一系列系统发生中的个体发育障碍,不仅限制大脑损伤部位直接支配行为,而且依赖于该支配行为发展的一系列行为都会受影响。慢性脑损伤引起行为丧失的第二类原因是废用萎缩现象。由于脑损伤导致支配的肌肉组织发生萎缩或神经递质受体出现退化,必然限制了行为的执行、发展及动作技能的获得等。

慢性脑损伤可发生在任何年龄,但许多先天性或产前的损伤导致死亡或比较严重的发育障碍,这似乎说明慢性脑损伤的发生年龄与引起的障碍严重程度有关联。虽然传统的观点认为,发生在儿童期的慢性脑损伤引起的后果会相对较轻,因为他们的中枢神经系统的结构组织被认为具有较强的可塑性(莱昂斯和马西尼,1984)。但是有多数证据表明,儿童早期发生脑损伤会导致严重的身体虚弱,还有证据认为儿童早期脑损伤会比晚期脑损伤更加限制其记忆力和智力的发展程度(莱文、艾森伯格、威格和克贝雅什,1982)。另外,也有研究认为,情绪障碍问题更可能是由于儿童早期的慢性脑损伤引起的,并且与当年发生损伤时的认知有关。现在研究发现,单侧脑损伤可能引起选择性的某一方面的障碍如语言的发展障碍,而在过去被认为无专一选择性,并且这种障碍结果与儿童早期还是晚期发生损伤无明显关联,表现很相似。所以对早期发生脑损伤后有很好恢复的儿童,进行特殊教育是很有必要的。也就是说,不论慢性脑损伤的病因是脑外伤还是脑肿瘤,或是由放射治疗引起,与它导致的神经心理障碍的结果并无关系(布鲁斯,1982)。

参见 产伤;脑损伤;脑梗塞;脑外伤

CEREBRAL PALSY(CP)

脑瘫(CP)

脑瘫(CP),有时称为先天性痉挛瘫痪,表现为不同程度的由脑损伤引起的随意运动障碍。"脑"是指大脑,"瘫"是指虚弱或控制能力不足。脑瘫最初称为利特尔氏病,是由英国外科医生威廉·约翰·利特尔第一次描述的。后来一位名叫温斯罗普·费尔普斯的美国整形外科医生创造了脑瘫这一术语。由于他在美国从事与这类人相关的工作,他将之引入到普通用法中。

这个领域内的专家们一致认为,脑瘫是由于脑损伤导致的各种特征的复合体。美国脑瘫研究与教育基金会在定义脑瘫时,认为脑瘫有以下几个特点:①它是由脑损伤引起的;②它会导致运动障碍,包括瘫痪、虚弱和协调性差;③由一系列的症状构成;④通常发病于幼年期;⑤或许还包括学习困难、心理问题、感觉缺陷、痉挛以及器官行为障碍。除了这些特点外,脑瘫是非进行性的、静态的、不利于治疗的(顽疾)。

脑瘫有两种主要类型:痉挛型,表现为突然性的、猛烈的、不随意的肌肉收缩;另一种是手足徐动症型,表现为不停的、不随意的、缓慢的、弯曲的身体扭动。脑瘫的身体症状可能非常轻以至于它们很难被检查出来,或者也可能很严重以至于受疾病侵袭的个体几乎完全不能动弹身体。对一个脑瘫患者来说,拥有正常的智力并非罕见。然而,这种智力经常被无法控制的身体特征、身体和手足的不随意运动、言语障碍和流口水等症状所掩盖,至少对于外行人来说,是这样的。脑瘫不是一种疾病,是不可医治的。

脑瘫的发病率差异大:保守估计是每1000个初生婴儿中有1.5至2个病例。据估计,脑瘫发生率在产前照顾不周和早产时更高。据估计,在美国有50万儿童和少年是脑瘫患者(UCP,1998)。虽然脑瘫的发生不受任何社会经济水平的影响,但在社会经济水平低的群体中更加常见。出生在贫困条件下,由于营养不良、产前和产后照顾不周、环境危险等因素引起脑损伤的几率更大。男性脑瘫发生率略高于女性。白人儿童的脑瘫发生率高于黑人儿童。脑瘫构成了最大类别的肢体残疾。脑瘫儿童在所有类别的残疾儿童中比例为30% ~40%。

在大多数病例中,脑瘫都是先天性的(大约占所有病例的85%),这就意味着脑损伤一般在怀孕或出生时已发生。然而,传染病或者严重的脑损伤在生命的任何时候都能引起脑瘫。产后原因据说是后天获得的,那些一出生就为脑瘫者是先天的。一般认为脑瘫是不会遗传的。

据估计,3/4的脑瘫患者都伴有其他缺陷,如智力落后、癫痫、听觉和视觉缺陷或者是交流障碍(UCP,1998)。大约50% ~60%的脑瘫儿童是智力落后。自从对儿童的口语、语言和运动能力的智力测验标准化之后,智力落后就很难被诊断了。大约有25% ~35%的脑瘫个体伴有癫痫症状,而这在智力落后痉挛型的脑瘫个体中更常见。大约30% ~35%的脑瘫个体患有斜视(眯眼睛)。一些手足徐动型的脑瘫患者患有远视,而痉挛型的脑瘫患者易患近视。在有些类型的脑瘫患者中,视野范围缩小也经常发生(卡普图尔,1975)。

70%的脑瘫患者是言语障碍者。据报道,88%的手足徐动型脑瘫患者伴有语言障碍,85%的脑瘫患者属于共济失调型,52%的脑瘫患者属于痉挛型。大多数的言语障碍都是由于发音肌肉控制出现问题而引起的。

麦尼尔(1965)为脑瘫个体发展了一套分类表,这套表建立在脑瘫个体运动特点和身体问题分布的基础之上。6种运动类型脑瘫被美国脑瘫协会采纳,其他人作了进一步的描述(布莱克,1975;登博弗,1976;希利,1983)。这6种类型包括:痉挛、手足徐动、共济失调、僵硬、震颤以及混合型。

痉挛型是最常见的脑瘫类型,大约占总患者人数的40% ~60%。当大脑表面受到损伤或者穿过大脑物质通向表层并到达脊髓的那些神经受到影响时,痉挛型儿童就会发生肌肉僵硬。痉挛型脑瘫表现为随意运动控制的丧失。当儿童开始随意运动时,很有可能是忽停忽动的,四肢也失去控制。这种障碍可能影响任何或所有的肢体。双臂受到的影响可能包括各种程度的手臂和手指伸缩,这取决于障碍的严重程度。当双腿受到影响时,则可能会出现由肌肉收缩引起的剪刀式运动。

手足徐动型是脑瘫人口中的第二大群体,大约占脑瘫人口总数的15% ~20%,这种类型是由于大脑的运动开关板受到损伤引起的。手足徐动型脑瘫儿童表现为不随意的停停动动,扭动身体,特别是手指和手腕的抖动,头经常向后伸,脖子伸长,嘴张开。手足徐动型脑瘫通常分为两种类型:紧张型和非紧张型。紧张型的手足徐动症患者的肌肉总是紧张的,这就减少了肢体的扭曲运动。非紧张型的手足徐动症患者有被扭曲的运动而没有肌肉紧张。和痉挛型儿童不同的是,所有这些运动睡觉时都会停止,而且这些运动仅仅是在有意识的时候才发生的。当情绪高涨时,手足徐动型患者的这些运动会加剧。手足徐动型脑瘫患者通常在智力上要高于痉挛型的脑瘫患者。

共济失调型不如痉挛型和手足徐动型普遍,它伴有震颤和僵硬,大约占脑瘫患者总数的8%。共济失调型脑瘫是由于小脑受到损伤引起的,这种类型的儿童表现为缺乏协调性和平衡感,眼睛常常不协调,且经常性地绊倒或摔倒。

僵硬和震颤型脑瘫非常少见,和其他类型不同的是肌肉僵硬程度更低和姿势持续僵硬,这种僵硬型通常伴有痉挛高危的严重迟缓。震颤时,一般是一侧肢体的不随意运动,通常是一只手或手臂,其动作在连贯性和形式上各有不同。在有意识地震颤时,不随意运动是只有当儿童在持续的震颤中试图做一个动作时才发生,这种不随意是连续性的。

混合型是脑瘫的另一种类型,是其他五种类型的组合,而其中一种占支配地位。这种类型大约占脑瘫个体总数的30%。

临床分类系统的运动或运动构成是由两种类型构成的:金字塔型(锥型)和特大金字塔型。金字塔型指的是痉挛型脑瘫,因为通常与这种障碍有关的神经细胞的形状像金字塔。特大金字塔型指的是其他类别的脑瘫:手足徐动型、僵硬型、震颤型、共济失调型和混合型。在这些类型中,受到影响的大脑区域是由神经细胞的聚积构成的(卡普图尔,1975)。

当为脑瘫个体制订和执行有关教育计划时,必须采用多学科多人合作的方法。许多教育工作者和医生已经描述了在教育脑瘫儿童过程中必需一起工作的人员的具体作用(卡普图尔,1975;吉尔哈特,1980;希利,1983)。脑瘫的程度和身体特征决定医生参与的程度。医生可以开药给病人以使他们放松和控制痉挛以及处理全部的健康问题。支撑架和其他可以提供支持、使儿童能够行走的机械装置通常由医学博士来配置。物理治疗师的工作是促进运动发展,预防或缓和骨科问题,改进姿势和体位以便这些儿童能从其他的干预活动中受益。职业治疗师使用创造性的、教育的以及娱乐的活动来增强自我帮助技能,并指导家长处理儿童的日常活动。言语治疗师将监测儿童在言语和语言上的进步,如果儿童能够从中受益就提供治疗。言语治疗师也可和家长以及其他教育人士一起工作,研究如何促进语言发展。当需要时,听力学家、学习障碍专家和教智力落后学生的教师可以给主要的教师提供一些直接和间接服务。当肌肉群随意性受到影响时,生物反馈临床医师在教育个体时也可能是有用的。

各种各样的专业设备可供教师使用,包括改装的打字机、铅笔固定器、持书器、翻页器、特制书桌,这些能使脑瘫个体更加自立。

脑瘫儿童成功的取得主要取决于他的身体或心理缺陷的程度。虽然一些脑瘫患者需要在一个受保护的环境中不断接受护理,但许多人都能过上相对正常的生活,如果被给予机会的话,都会成为有用的公民。

参见 残疾人士的习惯;高发生率残疾条件;多重障碍条件;身体残疾

CERTIFICATION/LICENSURE ISSUES
证书/许可证发放

除了少数例外,涉及特殊教育计划的问题和标准,与那些适用教师教育计划的没有什么不同,这些问题包括教师测验,使用拥有大学学位但缺乏教师准备课程的教学人员,用于核准教师教育计划的标准和州证书要求。

许多州已经推进或实施使用测试作为认证的一部分。一些州要求教师参加教师教育计划之前通过基本技能测试(如加利福尼亚州和密苏里州)。然而,其他州要求教师通过内容方面的测验。有人建议,这样的测验对有意成为教师的个体的资质会有重要的影响,尤其对少数族裔人口更是如此(菲斯特里泽,1983)。菲斯特里泽提出:近年来,进入教师预备计划的少数族裔人数大幅度下降。少数族裔特殊教育研究中心试图增加高等教育机构中少数族裔学者的数量和研究能力,提高少数族裔学生的高等教育入学率,并努力提高这些计划的质量和效果。

对于特殊教育非常重要的一个问题在于,实际教育领域中的适当认证。然而大多数教师都被认为有资格在某一领域任教,并不是所有的教师都在被分派的领域中接受过训练或者被批准可以任教。举例来说,大量的特殊教育教师都没有被批准在特殊教育领域工作,或者他们教育的残疾儿童和青少年类型不同于他们获得的特殊教育证书指定的类型。所以那些有资格教育非残疾儿童的小学教师也可以教育学习障碍、情绪障碍或其他类型的残疾儿童。在非常时期,发放短暂的或临时的证书允许普通教育教师去教育残疾学生。问题是这样做是否是对学生最合适、最有效的教导。要帮助学生做好配合教学安排的准备(巴顿和布雷思邦特,1990)。

融合教育的发展已经改变了对教师准备的要求,从个体的掌控发展到协作的形式。将特殊教育学生融合在普通班级里,规定教师准备时分析过去20多年特殊教育课程的变化,因为普通教育工作者寻求认证出现了戏剧性的发展(坎贝尔和法伊夫,1995)。针对实习学生,教育合作教师以及特殊教育合作教师、大学管理人员的计划正在大量增加(卢德罗、威恩克、亨德尔森和克雷恩,1998)。教育服务的趋势反映,如教师准备的融合等,并不是统一的,评价能力仍然有限。

参见 特殊教育者的专业标准;特殊教育中的个人培训

CHEMICALLY DEPENDENT YOUTHS
依赖化学药品的年轻人

依赖化学药品的年轻人是指那些想或需要持续使用一种精神药物以使其舒适或极度兴奋的状态得以持续的儿童或青少年。对于年轻人饮酒和服用药物这一现象,我们不能孤立地来看待,而是应该把它与青春期联系到一起。使用化学药品并上瘾会对青少年的成长产生深远的影响,对于滥用药物者将来的机能也会产生严重的影响。

对化学药品的依赖有两种类型:身体上的和心理上的。一些药物会导致抗药性并形成在生理上的渴求然后上瘾的循环系统,而其他药物会造成心理依赖使服用者经历情绪上的变化。而且,有些混合药物会导致身体和心理上的依赖。在后一种情况中,依赖化学药品的青少年可能要经历一种治疗生理上的渴求并解除症状的解毒过程,不过他们可能仍旧会觉得自己有使用这些药品的渴望和需要。这一过程就构成了一个依赖、解毒、重新使用的循环过程,这也就说明了成瘾的年轻人的再犯率的问题。

心理依赖的特征是当使用者觉得需要用药物来维持他的最佳状态时就有继续服药的欲望。药物之间复杂的相互作用、个性以及发展阶段决定使用者可能经历的精神上的渴求或冲动程度的不同。当使用者逐渐相信药物可以产生快感并防止自己不舒服,所以持续或定期地使用药物时,就会产生寻求或强迫使用药物的行为。这种精神状态是所有使用精神药物产生持续过度兴奋的因素中最有力的。

生理依赖的特征是,使用者的身体组织对持续使用药物的依赖。只要使用者仍然在继续使用药物,这种依赖性是不会被使用者意识到的,只有停掉药物并不再服用,其结果才会立即显现。依赖的程度和撤消药物后症状的严重程度直接因使用药物的类型、剂量、频率及持续时间的不同而不同。生理依赖表现出严重的并立即伴随身体的疼痛和不舒服,即经常提到的撤药症状或节制综合征。其症状可能包括发烧、发抖、腹部绞痛、流泪、流鼻涕以及肌肉抽搐或痉挛,通常还伴有心理依赖。像酒精、巴比妥酸盐药片、麻醉剂(吗啡、海洛因)和可卡因等这些药物,其撤药症状及随之而来的心理依赖是如此的令人不舒服且恐惧,以致刺激年轻的药物使用者继续寻找并使用这些药物。对于兴奋剂之类的药物,如毒性较小的大麻、迷幻剂(迷幻药、酶斯卡灵、致幻剂、仙人球膏),最初的困扰是心理上的而不是生理上的。需要注意的是,尽管这些药物的撤药症状生理上没那么严重,但是使用者确实会在精神和感情上感到不舒服。

单是极度兴奋是不会产生心理或生理上的依赖的。从不使用到依赖有几个阶段。年轻人最初使用药物的原因更侧重于他们看待它的价值而不是它的药理特性。好奇心和易用性是这一阶段的主要因素,主要受到社会因素的影响,如同伴的压力和接受、成人的示范、家庭的行为准则和价值观。学习障碍青少年更容易陷入依赖化学药品的危险(卡拉克斯塔斯和费希尔,1993)。大部分的年轻尝试者并没有经历所有的阶段直到产生依赖,这是因为影响他们自己的药物并没有被重视,而且事实上大部分同伴集体的行为准则都不支持对药物的持续使用。

尝试使用可能是偶然或随意的,多指社交娱乐中的使用。这种类型大多都是模仿那些在社交聚会中饮酒或在情绪高昂时使用药物的成年人的。年轻的使用者可能在每个月一两次的聚会中或者和朋友一起看电影或听音乐时使用药物。这种使用往往是自发的,而且在社交场合中这些药物是很容易得到的。使用的原因主要是社交性质的,因为朋友在使用且赞成使用这样的药物。而且,这些药物可以在青少年阶段提高其自信和社交能力。在这一阶段年轻的使用者不会非常渴求药物,但一旦有药物提供会加入使用团体。

第三阶段就是经常使用,这一阶段和社交娱乐式的使用在很多特征上是有区别的。这一阶段的使用者会积极主动地寻求药物,这在没有极度兴奋的社交场合中很少见。这时心理依赖产生了。使用者感到他极度兴奋的时候在社交聚会中会表现得更好。假如经常使用者产生了抗药性并感觉到了停药后身体上的不舒服,就会产生生理上的依赖。这时药物的药理特性就变得关键。无论使用者是否进入最后一个阶段,对药物的依赖已经对青少年阶段的使用者及其人格部分地起作用了。

最后一个阶段是对药物的心理和生理上的依赖产生了使用者所期望的效果。大量且冲动地使用药物意味着每天极度兴奋,虽然使用者已经进入了一种饮酒作乐式的使用。尽管只有少数药物使用者会变得依赖药物,重要的因素是药物的使用对青少年生活的主宰程度。极度兴奋有可能避免青少年的其他重要问题(如对学校和家庭的责任、压力、缺乏自信),或者掩饰其他病态人格或精神失常所带来的痛苦和不适。这一阶段在心理和生理上的依赖很关键,因为无论继续使用药物的原因是什么,年轻的使用者必须继续使用药物以避免因药物依赖而出现新的症状和困难(坎德尔,1984)。尽管在联邦立法中药物依赖不是正式的障碍条件,但是人们一直以来也考虑到了它(威廉,1990),并且已经为有障碍的个体设立了特别的计划(坎贝尔,1994)。

CHEMOTHERAPY
化学疗法

治疗儿童癌症通常会使用化学疗法,这些疗法包括在重复的周期里(比如每 10 天或每一个月)对儿童进行静脉注射、肌肉注射或口服药物。使用化学疗法的目的是杀死癌细胞。不幸的是,它对人体的健康细胞同样有毒。结果造成许多接受化学疗法的儿童遭受令人不适的副作用。

化学疗法的两种常见副作用是恶心和呕吐。每个儿童的这些症状表现程度都不一样。而且,一个特定的儿童反胃和恶心的程度从一个疗程到另一个疗程也会有很大的不同,即使这种疗法根本没有任何变化。许多儿童在接受治疗最初几天及随后的几天里都会感到强烈的不适。有些儿童仍旧可以继续玩耍并不同程度地参加其他正常活动(泽尔特泽、勒巴罗恩和泽尔特尔,1984)。

另外一种可能的副作用就是暂时容易感染病菌或出血过度。在这期间,医生一般会建议接受治疗的儿童不要参加任何会增加流血几率的接触性体育运动或活动(比如体操)。由于接受化疗的儿童有时容易感染病毒,所以医生通常建议如果有水痘爆发,这些儿童要离开学校待在家中一段时间。不过,医生通常会建议接受化疗的儿童大部分时间可以参加学校所有的正常活动,其中包括体育运动。

化学疗法对儿童的行为和学习表现会有什么影响呢?大部分接受化疗的儿童由于定期的医疗检查和治疗的副作用,经常会断断续续地缺课。有些儿童也会因掉头发而感到尴尬,且害怕同伴的抵触而待在家中。不上学的更深层次原因还有他们害怕由于耽搁了大量的学校课程而导致成绩差(迪塞-斯皮内塔,1981;迪塞-斯皮内塔和斯皮内塔,1980;卡兹、科勒拉曼、里格勒、威廉斯和西格尔,1977)。

对一些儿童而言,对头部的辐射会导致认知缺陷,尤其是在对脊髓进行注射化疗时。大部分癌症患儿不会或很少出现认知缺陷现象,但这是会慢慢出现的问题,而且可能会持续很长时间。在放射治疗剧烈的阶段,经常会有短暂的头部肿大,这可能会导致额外短暂的认知缺陷。

教育工作者必须认识到,儿童由于恶心和呕吐需要住院治疗或待在家中卧床静养时并不妨碍学习功课。相反,做点功课,至少做很少一点点还有治疗的效果。儿童每天上几个小时的学,或请一个家庭教师,或在医院做功课,都可以分散由于身体的症状或担心而引起的不适。一些在上午接受治疗的儿童更愿意下午去学校而不是待在家中难受地度过一天剩余的时间。如果该生感到有些恶心,他可能需要马上离开学校。假如这些问题提前商量好的话,那么上学对大多数儿童是可以起治疗作用的,并且可以降低恶心和呕吐的严重程度。

教师应对接受治疗的儿童保持灵活的态度和现实的期待,这对他们是有帮助的。大部分接受治疗的儿童都可以正常接受教育,然而,由于与治疗相关的问题的间歇性性质,关于作业和考试的具体期望应该要灵活。经常征询学生和父母意见将有助于制定合理、合适的教育目标。

CHILD ABUSE
儿童虐待

儿童虐待这种古老的现象只是最近才引起了心理健康专业人员的关注。儿科医师和放射线学者们开创性地为身体受虐待的儿童建立了医学诊断标准。在他们之后 20 年才出现精神病学和心理学对儿童虐待的探究。在 1963 年到 1965 年期间,美国 50 个州通过法律条文,要求提供儿童受虐待的医学报告,最终使虐待儿童的父母遭受到了法律的制裁。这些法律也是全国儿童保护性服务形成的催化剂。第一批对施虐父母的心理学研究也出现于这个时期。

儿童虐待目前被认为是导致儿童死亡的直接原因,也是一个主要的公众健康问题。儿童虐待事件的增加可能与令人忧虑的社会暴力攀升现象有关,这主要表现为暴力犯罪、青少年犯罪、自杀和致命的交通事故等事件的发生率不断上升。最近20年,儿童虐待已经成为调查和临床研究的一个主要焦点。联邦、州和地方政府联合制定了对受虐儿童进行研究、预防和治疗的计划。

儿童保护性服务由公共福利机构支持之下的专业机构提供。他们负责对儿童虐待的所有报告进行收集和调查,以预防虐待事件的再次发生,并提供必要的服务保护儿童的福利,加强家庭团结。儿童的父母没有能力或不愿意使用他们的服务时,他们有权请求青少年管理机构或家庭法庭保证儿童的安全和治疗,这些机构有责任持续提供服务直到已经纠正虐待行为。

施虐父母的行为和个性特征的多样性表明,一种特定的虐待性人格是不存在的。更确切地说,个体具有的某种心理结构与童年时的痛苦感觉所造成的负担及突如其来的环境压力很可能促使父母虐待后代,而后代恰恰能诱发他们想起过去的那些不愉快的童年记忆。

有关压力的争论至少已经部分断言了低社会经济地位家庭虐待儿童的百分比高,全美有儿童虐待问题的家庭成倍增长。报告程序本身可能导致更加强调社会经济的决定性作用。与社会经济状况相匹配的任何控制研究都应该目光长远,而不仅是将诸如家庭收入等变量作为引起儿童虐待的起因。斯皮内塔和里格勒(1972)在进行文献综述时得出结论,环境压力对于儿童虐待来说,既不是必要的也不是充分的。但是在某些实例中,与其他因素相互作用就是必要和充分的了。这些因素包括父母个性反复无常,以及可能使儿童挨打的行为。

贾斯蒂斯和邓坎(1975)描述了与环境有关的工作压力在儿童虐待事件中的特征。他们列举了4种工作情况:在家里照看孩子的失业父亲们,有家务责任的职业母亲们,忽视妻子而经常加班工作的丈夫,其创伤性工作经历导致无法释放的压力。贾斯蒂斯(1979)通过由福尔摩斯和拉河发展的《社会重新适应手册量表》证明在儿童虐待家庭中过多的生活变化所造成的压力也是重要的(1967)。

在儿童虐待问题上最一致的观点与虐待性父母自身的经历及背景有关。这些个体在童年时期经历过虐待、剥夺、拒绝和不充分的母爱。作为儿童,他们须服从于父母的不现实的期望和过高的要求,有这些特点的父母据说都有虐待儿童的性格。

在一个特定的儿童虐待案例中,心理动力现象基本上是由父母的虐待倾向人格决定的。有虐待倾向的父母与他的孩子之间的关系受到父母自身创伤性经历累积的扭曲。这些创伤性经历是父母作为孩子时在一个惩罚性的、没有爱的环境中形成的。虐待自己孩子的父母想象不出任何父母—孩子之间的相互取悦的经历。

儿童虐待中的关键心理动机是角色颠倒、拒绝和防卫性投射的过度使用、身份的迅速转换,以及将攻击对象从令人讨厌的对象转移到孩子身上。

角色颠倒常在这种情况下发生,即不满足的虐待性父母寻求所需要的快乐,而这种快乐又恰恰不能从配偶或家庭中得到,只能从“被养育的”孩子身上得到。这是建立在儿童侵害基础上的,儿童不能取悦于父亲或母亲,导致年轻人无意识地被当做拒绝的母亲。这就强化了父母感到被拒绝和毫无个体价值的情感,也进一步威胁到父母的自我平衡感。这些痛苦的感情被否认并被投射到儿童身上,之后儿童就成为父母攻击的接受者。

大量心理治疗学和教育技术在减少受虐儿童的症状和问题方面被证明是成功的。大体上说,这些儿童的自我意识不足和认知缺陷到了如此程度以至必须强调自我意识的整合、现实测验、动力与刺激以及高水平防卫的加强(类似于那些应用于临界和精神病儿童的技术)。

研究和治疗虐待儿童的理想目标是在全国范围内,把它当做主要的公众健康问题,并发展预防策略。尽早发现案例和在虐待性家庭中进行保护性干预已经成为这个领域内的工作人员的主要兴趣领域。随着越来越了解儿童虐待的症状,通过诊断的经验和研究,完全能够想象从治疗和康复(次级防御)到早期干预这样一个合理的转变。

参见 *受虐儿童;受虐儿童综合征;儿童护理中介*

CHILD ANXIETY SCALE(CAS)
儿童焦虑量表(CAS)

儿童焦虑量表(CAS)是包含20条年龄较小的儿童的焦虑特征的自我报告。《儿童焦虑量表》由人格和能力测试研究所于1980年出版。

儿童焦虑量表的常模来自对2105个案例(1097名男生,1008名女生)的标准化研究。测验手册对于标准化样本的描述尚不够充分。该手册也承认这些样本的地域性,不能代表全国的人口状况。作者为了测验分数差异的有效性,从每一个地区随机抽取30个样本,并用多样化程序分析法测验其差异性。测验的结果没有什么意义,这主要是因为样本太少导致了统计信度不够,而不是测验的差异性不真实。儿童焦虑量表样本在社会经济状况或种族差异方面与美国人口统计数据不匹配。根据其他证据,人们不禁认为样本是在方便的基础上和重要的等级基础上选出来的。

复测的研究结果非常有利,效度系数范围由一级的 0.82 到三级的 0.92,但内在一致性的评估有些偏低。

手册报告了效度证据的各种形式。最重要的是 20 条细目中的每一条与 ESPQ 之间的相关度,这些是在 0.17 到 0.49 之间波动。另外,有学者研究儿童焦虑量表分数与父母迁移之间的关系,但尚未发现两者之间有重要联系。此外,研究还比较了单亲家庭儿童焦虑量表分数与双亲家庭儿童焦虑量表分数,但是没有发现两者的显著差异。总的来说,这些效度研究的结果非常混乱,缺乏深刻性。

总之,儿童焦虑量表作为儿童焦虑测量的简洁方法显示了一些潜力,但也存在标准化样本不足以及缺乏效度等问题。

CHILD DEVELOPMENT
《儿童发展》

《儿童发展》自从 1930 年创刊后,每年由芝加哥大学出版社出版 6 期。它作为专业学术期刊由儿童发展研究协会为其提供资助。作为跨学科团队,儿童发展研究协会利用《儿童发展》期刊发表所有研究发展过程的学术专业领域的手稿。文章范围包括从经验和理论研究到对当前研究的评论内容,主要涉及儿童从出生到青少年的成长和发展,包括语言的发展、思维和推理能力、道德判断、社交技能以及家庭关系。

CHILDHOOD APHASIA
儿童失语症

儿童失语症在儿科学和神经学文献中是用于描述言语语言障碍儿童的一个标签,包括各种交流障碍。它适用于正常语言发展前损伤和语言习得障碍的儿童。

在成人中,主要有两类失语症。第一类叫做接受性的、感觉性的或者沃尼克氏失语症。这类失语症患者的口语能力受到影响,虽然病人可以流利地讲话,但其语言和所提的问题之间没有任何联系,其病源在于第一颞回的低级和高级的部分(沃尼克区域)。第二类叫做表达性的、运动性的或布罗卡氏失语症。这类失语症患者有表达上的障碍,但他们能够写或出示答案,所以言语理解上没有障碍,其病源在于大脑运动前区域(即岛盖额部或布罗卡区域)。

儿童获得性失语症被定义为正常语言发展前损伤。像成人失语症一样,儿童失语症的临床症状主要是看大脑损伤前的语言发展水平。儿童失语症的特征是:自发性语言缺陷(包括口头的、书面的、手势的),有语言不流利或缄默等临床症状(赖特,1982)。在所有的病例中,词汇量减少了,语法简化了,没有多语症,甚至损伤都是暂时的。儿童的恢复比成人要更常见和迅速得多,但是当儿童重新获得语言时,他们很快会回到原来水平。格特曼(1942)指出,语言障碍主要是言语的口头表达减少,所以主要是一种运动神经障碍。如果语言表达障碍和语言理解障碍不同时发生的话,预后还是比较好的。

发展性语言障碍或言语障碍症在从来没有获得过正常语言功能的儿童中是很常见的。这些儿童被描述为患有认知性或发展性语言障碍、特殊的语言障碍和言语障碍症。研究表明人类的语言能力部分是一种天生的认知能力(梅尤克斯和坎德尔,1985)。正常语言功能的习得过程是从出生开始的(拉平,1982)。听觉正常的婴儿对各种声音非常敏感并能做出反应,他们逐渐地能区分细微的语音暗示,这对人类语言的理解非常重要。一旦获得了语言,这种敏感就消失了。儿童学会将有意义的视觉记忆和可区分的听觉记忆联系起来,然后通过指向物体进行口头表达来说明。所以语言习得不是一种被动的基于模仿的操作。当儿童能够把从周围非正式的对话中提取的有意义的语言基本单元和语音进行分割的时候,他只会开始重复音节和词汇。听力理解先于说话发展。儿童在发出单词和开始学会理解一个词的口语符号之前就已经明白这个词的意思了。当儿童理解了这个词之后,他/她就能够表达语言符号了(怀特,1982)。到了 4 岁,儿童逐渐学会语法规则和造句。儿童在流利表达和造复杂句子方面将会花费很长时间。新词的增加将延续一生。随着儿童的成长和成熟,语言习得是一个渐进过程。同时,这也要求包括发音在内的正常功能和结构控制。

发展性语言障碍传统上被分为两类,第一类是接受性语言障碍,理解方面的障碍是基本特征,然而,也会表现出不同程度的口语和构音障碍;第二类是表达性语言障碍,表现为说话较晚,词汇贫乏,尤其是名词以及自发性语言障碍,但语言理解没有障碍。这类儿童一般不是聋童,不是弱智,不是脑瘫,没有精神障碍,也没有遭受环境的压迫。对语言障碍的这种分类,医生和语言学家不很满意,于是提出其他更细的划分(拉姆和纳申,1975;拉宾,1982)。

在语言听力方面有障碍的个体(词聋)不能译解他及他周围的声音,而这是理解语言的第一步。由于儿童不能理解音素或口语词汇,所以他/她不能够再现它们,是哑的,或者只能胡乱说出单个词语,语法很差。这些儿童可以学会手势语,并能通过画画来表达思想。他们对符号的理解和认知功能较好,能通过游戏表达。他们会从适合聋童的教育技术中获益。

语义语用综合征儿童在意思理解和交流动机上有障碍,但在语言和句法上没有问题。这类儿童说话流利,但经常重复说过的话,但只是重复结构正确的句子。由于这种缺陷影响语言的理解和应用,这种综合征主要通过观察复杂的问题发现。如果把这些复杂问题简单化了,儿童就可以回答"是"或"不是",这说明此类缺陷并不是认知上的问题。这些儿童有正常的听觉记忆,也能重复长句子,但是他们的自发性语言经常是不准确的。在这种综合征中语用功能是受影响的,患儿不能读懂面部表情或识别语调,因此,他的言语与情境是不适应的,表现出社交困难和行为问题。这些儿童也能够学会阅读,但他们并不完全理解自己读的内容。

语义句法组织综合征的缺陷表现在两个水平上,一是语法,这是将单词组织成为句子所必需的,二是语义,这是与句子的意义紧密联系的。所以,儿童使用不正确的词语和错误的顺序造成说话不流畅。重复词语能力比自发性的语言能力好得多。

混合性的接受—表达性综合征,是发展性言语障碍的常见症状。这种综合征患者的语言理解优于语言表达,甚至语言理解处于正常水平。儿童患者语言缺乏流畅性,能够再现词汇和基本语法,但在音韵上有缺陷,会发出一些含混不清的胡乱发音。口语是电报式的语言。

严重的表达性综合征儿童有正常的语言理解能力,但在将语言符号译解成词的时候会有缺陷。他们的口语非常差,通常是哑巴。一般来说,他们能够学会阅读和手语。

音韵缺陷综合征是严重的表达性综合征的亚系,这类儿童的理解能力很好,口语也流畅,而且能说句子。音韵障碍者产生歪曲的发音,他们使用替代词或省词漏词。他们的口语除了家人外,其他人理解不了。

对于发展性语言障碍儿童的分类仍是描述性的,其医学解剖临床诊断关系比起成年人或儿童语言习得障碍来说更少被人理解。其中包括的机制是否仅依靠大脑左半球,这仍有待于阐明。

参见 失语症;语言障碍;自闭症

CHILDHOOD PSYCHOSIS
儿童精神病

儿童心理学和精神病学研究者一致认为存在着儿童与现实不相容的可以鉴定和诊断的综合征,他们躲避现实生活,表现出不正常的、古怪的行为。这些精神病患儿对看管者来说是很大的挑战:父母尽力满足精神病患儿的需要并使之融入家庭;教师努力教育这些儿童并向他们提供基本的社交技能训练;精神健康专业人士努力为这些儿童提供诊断和治疗服务。

下面是作者在一家社区心理健康中心的调查案例。男孩,9岁,养父母在他突然出现破坏性攻击行为和怪异幻觉之后将他转送到健康中心。他幻想门后隐藏着怪物,听到其发出的声音,在精神病发作期间说着怪异的语言。这个儿童自婴儿期就被虐待和忽视,后安置在几个不同的养护机构里。他的两个兄弟被一对夫妇合法收养,但是这个儿童因为有怪异行为而没有被这对夫妇收养。他的社交能力很差,并干扰他人,他的手很不老实,注意力不集中。他的抗压能力也很差,在很沮丧时,会用暴力攻击他人。几次入住精神病医院只是暂时稳定了他的自我控制能力和对现实判断的能力,这个儿童就是精神病患儿。

据统计,儿童精神病发病率是万分之六(沃赖,1972),更高可能性是千分之一(奎伊、沃赖,1979)。不幸的是,方法学的困难阻止了对发病率的精确估计。然而,研究不断地表明,诊断为精神病患儿的男孩多于女孩。估算的结果差异巨大,但似乎至少有两倍多的男孩被诊断为精神病(温,1968)。

随着精神病症状的理论发展,儿童精神病大体可分为三种:儿童精神分裂症、婴儿早期自闭症、非典型的或共生的精神病。

对儿童精神分裂症研究的兴起是在1933年波特的论文发表之后。这种精神分裂症儿童被认为对周围环境无兴趣,思维混乱口语表达技能一般很差,难以对他人产生亲密的感情,在各种活动中行为表现怪异。这种关于儿童精神分裂症的观点是基于成人精神分裂症提出来的。

凯恩纳在1943年最早开始研究儿童自闭症,他认为自闭症儿童在婴儿期与他人沟通的能力就很有限,语言障碍是交流受限的重要原因,明显强制性地重复动作,喜欢千篇一律。

马勒(1952)研究了共生性精神病,这是很罕见的精神病子类。这类儿童由于在心理上抵触与母亲分离而形成障碍。这类病例很少,可能是由于早期的多次创伤事件引起的,也可能是因为儿童根本没有把母亲看做一个分离的客体(马勒,1965)。这种病在2~5岁发病,但在儿童出生至2岁发展也相当正常,这种症状的出现可能是因为母亲生病、兄弟姐妹的出生或者开始上学。

《精神障碍诊断与评估手册》第四版,在1994年由美国精神病协会出版,试图统一各种各样的儿童精神病的研究方法。由于研究对象的复杂性和对儿童精神分裂症等精神病观点上的分歧明显,致使这项任务并不容易完成。结果在泛发展性障碍的概念下组织了分类系统,系统包括两个独立的分支,即儿童自闭症和儿童发展性障碍。后者很宽泛,似乎反映了劳利塔本德对儿童精神分裂症的早期研究工作,其中包括马勒对共生性精神病的研究。另一个单独的没有具体定义的类例是非典型性泛发展性障碍。医生可以灵活诊断描述病例,包括共生性精神病患儿,医生可以使用成人精神分裂症标准来决定儿童是否适合这一类别。《精神障碍诊断与评估手册》第四版体现了目前心理健康领域对这些障碍的思考,其中包含对每种类型的精神病的具体诊断标准。

治疗方法:

(1)心理治疗。个体心理治疗法已被广泛用于儿童精神分裂症的治疗中。医生依据对引起障碍的不同原因采用不同的治疗方法,但是他们一般都试图解决精神混乱问题。以精神分析为基础的方法重点分析儿童以及设想的由于母子/女关系破裂引起的内心冲突(马勒,1965)。其他方法更关注人际沟通能力,并涉及其他家庭成员的治疗。

对用心理治疗方法治疗精神病患儿的有效性的研究让人们对该法的疗效产生了不同的估计。大多数研究者同意这种方法可以改善精神病症状,但也有人提出不同看法,怀疑这种方法对患儿的康复到底能有多大作用。据报告,康复的比率很高,但是这很难评估,因为用于衡量成功的标准不同,而且缺乏非治疗的控制组。

(2)环境和教育疗法。这种疗法监控整个居住环境。它试图治疗各种机能领域的缺陷,并采用个体的、教育的和团体的等多种方式进行治疗。转入这些治疗计划的儿童通常都是精神状态最混乱的儿童,这可以部分地解释为什么这样的病例临床治疗效果好。环境治疗的重点是提高适应性的自理能力,并改善现实取向以便与他人保持良好的关系(齐默尔曼,1994)。对这些计划产生的效果的研究由于缺少实验的控制,精神分裂症儿童组差异大,并且样本太小,所以很难加以评估,然而,组织越合理的计划效果越好(肖勒,1974)。

(3)行为疗法。学习理论的原则已被成功地应用于治疗精神分裂症儿童,特别是自闭症儿童(弗斯特,1961)。行为事件的应用帮助儿童看护者及父母塑造精神障碍儿童的积极行为,但是研究表明,由于情境的差异性,难以概括这一疗法的疗效。

(4)器官治疗。已经开始尝试广泛的身体疗法。电休克疗法、感觉剥夺、维生素疗法、引起幻觉的药物、抗分裂药物,都已在使用。1973年,坎贝尔得出结论,这些治疗中的任何一种都能取得一点成效,不过,抗精神分裂症药物在缓解某些症状如攻击和幻觉时是有作用的。

总之,生物、遗传、家庭因素联系在一起共同影响精神分裂症儿童。当这些病源因素遭遇极端环境压力时,一小部分儿童似乎有发展成精神分裂症的危险,尽管各种疗法可能会产生积极的改变,但长期的预后对精神分裂症儿童一般效果都很差。高百分率的增长表明,治疗精神分裂症或进行最小的社会化调整都需要很长时间。10岁前发病,其预后特别差。当治疗师或父母长期在情感方面积极投入,预后会得到改善。

参见 自闭症;临界人格障碍;抑郁症;情感障碍;智力状态测验;心理性精神障碍

CHILDHOOD SCHIZOPHRENIA
儿童精神分裂症

目前,儿童精神分裂症是儿童精神病学和心理学领域学者中存在极大争论的术语。争议主要是关于这个术语的界定范围,以及儿童攻击性精神障碍概念的效度。由于观点的不确定性和差异性,所以还没有得出定论。关于儿童精神分裂症的多种阐述使数据的编辑变得很复杂。在《精神障碍诊断与评估手册》第四版,儿童精神分裂症不是一个单独条目,而是采用诊断成人精神分裂症的指标,包括:

(1)病症的特征。有2个或2个以上的如下特征,在一个月或更短的时间内每种症状都出现了一段时间:①错觉;②幻觉;③无组织性的言语,如经常性的脱离话题或语无伦次;④总体无序性和紧张性精神分裂行为;⑤消极的症状,如反应单调。

(2)社交机能障碍。从这种障碍开始发作后,一个或更多的功能领域,比如工作、人际关系、自我保护能力都明显地低于发病前的水平,或者在儿童或青春期发病时人际关系学业或职业成就低于预期水平。

(3)持续性。这种障碍的症状要持续至少6个月,这6个月期间包括至少1个月的症状(如果成功治疗,将会不到1个月),这与指标(1)相符合,还包括前驱症状和后遗症。在这些前驱症状和后遗症中,可能会表现出一个消极症状,两个或两个以上指标(1)所列的症状,如极少信任人和异常的感觉经验。

(4)精神分裂症和情绪障碍排除。精神分裂症障碍和精神病情绪障碍已经被排除,原因是:①主要的抑郁症、躁狂症或复杂的精神病情况没有活跃的症状;②如果在活跃阶段的症状中表现出精神病症状,那么,它们和活跃期或后遗症期相联系的总共的持续时间会缩短。

(5)基本的医疗状况异常。这种障碍不能归于直接导致生理影响的药物,如滥用毒品、药物或基本的医疗状况。

(6)同泛发展性障碍的关系。如果自闭症或另一种发展性障碍已存在一段时间,那么只有当明显的错觉或幻觉存在至少1个月(如果成功治疗,则时间会更短)时,才需要做附加的精神分裂症诊断。

《精神障碍诊断与评估手册》第四版指出,这种诊断方法是有争议的。部分问题在于难以鉴别儿童错觉、幻觉和思维混乱,因为他们的语言表达能力非常有限。另一个缺陷是没有能力诊断儿童的器质性障碍,特别是在儿童早期。最后,许多研究者,如费西和里特沃指出,存在儿童出现不同类型病征的交叉和跨界,但这种交叉不存在智力落后儿童身上,因为他们表现出更多的自闭症症状,但这种可以发生在有正常智力并能迅速地关注到诊断标准的样本身上。

应用DSM第四版的标准对精神分裂症儿童进行人口统计的数据是不存在的,但是可从对成人的统计数据中推断出来。精神分裂症的发生率约占总人口的1%~15%,在两种性别中发生的比率是相等的,在低社会经济阶层发生的比率比较高。同时,在一些家庭中的发生率也是比较高的,但是一致率即便在单卵孪生中也是不完整的,这表明受环境干扰和生物因素的影响。DSM第四版标准对儿童精神分裂症开始发作的较低年龄限制是8或9岁,但有一些独立的报告认为要早得多。拉特在1974年指出,自闭症和精神分裂症开始发作的年龄不同,而且自3岁至青少年早期的严重障碍发生率比较低,这说明自闭症和精神分裂症在病因和症状方面是不同的。不幸的是,关于儿童或成人精神分裂症的预后或病源还没有实质性的研究成果。自闭症和许多器质性或遗传条件是联系在一起的,儿童精神分裂症不断变化的定义阻碍收集大量数据以推断出病因。与预后相关的普遍相同的事件是存在的,不过在DSM第四版中,成人精神分裂症被认为治疗效果不佳,而且有较高的复发率。

如先前指出的一样,在20世纪早期,把所有严重的儿童障碍都混在一起进行诊断是很普遍的,这些障碍被认为是成年精神分裂症的早期表现形式。然而,在最近20年里,这些障碍的分类变得清晰了。最重要的差异性诊断是区分精神分裂症和其他障碍类型如自闭症、智力落后、泛发展性障碍或器质性严重疾病,如海勒症。其中一些障碍在DSM第四版中有记载,而有些却没有,但是关于它们之间差异的描述阐明了儿童精神分裂症的本质。

由于在被称为精神分裂症病例之间存在异质性,因此要求提供多种多样的治疗方法,如治疗自闭症一样。精神分裂症儿童与其他严重障碍患儿相比有较完整的智力或语言能力,传统的游戏、领悟疗法、谈话法等治疗方法可能更有效。不幸的是,并没有研究说明这些方法是有效的,这部分因为多年来在诊断术语方面存在很大差异。同样,酚噻嗪系等药物被证明对成人精神分裂症患者是有效的,人们可能期望它对年幼的精神分裂症患者也有效。坎贝尔(1975)和菲什等(1968),以及其他研究者提出这些药物对儿童有帮助,但是并不清楚他们的样本是否适应DSM第四版的范式。值得关注的是大多数抗精神病药物在减轻自闭症患者的病情上没有特别的作用,个别病例除外(拉特和肖普勒,1985)。今天最普遍的治疗形式包括家庭支持、咨询、特殊心理教育方法,与对自闭症儿童的治疗差不多。事实上,许多对严重的障碍儿童和精神病儿童的分类都是自闭症、精神分裂症和其他类型障碍的混合,DSM第四版疾病分类学的使用是否能促进和辨别对被诊断儿童的治疗仍然有待于观察。

参见 自闭症;儿童精神病;心理性精神病障碍

CHILID PSYCHOATRY

儿童精神病学

儿童精神病学是精神病学的分科,是关注人类情绪发展和病理学的医学分支。作为一个精神病学分科,儿童精神病学已有大约75年的历史了。1909年,弗洛伊德治疗一个男孩是它开始的标志(琼斯,1959)。儿童精神病学的从业者必须既接受过一般精神病学的训练,又要了解儿童的发展,这包括了解认知、语言以及儿童运动发展。神经训练也很重要,它有助于了解哪些诊断应归因于器官而不是精神性的病因(纳普和哈里斯,1998)。

CHILD PSYCHOLOGY
儿童心理学

儿童心理学主要回答两个问题:儿童在发展过程中是如何变化的?促成这些发展变化的因素是什么?现代儿童心理学特别关注随着儿童年龄增长发生的变化的过程。儿童心理学关注从婴儿到青春期的发展。

儿童心理学家发现了遗传对奠定儿童发展过程的基础的影响。这些遗传因素与儿童的学习经历相互作用决定了儿童实际的发展结果,因此学习过程(如动机、模仿)是儿童心理学家研究的一个重要领域。

在过去20年间,五个发展领域引起了儿童心理学家的注意,这些领域是:情绪发展、语言发展、认知发展、道德发展、性别角色行为发展(马森,1970)。

在情绪发展领域,重点是研究积极情绪和消极情绪的产生,以及随着年龄增长情绪表达如何改变(亚罗,1979)。另一个引起极大兴趣的领域是依恋的发展,即婴儿在他们的环境中表现出特别想与他的照看者亲近。与这个相关的研究是儿童恐惧心理发展研究,特别是儿童对陌生人的恐惧。儿童心理学家也对儿童学习标记、认识他们自己和其他人的情绪的方式感兴趣。

语言发展是代表儿童期发展的关键成就之一,因为语言对沟通、思考和学习是非常重要的。

研究儿童的认知发展在儿童心理学领域占重要位置。认知领域与心理活动和行为有关,通过心理活动和行为,儿童能获得知识并加以处理,包括学习、理解、记忆和思考。认知发展的心理过程特别令心理学家感兴趣,包括接受、关注、区别、转化、储存和回忆信息等操作过程。

儿童心理学家们注意到儿童用以处理信息的认知方式存在个体差异。研究最多的认知方式的方向之一是反射性—冲动性。反射性—冲动性与许多智力的、社会的和个性的因素相关。

反映在智力概念中的解决问题的认知能力引起心理学家们的注意已经将近一个世纪。儿童心理学家们研究的问题包括智力到底是一种整体性、概括性的能力,还是一组相对独立的能力。此外,最近几年,智力的变动性吸引了许多研究者的注意(李维斯,1976)。有些研究者主张智力是由遗传基因决定的,因而是不变动的;另一些研究者则认为智力更多地取决于学习实践。这两大派别之间展开了争论。与此相应,智力测验的发展和运用在这个领域也引发了很大争议,一些研究者批评说,这样的测验是北美白人中产阶级的文化偏见。以综合智力概念为基础的智力测验得到一个单一的智商分数,这一分数被执业心理学家广泛地用于临床和学校环境中。智力测验在学校环境中一般被认为是不错的成绩预测器。

性别角色的发展也成为儿童心理学的一个研究领域。性别角色类型是儿童获得特定文化背景中被认可的与性别相应的价值和行为的一个过程。男女性征似乎开始于生命初期并历时不变。研究表明:性别角色的发展是一种复杂的现象,它包含生物、社会和认知多种因素的相互作用(马可比和杰克林,1974)。

儿童社会化过程中一个引起儿童心理学家们特别感兴趣的部分是道德价值和道德行为的发展。心理研究关注道德的三个基本方面:①认知因素,包括对关于各种行为孰是孰非的道德尺度和评判的认识。②行为因素,包含诸如欺骗、撒谎、抵制诱惑和控制进攻等消极性行为,还包含诸如分享、合作、利他主义和帮助等亲社会行为。③道德情感因素,如犯错后的负罪感(霍夫曼,1979)。

儿童心理学家们很长一段时间以来都对社会化过程中家庭的角色感兴趣。他们特别感兴趣的是关于儿童抚养的态度和实践与儿童的认知、个性和社会发展之间的关系。儿童心理学家们研究了与家庭有关的当前问题,包括虐待儿童、离婚、单亲家庭和母亲在儿童发展期工作。

与同龄伙伴的关系是另一个对儿童发展有重要影响的因素。随着年龄的增长,同辈互动和玩耍行为角色的变化已成为许多研究的焦点。同辈作为消极的和亲社会的行为示范产生的影响,还有影响同辈团体接受的因素,也已成为研究的对象。

为应对社会和历史的压力,儿童心理学的研究兴趣经常随着时间的变化而改变。在这个领域中积累的许多知识用于满足现代社会中儿童的需要,并通过实施各种计划和服务来改善他们的福利。最近几年,儿童心理学家们对制定影响儿童的社会政策日渐感兴趣并产生了一定影响(塞茨,1979)。20世纪60年代到90年代关于儿童心理学发展的评论参见里斯的作品。

参见 儿童精神病学;临床心理学;儿科心理学家

CHILDREN OF THE HANDICAPPED
残疾人的子女

父母有责任给予子女照顾、爱和社会训练。一般假定儿童发展中的许多能力,如语言表达、推理、社交和情感能力,将会通过父母正式的或非正式的行为得到提高,但是这种假定并不包括残疾人的子女。他们成长的环境不利于沟通和社会化训练,然而,这并不意味着残疾人的孩子在认知和情感上有缺陷,只是他们将不得不适应不同的学习方法和更多地依靠家人、教师以及其他能够提供必要鼓励的人。智力、体能、性格上的个体差异在使儿童如何更好地适应环境,以及在面临困境时如何发展方面起着非常重要的作用。父母的残疾类型、父母的智力以及父母养育孩子的动机也是很关键的因素。

要最小化残疾父母的孩子在成长中的缺陷,就必须强调对儿童有充分的养育,并改善养育儿童的环境质量,这可以通过训练提高父母的养育能力来完成。这种训练不仅能消除一些儿童的发展障碍,而且能使残疾个体成为更有责任的和有影响的父母。

参见 残疾儿童的家庭责任

CHILDREN'S MANIFEST ANXIETY SCALE(CMAS) 儿童表现焦虑量表(CMAS)

该量表最初于1956年由卡斯塔纳达、麦坎德利斯和帕勒默作为泰勒的成人表现焦虑量表的延伸版而出版(泰勒,1951)。儿童表现焦虑量表(CMAS)在1978年进行了单独修订(雷诺兹,里奇蒙德)。自从第一版问世后,共有150多篇关于儿童表现焦虑量表及其修订版的论文在各种学术刊物上发表。这些量表已经被用于研究学生对学习和教室行为产生的焦虑,提出了许多相应的解决方案,还描述了学习焦虑和与学习焦虑相关的因素,如行为、性别、种族、年龄、社会经济地位等。

该量表用于测验长期存在的焦虑,这不同于状态焦虑或情景焦虑。儿童表现焦虑量表修订版根据经验分为4个分量表:注意/社会焦虑、焦虑与过敏、生理焦虑、撒谎与社会愿望。标准分可以分为一个焦虑总分和每一个分量表分数。和大多数的研究报告一样,5~19岁年龄组根据年龄、性别、种族不同,信度稳定在0.80,大量的效度数据在测验手册中可以找到(雷诺兹、里奇蒙德,1985)。

参见 焦虑

CHILD SERVICE DEMONSTRATION CENTERS (CSDC) 儿童服务示范中心(CSDC)

1971年至1980年,儿童服务示范中心在联邦政府资助下运营。该机构在整体上是一个专门为学习障碍者提供教育服务的最大的独立的国家委员会(曼内塔尔,1984)。

机构的设立可以在几条法律中找出依据来。1963年通过的88-164公法,早在现代术语学习障碍被创造之前,就为学习障碍儿童提供协助,在"残疾的和其他健康受损的"条目之下,规定了满足残疾儿童教育需要的条款。后来,1969年通过了91-230公法,美国国会命令教育委员会"试图使训练计划的地理分布尽可能平衡,训练全国的人员……鼓励各州建立有代表性的训练中心"。中心的建立主要通过授权公立学校、州教育机构、非营利组织、大专院校或与之签订合同的方式来进行。这类学习障碍示范中心后来在91-230公法第VI-G项中被授权并最终建立。

这项法律使儿童服务示范中心为学习障碍儿童提供服务成为可能。根据该法,这些拟建的中心任务是:为鉴定学习障碍儿童而提供测验和评估;发展和实施为满足他们的特殊教育需要而设计的各类计划;帮助相应的教育机构、组织和单位让学习障碍儿童使作示范计划;传播克服学习障碍的新方法或技术并评估其有效性。

从1971年到1980年,共有97个儿童服务示范中心成立,当时美国50个州中每个州至少有一个这样的中心提供服务,大多数都是在州教育机构的赞助下实施的,有的附设于大学,有的隶属于地方教育机构,但通常他们的服务是建立在州机构基础上的。私立性质的很少。

联邦政府对儿童服务示范中心寄予很高的期望,期望这些中心能够承担开拓服务模式,发展计划方案和技术的使命,还承担鉴定、诊断和对学习障碍的补救,培训普通教师、特殊教育教师、专家和管理者的责任。同时期望他们在学习障碍研究领域发挥重要的作用。此外,他们还被州教育机构认为是改革的促进和合作者。在这些角色中,他们被期望能够帮助州教育机构制订计划,执行州范围内的学习障碍计划以及服务。事实上,最初的儿童服务示范中心是被州教育机构赋予这种期望的。

儿童服务示范中心实施的干预模式带有很强的学术性质。这不出所料,因为接受儿童服务示范中心服务的学生通常是由于学业问题被转介过来的。在此基础上,补救阅读是可选择的治疗方法。知觉运动训练,包括ITPA基础上的干预,是第二优先考虑的问题,特别是在早期计划里,知觉运动训练仍是流行的。令人惊奇的是,尽管行为活动在儿童服务示范中心兴盛时期对特殊教育影响巨大,但并没有影响到大多数的儿童服务示范中心,尽管有一些中心强调行为。然而,已有几项计划开始主张生态的方向,即在儿童服务示范中心实施的过程中出现了生态学转向。早期计划通过直接干预来战胜学习障碍,而后来的计划强调帮助学习障碍学生适应学习和学校环境,并且辅助学校适应学习障碍学生的特殊需要。

尽管儿童服务示范中心做出了一些有代表性的研究探索,但它仍是服务机构,总的来说,他们在科研上没有起到期望的带头作用,这并不奇怪。因为资金、人员的能力、地方的自然条件等因素对进行认真的研究起到限制的作用。1977 年成立的学习障碍学会,是联邦政府认识到这些现实情况后建立的,也是对努力寻找其他资源开展进一步研究的应对。

联邦政府明确希望儿童服务示范中心能在学习障碍实践方面产生全国性影响。由于各种原因,他们并没有完成这一期望。一个原因是资金的分配远远低于最初的预算,另一个原因是各中心运营较慢且不规范,而且在他们合作部分推进很差。还有一个原因,就是他们没有像期望的那样影响州的各项教育政策,各个州都有自己的学习障碍程序,而不是遵循联邦政府或是儿童服务示范中心的学习障碍程序。况且,儿童服务示范中心由于联邦政策的改变,学习障碍领域的专家们在学习障碍的性质和干预目标上存在分歧等原因而经常改变自己的要求。最后,大多数的计划只实施了 3 年,还有些计划只实施了 2 年或更短的时间,几乎没有时间去进行有力而持久的努力。然而,他们让国内许多地区及学校意识到学习障碍儿童的需要,并在学习障碍仍然是美国特殊教育关注的新兴领域时为他们提供指导、训练、计划、资源以及直接服务。毫无疑问,他们也塑造了目前的各种概念和服务。

关于儿童服务示范中心也有许多外在的客观评价。1975 年柯克和埃尔金对儿童服务示范中心的干预进行了研究,1976 年美国研究学会用一年的时间调查了儿童服务示范中心的运营,1979 年耶瑟尔戴克等开始对儿童服务示范中心的评估方法进行研究(图罗、耶瑟尔戴克,1979)。在儿童服务示范中心快要关闭的时候,曼等发表了数篇总结性的论文重新评价儿童服务示范中心的地位和贡献(博伊尔等,1982;曼等,19834)。

参见 特殊教育诊断;学习障碍

CHILD VARIANCE PROJECT
儿童差异计划

儿童差异计划 1970 年至 1972 年在密歇根大学实施,在威廉 C・罗德的指导下进行。这是当时的残疾人教育局为残疾儿童资助的一个特别计划,用于“提供和组织广泛的关于儿童情绪障碍和其他变异类型障碍的分散的文献”以及“作为一个将研究生培养和专业研究相结合的示范”(罗德和特蕾西,1974)。这项重大措施的成果就是一套五卷本文献的出版,其中包括对差异和差异儿童干预的解释,并综述了提供的内容服务。

第一卷《概念模型》,在情绪障碍儿童的治疗和教育方面起到很重要的作用。这一卷由许多论文构成,展现了五种不同观点的解释性模型,这些模型包括生物学的、行为科学的、心理动力学的、社会学的和生态学的差异描述。

第二卷《干预》源于第一卷。在这一卷中对差异儿童的干预分别从生理学、行为科学、心理动力学、环境学和行为的视角来考虑。然而,由于几十年来对情绪障碍儿童的治疗已经取得了迅速的和多方面的进步,这一卷自出版后用途有限。

第三卷《服务提供体系》从历史的角度分析了教育、矫正心理康复和社会福利体系以及宗教机构为儿童提供的服务的发展。

第四卷《未来》是罗德写的论文,揭示要意识到渊博的文化和哲学的变化已起到了它的社会管理作用。

第五卷《练习册》通过前几卷复杂抽象的内容向学生提供一系列练习来融入生活。

尽管此项目并未实现罗德在《未来》部分阐明的最终和长远目标,但是其对于人们思考情绪障碍、情绪障碍学生的教育,以及教情绪障碍学生的教师的培养影响重大且持久。解释性理论及其在干预方法的应用是差异儿童计划留下的遗产。它强调在最广泛的语境中理解问题,这促进了生态学理论和干预方法后来的发展。

参见 情感教育;情感障碍

CHLAMYDIA TRACHOMATIS INFECIONS
沙眼衣原体感染

沙眼衣原体感染是当前美国最常见的性传播疾病,年发病率估计高达三百万(华盛顿、戈夫、沙克特、斯威特,1985)。大约 22% 的性行为活跃的青少年被检查出有衣原体感染(弗雷泽、雷蒂格、卡普兰,1983)。

衣原体细菌能够引起男性和女性排尿疼痛,以及骨盆、泌尿、眼睛和呼吸道感染。女性还有其他症状,包括阴道分泌物异常、下腹部疼痛、巴式涂片检查异常;在非经期期间,甚至有规律地服用避孕药期间,阴道出血;子宫感染。男性其他症状包括阴茎不适或有异常分泌物。

如果不进行治疗或被误诊,就会引起很严重的并发症,女性表现为盆腔炎、异位妊娠、不孕不育,也有可能引发宫颈癌,男性则表现为尿道炎和不孕。尽管这种病很普通,但在智力障碍者之中可能认识不够,因为他们经常被许多医疗或社会工作人员认作是无性欲的人。智力障碍青少年,特别是年轻的成人智力障碍者,应该接受关于衣原体感染和其他性病方面的教育。衣原体感染经过连续 21 天的抗生素治疗可以痊愈,7 天的治疗会对男性有作用,但是对女性没有作用。磺胺异恶唑和红霉素都是有效的,但是青霉素没有作用。

参见 *疱疹*

CHLORPOMAZINE

氯丙嗪

氯丙嗪是盐酸氯丙嗪的属名,是一种吩噻嗪,用于治疗精神失常和其他精神障碍(康利、塔明甘、巴特洛、理查德森、佩斯克、林格尔、赫格蒂、洛夫、高纳里斯、扎里姆巴,1988)。

现在还不完全知道氯丙嗪对中枢神经系统如何起作用,但是它能够引起行为的改变:激动明显降低,减轻焦虑感,减少幻觉经历,能够慢慢地产生适度的镇静效果,这主要看服用剂量和临床状况,并能减少自发的冲动行为。

由于氯丙嗪和所有的吩噻嗪能够阻止多巴胺在中枢神经中受体,因而表现出很多与肌肉运动相关的副作用,特别是在初次使用、长期使用或大剂量使用时一般会出现三种反应:第一,肌张力障碍反应,多见于儿童,特别是在急性传染期或脱水期间,包括颈部肌肉痉挛、背部肌肉僵硬、下颚抽搐、吞咽或讲话困难、舌头前突的面部痉挛,同时还伴着流汗和面色苍白;第二,肌肉紧张引起的不安,表现为情绪激动、不能静坐、两脚不停拍地、失眠、非焦虑性地渴望四处走动,在最初治疗的两三天里会经常有这些表现;第三,帕金森氏综合征,多见于老年人,包括表情呆滞、流口水、行动缓慢、语言迟缓、吞咽困难和齿轮状僵硬(麦克伊沃伊,1985)。在治疗的前期会出现视力模糊和口干。持续性的运动区综合征也叫做迟发性运动障碍,主要表现是面部、口腔肌肉,甚至四肢进行有节律的不自觉运动。结合氯丙嗪治疗会有效果。老年人,尤其是女性如果服用剂量大,这种情况的危险性就更大。

CHOLINESTERASE

胆碱酯酶

神经元是中枢神经系统接受和传导信息的基本单位。这些神经细胞传导神经冲动,是一个生物化学过程。神经细胞的化学过程是人类所有行为的基础。

神经冲动从一个神经元通过生化物质——"突触"传导到另一个神经元,特别是当一个神经冲动到达最终的神经元扣时,它就会释放一种物质叫做乙酰胆碱,它能够在接受神经元的细胞膜上引起暂时性的变化。如果有足够的化学刺激,第二个神经元会不时地发射冲动。随着膜电位的改变,胆碱酯酶消耗掉传导介质,使突触回到静息状态。通过这种方式,单个的神经冲动通过神经机制被传导。

神经学家曾经假设这个生物化学过程是在大脑的学习和记忆功能下进行的(希尔加德、鲍威尔,1975)。然而,胆碱酯酶的活动和记忆机制之间并没有一种清晰的关系,许多研究者都发现痴呆病人的类胆碱功能缺乏(吉阿克比尼、格兰康、史密斯、豪威尔,1997;佩里,1978)。在尸体解剖的基础上,这些研究者发现,与记忆相关的大脑区域如海马区的胆碱酯酶的活性降低了,所以这意味着胆碱酯酶活性的降低可能会引起记忆功能障碍。目前,研究者们正努力研究类胆碱活性的增强与记忆和学习功能之间的关系,以及胆碱酯酶在强迫症中的作用(厄尔泽格威西、贝洛蒂、斯梅拉尔蒂,1995)。

参见 *神经组织;神经健*

CHOREA

舞蹈病

舞蹈病样运动是用于描述患者急速的、突然的、随意的、无目的的、抽筋的、不规则的痉挛性运动的一个术语。舞蹈病样运动会发生在身体的各个部位,常见的有肩膀、手臂、手、舌头和作怪相时的面部。1975 年,克拉克指出,偏侧舞蹈病可能发生在大脑基底神经节的血管发生病变的身体一侧。1982 年,亨塞尔提出,在各种各样的疾病中,舞蹈病样运动只是描述性综合征的一部分,其中的癔病性舞蹈病是一种以运动障碍为主要症状的转换性歇斯底里。

两种主要的舞蹈病是入学人群(学校管理人员)首要的研究兴趣,因为它们可能在学龄期发病,而且在恢复和预后上也各有不同的观点。第一种,西德纳姆舞蹈病,这是一种较小类型的风湿性舞蹈病或圣安东尼(氏)舞蹈病,是由链球菌引起的脑中枢神经系统疾病。在起初的感染数月之后,它缓慢开始,而后的几个月除了眼睛之外的所有肌肉都会发生舞蹈病样运动,并且可能会出现强迫症(斯韦都、里奥纳德,1994)。实验室研究很少有确切的结论,除了对进行镇静和防止损伤以及预防诊断出的后遗症之外,也没有专门的治疗措施。恢复期是 3 到 6 个月,慢而且是自发性的,中枢神经系统不会受到永久性的损害。之后建议用药物进行治疗,暂时性运动症状允许的情况下鼓励尽快继续学业。研究表明,这种疾病在女孩中更为普遍,夏秋之交易发作(伯科,1982)。第二种,亨廷顿舞蹈病,是一种退化性、进行性或遗传性的舞蹈病,此病隐匿发作的年龄是在30~50岁(巴尔,1979;丘西德,1976;克拉克,1975)。然而,这种疾病的亚型也有报道儿童期发病,初期症状为四肢僵硬和动作迟缓,之后会出现舞蹈病样运动(伯科,1982)。这种疾病表现为进行性的舞蹈病样运动、进行性的精神恶化,以及显著的人格改变,吞咽困难,走路几乎不可能,变得越来越痴呆,在10至15年内会死亡。治疗是根据运动症状进行的,但对于痴呆是无法治疗的。

临床经验说明,在儿童早期发病表现的亚型发展迅速并很快导致死亡。一个家庭中几个患儿的存在会是灾难性的经历。亨廷顿舞蹈病最重要的启示是,加强舞蹈病样运动患者的各种诊断服务,主要通过熟练的精神病学家采用适当的医疗手段和方法,同时应该提供支持性的特殊教育服务。

CHROMOSOMES, HUMAN, ANOMALIES AND CYTOGENETIC ABNORMALITIES

染色体,人类,异常和细胞遗传异常

染色体异常是引起先天畸形最常见的原因,在200个新生儿中会出现一例(穆尔,1982)。它们的重要性反映在这样的事实上,即至少导致10%至15%的重度智障患者需要机构化照护(穆尔,1982;皮尤斯切尔,1983),并且8%至10%的新生儿或婴儿会死亡(斯柏林,1984)。此外,有30%的自发性流产胎儿有染色体异常,其发生率是出生胎儿的50倍之多,这就意味着发生率在所有的怀孕中占5%(斯柏林,1984)。

由于染色体异常导致许多基因破坏,这些基因大多数与严重且多样的结果有关(布朗,1986),经常(但并不总是)出现一般的和特殊的智力缺陷,特别是面部畸形、心血管及消化系统和肺部的缺陷,而且染色体异常的人通常都有典型的表现,如身体表现,以及生理和行为机能表现。带有染色体异常的两个不相关的人看起来比同胞体的更相像(穆尔,1982)。从正常人或有不同异常表现的那些人中区分有一种异常表现的个体,其一般特征被称为综合征。一些有24个染色体的综合征患者已经得到诊断。尽管一些特别相似的综合征,如唐氏综合征、克利尼弗尔特综合征、特纳氏综合征相对来说很普遍,但其他类型却很少见,只有50个左右案例被发现(史密斯,1982)。

沃格尔和莫图尔斯基在1979年完整地将人类细胞遗传描述为“一次成功的晚着陆”。尽管遗传学的染色体理论早在1902年就被提出来了,但是细胞遗传学真正的开始是在1956年,即发现人类染色体二倍体,以及人类的染色体是46条,而不是传统认为的48条。1959年的研究发现,人类染色体有三种普遍且容易形成的综合征,即唐氏综合征、克利尼弗尔特综合征和特纳氏综合征,人类的细胞遗传学才真正地进入了它自己的时期。从那时开始,通过常规的细胞分析并在流产胎儿、猝死的新生儿、早逝的婴儿以及身体和行为异常的个体化验的基础上发现了各种染色体引起的综合征,传统上被称为“表现型综合征”,有些可能包含错误,但是没有明确的病因,现在被鉴定的儿童称为“染色体异常”。在大多数案例中,对于这些综合征患者的身体和行为的描述是有据可查的,之前都做了染色体的分析。而且后来的研究已经鉴定了综合的染色体症状,这有助于考察受影响个体之间甚至其内部高度的多样性,各种技术手段也随着我们对异常知识的增加而增加(斯柏林,1984;莫图尔斯克,1979)。

1. 正常的和异常的染色体组型

正常人在所有的体细胞中有23对染色体,其中包括22对常染色体和一对性染色体。正常女性有2条长的X性染色体,而男性有1条长的染色体和1条短的Y性染色体。经过染色之后,染色体是可以看得见的。在有丝分裂开始时,细胞是被染了色的。一个染色体组型就是一个染色体成对排列的图画,22条常染色体从最长(1号)排列到最短(22号),而且是排列在性染色体之后。染色体被分成3种类型的组合:中间着丝粒染色体,例如1号或3号是具中间着丝粒的,在这里染色体的臂长几乎是相等的;亚中着丝粒染色体,4号或5号是具近中间着丝粒的,在这里“p”的臂长明显的比“q”的臂长短;近端着丝粒染色体,14号和21号是具近端着丝粒的,这里有次级的缢痕,缩短的、明显的遗传失活的“p臂”。

2. 正常的细胞分裂

在有丝分裂期间体细胞进行复制,46个染色体中的每一个都要分裂,移行到细胞的极端上。当细胞分裂时,每一个新的细胞都获得23对染色体,因此有丝分裂是染色体复制的过程。在有丝分裂过程中产生胚胎细胞(精子和卵子),23对染色体中每一个都要分裂,移行到细胞的极端上。当细胞分裂时,每一个胚胎细胞都有23条染色体。减数分裂是染色体减少的过程,女性的卵子都有22条常染色体和一条X性染色体,男性的精子都有22条常染色体和X或Y性染色体。在性的重组过程中,一个精子会穿透卵子,结果产生正常的有46个染色体的合子或受精卵,因此胎儿的性别是由父亲的精子决定的。

3. 异常的染色体组型

异常有如下几种情况:①在个体的体细胞中染色体的总数目异常;②一个或多个染色体破裂导致的结构畸变;③同一个体不同染色体数目的细胞群体镶嵌(嵌合型)。

非整倍性涉及分离、正常染色体数46的增加或减少。最常见的非整倍性是21三体性的,这是存在于堕胎和活的出生胎儿中最大类型的染色体异常。三体性在大多数的双胞胎中是致命的,单体性存在于一对中的一个,结果染色体数目少于46,这也是非常致命的。而特纳氏综合征除外,因为在特纳氏综合征患者的细胞中,X染色体缺失(45,X)。即使那样,在150到200个胚胎中,只有一个会出现(45,X)并勉强存活。造成非整倍性最普遍的原因是同源染色体不分离,在有丝分裂过程中,染色体重新配对失败。因此,一个胚胎的体细胞将会有"双倍剂量"的染色体,其他的就没有。另外后期延迟也会产生单体性。

在胚胎发育早期细胞发生有丝分裂时,同源染色体不分离会导致镶嵌(现象),结果如若胚胎活下来继续发育,它可能会既有正常的又有异常的,一般会有三体性的细胞群(体)。由于正常细胞的存在,有镶嵌现象的个体表现出的症状要比单纯的综合征患者轻得多。

同源染色体不分离的原因尚不知晓,但是被假定为生物化学表现。在同源染色体不分离的唐氏综合征中,大约有80%的案例来源于母本,有20%来源于父本的(同源染色体)不分离(斯柏林,1984)。所有常染色体的三体性不仅仅是唐氏综合征,随着孕妇的年龄增大几率会升高。研究正集中在与年龄有关的因素上,包括成熟的卵母细胞自身存在的问题。假设与此相关的因素有辐射、化学试剂、控制出生的方法、内分泌因素,但是这些并没有得到完全的证实,一些研究表明,这些因素是有作用的(哈索尔德和雅格布斯,1984)。

如果有物质缺失或粘附在另一个染色体上,那么这个染色体会发生破裂。大多数结构畸变是易位(结构染色体畸变),原因是两个染色体破裂,一个的部分碎片转移到另一个里面,当两个非同源的染色体变成碎片的时候会发生交互易位,有易位(结构染色体畸变)的个体会维持染色体的平衡,表现为正常。既然它们是易位(结构染色体畸变)的传递者,那么胎儿将会患有复制缺失综合征,部分表现为三体性综合征。

这很重要,因为它对医疗的启示是着丝点融合,或罗伯特—索尼安易位(结构染色体畸变),所以当两个近端着丝粒的染色体靠近联结处断裂时,就会发生着丝点融合。如果两个的臂长都短,那么其中一个的着丝粒就会丢失。个体可能又会受影响,尽管他们比正常染色体少一个,但他们是载体,其后代可能会有三体性综合征,单体性综合征是可能的,但却是致命的,最常见的易位(结构染色体畸变)是唐氏综合征,是由21号染色体和14号或15号染色体的着丝点融合引起的。

其他几种结构畸变也会发生,染色体部分缺失会导致一种染色体缺失综合征。通过着丝粒染色体对纵向分开则会引起染色体异向,当它水平分开的时候,会产生有相同臂长的两个染色体。受精将会产生一个有三个"p"或"q"臂的细胞,而另一个细胞只有一个臂。当一个染色体断裂的两个片断倒置时,则会出现基因翻转,产生结果倒置。当染色体断裂的两个末端与中间片段的顶端联结时,则会产生环状染色体。环状染色体是不稳定的,来自于两个末端的物质被删除了。

4. 标准术语

正常的或异常的人类染色体组型被描述为使用一种标准的机制、一般的表征以及这里所给出的例子,在科恩和纳德勒(1983)、史密斯(1982)、沃格尔和蒙图尔斯凯(1979)撰写的书籍以及人类基因丛书中有更多详细的描述。

如表1所示,信息的顺序是:①染色体总数;②性染色体;③任何异常。多余的或缺失的部分用"+"或"-"表示,相比较是在染色体数目受到影响之前;多余的或缺失的染色体用"+"或"-"表示,相比较是在染色体受到影响之后的部分。结构畸变是用标准的缩写表示其后是受影响的染色体的数目,接着是受影响的染色体的臂长,如果可知,也要描述染色体组数,镶嵌型是用符号"/"分开描述两个细胞群而进行描述。

5. 异常及其表现特征

尽管染色体综合征表现多样,但是各种类型都有一些共用特点。由于大多数的基因物质被添加或者缺失,许多都是致命的,其余多数也会出现多种严重的并发症。然而正常个体的生理和行为各有不同,所以受染色体异常影响的个体也各有不同,并不是都表现出所有的主要症状。

表2和表3是关于发生在活着的新生儿的主要基因异常的描述和特征。不同的因素导致不同的发生几率和主要特征的特殊形式,这点是很重要的。在大量的案例中,后续的情况使最初所谓的定义性特征发生了变化,例如,猫眼症(三体性,22p)最初是因显著缺损的可见虹膜命名的,然而,1982年史密斯报告的时候只发现40个案例。

C

表1　染色体组型样例的名称

染色体组型	描述
46,XX;46,XY	正常女性和男性
47,XX,+21	女性21三体性(唐氏综合征)
46,XY/47,XY+21	男性嵌合型21三体性(唐氏综合征)
46,XY,+t(14q21q)	男性由于14号和21号染色体异位以至于着丝点融合而引起的唐氏综合征
46,XX,del(5p) Or46,XX,5p——	由于5号染色体短臂长部分的删除引起的女性猫叫样哭泣征
46,XY,fraX(q27)	男性脆性X染色体综合征,包括长臂长染色体末端外侧的缢痕

表2　染色体畸形及特征

病症	发生率 (活着的出生儿)	因素/来源	特征
常染色体三体症			
第8号(染色体)三体综合征	非常罕见	镶嵌型为主	变异的高度;轻到重度智力落后;CHD;较差的联结;前额突出;眼睛深度居中;指状畸形
第9号(染色体)三体综合征	非常罕见	镶嵌型为主	低体重;低居中的畸形耳朵;重度智力落后;CHD;关节挛缩;大多数在婴儿期死亡
第13号(染色体)三体综合征(Patau综合征,或帕塔综合征)	1:7000~20000	(同源染色体)不分离	低体重(无脂体重);呼吸暂停;重度智力落后;CHD;癫痫发作;两侧唇裂或平板式唇裂;无法茁壮成长;大多数在婴儿期死亡
第18号(染色体)三体综合征(爱德华兹综合征)	1:8000	(同源染色体)不分离	女性发病是男性的三倍多,低体重(无脂体重);重度智力落后;CHD;无法茁壮成长;枕部过深;大多数在婴儿期死亡
第21号(染色体)三体综合征(唐氏综合征)	1:650~800	(同源染色体)不分离94% 镶嵌型2.4% 易位(结构染色体畸变)3.3%	轻到中度智力落后;CHD;张力减退;枕部扁平;内眦皮中隆腕足;大舌头;高于平均婴儿死亡率
第22号(染色体)三体综合征	非常罕见	(同源染色体)不分离	MR;发育迟缓;小头畸形;CHD;平板式唇裂;指状畸形;大多数在婴儿期死亡
性染色体畸形			
特纳氏综合征	1:10000	多样化	身材矮小症;不育,不孕;短小的蹼状颈;大而平的胸;IQ约为90
45,X	案例的57%	父系X染色体缺失	
45,X/46XX,其他	案例的12%	镶嵌(现象)	
45,X/46,XY	案例的4%	镶嵌(现象)	
其他	案例的27%	倒位(遗传),中间缺失(染色体)	
克利尼弗尔特综合征	1:1000	多样化	不孕,不育;性腺发育不全;小的脸和少的阴毛;IQ约为90;行为问题
47,XXY	案例的82%	(同源染色体)不分离	
48,XXXY	案例的3%	(同源染色体)不分离	带有多余X染色体的诸多问题
49,XXXXY	小于案例的1%	(同源染色体)不分离	
47,XXY/46,XY	案例的8%	镶嵌(现象)	

病症	发生率 (活着的出生儿)	因素/来源	特征
其他	案例的 6%		
多 X 染色体综合征	1:1000	(同源染色体)不分离	没有明显的特征,语言发育和运动发育迟缓,带有多余 X 染色体的诸多问题
47,XXX	案例的 98 + %		
48,XXXX(四 X 综合征)	罕见		
47,XYY 综合征(超雄综合征)	1:1000	(同源 4 染色体)不分离	多种表现和特征,高大;冲动行为;IQ 约为 90

注:MR:智力落后(S 严重;Mod 中等 M 轻度);CHD:认知心理疾病;LBW:最低的出生体重。该资料是由科恩和纳德勒(1983)、杰拉尔德和默尔雅什(1983)、史密斯(1982)提供的。

表 3　包含部分染色体异常的病症

病症	发生率	因素/来源	特征
部分三体型			
三体 9p	罕见	易位(结构染色体畸变)	重度智力落后;青春期发育延迟;语言延迟;指状畸形
部分三体 10p	罕见	易位(结构染色体畸变)	LMB;MR(S);枕部扁平;指状畸形;CHD;50% 死于婴儿期
三体 20p	罕见	易位(结构染色体畸变)	MR(M 至 Mod);张力减退;面部畸形;指状畸形
猫眼症(三体 22p)	罕见	易位(结构染色体畸变)	MR(M);情绪障碍;正常发育;CHD;虹膜缺损;其他眼缺陷
常染色体部分缺失			
4p -	罕见	部分缺失	LMB;MR(S);钩形鼻;小头畸形;腭裂;张力减退;癫痫发作;早逝
猫叫样哭泣症(5p -)	罕见	部分缺失	LMB;MR(S);猫叫式的哭喊;张力减退;内眦赘皮;小头畸形
9p -	罕见	部分缺失	正常发育;MR(S);三角头畸胎;大体积的乳头
11p -	罕见	部分缺失	MR(Mod 至 S);发育缺陷;小头畸形;眼睛缺陷;肾母细胞瘤
13p -	罕见	部分缺失	无脂体重;MR(S);无法茁壮成长;小头畸形;CHD;面部和指状畸形
18p -	罕见	部分缺失	影响多样;LMB;MR(多样化);内眦赘皮;耳朵大且松软
18q -	罕见	部分缺失	LMB;MR(S);癫痫发作;CHD;小头畸形;四肢指状,生殖器异常
21q -	罕见	部分缺失	MR;张力减退;发育迟缓;小头畸形;大耳朵
22q -	罕见	部分缺失	MR;张力减退;小头畸形;内眦赘皮;指状畸形
缢痕症			

病症	发生率	因素/来源	特征
脆性X染色体	1:1000男性	X染色体长臂末端外侧有缢痕	长的脸;下颚凸出;MR(M至R);发展迟缓;语言问题;学习问题

注:MR:智力落后(S严重;Mod中等;M轻);CHD:认知心理疾病;LBW:最低的出生体重。该资料是由科恩和纳德勒(1983)、杰拉尔德和默尔雅什(1983)、史密斯(1982)提供的。

6. 染色体的非整倍性

大多数的染色体异常都是非整倍性,包括染色体的增加和缺失,如表2。复杂的类型也会发生,更普遍的是唐氏综合征,即21三体性综合征,但是还有几种其他类型的现在已有报告。早逝在所有类型中很普遍,在有些类型中几乎都出现婴儿早期死亡。尽管每一种各有特点,但所有的都包含大脑损伤导致智力落后、认知心理疾病,以及畸形耳朵。异样脸、唇和指趾异常也是普遍的。随着母亲年龄的增长,这些症状的发生率会有急剧的增长(沃格尔和蒙图尔斯凯,1979)。

克利尼弗尔特综合征、特纳氏综合征有明显的表征,在现代基因技术发展以前就已经被描述过,这两种综合征都与青春期缺失以及不育不孕有关。遗憾的是,布朗指出,教科书编者不断地在有关智障的章节描述性染色体的非整倍性。然而,标准的形式与低水平的智力相关(IQ约为90非智力落后),不过智力落后的发生率比正常人高,许多受影响的个体将会完成高中和大学学业。镶嵌类的特纳氏综合征女性和克利尼弗尔特综合征男性很少会受到影响,克利尼弗尔特综合征男性和一些有多余染色体的女性以及21三体性染色体的女性会受到倒置的影响而有可能产生障碍。

克利尼弗尔特综合征和多X染色体综合征会随着母亲年龄的增长而增加(哈索尔德和雅格布斯,1984)。然而,特纳氏综合征和XYY综合征都与母亲年龄无关,与父亲年龄却有很大的相关性(哈索尔德和雅格布斯,1984;辛普森,1982)。

7. 染色体的异常部分

已知的几种部分三体性综合征包括多余的染色体物质和染色体中间缺失症,在表3中有描述。不同程度的智力落后是很普遍的,新生儿体重不足、面部和指状畸形也是很常见的。

当前研究的热点是脆性X染色体综合征。由X染色体缢痕引起,进而相对的细胞形成的研究很普遍,受影响的男性易导致智力落后,作为由基因引起的智力落后数量仅次于唐氏综合征。

8. 对特殊教育的意义

随着细胞遗传分析更标准化,有更多的儿童被鉴定为染色体异常患者。许多微弱症状对教师意义不大,其他的都是智力障碍、协调障碍和情绪障碍。特殊教育工作者和其他教育工作者要了解这些病症和标准的名称,另外,新的研究将毫无疑问地纠正现有的知识,我们必须准备接受新的信息,应该记住这些病症可能会引起刻板印象,患儿应该根据他们个体的特征得到治疗,不能一概而论。

CHRONIC ILLNESS IN CHILDREN
儿童慢性病

儿童可能会经受很多种类的慢性病,包括一些并非所有情况都被视为特殊教育传统范围内的疾病。比较重要的慢性病有:哮喘、纤维囊泡症、糖尿病、癫痫、非白血性白血病、青少年类风湿性关节炎、肌肉萎缩症、镰状细胞性贫血、地中海贫血。

在广大的慢性病患者群体中并非都是儿童,但是儿童构成了一个较大的群体,因而,高特马克(1985)、普勒斯和劳曼(1971)估计大约有10% ~15%的儿童有某种类型的慢性健康损害。而这些缺陷很多是轻度的,其他则很严重,可能会导致虚弱。豪布斯、皮瑞恩、艾里斯在1985年提出,至少有一百万儿童患有严重的疾病,而这些疾病中很多都是慢性病。如果包括豪布斯所说的生理缺陷儿童,例如脊柱裂儿童和其他严重的灾难性外伤儿童,那么这个数字还会更大。

大多数类似有哮喘和糖尿病等慢性病的儿童应该在社会主流中通过医疗从业者和公众健康机构满足他们的健康需要,然而比较严重的慢性疾病则需要持续的、普遍的和多方面的照顾。儿童医疗条件的严格程度并不是与问题种类和严重程度直接相关的,一些有严格医疗条件的儿童在参与每日的主流生活包括学校生活中没有什么困难,其他身体或生理障碍相对较轻的儿童会因他们存在的问题而使生活受到严重影响。慢性病和贫乏的社会心理作用之间没有直接的关系(米登斯,1994)。

尽管慢性病儿童在现在特殊教育法律法规中接受了有效服务,但是仍有人认为作为联邦和各州残疾人教育项目的主要推动者,父母和决策者过分重视残疾儿童的需要,而忽视慢性病儿童的需要(沃克和亚格布斯,1985)。豪布斯、皮瑞恩、艾里斯声称,慢性病儿童和青少年"应该受到和其他残疾类型如智力落后一样的持续性的关注"。

CIVIL RIGHTS OF THE HANDICAPPED
残疾人的公民权利

法律保障残疾人的权利,包括与教育、就业、健康、老人活动、福利相关的特定权利,还包括其他政府支持的私人的服务、计划和活动。

残疾人个体有权利乘坐飞机、火车、公共汽车和出租车旅行,无论这些交通工具上是否有无障碍设施;残疾人有权毫无障碍地进入公共场所,建筑物应该有无障碍的建筑设施;残疾人个体有权平等地接受医疗服务,这需要医生了解残疾人并懂得残疾方面的知识;残疾人有权申请各种证件,例如结婚证、捕鱼证,而不需要额外的附加条件和障碍,这和非残疾个体是相同的;法律不允许拒绝残疾人参加就业培训;商家拒绝把财产卖给、租给残疾人,或者任何方式的歧视也是法律不允许的。和服务要求一样重要的就是要确保社会成员都能正确地看待残疾人,他们有责任、有能力为社会作贡献。

公民权利办公室于1998年指出,教育部的公民权利办公室、卫生和人类服务部的公民权利办公室,有责任执行联邦法律,反对在政府支持项目或活动中出现种族、肤色国籍、性别、年龄或残疾歧视,并有权调查针对以上歧视的申诉。

参见 *无障碍建筑物;项目的可行性;美国残疾人法案;对待残疾人的态度;残疾人的社交行为*

CLASSROOM MANAGEMENT
班级管理

班级管理,广义地理解,涉及资源的有序组织以及在学校学习环境中容许学生的行为发展。尽管这是貌似普通的概念,但任何对于目标和班级管理技术的考虑都使人联想到许多其他的教育相关事宜。班级管理技术须与学校立场的教育本质和教育目的相一致,必须衡量众多道德的和法律的关系。同样在选择学校的组织结构时,必须满足心理教育的假设。由于这些原因,班级管理技术的选择必须考虑到许多方面,没有任何一个学者能提出应对所有环境的单一的方法。

尽管班级管理的定义是广泛的,但通常人们有兴趣的主题是学生的行为,特别是班级的纪律。很明显,对学生行为的控制比其他与班级管理有关的潜在事件更受重视。公众的观点是不断地强调学校纪律,经常把控制学生描述为学校的主要问题。另外,1981年由美国教育学会做的一项调查发现,90%的教师回答说明学生不良行为会导致负面的教学效果。同年,克鲁克香克发现,在整个15年的纵向研究中,教师们鉴定出学生控制是五个最重要的问题之一。很明显,现在的班级管理与纪律几乎是同义词,但是为什么纪律在当代美国学校是个问题,这个疑问并没有彻底明了。

班级管理的所有模式在班级管理技术的发展上产生了重要的影响。社会学和生态学模式尽管从理论上显示出了极大的希望,但并未产生广泛用于实践的成果;生理学模式,仍广泛地存在于医生的工作范围内;然而精神动力学和行为模式却显示出对教育者的强大吸引力,并概括了多种多样的方法。在这二者中,行为模式现今在特殊教育文献中更具支配地位,但是现在正在考虑社会建构主义的课堂(布罗菲,1998)。早期依赖于教师对意外事件进行控制的行为概念目前已经通过模式技术的广泛使用而得到讨论(班都拉,1969),认知行为的调整(米切恩鲍姆,1977),群组偶然事件计划(里图和庞普罗伊,1975),以及其他方面的进展得到了扩大。训练的转移和学习行为概括仍然是方法应用的障碍。我们可以在查尔斯(1985)以及沃克和谢伊(1989)的著作中找到对代表性班级管理技术的精彩概述。

参见 *应用行为分析;行为评估;纪律*

CLEFT LIP/PALATE
裂唇

裂唇和上颚裂缝现象在全世界相当普遍,不满1岁的婴儿有0.1%或多或少地有严重的裂唇,从悬雍垂裂或一部分左上唇到上唇两边完全的裂开,直至下颚和软硬上颚。一般情况下,唇裂分为三种主要类型:裂唇(CL)、裂上颚(CP)、唇和上颚均裂(CLP)。唇和上颚均裂的畸形是先天的,在4至7周会出现裂唇,随着胚胎的生长,7至12周内会演变为上颚裂缝。尽管滤过性毒菌、药物和X射线可能会引起这些畸形,但是一般认为,这是有遗传基础的。如果家族的裂唇很普遍、很严重或者近亲结婚,那么裂唇发生的几率就比较高。裂唇一般男性多于女性,而且,各类型的裂唇在两种性别上也不是平均分布的。

先天裂唇所产生的问题高度依赖于婴儿的出生地。在第三世界国家,裂唇的儿童不接受手术,他们的主要难题是生存和食物;在高度发达的国家里,裂唇儿童的主要难题是交流和社会化,即使在这些国家里,由于医疗队理念的不同,对裂唇儿童的治疗也有很大差别。

在大多数应用手术的国家里,完整的治疗和康复措施使这些儿童度过生命的第一个年头,一开始就接受治疗的儿童在接下来的几个月里要进行软颚闭合,有时也要使硬颚闭合,治疗的计划和方案在很大程度上依靠医疗团队的理念。举例来说,整形外科医生强调审美和可见的方面,牙医强调牙齿方面,语言治疗师强调语言发展的重要性等等。不过显而易见的是,各个团队之间跨学科的合作取得了很大的成功,所有的目标是为了患儿达到正常的外表、正常的牙齿、好的语言和交流能力。整个康复计划要延续15年以上。

裂唇儿童的语言发展以及相应的表达能力比人口平均水平要明显迟缓,原因之一可能是听力问题,因为裂唇儿童会发生中耳炎,以致听力受损。然而,这些可能的听力受损并不被认为是语言发展迟缓的主要原因,把发音困难归因于言语发生机制的不正常也不是主要的原因。尽管完整的言语训练计划是很必要的,但在畸形的严重性或裂唇的发生比率与语言发展迟缓程度之间没有找到一一对应的关系,而且越来越多的人相信,儿童社会心理的发展是解决语言问题的基础。

由于父母与儿童之间的相互关系是交流发展的源泉,很明显,对婴儿及其困难的接受是必需的。裂唇婴儿的出生毫无疑问需要父母相当程度的操心。父母的疑问、焦虑和担心需要及时和专业的咨询,从而为孩子创造一个安全适宜的环境。父母与婴儿之间平衡关系的建立会促进裂唇儿童发展正常的语言和社交技能。

CLINICAL EVALUATION OF LANGUAGE FUNDAMENTALS(CELF)

语言基础的临床评估(CELF)

语言基础的临床评估(第三版)(CELF-3)是为鉴定、诊断和持续评估听(语言接受)和说(语言表达)方面存在缺陷的儿童而设计的一系列个体操作的测量。CELF-3适用于6~21岁的个体,大约需要30~45分钟。整套测验包含11个分测验,只有6岁组需要达到语言接受、语言表达和综合语言分数的完全标准。CELF-3由以下部分组成:句子结构、词语结构、概念和指示、公式句、词类、句子回忆、句子集合、语义关系(核心分测验)、词的关系、听文章段落以及快速自动命名(辅加分测验)。

CELF-3取样范围为2450名6~21岁的学生,整个标准化样本由获得一般成绩的学生组成,这样,对缺陷儿童的鉴定测验就产生了一般化问题。如果用标准化计分的话,测验题的内部相关系数在0.83~0.95之间,个别化的分测验在0.54~0.95之间,测验复本是重复测验152份试题所形成的标准化套题。其信度在个别化分测验波动范围内是0.52~0.90之间,在完全的标准化计分中波动范围是0.80~0.91之间。效度是在CELF和韦氏儿童智力量表(WISC-Ⅲ)的对照中得出的,从中得出一个很大的相关r=0.75。吉廉指出,CELF-3与WISC-Ⅲ的相关证明CELF-3是一套很好的口头能力测验工具,但因与CELF-3相关的成就测验标准化效度的测验工具会更有说服力,所以CELF-3有待进一步完善。

CLINICAL INTERVIEW

临床访谈

评估访谈主要用于识别和定义目前的问题,收集与目前难题存在的原因相关的信息,或者作出一个诊断决定。重点集中在就诊者直接提供的信息上(内容访谈),或者是集中在就诊者的行为表现出来的信息上(过程访谈,即精神状态测验),或者是二者兼而有之。儿童访谈过程指导手册,包括拜斯勒的(1962),古德曼和索斯的(1967),以及格里斯潘的(1981)。内容访谈在文献资料上强调成人障碍的行为评估(海尼斯,1978);然而,1975年以前很少有与儿童的内容访谈可以参考。从那以后,大量的研究表明儿童能够直接提供真实可靠的信息(阿布萨德和霍尔兹默,1981;赫贾尼克和坎贝尔,1977),特别是描述公众观察的事件。

和任何评量工具一样,一次访谈的质量依赖于获得含有最少量错误的准确信息上,三个主要的错误来源在访谈中是存在的:访谈者、受访者、访谈环境。访谈者一个明显的错误是无法获得必要的信息,特别是获得没有问到的信息,这是不太可能的。因此,需要从访谈中获得的信息应该是有计划的。一些访谈须经过精心安排(例如,瓦因兰适应性行为量表);其他的访谈则使用粗组织架构,例如BASIC ID(拉扎勒斯,1973)或者S-O-R-K-C(坎福尔和萨斯洛,1969);访谈也可以被组织,特别是由医生组织。目前存在几种用于儿童精神病理学评量的结构访谈(埃德尔布罗克和克斯特洛,1984;奥瓦尔斯切尔、肖洛姆斯卡斯,和韦斯曼,1980)。一个访谈者使用的专门计划将取决于访谈者的目的和理论模式(文图拉、利伯曼、格林、香恩纳和明茨,1998)。第二个信息收集错误是无法辨认和明晰模糊的回答,这个错误源可以通过提问来澄清矛盾信息得以减少。在访谈中可以获得很多信息,因此,医生所使用的存储和检索系统是第三个潜在的错误源。

另外,为了获得准确信息,一个访谈者可以使用策略,刚开始会得到准确信息,但如果访谈者没有建立能够使就诊者不断地提供准确信息的关系,那么访谈中获得的信息的质量会不断下降。保持热情、同情、诚实和个人强化有助于二者之间的情感协调。访谈者要不断地对效果变化保持警觉,改变策略以建立一种适度的灵活的关系。

被访谈者的错误源分成发展性缺陷的影响、就诊者对访谈的性质和结果的看法以及疲劳等几种。这些错误源通过确保访谈和被访谈者所使用的词汇非常接近,降低认知需求(例如,迅速地询问反应信息的单个问题,而不是复杂的问题),清晰地解释访谈者知道的信息和需要知道的信息,就能部分地得到控制。有证据表明,封闭式或多重选择问题格式(例如,当其他儿童用某个名称称呼你时,你会感到生气,伤心,还是其他呢?)与开放式问题相比较,可以从发展程度更轻的人那里获得更多可靠的信息(例如,开放式问题的提问是:当他们那样称呼你的时候,你有何感受?),并且有一些研究表明,开放式问题与封闭式问题相比较,会产生更多的拒绝和不完整的信息(安蒙斯,1950;米勒和比吉,1979)。然而,存在一种倾向,即发展迟缓的成人或儿童对于"是或否"之类的问题给予默认的反应,对复杂性问题的反应则是选择最后一个答案(西格尔曼等,1981)。

受访者对访谈和所获信息的处理怀有期待,这也可能影响效度。医生要确保使就诊者理解访谈中将会发生的问题,信息如何使用,并收集他们对访谈任何关心的问题。在解释数据资料时,医生应该考虑到因环境要求就诊者可能给出带有偏见的反应。如果设计的访谈使就诊者相信并适应环境,那么归因于环境适应要求的偏见就会减少。如果医生在访谈开始时,先问就诊者访谈环境是否对他产生影响,那么就诊者的状况就会改善许多,就很有可能在分享问题时更好地合作。

访谈环境对访谈有很大的影响,因此,它是访谈的一个错误源。访谈者和被访谈者是单独相对的,除非其他人的存在有望提高访谈的能量(例如,一个幼小的儿童只有妈妈在身边的时候才不会感到害怕)。在解释结果的时候,医生需要考虑其他人的存在对访谈所产生的影响。就诊者和医生的先前经验可能产生偏见,这个问题在访谈者和被访谈者没有见过面的情况下是可以忽略的。访谈者所选的地点可能会影响信息的整理,例如:当在教室里采访一个儿童时,将会引发就诊者期望访谈者是一位教师。另外,环境可以用于提取那些一般不易得到的信息,例如:当在教室里单独问一个儿童刚才所发生的事情的时候,这个儿童可能会给予真实的回答。因此,医生要认真地设计访谈的环境。

参见 评估;精神状态测验

CLINICAL PSYCHOLOGY
临床心理学

临床心理学是致力于精神障碍研究、评估、诊断和治疗的心理学分支学科。临床心理学起源于1896年赖特纳·魏特默在美国宾夕法尼亚大学建立的第一个心理诊所(本杰明,1997)。1907年魏特默创办了《心理学临床》杂志,并担任编辑,该杂志谈及了问题的种类和他的心理诊所的服务项目。杂志创办之初,魏特默亲自撰写发刊辞,并介绍了他的工作是治疗拼写有问题的学生(魏特默,1907)。这篇文章标题为"临床心理学",他把这个名称运用到自己的工作中,因此成为临床心理学的奠基人(本杰明,1997)。

临床心理学成立之初,主要着眼于评估人的能力、发掘人的潜能。在两次世界大战中,临床心理学家主要帮助政府给应征入伍的士兵提供智力测验、成就测验、职业兴趣测验和人格测验。第二次世界大战后,美国退役军人管理局雇用了大批临床心理学家为伤残退役军人服务,因此临床心理学家的工作不再局限于评估,开始扩展到心理治疗领域(菲雷斯,1979)。在此期间,临床心理学家在许多州获得了从业执照,成立了独立的实践组织,开始走向专业化道路。

临床心理学的培训是四年大学课程加一年全职实习。课程包括基础心理学领域课程,主要有:社会心理学、学习心理学、心理学研究方法、生物心理学以及评估和精神病理学领域的高级课程(马修和沃克,1977)。哲学博士学位在临床心理学中属于传统学位,该学位既要求有理论研究深度,又要求有实践经验。心理学博士是新兴的学位,该学位更强调实践经验。目前要取得临床心理学从业执照,必须在完成一年博士后督导以后,参加口头和书面考试。此外,考虑到不同毕业课程中培训目的相同,培训内容也相同,美国心理学会特许临床心理学课程合格。

参见 临床访谈;《精神障碍诊断与统计手册》;精神状态测验

CLINICAL TEACHING

临床教学

临床教学就是开教学处方(诊断→开处方→矫正),注重根据学生的能力设计专门的教学方案。因此临床教学也叫诊断处方教学,是诊断—教学—诊断的过程。约翰逊和米克勒比斯特(1967)、史密斯(1974)、勒纳(1985)等人都提出了临床教学的阶段论。临床教学策略包括:任务分析和应用行为分析。

勒纳(1985)认为临床教学程序是五阶段重复循环的决策过程,具体包括诊断、制订教学计划、实施、再诊断、修正教学方案。她还进一步提出,从事临床教学的教师要考虑到学生的生态环境、家庭环境、社会和文化环境。

史密斯(1983)提出了临床教学的八阶段论:①临床教师应客观地观察和分析学生的学习能力;②教师要客观观察和分析学生在不同类型任务中,成功和失败的特点;③教师要认真分析任务和环境的特性;④对照比较从第③步获取的信息如何与第①步和第②步的观察获得的信息相互作用,从而取得理想的教学效果;⑤教师应该随时和学生商量各种教学方案,共同决定采用哪个方案;⑥教师制定短期目标、确定教学计划;⑦实施教学;⑧定期评估教学效果。如果效果显著,就继续采取该教学方案,但要注意提出更高的教学目标;如果效果不好,折回执行①~⑦步。

参见 诊断处方教学

CLOZE TECHNIQUE

填空技巧

填空技巧是用来对阅读理解技能进行评估和教学的程序。泰勒(1953)根据填空的心理建构理论,首先提出了这种技巧。他认为个体在阅读记叙文或说明文时,会在心理上努力完成那些不完整的思想或言语模式。根据填空技巧,这种语言模式往往是一篇删掉一些词语的阅读文章。通常,一篇大约250字的阅读文章中,每10个词会删掉其中的一个,阅读者的任务就是将删掉的词补上。

填空练习的材料来自于基础阅读书籍、经贸书籍、已知领域的材料以及其他适合某个目标读者群的选段。完形的过程通常可以用来作为评估阅读理解能力的工具。正如史密斯和约翰逊所描述的,同样的阅读材料,或许能被用来做成各种各样的完形填空材料。例如,三段大约100字的选段可能选自一篇文章的开头、中间和结尾,然后某生词被删掉,如每五个或十个词语中删掉一个,读者的任务就是阅读材料并填充空白词语。埃克瓦尔(1985)对这个过程作了详细的说明,首先他在保留第一句和最后一句话的完整性的基础上,从每五个单词中抽出一个用空格代替,接着让阅读者阅读选段,最后用合适的词语填空使选段完整。

填空练习可以针对某个学生单独使用,也可以在大量学生中使用。作为一种评估工具,填空练习通常没有时间上的限制。评估结果和得分的依据通常是完成空格的正确率。如果一个学生有45%~50%的正确率,那么可以认为阅读者要理解这份材料需要一定的指导;如果正确率达到60%,可以认为阅读者能独立阅读并理解该材料;如果正确率低于45%,可以认为阅读者不能理解该材料。

因此,基于感知建构理论和格式塔心理学家所定义的填空理论的填空技巧,假设一个熟练的阅读者具有预知阅读材料呈现的内容的能力。这种能力需要大量的阅读技巧,包括理解上下文的能力、语言模式的知识以及理解大意的能力。正像赖伊(1982)所描述的,这种活动包括对上下文场景和假定结构的信息进行取样,从语言和概念的角度预知选段将要出现的内容。填空技巧作为一种评估和教学工具,其价值在于它能考察阅读者的理解能力和各种语言能力。

参见 阅读障碍;阅读矫正

CLUTTERING

口急

口急是一种与口吃有关的言语障碍,更准确地说是一种流畅性障碍。重要的是这两种障碍并不相同。口急的特征是不断中断正常的语言表达。造成这种中断的原因有:言语计划无组织,说话太快或太急;或者不确定该说的内容等。相反,我们知道口吃往往是口吃者暂时不能说出心里想说的内容造成的。因此,他们重复或者延长声音或音节,其语音阻塞需要借助额外的一些方式(如眨眼,使用难词的同义词、面部表情)来表达自己的想法(戴利,1996;圣·路易斯和迈尔斯,1997)。由于人们对口急还不太了解,关于这种障碍仍然存在认识模糊不清的地方。人们往往认为口急障碍是口吃,而且口急经常伴随着口吃发生,一些专家质疑已建立的口急的概念是否可靠(例如:克尔利斯,1996)。

美国言语语言听力协会流畅性障碍分会最近采纳的口急的定义是:"一种流畅性障碍,其特征有急促或者不规则的说话速度、语速不流畅、经常伴随语言或音韵错误及注意力不足等症状。"(圣·路易斯、汉利和胡德,1998)口急者的言语听起来不流畅,换句话说,就是他们不能清楚地呈现想说的内容或不知道怎样说它。

他们表现出正常的言语不流利的最差水平,例如插入语(例如"嗯"或者"你知道")和修正语(如:"我们去复习","我们开始去奶奶家"等)(圣·路易斯、欣茨曼和赫尔,1985);口急者的构音不存在问题,如果有问题也只是存在于辅助行为方面的问题。语速太快或不规则的说话者会表现出以下症状:说话太快(精确地测量其每分钟说话的速度或者总的印象);声音急促;或者在说话过程中过短、过长或不恰当的停顿。

偏离常规言语流畅性和速度通常被认为是口急的基本症状(圣·路易斯,1992),同时也会伴有其他的一些症状,但这些症状并不一定出现。这些特征包括语言或者谈话技能混淆,无组织,通常伴随着找词困难;对语言流畅性和语速问题认识有限;在要求放慢语速或者注意说话(或者被录音)时会出现暂时的改进;特别的不恰当的发音动作、言语含糊或者省略较长单词中的非重读音节(如把"fortunately"读作"ferchly");言语难以被理解;家族有口吃或口急史;社会或职业问题;学习障碍;注意力缺陷多动性障碍;潦草的书写;日常活动中缺乏组织能力;听觉障碍(戴利,1992;圣·路易斯和迈尔斯,1995,1997;韦斯,1964)。

口急者的治疗在直接关注流畅性之前要先考虑其他相关的问题(尽管降低语速对口急者来说不容易,但通常被作为治疗的第一个目标),有的口急者能很好地利用听觉反馈延迟装置(DAF)来调解他们的语速,有的就不能。其他的一些技术如"语速测量尺"、"语速票"等对降低年幼的口急者的语速有一定的帮助。

目前还不能精确地判断语言治疗对口急者是否有用。大多数口急者认为他们存在严重言语问题,可以从朋友、家人及雇主那里获得帮助。另外动机也是一个关键的元素:典型成功案例都有很好的理由去改变现状,例如可能的职业升迁。另一方面,如果口急者不能确定他们的问题,或者没有意识到存在的问题,那么他们从治疗中得到改善的可能性就会减少(戴利,1992;圣·路易斯和迈尔斯,1997)。

COCKAYNE SYNDROME(CS)
科凯恩综合征(CS)

科凯恩综合征是一种罕见的遗传疾病,染色体隐性遗传其发病率尚不得而知。男性和女性患病的机会均等。CS患者至少出生后的第一年其生长发育是正常的,随后会出现神经发育迟缓,在许多案例中,这种现象到四五岁或许还不能明显显现。

早期的CS儿童经常被误诊为注意力缺陷多动性障碍或不同种类的协调障碍。典型的CS在儿童时期会出现中重度的智力发展迟缓。通常个子矮而耳朵大,并有光敏感和外周神经敏感等现象。所有的案例都会出现脑蛋白质营养不良且夭折。CS没有治愈的方法,唯一的治疗手段就是对症状进行管理。CS可以通过体检、CT和MRI(伊尔贝里,1995)来诊断,各种症状到10岁时通常表现得比较明显。

CS患者由于其智力障碍和具体的行为问题,需要特殊教育的介入。同时因为往往会有侏儒症和情绪问题产生,所以需要特殊的帮助。由于障碍的严重性和患者行为、智力、运动能力的改变,需要每年进行一次彻底的教育心理学的评估。

COGNITIVE ASSESSMENT SYSTEM(CAS)
认知评估系统(CAS)

认知评估系统(CAS;纳列里和达斯,1997)是心理学家或相关的教育专家在实施临床教育心理学、神经心理学评估时对5~17岁儿童进行的个体能力管理测试。1997年版的认知评估系统是第一版,用来测量认知过程的计划、注意力、同步和连续(PASS)。PASS理论是用来确定认知评估系统的子测试,并将这些题目标准化,指导解释和干预工作。这种测试不同于传统的能力测试,是因为:①它建构的基础是PASS认知过程这个使能力重新概念化的理论;②用来测量特定的认知过程而不是普遍的能力;③吸取了心理学和教育学最新的研究成果,能反映人们对认知过程的理解;④其子测试不包括词汇或算术这类学术内容;⑤用来反映儿童与学业成就相关的优、劣势;⑥与特定干预的指导和确定具有相关性。

PASS理论的思想基础是,这些过程对功能性能力非常重要,影响并依赖于人的知识基础。这些过程的定义如下:计划——个体决定、选择、使用某种有效解决问题的方法;注意力——个体有选择地注意某些刺激而非另一些刺激;同步——个体统合刺激的过程;连续处理——个体用专门的序列顺序统合刺激。

认知评估系统由计划、注意、同步和连续等级几个标准组成,每个标准都体现了测试建构的理论基础。这四个标准组成的三种子测试都经过了广泛的开发和论证,每一种子测试产生平均分为10分,标准差为3个标准分。子系统组成特殊PASS量表和全量表,每种量表平均分为100分,标准差为15个标准分。这种测试有标准版(12个子测试)和基础版(8个子测试),需要的时间分别为60分钟和45分钟。每种子测试如下所述。

认知评估系统对2200个从5岁到17岁11个月的

被测试者加以标准化。这些被测试者涉及不同性别、种族、民族、社区环境、教育安置、教育类别、父母受教育背景。认知评估系统全量表的内部信度为 0.96,单独的 PASS 量表信度分别为:计划 0.88;同步 0.93;注意力 0.88;连续 0.93。这些测试满足或超过一定的已被认可的信度标准。

纳列里和达斯发表了许多关于认知评估系统的重要的效度研究报告。总的来说,这些专家认为 PASS 标准能较准确地预知成就。纳列里认为认知评估系统全量表与伍德科克—约翰逊成就测试修订版的相关系数为 0.73,与之形成对比的是 WISC - Ⅲ与 WIAT 的相关系数为 0.59,伍德科克—约翰逊认知测试与伍德科克—约翰逊成就测试的相关系数为 0.62。这些数据表明,认知评估系统在评量成就时存在 50% 的差异,而 WISC - Ⅲ和 WJ - R 只有 35% 的差异。纳列里和达斯还认为认知评估系统创造出体现注意力缺陷多动障碍和阅读障碍特征的 PASS 过程。最后,纳列里和戈特林证明认知评估系统具有重要的教育意义。这样该系统提供了一些新的定义和评量能力的方法。对这些最初的发现需要深入的研究和进一步的探讨。

COGNITIVE BEHAVIOR THERAPY

认知行为疗法

认知行为疗法是指根据下面三个假设整合的各种方法和应用方向:第一,人的行为由认知事件表达(如思维、想象、期望和信仰等);第二点是第一点的必然结果,事件的改变将导致行为的改变;第三个假设是认知与思想、行为和环境的互补,与行为主义者所认为的个体是环境影响的被动接受者的单向性观点相反。

从认知心理学的研究中得出大量的治疗方法,这些治疗方法广泛地利用行为主义满足经验测试的观点。这些治疗方法试图将思维过程作为影响认知和行为改变的机制进行调整。常见的认知疗法包括:模范学习、自我指导训练、问题解决训练、理性情绪训练、认知疗法、自我控制训练、认知技能训练等。由于自我指导训练和行为训练关注了认知和行为这两个重点,因此在学校教育尤其是课堂应用中得到广泛的研究。后面的内容将对这两种方法进行简要的介绍。

在自我指导训练中,教育儿童通过自我对话规范自己的行为,教会儿童自问自答一些指导他们完成任务的问题。主要有四类这样的问题:

(1)关于问题本质的问题(如:我现在要做的是什么?我得证明这两辆车是一样的)。

(2)计划或解决问题的自我指导(我该怎样做?我得仔细看每一辆车,先看车罩,再看前轮,最后看车尾)。

(3)自我管理(怎样执行我的计划)。

(4)自我评估(我做了什么?我成功了,因为我仔细观察了每辆车,发现它们是一样的)。

根据任务的类型,对自我陈述进行调整和改变。通过对语言规范个体行为的发展研究,得到了教育儿童利用自我对话指导问题解决行为的步骤:①让儿童观察成人解决问题的方式并大声说出步骤的行为(示范);②成人口头指导,由儿童完成同样的任务;③儿童自己完成任务并大声说出步骤;④儿童在小声说出步骤的情况下完成任务;最后,儿童在嘴唇不动的情况下默念步骤,完成任务。

关于自我指导性对话的研究表明,这种方法可以促使易冲动儿童在行动之前进行思考(梅亨鲍姆和古德曼,1971)。尽管经过行为治疗的儿童在新的问题解决任务和学习能力方面有所提高(坎普、布洛姆、赫伯特和范,1997;道格拉斯、帕里、马顿和加森,1976;梅亨鲍姆和古特曼,1971),但是对课堂行为治疗的结果还没有定论(坎普,1980;坎普,1997)。

问题解决训练与自我指导训练相似,即指导儿童按系统化的问题解决过程思考问题。斯皮瓦克和舒尔(斯皮瓦克、普拉特和舒尔,1976;斯皮瓦克和舒尔,1974)对学龄前儿童进行了如下人际认知问题解决的技能教育:问题识别;手段—目的思考;替代性思考和结果性思考。手段—目的思考包括计划的能力、逐步处理的能力、确定达到人际目标的方法的能力。替代性思考包括以不同的计划解决既定的人际关系问题的能力。结果性思考是对结果进行预知和评估的能力。这些技能在游戏型互动包括描述问题的图片、玩偶和故事中传授。关于问题解决训练的研究证明,这种方法可以提高教学效率、学习能力和行为观察能力(舒尔,1981)。

由于心理治疗方法的介入,认知行为疗法对治疗疼痛(丹和洛伊希特,1997)、抑郁(墨菲、卡尼和韦策尔,1995)、肢体畸形障碍(内奇尔奥卢、麦凯、托达罗和雅优拉 - 托拜厄斯,1996)、进食障碍(埃尔德雷奇、贝尔、卡斯顿圭和马内尔,1997)有很大的帮助。但是在对学龄儿童使用认知行为疗法时,有两个需要注意的问题:①当计划一门认知行为疗法课程的时候,要评估儿童的逻辑思维结构和社会认知能力(金尼,1991);②如果一门治疗课程要取得成功就必须考虑到多元文化背景的影响,并采取相关措施(这一点与任何年龄的个体都有关系)。

参见 认知再训练;认知策略;自我控制课程

COGNITIVE DEVELOPMENT

认知发展

认知发展是由大量互相重叠的概念化及理论化过程组成的,其中包括个体从出生到死亡在心智能力和成熟程度方面发生的变化。认知作为认知发展的产物,是指个体获得知识的心智过程。而且认知也是一个获得有意识感知的过程,能帮助我们了解和懂得广泛的活动,如记忆、学习、思考和集中精力。认知作为人类的一种现象,包括未观察的事件,以及随后人们对它的理解和反应(弗拉维尔,1982)。这些隐性的行为体现了人类思维活动的特点。

人们努力提出儿童时期认知发展常用的参数,并使其适用于特殊教育。有几个认知观点必须提及人类是积极的问题解决者,他们试图区分、选择和分析信息;随后进行直接的有计划的活动并经历发展和变化。当代主要有三个理论流派认为儿童是积极的问题解决者:皮亚杰认知发展理论、信息加工模式、社会学习理论。

1. 皮亚杰的认知发展理论

皮亚杰的认知发展理论是关于认知发展如何产生的最有影响的论述(皮亚杰,1970)。在他的著作里,用形式逻辑的符号手段来表征认知结构。他把每种认知结构看做是广泛的逻辑操作系统,用来调整和统一所有的智力活动及特征。尽管大量关于儿童的研究证实了皮亚杰的理论,但其理论在某些方面得到审视并需要修订或重新解释(弗拉维尔,1980;格尔曼,1978)。尽管这样,皮亚杰的研究仍然被认为为人类智力发展提供了重要的科学范例,其理论框架是认知发展研究领域的基础。

2. 认知发展的信息加工模式

作为人类认知发展研究的一种模式,信息加工阐述了决策、认识和记忆的过程。在这种认知发展研究模式中,大脑被看做类似于计算机的复杂的认知系统。从本质上讲,为了产生某种行为,人的认知过程就像计算机处理数据一样。感觉系统通过不同的目标信息处理单元将信息从环境中抽象出来,再对信息进行逐步转换和分析;利用了扩大的行为主义观点,因而得以开发并取决于经验测试。执行系统包含了一系列基本的信息处理规则,这些规则包括对达到目标的信息流的建构、执行和管理等内容。

大多数信息加工研究建立在皮亚杰对认知发展的理解所做出的贡献之上,与皮亚杰思维加工和操作可逆性的思维逻辑结构下的结构阐述相对,信息加工通过认知加工确定特定的心智处理过程。一些研究者如帕斯夸尔-莱昂内(1980)和凯斯(1978)综合信息加工的观点对皮亚杰的理论进行了修正(也被称为新皮亚杰理论),西格拉的规则评估法就是其中一种。他的研究从本质上阐述了不同年龄段儿童解决问题的能力。儿童对问题反应的模式帮助确定儿童正在使用哪一条信息加工规则。

还有许多信息加工的观点对认知发展进行了阐述。例如:研究者发现年幼儿童对某个任务的注意力和持久度是有限的(韦尔曼、里特和弗拉维尔,1975),而且他们的好奇心与系统的解决问题相冲突。因此与皮亚杰的理论相反,许多年幼儿童由于不能保持足够的注意力收集必要的信息,因而不能成功地解决许多问题。大约5岁左右的儿童在解决问题时持久度会增加。因此,对年幼的儿童先呈现相关刺激,然后教他们识别这些刺激。而对年龄较大的儿童不需要专门的训练就会更好地做出选择性注意。

3. 社会学习理论

社会学习理论家认为,认知发展更多的是个体特征和环境影响相互作用的结果。他们认为认知发展、个体行为和环境影响存在于相互依赖的网络中,它们之间存在着相互作用的决定因素。因此,认知、信仰和期望会影响行为,反之亦然。行为部分地决定环境的性质,而认知则对环境进行心理判断。

学习行为要么直接发生(通过行为和结果的联结),要么通过模仿进行。由于传统的认知类型忽略了意识是儿童认知的一部分,因此对直接的行为结果或对其强化结果没有进行概念化处理。行为结果明显带有能激起个体形成并检验假设的信息和功能,因此不管反应是否会引发与刺激相关的认知或思想,强化都会起作用。

学习被认为是通过模仿而获得的。所有新的行为都和它的结果一起被观察到。内在的符号能力促进信息的抽象和表征,并提供有效的方式以保持信息。根据社会学习理论的观点,对强化的期待可以作为对榜样行为直接注意的刺激,因此,强化可以促进学习。

总的来说,社会学习理论十分强调符号和自律的过程。认知发展的重要程度在于认知功能的变化会影响这些过程的变化。对儿童来说,发展使得他们的经验和实际操作能力更成熟。结果是儿童能更好地表征有效性和保持观察经验。另外,符号过程、注意过程和动机过程随观察学习的变化而变化。

4. 对特殊教育的意义

认知发展的传统阶段在普通人和残疾人士中的应

用是相似的。然而,残疾状况往往会使得认知发展不规则或者延迟认知的发展,尤其在极重度障碍患者身上表现得较明显。一些极重度智力落后者无法达到更高级的认知发展阶段,如命题思维、操作思维等。有些残疾儿童通过机械的或者严谨结构化教育也许能获得某种技能,但在新的环境中应用这些技能就很困难(布朗和墨菲,1977)。

大多数轻度和中度智力落后儿童能按皮亚杰认知发展理论较低级的阶段进行发展,但是其掌握技能的速度非常慢。随着儿童年龄的增加,他们被期望学习专门技能的预期年龄与实际学习技能的年龄之间的鸿沟将扩大。智力落后儿童也能完成认知任务,只是其效率低于普通儿童(坎皮恩和布朗,1978)。

学习障碍者在残疾人群中占最大的比例(美国特殊教育办公室,1996 年),他们表现出一系列认知机能障碍。当学习随着年龄落后的时候,这些缺陷就出现在发展的早期阶段,学习障碍儿童可能不会表现出特别的认知问题,但是到了皮亚杰的前运算阶段(直观思维阶段),其学习的速度就会减慢。因此,在数学、阅读和记忆方面表现出的问题更普遍。

在最初几年,学习障碍儿童在排序和归类这些体现数学本质的任务中存在问题。他们不能按大小对物体进行分类,不能对事物进行配对,不能理解数数和加法的概念。在阅读方面,学习障碍儿童表现出词语识别错误(删词、添词、换词、词语颠倒或变换等)和理解错误(不能回忆事实、次序或主要观点)。

词语识别困难表明学习障碍儿童不能用一个词或字母表示或代表其他的东西,这是符号思维发展中认知发展的前概念技能(2 ~7 岁)。这些集中存在的问题可能抑制了阅读理解能力的发展。

学习障碍学生通常在回忆听觉和视觉刺激上存在问题,在应对需要专门的学习和记忆策略的任务中也存在问题。这些策略影响对再现和回忆输入的有效组织。鲍尔(1979)发现程度差的阅读者在完成组织复杂和再现策略的记忆任务中表现不佳。考夫曼和哈拉汉(1979)发现学习障碍学生不能制定提高注意和回忆的策略。这些不足在运用于学习任务时表现得比较明显。

认知发展可以从许多不同视角进行探讨,从而应用于解决特殊年龄领域的学术问题。认知发展的信息加工模式仍处于早期阶段,它是皮亚杰认知发展理论早期框架的补充,而不能完全取代后者。目前的研究表明,婴幼儿比我们一度认为的更有能力,而成人也并不像我们想象的那样有能力(弗拉维尔,1992)。认知发展文献的发展和扩大继续不断地填补皮亚杰模式的空白(克洛雷,1991)。因此,经验研究的进展能够帮助成功的学校干预的发展。

参见 认知策略;认知风格;信息处理;智力;让·皮亚杰;社会学习理论

COGNITIVE IMPAIRMENT AND METAL POLLUTANTS
认知受损和重金属污染物

众所周知,如果将一个儿童置于大剂量的铅及其他重金属污染物的环境中,将导致永久性的神经后遗症和认知障碍(哈特曼,1995;穆恩、马洛和埃雷拉,1985)。而重金属污染的原因通常与低标准的生活条件有关。例如生活在低标准的破烂的房屋里,这些房屋的墙皮脱落,暴露出含铅的油漆或塑料;生活在充斥着含重金属污染物的生活垃圾中;生活在喧闹的交通要道或有害放射物的工厂附近。营养不均衡也是重金属污染作用的部分原因。

重金属污染物带来的生理上的不适包括味觉丧失、慢性腹痛、头痛和贫血症等。关于重金属污染物给行为带来的不适,有报告表明,包括学习表现欠佳、注意力缺陷、烦躁、笨拙等。调查者证实了教室环境下重金属的毒性与诸如学习困难儿童和情绪困扰儿童的不恰当行为之间存在着必然的联系。

通过对血液、牙齿和头发的分析,很容易得出人体内金属浓度。对头发的研究简单而且无害:样本视光谱原子吸收研究而定(拉贝尔,1982)。头发中金属等微量元素的浓度通常高于血清中的含量,因此头发可以提供关于儿童营养和矿物质现状的报告。重金属暴露情况调查表是一种适用于教室,帮助教师辨别学生是否遭受潜在的重金属污染的方法。这种方法为在校生明显遭受重金属污染的可能性提供数量上的信息。

许多关于重金属污染物影响的研究受到错误的方法论的指导。其中一个较为明显的错误是当研究者研究某种有害金属的影响时,往往没考虑到其他有害金属对儿童行为的影响(哈特曼,1995;穆恩等,1985)。

虽然有明显的证据表明,高剂量重金属污染物对身体和认知都有伤害,但很少有事实来证明低剂量的这类金属污染是否有明显的影响。一系列的研究表明,低剂量的重金属同样有不良影响。少量砷、镉、汞、铝和铅将造成儿童认知、知觉和行为发展迟缓。有研究者假设金属化合物之间有相互影响的作用,因此增加了对儿童的有害影响。

穆恩和埃雷拉等人证明了重金属污染物有害影响

的潜在广泛性。这些研究者研究了随机抽样的小学生样本,发现在低金属浓度与各种认知及学生测试成绩降低之间存在明显的关系。同时,他们发现了金属化合物之间相互作用的影响。因此,砷和铝相互作用的增加会明显地降低阅读和拼写成绩。铝和铅相互作用的增加与视动能力降低之间存在明显的联系。哈特曼(1995)对有害物质暴露的神经心理学进行了精神论述。

参见 贫困与特殊教育的关系

COGNITIVE RETRAINING

认知再训练

认知再训练包括对由脑损伤、脑血管损伤或者其他非常见的神经障碍引起的获得性认知功能失调进行的矫正和训练。参考不同的术语,认知再训练的同义词有认知再发展、认知再调节、神经再训练、认知康复。每种方法的目的都是要引起口语(如口语问题解决)和非口语(如视觉空间推理)技巧或能力的功能性的改变。这种方法试图加强发病前心智功能的模式或者补偿策略的设计以防止产生永久性的功能障碍(也就是说,恢复是不可能的)。认知再训练包括缺陷的再调节、个体能力的利用或者补偿方法的训练。由于一个个体的功能性失调往往异于另外的个体,因此治疗者可能会设计融合上述多种方法的治疗方案。事实上,脑伤病人很少出现只是某一个特定领域的障碍而不影响其他领域认知功能的现象(例如,抽象推理和记忆)。

认知再训练是目前的一个尝试,因此它的许多方法都有待进一步的发展。大多数方法包括控制材料(如计算机程序)和治疗策略(如创建推动任务完成的最适宜的环境)(迪勒和戈登,1981;尼曼、拉夫和巴塞尔,1990)。认知治疗师帮助病人将目标细分为足够小的步骤,使其失败的几率几乎为零。尽管再训练已经得到较大的发展,但大多数认知再训练仍包括了针对特殊障碍的任务分析方法(迪安,1982)。任务分析包括:①评估病人特有的认知功能形式;②定义为实现治疗目的必要的内容要素(如术语、规则之类);③确定掌握内容所必需的认知功能水平及形式(如视觉记忆等);④详细说明内容和病人认知功能之间的关系;⑤在再训练过程中使用小步子的方法并提供正确的反馈;⑥将每一步成就联系起来组成最后的目标(迪安,1982)。特定的方法可能会变化,即从教授某些语言技能的补偿空间缺陷到再学习阅读中必需的语言技能。

通过上面的介绍,我们可以清楚地了解到认知再训练还处于临床试验的水平。因此,大多数再训练程序的应用缺乏坚实的研究基础。事实上,认知训练程序的有效性的研究受到缺乏对同步恢复控制的限制已得到证明,也就是说,脑损伤之后,一定程度的功能恢复在缺乏干预的情况下出现了。显然,这种恢复必须用来评估任何再训练程序的有效性(迪安,1986)。

参见 脑损伤;认知策略;神经心理学

COGNITIVE STRATEGIES

认知策略

认知策略是我们用来监测、控制和管理认知功能的认知过程,它们用来调节学习和行为。尽管很长一段时间以来,人们以不同的名称对认知策略进行了研究,但是第一次使用这个术语的现代意义或许应归功于布鲁纳、古德诺和奥斯汀(1956)。近年来,人们对这些策略的训练和矫正表现出相当大的兴趣。

许多认知理论对认知策略的研究都有影响,而其中影响最大的是信息加工理论。从信息加工的角度对认知策略进行定义,杨指出大多数任务和问题能够用许多不同的方法给予解决,个体针对目的有能力选择不同的策略,这些策略与计算机程序的子程序存在着相似性。

认知策略从理论上区别于认知能力和知识信息,它们被认为是指导我们如何运用能力和使用知识的认知技巧,而策略可以通过非正式和正式的方法学习。从特殊教育的角度来看,最重要的是它们易受训练和改善的影响。

关于认知策略,有很多分类系统。巴伦(1978)认为可以通过三种方法对其进行分类:①中心策略是其他策略发展的基础;②通用策略在许多不同的情况下都可以应用;③专门策略适用于特殊的应用类型。

纽厄尔(1979)用倒锥体表示策略技能的分类。在锥体的底部是大量仅应用于特定问题或情景的策略(例如执行两位数加法的策略),这类策略比较实用,而且如果使用得当,能非常有效地解决所应用的问题。但是,这些策略往往被限制在特定情形中的某些类问题上。

随着纽厄尔的锥体往上直至顶端,我们会发现一些更常用但是其有效性降低的策略(通用性和有效性往往不能同时兼顾)。在锥体的顶端是一些通用性更强,以至于可以运用到任何问题和情形中的策略,但其有效性更低,不能单独地解决任何具体的问题。例如检查某人的作业是否正确是一种通用性较强而有效性较低的认知策略。在这些策略之间还存在许多具有不同有效性和专门性的中间策略层。有研究表明:从常规治疗的角度来看,认知策略训练最有用的方法就处在这些中间策略层中(布朗和帕林克萨,1982)。例如,以从左到右的方式系统地浏览书页是一种有一定特殊性的策略,也就是说,它可以应用于阅读,同时也具有应用于大范围阅读的一些通用性。

认知训练者在确定有特殊教育需要的儿童应采用哪种策略时,面临着选择最合适的训练方案的问题。从事学习障碍儿童认知训练的教师可能很好地停留在特定的中间策略的层面上,这类策略可直接应用于某类专门的学校作业。心理学家可能更加对通用的认知策略训练,如问题解决、参加考试等感兴趣。

在盲目的认知策略训练和有依据的认知策略训练之间存在着区别。盲目的训练计划中,主体不了解他们将达到的训练目标。有依据的认知策略训练不仅帮助人们进行策略训练,还帮助他们理解训练的目标以及从中得到的益处。事实表明两种方法都各有效果。但是接受有依据认知策略的学生可能会更有效地使用策略,而且在训练结束后更容易继续使用这些策略(肯德尔和博尔科夫斯基,1980)。

许多研究者提供了关于残疾学生认知策略训练的介绍(贝尔蒙特和巴特菲尔德,1979;布朗,1982;博尔科夫斯基,1980;克赖纳,1992),一些研究者认为,特殊教育教师可以使用认知策略课程(博尔科夫斯基,1979;劳伦斯,1975)。

目前认知策略最热门的研究存在于元认知领域和认知行为干预领域。前者代表一个执行认知策略的超坐标领域,即监视和控制较低水平策略的领域;后者包含策略训练。

参见 认知风格;信息处理;元认知

COGNITIVE STYLES
认知风格

认知风格是用来帮助解释人格变量影响认知方式的概念。科根将它们定义为"个体在注意、感知、记忆和思维方式上的多样性"。例如有两个人在智力及其他认知能力或者成就测试方面得分相近,具有同样的信息处理能力,但可能在学业、工作成就以及其他行为方面表现出明显的差异,这是因为两者具有不同的认知风格(曼和萨巴蒂诺,1985)。

第二次世界大战以后,人们开始热衷于对认知风格进行研究。这种研究受到战争给人们带来的精神创伤以及战后对自我发展和精神治疗的兴趣的推动,性格评估变得非常普遍。因此人们对性格变量影响认知变量的兴趣不断增加,被称为认知风格的研究出现了。

人们对认知风格的兴趣首先在乔治·克莱因等人在门宁格诊所的工作中最强烈地表现出来。最初的研究根据知觉态度(测试中的知觉类型作为最显著的方法用在认知风格评估中)得以概念化,而后期的研究强调认知方面的内容。认知控制开始成为应用于寻找个人因素如何作用并影响认知技能的重要方法。

关于认知风格有很多种定义。人们基本上同意可以把认知风格看做是与个人其他方面相关的个人的特征或特性。另外,虽然不能总是将认知风格同认知技能区别或分离出来,认知风格与认知内容还是有差别的。

尽管人们对认知风格的分类没有一致的意见,但科根还是建议,认知风格可以根据是否对获得的结果进行评价进行分类,即特定风格和其得分具有积极或消极的意义。因此,某种认知风格明显地表现了认知行为的好或坏,例如威特金的场依赖—独立连续统一体。然而其他的一些认知风格只能间接地体现认知的强弱,而另有一些认知风格则体现了真实的风格特性,即没有输入认知的强弱,只是体现不同的思维方法。还有一些认知风格要么可以通过认知的强弱进行解释,要么可以通过纯风格性进行解释。这取决于用法及解释的环境。

虽然最初的认知风格研究的对象是成人,但后来逐渐转移到青少年人群,也包括有学习问题和障碍的青少年。这更多的是为了进行研究而非诊断关于学龄儿童和有特殊教育需要的儿童。认知风格的研究有两种最普遍的方法:场依赖性或场独立性和概念形成的速度。布莱克曼和戈尔茨坦(1982 年)认为这两种方法普遍使用的主要原因是因为它们在教育评估中的应用非常简单。另外的原因可能是它们体现的认知风格与学业有很特殊的关系。

许多研究表明,与场依赖学生相比,场独立学生是更好更独立的学习者:在阅读时是更好的译码者,在数学和科学领域也做得更好。场独立学生适合发现型的学习情景,而场依赖学生适合建构型的学习情景。资优学生比智力落后学生更有可能是场独立学习者(曼和萨巴蒂诺,1985),学习障碍儿童比正常阅读者更有可能是场依赖者。

概念形成速度这种认知风格根据儿童完成问题解决测试情况等,以反省—冲动维度为基础,刻画儿童的特征。正如预期的那样,反省型的学生通常是较优秀的学生,而冲动型的学生更可能存在阅读以及行为问题。

尽管关于认知风格的研究非常活跃,其研究结果也表明认知风格与学校或学习变量有明显的相关性,这种变量对健全儿童或残疾儿童都非常重要,但是这种研究的本质不能表明对残疾儿童特殊认知风格的了解,本身特别有助于预知学业成就(斯旺森,1980)或者指导日常教学和管理。社会经济和常见认知因素在有特殊教育需要儿童的学校生活中起着更为重要的作用。事实上,有研究发现,认知风格不同且有特殊教育需要的儿童,其学校行为有明显的差异原因是调查者混淆了他们的变景。

目前最普遍的认知风格变量或分支与基于客观描述和 EEG 测试的学习风格是一致的(赖丁、格拉斯、巴特勒、普莱德尔 - 皮尔斯,1997)。由于学习风格有教育导向的作用,因此它们在教育领域受到了较多的关注。学习风格强调学习的偏好而不是个人的特性,使得关注学生学习及学业成就的研究者对它给予了比其他认知风格更多的注意。

参见 学习风格;人格测验;R. 斯佩里;裂脑研究;气质

COLITIS
结肠炎

溃疡性结肠炎是一种发生在结肠(大肠)内的慢性炎症。此病为进行性疾病,患者的结肠及直肠部分或者全部发生病变。这种疾病的一个显著特征是患者往往承受着病情缓解或复发交替变化的痛苦。通常由于其严重性和持续性,伴随着病情恶化风险的增加,溃疡性结肠炎给儿童带来的不良影响往往甚于成人(迪克逊和沃克,1984)。这种疾病与发生在小肠和大肠内的一种节段克罗恩回肠炎的疾病有密切的关系,后者的症状与发展阶段都类似于前者。

溃疡性结肠炎的病因不详,其症状表现为:腹泻、血液黏液便、排便前腹痛、贫血、里急后重等,为了避免病症带来的不舒服,有的儿童往往由于卡路里摄入或进食的减少而表现出体重下降的现象(迪克逊和沃克,1984)。

溃疡性结肠炎的治疗方法根据其严重的程度和范围而定。对儿童来说,其治疗的目标是缓解症状,从而保证儿童的正常生长和发育。药物治疗通常是使用皮质类固醇控制炎症,利用硫氮磺胺嘧啶控制红肿,但是这两种药物对儿童都有一定的副作用。前者会影响生长,增加儿童在成长过程中感染的敏感度,同时还会导致体型的暂时性变化。后者会引起头痛、恶心、呕吐、厌食,还可能引发疹子。

当药物治疗不起作用或疾病出现新的并发症时,就需要进行手术治疗。手术先对结肠进行清理,然后将其切除或打结固定在腹壁上,要设计一个排泄孔,以保证排泄物进入症状体外一个特制的排泄物收集装置内。通过手术,溃疡性结肠炎可以得到根治。

患儿及其家庭需要人们对其情感上的支持,需要对疾病现象和治疗效果的正确理解(伯克、尼古特和钱德拉,1994)。患儿由于服药带来的不良影响以及体外排泄物收集装置的使用,需要人们特别的理解和鼓励。现在体外排泄物收集装置的进步使得多数儿童参与各项活动和运动成为可能。大多数患者通过长期医疗能过上正常的生活。

参见 家庭对残疾儿童的反应;身体残疾

COLLABORATIVE PERINATAL PROJECT
协作性围产期计划

协作性围产期计划的主要目的是评估脑瘫及其他中枢神经疾病的孕期影响因素。该计划由美国神经和交流障碍及中风协会发起。从 1959 年 1 月到 1965 年 11 月,大约 5000 名孕妇参与了该计划最大可能的研究。

研究者从 14 所大学的附属医院收集了如下数据:母亲社会地位及健康背景的有关信息;并发疾病;孕期并发症;目前药物使用的情况;服药史(母亲怀孕前最后一次月经停经前的服药情况)。在怀孕期间至少一个月对孕妇检查一次;在婴儿成长的两年内,根据计划间隔进行检查;在孩子 8 岁以前,每年都进行一次检查。这期间的检查记录包括:出生和生长史;疾病;明显的先天不足以及父亲和兄弟姐妹的信息。婴儿在出生的 7 天内,每天都要进行常规检查(对出生后就住院治疗的儿童每周进行检查)。在儿童 1 岁以内都要进行标准的 11 项检查。关于死亡率(4.4% 或者 2227 例死胎或者 4 岁前夭折的例子),81% 进行了尸检。

该项研究:①提供了先天缺陷相关关系的定量信息,而这些信息以前是没有人研究过的;②用定量的术语证实并详细说明了脐动脉和先天缺陷等因素;③用定量的术语对有关危险因素进行了假设,而这些因素有的是以前就提出过假设但没有定量化的,有的是以前没有假设的;④最后得出结论,先天缺陷往往不是由单一的因素引起的,而是多种因素相互作用的结果。美国健康协会委托海诺宁等(1977)根据这些结果起草了文件,他们的文件内容包括方法、畸形药物使用等详细信息,而该项目所得的数据有待进一步的分析(弗里德曼,1995)和讨论(塔梅斯,1996)。

参见 认知障碍;低出生体重;早产

COLLEGE PROGRAMS FOR DISABLED COLLEGE STUDENTS

大学的残疾学生项目

第二次世界大战后,美国大多数大学对经济上有困难的学生关注较多,而对身体、社会或者学习上有障碍的学生关注较少。直到20世纪70年代,对后者的关注才逐渐增加。

高等教育中残疾学生服务项目协会成立于1978年4月。该协会和其他组织一起,为1968年颁布的《建筑障碍法》、1973年颁布1977年4月生效的《康复法案》第504条等法律的完全实施提供了专业支持。这些组织和法案组成的网络使学校为残疾学生构建了适应性的环境,从而保证了残疾学生能在公立学校(从初等学校到高等学校)无障碍地分享受教育的权利。

相应地,从20世纪70年代晚期开始,一些大学开始制订计划,为学业成绩不良的学生提供服务。这些学生的学业不良往往是由先天或环境诱发的学习障碍导致的。这些高等教育协会参考美国大学顾问委员会资助的研究计划,为上述残疾学生制定了方案(曼格路姆,1984)。学习障碍儿童高等教育委员会协会、伊利诺斯州威尔梅特的洛约拉学院为美国大学顾问委员会协会的发展做出了直接的贡献。其他一些为识别学院和大学有学业支持服务项目的参考文献包括:利肖的《学习障碍学生的入学指南》,曼格路姆和斯特里查德的《大学与学习障碍学生》,FCLD的《学习障碍学生父母指南》以及彼得森的《学习障碍学生大学规划指南》等。

大学适龄的学习障碍学生在求学的时候发现,大量两年及四年的高等教育机构(包括公立和私立)提供的支持服务只是停留在描述的层面。例如提供的辅助和支持没有尝试对障碍进行补救。而学生除了希望自己的语言独立外,还希望学术研究及社会生活独立,也许就需要其他类型的一些服务。

这些机构以教育为特征,设计弥补学生说、读、写、算等能力障碍的方法,以弥补学生的语言障碍、社交适应性障碍以及心理障碍,这种将被普遍使用的教育方法有可能直接对说、读、写、算所必需的基本知识和技术进行康复。除此以外的第二种服务方法是,由经过训练的导师对学生的学习障碍实施直接的辅助,且实施可以直接处理学生社交康复和心理需求的专业项目。这两种类型的学校为学习障碍学生提供个别化设计的考试,这种考试没有时间的限制,用录音机等记录文章,尽可能减少考试的压力,分享机构所提供的传统的学生支持服务。除了传统的学业上的支持和治疗外,许多机构还提供咨询和测试支持服务。

参见 残疾人继续教育

COLOR BLINDNESS

色盲

色盲是指个体缺乏正常感知和分辨颜色的能力,通常分为四大类以及一些亚类。最罕见的一类是全色盲。这类色盲是在基因变异的过程中产生的,患者看不见颜色,世界在他们眼中是由黑、白、灰色组成的。病理学研究表明,全色盲是由常染色体上的隐性基因导致的,因此非常罕见。

较为常见的辨色混乱与视网膜的生理结构,尤其与锥体的结构和功能有密切的关系。由于锥体在视网膜上的分布不均匀,因此在视觉区域内的辨色能力在一定程度上是变化的。对色彩的感知不可能发生在视觉区域的外围,它将随物体从某个固定点的消失而消失。色彩感知不仅依赖于不同类型锥体细胞的存在,还依赖于能对不同波长的光进行有意识选择的复杂的化学色素。

红色盲是指患者不能辨认红颜色。绿色盲是指患者不能辨认绿颜色。蓝色盲指患者不能辨认蓝颜色,这是一种严重且罕见的色盲,其发病率不到人口的1%。蓝色盲通常被认为是常染色体的显性遗传特征。

红绿色盲兼有红色盲和绿色盲的特点,前者比后者严重,但不及后者普遍。两者都有X染色体隐性基因的特征。红色盲因此只发生在男性身上,其发病率大约为1/100,而绿色盲的发病率为1/20(林科此,1964)。

假等色盘(石原氏试验)通过对个体呈现带颜色的图形或数字,能够很容易确定他是不是色盲。在测试时,常人能看到一种图形或数字,而患有色盲的人由于无法辨认颜色因而无法识别该图形或数字(图林,1972)。

色盲通常不被认为是一种明显的残疾。一些专家(库利,1977)认为这种测试太过敏感,造成了一些人不必要的失业。教师尤其是低年级的教师,会发现班上至少有一名男性是色盲。吩噻嗪(麦拉里)的使用(阿普特,1960;威克利等,1960)使我们周围充满了对视网膜辨色能力的挑战,如果一个儿童长期使用吩噻嗪治疗疾病,将被诊断出辨色能力异常。因此,辨色能力测试应当被废除。

参见 盐酸甲硫哒嗪;索拉嗪;视知觉与辨别;视力损伤

COMMUNICATION BOARDS
交流板

交流板是一种供语言障碍者使用的、简单非电子化的放大交流系统,通常根据障碍者的能力和需求来设计,其优点是灵活方便,价格低廉。从物体、图片到书写的字母,任何符号都可以作为信息符号。障碍者通过选择、扫描、编码等方式使用交流板。同时,交流板还可以很容易地根据使用者的能力变化进行调整。

参见 放大交流装置;残疾人使用的计算机

COMMUNICATION DISORDERS
交流障碍

交流障碍被定义为在通常的说话、语言表达、倾听过程中存在明显的障碍。这些障碍的原因有:①客观的因素(例如:能被他人观察到的可测量的特征);②社会因素(例如:不明白说话者的意思和不适当的回应,从而造成彼此的尴尬);③个人因素(例如:个体对自我知觉障碍的反应)(普拉特和比森,1999)。交流障碍可能存在于听、说、读、写及思维的过程中。美国言语语言听力协会估计全美10%的人口(大约二千五百万不同年龄层的人)存在包括语言、言语或听力在内的不同形式的交流障碍(沙姆斯、威格和西科德,1994)。交流障碍在每个人身上表现的轻重程度不一,跨越了不同的交流层次,例如:语言准备,发音,字母,单词,短语,句子,口语与书面语(对话、记叙、说明)等以及附加语言,例如非文字语言,数学语言(包括时间和金钱),计算机语言,外语,职业或者行业语言等。交流障碍可以分为以下几类:损伤(器官构造和功能的异常),残疾(损伤的功能性结果),障碍(损伤或者残疾的社会结果)(格尔菲,1996)。

1. 言语障碍

言语障碍通常用来描述个体言语听觉特性的差异,而不是指言语理解上的差异。言语障碍包括发音障碍(发出元音和辅音组成有意义的语言,如音素、词、短语、句子、语段等过程中出现的障碍);口吃(语言流畅性的障碍、表现为声音或者词语的重复、延长以及声音阻塞等);发声(声音的频率和强度与性别、成熟程度、年龄不相符合,从而形成的发声或者交流障碍)。与言语障碍相关的特性可能有语速(交流中说得过快或过慢)和吞咽问题(由于食道发炎、压缩、麻痹、虚弱或者肌张力亢进造成的吞咽困难)。

2. 语言障碍

语言障碍包括在接收、处理、使用用于社会互动和学术交流等方面的视听、触摸符号时产生的障碍。语言障碍可能涉及非语言符号和语言符号(音韵、语义、句法、词法和语用规则系统)。语言障碍通常分为理解性障碍(看、听、阅读等方面的障碍)、表达性障碍(动作或手势、说、写等方面的障碍)或理解表达共存的障碍(帕尔默和扬蒂斯,1990)。

听觉语言障碍包括在理解语音、单词、短语、句子、思想、概念、观念等方面存在的问题。视觉语言障碍包括对非语言符号这个交流中语用维度的关键点理解上存在问题(例如,谁可以交流什么,和谁交流,怎样交流,何时交流,在哪里交流,为什么交流等问题),以及在扩大替代交流系统、阅读、书写、数学、物理和技术科学中对字母及几何视觉符号的译码解码存在的问题。触觉语言障碍包括在接收、翻译和使用非语言符号中存在的问题,这些符号包括手写稿、盲文及人工编码交流装置等与专门系统有关的语用、语言标志和自动标题等。

语言障碍与学习障碍有密切的联系。有语言障碍的学龄前儿童在入学后有可能面临用学术语言进行交流学习的问题。尽管语言障碍是符号的编码和解码方面存在障碍,但这个问题却能使障碍者在学习时产生困难。因此,语言障碍往往导致学习障碍。所以,人们常使用语言学习障碍这个概念(格尔菲,1996;纳尔逊,1998;普拉特和比森,1999)。如果个体不能克服语言学习障碍,在他们成人以后将继续面临社交和学业问题,而成人后的交流学习障碍称为适应性交流学习障碍(韦勒和赫伯特,1992)。

3. 听觉障碍

听觉障碍是由听觉系统的问题引起的,尽管通常人们以为听觉障碍与耳朵有关,然而在理解词意及产生联想的外围神经系统和中枢神经系统存在的问题同样也会导致听觉障碍。耳朵感染或过敏以及感冒的相关症状都有可能带来暂时或者长期的听觉问题。听力损伤可能随着年龄的增长而逐渐加重。过度的噪音和毒品也有可能导致不能治愈的听力障碍。听觉障碍很容易使得在感知和理解他人语言及言语时出现严重的困难,从而导致语言和言语障碍(格尔菲,1996;米尼菲,1994;普拉特和比森,1999)。

对有交流障碍的个人及他们的家庭来说,早期诊断和干预是听觉障碍者最有效的治疗方法之一。交流障碍的评估和治疗由持有国家执照的治疗师或者美国言语语言听力协会颁发的临床资格认证的言语语言治疗师和听力治疗师进行。言语语言治疗师和听力治疗师通过与健康治疗机构签订合约以及接洽个人业务,在学校、医院、康复中心、长期治疗机构中开展工作(布恩和普拉特,1993;格尔菲,1996;赫格德,1995;米尼菲,1994;帕尔默和扬蒂斯,1990;沙姆斯等,1994;西尔弗曼,1995)。

参见 失语症;听力学;听觉异常;语言不足和匮乏;语言障碍;言语和语言障碍

COMMUNICATION SPECIALIST
交流专家

交流专家是指处理普通人或残疾人士交流问题的专业人士。他们在交流方法、小团体交流、组织交流或语言修辞学领域有非常丰富的经验。他们通常把自己看做是语言学家、心理语言学家、社会语言学家、文化语言学家、修辞学家。交流专家关注语言学、心理学、社会学对人们日常交流和特殊语言言语交流的影响。另外,他们还研究普通交流理论和过程的发展。

交流专家研究的领域还包括交流障碍问题,他们还需要有处理交流障碍的经验以及与听力障碍或者神经语言学相关的教育背景。对儿童或成人的语言言语障碍的研究可以从结构(解剖及生理角度)或者功能(心理及学习)角度两个方面着手。交流专家关注的问题包括由多重发音错误导致的儿童语言发展迟缓,以及在词法、句法和语义规则的习得方面发展迟缓或丧失,同时还研究神经因素(如脑损伤)等导致的语言障碍问题。

参见 交流障碍;言语和语言障碍;言语语言病理学

COMMUNITY－BASED INSTRUCTION
基于社区的教育

基于社区的教育指在参与教育项目的过程中学生享有与社区资源直接互动的机会。由于目前教育的重点在于为所有的残疾学生提供受最少限制的环境,基于社区的教育可以实现许多特殊教育计划,尤其是中重度残疾儿童的教育计划。中重度残疾儿童在学后的常规环境中要表现得当,必须培养他们在日常生活环境中适应的技能(布朗等,1983)。事实上,基于社区的教育比智商、行走能力、行为问题的表现更能体现学生是否获得了适当的教育(麦克唐奈,1993)。

基于社区的教育有多种实现模式(布朗等,1983)。其中包括:连续教育,在模拟学校设施的情景中给学生教授某种技能,直到达到预期水平为止,然后在非学校场景中进行教育。也可以每隔一天或一周在校内外进行协作教育。只要学生能够接触并在以后与环境产生联系,非学校教育就可以在非学校(社区)环境中通过直接训练实现。

特殊教育领域的专家证实了实行基于社区的教育对中重度残疾儿童有很大的益处。如果在不同的非学校环境中实施教育,学生的适应能力将更接近现在或将来的社区环境。当在自然情景中而不是模拟情境中教学时,社区技能的迁移和普遍化很有可能发生(布朗等,1979;布朗等,1976;特殊儿童顾问,1990)。另外,对残疾学生进行基于社区的教育可以使他们与正常同伴经常接触,并以他们为角色模型进行学习。而且,这种教育还可以增加正常同伴对残疾同伴的关注,使他们认识到残疾同伴的潜能,从而使得残疾学生从学前到学龄期的教育可以更顺利地得到衔接。当这种教育出现时,父母和教师对残疾学生能力的期望值也会增加。最后,通过增加学生体验社区活动强化方面的机会有利于他们功能性技能的获得(韦曼和希尔,1982;韦曼等,1985)。

参见 能力教育;非庇护性就业;庇护性工厂;残疾人的职业培训

COMMUNITY－BASED JOB TRAINING FOR STUDENTS WITH AUTISM AND DEVELOPMENTAL DISABLITIES
自闭症和发展性残疾学生的基于社区的职业培训

在过去几年里,美国联邦政府和地方政府开始意识到残疾人士在接受完高中教育后,需要为今后的生活做准备,这一点在许多专业文献中有很好的证明。现在,推动从学校到成人生活过渡的转衔计划已经受到人们的关注,并获得了相当数额的赞助资金。这种转衔运动的一个重要组成部分就是残疾学生的职前准备。

传统的职业培训通常将注意力集中在健全学生或轻度残疾学生身上,而很少关注中重度的残疾学生。事实上,残疾人工厂和日间训练中心就是通过改变工作环境为发展性残疾学生提供职前培训的(叔塔鲁施,1982)。然而,这一代开始毕业的学生是在《残疾人教育法案》的保护下成长起来的,显然他们需要额外的教育和职业计划以保证他们同样能找到合适的工作。

基于社区的职业培训的目的是通过在社区的工作场景中执行真实的工作任务的教育,为学生提供职业准备。研究表明,由于自闭症发展性残疾学生从一个环境到另一个环境变化的迁徙能力较弱(凯格尔、林科沃和埃热尔,1982),因此,对他们在最终将从事的工作情景中评估和教授工作技能是非常有利的(布莱克和朗格恩,1995)。通过在社区的工作场景中提供职业训练,教师可以促使学生掌握特定的工作技能以及发展他们从事不同工作所需要的人际互动的能力。

基于社区的职业培训包括五个主要的阶段:①学生评估;②职业发展;③在工作场景指导学习;④督导减少;⑤学员跟踪。无论学生能力水平如何,职业培训师必须从这五个阶段进行培训。

与轻度残疾儿童相比,自闭症以及发展性残疾学生需要系统的有计划的工作指导以及从学校毕业后多年的跟踪服务。这些服务包括:阶段性的职业评估和发展报告,父母或监护人的需求调查,现场访问,与雇主、家庭成员等的电话联系(格尔菲,1996;米尼菲,1994;普拉特和扬蒂斯,1990;沙姆斯等,1994)。

发展性残疾学生的职业准备已逐渐成为教育的重点。在过去十年里,人们对职业教育地点的选择、评估的类型以及在职业培训计划中教学方法的采用上关注的越来越多。研究表明,由于发展性残疾学生缺乏适应从一个环境到另一个环境变化的迁徙能力,在以社区为基础的环境中学习职业技能更优于课堂学习,即使融合性教育环境会支持整体化。通过在社区的工作场景提供职业培训,教师可以帮助学生掌握从事某项工作所应具备的能力,以及学会不同岗位所需要的相关的工作技能。

参见 庇护性工厂;残疾人的失业;职业康复

COMMUNITY – BASED SERVICES

基于社区的服务

正常化的概念使得社区中本名制度化的个人得到服务,这已成为一种趋势。残疾人士将获得支持性服务,以便更好地适应社区生活。为了实现正常化的目标,他们应该参与到发展性的活动中,以使他们能够与普通人更紧密地联系在一起。

波拉德、霍尔和基尔南(1979)指出为残疾人士提供的不同领域的系统服务有诸如健康、教育、康复、娱乐、就业和住房。但是,当这些服务分别进行时就很难解决残疾人士存在的各种问题。因此有必要把这些服务结合起来,为残疾人士提供综合的社区服务(皮雷斯,1992)。这些服务包括社区生活选择,康复项目和支撑项目。根据夏洛克(1985)的研究,社区生活选择范围从独立的最高水平,独立生活,到集体生活、家庭护理,生活护理,生活指导,配备职员的公寓和集体之家,到独立的最低水平,社区机构设施。教育领域的康复计划包括从社区、融合程度最高的公立学校的主流教室到资源教室,日间培训项目和提供住宿的项目,到融合程度最低的家庭教育。职业领域的康复计划包括从高生产力水平的竞争就业到转衔就业,残疾人工厂,活动工作到低活动水平的日间训练计划。最后一类社区综合服务——支持服务,包括身心健康的护理、法律服务、家庭辅助服务(临时托管)、早期鉴定、干预和转衔等。另外,在设计和提供社区生活和康复选项时,下面一些内容也是值得关注的。

自然环境是首选的服务场所;

普通服务应尽可能多地使用;

为员工提供的辅助应处在刚好满足培养其独立性和自足需要的层面;

训练的重点是提高培训对象的独立性、生产率以及社区适应性;

不管他现在的能力水平如何,每个人都有发展的潜能(夏洛克,1985)。

参见 去机构化;正常化;康复

COMMUNITY PLACEMENT

社区安置

社区安置通常用来表示与机构相对的基于社区环境的生活、工作、娱乐等的安置,涉及的环境主要是指社区中残疾人士工作、生活和娱乐的环境。社区安置由于给残疾人士提供了最合适和最理想的治疗场所,受到了越来越多的关注(莱金等,1982;普劳蒂和莱金,1997;拉森和莱金,1991)。早在1969年,沃尔芬斯伯格就将社区服务和设施作为机构化的可行性替代品而强调其重要性。其他研究者也很快建议这种运动应由正常化原则指导(沃尔芬斯伯格,1972)。这种去机构化的运动带来了大量的社区安置需求。社区安置不仅通过更简单的途径使更正常的生活方式很容易实现,而且使健全人更容易感知残疾人的生活状况。

社区提供的安置服务通常包括就业机会、居住选择权、娱乐休闲活动。社区就业机会包括竞争性就业(希尔和韦曼,1983),长期扶持性就业(韦曼和克雷格尔,1985),小企业合作制商店(沃尔德和罗兹,1984)以及流动工作(沃尔德和罗兹,1984)。

社区中可利用的教育机会包括常规教学建筑中与年龄相符的班级安置(布朗、福特等,1983)。课程设置应首先考虑正常环境中功能性生活技能的训练,以便最终形成常规行为(布朗、尼斯比特等,1983;林奇、凯洛和威尔森,1997)。居住选择权从自然居住或养育照顾(1 – 6 人),到群体居住和住所安置措施,每种选择由居民根据自我的需求来确定。

参见 基于社区的服务;社区居民项目;去机构化

C

COMMUNITY RESIDENTIAL PROGRAMS
社区居民项目

社区居民项目涉及一系列内容。养护所(也称个人看护所)或者家庭式看护所(麦克考因,1985),指的是一种私人养护机构,这种机构或以出租的形式存在或隶属于某个由残疾人士组成的家庭(希尔和拉廷,1984)。通常这种养护所的居住人数不超过六人(米勒和英特格利雅塔,1984)。这些住所的开办需要州或者地方机构(比如医院)的认可,为成人或儿童提供服务。他们努力在养护所营造一种家庭式的氛围,使残疾人士成为这个家庭中的一员。

团体养护所是由工作人员为一个或者多个残疾人士提供照顾和监督的机构(希尔和拉廷,1984)。其经费来源于教会、州或地方机构、私人非营利机构、私人营利机构(米勒和英特格利雅塔,1984)。这种养护所常见的运作模式是由一对家长(居住在养护所的一男一女,其中一个在外有其他工作)主持,当大多数家庭成员在家时有一两个计时服务人员或钟点工提供帮助。团体养护所居住的人员不尽相同。大多数研究涉及的养护所不超过 20 人(米勒和英特格利雅塔,1984)。

收容性护理机构是基于社区的设施,其首要功能是向居民提供栖息处和保护。其中没有提供陪同的训练或康复活动(米勒和因塔利亚塔,1984),由于没有注重训练或康复,此类设施被认为是最适合具有高水平独立生活技能的人,他们几乎不需要或不必提供额外的训练。这一设施也最适合那些由于强烈的医疗或身体的需要,或年龄原因,不会从额外的技能训练获益的人。这些设施里的居民人数分布在 5 ~ 200 人范围内。它们绝大多数由个体业主经营(希尔等,1984)。

虽然给这些收容护理设施起的名称千差万别,但一般有两种较宽泛的分类。膳食和护理措施也被称作膳宿之家和成人之家。通常,这些机构向居住者提供住宿和膳食,有些还提供有限的监管服务。其主要支持来源于社会保障(米勒和英特格利雅塔,1984)。健康看护所又称康复看护所、护理所、技能护理所、中级护理机构、与健康相关的机构(米勒和英特格利雅塔,1984)。这些机构除了提供住宿和膳食外,还提供一定程度的护理服务。通常这些机构由国家医疗照顾项目和医疗补贴项目提供支持。

过渡养护所是一种为离开制度环境的人员提供短期居住服务的机构(卡茨,1968)。这种机构主要是为个体重新进入社区提供短暂服务,其成员人数在 12 人到 25 人之间。更多关于居住服务的报告参见普劳蒂和莱金(1997)的研究。

参见 独立生活;居民设施

COMPAZINE
甲哌氯丙嗪

甲哌氯丙嗪是用于标准化非精神性焦虑的短期治疗的药物,它可以用来控制严重呕吐、恶心等症状,缓解精神紊乱(瑟维斯和米勒,1997)。甲哌氯丙嗪可能破坏神经或身体的机能,特别是在治疗的最初几天内。其他不良反应还包括嗜睡、头晕、视觉模糊、烦躁、焦虑、紧张、失眠以及诸如肌肉痉挛之类运动失调、假帕金森氏病、延发性运动障碍等。超过一定剂量会导致昏迷。

甲哌氯丙嗪的用量:片剂为 5、10、25 毫克;针剂的用量为 10、15、30 毫克;栓剂的用量为 2.5、5、25 毫克。根据不同的症状,用药剂量调整范围为 2.5 毫克。儿童如果有恶心呕吐的症状,一天服用一至两次。用于治疗 6 ~ 12 岁儿童的神经症时,最大剂量每天不得超过 25 毫克。

参见 安他乐;苯海拉明;氨砜噻吨

COMPENSATORY EDUCATION
补偿教育

补偿教育通常指根据联邦、州或者地方关于低收入家庭儿童教育收益方案而提供的补充教育服务。

这些方案根据《教育巩固及促进法案》第一章(其前身为《初等和中等教育法案》第一条)授权而设立。根据贫困家庭儿童的数目,联邦资助通过州教育机构拨付给地方学区。大约 90% 的学区能获得根据第一章所提供的资助。

接着,地方教育机构根据贫困和教育标准将资助分配给各学校。学校再根据教育匮乏的程度而非家庭的收入提供服务。这个决定在联邦政策的标准之内依据地方水平制定。通常,学校重点关注贫困家庭的儿童和最需要教育服务的儿童。

学校根据法律可以提供多种服务:教育服务,购买教学材料和设施,教师培训,学校基础建设以及社会和健康服务。然而 80% 的经费用于教育服务(怀特,1984),尤其是阅读和数学教育。约有 3/4 的参与者接受补偿阅读训练,近半数接受数学补偿训练,还有接下来最受欢迎的语言艺术(卡明特,1985)。大约 2/3 的地区让这些儿童走出常规课堂,在比常规课堂更小、人员更集中的课堂中为他们提供服务。《初等和中等教育法案》第一条规定教室的平均学生数为 10 人,师生比为1:4.5(怀特,1984)。

《教育巩固及促进法案》第一章在几个不同的方面与学习障碍儿童的特殊教育计划相似。它们试图探讨学习障碍儿童的相似症状,即低期望值或低于期望值,在克服阅读和数学技能的困难方面给予特殊的关注。在学校期间,学生会有一部分时间从普通教室转移到更小教室接受人员更集中的教育服务。这并不表明学习障碍儿童接受的服务、教育需求或者教育内容与补偿教育是相同的,或者学习障碍儿童与接受补偿教育的儿童是可以替换的。但是根据所描述的困难,在行政管理方式或提供服务的方式上,两者又具有非常重要的相似性。

根据《教育巩固及促进法案》第一章提供的教育落后的可行性标准,任何人不能阻止那些接受特殊教育或相关服务的儿童作为教育匮乏儿童而接受补偿教育的权利。有证据表明这可能并不常见。

近年来,联邦政府补偿教育方案的评估有了较大的发展。1987年上半年,一系列法律认可的新的联邦研究结项。由于这些研究第一次对学校的补偿教育、特殊教育、双语教育和常规教育进行了比较,将对接受特殊教育的学生特别有益。

同样重要的是,应当记住这些由州和地方教育机构执行的补偿教育项目补充和延伸了第一章的内容。这些机构提供了有关被服务的儿童、服务项目和项目评估结果的信息。(费德尔,1998)

参见 双语特殊教育;残疾移民;社会经济地位

COMPETENCY EDUCATION
能力教育

开设中等特殊教育方案的课程要求从传统的以内容为基础的课程向以过程为基础的课程转换。穆尔和吉斯伯(1972)告诫教育者,如果把学生学习的需求看做是在学年末能升入下一个年级,往往会使学生成为消极依赖的人。这类学生通常情感冷漠,缺乏责任感,具有叛逆行为。以过程为导向的课程是一种直接与外部世界相关的课程。由于强调学生个体特有的学习和激励方法,在特殊教育领域非常实用。

能力教育强调技能的发展,知识和信息学习(或者内容)的重要性在下降。在课程的发展和设计中,要更多地考虑学生的技能和能力,以使他们成为有技能的人及社区成员。以能力为基础的教育的课程内容是根据其在培养和发展学生能力方面的作用来选择的。能力是目标,课程是通往可能实现技能发展目标的载体。

加强教育系统的责任感目的在于保证学生获得这些必不可少的技能或能力,以适应社区的变化(布罗林,1976)。人们频繁地建议中等教育的课程最好能满足特殊教育学生职业发展的需要,关注他们的职业教育需求。后者强调三个基本的课程领域和一个支持领域。这三个基本的课程领域分别是日常生活技能、职业导向和准备以及个人社会技能,第四个领域是以能力为导向,支持其他三种技能的学习技能。在这些领域中,有多达22个方面的能力被认为要在中学课程中重点习得(布罗林,1974)。

参见 基于课程的评估;职业评论;残疾人的职业培训

COMPETENCY TEST
能力测试

能力测试是用来评估个体在某个指定领域所获得的最低限度能力的方法。通常这类测试出现在中小学(从一年级到十二年级),其目的是评估学生是否可以升级、升学(比如从小学到中学),或者被授予高中的文凭。这种文凭在最低能力测试中是最常见的,通常被看做是学生学校生涯中的最终屏障。能力测试的广泛使用产生了对阅读、写作、算术能力水平低的高中毕业生的关注(拉扎勒斯,1988)。尽管能力测试在很多州都有,但规则却大相径庭。

麦克朗(1977)的研究表明,最低限度的能力测试应该至少反映学校课程的主题(课程的有效性)以及真实的学习内容的主题(教学的有效性)。直到这些问题被讨论为止,最低限度的能力测试的合理性才得以确定。

根据内容的有效性,计算机的出现使得最小限度能力这个问题变得复杂。显然,对现代学生来说,计算机和计算机操作能力非常重要,大多数学校系统也认识到计算机在现代社会中的重要性,因此增设了计算机课。尽管如此,很少有学校设计最低能力测试来评估计算机使用的水平。

最低限度能力测试预见作用的有效性也存在很大的争议。能力测试的使用基于其可以预知以后生活成功与否的假设。拉扎勒斯认为预知以后生活成功与否是非常困难的。如果可能,也需要很大的努力(1981)。

表现标准是能力测试的另一个存在争议的问题。格拉斯经过回顾建立"通过—淘汰"考试系统的方法,发现这些方法比较武断(1978)。米尔德也批评建立表现标准的过程是主观的,且易受社会和政治的影响。

最低限度能力测试被认为是促进教育系统发展的

一种方法。目前,这种测试为了建立其作为教育促进因素的价值,具有很大的可变性。为真正体现其价值,最低限度能力测试需要解决其有效性的一些问题。

参见 成绩测验;最低限度能力测试

COMPREHENSIVE RECEPTIVE AND EXPRESSIVE VOCABULARY TEST(CREVT)

词汇接受及表达综合测试

词汇接受及表达综合测试(CREVT;华莱士和哈米尔,1994)用来衡量口语词汇的接受表达能力。这种测试可以用来鉴定口语汇水平明显低于同龄人的学生,确定词汇理解和表达能力的强弱,判断干预计划介入后口语词汇发展的进度。

考夫曼(1998)通过对词汇接受与表达综合测试的研究,发现这种考试由于能提供良好的标准和吸引人的形象化的刺激,因而具有可靠性和稳定性。但他又发现在理解词汇的一些指定项目中存在着问题,因此提出进行深入的研究以提高其有效性。麦克莱伦(1998)在研究报告中指出,这种测试容易使用,且经过恰到好处的设计,具有合理的统计学性质且符合考试标准。同时,这类测试提供了成人版试题,即词汇理解与表达综合测试 - A(华莱士和哈米尔,1997),用于18~89岁成人的测试已经标准化。

COMPREHENSIVE TEST OF NONVERBAL INTELLIGENCE(CTONI)

非言语智力综合测试

非言语智力综合测试(哈米尔、珀森和威德霍尔特,1996)是用来评量非语言推理能力的测试,其对象为6~90岁的个体,其他的智力测试对他们来说要么不合适,要么存在偏见。这种考试判断类比推理、归类、在两个不同的上下文中连续推理的能力。其中连续推理能力包括相似物的图片(如人、玩具和动物)以及几何设计图片(如不常见的素描及绘画)等的推理判断能力。

非言语智力综合测试的结果用来确定在语言或精细动作能力上存在特殊困难的个体的智力。这类个体包括双语使用者、非英语语言使用者、社会经济地位低下者、耳聋语言障碍、行动不便或神经失调者等,这类测试不需要口头表达、读、写或者操作物体等。

非言语智力综合测试便于实施和评分。对于说英语的学生来说,这种考试采用口语考试的方式进行。对使用其他语言或有听力障碍的人、失语症患者、神经障碍者来说,这种考试采用手势表达的方式进行。

人们对非言语智力综合测试的信度进行了广泛的研究,提供了内容样本、时间样本以及分数段可靠性的相关证明。其可靠系数达到0.80以上,表明这是一种高信度的测试。内容效度、效标效度及结构效度都有相关的报告。

艾尔华德(1998)和冯·林根(1998)在第十三期《智力测试年报》上对非言语智力综合测试进行了评论,这些评论提出这种测试与其他测试相比有较少的干扰因素,似乎在双语学生的测试中尤其有效。

COMPULSORY ATTENDANCE (AND STUDENTS WITH DISABILITIES)

强制就学(与残疾学生)

在20世纪的大部分时间里,强制入学立法在美国几乎每一个州和大多数西方国家得以实施。这些法律要求所有儿童的父母或法定监护人必须送他们入学或者提供同等的教育。各地区实行义务教育的年龄有较大的差异,但大多数州通常是7~16岁。法院免除一些宗教团体,如在全国范围内免除阿米什教、在若干州免除门诺教强制执行教育的义务。各州在执行强制性入学立法的过程中,在确定合法学校的问题上存在很大的差异。有些州认为只有在政府认可和管理的学校(公立或私立)接受的教育才是合法的。有的州允许儿童进入未正式注册的教会学校。有的州甚至更为自由,认为父母进行的家庭教育也是强制教育。强制入学立法从执行之初就导致了许多诉讼案。

不少人认为强制入学立法违背了《美国宪法》(《人权宣言》)在前10条修正案中赋予人民的许多权利。然而,法院却坚持执行强制入学立法,除少数宗教外,要求各州在其辖区内保证儿童的福利、受教育权等权利。这些是政治权利在法律上的延伸。虽然法院对国家在强制教育中要求执行的内容作了详细的规定,但是在通过提供教育使个体成为对社会有用的人,防止他们成为国家的负担方面是与教育保障相关的。

在大多数州,强制入学立法的保护对象包括了残疾学生。如果父母或法定监护人拒绝让他们接受相应的教育,将触犯民事或刑事法律。但是在典型的个案中,学校领导和儿童福利工作者不得不为寻求残疾学生义务教育法规的实施而作出表率。然而,显而易见的是,除非有州的法规特别豁免,残疾儿童都被要求入学。怎样为残疾学生建立学校或相关的教育计划与对健全儿童开展相应的工作存在差异,这需要授予多学科团队在教育诊断、教育计划及执行中更广泛的权力。

参见 残疾人教育法案(IDEA)

COMPUTER – ASSISTED INSTRUCTION
计算机辅助教学

计算机辅助教学是指教师较少提供帮助,甚至在没有教师的帮助下,由学生自己操作和运行的教育软件。通过这种软件系统,计算机像教师一样呈现信息,设置问题,解答学生疑问。然而,与传统教育不同的是,计算机辅助教学允许学生根据自己的水平和进度进行学习。这种教学模式有助于残疾学生的学习,他们难以与正常学生保持相同进度。由于计算机辅助教学能够直接关注每一个学生的需求、兴趣和经验,通常被认为有助于增强学生的学习动机。

目前有六种类型的计算机辅助教学:信息教育;操作与实践;辅导;游戏教学;模仿教学;问题解决。不同类型的计算机辅助教学,呈现了一系列不同的教学模式,其范围从高度结构化到无结构化(勒韦奇和拉姆,1984)。

在过去几年里,有研究者开始探索人工智能的潜在应用,从而指出了计算机辅助教学的一些缺点。比如,通过一些传统的计算机辅助教学,学生不能提问,而且,计算机辅助教学无法处理一些预先未设置好的问题。通常,计算机辅助教学程序没有关于某个特殊主题的信息,而只是简单地提出并回答一些预先设计好的问题。目前研究者正在寻求改进计算机辅助教学的方法,使其能够根据学生不同的学习风格作出反应。在不久的将来,教育者有望用上融合了传统计算机辅助教学的优良品质和人工智能新发展的程序系统。这些程序版式将包括适用于某个目标知识领域的问题解决模式;辅导或者教学模式;包括诸如学习内容在内的具有个性化特点的学生模式(罗伯茨,1984)。

智能计算机辅助教学程序允许用户使用常用英语句子与电脑进行交流(博哈特和约翰逊,1993)。该程序能够解决在某个给定主题范围内学生所提出的随机的问题。智能计算机辅助程序由于可以持续跟踪学生已知和须知的内容,而更像一位教师。而且该程序还具有知道何时及如何为学生提供信息的能力,何时设问的能力(麦克格莱茨,1984)。

参见 计算机素养;计算机—管理教学;残疾学生的计算机使用

COMPUTER LITERACY
计算机使用能力

由于计算机技术和网络技术不断发生变化,所以对计算机使用能力的定义也比较困难。目前,计算机使用能力的主要问题已经从编程转向计算机技术在不同场所的应用,尤其是在家庭、学校和办公室。这种转变的主要原因包括好软件可及性的提高、硬件价格的下降、网络的利用。

定义计算机使用能力的问题是因为这一事实变得更为复杂,即不同教育水平的人具有不同的计算机需求,满足这些需求需要不同水平的专业技能。例如,对高中学生来说,计算机使用能力包括如下领域的知识:计算机操作的基础知识;对如何在工作和休闲中使用计算机的理解;计算机使用中伦理学、社会学、经济学等分支领域的思考;利用计算机和网络学习、信息收集和检索、文字处理、决策、解决问题的能力。

对普通教师来说,计算机使用能力意味着其应该在计算机软件、硬件以及如何利用计算机和网络增加学生学习体验等方面具有渊博的知识;对特殊教育教师来说,计算机使用能力还包含了对技术如何用来提高对特殊学生服务的理解。具体而言,特殊教育者的计算机使用能力应包括:

(1)掌握基本操作和软硬件维护的知识;

(2)熟悉计算机技术的基本终端技术;

(3)运用计算机技术促进教学的能力;

(4)利用计算机进行教学管理的能力;

(5)了解微处理技术如何补偿动作、感觉和认知缺陷;

(6)熟练评估计算机软、硬件;

(7)利用专家系统或语言开发教学程序;

(8)了解电信的规则,尤其是用于提高教学和学习的知识;

(9)从网络中收集和使用信息的能力。

参见 计算机辅助教学;残疾学生的计算机使用

COMPUTER – MANAGED INSTRUACTION
计算机管理教学

计算机管理教学指教育者用来组织和管理与教学相关的数据的计算机程序。在早期,计算机管理只用于教师监管学生的成绩以及追踪学生学习计划和进度纪录。然而,近年来复杂的计算机管理系统不仅可以有效地记录成绩,还可以帮助教师评估学生的优劣势。尤其是在特殊教育领域,计算机管理教学可以用来分析考试数据,根据这些数据确定目标,制定个性化教育计划,监督学生学习的进展,生成评估报告(吉本斯,1993;麦克莱伦,1984)。

成功实施计算机管理教学的关键在于不能只利用一个单一功能的计算机程序,而必须使用综合的系统。程序设计师开发的系统复杂且成本比较昂贵,可以满足教师、管理者、学校系统复杂的需求。这些系统通常需要调用大量的学校教学和管理数据,其数据库应该包括追踪学生所得的数据、评估和诊断信息,个性化教育计划的长期目标和短期目标,课堂教学实施数据。这些数据的整合系统还包括教学序列及实施数据(拉姆和利维,1984)。计算机快速分析数据以及以容易使用的方式呈现这些数据的能力,使得其在节省时间、减少生成评估报告的书面工作等方面具有巨大的潜力。而且更重要的是,教师和管理者可以将计算机管理教学系统汇编和分析的数据结果作为教学决策的基础信息(吉本斯,1993)。

参见 计算机使用能力;残疾学生的计算机使用

COMPUTER USE WITH STUDENTS WITH DISABILITIES
残疾学生的计算机使用

对残疾人士来说,计算机主要有三种功能:障碍补偿,管理生活,教育输出。

从障碍补偿的角度来说,计算机技术最令人振奋的方面之一就是在交流和控制放大设备上的应用。计算机,尤其是微机的使用,可以帮助用户克服因运动感觉障碍带来的交流困难。工程师和教育工作者们为了提高用户使用计算机的速度和准确性,开发了特殊的输入和输出装置。创新的输入装置包括声音识别器、语音合成器(斯凯瑞,1993)、鼠标、操纵杆和游戏杆以及机械键盘辅助设备,包括监控器、口杖、头杖、条杖等。计算机输出设备包括合成语音、布利斯符号、触摸作品、盲文以及便携式打印机(布雷迪,1982)等。

对脑瘫、肌萎缩性脊髓侧索硬化症、重度瘫痪患者来说,使用计算机最大的问题之一在于标准软件的运行需要敲击常规键盘,运动障碍者为了能从计算机控制环境的能力中获益,必须有合适的固件卡。这种固件卡是一种可以使运动障碍用户通过操作单键开关运行软件的装置(施韦德雅和万德尔海登,1982)。单键开关和放大键盘只需要眨眼睛之类的细微运动就可以操控。

标准软件的无障碍设计使得残疾人士可以运用计算机进行信息管理。信息管理的四个基本领域包括:文字处理,数据库管理,财务管理,电子通讯。文字处理已使得用户可以相当轻松地设计、编辑打印文本文件。改动页边距和拖动句子或段落只需要敲击几个简单的键。学习困难学生可以使用文字处理包克服一些写作和拼写上的问题(阿姆斯,1984)。财务管理程序允许用户设计、监督和改变预算。其他程序有助于平衡支票和预算所得税。

除了交流和信息管理外,计算机还有促进教学的功能。人机互动意味着计算机可以执行传统教师所履行的诸如及时提供信息反馈等多种功能。通过设计,软件可以根据学生的个体差异控制反馈的速度及教学内容的难度。其中一种激励学生的功能是跳转功能(比如,从程序的一部分转移到另一部分的功能)。跳转功能让学习者决定是否需要重复学习材料或者开始新的学习材料。而且,计算机不知疲惫,在要求重复操作时不会生气。

参见 计算机使用能力;计算机管理教学

CONCEPT FORMATION
概念的形成

概念是用来表示具有相似本质的某类实体内部结构的术语。要掌握某个概念的知识,至少要掌握定义这类实体的内涵及外延的常见要素的知识。概念往往通过人们观察分析某类具有同类或相似属性的实体的共性而获得。实施这种行为的个体可能会意识到或意识不到他在定义概念时采用的一些分类法以及其中所包括的基本要素。

然而,概念与语言的关系是一个与文化背景相关的尚未确定的问题。例如加涅(1970)认为存在两种类型的概念,一类是基于直接经验的具体概念,例如“狗”;一类是依托语言存在的概念,例如“叔叔”、“民主”。有些研究者进一步讨论认为:组织语言和分类信息的方式将影响个体对输入数据的感知。

马尔托雷(1972)总结了概念形成的两种常见方式:归纳和演绎。归纳法获得的概念始于一系列已知的事实、数据和概念,通过一定的思维活动,从而获得新的更为抽象的概念。例如帮助儿童学习字母“e”在“VCVe”形式的单词中会使C位置的字母发长元音的发音规则,通常让他们比较两列相似的单词,一列以“e”字母结尾,而另一列不以“e”字母结尾,从而学习这个规则。另一方面,演绎的方法首先呈现较为抽象的概念,学习者通过反复学习与此概念相关的事例来理解概念。在上面的例子中,可以首先让学习者学习以“e”字母结尾的单词的发音规则,然后呈现一些例子帮助其理解概念。研究表明,没有哪一种概念形成的方式在教学中绝对优于另一种方式。事实上,对认知风格的研究表明,一种方法比另一种方法成功,至少在一定程度上依赖于个体的学习风格(威特金、穆尔、古迪纳夫和考克斯,1977)。

维果斯基(1962)分析了类似的关于两种概念学习

的区别。他通过概念是由自发形成还是系统形成将概念学习分为两类。自发性概念由学习者通过学习日常生活中概念的特例而获得。比如“狗”就是这类概念的例子。人们通过与狗生活在一起,看大量不同的关于狗的图片知道什么是狗。但是,像“剥削”这类术语就要在正式的学习环境中间接学习。人们只向学习者展现体现术语含义的初级图表,学习者从讨论和阅读中理解概念,而非从直接经验的事例中获得概念的完整含义。

行为主义学派试图用严格的刺激反射术语来解释概念的发展。而维果斯基和其他一些研究者反对这种观点,他们的理由是,尽管行为学派所描述的思维的过程是必然的,但他们不能有效地解释认知结构如何对外部环境进行分类。这些思考者发现刺激——反射范例不能很好地解释思维是如何理解诸如“狗”和“剥削”这类概念的本质的。

费斯廷格(1957)借用皮亚杰平衡的观点来描述概念形成的过程。费斯廷格认为,如果一个有机体具有两种不协调的认知,就会调整认知结构,以减少这种不协调的趋向。他认为这个过程就会形成新的概念。例如:如果一个儿童把所有的动物都叫做狗,但又注意到别人会把其中的一些动物叫做猫,他们就会及时调整对狗类动物的特征的判断。

德切克(1968)推荐如下通用模式,帮助教师如何教学生学习概念。

(1)描述概念习得以后期望达到的结果;

(2)对于复杂的概念,减少所教特征的数目,分析主要特征;

(3)赋予清晰的语义联想;

(4)给出概念正、反两个方面的事例;

(5)呈现的事例应该具有密切的连续性和同时性;

(6)提供一个新的正面例证让学生判断;

(7)检验学生对概念的理解;

(8)请学生定义概念;

(9)以适当的方式为学生提供练习的机会,以巩固对概念的理解。

20世纪60年代末到70年代初,由于数学和社会科学新课程的发展,人们对概念形成的过程表现出相当大的兴趣。而回归基础运动使人们对这个领域的兴趣有所减弱。近年来,随着问题解决在课程中的介入,人们对概念形成表现出新的兴趣。希望通过对概念形成过程的探索(冈萨雷斯和沙勒特,1993),从而使教师能帮助学生,尤其是帮助有特殊需要的学生成为更有效的学习者。

参见 思维障碍;L. S. 维果斯基;活动的概念

CONCRETE OPERATIONS
具体运算

具体运算是皮亚杰认知发展理论四个发展阶段中的第三个发展阶段。根据皮亚杰的研究,在具体运算阶段,儿童的思维具有逻辑性和客观性的特点,包括完成与物体和事件直接相关的思维活动的能力。这些思维能力被皮亚杰称作运算,大约出现在7~11岁这个阶段。一种行为要被称为运算,必须具有可内化性、可逆性,而且必须是总的行为系统的一部分。皮亚杰认为,内化意味着儿童能在“不丧失其原有行为特征”(1953)的情况下思考行为。心算是具体运算阶段内化的一个例子。理解数字和大小关系的本质是迁徙性和关联性。迁徙性,作为按序排列的基础,指的是根据一定的规则,例如“小于”、“大于”、“少于”及“多于”等,将一系列事件或物体进行连续排列的能力。关联性是指整体的各部分之间可以在不影响整体的情况下按不同的方式组合。

守恒性测试是判断一个特殊儿童是否具有具体运算思维能力的典型方式。大约有1000多种关于守恒性研究的出版物(尤森和尚特罗赫)。在传统的研究中,人们让儿童坐在两个盛满水的同样大小的烧杯和一个大一点的空烧杯前面,实验者将其中一个烧杯里的水倒入大烧杯,然后问儿童大烧杯里水的容量与没有倒出水的小烧杯里水的容量相同还是不同。具有守恒性即具有具体运算思维的儿童,知道液体的容量没有发生变化,如果将其倒回原来的容器中(可逆性行为的内化),它们将是一样的。

近年来,皮亚杰认知发展理论的一些方面受到了挑战和质疑(弗拉维尔,1992)。根据皮亚杰的理论,如果物体变形(如烧杯倒水)的动作不让儿童看见,他们仍具有守恒性。而早在1964年,布鲁纳的研究表明,在这种情况下,儿童不具有守恒性。从此,人们对皮亚杰四阶段模式的准确性进行了大量的讨论。如今似乎很明显皮亚杰理论的许多具体细节受到了质疑,例如具体运算开始的年龄。不过,皮亚杰在儿童思维研究中所带来的洞察力和精确度是巨大的。

参见 认知发展

CONDITIONING
条件作用

条件作用是用来描述强化(通过一种可预知的关系)的一般术语,这种强化反映了刺激与反射或者两个刺激之间的联结。在条件作用下,反应在适当环境中变得更容易发生,在有效的条件作用下,反应发生的可能性将伴随着其巩固性的增加而增加。根据巴甫洛夫的条件作用学说,当最初不确定的刺激伴随着出现某种确定的可信赖的反应时,由刺激引起反应的可能性就会增加。巴甫洛夫条件作用根据俄国著名心理学家伊万·巴甫洛夫(1927)而命名,他的研究确定了此类条件作用的基本现象。然而,这些现象本身已经在很多年前被一个名叫 E. B. 推特梅尔的美国心理学家发现和描述过了。

巴甫洛夫条件作用的范式为:

无关刺激→无条件刺激→无条件作用(条件作用之前)

(CS)铃 (UCS) 食物 (UCR 分泌唾液)

无关刺激→条件作用(条件作用之后)

(CS)铃 (CR)分泌唾液

伴随着无关刺激的无条件刺激会引起无条件反射,从而引发由无关刺激引起的条件刺激。条件刺激通常但不总是与无条件刺激具有相似的形式。例如:在巴甫洛夫的实验中,敲铃(无关刺激),然后给狗喂食(无条件刺激),导致狗分泌唾液(无条件作用)。经过多次这样的实验后,敲铃就可以使狗分泌唾液。这个过程可用下面的范式表示:

无关刺激(CS)→无条件刺激(UCS)→无条件作用(UCR)(条件作用之前)

铃→(食物)→(分泌唾液)

无关刺激(CS)→条件作用(CR)(条件作用之后)

(铃)→(分泌唾液)

从上面的范式我们可以知道,通过配对的一种刺激可以诱发一种以前不能诱发的反应。

华生将巴甫洛夫条件反射学说作为其行为主义学习理论的基础。1920 年,他和雷纳一起发表了一篇关于条件作用下婴幼儿情绪反应的经典论文。当一个实验者在 11 个月大的艾伯特面前放一只猫(无关刺激)时,另一个实验者用锤敲打栅栏发出巨大的声音(无条件刺激),使得艾伯特大哭(无条件反作用)。五次这样的实验后,看到猫,艾伯特就会大哭(条件作用)。

关于条件作用的基本观点可以简单描述如下:

(1)习得:经过反复训练,条件反应的强度达到的最高水平。

(2)消退:只呈现无关刺激而不呈现无条件刺激,无条件反应的强度将降低直至消失。

(3)自发性恢复:在消失现象发生以后呈现无条件刺激,仍将重新产生无条件反应,但反应的强度很低。

(4)再习得:重新建立的无关刺激和无条件刺激与最初的条件作用相比会更迅速地建立新的条件作用。

(5)概念化:条件作用之后会发生条件反射,对类似的刺激来说,其强度会降低。

在儿童发展中的应用:

(1)情绪发展:从华生时代开始,巴甫洛夫的条件作用在解释某种特定刺激引发正向或反向情绪反应中扮演了重要角色。华生和雷纳阐明了条件作用如何产生反向情绪,如恐惧。事实上,人们往往把条件作用看做是恐惧症产生的主要原因。

由于条件作用能诱发恐惧症,因此也可以用来降低恐惧。早在 1924 年,约翰斯利用“对抗条件反射”治疗一个对兔子有极度恐惧的儿童彼得。其主要方法是将兔子与愉快的刺激(如与同伴玩耍或冰淇淋甜筒)同时呈现,到最后,彼得不再害怕兔子,还能跟它一起玩耍。现在将这种方法称为脱敏法,是最有效地治疗儿童或成人恐惧症的方法之一。条件作用同样也能引发正向情绪反应。例如儿童看到喜爱的食物、人或玩具时会非常激动。

(2)意义发展:条件作用被认为是引起词语及其意义之间联结的一种方法(莫勒,1954)。将一个词语(无关刺激)与物体(无条件刺激)同时呈现,由物体引发的反应将与词语发生联结(无条件反射)。因此,将词语“玩具”与真实的玩具同时呈现时,就会使得由玩具引发的反应与词语“玩具”发生联结。虽然条件作用模式不能解释所有的意义,尤其是一些抽象概念的意义,但是它为理解刺激和如何反应表征符号提供了理论框架。如果一个物体能引发某种情绪反应,那么表征这个物体的词语也能引发这种反应。如果一个儿童曾被一条大狗撞倒在地,非常疼痛,从而害怕所有的大狗,那么在看到词语“大狗”时,他也会出现恐惧。相反,一个喜欢冰淇淋甜筒的儿童看到短语“冰淇淋甜筒”时,会表现出预期的正向情绪。

媒介或语义普遍化等相关概念也同样重要。一旦某种条件反射与一个词语发生联结,如果个体形成包括这个词语在内的概念,那么上述条件反射将会与和这个词语具有类似含义的词发生联结。因此,如果个体对词语“鞋”形成条件反应,他将对“靴子”以及具有类似含义的词语发生反应。研究表明,至少有 8 种语义普遍化的表现会随年龄的增长而增强(德斯巩,1953)。

教育者应该认识到他们和他们所处环境与他们对儿童的言行是一致的。环境与同伴对儿童的反应也是一致的。如果教师对课堂管理表现出厌恶的情绪,那么将使儿童对教师和课堂感到焦虑。类似的,如果一个儿童在教室里或操场上总感到被嘲笑,或者其失败的经历大大多于成功的经历,通常会使儿童对学校和教师产生恐惧,严重者会导致学校恐惧症。

我们还应该认识到儿童通常有喜欢和不喜欢的条件反射和情绪反应。有的儿童可能吃某种食物中毒过,进食后胃痛或者对某种食物厌恶。有的儿童可能具有强烈的恐惧情绪。不论这一问题多么具有争议性,特殊教育工作者应该认识到条件作用的角色,预知残疾学生的反应。在社会交往及学业中成功的儿童将具有正向的条件作用经历,而不被认可和/或失败较多的儿童往往会产生负向条件反应,从而对失败产生焦虑甚至恐惧。

参见 行为矫正;操作性条件反射

CONDUCT DISORDERS

品行障碍

品行障碍是发生在青少年时期的一种行为障碍,其主要特征为“不断重复某种侵犯他人权利的行为或者与其年龄的社会规范不相符的行为模式”(美国精神病协会,1994)。这些行为有四种基本类型:①导致或可能导致人或动物身体伤害的攻击行为;②对财产造成危害的非攻击行为;③诈骗或偷盗行为;④严重违背社会规范的行为。判断一个人是否具有品行障碍,要看其在12个月或更长时间是否出现三种以上的上述行为,或者至少有一种行为被确认持续6个月以上。总的来说,品行障碍一定会严重损害青少年的社会、学业和职业功能。在过去十年里,品行障碍的发生率大大提高:18岁以下的男性发病率从6%增加到16%,女性发病率从2%增加到9%(美国精神病协会,1994)。

品行障碍者往往不能很好地提供关于他们行为的信息,因此对品行的评估就非常重要,诊断者通常运用多角度、多模式、多方法对其行为进行精确的评估(萨默斯等,1998)。品行障碍者很少能与别人发生情感上的共鸣,而且容易曲解他人良好的意图。这种障碍与早期危险性行为、药品滥用、鲁莽、违法行为等有密切的关系。品行障碍可能早在5岁时就发生,但通常发生在儿童期晚期或青春期前期。到了成年期往往还会表现出类似行为(斯罗姆等,1994),从而成为反社会的人格障碍(美国精神病协会,1994)。品行障碍与其他精神障碍(如抑郁症)有许多明显相似的地方(奥福德博伊尔和拉辛,1991),尤其是因触犯法律而被监禁的人群中这种表现更为明显(罗比森和里德,1993)。药品滥用是品行障碍明显的前兆(斯罗姆等,1994),尤其在西班牙人中表现得更为明显(斯图尔特、布朗和迈尔斯,1997)。

人们对品行障碍青少年给予了极大的关注,进行了大量的研究,并不断寻找新的治疗模式(卡兹丁,1997)。这些治疗方法有:问题解决技能训练,家长管理训练,功能性家庭疗法,多系统疗法(卡兹丁,1997)。这些治疗通常在住所中展开,因为不能有效显示临床上的显著变化而广受批评。由这些变化可以归纳出病人的总体情况。另外,未对这些治疗方法进行纵向的自然研究(卡兹丁,1993;1997),而这些纵向研究对结果有很大的参考意义。有专家研究出了一种精神药物学的方法,有望治疗品行障碍(沙阿等,1994),但是由于品行障碍有多种病理学因素,因此还没找到确切的结论(施特韦、克鲁奇和莱利奥,1995)。组织病理学家在神经学领域找到了令人激动的研究思路,比如,经过研究发现,早期大脑创伤是可以治疗的(伍德和辛格,1994)。一些品行障碍的研究者通过对治疗方法的研究,认为预防是一种有效、经济的方法(道奇,1993;奥福德,1994)。

由于品行障碍与严重情绪障碍、注意力不足、多动症障碍、学习障碍有类似的地方,因此需要为品行障碍学生提供特殊教育服务。但是,许多有障碍的学生没有被诊断出来,就进入青少年刑事法庭。在青少年法庭中,很少有基于障碍病理学因素的专门的治疗。学校心理治疗师和有关支持人员能利用大量的信息和评估方法为这些学生提供诊断和治疗的服务。要成功地治疗品行障碍,需要学校、社区、家庭结合在一起,在日常生活中开展相关工作。

参见 反社会人格;情感障碍;药物滥用

CONDUCTIVE HEARING LOSS

传导性听力损失

听觉功能的改变可能发生在以下部位:耳朵、听觉神经或大脑。在耳朵里,有两种解剖结构:一种结构负责声音的机械传输(生理过程);另一种结构使声波转化为神经冲动(生物学过程)。传导性听力损失(CHL)是前者发生改变的结果,与之相反,感觉神经性听力损失产生于后者的病变。传导性听力损失和感觉神经性听力损失合起来,被称为混合性听力损失。关于这些术语和不同种类听力损失产生原因的详细信息,请看戴维斯和西尔弗曼1960年的著作。

声音振动的机械传输遵循声学规律。它受外耳和中耳、内耳中的液体以及耳蜗的基底膜和盖膜的组合移位的影响。这些影响带来了振动,给柯替器的感觉细胞和毛细胞加压。传导过程在此终止;毛细胞是把听觉现象转化为生物化学和生物电活动的转换器。单纯的传导性听力损失不会大于60分贝,高分贝的声音通过头骨直接传导至内耳(冯·贝凯西,1948)。在儿童中,还常常伴有感觉神经性听力损失,因此还有可能产生其他缺陷。

阻碍传导过程,常常发生在外耳或中耳结构上。

暂时性传导听力损失的最常见原因之一是外耳道(听觉通道)被耳垢(蜡状分泌物)所堵塞,特别是那些智力落后儿童(克兰德尔和勒斯纳,1993)。被外来物体所堵塞,也是相当常见的原因,尤其是儿童。许多外耳的畸形会影响听力,最严重的是没有外部听觉通道。

许多病理过程会产生传导性听力损失。耳膜会因为发炎而肿胀,因为硬化或穿孔而变硬。听小骨可能部分或全部缺损或畸形。随着卵圆窗里的镫骨因反常骨质增生导致固定听骨链的灵活性可能降低。这种现象发生在耳硬化症患者身上,成人常常发生,儿童很少发生。

各种不同形式的中耳炎,都会形成耳内液体集聚的现象。其中有一种严重的中耳炎,一般儿童到五六岁以后,常常会得这种慢性或半慢性的疾病。这种疾病常常与咽鼓管堵塞有关。通过药物或手术治疗,这些疾病通常能够非常容易地得到减轻或治愈。然而,因为由它们引起的传导性听力损失是轻度或中度的,因此常常被人们忽视,这可能会给以后的生活带来严重后果。

虽然绝大部分传导性听力损失的病因可以通过药物治疗或手术治疗得以有效消除,但是手术治疗可能被迫延迟,特别是对于儿童来说,整形重建手术只能到一定年龄时才能做。对这些病人,以及那些药物治疗和手术治疗失败了的病人或有手术禁忌症的病人,进行实际的治疗是不可能的,或者病人拒绝这些治疗。对他们来说,配戴合适的助听器是最佳解决方案。

虽然单纯的传导性听力损失不会阻碍口语发展,但如果没有诊断出来或没有得到合适的治疗,它可能严重延迟口语发展,并影响个体的言语技能。在后一种情况下,在得到合适的药物治疗、手术治疗或配戴助听器之后,个体可能需要进行言语听力治疗。特殊教育,作为一种暂时的补救措施,对那些因言语和语言缺陷而导致在健听学生的学校里难以坚持下去的学生来说,也可能是必要的。然而,绝大部分有传导性听力损失的儿童,在主流环境(如为健听儿童开设的普通学校)中能跟上整个课程。

参见 耳聋;耳聋教育;剥夺的生物神经结果

CONFIDENTIALITY OF INFORMATION

信息的保密性

隐私权是美国宪法规定的主要公民权利之一,其中包括了某种信息享有保密性的权利。法律上规定了两种基本形式的保密信息:教育或者居住机构持有的信息;个人与校方某些工作人员谈及的信息。

巴克雷修正案(FERRA,1976)是针对那些违反宪法规定的,侵犯受教育者本应享有权利的教育组织或机构而做出的直接反应。现在主要的法律文件所保障的家长和学生的权利有:考察和审查所有教育记录;修改不准确的教育记录;掌握教育记录中所表现出来的个人信息。对残疾儿童来说更特殊的是,该文件的一部分重申了《残疾人教育法案》(IDEA)的有关内容。这个法案扩大了残疾儿童家长控制和参与直接影响他们孩子的教育决定的权利。根据这个法案和巴克雷修正案,如果要向非教育机构提供儿童的档案信息,必须经过其家长同意。另外,根据《残疾人教育法案》,家长有权查看和修改他们孩子所有的档案信息。

除了这些法律文件保证记录信息保密性的权利,还有一些保证某些教育工作者(如咨询师、学校心理治疗师)维护学生信息保密性权利的政策。但什么信息和多少信息需要保密这个问题还没有完全弄清楚。总的来说,专家(如心理治疗师)有专门的道德标准来保护在私人场合得到的信息的保密性。无须本人同意,这一信息通常可以公开(除非有明显的证据表明这个信息会对本人或其他人造成伤害或危险),(雷诺兹等,1984),如果这些信息被透露给学校工作者,可能会导致在保密性这个问题上更为模糊的阐述。奥夫卡斯特和塞尔斯(1982)认为:“说到学校工作者对学生的信息具有多少保密性这个问题,并不是很清楚。它依赖于交流的性质,交流的对象,以及州法律的特殊地位。”

参见 巴克雷修正案;残疾人教育法案(IDEA)

CONGENITAL DISORDERS

先天性障碍

先天性障碍是由两个概念结合在一起来表述的,对两个概念的简短评述使其变得恰当。先天性是指与生俱来的。这个定义不包含任何因果关系。然而很长一段时间以来,人们混淆了先天性和遗传性这两个术语。事实上,虽然一些先天性障碍可能是遗传的,但并不包含其他许多遗传性障碍。因此,清楚地认识各种家族因素的缺乏会使得更多夫妻对先天性障碍再现的可能性有明确的了解。

瓦卡尼(1971)认为,“先天性畸形是与生俱来的结构缺陷。它们可能明显,也可能不明显,存在于身体的内外,家族的或偶尔发生的,遗传的或非遗传的,单一的或者复杂的”。只有在定义中加入分子的标准,才有可能包括所有的先天性障碍。

导致先天性障碍的原因有很多,其中有三种常见的类型:①根据经典的孟德尔遗传定律,障碍通过基因得以遗传(麦库西克,1983);②由非遗传原因引起的基因变异造成的障碍;③环境因素引起的障碍。根据儿童所表现的症状,许多障碍在出生时就可以通过至少一种典型症状辨认,也有一些障碍需要在以后的生活中才能被观察到。

显性遗传经常出现在较轻的异常状况中,往往不影响正常的生活(如多手指、脚趾或者联手指、脚趾)。从理论上讲,典型的先天性障碍遗传给下一代的比例为50%,而且可以遗传多代。有时在上一代表现不明显的先天性障碍反而在下一代表现很明显。这是由基因穿透性和表现性决定的。但是许多先天性障碍往往通过一些显性的方式遗传。例如亨廷顿氏舞蹈病(遗传性慢性舞蹈病),是一种神经系统疾病。严格地说,这种疾病是一种先天性障碍,其基因反应在出生时就表现出来。但是,其突变基因的携带者可以享受30～40年正常的生活。该疾病遗传给下一代的可能性为50%。

隐性遗传的特征是正常的父母生育出有遗传障碍的孩子。事实上,如果父亲或母亲是某种变异基因的杂合体,他们的后代有25%的可能性是杂合体和显性体。在麦库西克的人类孟德尔式疾病目录(1983)里可以找到许多这样的例子,当某种疾病非常严重时,有这种疾病的人通常没有生育能力,这种基因将逐渐消失,因此只能在一些杂合体携带者身上发现该疾病。许多隐性疾病是不常见的。众所周知,近亲结婚由于具有相同的血缘背景,是造成隐性疾病的主要原因(例如,德国、波兰及前苏联境内犹太人容易患奈萨二氏病;黑色人种容易患镰状细胞性贫血症;地中海地区的人容易患地中海贫血症)。但这并不是一个普遍的规则,来自不同家族背景没有血缘关系的父母有可能是相同隐性基因的杂合体(胰纤维性囊肿就是一个非常著名的例子)。

不论显性还是隐性的先天障碍都可能与性别有关,男性和女性都可能表现出显性疾病,只有男性才能表现出隐性疾病。一些常见的先天性障碍,如唇裂、腭裂、畸形足、囊肿性脊柱裂、无脑、幽门狭窄等并不简单地依照孟德尔遗传法则进行遗传,但是也表现出明显的家族聚集性(卡特,1976)。

环境因素也是许多先天性障碍的成因。但在这里,环境这个术语要广义地理解:由于人们把身体看成是细胞的聚集物,因此,所有的事物都可能改变身体的正常参数。显然这就意味着环境因素来自于患者生活的环境或病人自己的身体环境。这些都使得细胞的环境变得不正常。如果患者是孕妇,就为胎儿生长发育造成了不良的环境。

在动物实验中,发现当许多药剂作用于受孕母体时会导致下一代出现先天性障碍(瓦卡尼,1971),对这些影响系统的研究称为畸胎学。人们将发现的一系列引起畸形胎的药剂公布并不断更新。许多药品与胎儿功能性障碍有关联。孕妇在服药前通常会要求了解一些关于服药的建议。尽管有的化合物在进入市场销售之前进行过严格的测试,但仍然有可能造成功能性失调的婴儿出生。沙利度胺的例子就非常著名,这种用于治疗孕妇恶心和呕吐的镇静药品,如果在最后一次月经停经后35～50天(怀孕23～38天)内被胎儿吸收,将导致胎儿的严重反常。而对猫和老鼠的受孕母体使用这种药物时却没有类似的不良反应。然而当人们发现了功能性失调与沙利度胺之间的关系后,就该药物的影响对恒河猴进行了实验,也表现出类似人类的反应。野兔实验也有同样的结果,但影响的程度要轻一些。这些事实证明了选择适当的实验模型的重要性。在这里不能探讨所有的引起畸形胎的药物,只会论少数的几种。

原子辐射是一种著名的畸形胎影响物。但是对先天性障碍的恐惧不能制止孕妇为健康需要而进行的检查(或者胎儿健康需要的检查)。畸胎影响物的影响程度与剂量,与作用的位置以及胎儿的发育情况有关。由于所有这些都得到了广泛的证实,因此,对孕妇或胎儿进行检查时要谨慎。有些病毒但不是所有的病毒会表现出畸形胎作用性。非常有名的一个例子就是风疹病毒。但通过怀孕遗传的风险并不一样。怀孕前3个月是胎儿最敏感的时期。酒精的摄入对胎儿有危害,并可能导致胎儿酒精综合征。吸烟同样对胎儿有害,可能导致低体重的胎儿出生。母亲的疾病如果不加治疗可能会影响胎儿。糖尿病可能会导致胎儿的高死亡率、低血糖以及呼吸困难(德莱尼和普塔切克,1970)。而且有的专家确信患糖尿病的母亲所生的孩子更容易发生先天性功能失调,至少其风险更大。但是,不仅某种药物的摄入会导致畸胎,缺乏某些元素也会导致畸形胎,例如:缺乏维生素就非常危险。在动物实验中,缺乏营养也会导致功能性失调。在正常的生活环境中很少出现这些情况,但这说明了为什么要保证孕妇的维生素补充。

预防先天性障碍有许多种方法。一种重要而且简单的方法就是有规律的孕期医学检查。另一种预防的方法是避免所有已知的畸胎剂和保持平衡的营养摄入。如果一个严重的先天性障碍婴儿一出生就去世了,对其尸体的检查对确定父母再生育畸形胎的作用很大。然而,目前对育龄母亲进行的精确检查已经得到了发展。人们提供了出生期的诊断,包括胎儿染色体分析,即通过 DNA 重组技术在分子层面研究异常基因,对胎儿的血样或活组织进行检查,利用超声波检查胎儿的发育情况,研究胎儿组织液中的生化物含量及病毒分析。对一些没有治愈可能的胎儿,中止妊娠是最合理的解决办法。有的胎儿可以直接对其进行治疗,也可以在出生之后进行治疗。因此,如果在出生前胎儿被诊断出有先天性的心脏功能失调,母亲可以转介到专业医院接受治疗。

新生儿扫描对一些新陈代谢和内分泌失调障碍很重要。例如,一个婴儿如果甲状腺功能减退,那么往往在儿童期会导致侏儒症这种智力发展不足的障碍。然而,如果母亲转介到相关的专业医院,经过治疗,母体的甲状腺提供给胎儿,那么儿童出生以后就会正常。及时的替代性治疗使得儿童的智力发展正常,刚出生的婴儿就可以通过血液中甲状腺激素的增加来治疗甲状腺功能减退。在出生前进行血液分析,受感染的儿童通过合理的治疗可以获得正常发展(德朗热,1979)。新生儿扫描也适合其他障碍(西克尔,1980),这个领域的进展前景广阔,这些可以减少新生儿出生时先天性障碍的发生率。

参见 遗传咨询;遗传变异;遗传

CONGENITAL WORD BLINDNESS, HISTORY OF
先天性词盲及其历史

这个用语是指“一个人拥有正常视力并能看清字母或单词,但他却不能理解书写的或者印刷的语言”(欣谢尔伍德,1917)。这个用语是欣谢尔伍德写的一本书的书名。在这本书里,欣谢尔伍德描述了对词盲患者进行的病例研究和干预技术。欣谢尔伍德研究的病人表现为由慢性酒精中毒引起的中风或脑损伤而继发的这种障碍。他将这个用语延伸到同样表现出阅读障碍的儿童身上。不过,“先天性词盲”最初是由摩根(1896)使用的。用文字来证明这种疾病的明确病例,摩根的一篇论文是最早的材料之一。这个明确的病例是外观上朝气蓬勃、活泼开朗的 14 岁男孩,表现出严重的阅读障碍。

欣谢尔伍德相信强化训练及大脑视觉记忆的开发将使先天性词盲患者能够熟练阅读。为补偿患者原来的能力缺乏,他特地提出了一个三步方案:①教会患者认识字母,让他储存于想象中的大脑视觉记忆中心;②通过让患者大声拼读印刷词汇教会其辨词,这样可以利用个体对字母发音的良好听觉记忆;③利用口头和书面练习,使患者能够储存阅读词汇。有人已经指出,欣谢尔伍德所强调的针对这种阅读障碍进行的视觉记忆和总体视觉理解,对后来出现的有关学习障碍的视觉感知理论产生了重大影响。

参见 诵读困难;阅读障碍

CONSCIENCE, LACK OF IN HANDICAPPED
残疾人道德的缺失

社会特别关心的是儿童如何通过发展技能来规范自己的行为,换句话说,就是将道德准则加以内化。但是,个人愿望与社会要求之间存在矛盾的情形是经常出现的。这种情况就要求个人锻炼自控能力,要求个人克制利己行为,采取有利于满足他人需求的行动。针对这个问题的研究集中在两个方面——利他主义和抵制诱惑。

1. 利他主义

利他主义指在不存在威胁和无受奖期待的情况下,做出有利于他人的行为。因为,助人者必定要对帮助别人所付出的代价(如,物质的损失或身体的危险)和因帮助别人而获得的利益(如,自我满足)之间进行权衡,所以,利他主义需要自我控制力(坎费尔,1979)。

有一项研究清楚地发现,儿童的利他行为是可以改变的。大量的研究表明,儿童会模仿一个利他主义的榜样(哈里斯,1971)。事实上,一项研究显示,即使后续测验在迥异的条件下进行,榜样的影响仍可延长到 4 个月(拉什顿,1975)。这样的结果对儿童的培养教育实践存在明显的意义。

2. 抵制诱惑

抵制诱惑是自控力的另一个例子。这里要求儿童在没有人严密监督的情况下进行自我约束。多项研究已测试过能够促进这种自控力的可变量。从发展的观点看,能通过讲述行为规范使儿童规范自己的行为,因此,语言的参与起到了重要作用。用语言描述规范要求的能力是必要的,但仅靠语言的作用通常不足以使儿童能够抵制诱惑。

通过对唐氏综合征儿童与非残疾儿童在认识发展水平上进行的比较研究,突出证明了使用语言对抵制诱惑进行控制的这种策略的重要性。总体来看,残疾儿童比普通儿童抵制诱惑的能力差。这个发现与弗兰萨尼等人(1980)对这个问题的研究结果是一致的。有趣的是,研究者观察到那些在这方面做得最成功的唐氏综合征患儿,他们的自发性本能行为,无论是有语言控制的,还是无语言控制的,都干扰了他们对设想目标的实现(科普、克卡科和约翰逊,1983)。

综合对利他主义和抵制诱惑两个方面的研究结果,可以为教师及家长提供一个明确的信息:为了提高儿童的自控力,教师或家长不应该从培养儿童的性格方面考虑问题,而应教会儿童掌握有语言调控的或无语言调控的特别行为技能,使他们在诱惑面前利用这些技能实现自我控制。

参见 冲动控制;道德推理;自我控制课程

CONSENT, INFORMED
知情同意

家长通过知情同意后增加参与性开始于1975年的《所有残疾儿童教育法案》的颁布。而且,这种活动得到后来的《残疾人教育法案》(IDEA)及其修正案的一致支持和强化。需要父母给予同意的目的,是要调整学校与家长的关系。这使得主要由学校决定针对残疾儿童的适当教育变为学校和家长共同决定。94-142公法通过之前,有些学校的做法是跟家长协商,并告诉家长学校将对他的孩子进行特殊教育的安排。然而,有些学校却没能这样做,而是随意地对一些儿童主观武断地采取过度差别对待主义。而议会的决定和法令已经声明,这样做可能出现残疾儿童标签化、隔离化,被排除于健全儿童之外及他们要接受不同的课程的问题,这种做法会侵犯宪法赋予儿童的生命权、自由权和财产权;而且声明,只有在得到那些可能丧失这些权利的个体的同意,并且他们愿意接受这样的结果,学校才有权这样做。

为了避免学生的安置被随意地改变,要对学生进行安置前评估,要将学生安置于一个提供特殊教育及相关服务的项目中,要在实施时再作评估,在这些之前都必须得到学生家长的同意。如果家长拒绝学校提出的对学生进行安置或评估的要求,学校一方可以要求举行正当合法的听证,以获得权力着手为学生做出评估,并在没有家长同意的情况下对学生实行安置。

波索夫、奥夫卡斯特、塞尔斯及科廷等人提出多种程序以确保知情同意、相应标准和评估手段能力确定知情同意原则所执行的程度。虽然20世纪末不同地方的学校在特殊教育上的实际做法很不相同,不过,对规则进行协商、为残疾学生采取特殊化政策以及反复的操作过程都是必要的。认真地争取家长的同意不仅是一种良好的教育职业行为,而且是国家法律的要求。

参见 残疾人教育法案(IDEA)

CONSULTATION
咨询

咨询涉及一种职业关系,在这种关系中一个专家试图改进另一个职业的运作。尽管存在许多学校咨询的模式,但每一个模式都有一套不同的构想、技术和目标。柏根和通巴(1976)的定义一般足以包括不同模式各自的特点:咨询涉及一个咨询师(如学校心理咨询师)向咨询者(如教师)提供的服务,咨询师作为一个变化着的中介,在个体顾客(如一个儿童)或团体顾客学习或适应方面发挥作用。

学校环境中的咨询是向儿童提供广义而言的心理健康服务的间接模式。咨询师试图改变教师(或管理人员)的态度、认知和行为来引起儿童的行为及学习中的变化。咨询的理论根据之一在于它所提供的资源的经济性。通过提高教师和管理人员的工作水平,心理学家能够在传统的咨询和服务测试模式方面影响尽可能多的儿童。

咨询涉及两项工作:实质性的或具体问题咨询方面的工作,帮助咨询者改进与工作相关的表现方面的工作。对于咨询师来说,具备与咨询内容(如特定的行为、学习或程序化)相关的特殊知识很重要。事实上,咨询者向咨询师寻求帮助的原因是,咨询者相信咨询师具备相关的知识。心理咨询师的基础知识可以从教师咨询中吸取,包括儿童发展、学习理论、儿童心理治疗、测试与测量、学习和行为诊断、小组处理、个别化教学项目、儿童学习和行为障碍治疗。

除了专业技能外,咨询师必须具备能够与咨询者建立并维持融洽关系,促进其职业发展的技能。这样,咨询师能清楚分析,鼓励咨询者从新的或更广阔的视角中看问题;在咨询者提出问题时支持他们,提高他们的动机和自信;提出需要咨询者证实信息的各种问题;查究各种感情,帮助咨询者接受他们对儿童的情绪反应;提供选择以增加咨询者抉择的自由以及为此抉择所做出的承诺;直接或间接地面对咨询者以便客观地看待咨询者。举一个间接面对的例子,如告诉一位不适当地像母亲一样溺爱一位小女孩的女教师。这个小女孩正期望老师为她付出很多,而她需要知道这位老师不可能是她的母亲。举一个直接面对的例子,如告诉一位男教师,当他扮演权威角色时,他要向学生道歉,因为学生可能因处于权威之下感到不安而做出不当之事。

学校咨询的 5 种模式与其初衷、角色和咨询师所需技能有关。心理教育咨询是学校最常用到的咨询类型。心理学家评估一个儿童之后,就要向教师解释评估的结果,提出建议并请教师参与对这些建议的讨论,以便教师能够选择和实施一个或更多的建议。心理教育咨询最初的目的是用于矫正的。咨询师的首要角色是进行问题诊断并提出治疗建议。

行为咨询是以社会学习理论为基础的。行为咨询师将应用性行为分析技术用于改变学生及教师行为的任务中。咨询师在教室里观察儿童和教师以识别和计算目标行为,确定那些目标行为的前因和后果,并提出所期望的能改变目标行为的调整建议。由于教师最终要为咨询师所提出的任何改变负责,因此咨询师需要同教师建立合作伙伴关系。行为咨询的最初目标是用于矫正的。不过,咨询师期望咨询者能提高自身的应用行为分析技能水平,并将他们学到的新技能应用到将来可能遇到的相似的问题上。

在教育咨询中,咨询师通过举办在职人员专题讨论会向咨询者提供新的信息或教授新的技能。有效的咨询培训者会仔细评估专题学术讨论会听众的教育需要以及管理人员的期望,并提供适应这些需要和期望的相关培训。在个别学生咨询的个案中事先征求父母的同意也很重要(赫伦,1966)。

心理健康咨询师的最初目的是提高咨询者的能力,使他们以后在没有咨询师继续帮助的情况下能有效处理类似的问题。咨询中所讨论的某个特定问题作为手段就是要改变咨询者的行为。第二个目标是改变儿童的行为。由于重心是在咨询者身上,因此咨询师的处理技能特别重要。心理健康咨询师利用临床面谈技巧来确定某位教师正在经历困难的原因,在推测其困难原因的同时采用不同的咨询手段。当认定咨询者的问题可能缺乏客观性时,咨询师在咨询技术中会用到特殊技能,而这种技能需要经过特殊化的培训。咨询师尽量不要把教师的个人问题迁移到工作环境当中。

在项目咨询中,咨询师由管理人员安排设计或评估某个项目,例如天才教育项目、与种族问题有关的项目或逃学项目。咨询师必须具备与特定项目相关的经验和技能。咨询师要公布包括学校实施建议在内的书面报告。

与项目咨询一样,过程咨询最初是由管理人员发起的。它试图对系统产生变化而不是个别教师或儿童。过程咨询是基于社会心理学和普遍系统理论的。过程咨询试图改进由管理者、教师、父母和学生所使用的人际以及团体之间的程序方法以达到教育目标。这样咨询师会召集管理人员和教师共同努力解决问题,旨在诊断和改变诸如交流、领导、决策和信任之类的人际处理方法。过程咨询不直接处理一个组织的相互作用的主题事件。恰恰相反,咨询师用交流、问题解决、计划和决策的方法提供帮助(舒克,1976)。

咨询是一个围绕一系列不同性质的模式为学校(或其他组织)提供心理服务的术语。共同的主线是,心理学家试图通过影响有责任关心顾客的人的行为来引起组织中顾客(如学生)的变化。

参见 多学科团队;筛选前的干预;学前筛查;职业学校心理学

CONSULTATION, MENTAL HEALTH
心理健康咨询

心理健康咨询是一些机构为顾客提供心理健康服务的间接模式。心理健康咨询师试图通过咨询社区中的专业护理人员(如教师、牧师、感化主任或医生)来改进社区人员(如学生、居民、教友或病人)的心理适应能力。

心理健康咨询师可能是精神病专家、心理学家或社会工作者,咨询者可能是在社区服务以使社区人员了解心理健康意义的任何人。学校中的心理健康咨询比其他环境中的心理健康咨询更为普遍。其理由包括:学校能提供通过咨询少数教师影响大量儿童心理健康的机会,学校对儿童心理健康重要性的认识,学校中的心理学家有可靠的相关心理学理论及致力于教育目标和实践的知识。和这项工作的重点相一致的是,此后的咨询讨论将特别针对学校中的心理健康咨询。

在此前的咨询定义中有一些关键因素将咨询从其他职业活动中区别开来。如咨询者(教师、校长及其他管理人员)请求咨询师的帮助。由于咨询是一种职业对职业的相互作用,因此,咨询者有责任确定咨询师的帮助是否有用。

卡普兰(1970)将心理健康咨询归类为问题处理类(一个个案或一个管理问题)和焦点侧重类(一方面是顾客或项目,另一方面是咨询者)。这导致了 4 种咨询分类。

在以顾客为中心的个案咨询中,焦点是儿童的问题。就表达问题的目标而言,改变教师的目标是次要的。在给教师的一篇书面报告中概括了诊断结果和对教师处理问题的建议。

在以咨询者为中心的个案咨询中,焦点在学生身上。不过,咨询师的最初目标是改变教师的知识、技能、自信或客观性。问题个案是影响教师改变的平衡点,这个改变使教师更有效地工作,不仅针对咨询重点的特定儿童,也针对将来的类似的儿童。咨询中的这个预期的连锁反应扩展到对不定数目儿童咨询的影响。由于教师的改变是首要目标,因此咨询师要花相当多的时间考虑教师的问题,帮助他们获得新的视角、洞察力、知识和技能,这些有助于将来归纳出类似的问题。

在以项目为中心的管理咨询中,焦点是管理者即咨询者负责的特别项目。首要目标是评估对实现特定项目目标的障碍。在当面访问和会见过学校人员之后,咨询师应以书面报告的形式对自己的发现进行总结并提出建议。同以顾客为中心的个案咨询一样,教育管理人员为将来能够处理类似问题的目标是次要的。

在以咨询者为中心的管理咨询中,焦点是管理人员在诸如小组处理、领导才能、人际关系之类领域的技能。这种咨询模式常常被称为组织发展咨询。

尽管咨询与教学不同,但咨询师也具有教育的角色。作为教师,咨询师也指导、分享信息、将心理学理论转化为与教育相关的实践、示范方法、表达观点、解释数据。作为推动者,咨询师提供职业客观性的示范,指导教师解决问题,帮助咨询者应对可能降低他们有效地处理问题的能力的影响,并帮助咨询者避免在工作环境中思虑个人问题。咨询师也有助于学校不同部门(如普通教育教师和特殊教育教师、年级教师和管理人员)之间进行交流。

参见 咨询;学校中的心理学;学校心理学

COPROLALIA
秽语症

秽语症是一种病症,表现为经常忍不住说脏话和控制不住做猥亵的手势并经常同时出现。在对话中猥亵语言到处都是,打断了正常的语言沟通。言语间隔中经常说一些脏话,并且语调要比正常声音更高、更尖。猥亵语言的使用频率由于时间的延长有从低频率向高频率变化的趋势。一些脏话确实与焦虑和期望的周期有联系。

说脏话最常和吉勒德拉图雷特综合征联系在一起,这足以解释一些病人为何随后中风。由于其他肌肉抽搐和吉勒德拉图雷特综合征联系在一起,说脏话可让病人用简短的间歇来控制。里兹、罗伯特和莫里(1984)报告说脏话的吉勒德拉图雷特综合征病人试图以委婉的说法或某些制造的新词来代替猥亵的语言。在吉勒德拉图雷综合征病人中,早期估计秽语症的发生率接近60%,但最近已修订成接近33%(里兹等,1984)。秽语症发病趋势趋于在青年期达到高峰,而在成年期减弱(辛格尔,1997)。

医学治疗和行为治疗被成功地用来控制说脏话。据埃伦伯格、克鲁斯和罗特纳(1985)报告,可选择的有限医学治疗是用诸如胺多巴之类的药物来代替如氟哌丁苯之类的药物,这是一种用来治疗过动和躁狂症的药物。建议用小剂量的氟哌丁苯(每天0.05毫克,连用一周),间隔一周增加0.05毫克的剂量,直到症状减少70%~90%(科明斯,1985)。因为氟哌丁苯有镇静剂的效果,用药时可能还要和兴奋剂一起服用。

行为治疗包括自我管理和消极练习法的使用,例如,弗里德曼(1980)有一个病人,在她想骂的任何时候,他就教她用社会可接受的语言代替猥亵的语言。伊万斯(1983)减少了利用自我估计程序的感叹词语语调的比率。病人简单记录了他使用每一个目标感叹词的频率。斯托姆(1985)让病人练习抽动肌肉直到筋疲力尽,让他们休息后再重复这项练习。

参见 刺激药物;抽搐;图雷特综合征

CORNELIA DE LANGE SYNDROME
科尼利亚·德·朗日综合征

科尼利亚·德·朗日综合征是一种发展性残疾,是布拉赫曼于1916年第一个报告的,由德·朗日于1933年作了更进一步的调查(古德曼和格林,1997)。它也可能与阿姆斯特丹侏儒症(克拉克,1975)有关。目前,尚没有确定的测试或遗传分析来证实这个诊断结果。不过,据推测,它可能是一种和第3号染色体的突变有联系的常染色体显性紊乱(吉尔伯格,1995)。

科尼利亚·德·朗日综合征婴儿比正常出生的婴儿的体重和身高指标更低,可被描述为不能健康成长。大多数婴儿被发现其属于功能性中度智力落后范围中的低级阶段。一些已报告的案例显示,功能水平在平均范围之下,已明确存在运动问题。

这些儿童在外表上很相似,证明存在遗传病因以及综合征的可能。几乎所有此类儿童都有浓浓的卷眉毛、长长的睫毛和附加面部毛发,他们有薄嘴唇,形成了向下倾斜的嘴巴,肢(臂)、手、脚和头小于正常儿童的尺寸。许多儿童在婴儿时期较早显示出特别低沉的嗓音(斯密特和约翰,1982)。

从行为上看,这些儿童显示出类似自闭症的行为特征,也有自虐的可能性。他们可能很倔强,难于管理,容易受伤害,特殊教育教师可能会有特别的兴趣进行观察。症状显得相对少见,据报告,其发病率界于1∶30000到1∶50000之间。现在没有治疗此症的特殊方法,许多方面的结果都不理想。

参见 自闭症

CORRECTIONAL EDUCATION
矫正教育

矫正教育协会(1983)将矫正教育定义为在矫正场所内实施的个性化学习服务及活动的合作系统。各项服务是由取得教育资格证书的工作人员提供的,满足被收容者从基础教育到高中毕业的需要。职业培训旨在获得入门水平的技能和保证竞争性就业,并在社会个人发展的背景下致力于态度、技巧及能力的发展。

有人估计,85% ~95% 的成年在押犯人没有高中毕业文凭。他们中的很多人在刑满释放后既不会读也不会写(莱夫勒和马丁,1982)。贝尔(1979)所进行的一个调查发现,在联邦和州级监禁机构中50%的成人是文盲。像罗伯特夫妇这样的研究者(1973)陈述道,一般被收押的人无法完成工作申请表、阅读并理解报纸,也不会申请机动车驾照(戴和麦勘,1982)。另外,70%的在押犯人判刑前未依法接受职业培训。国家职业教育指导委员会发现,典型的被押犯人都是贫穷男性,上学时间不足10年。格林(1980)描述说经常困扰矫正学生的都是与特殊学习或毒品有关的问题。他们已习惯于使用暴力,缺乏学业技能。

根据美国司法部(1983)的报告,在20~29岁间的男性中,没有读完小学即遭到监禁的比率是259/1000;小学毕业的占83/1000;在学校完成了9~11年教育的占70/1000;读完高中的只有11/1000;完成16年学习的人只有1/1000。

许多关于矫正教育的研究已证明了少年和成人矫正教育项目的有效性(矫正教育协会,1983)。矫正教育项目已经导致了释放犯人就业的增加以及生活质量的提高。

参见 少年犯罪;受教育权

CORRECTIONAL SPECIAL EDUCATION
矫正特殊教育

就教育目的而言,大部分被监禁的人口都是有障碍的人。摩根(1979)的调查指出,42%的被监禁少年符合94-142公法定义的残疾人标准。俄勒冈州(胡尔托和海因此,1979)和路易斯安那州(克灵格、马歇尔、普莱斯和沃德,1983)的成人劳改机构的调查显示,成人监狱中的残疾者占相似的比率,在30% ~50%之间。

在美国,大多数劳教机构都提供矫正教育,矫正教育包含正式教育项目,范围从基本的识字训练到中学后职业教育和大学教育。这样的项目在成人机构中一般是自愿加入,但对于青少年则是强制性的。联邦政府特殊教育管理规定明确包含矫正教育项目,命令为21岁及21岁以下的残疾人士提供免费而适当的公共教育。然而,只有不到10%的州的少年和成人劳教部门实施这种项目(科菲,1983)。不实施的州将被起诉(伍德,1984),管理机构也会施加压力处罚他们不提供特殊教育项目。对矫正特殊教育日益增加的兴趣体现在政府资助的论证和培训项目、从联邦政府到各州的资金流动以及为矫正特殊教育者展开的培训项目的发展。

1984年,矫正/特殊教育培训(C/SET)计划职员(拉瑟福德、内尔森和沃尔福德,1985)调查了85个州级少年和成人劳教部门及50个州级教育部门以确定在少年和成人劳教机构中残疾犯人的数量。

在州少年劳教机构中有33190名在押犯人,其中对30681人或92%实施了矫正教育项目。在总监禁人口中,估计有9443人或28%的残疾少年犯。接受特殊教育服务的少年犯人数是7750人,或者说23%的少年犯在接受矫正教育。因此,根据州政府管理人员的估计,有近80%的残疾少年犯正接受特殊教育服务。

目前,在少年和成人劳教机构中存在对矫正特殊教育服务的需要,这种需要也提出了如何形成有效矫正特殊教育项目的问题。一些研究者已经描述了关于在矫正特殊教育项目中实施特殊教育法的基本遵从问题。有六种因素对实施有意义的矫正特殊教育非常重要。这六种因素是:①对残疾犯人所需技能和知识进行功能性评估的程序;②教授有用的专业和日常生活技能的课程;③课程中应包括职业特殊教育;④矫正项目和公共学校或社会工作之间存在的过渡性项目和程序;⑤向残疾犯人提供机构和社区服务的综合系统的存在;⑥特殊教育中为矫正人员提供在职与职前培训的规定。

参见 矫正教育;少年犯罪

COUNCIL FOR CHILDREN WITH BEHAVIORAL DISORDERS
行为障碍儿童理事会

行为障碍儿童理事会成立于1961年,是特殊儿童理事会的一个分会,是教师、师资培训人员、管理人员、家长以及关心行为与情绪障碍青少年公共福利的精神健康人员的专业组织。行为障碍儿童理事会的目标包括:促进行为障碍个人的优质教育服务与项目选择;为行为障碍儿童、青年及其家庭的需要鼓吹;作为更好地理解行为障碍的手段,鼓励研究与专业的成长;通过专业会议、培训项目、出版物提供适时的信息;为涉及行为障碍的儿童及青少年和为其服务的人员提供专业支持;支持特殊儿童理事会以及其他分会的活动、政策和议事程序。

COUNCIL FOR EXCEPTIONAL CHILDREN

特殊儿童理事会

特殊儿童理事会(CEC)是世界上最大的致力于特殊儿童福利的专业组织,它于1922年在哥伦比亚大学师范学院成立。今天,它在美国和加拿大的会员有近50,000人,其中包括该组织的288个学生分会在内的9000多个成员。在美国、加拿大还有269个州、地方及省的分部。该组织进一步分成若干个特殊兴趣组,包括身体残疾、智力落后、沟通障碍、行为障碍、学习障碍、视力残疾、资赋优异儿童、早期儿童教育、特殊教育管理、生涯发展、科技和媒体、教育诊断服务、师资培训、国际特殊教育、文化和语言差异、学术研究及特殊儿童理事会的创始人等几个分组。

特殊儿童理事会成员包括教育工作者、家长、学生和其他关心残疾儿童、资赋优异儿童和青年教育的人员。特殊儿童理事会的会员们致力于增加所有特殊儿童和青年的教育机会,为与他们一起工作的专业人员改善条件。特殊儿童理事会拥护适当的政府政策、设置专业标准、提供持续的专业发展、支持新的或过去没有获得应有服务的特殊人群、帮助专业人士获得必要条件和资源以从事有效的专业实践。

该理事会因为拥护联邦立法、资助天才和残疾儿童而十分引人注目。这个组织发行了两种声望很高的期刊:《特殊儿童》和《教育特殊儿童》。前者更具研究和政策特色,后者更能满足实践者的需求。此外,还有来自特殊儿童理事会的数百本书籍、多媒体包、参考文献和报告可以利用。可从教育资源信息中心和特殊儿童理事会信息服务中心获得近50万册有关残疾和天才儿童的参考书籍。每年,由特殊儿童理事会主办的全国性大会吸引了成千上万的专业人员及其助手和家长与会。

COUNCIL FOR LEARNING DISABILITIES

学习障碍理事会

1968年,教育工作者们在特殊儿童理事会下面成立了学习障碍儿童分部(哈拉汉、考夫曼和劳埃德,1985)。两个团体都认为如果没有一个名称去鉴别一群不同于其他残疾情况的儿童,就很难获得用来提供特殊服务需要的资金。

在20世纪80年代早期出现了这样的认识:不仅儿童有学习障碍,成人也有。因此,学习障碍分部变成了学习障碍理事会。除了名称的变化之外,学习障碍分部还改变了它的隶属关系:因为它退出了特殊儿童理事会。学习障碍理事会的大多数会员赞成它变成一个独立的组织。

由学习障碍理事会主办的会议和简讯提供了一种有价值的分享信息的手段,并成为科研、项目发展和宣传的刺激手段。此外,学习障碍理事会成立了一个强大的国家游说团体来促进对学习障碍的法律认知。

COUNSELING THE HANDICAPPED

为残疾者咨询

由于过于强调残疾个体的教育、适应性行为和社交技能的需要,人们常常忘记了他们的情感需要。实际上,残疾个体常有影响他们生活的问题,这些问题可以通过咨询过程来处理和解决。例如,一些智力落后者由于残疾和能力的缺陷,可能经历挫折的感觉,他们就可以从咨询支持中获益。(学习障碍学生被同伴拒绝有时和他们的学业困难有关,也可以从治疗性关注中获益,显然,对于行为和情绪困扰的人而言,咨询应该是核心介入方式。)

从纯粹咨询的视角来看,许多治疗方法是有用的。普劳特和布劳(1983)提出了咨询和心理治疗的6个主要的理论方法,这些方法可在残疾个体为主要当事人时采用:行为疗法、现实疗法、个人中心疗法、理性情绪疗法、阿德勒疗法、心理分析和精神动力疗法。行为疗法在行为困扰个体的身上特别有用。利用操作或典型条件作用,认知或社会学习行为方法,教给他们积极行为或强化这种行为。而干扰或扰乱性行为得以改变或消除其他心理疗法已被采用,并已应用于那些表现出各种情绪困难和问题的、受情绪困扰的个体。此外,所有这些方法都能被应用于情绪问题,这些问题常常并存或由其他残疾状况引起。

除了这些心理治疗途径之外,还有许多对障碍个体咨询有用的特殊途径。简单地回顾一下雷诺兹和古特金(1982)的方法,包括家庭治疗、社会剧、发展性治疗、艺术治疗、音乐治疗、全面或环境治疗。还有,这些方法常常变成处理残疾儿童教育的、社会情绪、情感的、家庭的、适应性需要的综合项目的部分。在许多案例中,咨询仅作为不同的综合性项目的后续过程。显然,在研究方案和应用环境中要强调残疾儿童可能存在的相关或独立的咨询需求。

CREATIVE PROBLEM SOLVING(CPS)
创造性问题解决(CPS)

创造性问题解决是一个利用知识和想象来达到一个创造的、创新的、有效的解决问题的结构模型。由亚利克斯 F. 奥斯本(1953)开发,最初的过程由三个步骤组成:发现事实,包括问题定义和准备;发现观念,包括观念产生和发展;寻求解决,包括评价和改进。帕内斯(1967)将这个连续性问题解决过程发展和重新定义为5个步骤的理解模型,这个模型混合了关于创造性思维和行为的应用及理论研究的结果。这5个步骤是:发现事实,发现问题,发现理念,寻求解决,寻求接受。

与已知的奥斯本—帕内斯模型一样,创造性问题解决鼓励在问题解决过程中广泛应用创造性思维技能。创造性问题解决的过程基础是延期判断原理。这个原理是基于奥斯本的最初观念的,即当判断因心理作用被抑制时,至少会有70%多的好想法产生(奥斯本,1953)。在此过程中,当问题解决者由一个步骤进行到下一个步骤时,经常会用到发散思维和集中思维。

关于创造性问题解决文献很多。帕内斯(1981)和诺勒(1977)以及其他人已评论了创造性解决问题的过程。爱德华(1986)已经提供了一个关于创造性问题解决过程中增强创造性思维和思维过程的方法的评论。

参见 创造性问题解决研究所;创造性;社会剧

CREATIVE PROBLEM SOLVING INSTITUTE(CPSI)
创造性问题解决研究所(CPSI)

创造性问题解决研究所是一个经过设计,要求熟悉创造性解决问题的原理和技术的多学科、多层次的项目。1955年由亚历克斯·奥斯本创立,该研究所由与布法罗州立大学合作的创造性教育基金会提供赞助。

西德内J. 帕尔纳继奥斯本之后管理该研究所,在扩展过程中,保持了最初模型的基本原理。契塔诺和科尔比(1986)将帕内斯的方法做了如下的概括:“这个模型由6个步骤组成,结合了种种研究支持的技术来鼓励创造。包括头脑风暴、共同研讨、孵化、映射、延宕判断、牵强的关系和实践。”帕内斯(1977)所概括的6个步骤是对象发现、事实发现、问题发现、观念发现、结论发现以及接受发现。

每年夏天,研究所有4个主要领域:①跳板项目;②青年项目;③扩展项目;④促进创造性问题解决领导发展项目。跳板项目和青年项目(7~16岁)是为研究所中那些很少或没有经验的参与者设计的。扩展项目旨在帮助参与者通过种种创造方法扩大他们的选择。该项目由不同兴趣小组构成,参与者在其中练习如何创造性解决问题。促进创造性问题解决领导发展项目强调自我成长和教授其他人创造性解决问题的技能的发展。

参见 概念形成;创造性问题解决;亚历克斯F. 奥斯本

CREATIVE STUDIES PROGRAM
创造性研究项目

创造性研究项目于1969年9月由布法罗纽约州立大学学院的斯坦利J·帕内斯发起,旨在加强学院和一般社区里大学生的现在和未来行为的各个方面(帕内斯和诺勒,1972a)。帕内斯等人开发了基于早期计划的,即创造性问题解决的创造力研究项目课程。

创造性研究项目显然是成功的方法,它增强了大学学生的创造力表现(马瑟,1982;诺勒,1972b)。这些学生在学校做得更好,在吉尔福德智力模型中(吉尔福德,1969)的5个智力操作中有3项表现(认知、发散思维产生、集中思维产生)得较好。在需要创造力表现的非学术情景中更富有成效。托兰斯(1972)记录到,创造性问题解决课程或其变更形式(如创造力研究项目)在教会儿童创造性思维时,有91%~92%的部分是成功的。

参见 创造力测试

CREATIVITY
创造性

创造性是人类行为一个复杂的、多方面的现象。解释创造性的各种理论已从那些将它定义为应用知识与想象解决问题的创新结合延伸到那些视创造性为“将本能的或积极进取的能力转换成文明的认可行为”的无意识过程(弗洛伊德,1924)。

在创造的过程中发生了什么呢?瓦拉斯(1926)描述创造过程由四个阶段组成:准备、孵化、说明、鉴定。托兰斯将这一过程定义为“变得敏感或觉知到问题……收集有用信息……寻求解决……交流结果”(托兰斯和梅耶,1970)。

而泰勒(1960)支持阶段论,他补充道,创造性存在于五个方面,每个方面涉及不同的心理过程,在处理过程中,它可能改变步骤。这5个方面是:

(1)表现创造性,一种自发表达的形式,不涉及产

品的创新和质量;

(2)技术或生产性创造性,强调技能而非自发性和新奇性;

(3)发明创造性,强调对旧事物的新利用;

(4)创新创造性,侧重发展新方法或新原理;

(5)突现创造性,使用最抽象的构思原理或支持艺术或科学主体的假设描述创造性构想。

表现创造性,运用构成艺术或科学实质内容的最抽象的思维过程原理或假设来描述创造性的形成。半球功能的研究已提供了最近关于创造性和创造过程的最新展望。有创造性的个体右脑占优势,逻辑、理性思考者左脑占优势的观念引发了最新理论:将创造行为定义为两半球之间相互作用的结果。想了解左右脑最新研究的详细评论,读者可参考克拉克(1983)或契塔诺、科尔比(1986)的著作。

在许多对有创造性的人的描述中较一致的是,诸如对环境的异常敏感、独立的思考、行为中的不一致以及在执行任务时的执著之类的特质和行为。有创造性的人倾向于接受新的想法和经验,较少接受传统观念。独自探究思想、特别的幽默感、对晦涩的忍耐力、在工作中的强烈自信是有高度创造性的人的其他特质。

开放与可接受的环境或形势对于创造性潜质的释放和开发来说是至关重要的。科内勒(1966)指出,对于创造性来说,主要障碍似乎是文化的和生物学上的。阿里梯(1976)提出创造性社会的概念来描述他对文化特质的整体看法,文化特质支持创造性的发展。这种社会的特点是缺乏对及时行乐的重视,对不同观点保持包容和兴趣,对创造性进行激励和奖励。托兰斯(1962)指出,其他重要的变量包括,对独特问题和思想的鼓励,在没有经常评价风险下发生的表现。

关于创造力和智力之间关系的许多讨论都与评估有关。人们已开发成功了几套用来评估创造力的工具,但问题仍旧存在,它关注创造力是否应该由所知的成就来测量还是由发散或创造力思维测试来衡量。最常用到的创造力测量是托兰斯创造力思维测试(1974),它提供了关于图形和文字版本的创造力潜质的单个分数索引。其他创造力测量都是成套的,由吉尔福德(1959)、瓦拉赫与科甘(1965)开发。

参见 创造性研究项目;创造力的投资理论

CREATIVITY TESTS
创造力测试

目前大多数可行的创造力测试是在关于创造力本质的大规模研究项目进行中开发的,主要两套是:南加州大学测试,由吉尔福德等人设计,作为能力研究计划的一部分;托兰斯创造性思维测试,由 E·鲍尔·托兰斯在他为提高儿童创造力的设计课程和教学方法的过程中设计的。托兰斯的研究项目是 20 世纪 60 年代晚期以来佐治亚州创造力行为研究的一种。

这些测试和许多其他的测试一样在商业上是有可行性的,常常用于创造力的评估。然而,许多心理测量家认为所有这些测试都是实验性的(阿那斯塔西,1982)。创造力测试中的许多项目,几乎毫无例外的(例如威尔士图形筛选测验),都是开放式的,因而评分带有主观性。由于这个原因,在将它们付诸实践之前,评估创造性测试的信度特别重要。创造力测试的标准数据通常远远达不到智力和成绩的良好测试的可接受心理测量标准。可靠而有效的数据对于一些测试,如托兰斯创造性思维测试是实用的,但对于其他的测试来说则十分有限。

主要的创造力测试方案试图测量创造力的多重维度,包括一些变量如流畅、创新、异常回应、灵活性、坚持终结不成书方案等等。它依然没有明确:在测量过程中这些维度是否足以独立以保证不同。人们还发现创造力测量是相当特别的任务,例如,创造力测试的表现并不能很好地概括该测试和测试情境之外的任务。

尽管存在这些问题,创造力测试仍在天才项目中普遍使用。创造力已证明是一个难掌握的概念,关于创造力测试的心理测量数据通常反映了该概念的本质。创造力测试很可能比大多数心理测量家想象的要更好(本尼特,1972;瓦拉赫,1968)。与智力和专业成就测试研究结果比起来,这类测试相对较差的研究结果比今天用的主要量表,如托兰斯创造性思维测试的任何缺点,更能反映创造力概念的难度。自托兰斯的著作出版以来,在创造力测试的发展或改进中几乎没有取得什么进步。

参见 创造性问题解决;托兰斯创造性思维测验;韦尔施图形筛选测验

CRIME AND THE HANDICAPPED
犯罪与残疾人

94-142 公法规定了必须向所有残疾青年提供教育服务,无论他们住在何处。继此法之后的《残疾人教育法案》继续规定了这一点。约翰森(1979)指出,约1/3 的被监禁青年存在严重学习障碍,与此相比,非监禁人口中仅有 16% 是学习障碍。

在犯罪行为和残疾状况关系之间存在许多推测。西伽尔和森纳(1981)提出假设,试图分 4 个维度确定违法的原因:个性化、社会结构、社会进程、社会反应。不幸的是,影响这些假设的变量和因素是一样的,它们用来描述智力落后者和情绪障碍者的教育可能性。

凯利茨和米勒(1980)提出了3个理论基础作为司法系统中的青年残疾状况存在普遍不平衡的最重要解释。这些理论基础是学校教育失败、敏感、区别对待。

尽管这些理论试图解释意料之外的高度普遍性,但对司法系统中的残疾青年的不均衡数字并没有做最后解释。《残疾人教育法案》规定的服务(约翰森,1979)必须提供,这些服务还未完全执行是有明确依据的。残疾状况的问题因为与犯罪有关,所以是严肃的,需要加以更多关注,特别是在研究、计划和预防领域中(布朗和罗宾得,1979)。

参见 教育弱势者;少年犯罪

CRISIS INTERVENTION
危机干预

危机干预是一种对急需帮助的个体可以自发利用的服务(凯利等,1978)。卡普兰将危机定义为儿童不均衡行为的突然开始,但在此之前的功能是稳定的(卡普兰,1963)。危机干预的目的是提供评价处理行为的知识。斯万森和雷纳特(1976)谈到,一个处于冲突中的儿童"表现出的行为对其个人或教育的发展或其同伴的个人或教育发展都是有害的"。

对混乱或危机的干预并不是新鲜事物。传统上,危机由管理人员或教师处理。危机的概念在4个方面已起了变化。第一个是在咨询中,已经由监督性计划变为策略性计划。换句话说,可由临床医师和教师合作解决。第二个是利用助教,他们会对干预儿童的行为负责。第三个变化是在面谈风格上,雷德尔建议称之为生活空间晤谈(LSI)。第四个变化发生在管理中等教育的对抗的状况中。

举行危机会议是发展积极的、以成功为导向的班级的一个方法。当冲突比如打架、严重争吵、误解、发泄愤怒(口头的或身体上的)时,即时危机处理会议能够帮助学生理解和化解严重的冲突(雷德尔,1959)。这些会议仅仅涉及那些与问题状况实际相关的学生,常在教室、饭堂、操场发生。危机会议有以下几个步骤:

(1)冷静。如果学生很不安,还未准备好参加讨论,就给他们几分钟的时间让其冷静。如果必要的话,学生应被送到自己的位置、一个安静的区域或校长办公室。

(2)设定原则。会议由冷静发言开始,拟定基本原则。这些可能包括避免争执、倾听每个人说话的内容。

(3)积极倾听。学生被要求描述事件、什么导致事件的发生、他的感受如何。在仔细倾听以后,听者复述学生所讲内容以示理解表述内容。其他学生可能被叫起来总结或重复第一个学生说的。然后第二个被叫起来回忆事件。在积极倾听阶段,主要目的是了解发生了何事、参加者有何感受。帮助学生明白其感受,也可能帮助他们消除一些愤怒或沮丧情绪。

(4)探究问题。在这个阶段,要长远考虑问题。要提到以下方面,比如怎样才能避免问题、下次发生问题怎么办、应期望什么后果(格拉斯等,1978)。

另一个危机干预形式是生活空间晤谈(LSI)方法,它用来帮助教师与儿童有效交谈,帮助教师使用这些技能作为一种特定的管理工具。这有两个主要目标:客观分析生活事件和提供第一时间的情感援助。这同时有长期和短期的目标。这种治疗可以帮助学生表达敌意、挫折或攻击;在帮助学生避免恐慌或内疚时提供支持;帮助学生保持关系;允许教师监督行为和确保规则的遵守;帮助教师处理复杂情况。资源教室是帮助特殊儿童的另一种方式。在这里,有人给儿童提供教育,一天中的部分时间由资源教师提供情绪支持。儿童可以在两个教室之间活动,从两边教师那里得到教育。更有可能的是,他对资源教室或常规教室都不能适应,可以利用有限制的日间方案安置学生。总之,如果所有心理学、社会学、教育知识应用时间合适的话,危机干预可能会是最恰当的做法。

参见 生活空间晤谈法;F. 雷德尔

CRISIS TEACHER
危机教师

按照隆、莫尔斯、纽曼的说法(1976),危机教师概念的提出是由于严重问题学校中的小学教师努力的结果。危机教师首先需要进行教育心理学理论与实践方面的培训,他们可以给常规班级教师和表现出混乱(危机)行为的学生提供明确帮助。最后,这些教育者通过在危机教师和常规班教师之间提供的联络来增强学习环境。这就给常规班教师带来了直接的同伴的帮助,而不是诸如学校心理学家、学校顾问或校长之类的咨询者,因为这些人员很容易找到。

隆、莫尔斯、纽曼(1976)提出危机教师模式有以下特征:①强调对学生的直接帮助;②对干预策略有不拘一格的手段;③关心各种问题的预防和补救方法;④倾向于广泛地关心儿童的整个生活空间而不是针对特殊的差异或缺陷。很明显,危机教师的概念有积极的影响,它倾向于促进健康的自我概念,导向将来的自我管理以及建立可靠的人际关系。

一个重要的补充包括危机教师知道什么时候一个事件不是危机、不需要引起他的注意。然后更重要的是,要避免认为所有的混乱事件都是灾难,都需要特别关注。

参见 危机干预;资源教室;特殊班级

CRITERION – REFERENCED TESTING
标准参照测验

标准参照测验是一种遵循某个标准或准则去检验一个人的表现的方法。标准参照测验一般与常模参照测验相比较,在标准参照测验中一个人的表现与组成普通组的其他人的表现相比较。虽然这个概念在教学上使用了几千年,但是直到最近才由格拉泽和克劳斯(1962)予以形式化。在他们的概念中,标准就是被考察者能完成某些任务时表现的水平。已被确定的这些任务对学习来说是必要的。在学习的过程中可能有许多标准,这些标准可被视为阶段或中间步骤。在必要任务上须达到标准的表现的评估一般叫做标准参照测验(CRT)。因此,标准参照测验就是用设计好的测试内容来检测被试者的表现水平(汉布尔顿,1999)。

标准参照测验的主要问题是内容的定义、测验的发展、测验特征的评价以及标准的设置。关于这些问题的可用的文章已由伯克(1984)编辑;汉布尔顿(1999)评论了标准参照测验领域专家的最新思考。

标准参照测验内容的定义与教育密切相关,如果一个人使用格拉泽和赫塞克的 CRT 的概念,对要求学生完成的任务的认真分析就形成了测试的基础。这些任务要么在分阶段组织上,要么在编排上分阶段或步骤。设置的测验取样于学生的行为,必须能展示每一步的知识或技能。在分阶段组织的内容中,学生必须在尝试下一个内容或任务之前知道某个内容或能够完成某个任务。数学中的许多课程就显示了这样的结构。其他内容可能没有固有的组织顺序,如英国文学。它可能在历史上、主题上或类型如诗歌、小说和随笔上被研究。标准参照测验可以用于表示每个部分的完成水平。尼特克(1984)提出了范围的安排定义。范围可能已定或未定,或解释得好或不好。他认为标准化测验应该只在定义得好的内容范围中使用。

在开发标准参照测验项目或问题方面研究相对很少,大多数测验开发者使用已开发的项目书写技术作一般成就测试。心理测量家充分考量了项目分析和测验的特征。经典可靠性理论和试题特征曲线理论已被应用于项目和整个测验的分析。标准参照测验的可靠性取决于测验分数(伯克,1984)和分类决定(汉布尔顿,1999;祖布科韦亚克,1984)。

参见 最低能力测验;常模参照测验

C

CROSS CATEGORICAL PROGRAMMING
跨类别计划

94 – 142 公法和它的更新版《残疾人教育法案》识别了 11 类有特殊需要的学生。这些类别包括聋、聋—盲、重听、智力落后、多重残疾、肢体损伤、其他健康损伤、情绪障碍、特定学习障碍、语言损伤、视力残疾、脑外伤(联邦注册处,1977)。

对于学区和特殊教育的合作来说,在一个班级或项目中将不同残疾者进行分组变得日益普及。例如,一个班级可能同时为中等智力落后者和严重情绪障碍者服务,一个资源项目可以同时为轻度智力落后个体和学习障碍个体服务。将不同类型残疾儿童和青年进行分组的实践被称为跨类别计划。许多年来,融合计划已让跨类别方法显得多余。许多学区继续发展混合模式,提出跨类别和融合实践。然而,在这些领域尚缺乏效果研究。

参见 通用特殊教育;融合;教学的个别化;最少受限制环境

CROSS – CULTURAL SPECIAL EDUCATION
跨文化特殊教育

94 – 142 公法的实施,为所有残疾儿童提供了受教育的平等机会。包括《残疾人教育法案》和《美国残疾人法案》在内的立法和许多诉讼都继续关注特殊儿童的受教育机会。然而,教育机会平等并不是所有残疾儿童都能享受的。许多特殊学生仅仅因其种族、社会阶级或信仰继续受到歧视而得不到充分的服务。

似乎不可能每个教师都拥有一定的技能或背景,能够恰当地应对许多不同文化的特殊方面。因此,在任何满足这些文化的多样化需求的尝试中,尽可能地利用社区资源是很有用的。金 – 斯托普(1980)设计了针对移民子女的策略。她建议,可请班上有相似移民背景的高中生或大学生作班级助理或志愿者。虽然金 – 斯托普仅仅说到移民子女,但很明显的是,这样的方法也能很容易地、成功地用于不同的文化中。虽然这个策略在某个环境中可能应用得较好,但这个策略不太可能适用于所有环境。海沃德和奥尔兰斯基(1984)建议,无论学生的文化背景如何,有效教学策略的实施都很有可能使他们受益。有效的教学基于和来自于有效的评估,认识这点很重要。已有人开始特别关注学校服务条款中的差异。

参见 测试中的文化偏见;多元文化评估系统

CROSS MODALITY TRAINING
交叉模式培训

交叉模式培训就是在教学时,大脑接受的信息从一个输入形式转移到另一个系统的神经学过程。这个过程也与感觉统合、模式间转移及转换有关。交叉统合问题在历史上已与学习障碍联系在一起。已假设当每类信息被清楚地提供时,某些学习者能够准确地处理视觉和听觉信息,但这些学生在感觉系统之间转换或交叉信息的任务中有障碍(舍费林等,1969)。

交叉模式培训项目可以处理感觉统合问题。例如弗罗斯蒂希(1965,1968)提出了交叉模式培训所包括的活动,如描述图片(从视觉到听觉)、听从指令(从听觉到动作)、通过遮盖物感知物品、在纸上画形状(从触觉到视动整合)。少量研究证明,交叉式培训对提高学生专业技能是有用的。此外,即使有,几乎很少测试都是经设计来评估交叉模式感知的。

参见 视知觉发展测验-2;弗洛斯蒂哥矫正项目;多感觉教学

CROUZON'S SYNDROME
克鲁宗氏综合征

克鲁宗氏综合征是典型的受染色体支配的先天性残疾。主要身体特征是头盖骨闭合不成熟。这就导致头盖畸形、眼距宽(眼睛可能突出)、脸部畸形。鼻梁扁平如鸟嘴。耳道和眼睛畸形,导致高血压和眼眶畸形,据说70%~80%的案例会发生这样的情况(伴随眼睛萎缩)。这可能会引起视觉和听觉问题。上颌和面中部骨可能发育不全,下巴可能更突出,参差不齐的上牙和舌头过大可能导致饮食和言语发展的一些问题,更高的感染率也可能会出现。据报道,一些案例会有先天性心脏疾病。根据记录,一些儿童可能存在明显的智力落后,但多数儿童的智能处于一般水平。在极少的案例中,可能存在脊柱裂(卡特,1973)。

CRUCKSHANK,WILLIAMM
威廉姆·克鲁克香克(1915—1992)

威廉姆·克鲁克香克于1937年在东密歇根大学获得文学学士学位,于1938年在芝加哥大学获得文学硕士学位,1945年在密歇根大学获得哲学博士学位。自1937年起,克氏的主要兴趣在儿童脑损伤、神经残疾儿童和精确定义学习障碍儿童的神经心理学特征方面。他撰写编辑了200多本书和论文(其中一些被翻译成了几种文字)。他的主要著作包括《脑外伤和过动儿童的教学方法》(1961)、《家庭、学校和社区中的学习障碍》(1977)、《学习障碍的心理教育基础》(1973)。他获得了6个荣誉学位。从密歇根大学退休以后,他在许多国家讲课,做了多年的客座教授和讲师。作为创办者,他是学习障碍国际学术研究院的首位主席(1975—1985)和执行董事,也是学习障碍儿童和青少年问题的国际权威。他于1992年逝世,结束了他漫长而有贡献的职业生涯。

CRYSTALLIZED V. FLUID INTELLIGENCE
晶体智力对流体智力

流体智力和晶体智力理论是雷蒙德·卡特尔在40多年前提出的。该理论基于查尔斯·斯皮尔曼(1932)的著作,在著作中斯皮尔曼认为智力拥有一种单一的、综合的能力,共用于所有的测验。他把自己的普遍因素"g"称为一般能力因素。

这个因素是卡特尔提出的二因素理论的基础。这个理论认为,每个智力测验都要测量两个因素:一个是一般因素"g",所有测验所共用。一个是特殊因素"s",它对每个测验而言都是特殊的(卡特尔,1963)。卡特尔通过将一般能力因素分为两类来定义智力。现在这两个因素被命名为晶体智力(Gc)和流体智力(Gf)。

卡特尔和霍恩(1978)认为,流体智力是生物因素影响下的一个主要的可测量结果,而晶体智力是教育和文化影响的基本表现。他们指出,流体智力与个体感知和提炼出规则及关系的能力有关,而晶体智力则产生于学习符号、语言和数学过程中对流体智力的个别化应用。卡特尔和霍恩认为,流体智力可能由遗传决定,可以通过强调分析能力的任务来定义。而晶体智力由教育决定,且与教育成就相似,它是个体对知识的积累。

目前有关晶体智力和流体智力的研究集中于能力因素和认知过程(兰斯曼,1982)、短时记忆的重要和最新构成(克劳福德和斯坦科夫,1983)以及在第六级信息处理的速度。

参见 智力;智商

CUED SPEECH
暗示语

暗示语是R·奥林·康尼特于1967年在华盛顿的加劳德特大学开发的。设计暗示语是为了弄清楚重度和极重度听力损伤个体依赖唇读法理解言语所出现的歧义(伊万斯,1982)。在言语阅读中,听力残疾个体可能混淆许多音素,如[p]、[m]、[b],因为它们通常很相似。暗示语的使用者可以给言语阅读中呈现的信息提供视觉补偿来克服这种混淆。

暗示语的使用有其优势与不足。其优势包括遵循了口语主义哲学。通过言语阅读,暗示语能补充所呈现的信息,不过,离开了言语它就无法被使用和理解。此外,暗示语的使用已经与言语阅读中的精确性、词汇和智力的增强建立了联系。其不足包括使用者的语音能力问题,缺乏向阅读转移的潜力,以及过于依赖暗示(魏尔伯,1979)。

参见 手语;综合沟通

CULTURAL ATTITUDES TOWARDS SPECIAL EDUCATION

对于特殊教育的文化态度

美国的儿童和青少年代表了一种日益多样化的文化和语言群体类别。1990年的人口统计(联邦统计局,1990)确定了美国学龄期人口包括691.4万名非洲裔美国儿童,539万名西班牙血统的儿童(包括出生于墨西哥、古巴和波多黎各的儿童),155万名亚洲和太平洋岛国血统的儿童(包括出生于日本、中国、韩国和菲律宾的儿童),52.2万名土著美国儿童(包括美国印第安儿童、爱斯基摩儿童、阿留申群岛儿童)。这些庞大的数字(儿童所代表的语言及文化的千变万化)给教育专业人员带来了空前的挑战和机会。

为了在如此多样化的人口中提供恰当的教育服务,对与特殊教育有关的文化隶属和相应文化态度的了解是必要的。一个文化群体为了达到融入的目的,被定义为一个与别的群体相隔离的群体,这是因为它有不同国籍和文化模式(谢弗,1990)。有人进一步认识到,虽然一个文化群体的成员可能有共同的价值观、信仰和行为方式,没有一个单独的成员可以作为所有群体模式的典型代表(韦尔利,1995)。下面的部分包括对与特殊教育文化态度有关文献的讨论、对不同文化群体共同态度报道的总结和我们目前知识基础的益处及有限性的分析。

目前有关针对特殊教育的文化态度的文献主要集中在特殊教育中的实践建议方面,一般可分类为:①以理论为基础的(如"最好的做法"的论文,其中就有特定文化群体的一般知识在学校背景中的应用);②以研究为基础的(如证实文化态度和教育策略之间特殊关系的数据的呈现)。这样,对特殊教育的文化态度在这两种分类的框架中得以呈现。

1. 家长的态度

文化和语言上存在差异的家长对特殊教育的态度的研究是以调查为基础的,这些研究已经探讨了许多主题。

(1)贴标签的意义。在文化和语言上存在差异的家长给特殊教育贴标签的意义方面的研究揭示出:①他们的关于"正常"的概念和界限可能不同于教育系统的概念和界限(本尼特,1988;但瑟罗,1997;哈里;1992;罗得里格斯,1995;泽特林、帕德龙和威尔森,1996);②他们常被特殊教育的特定术语或普通标签所迷惑,可能将这些标签和更严重的(如障碍、残疾、障碍、落后)、与轻度相对的障碍表现联系在一起(但瑟罗,1997;哈里,1992);③他们可能认为标签反映了家庭的无能;④可能在标签上贴上生物医学的和社会文化的(如精神层面上的)因素(但瑟罗,1997;罗得里格斯,1995)。

(2)对语言和文化角色的感知。一些研究(如哈里,1992;罗得里格斯、帕德龙和威尔森,1996)揭示了父母的感知,他们认为自己的孩子接受特殊教育是由于语言和文化差异的结果,而不是因为真正的缺陷。这种情感在不同文化和语言背景的父母的报告中可以见到(如西班牙人、东南亚人)。

(3)关注教学方式。关于特殊教育中的更小规模的小组教学,父母表现出积极的感受,他们还表示说缓慢的进度,缺乏实际的个性化教学可能妨碍而不是帮助他们的孩子(泽特林等,1996)。关于民族语言和文化如何应用于其子女的教学中,一些父母似乎感到迷茫,而另一些人则感到,教学应该集中于英语和阅读(哈里,1992;罗得里格斯,1995)。

(4)影响父母参与的因素。在特殊教育中过程,父母参与的机会常被父母们称为:①非个人的和单边的(如在会议中),学校工作人员低估了父母的能力,在决策中限制了父母的声音和权利;②所涉及的大量信函和表格令他们应接不暇;③被有限的特殊教育过程的知识所限制(如法律权利和参与会议的必要性,本尼特,1988;但瑟罗,1997;哈里,1992;罗得里格斯,1995);④充满不信任(本尼特,1988;哈里,1992)。

2. 学校工作人员的态度

以调查为基础的研究一般将重点放在文化和语言上存在差异的学校人员、主要教师对特殊教育的态度上。最近的两项研究提供了这种研究类型的一个例子。罗得里格斯(1995)和派斯(2000)调查了文化和语言上存在差异的教师在双语教育项目中的就业情况。

两项研究揭示:教师在特殊教育服务和过程方面的知识是有限的,年龄越大,从大学毕业时间越长,他们了解的越少。

据罗得里格斯(1995)报道,在100名祖籍东南亚的教师中,对儿童残疾是因为神灵力量或宿命所致有1/3同意,1/3反对,剩下的人在这点上处于矛盾中。这些教师中的大多数感到儿童常常在特殊教育中受到错误的安置和歧视,因为他们的英语更不熟练。他们还进一步报道说,这些祖籍东南亚的学生中或多或少都存在一些英语水平较低的人,以至于其他学校工作人员对这些学生的期望较低。

CULTURAL BIAS IN TESTING
测试中的文化偏见

文化测试偏见假设的看法是,智力测试分数中种族和民族的群组差异是由测试自身所固有的缺陷导致的结果。这些缺点偏见,或原因系统的错误,在一定程度上导致少数民族群体只能得低分数。然后各群体间分数上的平均差别就被解释作测试的人为结果,而不是被解释作反映智能或技能的任何真正的差别。

在有关个体差异的心理学研究中,跨种族智力测试分数的平均差是最常见的现象之一。这些差别的一种主要解释之一是,它们是由不同环境中成长的人所产生的,因为低分数群体在成长的时期,相对地丧失了像高分数群体所得到的那种激励,而较高分数群体在发展中却得到了。另一种解释是,低分数群体反映了遗传潜能中智力表现的差异。当代大多数观点是采用一种环境与遗传相互作用的方法。

此外,有争论(见雷诺兹、罗韦和萨恩斯,1999年的讨论稿)认为,少数民族群体和多数民族群体在性质上有不同的智力和个性形式,因此不能用相同方法评估,否认对照不同群体或测试表现的任何尝试。

有关测试中种族偏见的研究对心理学和社会学来说,过去很重要,将来仍很重要。文化测试偏见假说很可能是心理学面临的最关键的科学问题之一。如果这个假说最终因为是正确的而被接受的话,那么过去的一百年左右对个体差异的心理学研究(或差异心理学,支持所有应用心理学领域的基础心理科学)一定被作为人为现象或至少作为混淆的东西而抛弃,因为这样的研究是基于标准心理测量方法的。测试中的种族偏见在审判法庭以及公开质询的学术法庭中受到检验。两个重要法庭决议,即广为人知的拉里P.(1979)和佩斯(1980)在相关问题上表述了冲突的观点。两个联邦地区法院中的一个裁决智力测试存在种族偏见,而另一个则不这样认为。

与20世纪60年代晚期的情况相反,关于测试中的种族偏见,现在的研究数量很大。在很大程度上,这种研究无法支持测试偏见假说,它揭示出:①合理建构和标准化的教育、心理测试能以根本对等、跨种族的方式预测美国本土少数民族未来的表现;②测验的内部心理测量结构在种族方面必然是恒定的;③这些测试的内容是平等恰当的,是超越这些群体的(雷诺兹,1982;雷诺兹等,1999)。

测试中的种族偏见是心理学争论中最有争议的也是最情绪化的问题之一。它不可能在研究数据的基础上得以全面解决,因为这些测试在过去已不可置疑地在少数民族群体中被滥用。大部分争论集中在特殊教育项目中少数民族儿童的安置方面。因此,必须作特殊考虑以确定我们将使用"明智的测验"抵制过去的误用和滥用(考夫曼,1979)。

参见 拉里P.;马歇尔诉佐治亚;佩斯诉汉农

CULTURE FAIR TEST
文化公平测试

文化公平智力测试(卡特尔,1973)实际上是一种缺乏被试者口头内容的测试(测试使用的是一张白纸和铅笔格式)。它由新颖的问题解决题目组成,这些题目在任何特定文化中不会发生。测试形式是多项选择题,包括4个子测试:系列填空、分类、模型、条件。不同的水平依据被试者的年龄分别实施:4~8岁、8~14岁或14岁至成人。与其他标准化测试相似,文化公平智力测试的结果用智商离差表示,总分为100,标准差为16。

刘易斯(1998)强调,文化公平智力测试存在一些严重缺陷。其中之一是在实施测试期间相当广泛地使用口头指导。这给语言不同的被试者带来了困难。因此,虽然测试没有文化承载上的信息项目或口语成分,但提示语本身的语言性质是有问题的。此外,子测试强调速度。这种对速度的强调具有跨文化差异,因此降低了工具的文化公平性。这些潜在的问题应在评估被试者的不同文化背景时予以考虑。阿纳斯塔希克(1988)强调,测试分数的解释"在目前的不同文化群体的评估中是最重要的考虑"因素。对这些群体的分数的错误解释应给予认真的关注。

参见 测试中的文化偏见

CULTURAL-FAMILIAL RETARDATION
文化家庭性智力落后

术语"文化家庭性智力落后"很久以来就被用来表

示不明病因的轻度落后,它与轻度落后的家族史有关。据信,一些有负面体验的家庭环境会抑制智力的发展。单词“文化的”表示一种环境基础,“家庭的”则暗示一种遗传学起源。同物异名包括社会文化的或心理社会的、本质的、亚文化的、内生的以及家庭的落后。这部分人口中的个体通常智商处于轻度落后范围,没有明显的生物学的症状来解释这种落后。通常父母中或兄弟姐妹中有一人是智力落后,并且他们的家庭处于低社会经济地位(吉尔伯格,1995;魏斯汀,1986)。

“文化家庭性智力落后”的确切原因尚不明确,但它很可能与相互影响因素有关,单一某个因素不足以解释智力和行为缺陷。目前一致的意见认为,心理社会学因素、环境因素、遗传因素之间的相互作用是如此之大,在生命的发展中开始得如此之早,以至于在个体案例中一个人不能把责任推给任何一种因素(格罗斯曼,1983)。据信,几十年以前,有人认为这种落后是遗传的,环境因素被忽略了。有人指出是多元遗传,因为这种类型的落后并不是任意地分布于贫穷的家庭中,而是常见于母亲是落后的家族中。

一些心理学家和教育者认为,在文化上不利的家庭中出现落后的大部分责任是由于家庭外部环境,特别是教育系统。轻度落后学生已被称为“六小时落后儿童”,暗示他们只在学校学习时落后,然而,却没有证据证明,那些儿童在校外是否能像其他儿童一样应对。学校的批评是建立在这样的事实基础上的,即普遍研究显示,学龄期鉴定的个案比例比学龄前或学龄后鉴定的个案比例要高(理查森,1968)。学校的要求可能比以后生活中的一些活动更耗费轻度智力落后个体的能力,例如,好的阅读和数学运算能力固然重要,但它们对一些职业来说却不是必要的。如果我们将经得起竞争、一样全职雇佣的任何智力落后成人进行分类,许多以前的 EMR 学生就不会被列入成人智力落后者中,无论分类得多么早,无论他们的成年智商分数如何。列维尼(1985)报道了压力和焦虑之间的高相关性,特别是对未就业的轻度智力落后成人而言。因此,人格因素以及工作技能和智商分数一样,可能与成人的分类有关。

一些社会学家和教育者认为,这个小组中的儿童并不是真的落后,而是智力测验对贫穷儿童特别是少数民族儿童存在偏见。这个争论似乎忽视了这样的事实,即来自相同家族和社区的一些儿童在同样的测验项目中是成功的,而其他儿童却失败了。审慎的、经验主义的测试及其内容并不能解决在精心设计的、有恰当标准的测试中存在偏见的问题(雷诺兹,1983;雷诺兹等,1999)。由于不利的经济地位,修改(提高)的分数对达到低分和弱势学生所需服务的合格标准可能会更困难。

自中世纪以来,人们已尽了最大努力以阻止与文化家庭性智力落后有关的贫穷、社交无能和偏见的恶性循环。20 世纪 60 年代成立的联邦经济机会办公室举例说明了在提供健康、教育和社会干预方面所尽的努力。经济机会办公室最显著而持久的项目是“领先计划”——幼儿的学前项目。联邦和州级项目已产生一些影响,但还没有达到智力落后减半的目标,正像 1962 年智力落后总统委员会所预计的一样。“领先计划项目”现在是美国最大的儿童健康服务项目提供者之一。它在健康领域已经很成功,但它在智力功能和学业成就上的影响尚不确定。不过,在联邦资助严格控制的实验性学前项目的研究上已产生积极的结果。

针对社交上有能力但存在高智力落后风险的儿童的研究可以提供特别有用的信息。魏尔纳和史密斯描述了在夏威夷的 698 名多种族儿童 20 年研究项目中的“富有活力的”儿童。这些富有活力的儿童成年后成功、有能力,尽管贫穷父母几乎也没有受过正规教育,压力也很大。与富有活力有关的各种因素有:更少严重的童年疾病、更多的自我控制的发展、少于 5 个孩子的空间宽松的家庭以及高成就动机。

达斯(1973)在几种文化环境中生活过,他建议,在确定是否将个体归类为轻度智力落后方面,社会的科技与文化需要可能是重要的因素。他指出,西方的“偏见”强调语言能力和推理,教育体系为这些地区的特殊教育选择性地指出显露出缺陷的儿童。学校经历是儿童成长和发展的不可分离的部分,他们传播了主流文化的价值观。文化家庭性落后的儿童在语言和推理上一般赶不上那些来自于高社会经济地位的儿童。因此,他们入学时处于一种不利地位。在一个科技社会里高水平的语言和推理能力是需要的。这些儿童一开始就处于劣势,在一个更简单的社会里这可能不是一个问题。在美国,我们不可能很快阻止文化家庭性智力落后,但正在取得进步及减少与医疗有关的问题,或许正在改善来自高危文化家庭性智力落后家庭儿童严重的学习和教育问题。

参见 早期学习项目;智力落后

CULTURALLY/LINGUISTICALLY DIVERSE STUDENTS AND LEARNING DISABILITIES
文化/语言上存在差异的学生与学习障碍

文化语言方面存在差异的学生会经历学业困难,常常被错误地识别、安置和教育。从历史上来看,这些学生在特殊教育中的代表人数过多(莫瑟和卢埃达,

1991)。虽然对许多学生来说,他们的学业问题更多是由于英语不够熟练而不是学习障碍。

为有学习障碍的文化和语言差异学生提供恰当服务的一个关键问题是,首先应确定一个学生的学业困难是否是具体的学习障碍或其他偶然因素的结果。这个学生有足够的教育机会吗?这个学生通晓本国的语言吗?这个学生拥有成功地完成学业任务的英语熟练水平吗?这个学生熟悉专业学科领域的内容吗?

如果这些问题的答案是"不",那么预先干预是合适的。预先干预是由一个基于现场的团队提出的系统的、有记录的调整,这个团队常被称为学生学习团队,它能确保学生的成功。这样的干预可能包括以利用学生力量的方式调整任务、教学过程中父母的参与以及使用对文化和语言差异学生行之有效的教学手段。如果适当的干预措施用尽仍存在困难,那么安排特殊教育服务可能是适当的。文化和语言差异学生的评估包括学生的母语以及英语的测试,以此确定在两种语言中问题是明显的。还有,非正式的测试应该被用来支持或反驳标准化测试的结果。

一旦学生被诊断出是学习障碍,就应该制定语言上合适的个性化教育计划以反映学生的文化与语言需要。个别化教育计划针对一些满足学生的文化和语言需要的领域(如语言支持选择),包括初级的语言支持、作为第二语言的英语或封闭式教学。个性化教育计划还应该规定每个教学目标的教学语言、英语语言技能系统发展的特性以及如何测量这些相关语言领域中的进步。

特殊教育教师以及与学习障碍学生一道工作的专业人员助手常常被忽略或被排除在一般的教育事业发展会议之外,这些会议是讨论文化和语言上存在差异的学生的。特殊教育教师及其助手必须得到培训,以便了解在当前的教学实践中如何与语言上存在差异的学生一道工作。而且,特教教师与专教文化和语言差异学生的专业人员很少有相互交流(格尔斯坦和伍德沃德,1994)。焦点是满足个体学生的需要,而不是眼界。项目制定者和服务提供者之间增加交流与合作,并从管理人员那里得到支持,将缓解一些有关对有学习障碍的文化语言差异学生进行教育的问题。

参见 不均衡性;学习障碍

CULTURALLY/LINGUISTICALLY DIVERSE GIFTED STUDENTS
文化/语言上存在差异的天才学生

有特殊天赋和才能的学生来自所有人群,由于社会日益变得越来越多元化,教育者在满足来自社会所有人群的天才学生的需要方面面临挑战。然而,政府和媒体的报道指出,教育系统不能有效地识别和服务少数学生,特别是那些要么英语不熟练,要么来自低社会经济地位背景或来自英裔美国文化主流中产阶级之外文化的学生。事实上,这些群体在为有天赋和才能的学生进行的项目中并没有被公平地体现。

由于教育系统之间存在对这部分人群的误解(加西亚,1994),由于有天赋潜力的人在我们社会的所有群体中大致存在相同的比例,因此,博兰特和怀特建议,有必要发展有效而可靠的筛选程序以便识别文化上和语言上存在不同潜力的天才学生。

一些用来识别文化上和语言上存在差异的天才个体的正式工具或技术已出现20多年,并包含儿童的文化背景。这些工具是:鲍德温·马特利克斯(鲍德温,1977)的多文化综合评价系统(SOMPA;莫瑟和刘易斯,1978)、克兰茨才能鉴定工具(KTII;克兰茨,1981)与智力测试结构(米基,1985)、托兰斯创造性思维测试(托兰斯,1970)、才能发现的小组调查(里姆,1976)、弗雷泽才能评估侧面图(1990)。天才学生的11个方面的特征已被确定用来有效地识别人群中差异学生的潜力。这11个方面包括:学习动机、社会及学业语言、文化敏感度、家庭、合作、想象物、成就、创造性表现、支持、问题解决和控制中心。

我们可能要遵循一些原则以提高接受天才学生教育项目的文化和语言差异学生的数目:

(1)应该包含学区内使用的定义。伦祖利(1986)着重指出,天才的定义必须建立在天才个体特征研究的基础上,这些个体代表了拟接受服务的不同个体。还有,研究者应识别不同群体的生态特征。

(2)定义应该与识别程序相联结,这些识别程序应该有所不同(弗雷泽,1990)。寻找多样性。

(3)识别程序应该是多方面的或多维度的,包括客观的和主观的数据。数据也应该是从了解儿童个体和文化水平的那些人那里收集的。另外,使用的工具应该建立在目标人群的社会文化和语言特征的基础上寻找儿童母语中有效可靠的工具或使用非语言测量工具。

(4)应尽早实施鉴定计划,包括筛查阶段和评估阶段、推荐阶段。

(5)做出决定之前应确保一个学生的所有有关信息都被核查过。

(6)一般和特别训练教师明确不同人群中天才的特征(拉腊－阿莱希奥和厄比,1993;罗格斯,1986)。让天才学生的教师使用"送入模式"——将儿童送到教室去,观察他们在课堂的不同活动中的功能水平。当观察时,要让他们专注于创作和表现。此外,教师也应该注意儿童在校外的创作和表现。

(7)项目选择必须与地区定义和识别程序相匹配(拉腊-阿莱希奥和厄比,1993)。应该为学生提供最好的学习环境。

(8)应在早期项目中提供双语或双文化教学,早期项目特别提出了两种方式的双语校园项目。在天才学生培养项目中,需要接受过双语、双文字、双文化培训的教师(拉腊-阿莱希奥和厄比,1993)。普通教育项目的课程应该有多文化的视角,这就促使教师在对待不同文化时主动调整自己的看法(基塔诺,1991)。

(9)包括一种为主流教师和为天才教育教师提供员工发展可参考的模式。这种模式包含该领域研究的实习基地,有关文化和语言差异的负面的探索,如何发展支持性环境,如何帮助改变关于特殊差异人群的态度,以及如何利用课堂中的双语主义。

(10)达成一致看法:将文化和语言的差异视为财富而不是作为责任或作为矫正的需要。教育者需要赞美差异,发展一种安全的交流环境,在此环境中,不同的天才学生都能健康成长。

参见 创造性;不均衡性;资赋优异儿童;天才残疾儿童

CULTURAL PERSPECTIVES ON BEHAVIORAL DISORDERS

关于行为障碍的文化视角

行为障碍的儿童是学校和社会面临的一个全国性的重大问题之一。关于美国行为障碍儿童和青少年的学业失败和学校退学率已引起了越来越多的关注。对于这些学生的观察、诊断和干预策略在全国范围内鲜有详细说明(萨巴蒂诺,1987)。当前对于行为障碍的定义也许可以鼓励从整个学龄人群中低调识别有行为障碍的学生,同时促进不同文化群体中行为障碍学生的突出体现(鲁尔和拉姆齐等,1991)。患有行为障碍的儿童和青少年的识别、安置和成功率都与性别、种族和其他文化上的尺度有较强的相关性。然而,这些问题却常常被我们的教育系统所忽视(辛格、奥斯瓦尔德、韦克斯勒和柯蒂斯,1997)。

公共学校体系需要继续从文化不足模式转变到文化差异模式。文化差异模式认为学生的认知、学习和动机方式,与那些通常来自于主流文化的教师的期待不同(辛格等,1997),文化不足模式将文化作为对学业失败的解释。这种观念认为所有的学生都必须吸收和适应大多数人认可的文化,而这种观念已经受到文化多样性观念的挑战。

美国正在成为一个少数民族群体占大多数的国家(鲁滨逊和布拉德利,1997)。这些人口统计学上的变化要求我们的公立学校在评价和教学上加以适应。当前的趋势导致由于文化上的差异而将学生错误地识别为在动机或行为上存在障碍。在绝大部分情况中,文化上存在差异的行为可以得到尊重(麦金泰尔,1996)。承认文化是一个形成行为和价值观的主要因素,尊重由文化所定义的特性将会为文化上存在差异的学生、行为上有障碍的学生和教师建立一个更有利的教与学的环境。这种变化也将会导致对所有的学生进行准确的识别和为那些有行为障碍的学生提供更有效的帮助,并且还将潜在地减少对那些文化上存在差异的学生的误判(辛格等,1997)。

CURRICULUM

课程

教育学上的课程是指学生学习什么或者说是教学的内容。从历史上来看,美国的公共教育课程以宽泛、通用的术语对一些抽象观念,如美国化和对年轻人民主价值观的灌输进行了详细说明(马尔赫恩,1959)。然而,在20世纪,在学习的理论上有了发展,例如,桑代克的迁移特征的实证理论在促进了学习的重新概念化,由总体能力的同时强化转向多种明确特定技能和知识的连续掌握(富克斯和德诺,1982)。这种重新概念化已经导致了详细的学校课程对明确的行为结果的选择方式(布卢姆、黑斯廷斯和马道斯,1971)。当前的课程表述典型地表现了严密的序列式、标准化和有组织的教学任务,这种任务通常被称为目标(约翰森,1967)。

在特殊教育中,同普通教育一样,课程也是源自对社会需要的分析。然而,这种分析显示出对于轻度和重度残疾学生的相当多的不同的教学重点。对于有轻微残疾的学生,社会需要的分析导致课程与那些正常发展的学生相类似,如果不是完全相同,所包含的课程任务也有阅读、写作、算术等。对于程度较重的残疾学生,这种分析致使一门针对基本的生存技能需要的课程出现。这些教育重点的改变经常用发展性课程(主要是针对正常表现的学生)(斯内尔,1983)和功能性课程(针对最终获得自我满足必需的技巧)(霍尔福特、格斯、马利根和布朗,1980)来指代。

参见 适合轻度残疾人的课程;适合重度残疾人的课程

CURRICULUM – BASED ASSESSMENT(CBA)
基于课程的评价(CBA)

基于课程的评价(CBA)是以教学的材料和课程内容作为测试的依据。希恩和古德认为,CBA 在过去 10 年间得到长足发展,声望扩大。近 5 年,全部有关的书籍杂志都在致力于对它的研究。

对于商业的参考规范,作为一个可供选择的测试方式,基于课程的评价至少说明了两个问题(富克斯,1986)。应用基于课程的评价,学生活动的目标要与测试的程序相一致。学生进步数据的评价基于在目标范围内指定的履行标准和在相同的课程条件下的同班学生成绩的取得。为保证教学程序的有效性并达到教学目标,个别化教学计划应根据需要反复经过仔细的测试和修改。

下面的一些设想为基于课程的评价的实施提供了依据:①基于课程的评价在指导上和课程的有效性上强于传统的评价方式;②按照当地教育项目的背景,每个学生的需要都被最佳确定;③教育成就最实质性的测量是学校课程规定下学生的进步;④适当的参考群体。通过群体来参考判断学生的课程进步比率的适宜性,这种适宜性是通过地方学区的同龄学生应用相同的材料所取得的进步来衡量的(德诺,1985)。

研究指出,正在进行的基于课程的评价的一些形式至少可以有效地运用于几种不同的评价活动。它可以可靠地鉴定有特殊教育需要的学生(马斯顿、廷德尔和德诺,1984),明确划定特殊教育的入学标准,为学生制定目标技能和写出有用的个别化教育计划方向(富克斯、德诺和米尔金,1984),监控学生相对于目标的进步和按照程序发展有效的指导计划,并且评价个体和地区范围内特殊教育计划的效力(廷德尔,1986)。

参见 年龄适当课程;评估;常模参照测验

CURRICULUM FOR STUDENTS WITH MILD DISABILITIS IN SPECIAL EDUCATION
特殊教育中轻度残疾学生的课程

为轻度残疾学生开设的特殊教育课程由课堂学习任务、活动或者是课外作业组成,目的是为了在一个特殊的内容或学科范围内增加学生的知识或者技能。特殊教育教师的任务就是识别出正常的和特殊的教育课程两者之间的不同之处,并且根据可以得到的评估资料做出教育决定。

对轻度残疾学习者实施教育时在内容方面提供变化的决定可能比在最容易学习的条件下提供变化的决定的意义要小。存在这样一个严重的问题,即治疗性课程与补偿性课程相对立(凯斯,1975)。在特殊教育中,许多策略和技巧应用于有轻微障碍的学习者,这些策略和技巧与其他治疗性方案及普通教育相交叉。

主流的观点鼓励帮助超过 70% 的特殊教育学生至少花费一天中的部分时间在常规课堂中掌握常规课程,或者说"要面对课程的孤立性"(康奈尔 – 毛绍尔和雷森,1982)。

豪厄尔、卡普兰和康奈尔(1979)指出:直到今天,研究仍没能证实一种课程调整要优于另一种。然而,有许多普通类型的修改已经被发现是有用的:①消除或者减少学生的课程科目;②发展或者鉴定选择性课程;③改变工作数量或质量的期望值;④教授科目内容的速度更慢一些;⑤只教授最基本的科目内容;⑥开发一种平行课程;⑦提供一种补充课程;⑧调整材料和反馈的模式。

针对轻度残疾学生的特殊教育课程领域的发展已经成为正常教育的一个组成部分。很明显,相似比差异更大。随着一些课程的调整,同样的原则和程序可以用于指导所有学生。给予平等的机会、有效的教学和适当的资源,每个学生都能发挥自己的潜能(拜而丁等,1985)。

参见 年龄适当课程;回归主流;任务分析

CURRICULUM FOR STUDENTS WITH SEVERE DISABILITIES
重度残疾学生的课程

同常规教育一样,在特殊教育中,课程也是源于对社会需要的分析。对于有严重障碍的学生个体来说,这种分析促使课程要提供基本的生存能力需求。这种教育的焦点,代表了正常或发展的教育课程的另一个选择,被认为是一种功能性课程(斯内尔,1983)。针对有严重缺陷学生的功能性课程的基本设想是:学校的责任就是教会他们技能,以使他们的独立能力得到优化,能在社会中负责任地行使职责(霍金斯,1981)。并且,对于那些严重障碍患者,这些能力必须要从许多任务和行为中加以选择,以达到最大可能的满足需要和增加他们的自给自足的程度(布朗等,1979)。

这种功能性课程被个别地决定和应用于实现目标,可以使得:①表现实用的和有功能性的技能,它们最有可能为当前和不久的将来所需要;②与学生按年代顺序排列的年龄是相配的;③记录学生当前的表现水平并理所当然地认为可以获得;④跨越教育内容的 4 个领域(斯内尔,1983)。

教育内容的 4 个领域是:家庭、休闲(娱乐)、社区和职业。家庭的领域为围绕家庭所表现的技能,包括自我照顾、洗涤衣物、家务管理、烹饪和收拾庭院。在休闲的(娱乐的)领域,技能需要让观众或参与者参加活动以便从中找到自己的乐趣。在社区的领域,需要的技能包括遵守交通规则、使用公共交通工具、购物、在餐馆用餐和使用其他公共服务设施,如公园等。在职业的领域,技能成为工作的必需品,例如合适的工作服饰和举止、流水线工作行为、获得工作的面试、完成工作的申请和守时。

以个体为基础确定适当的功能性课程的程序包含5个步骤(布朗等,1979):①选择课程领域;②识别和考察当前和将来的自然环境;③把相关的环境分为几个子环境;④为有关的活动列出详细目录,知悉这些子环境在哪里运行;⑤检查活动以分析出它们所需要的技能。

为有严重障碍学生开设的功能性课程,典型的指导策略是以行为方法学的理论作为基础。指导的程序开始于对环境事件的描述性分析,包括后来的、先前的或者循环发生的行为事件,达到识别可能的分辨性和强化性刺激的目的。于是,导入了最终目标的一项任务分析,在任务分析中次级技能对于最后的目标成功的取得是必需的,应该得到识别。然后,次级技能教学的目标得以建立,最初的教育策略得到确定。之后,收集学生通向目标的进步的评价,这样,被称为教学性的假设得以实现。最后,继续评价的数据须得到再评价并被程式化地使用。为了增加达到目标的可能性,要重新设计教学程序。

参见 课程;适合轻度残疾人的课程;功能教学;功能技巧

CURRICULUM IN EARLY CHILDHOOD INTERVENTION

儿童早期干预课程

对儿童实施早期干预课程根据被服务儿童的需要发生变化。然而,一般来说,它们关注发展领域,这些领域对学生的心理或行为成熟以及日后学业的成功都至关重要(贝利等,1984)。早期干预课程可能强调动作的、认知的、语言的、社会的和自助技能的发展。从事早期干预工作的教师可能专注于总体良好的运动技能、进食和自助技能,上厕所、穿衣和脱衣技能的发展。在早期儿童课程中发展性课程和功能性课程之间已经产生了差别,前者强调发展上的进步,后者更为关注为独立功能的取得所进行的训练(贝利等,1984)。

早期干预课程的目的是发展、提供帮助或加速年幼儿童的发展。对于残疾儿童的情况,目的是将儿童无力应对以后的发展和学习、在学校表现的不良影响减到最少。对于轻微的和有中度残疾的儿童,早期干预课程更有可能强调发展性训练;对于有更严重残疾的儿童,重点可能是进行功能性训练,例如,促进独立的功能。

参见 残疾儿童的早期鉴别;学前评估;学前特殊教育

CUSTODIAL CARE OF THE HANDICAPPED

残疾人的保护照料

追溯历史,对残疾人开展有组织的护理迄今不超过150年。如果我们把残疾者,包括精神病患者、心理脆弱者、孤儿、贫困者和那些被发现本性上有犯罪倾向的人考虑在内,那么我们就能很容易地确定这个时间为美国第二次独立战争,即杰克逊任总统期间(罗斯曼,1971)。在这个时期以前,残疾个体主要由其家庭、邻居和朋友照料。

直到19世纪后期,智力落后者才被作为一个群体分开,至少在名字上,有别于社会中的其他不正常群体。有理由怀疑,在一些情况下,智力落后者由于从事了超出他们的理解能力的犯罪活动,就要受到严厉的处罚,甚至被处以绞刑。第一批单独为智力落后患者创建的机构看起来是出于教育上的目的,这些临时性的寄宿学校式的设施主要是为那些"可治疗的"患者建立的。学校拒绝那些无法治疗的人,让他们回到自己的家庭。甚至著名的费尔南达州立学校也致力于成为一个不为无法治疗人群服务的机构。当努力教育那些智力落后者并且让他们回归社会的做法失败时,这些个体的生存环境会不断恶化。智力落后者被看做是近似人类和不能被教授生产技术的人。这种失败或许是由于希望他们能完全恢复的那种不切实际的高期望值所致。

失望和失败的感觉在这些失败尝试后开始蔓延起来。受这种感觉的影响,在照料智力落后个体方面发生了剧烈的变化,有发展变化潜力的人得到了相应的治疗,而那些被认为是低能者的人都被当做动物一样对待。

在20世纪初期,对那些低能者的认识再一次发生改变,并且对他们的保护照料可以说已经大不如前。低智和低能者很快被当做所有社会罪恶的来源。该领域的领导者如美国智力缺陷协会(AAMD)前会长M·W·巴尔,宣称起诉家庭和社区的威胁者——低能者。作为对这个行动的呼吁,约翰逊(1901)坦率地说,他声明这些是为了避免白痴和低能者的繁殖,"必须将他们杀死或捅上几刀"(库格尔和希勒,1976)。正是有了这样的态度,在接下来的50年里,智力落后个体受到了悲惨的照料这一点也就不足为奇了。

严重智力落后者逐渐地受到非人的对待并且被隔

离到后面的监护区,这些区域像其他的收容所一样肮脏和过度拥挤。1965 年秋天,参议院议员罗伯特·肯尼迪参观了他所在州的一些机构,他被所遇见的情形惊呆了。由布拉特(1970)所进行的另外一项调查进一步描述了这些恐怖事实:"在厕所,我时常看见小便池漫了出来,还有坏掉和失去支撑的洗涤槽……我发现那里令人难以置信地过度拥挤。"1962 年,照料那些低能者的国家平均花费是每个病人每天不少于 5 美元,一些州设法降低到每天 2.5 美元。

布拉特(1970)进一步描述了一些机构的情况。他看到在狭小的被隔断的单人房间里很少有床、盥洗盆或厕所。条件受限是正常的,当管理人员短缺,情况告急,一个人管理 100 个严重智障者一点也不奇怪。将病人锁起来、限制其行动或给他们服镇定剂也不足为奇。即使他们的房间每天都用水管将排泄物冲洗到位于房间中心的下水道,房间和休息室的气味仍然是令人无法忍受的。

布拉特(1966)在配发照片的一篇文章中写道,"使灵魂得到净化的圣诞节"提醒专业人士和普通民众为出现在那些被送进专门机构的低能者身上可悲的情况做些事情。荒凉的灰色、高高的围墙、用木棒隔断的窗户、被堆放在一起头部对着头部的床铺、赤裸着身体躺在粪便中的病人和挤满房间的儿童,都在照片中留下了痕迹。在接下来的几年里,已经见到一些试图改善那些可悲情况的行动。甚至在 20 世纪 60 年代,许多被布拉特写入编年史的机构,如锡赛德,都提高了住宿待遇,从而鼓励更多更优秀的职员、家庭参与其中。被紧紧关闭的房间少了,让智力落后者尽可能享受较多的阳光、药物和言语上的关心和卫生照料。在最后的 20 年里,智力低能者作为本机构化运动的一部分,其状况已不同于美国历史上的任何一个时代。专为残疾人设计的住宅已经很平常,并且美国的教育系统现在专为他们设计课程以教给他们独立生活的技能。除此之外,政府的支援计划在美国各地也已经普及,现在,这些计划不但包括评估和训练,而且也包括在就业方面提供机会,所有这些仅在几年前都是不存在的。

参见 去机构化;机构化

CYLERT
苯异妥英

苯异妥英是一种用于治疗活动过度儿童的轻度中枢神经系统刺激药物。虽然苯异妥英的效力的产生已经被发现比其他的中枢神经系统刺激方式更慢,但被发现有更长的半衰期,其半衰期为 12 小时,而其他方式的半衰期为 4 小时(罗斯等,1982)。因为这较长的半衰期,苯异妥英需要一日一次的服用。对于活动过度的儿童来说,这除去了在学校用药的社会污名。除此之外,父母可以更好地监督药物管理,借此减少药物滥用的可能性和提高儿童依从的可能性。在小儿科患者的治疗方面,苯异妥英超出其他心理刺激疗法的另一个进步是它长时间的疗效而且没有交感类神经心脏血管的影响。事实上,苯异妥英的治疗效果已经被发现与其他的药物类似,如安非他明和利他林(罗斯等,1982)。临床试验产生的数据表明,苯异妥英可以增强短期记忆、认知和学习任务方面的注意力和社会功能(罗斯等,1982)。

像采用其他心理刺激疗法一样,人们除了关心苯异妥英的管理,也关心它所产生的副作用。这种副作用轻微,包括失眠、头痛、食欲减退、腹部疼痛、头昏眼花和反胃。人们最关心的是肝脏酶谱的升高,而对此必须进行定期性的检查,而且有时必须停止药物治疗。有因疏于肝功能监测而死亡的案例。苯异妥英停止使用后的严重烦躁不安也已经在一些个别案例中被报道(布朗·博登等,1985)。

参见 功能亢进;医疗管理

D

DAILY LIVING SKILLS
日常生活技能

日常生活技能这个术语是指那些个人日常的自我照顾以及他们偶尔与他人互动的技巧,大范围的特殊行为表现会包含在这些技能之中。这些技巧可能会表现得非常直接(如握牙刷柄)或相当复杂(如发展健康的饮食习惯),包含在日常生活类别内的技能和行为被概括为连续的一些方面。连续的日常基本生活技能的一方面包括上厕所、吃饭和穿衣。从日常生活技能向增进的独立性移动,更高一级的技能包括洗手、刷牙等等,日常生活技能可能在独立性更高的水平上被授予诸如包括月经期的卫生保健、刮胡子和其他更多的复杂任务。

儿童们毫无例外地主要是通过父母、兄弟姐妹和同龄人的教导和示范以及通过他们自己天生的对环境的探索来学习这些技能。然而,个别儿童常有阻碍他对可能习得的技巧观察、探索、吸收以及应用方面的障碍。身体方面的障碍会阻止他对可能接受的信息的使用,情绪障碍儿童会产生易于影响日常生活技能学习的行为问题。另外,一些特殊儿童,尤其是指那些在社会福利机构和隔离教室里的儿童,对那些能够使他们习得日常生活技能进行必要探索和实验的环境缺乏体验能力。事实上,为了诸如效率、整洁等,某些环境阻止了个体的介入,从而阻碍了特殊儿童的日常生活技能的发展;因此,特殊儿童经常需要一系列的教育和对不同形式环境的适应,使他在日常生活技能方面得到尽可能完善的发展,正像比格和奥唐奈(1976)已经指出的,教授特殊儿童日常的生活技能不仅对于确保他们有效地适应日常生活是必要的,而且对他们在社会中生活并为社会作贡献提供机会这一方面也是很必要的,对特殊儿童生活技能学习的帮助的失败,只能导致他们变成依赖型的成年人。

由于复杂性、精神和身体状况的唯一性和局限性、需要教授的技能的多样性,日常生活技能有着广泛的目标范围。一些儿童可能变得自主,另外一些儿童可能只能完成最基本的日常生活任务(比格和奥唐奈,1976)。另外,教授这些技能所使用的方法也随着儿童们的能力、注意力以及言语理解能力的变化而变化(斯奈尔,1978)。

在开始对日常生活技能进行培训之前,必须有一个最初的评估阶段。首先,加强言语技能,集中注意力和模仿的训练通常会更有效,同时,像那些破坏性的、好斗的或者不负责任的行为不仅干扰教育过程,而且可能导致不精确的测试结果或混乱的训练方法,因此这些行为最好在评估开始之前就被减少或排除,评估本身应该对日常生活技能和需要进行详细的分析,而且还要对其他可能影响训练的方面进行判断——现有的发展水平和相关方面的功能、身体限制、行为问题,还要考虑像评估所需要的装置和特殊设备的应用等实际问题。

一旦评估完成,儿童的个人需要就能被清楚地确定下来,并设定适当的目标。一项教授技能的任务分析完成后,儿童就能得到那些必要的适当的设备(比如一种特殊的匙柄或带有魔术贴搭扣的衣服),这样,儿童通过一系列的步骤就能得到指导。随着帮助的逐步取消,儿童最终能够独立地完成任务,并跨越分组这一关。在日常生活技能的教学中,总结和坚持的问题极其重要,特殊教育教师应当始终考虑学生与潜在的新行为相关联的学习的特点问题。

参见 生态评估;功能领域;功能技能训练

DANCE THERAPY
舞蹈疗法

舞蹈疗法是一种通过运动进行的治疗或教育方法。作为一种治疗方法,舞蹈已经扩大了传统的医药和语言组织治疗的人口数量,包括上了年纪的、有精神疾病和智力障碍的人士。因为不需要语言能力,舞蹈疗法尤其适合智障人群残疾人(博热,1977)。通过非正式的对舞蹈疗法项目的调查表明,舞蹈疗法的益处包括一般的运动自动力、语言方式运转力和社交能力的提高(刘易斯等,1980)。舞蹈疗法还可以减少肌肉紧张和特质焦虑(克兰,1978)。

舞蹈疗法对于特殊人群很有用,可以作为一般集体言语治疗的附加方法,也是增强体力、社交和教育性发展的一种方法(格拉丁,1992)。

DANDY - WALKER SYNDROME(DWS)
丹—沃综合征(DWS)

丹—沃综合征是一种先天畸形,在大脑后部形成一个大囊肿(被称为丹—沃形成物),导致中枢区域或小脑的丘体脑积水和发育不全(格林斯潘,1998)。它与朱伯特综合征很相似,并有一些重叠症状。丹—沃综合征的病因还不为人所知,但是被认为是非遗传的,而与侵入的有机体(可能是巨细胞病毒)有关。有时候,可以通过超声波对子宫内的胎儿进行诊断,但是在婴儿期或儿童早期被诊断出来的可能性更大。

多数丹—沃综合征病例伴有严重障碍,包括程度不同的智力落后(约50%的病例)、高功能丹—沃综合征病人的非言语学习障碍,以及许多社会和行为问题。

由于病症呈现水平多样性,因此难以对所有丹—沃综合征病人提出特殊心理教育建议。他们中的多数人需要特殊教育服务,就像其他身体病弱的人那样,但是需要对计划做出连续的评估和调整。成功实施脑积水分流术,对产生积极效果至关重要。分流术开始得越早,预期后果就越好。

DATA – BASED INSTRUCTION

基于数据的教学

基于数据的教学是一种为了教学的目的,对行为进行描述、测量和评估的方法。该系统以斯金纳(1938)提出的行为理论为基础。基于数据的教学来自于精确教学的概念。精确教学包括对行为的操作性定义,对行为进行测量、记录和评估,以确定教学计划是否成功(伊多尔,1983)。

莉莉(1979)列出了基于数据的教学的8个基本步骤。第一步是使用行为术语定义教学问题。行为术语的使用,可以让教师对需要强调的行为进行具体的描述。应该用这样一种方式定义行为,即任何一个观察儿童的人都能确定是什么行为以及何时发生。

第二步是对问题进行评估。因此在干预之前,教师要了解学生目前的成绩水平。必须建立一种基线阶段的行为模式。因此,需要得到每个行为基线数据的1~5个实例。干预之前收集的基线数据,将作为实施干预之后学生进步的衡量标准。

一旦行为定义完毕,收集好基线数据,下一步就要陈述教学计划的目标。教师期望教育干预的结果是什么?这些目标应该清楚和具体。把教学目标分解成适合教学的几个部分,教学目标可能变得简单清楚,或者复杂详细。因此,一些目标可能需要被分解成几个适合教学的小步骤,这个过程称为任务分析。在决定教学步骤时,教师应该确定将要使用的教学策略。在基于数据的教学中,没有特定的必须使用的教学策略。任何一种产生好结果的策略都是可以接受的。重点首先放在确定教学目标上,然后根据目标选择教学策略和材料。

一旦执行教学计划,继续收集新的基础数据是非常重要的。这一信息可用来评估教学计划的实施效果。数据的收集越频繁,信息就越可靠,越有关联性。应该用与收集基线数据相同的方式收集这些数据,以保证结论的正确性和精确性。莉莉(1977)认为,由教师去记录数据非常重要,以便用来作教学决定。记录数据表是通过绘制信息图表来完成。有许多绘图的方式,然而,最需要考虑的是数据要能显示出学生在特定时间段的行为的视觉呈现。

一直以来,精确教学和基于数据的教学包括"意识到教和学之间的关系、经常定期测量学生的能力,分析测量的数据,来发展教学策略和动机策略"(韦斯特,1990)。

参见 诊断处方教学;精确教学

DAY – CARE CENTERS

日间照料中心

日间照料项目开始于20世纪50年代,当时只为无法被学校接纳的残疾儿童提供服务。父母群体是这一计划的发起者和倡导者,主要收留中度障碍的儿童。20世纪60年代,马萨诸塞州心理健康部在其学前计划中增加了一个日间照料计划,因为许多重度障碍儿童无法进入学校。1977年,美国94–142公法实施后,学校系统对相应的教育计划给予支持,取代(往往与之相似)了那些为学龄儿童提供服务的私人日间照料机构。后来日间照料服务进一步发展,为学前和学校毕业后的残疾人群服务。美国心理缺陷协会把日间照料定义为"为居住在社区,但无法参加学校学习和工作的个人提供持续的延伸护理;包括社交的、身体的、娱乐的以及个人照料的训练与活动"(格罗斯曼,1983)。

近年来,努力整合残疾和非残疾的学前日间照料的计划不断增加(布朗卡,1988)。对为婴幼儿提供日间照料的机构开展的一项国家调查显示,有些残疾儿童是可以接受融合式服务的。约21%的中心报告接收了身体和情感障碍的儿童;约14%的中心接受了智力残疾儿童(科伦、伽兰茨和卡洛雷,1979)。专业文献虽然反映要将残疾儿童从非残疾儿童中分离出来,但是日间照料的书刊杂志很少提及残疾儿童。关于日间照料的提供者如何处理残疾儿童的问题,只有很少的一些小册子提供一些基本常识方面的建议(格拉纳托,1972)。

对残疾儿童和成年人日间照料计划效果评估的经

验研究非常缺乏,但是齐格勒和戈登(1982)在他们的一本书中讨论科学与社会政策时提出建议,研究方向应该在于找出与不同结果相关联的因素,而不是简单判定日间照料是否对儿童有益。古拉尔尼克(1994,1995)研究了父母对学龄前特殊儿童早期融入的感知。尽管父母担心同伴是否拒绝,但大多数父母感知到他们孩子的正面收获。

此外,齐格勒(1991,1995)援引1990年《儿童照料和发展法》作为解决日间儿童照料问题的第一步。齐格勒预测,公立学校将提供儿童融合式照料,并得到父母和家庭的支持。社区安置也会给重度残疾的儿童提供成功的服务(布朗卡,1988)。中度和重度残疾学前儿童的融入式照料的最佳实践,可以在坦普尔曼(1989)的著作中找到。

参见 领先计划;最少受限制环境;回归主流;暂时缓解护理

DAYDREAMING
白日梦

从特殊教育者角度研究白日梦所形成的文献可以大致分为3类:第一,白日梦被视作是一种残疾的症状;第二,与创造力和天才相联系;第三,有报告认为是一种有效的治疗手段。作为一种残疾症状,白日梦与心理和认知混乱有关。有研究表明,中枢神经系统官能障碍可导致大脑结构发展迟缓,会出现影响学习的白日梦之类行为的发生。癫痫小发作也经常被误认为是白日梦。因此,慢性的白日梦患者需要医疗上的观察。布郎顿(1983)和其他一些人从认知上将白日梦列入一种不成熟的行为,这些行为伴随出现活动过度、分心、冲动、办事拖延、行动杂乱、感情脆弱等,在教育情景下成为了一个问题。除了生理原因,紊乱的白日梦也可能与害羞(施莱蒂纳、克拉托赫维尔和埃利奥特,1990)、深层的情感问题,或者学生无法持续集中注意力于一个任务有关。

对白日梦问题的治疗建议,就像对于其产生原因的说法一样多。莫克等人(1982)发现,在伴有分心认知类型活动过度的学生中(特征为白日梦,反应速度慢和高错误率)使用利他林(一种中枢兴奋药),改善了在校表现,减少了反应时间,降低了错误率。实践建议教师用一种不起眼的方式,将学生的注意力吸引到当前的任务中来,譬如将手放在学生的书上,或者通过走近来集中学生的注意力。容许学生选择真正感兴趣的活动,也可以培养学生注意力的延长。

白日梦本身已经在很多方面用作临床治疗的手段。正如麦奎因1983年所描述的,按照设计好的方式进行幻想,经常可以用来发展心理动作技能。例如,在进入运动场之前,他们可以做自由投篮的心理练习,对照实验表明,这样做很有效。在引导之下做的白日梦是由某个处于参与活动之外的人所控制的,这种方法近来在欧洲比在美国用得更普遍。引导者——通常是教师或者治疗师——通过体验的方式与被试者交谈。这对于放松心情、帮助唤起回忆和自我意识、明确目标或者意识到内心的冲突,都是非常有用的。一旦被试者熟悉了白日梦的程序,它就会成为一种有用的工具。治疗师们报告,通过练习做白日梦,患者发生忧郁症、恐惧症和身心失调症的频率明显减少。临床使用幻想,神经质的和其他不良的行为得到了矫正。有一种方法是让被试者先做替代行为心理练习,然后使之成为日常活动中的行为。还有一种极端的方法是,利用厌恶疗法,在脑海中激发出非常负面的心理图像,阻止如强迫性偷窃这样的不适宜行为(辛格,1974)。

参见 催眠法;意象

DEAF
聋

"聋"这个词用在听不到或者有严重听力残疾的人身上。无论在传统的著作中,还是在日常的交谈里,直到几年前,"聋"这个词才频频出现贬义的含义,要么比喻为上帝捉弄人,要么说"聋哑"这样的话。后一种说法很清楚地带有这样一种信念:聋人有天生的智力缺陷。"聋哑"一词(可以用做形容词,也可以用做名词),在含意上指双重的缺陷。后来人们才意识到,先天聋人的语言缺失,与发音器官的缺陷无关,仅仅是由于没有听力造成的结果。现在"聋"这个词,通常只用于那些除了口语可能有缺陷,但是其他方面没有缺陷的大部分聋人。

不过,对于不同类型的听力残疾,至今没有普遍被人接受的定义。所有现成的分类都是基于对最好的那只耳朵进行纯音测试得到的语言频率范围内的平均听力阈限值进行的。国际听觉语音署的分类所依据的是500、1000和2000赫兹这3个频率的平均听力损失(国际标准化组织的标准)。利用世界卫生组织所推荐的术语,对所有类型的听力损伤划分等级如下:轻度(20~40分贝)、中度(40~70分贝)、重度(70~90分贝)、极重度(90分贝以上)。最后这一类可以被划分为3个小类,因为平均听力损失略高于90分贝的人与听力损失在100分贝以上的人,残余听力情况也有很大差异。基于不同的分类方法和定义,其他分类对70分贝以下的类型划分不同的等级,给予不同的名称,但是对重度和极重度的定义,却比较一致。

但是,纯音听力测定只提供残余听力的部分情况。它不能反映通过配戴助听设备可以获得的听力上的潜在变化。一些研究者,如普拉克(1964)倡议把配戴助听器后得到的听力图,作为一种更有意义的听力功能测量方法。但即使如此,还是不能反映出残余听力的质的方面,因为相同纯音听力测定阈限的个体之间,残余听力情况也会有很大的不同。有人研究,通过心理声学调谐曲线可以获得听力的质的方面(哈里森,1984),但这种方法目前不能用在儿童身上,因为它需要被试者主动的沟通合作。

在建立有根据的功能性分类中遇到的这些困难,已经促使一些研究者为了教育的目的,采纳更加简单的一般定义。根据美国聋人学校校长大会(弗里西纳,1974)的意见,聋人是指那些听力残疾程度按国际标准化组织标准通常为70分贝或以上,无论配戴助听器还是不配戴助听器,只通过耳朵听难以理解语言的人;重听人是指那些听力残疾程度按国际标准化组织标准通常为35~69分贝,无论配戴助听器还是不配戴助听器,只通过耳朵听能够理解语言但是理解有困难的人。

需要强调对"聋"一词所作的这两个定义的重要性,因为人们的纯音听力损失程度互相交迭,功能表现上经常与某一个或其他一个类型相对应。奎格雷和克雷楚玛(1982)指出,为了教育的目的,"聋儿和聋成年人是那些主要表现为语前听觉神经损伤极度严重(91分贝或以上)的人"。把听力损失在90分贝以上的人当做聋人来看待,这种研究趋势可能与早期干预的发展和助听设备的提高有关,使得越来越多听力受到损伤(障碍)的人远离极重度听障,更早更好习得了口语。

在聋和重听的儿童、成年人中,很重要的一点,是要区分出生时或出生后不久(获得语言之前)听力受损的人与后来才出现听力损伤的人。这样的群体通常分别被称为语前聋和语后聋。语前聋的儿童不能像健听儿童一样在自然的过程中获得语言。大脑里的听觉通道和与处理口语有关的那部分大脑皮层,早年得不到充分刺激,不利于语言的发展。敏感期得不到这种充分的刺激,不仅导致获得口语技能上的巨大困难,也可能使中枢神经系统产生永久的结构性变化。即使以后听力恢复正常,或者配戴助听设备,这些变化也会降低大脑有效处理语言信息的能力。

由于耳聋导致获取语言的障碍,语前聋的儿童和成人与语后聋存在明显的差别。后者的感觉损伤会影响他们感知语言和其他声音的能力,但是他们拥有正常、完整的语言功能。由于缺乏听觉反馈,他们的发音质量一段时间后会下降,但是他们通常依旧会有相应的智能。他们的读写能力不受影响。相比较之下,语前聋的儿童学习口语有很大困难,以至于他们中的大多数人在少年或青年时期后离开学校,除了感觉损伤之外,语言发展也不充分(克拉特,1979)。他们不仅口语技能缺乏,读写能力也不足。语言上的不足,成为他们融入健听人社会的严重障碍。不过,通过早期的充分教育,障碍可以大大减少。如果还采用手语教育,就能够以这种形态发展出正常的语言功能,使他们充分融入到聋人群体的社会文化生活之中。

聋与身体损伤有关,与其他残疾一样,它需要采取康复和教育措施。然而,它有与众不同的特征:这种残疾产生了一种特殊的语言——手语(贝卢吉,1972),就像健听人世界的人群中发展出多种多样的口语一样,聋人群体中也产生了不同的手语(斯托科,1972)。但是,西方世界的手语具有部分共同的主体,这是由于18世纪后期法国人埃佩的影响所致,他也被认为是第一个认同聋人手语的聋教育家,因此西方的手语比他们的口语具有更多的共同点或者相似点,这就使得不同国家聋人之间的交流变得非常方便。

过去,许多聋人没有认识到手语的价值(梅多,1980)。他们为健听人社会的轻视所影响,认为这种语言是原始的、粗糙的交流方式,难以表达抽象的概念,因此,不适合用于高层次的智力思考。手语现在提升了地位,不仅使用的人数增加了,语言更加丰富了,使用者也变得更加自尊自信了。这就给聋人组织提供了新的动力,形成了"聋人自豪"运动。这一运动传播了这样的一种理念,聋人与其他人是平等的,但也是有差别的,聋人希望社会能够认同他们的差异,并把这种差异作为构成社会整体的一部分。手语支撑着聋人的文化,并主要通过社会的和艺术的活动方式得到体现。然而,与其说它是一种完整的文化,还不如说它是一种文化价值更加恰当,因为聋人分享了多数健听人的文化,比如他们的文学和宗教。

虽然一些聋人排斥口语,不愿积极参与健听人的社会文化活动,但是他们中的大多数人渴望双语(既用手语也用口语)和双文化。如果聋人能够用美国手语和英语或者他们国家的口语进行有效的交流,那么,这样的聋人就可以被视为是双语的。如果他们能够同时在聋人群体和多数人的文化中发挥作用(贝克等,1997),那么他们就可以被视为是双文化的。学校中双语—双文化的教学方案与其他方案最显著的差别,在于习得第一语言的方法不同,这些方案倡导把美国手语作为聋儿的第一语言,因为认知研究显示,“高效的语言必须是快捷、明了的。美国手语对于视觉学习而言是一种有效的语言。与任何的英文形式相比,聋儿更容易将它作为第一语言来习得”(芬尼根,1992)。

“双语—双文化”一般处于主流教育之外,相对而言,是一种更加新颖的教育方式。研究成果既可能阻碍也可能支持它的推广。贝克(1997 年)指出,农村地区的学生可能实行不了这种方法,要想使方案实施取得成功,必须对护理人(特别是在农村地区)进行培训。

近年来,通过大量的宣传,社会对于聋人的恰当需求有了更好的了解,双文化方案的实施得到了加强。使健听人世界关注到聋人的一个重要事件,是马克·麦道夫戏剧《次神的孩子》的成功演出。在这部戏剧里,一位聋人女演员担任了主角,1980 年,这一剧本被授予了年度最佳剧本“托尼”奖。此外,加劳德特大学 1988 年的抗议活动——“我们现在需要聋人校长”——也刺激了那些对健听群体不能产生影响的聋人。1988 年加劳德特大学的学生抗议校方雇佣了一名健听校长。他们成功地把这名校长赶下了台。这些学生也把理事会的成员拉下了马。

“本性的形成”的概念开始被聋人群体和健听人社会所了解,也要求专业人士以一种“更富伦理、更加正面的眼光来看待手语和聋人群体”(卡弗,1999)。人们清楚地感受到,聋人的文化增加了而不是损坏了儿童的教育和本性的形成(卡弗,1999)。

参见 传导性听力损伤;聋教育

DEAF—BLIND
聋—盲

聋—盲者的视力和听力损伤(障碍)程度非常宽泛,表明这个人群的残疾严重程度也大不一样。“聋—盲”(又称为双重感觉损伤)这个术语包括重度视力和听力残疾的人,他们无法从单纯为聋童或盲童以及青少年设计的特殊计划中获益(《联邦登记簿》,1975)。

据估计,美国有超过 5000 名儿童少年是聋—盲者(亚里桑那聋—盲计划,1998)。在美国,母亲的风疹、大麻吸食、厄舍综合征和脑膜炎是导致盲—聋的 4 个首要原因。此外,盲—聋者还经常伴有先天性心脏病、智力落后(弗农、格里夫和谢弗,1980)、肢体残疾、社会情感问题和交流发育迟缓等问题(亚里桑娜聋—盲计划,1998)。

说到聋—盲,人们就会联想到海伦·凯勒和她的老师安妮·沙利文(拉谢,1980)。虽然有些聋—盲者智力正常甚至超常,但许多人还是需要特别的教育培训。这些残疾并非是各类残疾的简单相加,而是多重的残疾(沃伦,1984),并且通常导致严重的学习问题。聋—盲儿童经常被认为是最难教育的人群(西姆斯-塔克和詹西玛,1984)。他们常常表现出刻板的行为,影响学习和交流。为了满足这个群体的特殊需要,聋—盲儿童地区服务中心于 1976 年建立(西姆斯-塔克和詹西玛,1984)。

参见 聋;海伦·凯勒;运动治疗;视力残疾

DEAF EDUCATION
聋教育

现在人们普遍认同,许多听力损伤儿童在得到早期教育,配戴合适的助听设备,并且给予持续支持的情况下,可以成功地与健听儿童一起接受教育(尼克斯,1976;韦伯斯特和埃尔伍德,1985)。虽然听力损失程度是考虑听障儿童是否能够回归主流的一个重要因素,但是人们也认识到这个因素本身不一定起决定性的作用。一些重度的听障儿童能够在普通学校取得成功,而其他一些残余听力较好的儿童却做不到这一点(佩里耶等,1980)。因此,对于多少比例的聋人和重听人应该接受融合式教育,并没有完全一致的意见。各个国家目前的情况也很不一样。一些国家,如意大利,官方的政策要求所有的残疾儿童都能够随班就读;其他的国家,如德国,对重度聋和重听分别设置特殊的教育体系,即使后者中的大多数人也没有和健听学生一起接受教育。一些正要开展特殊教育的发展中国家,倾向于采取随班就读的办法,而不是建设和维持特殊学校。这样一种趋势的过度发展,已经受到许多聋教育者的警告,他们认为,大多数的重度聋人仍然需要特殊教育。梅多(1980)已经恰如其分地阐述过随班就读的支持意见和反对意见,他认为,要针对每一个儿童的实际情况进行认真权衡,慎重选择。

在美国,聋人手语翻译服务有了很大发展,使聋人在各种情境下都能获得支持和帮助。法律保障聋人获得最好教育的权益,在某些情况下,学校和大学能为他们提供支持和服务,使更多的聋儿和聋生比以前更有可能进入普通学校就读。在一些国家,除了手语翻译,其他形式的翻译也开始有了发展,如口语翻译、带手语的口语翻译。

虽然过去几年融合教育的趋势逐步发展,但是寄希望于通过早期言语和听觉训练解决大部分听障儿童的语言和教育困难问题,被证明是太过于乐观了。一些研究,包括克拉特(1979)的研究表明,无论采取何种方法,无论是学习使用口语或是手语,聋校毕业生中的大多数人,阅读年龄只相当于健听儿童的 9 ~ 10 岁。因此,现有的方法对于学习掌握社会语言(这里指英文),甚至包括书面语,都不可避免地遭遇相对的挫折。奎格雷和克雷楚玛(1982)所回顾的其他研究显示,父母是聋人且以手语为第一语言的聋儿,与父母为健听人的聋儿相比,口语技能并不差,在总体的语言等级评估中还略显优势。

这样的结果,加上手语的康复,对综合沟通(TC)哲学产生、发展起到了重要作用。顿通(1970)将之定义为聋儿学习使用所有可行的交流方式来发展语言能力的权利。这也包括各个完整的层次:为儿童设计的手势、口语、正式的手语、手指语、唇读、阅读、拼写以及将来可能发展的任何其他方法。每一个聋儿都应该有机会利用最好的电子设备来放大音量,学会运用他的残余听力。美国的许多学校以及世界各地越来越多的地方都坚持遵循综合沟通的原则,虽然对其意义的解释很不一样。全世界越来越多的婴儿计划正在从最小的年龄开始运用这个原则,许多人鼓励父母除了用口语交流外,学会用手语和他们的孩子进行交流。舒雷辛格(1978)把手语、口语的组合,称为“双模式交流”。

表 1 试图对现有的交流方法进行分类。但要记住,各种组合都是有可能的;在特定的方法框架中所形成的一些交流技巧,也可以运用到其他的情景中。

表 1　聋教育使用的交流方法的分类

1. 听觉法	单一听觉法或听力康复法
2. 口语法	听—说法,多重感觉法
3. 口语法加上手势	3. 1 听—说法加上唇读 3. 2 听—说法加上音素的手形表示 3. 3 听—说法加上手指语
4. 综合法	4. 1 单语双模式交流或同步交流法 4. 2 双语双模式交流
5. 手语法	只用手语的单一视觉交流

(1)单一听觉法或听力康复法。依靠听觉训练发展口语。在训练期间,不鼓励或者限制唇读(普拉克,1964)。在语调听觉方法(古贝里纳等,1972)中,除了听力之外,还利用通过触觉知觉到的声学特征。卡尔弗特和西尔弗曼 1975 年提出的听觉整体法,处于听力康复法和听—说法之间,因为“听觉是语言发展的首要渠道,虽然并不总是唯一的渠道”。

(2)口语法,也称为听—说法(西蒙斯 - 马丁,1972)。使用听知觉、唇读以及其他模式,但是不使用手语。林(1976)指出,系统的言语发展过程主要是建立在听觉基础之上,虽然也不能忽视触觉和视觉的支持,就像当采用听觉整体法进行交流不够充分时要使用卡尔弗特和西尔弗曼的多重感觉方法一样。范 · 乌登的母体反思法(1970),坚持认为有必要进行积极的听—说对话,并保持自然的节奏。

(3)听—说法加上唇读。在康尼特的暗示法(1967)和相关方法中,听—说法与在嘴边做的手形组合在一起,保持手形与言语同步。手形只提供通过唇读难以理解的那部分信息。这种组合使聋童能够通过视觉清楚地识别健听人通过耳朵识别到的言语语音及音节(尼科尔斯和林,1982;佩里耶等,1986)。

(4)听—说法加上音素的手形表示。在法国博雷尔 - 麦松尼的方法(1979)和德国舒尔特的手势系统(1974)中,利用人为手势辅助听—说法,这些手势与言语语音的一些特征一致,并对识别语音和发音有帮助。这些人为手势提供了与唇读没有关系的独立的信息。

(5)听—说法加上手指语。这些是美国罗切斯特(斯考滕,1942)和前苏联新口语主义(莫尔科温,1960)的方法。教师讲话时同时使用手指语;也要求儿童在他讲话时伴随使用手指语。手指语代表的是书面语,因此这种方法非常强调阅读和写作。

(6)单语双模式交流或同步交流法。这是一种健听人社会和大多数聋童的父母使用的语言,可同时用口语和手语表达。口语的手语表达有很多种。一类与聋人的地方手语接近,词语顺序与口语大不相同;其他种类采用附加手语来传达句法的和语形学的信息;还有一类全部是人为手势(科里斯特尔和克雷格,1978)。

(7)双语双模式交流。健听人在某种情景中使用听—说法中的口语,而聋人和健听人在其他情景中使用手语。在早期教育中,对还没有掌握手语的健听父母来说,将学到的手语与他们的口语结合起来使用,被认为是可以接受的(布维特,1981;耳汀,1978)。

(8)只用手语的单一视觉交流。虽然没有教育家认为聋童不应该学习主流社会的语言,但是,仍然有一些人认为在早期教育中应该只能使用手语。只有当牢固掌握第一语言——手语之后,才能教第二语言,即大多数人的社会语言(阿尔格伦,1980)。在一些计划中,教学首先使用书面语,口语就被延误了(马伊和瑞克利,1983)。

尽管不同方法之间的矛盾已经有些缓和,但是现在的聋教育仍然生机勃勃,多种多样。口语—手语之争已经不如以前那么激烈,因为现在各方大多数人认识到对方的优点(特沃特,1982)。今天的问题不再是在纯口语和口语—手语综合方法之间选择一种,而是决定每一种交流模式应该为谁使用、何时使用、怎样使用,以及使用多少。人们普遍赞同开展早期发现、早期评估、早期干预,以及配戴合适的助听器和听力维持的重要性。过去,惠特纳尔、福莱和约翰特蕾西诊所(美国学前听障儿童教育机构)已经强调过父母作为其聋儿童的第一任教师的角色,现在,人们也开始广泛地认识到这一点(联合国教科文组织,1985)。父母的充分参与,对于任何方法的成功都是必需的。

参见 美国手语;聋;手指语;综合沟通

DECROLY,OVIDE
奥维德·德可乐利(1871—1932)

奥维德·德可乐利是一名比利时内科医生,他在医院从事的工作,使他有机会接触大量残疾儿童。他推断,一个好的教育计划是对残疾儿童最好的治疗。1901年,他为"智力落后儿童和异常儿童"创办了一所特殊学校。几年后,他又为普通儿童创办了一所学校,在这里,他展示了在残疾儿童身上运用成功的方法,对健全儿童也同样有效。

德可乐利的教育方法是独特的。他把自己的方法的基础称为"以兴趣为中心"。兴趣中心围绕如下四种基本需要得到发展:食物、基本危险防备、一般危险保护和工作。重点放在通过能使学生产生兴趣和需求的活动进行学习。

DEINSTITUIONALIZATION
去机构化

智力落后人士的去机构化趋势大约开始于35年前,当时肯尼迪总统评论说,与社会其他人群相隔离式的收容的做法是不道德的。1974年,尼克松总统宣告要让被收容的残疾人返回到主流社会环境中去(布拉多克,1977)。去机构化的运动大体包括:①创造并维护不给残疾人施加限制的环境;②创造使人们能够接近主流社会和文化的安排;③确保残疾公民的人权和法律权利受到保护(诺伊费尔德,1979)。

35年来,人们已经对解除收容的一部分个人的结果的评估进行了无数次的研究,这些研究的结果是喜忧参半的。许多研究表明,他们在生活质量、适应性行为技巧及自我保护技巧方面有所提高(法恩,1990;拉森和莱金,1989;洛雷尔等,1991)。

其他的研究表明了许多负面的结果,突出的表现为解除收容后的智力落后个体无家可归(罗勒夫,1996)。实际上,格雷格和佩特森(1988)指出了对精神病人长期照顾的不足。他们估计,在美国有30万精神病人无家可归。或许关于解除收容最令人不安的是施特劳斯和卡斯特纳的研究。1996年,他们对加利福尼亚从1980年到1992年间一直住在社会福利机构中的精神病患者和在社会中生活的精神病患者死亡率的差额进行了比较,结果表明,在社会中生活的死亡率要高出72%。他们还建议说,区别的原因在于健康照顾的有效性及是否坚持下去(施特劳斯和卡斯特纳,1996)。

对于儿童的解除收容已经有了喜忧参半的结果,许多儿童回到了他们的家中,并且调查表明,有1/3将回到州立学校中,然而,日常生活技能训练和特殊技术的训练也是很有用的。最初安置在特殊教室里的儿童们不到一年的时间就会被接纳进正规的学习班(拉克尼亚斯泰特学校,1987)。

为了让解除收容产生有效的结果,应该考虑到一些问题:应当发展那些被适当地设计、坚持和监督的可供选择的其他方式;另外,还要对个人成功地适应社会的能力进行综合评价。

参见 基于社区的服务;正常化;康复

DE L'EPEE,ABBE CHARLES MICHEL
阿贝·夏尔·米歇尔·德L'埃佩(1712—1789)

阿贝·夏尔·米歇尔·德L'埃佩1755年在巴黎建立了第一所聋人学校,即苏尔—米埃国立机构。阿贝开发了以雅各布·罗德里格斯·佩雷尔的早期工作为基础的一系列的符号语言,他的符号系统是美国第一所聋人学校——美国聋哑学校所使用的工具系统的基础,今天改进后的这一系统仍在使用。

DELINQUENCY, HANDICAPPING CONDITIONS AND
残疾状态与犯罪

据调查,有30%到60%的青少年罪犯是残疾人,需要特殊的教育服务(少年司法犯罪预防办公室,1998)。这个数字或许还比较低,因为许多年轻人在入狱之前被识别为患有障碍(佩里曼、迪格甘吉和拉瑟福德,1989)。另外,据估计,还有22%的入狱年轻人有严重的精神健康问题(少年司法犯罪预防办公室,1998)。在少年犯中对残疾状况流行程度的估计是极不相同的(墨菲,1986;纳尔逊和拉瑟福德,1989;少年司法犯罪预防办公室1998)。这些不同在很大程度上是由于对主要残疾状况认识方法的不统一,更深层的方法上的不统一体现在对青少年犯罪的定义上。对识别青少年犯罪的标准在各州的改造部门是不相同的(墨菲,1986)。事实上,除了对残疾状况的不同判断以外,还有青少年犯罪出现情况的不同，在某种程度上可以说成是整个州的现象。

莱昂内（1991）指出，与青少年犯罪相关的社会不利条件和特征可能会导致增加可能相关犯罪审判系统的关联性。虽然在不良的社会与冲突解决技巧和过失行为之间存在相互关系，但还是没有推断出原因。特殊教育项目的一些研究对于改造青少年犯罪是有效的。巴卡尔和扎巴（1978）发现，一些接受以特殊教育、照顾或感性训练的形式矫正的青少年罪犯再犯的几率明显地低于那些没有接受这些计划的罪犯，其他青少年罪犯人群的调查者发现，这个群体的适应性技能行为出现了整体的贫困化（贝尔曼和西格尔，1976）。近来的更多研究表明（福布斯，1991；格兰德和库尔兰德，1988），环境改造的特殊性，对职员及特殊教育者为改造环境、课程设计以及内部力量的配合等方面进行培训是必要的。

少年司法犯罪预防办公室（1998）曾给患有障碍情况的入狱青少年的父母及监护人提出了以下建议。

（1）在特定场所与下列人员讨论对适合的服务的需要：

场所的教师和家庭教师；

场所管理者；

这一范围内或法律学校临床项目中的一个特殊教育律师；

一个教育学教授；

家长。

（2）接受矫正教育协会关于矫正教育项目的标准。

（3）审查场所的教育标准。

（4）建立一个由教育者、倡导者和管理者组成的委员会：

确保个别化教育计划由合格人员来实施；

审查场所的教育标准；

简化对特殊教育服务的资格确定；

确保场所有合格的教师。

包括地方的那些支持残疾儿童和个人的拥护组织。

与一名律师联系，如果教育服务得不到改善，他可以帮助你起诉这个场所。

参见 青少年犯罪；学习障碍

DEMENTIA
痴呆

痴呆是一个一般化术语，指的是一种可观察的神经能力异常，是在以下5种功能中至少有3种受损：记忆力、视觉技能、情感或人格、语言和认知。这些情况的结合是由于各种不同的原因造成的（赫格德，1994）。近来的文献一致认为不可治疗的痴呆可被分为三个主要方面：退变性痴呆、多发梗塞性痴呆以及其他危重病引起的痴呆（舍基姆，1997）。阿尔茨海默型痴呆是最常见的痴呆症，它是由于大脑的结构和化学变化引起的，其次是各种梗塞型痴呆，它是由于头部重复的中风病变引起的。痴呆与多种病症有关，如获得性免疫缺陷综合征（AIDS）、匹克氏病、帕金森症、高度瘫痪、宾斯旺格病、库贾氏病、亨廷顿病和科尔萨科夫综合征（佩恩，1997）。另外，可治疗的痴呆可能会由以下情况引起：药物不良反应或毒性、代谢和内分泌失调、感染、颅内肿块、正压脑积水、酒精滥用、维生素缺乏、神经性梅毒、动脉硬化并发症以及癫痫（通科维奇，1988）。

痴呆症的评估和诊断需要一个团队的努力，包括内科医生、言语—语言病理学家、心理学家和其他专业人士，最终的决定应建立在病史研究、临床检查、神经测试、脑显像、实验室检查、交流评估及智力功能评估基础上。而更高一级的智力和语言功能的分析应包括对一般物体的语言描述、直接和间接的故事复述以及语言流畅度等（如“告诉我你能想到的所有以T开头的单词”）（赫奇，1994）。

痴呆症初期发现的语言问题一般为轻度的命名问题、言语错乱（说与目标词汇相近的话）、理解抽象意义的精确度问题、图片描述受损、话题维持及语言复述困难。随着病情的加重，症状还包括所有记忆形式上的严重的记忆问题，一般性的智力减退，对地点、人物、时间丧失定向力，语速异常，快速语言模仿（重复别人和他说的话），大脑皮质受损（重复自己的话），失去语言对答能力，对社会风俗不予理会等（赫奇，1994）。

DENTISTRY AND THE HANDICAPPED CHILD
牙科和残疾儿童

牙科疾病代表了残疾儿童一系列的健康问题。一项国家健康中心的综合调查数据（1979）显示，所有年龄段有智力障碍的人的口腔疾病发病率比一般人群高40%。更新一些的报告（卡拉汉，1983）显示，智力障碍人群比相对应的同龄非残疾人群的发病率几乎高20%。

20世纪70年代是一个特别活跃的时期，在提高残疾人的牙齿护理方面花费了大量的时间，付出了很大的努力。其中最重要的一项努力是由罗伯特·伍德·约翰逊基金会于1974年至1978年给遍及全国的11所牙科学校提供的专款。这项基金是用来支持综合牙科学校与残疾人的服务供应相关的培养发展计划的。比如说,发展专业的方法和技术,引起牙科职业教练坚定的态度转变,发展牙科学校里相关知识和服务的讲解能力,随着资金的到位,使牙科学校的这些项目在各个方面形成制度化。

对于罗伯特·伍德·约翰逊基金会的工作,施蒂费尔等人(1985)在华盛顿大学五年研究生计划的报告引起了牙医、牙科卫生专家和参加研究生计划的助理们重大的认知变化,使他们树立了治疗残疾人的信心,并同时获得了课程指导(琼利,1990)。

关于残疾儿童牙科计划的公共方面似乎是缺乏的,这一点是肯定的,这又重新引起了像普赖斯和普格利泽这样的调查者们的兴趣。这种兴趣的大部分,可能像期待的一样,在牙科预防的指导下,要求残疾人牙科计划中要有家庭、学校和社会的参与。智力落后公民协会的观点是,“牙齿的治疗应该和其他人一样接受同等质量的治疗,保护或增进个人的健康,只接受有正规的相关知识的人或他的代理人的护理”。其他组织的成员强调,要对残疾儿童进行有效的牙科护理,必须超出个人服务的范围,促使牙科医生们自愿地参加到对残疾儿童牙齿护理的学校和其他的服务供应者之中。卡拉汉强调了预防性服务的价值,它将改善残疾人牙齿的状况并且减少对其牙齿保养的花费。因为那些残疾人将继续以学校和社会为基础(这里指大部分的残疾儿童和成年人),所以比起那些花费性的治疗,更应该强调综合性的牙科病预防的重要性。

预防性计划所达到的效果,已经由国家残疾人牙科学术组织通过远远地超越于计划的范例表现了出来(卡拉汉,1983)。这些计划已经纳入到日常的口腔卫生计划之中,用相对适度的花费在各种不同的特殊教育学校、为残疾人开设的工厂或家庭中实现了。他们依靠定期的检查来发现自己牙齿的问题,并且是在这些问题还很容易治疗的时候。牙医们用相关的网络来协调实施治疗那些有需要的残疾人。最重要的是他们雇用的人员除了牙科专业人士,还有教师、顾问、专业治疗(康复)残疾者的人员、监护人和其他服务人员。类似协调的努力会有效地使特殊教育和特殊教育者共同投入到教授和训练口腔卫生方法与认识的工作中去。

费德曼和艾伊特(1981)的研究工作已经证明,近来的研究兴趣是把牙科和口腔卫生的原则应用于程度较重的残疾人群的工作中去。最终,由于极大多数特殊教育学生居住在家里,所以看到父母作为口腔卫生培训人员和监控人员付出的努力是令人鼓舞的。因此,斯达柯(1985)写的文章为家长们照顾孩子们的牙科需求提供了指导,包括关于营养、用药、看牙次数,及灌输正确的牙齿护理习惯等内容。

参见 个别化教育计划(IEP);自助训练

DEPAKENE

丙戊酸

丙戊酸是一种抗癫痫药,是最近被推荐使用的抗惊厥药。这种药和其他的大多数抗癫痫药在药理和临床上应用都不相同(科尔德伯格,1984),这种药一般被专门用于简单的(小小发作)和复杂的失神发作,也用于一般的癫痫病。丙戊酸起作用的具体机理还不为人所知,但一些研究表明,它的效力与提高大脑伽马—氨基酚的酸性有关。

丙戊酸的一般副作用是呕吐和肠胃刺激,但是这些可以通过适度的剂量或者和食物一起服用来加以控制。如果丙戊酸和其他的药物一起服用,特别是和苯巴比妥一起服用会产生很严重的后果,如短暂的休克和产生运动障碍。一些更加严重的影响包括血小板破裂,肝损伤或者导致胰腺衰竭,所有这些都可能是致命的。正是因为这些原因,丙戊酸只保留性地用于最后的求助,当人们的病情无法用其他的药品控制时才使用。对于那些食用含酮食品的人也会有影响(奥德尔,帕波,1998)。

参见 抗惊厥药;癫痫

DEPRESSION

抑郁症

抑郁症被认为是20世纪主要的精神疾病。最近的调查表明,20%以上的青少年患有情感问题,三分之一的年轻人因为患有抑郁症而去过精神病诊所(布莱克曼,1995)。

抑郁症是导致自杀的首要原因(国家精神卫生组织,1998),年轻人的自杀率已经比过去10年增长了200%以上(布莱克曼,1995)。每年都有250,000个年轻人尝试自杀,有2000人自杀身亡,女性更易于企图自杀,但是男性自杀是女性的4倍,往往是用枪杀死自己(互联网医疗服务计划,1998)。

抑郁症的症状在频率、数量和强度等方面因人而异。一般的症状有:

长期的悲伤、焦虑或者精神空虚;

绝望和悲观的心情;

罪恶感、无价值感、无助感;

失去对曾经有过的爱好和活动的兴趣或快乐感,

包括性欲;

失眠、醒得过早或者睡过头;

没有食欲,体重减少,或吃得过快,体重增加;

精力减退,疲劳,处于迟钝状态;

死亡和自杀念头,尝试自杀;

焦虑不安,易怒;

注意力难以集中,存在记忆和作决定方面的困难;

长期以来身体出现对治疗不起作用的症状,像头疼、消化系统紊乱和慢性病。

抑郁症的病因很多,有种说法是有遗传的原因在内;对孩子进行最初评价的时候,发现有30% ~40%的抑郁症儿童有父母一方患有抑郁症(温伯格、哈珀、埃姆斯利和布鲁姆班克,1995)。在双胞胎的研究中发现,遗传部分地决定了儿童变成适度精神抑郁的频率和他们的感情波动。对同一对双胞胎的研究表明,抑郁症的程度和症状的波动有68%是相互关联的,这表明三分之二的症状变异来自遗传因素。

心理因素在产生抑郁症的可能性中也起了很大的作用,不太自信和很容易受压力影响的儿童和年轻人容易得抑郁症。严重的损伤、慢性病或不良生活方式也会引起抑郁的情况。

许多年轻人和他们的家庭不认为抑郁症是可治愈的病症。有许多抗抑郁症的药物,当结合心理疗法使用时是非常有效的。药物可以使症状得到较快的缓解。心理疗法能帮助病人和他们的家庭找到解决生活问题的更有效的方法。关于轻松治疗周期性情绪激动型的抑郁症,研究者们还是很乐观的(斯维多,1997)。

在教育系统,很多次都是教师们首先发现儿童和青少年是有问题的。校园里的学习压力很容易引发抑郁症,教师们应该接受单独针对青少年的抑郁症状学的培训以及接受那些能支持并帮助有需要的学生的培训。

特殊教育学生或许会特别易受抑郁症影响。正像刚才提到的,儿童们必须克服由像糖尿病、饮食不规律和脑瘫等慢性病带来的长期的困难和麻烦。慢性病和抑郁症会同时发生,这一点在科学文献中早已得到确立。在患有抑郁症的年轻人中,同时有很多被诊断为学习障碍。温伯格(1995)指出,60% ~80%的学习能力欠佳、在学校总是失败的学生,在最初的客观评价时符合抑郁症的标准,对于这些学生们来说,学校是一个非常令人沮丧的地方,因为不断的失败总是降低人的激情和自尊。这种情况很快就会恶化,因为儿童们产生了否定的想法,他认为不能够合格地完成那些学习任务。

特殊教育中矫正承受力的典型主要集中于用神经学和精神学的基本理论来培养儿童的承受力(雷诺兹,1992)。后者又集中于一个学习者接收到的内在的坚定的反应,这时学校须作符合心理教育要求的调查。学生理解了内容,表现出有希望,接收了正面的反馈,这样随之就增强了自信和动力。当接触学习任务时,又重新创造了积极且灵活的思维。经过一段时间,否定的思维对儿童们来说不再是准则了。只有当僵硬地、长期地出现否定思维的时候,抑郁症才会出现。因此,对于有特殊教育需要的学习者来说,将基于承受力的抑郁症的治疗(包括心理药理、家庭治疗及个别化治疗)考虑进个别化教育计划中是很重要的。对患有抑郁的特殊教育学生而言,学校的成功与治疗成功之间的相互影响是非常关键的。

参见 药物滥用;严重情感失调

DEPRIVATION,BIONEURAL RESULTS OF
生物神经的衰退

衰退通常指输入神经系统的一般感知能力的消失或减退。其含义有时扩展为对探究娱乐和社会活动等正常的动力活动的机会的控制或压制,神经衰退的结果一般是通过对动物进行试验而获得的。

视觉神经系统曾被广泛地研究过。弗伦森和德格鲁特通过把动物安置在黑暗的环境里,对动物的视觉皮层进行观察,看到了各种不同的变化。单眼的丧失比双眼的丧失更能够产生明显的变化,双方面的竞争似乎是一个比每个方面的丧失都更重要的事实。变化出现在生命早期的特定时段,并且这种变化是非常显著且不可逆转的。

在听觉系统中,不破坏双耳的内部结构而完全阻碍输入是不可能的,因为不管怎样总能感觉到动物本身产生的声音,短暂的控制听觉的刺激可以通过一个很弱的声音环境或者通过外耳或中耳构造传递声音到内耳。采用这两种方法都能对听觉功能和大脑听觉神经核的神经变化产生干扰(韦伯斯特,1979)。通过对遗传有内耳退化的耳聋特征的变异老鼠的研究,发现了大脑听觉皮层的微结构发生了巨大的变化(佩里耶等,1984)。就像在视觉系统中一样,有关键且敏感的发展期,这一时期的可塑性是最强的,衰退的结果也是最明显的。

相对于动物试验中视觉系统的试验,对人来说被称为弱视。一种情况是,一些儿童有不加注意的斜视的毛病,或有其他影响一只眼睛视力的毛病,甚至在疾病好转以后的情况下,衰退的眼睛在很大程度上仍不能恢复功能。部分听觉能力的损失很容易发生在幼儿当中，结果导致中耳炎，甚至在恢复正常的听力以后，好像会引起长时间的学习困难，各种程度的听力损失，从轻微的到严重的，都有可能像在动物实验中一样影响听觉的途径和听觉皮层，这些对人类可能的影响都已经被鲁宾和拉潘于 20 世纪 80 年代研究过。语言发展的研究表明，幼儿拥有的区分语言的能力必须由他们所处的相应环境中的人的声音来确认。一些研究表明，先天的或早期丧失听力的儿童会失去这种早期的能力。

一些人类的各种器官和社交能力丧失的例子是由狼孩们和一些罕见的案例提供的，如热尼，一个被精神异常的父母持续隔离多年的女孩（柯蒂斯，1977）。这些例子的复杂性以及他们早期生活缺乏足够的信息，使他们的表达能力受到了很大的影响。有些不很严重但比较频繁的丧失或衰退情景出现在长期受孤儿院生活影响和缺乏刺激的家庭背景的人群中，很可能是这些生物神经的影响还有心理方面的原因，但尚无证据证明。

参见 语言缺乏；语言障碍

DESENSITIZATION
冷静

冷静是一个综合有引导的参与、控制并逐渐接近于期望反应的过程，这个技巧主要被儿童和成年人用来应付对恐惧的反应。它的主要目标是对不同刺激的恐惧反应，而经历这种治疗的个人首先被带入仅有最少要求的环境中，治疗师模拟着期望的行为，而个人则通过他的反应接受指导。这些反应逐渐被控制到接近现实的情境中，在这种环境下引起的恐惧的刺激可能会出现。随着治疗师每次成功地控制和指导学生做出适当的反应，这种修正是可以产生的。治疗师有时采用鼓励的话语，有时采用强化的办法，这两种起作用的技巧已经逐渐不用了。这两个过程一般指形成一个正确的反应和削弱支持产生刺激行为的尝试（阿尔贝托和特劳特曼，1982）。

冷静作为一个行为过程，它有一个可观察对减少恐惧的治疗的实体。冷静可用于许多情况，像对考试的焦虑，数学的紧张，学校内一般情况的紧张以及试图控制大众媒体负面影响的紧张等等。因此，冷静是一个过程，结合几个一般的行为技巧以便于形成对当下的恐惧或引起不安的情况做出适当的反应，如乘公交车、去游泳池游泳、看电影等。

参见 行为限制；恐惧和害怕

DESTRUCTIVE BEHAVIORS
破坏行为

细数人们所做的所有具有破坏性的事情，这一点是不可能的。不同破坏行为的方式最起码也因为人们如何表现而不同。大量的事实降低了一般可接受的破坏性行为的概念的标准，意思是说，一般适用于这些行为的概念，至少有 3 种因素或含蓄或明确地形成了破坏性行为的可操作性概念。一个因素是故意的行为。例如，一个儿童意外地打破了一个盘子，通常不被认为具有破坏性，但是故意打破一个盘子是具有破坏性的。第二，行为本身的特征（如强度、频率）起了一个决定性的作用，例如，儿童们偶尔咬自己的手指甲并不被认为具有自我伤害的特征，而那种经常咬甚至到流血的行为通常就被认为具有自我伤害的特征。第三，环境因素影响的概念。故意在饭店里打破杯子被认为是破坏性行为，相反，在一些结婚仪式上故意打破杯子却是可以被社会认可的。近些年有许多破坏性的行为已经用比较无害的方式重新定义，有一种论述认为，社会正在逐步忍受道德与社会标准不相吻合的行为（莫因汉，1994）。

现在已有许多以减少破坏性行为为目标的项目实例，并且都基于积极的态度。据迈耶等人报道，一个有趣的大范围的减少破坏性行为的项目已经启动。从 18 所学校挑选出来的教师参加了实践和研讨会议。通过 3 年的学习，教师们明显地提高了表扬的频率，学生破坏公物的行为也明显地减少了。同时观察到学生其他方面的破坏性行为也减少了。拉索、卡塔尔多和库欣（1981）指出，不断地强化顺从可以减少一些儿童的自残行为。尽管自残行为的影响不是偶然的，但通过 DRO 程序（加强对不出现行为的说明），弗兰克尔、莫斯、斯科菲尔德和西蒙斯（1976）消除了好斗和自残的行为。

马丁和特雷弗里（1970）用强化结合着根除的方法来去除一个因为脑瘫而患有部分神经麻痹的 16 岁智力落后女孩的坏心情和自残行为，她被治疗到这样一种程度：当她没精打采地站立行动时，执行强化行为的人甚至看不到她的不良反应；当她表现出自残行为的时候，她也没有受到强制。

5 个智力落后男孩所显示的各种破坏性行为通过一种非排斥性的、暂停程序而得以减少（富克斯和夏皮罗，1978），这种暂停程序与其他的暂停程序相比体现了许多优越性。

通过一种过矫正（一种惩罚的方法，包括用期待性的行为对不期待出现的行为加以更正）来彻底根除一个有严重障碍的女性的破坏性行为,曾被福克斯和阿兹林用过(1972)。

不考虑特殊方式的破坏性行为,这些反应值得我们采取最专业的介入。许多治疗方法(除了这里提到的)已经被证明是可行的,但认真考虑个人的各个方面的情况是很有必要的。

参见 行为表现;应用行为分析;情绪障碍;现实疗法

DEVELOPING UNDERSTANDING OF SELF AND OTHERS – REVISED(DUSO – R)

发展自我和他人的理解(DUSO – R)

DUSO – R 是一个丰富的、易于管理的计划,它主要对以下 3 个主题领域进行评估(1983):情感教育、指导与建议以及健康。这 3 个方面是以询问、实验和讨论的方式为基础进行学习的。这项计划可以被用来教授恰当的社交和问题解决的技巧,也可以提供自我认识、社交关系和复杂问题分析的洞察力。它是一项测试工具,更是一项教育工具。客观的评述是建立在个人反应的基础之上的,而不是以标准为基础的。DUSO – R可以被教师作为一个有用的、有价值的工具增加到日、周或周期性的日程中去。

参见 解决困难;社交技巧

DEVELOPMENTAL APRAXIA

发展性失用症

发展性失用症是在没有患肌肉虚弱或麻痹的情况下一种儿童感觉统合失调,这种障碍妨碍计划、实施技巧性或非习惯性运动任务的能力(达里斯·杰克·勒斯卡和马夸特,1998;霍尔、容丹和罗宾,1993)。自愿的和目的性的运动行为不一致,而非自愿的动作是完整无损的。这种情况表现为发音困难(口语、语音或话语失用症),拼写时组词困难,完成视觉 – 空间任务困难:像画画、素描的设计。画画时,线条的组合或形状,或一系列姿态动作的困难,如手势、穿着、修饰或者吃饭(霍尔等,1993;阿拉姆和克维亚特科夫斯基,1997)。失用症还可以指不太严重的运用障碍(杜威,1995)。

这种情况也指笨拙的儿童综合征,如轻度的运动问题,不协调、发展性失用症或动作协调能力丧失症,感觉运动障碍,视觉运动问题和感觉整合运动障碍。《精神障碍诊断与统计手册》(美国精神病治疗协会,1994)的描述暗含了不包括联系的干扰对语言运用功能发展的影响,甚至用 DCD 诊断出儿童们对音韵的不足认识,这种情况在病原学上并不存在(戴维斯等,1998;杜威,1995;霍尔等,1993)。发展性言语失用症和发展的共济失调在社交和学业上都对交流—学习过程产生影响,这种影响可能贯穿一生,但主要是在儿童时期。

DEVELOPMENTAL DELAY

发展迟缓

发展迟缓这一概念指成熟较晚。一个不正常的儿童所表现的功能性水平的发展率低于同龄的正常儿童的发展率(汤普森和奎因,1979)。须提醒的是大脑皮层没有机能性的障碍,结构上也没有损伤。概念的建议者坚持发展迟缓儿童所表现的能力的不同是因为与迟缓发展相联系的大脑神经不成熟造成的(戈登和维尔克宁,1986;勒纳,1985;汤普森和奎因,1979)。

按照残疾状况和适当的服务,术语发展迟缓适合于 1986 年对《残疾人教育法案》(IDEA)进行的修正。新的 H 部分,1998 年称为 C 部分,提出了残疾幼儿及他们家庭的需要,通过全国性的协调的、综合的、多学科的互补的系统,给所有残疾幼儿以及他们的家庭提供了适当的早期干预性服务。

这些修改是以国会的调查为基础的。调查发现,针对家庭和 2 岁以下儿童并没有组织经济的、满足那些特殊教育计划需求的服务,法案提出的标准给发展迟缓下了更加明确的定义。法案指出:幼儿(从出生到 2 岁)如果具备以下情况则适合提供 H 部分服务。

(1)如果他们经恰当的工具或程序测试后,确有以下一种或多种情况的迟缓,就说明正经历着发展迟缓:①认知发展;②身体发展,包括视力和听力;③交流的发展;④社交和情感的发展;⑤适应能力的发展。

(2)结果被诊断出存在很有可能导致发展迟缓的一种身体或精神方面的问题。

如果不提供早期干预性服务,各州有权为正处于发展性障碍危险之中的幼儿和儿童及他们的家庭提供服务。目前已经有 13 个州正在为处于发展迟缓危险之中的幼儿和儿童提供服务。

适于在 H 部分下接受这些服务的儿童,必须在适当的地方有一个自己的家庭服务计划(IFSP)。IFSP 是一个以家庭系统理论原则为基础的计划。因为幼儿和儿童只能在他们的环境中被评估和帮助。法案的一个要求是专业人员和家庭之间的通力合作。

今天已有 50 个州和 7 项法律都参加了 H 部分的计划,参与者提出了通常三方面的危险或不利于发展的结论,即确认的危险、生物药物的危险和环境的危险,许多州对发展迟缓提出了各种各样的危险因素(沙克尔福德,1998)。

1996 年,特殊儿童理事会介绍了有关发展迟缓适用的范围。

(1)发展迟缓适合的范围应处于同一年龄阶段。

(2)在确定发展迟缓的适合范围中应该充分利用有资料根据的临床鉴定,文化和语言方面的测试表现和观察。

(3)应采用从《残疾人教育法案》H 部分到 B 部分一系列的服务程序。

(4)个人的准备项目应当接受专业培训,使用多方面的环境、多方面的测量和多方面的信息来确定和评估发展迟缓。

在过去的几年里,已经有许多呼声要求对适应的标准进行解释(拉森,1993;哈宾和马克斯维尔,1991)。一般来说,一方面或多方面的 25% 迟缓程度的发展已成为一个最常用的测试标准(哈宾和马克斯维尔,1991),然而国会的调查表明,需要有一种评估工具来帮助家长干预,并且这种评估工具得到文化认可(哈林顿等,1993)。

总之,以正常发展理论为基础的发展迟缓已经有很长的历史了。在 20 世纪 80 年代中期,照顾婴幼儿的重要性已被广泛地接受,对这些发展迟缓以及处于危险之中的儿童提供服务的指示在某种程度上增加了家庭的负担。对这些儿童进行照顾的最新情况包括,全国范围内对适应的标准的理解,合适的评估工具(手段)的建立,以及发展迟缓儿童家庭的适当教育情况的了解和认识。

参见 丧失;《残疾人教育法案》;早期经历

DEVELOPMENTAL DISABILITIES
发展性残疾

发展性残疾是一个普通术语,指"一切出现在 22 岁以前、需要相似治疗及帮助的终生残疾状况"(1982)。博格斯认为,发展性残疾这个概念,没有病原学基础,它包括一切始于儿童期,确实具有持续残疾的儿童与成人。它不包括通过康复能克服的残疾,也不包括 18 岁以前不明显的残疾。发展性残疾自 1969 年开始演化至今。当时是由国家智力落后儿童协会、美国智力缺陷协会、全国智力落后项目协调人协会、心理健康指导全国联合会、特殊儿童理事会及美国脑瘫协会的代表联合提出这一概念。

博格斯最早描述的"发展性残疾",在 1969 年由上述联盟作了详细介绍。成员们还修订了"智力落后设施法令"(88 - 164 公法)。博格斯认为修订原因如下:①为各州持续策划提供更大的动力,为各州使用联邦基金提供更大的州计划自主权;②扩展合格的服务类别,使服务不仅局限于专项设施;③按照同样的计划分配资金;④使用与残疾者有关联的功能方式,不是通过诊断进行分类,而是通过大众服务需求去定义服务的合格性。

在提出的法规中,智力落后这个术语由发展性残疾所取代。发展性残疾被视作功能方面的定义,指一个人需要特殊的服务。根据智力落后总统委员会 1976 年发布的报告,使用发展性残疾的理论基础是为了避免服务组织的分门别类及减少相似和交叉残疾的资金投入,从而清晰地把发展性残疾从精神卫生领域中区分出来。"发展性残疾服务"与"1970 年设施建设修正案"提出的这个概念比最初法规中使用的智力落后更广泛,但不能反映"发展性残疾"概念的真正功能性。

法规中的发展性残疾概念受到抨击,因为即使它扩大了适宜服务的人群,但从本质上来看,它仍是分门别类的。奈斯沃斯和史密斯(1974)指出,91 - 517 公法中所用定义不够精确,并且包括了容易引起矛盾的更细微定义及运用的需求。他们进一步指出,定义缺乏功能性,并且建议重新定义发展性残疾。他们认为这将带来更专门更可靠的解释和实施。他们给出的定义是:"发展性残疾指在发育期表现出的运动、交际、适应或学业功能方面的显著缺陷,这种缺陷已经持续或者可能永久持续下去。"

自从联邦法规中引入发展性残疾这个术语至今,为了所用概念更清晰反映联邦所持概念,它几经变化。当自闭症、任何与智力落后紧密相关或要求相似服务和治疗以及因其他残疾状况造成的诵读困难被加入到早期定义中并在发展性残疾援助法令和权利法案中被应用时,该定义首次出现了变化。然而改变了的定义仍不能反映联合会的理念或奈斯沃斯和史密斯所描述的问题。

为了适应 94 - 103 公法的要求,国家任务组织部门确定的发展性残疾这一概念,这时发生了重大的变化。根据汤普森和奎因的建议,组织部门成员反对把发展性残疾作为"现存状况任意集中的混合体"使用,并且建议提出一个普遍的功能概念去理解特殊的类别或状况。任务组织部门成员把发展性残疾定义为"一群经历着对自立生存至关重要的一系列日常活动宽广领域潜在地限制了其功能的慢性残疾的人"。随后,任务组织部门的理念在 1978 年的康复综合服务与发展性残疾概念的修订中得到了反映,在 1984 年的《发展性残疾法案》中得以保留,1994 年法令得以完善。该定

义如下:

发展性残疾意味着一种严重的、慢性的障碍:

——归因于智力或身体损伤或两者都有损伤。

——22岁前出现;

——有可能持续终生;

——导致主要日常生活行为中3个或3个以上的基本功能局限:①自理;②接受语言和语言表达;③学习;④灵活性;⑤自律性;⑥独立生活能力;⑦经济能力。

——反映了个人对终生的或长期的需要自我协调完成的,特殊的、多样的、一般护理的治疗与其他持续一生的和针对个人安排并调整的服务需求。

塞尔策(1983)从功能方面提出此定义,强调慢性,在特定年龄发生,多方面功能的局限,以及从服务提供者那里得到一系列长期服务的需求。他指出,功能导向是此最新定义的优势,但缺乏操作的清晰性是其劣势,然而,只要有操作上的指导,劣势有望消除。

发展性残疾的不同定义和其他残疾状况的交叉已经引起了相当大的混乱。霍斯曼于1983年指出了智力落后的基本特征与发展性残疾的法律定义重叠。他认为,发展性残疾的立法定义适合于智力落后较严重的情况和在生命中某时期患轻度残疾者。他把智力落后和发展性残疾的共同个性描述为在本质上是发展性的,在适应行为中是逐步损伤的。他也指出,具有严重智力落后的人将有永久的残疾,正如许多患自闭症和脑瘫的儿童。因此,此类人被认为是发展性残疾。然而,那些具有轻度智力落后,轻度脑瘫患者,癫痫及自闭症者不属于此类。

总之,发展性残疾这个概念是由智力落后领域演化而来的一般概念。它着重于那些在22岁之前患有严重的持续的残疾人群的需求。汤普森和奎因1979年指出,随着这个概念的不断演变,在文化环境中对它进行定义的努力也将继续。

参见 脑瘫;智力落后;身体残疾

DEVELOPMENTAL DYSLEXIA
发展性诵读困难

发展性诵读困难一般被认为是复杂的多种多样的阅读障碍。它似乎出于负责习得阅读、写作技能的神经功能细胞形成的选择性混乱。它由遗传决定,因此与大脑损伤造成的失读症不同(加底斯,1976)。这种障碍的不可缺少的成分,即与个人内部能力和外部特性有关的唯一关键部分表明,诵读困难患者至少应该具有:一般的智力,足够的文化和语言机会,情感的稳定性,接受适当教育以及大致正常的感觉敏锐性(罗尔科和盖茨,1981)。补偿这种障碍的后果的相对成功的预测基于早期认识,对个体优点缺点独特性的描述,资本化的独特教育策略,和伴随而来的适当的社会文化家庭的支持系统。

教育学家和临床心理学家对诵读困难的研究始于20世纪前20年。研究集中在可能导致学习阅读失败的根本问题上,并产生了两大学派。一个强调感知和认知障碍的关系,另一个注重环境因素(本顿,1980)。20世纪20年代末,奥顿提出了研究诵读困难的一个新观点。

奥顿把阅读困难与大脑功能的缺陷性脑半球组织结合起来,认为阅读困难是单个脑半球中建立专门化的脑细胞分裂过程不完善的结果。他认为不完善的脑半球支配性导致了有效阅读的混乱与失败(约翰逊和米克勒斯特,1967)。

20世纪60年代至今,研究以不同的方式进行着。随着对称脑半球专门化的研究进展,即两耳测听实验,速读训练器的利用,人们对奥顿的研究重新产生了兴趣。医学技术深化了对诵读困难神经基础的调查研究,人们可以借助脑波记录仪、计算机断层摄影扫描仪、大脑血流研究、阳离子发射断层摄影术对诵读困难和普通大脑进行分析研究。当前在教育神经心理学中的研究表明,在发育期,诵读困难中包括了高级脑皮层损伤。有人认为诵读困难起因于包含脑皮层前庭系统的脑下皮层损伤(弗兰克和列维森,1973)。但是,这种研究的独立有效性成果迄今仍未发表。

性别差异显著,男性在阅读障碍人群中数量偏高。有数据表明,正常女孩同样比男孩更擅长于学习阅读。解剖学的数据进一步为这些理论提供了基础。对女孩来说,髓脂质在大脑左半球中出现得更快,男孩明显的在右半球出现得更快(戴尔比,1979)。有关猜测提出学习阅读过程也有其他性别的差异,由于学习阅读过程中脑半球专门化变化出现成熟落后现象,女孩较男孩能更快地通过某些阶段(加底斯,1976)。这类假定认为,右半球控制的功能在获得阅读过程的起始阶段发挥关键作用,而左半球控制的功能在从习得到使用常规模式中更有效。这种大脑单侧化的自右向左的迁移,可能是伴随学习阅读过程中能力增长的特点。

当前,对于发展性诵读困难的视点集中在更细微的类别的严格研究方法上(罗尔科和盖茨,1981)。研究主体中汇集的数据显示了对多维的定义的要求。很明显,确认诵读困难不能仅仅以有一般智力的人取得不良的阅读成绩而定。不同类型诵读困难的出现要求不同的教育影响策略。随着对临床神经心理学方式及在纵向研究中描述的重要的显著的发展变化,多变量分析对诵读困难的差别的认识将更加广为人知。

神经心理学证据表明,在出现诵读困难读者的类型中,有两类在较大的儿童和成人中相当明显,即听觉语言缺陷阅读者和视觉缺陷阅读者,正像皮热佐罗所描述的那样。还有一类属于和视觉空间缺陷混合的诵读困难群体(听觉缺陷和视觉障碍者),包括不显著的群体和正常群体,或语言、感知及混合群体,还有语音类型和表面的类型。

哈特拉格和泰尔茨罗(1983)已经阐明了用神经心理学数据进行成功教育干预的不同方式。他们假定,在将互补性的模式连接起来时,应该强调一个儿童的神经心理学力量,使用较弱的神经心理能力而非放弃任务。例如,听觉—语言学缺陷的诵读困难有较强的用大脑右半球思维的功能,因此,整个单词或看说的阅读方法将被推荐。当解读新词时这种方式就会出现,其余方式建议仔细审视儿童个体的功能行为。这些行为的任务分析表明在学习过程中出现了功能衰竭,并表明了影响的焦点。使用最广泛的方法是奥顿—吉灵罕姆法,它同时使用视觉、听觉以及运动觉语言刺激。

DEVELOPMENTAL MILESTONES
发展里程碑

为儿童记婴儿日记的成人们在观察到他们的孩子到达特定的发展中的里程碑时,心中充满了自豪感。第一次回应性的微笑,开始时蹒跚的第一步,语言开始的曙光,这是最明显的3个里程碑。心理学家对这些早期的里程碑很感兴趣,但其视角越过了婴儿期,延伸到了整个生命期。他们的研究包括许多身体的、生物的、心理的、情感的以及社会的里程碑,这一切共同构成了儿童发展的标准画面。

婴儿出生时大脑重12盎司(350克),脑组织在怀孕期后3个月形成。实际上,构成人脑的100亿个细胞意味着在怀孕期后几个月和婴儿出生后的前几个月,每分钟有25万个神经元生成(考恩,1979)。婴儿在出生后两年内,树突大量形成,使大脑的重量达到原来的3倍(考涅尔,1967)。随着婴儿的成长,树突交叉成复杂的网络,直到每个神经元由树突连接着数千细胞。一个细胞一旦被激活,就会传遍整个树突网络。

大脑发展的简短描述与1981年西伦关于节奏性行为的讨论相吻合。她认为大脑的发展预示了我们所认可的里程碑式的身体发展。新生儿的脑神经相对孤立,因此他的行为是反射性和不协调的。随着树突网络的形成,婴儿的行为表现得更有节奏。从这点上看,婴儿将以带节奏的方式激活身体的特定部位。当特殊领域的神经网络成熟时,婴儿就能进行某些身体活动并与身体其他部位相协调(霍弗,1981)。身体中的许多重要事件也反映了脑发展的显著变化。

感觉器官形成发展期指婴儿出生后的两年。在这段时间内,婴儿变化巨大,从一个不会说话的反射性行为的新生儿,成长为一个能根据当时情境做出良好掌握的会说话的两岁儿童。在这两年之内,心理发展的重大事件是物体概念的形成和语言的形成。

皮亚杰描述的物体概念反映了婴儿意识的逐步形成。在出生后的几个月,婴儿不关心人们的来来往往和物体所在的位置。“眼不见心不乱”是儿童对物体理解的确切描述。在出生6个月后,婴儿的行为开始变化。现在,他们的母亲不见后,婴儿就盯着门口,他们可能哭着,看着,想让母亲回来。这种行为显示出,对婴儿来说,母亲是一个独立的个体。

皮亚杰研究了自己3个孩子的物体概念的发展。在捉迷藏游戏中,他把孩子喜欢的玩具藏在布和枕头下,这种隐藏不带迷惑性,婴儿可以看着皮亚杰慢慢地把它藏在覆盖物下面。8个月前,皮亚杰的孩子们经常摸到了布,但一两分钟后就放弃了寻找。然而10个月时,他们很快拿开布,抓住了玩具。皮亚杰认为这种变化显示出他的孩子们能在记忆中保留玩具的形象足够长的时间,从而完成搜寻活动。他们形成了甚至当物体消失时也能存在的物体概念。

物体概念是记忆发展中的一个标志。一旦婴儿在心里能想象物体,他们就不再局限于重复性的活动,而是进行新活动。把这种首创性与事实相结合,即8至10个月大的婴儿有一些可动性,你就对2岁大的婴儿的好奇心和渴望探索的行为有了基础认识。2岁大的婴儿的探索和行动对成年人来说像是玩耍,也确是玩耍,但它是有明确目的的玩耍。它形成了将来许多年的抽象逻辑的基础(兰格,1980)。

婴儿时期的第二个里程碑,在物体概念形成之后立即出现的第一个词并非偶然。为了称呼一个物体,你必须在脑海中有那个物体的清楚的概念。对大多数婴儿来说,第一个词出现在10~15个月之间。但这些词与一个特殊环境相结合,不能真的作为标志。例如,13个月大的尼基在爸爸早上去上班时,挥手说再见。但尼基不会说再见。“再见”与“早上,挥手,父亲离开”紧密相连。尼基几个月后才会独立地使用“再见”。

随着语言的习得,婴儿们进入了心理发展的“直觉或行为前”阶段,该阶段将持续大约2~5年,与感官活动形成期产生鲜明的对比,因为语言开始指导婴儿的行为。这种"行为前"阶段开始于婴儿语言技能形成时期,结束于依靠语言而不是行为来理解世界(安妮斯费尔德,1984)。2～3岁的儿童可以结合言语和行为加强他们刚形成的语言技能。这些蹒跚学步的儿童通过喊着"飞机",伸着胳膊,在房间里边奔跑边模仿发动机转动的声音来理解飞机。这种模仿飞机的行为有益于他们形成飞机的想象,把"飞机"这个词语与前述景象结合起来。同样,3～4岁儿童玩着积木或布娃娃,嘴里说着话描述他们操练的行为。通过把语言和感官活动形成期形成的以行为为基础的概念相结合,他们在语言使用中获得了自信。当语言成为儿童理解世界的根本方法后,他们的行为会发生很大的变化。无休无止地追问父母关于汽车、冰箱、小狗、天气等各种问题的4岁孩童们,显示出其用语言在了解世界。语言技能成熟时,儿童们总是跨越时空的限制,去思考没有经历过的情境,让逻辑引导心理活动。

5～7岁时,儿童心理发展的第三个重要时期——具体活动思维来到了。掌握了语言和行为的幼儿们开始象征性地活动。他们对环境进行分类并在此过程中增强了对世界的理解。开始理解对一周、一个月、一年进行天数划分,可以使成年人为生活中的日常活动进行安排。知道今天是星期一能提供很多信息。它是一周的开始。明天是星期二,周末在5天以后。还能使我们得出许多其他结论,因为星期一是包含月份、季节、年代在内的很多知识的集合体。"行为前"儿童没有这种高层次的组织能力。但随着具体活动思维的开始,儿童们开始以其所需而选择世界,并且形成了多层次的思维(库黑,1972)。

具体活动思维的真正标志是传递信息的能力。一个妇女可以同时是母亲、夫人和阿姨,并且这些类别中的每一个都正确。每个称呼都可以理解为更大组织的部分。进行具体活动的儿童不仅用语言去指导行为,而且可以把信息结合起来。

对具体行为的掌握使儿童变得更具有逻辑思维。但具体活动思维的进步才真正是一个通向心理发展顶点——正式活动思维的垫脚石。正式活动思维过程是心理发展的最后一个智力里程碑,开始于12～16岁之间。在这段发展时期,心理活动被完全地整合了,思维达到了前所未有的灵活性。学生可以对现实问题进行抽象概括,并考虑问题的可能的解决办法,而且,他们能对自己的想法进行系统的测试,并发现哪一个假定是正确的。

发展中的重大事件形式多样。在婴儿时期出现的身体的迅速变化和预示生命新时期的生理上的重大变化极易辨认,因为它们代表了与过去的割离。心理发展的特征由许多逐步形成的重大事件构成。物体概念,牙牙学语,具体活动思维过程都是发展连续画面中值得注意的关键时刻。伴随着大多数的重大事件,认知能力的提高代表了早期过程的完善和进一步发展的基础。社会、情感上的重大变化包括各种行为和友谊,这些重大事件在一种文化氛围中得到评估和研究。家庭和社会关系是以语境和文化为基础的概念(尼桑尼,1993;罗科,1993;温伯恩和甘道夫,1991)。第一声想寻求注意的啼哭和青少年间的友谊都能证明儿童与其他人之间的相互交流。总之,一系列的身体、心理、社会中的重大事件都显示出生命之路上个体的发展过程。

DEVELOPMENTAL OPTOMETRY
发展性验光

1922年,当眼科医师A·M·斯科菲灵顿帮助建立"研究生视力改善项目"时,他就视敏度视力和视效力(视觉)不能等同这一概念发表演讲,从此,视力、视觉与学习之间的关系具有了新的意义。20世纪30年代,乔治·克罗和玛格丽特·埃伯尔通过运用预防镜片和视觉训练以提高视力,减少或消除像弱视、斜视、双眼机能障碍等视力异常,从而扩展了这个概念。

20世纪40年代,在耶鲁大学儿童发展医院,学龄儿童视力发展的临床研究取得了关键性的进步。格塞尔等人于1949年指出,眼睛和其他感官在心理发展中的作用举足轻重。格塞尔等人指出,视觉在心理发展中起着基础性的作用,儿童们在用手抓物体前已经开始用眼睛捕捉这个世界。眼睛引导行为模式。

今天专门研究视力发展的眼科医师在基本视力检查中,已包含了详细的胎儿期的、产期的、出生后的病例和在发展中重大事件的延误。视力测试包含像视力、视觉健康水平,双目间位置折射情况和协调能力。附加测试也研究偏侧化、方向性、支配力、眼手协调和视力感知概念。

对发育期有视力问题的儿童的训练包括标准的视觉训练程序。这包含视觉功能的提高,实体映象,手眼的协调和自身调节。其他技术也强调双边的和双眼的整合。对眼科医师来说,与特殊需求服务人员合作以便帮助有时存在视力困难的心理状况(拜果与彼特纳,1990),也是非常重要的。

如索兰(1979)所述,眼科医师综合运用专业和智力技能可以对学习困难学生进行视力矫正,运用知觉—运动技能可以使其感官适应课堂教学,在学习推理和解决问题时认知技能和概念速度需要进行同化和概括。

DEVELOPMENTAL TEST OF VISUAL PERCEPTION:SECOND EDITION(DTVP-2)

视觉感知发展测试(第二版)

视觉感知发展测试第二版(汉朗尔、皮尔斯、沃瑞斯,1993)是弗罗斯蒂格、马斯洛、勒佛沃与惠特尔西合作的《马利安妮视觉感知发展测验》(1963)的最新版。它有了很大提高,适用于测试4~10岁儿童的视知觉和视觉的综合能力。它共包含8项分测试,以视觉发展中的最新理论为基础,可在35分钟内完成。

这项测试在《第12个心理测试》中由博洛加和廷德尔修订。博洛加指出,修订的考试是对以前软弱工具的修改。廷德尔认为测试在多方面都是有用的。

DEVIATION IQ

离差智商

标准分数(也称作离差智商)的引入,克服了比率智商固有的技术性问题。标准分数是把原始分数换算成有确定平均分和标准差的标准分数。离差智商的平均分是100,在韦克斯勒量表中,标准差为15;在斯坦福—比奈量表中,标准差为16。使用标准分数是为了把序数转换成区间。标准分数在每个年龄段的变化是相同的,并且在一个量表中获得的标准分数可以和另一个量表中获得的标准分数直接比较。1939年,韦克斯勒在他的韦克斯勒—贝尔维尤量表个别测验中引入了离差智商(在此之前,离差智商已经在一些团体测验中使用)。韦克斯勒选用的标准差是15(而没有选择当时比奈使用的16),是因为他考虑到人们更熟悉以5为一个单位(比如5,10,15),而不是以4为一个单位(比如4,8,12,16)。如今大多数量表是以15或者16作为标准差,也有一些量表以20甚至24作为标准差。

由于以100为平均分,15或16为标准差的标准分数的专业概念比较普及,同时由于I和Q的确切含义没有普及,当时许多量表的作者把智商(IQ)又叫做学习商数(LQ)、一般认知指数(GCI)和心理加工合成物。不管名称怎么变,只要是通过心理测验获得的,就和离差智商是一个意思,比如,都能表示出个体在某测试中在同龄人中所处的位置。

由于智商来源于测验,同时由于量表测试的心理内容不同,而且即使是同一个量表,也有儿童量表和青年量表之分,因此,获得的测验分数之前应该加上在什么量表中,哪个年龄段测得。智商分数既能表明个体当时在所测项目中的能力,也能表明个体和同龄人分数的高低关系。所以智商与其说是解释性的还不如说是描述性的。智商有助于了解当前个体与学习相关的认知功能的水平。智商分数在一定程度上是以前学习的反映,也能对以后几年的学习成绩进行预测。

人们经常把智商作为学业才能和教育才能的指标。其实智商不能反映许多重要变量,比如机械倾向、动力倾向、音乐倾向和艺术才能,智商也不能反映建筑技能和保持人际关系或内心关系的能力。它只能在一定程度上反映比如对某一特定努力的坚持、热衷、发散思维等催化变量。因此单独依靠某个认知能力测验来评估一个人是远远不够的。

参见 智商;智商比率

DEXEDRINE

中枢神经刺激剂

中枢神经刺激剂(右旋苯丙胺硫酸盐),又叫安非他明,用于治疗注意力缺陷多动障碍、嗜睡以及短期外源性肥胖。尽管安非他明作为中枢神经刺激剂使用,但是该药物对儿童的心理、行为作用机制仍然不可知。该药物的副作用有:可能导致心悸、心跳加速、异常欣快、烦乱不宁、失眠、运动和声带肌抽搐加重、图雷特氏综合征(习惯性痉挛或抽搐症)。服用过量容易导致好攻击、神经错乱、产生幻觉、陷入惊恐同时伴随疲劳和抑郁症状。

参见 注意力缺陷多动障碍;利他林

DIAGNOSIS IN SPECIAL EDUCATION

特殊教育诊断

从传统上来讲,运用在特殊教育中的特殊教育诊断程序是以医学模式为基础的(雷诺兹,1984),该模式借鉴于心理诊断系统。特殊教育诊断由两部分组成:一是准备各种具体治疗条件的目录,二是判断儿童的症状和已有的治疗条件在多大程度上相似。根据雷诺兹的观点(1984),诊断的重点在于探询引起心理功能紊乱的内部原因,排除外在影响因素;诊断的重点主要集中在个体的缺陷和不足上,而不是立足于他们的优势。

在特殊教育中,使用这种诊断模式还存在许多问题。问题的焦点主要围绕各种测量系统的大量涌现。这种情况势必造成使用不同的测量系统,所下的诊断结论也不一样。目前的倾向是在同一诊断系统下,对个体划分的诊断类别存在明显的不同(埃德加和海登,

1985;雷诺兹,1984)。这种不协调,使特殊教育诊断更加复杂化,更具有争议性。

特殊教育诊断是判断残疾儿童是否有资格接受特殊教育服务的依据,因此特殊教育诊断在实施过程中,必须坚持《残疾人教育法案》中的原则:①个别测试。对每个学生必须一个一个地测试,禁止使用团体测试。②使用母语测试。在测试过程中,必须使用母语或者儿童最擅长的交流方式(比如聋人用手语测试)。③无歧视性评估。禁止在测量工具中出现民族歧视和种族歧视的内容。④测试的有效性。选定的标准化测验要能测出期望测到的东西,即测验要有很高的效度。⑤测试的恰当性。诊断的实施必须由经过训练的专业人员担任,同时严格遵循测验的指导语。

诊断强调文化能力并不是第一次,但是更看重科学性和合法性。文化能力也是对施测者和评估者的要求。评估者必须接受多种文化的专业训练,同时评估者需要在不同社会经济地位、不同性别、不同种族、不同残疾情况和文化适应的青少年中展示评估能力。

学校心理学家传统上是特殊教育诊断过程的“守门人”。学校心理学强调对特殊儿童进行分类。罗森菲尔德和纳尔逊(1995)阐述道,随着当前民族、政治、法律、教育整个大背景的发展,应该对诊断的目的和诊断中收集的资料进行重审(泰勒等,1993)。在一篇关于学校心理学家在评估中的作用的文章中(1994),全国学校心理学家协会支持:评估必须和预防、干预联系起来,以此来对学生产生积极影响。因此在诊断的全过程中,有用的信息(包括设计量表、操作、监控和评估干预策略的信息)越来越受到重视(麦基,1988)。

因此特殊教育诊断界定比以前更宽泛,更多与干预联系在一起。罗森菲尔德和纳尔逊提出学校心理评估有三个目的:划分类别、制定干预计划、评估结果。诊断和结果是有机整体而不是彼此分离的,这种范例的变化改变了测量工具的使用,是直接影响教学实现和行为管理的更合乎人性的、动态的评估形式(罗森菲尔德和纳尔逊,1995)。

参见 精神障碍诊断与统计手册(DSM-IV);智力状态;严重差异分析

DIAGNOSTIC ACHIEVEMENT BATTERY - SECOND EDITION

诊断成就组合—第二版

诊断成就组合—第二版(DAB-2;纽科默,1990)包括5个领域的12个分测验:听(故事理解、人物特征)、说(同义词辨析、完成语法)、读(字母或单词知识、阅读理解)、写(大写、标点符号、拼写、写作文)、算(数学计算、数学推理)。被试者的年龄在6~14岁之间。测验分数(以100为平均分,15为标准差)能综合反映被试者的优势和缺点。总分是各个分测验相加之和:听、说、读、写、算、口语、书面语言以及综合成就得分。

该测验以居住在美国40个州的2623名学生为对象建立常模。该常模综合考虑了性别、民族、种族、地理位置、城乡差异等因素,具有很好的代表性。该测验信度系数很高,也提供了内容效度、一致性系数和结构效度。

康普顿(1996)报告说,DAB-2能测验直接与学业成绩相关的多种技能。伯尼和赫伯特(1995)发现,DAB-2是设计得很好的个人诊断测验。布朗(1995)报告说,分测验似乎能测出一般结构。

DIAGNOSTIC AND STATISTICAL MANTUAL OF MENAL DISORDERS(DSM-IV)

《精神障碍诊断与统计手册》(DSM-IV)

在美国使用最广泛的精神病诊断和分类工具是《精神障碍诊断与统计手册》第四版(DSM-IV,美国精神病学会,1994)。DSM第一版于1952年出版,1968年第一次修订。各种修订版本都适合儿童、青少年和成人等不同年龄阶段的人群。修订程序包括文献回顾、数据再分析、现场测试。美国精神病学会(APA)也出版了DSM-IV参考资料读物。该资料收集了临床和理论研究记录,为下各种诊断结论提供了综合的、方便的参考。

《精神障碍诊断与统计手册》编制的目的就是要清晰明确地划分诊断类别,以便于临床教师和调查者交流、研究和治疗各种精神障碍者,同时便于同他们一起进行诊断(APA,1994)。该书使用多轴分类系统。每个轴代表了一个不同信息领域,从而有助于提供有针对性的专业治疗方案和相关建议,同时预测学生或病人的病情发展。

轴1:临床障碍、其他临床应引起注意的状况;

轴2:人格障碍智力落后;

轴3:身体状况(除精神障碍以外的疾病);

轴4:社会心理和环境问题;

轴5:综合功能性评估。

多轴系统有助于临床教师或医生从本质上在生理、心理和社会三方面进行诊断。换句话说,多轴系统提供了综合全面的信息,有助于从个体的心理、生理和社会三方面来考虑问题,该系统特别适合于20世纪90

年代,这个时代,心理诊断承认文化能力的必要性。

《精神障碍诊断与统计手册》包括:"通常在婴儿、儿童或少年期首次诊断的障碍。"这部分诊断包括:智力落后、学习障碍、运动技能障碍、交流障碍、广泛性发展障碍、注意力缺陷多动障碍、婴儿或儿童早期进食障碍、抽动障碍、排泄障碍以及婴儿、儿童或少年期其他障碍类型。另一部分诊断包括离别焦虑障碍、选择性缄默症、婴儿或儿童早期反应依恋障碍、刻板动作障碍以及非其他详细说明的婴儿、儿童、青少年障碍。

有人对这种界定提出了质疑,认为涵盖的内容并不是儿童一般的精神障碍,比如还包括了发展性障碍和学业不良。人们担心有发展性障碍或者学业不良的学生在诊断过程中可能被贴上精神障碍的标签。这类为儿童贴上标签以便于特殊教育安置的问题已经争论了好多年,目前仍旧是学生、专业人员、家长最感头疼的问题。因此,《精神障碍诊断与统计手册》第四版最好在临床使用,因为它是按照专业精神病诊断来制定有针对性的专业精神病治疗方案的。

参见 临床心理学;精神疾病;智力状态测验

DIAGNOSTIC PRESCRIPTIVE TEACHING
诊断处方教学

诊断处方教学指根据不同的诊断结果开处方或者制定教育计划(阿特和詹金斯,1979)。虽然个别化教育计划应是来自于教育评估,但是诊断处方教学有更多特定的含义。诊断处方教学的核心思想是:不同的诊断模式是和特定的指导策略联系在一起的(教学方法、教学材料、教学技术等)。做出了一系列诊断结论就意味着会出现一系列相应的教学策略。

自20世纪70年代早期以来,诊断处方教学不再只是两个理论模式,而具有了更广泛的意义。斯米德和施瓦茨(1982)提出了综合模式,该模式克服了能力训练模式几乎完全集中在知觉或者心理语言加工过程的局限。他们根据诊断信息,已经确定了三个以学生为中心的训练领域进行补救教学:动机——情感,认知——知觉,神经——生理。同样,在任务因素中,相对于以前只有任务分析的运用,他们也着眼于更加宽泛的领域。除此以外,他们提出第三类因素不容忽视:学习场所的环境特征,包括社会的、情感的、教育的、意外情况、行为的固有模式以及身体因素。最后,他们还提出对这三类因素之间(以学生为中心,以任务为中心,以环境为中心)的相互作用也要进行诊断,并与教学计划(开教学处方)联系起来。

因此,诊断处方教学变得很好理解:考虑学生、任务和环境的复杂性与多样性以及它们之间相互作用的复杂性和多样性,以相关的处方教学来实现一系列诊断要简单得多。与处方教学活动相关的一系列的诊断模式变得简单化了。开处方教学的目标必须来自于评估,因此必须调查学生自身的情况和他的学习方式、学习能力以及在什么情境下学习效率是最高的。近来的研究(科维,1991;福克斯汤普森,1994)提出,像多感官并用、映射策略、同伴学习和过程写作等诊断处方教学技术在学习障碍儿童身上已经收到良好的效果。

参见 诊断教学;直接教学

DIAGNOSTIC TEACHING
诊断教学

诊断教学是通过诊断找到对学生最有效的教学方法和教学环境的过程。诊断教学也指临床教学和以数据资料为基础的教学决策。

诊断教学是一个贯穿教学始终的循环过程,包括制订教学计划、实施教学、评估教学计划(威尔森,1991)。诊断教学是为了找到学生特性和相关教学变量之间的最佳匹配。在诊断教学中有一个共识:由于教学材料难度和教学要求随时间变化,教学变量的最佳组合也随时间而变化。

由于诊断教学是一个动态过程,诊断者最好是经验丰富的教师而不是诊断专家。因为诊断专家不能长时间和学生接触,而教师处于最佳位置,能判断具体的指导策略对学生成绩提高有什么影响。教师要具备记录学生的学习习惯、学习策略、学生的好恶、对分组教学的反应等能力。教师的这些能力能为修正教学计划提供依据。

诊断教学要求诊断者熟悉各种类型的课程方法。针对任何给定的方法,诊断者必须能够判断出学生在哪个地方可能遇到困难。然后,教师要根据学生的行为、能力和经验在恰当的难度水平进行个别指导。豪厄尔斯和卡普兰(1980)提出了在诊断教学中如何对基本技能进行分析。

诊断教学也要求诊断者有文化能力(巴卡和巴伦苏埃拉,1994)并且熟悉教学变量,这些教学变量和各种课程方法联系起来使用。教学变量具体包括:预定时间、成绩反馈的直接性和反馈的特征、分组练习、演示以及提问技巧。举例来说,在诊断教学过程中,试探性教学变量组合可能是:教师花费在直接教(教学变量)看字读音教学法(课程法)上的时间增加。如果学生达不到预期的学习效果,教师就需要系统地改变一个或多个关键变量。

学生行为表现资料的收集是整个诊断教学模式必不可少的环节。资料包括:专门记录纸、复杂的行为分析技术(怀特和哈林,1980)、检核表以及行为记录表(瓦莱科尔萨和西尔弗曼,1983)。诊断决定通常在具体的教学环境里呈现,但是只是在系统修正计划之前,对学生表现不佳该怎么办,指导多长时间,需作一个大概说明。

参见 诊断处方教学;直接教学;教师效能

DIALYSIS AND SPECIAL EDUCAION
透析和特殊教育

透析是在急性或慢性肾衰竭的情况下,通过人工的方法冲洗肾脏废物的过程。在过去25年里,儿童采用透析治疗的已日渐增多。透析方法对儿童来说是一种高强度的治疗模式,但又是儿童患肾病后,未做移植肾脏手术之前的必要方法,也是移植肾脏手术失败以后的必要结果。

惠特(1984)指出,尽管个人情况不同结果也不同,但是由于透析繁复而又花费大量时间,扰乱了儿童正常的生活节奏和学习进程,这一现象却是相似的。由此导致的结果是大多数儿童的学业荒废了,情感上也受到很大伤害。霍布斯和佩兰(1985)的研究发现,接受透析治疗的儿童学习时间少,学习机会少,致使他们的学习成绩不良,基本技能缺乏。此外,正常学习进程和学习成绩的破坏还引发学生情绪的不稳定,情感的控制力差(斯特普尔顿,1983)。

接受透析的儿童在校期间,特殊学校首要的任务就是保持儿童的独立性。主要通过以下手段来得以实现:学校提供一些资源协助,确保接受透析治疗的儿童任何时候在教室里都能获得教学补救(克莱因伯格,1982)。对透析儿童来说,在校学习是极其宝贵的机会。因为学校为儿童在正常化的情境中自主控制环境、获取技能、为未来正常生活做准备提供了难得的机会,因此,特殊教育必须调整教育计划,改进教学,完善教育环境,以确保透析儿童获得最理想的教育效果。

参见 适应性体育;身体残疾

DIAZEPAM
地西泮(安定)

地西泮(安定)是一种次要的镇静剂,与其他精神药物比较,副作用较小。该药最初用于成年人抗焦虑症。尽管地西泮使用范围很广,但是小儿科文献少见研究。在临床上,地西泮很少用于儿童精神病,特别是很少用于儿童抗焦虑。

地西泮很少用于儿童精神病,而常作为癫痫症治疗的联合用药。正常范围多次使用,对首发、不可控制的癫痫持续状态治疗有效(贝尔曼、沃恩、维克托和纳尔逊,1983)。通常地西泮不作为治疗癫痫的长期用药,因为长期使用可能产生药物耐受性。耐受性产生很快,有时候初期治疗3~14天就出现(贝尔曼等,1983)。耐受性出现后,增加药物剂量可能有助于控制癫痫,但是可能导致嗜睡、共济失调、口齿不清。地西泮偶尔也用于治疗癫痫小发作、乙琥胺和其他抗癫痫药物难以控制的疾病,地西泮还结合苯巴比妥、苯妥英治疗与中枢神经系统相关的疾病(贝尔曼等,1983)。

地西泮的副作用常常是因希望达到理想的治疗效果而长期服用所导致的。初期的不良反应有:失去控制、协调失常、嗜睡、抑郁(贾弗和马格努森,1985;拉波波特、米克尔森和韦里,1978)。长期使用,该药也会出现心理依赖和成瘾(拉波波特等,1978)。如长期使用应逐渐减量,不宜骤停,否则容易诱发癫痫。

参见 抗惊厥药;苯巴比妥;安定药;乙琥胺

DICHOTIC LISTENING
双耳分听

双耳分听技术指向两耳同时呈现相似的刺激,如果一只耳朵反应比另一只耳朵更快、准确率更高,就认为前者比后者听力好。该技术主要适用于双耳听觉不对称诊断或者对某一给定刺激有偏侧的诊断。该技术由布罗德本特(1954)发明,最初是用来检测听觉注意和记忆缺失,后来基穆拉(1961)采用该技术来检测大脑的语言优势半球。

双耳分听技术研究主要集中于优势耳,或者每个耳朵正确反应的次数。大多数正常人(非脑损伤者)都能表现出右耳对口头材料的优势(REA)(大脑左半球),左耳对非口头材料的优势(LEA)(基穆拉,1961)。这一结论反映了大脑半球具有专门的对侧耳优势区。从神经学角度讲,优势半球的产生是由于对侧耳大脑半球神经连接的增多,而同侧耳连接信号受到阻塞。

双耳分听模式既可用于临床也可用于理论研究。临床使用双耳分听技术主要是区分听力损失是中枢神经系统的问题还是外周听觉器官的问题。研究认为,对侧大脑损伤的听力成绩比同侧大脑损伤的听力成绩要低。听力成绩可作为判断耳朵损伤部位的标准(斯皮克斯等,1985)。

参见 大脑功能的偏侧优势;发展性失读症

DIFFERENTIAL ABILITIES SCALES(DAS)
能力差异量表(DAS)

能力差异量表是针对2岁零6个月到17岁零11个月之间的儿童和青少年认知和成就测试的特殊的系统化测验。在英国发行的不列颠能力量表(BAS;艾略特,1979)是能力差异量表的先驱。

能力差异量表认知系统化测验包含3个等级17个分项:学前阶段(年龄为2岁零6个月到3岁零5个月)、大龄学前阶段(3岁零6个月到5岁零11个月)、学龄阶段(6岁整到17岁零11个月)。根据儿童的年龄,系统化测验包括4到6个分测验。认知测验,除了一个称为群分数的低水平合成分数以外,形成了一个合成分数或全面概念性的能力分数(GCA)。对于学龄前儿童来说,两个群分数由文字能力和非文字能力的4~6个分测验产生。对于学龄儿童来说,3个群分数由文字能力、非文字推理能力和空间能力6个分测验产生。合成分数由核心分测验构成,仅包括了与g高相关的保证测验的分数,每一个等级有2到5个测验和与g相关不大的特殊测验,比如信息处理速度和短时记忆的诊断性测验。然而,诊断性分测验对合成分数并没有影响。对被试者来说,完成认知系统化测验大约需花费25~65分钟,主要的学业成就测验包括对拼写、算术、词汇阅读基本能力测验的3个分测验,它只是针对学龄儿童的,大约花费15~25分钟。

DAS和其他运用广泛的认知测验相比,比如韦氏、考夫曼测验和斯坦福—比奈量表,有一些主要的区别:第一,在DAS中,对儿童能力的评估以一系列目标项目的完成为基础。DAS并没有考虑儿童是否将通过项目设置以下的项目或者通不过项目设置以上的项目。因此,针对儿童的能力要进行不同的项目排列较为困难。第二,处理方式不同,并不是用传统的标准和规则(五次连续的失败等),更恰当地说,如果儿童通过两道以上题目和未通过两道以上题目,对儿童来说,题目的设置将被认为是准确的设置,测验将终止。第三个区别是关于计分。原始分数转化成能力分数,要考虑题目的难度和正确回答的题目数量。然而,能力分数不是参照常模。因此,为了和其他儿童或者其他测验分数进行比较,认知分测验的能力分数必须转化成T分数(M=50,SD=10),在团体分数和概念性能力分数中,T分数被计算机转换成标准分(M=100,SD=15)。

能力差异量表以3475名儿童和青少年为样本进行标准化测试,量表说明与技术手册(艾略特,1990b)包含了样本的特性。

信度和效度资料是必要的,DAS手册用了两个完整的章节对此进行详细描写,其他没有包含在手册中的研究已经表明,能力差异量表和韦氏成人量表、能力差异量表语言要素和韦氏成人量表空间部分有很高的相关(相关系数为0.82到0.92;韦氏,1991)。

能力差异量表被设计为一种分类和诊断工具。若以分类为目的,试图对概念性和推理能力提供独特全面的分数,与其他资料相结合来决定儿童属于哪一类型。比如学习困难、智力落后或者资赋优异。以诊断为目的,儿童认知的优势和劣势都应该被测验。能力差异量表有几个显著的优势:它将流体智力分为两个因素:非文字推理和空间能力,对非文字推理能力的测试没有时间限制,也不要求视动协调。能力差异量表最大的局限就是记分和转换系统的困难,五个分测验要求被试者给以判断性的回应。另外,对测验者来说,认知分测验分数从原始分数到能力分数到T分数再到标准分的转换很复杂。能力分数的实用性,作为一个任意计算系统,不能作为可比较的参照常模,不能保证从原始分数转化到最后参照分数所涉及的"额外"步骤。

DIPLOPIA
复视

复视即双重视觉,可能是一种生理或病理现象(冯·诺登,1985)。生理性复视是一种正常现象,它是由于同一物体对大脑皮层带来不同区域的刺激和感知引起的。物体投影在受到相同刺激的视网膜上,将会形成一个视觉空间,也就是双眼视界。在此平面的前面和后面是帕努姆聚变空间,即不会产生双重影像的空间范围。生理性复视发生在此空间以外,当注视远处的物体并在近处放一支铅笔时可能产生生理性复视。当注意较远的物体,铅笔将呈现双重影像。大多数时候,生理性复视由表皮层抑制产生,无法评估。它具有双重的临床意义。有时候,学龄儿童意识到并担心生理性复视,此种担心是有理由的。另外,复视对诊断和治疗斜视有积极作用。

病理性复视分为单眼复视和双眼复视。单眼复视由屈光不正或视网膜病变造成。比如高度散光、白内障、水晶体移位以及眼球污浊浮肿。如果是双眼复视,影像位置被水平、垂直或倾斜分离,影像将随着不同的注视方向和头部位置改变,还可能是固定的或者变化的。

成人眼肌麻痹常常会导致复视。然而，早期患有斜视的病人很少感觉到复视。幼年和童年一系列的身体机能可避免此症状：头部位置异常、双眼对抗、抑制和视网膜成像异常。视网膜外的肌肉病变，移动头部的位置来控制麻痹肌肉的作用范围常常会避免复视。因此，头部位置异常常预示视网膜以外肌肉的局部麻痹。双眼对抗可能导致正常或失常。当用单眼通过望远镜或显微镜观察，通常没有必要闭上另一只眼睛，来避免图像混乱。这种视网膜对抗是为了避免复视的正常应激现象。当斜视出现，特别是在一只眼睛和另一只眼睛交替使用的情况下，视网膜的对抗是一种有用的机能。在一定的斜视情境下，一只眼睛排斥另一只眼睛，从另一只眼睛来的图像是被抑制的。抑制是一种机能，大部分限于幼年和青年。它将导致的后果之一是弱视。因此，在婴儿期和童年早期发现弱视是可治疗的，然而，一旦系统发育成熟（大约 9 岁），弱视就无法治疗或有效治疗。

斜视在早年发病并长时间持续，异常的视网膜调整的皮层适应可能随之而起。在这一例子中，不适的视网膜成像是由皮层整合而来的，也许能够避免复视。因此，复视可能是单眼或双眼的、生理性的或病理性的。复视可能影响学业成绩。一般来说，通过闭一只眼睛可以避免复视，这一行为是可观察的。然而，一般来说，儿童的顺应更容易控制复视的产生，这种症状并不表示会给学习带来明显的障碍。

DIRECT INSTRUCTION

直接教学

直接教学这一术语起因于两个互补的系列研究和开发。罗森（1976）把这一术语引进教育研究的主流，他综合很多课堂观察研究指出，当教师实施以下措施时学生总是表现出更高的阅读测验分数：①更多的活动教学时间。②把复杂的技能和概念分成小的、易于理解的步骤，用一步一步系统的方法进行教学。③保证所有学生有较高的成功率。④对学生精确的活动提供及时的反馈。⑤分组教学，鼓励师生互动。

直接教学的其他来源是课程开发者而不是研究者。在20世纪60年代早期的以色列，抱斯米拉里针对来自阿拉伯民族周围的平民家庭的学前学生，用直接方法教学，被称为直接促进教学法。20世纪60年代中期，恩格尔曼（1966）在直接教学的基础上建立了理论上的幼稚园。20世纪60年代后期，恩格尔曼以明确的课程材料（资源）和一个用于教授低成就生、容易理解的模式阐明了直接教学的概念。直接教学被纳入首字母缩拼词 DISTAR（学习和辅导的直接教学系统），并作为参加美国教育办公室伙伴计划的直接教学模型标题的一部分而得到具体化。正像恩格尔曼和他的同事预想的，直接教学的关键是全面介入，满足教师对学生的学习、课程、教学技能、从事学术活动所花费的时间、管理者支持以及家长参与的期望。

直接教学的材料也教学生处理广泛范围任务的方法。在拼写过程中，学生学习一些规则和 655 个单词词根，那么他们就能拼写出超过一万的单词。教学设计原理表现在以下基本理论中：教学理论、直接阅读教学、直接数学教学和教师应用心理学及行为认知疗法。

设计直接教学方法是为了最大限度地提高学习时间的质量和数量。学习时间数量是通过展示教师如何更有效地安排教学时间，如何通过利用强化、挑战等得到增加的。学习质量主要是通过教师如何对学生的错误做出反应而受到影响。对于记忆性的错误，教师给出答案并定期地评论未理解的问题。对于反应不适当的策略选择或应用的错误，教师应根据先前的教学提出问题，以便引导学生使用能得出正确答案的策略。

尽管一些材料已证明直接教学是成功的，但其他人却认为，在直接教学和正常班级阅读成绩之间没有显著的区别。研究成果表明，学生必须接受 2 年的直接教学才能看出成效。

参见　阅读矫正

DISABILITY

残疾

残疾是从拉丁语中的前缀（dis －）变化而来，意指否定、分离、缺乏以及相反。拉丁语 habilitas 意指健康，habere 表示有或者容易掌握。残疾在今天的意思是指缺乏做某事的能力和力量，通常被认为具有否定的性质。

世界卫生组织（WHO）致力于明确术语和开创疾病治疗模式，探求疾病本质。1980 年，国际损伤、残疾和障碍分类形成（ICIDH）。ICIDH 整合了原来的医学模式和社会模式，促进了医疗服务、康复机构、社会财富以日常干预的方式对人们的照顾，特别是有慢性、进行性和不可治愈疾病的人。疾病的医学模式可以被描述为：病原学→病理学→临床表现（世界卫生组织，1980）。

扩展后的模式，即生物心理社会模式，可以被描述为：疾病→损伤→残疾→障碍（世界卫生组织，1980）。

WHO 分类体系中的残疾意味着“个体生理行为和运动损害的结果”。损伤则被定义为任何心理的、生理组织结构和功能的损伤或变态。障碍被定义为损伤和残疾对某一个个体导致的不便、限制或阻碍对个体正常工作的进行(根据年龄、性别、社会和文化因素)。因此,损伤被表述为“病理学状态的外在因素”且发生在组织层面。残疾指超过或达不到建立在个体水平上所期望的活动、行动和行为。障碍“反映出文化、社会、经济与受损伤和残疾阻止的环境对个体的影响结果”。

在修订的过程中,ICIDH 认为修订的内容应包括:

需要谨记使用者不是健康专家。障碍的表现是个体遭遇损伤和残疾与他们所处的物质和社会环境相互作用的系列情况。ICIDH 中精神健康部分如此修订对于立法和保护人权特别重要。对疾病机能的生物性更多的理解,可保证分类适合跨文化需要且没有不适当的性别影响(世界卫生组织,1998)。

文化力量的重要性有目共睹。修订草案被重新命名为损伤、活动力和参与性国际分类标准——衡量残疾和功能的手册(世界卫生组织,1998)。残疾被“活动受限制”代替,障碍被“参与受限制”代替(世界卫生组织,1998)。这次修订正经历广泛的专业测试,最后的定稿于 1999 年正式公布。

从目前的特殊教育和康复内容来看,术语残疾变成了用来描述个体的形容词。然而,这一改变的影响使人们不再考虑残疾和行动力的缺乏,而是直接注意到没有行动能力的人,这一点和行动受限制是无区别的。怀特(1960)在对身体残疾的讨论中指出了称某人为身体残疾者和敌视身体残疾者的区别:确切地说,把一个身体有残疾的人理解为残而废的人,就会使其一生都仅仅是被消减为身体残疾的那一面。

尝试着定义残疾并且使它和相关术语区分开来不只是语义学的范畴。需要明确的定义来决定谁是残疾人;发生率和流行率是多少;从地方、州、国家和世界来看需要什么样的健康服务、教育、康复和福利支持;什么样的方法可以促进住房和就业机会的发展。只要残疾这一术语遭受非难,就会限制它的主观意义并增加客观意义。

参见 障碍的定义;残疾人教育法案(IDEA);贴标签

DISADVANTAGED CHILD
处境不利儿童

20 世纪 40 年代到 50 年代,很多关于贫困儿童的文学作品开始受到人们的关注。下层阶级的青年和少数民族被认为是教育权利被剥夺的群体。从历史的角度来看,我们可以根据教育需求定义这一群人。到 20 世纪 60 年代中期的作家,比如里斯曼和哈维格斯特转向定义这一失去温暖的群体。里斯曼(1962)指出,文化剥夺、教育剥夺、享有较少权利、不利、下层阶级、下层社会经济团体均可以使用这一定义。

尽管里斯曼为定义潜在积极因素组成的品质付出了极大努力,但他也知道哈维格斯特和其他人的消极性质的标准。对文化剥夺儿童做的一项面向读者的调查结果显示,读者们意识到里斯曼理解本国被剥夺儿童所遭遇的严重问题。

为处于不利状况的群体下定义需要很多明确的标准。教育委员会根据国会的财政基础提出了特别计划。1965 年,国会通过了小学和中等教育法案(ESEA),并批准由联邦政府向公立和私立学校提供财政支持,这在美国历史上是首次。从此以后,第一部关于低收入家庭儿童教育问题的法案诞生。这部法案颁布的目的是,满足处于社会和教育剥夺状态的低收入家庭中的儿童的特殊需要,并向特别项目提供支持和基金。在此后的 30 多年中,国会对小学和中等教育法案进行了多次修订和补充。对这一法案的批评在于基金被细分为小部分,而不是集中用于最需要的领域。另外,城市的学校出现了危机。当大批白人中产阶级家庭的儿童从城市到私立的或者农村的学校时,将引起处于教育不利地位的少数民族学生的集中(奥斯坦,1989)。近年来,文化能力争论的焦点包括了对处境不利儿童提供服务的评估,并提出了区分“文化落后”与“文化差异”的要求。

被剥夺的或处于劣势状态的学生的特殊学习特点可能包括以下几方面:①以身体和视觉为导向而不是口头表达;②以内容为中心而不是以形式为中心;③外在表现的顺应而不是内心的顺应;④以问题为中心而不是理论为中心;⑤归纳而不是推理;⑥空间的而不是时间的;⑦缓慢、仔细、小心、固执(在重要领域)而不是快速、聪明、灵巧、适应;⑧倾向于用动作交流而不是语言;⑨有听力、注意和表达技能方面的缺陷;⑩重视对所学内容的具体应用;⑪注意时间短暂;⑫知识与学习间特有的差异;⑬缺乏因成功完成任务而获得赞扬的经验(康特等,1969)。

当关注美国教育史状况时,满足处境不利儿童的需要是一个相对新的教育问题。对这一群体的定义的冲突并没有消失,并且联邦政府大量的经费开支已经引起了争议。然而,研究表明,丰富学习项目、辅导适当的课程设计对处境不利儿童有非常积极的作用。

DISCIPLINE
训练

训练来自拉丁语 disciplina,意为教育、学习。然而,这个词不仅广泛用于描述训练正确行为,也用于改造或者惩罚违反社会或父母要求的行为。

训练和控制一样,有时被错误地用来描述班级管理的各个方面。好的训练能够维持正常的课堂秩序。教室或者学校环境能培养学生的良好行为,同时期待学生做出正确的选择。学生对外部的表现,比如对奖励和惩罚的学习有所回应,只是短期的进步(施沃特,1994),学生并不能从中学会自我约束。

在教育安置中,该术语更容易接受的一种用法是,把训练描述为为了促进有效的学习习惯的习得、适当的言行举止、体谅他人、积极的学习环境而具备的自我控制的责任。从教育者的观点来看,对不良行为的预防比当该行为发生后进行控制更为重要(巴润,1992),教师团队合作创造的积极的教室氛围比个人的影响更具有支持性或更容易成功。另外,近年来,民主型而不是权威型价值观在课堂训练模式中已经出现。然而,民主型价值观要求学生和教师具备灵活的解决问题的技能(刘易斯,1997)。

为了维持课堂训练,教师必须给学生更多双方都能接受的独立性。课堂管理者既不要制造高度结构化的教师支配一切的环境,也不要造成过于自由的环境。为了促进自我控制和训练的发展,教师的管理风格应该致力于促进活动参与和营造积极的学习氛围。

参见 课堂管理;自我控制课程;自我管理

DISCOURSE
谈话

谈话包括两种主要的交谈类型:一是基本的人与人之间的交流技能(BICS),即“日常语言”;二是认知学习语言(CALP),即“教学语言”。基本的人与人之间的交流技能和认知学习语言对教育的成功有积极的贡献。与 BICS 和 CALP 相关联的谈话的特征分成三类:对话、叙事和阐述。

对话用来索求或叙述具体的事件和行为(非正式的或者个体口头或书面的互动)。对话是人与人之间基本交流技能的一种,可以是口头的(比如社会群体、家庭会议、电话、法庭例会、闲聊),也可以是文字的(例如私人书信、日记、邮件)。这种谈话没有固定内容但拥有谈话的基本结构,开始、回答、思考、交换、话题的延续、潜在的时间反馈、分析、修正、指导和讨论结束。对话能力和非语言的交流一样由数量、质量、关系和方法来衡量。对话技能发展得不好的个体在交流的第二个环节即叙述时可能会觉得困难。

叙事是用说、写或者立即读出的方式报告发生了什么事情(列举、说明、杜撰的故事)。叙事的能力包含情节语法的理解和使用(人物、地点、时间、事情的开始、问题、主观想法、分析、结束)。故事情节通过对故事情节要素的集中和关联处理过程而发展(积累、承接最初的故事、不重要的关系、重要的关系,最后组成复杂的、多样的、情节错综交互的故事)。叙事是人与人之间基本的交流技能和认知学习语言的结合,是对话和说明之间的桥梁,因为叙述发展认知、语言和在对话中引入的背景结构,这是说明所需要的。对一些个体来说,阅读困难可能与叙事能力不佳有关。

阐述是一种口头和书面的认知学习语言的交流方式,是一种用来概括和推论下一步将发生什么的抽象的、简化语言背景的语言形式。阐述性的语言包括理解和产生语言、演讲、讨论、课堂谈话、课本、试卷、论文和技术(研究或学年论文)。阐述的形式通过诸如描写、收集、排序、对比、因果、问题解决、辩论说服之类的体裁构成。阐述能力要求理解和正确使用词汇(常常和大学学习内容或职业范围结合)、发音、语法、组织、排序、转换、连接、衔接、拼写、校正和编辑。没有发展出与叙事有关的口头和书面沟通技巧的个体可能在阐述方面有困难。

谈话问题可能是由发展或语言习得环境的影响引起的,口头和书面交流的方法使用因文化背景不同而改变。然而,相同的是要想获得成功,个体必须能够理解和使用谈话、叙事、阐述的沟通技巧。

DISCREPANCY FROM GRADE
等级差异

等级差异是用于确定学习障碍中的成绩水平与能力之间是否存在差异的评估。成绩水平和智力常用标准化测验进行测量。然而,由于测量中的误差,测量结果不一定准确(康内尔,1991)。试图从年龄和年级测量出差异可能很复杂。对处于三年级的 9 岁儿童的一年的差异比 16 岁儿童一年的差异更大。另外,认知和语言的关系是变化的,用这些模式可能不适合进行科学的诊断(科勒,1992)。

一些利用期望分析的技术被用于学习障碍的量化中,如智力等级方法、学习商数方法和哈利斯方法。哈利斯(1961)提出了一个测定个体阅读差异等级(RE)的方法。测验者从个体的心理年龄中减去5岁。

$$RE = MA - 5$$

为了确定差异是否存在,应在个体的阅读期待和目前的阅读水平之间进行比较。商数分析方法是米贝布斯特(1968)发现的。它包括心理年龄、实足年龄、等级年龄。学习商数是目前的成绩年龄和期望年龄之间的比率,等于或低于89分,即被确认为学习障碍。

曾经非常广泛使用的第三种确定学习障碍差异的技术是哈里斯(1970)提出的。这种方法包括心理年龄和实足年龄,而实足年龄比心理年龄更重要:

$$EA = \frac{2MA + CA}{3}$$

这些确定差异等级的方法已经受到批判。两种测验中不同的分数的信度低于每一个独立的分数(萨尔维亚,1973)。很多儿童可能纯偶然地表现出差异,这些技术由于对无法阅读的人无效而受到质疑。

参见 分类系统;年级当量;学习障碍;学习障碍定义中的问题;学习障碍诊断中的严重差异分析

DISCRIMINANT ANALYSIS
判别分析

判别分析是一种用来从两个或多个区间独立变量预测团体会员资格的统计技术。从概念上说,它和多重回归是相似的。例如,研究者可能对使用韦氏量表子测验确定诵读困难学生是否有别于其他学习障碍学生有兴趣。判别分析可以用来从韦氏分量表中最大程度地依照新的变量标准组成最佳的分量表组合。

判别分析也被看做一种数据精简技术。不需要大量变量对主题进行分类,研究者根据原始变量的信息,应用辨别分析就可以创造出一个或一组新的变量。新的变量是原始变量的线性的结合或数量的总和。可以预见新变量的要求比原始变量少,因此数据观念减少了。从数学上看,可能有不止一种解决问题的答案。答案的数量与两个数字中更小的那一个是相同的,即预测者数或者各组的自由度(各组的数量减一)。每种答案和其他变量中的一个新的独立的统计变量类似。对于两个组来说,只有一种答案,因为两组数字中更小的那一个和它是相等的。这个答案和组变量(从数学上定义,比如,一个或两个变量预测)相似。这种回归加权和例子中的判别分析加权是相似的。

对于三个或更多的分组,将有两个或更多最大程度区别各组的答案。每一种答案和构成各组区别于同组平均数的同等距离的直线相似。在欧几里德几何原理中每一个分解直线和其他直线是垂直的。电脑程序可用来解决这些问题。最初,程序设计用来寻找最好的答案。对所有可能的直线最好的答案使组间差异相对于组间平均差异更大。一旦找到这种答案,下一次分解也能从第一次分解中找到。威尔克斯·兰布达的一个统计测试,是组间平方总和比率的多元类比,一个F测验可以用来检测重要性。对于每一种新的答案,检验新的误差和用于多元回归中检验新的预期附加作用类似。并且,分段式程序可用于辨别分析中挑选预测的分量表,预测对指定的答案没有作用。

判别分析广泛用于社会和心理科学中。它的数学解答可以直接由电脑进行,判别分析程序也被微机广泛使用(胡贝蒂和罗曼,1997)。

参见 因素分析;多元回归

DIVISION OF INTERNATIONAL SPECIAL EDUCATION AND SERVICES(DISES)
国际特殊教育与服务部门

1978年6月特殊儿童理事会在苏格兰斯特林召开了第一次未来特殊教育世界大会(芬克,1978)。为了保持此次会议所创造的动力,一些大学教师在特殊儿童理事会的教师培训部门中组织了一个特殊兴趣小组。这个小组主要从国际角度关注对残疾儿童的特殊教育服务的派出问题。因为关注的范围超出了教师培训,一个称为国际特殊教育与服务(DISES)的部门于1990年成立。该部门的任务是在世界范围内提高特殊教育与服务的质量。

国际特殊教育与服务部门已经开始了通过时事通讯和特殊出版物广泛地传播关于特殊教育计划信息的行动,四种专题和文章已经出版,专业期刊《国际特殊需要教育》(JISNE)于1998年开始发行。《国际特殊教育与服务时事通讯》的编辑是伊利诺斯州立大学的鲍勃·亨德森等(bob - h@ uiuc. edu),《国际特殊需要教育》的编辑是米切尔(michaelr@ npvm. newpaltz. edu)。

DIVORCE AND SPECIAL EDUCATION
离婚与特殊教育

从20世纪70年代中期始,父母离婚给儿童带来的影响成为心理学家和教育学家关注的领域。令人忧虑的数字显示成人生活方式的快速改变,这在某种程度上促成了跨学科的一致。比如,户籍调查指出,从1970年到1994年,离婚率增加了4倍。这个数据并不包括那些在调查时已经离婚又结婚的人。实际上他们低估了我们社会中的总的离婚率。同样,单亲家庭的儿童也在明显增多,从1970年的11.9%到1994年的29%。这一数据不包括那些以前经历过单亲家庭,但是现在生活在重新组建的双亲家庭中的儿童。

一个核心问题是,离婚的调整代表了暂时性的应激,还是与长期的混乱有关。纵向的研究提供一个共识,即离婚应该被作为一个多阶段的过程概念化。这些长达6~10年的研究,分别都提示了儿童长期适应不良是由复杂的相互作用和家庭关系的改变而导致的。研究也表明了在适应中年龄和性别上存在的大量差异。

凯利等人对131名居住在加利福尼亚州马林县的父母离婚的儿童进行了长达10年的纵向研究。这是一个年龄在18岁到二十一二岁来自白人中产阶级家庭的非临床儿童样本。对因离婚分开后的儿童每间隔1年、5年、10年都进行临床访问。初期结果显示,儿童的反应随年龄的不同而不同。在离婚后的1年中,尽管大部分青少年比较适应,但适应性问题仍然存在(因为远离父母并且在过去一年中成功掌握了一些经验)。在接下来的5年中,涉及儿童对父母离婚的调节因素有:父母冲突的和解、儿童与非监护父母的关系、监护人的性格、儿童的个性和竞争能力、儿童的支持系统、儿童生气和悲哀的减少、儿童的年龄和性别。对男孩来说,与父亲保持积极的关系比女孩更重要。10年跟踪研究的结果证明了离婚的长期影响,10年中的主要困难是父母包容的减少和儿童负担过重。

对以前的研究持批评观点者一致认为,这一研究存在严重的方法论上的局限(理查德,1982)。主要的局限性包括:①小而有偏差的样本限制了调查结果的可推广应用性;②不适当或者不充分的分类控制;③对离婚和完整家庭社会与经济地位比较的控制失败;④用多种方法、多种因素标准控制测量误差的失败。

美国全国学校心理学家协会(位于肯特州立大学)"离婚计划的影响"的目标是把得到引用的研究的限制减至最低限度,以便就离婚对儿童的长期影响提供更准确的结论。对699名来自38个州的儿童在最初(第一时期)收集资料阶段的结果研究比之前的研究更能表明儿童在中期(6~11岁)更容易受到离婚的影响。因为在第一时期在一个单亲家庭的平均时间是3.98年(标准差2.54),这些影响可被解释为很长时期。有关来自离婚家庭的儿童比来自完整家庭的儿童表现得较差的特殊标准有如下几条:①来自家长的社交行为测量和教师有关同伴受欢迎状况,焦虑、依赖、敌对行为、退缩、疏忽、控制重点的评分;②韦克斯勒智商分数;③阅读、拼写和数学中的多方面成绩测验;④学校表现指标,包括阅读和数学的等级以及留级;⑤日常生活、社交技能和交际领域中的适应性行为;⑥儿童在学习中以及家长和兄弟姐妹的身体健康评分。在21/27的社交能力标准以及8/9的学业能力标准方面,完整家庭的儿童显示了优秀的表现。另外,分析还显示出,离婚家庭的儿童以前更有可能就送交给了学校心理学家,更有可能留级、被安置在特殊班级,包括被安置在阅读困难项目中。

对离婚后遗症的确定是一个复杂的过程。因此,评估所包含的不仅是儿童和父母适应性的多个方面,而且也是一个纵向的生态的方法。肯特大学离婚影响的研究包括以2~3年的间隔持续跟踪研究229名孩子,以及将环境的评估作为儿童对离婚和适应力的调节。这一国际范围的研究成果如下:

(1)在二期研究中发现,离婚对儿童和青少年带来的不同的影响将在离婚后很长的时间内持续,约6.41年(方差为2.35)。

(2)儿童对离婚的反应特别容易受性别和年龄的影响。儿童晚期和青春期早期的男孩比六七岁的男孩更容易受影响。儿童晚期和青春期初期的女孩比六七岁的女孩更容易适应。

(3)单亲家庭、离婚家庭的经济收入必然低于完整的家庭。这一点肯定会影响离婚家庭和单亲家庭孩子的学业成绩。

(4)父母的教育和职业水平的社会经济测量缓解了一些儿童对离婚的不适应。提及同一性别的家长的教育水平,这是十分明显的。

(5)对女孩和男孩来说,在离婚当时或者以后,与监护和非监护的父母保持良好的关系,预计能够积极适应。非监护的家长—子女关系对男孩特别重要。

(6)对女孩和男孩来说,与非监护方的家长(尤其是父亲)更频繁地交往,能够更好地适应。

(7)减少父母之间冲突的程度能提高儿童的适应性,特别是当男孩进入青春期的时候。

(8)与权威宽容型的子女教养方式相比,权威型的教养方式预计对儿童,特别是男孩的适应性更不利。

(9)少看电视节目、准时睡觉、母亲就业、外祖父的帮助预计对男孩和女孩的积极适应更有利。

(10)家庭支持因素包括亲戚、朋友、付费育儿机构,比如幼儿园和保姆以及监护者对职业和教育的参与,能有效促进对离婚后的积极适应。

(11)当考虑到离婚家庭儿童总样本的时候,人数较少的学校环境变化、安全有序的氛围、离家较近、传统的而不是开放式的班级结构更能促进适应。然而,一些学校和家庭因素只是让女孩更容易适应。这些包括安全有序的环境、对学生进步的频繁监测、对学业成绩的较高期待和计时学习。

离婚对儿童的影响已经成为主流教育关注的焦点。特殊教育也许需要对正在迅速增长的儿童生活的中断给予更多关注。美国全国学校心理学家协会的研究和贝蒂及马尼斯卡罗(1985)的研究表明,特殊教育项目中的儿童来自离婚家庭、单身家庭,这是不均衡的。收入水平、家庭日常生活和父母的支持均受到这种状况和来自这些家庭的儿童的消极影响。特别是对于男孩来说,在表现的学业和社会情绪方面显示出对离婚的完全不适应。理解这些状况可以改善离婚对儿童的消极影响,对精神健康干预以及针对已经接受特殊教育的儿童采取补救措施可能是最重要的基础。

DOCTORAL TRAINING IN SPECIAL EDUCATION

特殊教育博士培训

美国的学院和大学里有 80 多个特殊教育项目能授予博士学位(辛德拉,1986)。这些项目的共同目标是培养这一领域的领导人,但这些项目本身就和学习它的学生一样具有差异性。许多地方性的、各州的、联邦政府的行政官员,学院和大学的教师培训者,学者和研究者都拥有特殊教育博士学位。也可以授予哲学博士和教育学博士学位。尽管哲学博士被认为是学术学位,教育学博士是专业学位,但实际上两者在实践中并没有阻隔。因为许多杰出的学者拥有教育学博士学位,许多实际工作者拥有哲学博士学位。

在导师和管理委员会的指导下,形成了一个研究计划。这一计划来自学生的愿望和项目提供者的支持。除了特殊教育课程以外,博士课程可能包括相关和相近的领域及研究方法与统计学。然而,课程顺利完成以后,仅有一小部分博士学位申请者能拿到正式资格。在课程计划开始以前,很多课程都有一个资格考试;在课程结束以后,将由一个全面的考试来决定课程论文的优劣。博士课程以独立完成研究计划和学位论文的准备与答辩作为完结。管理委员会在每一次检查时对学生的表现进行评估。

这一正式资格的申请仅是学生在博士学习阶段中学习的一部分。很多学生有机会(通常是助教)来发展教学、督察、管理以及研究方面的技能。最初,他们对活动的参与是在导师的指导下进行的。有了经验以后,将更独立地承担更多的责任和任务。许多研究得到美国特殊教育办公室和康复办公室的支持,对研究助理提供现金形式的基金支持。

必须强调的是,领导培养项目在反映他们所面对的普通和重要问题中已经承担重要的自我评估:学生的数量和质量,提交论文或作业的重点不清、教师的不满、低下的教师创造性(普瑞姆,1984)。关于教师创造力低下这一点,研究已经表明,有创造性的研究人员只是例外情况,不是普遍规则,即使对接受博士项目培养的教师,也是一样。资助特殊教育的高等教育财团,这是一个代表拥有特殊教育全面计划的机构委员会,在发展领导培训质量的指标中做了努力,这表明在处理这些问题方面迈出了积极的第一步。现在正在呼吁创造一个全国性的数据搜集系统以便处理博士水平专家的严重短缺问题(史密斯,1990)。

参见 特殊网;特殊教育监督;教师中心

DOUBLE - BLIND DESIGN

双盲设计

在研究中伴随着药物的使用,特别是心理用药,经常会遇到一个问题,那就是一些儿童或成人仅仅提高了他们对使用药物的功能的认识。对这一影响的程度,常常因安慰剂效应才提及。在一些特殊的情况下,它是客观存在的,并且对研究成果的影响不可知也无法控制。药物配送时,试验可能也会受到影响,特别是如果研究者发现了制药的原因,或者有其他倾向特殊结果的主观原因。在这种情况下,研究者可能从那些给予药物的患者和没有接受药物治疗的个体中看到有差异的行为或心理变化(巴比,1979)。在这些案例中,患者和试验者对某一成果的期待会体现出对研究设计效果的征兆。如果是这样,当药物的作用被期望值破坏时,药效会降低。

要控制病人服药的效果,情况可能是:如果那些服用了药物的人与未服用药物的人相比较,没有接受积极药物治疗的患者被给予安慰剂,除了它的积极成分是无效的之外,在每一个方面显得和接受了积极药物治疗的人一样。因此,在研究状态下的药物是不会出现在安慰剂的配送中的。病人不知道自己所服用的是真药还是安慰剂。用科研术语来讲,即病人不了解自己的用药情况。为了控制试验者倾向效应,让配送药物的研究者和评估成效的人(出现或未出现在药效中)不清楚病人的用药情况也是必要的。当这些预防措施开始实施时,这个研究设计被称为使用了双盲程序,因为病人和研究者都不知道病人被分派到的药物情况(斯普兰格尔,1979)。

显然,为了解释研究结果,必须记录哪位病人服用真药,哪位病人服用安慰剂。然而,在研究完成以前,这个信息不能被与病人已经联系过的研究者和病人自己知道,这一点是非常重要的。因此,遵循严格的双盲研究设计,药物作用可能从病人和研究者的期待效应中区别开来。除非这两种类型的作用可以独立开,否则这种研究的效果可能受到严重削弱(斯普兰格尔,1979)。

参见 ABAB设计;霍桑效应;研究

DOWN'S SYNDROME
唐氏综合征

唐氏综合征是一种染色体异常,占所有遗传性起因的智力落后案例的三分之一。沃尔夫等(1979)报道说,它在新生婴儿中的发生率为2/1000。亚特兰大疾病控制中心目前的统计报告为1/1000。J. 朗顿·唐恩在1866年第一次描述了这种综合征的特点。唐氏对此类型病症特征的认识清楚地将这种状况描述为独立的和分离的实体。

这种综合征的50多种特征中,最常见的是小颅,后脑勺扁平;倾斜、猫眼;虹膜有白斑;马鞍鼻;小耳;嘴小且突出,裂唇;嘴角下垂;身材矮小;手指粗短;小指向内弯曲;手掌只有一条纹线,而不是像普通人有两条;指纹和脚印与一般人不同;压力过低(肌张力太小);步态不稳。并不是每一个唐氏综合征个体都表现出病症的所有特征,一些症状可能轻微地表现出来。虽然一定程度的智力落后是不可避免的,但是其程度变化非常大。研究表明,认知发展的进展在智力年龄为3岁半到5岁时趋于稳定。康内利(1978)认为,尽管一般来说,唐氏综合征儿童的智力有缺陷,但他们的能力并不像过去所想的那样是有限的。有些儿童的智商可能处于正常分数的边缘,技能的发展也可能持续三四十年,但是抽象思维能力仍然严重受限。

特平等人(1963)发现,患有唐氏综合征的个体每个细胞中有47条而不是46条染色体。所有导致唐氏综合征的染色体异常均有多余的一条21染色体,或21三体。遗传类型不足4%。这种情况下可进行遗传咨询。羊膜穿刺可能是有帮助的,因为唐氏综合征可在子宫内发现。

不分离是唐氏综合征的最常见形式,在95%的患者中都有发现,并不是由遗传因素造成的。21三体发现于第21对染色体上,有3条染色体(3个个体21染色体)。不分离可能发生在卵细胞和精子结合的时候或者怀孕后的第一次细胞分裂时。母体年龄越大,儿童患唐氏综合征的几率越高。高龄产妇卵细胞受到压力可能破坏染色体。近来对父母双方染色体检查的研究指出,男性年龄和唐氏综合征之间可能存在某种关系。

易位是唐氏综合征的一种遗传形式,发生在正常细胞复制时,此时两个染色体的交叉点遭到破坏。被破坏的结点与错误的染色体结合,无法正常复制。这种易位常发生在第14和第21对染色体上。第14对染色体可能被破坏,并和第21对染色体上的一个相连,或者没有被破坏而依附在第21对的一个染色体上,成为一个不正常的染色体。这个不正常的染色体会自行繁殖。因此,遗传了它的个体将会成为转移性唐氏综合征的携带者。无论是男性还是女性,都可能成为传播者,但是女性更普遍。

嵌合型是最不常见的唐氏综合征类型。嵌合型病患者拥有一些正常的46个染色体细胞和一些不正常的47个染色体细胞,这一点柯克(1974)做过详细的叙述。在胎儿期细胞分裂(有丝分裂)的一些阶段,一些正常细胞产生后,突变发生了。一般来说,这是一种轻微的唐氏综合征。在一些个案中,嵌合型病患者可能智力正常,很少显示出甚至不显示唐氏综合征的特征。这种类型的唐氏综合征不具有遗传性质。对同一对父母来说,第二个孩子患此病的可能性很小。然而,嵌合型病患者很有可能把唐氏综合征遗传给孩子。

尽管唐氏综合征的准确原因尚不可知,但可能的因素包括辐射、变异、病毒、药物和其他化学物质、免疫机能、暂时性精神异常、高龄产子及经济、高温和地理因素等(美国精神障碍协会,1983)。技术的进步使得用显微照片更准确地研究染色体成为可能。

父母的支持对于确保婴儿训练方案能提供自我帮助技能、运动训练、语言习得、喂食、如厕训练、积极社会化来说非常重要。唐氏综合征患者是可教育的,从小时候开始就应该生活在正常的同伴间。一般来说,大部分唐氏综合征儿童不能进入普通幼儿园和当地社区学校是不合理的。几乎无法保证监护,除非有严重的医学、心理和社会问题发生。认真地监管、综合性特殊教育以及中小学教育阶段都应该包括接纳、职前教育和职业技能发展。成人生活可以包括在福利性工厂或在工商企业中组织得好且提供个人工作场所的公司工作。在由家庭抚养并很好地受到激励的唐氏综合征个体中已发现最令人鼓舞的进步。若设施采用得当,就会有最好的进步,唐氏综合征被认为是高遗传病的一部分,且早期训练已经广泛开展。

参见 遗传咨询;智力落后

DRAW – A – PERSON TEST
绘人测验

绘人测验(DAPT)是一种为了各种目的用于儿童和成人的评估技术。哈里斯(1963)提供了一套操作指南、计分系统以及使用该种技术作为测量儿童智力的使用规则。在毛霍沃(1949)的建议下,这一测验还作为一种人格投射测验工具得到广泛运用。尽管具体的操作指南是变化的,但是受试者都被要求画一张人像。施测者尽可能少地给予提示。然而,如果有必要,受试者被要求画一个完整的人。但不使用条状画像。接着,受试者被要求画一个性别相反的人。这一基本的程序后往往还包括一幅自画像和被要求编一个有关图画中的人的小故事或者解释图片中所包含的各种细节的调查报告。几种计分系统都是可用的,它们拥有以综合定量评分为基础的由中到高的测试—再测试信度。

绘人测验的应用仍然很普遍,它可对大范围年龄段内的人的认知能力提供合理的评估。遗憾的是,即使最好的测量,对情绪障碍的诊断作用也是有限的。通常和标准化测验一起使用,比如明尼苏达多方面个性一览表,绘人测验可以单独作为一种工具在咨询工作中促进儿童或成人的融合。

参见 *房—树—人;活动家庭绘画*

DROPOUT
辍学

辍学是指个体在毕业之前离开学校。最近几年,辍学率有所下降,例如,十到十二年级中 15 ~ 24 岁青少年的辍学率已从 1972 年的 6.1% 下降到 1993 年的 4.5%。然而,这一数据仍然包括了很多个体。1993 年,大约 381,000 名 10 ~ 12 岁的学生离开了学校(美国教育统计中心,1993)。

对于接受特殊教育的残疾学生和儿童来说,失学率是普通儿童的两倍(特殊教育与康复服务办公室,1997)。而且,辍学的残疾人不会回到学校,并且女性成为未婚母亲的几率大大高于正常学生(特殊教育与康复服务办公室,1997)。

多恩(1996)认为,"美国人已经关注中途辍学造成的社会损失,而不是去看不平等的学校教育导致的不同教育结果"。学校应能够改进一些远超过他们范围和权限的社会经济问题。

DRUG ABUSE
药物滥用

依赖性药物滥用,或者目前更多的药物滥用,在《精神障碍诊断与统计手册》第四版(PSM – IV,美国精神病协会,1994)中被定义为重复地使用不适当的药物,且重复使用这一药物导致严重的后果。药物滥用的诊断标准如下:

(1)不适当的药物使用导致 12 个月时间内出现明显的临床上的损伤或痛苦。正像下面的一个(或多个)症状所表明的。

①重复的药物使用导致在工作、学习或家庭中责任担当的失败(比如,由药物滥用导致的不良的工作表现;药物滥用导致精神恍惚;停止学业或被学校开除;对儿童或家庭的忽视)。

②在对身体有危害的情况下反复的药物滥用(比如:驾驶汽车或操作机器时由药物滥用造成的损伤)。

③反复的药物滥用涉及的法律问题(比如:对药物滥用引起的失调行为的禁止)。

④尽管存在持续的或周期性的由药物作用引起或加剧的社会和人际关系问题,仍然继续使用药物(比如:夫妻间关于醉酒和打斗后果的争论)。

(2)这些症状从来就不符合这类药物形成依赖的标准。

药物滥用是引起美国发病率与死亡率的六大行为类别之一,也是首要原因(美国国家酒精及毒品勒诫信息交换组织,1998)。在 20 世纪 80 年代到 90 年代,药物滥用对神经心理的影响就已被人们所理解。这一新的发现应归功于脑科学研究中的技术进步和小儿神经学与神经心理学的兴起和发展。在青春期,大脑中更抽象复杂的认知技能开始发展。计划、评价、可塑性、自我行为控制、高水平的抽象技能及道德意识都是这些复杂技能的一部分。在这一时期,药物的使用对大脑的前额和后额区域可能有长期持续的影响(艾略特,1998)。对大脑每一部分的损伤都可能随之对大脑的认知功能和行为产生负面结果。因此,如果要避免对个体和社会的不良后果,在年轻人中预防药物滥用是非常重要的。

疾病控制中心(CDC)已经设计了青年风险行为监督系统(YRBSS)来监督青年的危害健康的行为(CDC,1996)。这一系统包括国家、州和地方学校对高中学生的调查,并且提供了美国学生涉足药物滥用的可怕的图片。

根据青年风险行为监督系统 1995 年的调查资料显示,有超过 80% 的高中学生滥用酒精;有超过 40% 的高中学生吸食大麻;有 16% 的学生吸食可卡因等药物;有超过 20% 的学生嗅或吸入兴奋剂。在有药物滥用经历的学生中,有 40% 的学生在 13 岁以前就开始了滥用药物。有超过30%的学生报告说,在性交前使用酒精或药物。另外,有超过40%的学生与一直在饮酒的司机一起驾车。

在过去的20年中,私人和公众联盟对预防药物滥用起了重要作用。学校是预防药物滥用的主要传播媒介,因为教育有助于预防药物滥用,且和学校使命有着相同的目标(博斯沃斯,1997)。教育项目应尽早开始,并试着消除学生使用比如"大家都在这样做"之类的借口。没有明确的证据说明哪一类型的项目或策略是有效的或无效的;然而,这里有一些证据说明,警示策略只对药物和它的作用提供了信息,而对自尊心的形成、价值观的阐明,大规模的集会和教学材料的提供没有显示出特别的作用。技能的培养和实验教学技术(角色扮演、模仿等)已经成功地帮助学生使用积极的方法避免药物滥用(博斯沃斯,1997)。

参见 酒精与药物滥用模式;化学依赖青少年;物质滥用

DRUG THERAPY
药物治疗

药物治疗是一种最普遍的改变儿童行为的医学干预。尽管其历史较为短暂(一般追溯到20世纪30年代中期),但药物治疗在今天的应用已经十分广泛。虽然准确的日期无法得知,但大多数的估算表明,在任何特定的年份里,所有学龄儿童中约2%在接受有关个体活动过度的药物治疗。障碍儿童经常使用的药物类型有:抗惊厥剂、兴奋剂、抗精神病药和抗抑郁药。在所有类型的药物中,兴奋剂是最为常用的药物。

抗惊厥剂用来治疗癫痫之类的失调。除了作为抗癫痫药,几乎没有证据表明这些药物有其他利好作用。实际上,研究表明,药物的使用会导致短时间的副作用,比如焦虑、恶心以及紊乱增加。

利他林(哌醋甲酯)、右旋苯异丙胺和匹莫林(苯异妥英镁)是最常用的治疗活动过度的兴奋剂。为这个目的使用这些药物已经引发了大量的争论,也是对所有影响心理状态的药物的最彻底的研究。许多早期的研究以使用兴奋剂对于活动过度的儿童有镇定作用作为反驳,并且认为这一反应具有诊断价值。然而,通过对服用兴奋剂的活动过度和活动正常的儿童连续持久的注意力的观察,发现其具有相反的作用,因此诊断的应用性受到了强烈的质疑。

其他常见的报告认为,兴奋剂的作用包括冲动控制的改进、服从以及破坏性行为的减弱。新技能的学习,记忆力的提高,或者智力测验成绩一般都不会因为注意力提高而受到影响。与兴奋剂有关的不良副作用包括心律和血压增高、失眠、食欲减退、情绪亢奋、神经活动和各种身体疾病(头痛、腹痛)等。一个潜在的罕见的副作用是有形成不可治疗的图雷特综合征的危险。

抗精神病药广泛地用于治疗极度兴奋、刻板行为、妄想症、幻觉和其他特殊的精神分裂症。抗精神病药物带来的大量的可能的消极作用包括学习能力损伤、遗尿、嗜睡、语言和运动迟缓、麻疹、阳光敏感、流口水以及延迟性运动困难。

抗抑郁药一般被建议用于治疗儿童活动过度(当不适合用兴奋剂时)、遗尿和焦虑。在抗抑郁药功效的报告中,一般认为只有服药期间对遗尿和焦虑(学校恐惧症)有疗效。报告提到的副作用包括口干、食欲减退、恶心、抽搐,甚至导致罕见的死亡。

总之,下面的结论似乎被证实:两种治疗必须在药物治疗以前作一个试用;单独的药物治疗是不够的;由医生和儿童日常环境中的人员对预期的和突发的作用进行仔细的检查是必不可少的;对神经有显著作用的药物的长期使用应尽量减少;药物不能作为惩罚的工具,不可用于替换现用程序,更不可采用过大剂量。

参见 抗惊厥药

DWARFISM
侏儒症

侏儒症是一种个体中存在的身材极其矮小的状态。侏儒症有许多不同的类型,分类系统也是变化的。然而,一般来说,存在两种不同类型:侏儒症,常见于特殊群体,比如矮人,个体有正常的生理发展、生理功能、正常的身体比例;另一种是由于脑垂体腺失调,也称作垂体机能减退(盖顿,1977)。

盖顿描述了几种类型的脑垂体失调,由腺体分泌出的八种中的一种或者更多的荷尔蒙受到了影响。在童年早期,促进人体生长的荷尔蒙分泌失调可能导致儿童侏儒症,遗传因素也可以导致垂体机能减退。一对正常的父母可能生育出患侏儒症的孩子。在这种类型的侏儒症中,个体通常智力正常,而身体的发育(通常是腿)不成比例。同时,此类案例伴有明显的性发育不成熟。

各种器质性病变引起的新陈代谢紊乱也可能导致垂体机能减退、智力缺陷和生长抑制。近年来,从尸体上取得人体生长的激素的实验已经使患有垂体机能减退的儿童能正常地生长。近来,已经建立了各种组织以促进对"小人"(他们更愿意被这样称呼)的接纳和理解,以消除几个世纪以来引起"小人"们受到排斥的陈旧观念。

参见 身体畸形

DYSCALCULIA
计算障碍

计算障碍是一个用来描述由于中枢神经系统失调引起的定量思维障碍的专用名词。这一术语排除将有限的智能、原发的语言障碍、焦虑或不良教学作为数学成绩不良的原因。科什奇(1974)认为,发展性运算障碍是一种因为遗传或大脑中枢数学能力区域器质性结构先天损伤造成的失调。在计算障碍的案例中,儿童的能力在正常的时间限制和次序中得不到发展。这个计算力缺失的术语通常用来描述由于大脑受外伤破坏而引发的计算能力的获得性失调。

成人脑外伤的研究表明,大脑特殊区域的损伤会导致特殊数学能力的缺失。左脑顶叶和枕叶的损伤很可能引起数数、顺序、认读数字的失调。较晚的右脑半球损伤可能导致估算能力不佳而引起空间能力不足。虽然这些研究解释了发展性计算障碍的器质性原因,但精确的定位却很困难。然而,有限制的尸体解剖研究提出,发展性计算障碍与大脑半球顶骨、颞和枕骨皮质以及大脑内部有关听力和语言的机制畸形和不发达有关。

康韦等人(1997)认为,算术障碍亚类型的存在是以神经心理学的特征为基础的。研究已经证明,算术能力表现出相似低水平的儿童可能在神经心理能力和缺陷方面存在很大的差别。在大多数的语言和听知觉能力测试中表现不好的儿童会犯一些与数字事实记忆有关的算术错误。比如为事件编号,分不清复杂笔头计算的先后顺序和语言问题。他们的缺陷性语言技能在这些错误中会有所反映。相反地,在视觉空间能力、视知觉能力、复杂的精神运动和双边触觉知觉方面表现不好的儿童显现出对数学概念的不理解:对理解圆柱体、数字构成、方向、一般的视觉空间的分解有困难。对这一领域的进一步研究可能会发现其他不同类型和子类型症状。

针对计算障碍儿童采用的不同教学班的处理技能体系的存在表明,不同的诊断和适当干预的选择及教育方法是十分重要的。约翰逊和麦克尔布斯特强调,将使用听力语言表达作为一种调整,帮助有视觉空间障碍的儿童学习他们无法通过观察和操作来解决的价值关系。与近来的数据相一致的这种理论建议,在特殊学习科目的教学中强调神经心理学力量的教学方法可以使个别学生获得最大收益(哈特拉格,1983;雷诺兹,1992)。

参见 算术矫正;学习障碍和数学

DYSGRAPHIA
书写困难

书写困难是指书面表达能力差。通过文字书写与其他人交流思想的能力是一个非常复杂的过程,这种能力是听觉、视觉和运动能力的整合。先天性的潜在的书写困难与某一个或多个因素有关。当儿童在按要求抄写书面或印刷材料、听写单词和句子,或自发地书写时,一般能观察到他是否存在书写障碍(鲁利亚,1966)。

为了学会书写,儿童必须在语言、感知觉、排序、记忆和运动协调方面发展多种基础能力。这种技能发展的减慢或推迟与书写所需要的准备技能的获得相关。书写要求很多语言功能,包括语言理解和表达、听觉语音辨别、口头排序和语言记忆。这些功能中的任何一个受到损伤,都可能导致自发性书写中思想表达能力的损伤,但准确抄写的能力却未受损伤(约翰逊等,1967)。

有听觉辨别缺陷的儿童在辨别语言方面有困难并且混淆发音相似的字母。自发性书写和听写时经常显露出省略或插入字母和音节的拼写错误(鲁利亚,1973)。无法听到词汇中语音排序的儿童不能按正确顺序书写单词,听觉记忆问题经常和这一困难有关。

书写还需要许多非语言的能力,包括视觉辨别、视觉空间定向、视觉记忆、运动控制和视觉运动整合。这些技能的损伤不仅从听写和自发性书写中得以证明,而且在重现和抄写书面及印刷材料中表现出困难。书写要求儿童在视觉上认知和区分字母与单词之间的不同。患有视觉空间障碍的儿童经常混淆同形状而不同朝向的字母,会犯方向性的错误,在保持水平和纵向位置方面存在困难。

视觉记忆损伤表现出对视觉表象或字母和单词的顺序的回忆及再现有困难。有记忆障碍的学生往往可以抄写,但缺乏自发性书写或听写的能力,因为他们不能用字母和单词的形式进行视觉记忆。视觉技能必须同运动技能相整合、相协调。运动控制失调的儿童也许可以阅读,拥有书写所需要的听觉和视觉能力,但是不可能有书写字母和单词所需要的适当的运动能力。目前,在学校和家庭中,电脑已可以帮助有词汇形成障碍的书写困难的学生。

参见 写作障碍;写作矫正

DYSKINESIA
运动障碍

运动障碍是指随意运动有困难。运动障碍综合征是指干扰随意运动表现的大量不同的问题。当用来描述脑瘫患者时,运动障碍综合征可能包括缓慢的书写运动,该症状影响四肢、近端和躯干的运动(肌张力异常);或猝然的、突然的、非典型的舞蹈病样运动。在这种情况下,运动障碍常表现为情绪紧张,但在睡眠中这种情况会消失。这样的运动是由基底神经节和相关联的神经系统的病理学症状引起的(伯考,1982)。

迟缓型运动障碍有时用来描述一种颚部无意识的运动或其他抖动,包括使其完成随意运动有困难的僵直性。迟缓型运动障碍可能是由抗精神病药物的不利影响所导致的。间歇性运动障碍有时用来描述不良循环造成的运动困难。所有的被提到的术语都是医学术语,并且含有特殊的因果关系,因此,这些术语用在医学背景中最恰当。教师和临床医生对运动失调的观察应与适当的医学人员以清楚、描述的方式进行交流。

参见 脑瘫;舞蹈病

DYSLOGIC SYNDROME
精神性言语困难综合征

精神性言语困难是指用言语表达思想的能力的损伤(布莱基斯顿,1979;欣西和坎贝尔,1960)。不过,大多数作者用这一术语来表示由于中枢神经系统的病理学因素和无法解释的特殊感官缺陷(比如:耳聋)或智力缺陷(尼克拉西、哈里曼和科莱泽克,1978)引起的语言运用能力的损伤。因此,精神性言语困难很少用做失语症的同义词。埃森逊(1972)用言语困难这一术语来描述先天性和发展性失语症的儿童。他认为失语症是指语言功能的丧失。这样,用这一术语来描述语言从未得到发展的儿童就是不准确的。因此,严格地说,精神性言语困难综合征特指患有先天性或发展性失语症的儿童(埃森逊,1972)。

参见 失语症;发展性失语症;中枢性语言困难;语言障碍

DYSMETRIA
辨距障碍

辨距障碍是一个从希腊语“dys-(困难)”和“metron(测量)”派生出的术语。它是指个体在估计身体运动的距离方面有困难。辨距障碍是传出性障碍的一种。辨距障碍患者不能在所期望的某一位置停止肌肉运动。这一特征可以在要求个体迅速地抬升双臂时发现。双臂抬升到肩部时停止,最大程度保持水平状态。在这项任务中,对运动的距离的控制有困难可能是具有辨距障碍的征兆。在一些辨距障碍的表现中,个体可能越过预期目标(即伸展过度),或低于预期目标(即伸展不足)。与典型的自发运动相比,患有辨距障碍的个体在强制力的作用下可以产生更加迅速、准确的运动。辨距障碍可能与小脑功能损伤有关。

参见 共济失调;步态混乱

DYSPHAGIA
吞咽困难

吞咽困难是指在吞咽东西时有困难。其明确定义为:在把食物从口腔经过咽喉和食道移动到胃里的过程中有困难。最近一些临床医师和调查人员已经提出:吃和吞咽行为实际上是开始于食欲的增加,而口腔分泌物的增加优先于吃,就像将食物放入嘴中的行为优先于吃一样(劳吉曼,1998)。

吞咽困难发生在各种不同人群中,都是由于组织结构或者神经上受到损伤。婴儿出生时会因各种不同的原因扰乱吞咽,包括难以控制口腔的肌肉组织,难以控制咽的吞咽步骤,难以把握咽部吞咽过程行为的典型特征,就像食道在解剖学上或者生理学上的异常情况一样。

儿童以及各年龄段的成人都可能由于突然遭中风、头部受伤,患有头部、颈部癌症(即使治愈),退化的神经疾病,如运动或者神经元疾病、多发性硬化症,或帕金森症、痴呆,如阿尔茨海默疾病以及广泛存在的其他医疗问题引起吞咽困难。几乎所有神经性疾病在其各个阶段都会导致吞咽过程中的病变。

由于健康护理体系已经改变并鼓励体弱儿童在学校接受治疗,在许多公共学校系统中的儿童都必须接受咽部的诊断评价。这就拓宽了学校言语病理学家实践的范围。

吞咽困难的治疗一般包含各种补偿性的和直接的锻炼项目。设计补偿策略是为了在没有改变或排除基本障碍的情况下排除问题的症状(比如食物进入气管)。补偿策略包括体位技术与器官增大技术、吞咽练习和饮食的改变。直接治疗策略包括锻炼项目以改进口腔、咽部结构运动的范围、速度的协调,以及吞咽练习。吞咽练习是随意控制有选择的口腔吞咽。

DYSPEDAGOGIA
教学无能

教学无能是指粗劣的教学。它已经被认为是导致阅读困难和其他学习障碍的主要原因。虽然这个术语由于存在一系列的问题而被用作病理学因素之一,但教学无能与学习障碍的联系最为普遍。

柯亨(1971)坚信,教学无能对大多数儿童来说都是判断标准,不管是在普通教育还是特殊教育当中都是一样的。尽管存在着贫乏的或不适当的教学,许多儿童还是学得比较好。问题在于这样的事实,那些儿童接受的是一个消极的带有潜在病源的社会教育,在心理上、神经上或者语言上的不同,需要进行有效的富有内涵的教学,要承受教学无能所带来的痛苦(韦特斯彻,1985)。不可忽视背后存在的问题,但是落在教育者身上的重担是,要通过提供声音、技能导向性教学将它们对学习的不利影响最小化。

DYSTONIA MUSCULORUM DEFORMANS(DMD) 肌肉营养不良症

肌肉营养不良症是一种主要对运动障碍有影响的进行的神经性疾病。除了运动功能受损外,肢体的弯曲也很常见。在这种疾病的早期,肌肉营养不良经常被误认为是癔病或者受心理影响而导致的运动混乱。良好的学业、以前平稳且协调的运动变得更加困难并表现得越来越明显。很多患者在肌肉营养不良的早期可能失去先前获得的书写能力,一只手可能会影响另一只手先前的优势,甚至在障碍的早期更加迷乱。其他外观上迷乱的症状也开始出现,一些儿童可能能够后退着走,甚至没有明显困难地跑步,但是通常的向前走却严重受到损害。儿童患有肌肉营养不良,经常被误诊为患有情绪障碍。正确的诊断不仅需要心理上的评价,而且需要进行全面的儿科神经系统的评估。患有肌肉营养不良症的儿童一般伴有严重的畸形及肌肉神经紊乱,这需要在学校开展适当的体育以及进行其他调整,以便让儿童在正常的教育环境中成功恢复功能。

参见 适应性体育

E

EAR AND HEARING
耳朵和听力

耳朵是听力的感觉器官,听力是声波被识别和转换得到的感觉。耳朵可以分为四个部分:外耳、中耳、内耳和中枢通道。声波经由头部的两边耳廓进入外耳,然后通过耳道(外部听觉通道)进入中耳。中耳包括鼓膜和三块相互联结合称为小骨的骨头(锤骨、砧骨和镫骨)。中耳把声波的声能转换为机械能。

内耳分为前庭(掌管平衡)和耳蜗(掌管听觉)两部分。耳蜗由三组充满液体的管道组成。中间的管道包含柯替器,这里有听觉神经末梢。耳蜗把来自中耳的声波的机械能转换为电能,并产生神经反应。耳蜗的神经反应经由中枢听觉通道传至大脑。中枢通道由听觉神经(第八脑神经)组成,它起始于内耳,与脑干中的神经联合体相互作用,终止于脑回,是大脑两侧颞皮层中的主要听觉接收中心。

参见 聋;聋教育

EARLY IDENTIFICATION OF HANDICAPPED CHILDREN
残疾儿童的早期鉴定

随着20世纪60年代社区心理健康运动和1975年《所有残疾儿童教育法案》(94-142公法)的通过,早期鉴定成为一个备受关注的话题。这项法律包含了要求学校采取积极行动鉴别需要服务的残疾儿童的部分。它建议这类儿童从4~19岁接受服务,重度残疾儿童从出生到21岁接受服务。另外,到20世纪70年代晚期,早期鉴定的有效性为一些早期儿童干预计划提供了重要依据(艾德迈斯通,1985)。

有效的早期干预计划要求较高的有效预期的鉴定方法。考虑到可能令人不快的结果(比如:贴标签效应)和干预计划的成本,被划错类的人的数量(被预言将成为残疾的学生却没有残疾)应该保持在低水平。鉴定程序也必须有效,筛选过程应使用有效的信息或测验,且对于管理者来说也比较容易管理。

对建构早期管理测验和综合测验做了大量的努力,使得准确鉴定儿童所需要的特殊服务有了可能。莫瑟等人(1979)回顾了70项研究。他们认为,筛查应该在幼儿园中班进行,因为这便于干预在最早的时候开始,教师作为一个预言者的评估也变得有效。马休(1984)等人提供的资料表明,在一年级的阅读成绩差异中,有过半的差异可以用幼儿园的音位命名和字母抄写的直接评估方式来预测。莫瑟等人建议,在教室上课的教师应该有空余的专门测试的时间来对这些有用的技能进行评定。

参见 早期筛查情况图表;筛查干预;学前评估;学前筛查;初学者计划

EARLY SCREENING PROFILES(ESP)
早期筛查情况图表

早期筛查情况图表(ESP)是一个适用于2岁0个月到6岁11个月的幼儿的发展性筛选测验。它用来识别需要进一步测试或早期干预服务的儿童。ESP由七个部分组成:认知/语言图表、运动图表、自我帮助/社交图表、构音调查图表、家长调查图表、健康历史图表以及行为调查图表。各个部分可以独立使用或者与其他部分相结合使用。仅有三部分(认知/语言图表、运动图表和构音调查图表)是直接针对儿童的。这3个部分测验的时间是15到30分钟。认知/语言图表包含两个测量非语言推理能力(视觉识别和逻辑关系)的认知分测试和两个测量语言理解和表达的分测试(语言概念和基本学校技能)。运动情况图表包括评估粗大动作和精细动作技能的两个分测试。构音调查图表测验儿童语言的产生。行为调查图表由施测者根据儿童在测量中的行为表现完成。家长调查图表(对家庭环境和亲子互动的评定)和健康历史图表(过去和现在的健康问题)是由父母完成的主要问卷。自我帮助/社交图表也是一个由家长或者老师完成的问卷。它测量儿童日常生活中自我照顾和与他人互动的行为。家长问卷用10到15分钟完成。

早期筛查情况图表(ESP)是建立在以1149名2岁0个月到6岁11个月的儿童为常模的基础上的标准化测验。在5个间隔均为一年的年龄组中,每一个组的人数从163人到303人不等,并且每个组的男女分布基本均衡。用1985年和1990年从美国人口统计局得来的资料对样本进行了分类,包括年龄、性别、父母受教育情况、地区、种族和民族等因素。尽管在父母教育方面存在轻微的差别,但样本和美国人口的各种指标基本一致。手册包含了样本的特有特征。除了运动图表和行为调查图表的信度较不可靠外,家庭调查图表信度较低,其他方面和总的筛查有较高的可信度。作者认为,这是由于量表上不同的条目所造成的。

对 ESP 的评价褒贬并存。捷尔兹罗(1995)表示赞成。她认为手册在讨论发展、技术精确性、记分,包括对使用年龄的限制等,都很全面具体。这使得 ESP 成为早期儿童鉴定计划和服务实现中的一个综合版本。不过,巴尼特(1995)批评说,ESP 缺少生态效度,不太可能改进大多数测量工具的局限性。

EATING DISORDERS
进食障碍

不同类型的进食障碍发生在幼儿和青少年及成人时期。《精神障碍诊断与统计手册》第四版(1994)把它按照两个标题列出来:婴儿期或儿童早期喂食障碍,包括异食癖、反刍障碍和婴儿及儿童早期的喂食障碍;进食障碍,包括神经性厌食症和神经性贪食症。在所有这些情况中,很明显,没有表现出不正常进食的生理基础。现将两种进食障碍分别简单描述如下。

1. 婴儿期或儿童早期喂食障碍

异食癖是指儿童固执地吃缺乏营养的食物。食物的消耗随年龄而改变。异食癖经常伴有智力落后。反刍障碍常见于智力落后的婴幼儿中,以食物重复性自发性的回吐为特征。异食癖和反刍障碍可能导致各种严重的医学后果。婴儿期或儿童早期喂食障碍是指不能消化大量、足够的食物以维持正常体重或体重增加。

2. 进食障碍

在神经性厌食症(饥饿感来自神经中枢)中,个体在很长一段时间只吃少量食物或不吃食物。而在神经性贪食症中,患者不停地狂吃(大量地吃)和排泄(通过一些行为清除体内的食物或液体,比如诱发呕吐)。两者都使生命受到威胁,女性发病率高于男性,对人的影响还在增加,并已成为一个严重的医学和心理学问题。

参见 神经性厌食症和贪食症;家庭咨询;异食癖;营养不良

ECHOLALIA
言语模仿症

言语模仿症是强烈地、几乎强制性地、自发地重复他人说话内容的倾向(本森·阿迪拉,1996)。言语模仿症行为发生在已消退的大脑疾病、精神病(儿童和成人)、抽动秽语综合征、儿童期言语困难、严重智力落后、某些类型的失语症以及一些先天盲的儿童身上。这些儿童的言语有一个显著的特征,即绝大多数儿童的语言获得都有一个模仿的历史。很多习得正常言语和语言的儿童在婴儿和幼儿早期语言和言语发展期都有模仿言语的行为。然而一般来说,这种模仿行为在2岁到2岁半就会消失。一条信息在听到后可以完整或部分地立即被重复。一种仿效的说话方式先于或紧跟在适当的自我表达的意见之后。面临困难的信息时,这种重复似乎对特殊的和正常的成人与儿童进行理解都有帮助。

参见 自闭症;自闭行为;言语与语言障碍

ECHOPRAXIA
模仿倾向

模仿倾向可以被定义为对他人所表现的行为本能的、时发时停的模仿(古德温,1989)。患有自闭症且具有言语模仿行为的儿童,对短语和单词的模仿,被认为是模仿行为的一个特殊方面。对其他的模仿倾向,特别是对一些听力损伤的人的模仿行为在临床上也进行了观察。在这种模仿倾向中,个体模仿说话者面部和嘴部的动作。这种动作对听力损伤者来说可能是强化意义、理解谈话内容的一种方式。

参见 儿童精神分裂症;言语模仿症

ECOLOGICAL ASSESSMENT
生态评估

生态评估的目的是为了理解关注评估的个体与他所处的环境之间发生的复杂的相互作用。生态评估是传统的行为评估技术的重要扩展。除了两个重要的区别以外,与行为评估很相似。首先,在生态行为评估中,重要的是行为的量化及其从系统等级的角度控制环境因素。也就是说,生态评估的目标不是只集中在专门的(个体特有的)行为目标和直接负责它们的维持的结果上,而是促进对总的行为环境系统的理解。这种"系统制图"通过接受干预的行为和人的测验来完成。比如,瓦勒和他的合作者(瓦勒,1975)在一项观察资料中对很多儿童行为的研究表明,以单独反应为目标的行为干预和儿童活动中有平行或相反的行为改变的复杂型的结果相似。其次,在生态行为评估中,重点被放在教师和学生行为的现存模式的测量上,使用此信息的目的是为了发展可代替的干预。

生态评估既耗费时间也很复杂,但它通常是真正了解学生行为的有用方法。

参见 应用行为分析;临床访谈

E

ECOLOGICAL EDUCATION FOR THE HANDICAPPED
残疾人的生态教育

一般来说,生态学是指有机体和其所处环境之间关系的研究。虽然生态学作为一个研究领域其根源是早期人类学,但在特殊教育中应用生态化理论模型和原理却是相对新颖的。第一次检查环境作用与某一个残疾个体的相互作用,指明相关的处理方法的尝试是在海因茨、魏尔纳、阿尔弗雷德 A·施特劳斯等人的著作中发现的。20 世纪 40 到 60 年代的研究者们研究了脑损伤儿童和成人以及各种环境刺激对他们的学习和整体行为的作用。从他们的研究中得出的一个重要概念是"刺激减弱"环境的观念。首先是对传统的脑损伤成人和儿童的描述,然后扩大到某些"外因性"智力落后儿童,最后是轻度脑损伤或学习障碍儿童。虽然这一项研究从 20 世纪 40 年代就开始了,但这些研究者和以他们的研究为基础的人没有正式提出他们在生态研究方面的成果。生态学这一术语本身最初是从生物科学中得来的。20 世纪 60 年代末 70 年代初,情绪障碍儿童的研究使得生态教育作为一个教育分支正式出现。

这一领域最重要的贡献包括霍布斯的再教育计划的工作以及密执安大学对儿童差异的研究。再教育计划认识到,许多被所谓的情绪障碍儿童所经历的社会化问题在儿童的内心并没有一个中心,恰恰相反,问题存在于被贴了标签的儿童与他所处的重要社会机构之间的相互作用中。由于在儿童和环境之间存在着不适应性(住所、家庭、学校、社区等),使儿童暂时从失败的状况中摆脱出来是很有必要的,不仅要和儿童一起工作,还要改变环境中的影响因素。当经过特殊训练的教师帮助学生时,社会服务人员和精神健康咨询人员应同儿童领域的其他重要人员一起工作。隔离要尽可能短暂,正常化才是教育的目标。

密执安大学的工作是在该校的智力落后和相关障碍研究所内完成的。这项工作回顾、整合并综合了研究、理论以及与儿童情感困扰有关的概念模式。这个团队积极开发并实施了以他们对情绪障碍的各种方法的整合为基础的各种各样的宣传和训练。尽管生态理论只是六种主要被研究的方法之一,但密执安大学为提高生态理论在特殊教育中的作用做出了积极的贡献。

总的来说,用生态手段研究或治疗情绪障碍和其他涉及于此的障碍儿童是企图打破认为残疾是发生在儿童身上的传统观点。这种障碍在本质上并不是固有的,而是特殊儿童和特定环境相互作用的描述。调查是为了寻找生态理论中不协调的源头。儿童研究不是发生在无菌的心理实验室里,而是发生在自然的真实世界,发生在儿童问题出现的整体环境中。这并不是否认情绪障碍、智力落后或学习障碍不真实,也不是否认束缚儿童经历的学习和适应性问题可能不存在神经和生物化学基础。特殊教育生态重点试图说明,只看到主观因素并不能描绘出整幅图画,基于简单、历史、生态观的治疗方法可能限制有残疾的学习者的父母或专家的成功。

参见 生态评估

EDUCABLE MENTALLY RETARDED(EMR)
可教育的智力落后(EMR)

可教育的智力落后(EMR)在 20 世纪六七十年代是一个很流行的术语。指的是某些智商在 50 ~ 80 之间的(以当时的 IQ 测量为基础)(史密斯,1998)、被认为在普通的学校课程中不能得到益处的那些人。随着 1975 年《所有残疾儿童教育法案》的颁布,智力落后的分类被定为轻度、中度、重度、极重度。轻度智力落后的诊断以此分类为标准,智商分数应在 50 ~ 70 之间,且具有影响日常生活的适应性方面的明显缺陷(美国精神病协会,1994)。"可教育的"智力落后和目前所说的"轻度智力落后"十分相似。这一术语很少用于目前对智力落后的讨论。

参见 智力落后;可训练的智力落后

EDUCATIONAL DIAGNOSTICIAN
教育诊断者

教育诊断者是作为多学科团队的一员发挥作用的个体,其职责是确定儿童是否适合特殊教育计划。教育诊断者与学校心理学家在资历与职责方面都不相同。一般来说,教育诊断者是有资格或得到许可的三年或更多的班级工作经验的普通教师或特殊教育教师。研究生培训项目,一般来说是两学期的教育硕士课程,主要培训学习问题的诊断与矫正内容和技术。学校心理学家一般不是有资格或得到许可证的教师,而是经过两年或更多年培训的研究生或高级进修生。他们所学习的是儿童智力和行为功能评估的内容和技术,以及更直接和间接的心理干预。虽然大多数州都为学校心理学家提供证书,但只有少数的州为教育诊断者提供正式的证书和执照。

大多数学区都有教育诊断者,他们的主要角色与涉及特殊教育项目或服务的学生的评估有关。在大多数州都禁止他们与情绪障碍学生一起工作,因为这是一个更适合学校心理学家的工作。教育诊断者对有学习困难但不需要特殊教育的学生能发挥重要作用。

参见 多学科团队;学校心理学

EDUCATION DISADVANTAGED

教育处于不利地位的人

根据中小学教育部门的定义,教育贫困儿童是指那些学业成绩低于同龄学生适当的水平的儿童,这些儿童通常被看作是教育上处于不利地位的人。教师的态度和行为是造成学生学业成绩落后的主要原因之一(帕索,1967 年)。这些儿童一般来自文化剥夺家庭,这些家庭不具备让他们的孩子很好地适应学校环境的条件(帕索,1967 年)。丹尼尔斯(1967)补充说,这种不利条件已经成为一种障碍,这是由他们在谋生和享受生活过程中学习和掌握应对问题的技巧和能力的社会或环境条件造成的。他相信这种障碍占学生人数的25%,而在较大的城市,则达到了 30% ~40%。

设计《中小学教育法案》的第一章就是为了减轻某些教师和文化剥夺家庭施加在教育处境不利儿童身上的负担。法案的第一章是一系列立法成果之一,其目标是满足教育处境不利者的需要。其他立法有 1964 年《人权法案》、1964 年《经济机会法案》、1963 年《职业法案》和国家保护法案修订于 1965。其他相关立法的目标在于减少对教育处境不利者和其他特定目标人口的歧视政策,包括 1972 年教育修正法案第四条(92 -318 公法),《所有残疾儿童教育法案》(94 - 142 公法),1973 年《康复法案》(93 - 112 公法)和《残疾人教育法案》。

97 -35 公法的第一章提出了满足处境不利儿童教育需求的财政援助问题。这个立法取代了 1965 年《中小学教育法案》的第一章。第一章仍然是强调处境不利儿童教育需要的主要立法。这个法案将会资助地方教育机构的学校计划,从而满足教育贫困儿童的需求。97 -35 公法规定:“这样的项目和计划可以包括获得设备和教学材料,雇用专门的教学、咨询和指导人员,聘用或培训助教,教师的总体工资水平高于常规工资(作为在学校服务计划领域工作者的奖金),培训教师,建造学校必要设备及其他第一章所涉及的费用。”

尽管起草了大部分联邦立法以满足这种教育需求,但帕索(1967)对教育欠缺和文化欠缺的基本原因的评估似乎仍然有效。帕索曾说过:“他们的问题的根源在于贫穷和失业;在于种族隔离,歧视,住房和就业,教育方面缺乏平等机会;在于‘优势’文化的中断,生活方式中差别的出现,培养适应都市生活的实践;技术社会中那些必要技能的不充分的教育获得。”

现有的文献说明,学校通过转移焦点,即从把文化欠缺当作是不利地位转向文化欠缺是差异,从而增加他们的绩效。这种焦点上的转变允许人们接受这样的现实,即文化上的差异可能继续存在,但同时也对社会有好处。这些计划是通过文化差异来强调对社会的益处,它们基本上是围绕着多元文化教育的概念展开的。

罗德里格斯(1983)把多元文化教育定义为评价文化多元化社会形态的教育。文化多元化教育认为,文化的多元化是一种有价值的资源,应该将其延伸到整个美国社会。学校不应该漠视文化差异或仅仅容忍文化的多元化。每一种文化单元都作为一个有内在联系的整体的一部分而存在。按照本内特的说法(1986),多元文化教育的目的是为了改变整个教育环境,从而发展多元文化能力并为所有文化群体的成员提供平等的教育机会。平等是多元文化教育的核心。

因此,如果教育上处境不利的学生的需求在这样的教育环境下能够被察觉的话,那么这些为教育处境不利的学生制订的有效计划就能够得到增强,同时也能认识到学生的文化对社会的益处。

参见 测试中的文化偏见;文化多元主义

EDUCATIONAL TESTING SERVICE(ETS)

教育测试服务(ETS)

教育测试服务(ETS)是一家建立于 1947 年的非营利性公司,它最初是实施大学入学考试董事会(CEEB)的考试项目。ETS 还与支持卡内基公司和美国教育理事会测试的功能有关,另外还要为这些机构或组织和现在的其他代理机构提供合同服务(ETS 开发并负责实施法学院入学考试、研究生入学考试和其他众多项目)。ETS 拥有一批世界知名的专业的研究和开发人员。最近几年,ETS 精减了基本研究项目,从而导致各种不以市场产品为目标的研发活动的减少。这个改变对测试和评价理论来说是一个很大的损失。

ETS 活动的最大比重是放在学校能力测试(SAT)的开发、管理、评价和报告服务上。SAT 每年管理着5000 多个测试中心和 100 多万个大学申请人。ETS 经常引发很大的矛盾,主要集中在个体某些课程不公正性的变化方面。

在所有的测试项目中,ETS 定期为残疾学生做出调整。不仅为盲人和诵读困难考生提供读物或录音测试,也为残疾的考生提供需要的假体和特殊管理程序。在未来的测试发明之前,这样的特殊安排是必不可少的。

ETS 已经密集地承担了更多专业执照和证书的能力测试、教师准备考试,也为学校心理学家提供能力考试。

EDUCATION FOR "OTHER HEALTH IMPAIRED" CHILDREN

"其他健康损伤"儿童的教育

其他健康损伤儿童包括那些由于健康问题而严重影响其学习的学生。联邦法律把这个群体叫做严重矫行损伤或疾病儿童,需要延长康复或限制儿童生命力和能力的长期和慢性疾病、感官异常(例如,脊柱裂和畸形足),其他身体原因(如截肢和脑瘫)以及健康问题,包括但不仅限于血友病、哮喘、严重贫血和糖尿病。这个类别大约占到了残疾儿童的5%。不幸的是,用来形容其他健康损伤儿童的术语并不能表明学生的共同需要。因为这个类别是建立在条件的可识别性,而不是建立在必要的教育干预基础上的(雷诺和伯奇,1982)。

其他健康损伤可能是感官缺陷或后天残疾的结果。与这个术语相联系的巨大异质性要求注意此类儿童的明显的普通因素,注意妨碍正常功能的身体状况。这就引起了影响身体的精力和能量供应或耗损的迁移,降低了灵活性,增加了成长和发展中的严重问题,限制了儿童全身心投入学习活动的机会(尼德勒,1984)。

虽然连续体的程度由轻到重,但适用于其他健康损伤儿童的教育原则同样包括:①公共学校主流中的安置和教育倾向于最大化学生的能力。另外,由于那些学生要求特殊教室、学校或者家庭教学、医院教学,因此回报他们的直接效果就是尽快给他们施行普通教育(赫伦和哈里斯,1982)。②建筑的改变,包括为了整个学校的整合而清除所有的建筑障碍,为得到最佳机动性和探索而进行教室结构和环境的改变。③父母和家庭教育被认为是通过学校为儿童提供协调作用、资源和服务。④在学校环境下训练教师和助教,以帮助其他健康损伤学生。⑤通过校区来服务这类儿童,包括交通设施的改善、物理和职业治疗、适应性体育和职业教育及咨询,以协调和利用所有必要的支持和人力资源。

参见 绝症儿童的教育;脑瘫;其他健康损伤;脊柱裂

EDUCATION FOR THE TERMINALLY ILL

绝症儿童的教育

遭遇绝症儿童危机的教师面临着一种复杂和困惑的情形。教育者的角色要求教师与患绝症的儿童及其家庭、同伴和同学之间进行互动。医学和科技已经延长了绝症儿童的寿命,并使他们在疾病缓和或控制期间能够重新回到学校学习(德西·斯皮内塔和斯皮内塔,1983)。为了从再次回到的熟悉的校园环境中得到帮助和安慰,这些即将离世的儿童希望得到学校教师的积极支持和帮助。

绝症儿童的教学必须遵循以下几个阶段:第一阶段应该从那些教他们的教师的教学和咨询开始,在他们有效判定和满足绝症儿童情感需求和向他们呈现问题之前,教育者有必要面对、表达和处理好他们自己对绝症儿童的情感。当教师在毫无准备的情况下,便会表现出拒绝、逃避、害怕和无助,这种态度会直接影响绝症儿童在学校学习的质量(凯恩斯,1980)。致力于提高教师的自我意识、面对和处理死亡或即将死亡现实的教学模式在教师准备项目中已作了介绍。

由于绝症儿童通常更愿意与照料者而不是他们的父母交流和表达自己的情感,因此教师在准备教学的第二个阶段必须能够熟悉和理解绝症儿童经历的心路历程和他们所使用的情感语言。教师们应该认识到儿童可能会采取异样的方式表达他们的情感,以求获得帮助和支持(库布勒·罗斯,1983)。

绝症儿童综合教育计划的第二个阶段必须强调绝症儿童的同伴及同学的需求和恐惧(沃斯和科尔,1982)。沃斯和科尔(1982)强调单元课程需要加入死亡和绝症的知识,为教师讲解这样的主题作准备。1982年,杰弗雷和兰斯顿还为普通学校和特殊学校学生推荐有关死亡的包容性课程单元。

绝症儿童教育的最后阶段是为教师提供直接策略,这些策略包括:①让绝症儿童维持普通教室日常生活,继续使用规则、限定和管理目标设定(1981)。②教师应使用如下方法来处理儿童出现的问题:如,时间空间谈话法、附加疗法、表达式写作、读书疗法、角色扮演、魔术循环讨论法、艺术疗法和表演疗法等等(艾因萨,1981)。③教师要做好准备,有效地处理帮助作为绝症儿童朋友和同学从死亡的悲痛中恢复过来时所产生的退缩和抵抗行为;④坚持教师的重要角色,在完成教学任务的同时,在课堂上强调绝症儿童的生命必须坚持的意义。大部分绝症儿童会继续接受教育服务直到他们严重到实在无法学习,他们可能会像其他健康损伤儿童一样在家里接受教学服务。

参见 家庭咨询;家庭对残疾儿童的反应;身体残疾

EDUCATION OF THE BLIND/VISUALLY HANDICAPPDED

盲人/视觉障碍人的教育

教育方面明显的、不可矫正的视力损伤在1000个学生中大约有1个。1985年,美国教育部报告说在3~21岁的学生中大约有32,000个被诊断为视力残疾。教育者使用两种基本分类法中的一种对视觉障碍儿童进行诊断,包括盲和视力残疾或低视力学生。盲人可能完全感觉不到光线,或可能在没有任何投射下感觉到一些光线。低视力学生被认为是严重的视力损伤,即使使用可矫正的辅助器具,如眼镜等,但只能读大字本的材料(通常是被调整过的形式)。

根据柯克和加拉格尔(1986)对视觉障碍的影响研究,对大多数学生而言:①智力并未受显著的影响;②实质上,他们的其他感官知觉和明眼人并无不同;③语言发展方面,只有依赖视觉概念的词义部分受到影响;④自尊和自信不会受到伤害,除非当同龄群体的消极行为影响到个体的态度时。

服务残疾公民的社会和教育运动已认识到对视觉障碍学生的教育环境要少设置限制,这对视觉障碍学生的教育已形成特别的影响。1960年以前,大约80%的视觉障碍学生被招收进寄宿制学校;目前,地方教育项目中专门为视觉障碍学生服务的已达70%。将视觉障碍学生融入普通学校的环境,主要集中在学习经验描述的适当变化、教材的修改和学习环境的精心设计上。

根据视觉障碍的性质及严重程度,雷诺兹和伯奇(1982)已经认识到,对被安置在地方学校项目中的盲或低视力学生适当的服务应该是持续的。服务和其他资源的范围包括直接满足学生独一无二的学习需求和视力残疾学生风格的特殊教学。这种教学是通过咨询师、巡回教师、资源教师或者普通课堂特别协助教师或助教提供的。在这个关于该群体的有效发展的项目中,特别重要的是作为视力损失补偿的助视器或触觉学习计划。

服务范围还包括定向、行走、易实施项目和设施的可用性。为了保证教室最大程度的融合,设施结构的调整、教室的安排和照明都是必要的。另外,还应提供专门的材料和技术,如布莱尔盲文、先进的阅读器、录音信息以及大字本材料和放大镜,再加上婴幼儿综合性早期干预项目以及一个强大的、不断发展的职业准备和安置的项目。

参见 视力损伤

EFFECTIVENESS OF SPECIAL EDUCATION

特殊教育的功效

关于特殊教育功效的问题,使人们想起狄更斯在《双城记》开始的两句话:“它是最好的时代,也是最差的时代。”更多类似的语句可以用来描述特殊教育:它是有效的,也是无效的。对教育的描述模棱两可的原因是多样的:主要原因之一,含糊地定义轻度残疾群体的参数。有90%被贴上轻度残疾标签的学生,其智能低于可教育标准的智力落后(EMR)、学习障碍(LD)或行为障碍(BD),围绕特殊的识别标准存在相当大的争议,结果是缺乏相似分类。即使这些群体被认为具有相似的问题。这些人群的多种多样化使评价治疗效果变得十分困难。那些感官有缺陷的、肢体残疾的或者严重残疾的儿童并没有遇到多少分类问题。他们的状况比较好定义,要比那些困扰轻度残疾者的任意和非特定的症状更加具体一些。这并不意味着治疗难以诊断的状况就是不可能的。然而,它意味着轻度残疾存在的区别可能会掩饰它的特殊治疗功效,因此,通常无法提供确切的干预功效图片。因此,有效的特殊教育或者无效的特殊教育都是有可能的。问题不在于缺乏特殊教育实践功效的研究调查,而在于缺乏从这些研究中得出明确的结论的可能性。

在更完整地描述特殊教育功效(或是无效)的重要性的努力中,定量综合研究的方法得到了发展;这些方法给评论过程增加了透明度、清晰性和定义。因为这种被称为元分析的方法(格拉斯、麦高和史斯,1981)可以增加评论过程的客观性、可检验性和可复制性,得出的结论更加系统化和清晰。元分析是在公制“效率大小”(ES)的基础上形成的,它把个人学习资料转换成标准偏差单元(Z-分数)。个人ES的计算可以被结合和再结合成揭示关于学习问题的重要信息的不同集合。例如,如果有一个关于特殊教育干预的假想(当代向心治疗法)揭示了( )+1.00的ES平均值,这就显示了治疗人群偏离优越的一个标准。这种关系暗示均衡治疗组儿童的境况要比控制(对照)组的84%的儿童好,而只有16%的控制组儿童的境况比均衡治疗组的儿童好。

总结几种特殊教育功效元分析调查的结果,为特殊教育的一般实践描述治疗功效数量和把特殊教育功效问题设置成不同内容都是可能的(卡瓦莱,1999)。

特殊教育并没有通过在任何干预功效中的准确关系表现它的特色,虽然这些关系很容易想得到(例如,在X和Y情形中做A,或者在Z情形中做B)。虽然这似乎会成为一个严重的缺点,但特殊教育的实践应用并不要求解释性声明,例如,在一个大环境下行动的单一过程。因为特殊教育是不可预测的,它必须从不确定性的角度来看待。这种不确定性把风险带进这个系统中(例如,不知道干预是否有效),也意味着在合理性行为基础上的特殊教育实践是很有必要的。这样的合理行为要求特殊教育从业者拥有多种选择,目的是在面对不确定性时能够保持灵活性和功效性。当人们意识到特殊教育无论成功或失败,都会随之产生相对无法控制和未知的因素,从业者的任务就是通过在当前情形下提供解决儿童问题最令人满意的方案,以便最大限度地降低风险。达到令人满意的解决方法是用从一系列特殊教育教学过程中复杂关联事件和从业者智慧及其经验中提出合理选择来取代教条主义。如果要说特殊教育的本质,那么它可能依然是可变的和不可预测的。因此,当提到特殊教育功效问题时,答案仍然可能没有变化,即它是有效的,或者是无效的。当评价特殊教育实践的时候,这种模棱两可的话对从业者来说是十分必要的。它是最好的时机,也是最差的时机。卡瓦莱(1999)为创造更多的好时机提出了详细的建议。

参见 菲因格尔德饮食疗法;知觉训练;心理语言学;特殊教育研究;标准离差

ELAVIL
阿米替林

阿米替林是一种三环类抗抑郁症常用药阿米曲替林的商业名字。阿米替林和其他三环类抗抑郁症药(TCA)经常作为治疗内源性抑郁症的处方。情感混乱常伴随着植物性干扰(例如,精神运动的降低,胃口差或体重下降,性冷淡),而且不能经常归咎于环境因素,受内源性抑郁症困扰的人通常都具有情感疾病家族史。

在治疗上,TCA 被试图用来降低症状的强度,提高情绪度和物理活动,重建胃口和睡眠类型,一般来说,提高活动水平能促进社会适应性(布卢姆,1984)。这些效果被认为是 TCA 阻碍大脑对胺的再摄取的结果,因此在特定感受器的位置形成更多不同的可接受的邻苯二芬胺(塞登和戴克斯拉特,1977)。

阿米替林不同于其他 TCA 的地方,在于它一般能够产生很强的镇静作用和很大程度的反副交感神经生理作用方面的影响:视力模糊、泌尿系统停滞、便秘、注意力分散等(卡松,1982)。TCA 并不经常用在儿童治疗上,因为过量用药的儿童似乎更容易出现心血管疾病和癫痫发作等方面的危险(布卢姆,1984)。然而,人们经常把 TCA 用作治疗儿童遗尿和严重的强迫症,并逐渐增加 TCA 的剂量(德特雷和亚雷茨基,1971)。在 20 世纪 90 年代,人们对 TCA 的使用量逐渐减少,对 SSRI 这类选择性复合胺再摄取抑制剂(如百忧解)的使用是十分有利的。

参见 多巴胺;氟哌啶醇;安定药

ELECTIVE MUTISM
选择性缄默症

选择性缄默症是儿童早期经常遇到的一种心理疾病。选择性缄默症的特征是儿童拒绝说话。但儿童既有产生言语的生理能力,又有理解口语的生理能力。根据美国精神病协会的《精神障碍诊断与统计手册》(DSM - Ⅲ,1980)的说法,为了保证选择性缄默症诊断的准确性,大部分严重的发展性残疾都包括语言障碍和智力落后,在最初的诊断中都必须先行排除。

当选择性缄默症被普遍认为是一种最早在学前教育和小学阶段发现的疾病时,青春期缄默症的变化被卡普兰和埃斯科利(1973)诊断出来。然而因为对这个概念的讨论先于同时代的许多精神病学定义,所以它没有被详尽地介绍。

虽然选择性缄默症的症状学表征是在 19 世纪末德国库斯摩尔的著作中在讲自由失语症时最先提到的,但是直到 1934 年才被特拉默引用并开始广泛使用(西尔弗,1985)。审慎地回顾文献,选择性缄默症在其他国家也存在,例如以色列(赫西,1981;迈耶,1979)、英国(威尔金斯,1985)、瑞士(黑塞尔曼,1983)、加拿大(宗德罗和斯坎伦,1983)、法国(米切尔等,1982)和日本(小日等,1982)。儿童期疾病显示文化对语言的多样性并不存在太大的影响。更准确地说,选择性缄默症是心因性的,与其病因学因素、社交情绪以及其他发展因素相联系。

选择性缄默症的治疗依赖为儿童提供安全的家庭环境和行为清晰的环境。如果我们试图打破儿童的沉默,那么只会令儿童更加抵抗,通常会导致语言退化或语言丧失的结果。

参见 语言障碍;缄默症

ELECTROCONVULSIVE THERAPY(ECT)
电惊厥疗法(ECT)

虽然电惊厥疗法(ECT)作为精神分裂症治疗方法得到了发展,但是它并没有被始终如一地证实是一种成功的治疗此种障碍的干预方法。然而,主要的情感障碍都服从 ECT 的治疗过程,因此,它被认为是抑郁症治疗中的一种附加躯体疗法,正像美国精神病协会关于电惊厥疗法描述的那样(1978),ECT 过程由一系列治疗组成,通常 6 ~ 10 次,每周 2 ~ 3 次。在每次治疗中,主要传动器的振动都能够被感应。电极设置从双颞设置(切莱蒂和比尼,1938)发展到不发达半脑的单侧设置(戈德曼,1949;兰开斯特、斯坦纳特和弗罗斯特,1958),不发达半脑的单侧设置试图避免由发达半脑的双颞设置和单侧设置引发的所有的精神错乱症状。

虽然 ECT 过程所产生的功效得到了报道,但是治疗所涉及的成本效益问题却没有得到解决。大多数评论认为,短暂的结构改变应该归功于直接电刺激。记忆干扰(前摄记忆和后摄记忆)在治疗之后马上出现;然而记忆过程似乎在停止治疗的 1 ~ 3 个月后开始重组(哈利迪等,1968;斯夸尔,1977),电极设置涉及记忆干扰的程度和形态,双颞设置产生最大的干扰,这些干扰能够破坏语言和非语言记忆。单侧电极设置似乎可以产生与原来猜测的脑行为相互作用相一致的效果(例如,支配设置在口头记忆上产生较大的干扰,而被支配设置则在非口头记忆上产生较大的干扰)。

参见 大脑组织;抑郁症;脑电图异常

ELECTROENCEPHALOGRAPH
脑电图仪

脑电图仪是一种用来测量脑电波活动的机器。脑电波的波动情况是由头皮电极(自动)记录的。为了便于临床使用,电极的放置已经标准化,并且在国际上得到承认(贾斯珀,1958)。大脑的电位在一种称作脑电图(EEG)的记录中被显现在纸上。脑电波的振幅是很小的,它以微伏(伏特的百万之一)来测量,而且必须通过脑电图仪来放大。脑电图显现的电压波动具有很强的节奏感,产生类似波形并会随着被记录的脑区的变化而变化,还会随着年龄和病人的活跃状态的变化而变化。

脑电图的重要信息是它的频率,变化范围在 0.5 ~ 60 赫兹之间(每秒钟为一个周期),人们早就试图为频率的分类提供大致的类型。成人在清醒状态时所特有的类型,主要是由所谓的 α 频率支配,这大致是一种介乎 8 ~ 12.5 赫兹的正弦波。目前临床实践和研究中(尤其睡眠研究)通常习惯使用以下五种波段的划分:0.5 ~ 4 赫兹,4 ~ 8 赫兹,8 ~ 13 赫兹,13 ~ 20 赫兹,20 ~ 40 赫兹(格林菲尔德,1972)。

一般来说,它可以预测个体在未受到脑创伤时会产生哪种类型的脑电波。如果脑功能受损,那么预期脑电波类型的变化能够构成其基础。列文森(1973)指出,主要的病理学改变包括快波、慢波、平波以及所有那些聚集或弥散的波。

脑电图的主要局限是,正常出现的记录,可以在有严重的器官性大脑疾病的清晰证据的情况下提取出来(库西德,1976),另外,有 15% ~ 20% 的正常人会出现异常的脑电图现象(梅奥,1976)。人们发现脑电图在诊断上的准确率大约是 60%(戈尔茨坦,1974),脑电图被证实在癫痫的诊断中最有效。

参见 失神发作;癫痫;癫痫大发作

ELECTROMECHANICAL SWITCHES
机电开关

机电开关和电池开关之类的简单技术是一种容易和相对便宜的向肢体残疾学生提供的接近于电动玩具、小器械、辅助交流设备和计算机的工具。机电开关操控简单,人人可以购买,也可以根据各种类型、尺寸和形状,加工制作。大多数肢体残疾学生使用一些不同类型的按钮,而这些特殊开关的选择是建立在学生已有的活动能力和按钮操作设置基础上的。

带机电开关的电动玩具非常好玩,常常用来娱乐肢体残疾和感官障碍学生。电动玩具的使用在因果关系、独立环境控制和伸抓运动技术的教学上很有效,同时能够为学生练习使用计算机提供一条途径。

参见 残疾人的计算机使用;电子沟通辅具

ELECTRONIC COMMUNICATION AIDS
电子沟通辅具

电子沟通辅具由几种相关的电子部件组成,这些部件是让无语言能力的人用来交流的,包括沟通辅具、界面和输出设备。这个界面是无语言能力的人拿来控制沟通辅具的设备,它是由简易的开关按钮、头部操纵杆指针或者计算机键盘组成的。电子信号被发送到交流辅具上,它能够加工和显示选择性信息信号,这种信息能够通过半导体照明灯(LED)、电子指针或液晶显示器(LCD)显示,然后可以把信息发送到一个或者多个输出设备上,如计算机打印机或言语合成器。

电子沟通辅具能够通过安装启用水平和符号选择技术进行分类(哈里斯和万德尔海登,1980)。有两种安装启动水平:简单的和独立的。简单的电子沟通辅具组成一个界面和沟通辅具,不使用输出设备。简单电子设备的例子是控制杆界面,在文字显示器上控制指示灯。简单电子系统的缺点是听众必须观察沟通辅具和按顺序排序选出来的符号,以弄清信息。独立的电子系统辅具除了增加了一个语音或书面输出设备之外,其他都和简单电子辅具相似。这可以让没有说话能力的人在没有听众协助情况下进行交流。这些设备可能是便携式的,也可能不是。

电子沟通辅具符号选择的方法,可按直接选择或浏览选择系统进行分类。直接选择允许没有说话能力的用户直接选择交流符号,用手指示,用头部操纵杆指示或者在键盘上打字都是直接选择的方法。浏览选择系统是专门为动作控制困难的人设计的,浏览选择系统的界面是非常典型的简单电子按钮。当这个按钮被激活时,这个沟通辅具将会在同一时间浏览一个可接受的符号,当此信号被浏览完毕之后,没有说话能力的人就可以使用这个按钮终止浏览。

参见 加强交流系统;交流板

ELECTRONIC TRAVEL AIDS
盲人电子行走辅助器

独立行走的盲人主要依赖三种行走辅助器:长手杖、导盲犬和电子行走辅助器。电子行走辅助器作为指引装置,能够感知指尖、杖尖和导盲犬项圈以外的一系列情况。这些感觉辅助器使盲人能够确定物体的大概高度、尺寸、方位,感知超声波和电磁波穿透范围内物体的表面结构。它们提供听觉声音和触觉振动,让使用者决定是否避免直接接触信号来源,还是接触该物体,或者简单地用它作为定向和行走目的的参照标准。

参见 行走训练;视觉训练

ELWYN INSTITUTES
埃尔温学院

埃尔温学院建立于1852年。它坐落在宾夕法尼亚州的梅地亚附近,拥有400英亩的校园,是一个综合性服务机构,为学习障碍、发展迟缓、智力落后、盲聋、精神障碍、脑损伤、视力受损、肢体残疾、聋、重听或者多重残疾并且耳聋的学生和成人提供日间服务和住校服务项目。

埃尔温学院的系列服务以康复项目最有特色,这些项目主要是安排家庭和社区的生活,在特殊教育、职业培训和后来那些引导社区独立性的项目之间进行协调,住校期间,学生居住在现代化的学生公寓和社区公寓里。

另外,埃尔温学院在费城、威尔明顿、特拉华、加利福尼亚的方廷瓦利和以色列也开展此项目,美国精神病研究协会提供经营和管理监控,也就是位于新泽西州瓦因兰的瓦因兰培训学校。

埃尔温学院的教育项目为学前到21岁的学生提供白天和家庭住宿。这个项目为学生提供一系列广泛的教育服务,包括综合评价、学前项目、日间护理设施和中小学程度的教育和训练,附属服务包括听力测量、言语语言治疗、行走训练、职业疗法、精神疾病和心理咨询服务以及药物和牙科护理。

EMBEDDED FIGURES TEST(EFT)
拼图测试(EFT)

设计拼图测试(EFT)是用来测量个人不同认知风格的,具体是指场独立型认知和场依存型认知。这个试验是1950年由赫尔曼·温金发展的,EFT要求受试者把一个简单的几何图形放到一个更大的、更复杂的图形里面。场独立型的被试者能够比场依存型的被试者更快地完成这项任务。拉·福伊在1985年发表的评论中指出,EFT跟教学偏好有关,而且可作为判定分析能力的指标。温金、穆尔、古迪纳夫和考克斯(1977)也讨论了认知风格的教育含义。

测试材料包括24张复杂图形卡片(每组12张,分A、B两种类型),一组8张简单图形卡片和一支受试者用来找出拼图的尖笔。拼不出来的平均时间也要计算在内(所有的寻找时间被分成12次),并转换成标准分数。有效的研究表现出好的内部一致性和测验再测验的稳定性,测试与场依存型的繁琐测量相关度更明显。EFT通常用在12岁以上的儿童身上,然而这个试验修改本也适用于更小的儿童(5~11岁儿童拼图测试,和3~5岁学前儿童拼图测试)。同时,它也适用于小组测试。四种类型的版本可以从咨询心理出版公司获得。

参见 评估;视知觉和识别力

EMOTIONAL DISORDERS
情绪障碍

有关情绪障碍(ED)的研究进步大都出现在20世纪。主要以评估手段、情绪障碍学生寄宿学校、普通学校中的特殊班级、儿童咨询诊所、少年法院、专门为犯罪和受虐待儿童编写的法令法规,以及成百上千的儿童病因学论述、诊断和治疗为主题的论文,这些都是20世纪情绪障碍行为研究的产物。

到了20世纪六七十年代,儿童和青少年行为研究项目取得了令人鼓舞的进展。行为矫正技术成为当前普遍的治疗方法,情绪障碍儿童生态治疗方法也得到发展。94-142公法规定,所有儿童都必须接受合适的教育。努力使儿童去机构化,并让他们回归到普通学校中。到20世纪70年代后期和80年代早期,情绪障碍儿童的家庭治疗系统兴起。今天,人们正致力于在教室里教育情绪障碍儿童,使用有效治疗计划来克服他们的障碍。

定义儿童正常功能的问题使得对异常进行分类变得困难,尤其是情绪障碍这种情况,在这里,最初使用的是行为标准而不是专业标准。然而,鲍尔(1969)从教育补救的现实出发,率先将儿童情绪障碍概念化。他提供了一个可行的定义,这个定义由以下五个特征构成:①不能用智力、感官或健康因素来解释存在的学习问题;②在发展和维持人际关系方面存在困难;③对环境的行为或情绪反应不适当;④常常弥漫着不愉快或沮丧;⑤有与学校或个人有关的身体疾病或恐慌等问题的发展。经过很长一段时间,在程度上明显出现这五个特征中的任何一个或一个以上都足以做出诊断。鲍尔的标准在94-142公法中被一字不漏地采用了,另外,94-142公法把精神分裂症和自闭症儿童称为严重情绪障碍,而且认为他们不同于情绪障碍儿童,不能适应社会。1981年自闭症儿童从情绪障碍类型中分离出来,并归入健康损伤类型,后来终于有了它自己的分类。

虽然有政府法令作为儿童异常分类的基础,但是情绪障碍标签在文献上引起了很大的争议。据报道,儿童情绪障碍和行为障碍之间的差异很难界定(琼斯等,1985)。在学习障碍中,最初和第二次情绪障碍之间的差别很容易被混淆(琼斯等,1983)。该定义的缺点已导致没有办法发现情绪障碍儿童,并为他们提供服务(麦克奎因,1984)。虽然鲍尔(1981)对情绪障碍分类目录中模糊不清的类别已经进行了公开的讨论,但他继续拥护使用经修订过的情绪障碍的术语和他原来的诊断标准。

由于在儿童精神障碍的前期和持续期下准确定义很困难,所以情绪障碍的发生率或者在任何时间点上及时诊断个案的数量都是不存在的,然而,优势的评价或任何时候存在的个案数量都是可用的,都是以收集教育和精神病视角的资料为基础建立的。

一些个体的差别可变因素已被作为判断儿童期情绪障碍的重要相关因素,性别尤其是重要的相关因素。在学校期间,男性比女性更容易被察觉出来,更多男性接受精神病行为障碍诊断,更多女性则接受精神病的情绪障碍诊断,尤其是在青春期(奥福德,1983)。种族和家庭特征也是影响因素。黑人可能比白人更容易被识别,而父母受教育的程度和家庭的社会经济状况也是影响判断的因素,但它们的影响刚好与前面的因素相反。家庭变化的重要性是由普通家庭和破裂家庭、儿童期精神病诊断、婚姻不和谐与父母离异(奥福德,1983)之间紧密的联系支持的。

从轻度到中度情绪障碍的病因学往往不可准确区分,但成为主要原因的两个因素似乎占主导地位,包括社会环境因素和生物学因素。遗传因素很重要,从迄今为止的信息来看,只有更严重的精神疾病才是由遗传引起的。

参见 儿童精神病;儿童精神分裂症;品行障碍;精神神经障碍;严重情绪失调

EMOTIONAL LABILITY
情绪不稳定

情绪不稳定是指迅速变化或不稳定的情绪,是一种精神病的名称。它是由试图把临床个案中不正常的情绪障碍反应的性质方面归类发展而来的。不稳定性通常被用来描述情绪状态变化快速而明显的严重的情绪状态。不稳定的情绪障碍不但具有精神机能障碍特征,而且可以用来形容正常儿童在面对紧张和危机时的情绪反应。然而持续的情绪不稳定被认为是病态的,是由许多不同因素引起的。儿童情绪不稳定的首要病原是中枢神经系统功能脆弱和满足环境要求时产生的沮丧(斯旺森和威利斯,1979)。

参见 情绪障碍;严重情绪失调

ENDOCRINE DISTURBANCES
内分泌失调

糖尿病(一种胰腺病)和发育迟缓是两种常见的内分泌失调。健康个体的胰腺分泌、胰岛素对血液中大量葡萄糖起反应。葡萄糖进入细胞时,胰岛素是必不可少的,有助于细胞生长。在儿童糖尿病患者中,胰岛素或葡萄糖正常功能机制丧失,胰岛素的产生或释放严重不足。因此,儿童必须依赖外部胰岛素资源,也就是每天往手臂和大腿注射胰岛素,这些儿童必须适量进食某些食物,来满足他对葡萄糖和胰岛素的需求。

每天这样的胰岛素注射和饮食安排给儿童及他们的家庭带来很多问题。儿童和其父母之间可能出现有关过度饮食或血液中葡萄糖常规测试和胰岛素注射问题之类的争论。儿童或其父母的矛盾心理可能会伴随着较差的学业表现或其他行为问题。糖尿病控制差也可能消极地影响儿童的能量水平、专心和神经心理功能(罗森布洛姆,1984)。

儿童糖尿病的管理可能是造成压力的源头,一些家庭中的摩擦,特别是那些处于青春期的糖尿病患者,会用疾病管理来向父母显示他们的独立和个性。儿童会因为他们的病而感到尴尬，甚至会被同伴取笑。如果这种病得不到很好的控制，儿童就会失去到学校学习的机会。那样的话，他只有在家里接受教育。虽然大部分糖尿病儿童都过着相对正常的生活，但是有些糖尿病儿童却不同。所有这类儿童都接受其他同龄人不需要的治疗先天性糖尿病的安排（斯坦和杰索普，1984），例如，他们一日三餐必须避免摄入过量的糖，每天必须早起去接受胰岛素注射，儿童和他的父母应该去咨询，以决定糖尿病学生在学校的个人学业。

发育迟缓或侏儒症是另外一种内分泌失调。患有这种失调的大部分儿童，最后都会有正常的身高，但在青春期发展前期，身高却是延缓发展的。一小部分儿童存在特殊的荷尔蒙分泌缺陷，如特纳氏综合征（女性染色体异常）和垂体机能减退（生长荷尔蒙数量不足）。

患有特纳氏综合征的女孩子在空间关系上存在一些困难，这些困难会影响她在学校某些科目的学习表现，如几何或地理（霍姆斯，卡尔松和汤普森，1985）。值得强调的是，患有特纳氏综合征的女孩子不仅聪明，而且在其他学科的学习上表现却很好，这可以弥补她们在空间关系方面的不足，尽管这些科目对他们来说仍比同龄人学起来要困难一些。

关于垂体机能减退儿童的行为问题和认知缺陷类型的资料相对较少，儿童大脑各个部位都可能存在这个问题。原则上，垂体机能减退的儿童应该接受学业成绩、认知能力、记忆力、动作和感官活动与社交能力等方面全面的神经心理评估。由于这些儿童个子非常小，所以他们可能会被同伴嘲笑，同时父母对他们的期望也较低。他们因为个子小而成为“班级小丑”或“学校吉祥物”。教师应该记录下他自己对侏儒学生的反应，以确保他是根据年龄而不是体型来对待这个学生的。

当侏儒儿童进入青春期时，可能会出现因人际交往困难、无力参与适龄活动和自卑而导致的行为问题、社交恐惧或者学业成绩差（霍姆斯、卡尔松和汤普森，1985），有些学生找到他们擅长的学科来应付身材矮小给他们带来的困扰。

参见 糖尿病；侏儒症；家庭对残疾儿童的反应

ENGINEERED CLASSROOM
工程教室

由弗兰克·M·休伊特设计的工程教室是一种教育行为不当儿童的发展性策略。休伊特（1968）认为其他策略，如认知神经学、神经机能—人际交往和行为矫正，可以改善某些情绪障碍学生的行为问题，但是发现他们的目标或方法都存在局限性。工程教室根据已有的目标和程序为教学环境中的残疾学生治疗提供更为全面的策略。虽然原来的概念被运用在情绪障碍学生身上，但是休伊特表达了他的看法，工程教室的许多组成部分也可以运用于智力障碍和学习障碍学生身上。

工程教室被设计成由课程、条件和结果构成的“学习三角形”（休伊特，1984），这 3 个基本要素构成了工程教室课程：①教师需要思考和提供小步骤教学；②这些步骤是教学的基础；③这些步骤和程序是有序的。

这些课程领域是作为发展学生的学习能力、教学的结果而设计的，按顺序的 5 个阶段包括：参与任务，对任务做出反应，听从任务指定步骤，探索环境，在社交上与其他人进行互动以及掌握基本学习技巧等发展学生技能的目标和活动。补偿课程下的条件必然需要一套由教师和策划者控制的变量。这些变量包括：学生什么时候完成任务，他们在哪里完成任务，他们如何完成任务，他们还要继续工作多久，教师希望学生做到哪种程度，学生能够完成到什么程度。学习三角形的第三个因素，行为结果是由正强化或惩罚形式导致的，这些形式是根据任务完成情况决定的。在学习能力的每个课程阶段，休伊特和泰勒（1980）都给出了具体的目标和方法。

在反应阶段，动作协调、口头语言和非口头语言、任务反应技巧都得到发展。反应技巧的发展在教育环境下能帮助学生们通过改进基本的反应系统更适当地互动。这是通过教师为学生提供进一步教学来引导学生反应（无过错学习），通过控制成功的必要条件（连续的近似值）来完成的。另外，反应障碍通过掌握动作和语言反应技巧而减少。

命令阶段由下述说明和学校协调任务组成，要求学生显示找到、临摹一个模型并遵循多步骤说明的技能。技巧发展过程要求学生必须通过完成特定任务和后续任务来决定出发点。教师必须清楚地向学生呈现任务程序，以便最大限度地降低混淆或冲突。知觉动作训练任务经常用来发展命令阶段的能力。

课程的下一个阶段即解释阶段，须经过设计以促进学生积极参与教室与社区活动并发展学生对环境的认识。本阶段的目标集中在学生对他们所接触的物体、事件和经历的所表现出的好奇心，教师把学生置于一系列丰富的多感官体验中，鼓励他们运用自己的感官通道探索和学习他们周围的环境。和其他阶段一样，教师为学生创造能够把握的机会，降低学生的混淆和冲突。预测结果的活动常常用来发展对因果关系的理解，发现可预测的因果关系可以帮助学生意识到现实减少幻想。专注于现实有助于学生克服他们对周围环境不合理的害怕和错误理解,科学和艺术活动被用来引导学生探索周围的世界(休伊特,1968;休伊特和泰勒,1980)。

在学习能力的社交阶段,培养学生与同伴、老师和他人建立并保持关系的技能(休伊特和泰勒,1980)。学生积极的自我定义也从自信、沮丧和情感情绪方面获得发展。教师组织各种活动来鼓励学生和周围其他人之间的交流。学生使用新型交流装置(如步话机、隐形墨水和电话)参加需要合作并且和两个或两个以上的个体进行交流的活动。合作活动常常是发展替换技巧和延迟收到奖励的忍耐力,模仿、训练与角色扮演技术,使正确的社交行为的发展和保持更加容易,同时,多个学生之间的竞争取代了两个学生之间的竞争。

掌握阶段必须发展基础学业技能,而这些技能要求在学校里能够成功运用。这些技能包括阅读、写作、数学和职业技能,强调通过使用进一步的反应暗示和结果来建构学习。广泛使用无过错学习策略在本阶段是典型的。个人任务的具体结构是由任务相关操作、并主要由条件好坏程度决定的。掌握阶段的任务被分解成许多小步骤以鼓励和简化学习。

工程教室最突出的特征之一是学习中心的实物安排(学习三角形条件方面的一部分),这个房间被用来鼓励不同课程阶段技巧的发展。

行为结果是工程教室的附加成分。工程教室中的行为或导致积极的结果或惩罚。通过任务投入增强物(如,知识掌握、知识结果、多感官刺激、任务完成情况)或者教师提供的外部增强物(如,物质强化物、学分、社会认可),学生就可以获得适当的行为。主要的惩罚技术包括反应成本、时间花费和矫枉过度。教师通过使用工作记录卡式的登记符号系统来监督学生行为,教师每隔15分钟就实施或停止登记符号。因此,每堂课都被分成3个15分钟的工作时段,每一个时段又有5分钟的监督时段(休伊特和泰勒,1980)。

参见 行为矫正;课堂管理;多种感觉并用教学法

ENRICHMENT
强化

强化是一个常常用来表示对天才青少年区分教学的方式或方法的术语。它也经常用来表示任何能力水平的青少年的补充课程。相反,当该术语涉及天才青少年的教学方式时,可以被定义为,诸如跳级、个别化或分组之类的术语。然而这些术语可能主要与管理安排相关,就像强化这个词可能与典型班级中为天才学生配备的教师管理方式相关一样。管理跳级是指天才儿童提前入学,在小学跳级,或提前进入大学。个别化可能涉及天才儿童在不分等级的学校里连续进步的管理安排,最后,分组可能会涉及把所有具有数学天赋的儿童在七年级时招收到"荣誉"数学班。这些管理方式部分来自于天才儿童的天资或需求,他们往往要求使用他们独立的取舍或选择权,而非无视天才儿童的特殊需求。

马斯和加涅(1983)宣称,为强化这个术语以及相关术语,诸如跳级、人别化和分组的定义必须考虑到天才儿童的独一无二的特性以及他们的相关的特殊需要。然而他们认为天才和聪明儿童的特征清单包含范围很大,甚至是矛盾的。通过他们自己对天才学生特征研究的回顾,他们概括出四个基本的普遍特征:①学习速度快;②轻松学习复杂的材料;③兴趣广泛;④某个特别的兴趣非常浓厚。伦祖利(1979)的天才三环概念可能跟强调能力的组成(学习速度快、复杂学习和任务的投入)、兴趣的深度很相似,但伦祖利的第三部分认为创造能力可能没有反映马斯和加涅的概念。不过,在他的强化三合一教学模式中,他提出了一个类型强化1,即为天才儿童提供广泛兴趣的学习机会。马斯和加涅说,这样的活动可能会满足多种兴趣特征产生的需求。三合一模式中类型2的强化涉及传授思考和感觉过程的团体教学活动,而类型3是在调查实际问题的时机中而涉及强化的。类型3可能与马斯和加涅指出的天才儿童的特性和特殊兴趣的深度相关度大。

斯坦利(1979)提出了4种类型的学业强化:第一种是忙碌工作,或者做比所有学生所做的同类工作更简单的工作;第二种与学业强化无关,是不关心天才儿童的特殊才能或特征的补偿教学;第三种是文化的强化,在艺术和外语上为学生提供课程,忽略学生的天资或能力;第四种是相关强化,直接为天才儿童提供与他们的天资或特点相关的教学(如,为数学天才儿童提供数学强化的课程)。与这四种强化类型相对应,斯坦利提出,加快总是垂直的,使天才儿童达到更高水平,与他用的垂直这个术语相对应,水平的这一术语常常被用来形容强化。斯坦利把它描述为在同样困难或复杂水平下传授更多内容的过程。

坦嫩鲍姆(1983)认为,天才儿童的强化通常要求不同于常规的课程,因为它是专门设计用来满足天才儿童的特殊需求的。坦嫩鲍姆继续提出一个能够为天才儿童设计课程的加强模型,这种模型要求与五种类型内容相协调:①技巧扩展;②用更少的时间教授核心内容;③拓宽专业知识内容;④教授与教师的特定专业相关的教学内容;⑤校外良师的经验。这个模型也涉及更高水平的思考方式和社会情感变化,这些变化可以运用到所有课程领域中去。

强化这个术语最好运用到课程经验中去,可以补充或取代常规课程,对天才儿童的强化应该专门用来满足他们的特殊需求和能力,让他们去学习更多更复杂的材料。加快包括学习或传递过程:对他们的教或学要比一般学生早,而且接受速度也比一般学生快。管理加快应该用来满足天才儿童在一定水平教学的需要,使他们的准备或学业水平跟他们所需要的快速学习或快节奏学习速度相配。然而,人们应该认识到,天才儿童等不及学校开设加快课程,他们会自己或在父母或兄弟姐妹们的帮助下,在正常课程之前已学习了新的技能或信息。在家庭和学校里,他们理解和学习新技能及信息要比其他儿童快得多。

天才儿童理想的教育计划为他们提供强化课程和加快课程的组合,即,这些学生被允许进入更高和相应水平的常规学校,根据他们的学习能力进行同步教学,让他们体验或满足扩展知识和更复杂学习需求的强化或加快课程。

参见 天才儿童的跳级安置;天才与资优儿童

ENRICHMENT TRIAD MODEL

加强三合一模型

加强三合一课程是由J·S·伦祖利(1977)发展的专门为教育天才儿童而设计的教学模型。伦祖利的模型是为具有三组相互作用特征的学生设计的,这3个特征包括:创造力、高能力和任务专注度。根据这3个特征来判断参加基于图1描述的加强三个相互联系的类别计划的学生,这些类别包括:类型Ⅰ,一般探索活动;类型Ⅱ,团体训练活动;类型Ⅲ,个人和小组实际问题调查。前面两种类型(类型Ⅰ和类型Ⅱ)被认为适合所有学生,然而类型Ⅲ是为有高水平经验的天才学生在自我选择基础上构成的。

图1

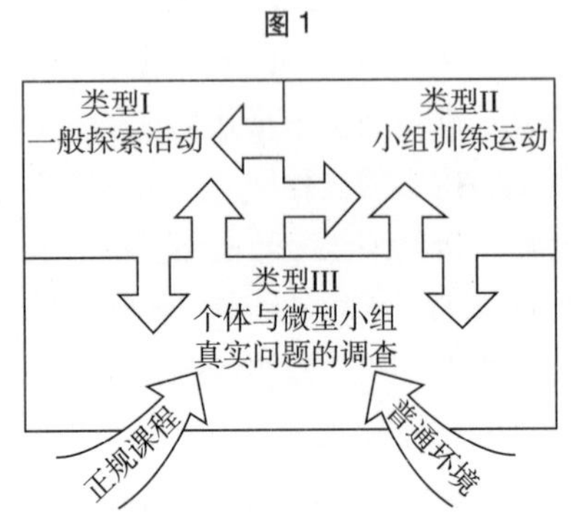

参见 天才与资优儿童

EQUAL EDUCATIONAL OPPORTUNITY

平等教育机会

平等教育机会最早的形式是一种信念:教育是“对最穷、最弱和最卑微的人也要开放。到处都是雄心壮志,场地是清晰的,竞争是公平的。来吧,尽你所能去赢得你想要的东西”(伍达德和沃森,1963)。许多公正的决定都是在平等教育机会这个基本的前提下确定的。

在人们对什么构成平等教育机会普遍达成一致看法时,仍然存在一些不确定性,因为这意味着入学、教育过程和教育结果是否平等(海曼和沙夫,1981)。关于残疾学生,平等机会的概念集中在平等的入学机会和教育过程的公平上。

第一个关于残疾学生教育平等机会的决定(1971)为宾夕法尼亚州不能延迟和拒绝残疾学生进入公立学校读书提供了依据。另外,那些向学前儿童提供教育的学区也被要求向残疾儿童提供教育。哥伦比亚特区的一个相类似的案例导致了类似司法命令的出台。“如果没有办法为这个体系所需要的、合意的服务项目提供充足的资金,那么可用的资金必须以这样的方式平等地花费,即,不得将儿童从符合其需要和能力的公共教育中完全排除,应让他们从公共教育中获益。”

除了由法院提供的保护之外,许多州的司法部长还解释了包括残疾儿童和青少年的公共教育在内的州法律、规则和行政方针。

随着94-142公法,即《所有残疾儿童教育法案》的通过,联邦政府将平等教育机会的概念延伸到包括教育实现在内的过程。这些权利在《残疾人教育法案》和《美国残疾人法案》中都得到重申。残疾人不仅有权接受所需要的教育,而且在可能的范围内,应被提供和健全学生一起在普通课堂学习的机会。此外,残疾学生还要接受专门为他们设计的教学,以满足他们特殊的需要,以及残疾学生所需要的相关服务(例如,听力学、心理学服务),以使他们能够从特殊教育中受益。

参见 美国残疾人法案;残疾人教育法案(IDEA);回归主流

EQUAL EMPLOYMENT OPPORTUNITY COMMISSION(EEOC)

平等就业机会委员会

平等就业机会委员会(EEOC)的目的是消除基于种族、肤色、宗教、国籍、聘用年龄、升迁、解聘、工资、测试、训练、学徒身份和雇佣的其他条件方面的歧视。这个委员会还通过那些使平等雇佣机会得到实现的职工、协会和社区组织来促进自愿行动项目。EEOC 也要为在联邦雇员和申请者中所有关于平等雇佣的顺从和强迫性活动负责,包括残疾歧视。

EEOC 是基于 1964 年《公民权利法案》第七章创建的,该章在 1972 年的《平等雇佣机会法案》和 1978 年的《怀孕歧视法案》做了修改。委员会的五个成员由总统提名委派,参议院同意其任期五年。总统指派一名委员当主席和法律顾问。委员会的工作已经获得信任,并全面禁止对各种群体的各种形式的歧视。1978 年的重组计划之一转向了 1973 年《康复法案》的第 501 款,这与联邦政府中存在的反对残疾人的雇佣歧视有关。

EEOC 设有专用办公室,负责接受反对公共或私营雇主劳工组织,联合劳工管理和学徒项目的投诉书,监管工作歧视和年龄歧视。私营企业或州或地方政府中违反第七章的行为必须在公然违反的 180 天内向这个委员会提出诉讼。如果找不到协商解决的方法,那么这个委员会有权在联邦法庭提起诉讼。该委员会鼓励先协商,然后才由委员会做出裁决,这些裁决是通过事实调查会议和安抚、讨论及劝说的非正式方法做出的。

EEOC 已经颁布了几条雇佣政策和实践方面的指导意见,其中最全面的是性别歧视方面的方针(1972 年 4 月 5 号)和关于雇佣选择程序方面的指导意见(1970 年 8 月 1 号)。该委员会还是少数民族和妇女就业资料的主要出版商。

参见 残疾人的公民权利;平等教育机会

EQUAL PROTECTION
平等保护

平等保护是一个经常应用到社会所有人应得的差异治疗过程需要的术语。在特殊教育中,平等保护用来表示安置过程或者任何可能导致儿童不同对待的行为。这个术语来源于美国宪法的第 14 次修正。

简单地说,宪法的第 14 次修正平等保护条款提供了直截了当的陈述,这个意义深远的主张是“没有哪个州会……拒绝法律平等保护的权限内的任何人”。法院系统已经用大量案件解释了这个陈述,而且普遍主张并不要求所有人任何时候在任何法律下都能够得到平等对待。第 14 次修正的平等保护条款中宪法保证的本质是任何规则或法律所做的分类必须合理和不具备独断的性质。在确定合理的分类时,法院通常注意观察:①分类本身是否是合理的分类;②分类是否促进合适的或合法的政府意图;③分类的亚群或分类是否都被平等对待(塞尔斯等,1982,1999)。

在任何时候这个分类都会影响基本权利或与嫌疑标准有关(例如,在统计学上,就与被保护的阶级成员如种族或残疾相关),司法官员也会检查另外两个标准。被法庭识别出的可疑的标准包括种族、宗教、国籍、外国身份、合法性、贫穷和性别。然而,和这些分类相关的歧视几乎每天都发生在学校,它一定是建立在这些群体有效的差别基础上的。

法院认为,当任何基本的宪法安全措施被侵犯时,包括平等保护条款(例如,埃珀森,1968;英格拉哈姆、赖特,1977),他们都有权干预学校的行动和其他活动。这个保护条款经常被用来保护学生在各种场合接受教育的权利;它可以被解释为拥有授予平等教育机会的权利。在提供教育时,学校教育系统不能够歧视各群体的人,除非有实质的和合理的歧视目的。在 94 – 142 公法即 1975 年《所有残疾儿童教育法案》通过之前,提倡为残疾人取得进入那些排斥他们的公共学校的权利而斗争,很大程度上依赖第 14 次修正的平等保护条款来赢得他们的官司。平等保护条例同样为被化分为残疾儿童的儿童的利益而被引用。这些儿童争辩他们不是残疾,在特殊教育项目中,他们无法接受普通儿童的常规教育,没有受到平等保护。

ERRORLESS LEARNING
无过错学习

无过错学习是构造一项任务的实践,以便使学生学会一项技能或概念而没有机会犯错误。进行一次详细的全部辅助技能的分析,然后布置一次任务分析。教师向学生提出的任务遵循一个使成功的可能性最大化的范例。如果学生出现错误,计划就可能被打断。系统使用一个暗示系统以使成功最大化。它也构造反应选项以使成功最大化。第一反应需要无差别地对待学生的作用,但仅仅组成模型(正确的反应)提供给学生。在第二个阶段,正确的反应和挫败会给正确反应提出一种暗示。随着教学的进步,必须做出的区分变得更复杂。该模型已经用于严重智力落后和年轻的学生身上。模型的合理性是通过构造任务以防犯错误,使学习更有效率。学生不犯错误,也就不会浪费时间去重复错误。

参见 直接教学;学习无助;任务分析

ESQUIROL,JEAN E
琼 E·埃斯基罗尔(1722—1840)

琼 E·埃斯基罗尔是法国的一位精神病学家。他曾在巴黎的菲利浦·比内尔指导下学习,并继承他成为萨尔比特利埃的本地内科医生。他对法国精神病机构的不人道做法的揭露为法国医院如何经营做出了巨大的贡献。埃斯基罗尔确定和描述了精神病的主要形式,并在1838年出版了《精神病的治疗》一书。这是第一本有关这个学科的科学治疗的著作。

ETHICS
伦理学

在最广泛的意义上,伦理学是这样一门哲学,它关心的是人们如何对待他人。为在传统方式中陈述这点,我们会说,伦理学感兴趣的是"应该是什么",而不是简单地"是什么,已经是什么和将来是什么"(西奇威克,1902)。在最经常与特殊教育人口一起工作的教育、医学和精神健康专业人员中,伦理学最经常讨论的是它的原理和正式的伦理法则,通过提供标准和指导,专业人士可以据此指导他们的实践。虽然伦理学关注的是分清对与错的问题,但更重要更困难的是,特殊教育专业人员必须对那些或好或坏的问题做出理论的区分(施泰宁格和加西亚等,1984)。这些情况是真正的伦理上的难题,因为合理的情况可能由每一种选择产生,然而每一种选择的伦理法则是有冲突的,而且常常是一个选择排斥另一个选择。

特殊教育专业人士包括特殊教育教师、顾问、社会工作者、心理学家和研究人员,他们在各种环境内工作,包括在主流教室、自足式班级、社区机构、康复医院、慢性病儿童之家和青少年法律教育机构以及其他机构。虽然提供特殊教育服务的要求和机构的组织结构变化很大,可是指导专业人士实践的伦理法则和标准是非常相似的。通过各专业组织出版的伦理道德书籍都体现了伦理法则的基础:自主、公正、忠诚、不邪恶(不做伤害别人的事的责任)以及由基奇纳所区分的慈善(做好事的责任)。他是建立在较早的伦理学家比彻姆、奇尔德雷斯(1983)和德兰斯(1982)的成果上的。

各种伦理道德,包括美国学校顾问协会(1992)、美国咨询协会(1995)、美国教育协会(1985)、美国心理学协会(1992)、美国社会工作者协会(1993)和其他组织制定的伦理道德定期地被修改,以便使之反映社会价值观和主流的变化,当然也包括法律裁决和法定条件。所有的专业人士都有责任认识他们特定专业的伦理道德。因为这些道德代表了他们成员的专业的期望。在某些情况下,这些道德命令或禁止具体的行为;在不怎么明确的情况下,它们为进一步思考提供了方向。

ETIOLOGY
病因学

病因学是关于疾病和损伤原因的研究。然而,当考虑到残疾人时,不仅要考虑特殊的原因,如果知道的话,还应该考虑受到影响的个人经历并对其进行干预。技术不仅越来越多地促使各种障碍起因知识的增加,而且增强了一些改善条件的能力。只有在最严重的个案中原因和结果之间的关系才是一对一的。研究还促使了对一些假定障碍的起因和多种可能构成这些起因基础的因素的重新思考。特别是,对行为基因研究的调查正在促使正常和异常发展观念的改变。

EUGENICS
优生学

优生学这个术语涉及试图改进人类的遗传特征。改进人类血统的观念起因于人类特点和能力的多样性以及家族特点遗传的趋势,因此人口数量可能会通过从最好的世系的繁殖而得到改善,这和在植物和动物身上已经获得的很大的成功是一样的。这个观点早在公元前6世纪初就由希腊诗人塞奥格尼斯表达出来了,不同理想状态的优生学计划在柏拉图的著作中也有论述。

优生学虽然是一个古老的观念,但它随着达尔文进化论的普遍接受获得了科学的可靠性,这种人是环境进程中的产物的观念,现在存在并一直延续到未来。优生学这个术语是1883年由弗朗西斯·高尔顿提出的,他受到其堂兄查理斯·达尔文著作的深刻影响。高尔顿的优生学建议主要是围绕着为年轻人结婚和养育大家庭,提供奖学金和其他奖励,并协助那些低能力的人限制其家庭规模。

很明显,在一段时期内适当地执行优生学项目能够取得相当的成功,但也应注意到,没有这样的项目,即使想小规模地证实其成功,也要花费足够长的时间合适地执行才行。为了影响人类进化的过程,优生学项目不得不在很长一段时间内改变世界人口基本部分的相对多产。现在的人口是如此庞大,政治上是如此无序,以至于很难想象过去的优生学建议到底能够起多大的作用。人类的繁衍类型显然是受到了人类仍然无法控制的力量的支配。

现代人是从人类的祖先现代猿人经过一百多万年的进化发展来的。虽然我们对这个进化过程的细节知道得还很少,但最早的人类可能作为狩猎者和采集者战战兢兢地生活在隔离的小群体中,并分散在一个广阔的地区内。智力、语言习惯和协作能力都是极其有力的选择,因为这些特性的进化是很快的。良好的遗传特性似乎只选择良好的文化适应,以至人类文化必须与人类生物学一起进化。

在过去的1万年中,人类作为农民已经居住在固定的住所里。奥斯本(1968)回顾了在遭遇到现代影响之前农业原始人所表现的繁殖力的研究。这些研究表明,成功的农民往往比那些不成功的农民更易于拥有更大的家庭,他们的子孙往往也倾向于有更好的生存机会。上个世纪的统计数据也显示,成功的教育和收入往往比不成功的家庭更容易培养较多的孩子。因此,在大部分人类历史中,人类显然已经有了优生学的繁殖类型。毋庸置疑,这是人类当前成就水平的基本原因。

此时预测人类遗传的未来是极困难的,因为基因学和生物学领域正在获得迅速发展,很可能导致人类新的繁衍技术的发展。虽然我们现在已经有了试管受精的技术,这个通常是用来区分婴儿出生和婴儿养育的基因选择的。也许将来会使用这种技术来克隆人类和改变人类的基因密码。这些可能才刚刚开始,其他的可能性都还不能够预见,目前还不是颠覆当前非优生学的繁衍趋势这项艰巨的政策性任务的合适时机。

参见 遗传咨询;行为中的遗传因素;遗传

EUSTIS, DOROTHY HARRISON

多萝西·哈里森·尤斯蒂斯(1886—1946)

多萝西·哈里森·尤斯蒂斯在美国为盲人介绍了导盲犬的使用。尤斯蒂斯出生在费城,后来,她在瑞士自己的庄园建立了一个实验性的养狗场。她和自己的丈夫乔治·莫里斯·尤斯蒂斯及一位养马师、训练师艾略特·S·汉弗莱一起,开始一项实验性的为警察和军队饲养狗的计划。她还经常意识到,经过训练的导盲犬在德国已经被盲人成功地使用了。

为了让人们知道导盲犬能够使盲人的独立生活和非独立生活有很大区别,她曾为《星期六晚报》专栏写了一篇文章"看得见的眼睛",力劝盲人用狗来当向导。结果收到大量来自美国盲人的邮件,于是1929年她在田纳西州的纳什维尔建立了美国第一所导盲犬训练学校。有17位男士和妇女以及他们的狗在这里接受训练,一年后该校搬到新泽西州的莫里斯顿,并一直延续到今天。

EVALUATION

评价

从最广义的意义上来说,评价主要关心价值或者优点的确定。它包括在判断一个项目、一件产品、一个程序或对象的价值的使用中获得信息。在一定程度上,这样的判断是以精确的信息为基础的,要用系统的方式搜集信息,只有这样,才能说进行了评价,选择的真正价值才能得到确定。

因此评价是一种受过训练的调查的形式,但是不应该把它和研究相混淆,研究的目的是对不同现象描述变量进行功能性关系测试得到结果,来获取概括性知识的。评价和研究的区别在于它们的焦点、概括性和价值的重点不同。评价的焦点是做出决定;而研究寻求的是结论。评价结论的概括性很低,而研究结论的目的却在于高概括性。评价的价值在于确定价值,而研究的价值在于寻求法律关系形式中的真理。

虽然人们对评价的性能已经达成了一致看法,但是关于具体的评价性能仍存在多种模式。例如,一种模式将评价视为只是教育测量的同义词(如,埃贝尔,1965),而另外一种模式认为评价是建立在专业判断基础上的(如,艾斯纳,1975),代表的是对精确测量的选择。这种模式常常被信用机构使用,它的判断是以专家的意见为基础的,不管在做那些判断时所使用的资料和标准是否清楚。20世纪30年代期间,泰勒(1942)引进了评价这个模式,这种模式建立在是否能够达到目标的评价的基础上。评价被认为是一个具有清晰具体目标的比较性能资料的过程,它以多种形式呈现出来(哈蒙德,1973;梅特费塞尔和迈克尔,1967;波帕姆,1975)。

其他模式强调外部标准在评价中的使用(克龙巴赫,1973),其中由斯克里文阐明的一种模式(1967,1973)描述了结构和累积的区别(例如:结构评价者试图改进发展性课程,而累积评价者则评价完整课程的价值),同时还描述了游离评价(关注项目成果,包括计划达到的成果还是超出预期的成果)。

斯塔克(1967)发展了支持性评价模式,这种模式强调两个基本操作——描述和判断,这两个操作混合了教育项目的前提、执行和结果三个阶段,每个基本操作都在描述方面设置了目的和观察资料源,在判断方面设置了标准和判断资料源,只有在这些资料源的基础上,才有可能进行相对比较、绝对比较或者相对比较和绝对比较两者相结合。

另外一类评价模式关注的不是自身价值的确定,而是是否有利于确定必要资料的收集和展示(阿尔肯,1969)。例如,斯塔弗尔比姆等人(1971)的CIPP模式,它代表4种评价类型:内容评价(确定目标的理由)、输入评价(如何利用资源达成项目目标的信息)、过程评价(项目程序设计缺陷的识别)和产品评价(对成功项目的测量和解释)。这些评价在描绘(如:集中)、获取(如:收集、组织和分析)、提供(如:综合)信息的内容中使用。另外一个例子是差异模式,这种模式特别关注安置标准和实际表现的比较。表现标准和结果差异的比较可导致 4 种选择:不可改变的进程、可变的表现、可变的标准和终结项目。

评价对于特殊教育而言是一个重要而且必要的过程。专门的课程,方法论,使用的材料,以及服务提供体系的多样性,都需要接受评价以确定它们的价值。这种程序的功效不能被假设。特殊教育的评价也必须建立在个体水平上,94 - 142 公法所提供的证据表明,个别化教育计划包含确定的标准和程序,至少每年应评价一次,看目标是否达成。个别化教育计划评价表是可变的(詹金斯、德诺和米尔金,1979;马厄等,1980),但是都与上述评价模式有概念上的联系。这个评价应该经过设计以确定 IEP 的有效部分,这样它们就可以继续执行下去或者得到扩展,而当执行过程中发生变化时,无效部分应该被修正、删掉或重新制定。

参见 项目评估;特殊教育研究

EXCEPTIONAL CHILDREN(EC)
《特殊儿童》(EC)

《特殊儿童》是特殊儿童理事会(CEC)的一份官方学术刊物。从 1934 年以来一直在出版。这份季刊主要征集和发表下列类型的文章:特殊教育领域的基础理论研究论文,受特殊教育工作者关注的有关主题,有关特殊兴趣的重要研究计划,综述性论文,以及联系特殊教育实践的应用性论文。

EXPECTANCY AGE
期望年龄

期望年龄是一种将智力或学业才能测量与成绩测量的表现相比较的方法。这种方法可能起源于 1920 年由雷蒙德·弗兰岑提出的成绩比率。弗兰岑拥护用学生的成绩测试得到的学科年龄,除以他的智力测试得到的智力年龄。此公式为:

$$100 \times (\text{学科年龄}/\text{智力年龄}) = \text{学科比率} \quad (1)$$

公式(1)可应用于各个通过特定成绩测试测得的学科领域。阅读、数学两科的比率可以分开计算,其他学科的成绩测试结果也可利用。学科比率在 100 以上的,表明表现比期望的学生的智力年龄要高,而学科比率低于 100 则表明表现比期望的学生的智力年龄要低。学生的学科比率的平均值表示为成绩的商,是一个与智力年龄有关的总的成绩的指标。但许多严重的技术上的缺陷使得相关成绩与智力能力的比率不再使用。

当前的开发者与使用者,与他们在 1920 年时的对手一样,继续在寻找与智力和成绩测试结果有关的有意义的方法。政府对建立鉴定有严重学习障碍儿童的程序的介入无疑地给测试用户带来了更大的压力。使用年龄等值或年级等值的一些差异公式的扩散导致了更多的混乱或合适的实践(雷诺兹,1981)。例如,当只有智商是可行的时候,智力年龄的使用才可从智力测试中直接或间接地得到。要建立期望年龄,有时已经从解决公式(2)的 MA 开始。

$$MA = (CA)(IQ)/100 \quad (2)$$

在各种成绩领域(例如,阅读、数学、拼写)中的年龄等值要一个一个地与期望年龄进行比较,然后才能识别出智力和成绩间的差异。这样的做法在技术上是不合理的,原因如下:

年龄等值构成了不等单位的量表。例如,在智力和各种成绩领域,年龄等值在 6 到 0 和 7 到 0 之间的表现差异比在 14 到 0 和 15 到 0 之间的表现差异要大得多。实际上,对大多数特征来说,年龄等值必须在大约 16 岁后推断,因为超过这个年龄,几乎没有实际增长。年龄等值量表与它们的人工延伸或推论的不等单位,使得它们不适合于任何类型的统计操作。这样,所需要的用简单的减法来寻找能力和成绩之间的差异是站不住脚的。

年龄等值的更多的困难来自于它们不等的变动性。它不但取决于一个学科领域的连续的年龄水平,而且也存在于不同学科之间。例如,算术计算中的年龄等值在特定年龄水平的变动会比阅读理解的年龄等值要小。因为这个原因,还没有技术上正确的方法可以解释单一学科领域不同年龄水平或跨学科领域的差异性。

在尝试对来自含有不同标准组测试的年龄等值进行比较时,出现了另一个困难。如果智力测试的标准样本不同于成绩测试的标准样本,那么被观察到的两个测试的年龄等值的差异可能仅仅代表这两个标准组之间的系统差别。

在进行这种对比时必须提到的另一个困难是智力和成绩在各种学科领域中的相互联系。例如,智力和阅读理解之间的关系就不同于智力和算术计算之间的关系。被观察到的差异量值不能只看到表面的数值,必须透过现象发现它的本质。因此,差异的解释是困难的,因为在同一年龄水平或不同年龄水平,智力—成绩的对比存在很大的差别。所以,使用期望年龄作为基准来执行成绩测试比较以识别疑似学习障碍的学生,或非典型的能力—成绩关系的做法,在技术或逻辑基础上是不可行的。

参见 年级当量;严重差异分析

EXPRESSIVE DYSPHASIA

表达性失读症

表达性失读症是指那些由于中枢神经系统受损而有语言障碍经历的人遇到的语言发生的问题。语言表达障碍可以很轻微,也可以很严重。

布鲁克希尔(1978)认为失读症是由于语言信息处理障碍而影响了词语的理解和产生,无论它们是处于孤立中,还是在词组或句子中。

可用性词汇的减少,听觉记忆持续时间的损失,感觉和信息产生的受损是失读症个体的普遍特征(詹金斯等,1975)。

单词查找问题很平常,而涉及语法结构的使用障碍可能为发生,往往表现为减少语法结构来表达某一信息(布鲁克希尔,1978)。语法形式的缺失导致的语言处理中断可能比难语症更为严重(詹金斯等,1975)。

还要注意正确使用动词时态的问题,病人可能会造出"He run"这样的句子。其他语法问题,如代词混乱或使用冠词、介词、连词和指示代词困难也要注意(布鲁克希尔,1978)。更复杂的像那些有独立主格、关系从句的句子结构对失读症患者的理解和运用可能会更困难。某些形式的语法转换也可能引起,如疑问、否定和被动结构问题。

除了由于找词困难而停顿外,言语可能很流畅,语法、表达和节奏也可能很完整,但语义问题使得言语变得缺乏意义。此类症状被归类为沃尼克氏失语症(布鲁克希尔,1978)。说话人由于听觉理解能力和监控能力差可能意识不到这些错误。布罗卡氏失读症这一术语已被用于描绘费解,不完善,不连贯而机械的语言表达。由于语言机制的缺失,这些困难好像与计划和执行语言生产所必需的随意肌肉运动缺陷有关系。达利、阿伦森和布劳的观点曾被布鲁克希尔(1978)引用过。他们主张,布罗卡氏失读症可以被更准确地归类为言语失语症而不是真正的失语症。

语言错乱也可能存在。在这种情况下,有可能会产生一个替代词来代替目标词。替代词与预期的词保持某些关系。这种情况可能在相似的单词内采取颠倒音节的形式(例如:将 television 颠倒为 tevelison),使邻近单词的元素缩叠在一起。省略发音,或者用一个发音结构相似的词代替另一个单词。同时,可能会产生一个新单词,叫做新语症。这样的错误一般会限制具体命名的尝试,或许不能成为习惯性语言用法的一部分(艾森,1973)。

参见 交际障碍;难语症

EXPRESSIVE VOCABULARY TEST(EVT)

表达性词汇测试(EVT)

表达性词汇测试(EVT)是一种供两岁半至90岁的人使用的表达性词汇和单词补救的个别化管理测试。该测试包含190个项目,实施时间随受试者的年龄和能力而变化,但一般用10~25分钟就能做完。让较小年纪的儿童给出现的图片或身体部位贴上标签。而年纪较大的个体需要给配有图片的单词提供一个同义词。测试材料的质量反映了实际测试原则中的远见。提供的框架包括色彩丰富有趣和容易执行的刺激物。记录表为施测人提供了正确的和最经常出现的错误答案,方便在线打分。在适当时机,表格还提供具体的有关提高进一步反应的提示。

EVT与皮博迪图片词汇测试Ⅲ拥有共同规范(PPVT-Ⅲ),使用同一个可以接受的词汇进行测量。它是根据2,725个年龄在2.5~90岁之间的个体样本为基础设计的。该样本是1994年美国对性别、种族、地区和社会经济地位的人口普查的典型例子。由于EVT和PPVT-Ⅲ对相同人口的测试进行了规范,有关这两个测试的分数可以直接进行比较。两者都为25个年龄段产生了标准的分数(平均分是100,标准偏差为15),二者应当一起使用,但PPVT-Ⅲ应该优先施行。

EYE-HAND COORDINATION

眼—手协调

眼—手协调是指个体的手部根据由视觉系统得到的指示输入和反馈做出精细动作的能力。眼—手协调是视觉—运动协调这个大概念中的一种能力。视觉—运动协调能力是指视觉主导和控制身体的自主运动。

眼—手协调不足可能由许多方面引起,包括视觉感觉敏锐不足,图像扭曲和辨别力不足。同样,手部肌肉发育不完全或手部感觉神经路线受损也会影响眼—手协调。然而,除了明显的视觉缺陷和手部下级神经或肌肉系统干扰外,眼—手协调困难最有可能是由于小脑遭受破坏所致。

小脑质量较小,在大脑底部(脊部上面)的附近与脑干连接。小脑不仅收集由触觉(触摸)得到的信号,而且也收集来自视觉刺激产生的感觉信号。这种结构明显地能根据相对有限的输入信号做出快速的反应。小脑明显地"像个过滤器一样运行,使得肌肉运动流畅和协调"(加底斯,1985)。而且,小脑中部功能紊乱也可能会导致不能适应特殊环境的笨拙运动。如果笨拙证明了视觉—运动残疾,那么结果是手的灵敏性消失(运用不能症)。知觉活动、写作和其他精细运动一般也会受到影响。虽然这种状况确实中断了学校进步的发展,但加底斯强调,几乎没有多少经验和证据特别地把小脑的机能障碍同学习障碍的特殊教育分类联系在一起。不过,对这种观点已经有人提出了异议(艾尔斯,1972;瓦尔克,1974)。

根据记载,眼—手协调已经在更全面的论题——视觉(视觉眼肌运动)运动缺陷中得到研究。学业不良和行为缺陷都与这个问题有关,包括言语与语言问题,以及阅读、算术、拼写和书写中的问题。而且,情绪障碍的基本原理也与视觉运动困难有关。这些问题大多数来源于因成绩不佳而形成的消极态度。

眼—手协调的重要性是很明显的。然而,关于评估和训练最重要的问题也是经验主义争论的源头。非正式的评估常常是通过对依靠眼—手协调能力的日常能力的观察而进行的。可能用于非正式诊断判定的(或者训练)活动包括追踪、使用剪刀、系鞋带、设计、复制或其他类似的任务(勒纳,1981)。比较正式的评估可以通过实验室导出的程序来进行(例如,使用旋转式手眼协调测量器)或已出版的测试(例如,《视觉运动一体化发展测试》,比瑞,1982)。应该注意的是,同眼—手协调相联系的正式测试的审核一般性地揭示,尚缺乏合适的发展、可靠性和有效性方面的证据(萨尔维亚和伊塞尔戴克,1985)。

许多作者坚决主张,视觉—运动活动作为学业不良的基础和一种可训练的(可挽回的)技能,其重要性值得注意。格特曼(1965)是这个理论的有力支持者之一,他强调视觉训练的重要性。这是一个用于视觉运动学习计划训练的发展的模型。格季曼认为在视觉运动缺陷中,眼—手协调是一个要素,可能会导致行为、认知和学业的失败。

除了格特曼(1965)和其他理论家的模型之外,视觉训练方法的功效也是一个争论的议题。特别是在以改善阅读能力、智力或者学习成绩为目的的训练计划中。对项目能否提高能力,也存在疑问。哈拉汉和克鲁克香克(1973)已经提出这些数据具有有限性,而且经常有太多的瑕疵,而难以对训练计划的潜在价值提供一个充分的评估。

参见 *视觉动作与视知觉问题;视知觉与辨别*

F

FACILITATED COMMUNICATION
辅助沟通

辅助沟通(FC)是存在于教育和心理学、特别是特殊教育领域的最有争议的技术之一。在辅助沟通技术中,一个经过训练的人被称为辅助者,他帮助一个交流障碍者(最常见的是自闭症患者或者其他有发展性障碍者)练习手、拳或胳膊。这个残疾个体因此能够根据自己的需要用一个手指去摁或者按打字机的按键、电脑的键盘或者传真机的字母键。这种技术的支持者声称,这种方式能够使残疾个体通过键入字母、单词、句子和数字来进行沟通。

FC最早于20世纪70年代出现在澳大利亚。罗斯玛利和克罗斯利最先在针对肢体残疾个体的工作中使用辅助沟通技术(派瑞尔,1992)。道格拉斯·比克伦在一次澳洲旅行中发现了克罗斯利的这种技术,于1989年将它引入到美国。比克伦将这种技术扩展到对脑瘫、自闭症以及唐氏综合征的治疗中。

据称比克伦使用FC技术的结果是成功的,正如雅各布森等人(1995)所言:"那些以前不能说话的学生正在轻而易举地键入清晰、正确的词语、句子和段落。"有关FC成功的报告、比克伦和他的锡拉丘兹大学团队、各种出版物以及会议引导了社会对这种新技术的广泛采纳和支持。媒体和满怀希望的父母和教师唤醒了对FC的成功可能性的更多热情。

伴随这些对FC技术的支持,人们的注意力开始转向那些学生键入的具体内容。比克伦(1993)表示自闭症个体通过辅助者报告他们拥有正常的智力和社会适应能力。一些使用FC技术的儿童和青少年声称他们已经多年遭受身体和性虐待,尽管不能报告出来(齐祖尔,1995)。种种刑事指控反对家长被强行与其子女分离,愤怒蔓延开来。在一个案子中,通过FC技术,"迈克尔"报告其父亲正对他进行性虐待(齐祖尔,1995)。迈克尔的父亲被判有罪,因而迈克尔被送到一个收养家庭之中。为了确认迈克尔所称的虐待,两个不同的辅助者分别与迈克尔一起工作,他们都报告迈克尔的确声称遭受到虐待。然而,在与迈克尔一起工作以前,两个辅助者都知悉迈克尔以前的控告。更重要的是,两个辅助者报告的有关虐待的细节情况极不相同(齐祖尔,1995)。后来,迈克尔的父亲被解除了所有的犯罪控诉,他则控告了该FC代理机构。

对FC技术的怀疑如同最初的支持一样迅速地出现了,大量的实验结果表明,FC技术所谓的能够让残疾人进行交流实际上是愚弄人的。严格控制的FC技术双盲研究始终表明信息并非来自残疾学生,而是来自他们的辅助者。在试验中,如果学生和辅助者都拥有正确的信息,那么通过FC技术获得的信息就是正确的,但是如果在试验中仅仅是学生拥有正确的信息,那么最后获得的信息就是错误的(汤普森,1994)。在其他的一些研究中,研究者通过屏幕分离学生和辅助者的视域,然后向他们展示一系列的图片,并要学生将他所看见的东西在键盘上打出来。当学生和辅助者看到的图片相同时,通过FC技术获得的答案是正确的;如果二者所看的图片不一样时,通过FC技术获得的答案与辅助者看到的内容对应,却不与学生所看到的内容相对应。而且,对学生和辅助者持续的观察表明,虽然辅助者自始至终都看着键盘,但学生一般不会像熟练的打字员一样有自己视线的基点。既不看着键盘又没有一个视线的基点,准确的键盘输入实际上是不可能的。有障碍的个体使用各种各样适宜的交流方式时,常常会注视着他们借以进行交流的那个工具,我们可以从"沉默的囚徒"(帕尔弗里曼,1993)这部录像片中得到很多有关这一点的证据。

实际上,所有控制严格的研究表明,是辅助者自己制造了信息,尽管整个过程是无意识的(雅各布森等,1995)。正像一些作者所表示的,这种无意识的动作与用测杆探测水源、自动书写以及扶乩中出现的东西十分相似。

然而,尽管反对FC技术的证据众多,比克伦和他的锡拉丘兹大学团队仍然支持这项技术,这体现在最近的一本书和一个网站上(http://web. syr. edu/ ~ thefci/cfacts. htm)。同时,佛蒙特州、华盛顿州以及印第安那州,拥有辅助交流的联合机构,仍然在教授和使用FC技术(http://www. bloomington. in. us, http//moose. uvm. edu)。也许比克伦和其他人声称FC技术对某些个案有效是正确的,但是比起现在已有的证据,他们需要提供更加有力的、更一致的证据。然而,此时最好的结论显然是,虽然拥有良好的愿望和广泛流行的支持,但FC技术如同诸多其他技术一样,在促使那些有严重残疾的个体实现交流这一点上是完全无效的,更不用提实现正常的交流。

FACTOR ANALYSIS
因素分析

因素分析是一种统计方法,它力图将一些变量中的相互关系进行数学简化而形成更加简单的结构,这个结构被假定呈现一个或者多个不能被直接测量的变量,因此,它们可以被称为潜因素。原始系统中的每一个被观察的变量都与一个潜因素存在数学相关。这种关系可以是零。因素分析可以被用来总结一个数据系列中变量的关系。

因素分析是从心理学和物理科学的实践问题中发展而来的。当科学家测量许多不同的变量时,他们因为关系中的极端数值而不能洞悉关系的范式。由于某些变量的信息可能是多余的,于是科学家尝试寻找一种方式去减少用以描述所观察事物的变量。这种方式被称为维度减少。它的原始结果在数学上简单明了,现在被称为关键成分分析。

参见 判别分析;多元回归

FAILURE TO THRIVE
不能茁壮成长

不能茁壮成长(FTT)被定义为“由于被忽视或者被机构化,婴儿的反应进行性减少,并伴有低体重以及生理和情感方面的发展落后”(戈登森,1984)。一般的诊断标准是受影响的儿童的身高和体重低于正常的儿童15个百分点(美国小儿科医学研究院营养学会,1985)。最高的发生率出现在婴儿和儿童早期。虽然它在早产儿中出现的比率更高,但也可能出现在正常出生的儿童中。这种低生长速度没有明显的器质性基础,即便受影响的儿童被提供充分的食物仍有可能发生。不管如何定义,FTT“已经成为一个包罗万象的名称,它包括所有在年幼儿童中出现的起因不明的发展迟滞”(科泰尔查拜,1980),其起因至今让人困惑。它与多种生理问题有关,而其起因方向仍然在讨论之中。

20世纪50年代,FTT和类似的状况被从精神力学的角度认为是母性剥夺的结果,是婴儿或年幼儿童对缺乏母亲影响和接触的本能的情感反应。营养和发育问题被认为是由打断的母婴关系所导致。然而,母性剥夺本身的影响并不像最初报告的那样严重或者持久(拉特,1972)。而且,一些研究显示,FTT儿童的母亲,与母性剥夺或者忽略型的母亲相反,她们与正常儿童的母亲没有明显的区别。受影响的儿童往往有婴儿期喂养问题的历史,包括呕吐和食欲不振,这表明婴儿自身的特质是后来发育迟滞状况的部分原因。然而,几乎找不到相对控制严格的有关FTT及其相关的研究,这导致了结论的变化不定或相互矛盾(科泰尔查科,1980)。

不能茁壮成长往往和剥夺性矮小联系在一起。确实,这两种状况可能是相同的基础条件的不同表现形式,因为剥夺性矮小也被认为是因为社会心理剥夺引起的。剥夺性矮小儿童的发育确实被阻滞在一个近似于侏儒的水平。

有个显而易见的事实是:当儿童离开混乱的家庭环境,来到医院或寄养家庭时,他们经常表现出“飞越式的发育”,恢复到他们应有的发育水平。

不能茁壮成长被认为是由多种原因引起的多种类型的紊乱。心理社会的忽视被明显暗示为一个潜在因素,特别是住院治疗后出现跨越式发育时。但这种可能性只出现在三分之一的个案中。器质性因素伴随着喂养问题、一般性的照应缺乏、荷尔蒙紊乱或者早熟等,是更有可能存在的常见原因(科泰尔查科,1980)。在一些源于忽视的个案中,不能茁壮成长和儿童虐待之间有“一条很细的分界线”(美国小儿科医学研究院营养学会,1985)。

尽管对FTT尚未有确定的解释,教育家和顾问们应该对这种可能性保持敏感:极端矮小和瘦弱的儿童更可能承受着社会心理的剥夺或忽视,而不是初期的营养不良、身体机能紊乱或遗传学定义上的矮个子。慢性病例的个体出现社会性和认知障碍,可能会成为特殊教育所关心的问题。

参见 衰退的生物神经结果;发展迟滞;营养不良;忽视

FALSE POSITIVE AND FALSE NEGATIVE
错误肯定和错误否定

“错误肯定”一词,是从医学词汇发展而来的。当它使用在其他领域时,经常被混淆。在医学领域,一种状况呈现时,就表示这种状况是肯定的。当一种状况是否定时,表示它处在正常或一般范围中。因此,“错误肯定”指的是对于实际处于正常范围或分数的情况判断为异常,或将一个可能只是合理的正常发育延迟的人的症状做出脑损伤的错误判断(或分类)。与错误肯定相对的是错误否定,当一个人处于异常状态但却被判断为处于正常状态时,就出现这个结果。例如,一个患有脑瘫的儿童(依据医学上的症状和定义确定为脑损伤)会近乎完美地画出脑损伤测试中的几何图形。

依据这个图形测试得出这个儿童没有脑损伤的结论，就是错误否定。一个临床诊断中的否定性解释表明没有发现任何不同寻常的事情，而一个肯定解释则指出了特殊性和病理。

在人事选择时，把这些术语同临床术语一起使用，可能出现更大的混乱。在人事选择时，错误拒绝对应临床术语中的错误肯定。在人事专家的术语中，错误拒绝是指一个人在人事选拔工具的测试中的得分低于标准线(例如:太特别了，以至于不能胜任该工作)，但他最终在工作中取得了成功。错误接受是指某些人在选拔工具的测试中得分高于标准线，但是却不能完成工作。即使有非数值状况会影响标准分数，或有各种状况来决定工作的成功，但是，这些都被看成是错误否定。

表1描述了错误否定和错误肯定的概念，这些概念已经被用于学习障碍的诊断中(雷诺兹，1984)。四个小框表述的是:学习障碍学生，被诊断为真实肯定;学习障碍学生，却被诊断为正常的，即错误否定;非学习障碍的学生，被诊断为不正常，即错误肯定;非学习障碍的学生，也没有被诊断为学习障碍，真实否定。对一项诊断做出决定，解释评价结果时要尽可能减少错误否定和错误肯定的情况出现。在特殊教育中，学习障碍的诊断要尽可能减少错误否定的出现，而智力障碍则要尽可能减少错误肯定。

表1 错误否定和错误肯定的概念器质性的自然状态

	学习障碍	非学习障碍
学习障碍测量指标	真实肯定	错误肯定
非学习障碍	错误否定	真实否定

参见 学习障碍;重度差距分析

FAMILY DYSAUTONOMIA
家族性自主神经机能异常

家族性自主神经机能异常最初于1949年被赖利和其同事定义为一种综合征，即赖利—戴综合征。它的症状非常多，涉及中枢神经系统(CNS)和周围神经系统(PNS)，对身体的其他器官的发育也有影响。在东欧犹太人中发现，家族性自主神经机能异常是通过常染色体隐性基因遗传的。这种异常的显著表现是:对疼痛毫无感觉，无泪液并缺少味蕾，此外，还有许多一出生就有的功能性障碍。虽然早期鉴别对自主神经机能异常的处理，以及提供合适的治疗和教育服务十分重要，但是它在出生阶段很少能被诊断出来(波尔曼等，1979)。异常是积累的，患有该病的人几乎活不过40岁。然而，总有奇迹出现，乐观的态度可能会增强家族中的情感联系(梅杰和赫恩，1981)。

鉴别新生儿的能力时，主要是依据不同寻常的姿势和四肢活动，以及吞咽困难(波尔曼等，1979)。后者可能会伴随其他口咽的异常，这可能会干扰随后的标准化语音发展，会要求语音治疗的辅助。关于吞咽问题，早期鉴别和提供喂养计划可能极大地有助于这些幼儿的发育，因为也可能会在这些人中间大量发现喂养问题。作为成年人，自主神经机能异常可能会由CNS引起发音障碍。形体改变和四肢活动的出现，可能会进一步影响更加复杂的运动方式的整合，发育迟缓也会出现(甘兹等，1983)。

外科整形问题，包括脊柱侧凸和驼背也可能会出现，因此需要解决这一问题的合适的援助，在某些严重病例中，可能会需要运动协助。此时，物理治疗将会介入，专业治疗会帮助病人们维持一定的运动范围。假如障碍发展到一定阶段，必须进行住院治疗，儿童和青少年的受教育场所和家庭都需要与医院保持尽可能多的联系。由活动功能的衰退引起的生命力退化，可能伴随出现严重的脊柱侧凸和驼背，以及伴随自主神经机能异常出现的心血管和肺部问题，这些可能要求对个人活动水平和日常生活予以调整。除此之外，运动失调症(难以平衡和保持空间位置)的出现将导致自主神经机能异常者们的协调和安全问题。

自从自主神经机能异常不依据智商降低来判断以后，患此种病的人就能从适合主流学生的教学计划中受益。他们也能在治疗和教育过程中扮演积极的角色，能感受到，也能控制这些改变他们生活的障碍。自主神经机能异常者们参与那些过程是为了自己的活动，而不是消极顺从，因此能保持最强的活动能力，这在许多过去的医学治疗案例中已有所体现。因此，有家族性自主神经机能异常的人，需要进行终生的特殊教育、医学和心理的治疗，缺乏任何这些成分都表明管理过程的显著不足。

参见 中枢神经系统;畸形损伤

FAMILY RETARDATION
家族性落后

家族性一词用于智力障碍领域，是家族性文化智力落后的同义词。它也指伴随遗传异常的智力障碍。讨论智障是否是遗传，或源于不合理的环境刺激，是争论的一部分:智力基础——自然培育或遗传环境争论——这要追溯到上世纪30年代。现在争论仍未获解决,但是已经有充分的证据表明,一些医学上的异常伴随智力障碍都是遗传的问题,其他的病因尚不清楚(韦斯特林,1986)。

大量研究发现,家族性智力落后群体的遗传是轻度的、可教育的智障。里德等人(1965)提供了充分的证据证明了这个观点。在他们的289个渊源者(最初的病历)中,55个都有“文化家族,可能是遗传”的症状,并且没有医学上的智障症状。在这55个渊源者中,至少有一个是智障的家庭成员,而且被发现两代或者三代都有智障。里德夫妇估计,当夫妻双方都是文化家族性智力落后者时,其后代智障的可能性大概是40%,而假如夫妻都不是智障时,其后代智障的可能性只有1%。在对超过40个同卵双生儿和异卵双生儿,以及其他家族关系研究结果进行分析(除去挑战性的英国研究)后,结果是遗传因素与智力有关,因此,文化家族性智力落后的多基因因素是可信的。现在的一种共识是,多基因模式和不利的环境因素的结合最好地解释了文化家族性群体的智力落后。

以遗传学为基础的医学综合征的诊断,对那些智力损害严重的病例更适用。在那些确定性的基因异常中,智力障碍同时伴有新陈代谢异常,例如苯丙酮尿(PKU),染色体异常,例如猫叫综合征(5号染色体短臂末端丢失)。基因缺陷可能是从父母遗传的,或者是由于病毒、某种化学或放射线导致的突变异种。突变基因可能会是占优势的或隐性的,以后的遗传就会遵照孟德尔法则。家族性落后尚有许多未知的原因(吉尔伯格,1995)。

很明显,遗传是一种导致伴随智障的异常的因素。然而,智障病例中,一般来讲,严重的智障较少,基本都是染色体缺失、内分泌功能紊乱。其他异常,也涉及基因,但是其中的机制不明确。在文化家族性智力落后者当中可能存在遗传因素,但是机制和问题基因的数量是不确定的。

参见 *认知障碍;克汀病;唐氏综合征;遗传;苯丙酮尿;泰—萨二氏病*

FAMILY COUNCELING

家庭咨询

家庭咨询是一个交互的过程,目的是使所有的家庭成员重新获得平衡。家庭咨询是一种通过帮助家庭成员改变异常交流模式,用于探索和减轻家庭系统内部连锁情感问题的治疗技术(戈尔登伯格等,1985)。

家庭咨询一般用于家庭表现能力出现失常的时候。个人咨询,其重点在个人内心的困难,而家庭咨询与此不同,它强调的是治疗环境中家庭关系的恢复(戈尔登伯格等,1983)。家庭咨询起源于心理分析治疗的扩展,心理分析治疗已经涵盖了所有领域的情感问题。这个领域包括与家庭共同工作,普通系统论的介绍,儿童引导和婚姻咨询的发展,以及越来越多地关注临床技术,例如团体疗法。它源于将传统疗法从线性方法扩展为个人和他们家庭的多因素系统观点的需要(弗兰克,1984)。

接受特殊教育的儿童的家庭经常需要家庭咨询,仅仅因为他们正面临多重危机。布莱克(1982)指出,残疾儿童和他们的家庭所接受的治疗,与他们所经受的残疾障碍一样复杂多变。残疾儿童本身(感觉、情感和认知)的交流问题可能会导致家庭交流也出现许多问题。这些问题可以通过使用家庭疗法得到解决。但是参考构架必须保留,因为残疾儿童的存在并不意味着家庭问题。

通过家庭咨询,家长和其他家庭成员可以改变他们的行为模式,以促进他们的孩子的行为向良好的方向转变(科兹洛夫,1979)。

参见 *残疾咨询;家庭对残疾儿童的反应;家庭疗法*

FAMILY RESPONSE TO A CHILD WITH DISABILITIES

家庭对残疾儿童的反应

残疾儿童有可能切实地改变家庭生活的状态(诺布洛克,1983)。家庭结构的改变常常开始于父母对残疾儿童的反应。首先是残疾儿童给父母的适应带来的冲击;然后是与之相联系的对残疾儿童的影响和父母对家庭中其他子女的反应。

通常,父母是逐渐发现他们的孩子发展不正常的。一般是由家庭以外的人(如:儿科医师、教师、心理学家等)做出首次诊断(卡特顿特,1985)。当父母得知问题的存在时,他们可能首先会因为还没有出现更严重的问题而感到安慰。例如,一对夫妇可能会因为他们的孩子是学习障碍而不是智力障碍而得到宽慰。他们最初也可能认为问题能够较快地解决而感到安慰。不幸的是,许多残疾状态并不能消除,有的需要多年的教育或治疗才能使儿童不再受残疾的影响。父母很可能会因为认识到问题不会轻易解决而触发危机反应。卢特曼(1979)和库布勒—罗斯(1969)曾分别根据聋儿和不治之症患者的情况对这种反应进行了描述。

震惊状态是父母得知他们的孩子有残疾时的第一个典型反应。这个阶段常常会持续几个小时到几天,以平静地逃避现实问题为特征。父母最终意识到问题的真实存在。他们这个时候的情感反应是很强烈的。典型的情感反应包括对抚养有特殊需要的儿童的不能胜任感,当专家针对残疾而提供大量新的、高技术含量的信息时而感到慌乱,由于孩子不符合父母的期望也会感到愤怒,有时由于父母原本可以避免或预防残疾而感到内疚。

父母最终会同意提供必要的经验和机会以最大化地发挥孩子的潜能。他们的认识和积极的反应阶段在孩子的整个发展阶段都有可能出现。每当孩子到了一个新的发展阶段时(如:青春期、成年独立等),父母必须对问题进行重新认识并做出合适的反应。

父母对残疾儿童的反应有可能对家庭的其他子女产生相同程度的影响(沃尔芬斯伯格,1967)。当父母在迈向新的阶段时,他们与其他子女的关系有可能会改变。总的说来,父母用于积极行动的时间越多,对其他子女的影响越有利。积极支持残疾孩子发展的父母可能会为其他子女提供大量的机会去观察、模仿积极的态度和行为。兄弟姐妹将从这些经验中受益,可能会与他们的残疾兄弟姐妹建立良好的关系。此外,这些经验可能会发展兄弟姐妹们的问题解决能力,以改进他们的自我适应能力。

相反地,父母如果不能到达建设性的行动阶段,就可能会对他们的其他子女产生负面影响。例如,父母的否认会对残疾孩子参加其他子女的社会活动产生影响。相应地,这会导致其他兄弟姐妹对他们的残疾兄弟姐妹的怨恨和不满。认识到了问题但没有采取积极的行动,也有可能导致父母对其他子女产生不现实的期望。可能会期望这些非残疾子女有特殊的表现,以抵消对来自残疾儿童的有限表现的内疚和失望。

许多残疾儿童对关心和照顾的需要会相应地减少父母对非残疾的其他家庭成员的关心和照顾的时间。当一个家长在残疾子女身上花费太多的时间时,就有可能剥夺对其他孩子的成长和发展来说也同样重要的机会和经历。

总之,残疾儿童的父母可能会经历一个危机反应阶段。这个反应阶段开始于最初的震惊,结束于对残疾的认识和积极行动。父母迅速地度过这个危机阶段,采取积极行动的能力,在很大程度上决定了整个家庭的适应情况。

参见 家长咨询;家长效能训练

FAMILY THERAPY
家庭疗法

家庭疗法是针对人类问题提供特殊的理论方法,着重于个人以及他们与其他人之间(特别是在家庭结构内)的关系。这种人与人之间关系的视角是对心理问题的病因与治疗的挑战和改革,并且推进了我们对人类功能的理解方式。

在家庭疗法之前,帮助个人的方法主要着重于个人本身,并致力于帮助人们解决人格的或内部心理的冲突。因此,大多数治疗师只关注个体,而不去认识患者的配偶或家庭成员。然而,家庭疗法认为问题和解决问题的办法在于人与人之间的模式和联系,认为人存在于相互影响和相互作用的环境中。因此,必须把个人作为一个大的系统(如家庭)的组成部分来考虑。

家庭疗法的这种理论基础始于20世纪20年代,来自以下几个方面。首先,对小群体的动态研究发现,小群体和家庭的功能具有相似性,因为群体成员决定了各种角色和互动。其次,儿童指导运动发现,家庭常常在成功治疗儿童的问题中起重要作用。第三,用传统的社区服务方式进行的社会工作,也证明了家庭是干预的重点。最后,有关家庭功能和精神分裂症的研究发现,当家庭成员在场出现时,患者的行为会出现非常显著的变化。由此得出结论,家庭是精神失调的一个重要影响因素。所有这些资料都说明,家庭在人生和发展中起着重要作用,用人际方法去解决问题是提供治疗的最合适的选择。

如今,家庭疗法以及作为其理论基础的一些系统原理被广泛地运用于精神健康中心、社区机构和教育机构中。家庭疗法代表了对许多个人问题进行干预的一种富有挑战性的、有益的方法。

参见 家长咨询

FEBRILE CONVULSIONS
热痉挛

热痉挛是和童年发烧或高体温相关的疾患。大约4%的患者只是由发热引起的。他们在婴儿期或童年早期有单一的或者多重的全身症状。热痉挛一般发生在由疾病导致的高热之后,不直接影响中枢神经系统。虽然这些症状在发病第二、第三天也能出现,但通常在发烧之后只持续3~6个小时。症状刚刚出现的时候体温高达39℃~40℃。热痉挛发生的原因一般有:急性上呼吸道感染,扁桃体炎,中耳炎,支气管炎和肺炎。这种症状通常会遍布全身,持续的时间较短。虽然痉挛的运动是双边的,但可能会表现出单边的部分。男性比女性更容易患上此病。

这种疾病一般是良性的。起初很难将这种良性的由发热引起的痉挛与由无法认出的脑膜炎引起的脑损伤或先天脑缺陷区分开来。较好的预后信号包括:①痉挛一般发生在6个月与4岁之间。②发病一周之内有正常的脑电图。③无临床脑损伤的现象。④没有不规则的病症或持续的发病。如果第一次发病发生在14个月龄以前,那么得发热病症的比率为50%;如果第一次发病发生在33个月龄以后,发热的比率将更低。几乎没有儿童在后来发病,但也不总是能够预测随后是否会有发热或者不发热引起的症状出现。

仅由单一发热引起症状的儿童有较好的预后,因为几乎没有持续的神经或精神缺陷表现出来(国家卫生研究所,1980)。那些伴有多种病因引起发热痉挛的儿童,或热痉挛以前已经存在中枢神经系统异常的儿童,或者由发热导致了中枢神经系统的病变,预后的情况就相对不太乐观。由多种原因引起高热症状的儿童受到的不良影响更大。

参见 癫痫;癫痫大发作

FEINGOLD DIET
芬格德饮食疗法

芬格德饮食疗法是近来获得广泛称赞(尤其是新闻媒体上比较流行)而很少实证研究支持的治疗注意力缺陷多动障碍儿童的模式之一。芬格德(1975,1976)特别强调,学习和行为上有障碍的儿童对人工食用色素、调味品、防腐剂及其他添加在食品中的以延长保质期的物质有一种自然的不良反应。芬格德饮食疗法是一种不含添加剂的食物疗法,意在减少食用人工调味品、色素和几种含水杨酸盐的水果和蔬菜。芬格德饮食疗法不仅是注意力缺陷多动障碍、学习障碍和其他行为障碍的有效治疗方法,而且对其他障碍包括智力落后、自闭症和行为障碍的治疗也有效(芬格德,1975)。

芬格德未被证实的结论宣称几乎50%的注意力缺陷多动障碍儿童在临床治疗中收到了显著的效果,而且在大多数病例中,儿童经过不含添加剂的食物疗法治疗后症状都明显减轻。芬格德小组称,这些改善在认知和社会性方面也都有所体现。芬格德还称此种无添加剂的饮食法使儿童学业成绩有令人瞩目的提高,但事实上,接受此种疗法的儿童的学业成绩几乎没有受到影响(巴克利等,1978)。芬格德还指出,儿童年龄越小,改善的效果也越好。比如,根据芬格德1975年的研究,对于婴儿和刚学走路的儿童,治疗只需1~7天。而对于青春期的少年,食疗却很难成功。显著的效果至少需要几个月才能看到。

由芬格德引起的激烈争论带来了一批由联邦政府支持的实证研究的兴起。这些实证研究没有支持芬格德的结论,并批评了芬格德早期基于边际研究方法论的研究,包括他研究中不恰当的安慰剂控制等。虽然康纳指责芬格德关于饮食疗法的说法有所夸大,但他也承认一小部分注意力缺陷多动障碍儿童(低于5%)对于这种饮食有较好的反应。然而仍然无法确定在这小部分儿童身上观察到的进步是芬格德饮食疗法本身所起的作用,还是与这一特殊饮食法有关的一系列实验研究的准备在起作用。例如,一个研究小组(哈雷等,1980)就将芬格德饮食疗法的成功归功于安慰剂的作用。他们认为,在实施芬格德饮食疗法的过程中,特殊的程序导致了家庭的不同方面的动态。其他人还归功于“关注作用”(因受到关注而使工作得到改善)。卡瓦莱(1999年)仔细查阅并对支持芬格德饮食疗法的资料进行了元分析之后得出结论:芬格德的假设几乎得不到什么支持。而且,必须注意的是,许多从业者认识到芬格德饮食疗法的几种被建议减少的食物中包含了儿童发育成长必备的营养成分。因此芬格德饮食疗法无法满足儿童的营养需要。

尽管对于芬格德饮食疗法以往宣称效果的证实一再失败,芬格德饮食疗法仍然有忠实的追随者。许多家长甚至组成联合会,经常和食品厂家签订合同生产不含添加剂的食品。也许促使芬格德饮食疗法被普遍接受的原因是它符合了社会上人们对饮食控制、健康食品以及自然食品的狂热追求。而且芬格德饮食疗法对于被家长认作危险且有副作用的精神药物是一种替代,尽管这在研究文献中未得到证实(罗斯等,1982)。以一种对食物的过敏反应来解释注意力缺陷多动障碍的病因和治疗,尽管几乎可以肯定它没有有效的根据,但却比神经生物学或心理遗传学方面的假设更令家长满意。

参见 注意力缺陷多动障碍;痉挛;冲动控制

FERAL CHILDREN
野孩

从1724年的彼得到1799年的维克特,到1828年的卡斯帕·豪斯特,再到1920年的“狼孩”阿玛拉和卡马拉,野孩引起了众多哲学家、医生、人类学家、教育学家及心理学家的关注。很多人力图从中找到关于人类的本质、早期经验的持久性、教育对于克服早期经验剥夺的效果等问题的答案。或许最基本的问题是:我们每个人身上的什么特性来自遗传,什么特性来自环境。可以说野孩的童年都是在不为人知的、复杂多变的野外,至少是不文明的环境中度过的。

为了方便起见,可以把野孩分为两类。一类是在像丛林那样的开放的野外环境中长大。另一类是在极度的社会剥夺的环境中长大。维克特与卡斯帕·豪斯特分别代表这两类典型。此外,有一种亚类型的野孩是由动物养大的,尼泊尔中部地区的狼孩阿玛拉和卡马拉是两个最近的次类例子。这些狼孩继续吸引着公众的注意。

希罗多德的报告中提到的涉萨米提库斯国王的实验显示了人们自古就有通过控制早期教养条件来发展人类特性的兴趣。为了找出最原始的语言,国王命令:把两个婴儿完全与人隔离,让羊来喂大。他们说出的第一个单词据推测是弗吉尼亚语——面包,然后是由弗吉尼亚语派生的埃及语。爱尔兰德 1898 年的报告提到,苏格兰的弗莱德里二世和詹姆斯四世皇帝也做过类似的实验。对野孩研究的兴趣在 18 世纪达到了高峰。这时科学家不知道谁是或谁不是人类,“猩猩”这个单词就是从马来西亚语“狼孩”得来的。人们也努力区分笛卡尔的“先验论”和洛克的关于经验的“白板说”概念。野孩也被卢梭作为研究野人的对象(莱恩,1986)。

可惜的是,我们也许永远无法得到关于野孩问题的明确答案,因为他们的故事回顾起来有很多不足:缺少充分的信息,观察者有潜在的偏见,缺乏信度和对无关因素的控制,无法知道这些儿童在正常的环境中长大会有什么样的行为,而且发现他们以前无法进行实证研究。例如,丹尼斯 1951 年指出,很多儿童到了几岁之后才离开家庭。那么,是否能将野孩的原始特征归因于它们正常的早期经验?还有,我们也不知道詹尼,一个同时期被环境剥夺的儿童,如果在正常的环境中能否发展出正常的语言。由于给定的数据有限,问题无法解决。将这些儿童表现出的所有行为障碍归因于非自然的抚养环境是一种明显的错误逻辑推理(把时间先后关系混同于因果关系)。因此,野孩的事例几乎可以任意选择一种解释。

我们可以从众多事例的报道中知悉,早年经验剥夺、被虐待、忽视的、受收容机构不良影响的儿童可以获得很大程度的智力、动作、情感社会性、甚至语言的发展。早期经验剥夺如果没有持续很长时间,特别是经过特殊、集中的干预之后,是可以克服的。早期不良学习经验也不是一成不变的,这对于进行特殊教育的人来说是很乐观的消息。坎德兰在 1993 年生动地描述了许多野孩的生活,不仅是由于此条开始列出的问题,也由于那些人类或非人类事例的有趣。

参见 *早期经历和危机时期;简 M. G. 伊塔德*

FERNALD METHOD
弗纳尔德疗法

利用多重感觉进行阅读治疗的一种方法,在医疗康复和特殊教育中被广泛应用。这种方法认为,当学习材料以各种感觉形式呈现在儿童面前时,他们的学习效果最好。显然,运动觉和触觉刺激是和听觉、视觉刺激联系在一起使用的。以听、写、看、沿轨迹画线等为特征的感觉训练计划通常被称为 VAKT(视—听—动—触)法(哈拉汉、考夫曼等,1985)。

利用多重感觉疗法对残疾儿童进行阅读矫治的最有名的方法之一就是弗纳尔德疗法。弗纳尔德在 1943 年发布了“弗纳尔德字词学习法”,也就是被称作 VAKT 的方法,其理论基础是:如果儿童学会利用所有的感官,那么在学习中他就会利用多种感觉经验来进行阅读。如果一种感觉很弱,那么其他的感觉形式会帮助传递信息。在实践中,VAKT 方法并不局限于阅读教学,而是包括拼写在内的。从根本上说,它是一种语言经验和一种完整字词的方法(柯克,1984)。

FETAL ALCOHOL SYNDROME(FAS)
胎儿酒精中毒综合征(FAS)

胎儿酒精中毒综合征(FAS)是一种非常可能出现在饮酒过度的母亲所生的孩子中产生的复杂的生理及神经行为异常。FAS 是西方国家中智力落后的一种主要类型(阿贝尔和麦可尔,1987),是经确认发生率最高的环境性且可预防性智力落后。1987 年,阿贝尔和索可尔推测,美国每年有关智力落后的花费中用于 FAS 的比例高达 11%,而每年用于所有与 FAS 有关疾病治疗的费用高达 3.21 亿美元。产前接触酒精可能带来不同程度的疾患,其中后果最不严重的是胎儿酒精反应(FAE)或与酒精有关的神经发育紊乱(ARND)。胎儿酒精中毒综合征(FAS)与三方面主要的病变相连,被称为“FAS 三联征”:①产前原因引起的发育迟缓;②面部异常特征;③中枢神经系统的功能失调。自 1973 年首次报告以来,胎儿酒精中毒已成为 2000 多项科研报告的主题。下面提及的许多后续研究确认,酒精是一种会产生终身损害的致畸物。

1. 诊断指标与一般特征

美国酒精中毒研究会的胎儿酒精中毒综合征研究

组制订了胎儿酒精中毒的最低标准,此标准主要基于克莱任与史密斯1978年对245例胎儿酒精中毒综合征的总结。只有在全部符合以下三项指标时才能确诊为胎儿酒精中毒综合征。

(1)产前及产后发育迟缓(经孕期矫正后,身高、体重、头围低于第10百分位)。尽管发育迟缓被认为是一个最常见的特征,也有报告称这一点并不是基本的一个性质,也许是不具有定义性的一个特征。

(2)中枢神经系统功能失调(神经智能异常、发展迟缓或智力障碍,低于第10百分位)。

(3)异常面部特征(至少符合下面三项中的两项:①小头;②小眼畸形或短的裂缝;③发育不良的人中、薄的上唇、平的人中区)。

除了上述三项诊断标准以外,母亲孕期饮酒史必须成为确诊因素,因为上述任一单项特征都不是产前酒精接触的特异性指标。

对于胎儿酒精中毒综合征发生率的推测随不同的研究和不同的国家而有较大差异。从全世界的范围来看,推测的发生率为每一千名存活的出生儿中接近出现1.02例。而发生最多的国家是美国,达到每一千名存活的出生儿中出现1.9例。推测发生率的差异反映的可能是抽样误差或所用诊断指标的差异,也可能确实是国家、地区间的差异。意料中的是,发病与产前母亲的饮酒程度最为相关。病征表现最全的胎儿酒精中毒综合征显示仅与母亲的重度酗酒相关,而没有报告发生在母亲中度饮酒的个案中。在真正的酒精依赖症母亲的后代中,胎儿酒精中毒综合征的出现可达30% ~50%,胎儿酒精反应(FAE)的出现可达50% ~70%,这些儿童的母亲每天饮酒超过8杯。一些研究报告在低社会经济地位的样本中,推测的发生率可高达80%。

胎儿酒精中毒综合征的一些影响会持续到成年期,尽管表现的形式可能有变化。一些长期追踪研究的报告指出,尽管有很大的差异,患有胎儿酒精中毒综合征和胎儿酒精中毒反应症的青少年和成人的身高、头围大约低于正常平均数两个标准差。胎儿酒精中毒综合征和胎儿酒精中毒反应症患者低体重的特征大多消失了,虽然体重、身高的比率比其他的测量更不稳定。

胎儿酒精中毒综合征的患者的面部异常形态特征随年龄增长而不太明显。虽然有些形态,如眼裂长度较短等特征一直保留着,但很多面部器官的发育却减轻了整体容貌异常的程度。

斯太司古司等人(1991)所作的一项关于61例患有胎儿酒精中毒综合征和胎儿酒精中毒反应症的青少年和成人的报告显示,患者的平均智商为68,刚好进入轻度智力落后的范围。胎儿酒精中毒综合征患者的智商平均数是66,胎儿酒精中毒反应症患者为73。智商的差异范围仍然很大,从20到105;胎儿酒精中毒综合征患者中没有智商超过90的。那些在儿童期表现出最严重的发育迟缓和最严重面部形态异常的患者,长大以后也继续显现出最低的智商分数。61例中仅有6%后来进入了正常班级上学,不需要特殊教育的帮助;28%进入了特殊班级;15%既没有入学也没有工作;9%进入了庇护工场。虽然学业能力不足是多方面的,但算术困难尤其多。儿童期以后,他们学业能力的表现没有进步。

患有胎儿酒精中毒综合征和胎儿酒精中毒反应症的儿童和青少年还显示出一些行为的不足或过度,从而带来严重的教育及其他方面的挑战。常见的症状有多动、注意力不集中、学习困难(但口语材料的记忆未受损)、不同程度的理解性和表达性语言问题,以及小肌肉运动的协调问题等。最被关注的是有关幼龄儿童中出现的坏脾气和年长儿童行为问题的报告。很明显的是,这些儿童在遵从社会规范方面存在困难。

在斯太司古司等人1991年的研究中显示,即使那些没有智力落后的胎儿酒精中毒综合征和胎儿酒精中毒反应症的青少年和成人,也表现出社会化测量成绩的低下和显著高水平的不适应性行为,如专注力和注意力不足、郁郁寡欢、冲动、说谎或欺骗等。由于他们的家庭环境高度不稳定,很难确定这些不良反应是缘于产前的酒精接触,还是产后的不良环境,或是缘于问题婴儿与不良的父母抚育行为之间的交互影响。他们中只有9%的人与双亲共同生活,66%的人母亲已经死亡,多数死因与酒精有关。

特殊教育工作者尤其关心的是后续行为的广泛差异性、差异的程度,以及在什么程度上与胎儿酒精中毒综合征个体的病征无关。有研究显示,早期环境刺激可以减少一些影响的程度,这就提示了早期的和持续的干预的必要性。

2. 预防

尽管理论上百分之百可以预防,但是胎儿酒精中毒综合征对于那些在实践中力图减少其出现的努力表现出阻抗。酗酒对于治疗的阻抗是明显的,12个月复发率可高达75%。因此,有关产前酗酒不良影响的教育项目也许能使中度饮酒妇女在孕期减少酒的消费,但是对于严重酗酒和酒精依赖症的妇女,教育的影响不大,而这些人所生的婴儿危险最大。虽然有多种不同的预防方式,但若想减少此种悲剧的出现,我们也许需要专门针对女性的预防治疗项目。

参见 注意力缺陷多动障碍;胎儿乙内酰脲综合征;畸胎剂

FETAL HYDANTOIN SYNDROME
胎儿乙内酰脲综合征

抗惊厥药物苯妥英会导致畸胎的出现,仅有一些成功的动物实验,还不能据此确定这些由药物触发或自我发作的对婴幼儿的消极影响是否能被消除。有癫痫病的母亲在怀孕期间服用了苯妥英,她的孩子可能会出现复杂的畸形,这就是胎儿乙内酰脲综合征。其症状包括:①轻度发育不良,小头畸形(与此相连的是智力缺陷)。②裂唇和裂腭,前囟门宽,鼻梁扁平及其他面容特征。③肢体异常,包括指甲和手指、脚趾末端发育不全,拇指分叉,髋部错位。④一些其他的异常(琼斯,1997)。在孕期受苯妥英感染的婴儿的发病率相对较低。受苯妥英影响的婴儿,有约10%的几率出现这些症状,有约33%的几率受到一些影响(琼斯,1997)。胎儿的基因类型是决定孕期对苯妥英的易感性的重要影响因素。此外,啮齿目动物的样本也说明了这种服药—反应关系(亚当斯等,1990)。

在对这种症状的婴儿的诊断中最受关注的是智力缺陷问题。尽管这种影响比其他一些畸胎剂的影响要轻微一些,具有全部症状的儿童的智商是71(琼斯,1997)。这些婴儿在出生后的头几个月的发育中表现得很差,其原因尚未知。

参见 苯妥英;胎儿酒精中毒综合征

FIELD DEPENDENCE – INDEPENDENCE
场依存和场独立

场依存(FD)和场独立(FI)的概念是由威特金(1954)引入心理学和教育学领域的。他界定了两种截然不同的认知倾向:场依存和场独立,这种界定是从差异心理学理论发展而来的。这两个术语包括了与个体差异相关的心理功能的许多类型。

威特金最初研究了被试者在杆和框架、身体调整、旋转房间及图形嵌入测验中的“垂直性”知觉的个体差异。在每个这样的测验中,被试者在使用外部视觉信息或身体自身来进行空间定位中存在着差异。杆和框架测验用于早期的场依存—场独立研究。坐在一个黑暗的环境中,被试者看见一个杆悬在一个框架中,杆和框架是相互独立的。被试者调节杆,使它达到一个知觉上的垂直的位置。被试者如何旋转与框架相联系的杆,就表明了是场依存还是场独立。一个极端的情况是,知觉上的垂直由先前的场(框架)支配,这就是场依存。当人们把物体看做是与周围环境截然不同的存在时,被认为是场独立。图形嵌入测验很简单(威特金等,1977),因此它更多地用于婴幼儿。在这个测验中,要求被试者把一个简单的图形定位于一个复杂的背景之中。威特金使用这个测验来判定3~9岁儿童的场依存和场独立类型。

来自场依存和场独立的测验已经纳入了学校和家庭的方案中,莫斯克威茨等人(1981)使用图形嵌入测验来判定学前儿童的场依存和场独立类型。他研究了场依存的表现,结果表明,场依存的儿童比场独立的儿童能更多地从他们的母亲那里寻求情感支持。

高夫(1982)讨论了个体差异对做特殊儿童教育教学计划和实践中的班级管理决定时的重要性。这个研究强调增加对儿童的行为方式的敏感性,这是教师诊断和制定矫治方案,以及理解儿童的个体需要所必不可少的。

图形嵌入测验和皮尔斯—哈瑞斯自我概念量表被古哥特等(1984)用来辨别4~6年级男孩和女孩的场依存和场独立类型。结果显示,场独立的女孩的自我概念分数显著高于场依存的女孩。场依存和场独立的男孩在自我概念分数中没有明显的差异。

加尔朱洛(1982)使用了儿童图形嵌入测验来测量相同智龄的智力落后和非智力落后儿童的场依存和场独立类型。可教育的智力落后儿童更明显地表现出场依存,并且具有冲动性特征。

场依存和场独立或许有助于对精神损伤者进行认知重组方案的规划和预测结果概念。场独立者比场依存者表现出更多的大脑半球横向专门化(威特金,1979)。结果显示,左半球负责言语和运动控制过程,右半球负责完型过程。更倾向场独立的人可能更好地发展认知重组能力,而更倾向场依存的人可能偏向于人际沟通能力,这对于制订重组方案很重要。

菲茨吉伯司(1965)发现,场依存的个体更易于与他们所处的社会环境相协调,这些人比场独立的人更擅长于学习与社会相关的材料。这对于课堂学习来说,是一个很有价值的发现。菲茨吉伯司发现,场独立的儿童经常表现出的是缺乏注意力,而不是缺乏能力。当引起他们对社会性材料的注意时,场独立型儿童的表现将得到提高。

涉及教育的最后一个变量是教师以及他们的场依存和场独立类型如何影响学生。马力奥斯(1981)发现,场依存和场独立型教师的教学行为有差异。场依存型教师似乎更喜欢与学生互动,而场独立型教师则更喜欢不指向某一个人的客观的教育环境。必须考虑课堂互动中师生认知倾向的一致与不一致的综合效果。场依存和场独立型的学生和相匹配的教师会自动地更积极地在认知和个人风格方面互动(迪斯泰法诺,1970),这可以创造一个有助于学习的环境。

参见 知觉;视—动和视知觉问题;视知觉和识别

FILIAL THERAPY, SPECIAL EDUCATION AND
特殊教育与亲子游戏治疗

亲子游戏治疗技术在20世纪60年代由伯纳德·格尼和米歇尔·安德罗尼科发明(1967)。这是一种"由父母充当儿童的治疗专家的心理治疗技术"(霍恩斯比和阿普勒鲍姆,1978)。这一治疗技术最初是为无须接受住院治疗的精神障碍学生及其父母开发的,后来被招收中度智力落后儿童和自闭症儿童的寄宿制学校所采用(霍恩斯比和阿普勒鲍姆,1978;霍恩斯比和戈登,1972)。该治疗技术使家长成为治疗专家并操控治疗过程,因而被认为是一种互动性的治疗模式。它不再要求儿童离开家庭去接受治疗,而是强调父母是整个治疗过程中的不可或缺的组成部分。亲子游戏疗法不仅仅是一种治疗方法,它还有助于父母学习更有效的养育方式。

过去,许多学校(安德罗尼科和格尼,1967)通过使用亲子游戏治疗的方法来减轻学校心理学家的负担。但是,现在这一疗法主要为以心理治疗为核心疗法的寄宿制机构所采用。典型的亲子游戏治疗采用一种多重作用的模式。在家庭接受了初步评估,并安排好其成员的内部互动模式之后,游戏治疗才正式开始。通常被认为是与儿童的治疗最不相干的一位父母被委以"主要治疗专家"的责任,在游戏室陪同儿童玩耍。心理学家发给病人一个"虫子"(内置式助听装置),然后与另一位父母撤离至观察室。心理学家向参与治疗的父母提供建议和指导,而儿童的另一父母充当观察者和顾问。在陪同儿童做游戏的环节结束之后,家长和心理学家互相交流感受和观察经验,并讨论各自对于主要治疗专家与儿童之间的关系和交流方式的想法。此外,亲子游戏治疗还强调对治疗过程的全程反馈。随着治疗环节的推进,心理学家将病人耳中的"虫子"取出,治疗的重心放到训练父母和儿童将学到的知识泛化到家庭环境下使用的能力。亲子游戏治疗的最终目的是密切家庭成员的联系,促进交流,提高行为管理能力,并增强父母教养成功的几率及增强其对家庭变化的责任感。

特殊教育专家可以在下列三种情形下选择使用亲子游戏治疗的治疗原则。第一,作为对情绪障碍儿童从寄宿制学校或医疗安置形式回归公立学校的后续治疗;第二,在儿童的学业或行为障碍需要家庭支持的某些环境中;第三,作为行为障碍儿童的教室预防措施。当然,亲子游戏治疗应在做出相应调整后才可在学校环境下使用。例如,在治疗中不再借助于"虫子",而是由教师向儿童父母或参与教学活动和行为矫正治疗的儿童及其父母示范正确的学业和行为要求,并由教育专家进行观察和提出建议。特殊教育专家从亲子游戏治疗中的获益主要有通过强调合作和整体利益密切自己与特殊儿童和家长之间的关系,通过对家庭的深入了解来协助儿童将所学知识泛化使用并促进训练的转衔,促进家庭成员之间的交流和互动。

在过去的20年间,亲子游戏治疗再次兴起。去机构化运动使得该疗法有可能重返公立学校。寄宿制安置机构已经意识到了将儿童整合到公共环境中的必要性。父母充当治疗的合作者有力地保证了治疗效果在家庭和学校环境下能够得以保持。

FINGERSPELLING
手指语

美国手指语字母表由代表26个字母的明确的手势组成。手指语是一种利用一系列的手形变化来进行视觉交流的快速的表达方式。手指语舍弃了音位变化和口语的韵律,因此,手指语所表达的通常是书面语而非口语。手指语技巧包括手形、手掌所在的固定的中心位置的位置特征、手形之间的衔接变化(帕登等,1985)。

世界上不同的国家使用的手指语字母表的种类数不胜数。1963年,美国手指语字母表被第四届世界聋人大会选为世界手指语字母表,其中仅有两个字母做了改动(t和d)。美国手指语字母表之所以入选,主要有两点原因:其一,英语和法语(这两种语言使用相同的语法体系)是大会的官方语言;其二,美国手指语字母表已经为许多国家所采用(卡梅尔,1975;沙因,1984)。

手指语通常充当手势语的补充,以便更恰如其分地表达手势语无法表达的专有名词、科学技术术语和俚语。对那些没学过手语的人来说,手指语似乎是手势语不可分割的组成部分。但是,手势语和手指语之间存在着一些差异。手势语通常使用一个或两个手形来表达词汇,而手指语则使用与组成单词的字母数量相同的手势。使用手指语时所需要的空间相对于手势语来说要小得多,手的空间位置几乎保持不变而打出不同的手形。打手指语时,手掌的方向几乎总是向外,而在手势语中则没有类似的限制。另一重要的区别就是手势语是作为聋人群体的交流手段发展起来的,而手指语则是作为教学手段发明出来的(帕登等,1985)。

尽管手指语主要是作为手势语的补充交流手段,但单纯使用手指语的手势语交流方式确实存在。这就是1878年由罗切斯特聋人学校校长泽纳斯·韦斯特维尔特发明的罗切斯特法。这一方法在1912年韦斯特维尔特去世之后逐渐废止不用。尽管罗切斯特法的一些手势组成部分流传下来,但今天即使是在发明它的学校里,也无人再使用这一交流方法了(沙因,1984)。

参见 美国手语;聋教育

FITZGERALD KEY
费茨杰拉尔德关键词教学法

费茨杰拉尔德关键词教学法是训练聋童组织正确的语句结构的一种教学方法。该教学法由聋人教师伊丽莎白·费茨杰拉尔德发明,最早见于费茨杰拉尔德1926年出版的著作《简明聋人用语》中。在此后的40年中,该教学法为美国和加拿大的聋校及各类聋教育项目所广泛采用(莫尔斯,1978;迈尔斯和哈米尔,1976)。

该教学法提供视觉指导来协助聋童组织句子,以此来弥补聋童的听觉缺陷。费茨杰拉尔德(1976)曾提倡在所有年龄段的所有教学科目中使用这一教学法。为便于学生使用,她还建议在教室黑板上方最显著的位置用可擦拭的黄色涂料写上该教学法。

费茨杰拉尔德关键词教学法由从左至右排列的标题(关键词)和六个代表句子组成成分的符号组成。关键词用于对新词进行分类。例如,名词被归到关键词“什么”和“谁”的下面;形容词被归到“多少”、“哪种”和“什么颜色的”等关键词的下面。符号用于对那些无法恰当匹配关键词的句子成分进行分类。例如,“=”代表动词,“-”代表代词。费茨杰拉尔德谨慎地指出,6个书写符号的每一个都应当尽可能与其所代表的语句成分的发音相对应,当然也可以由教师人为匹配书写符号和名称。费茨杰拉尔德相信,使用符号有助于儿童在学习之初便熟悉语句的组成成分,而不是动词、冠词等术语。但是,她并不主张长时间地借助于这些符号进行教学。

1947年,普格(1955)出版了一本名为《聋人语言发展的阶段》的著作,书中采用了费茨杰拉尔德关键词教学法,并按照费茨杰拉尔德的教学原则进行编排。尽管普格对费茨杰拉尔德的教学法进行了部分的修改,但她的著作仍不失为对费茨杰拉尔德的原著的有益补充。因此,这两本著作通常搭配使用。

费茨杰拉尔德关键词教学法经过修订后还可以供患有重度听觉或视觉问题的学习障碍学生使用(迈尔斯和哈米尔,1976)。但目前尚无文献记载该教学法可应用于上述特殊人群的程度及其矫正学习障碍的效果。

参见 聋教育;语言缺陷和不足;残疾人的书面语表达

FOCUS ON AUTISM AND OTHER DEVELOPMENTAL DISABILITIES
《关注自闭症和其他发展性障碍》

1988年,Pro-Ed教育有限公司从阿斯彭出版社购买了《自闭症行为研究》季刊的版权,将该刊物内容扩增至64页,探讨与自闭症有关的各个学科领域的问题以及其他发展性障碍等,并将其更名为《关注自闭症和其他发展性障碍》。该期刊为教育实践者、研究人员、高级教育专家、父母以及其他致力于改善自闭症患者和其他发展性障碍者的教学活动和教学条件的人士提供管理、医疗、规划和教育等许多实践领域的信息。该期刊讨论的话题相当广泛,包括评估、职业教育、课程、教学策略、医疗、一体化和家庭参与等。

FOLLOW THROUGH
后继教育计划

后继教育计划是在对《经济机会法案》进行修订的过程中提出的。在该法案的推动下实施的启蒙计划的目的是对低收入家庭的儿童进行早期干预(莱茵,1981)。对参与启蒙计划的儿童的早期小规模调查报告表明,接受为期一年的启蒙计划之后,这些儿童的智商平均提高10分左右。但是,对启蒙计划的首次较大规模的评估显示,早期所取得的干预效果在儿童进入小学之后迅速消失了。后继教育计划作为一种旨在为进入小学阶段的儿童继续提供有效支持,协助维持并增强儿童在学前阶段所取得的干预效果的新方法被寄予厚望(海伍德,1982)。但是,由于经费不足以及设计的不同教学模式下的评估数据的分析结果之间存在矛盾之处,后继教育计划的实施也并不尽如人意。

也许对后继教育计划的不同实验的最保守的评价应当是:在有组织的方法,如应用行为分析或直接教学模式的支持下,它确实提高了学校教育的水平,但其补救方案及实际效果仍需进一步研究。

参见 ABC计划;启蒙计划;残疾儿童启蒙计划

FOSTER HOMES FOR THE HANDICAPPED
残疾人寄养家庭

残疾人寄养家庭政策已经实施了许多年(桑德森和克劳利,1982)。随着20世纪70年代去机构化运动的开展,涌现出了越来越多的安置形式。尽管通常认为团体之家是残疾人安置形式的首选,鲁斯(1978)却认为领养或寄养的方式对残疾人来说更为适合。维勒和因塔利亚塔(1982)比较了在团体之家和寄养家庭这两种不同的安置形式下被试者自理能力、适应性行为、社会生活能力、社交能力、社区服务的发展。有趣的是,研究结果并未发现这两种安置形式对被试者各项能力的发展产生多大影响。尽管如此,研究结论仍然声称家庭式护理更有利于残疾人养成与其年龄相符的行为举止,及建立恰当的人际关系;而团体之家为残疾人获得独立生活能力、适应社会要求提供了更多机会。上述的研究结果对我们有两点重要启示。首先,将残疾人安置到社区内必须以其个人需要为出发点。其次,"团体之家的工作人员能够从行为管理技巧的训练中受益,而提供寄养服务的家庭成员则可以从学习如何鼓励接受寄养的残疾人学习和使用更多的独立社会生活技巧的过程中获益"(维勒和因塔利亚塔,1982)。尽管他们的实验没有评估两种安置形式的成本效益,研究者们认为寄养式护理的费用明显低于团体之家安置形式。

学术界关于最佳安置形式的辩论没有对现实世界产生多少影响,残疾儿童和成人依旧被安置在寄养家庭中。在安置过程中,有很多问题需要解决。例如,哪些类型的残疾儿童应当被安置到寄养家庭中?应选择什么样的家庭为残疾儿童提供寄养服务?寄养残疾儿童的家庭有什么需要?

对智力和运动发展迟缓儿童来说,寄养家庭是仅次于寄宿制安置形式的最佳选择。例如,泰勒(1980)在一篇报告中从寄养家庭的父母的视角描述了两个个案中儿童的表现。泰勒的两个个案中的儿童都取得了惊人的进步。为了满足此类寄养父母的需要,阿里松纳编制了一套面向寄养父母的发育迟缓儿童的养育教材(本德等,1980)。该教材名为《发育迟缓儿童寄养指南》。

敏感体质儿童的安置形式也以寄养式家庭护理为主。通常配有一名护士负责该残疾儿童的医疗方面的护理,如气管切开术、试管喂养、衣物消毒及物理治疗等。在大多数情况下,由于这类儿童的亲生父母常常无法亲自照顾子女,因此他们需要频繁地住院以便接受护理。此外,据估算,在1983年,此类儿童的寄养护理费用约为每月1000美元,而住院护理的费用约为每月10,500美元(惠特沃思、福斯特和戴维斯,1983)。

寄养家庭在残疾儿童的护理中扮演着极其重要的角色。残疾儿童专家们应当关心并满足寄养家庭的各种需要,使他们更好地为残疾儿童服务。

参见 家庭咨询

FRAGILE X SYNDROME
脆性X综合征

直到20世纪80年代为止,人类对脆性X综合征仍知之不多。脆性X指的是一种目前最常见的导致智力落后的遗传性染色体变异现象,其遗传率仅次于唐氏综合征(唐氏综合征通常由第21对染色体在减数分裂时发生错误导致。该症与基因有关,但并不遗传)。由于患者的X染色体上有一处脆弱易断的部位,脆性X综合征的发病率与性别有关,表现为更常见于男性。与X染色体变异有关的病症有50多种,但该症是其中唯一一种最有可能导致智力落后的病症(布朗等,1986)。脆性X综合征与男性智力落后的流行率高于女性的现象也有很大关系。尽管不同研究对这一流行率的估计数字存在差异,但脆性X综合征在男性中的发病率大约为1/1500,女性中大约为1/2000(弗林,1990)。脆性X综合征导致的男女智力落后者分别占男性和女性智力落后者总人数的5%和0.3%(琼斯,1997)。在智力落后程度严重且需要特殊支持性服务的男性中,约有6%~14%的人患有脆性X综合征,3%~6%的人患有自闭症(巴肖,1997)。致病原因不详的智力落后患者现在都要进行脆性X染色体的例行检查。

1. 脆性X综合征的遗传学解释

脆性X综合征在遗传学上相当罕见,主要表现在以下几个方面。在典型的X染色体变异导致的病症中,一名未表现出任何发病症状的女性携带者将致病基因平均遗传给半数的后代。获得致病基因的后代中,男性全部表现出该症症状,而女性全部为携带者。然而,脆性X综合征的遗传规律则要复杂得多。一个X染色体正常,另一个X染色体脆弱的女性患者(即携带者)可能表现出部分的脆性X综合征状,如智力落后或特殊的学习困难。大约20%的男性患者未表现出明显的体貌或精神异常,且X染色体未见异常。但是,他们的女儿却会成为携带者并导致下一代的男性患病(布朗,1990)。更为复杂的是,重复的细胞生成测验并不能检测出半数以上的未发病的女性携带者的 X 染色体的异常情况。

20 世纪 90 年代的研究已经证实了脆性 X 综合征的发病机制和遗传模式及前期症状。巴肖(1997)的发现为后人建立病因解释模型提供了基础。首先,所有的表现出脆性 X 综合征状的男性体内都带有特定的致病基因,即 FMR1(脆性 X 智力落后基因)。随后,致病基因开始破坏对大脑发育具有极其重要意义的一种特殊蛋白质。基因编码的三核苷基对中常见的异常复制现象最终导致 X 染色体出现脆性部位。而且,三核苷异常复制的现象有可能遗传给下一代。脆性 X 部位(FRAXA)通常由 6 至 50 组胞嘧啶 – 鸟嘌呤 – 鸟嘌呤(CGG)基对序列组成。携带致病基因但未表现出患病症状的男性和女性携带者的 CGG 复制速度分别为 50 ~90 和 50 ~200 单位。他们虽没有脆性 X 部位,但据称有早期变异征兆。这种变异征兆较为常见,正常人群中大约每 500 个男性或每 250 个女性中会有 1 例。在 CGG 复制速度达到 200 ~3000 单位的基因完全变异的男性或女性患者的染色体上,能够观察到脆性 X 部位,而且患者表现出典型症状。其中,全部男性患者和半数女性患者有智力落后现象。

代际间遗传性 CGG 复制加速现象导致同代人中的脆性 X 症候学现象被进一步强化。CGG 复制速度超过 100 单位且表现出前期变异征兆的携带者的子女的 CGG 复制速度通常可以达到全速。男性携带者的 CGG 复制速度通常不到 100 单位,因此他们的女儿虽表现出前期变异征兆,但无任何患病症状。因为他们女儿的 CGG 复制速度有可能达到 90 ~200 单位,因此,这些妇女的男性和女性后代中获得脆性 X 部位遗传的人的 CGG 复制速度很有可能超过 1000 单位。这一复制速度当然处于全速复制的范围之内,因此,这些后代将会表现出脆性 X 的患病症状。正如巴肖所观察到的,“男性携带者通常会有患病的孙子或孙女,这种现象在与 X 染色体有关的障碍中是一种极为罕见的遗传方式”。

2. 男性患者的特征

约有三分之二的成年男性患者表现出下列三种临床症状:①中度到重度的智力落后;②典型的面部特征,包括前额宽阔、下巴前突、耳朵狭长;③睾丸肥大(维格斯和弗林等 1990;弗伦斯,1990;萨瑟兰和赫克特,1985)。然而,事实上,由于患者的体貌特征差别非常之大,因此,该症的确诊必须以细胞生成分析结果为依据。女性患者和青春期前的男性患者的体貌特征更为多样。尽管大多数男性患者在出生后会表现出“发育过度的症状”,如头围、囟门及三围的尺寸均超出正常范围约 97%,但青春期前的男性患者的器官肥大现象及特殊颅面特征却并不十分明显。下文中对患者的各项特征的描述是以巴肖、布雷格曼、戴肯斯、华生、奥特和莱克曼、布朗等人(1986),科夫斯等人(1990),戴肯斯和莱克曼,弗林斯及哈格曼(1990)的研究为依据的。

(1)体貌特征。除了上文曾提到过的典型的颅面特征、器官肥大和过度发育之外,男性脆性 X 综合征患者还可能表现出各种症状,如关节凸出、上颚高度弯曲、二尖瓣下垂(一种心杂音现象)、扁平足、肌肉强直性痉挛。女性携带者,尤其是智力轻度落后者,也可能表现出一些颅面特征,如前额宽广、面部狭长、体形庞大等。

(2)认知特点。约有 95% 的男性患者同时伴有智力落后症状,但其落后程度却因人而异。大多数患者的智力落后程度为轻度到重度,另有少部分患者的智力水平属于正常范围以内的较低程度。随着年龄的增长,男性患者的智商总水平呈下降趋势,但并非所有方面的智力水平都如此。男性患者在对按顺序呈现的信息的及时加工和短时记忆上表现出困难,在需要回忆项目顺序或模仿系列动作的任务中表现较差。因此,利用顺序加工上的缺陷可以很好地区分脆性 X 综合征患者和其他智力落后患者(齐格勒等,1991)。男性患者在同时加工和综合任务上的表现较好,如积木设计,但其听觉记忆和反应力较差。

(3)语言发展。约有 95% 的男性患者同时伴有交流障碍的症状。总的来说,患者的语言发展落后于智力发展。此外,还有言语持续、重复、模仿、混乱及言语障碍等特殊问题。其中,有些问题可能由顺序加工障碍导致。焦虑还会使寻找词汇的问题和无关联系等问题更加严重。

(4)行为特征。约有 75% 的患者表现出严重的行为问题,如多动和注意力缺陷、固执的自我刺激行为及攻击性行为等。60% 左右的患者有自闭行为和癫痫。各种行为特征的综合使得许多患者被诊断为有发散性发展障碍(巴肖,1997)。许多患者还表现为社交退缩反应,厌恶被注视,喜欢自伤行为,如自己咬自己。

3. 女性患者的特征

70% 左右的女性携带者并未表现出明显的体貌、认知或行为上的问题。其余的 30% 伴有各种各样的症状,但这些症状在女性患者身上的表现比在男性患者身上相对轻微。大约 10% 的女性患者有轻度的智力落后,20% 有学习障碍,30% 有交流问题,还有 30% 有情绪障碍。常见的学习障碍问题主要有视—空能力、操作能力和同时加工。女性患者的语言问题与男性患者类似,有言语混乱和持续的问题。有证据显示,女性携带者的智商随年龄的增长呈上升趋势,这与男性患者的表现截然相反。

4. 一些启示

心理疗法对脆性X综合征的治疗有重要意义,其原因主要有以下两个方面(科夫斯等,1990):①脆性X综合征在儿童身上所产生的多种多样、纷繁复杂的症状表现使得心理评估在筛查出可能的脆性X综合征患者进行细胞生成分析测验中起着举足轻重的作用;②脆性X综合征患者的认知特点对他们需要的治疗和教育服务有重要意义。因为患者各自的症状表现千差万别,治疗过程中需要各学科专家的合作(哈格曼,1990)。而且,脆性X综合征患者和唐氏综合征患者之间的显著差异也表明了这两种人群的感官发育迟滞的异质性,需要从理论上进行进一步的论证(布拉克、霍达普和齐格勒,1988;戴肯斯和莱克曼,1990;齐格勒和霍达普,1991)。对孕妇进行特殊的产前检查可以检测出胎儿是否患有脆性X综合征(布朗等,1986),但是,男性患者的不完全的症状外显率、大量女性携带者的表现型效应及正常女性的诊断的难度都使得基因咨询过程更为棘手。

参见 自闭症;染色体异常;认知障碍;唐氏综合征;智力落后

FRAIBERG,SELMA HOROWITZ

塞尔玛·霍罗威茨·弗赖伯格(1918—1981)

塞尔玛·霍罗威茨·弗赖伯格在韦恩州立大学获得学士(1940)和硕士(1945)学位。她曾经在密歇根大学安娜堡分校担任儿童心理分析教授。

作为一名社会工作者,弗赖伯格曾提倡在儿童的教育活动中任用接受过正式培训的社会工作者。弗赖伯格指出,问题儿童的个人资料通常只向社会工作者公开,而其他专业人员却无法看到。但是,大多数社会工作者接受的是以成人为服务对象的培训,因此,在衔接社会工作与其他专业服务时,由于对儿童存在的问题的描述所使用的术语不一致而产生了许多不必要的问题。她强调儿童的问题会影响整个家庭所有成员的生活方式。而且,她相信,这个棘手的社会问题只有在有社会工作者介入的情况下才能够得到较为妥善的解决。因此,她强调合格的社会工作者必须接受适当的培训。

弗赖伯格1977年出版的著作——《每一个儿童的天赋权利》详细介绍了儿童养育实践研究的方方面面。大多数研究讨论了在经济大萧条时期和两次世界大战中失去了父母和其他家庭成员的孤儿的成长经历。她认为,人类的生存离不开关心与爱,关爱可以抚慰婴幼儿,也可以防止战争,使人有勇气在灾难中生存下来。弗赖伯格感兴趣的另一个研究领域是,盲童在看不到父母的情况下是如何形成并巩固与父母的感情联系的。她出版了一本书《盲人的观察力:盲幼儿和视力正常幼儿的比较研究》(1977)来讨论这一问题。《神奇年代》(1969)是弗赖伯格的另一本重要的著作。她获得过许多的荣誉,她的名字曾被收录到《美国妇女名人录》(1975)、《世界犹太人名人录:犹太名人传记辞典》(1972)。弗赖伯格生于密歇根州的底特律,1981年12月19日在加利福尼亚州的圣弗朗西斯科去世。

FREE APPROPRIATE PUBLIC EDUCATION

免费且适当的公共教育

《所有残疾儿童教育法案》(94-142公法)中最主要的一条、在修订中被重申的条款——《残疾人教育法案》——规定所有的3~21岁的美国残疾儿童和青少年都应当接受免费且适当的公共教育(FAPE)。此前的相关联邦法律规定,美国各州及领地的当地政府必须为3~5岁的儿童以及18~21岁的青少年提供教育服务,除非该州法律或当地法庭的庭谕禁止这一年龄段的儿童接受FAPE条款所提供的教育服务。后来美国国会通过了将联邦教育服务对象拓展至包括0至2岁的残疾婴幼儿的法令(99-457公法)。

免费且适当的公共教育的定义包含以下三项看似独立但实际上有着密切联系的规定。

(1)免费。FAPE条款的这一条规定从根本上决定了残疾人的父母或监护人无需为其所接受的特殊教育和相关服务缴纳任何费用。

(2)适当。FAPE条款的这一条规定所有的特殊教育和相关服务:①必须适合每个学生的特殊需要和能力(如在评估过程中的类似规定);②必须与学生的个别化教育计划(IEP)的内容保持一致;③必须在最少受限制环境(LRE)下提供相关服务。

(3)公共教育。本条规定所有直接或间接提供特殊教育及相关服务的地方级、中级、州级教育机构必须为残疾人提供免费且适当的公共教育。为了达到FAPE的规定,公共教育机构(如地方学区)应提供走读制或住宿制的教育服务,以充分满足残疾儿童或青少年的特殊教育需求。尽管这一条款并未覆盖所有残疾儿童,如遵循父母意愿就读私人学校或教会学校的残疾儿童,但是这些儿童仍受法律(联邦法律或条令)保护,有权参与《所有残疾儿童教育法案》和《残疾人教育法案》基金会所规定或提供的所有特殊教育活动及相关服务。

在对免费且适当的公共教育的概念进行界定时,美国国会(1983)颁布了一个官方定义,即 FAPE 指的是:①由政府出资提供、受公众监督和指导、无须缴费;②符合国家办学条件;③根据所在州的具体情况,提供符合残疾儿童需要的学前、小学及中学阶段的教育服务;④根据 614 条款(a)(5)中关于个别化教育计划的规定提供的特殊教育及相关服务。

在为 FAPE 寻找更为广泛的立法和判决基础的同时,伦纳德和特恩布尔夫妇(1982)对提供特殊教育服务的部门提出了六条主要的行为准则:遵循零拒绝原则;使用非歧视的评估模式;制订个别化教育计划;提供各种最少受限制的环境;维持合适正当的运作体系;以及确保父母有权充分参与所有的决策过程。

参见 个别化教育计划;残疾人教育法案(IDEA);最少受限制环境;零拒绝原则

FREEDOM FROM DISTRACTIBILITY
免于注意力分散

对韦氏智力测验进行的大量因素分析研究表明,除了反映韦氏测验中言语和操作表现的两大因素外,注意力分散也是另外一个影响韦氏测验表现的较小因素。与言语和操作智商相对应的前两大因素被称为言语理解和知觉组织。这两个因素的结构和在分测验中的影响都很稳定。第三个因素,分心因素包括算术、数字广度、编码或数字符号分测验,但是有些情况下,分心因素只包括前两个分测验。实际上,除了智商之外,韦氏儿童智力量表第三版(WISC – Ⅲ)还包括四个因素指数,其中之一是由算术和数字广度分测验组成的,被命名为“免于注意力分散”。编码并不对准这个因素,它同另外一个速度测验(符号侦查)组成韦氏量表第四个因素的指标—加工速度。与此类似,算术和数字广度(加上一项新的分测验——字母—数字排序)构成了韦氏成人智力测验第三版(WAIS – Ⅲ)中的类似注意力分散的一项因素指数。与以往不同的是,韦氏成人智力测验第三版使用命名工作记忆来测量注意力分散指数。

虽然我们还不知道所谓的注意力分散的确切含义,但有时它被认为是抗干扰的能力(韦克斯勒,1958),并且有时被比作焦虑三角症。卢提(1977)认为它测量的可能主要是计数能力。班纳坦(1974)将其解释为序列加工能力的测量指标。考夫曼(1979,1990)认为这种因素不仅仅是干扰和焦虑的行为特征,它反映的是包括数字能力(比如序列加工能力和短时记忆能力)在内的很多认知能力。豪恩(1989)认为它主要是一个短时理解和记忆的测量指标,这个因素是流体—晶体智力理论的 8 个方面之一。维尔奇维茨(1990)则强调分心因素反映的是执行加工能力。

参见 因素分析;个人能力测验分析;个人能力测验多样性;韦氏成人智力量表修订版;韦氏成人智力量表第三版;韦氏儿童智力量表修订版;韦氏儿童智力量表第三版

F

FREEMAN SHELDON SYNDROME
弗雷曼・谢尔登综合征

弗雷曼・谢尔登综合征是一种罕见的遗传病症。患者口唇极为狭窄,面部似带有面具,关节挛缩,鼻腔软骨发育不全。两眼向内侧斜视(斗鸡眼),眼睑下垂,可能伴有脊柱侧凸现象。尽管有些患者的智力水平较低,但大部分患者智商正常。该症的遗传方式一般为常染色体显性遗传方式,但也有常染色体隐性遗传方式。目前尚未有实验室研究确认此种染色体异常现象。

狭窄的口形导致患者在学习语言、进行口腔检查和牙齿护理时遇到许多困难。手指关节挛缩使得精细动作的发展更为困难。整形外科和整形手术能够改善患者的容貌和关节功能,但手术中使用的某些吸入性面部麻醉剂可能导致面部不良反应(恶性高热反应)。这就要求主刀医生在手术前与有经验的麻醉师进行充分的沟通。有几家非官方的健康机构专门为颅面异常的儿童提供医疗服务,并向儿童父母及教育专家提供相关服务信息。

FRENCH, EDWARD LIVINGSTON
爱德华・列文斯顿・弗伦奇(1916—1969)

爱德华・列文斯顿・弗伦奇最初在费城的切斯纳特山学院任教。在第二次世界大战中服过三年兵役之后,弗伦奇在新泽西州的瓦因兰培训学校担任心理系主任,与埃德加・A・多利共事。1949 年,弗伦奇和多利同时转入费城德弗罗学校,弗伦奇担任心理系主任。1954 年,弗伦奇成为德弗罗基金会的理事会成员之一。三年后,他升任该理事会理事;1960 年荣升会长兼理事。

1950 年,弗伦奇获得宾夕法尼亚大学临床心理学博士学位。他与别人合作出版了《智力落后儿童养育指南》。在他撰写的《美国特殊教育计划》章节中介绍了德弗罗学校,以及该校采用的寄宿治疗原则,这些内容奠定了德弗罗计划的基础。他同时担任临床生物化学和行为学院院长及美国心理协会学校心理学家分会会长,以及全国私立精神病院协会的理事。

FREUD, ANNA

安娜·弗洛伊德(1895—1982)

安娜·弗洛伊德是西格蒙德·弗洛伊德的6个孩子中最年幼的一个。她曾就读于科蒂奇莱瑟姆学校,虽然在校期间成绩优秀,但她却于1912年中断了学业。她的父亲是引导她进入精神分析理论和实践领域的导师。纳粹德国占领奥地利之后,弗洛伊德一家于1938年举家迁至伦敦。安娜和父亲在移民英国之后依然保持学术上的活力,享有很高声誉。她尽心尽力地担任父亲的工作伙伴和助手,直至他于1939年去世。

安娜·弗洛伊德的许多学术著作都源于她将精神分析理论应用于儿童发展,以及从理论和实践两个角度将精神疗法用于满足年轻患者的特殊需求的巨大的研究热情。她的工作鼓舞了许多后来者。例如,她曾鼓励过埃里克·埃里克松进行精神分析研究。此外,安娜还将父亲对自我防御机制、错位和认同理论的研究进行了进一步的整理和论证。她一生著述颇丰,发表过100多篇研究论文,出版过许多极有价值的书籍,如《儿童分析的入门技术》(1927)、《教师与父母的精神分析》(1931)、《自我与防御机制》(1936)以及《儿童精神分析治疗》(1946)。她还将父亲的遗作整理编辑为24卷丛书。

怀着进一步开展儿童精神分析研究的满腔热情,安娜于1947年开办了一家私人诊所,并创办了一系列的刊物。该诊所和刊物流传至今,成为她留给后人的一笔宝贵财富。纽约汉普斯特德儿童诊所收治各类患儿并培训儿童精神治疗师;《儿童精神分析研究》杂志成为该领域的专家和治疗师互相交流思想的一个学术论坛。

1970年,安娜·弗洛伊德获得了该领域同时代的最高荣誉称号——当代最伟大的儿童精神分析学家。此外,她还获得了克拉克大学、耶鲁大学、哥伦比亚大学以及哈佛大学的各种奖励、奖章及荣誉学位等,并于1972年获得维也纳大学荣誉医学博士的称号。

由于安娜·弗洛伊德生性谦虚不喜张扬,她的个人成长经历以及学术发展轨迹仍不为世人所知。只有《儿童精神分析研究》第39期(1984)的一篇回忆录中介绍了她在法律、发展心理学、政治以及儿童精神治疗师的培训等方面所做出的贡献。

FREUD, SIGMUND

西格蒙德·弗洛伊德(1856—1939)

精神分析学的创始人西格蒙德·弗洛伊德于1886年作为一名神经学家进入维也纳实践医学领域。他从临床实践中发展出的神经分析理论,不仅在精神治疗领域掀起一场革命,也使得世人对他本人的看法完全改观。弗洛伊德在治疗中引入了无意识的概念,并阐述其对人的行为的影响。自由联想和释梦是揭示无意识行为的途径。弗洛伊德论证了精神冲突在人的终身发展中的作用,并阐释了性和攻击性的推动力量。他还论证了婴儿期性行为的存在及其重要性,以及儿童期发展对成年期行为的影响。1938年纳粹德国占领奥地利之后,弗洛伊德移居伦敦,直至次年去世。

FRIEDREICH'S ATAXIA(FA)

弗里德赖希运动性共济失调(FA)

弗里德赖希运动性共济失调(FA)包括许多种不同症状,其主要症状通常在童年晚期或青春期早期表现出来。这些症状通常遵循孟德尔遗传法则,一般以常染色体隐性遗传的方式传递给下一代。科学家们已破译出几例常见显性遗传方式。运动性共济失调的核心问题是脊髓和小脑的进行性功能失调。此外,还可能出现心肌纤维萎缩的症状。

弗里德赖希运动性共济失调的早期症状主要表现为患者因肢体末端及躯体肌肉的协调能力的逐步减弱而逐渐无法正常行走,并有可能出现畸形足、锤形趾、足弓严重弯曲及脊柱侧凸等骨骼畸形现象。临床上还观察到心力衰竭、心脏肥大(或心律失调)、眼球震颤、视神经萎缩、战栗、构音障碍及进食障碍等症状。该类患者的肢体——尤其是足部——还极易出现感觉丧失和癫痫的状况。该症的诊断完全依赖于对这些临床症状的分析。除了心电图的变化能够预示患者可能患有心肌炎之外,实验室结果通常对该症的诊断没有实际帮助。大多数运动性共济失调患者不得不依靠轮椅行动,最终卧床不起。该症患者通常在童年、青年期或成年早期死于心力衰竭,至今仍无有效对抗疗法。

在临床诊断上,已将弗里德赖希运动性共济失调与其他类似障碍进行区分,如运动性共济失调—毛细血管扩张、鲁西—利维症和巴森—科尔茨威格综合征等。

参见 步态障碍;遗传咨询

FROSTIG, MARIANNE

玛丽安娜·弗洛斯蒂格(1906—1985)

玛丽安娜出生于奥地利维也纳,于1926年获得奥地利维也纳大学社会福利学院儿童社会工作者的学位。数年后,她和身为神经精神医师的丈夫在波兰的一家精神病医院工作,直到她伴随丈夫去美国工作为止。在美国,弗洛斯蒂格获得了新社会研究学院颁发的第一批学士学位证书(1948)。另外,她还获得了克莱蒙特研究生院的硕士学位(1940)以及南加州大学的博士学位(1955)。她带病在德国进行循环演讲时不幸去世。

弗洛斯蒂格相信每个人都是独一无二的,教育应当充分考虑每个人的特点和需要。她致力于寻找适合每个儿童的教育方式或治疗方法。她认为教育应当符合每个儿童的需要,尤其是那些由于各种原因表现出学习障碍的儿童。对弗洛斯蒂格来说,问题儿童实际上是个体的需要没有得到充分满足的儿童。《为尊严而教》是她为普通教师编写的一本解决上述问题的教学实践指南。

《玛丽安娜·弗洛斯蒂格视觉知觉发展测验》是第一个将不同的视觉能力进行区分的测验。在此之前,所有的视觉问题都被归为一类,笼统处理。弗洛斯蒂格于1972年辞去玛丽安娜·弗洛斯蒂格教育治疗中心主任的职务。

弗洛斯蒂格曾获得《洛杉矶时报》年度最优秀妇女的荣誉称号,并荣获国际学习障碍儿童协会的金钥匙奖。她的名字还被收录到《美国妇女名人录》、《科学美国人》以及《世界名人大辞典》中。

FROSTIG REMEDIAL PROGRAM
弗洛斯蒂格矫正训练项目

开发于1964年的弗洛斯蒂格视知觉训练,其目的在于对有视力问题的儿童进行感知和运动训练。该训练项目配有大量的练习簿和工作表,主要分为五项内容。第一项是利用在限定的范围内画直线的活动来锻炼手眼协调能力。第二项是通过在背景复杂重叠、极易分散注意力的图画中寻找隐藏的图形以锻炼儿童的注意力。第三项是概念守恒的练习,通过此项活动,使儿童明白形状或颜色的改变并不会导致物体的质量也随之发生变化。第四项是空间位置训练,在这项活动中,儿童将明白人和物体在不同的位置时,其本身并不发生任何变化。常用的训练方法是先交给儿童一个模型,然后要求儿童从另外的几个模型中选出形状或图案与这个模型完全相同的一个。第五项是空间关系训练,儿童通过这项活动来学习物体或点之间的位置关系。常用的训练方法是在一张纸上排列物体或图片(班纳坦,1971;哈拉罕和考夫曼,1976)。

弗洛斯蒂格视觉知觉训练项目所依据的理论假设是,童年的大脑损伤会导致神经传导障碍,并最终导致儿童出现视觉知觉问题。这一假设是在戈尔茨坦、施特劳斯、沃纳和克鲁克香克的研究结果的基础上提出来的。该理论认为,即使在未发现大脑特定损伤的情况下,大脑功能也可能出现异常,这种异常多为知觉困难(哈拉罕和考夫曼,1976)。弗洛斯蒂格视觉知觉训练项目是为协助有知觉缺陷的学习障碍儿童而开发的众多商业性质的训练项目中较有代表性的一个。

参见 *视觉理解发展测验-2;视觉动作和视知觉问题;视知觉和辨别*

F

FUNCTIONAL ANALYSIS
功能性分析

功能性分析是一种对环境变量进行实验操作的过程。有假设认为,环境变量可以预测或保持持续性的问题行为。这些假设主要是依据间接或直接的功能性评估得到的。借助于功能性分析,教育者可以系统地评估环境事件(如先前事件或后继事件)与持续性的问题行为之间的联系或者功能性关系(弗劳尔等,1994;奥尼尔,1997)。在得到功能性关系的结果后就可以对目标对象进行干预治疗制订行为支持方案,(瓦克尔、伯格、阿斯穆斯、哈丁和库珀,1998)。

米尔滕贝格尔(1998)总结了功能性分析所必需的三个要素:①在实验室条件下对问题行为进行客观的测量;②系统的操作先前事件或后继事件能够引起问题行为的变化;③上述过程的系统可重复性。有两种不同的实验设计可以用于在假设的环境事件和问题行为之间建立功能性联系。应用于功能性分析的这两种实验设计方法分别是ABAB设计和多因素(交替治疗)设计(阿尔贝托和特劳特曼,1999)。

FUNCTIONAL ASSESSMENT
功能性评估

功能性评估指的是搜集可以预测或保持持续性问题行为的环境因素的相关信息的系统化过程。功能性评估的数据用于编制综合行为支持计划,该计划必须遵循一个目标,问题行为方案只能应用于一个目标对象的假定功能或目标。符合上述条件的数据包括偶然行为和预示事件,即假设有助于保持问题行为的后继事件的任何直接或间接的征兆。行为支持计划还包括诸如调整环境的建议,调整课程的计划以及与问题行为具有相同功能或目的、但更容易为目标对象所在的家庭、学校和工作环境接纳的替代反应的教学策略。

奥尼尔等人(1997)在其著作中指出,所有的功能性评估应当包括以下几个特征:①对问题行为的操作性定义;②对能够预测问题行为何时发生何时消失的所有事件、人物、时间或情境的确认;③对保持问题行为有何后果的确认;④对所有情境、预测和持续性后果的分析或假设;⑤支持这些分析或假设的直接观察数据。一次综合性的功能评估在采集关于问题行为的情境特征的信息时,既要采用直接方法,也要采用间接的方法。间接方法的使用对象是熟悉学生的人(如:教师、父母、护理者及专家助手),并结合面试、行为评定量表和调查问卷来使用。直接观察方法综合使用了能够在导致问题行为发生的情境下或其他可能的情境下进行操作的各种系统化的直接观察步骤。根据间接和直接的功能性评估得到的数据可用于制订行为支持计划。

1997 年对《残疾人教育法案》(IDEA)进行重新修订时,将功能性评估列为评估的必要条件,这一规定为特殊教育者调整针对有持续性问题行为的青少年的现有相关政策、项目和实践提供了绝佳的机会。蒂莉等人(1998)指出,这一新的规定将为个别化教育计划(IEP)团队提供下列有用信息:①学生为什么会表现出持续性问题行为;②学生什么时候最有可能和最不可能表现出该问题行为;③对 IEP 小组具有指导作用的问题行为分析或假设,协助他们编制如何训练学生在个别行为支持计划的情境下做出更合理反应的教学计划(苏盖和霍尔纳,1994)。

参见 功能性分析

FUNCTIONAL CENTERS HYPOTHESIS
功能中心假说

由维果斯基和鲁利亚提出的功能中心假说代表了前苏联对学习障碍的观点。前苏联其他研究者对该假说进行了进一步的分析与论证(霍洛温斯基,1976)。该假说建立在巴甫洛夫心理学和辩证唯物主义对人类行为的分析的基础之上。辩证唯物主义认为,在低级和高级层次上,行为都是整体、个体与社会历史因素共同作用的产物。

个体的大脑功能(如:注意、记忆、理解、思维)不仅是后天学习的结果,还与大脑皮层中心密切相关,并受其控制。这一概念是理解上述假说的核心。言语问题、语言障碍、学习困难以及其他障碍都与大脑皮层中心有关,并有精神神经病病因。但是,这些"像位于大脑的不同部位的动态功能性系统一样复杂的"(卢里亚,1980)功能分别与大脑的许多个具有不同构造和功能的部位相关。所以,大脑的功能并非由某些独立的、特定的部位(如:神经元、大脑皮层)决定,而是由许多功能部位联合起来成为功能中心而共同发挥作用的。鲁利亚认为大脑中的高级皮层的功能区域是动态而非静态的(雷诺兹,1981)。

在儿童发展过程中,神经功能最初的表现形式是自然发展的结果(由环境刺激决定的)。在后期的发展过程中,这一表现形式主要依据个人的文化发展和自我调节的刺激演变成一种更为高级的形式(维果斯基,1978)。维果斯基认为高级的神经功能的特征主要有自主控制、自我意识、社会根源和本质、心理工具的调整(沃奇,1985)。语言的发展尤为关键,因为它为个体调整神经功能的运作提供了全新的工具和符号。

社会在人类发展和活动的过程中发挥着不可替代的作用。实际上,更高级的神经功能(如:抽象思维、自主行为)是在日常活动中形成的。在社会生活情境下,高级的神经功能使个体能够在更高级的水平上组织自己的行为、寻找新的方式规范自己的行为,即建立新的功能系统。如此,人类才可能建立脑外联系,并拥有在大脑皮层建立无数新的功能系统和功能中心的能力。

神经系统的功能是"一个由一群异质性的可互换的成分组成的、负责特定的适应性任务的、复杂且具有可塑性的系统"(鲁利亚,1978),因此,大脑皮层的任何部位的损伤都可能导致该功能系统的瓦解。但是,这种情况的严重程度有可能因受损的部位及其处于不同的功能发展阶段时(早期或晚期)在神经系统中的不同作用而有不同。

治疗者对学习障碍及智力障碍的矫正治疗的前提是,一种神经功能可能由功能中心的几个神经间联系中的某一个决定。如果其中的一个联系遭到破坏——而非永久性的功能损伤或缺失——另一个神经系统或大脑皮层功能中心经过训练之后可以替代受损的神经联系,弥补缺失的功能。这样,对受损或紊乱的功能进行修补就变成了一个重组该功能并建立新的功能系统的简单过程。

参见 活动理论;A·R·鲁利亚;邻近发展区

FUNCTIONAL DOMAINS
功能性领域

除了按照全球通用的方式来描述儿童的整体表现和发展状况外,教育学家、心理学家和其他健康专家还在很多其他领域内对儿童的表现进行测量。这些领域被称为功能性领域。理论上,对儿童在不同领域的优势和劣势的评估能够为我们了解儿童的功能状况及其在完成大多数儿童能够完成的事情时的表现和能力提供一个初步的印象。功能状况与健康领域的健康状况这一概念(斯塔尔菲尔德,1974;斯坦和杰索普,1984)和早期教育领域的社交能力的概念(齐格勒和特里克特,1978)密切相关。

尽管研究者对功能领域的数量和名称尚未达成一致,但通常认为其包括四个主要的方面:身体、认知、社会和情绪。有时社会和情绪这两个方面合并起来,称为心理或精神健康。对所有的功能领域进行评估的关键是,结合儿童所处的发展情境或在这一框架下看待儿童的行为,这样才能够观察到儿童发展的动态特点(沃克里士满和布卡,1984)。

参见 适应性行为;评估;智力;精神状态测验

FUNCTIONAL INSTUCTION
功能性教学

功能性教学是指采用真实而非人为编制的教材,对学生进行与其生活学习密切相关的技能的教学(韦曼、伦扎里亚和贝茨,1985)。例如,学生通过在当地的一家工厂搬运产品来锻炼精细运动技能,而不是在学校练习往板上钉钉子或串珠子。或者,在讲解事物的一一对应关系时,采用将茶杯摆放至每一个规定的场所的方式来练习,而不是像通常所用的往每个彩色圆圈内摆放圆片的做法。

使用功能性教材和教学法需要对个体在当前和未来的环境中的需要做出评估。这种评估可以借助于生态学目录(布朗等,1979)或生态学分析方法(韦曼、伦扎里亚和贝茨,1985)来进行。通过对学生的当前环境(如:家庭、学校、工作单位)和未来环境(如:团体之家、社区休闲中心、工作单位)特征的观察,来判断哪种技能可以帮助学生获得独立生存能力。然后,通过将当前环境和未来环境分解成若干子环境(如:团体之家、浴室、起居室和卧室)来进行进一步的分析,并探讨在这些子环境中需要进行哪些活动,以进一步确定教学活动中所采用的功能性教材的类型。同时,还需仔细地向家长或监护人以及儿童未来的居住场所的管理人员进行咨询,以确保儿童在校期间所学的技能在现实生活中仍具有效性。

参见 残疾人生态学教育;可教育的智力落后者;可训练的智力落后者;学习的迁移;训练的迁移

FUNCTIONAL SKILLS TRAINING
功能性技能培训

功能性技能通常指的是日常生活中必需的那些技能。它们有时也被称为"生存技能"。对许多人来说,这些技能相当简单,如计算一次购物时找回的零钱数,在不熟悉的场合阅读盥洗室上的标志,或判断何时通过一个陌生的十字路口。有些功能性技能也可能比较复杂,如结算支票簿,填写求职表格,或比较商品的差价。许多学生可以在日常生活环境中,以从生活中学习的方式或在教室里接受正规教育的方式掌握这些技能。但是,对特殊儿童来说,他们不太可能从日常生活环境中学习这些技能,或者将在学校的正规教育条件下学到的技能泛化或迁移到日常生活的应用中去。因此,特殊儿童可能失去学习在我们这个社会里所必需的生存技能的机会。

特殊教育的功能性技能教学中所应用的技术因学生的残疾程度而有所不同。这些教育技术通常包括学业课程的准备教学——"3R"教学。此外,特殊教育教师还要对学生进行非残疾学生在日常生活环境中便可以学到的各种社会技能的教学。从本质上来说,特殊教育教师必须决定对特殊儿童的教学内容究竟侧重于对其学业领域的弥补还是侧重于根据其残疾程度对其进行生活自理的技能训练。

在功能性阅读中,标志词教学法最常被用于补充学生的词汇量。教师应当在辨明教学目的之后再决定是否采用某一种教学法。在多数情况下,读写水平应当能够满足个人的自我保护和辨识信息的需要。以自我保护为目的的阅读行为对阅读能力的要求较小,但是对个人的生存来说必须是实用的(帕罗韦、巴顿和佩恩,1985)。标志词教学必须涵括如盥洗室、男、女、危险、出口、步行、禁止入内和有毒等词汇。对大多数特殊教育学生来说,学习标志词汇的应用是个合理的期待。这些技能的掌握可以帮助特殊学生谋得和保有一份工作、通过驾驶员考试、填写求职表格或点菜等。

数学功能性技能培训应当包括那些能为工作和日常生活奠定必要基础的技能。此类技能的教学内容应包括对度量衡(木工和厨师都需要掌握这一技能)、排序、支票、付款、时间、预算、购物和计算找零等的理解。数学在日常生活中的应用比一个未接受过正式教育但无师自通的人所能想象到的更为广泛。想象一下不会乘法运算的人在计算一份含税日用品购物单时有多麻烦。在特殊教育学生所接受的所有数学培训项目中,手持式计算器是被强烈推荐使用的计算工具。弗雷—梅森(1985)曾探讨过对"普通"儿童的生存技能教学。这项教育技术经过简单的改造后可应用于对特殊人群的教学。

书面语功能性技能培训应当侧重于提高书写内容

的可读性。学生应当学会如何签名、填写求职表格、下订单、填写支票及基本的通信往来等。签名应当用草书;但其他情况下的书写则可使用花体或手写体,原则是易于识别即可。在大多数情况下,学生只能写出他能够读懂的东西,因此学生书面语表达在很大程度上依赖于其阅读技巧的掌握。在残疾学生完成书写任务时,微型计算机是被强烈推荐使用的辅助工具。勒纳(1985)对特殊儿童的书面语教学的方法和理论进行过系统的论述。

残疾个体通常需要针对社交技能进行特殊的培训。这种培训应当包括对学生进行发展恰当的同伴关系、课堂行为以及与成人的关系的教学。尽管许多儿童可以从他们的生活环境中学到这些技能,对特殊儿童的社会技能教学仍需要借助于特殊的教育技术,使其可以养成为社会所接受的规范。

参见 功能性领域;功能性词汇

FUNCTIONAL VISION
功能性视力

功能性视力的概念与纳塔莉·巴拉戈这个名字密不可分。巴拉戈是强调帮助严重视力残疾的儿童尽可能利用其残余视力重要性的先驱人物之一。巴拉戈(1976)将功能性视力的概念定义为"个体如何使用他所拥有的、哪怕是仅存的一点点视力"。

《残疾人教育法案》(IDEA)的全国性条款中将视觉障碍的定义与教学目标相结合,突出了功能性视力的重要性。IDEA规定,"视觉障碍指的是,视力在得以矫正的情况下仍然对儿童的学业表现产生不利影响"。因此,功能性视力的概念强调视力残疾儿童能够做到什么,而不是他们身体上的视力缺陷是哪种类型。

对有视力问题的儿童进行功能性视力评估的目的在于鉴定该视力残疾儿童能够在多大程度上利用自己残余的视力(利文斯顿,1986)。评估中通常会使用非正式的记录表格。该表格由陪伴视力残疾儿童的专业人员(如:视力障碍学生教师、低视力专家、视力测定者、方位和行动专家等)根据他们对儿童的独特观察进行填写。

加利福尼亚艾德豪克评估委员会(罗辛,1982)编制了一套综合性标准参照记录表格以进行功能性视力评估。该表格包括校内日常活动、行走、学习时所必需的各种视力技能。巴拉戈(1983)编制了视觉功能训练项目。该训练项目附有一张观察记录表格和对较大范围的视力技能进行发展性评估的一系列诊断性评估步骤。她还编写了训练视力的课程计划。

多重残疾儿童需要进行特殊的评估。大量的功能性视力评估工具为此编制,以满足需要。其中较为有名的是兰利(1980)多重重度残疾儿童功能性视力测量工具库。

参见 残疾人教育法案(IDEA);视力残疾

FUNCTIONAL VOCABULARY
功能性词汇

编制一套功能性阅读词汇是建立在对功能性学业技能的获得是中度到严重智力落后学生的学业成就所能达到的最高水平的认识之上的。在形成上述认识之前(20世纪五六十年代),尽管为可训练的智力落后学生开发过许多课程,但大多不实用。

为了确定合适的(书面语或口语形式的)功能性词汇的内容,必须就现有的和未来的环境对学生提出的要求进行分析。决定词汇内容的因素包括学生的年龄、学生自主活动的程度、期望中的成人环境(如保护性的工作环境、竞争性的工作、监护人的护理),以及学生的好恶等等。根据马塞尔怀特和圣路易斯(1982)的调查,在为重度残疾人编制功能性词汇时,其内容的选择应当充分考虑他们的喜好,并选择适合其现实生活需要的词汇,而不是以未来或过去为目标。这些词汇还应当是常用词。许多作家(巴罗菲,1974;霍兰,1975;利希特曼,1974;席利特和考德威尔,1980;斯内尔,1983)都曾尝试过编写核心功能性词汇或该类词汇的资源表。但是大多数研究者(包括上述的作家们)都认为真正有用的词汇不是根据假设的共同经验来编制的,而必须建立在个体的生活经历的基础之上。

参见 功能性领域;功能性教学;功能性技能;功能性视力

FUTURE PROBLEM SOLVING PROGRAM
未来问题解决项目(FPSP)

未来问题解决项目是为天才儿童设计的为期一年的项目。该项目由E·保罗·多伦斯于1974年在美国一所高中的一个班级发起,最后扩展至整个美国及其他14个国家的所有学校的所有年级。1985年,据估计大约有120,000名学生参与了这个项目。

该项目以奥斯本(1967)提出的创造性问题解决过程为基础,向年轻人提出了使用6个步骤来解决未来问题的挑战。该项目通常被分为3个年龄组:低龄组(四至六年级)、中间组(七至九年级)和高龄组(十至十二年级)。每个年龄组必须在规定的日期内解决3个实际问题并将其送交至项目评委会。评委会在做出评审之后,将原材料及分数和改进意见发还给各小组。

最有效率的解决问题的小组将会被邀请参加每年春天举办的全国未来问题解决项目竞赛。三支获胜队伍——每个年龄组中选出一支——将获邀参加每年六月份举办的国际未来问题解决项目大会。该会会址现为密歇根大学。

国际未来问题解决项目大会的题目将会根据学生、教师及国家未来问题解决项目主任的投票结果选出。题目的范围通常包括基因工程、人工智能、全球粮食问题和器官移植。

该项目还为年龄较小的儿童提供一个纯教学、非竞争性的活动——低龄组分测验。该分测验面向幼儿园至三年级的儿童,以及那些尚未能解决前三个年龄组的题目的小学高年级学生。低龄组分测验的题目设置和评分方法与前述的普通项目一样,也有三个待解决的实际问题,学生在规定的时间内解决问题之后送交评审委员会。委员会为其打分并写下有建设性的评语。总的来说,这一组的题目较为常见且充分考虑到儿童的兴趣。

参见 创造性问题解决;创造性

G

GAIT DISTURBANCES
行走困难

行走动作的完成取决于大脑内部的感觉—运动—前庭系统的整合作用,以及身体其他部位的功能性力量和活动范围(斯特洛夫和克洛尔斯,1981)。正常的步行需要儿童将不同的动作联合起来以形成顺畅的、可自我调节的一套动作,在儿童3岁的时候,他们就应该能够向前行走、向后倒退及上下楼梯。

由于需要额外的动作来维持身体的平衡,任何限制关节正常活动的骨骼疾病或者关节疾病都会造成行走缺乏灵活性或者一瘸一拐的步态。这种现象可以在那些关节肿大、弯曲、软骨发育不全或者骨折的儿童身上观察到。由于两腿长度不一致造成的骨盆倾斜,运动可能导致正在发育过程中的儿童产生脊柱侧凸或者驼背的现象。疼痛或者足部畸形也可能造成一瘸一拐的步态。

小脑共济失调可能导致儿童步幅不规则或不稳定,在转换方向的时候摇摇晃晃。这些都是儿童缺少平衡感的特征。

有痉挛性偏瘫的儿童在行走的时候会倾向于身体正常的一侧,身体有病的一侧的腿向外甩,摆动终止回到正常位置时划半圈,这就是偏瘫步态。

剪刀步的儿童两腿内收并且向内旋转,这样儿童每走一步都有可能被自己绊倒。用脚尖行走加大了保持平衡的难度。儿童的步调迟钝而且不均匀,步幅也很小,并伴有许多无关的上肢运动来促成平衡。这种步态常见于痉挛性下肢麻痹或者脑瘫的儿童。

蹒跚步态或醉步可以在酒精中毒的人身上看到,也可以在那些有脑部肿瘤、药物中毒和其他中枢神经系统损伤的儿童身上观察到。

马蹄步的特征就是儿童将膝盖提升很高,然后猛然下落。一些早期肌肉萎缩的儿童可能出现这种步态,杜兴肌营养不良的儿童在早期也会表现出相似的步态。由于足跟肌腱较紧,这些儿童不得不更多地使用足尖走路,因此常常跌倒。为了在这种情况下保持身体的平衡,他们采用类似于脊柱前弯症患者所采用的向后仰的方式走路。当症状加重时,儿童在跌倒后想要自己站起来变得越来越困难。他们不得不借助于手臂的力量协助双腿使自己站起来并保持平衡。这个过程被称为高尔斯症。这些儿童在普通学校环境下是非常容易受到伤害的,因为任何轻微的碰触都会破坏他们的平衡,他们的弱点又使得他们在倒地的过程中不能够用手来保持平衡。因此头部受伤和骨折都是很容易发生的。

那些伴随着不随意运动紊乱的儿童的步态是相当不稳定的。有的表现出严重的足趾痉挛和舞蹈病症状,在行走中发生风车形不随意运动时,尚能够保持一定的行走速度和安全。另外一些不随意运动症状稍轻的人也可能会伴随有严重的平衡问题,这需要额外的安全辅助装置。

对行走障碍所做出的特定描述、诊断和医疗干预需要儿科专家、整形外科医师和神经学家的合作。辅助设备,如支架、束腹、夹板、手杖、拐杖和轮椅,都需要进行个别化的调试以及专门的训练,这样才能帮助儿童进行符合健康和安全要求的运动。对这些设备的性能和使用方式的改造必须基于儿童的成长或病情的变化。

参见 适应性体育;共济失调;杜兴肌营养不良;身体异常

GALACTOSEMIA
半乳糖血症

半乳糖血症是一种先天性半乳糖代谢失调,它会导致半乳糖在血液、组织、尿中积聚。1908年首次得以描述。已知的半乳糖血症有三种类型,每一种类型源于一种特定酶的缺失。典型的半乳糖血症是最流行最严重的一种,它由于机体明显缺失半乳糖-1-磷酸尿苷转移酶所致,在出生人数中发生率大约为1/70000。半乳糖血症起因于常染色体隐性遗传,表现出病症的杂合子降低了酶的活性(VHGI,1999)。半乳糖激酶缺失症相对不太严重,它的发生率约为1/155000,可导致白内障。半乳糖血症的整体发生率为1/16000(德斯波西托和丘,1996)。

典型的半乳糖血症从出生两周后逐渐出现明显的症状:黄疸、呕吐、低血糖、无力、肝脾肿大、白内障,甚至死亡(德斯波西托和丘,1996;VHGI,1999)。如果不进行进一步的治疗,患者通常会死亡,许多患病的婴儿在出生后几周内即死亡。死亡、肝衰竭、败血症与其他的畸形相伴随,如败血症、脑水肿,若得不到治疗甚至死亡(霍尔顿和莱昂纳德,1994;德斯波西托和丘,1996)。潜在的孕期病因可以说明在治疗开始的年龄或新出生儿疾病的严重程度与长期的后果之间关系的缺乏(霍尔顿和莱昂纳德,1994)。其他的临床症状包括白内障、肝损伤、共济失调、抽搐、脑瘫、蛋白尿以及氨基酸尿(德斯波西托和丘,1996)。持续摄取半乳糖会导致智力落后、营养不良、渐进破坏及死亡。甚至于在接受治疗的儿童中,智力落后、学习障碍也很常见(VHGI,1999)。

诊断的结果取决于症状的严重程度、同胞或父母的半乳糖血症诊断史、羊水诊断及新生儿筛查。目前流行的筛查技术是一种对半乳糖血症的血液分析,接着是对缺失酶活性的测验。

治疗方法是尽可能早地去除饮食中半乳糖和乳糖的含量。因为半乳糖主要是在二乳糖的消化作用过程中产生的,而二乳糖多见于牛奶(奶糖),因此牛奶等食品逐渐由肉类及大豆所代替。通过饮食干预,病症逐渐消失。婴儿开始增重,呕吐、腹泻、肝异常等症状消失,白内障复原,只是脑损伤是永久性的。既然半乳糖单糖不会以游离态在食物中存在,因此,一些诸如碳水化合物、脂肪、蛋白质等最终转化为半乳糖的物质也必须去除掉。这样合理的无半乳糖的饮食必须贯穿一生(德斯波西托和丘,1996)。这种饮食疗法不会治愈这种疾病,却可以降低该疾病对人体的影响水平。患病妇女生产小孩时卵巢失败的几率很高(德斯波西托和丘,1996)。患半乳糖血症的妇女在怀孕后更要严格遵守饮食疗法,降低体内毒素的积累水平,进而降低对胚胎的损伤。患病儿的母亲在再孕期间也应该遵循半乳糖饮食疗法,以减少症状的出现。

早期饮食干预也只能部分地降低认知损伤的严重程度。纵然智商的可变性很高,但是半乳糖血症患者的智商普遍较低,从低于正常水平到临界状体水平(斯塔夫,1982;德斯波西托和丘,1996)。据报告,在一些个案中,出生后前10天进行治疗,智商可达到正常水平。其他特定的困难可能影响到接受治疗的半乳糖血症患儿的教育。大约50%的接受过治疗的儿童发育迟缓,随着年龄的增长出现学习困难。这些结果显然是由于早期进行性神经疾病或脑损伤导致,进行性神经疾病和脑损伤随年龄增长而更显著(德斯波西托和丘,1994)。另外,半乳糖血症患儿还表现出生长滞后。视知觉、语言、运动机能、平衡觉及言语上的困难,短暂注意广度、空间知觉、数理关系困难。除了偶然的冷漠和退缩行为,他们一般不会表现出重大的行为问题,因此,一些严重案例中表现出一种以胆小、缺少动力为特点的人格障碍(霍尔顿和莱昂纳德,1994)。据罗斯和朗普报告,"半乳糖血症使我们人类变得卑贱。它已回避了对其进行分类及系统化的所有企图,变得更为复杂。另外,还有许多问题需要我们去探究"(霍尔顿和莱昂纳德 1994)。特殊教育要关注接受过治疗的半乳糖血症儿童可能有的多样的问题。

参见 生物化学失调;先天障碍;先天性新陈代谢失常

GALLAUET, EDWARD M
爱德华 M·加劳德特(1837—1917)

爱德华 M·加劳德特——聋人高等教育的创始人,是美国第一所聋校创办者托马斯·霍普金斯·加劳德特的幼子。加劳德特在其父亲的学校任教期间被选派到华盛顿,在那里创建了一所新的聋校——哥伦比亚聋盲学校。1857年,该学校建立,加劳德特任校长。加劳德特深信听力残疾学生与健听学生一样,都具有接受高等教育的机会,于是他争取到经林肯总统签署的相关法令,这一法令使哥伦比亚聋盲学校获得了授予学士学位的权利,一个高等教育机构由此诞生。为纪念爱德华·加劳德特的父亲,1894年,这一高等教育机构改名为加劳德特学院。

加劳德特是聋教育的早期折中主义者,他提倡一种结合口语、唇读到手语中的教学系统。加劳德特首次在美国州立寄宿学校采用口语教学法教授聋生。

GALLAUDET, THOMAS HOPKINS
托马斯·霍普金斯·加劳德特(1787—1851)

1817年,托马斯·霍普金斯·加劳德特采取了在国立巴黎聋校学到的方法,并在此校一位教师柯雷克的帮助下,在康涅狄克州的哈特福德创办了美国第一所聋校。哈特福德聋校后改名为美国聋人学校,加劳德特任校长,直至1830年,余生都在该校任董事。

加劳德特与他早期的一位学生结婚。大儿子托马斯从事聋人牧师职业,小儿子爱德华在华盛顿创办了一所新的聋校,这所聋校就是为纪念托马斯·霍普金斯·加劳德特而命名的加劳德特学院的前身。

GALLAUDET COLLEGE
加劳德特学院

加劳德特学院位于华盛顿,是世界上唯一一所为聋人提供文科教育的高等学校。1864年,加劳德特学院作为哥伦比亚聋盲学校即现在的坎德尔聋校的一个部门而成立。安德鲁·杰克逊总统时期的邮政大臣阿摩司·肯德尔和哥伦比亚研究中心的院长爱德华·米奈尔·加劳德特,获得了林肯总统签署的一项必需的联邦立法,依此创办了聋人国立大学。爱德华·米奈尔·加劳德特的父亲托马斯·霍普金斯·加劳德特在美国创办了第一所聋校,为纪念这一功绩,1894 年,该校大学部改名为加劳德特大学。

加劳德特学院不仅是聋教育的一个显著性进步,也引领了美国聋教育的发展。它的教师培训系统提供了大量的聋人教师和健听教师,许多教师成为上世纪聋教育界的领军人物。

参见 聋;聋文化

GALTON, FRANCIS

弗朗西斯·高尔顿(1822—1911)

1822 年,弗朗西斯·高尔顿生于一个英国知识分子家庭,是家中的幼子。他的母亲维奥莱塔·达尔文是查尔斯·达尔文的姑妈,他的祖父塞缪尔·高尔顿是皇家协会的一员。高尔顿的父亲在伯明翰附近经营了一家银行,高尔顿就在那里的一所大房子里长大。高尔顿是一个早熟的孩子。从皮尔森传记中的相关资料看,特曼(1917)对高尔顿的儿童期智商进行了评估,结果为 200 分。高尔顿发表了 300 多种出版物,其中包括 17 本包罗万象的图书。

高尔顿是心理测验的创始人,并对基于遗传特质的分离的主要基因原理进行了公式化表述。他成为家喻户晓的人物可能源于他的个体智力差异的基因研究。个体智力差异在他的《遗传天才》(1869)一书中进行了讨论。他还是优生学的倡导者,"优生学"就是他首创的一个名词。为了测量反应时,高尔顿还发明了计时器,得到公众的赞许。

在其亲子间特征的实验中,高尔顿发现了围绕平均数回归的现象,进而把这种现象归结为交互作用。"交互作用"也是高尔顿首次使用的一个概念。不久,卡尔·皮尔森对高尔顿的交互作用测量进行了数学上的改善。1914 年,皮尔森写了高尔顿传记,1974 年,福里斯特又写了一本最新的高尔顿传记。

GARRETT, EMMA

艾玛·加勒特(1846—1893)

艾玛·加勒特探索到一种能够证明口语法具有良好功效的途径,得到公认。这促使艾玛及其姐姐玛丽成立了宾夕法尼亚之家——学龄前聋童口语训练营,即巴拉之家。坐落于费城的巴拉之家于 1891 年正式营业,艾玛·加勒特任院长,加勒特两姐妹为教师。作为口语法教授聋生及早期干预的成功案例,巴拉之家具有强大的影响力。1893 年艾玛过世,其姐姐接任了院长之职,继续两人开创的事业。

GARRETT, MARY SMITH

玛丽·斯密斯·加勒特(1839—1925)

1891 年,玛丽·斯密斯·加勒特与其妹妹艾玛在费城成立了宾夕法尼亚之家—学龄前聋童口语训练营,即巴拉之家。自 1893 年艾玛死后,玛丽就接任了巴拉之家的院长职位,在其工作岗位上度过了余生。

玛丽·加勒特是口语法的主要倡导者,并帮助设计了一套口语法课程。她的口语交流教学是以早期干预为基础的,即从 2 岁开始进行口语训练。通过玛丽和妹妹的努力,宾夕法尼亚成为美国第一个为学龄前聋童的言语和语言训练拨出专款的州。

玛丽帮助制定了一项立法,这项立法中提到在宾夕法尼亚州成立一个少年法庭及监护系统。玛丽还是国家母亲协会的领导,也是国家母亲—教师协会的先行者,在协会中她提出了诸如儿童劳动法及少年法庭立法等社会改革。

GARRISON, S · OLIN

S·奥林·加里森(1853—1900)

S·奥林·加里森,牧师,教育家,1887 年在新泽西建立了一所智力落后学校,不久,这所学校演变为瓦因兰地区的训练学校。这所学校具有多方面的特色:小型、亲切的教学设备,一个强劲的教育体系,作为一个研究部门,出版了全国范围内最有影响力的智力落后方面的作品。至 1900 年过世,加里森一直担任训练学校的校长。另外,他还负责创办了新泽西州立女童之家及癫痫儿童训练学校。

GAZE AVERSION

注视转移

在对人际交往的面部特征的研究中,目光接触一直是一个让人困惑的调查论题。在社会交往中,我们为什么要维持目光接触呢?存在怎样的面部暗示可以给予他人以社会信息?这些暗示又意味着什么?是否存在注视转移的普遍模式呢?

最后一个问题的答案无疑是肯定的。一直注视他人的面部既非社会礼仪,又不能表现二者交往的深度。研究者(贝蒂,1979)提出了一个假说,即注视转移是一种谈话技巧,这种技巧能够减少分心,增加思考和话语组织的机会。埃里克曼(1981)用数据支持并完善了上述假说,提出认知干预模式。简单地说,这个假说假设人们在言语迟疑阶段比在言语流畅时更容易转移视线。当人们在考虑和计划下一个言语模式时,就会出现注视转移。

科斯(1979)认为精神异常儿童的注视度在几个方面有所不同。他做了三个实验。第一个实验选取了10个普通儿童和10个精神异常儿童,测查他们对五种模型的表现。这五种模型包括一个空模型和四个同心圆盘,这四个同心圆盘被与瞳孔间距相同的距离隔开。第二个实验呈现了垂直、倾斜和水平方向的两个同心圆盘状物体,测查15个精神异常儿童的表现。第三个实验用了五个模型,测查了10个普通儿童和10个精神异常儿童。这五个模型包括两个如人眼的同心圆状物。精神异常儿童比普通儿童注视模型的时间更长。但是,在注视两个同心圆状物上,几组被试者没有差异。两组被试者在注视两个同心圆状物模型时所用的时间比第一个实验中注视其他同心物体所用时间短,精神异常儿童表现得更为明显。同样,在第三个实验中,两组被试者在同心圆状物上关注的时间比关注具有虹膜模型的时间短。总之,在不同条件下,普通儿童和精神异常儿童的注视没有显著性差异。

当前,还没有数据可以支持这个长时期以来一直不变的信念——精神异常儿童比普通儿童更容易出现注视转移的现象,或者注视的持续时间更长。谢曼和洛克哈特(1979)从573名儿童中获取的数据表明,注视或凝视的发展是有局限性的。18个月以下的婴儿还没有形成目光接触;18个月到5岁的儿童不会转移视线;5岁到9岁,儿童行为模式特征得到良好的发展。这项研究选取了一个郊区贸易中心,那里的儿童面对许多陌生人注视的目光时,很少受到父母的关爱。这项研究强有力地支持了注视转移的交际理论,并且也表明注视转移并不是身心发展或状况,抑或情感问题中孤立的一项功能,而是一个提供和保护注意力的策略,一个言语输出的工具。因此,存在流畅性问题的儿童(例如口吃)可能提高了注视转移技能这样的争论在一些研究类著作中同样得到支持。

GENERAL APTITUDE TEST BATTERY
普通能力倾向成套测验

普通能力倾向成套测验由美国劳工局研制,用来帮助当事人(包括那些国家职业办公室的人)选择可能获取成功的职业领域。本测验包括12个独立的时间和分数测验,测查个体9方面的才能,适用于13岁到成人阶段。测验分数可用来确定当事人的强项和弱项。本测验有两个表格。下面是测查的9项职业才能。

(1)智能——当事人的一般学习能力。

(2)言语能力——理解言语的意义及其中的关联。

(3)数学能力——准确、快速进行算术计算的能力。

(4)空间能力——通过视觉感知几何图形的能力,感知空间物体运动后相对位置的能力。

(5)形状知觉——能够察觉相关细节,并且能够进行视觉辨别的能力。

(6)书写知觉——能够辨别文字材料的相似性与不同性的能力。

(7)运动协调——快速、准确的手眼协调的能力。

(8)手指灵活度——能够用手指快速、准确地移动和操作小物体的能力。

(9)手腕灵活度——熟练地移动手的能力,如放置、翻转物体的能力等。

在普通能力倾向成套测验(1967)的手册中,各项分测验的分数与职业相关,每个职业领域有一个假设的分数线。对400多个专业、半专业和非技术性行业的预测证实了本测验的可信度(比勒什,1978)。普通能力倾向成套测验有一个西班牙版本作为一个非阅读性测验存在。同样有一个专为聋人设置的特殊版本。普通能力倾向成套测验大约需要两个小时的时间。施测者必须到工作坊中学习管理和解释本测验来获取证书。州立就业办公室都提供这样的工作坊。

GENERAL CASE PROGRAMMING
一般个案程序设计

一般个案程序设计的本质是泛化。参与本程序设计的教师或训练者的作用是系统地增加在一种背景下习得并能在不同的背景下成功表现的技能的可能性(霍纳、斯普拉格和威尔科克斯,1982)。

特殊教育中存在几种强调一般个案程序设计的重要性的趋势。训练合适的并与年龄相宜的技能越来越受人关注,在学生的现实生活环境中,这些技能可以立刻得以应用(布朗等,1979;1983)。对许多学生来说,特别是中等及中等以上水平的学生,要求将相关事物转换成以社区为基础的技能。尽管社区是活动所期望的环境,但是它仅显示了一种按要求设置的教学环境。在所有情况下,在交通、餐厅、商店、人群、工作方面,存在太多不同的模式需要训练。因此,任何一个训练策略必须是有效的并能够促进普遍化。教师所选的训练案例必须能够提高学生在相似但没有训练的案例中正确表现的可能性,必须以尽可能少的数目产生这种普遍性。这是两个一般个案程序设计的编制标准。

刺激控制是一般个案程序设计的一个重要概念。当环境事件或不同刺激能够按时、正确地出现时,这种控制就取得了预期效果。所有的刺激都有某种特质,这种特质对正确行为的出现可能有关,抑或无关。一般个案程序设计通过系统的刺激呈现引导学生对有关刺激的特质进行反应,而忽视无关刺激。通过从大小到水平不等的刺激,学生开始认同一组或一个等级的刺激,这些刺激承担着某种相关的特质,并为正确行为的出现而提供机会。刺激的种类控制着正确反应的选取,因为反应特质已经随着刺激特质的变化而变化,从所有可能的反应中产生一类相关并有效的反应。

为了编制一个一般个案程序的课程,霍纳等人(1982)确定了以下几个指导方针:①确立所有学生表现特定行为的所有情节,依此定义程序的范围;②确定相关刺激的范围,并通过系统的分析期待学生表现特定行为的情节来回应程序范围的改变;③选择推理上合理的训练和测查案例的最小数目,要求这些案例能够涵盖刺激和反应变化的所有维度;④按顺序把讲授的范例编排好,据此创造出最有效率的训练方案;⑤用最新程序课程讲授范例;⑥对没有接受过训练的调查范例进行测查,以确定和排除错误的模型。

研究证实,在获取一般反应中,一般个案程序设计比单范例训练或对一个特殊技能的几个相似范例的训练更为有效。泛化反应技能可以通过一般个案指导如通过投币式自动售货机(斯普拉格和霍纳,1984)、为绝缘准备电容器(霍纳和麦克唐纳,1982)、杂货店购物(麦克唐纳,霍纳和威廉斯,1984)而获得。

参见 泛化;项目化教学

GENERALIZABILITY THEORY

概化理论

概化理论首先是由克隆巴赫及其助手提出的(克隆巴赫、格莱泽、南达和拉贾拉特纳,1972),用于评估评价测验中获取结果的概化度,例如学生间的差异。本理论最初关注的是辨析和量度造成测量误差的变异成分。这些变量通过一个变量分析得到评估。被评估过的变量可用于描述每个假设对观察变量的作用,也可用于计算测量误差变量及每个影响因素的概化系数。

概化理论涉及两种研究:G-研究和D-研究。G-研究为D-研究作准备,因此为了寻求可能观察值的体系(克隆巴赫等,1972),例如,一个体系包含了所有的变量,在这个变量下,后续的D-研究可以收集到观察值。D-研究从概化体系中获取观察值,例如,我们希望普及特定环境下获得的实验结果。概化的体系是一套子集或者与其相同的可接受的操作的总体。G-研究的结果用于设计D-研究。尽管如此,许多案例表明,G-研究和D-研究可以用相同的数据集,例如,数据可以同时用于决议的制定和D-研究设计的进一步改善,因此可能观察值的体系与概化体系相同。

通过概化分析,我们可以进行实验设计和测量误差中的变量,并且可以获取影响因素中的概化系数。那些希望应用概化分析的从业者或者研究者应该阅读一下布伦南(1983)、法因斯(1983)及沙韦尔森和韦布(1981)的著作。

参见 特殊教育研究

GENERIC SPECIAL EDUCATION

普通特殊教育

普通特殊教育是一种培训教师和把特殊教育服务传递给轻中度智障儿童的跨类别定位。这种方法源于特殊教育的一系列教育活动。在20世纪60年代,在鉴定智障儿童中,教育者对传统的医学分类模式越来越不满足。这种疑虑部分源于两方面的因素:①特定障碍分类中,对学习者特性不均衡性的认识不断增加;②许多学生除了他们的障碍水平有所不同,他们具有相似的教育需求(休伊特和福恩斯,1984)。

根据个别化教育计划(IEP),在最少受限制的教育环境中,教育残疾儿童所需要的法律援助进一步打破了历史上存在的类别界限。根据美国身心障碍者教育法案,残疾儿童教育服务的选择要基于儿童的教育需求,这些教育需求由指定个别化教育计划的教师或父母来决定。只有分析了儿童的表现水平,才能确定合适的教育安置形式。一系列的教育项目为满足儿童的个别需要而出现,例如,普通学校安置模式、咨询服务、巡回特殊教育教师、资源及自足式特殊教育班级、特别日学校、居住中心、医护学校以及家庭教育(德诺,1973;雷诺兹和伯奇,1982)。教育需要的特定部分,包括有关课程和教学策略的决定等,应该由学生的个别化需要和教育特征来决定,而不应该一味地遵循儿童的缺陷状况。

个别化理念贯穿于学校和机构所提供的整个连续的服务系统。从婴儿刺激到强调从学校转衔到工作的职业准备项目,需要接受特殊教育服务的学生接受了一系列基于个别需要而非贴标签的服务。在教育的个别化过程中,普通特殊教育集中于识别和满足特定学生的学习需要和特征,而不考虑其障碍类别。例如,由于表现特征的相似性,许多学习障碍儿童、轻度智力落后儿童以及情绪障碍儿童可能被有效地安置在同一个班级内,学习相同的课程内容。

特殊教育教学服务从一个严格的分类法转变为一个功能型定位,相应地,教师培训体系也随之改变。20世纪70年代初,在联邦政府资金的支持下,几个高等教育中心开始实施跨类别特殊教育教师培训计划(布雷迪、康罗伊和兰福德,1984)。这些计划表现出一系列的特征,这些特征使这些计划与先前的传统教师教育的分类定位区别开来。例如,每个计划的名称所描述的是教师的角色或功能,而不是某种缺陷状态(例如,诊断处方教师、咨询教师)。最初,这些培训计划是为已获教师资格的教师提供硕士水平的培训,虽然学生们是不分类别地接受训练,但是教师的证书仍然是分类的。后来,教师培训计划强调与普通教育的相互作用,提供了学士和硕士两个水平的计划,并且分布于各州,在各州内开展了无类别的证书活动。彻底地抛弃了特定类别,而建立了一个普通特殊教育。这些培训计划试图瓦解分类课程来迎接无类别证书的挑战。

与服务传递和教师培训运动相伴随,特殊教育出现了一个州立教育机构开展无类别教师资格证的趋势,从1979年的仅有的12个州发展到1983年的34个州和哥伦比亚特区(劳埃德和利利等,1981)。现在,几乎所有的州都提供某些普通资格证的表格。这些新的教师资格证的名字千差万别,从对学生的描述(例如,学习障碍、轻度障碍)到计划的描述(例如,资源教师专家、诊断处方教师),以及诸如普通特殊教育之类的非特定术语。

参见 整体法;学习障碍

GENETIC COUNSELING

遗传咨询

过去25年间,人们对遗传障碍的研究取得了许多成果(例如,整形外科、食疗操作、产前诊断以及最近的基因治疗)。对遗传障碍的治疗和预防做出一个知识型的诊断是需要有关信息的,遗传咨询为这些信息的传递提供了工具。

1915年,查尔斯B·达尔波特教授在纽约市的冷春港建立了美国第一个遗传咨询中心优生办公室。20世纪30年代,由于人类越来越关注行为的环境因素,所以遗传咨询失去了一席之地。在接下来的20年间,遗传咨询成为一种占主导地位的学术追求。非正式的咨询都是由那些主要从事基本遗传研究而非临床医学研究的人员来开展的。

直到20世纪60年代,人类对遗传学的认识才有了长足的进步。新的信息给咨询者以更宽泛更科学的理论依据,据此,咨询者可以告诉家庭成员大量不同的疾病的重现率、危险性及遗传模式。基于血液和细胞样本的基因测验拓展了咨询的前景,并使咨询从最初的非医学背景转变到医院和大学中的医学筛选模式。现在,美国大约有近800个研究中心及附属机构在专门研究遗传学。位于纽约市怀特普莱恩斯区马马罗尼克大街1275号的国家基金会和位于纽约州纽约市西57大道250号的国家基因基金会都提供相关的咨询服务。

至今,专门研究遗传咨询的人通常是对遗传学感兴趣的医生,或者是对医学感兴趣的遗传学博士。在过去的20年间,博士后研究职位为医生和遗传学博士提供了大范围的临床遗传学。另外,寻求遗传咨询和筛选的个体数目不断增加,对此,出现了具有理科硕士学位背景的遗传咨询人员。各式各样的遗传咨询者的培训和背景,以及美国人类遗传学社团对咨询者的认可带来了认证系统的一个大发展。自1981年起,成百上千的专业人员已经得到美国医学遗传学董事会的认证。

参见 行为遗传因素;遗传;黑蒙性痴愚

GENETIC FACTORS IN BEHAVIOR

行为遗传因素

人类行为遗传学仍然是一个不解之谜,不论是正常行为,还是异常行为,都不可能存在决定行为或任何其他表现型特征的特殊基因。行为遗传学比生理特征的基因影响研究更为复杂,因为准确确定行为特征,有效地评估这些行为特征以及控制环境的影响因素是极为困难的。非人类种族为遗传学研究提供了便利和可控性等优点,但是人类及动物之间的行为,特别是病态行为缺乏二者的精确相似性,这就降低了用动物来研究人类行为遗传学的价值。

但是,许多人类病态基因多多少少会影响着行为表现。苯丙酮尿症儿童可能会异常活跃、易怒,更容易发脾气,更容易表现出异常的行为态度,有更为偏激的行为;大约10%的患病儿童表现出精神异常行为。显著的行为改变常常先于舞蹈症的舞蹈动作表现。可能属于隐性遗传的先天痴呆症影响其人格的发展。然而基因导致行为缺陷的最显著的例子是莱西—尼亨综合征,这种症状具有自伤行为的古怪倾向。

染色体异常对行为也有影响作用。一般认为,唐氏综合征儿童比智商相当的儿童更幸福,对周围环境更敏感。他们经常表现出一定的音乐才能。先天性发育不全的女童在言语智商测验中分数很高,但是操作智商却低于平均水平。她们在知觉组织上似乎存在缺陷。XYY 综合征会表现出犯罪行为的癖性及攻击性行为。但是,染色体过多或缺失与行为表现之间的因果关联仍然是一个谜。

异常行为遗传学比正常行为的基因译码有更多的信息需要探究。精神分裂症的发病率为1%,在家庭中进行的研究得知,大约2% ~5%的父母及6% ~10%的同胞患此病。如果一个亲戚及父母一方患病,同胞得病的几率就更大。与异卵双生相比,同卵双生患病的一致性更大。父母为精神分裂症的儿童在亲生父母及领养父母两种环境下,具有相同的发病率。这一发现似乎证实了精神分裂症的遗传作用。但是与精神分裂症相关的许多问题,如基因异质性、环境的作用、生物化学异常等仍有待解答。现在,对单基因决定论为基础的缺陷进行质疑似乎并不明智。

在家族发病率及发病频率上,情感障碍与精神分裂症似乎很相似。据称,双极性障碍是与 X 染色体显著相关的疾病,但是基于现行的证据,这一假设难以令人信服。双极或单极障碍的单基因基础仍然缺少生物化学上的证据。

发展性失语症似乎是由于失语症儿童无法处理正常呈现的视觉刺激。这种处理能力最终也会形成,但是比平均水平更晚些,有人猜测,这种现象是一种常染色体的显性特征(汤普森等,1980)。许多证据都揭示阅读障碍的家庭遗传本质,然而对上述案例的原因解释仍然不清楚。许多类型的阅读障碍似乎都受基因的制约,据推测,阅读障碍是一种常染色体显性状态,并伴随某种程度的性别差异性(男性更容易患病)。

许多被认为是行为上的障碍,诸如广泛性发展障碍、行为失常,与基因有一定的相关性。当然,这些障碍大多与多基因而非单基因相关(伊尔贝里,1995)。这使得单基因水平上的人类行为的基因基础研究处于异常复杂的状态。即使应用父母身上的数据,也很难精确地预测儿童的行为结果或方式。

通过生物测量遗传学和双生子研究的应用,人们逐渐找到了婴儿的行为与气质、内倾与外倾以及神经性等遗传特征。1915 年在美国和欧洲公布的兄妹智商的相似性的实验结果(包括27,000 组兄妹)表明,遗传因素是智商具有个体差异性的主要原因。对兄妹间智商的相关性最可能的数据为 +0.49(保罗,1980)。

参见 自闭症;行为障碍;呆小症;情绪障碍;脆性X 综合征;遗传咨询;亨廷顿氏病;莱西—尼亨综合征

GENETIC TRANSMISSIONS
遗传递移

遗传学是对遗传的科学研究,是一种从亲代到子代传递生物学特征的现象。孟德尔是 19 世纪的奥地利传教士,他的繁殖研究开辟了遗传学研究的先河。自此,人类遗传学不断分支,蓬勃发展起来,包括细胞遗传学、生化遗传学、分子遗传学、免疫遗传学、人口遗传学、应用遗传学及临床遗传学。遗传学表明,遗传特征源于亲代到子代的基因传递。基因彼此间及其周围环境相互之间的影响,创造出不同个性或特征。因此,子代表现出与亲代相似的特征。

人体内存在两种细胞分裂——有丝分裂和减数分裂。除了性细胞或配子外,其他细胞都会发生有丝分裂。配子发生减数分裂。

微小、树枝状染色体是遗传递移的关键,存在于每个细胞的细胞核内。每个正常人的体细胞都含有 23 对即 46 条染色体。有丝分裂过程中,细胞内染色体自我复制后分离,每个子细胞含有 46 条染色体,这 46 条染色体含有的物质与母细胞的完全相同。减数分裂过程中,配子分裂为两个不同的子细胞,每个子细胞含有母细胞的 23 条染色体。繁殖过程中,男性与女性的配子结合,形成含有46 条染色体的合子。这23 对染色体中的其中一对在形状和大小上与其他的不同,它决定着性别。在所有哺乳动物中,雌性有两个大小相似的染色体,称为 X 染色体,而雄性有一个 X 染色体和一个更小的 Y 染色体。如果卵细胞与一个含有 Y 染色体的精子结合,合子即为雄性;如果卵细胞与一个含有 X 染色体的精子结合,合子则为雌性。

遗传递移的真正物质是处于染色体特定位置上的 DNA 微粒,或称基因。最近的一次评定指出,23 对染色体的一个单倍体就含有 30,000 以上的不同结构的基因。基因内的不同的异变体称为突变遗传因子,它们操纵和控制着某种特征,在成对染色体中处于相同的位置。例如,决定眼睛颜色的基因的一个突变因子异变体产生蓝眼睛,而一个不同的突变因子会产生棕色眼睛。父体和母体的决定眼睛颜色的遗传因子并排存在于子代的染色体中。

依据孟德尔法则,一个遗传因子决定着杂合子的遗传型的表现型。显性因子用大写字母表示,隐性因子用小写字母表示。不论父母单方或双方是杂合子,他们的孩子并不一定遗传表现型不同的遗传型,这种事情经常发生。例如,一个男性从其父母双方那里遗传了蓝眼睛(b),因此他是眼睛颜色上的纯合子(bb);两个遗传因子是相同的,决定眼睛颜色的合子是纯合子。他具有蓝眼睛,也能把仅有的蓝眼睛遗传因子传给他的子代。如果这个男孩与一个只有棕色眼睛遗传因子的女孩婚配,这个女孩能给他们的子代一个棕色眼睛遗传因子(B)。现在孩子有来自父方的一个 b 和母方的一个 B,那么他就是杂合子(Bb)。因为棕色是一个显性特征,因此这个孩子最终有一双棕色眼睛。两父母可以提供许多不同的基因组合,所以两兄妹几乎不可能有相同的基因,当然排除他们来自同一个合子的情况,这样的孩子才是完全相同或单精合子的双胞胎。

参见 染色体异常;遗传咨询;染色体组型

GENETIC VARIATION

生理遗传性变

减数分裂过程中,染色体的自主结合是引起不同个体基因构造变化的主要原因。每个配子有 800 万可能的染色体结合来自 23 对染色体,而一对父母为他们的孩子提供 7 ~ 1013 种可能的染色体结合。因此,除了部分同卵双生子外,每个个体都是或都将是独一无二的。

遗传学是对生物学变化的研究,而医学遗传学是对那些引起疫病,或能够使人易感染某种疾病的生物学变化的研究。基因疾病是儿童死亡率与患病率高的一个重大原因。大约 12% ~15% 的儿童期死亡率是因为孟德尔氏病和染色体疾病,先天畸形占 25% 到 30%。智商低于 50 的所有个体中,至少有 40% 有一项染色体障碍(其中,唐氏综合征占 3/4);15% 有单基因疾病(例如,亨廷顿氏病、X 相关的智力落后、黑蒙性痴愚);45% 有重度发展性畸形。

一般地说,主要存在三种困扰人类的基因疾病:单基因导致的孟德尔氏病,染色体异常导致的细胞遗传疾病,以及多方面基因疾病。在孟德尔氏病或单基因疾病中,遗传因素相对较为简单。三种不同性质的类型已获得认知:显性遗传、隐性遗传和 X - 连锁遗传,这三种类型分别有 800 种、550 种和 100 种情况处于已知状态。早期发展遗传障碍中最重要的是影响到新陈代谢(例如,苯丙酮尿症,一种氨基酸代谢障碍症)。如果不予以治疗,苯丙酮尿症会导致严重的智力落后,注意力缺陷,对环境的反应性降低。众所周知的常染色体显性疾病有亨廷顿氏病、显性耳聋及神经纤维瘤病。囊肿纤维变性是白人儿童群体中最为常见的一种常染色体隐性遗传障碍。黑蒙性痴愚同样是一种常染色体隐性遗传病,在德系犹太人中具有很高的发病率。血友病是一种血液不能正常凝结的 X 染色体相关隐性遗传病。另外一种遗传性血液疾病是镰状细胞症,特征表现为红细胞慢慢变为异常形状,在美国黑人中的发病率为 0. 25%。

第二种疾病源于染色体不正常发育,而导致的胚胎时期的不可逆转的染色体结构异常,多发生于卵细胞与精细胞结合的过程中,或怀孕和萌芽过程中。多余的和不相匹配的染色体是劣生学的主要形式。例如,21 - 三体,18 - 三体和 13 - 三体等三体症状,嵌合体,单体,染色体缺失,染色体倒置。性染色体异常包括先天性发育不全,XXY 综合征。绝大多数的此类障碍类型并不遗传,但是它们包含有遗传物质——染色体。智力落后、肢体残疾是染色体异常的最常见的结果。

比较常见的异常状况受多方面因素的影响,是基因与环境因素复杂影响的结果。一条基因只起到少许作用,但是许多基因相互影响则是复杂的。唇裂与腭裂、先天性髋关节脱臼、幽门狭窄、畸形足、马蹄状内翻足都是常见的畸形;然而神经系统缺陷的无脑畸形和脊髓脊膜突出是最明显的两个例子。研究发现,致癌物质可导致一些与人类的各种癌症有一定关联的染色体重整。

参见 遗传咨询;行为中的遗传因素

GENIUS

天才

天才这个术语泛指有超常的天赋、能力或学业成绩。尽管如此,它还是被有天赋或资优这样的术语所大量代替。由于高尔顿最早在遗传研究中应用到它,因此他认为天才应是意味着"不仅有超常的能力,同时是天生的"(1892)。然而,他也提到天才不应只作为一个技术术语。高尔顿试图证实天才或超常能力是遗传的。

特曼在具有里程碑意义的资优儿童纵向研究中使用了"资优"这个术语。但是他仍然用天才这个词作为一系列著作的书名,如《天才的遗传研究》(1925)。尽管如此,须指出的是,特曼扩展了"天才"这个概念的起因。"天才的起因,它发展的自然规律,以及环境产生的可能好或坏的影响,这些科学问题几乎不被作为对人类幸福同等重要的的问题"(1925)。特曼试图提出三个与天才相关的问题:性格、出生与培养。然后,他清楚地把研究阶段定在特性培养上。

关于天才的出生与培养的研究常常采用研究名人

或有高成就的人的形式。在《天才的遗传研究》的第二卷中(1926),凯瑟琳·考克斯与其他的研究者,包括刘易斯和特曼,研究了300个天才的早期智力特征。高尔顿也用这种方法开展了有关天才的研究(1869)。正像"名人研究摇篮"所报道的,近来关于格策尔斯生平的研究也延续了这种传统。

尽管如此,布卢姆(1985)的研究集中于世界闻名的在世名人。布卢姆以及他的前人在研究中的共识是:天才、资优、特殊才能以及高能力时常表现出早熟行为。比如年轻时取得的成就远远超出正常的成绩。在确定资优的过程中,还存在日益增强的对家庭、学校和其他变量的影响的认知。尽管天才这个术语有时能真正指代超常儿童,但它没有过去使用得频繁。

参见 天才与资优儿童

GEORGE,WILLIAM REUBEN
威廉·鲁本·乔治(1866—1936)

1866年6月4日,威廉·鲁本·乔治出生在纽约中部西戴顿的一个小村庄里。年轻时他来到纽约城从事小制造业。通过教堂的帮助,他在城市最差的一个贫民窟开始为儿童服务。在市中心贫民区帮会的帮助下,乔治取得了巨大成功,并组成了自己的"法律与秩序队"。这支队伍使年轻的违法者转变为守法者。由于贫民窟的儿童常常不能参加为城市儿童所举办的夏季野营活动,因此乔治为这些有需要的年轻人提供了一个在乡村环境中野营的活动。乔治的夏季活动始于1890年,在靠近西戴顿的弗里维尔的一个农场。此活动一直持续到他有了一个为年轻人建立永久社区的想法。这个理想建立在美国政府的结构上:"我们微型的光荣共和国——一个少年共同体。"

1895年夏末,乔治放弃了他的事业,留在弗里维尔与一群学生开始一年的计划。他们发展起来的团体是建立在自足的原则上的,即学生自己找食物、住所、自我管理、制定并执行管理团体的规则。

乔治的想法吸引了众多教育者、社会改革者以及为少年共同体提供大量经济援助的著名人士的注意。国内其他地区对此也抱有同样的兴趣。乔治监督了其他州中九个相似的团体的建立。但这些团体没有一个延续乔治的原则。因此他认为扩张的努力失败了。

在弗里维尔少年共同体中,乔治发展了建立在自我管理与自给自足基础上的复杂的教育与社会系统。"不劳则无获"成为少年共同体的座右铭。被召集来的学生或公民参与学校的各种工作,少年共同体几乎完全是自足式的并自我管理。

作为进步教育原则'做中学'的早期证明,乔治的少年共同体是20世纪初促进学校或机构中贫困、违法或问题少年发展的一个主导力量。他一直领导着少年共同体,直到1936年4月25日逝世为止。乔治的少年共同体实现了他的理想:直到今天它招收了来自公立学校、法庭、父母所托付的170名青少年。同时,少年共同体仍然认真地遵守着建立者所倡导的自足与自我管理的原则。

GERSTMANN'S SYNDROME
盖斯特门氏综合征

盖斯特门氏综合征包括一系列惊愕症状:如手指失认症、左右方向问题、不能计算或不能做数学题(失算症)、或不能书写(失写症)。当盖斯特门第一次描述这种症状(1940)时,盖斯特门氏综合征被认为是一个由于左脑叶损伤而产生的局限性遗忘神经学问题。目前关于盖斯特门氏综合征的具体性质与原因仍存在大量争论。本顿(1961)认为症状的描述还不够成熟:它是建立在有各种原因的学习与行为上的偶然事件的综合。另一些人则在它的准确特性上争论不休:一些人认为潜在的缺陷特性是失语症;而另一些人认为盖斯特门氏综合征与左半球注意缺失有关。在音乐会上发生惊愕行为是很少见的。这是否代表真正的症状是难以识别的。

参见 失算症;失写症

GESELL·ARNOLD·LUCIUS
阿诺德·卢修斯·格塞尔(1880—1961)

阿诺德·卢修斯·格塞尔在进入克拉克大学研究生院(1906)获得心理学博士学位之前是一名高中教师兼校长。1911年,他成为耶鲁大学教育学副教授。在那里,他创建了耶鲁儿童发展咨询中心,并开始了儿童发展研究,并将此研究延续一生。为了能更加胜任这项研究,格塞尔在耶鲁大学学习医学,并于1915年获得硕士学位。格塞尔做了一个详尽的、有步骤的婴儿行为研究。他认为婴儿行为发展是阶段性的有序方式,并且儿童们的发展方式是相似的。

格塞尔成为一个家喻户晓式的人物,主要由于他与人合著的三部书:《今日文化里的婴儿与儿童》(1943),《5岁至10岁的孩子》(1946),《青少年时期:从10岁到16岁》(1956)。

除了对正常儿童的发展有研究外,格塞尔还做了大量的发展偏常研究,包括智力落后、唐氏综合征、呆小病、脑瘫。自1948年从耶鲁退休后,格塞尔继续在以他的名义创办的格塞尔儿童发展机构内工作。

参见 格塞尔发展量表

GESELL DEVELOPMENT SCHEDULES
格塞尔发展量表

虽然格塞尔发展量表由伊尔格以及艾姆斯于1974年报道,最新的常模由艾姆斯、格瑞埃尔斯派特、海恩斯以及伊尔格于1979年报道,但是格塞尔发展量表首先由格塞尔与他的同事于1940年出版。量表是为年龄在4周~5岁的婴儿与幼儿提供的一种测量方法。量表上的项目是按次序排列的。同时列出典型的连续性年龄(比如:42个月,48个月,54个月)行为。量表的评估规则要求直接观察儿童对刺激物的反应,如玩具、与父母见面等。

量表包括四个发展领域:动机、适应性、语言以及社会化。项目包括:上下楼梯、说话与造句、模仿画圆与十字形。在艾姆斯(1979)等主编的报告中报道了2岁半至5岁的儿童的行为标准。研究结果表明,它的信度系数超过0.95(克龙巴赫,1974)。

参见 贝雷婴儿发展量表

GETMAN,GERALD N.
杰拉尔德N·格特曼(1913—1990)

杰拉尔德N·格特曼是爱荷华州拉尔什路德本地人。1937年,他从北伊利诺眼科学院(NICO)获得眼科博士学位。随后他被北伊利诺眼科学院(NICO)授予视觉科学名誉博士学位(1957)以及纽约州立大学视力学院科学名誉博士学位(1986)。格特曼的许多工作都是在明尼苏达州、宾夕法尼亚州以及加利福尼亚州开展的。在宾夕法尼亚州诺里斯顿的帕斯卫学校中,他作为主导者花了三年时间(1967—1970)进行儿童发展研究。他还在加州做了10年的教育研究:首先作为南加州大学视力学分院的教师,随后(1978—1985)成为纽波特发展性视力鉴定实践中的一员,专门研究学习障碍儿童。他是许多公立、私立学校与视力有关的学习问题的咨询者。作为俄亥俄州立大学、耶鲁大学、坦普尔大学、芝加哥大学、澳大利亚大学、荷兰高等教育机构的访问学者,格特曼多次参与了儿童学习问题的特殊课程与研讨会。在1990年去世之前,格特曼移居到华盛顿州并继续演讲与咨询。

格特曼对于特殊教育的主要贡献在于发展性视力评定与教育。他被公认为是发展性视力评定之父。他的视力发展概念受到与阿诺德·卢修斯·格塞尔合作的《婴儿与儿童视力发展》一书的强烈影响。1944—1950年中他们在耶鲁儿童发展咨询中心开展合作研究。他们对儿童视力评估的贡献已为当今的验光师所赞同并广泛应用(格特曼、格塞尔、伊尔格、布利思,1949)。格特曼在指导有学习问题的儿童的教育步骤上也有重要影响。为了让儿童在日益增长的技术与抽象的文化中做最好的准备,他在学习项目的计划中倡导父母角色。为了建立这些项目,他把医学标签视为模棱两可、无用的事物:"标签只会产生混淆而不是理解。"(格特曼,1976)

格特曼撰写了300多篇学术论文。同时还写了对教师和父母都有国际性重要意义的书——《如何发展儿童的智力》(格特曼,1962)。他的著作包括:《事事聪明》、《除了学校和发展性视评估》(均于1992)。同时他还是儿童学习障碍全国理事会的开拓奖获得者。格特曼还获得了学习障碍国际联盟颁发的特殊荣誉奖,以及由美国眼科协会颁发的最高奖项:阿波罗奖。格特曼在杂志《中西部名人录》中得到认可。

g FACTOR THEORY
一般因素理论(g因素理论)

查尔斯·斯皮尔曼(1863—1945)提出了一个一般智力能力理论,即g因素。它描述的事实是:所有智力能力在一定程度上是有积极的内在联系的(斯皮尔曼,1904;1927)。斯皮尔曼把一般因素看做是一个遗传的普遍智力能力。在关系与相关的教育(如归纳、演绎原因)以及抽象学习中,一般因素起着重要作用。

斯皮尔曼建构了一种因素分析的数据方法。通过它可以测量g因素在测验中的因子负荷,以及分析与其他测验共享的测验分数中变量所占的比例。这就是斯皮尔曼的智力二因论,其中每个测量能力的变量可以分为两个部分:一部分为g因素;一部分为特殊因素。双因素理论后来发展为多因素(群体)理论。多因素代表除了普遍变量与特殊变量外共享的其他一些变量。

最近很多研究肯定了斯皮尔曼的理论:几乎所有的智力能力都正相关。当处理有代表性的人群样本时,设计一个与所有其他测验没有正相关的智力能力测验是不可能的。这种正相关的因素分析总是能产生大量的代表变量的普遍因素。在这种分析下,有最高g因素负荷的测验趋向于在广泛的内容中包括理解与抽象推理。测验条目置入成分的智力操作程度越高,那么g因素负荷就越高。

发展斯皮尔曼的g因素理论的观察结论已经完善。不过,相同观察法的不同理论概念化赢得了心理学家的广泛认同。塞斯通(1938)扩展了斯皮尔曼的因素分析法用于调节相关因素,并采用简单的结构标准来决定代表分析测验中能力的最好复合因素。塞斯通把这些集中于复合差异能力的因素叫做主要智力能力。一般因素虽然一直存在,但却隐藏于主要因素的关系中。在塞斯通之后,已知的能力因素数量稳步增长。吉尔福特(1967)将它们组合成智力结构模式。

现在有一种共同的看法:一些不同的智力能力实际上是相互联系的;不同因素间的联系代表了大量一般因素。不同看法主要集中在:是复合的不同因素或是单独的潜在一般因素最重要。

詹森(1979;1985)把"g"解释为智力的基本生物因素,并试图将它与智力过程的普遍速度相联系。他指出普遍性在要求智力能力的学术与职业环境中比其他任何能力因素更具对成功的预见性。他还展示了有关对同种繁殖的忧虑:g因素是在人类进化过程中最服从于自然选择的能力。

参见 文化公平测验;智力测验

GIFTED AND TALENTED, UNDERACHIEVEMENT IN THE

天才与资优儿童低成就

低成就是指:学生在特定领域内表现的学业成就没有达到期望水平。这些期望是建立在学生过去的表现或资质测验的相关领域内的。这种失败不是由于感官严重缺陷、健康状况或一个特殊的认知无能带来的结果。

低成就或表现失败是一个社会生物学概念。它是建立在其他人对他的感觉基础上的个体状况。表现失败是基于表现预期者对表现预期的标签。表现预期者可能既没有精确测量,也没有把表现与具体情况下的特定任务领域相联结。

在没有认知缺陷的人群中,表现失败(FTP)可能反映一些因素。这些因素包括:动机、人格、人际关系、课程设置考虑。表现失败一般呈现为多范围的相对复杂现象。

动机有两个基本方面:"指向或位置,以及成就需求程度。"动机可能是外在的或外部的特质,也可能是内在的或内部的特性(纽兰特,1966)。外部动机指的是一个学生的学习动机产生于外部的力量和要求。外在动机以学生学习只是为通过考试为典型例子。与此相反,内在动机的例子可能是一个学生为满足他个人的成就需求而努力精通某个领域。

成就可能受人际关系、动机、人格与课程的影响。对资优与天才学生最好通过个人教育计划来满足(斯旺什,1985)的这一做法是有争议的。这个计划建立在课程内容加速度、丰富、革新以及成熟的特质上。计划的灵活性(如社区活动,或其他选择性教育方法)使得更广的课程选择更多地激励资优或天才儿童(斯旺什,1985)。社会和情感课程目标也极大地促进成人对资优与天才儿童的作用,同时,在学校里他们更能起有效的整合作用(雷斯,1979)。

GIFTED AND TALENTED CHILDREN

天才与资优儿童

天才与资优儿童现在已经被成千上万的美国学校认可为拥有个人学习特质的儿童,并不同于普通或低成就儿童。由于这些不同的特质,使他们有特殊的教育需求与特别教育计划。天才与资优儿童的特殊特质如下:①学习新事物较快且容易。②早熟:资优儿童在早期表现为比所在年级有更高的能力与成就。③词汇量大,阅读早,言辞流利,书写优美。④有逻辑性、理智深度,并推理清晰,容易理解。⑤有社会认知,有广泛的世界认知,并能对某一情景的较多成分产生反应。

这些特质能产生一系列特殊教育需求。范坦塞尔(1979)提出以下一系列天才与有特殊才能儿童的特殊教育需求:①在复杂的思考与感受上进行认知与情感上的操作。②通过研究发散性成果激励学生。③用证明过程或研究成果的工作来鼓励他们。④智力相同的学生之间开展讨论。⑤促进对人类价值体系的理解。⑥提供理解所有知识体系内在联系的机会。⑦提供高速度与高难度的特殊课程。⑧安置于新的学习领域内。⑨应用能力解决真实问题。⑩培养批判性思维、创造性思维、研究方法、问题解决、处理特殊事件、作决策和领导的才能。

天才儿童是优于普通智力能力的儿童。资优儿童表现出在某一具体领域,如艺术、科学、商业等领域内有特殊才能或能力(格兰奇,1985)。伦齐里(1979)提出资优也包括高水平的任务责任感(动机)以及创造力。费尔德豪斯(1986)扩展了资优的概念,将认识、接受特殊才能的自我意识也包括在内。尽管如此,格兰奇提出个人因素(如:动机、工作义务与自我概念)不能作为资优的成分或因素。但这些因素却更像是在人类努力的特殊领域内促使普通能力产生与成长并向特殊才能转化的催化剂。

有时学校在幼儿园或一年级就评估天才与资优儿童,并为他们提供特殊教育服务。里彻特、阿尔文以及麦克唐纳(1982)就美国评估天才与资优儿童的方法进行了一项调查。他们发现,有多样的测验或评估尺度用于(或错误用于)评估资优以及有特殊才能的儿童。但评估时测验的方法时常不是人们所期望的,在评估中最严重的缺陷发生在领导才能的评估领域内。但同时他们也承认领导才能的评估是资优定义中最难定义的领域。

卡拉格、维斯、奥格斯比以及托马斯(1983)在美国进行了一项学校调查,用于确定具有为资优儿童设置特殊计划的性质的教学实践中。他们发现资源教室是最流行的模式,紧接着是为小学阶段的资优儿童提供的特殊提高班。在初中阶段,应用最广泛的模式是提供独立学习与研究机会的提高班或荣誉班。

现在,一些州命令所有学校必须为天才与资优青少年提供特殊教育服务。许多州为有特殊教育需求的青少年向学校提供常规资助。人们逐步认识到:这些青少年如果要认识到自己的全部潜能就需要早期发现并给予有差别的教育机会。布卢姆1985年的研究表明:天才与资优青少年应做出早期诊断,并在他们的特殊才能或能力领域内给予特别指导。通过这些学校的特殊计划与家庭支持,天才与资优儿童才能如成人般取得高成就。

参见 天才;智力

GIGTED CHILD QUARTERLY
《天才儿童季刊》

《天才儿童季刊》是资优儿童教育领域内的主要学术刊物,由天才儿童全国联合会发行。季刊首发于1958年。它着重面向教育研究者、管理者、教师以及天才儿童的父母。该刊登载了在学校、家庭以及广阔社会中关于天才与资优儿童发展的新的或有创造性见解的文章。该刊也刊登定性研究、定量研究以及探讨政策与涉及政策内容的文章。本刊是有30名审稿人的审评性出版物。编辑由联合会全体委员选举产生。作为一种成员权利,联合会的所有成员每季将收到一份刊物。

GIFTED HANDICAPPED
天才残疾

天才残疾被定义为那些尽管有着身体上、精神上、情绪上或经历上的残疾但却表现出非凡的天赋与特殊才能的人(布朗谢—狄克逊,1977)。尽管如此,这个定义太简单而远不能使人理解这看似矛盾的复杂术语。为能理解天才与天才残疾的术语,必须分别对它们有所理解。

天才教育领域内的专家们对天才儿童的确切定义仍存在分歧。伯勒斯(1979)撰写了113个关于天才儿童的定义。特尔曼发现天才儿童占儿童总数的2%,即智力测验中得分最高的儿童(克拉克,1983)。联邦政府1983年通过的"教育巩固与提高法案",把天才定义为:"在智力、创造力、艺术、领导能力或某一具体学业领域内有高能力的儿童。"为了充分发展这种能力,他们要求学校提供非普通的服务或活动。一些人把天才儿童定义为:一个拥有某种特性的儿童(伦齐里,1978)。同时其他人也以最新的生物差异论来定义天才儿童(克拉克,1983)。尽管如此,所有的研究者都认同:天才至少是在某一具体领域内有超常的能力与作用。当儿童的正常学习与发展受到一方面或更多具体情况的损害,以至于要求用特殊教育与相关服务来发展他们的能力时,这样的儿童就被称为残疾儿童(惠特莫尔和梅可尔,1985)。"天才学习者出现在每一种残疾学生群体中,除了有着明显智力障碍与严重发展性障碍的残疾学生人口"(克拉克,1983)。不同的残疾情况以各种方式影响着天才儿童。比如:盲人与视力障碍者可能拥有与视力正常者相同水平的认知能力,但是他们却较晚获得最大发展的潜能。聋人的发展速度较慢,处理抽象概念较困难。学习障碍者与情绪障碍者的问题存在于注意力、感知觉能力、判断能力中。对于身体残疾者而言,认知过程的速度、类型与正常人群相当(梅可尔,1977)。

对于天才残疾儿童的关注始于1974年,残疾人教育局的爱德·马丁讲述了影响这些青少年的历史上的歧视。1975年,一个关于天才残疾儿童的委员会(天才儿童联合会)成立。1976年,天才儿童联合会主办的讨论会议在新奥尔良召开。到1977年,天才残疾这个术语出现在ERIC与残疾儿童教育研究文献索引中(波特尔,1982)。

被评估为需要特殊教育计划的残疾天才儿童都需要适应一种或更多的缺陷情况,并在一个或更多领域内完全发展他们的潜能以取得卓越成绩(惠特莫尔和梅可尔,1985)。这些儿童的缺陷需求时常很急迫以至于矫正成为首要考虑。在这种特殊情况下,天才的依据时常被忽视(克拉克,1983),而这些需求也不受重视。

天才残疾学生的评估须经过许多相同的审查程序,筛选并收集多种特别是用于诊断天才人群的数据。尽管如此,为了让才能不被残疾所遮掩,一些特殊因素也应考虑在内。彭达维斯与格罗西提供了在各种残疾领域的具体评估程序。联邦政府支持一些为残疾天才儿童进行评估诊断的计划项目。三个最有名的项目是:北卡罗莱纳州教堂山培训与拓展计划;有希望的残疾天才青年的挽救与促进;在乡村为残疾儿童开办天才与特殊才能学校的计划。所有三项计划都是为了评估与帮助天才、残疾的学龄前儿童(罗特尔,1982)。

这一特殊领域受到越来越多的关注。然而,研究者惠特莫尔与梅可尔(1985)的研究表明:这些取得高成就的天才残疾者尽管遇到挫折以及环境的拒绝与抵制,却仍然取得了成功。因此,在识别、接纳以及为天才残疾儿童全面发展潜能的项目领域内尚有许多工作要做。

参见 美国残疾人法案

GIFTED INTERNATIONAL
《国际天才儿童》

《国际天才儿童》是由世界天才儿童理事会出版的一本期刊。现任编辑及创立者是南佛罗里达州大学的桃乐茜·塞斯可博士。该刊出版重点:理论、研究性成果以及探讨世界范围内天才教育的问题与实践。在第一期上,塞斯可说明了期刊的具体目标:①为有关天才与资优儿童的研究、评估步骤、课程以及好的教育实践的交流提供一个论坛;②共同分享天才与资优儿童的实践与资源;③激励跨文化研究,为传播成果提供机会。该理事会的秘书是塞斯可女士。

GILLINGHAM – STILLMAN: ALPHABETIC APPROACH
吉林厄姆—斯迪尔曼:字母方式

安娜·吉林厄姆和贝茜·斯迪尔曼从塞缪尔·T·奥顿博士的工作中,发展出一套为阅读、拼写和书写困难的儿童进行补救教学的方法。奥顿是一位神经学学者,他致力于研究和治疗在阅读、写作和拼写方面有困难的儿童(奥顿,1937)。吉林厄姆和斯迪尔曼都是纽约民族文化学校的教师。吉林厄姆离开学校后,到纽约哥伦比亚—长老会医疗中心神经学学院工作,成为奥顿领导下的一名研究人员。她和奥顿一起紧密地工作,而后斯迪尔曼为有特殊语言障碍的儿童设计并完善了他们的教学方式。

吉林厄姆—斯迪尔曼方式是一种补救式的教学法,施用于三到六年级的那些智力正常、感觉敏锐度正常,具有字母或单词书写颠倒,无法以普通人惯用的方式获得阅读和拼写技能的儿童。比如,普通人可以"通过操作式的、随机式的、内省式或分析式的拼音教学法,或者是通过描笔画步骤习得阅读和拼写技能"(吉林厄姆和斯迪尔曼,1960)。

这个方法是根据被称之为"语言三角"的、有密切联系的视觉、听觉以及动觉要素设计的。下文是从吉林厄姆和斯迪尔曼合著的书中摘录的关于语音图的描述(1960)。

"每个新的语音图都根据如下程序进行教学,即,要说明在视觉(V)、听觉(A)和动觉(K)两两之间在头脑中的联结。联结一:包括两个部分,第一是与字母名称相关联的视觉符号,第二是与字母读音相关联的视觉符号,也就是说当儿童听到自己说出字母名字或声音的时候,他能够感觉到自己看到了字母。联结一是视—听觉以及听—动觉的结合过程。第二部分是出声阅读的基础。

"第一部分:向儿童展示卡片,教师读出卡片上的字母名称,学生跟着复述。

"第二部分:一旦学生掌握了字母名称,教师要说出字母可分解出来的读音,学生跟着复述。

"联结二:教师不让学生看到卡片上有字母的那一面,读出代表字母(或语音图)的读音,然后说'告诉我有这个读音的字母'。从读音到字母的名称,是听—听觉的结合过程,这也是出声阅读的基础。

"联结三:教师要精心解释字母,比如它的形式、方向等。学生先是跟着描红,然后是抄写,根据记忆进行复写,最后是在教师近距离的观察下,不用眼睛看着再写一遍。这个联结是视—动觉和动—视觉的结合过程……现在,教师读出各个读音,然后说'写出有这个读音的字母'。这个联结是听—动觉的结合过程,是拼写的基础。"

参见 阅读障碍;阅读矫正

GOALS, USE OF
目标的使用

教育目标可以实现三个重要功能:①有组织地开展教学和设计课程;②通过帮助学生认识到错误,能区分出不同的反应来指导学生学习;③有组织地实施评价(布卢姆、黑廷斯和马道斯,1971)。

1975年,《所有残疾儿童教育法案》(94 – 142公法)规定了在特殊教育中必须使用目标。将使用教育目标写入94 – 142公法,是国会议员出于责任提出来的,并不是考虑到上述的三个功能(富克斯和德诺,1982)。国会议员发现残疾儿童的特殊教育需要没有得到完全的满足,而在法律条款中要求使用教育目标的话,可以确保学校必须为残疾学生提供有质量的教育(特恩布尔等,1978)。

由于有了法律的规定,在过去的10年中,教育目标的拟订已经成为特殊教育的常规工作。比如,教师要定期在学生的个别化教育计划(IEPs)中写明教育目标。另外,94-142公法以及后来颁布的《残疾人教育法案》,都要求教师按照教育目标规定的方向监控学生的发展。这促成教师每年要开展二到三次的正式评估,看学生掌握这些目标的情况如何(富克斯等,1984)。

参见 个别化教育计划;教师效能

GODDARD,HENRY H.
亨利H·古达得(1866—1957)

亨利·荷伯特·古达得在克拉克大学获得心理学博士学位。他先在西切斯特的宾夕法尼亚州教师学院任教,之后,1906年的时候,成为位于新泽西州瓦因兰培训学校的研究主任。由于对特殊儿童的研究非常专业,他在培训学校的工作对美国智力落后儿童和成人的教育产生了很大的影响。他首创了研究智力落后儿童和成人的心理实验室,研制并检测了智力落后儿童和成人的教育方法。他翻译并修订了比奈—希蒙智力量表,并在美国率先使用。在第一次世界大战期间,他还参与了为士兵分类而研制的团体智力测验的工作。古达得作了一项证明智力落后具有遗传性的经典研究,这个研究报告在1912年发表,即《克莱克家族:一项关于遗传性智力落后的研究》。

1918年,古达得被任命为俄亥俄州青少年研究所的所长。从1922年开始到1938年退休,他一直在俄亥俄州立大学从事变态和临床心理学的教学工作。

GOLD,MARC
马克·古德(1931—1982)

为中、重、极重度智力落后人士赢得职业训练、工作安置以及尊重,是马克·古德致力于将其变成现实的梦想。在洛杉矶的培智学校教学过程中产生的兴趣,促使他取得了实验儿童心理学以及特殊教育学的博士学位。1969年,他以研究教授的身份加入了伊利诺斯大学的研究团队,一直在儿童行为与发展研究所工作。

尊重智力落后人士的强烈哲学思想是古德一切努力的源泉。他坚信:①为智力落后人士提供的最好服务是培训他们掌握市场上所需要的技术;②被鉴定为智力落后的人士,只有在一个尊重他们的价值和能力的环境中才能学得最好;③只有提供合适的培训,智力落后人士才能够展现出他们的能力;④当发生智力落后人士难以学习的情况时,首先要考虑到这是由于不合适或不足量的教学导致的,而不是智力落后个人无法学习导致的;⑤智力测验对智力落后人士来说是有其局限性的;⑥将智力落后标签贴到人们身上是不公平的、无益的;⑦培训人员决不要认为他们已经帮助智力落后人士发挥了他们的最大潜能。

古德颂扬着他的哲学思想,并且创建了"尝试另一种方法"体系,这个系统的训练方案用来培训那些难以进行学习的人(1980)。这套方案采用的策略包括身体行为提示、模仿、操控学习者的手以及简短特定的口头指导,比如"尝试另一种方法"。任务完成后,学习者得到的是沉默,因为古德认为没有任何评价就是好的评价。"尝试另一种方法"体系是在任务分析的基础上建立起来的。任务分析法由方式(任务完成的途径)、内容(方式被分解成不同步骤的步骤数量)以及过程(教学生完成任务的方法)组成。过程还可以再细分成形式(材料的呈现方式)、反馈(暗示学习者什么是培训人员想要的)、步骤(对所提议的训练计划的描述)、标准(学习任务所要完成的预定目标)以及数据收集(记录已经完成的步骤以及尚需掌握的步骤)。

古德的研究不断地说明任务分析法是自闭症、聋盲以及多重残疾人士掌握自助、身体运动、职业技能以及社会技能的学习策略。

除了创建"尝试另一种方法"体系之外,古德还组建了一个发布有关项目进展的信息组织。他是伊利诺斯州康复协会研讨部部长,又是美国重度、极重度障碍教育协会执行委员,还是美国智力缺陷协会职业康复部副部长,并承担了《美国智力缺陷》杂志、《智力落后》杂志以及《儿童教育与训练》杂志的咨询编辑和编委工作。

GOLDENHAR SYNDROME(GS)
戈登哈综合征(GS)

戈登哈综合征(GS)是近期发现的一种综合征,这种征状在自闭症儿童中比较常见。对戈登哈综合征进行诊断,需要考察是否表现如下三项身体异常:视觉异常,包括眼球上的皮样囊肿;听觉异常,包括小耳畸形,耳廓周的小垂片,耳朵畸形;以及脊柱异常。

罹患戈登哈综合征的人并不多,而且原因未明,但目前人们认为它是由畸胎剂导致的。罹患戈登哈综合征的人普遍存在不同程度的听力损失现象,并有胼胝体发育不全的情况。在智力落后,尤其是轻度智力落后人群中,罹患戈登哈综合征的人在不断增加,另外,在自闭症以及有自闭症行为表现的人群中,罹患戈登哈综合征的人也在不断增加。但随着年龄增长,尤其是青春期以后,这些人的状况可以得到改善。男孩和女孩罹患戈登哈综合征的几率是一样的。目前尚无治愈方式,只不过针对征兆进行治疗而已。特殊教育通常是必要的,但要针对上述一种或几种症状开展。戈登哈综合征的表现特征非常不一样,因此有必要对患有戈登哈综合征人士进行测试,了解他们的行为以及智力特征如何,发展程度如何。测试结果能直接显示出听力损失程度、智力受损水平以及自闭症的显现症状的数量及严重程度。

GOLDMAN – FRISTOE TEST OF ARTICULATION (GFTA)

古德曼—费斯特发音测试

古德曼—费斯特发音测试(GFTA)(1986 年版)是一种用来鉴定和记录语言流利度以提供补救策略的系统方法。GFTA 提供了从 2~16 岁以及 16 岁以上年龄段的标准数据。从实施到评分需要大约 45 分钟的时间。GFTA 由 3 个分测验组成,通过让被试者朗读测验中的单词和句子,考察他们自然发出的 23 个辅音和 12 个辅音组合。尽管这个测验没有特意考察元音和双元音,但大部分可以检测并评估。

单词读音分测验包括 35 个大彩图,图画描绘的都是幼儿熟悉的物体和活动。测验要求儿童对这些图片进行命名,施测者要记录下儿童发出的不准确的目标音。对发音技能的评估是通过句子读音分测验完成的。施测者一边出示图片,一边大声讲解图中描述的两个故事。当被试者复述故事的时候,施测者要评估他们的发音精确度并记录错误。兴奋能力分测验可以在比较轻松的环境中,通过视觉和听觉刺激,收集被试者在音节、单词以及句子水平上出现的明显发音错误。

根据测验制订人的建议,对测验结果的解释需要比较各分测验的最终结果。这可以帮助施测者判断被试发音错误的整体模式以及发音出错率。施测者指南中还提供了标准数据和统计分析。

参见 发音不清;古德曼—费斯特—伍德库克听力技能测试组

GOLDMAN – FRISTOE – WOODCOCK AUDITORY SKILLS TEST BATTERY(G – F – W BATTERY)

古德曼—费斯特—伍德库克听力技能测试组

古德曼—费斯特—伍德库克听力技能测试组(G – F – W Battery)考察的是各频谱的听力情况,从而为教学计划提供详细的诊断信息。但现在这个测试组已经显得落后了(古德曼、费斯特、伍德库克,1974)。它有 3~80岁的测试标准数据。G – F – W 测试组包括 12 个测验,分装在 5 个工具包中。每个测验的操作时间大约是 15 分钟。

G – F – W 听力选择注意测验是在多种声音混杂的背景中,检测被试者是否能够注意并理解语音信息。G – F – W 听力辨别测验包括三个部分:第一部分是个简单测试,考查被试者对容易混淆的语音的辨听能力;只有在第一部分检测中有困难的被试者才需要接受第二和第三部分的测试,这样可以了解这些被试者特殊的语音辨别错误模型。G – F – W 听力记忆测验,是通过识别记忆、内容记忆、顺序记忆的评估来鉴别出有短时记忆缺陷的儿童和成人。

G – F – W 声音—符号测验包括 7 个部分,是用来评估人的一些必备能力,这些能力是将来发展包括阅读和拼写在内的高级语言加工技能的前提。该测验的制订者对这 7 个测验描述如下:

测验 1——声音模仿测验:评估在声音呈现后即时模仿无意义音节的能力。

测验 2——声音再认测验:评估对组成单词的不同声音的辨认能力。

测验 3——声音分析测验:评估对构成无意义音节的声音成分的辨别能力。

测验 4——声音合成测验:评估将各个单独的音节综合成有意义单词的能力。

测验 5——声音—符号联结测验:评估对陌生的听觉和视觉符号之间建立联结的能力。

测验 6——符号阅读测验:评估在看到表示音位的字形时,能读出该音位的能力。

测验 7——声音拼写测验:评估在听到音位的读音时,能写出表示该音位的字形的能力。

古德曼—费斯特—伍德库克听力技能测试组,可以评价多种听觉能力,对言语语言治疗师、听力学家、教育诊断者、专事阅读障碍的专家、教学习障碍学生的教师、学校心理教师以及咨询师都很有帮助。

参见 古德曼—费斯特发音测试

GOLDSTEIN, MAX A.

麦克斯 A · 古斯坦(1870—1941)

麦克斯 A · 古斯坦是一位耳鼻喉科医生,他针对聋生的教学,创造了声音教学模式。这个模式的最大特点是利用学生的残余听力,而在那个时代,教育者是忽视聋生的残余听力的作用的。古斯坦利用扩音器,培训学生用残余的声音感受力去理解口语,并引导他们发音。1914 年,古斯坦在圣路易斯建立了聋人中央机构,在那里他证明了他的模式是有效的,并举办了第一个两年制的培训聋教育教师的项目,开办了第一所招收聋童的幼儿园。

古斯坦还是《喉镜》杂志的创办者和编辑,这份杂志关注耳朵、眼睛和喉咙的异常。为了促进聋教育教师和医生之间的合作,为了使聋校中的教学方式标准化,古斯坦还创建了一个专业协会,这个协会后来发展成为美国聋及言语病理学论坛。古斯坦先后担任了美国耳科医生协会主席,美国喉科、鼻科和耳科医生协会主席,还担任了后来成为美国言语与听力协会的一个组织的主席。

GOODENOUGH, FLORENCE LAURA
劳伦斯·劳拉·古得纳芙(1886—1959)

劳伦斯·劳拉·古得纳芙在斯坦福大学的理维斯·W·特尔曼的指导下获得心理学博士学位。在这之前,她曾在公立学校以及新泽西的瓦因兰培训学校从事过多年的教师工作。古得纳芙在 1926 年的时候推出画人测验,之后又发表了明尼苏达学前教育量表,她也因创造了这两个测验而闻名。作为专门探讨研究方法论的研究者和权威,她是这方面的革新者,将各种研究技术应用到各种问题的研究中。她和约翰·E·安得森合著的《实验儿童研究》,对各种研究方法论的赞成及反对意见都作了评价。古得纳芙担任过美国心理协会学校心理部的主席。

GOWAN, JOHN C.
约翰 C·高恩(1912—1986)

约翰 C·高恩在哈佛大学获得学士学位,在洛杉矶的加利福尼亚大学取得教育学硕士和博士学位。在他辉煌的教育生涯中,高恩关注心理科学和心理指导的发展,关注创造力,特别是天才学生的创造力研究。在 1986 年去世之前,他在诺森伯兰郡的加利福尼亚州立大学担任了 25 年的教授。

高恩因他在指导天才儿童方面的研究而出名。他关注一些特殊问题,比如这些儿童有时出现社交能力和智力发展不平衡的情况,另外,他也研究右半脑加工事物的形象能力对创造力的影响。高恩也注意到应用发展阶段理论来激发天才儿童的创造力的重要性。他自己关于天才研究的理论,可以在他的书《催眠状态、艺术和创造力》中看到。这是一本分析个体自我和超自然元素之间关系的书(高恩,1987)。

高恩做出了很多贡献。他曾担任过天才协会(1971—1972)和美国天才儿童协会的主席(1974—1975),《天才儿童季刊》的编辑(1974—1979)。另外,他还是新加坡大学的富布赖特讲师(1962—1963),并担任过夏威夷大学(1965,1967)、南康涅狄格州立学院(1969)、新西兰坎特伯雷大学(1970)和马塞大学(1975)的访问讲师。在 1971 年时,他出版了《教育最有能力的人》一书,这本书收集了他对天才儿童的各种研究论著。

GRADE EQUIVALENTS(GES)
年级评分

年级评分(简写成 GEs),尽管遭到很多人的指责并经常出现分数解释错误的情况,但它仍是人们经常用来考核学业成绩的评分系统。每个 GE 分数代表某一年级全体学生的平均分。比如,在学生读四年级的第三个月(通常表示成 4.3)时对他们进行阅读测验,平均得分是 40 分(原始分数),那么 40 就是 4.3 年级学生的 GE 分数。如果在学生读五年级的第二个月对他们进行测验,平均得分是 43 分,那么所有 43 的分数都成为 5.2 年级学生的 GE 分数,依次类推。

年级评分在解释和应用的时候有很多问题。很多人认为年级评分是标准化的评分系统或等距评分系统,但实际上它们不是。只有在等序量表中,它才是一个等距分数。比如,年级评分制可以根据人们的表现将每个人进行排序,但却不能告诉我们任意两个人之间的差距是多大。这个问题可以具体说明如下:如果在四年级开始的时候(4.0)阅读考试的平均分数是 37 分,那么 37 分就是 4.0 年级学生的 GE 分数。如果五年级(5.0)学生的平均分数是 38 分,那么 38 分可以看做是 5.0 年级的 GE 分数。这样,37 分是 4.0 年级的 GE 分数,38 分是 5.0 年级的 GE 分数,39 分可以是 5.1 年级的 GE 分数,40 分是 5.3 年级的 GE 分数,41 分是 6.0 年级的 GE 分数。因此,原始分数有一分之差,都会引起 GE 分数产生巨大的变化。GE 分数在不同的年级中变化更大,因为不同年级的原始分数总是不同的。

表 1 说明采用年级评分评价学生的学习成绩在同伴中处于什么水平时会产生的问题。通常情况下,不管是研究上的诊断还是临床上的诊断,被鉴定为有学习障碍的智力正常的学生,通常是根据他们的学业成绩"比同龄学生低两个年级"来判断的。用这样的标准来诊断学习障碍或其他学习困难是很不合适的(雷诺

兹,1981;1984)。我们可以在表中看到,GE 分数在阅读方面比同龄学生落后两个年级水平的学生,可能有阅读障碍,也可能没有阅读障碍。在有些年龄段,这样的成绩属于平均分数的范畴,而在有的年龄段,这样的成绩说明学生确实有严重的阅读困难。

表 1　在三项主要阅读测验中,根据“比同龄学生低两个年级”的学业成绩计算的标准分和百分比

年级	低两个年级	学业成绩分布		伍德夸克阅读掌握测验 a		斯坦福诊断性阅读测验 a	
		SS[b]	%R[c]	SS	%R	S	%R
2.5	K.5	72	1	—		—	
3.5	1.5	69	2	64	1	64	1
4.5	2.5	73	4	77	6	64	1
5.5	3.5	84	14	85	16	77	6
6.5	4.5	88	21	91	27	91	27
7.5	5.5	86	18	94	34	92	30
8.5	6.5	87	19	94	34	93	32
9.5	7.5	90	25	96	39	95	37
10.5	8.5	85	16	95	37	95	37
11.5	9.5	85	16	95	37	92	30

注:塞西尔·雷诺兹:“用‘低于两个年级的标准’作为标准来诊断阅读障碍的失误”,《学校心理杂志》,V19,250—258,1981 年。

a:所有考试。

b:表中所有的标准分数,都已经转化成百分数的形式,平均分为 100,标准差为 15,目的是更好地与普通量表的分数进行对比。

c:百分比排比

年级评分看上去是评估成绩的标准,但其实不是。GE 分数并不能说明儿童应该阅读哪个水平的材料。年级评分的分数和阅读能力的水平并不一一对应。

如果将年级评分应用于学生考试成绩差异分析,或者是用到其他统计方法中,都是不合适的,原因如下(雷诺兹,1981):

(1)在基础学科中,年龄和学业成就之间的成长曲线随着年级的增长而变平滑。这可以从表中看出,在 7、8 年级的时候,与低于两个年级的分数水平相对应的标准分,变化很小。事实上,GE 分数在这个水平已经没有什么意义,因为阅读训练在高中的时候基本停止了。显然,对于高于 10 或 11 年级的学生,GE 分数也很难用来解释他们的阅读水平(桑代克和哈根,1977)。可以用身高和年龄的关系来说明阅读水平和 GE 的关系。可能对一个高个的一年级学生而言,说他的身高和 8 岁的学生一样,比同龄人高了一年的身高差距,这是有意义的,但是,对于一个 14 岁、身高 5 英尺 10 英寸的女生来说,这个数字意味着什么呢? 因为,没有一个年龄段的身高平均数是 5 英尺 10 英寸。既然平均阅读水平在初中后变化就很小,那么 GE 分数在这些年龄段就没有实际意义,另外,原始的百分数中两三分的差距,还可能引起 GE 分数的大幅度的变化。

(2)年级评分假定学生的学习速度在整个学习生涯中是个常数,学生在暑假期间并没有什么提高或下降。

(3)用年级评分时,会出现过高或过低的推断情况,尤其是针对量表的高分端和低分端。但是,学校并不是每个月都进行考试,那么在考试的间隔期中(通常是一年)要插入一些填补分,这些填补分的增长率被假定成一个常数。有的时候,这种假定的不变的填补分增长率是很可笑的。

(4)学生学习不同的学科有不同的学习速率,学业表现也是不一样的,因此“比同龄学生低两年级”的描述,对于数学学科来说比阅读理解更难以说明问题。

(5)年级评分会夸大学生之间成绩的微小差异,或夸大一个学生在不同学科得分的差异。有些测验专家甚至提出在记录分数时,只要登记标准分而不记载 GE 分数,这样才有利于进行比较。

用标准分替代 GE 分更有效。标准分或者说量表分的主要优点是可以在不同年龄之间比较分数。标准分有固定的平均数和标准差,比如韦氏离差智力商数。但早期采用比率智商的比奈量表和斯洛森智力测验,其得分并不科学。比率智商和其他类型的智力商数,和年级评分一样存在很多问题,必须避免使用。离差智商类型中的标准分,在不同的年龄段,其百分等级是一样的,因为它们不仅仅是根据平均分进行计算,还根据不同年龄段平均得分之间的差异算出来。比如,在任何一个年龄段,比平均分低三分之二个标准差的分数,其百分位排序一定是25。而比平均年级水平低三分之二的年级评分,其百分位排序在各个年龄段是不一样的。

标准分更加精确、更加清晰。当我们把表中的原始分数转换成标准分数时,就不必为了得到一个精确的分值而在分数之间插入一些填补分。全然不同的是GE分数的真实性。通常而言,在标准分系统中,平均数上下的三个标准差范围内囊括了99%以上的得分个数,因此无需进行外推。量表制订者可以根据自己的喜爱,任意设定分数的标准平均分与标准差。幸运的是,在心理学和教育学中,少量的评分刻度就可以当做大量标准测验的分数刻度。

不过,年级评分在特殊教育领域中还是应用得很多的。之所以流行使用年级评分,并不是因为真正理解学生的学业成就,或者要如何更好地进行教学,而是因为人们对这些分数的使用存在误解,以为年级评分能客观地说明问题。

参见 特殊教育诊断;严重差异分析

GRADE RETENTION
留级

留级是指一个学生在学校里重复某一年级的学习,实践中也称为重读或复读,或用“不及格”这样的普通名词来描述。通常使用这个词是指一个上小学的学生需要再用一学年的时间来学习同样的内容。这些学生在第二年可以获得一些个别化的关注或课程,但这只是一个例外而不是规则。在美国的一些学区,留级学生在学年中期能够得到升级,或掌握高一年级的技能。课程重修这个术语是指中学生在一门或多门课程上不能达标,而需要重新学习,但无须留级。

在历史上,这种留级的做法可以追溯到16世纪后期,当时英国的学校刚刚开始按照年龄或学生所掌握知识、技能的水平分班。把学生安置在不同的房间进行教学,而不是所有学生在一起学习,共同接受教育。这是欧洲最早的分班授课做法。不管是在把学生分配到不同班级学习的英国,还是在19世纪的美国,留级已经成为一个普遍的、便于操作的、力图改变学生学业不良的做法。从1840年到1930年,大约一半的儿童至少在最初的八年学校学习中留级一次;但是人们很少注意学生的学习困难与移民地位、民族语言的差异、文化或智力落后等因素的联系。在随后的30年里,留级的比率开始下降,因为人们开始关注留级对儿童的情绪健康和社会适应良好的影响问题。许多学生不管其学习成绩如何,只要超龄、过大或者对失败过于敏感,都会有社会化的促进。但是,随着社会化促进的学生人数的增加,以及标准成就测验分数的降低,社会促进被挑出作为一个原因来解释为什么一些获得高中文凭的学生仍然无法真正地阅读、书写、计算。

从20世纪70年代末开始,联邦、州和地方政府机构要求提高教学水平、教育责任制,重新强调学业基本技能。许多州现在要求学生在中学毕业或晋升到高一年级时需要通过最低水平测试。

留级已经并仍然是一个有争议的教育实践。主张留级的观点主要包括以下五个方面:①它可以让不成熟或发育迟缓的儿童有时间来赶上正常儿童;②它防止有学习困难的儿童遭受不必要的、过度的失败和挫折;③它能够提高班级学生的同质性,使教学更容易实施;④它能够保证学校文凭所具有的意义;⑤重复学习的儿童比那些社会促进的学生要学习更多。反对留级的理由也有以下五个方面:①学生的自我形象会因为留级而受到贬低和扭曲;②它是一个无效的策略和措施;③它是对男生、少数民族和弱势群体学生的歧视;④它与学生的辍学和犯罪现象有直接关系;⑤它延误了对儿童进行全面、深入的心理评估(卡斯登,1985)。

现有的研究文献,除了方法论问题,普遍支持反对留级的立场。升级学生的测试成绩分数要比留级学生平均高34%。研究显示,留级对于幼儿园,一、二年级的儿童是有好处的,但是对于六年级之后的儿童好处就非常少。虽然留级学生情绪上似乎并未遭受痛苦,但是那些留级学生的个人适应测验分数比那些升级学生要低(荷尔莫斯和马休,1984)。接受特殊教育安置计划,而不是仅仅留级或升级的学生,通常在学业和情绪方面都很好。

最初,研究仅仅是要解决留级对什么类型的学生帮助最大。留级的最佳人选是那些年龄小的儿童,他们在学校的第一年仅取得了一些进展,他们的智力至少是中下水平,他们没有行为问题,他们的父母同意这个决定,并决定在家帮助孩子(莫德韦和罗斯,1986)。没有研究支持让这样一些学生留级,包括:身材矮小的儿童、留级者的兄弟姊妹,或被称为“不成熟”的儿童。在决定学生留级之前,学生的老师应该尽可能采用其他教学方法来教学。

残疾学生可以接受最低水平测试,可以与非残疾学生一样,遵守相同的升级、毕业标准(麦卡锡,1983),

然而,至少应该在升级前一年就对学生进行特殊关注,年级的要求应该作为个别化教育计划的一部分。

人们提出了许多替代留级和社会促进的措施,他们试图直接矫正学生的学习和适应问题。这些措施包括:学前班、准备班、儿童早期强化班、儿童特殊教育需要的早期发现等预防性计划,补救计划,转衔班、家庭辅导,高强度的暑期培训(莫德韦和罗斯,1986)。

GRAPHESTHESIA
失辨症

失辨症是一个医学术语,用来说明无法分辨写在皮肤上的数字或图形的情况(亨,1982)。很多年以来,失辨症的检查一直是临床神经检查的一部分,用来诊断与身体内部感觉、身体外部感觉以及感知与身体有一定距离的外界物体的感觉相关的神经器官的完整性及其整合功能。

参见 *神经心理学*

GRAY ORAL READING TESTS – THIRD EDITION
格雷口语阅读测验—第三版

格雷口语阅读测验—第三版(简写为 GORT – 3,维德尔霍尔特和布莱恩特,1992),是威廉 · 格雷制订的阅读测验的最新版本。第三版测验提供了测查口语阅读能力提高的客观指标,还可以用来辅助诊断口语阅读困难。GORT – 3 由两部分组成,这两部分是等质的可相互替换的测验,均由 13 个发展式的连续段落组成,每个段落附有 5 个理解性问题。GORT – 3 可以得到有关口语阅读速度和精确度、口语阅读理解力、口语阅读整体能力以及口语阅读失误的临床资料。

GORT – 3 用 3 个得分来评价阅读者朗读文章段落的速度和精确度:速度得分、精确度得分以及段落得分(由格雷首创,用来显示速度和精确度的结合)。首先测查学生阅读每个段落需要多少时间,然后测查他们读错了多少内容。而后用 5 点评分系统,将时间转换成速度(比如,阅读故事用了多少秒),将读错的内容转换成精确度(比如,总共读错多少)。这两个得分结合在一起用来计算段落得分。

GORT – 3 通过学生回答每个故事后面附带的 5 个多项选择题来测查学生的口语阅读理解能力。评估者大声地读出题目以及每个题目的多项选择答案,学生则在学生用书上填写答案。学生必须选择出最符合题目要求的答案。问题答案采用多种理解形式(比如按字面理解的,需要推论的,批判式的,表达情感的等)。要统计答对的问题个数,这样得到的分数就是理解得分。

GORT – 3 还可以将段落得分和理解得分结合起来,得出学生口语阅读总体表现得分。这个总分数被称为口语阅读商数,可以用来评价学生口语阅读总体能力。另外,GORT – 3 还可以用来分析口语阅读错误。测验时要统计五种错误:意义相似、功能相似、词形或语音相似、多种资料来源以及自我纠正。

评论家对这个工具的修订版普遍持肯定态度。金(1995)认为 GORT – 3 是一个成功的修订版,他说这个版本比以前的版本更容易使用,而且可以提供与标准化样本及该测验的心理测量指标相关的详细信息。昆德特(1995)认为 GORT – 3 是测查口语阅读和理解能力的合适工具。

GROHT, MILDRED A.
米尔德里德 A · 郭夫(1890—1971)

米尔德里德 A · 郭夫,不仅是一位杰出的聋教育家,而且还是一位教聋童学习语言的主要教学流派的创始人。她毕业于斯瓦莫学院,随后在加劳德特学院获得荣誉博士学位。她的职业生涯从她担任纽约聋人学校教师开始,而后,她又到马里兰聋人学校任教。从 1926 年到 1958 年退休,她一直在纽约的莱克星顿聋人学校担任校长一职。

作为一个有才华的教师,她提出了流畅式自然语言教学法来教聋童学习语言。郭夫认为,聋童可以通过活动很好地掌握语言,因为这是儿童生活中很自然的一个组成部分,因此她的教学法采用了大量的活动。教师不停地创造环境,为学生提供语言经验,不停地与学生说话,并且鼓励他们用口语进行反应。这种融入真实生活情景中进行练习的方式,比传统的语法教学或分析教学方式更为有效,因为这种方式强调语言分析和训练。自然教学法的应用非常普遍,今天,很多教学方法都采用了自然教学法和语言分析教学法的结合方式。

郭夫在她的著作《为聋童营造自然语言环境》一书中解释了什么是自然教学方式。在书的序言中,克莱任斯 · D · O · 孔纳,也是继郭夫之后的莱克星顿聋人学校校长这样评价她说:“她是美国最杰出的聋校教师,特别在交流艺术方面做出了不朽成绩。”他接着写到:“她深化了一个认识,即聋童可以通过‘自然的’方式,和听力正常的儿童一样,获得流利说英语的能力,并且,她通过自己出色的教学以及对其他教师的指导,证实了这个方式是没有问题的。通过阅读她的著作,她的实例证明,她的讲授,现在又加上她的这本好书,她慷慨地将她自己在聋教育方面的丰富经验,传授给她的同仁们。”

郭夫在亚历山大·格雷厄姆·贝尔聋人协会的援助委员会服务了很多年,在1965年时被提名为荣誉委员会的委员。1971年12月11号,郭夫在纽约去世。

GROUP HOMES
团体之家

团体之家是美国社会为提高残疾人的独立生活能力而设置的一种替代性生活环境模式。作为容纳残疾人的大型机构的替代物,团体之家在社区内为残疾人提供居住环境,让残疾人可以最大限度地独立生活,同时还保护了他们的公民权利(杨布拉德和本斯伯格,1983)。

从历史上看,美国为残疾人开设的大型机构有很多不利之处。1969年,库格尔和沃尔芬伯格报告说,美国有20万智力落后残疾人分散在150多个公立的机构中。另外有2万人居住在私立机构中,还有成千上万的精神疾病患者等着进入这些收容机构中。在很多地方,这些机构缺少服务人员,收容的人过多,管理也不善。侵犯残疾人权益的事态变得很严重(比如,怀亚特控告斯蒂克尼案,1972)。这些事实导致的直接后果与20世纪60年代发生的公民权利运动一起,推动了去机构化运动的兴起。

目前的一个理念是正常化。这个理念坚持认为残疾人和其他公民一样,都享有受美国第十四个宪法修正案保护的法律权益和公民权益。由于很多替代式的生活环境,造成了残疾人与正常环境有一些隔离,因此要特别关注正常化的实施,并且要在所有的替代式生活环境中,推行“最少受限制环境”的概念(智力落后与其他发展性残疾人士服务信赖委员会,1984)。

为了得到政府的资助,团体之家必须根据联邦发展性残疾管理机构制订的具体指导纲要来建设。根据这些纲要,团体之家指的是一种居住单位,它可以是一所独立的房子,或是一系列的公寓房,或其他完整的居住处所,环境优美,方便人们生活。这些居住处所可以是残疾人自己的,也可以是租借的,或者是服务其他残疾人的大型机构附属的一部分处所。

团体之家最多只能容纳20个智力落后或身体有残疾的人士,这些人参加各种工作,他们在庇护工厂、日间照料中心、活动中心、教育机构,或在其他社区性机构中工作,这些地方都可以为残疾人士提供教育、康复和大众普遍享有的福利待遇。团体之家的处所,应当和社区提供的训练、教育或康复的服务中心距离不远。团体之家应当营造像真正的家一样的生活氛围,居住在里面的人应当学会料理家务,照顾自己。

团体之家的机构有两种,都是可以容纳8到10个人的家庭。第一种是转衔式团体之家,顾名思义,这种家庭是容纳成年人(18岁或18岁以上)的家庭,一旦他们掌握了重要的独立生活技能,他们就要迁到更为独立的生活环境中去(比如,一套公寓里)。而那些独立生活能力较弱的人,可以生活在长期式的团体之家中。这些长期式团体之家比机构的受限制条件更少,但比不上转衔式家庭。长期式团体之家还必须能够发挥残疾人士的最大潜能。因此,如果在长期式团体之家中生活的残疾人能够掌握独立的生活能力,他们就可以迁移到转衔式的家庭,或者直接到完全独立的生活环境中居住。其他类型的残疾人(比如聋—盲)也可以得到机会到团体之家中生活。这些机构的不同之处仅在于它们通常为转衔式或长期式团体之家提供额外的服务。

团体之家提供的服务很广,从法律援助到性教育、家庭计划。这些机构依靠政府的资助,配备了很多不同人员结构模式,从团体家庭的家长到职业管理人员。杨布拉德和本斯伯格(1983),对团体之家的不同人员结构模式的赞成意见和反对意见作了分析。

建立替代性生活机构(比如团体之家)并不能完全满足各方的需要,特别是那些设立了替代性生活机构的社区的人们的需要。为了切合正常化原则,达到州和联邦的开设要求,这些团体之家要保证残疾人能最大限度地体验社区生活。通常社区里的人担心他们的各种财物价值会因为这些团体之家的存在而下降(康罗伊和布拉德利,1985),或者担心残疾人会对他们构成威胁。研究者对朋赫斯特一案进行研究时发现,人们在社区设立了团体家庭后,对其态度比在得知要建立团体家庭这一动议的时候更为积极,但对接纳残疾程度更重的,或者智力落后程度更重的人的团体家庭的态度则不够友好。

研究表明,与机构相比,团体之家的生活带来的效果明显更好。例如,在朋赫斯特州的研究中(康罗伊和布拉德利,1985),调查了根据法律规定从机构中释放出来而后被安置到替代性生活环境中(包括团体家庭)的残疾人,比仍安置在机构中的、原来情况都相当的伙伴,发展得更好。研究者考察了一些因素,比如适应性行为、对生活安排的满意程度、花费,以及家庭和邻居的态度等。研究得出了一个结论:“根据朋赫斯特法院的规定而从机构中走出来的人,在我们调查的各个方面,结果都更好些……这些结果不混淆,是一致的。”

今天,为发展性残疾人士提供的居住设施已经达到了 1969 年时库格尔和沃尔芬伯格所作的预言标准,但威勒(1981)提到正常化的概念时,认为正常化概念和替代性生活安置在将来仍会发生变化,这是必然的。他还预言说,强调个人的"生活质量"的概念将取代今天的团体之家生活的概念。威勒认为,团体之家将只为那些特别严重的残疾人所保留。

参见 适应性行为;去机构化;最少受限制环境

GROUP THERAPY
团体治疗

团体治疗是各种治疗团队为提升人们对自我以及他人的认识,帮助人们掌握提高个人能力的必备技能的方法的总称。根据这个总括定义,团体咨询、谈心治疗小组、人际关系治疗小组以及技能培训导向治疗小组都属于团体治疗小组。和个体治疗一样,团体治疗同样有很多的理论流派,包括存在主义—人文主义、格式塔心理学、精神分析理论、行为主义、理性—情感治疗理论、现实治疗理论、相互影响分析理论以及其他各种理论(科里,1977)。不同类型的团体治疗,加上不同的理论流派,造成很难概括出可以囊括所有流派和模式的团体治疗的定义。

在学校中,有三种主要的团体治疗:技能培训导向治疗、个人成长治疗以及特别关注治疗。学校采用这三种治疗的原因是人们意识到情绪和行为调节对学生的学业成就影响很大。诸如沮丧、孤独或者焦虑等社会情绪问题都可能影响学生在校的学习和适应。

技能培训导向的团体治疗,是学校最常用到的治疗方法,它着眼于教授具体的适应技能,比如交流、问题解决,或者社交技能。一个技能培训导向的团体治疗项目的例子是由戈古德斯坦发展并应用的结构化学习治疗模式。在此模式中,有社交技能缺陷的儿童,通过指导、榜样学习、行为模仿以及反馈等步骤来掌握社交技能。在治疗时,儿童相互讨论交往技巧(比如,表达生气,提供帮助,不赞成他人等),各自陈述自己是怎样做的。在治疗过程中,交往技巧被分解成小步骤,团体的成员们再以角色扮演游戏的形式练习这些技能,而后组员们相互评论各自的表现。另一个治疗方案是针对青少年的,组员们通过听学习技能讲座,并在组内检视自己对技能的理解,最后要讨论如何将这些技能应用到与其他人交往的过程中。

个人成长团体治疗为组员提供了情感支持和必需的鼓励,通过帮助他们检视自己的内心来达到改变个人态度和行为的目的。在学校中,组员可以一起交流普遍遇到的问题和面对的状况,比如父母最近刚刚离异。治疗小组提供一个场所,让组员们吐露自己对现状的感受,他们会发现其他人也有同样的问题和感受。这些小组力图帮助组员们整合自己的思想和感受,让他们更好地接纳自己。这种团体治疗通常为存在不同寻常的压力,或者希望有更多自我实现机会的正常人而设置。

特别关注团体治疗旨在纠正情感或行为的问题。一个例子就是治疗过度焦虑儿童。儿童可以交流什么场合会让自己焦虑,自己又是如何应对的。这样,他们就可以了解到不同的儿童可能害怕的不同的场合,可以了解自己害怕的真正原因,并且从其他儿童那里学到如何应对自己的焦虑。治疗师可以教儿童应用具体的焦虑控制技巧,比如放松、自言自语,或者问题解决的技巧。

参见 家庭咨询;精神疗法

GUGGENBüHL, JOHANN J.
约翰 J·甘更布(1816—1863)

约翰 J·甘更布是一位瑞士医生,也是机构照料智力落后人士的发起人。在经过对呆小症的大量研究后,甘更布在瑞士的爱登伯格为智力落后儿童创办了一个融医院和学校为一体的机构。在那里,他为学生设立了培训内容,包括健康生活、有益饮食、医疗以及注重认知、感觉和身体锻炼的教育项目。甘更布发现,他的学生,尤其那些在年龄较小就入学的学生,在身体和智力方面都有提高。甘更布大量发表他的研究结果,类似的机构也在欧洲的很多国家以及美国发展起来。

甘更布很受欢迎,他经常离开阿本伯格一段时间到外地讲学。在他离开的时候,他的机构管理就出现问题。这样的情况导致阿本伯格学校的关闭,甘更布羞惭地离开,尽管他对这所学校给予了很高的期望。但是,甘更布的贡献是不朽的。他首创了培养智力落后人士的机构,证明了智力落后儿童在帮助下身心能够得到发展,他还制订了养护和教育智力落后人士的体系,成为西方世界的模本。

GUILFORD, J. P.
J·P·吉尔福特(1897—1987)

J·P·吉尔福特是美国内布拉斯加州的土著人,他从内布拉斯加大学获得心理学学位后,又从康奈尔大学获得研究生学位。回到内布拉斯加后,他和维尼佛德·海得的合作,使他对心理测验产生了兴趣。卡尔·达棱巴和克特·可夫卡,这两位是他在康奈尔大学遇到的,对他后来的工作产生了巨大影响。吉尔福特死于1987年。

吉尔福特大部分的学术生涯都是在南加利福尼亚大学度过的。除了在心理测量方面写了一些经典文章外,他还在因子分析领域做了大量工作,他用这个方法创建了智力结构模型(SOI)。吉尔福特的智力模型假定人们有120种能力,这些能力构成了总体智力;这些能力后来又被认为由五大成分组成:视觉、听觉、符号、语义以及行为。在特殊教育领域中,他的智力结构模型,特别是关于智力因素合成和智力因素分离的思想,可用来制订课程,提高天才的和有创造力学生的创造力以及学习效果。

1983年,吉尔福特获得美国心理学协会颁发的金质奖章。他的著作包括:《人类智力的本质》(1967年),《智力教育是聪明的教育》(1980),《心理学和教育学的基础统计》(1942)。德国的学术杂志最近出版了他的著作合集(普里默,1995)。

参见 求同与求异思维;智力结构

GUILLAIN - BARRE, SYNDROME
吉兰—巴雷综合征(GBS)

吉兰—巴雷综合征是一种周围多发性神经炎,造成四肢肢体末端对称性疼痛和无力(莫斯比,1983)。1916年,吉兰、巴雷及斯托尔首先描述了该病的情况,有时也以全部三位医师的名字命名该病。其他症状包括急性、发热性、多发性神经炎和兰德里样麻痹(杜尔罕姆,1969;马伽里尼,1971)。吉兰—巴雷综合征起病时会引起与免疫介质和病毒感染有关的一至三周轻度的发热(莫斯比,1983)。据报道,有将近一半的病例在发病前有上呼吸道感染病史(迪克,1979)。早期的预兆可见轻度的下肢末端无力,出现行走、上楼梯困难,或从座位上站起费力。这种无力和麻痹或快(几小时)或慢(超过7~10天),渐进加重(马伽里尼,1971)。可引起膀胱失禁,腱反射消失,亦可累及视觉神经。

GBS病情发展多样、广泛,一些个体可能会出现机体极度的损伤并需要护理照顾(如,几乎完全瘫痪),也有一些人症状并不严重。几乎所有的病例,在几周或几个月内症状全部缓解,少数患者由于呼吸肌麻痹出现死亡(杜尔罕姆,1969;莱希登伯格,1982)。GBS的病因不明,有报道推测与病毒或细菌感染有关(迪克,1979)。该病的发病率没有性别、年龄上的明显差异。典型的治疗限于维持呼吸和最大限度的舒适度。皮质类固醇激素的控制使用用来提高康复比例(迪克,1979)。在康复过程中建议采取物理疗法。在急性期和恢复期内,患病的儿童要求特定时期的特殊教育,包括在家指导和相关服务(比如物理治疗)。教育规划将由适当的医疗人员在多因素评估和咨询中进行。

参见 中枢神经系统;身体残疾

H

HABILITATION OF THE HANDICAPPED
残疾人的能力养成

能力养成是运用多种专业服务帮助残疾人最大限度地发挥其职业、智力、生理以及社会能力(罗森、克拉克和基维茨,1977)的过程。"康复"这一术语意味着能力的恢复,而"能力养成"指的是培养那些从未存在过的能力。这个术语通常用来指为存在发展性障碍,如脑瘫、智力落后、癫痫、自闭症或者感官损伤的人制订的培训方案。

当今的能力养成方案是从十年来有关发展性障碍人士的权利和需要的法律以及诉讼案发展而来的。有三个重要法案促成了早期能力养成方案的形成:1973年制订的《康复法案》(93 - 112 公法)、1975 年制订的《所有残疾儿童教育法案》(94 - 142 公法)和 1976 年制订的《教育法案修正条例》(94 - 482 公法),随后颁布的《残疾人教育法案》(IDEA)和《美国残疾人法案》(ADA)也对能力养成方案的形成起了作用。

尽管为残疾学生制订的能力养成方案多种多样,但与米勒和施罗斯(1982)描述的在形式上都是相同的。目前的能力养成方案不仅关注职业能力,还关注学业、社会、休闲以及人际关系技能。教学步骤包括残疾鉴定、技能评价、基于需要的方案设计、个人的兴趣和技能、教学以及行为管理和评估。职业教育包括职业意识和职业探索,职业必备能力的培养,职前准备训练。

参见 康复;职业训练

HABITUATION
习惯化

习惯化指对一个重复出现的单一刺激的反应敏感度下降的情况。比如,最初听到一个很大的声音刺激会使人吓一跳,但如果这个声音出现二十次后,就很难引起人的反应了。一个新的布谷鸟闹钟刚买来的最初的几个晚上,人们可能每小时都会被它吵醒一次,但接下去就没事了。

由于人们普遍认为习惯化是学习的一种相对简单的例子,因此它成为很多对学习心理感兴趣的研究者关注的焦点。比如,海参海兔在经过一连串的触觉刺激后,就不再出现退刺反应。这种习惯化可以追溯到单个确定的神经元在经过多次刺激后,神经突触的末梢神经球就会缩小不再释放足够量的神经介质(坎德尔等,1974)。

有一些研究者已经将习惯化形成的速度作为临床诊断技术,来鉴定那些可能脑部成熟受到损害的婴儿或幼儿。一项关于习惯化形成速度的研究曾对怀孕期间喝酒的母亲所生的新生儿进行酒精测验(马丁等,1983)。在怀孕期间喝过酒的母亲,即使平均每天喝的酒不到一盎司,她们所生的孩子形成习惯化的速度明显比普通婴儿慢,尽管不是慢得太多。

参见 注意力缺陷多动障碍;行为矫正;注意力分散

HALDOL
氟哌啶醇

氟哌啶醇是安定剂中主要的常用药。与盐酸氯丙嗪属于吩噻嗪不同,氟哌啶醇归类于丁酰苯,比吩噻嗪类药有更强的精神安定作用。氟哌啶醇的效果类似于吩噻嗪类中的哌嗪亚族(如盐酸三氟拉嗪)。与类似的抗精神病药一样,氟哌啶醇属于大脑内多巴胺受体阻断剂。与氯丙嗪相反,氟哌啶醇的镇静作用及引起的血压下降、体温改变都较小。氟哌啶醇是针对症状治疗精神病的基础用药,对激惹行为的个体有特殊的疗效。因此,也被用于治疗具有攻击性行为的精神病患者,好斗的青少年,因大脑损伤的多动症儿童。氟哌啶醇还被作为躁狂抑郁病躁狂初期治疗的辅助用药。虽然氟哌啶醇因其较小的副作用,一度成为精神病(如精神分裂症)治疗中最常用的精神抑制剂,但现在已有更新、副作用更小的药物问世,如利司培酮,它的使用更为普遍。

参见 多巴胺;盐酸三氟拉嗪

HALL, FRANK H.
弗兰克 H·豪尔(1843—1911)

弗兰克 H·豪尔是布莱尔盲文打字机的发明人。他在 1890 年成为伊利诺盲人教育机构的负责人之前,就担任过学校的校长。1892 年,豪尔发明了布莱尔盲文打字机。这种打字机很快取代了当时费劲的盲文书写设备——盲文石板和手握的铁笔——大大提高了盲文书写速度。豪尔接着又将他的机器应用到印刷中。由于这种机器的速度和功效都很好,它很快革新了盲人读物的出版事业,使大批量的布莱尔盲文读物的生产成为可能。

豪尔在伊利诺盲人教育机构的工作经验使他坚信,盲人学生应当获得机会完全地参与到正常人的活动中。他说服芝加哥教育当局放弃为盲人建立一所寄宿制学校而是建立了一些日间班级。这样,1890 年在芝加哥成立了第一间为盲学生提供教育的公立日间班级,豪尔派出自己的教师作为这个班级的指导教师。豪尔在自己生命的最后十年曾担任伊利诺农业学院的负责人一职。在那里,他有效地促进了农业教育事业的发展。

HALL, G. STANLEY
G·斯坦利·豪尔(1844—1924)

G·斯坦利·豪尔在美国约翰·霍普金斯大学建立了第一个心理学实验室。而后他又成为克拉克大学的首任校长,在那里,他建立了美国第一个儿童心理实验室。豪尔在莱比锡读书,是威廉·冯特的正式学生,对欧洲心理学理论和方法在美国的引进和介绍有深远的影响。他在儿童、青少年、老年人、人类遗传以及宗教心理学等领域开创了先锋性的研究。在豪尔的学生中,出了很多新生代心理学和教育学的领袖人物,包括约翰·杜威、詹姆斯·麦肯·卡特尔、亨利·H·戈达德、路易斯·特曼。豪尔发表了将近 500 篇文章和多部著作,创办了四份心理学杂志,他还是美国心理学协会的领导人物之一,并且担任了第一届主席。

HALLUCINOGENS
迷幻剂

布卢姆在 1984 年分类出三种迷幻剂药物:肾上腺素混合剂(比如酶斯卡灵、肾上腺素剂),吲哚类药剂(比如麦角酸酰二乙胺,即 LSD),以及反交感神经迷幻剂(比如东莨菪碱,阿托品)。还有一种迷幻剂常被当做其他迷幻剂,诸如可卡因、LSD 之类来卖,这种迷幻剂叫苯环己哌啶(PCP),最初是用作动物的麻醉剂的。要更全面地了解迷幻剂产品,可以参见布卢姆 1984 年出版的书籍。

在回顾迷幻剂药品使用者的人格特征时,可以发现几个明显的趋势。LSD 使用者通常性格内向而且具有艺术气质(柯亨等,1966)。人格特征测验的比较研究发现,迷幻剂使用者比普通人有更多的社会疏离感,对人际关系有更多的怀疑,支配欲更强,更为焦虑,更富有创造力,也更容易惹是生非(克莱希纳,1968)。其他研究中也发现此类人具有这种倾向(皮特尔等,1970),这说明童年的紊乱状态普遍存在的高压力会对人造成很大的影响。

参见 药物滥用

HALSTEAD - REITAN NEUROPSYCHOLOGICAL TEST BATTERY
哈斯太德—瑞坦神经心理测验组

哈斯太德—瑞坦神经心理测验组是三个独立测验组的总称。成人组测验(15 岁及 15 岁以上)被称作成人哈斯太德神经心理测验组;大龄儿童组测验(9 ~ 14 岁)被称作儿童哈斯太德神经心理测验组;而为低龄儿童(5 ~ 8 岁)设计的测验则称为瑞坦—印第安那儿童神经心理测验组。这种名称上的差异容易引起人们使用时的混淆,也造成人们使用的时候会说错名字,但却是哈斯太德和瑞坦在多个发展方面达成共识,并修改这些测验得出的结果。

尽管名称上有所不同,这三个测验组反映出的对大脑与行为之间关系的理解是一致的。这三个测验组中的核心测验,是由哈斯太德(1947)研制的,而后由瑞坦进行标准化和修订。成人组的测验包括:种类测验,触觉表现测验,海滨节奏测验,言语—声音理解测验,手指振动测验,追踪测验,失语症筛选测验,感觉理解干扰测验,边音优势测验,力度控制测验。瑞坦简化了这些测验的部分测验,组成大龄儿童组的测验。低龄儿童组测验的项目,大部分是由原测验的项目经修订而成,还有一部分是新编的项目(瑞坦,1979)。在使用任何一个测验组时,通常和测量儿童成就的韦氏智力量表一起使用,或者和明尼苏达多项人格成人测验(MmpI)一起使用(鲍尔,1981)。

这三个测验,如果由专业人士进行正确的施测,的确能够有效地鉴定出患有脑损伤的人。瑞坦和达维森在 1974 年对这些测验的优点和不足作了详细的考察。

HANDEDNESS AND EXCEPTIONALITY
利手与特殊

利手尽管看上去只是一个单一的现象,但实际上它是更宽泛的偏侧优势模式的组成部分。偏侧优势是指人更惯用身体的某一侧。有少部分人无法建立偏侧优势或偏侧优势弱。他们没有形成优势手、优势脚、优势眼,以及建立优势大脑半球。

研究记载指出,大脑的左半球控制身体右侧的基本感觉和动作活动,反之亦然。另外,大脑左半球处理语言通常比右半球更有效。这两个事实,再加上全球大约90%的人是右利手,表明大部分的偏侧优势模式表现为右利手和左半脑对语言的控制。与右利手的人相比,左利手的人由于大脑的两个半球都对语言进行控制,通常被视作偏侧优势弱,或者说偏侧优势"异常"。研究者认为,正是这种异常的偏侧优势而不是作为偏侧优势的一个组成部分的利手本身,与特殊障碍有关系。从利手本身的性质来说,它与特殊没有什么关系,但利手,就与特殊有了一定的关系。

偏侧优势异常或偏侧优势微弱的可能是遗传而来的(安尼特,1964),也可能是大脑受到了损伤(克尔巴利斯等,1983)。无论原因如何,非右利手以及非大脑左半球优势的表现会有很多种。从积极的方面看,在天才或者创造力强的人士中,很多人有轻微的左利手倾向。列奥那多·达·芬奇,哈伯·马克斯,查里·卓别林等都是例子。从消极的方面看,左利手的人更容易罹患多种病症。从历史上看,左利手的人患有精神分裂症、癫痫以及犯罪的比例大于右利手的人(克尔巴利斯等,1983)。

调查表明,左利手人群中更容易出现需要接受特殊教育的人。费因、瓦特豪斯等(1984)发现学龄自闭症儿童中,18%的人是左利手。这个数字跟先前对自闭症儿童的研究结果是一致的,与萨次的研究(1973)结果也相似。萨茨估计,在智力落后和癫痫人群中,有83%的人是右利手。这些数据大约是普通人群中左利手比例的两倍,其他的一些研究还发现,左利手人群中出现免疫性疾病、偏头痛以及学习障碍的比例明显偏高(博罕等,1982)。

与左利手相关的偏侧优势异常还会导致另外两个症状:诵读困难(阅读障碍的一种形式),还有口吃。诵读困难的概念最早是在100年以前形成的,自它形成之日起就一直引发各种争论。关于这种障碍是否确实存在,它的实质是什么,如何诊断和治疗等都是人们争论的问题。争论可以分成两派,一派持发展性诵读困难的观点,认为诵读困难是由于发展或成熟过程出现异常造成的,另一派持先天性诵读困难的观点,认为它是由于大脑损伤造成的。

事实上,有很多人认为口吃与左利手是相关的,于是他们强迫天生左利手的人用右手写字,但是没有任何证据表明,他们被迫成为右利手能够使大脑对语言的控制产生任何变化。而且,从整体的薄弱偏侧优势或者异常偏侧优势考虑,很难将左利手或左利手变成右利手与普通的偏侧优势弱和偏侧优势失常的情况区别开来(雷诺兹等,1997)。

男性患诵读困难和口吃的情况比女性高。由于这些障碍都与偏侧优势弱或偏侧优势的异常相关,这一点似乎与女性发生偏侧优势薄弱的比例比男性高的现象相矛盾。女性的偏侧优势薄弱,不仅表现在左半球处理语言的能力弱,也表现在右半球处理空间问题的能力弱(克尔巴利斯,1983)。造成这个矛盾的一些因素可能是:第一,男性更容易在出生时遭受病理性的影响,最终导致他们发展出损伤性的偏侧优势异常(安尼特,1964);第二,女性的偏侧优势薄弱在成人期才突显出来,而男孩在偏侧优势发展方面赶不上女孩(博什等,1976)。由于女孩先于男孩开始青春期,女孩比男孩要先完成偏侧优势的发展,而诵读困难和口吃通常都是在青春期以前形成的。而在这期间女孩比男孩的偏侧优势发展要好很多。第三,一个与男性更紧密相关的因素也会导致这个区别。格什温德和博罕(1982)认为,男性激素和睾丸激素会放慢大脑左半球的发展,从而使右半脑承担某些左半脑的功能,这导致了男性出现更多的左利手或大脑偏侧优势薄弱或异常的现象,这个原因可以更好地解释上述矛盾。

总体而言,有足够事实说明偏侧优势薄弱或异常,包括其中的一个重要特征——利手,与多种特殊障碍有关。但是偏侧优势异常不能被当做是造成学习障碍、诵读困难、口吃,或者其他在这里提到的特殊障碍的充分原因,也不能忽视偏侧优势薄弱的人比那些偏侧优势强的人,更容易罹患上述障碍的事实。偏侧优势异常更可能是一种症状,而不是造成这些问题的根本原因。

参见 诵读困难;口吃

HANDICAPISM

障碍主义

障碍主义这个术语是比科伦和伯格丹(1976)提出的,用来形容为残疾人士开展的社会运动和针对残疾人士采取的一系列举措。他们对这一术语的定义是:一种会促进对存在明显的或假想的身体或精神障碍的人士的不公平、不平等待遇的理论或实践。障碍主义存在于我们的个人生活、社会政策、文化规范以及机构的实践中。和种族主义、性别歧视一样,障碍主义存在于形容和描述残疾人的语言中。这样的语言是具有歧视性的语言,会贬低残疾人的能力(赫伍德和奥尔兰斯基,1984;穆林斯,1979)。

带有障碍主义色彩的短语,如"他是个低能儿";带有障碍主义色彩的幽默语,如"那个傻瓜到底在说什么啊";还有带有障碍主义的行为,如避免和残疾人接触等,这些都是障碍主义在我们个人生活中的例子。身体残疾人士经常面临未设立无障碍通道的建筑物、没有方便轮椅的盥洗间,以及很难使用的公共交通工具。障碍主义还表现在残疾人的工作机会变少,媒体经常将重度残疾人作为"物体"、而不是"人"来报道,以及援助残疾人的救助机构经常忽视残疾人的个人隐私和尊严等方面。

参见 残疾人的公民权;残疾人教育法案

HANDICAPPED, DEFINITION OF
残疾的定义

1975 年,美国《所有残疾儿童教育法案》首次明确界定了残疾条件,即有资格享受联邦政府提供的有关补偿服务。1993 年的《残疾人教育法案》沿用了这个法案中的基本用词。这项法案对残疾的定义如下:由于智力落后、重听、聋、语言损伤、视觉障碍、严重情绪困扰、肢体伤残、其他健康问题、盲聋、多重残疾、特殊学习障碍等问题而需要得到特殊教育和特别服务的人群。

上述定义中提到的各种术语分别定义如下:

(1)聋:一种严重的听觉损伤导致不论儿童用与不用助听装置,其透过听力以处理语言信息的能力皆有障碍,这种障碍对教育上会有不利的影响。

(2)盲聋:同时存在听力及视力损伤会造成儿童严重的交流及其他发展和教育问题,致使单一的仅为聋儿或盲童设立的特殊教育计划不能满足他们的教育需要。

(3)重听:是一种听觉上的障碍,不管是永久或间歇性的,对儿童的教育都有不利的影响,但这一状况在此处并不包括在"聋"的定义范围内。

(4)智力落后:一般智力功能明显低于常态的现象,常导致在发展时期附带适应行为方面的缺损,对儿童的教育会有不利的影响。

(5)多重残疾:是指多种障碍的伴随出现(如智力落后兼盲,智力落后兼肢体残疾等)。对于这种残疾状况的并合所造成的严重教育问题,是不能被那些为单一残疾障碍而设的特殊教育方案所解决的。该术语不包括盲聋儿童。

(6)肢体残疾:是指严重的身体残疾对儿童的教育成就造成不利影响。这种残疾包括可能是由于先天性畸形(如畸形足,缺少一肢等)、疾病(小儿麻痹、骨结核等)或其他因素(如脑瘫、截肢等)所引起的残疾。

(7)其他健康问题是指:①表现为严重的交流障碍及其他发展和教育问题的一种自闭状态;②因慢性或急性疾患,如心脏病、肺结核、风湿热、肾病、哮喘、白血球过多症、贫血症、血友病、癫痫、铅中毒、白血病、糖尿病所产生的缺乏活力并对个人的教育成就有不良影响的状况。

(8)严重情绪困扰:是指会长期且明显地表现下述一种或多种特质,而对教育上的表现产生不利影响的一种状况:①无法学习,但又不能以智能、感觉或健康因素加以解释;②无法和同学及教师建立或维持满意的人际关系;③在正常的状况下会产生不当的行为或情绪状态;④经常性的极度不快乐或烦闷情绪;⑤在与个人或学校有关的问题衍生出一些生理状况或恐惧倾向。

本名词包括精神分裂症儿童在内,不包含社会适应不良儿童在内,除非他们经确认在情绪上有严重的困扰。

(9)特殊学习障碍:是指在语言的口语或书面的理解及运用上,有一种或一种以上基本心理过程的异常,可以导致在听、思考、说话、阅读、书写、拼写或数字演算方面显现出能力不足的现象。这一术语还包括知觉障碍、大脑损伤、智能不足、诵读困难以及发展性失语症。但不包括由于视觉、听觉或动作方面残疾、智力发展迟缓、情绪困扰或环境、文化、经济不利为主因而导致学习困难的儿童在内。

(10)语言障碍:是指由于口吃、构音异常、语言缺失或发声异常等原因造成,并对个人教育成就有明显不良影响的交流障碍。

(11)视觉损伤:是指即使得到矫正也明显影响其正常教育活动的视觉能力破坏。包括半盲和全盲。

参见 1975 年所有残疾儿童教育法案;残疾人教育法案

HANDICAPPED CHILDREN, SOCIAL MAINSTREAMINGOF
残疾儿童回归社会主流

回归主流是一种特殊的教育过程,目的是让残疾儿童在受限制最少的环境中受到教育,它的宗旨与《残疾人教育法案》(IDEA)相一致。通常情况下,在特殊教育班级能熟练掌握所学知识的学生能适应普通班的学习。从特殊班过渡到普通班的过程中,通常学习行为会受到密切的监督,但情感方面易被忽视。一般说来,忽视特殊儿童教育中的情感发展往往使他们不易融入普通班级中。

在培养残疾人社会技能方面出现了过多的训练策略。通常意义上的社会技能训练包括重要的及传统的学习技术及模式。近年来对回归社会主流的关注在合作化学习策略方面起到了一定作用。

参见 残疾人教育法案;融合;回归主流;社会技能训练

HANDICAPPED CHILDREN'S EARLY EDUCATION ASSISTANCE ACT

残疾儿童早期教育援助法案(90－538 公法)

残疾儿童早期教育项目(HCEEP)是继 1968 年《残疾儿童早期教育援助法案》(90－538 公法)的通过而提出的。该项目的主要目的是设计实验性的教学方法以满足残疾儿童的特殊教育需要;发展教育方案以促进残疾儿童在智力、心理、社交、健康及语言方面的发展;使社会了解残疾儿童所存在的问题及残疾儿童的潜能;与社区所提供的学校教育体系同等协调发展;鼓励父母积极参与到教育方案的发展中来。此项目最初仅仅包括其五个现行的组成部分的一个——示范项目。

1. 示范项目

为达到残疾儿童早期教育项目所提出的教育目的,《法案》授权公立或私立机构、组织并与其签订契约建立实验性幼儿园及早期教育示范项目。所建立的示范项目承诺为 0 至 8 岁的残疾儿童提供全面的创新的教育发展方法,以满足他们的特殊教育需要。这些项目被期望能够作为成功实践的范例或模式提供给残疾人,同时能够鼓励改进对残疾人的服务。就此方面而言,残疾儿童早期教育项目(HCEEP)不仅是一个直接的服务机制,而且也是一个间接用来扩展和提高服务质量的手段。

2. 拓展计划

拓展计划组成部分于 1972 年提出,有两个目的:①促进并提高为 0 至 8 岁的学前残疾儿童所提供的特殊服务体系质量。②促进对示范项目中所发展的创造性模式的模仿。成功的示范项目可以在第三年末申请拓展基金。为达到申请条件,每一个示范项目必须从其他渠道得到资金,以保证能够继续向残疾儿童及家庭提供直接服务。那些不能和示范项目一样获得早期资金援助的项目也可以争取拓展基金。

3. 州计划拨款

残疾儿童早期教育项目的第三个组成部分发源于 1976 年以前。意识到各州的计划需要考虑到残疾儿童的需要,残疾儿童早期教育项目向有意提高或扩展对适龄范围残疾儿童的服务的各州提供有效的技术援助,预期的情况是联邦基金在将来可以随时用来帮助完成这些州的计划。1976 年通过的州实施拨款提议(SIG),使此类基金得到利用成为可能。各州将在竞争基础上得到授权使用此项基金。州实施拨款的目的是援助各州教育机构使其有能力发展和扩展早期干预服务。在一定程度上,这项计划的实施有望通过在各州扩大早期教育基金来源的方式得到提高。

随着此州计划拨款组成部分的产生,98－199 公法将此项提议(州实施拨款)进行了更广泛的推广。州计划拨款的目的是使各个州及地区能够计划、发展、完善综合性的服务体系;为 0 至 5 岁的残疾儿童提供特殊教育及相关的特殊服务。各州可依据款项拨出的合适度和可能性来申请拨款以支持各种活动的计划、发展和实施,以及准备情况来支持此计划的发展完善活动。残疾儿童早期教育项目(HCEEP)款项中的至少 30% 要用于该组成部分,以支持各州对残疾儿童的服务需要。

4. 研究机构

1977 年,残疾儿童早期教育项目的第四个组成部分启动。在与特殊教育项目办公室的研究计划部门的合作中,残疾儿童早期教育项目(HCEEP)为四个研究机构提供了资金以支持其进行纵向的研究。研究课题包括:儿童的社会、情感、生理、认知及行为等各方面;早期干预的理论和方法;父母与儿童的互动及评价方法。

科研机构被视为对将来的一项投资,不仅会从其直接研究结果方面得到回报,而且可以培训将来特殊教育研究者与特殊服务提供者。第二代科研机构于 1982 年建立,用以调查研究与自闭症儿童相关的服务;调查了解早期干预所需经费及功效的资料数据;安排父母积极参与活动。此外,还有另一个研究机构创办于 1985 年,专门从事对不同的早期干预措施的影响做整体评估或小组评估。

5. 技术援助

技术援助发展体系(TADS)于 1971 年建立以帮助示范项目的实施。从 1977 年到 1982 年,两个援助体系 TADS 和 WESTAR 的运作的目的是为了在全国范围内完成大量的示范项目和州计划拨款。1982 年,当示范项目减少时,对技术援助的需要也同时减少,TADS 成为唯一向示范项目提供技术援助的体系。一个新的援助组织,国家技术援助资源小组(START)于 1985 年建立,其任务是为州计划拨款项目提供援助。

HANDICAPPED CHILDREN'S EARLY EDUCATION PROGRAM(HCEEP)

残疾儿童早期教育项目(HCEEP)

联邦政府对残疾儿童的研究和服务始于 1968 年

残疾儿童早期教育援助法案的制定。创设了残疾儿童早期教育项目，目的是为了发展、实施和评估残疾儿童学前教育模式。当残疾儿童接受早期干预时，这些服务使得先前的研究和文件的实施成为可能。

残疾儿童早期教育项目的固定目的主要是关注儿童发展的所有方面；向父母们提供支持和策略以满足其子女的需要；向父母们提供机会参与到孩子们的教育中去；向社区提供关于残疾儿童的困难及潜能的信息（约丹等，1977）。个人在提出资金申请来实行项目中的某一项时必须证明其将如何计划达到 HCEEP 目的。残疾儿童通过体验多种多样的教育及发展需要而达到预期的上述目的。

有关这些项目的资料收集扩展了关于残疾儿童成功的早期干预的知识和论据。这些项目发展了评估工具、成套课程、方案及数据收集策略。这些都为现在的早期干预服务奠定了基础。这是由第一组投资于此项目形成的一种服务模式。这些项目证明了怎样发展和管理模范项目并为如何复制模仿这些项目提供了技术支持。一些计划的样板包括：北卡罗莱纳州的凯普·墨尔—坎伯雷计划，拉特兰重度情绪障碍儿童中心，治疗服务机构，SKI－HI 计划，波特奇计划及华盛顿大学（德威尔德，1981）。

参见 儿童早期中的特殊教育主题

HAND TEST
手的测试

在要求情节叙述的心理投射技能测验中，“手的测试”独具特色。这项测试给予被测个体的刺激物不是完整的情节或图形，而是十张卡片，其中九张各有一只手的简笔画图案，每张卡片上画的手都处于不同姿势，另外一张是空白卡片。每次测试的时间大约 10 分钟。测试过程中要记录被试者的反应时间和回答。为了进行标准化比较，被试者的回答将被评定为四类：非个人类、环境类、适应不良类、中止类。

已经得到某些支持的另一分数是“行为缺陷分数”（AOS）。AOS 可以有效区分攻击性儿童和非攻击儿童、侵犯性犯罪和非侵犯性犯罪。AOS 也与青少年犯罪中的惯犯行为呈正向相关。手的测试操作起来快捷、简便，而且用于评估带有情感和行为问题的少年儿童也是有效的。

HANDWRITING
书写

书写活动是记录、表述、传递人类思想的基本工具，它是小学基础课程中的基本组成部分，掌握这种技能需要花费大量的时间和精力。书写不是一种孤立的技能，而是写作过程的一个组成部分。写作教学的一般目的是使书写成为一个高度自发的行为，从而使书写能够以最小的努力、最高效率来完成，使学生将更多的注意力倾注于更高级的写作过程要素上，诸如：写作的目的、内容、内容的组织结构等（格拉罕姆，1982）。

尽管人们一般会预计占很大百分比的残疾儿童和青少年在书写上存在困难，但是要证实或反驳这种猜测却很困难。已有的关于残疾儿童书写特点的实验性证据很少，而对已收集到的信息进行审查的结果表明，学生有不同的残疾可能就有不同的特点，就需要完全不同的指导。

除了采用特别的技术手段来适应身体残疾及让盲学生使用盲文点字外，残疾儿童的书写教学，在很大程度上一直是基于传统做法里用于教正常儿童的技术手段。教学的目的一直是帮助学生形成一种书写风格，即首要的是字迹清晰，另外是书写迅速流畅。此外，大多数残疾儿童被教会两种书写风格：小学低年级阶段学习一笔一画的手写体，中高年级则学习草写体。然而围绕这种做法存在着很多争论。有些专家指出，掌握两种书写方式比完善一种书写方式存在更多困难。此外，学生也不明白应该学习哪种书写方式。根据格拉罕姆和米勒的观点，关于这个问题还没有结论性的证据，而且采用两种书写方式的相对效能也一直没有充分地体现出来。

参见 书写困难；阅读与写作中的颠倒

HAÜY VALENTIN
V. 阿羽依（1745—1822）

V. 阿羽依，法国人，是盲人教育领域的先驱。他设计了一套凸起字母，用来教目盲学生读写，在使盲人接受教育问题上为人们提供了一个最早的范例。正是阿羽依的学生——路易·布莱尔后来发明了今天使用的盲文点字系统，代替了阿羽依的凸起字母系统。

HAVIGHURST ROBERT J.
罗伯特 J·哈维格斯特（1900—1991）

罗伯特 J·哈维格斯特出生在威斯康星州的迪皮尔，毕业于俄亥俄州的卫斯理安大学，并于 1924 年获得俄亥俄州立大学的博士学位。尽管他是作为化学家和物理学家接受培养的，但最终他却对广阔的教育领域产生了兴趣。他在芝加哥大学做过 40 多年的心理学和教育学教授，于 1983 年退休，但直到 1990 年他仍在继续进行教学工作和指导研究。在1941年进入芝加哥大学之前,他曾在迈阿密大学、威斯康星大学及俄亥俄州立大学执教过。罗伯特·哈维格斯特于1991年辞世,终年90岁。

哈维格斯特于1943年提出了他的"不同发展阶段的不同任务"理论,并在他的整个职业生涯中继续发展了这一理论。他描述了一个人在某个特定年龄段,通常需要拥有的技能、知识、智能及态度。他相信"教育关键期"的存在,意思是,一个人在一个特定年龄段内最有能力,最容易接受学习某些新技能。根据这一理论,如果没有在适当的时期内学会一门功课,以后再学会更加困难。

哈维格斯特是综合性公立学校的早期倡议者,他相信这种学校在为贫困家庭儿童创造发展机会方面至关重要。他提出,一个儿童在学校的表现不是取决于儿童或他的家庭的社会经济地位,而是取决于学校本身的社会经济地位和学校本身的品质。他还关注过老龄及退休的社会问题,辨别和讨论过老年人在退休后不能再感受到先前工作中的满足感时,需要如何充当新角色,用什么途径获得满足感。

哈维格斯特在德国学习过社会学和经济环境学,当过洛克菲勒基金会的欧洲康复项目主任。在20世纪50年代后期,在巴西政府计划建立国家中小学教育体系的活动中,他是合作主任之一。

HAWTHORNE EFFECT
霍索恩效应

导致"霍索恩效应"这个术语出现的实验结果主要来源于1927—1932年在西方电器公司霍索恩工厂所做的研究。调查人员隔离了一组工人,然后有规则地改变休息时段和工作日长度等条件,经过一段时间后,这些工人的生产效率稳步提高,甚至用原先采用的条件代替后来的更优越的条件后也是如此。霍索恩工厂的研究人员对此的解释是工人们会对他们在一个新环境里受到的特别关注作出反应(罗斯里士博格,1939)。

如果人们与他们认为是创新的或者实验的环境能够很好的适应,那么霍索恩效应就会很明显。和以前在工厂开展的实验一样,无论具体的实验操作条件如何,实验都可以使产量大大提高。研究者们现在用霍索恩效应一词来形容在非工厂环境的研究中,被实验者顺从实验者的意图的情况(弗里德曼等,1985)。在某些情况下,这些被实验者可能产生与实验者意图不一致的表现,这是实验操作中自变量因素造成的结果。

尽管很难在特定的场合证实霍索恩效应,但是这个概念对于教育的评估和训练方式的革新都有重要的意义。为了确认实验干预是引起变化的原因,实验要设置控制组,在新环境下控制组可以得到关注,但不是干预。在特殊教育课堂上,霍索恩效应可以提高实验方案的积极影响力,但如果这个方案成为常规的教学训练后,积极影响可能会消失。

参见 动机;项目评估;特殊教育研究

HAYDEN, ALICE HAZEL
爱丽思·哈泽尔·海登(1909—1994)

爱丽思·哈泽尔·海登19岁的时候,从俄勒岗州立大学获得了化学硕士学位,而后在普杜大学获得博士学位。1946年,她开始在华盛顿大学执教,并从该校获得了名誉退休教授的称号。她在华盛顿大学执教33年,于1979年退休。爱丽思·海登于1994年逝世,享年85岁。

海登以研究智力落后儿童,尤其是唐氏综合征儿童的教育而闻名。和那个年代流行的观点不同,她强调早期发现残疾的重要性,并且强烈倡议要在唐氏综合征儿童的婴儿时期就对他们进行干预。1960年,她成为残疾儿童实验学校的一名共同负责人,这所学校是华盛顿大学儿童发展和智力落后中心教育实验基地的先锋学校。她退休后在这个学校担任副校长一职。

她的重要著作之一是《改进教学》,是和诺瑞思G·哈凌一起主编的,这本书是一次会议的论文汇编。这次会议的目的是给教师提供各种可供选择的教学方案,帮助他们达到教学目的,设置更好的教室环境来提高教学质量。她与格瑞德M·托克森合著的书《系统地思考教育》讨论了教育技术以及教学中的技巧。这本书建议,教师和学校机构要为社会、为帮助人们创造更好的生活负责,要将最新的技术和人们的进步转换成教育内容传达给学生。

HEAD START
领先计划

领先计划始创于1965年。当时为了帮助550,000多名来自低收入家庭的儿童,联邦政府举办了为期8周的夏令营项目。这个项目的发起反映出那个年代用早期教育来抵制贫穷所带来的不良影响的乐观态度。它还反映出环境主义者的智力发展观,人类学习有关键期的观点,体现了1962年的总统委员会报告中关于智力落后的观点,它还是林登·约翰逊总统抗击贫困的象征。到了1972年,大部分领先计划都是全年执行的。

领先计划目的在于抵制不良环境因素的影响,因为学生不良的学业成就,与其贫困、种族、社会经济地位等因素很有关系。而这些因素被视为发展以及生态的可变因素,应该加以调整。人们希望通过早期干预来消除贫困家庭儿童最经常出现的问题,即他们的智力发展和学业成就呈现逐年下降的趋势。领先计划强调社区的参与和自治,因此,各个地方的领先计划都不一样。政府还鼓励家长成为志愿者并接受培训,还出版了大量的训练教材。

能证明早期教育可以抵制环境不利影响的研究证据,来自于1958年对贫困黑人家庭儿童进行早期教育实验的项目报告。这个项目由田纳西的苏珊·格雷,纽约的马丁·多伊奇,密歇根的戴维·韦卡特一同开展(拉扎尔等,1982)。他们的实验经过理论论证,并得到资深专业教育者和心理学家的严格监控、设计和实施。但是,在刚开始实施领先计划时,仍没有足够的时间去预先设计课程,开展评估,也无法对儿童的真实情况进行足够多的直接监督和调控。而且,经过早期教育训练的教师非常少,也无法为教师和志愿者提供在职培训。为处境不利儿童所设计的项目竟然是从一个处境不利的起点开始的,这是很具讽刺意义的。

领先计划非常强调提供医疗、牙科以及社会服务,这些是计划开展的早期阶段中最常记载的好处。上百万的儿童接种了疫苗,进行了视力和听力测试,还得到了医疗和牙科方面的检查。很大一部分儿童还得到了医疗和牙科方面的治疗服务。

人们对领先计划在儿童认知和学业技能方面产生的持续影响力进行了评估,这一评估结果使人们开始怀疑该计划对学业技能的影响。媒体报道对其持非常否定的态度。人们开始修改这个项目,并设计了“计划性调节”项目,用来寻找与成功干预相关的因素。培养从事领先计划的人员的项目也大大发展起来。

很多研究者对参与过领先计划的学生的平均分与没有参与领先计划的学生的平均分进行了比较,结果发现:领先计划对智力发展产生了积极作用(尽管多数研究中学生的平均考试成绩还是低于全国平均水平);参与领先计划的学生留级人数更少,需要接受特殊教育的人数更少(尽管他们之中需要特殊教育服务和留级的人数的比例仍然很高);用标准化测验进行测试,发现某些领先计划项目可以提高学生的阅读或数学能力;不同的课程并不会产生不同的影响(尽管在对高危儿童开展的早期教育实验中出现不同的影响);多数参与领先计划的儿童的家长对此非常支持;全年性的领先计划比短期的夏令营作用更大。还有一些报告说,积极作用还包括改善儿童的社会行为,促进亲子互动,提高父母的教育技能以及改善儿童的营养状况(海伍德,1982;胡贝尔,1983)。

随着项目取得良好效果的证据越来越多,专业人士对此的批评减少了,公众也越来越支持这个项目。全国性的报纸——《今日美国》,发表了一篇广受赞誉的文章,描述了马丁·多伊奇的报告,说从他的领先计划中毕业的学生,比起那些没有参与早期教育训练的学生来说,更有可能完成高中课程,进入大学,并得到全职工作。这些结果表明,领先计划对教育动机还可以产生积极影响。

爱德华·齐格勒是领先计划的第一位联邦执行官员。他认为领先计划的目的是社会能力的发展。他说如果现实地考察领先计划的真实效果,一方面既不能认为它是失败的而放弃它,另一方面也不能认为它是解决贫困、文盲和生活失败的根本途径。其他研究也证实了领先计划可以产生很多的积极效果(卡特怀特等,1995)。

参见 残疾儿童早期诊断;早期评估

HEALTH IMPAIRMENTS
健康损伤

94-142公法和《残疾人教育法案》(IDEA)根据特殊教育的目的,将身体损伤分成两类:形体损伤和健康损伤(比格等,1986)。第二类损伤包括可以影响儿童或青少年教育成就的各种身体状况,比如“由于慢性或急性疾病,如心脏问题、肺结核、风湿病、高烧、肾炎、哮喘、镰状细胞血症、血友病、癫痫症、铅中毒、白血病,或者糖尿病等引起的身体力量、活力或机敏不足”(联邦登记处,1977)。这些儿童通常被当作慢性疾病儿童对待。菲尔普斯(1998)对95名以上有健康损伤的儿童的教育效果作了评估。

参见 儿童慢性疾病;形体损伤

HEALTH MAINTENANCE, INVASIVE PROCEDURES FOR
健康保持的扩散性程序

与94-142公法和《残疾人教育法案》(IEDA)保持一致,一些扩散性程序要求,如果有身体障碍的儿童被要求入学而且其就读的学校没有专业医疗人员,那么教师或学校的其他员工应该承担儿童健康保持的工作。那些不需要消毒以及由家长承担的防护措施,都可以由学校员工来做。为了让儿童能够全天就学,教师、助教或者经过训练的志愿者需要提供保持造瘘术清洁、注射、导管插入、抽吸痰或管食等服务。

如果学校没有专业医疗人员,那么保持儿童健康的措施就必须成为教师的责任之一。只要可能,应该让儿童自己独立完成这些防护措施。如果儿童年龄太小,或者因身体、感知觉或认知方面的原因无法完成这些措施时,教师就应当:①只根据儿童的要求提供相应的监察、支持或者干预;②要制订教育方案或步骤,让儿童尽可能多地学会自我保持健康的措施;③应要求实施教育方案或步骤,需要在家长、学校卫生系统健康主管人员以及儿童医生和治疗师的指导下进行;④在承担健康保持责任前要学习基本急救以及心肺抢救的保护措施;⑤要以学校宣传栏或校规等书面形式确定保护措施的具体步骤。根据学校或学区的政策,救援者、志愿者或行政人员可以经过训练来执行这些措施,这样,教师就可以在他们做这些措施的时候继续教学,对学生的学业活动进行指导。

根据地方、州或者联邦政策,可以要求教师:①在执行任何一项保护措施时,旁边有目击者;②记录所有的步骤,包括时间、对健康的观察、对干预量的总体印象。每次程序的进行都要采用记录保存系统(迪克斯等,1983)。

参见 *健康保持程序;病弱儿童*

HEALTH MAINTENANCE PROCEDURES
健康保持程序

根据94-142公法和《残疾人教育法案》(IDEA)的要求,为了让儿童入学读书,教育者必须承担起监控具体的健康保持活动的责任。教师要检查学生服药、排泄还有调整支架等情况。另外,检查健康保持装备,比如通风设备、心脏监控器、交互式支架以及分流器等,也是教师要做的一项工作。在教师开始执行或协助执行健康保持工作之前,需要有学校或学区制订的书面政策作为依据,需要学习急救和心肺复苏的课程,需要接受家长和学校健康专员的培训,需要写出关于儿童在校对其进行保持健康的程序的具体内容,还要求签上日期和名字。

一旦可能,学生自己应该承担所有健康保持的活动。学生应当在成人在场的情况下服药,服药前,成人要检查药瓶上的药品名称、使用方法以及上次的服药时间。如果学生不能完成要求的步骤(比如,导管插入),那么在他们具备完成任务的动作和智力技能的情况下,要尽快地教他们学习这些步骤。

参见 *病弱学生*

HEBER, RICK F.
瑞克·荷伯(1932—1992)

瑞克·荷伯出生于1932年1月12日。1953年,他从阿肯色大学获得文科学士学位。在马托尼巴培智学校担任一年校长后,他又到密歇根州立大学求学,于1955年获得文科硕士学位。1957年,他从乔治·皮伯第学院获得哲学博士学位。1959年,荷伯到麦迪逊市的威斯康星大学工作,担任特殊教育项目的协调员。

荷伯担负了密尔沃基项目的主要研究工作,这一工作后来引起很多争议,他也因此而闻名。这个项目的一个主要发现是,母亲的智力是预测其后代智力发展水平和特征的最好指标。荷伯认为智力落后儿童在美国城市的贫民窟里的普遍出现,并不是随机分布的,而是惊人地集中出现在一些单个的家庭,并且可以通过鉴定母亲的智力水平来确定(1988)。荷伯在被指控滥用国家下拨的项目基金时,还是位于麦迪逊市的威斯康星大学的教师。后来他被判有罪,在得克萨斯的巴斯土坡监狱蹲了一段时间。由于此前他在智力落后领域是一名受人尊敬的学者,密尔沃基项目也因他的服刑而受到强烈质疑。现在的问题是这个项目的开展过程是否真如荷伯所描述的那样。

HEINICKE, SAMUEL
塞缪尔·海尼克(1727—1790)

塞缪尔·海尼克是一位德国的教育家。他约于1755年创办了第一所聋童口语学校,1778年在莱比锡建立了德国第一所公立聋校。海尼克利用已出版的关于雅各布·泊瑞尔和其他人的聋童教育报告,设计出了一套非常成功的方法,教聋生读、写、说和唇读。这套方法为默里兹·希尔后来在德国发展口语法奠定了基础。

海尼克的一些理念预见了后来的教育实践。他在教字母之前先教读整个的单词。他倡导在莱比锡大学开设班级培训聋人教师,还试图(虽然很明显没有成功)为他的聋生参与大学活动提供条件。海尼克去世后,他的妻子继续负责管理他的学校,他的女婿在柏林附近又建立了一所聋校。

HELEN KELLER INTERNATIONAL
海伦·凯勒国际组织

海伦·凯勒国际组织创办于1915年,为发展中国家的政府和机构在眼疾和眼盲的预防、治疗以及盲人和视障人的教育、康复等方面提供服务。海伦·凯勒国际组织包括华人协会、减轻战争导致永久性失明人士痛苦基金会、为战争和非战争导致失明人士服务的美国盲文出版社以及美国海外盲人基金会(格卢伯等,1985)。

该组织为教育眼盲儿童的成人教师,以及为农村盲人服务的工作人员提供课程培训。培训的一个重点是如何预防和治疗由于营养不良、沙眼、白内障和其他眼疾导致的眼盲。另外还有一些志愿者培训,为盲婴儿的家庭提供咨询服务的项目。

这个国际组织的一个重要功能,是收集和编辑全世界关于眼盲的数据。出版物有年度报告、时事通讯、情况说明书、技术报告、教育资料和培训信息。每年召开一次年度大会和一次年度董事会议。

参见 聋一盲

HEMIBALLISMUS
单侧抽搐

单侧抽搐是一种罕见的现象,其特征是身体的一侧会极度剧烈,大幅度、不自主地运动。手部的抽搐往往比腿的抽搐更厉害,甚至会造成软组织淤伤或精疲力竭。报告还提到脖颈肌肉也会产生抽搐。单侧抽搐的现象在睡眠的时候消失。

服用氯丙嗪和氟哌丁苯可以有效地降低或消除单侧抽搐,而且效果可以维持三个月甚至超过一年。有些个案,药物对他们可以逐渐发挥效用,最终消除症状,并且不会复发。近些年,随着药物的使用,这种病的预后状况越来越好。更可喜的消息是,新的安定药(比如利他林)对这种病可能很有效。

参见 舞蹈症;多重硬化症

HEMIPARESIS
单侧轻瘫

单侧轻瘫是用来形容一个人身体单侧罹患轻微瘫痪(患侧的肌肉软弱无力)的术语。单侧轻瘫会造成病人的面容与他人不一样,还可能导致视力和听力缺陷。造成单侧轻瘫的原因(病因)可能在出生前、出生时或出生后发生的疾病、外伤、或者是先天缺陷。病因究竟是什么对于教育或职业训练计划来说很重要,最好由资深的神经科专门医师在评估的时候查明。要了解两个相关的问题:这种病症是发展性的病症吗?除了肌肉软弱无力,是否有其他的感觉、运动、前庭损伤的症状?

单侧身体肌肉的软弱无力还可能伴随着痛觉的丧失(单侧痛觉丧失)。轻微瘫痪、单侧身体麻痹,或者单侧身体触觉敏感丧失,都是单侧轻瘫的表现。感觉能力丧失和运动能力丧失可能发生在身体的不同侧。对痛觉和温感丧失状况的了解可以保护病人免遭烧伤、冻伤以及其他外伤,这些伤害比那些显而易见的肌肉软弱危害更大。在儿童上下学途中、参加学校活动时、儿童进行自我照顾过程中,以及在真实情景中对儿童进行职业训练时,感觉缺失和平衡障碍(小脑/前庭)会对儿童的人身安全产生很大的影响。

参见 适应性体育;偏瘫身体异常

HEMIPLEGIA
偏瘫

偏瘫是一个局部解剖学术语,用来描述由先天缺陷、疾病、大脑和中枢神经系统损伤引起的个体运动障碍或单侧瘫痪。病人功能性表现的广度和深度取决于损害发生时个体的年龄、中枢神经系统受损的程度和部位及损害的病因。

儿童痉挛性偏瘫最显著的症状是患侧抗重力肌张力增加。尽管如此,其引发的相关损害和感官不足对教育和职业干预计划有着深远的影响。视觉、听觉、触觉、冷热觉和位置感以及平衡感可能受到破坏,并严重影响儿童学习复杂运动技能的能力,出现特异性的失语症和语言处理障碍,并经常伴随癫痫发作。需要建立和加强医疗、学校和双亲之间的紧密联系,通过相关服务治疗师适当的评估和干预,防止残疾和最大程度为偏瘫及相关损害的学龄儿童提供机会。

参见 适应性体育;轻度偏瘫

HEMISPHERECTOMY
大脑半球切除术

大脑半球切除术(通过外科手术把某侧大脑半球切除)是罕见的手术,通常只对某侧大脑半球受到严重损伤,如罹患大脑肿瘤(高特,1973)、严重的痉挛或惊厥、先天性或婴儿期偏瘫(阿梅利,1980)等的儿童采取的手术。成人中接受大脑半球切除术的病人,通常会留下较严重的后遗症,产生很多不可能好转的问题(比如偏瘫,认知障碍)。相反地,一些接受大脑半球切除术的儿童,其术后感知动作功能的恢复非常好,很多认知能力都可以正常发展。比如,史密斯(1974)报告过一个在青少年时期接受了大脑半球切除术的病人,发展出了高于平均水平的语言能力以及正常水平的非语言能力,并且从大学毕业了。

尽管研究结果不尽相同,但大脑半球切除术的术后恢复程度看起来(至少部分地)跟年龄大小有关系。年幼儿童显然比成人恢复的情况好一些。

参见 大脑优势半球

HEMISPHERIC ASYMMETRY, SEX DIFFERENCES IN

大脑半球不对称的性别差异

大脑半球不对称指大脑的左半球和右半球在信息加工方面有不同分工形式。对多数人来说,大脑左半球在有逻辑地、有序地处理和加工信息方面效率更高(比如,语言的说和写),而大脑右半球更适合自空间维度和整体地加工信息(比如,视觉空间任务)。然而,由于很多任务都同时包括语言的和空间的信息,所以认知加工过程通常需要两个大脑半球一起发挥功能,尽管起主导作用的半球会在不同时段更换(贾德斯,1985)。

大量研究都支持,大脑半球不对称的性别差异存在于所有的年龄段,这个事实表明,男人更擅长使用右半脑,而女人更善于使用左半脑,即男人有空间优势,女人有语言优势。因此,如果一个任务需要用左、右半脑机制同时介入时,男人更倾向于使用非语言的、空间的策略来解决问题,而女人则更倾向于使用语言策略来解决问题(戴维森等,1973)。

参见 大脑优势半球

HEMISPHERIC FUNCTIONS

半球功能

半球功能指大脑左右半球在加工不同任务时的具体分工。右半脑通常和同时性的、空间的以及整体的信息加工有关(斯皮雷,1974);相反,左半脑在加工序列化的、即时性的以及可分析的信息方面功能更强(斯皮雷等,1969)。

关于大脑功能偏侧优势的概念,可以回溯到19世纪晚期。那时,布洛卡和威尼克证实了失语症(不能表达或理解语言)是因大脑左半球受伤引起的。而且,左半球被视为大脑的主导半球,因为它在语言和计算的活动中起主要作用,而右半球则被视为次要的大脑半球,处理与感觉和知觉相关的信息活动(格施温德,1974)。

利用介入性技术进行研究的结果表明,右半球在处理某些信息时起主导作用。具体来说,右半脑在处理非语言信息,包括非语言推理、视觉—空间整合、视觉—建构能力、触觉理解、模式认知以及其他相关任务时起主导作用(迪安,1984)。相反地,左半脑主要负责处理需要利用言语、一般语言、计算、抽象词语推理等能力的信息(迪安,1984)。

大脑左右半球具体功能的不同,部分原因可能是大脑皮层的解剖结构不同。研究者在检查解剖结构时发现,左半脑颞叶负责管理语言功能的区域比右半脑负责语言的区域要大(格施温德和列维茨基,1968)。同样,大脑中主要的一个横裂—西尔维安裂(大脑外侧裂),即负责言语的区域,在左半脑的部位也比在右半脑的大(格施温德,1974)。另外,左半脑比右半脑大约重5克。另一个解剖结构的不同是左半脑的神经纤维比右半脑的神经纤维更早地穿过大脑基部。这些不同半脑的结构差异,可能会部分地造成大脑半球的具体分工不同。

如果再考虑性别差异,男人和女人之间精细解剖差异在出生后不久就可以发现。男人和女人大脑功能上的差异可能比解剖差异还更为明显(科拉塔,1979)。从整体看,男人在完成空间任务方面比女人好,女人在处理语言信息方面比男人好(威特尔森,1976)。男人的空间能力强,部分原因可能是他们的右半脑处理空间的区域更早熟。另外,男人处理语言的脑区定位也更早成型,而女人负责语言活动的优势半脑定位则不如男人明显(莱维,1973)。然而,尽管女人大脑优势半球的划分不明显,但她们的某些行为却更能表现出优势半球的控制作用,比如左利手(安内特,1976)和用视觉引导动作(迪安和雷诺兹,1997)等。也就是说,女人在诸如语言等认知活动方面的优势半球定位不明显,但她们在从事相关活动时,却比男人更多地倾向使用同一只手、眼、耳朵等等。

女人的这种矛盾现象,似乎说明身体活动所表现出的大脑优势部位和对语言产生主导作用的大脑半球之间有微妙关系。简单地用利手来判断大脑的优势半球是不当的。迪安(1982)已经提出判断优势大脑是非常复杂的,系统功能(比如眼睛、耳朵、手等)仍需要研究。因此,研究大脑优势半球,应该将大脑的两个半球看成一个连续体,而不是将其截然分成左半球或右半球(迪安和雷诺兹,1997)。

参见 大脑优势半球

HEMOPHILIA AND SPECIAL EDUCATION

血友病和特殊教育

血友病是血液中缺乏足够的凝血因子导致的流血后难以止血的可遗传疾病。这种疾病可能是因为缺少凝血过程中所需的十种蛋白质中的一种或更多种所致。根据血液中缺失凝血素的程度,可以把血友病分成严重、中度或轻度三种类型,但实际上,每个病人的流血情况是不一样的。这种病是一种性染色体连锁隐性遗传病,85% - 90% 的病例为患有血友病的母亲所生的男孩。在个别情况下,女孩可能会染上这种病的其他变异形式的疾病(卡特怀特等,1995;林德曼,1981)。

事实说明,患血友病的儿童需要获得回归主流教育的机会。这些儿童在校的成绩,只会因他们有时无法到校上课,以及组织或关节肿大带来的痛苦而受到影响。学校要做的调整主要在交通、运动以及体育活动方面。尽最大可能让患有血友病的儿童到正常学校读书是他们教育和社会心理发展的基础(瓦尔科和亚科布斯,1984);然而,帮助他们与支持性团队建立联系是很有好处的,尤其是对于那些处于青少年时期的患者和接受常规注射治疗的儿童(兰道夫,1998)。

血友病儿童的情绪调节是特殊教育中要关注的焦点。低自尊、男孩气概晚形成、否定、成熟晚、沮丧等是很多血友病儿童情感发展的特征。对学龄或幼儿以及青少年血友病患者以及他们的家庭来说,心理暗示的作用是非常重要的。在幼儿时期(4 ~ 8 岁),这些儿童就因为自己的身体状况而受到各种束缚,比如他们无法参与到很多对他们的学习和社会性发展都有益处的身体运动和探险活动中(切雷托,1986)。给他们提供一些特殊教育服务,让他们参与到活动中,帮助他们获得平等的学习机会是令人期待的。

患有血友病的青少年不仅面临该时期通常的情绪压力,还要面临慢性病带来的复杂问题,包括终身受限,无法参与体育活动,以及酒精或药物与治疗互相作用可能带来的潜在危险等。经常性的情感指导和支持对血友病青少年来说是很重要的(艾森伯格等,1984;林德曼,1981)。

特殊教育者主要的责任是在需要时提供支持和资源,确保这些儿童在普通教育环境中就学,帮助班级教师指导这些儿童补上缺课内容,促进家庭和学校的交往,为家长提供支持,缓解他们的压力。

参见 对待残疾人士的态度;家庭对残疾儿童的反应

HEREDITY
遗传

遗传指子代同他们的亲代从生物学角度相似的现象。遗传学是研究遗传的科学,它包括对遗传特征变化的研究。遗传学表明,承载信息和控制遗传表征的基因通过繁衍过程从亲代传到子代。这些基因彼此作用,还与环境产生作用,从而产生了不同的特征。

遗传学是相对较新的科学门类,其中的多数发现都是在 20 世纪完成的。1950 年以来,遗传学的发展大大提高了我们对诸如生命的起源、物质结构以及进化的了解。遗传学理论的应用使我们能够更好地了解某些人类疾病,更清晰地认识遗传与环境的争论,提高植物种植和动物养殖的水平。

参见 先天缺陷;苯丙酮尿症

HERPES SIMPLEX I AND II
单纯疱疹 I 型和 II 型

尽管公元前 100 年就有人从临床和病理学的角度对单纯疱疹进行过描述,但是直到 20 世纪 20 年代,才正式确诊该病,到 20 世纪 60 年代才发现有两种类型的抗原,到 20 世纪 60 年代末期才认识到生殖器疱疹是一种性病。在过去,身体腰部上下的部位受感染通常被归因于受到口腔疱疹(HVH - 1)和生殖器疱疹(HVH - 2)的感染。不过,感染部位并不总是与特定的疱疹类型相连。如今,HVH - 1 和 HVH - 2 在生殖器和口腔区域都出现,这可能是因为口腔—生殖器性接触增多造成的(巴尔,1978)。口腔疱疹常常给婴儿和儿童造成剧烈的疼痛,而且还会引发眼部和手部的感染。生殖器疱疹对感染者以及已受感染的妇女生的孩子都有严重影响。这个条目中会谈到这两种疱疹带来的影响。生殖器疱疹是一种极易传染和流行的性病,其特征是在生殖器部位出现脓包。

人们经常担心患有生殖器疱疹的青少年会把疾病传染给亲密的朋友和家人。这可能是很实际的想法。但考虑周密的卫生措施通常可以阻止传染的扩散。受疱疹感染的病人要在使用过洗澡设备后进行彻底的清洁工作。在疾病爆发期或者疱疹破裂期,病人不应该和其他人共用热的浴盆,或坐在热的浴盆和游泳池的边上。

目前还没有可以治愈单纯疱疹病毒的方法。现在使用两种药物干预方式进行治疗。急性治疗包括使用药物来消除疾病爆发的症状,缩短发病时间。这种治疗方式要求在病发的初期就使用药物。另外一种方式是抑制式治疗,要求病人每天服用药物以抑制病症复发。这两种疱疹可能带来以下影响:

1. 心理影响

疱疹会对病人特别是青少年患者造成严重的心理影响。卢比(1981)提到感染了生殖器疱疹的病人的一系列反应:①震惊以及感情麻木;②寻找快速治愈方式;③越来越觉得孤独,害怕会在将来失去友伴、爱人和孩子;④对被认为是传染给自己这种病的人感到愤怒,甚至有杀人的冲动(这时,恐惧的情绪泛化,导致焦虑);⑤产生“麻风病”效应并伴随着抑郁。随着时间和重复发病,这种感受会加重。这时,通常病人会产生绝望、罪恶、无用和憎恨自己的感觉。最后,发展性疱疹会使心理疾病隐患完全暴露出来。

不是所有的病人都会产生情绪问题,但对于很多青少年来说,这是一段心理煎熬的历程。接受个别咨询,或参加疱疹病人自救团队对他们有一定帮助。疱疹病人自救团队的工作通常要达到几个目的:将病人从孤独中解救出来,帮助他们建立新的社会关系网,提供指导员,疏导愤怒情绪。如果病人出现伴随睡眠障碍的抑郁症,缺乏食欲、精神病症状和自杀意图,就需要给他们引见精神病治疗专家(卢比,1981)。各种压力都会给疾病的复发提供机会(科勒等,1994)。

2. 对辅导受感染学生的建议

教师、教练以及其他与受疱疹感染的学生一起工作的人员,可以通过善意地倾听学生的话,了解该病以消除他们对疱疹的种种疑惑和误解等方式来帮助学生。另外,他们还可以通过强调疱疹可以被药物控制,以及并非致命性的疾病等来帮助学生认识自己的现实状况。

青少年的自尊心可能因为疱疹而大受打击。如果出现这种情况,可以将学生引荐给学校指导咨询师或者是为他们安排家庭医生。不排除他们自杀的可能。如果教师或教练发现他们有情绪困扰,要立即将他们送往指导咨询师或心理健康专家处。要提醒病人,他们应当隔离的是自己的病,而不是他们自己。

早些年,无环鸟苷(阿昔洛韦)是治疗的唯一选择,只能由医生来开处方,可口服或局部用药。它通过阻碍病毒在细胞中扩散而不损害正常细胞来发挥作用(格里菲思,1996)。

美国食品和药物管理局最近提出了治疗的两种新药:泛西洛韦(泛维尔)和伐昔洛韦(维德思),目前比阿昔洛韦使用更普遍。这两种药物更能有效被身体吸收,并且日常服用量更小。

参见 沮丧

HESS, ROBERT
罗伯特·荷思(1920—1993)

罗伯特·荷思于1947年从伯克利加利福尼亚大学获得了学士学位,1950年从芝加哥大学获得了发展心理学博士学位。他是斯坦福大学的名誉退休教授,也是互动教育技术项目中毕业训练子项目的一位指导者。他于1993年去世,享年73岁。

荷思的研究兴趣主要是:与幼儿的家庭生活保持互动的教师、外部现实、课堂环境下的儿童的心理三者之间的关系。他相信,社会的将来在于它训练儿童或使之社会化的能力。他认为早期教育项目的发展以及学校与政府对项目的大规模参与,说明了两大社会化机构——家庭和学校——的相互角色以及潜在影响发生了根本转变。因此,他提出,为了应对转变带来的影响,有必要进行社会实验。

荷思以其在20世纪50年代末和60年代初在芝加哥大学开展的工作而闻名。在那里,他进行了一系列贫困儿童的环境剥夺研究,而后协助奠定了领先计划以及其他类似政府项目的理论基础。他的一些后期研究包括于1965年开展的母亲与儿童的交往模式以及母亲对孩子的教育模式的研究,以及70年代在日本和美国开展的母亲和儿童互动的纵向的跨文化研究。后者是两国儿童发展研究学者的初次重大合作。

在那之后,荷思的兴趣范围扩大到包括教室内计算机使用的研究。这项研究结果显示出男孩和女孩对计算机的兴趣和使用方面存在明显的差别。

他的主要作品包括:《早期教育:目前的理论、研究以及行动》(1968),《家庭世界:研究家庭生活的一个心理学方法》(1995),《幼儿教师》(1972)。

HIGHER EDUCATION, MINORITY STUDENTS WITH DISABILITIES AND
少数民族残疾学生和高等教育

现在的高等学校正快速转变为多民族、多文化、多语言的社会(苏,1992),进入大专和大学的残疾学生以及少数民族学生增多。可以自然地设想这两部分学生会有交叉,但是,对少数民族/残疾学生接受高等教育的研究却很少。当公立学校的特殊教育还在持续地反对特殊教育项目中对残疾学生中的少数族裔过多地强调时,高等教育机构却往往未能意识到少数民族残疾学生的存在以及他们对特别关注的需要。当特殊服务的提供者们未能意识到要针对单个学生的不同文化背景来提供合适的服务时,上述缺陷就更为明显。

高等学校特殊服务提供者,首先要有多元文化的意识,要意识到他们可能在帮助少数民族残疾学生取得成功的过程中起关键作用并为此做好准备。苏(1992)认为,要承担起关键角色,就要勇敢面对、认识并且处理好各种个人偏见、成见、价值观对人类行为的理解等问题,同时要意识到不同文化的学生的世界观、价值观以及对人类行为的理解等有所不同。哈利(1992)认为对那些为学生提供服务的专业人员来说,意识到他们自己的信念系统的文化基础,比了解不同文化人群的特定性格更为重要。

尽管在不同文化中,残疾人都被看做是非正常的团体,但为残疾人提供服务的人应当认识到,永远没有放之四海而皆准的恒定的关于"正常"的标准。各种文化都应当接纳这个认识。同少数民族残疾学生一道工作的专业人员应当理解不同文化对残疾的概念界定及其传统的交往方式,这一点是基本的要求。我们应当理解并尊重不同文化的传统价值观以达到专业人员和残疾学生的成功合作。

HIGH – INCIDENCE HANDICAPS
高发性障碍

高发性障碍指的是在某些特殊时间段,某种特殊障碍的发生率比其他时间段高。但是,高发性这一表述是很任意的,因为没有具体数字来说明要达到什么标准才算是高发性。糟糕的是,在特殊教育文献中,经常混用高发性障碍和高流行率障碍,因此,读者需要在心里对二者有所区分。

高发性障碍只有在考虑到其他障碍情况时才有意义。这些情况通常指障碍的种类。目前,美国教育部门承认的障碍种类有十种,但是各州经常自行改变这十种分类。比如,加勒特和布拉奇尔(1979)从50个州的定义中,鉴定出了十三类障碍。大部分州并没有接受所有十三类障碍,有两个州没有接受障碍的多重类别的划分,更习惯于为所有需要特殊支持的儿童提供特殊教育。

尽管很难确定精确的发生率,人们对学龄儿童中出现的几种障碍类型的发生率还是有一个普遍接受的数字。在公立学校中,大约11%的学生需要接受特殊教育服务(阿尔戈兹因等,1985)。一些障碍类型(比如视力和听力障碍)长期以来呈现低发生率的趋势。而另外一些障碍类型,比如语言障碍、学习障碍、智力障碍以及行为(情绪)障碍则明显增多至可以被视为高发性障碍。

严格一点说,低发生率或高发生率的概念,除了能说明障碍发生的可能性大小外,没有其他显著功能。但是,至少有两个基本考虑可以体现这一术语的价值。第一个考虑是高发性障碍的数量快速增长。阿尔戈兹因等(1984)提出,高发性障碍类型包括学习障碍、智力落后、行为(情绪)障碍以及语言障碍。由这几种障碍类型的学生构成的高发性障碍群体,90%以上在公立学校就读。阿尔戈兹因等(1985)也得出类似的结论。但研究者也提出,在高发性障碍中,学习障碍目前是增长最快、人数最多的类型,情绪障碍则是人数最少的类型。无论是学习障碍还是情绪障碍,都处于快速增长过程中,尤其是学习障碍。另外两种障碍(智力落后和言语语言障碍)的发生率已经呈现下降的趋势。然而总的来说,所有高发性障碍的发生率都处于上升期,与低发性障碍的稳定水平形成鲜明对比。目前的统计数字和对将来趋势的估计,都说明这些高发性障碍会对特殊教育的服务系统造成影响。

除了高发性障碍群体人数的增多外,另一个重要问题也出现了,就是通过融合几种按照传统分类的障碍来提供特殊服务的问题。有时人们提出实施无类别的特殊教育,但是这个提法不很精确(哈拉罕和考夫曼,1982),因为大部分特殊教育工作者并不认为这个提法是要取消所有分类。比如利利(1979)提出有限的无类别障碍或高发性障碍,把轻度智力落后、行为(情绪)障碍以及学习障碍划归成一类。根据利利的观点,这些障碍的流行率、鉴定技术、行为特点、教学策略都非常类似,没有必要进一步区分。为了强调用这种根据统计数字进行的分类,利利观察了训练模式,提出没有必要再继续按传统类型来区分学生和按传统方式对这些学生进行教学。应该注意的一点是,利利的提法中,没有包括言语语言障碍,可能是因为这种障碍与她所提到的高发性障碍群体相似的地方仅仅在于发生率的问题。

米勒和戴维斯(1982)也赞同利利(1982)提出的观点。更有说服力的证据来自康纳和贝尔奇。康纳(1976)观察到,跨障碍类型的教师培训越来越多。贝尔奇(1979)的调查结果说明,接受跨障碍类型的州越来越多。这两个趋势说明,尽管大多数的州还在继续根据传统的障碍分类来提供教育服务,但人们对高发性障碍这一概念已经越来越认同。

参见 类别教育;低发性障碍

HIGH INTEREST – LOW VOCABULARY
高兴趣一低词汇

高兴趣一低词汇指的是一类特意为引起词汇量少、阅读能力低的高年级学生的阅读兴趣而设计的阅读材料。通常,如果给阅读水平与小学低年级学生相当的青少年,读那个年龄段的阅读材料,会使他们变得更沮丧。这些书会让阅读水平低的青少年觉得自己受到轻视,因为它们是针对三年级而不是九年级学生的学习兴趣而设计的。

很多出版商都策划了相应的书籍选题来解决这个问题。比如,《正确读书》系列(英格尔曼等,1978)就是为四到十二年级中阅读、分析和理解能力不足的学生设计的阅读材料。故事里使用的词汇都是经过认真筛选控制的。只有在课文里教过并且练习过的词汇(低词汇)才出现在那套书中。然而更重要的是,故事内容却很符合年龄较大的学生的兴趣;故事所谈论的主题,不会让学生觉得自己的兴趣和三年级学生一样,从而有被人轻视的感觉。

参见 阅读障碍;内容领域阅读;阅读补救教学

HIGH – RISK REGISTRY
高危登记

人们认为在婴儿、幼儿期早发现残疾,对成功地实行早期干预起着关键作用。这促成了高危登记体制的建立和实施。登记时要记录下各种会增加残疾发展风险的相关因素(法因梅瑟和特尔,1974)。通常包括出生时低于1500克的体重;低于20毫克/100毫升的血色素;遭受细菌,如脑膜炎细菌的感染;遭受非细菌,如风疹和疱疹的感染;低于5分的阿普加测验分数。

阿普加测验(阿普加,1953)是对刚出生1到5分钟的新生儿进行的一项简单测验。用0、1、2这三个分数对新生儿的心跳速度、呼吸情况、反射敏感性、肌肉紧张度、皮肤肤色这几项内容进行评估。比如,心跳每分钟100次到140次之间评为2分,低于每分钟100次为1分,没有心跳为0分。最后总得分可以反映出新生儿对出生后环境的适应能力(葛斯基,1984)。

在医院中进行高危登记的工作人员,通常在每个新生儿出生后都会填写一张卡片。产科人员或主治医生提供的新生儿体重、血色素、细菌或非细菌感染情况、呼吸模式以及阿普加分数等信息都记录在卡片上,他们同母亲访谈,了解新生儿遭受细菌或非细菌感染以及父母关心的其他健康问题的详细信息。这些内容可以帮助医生判断新生儿是否处于高危状况,是否需要在他们6、9、12个月大时再次进行评估。如果婴儿在后续的评估中不再表现出任何异常状况,如果父母表示没有什么需要担心的,那么该婴儿的名字就会从高危登记表中删除。如果后续评估还是表明婴儿有残疾现象,那么医务人员会建议家长进行其他的医学评估和参加治疗训练方案。

参见 残疾儿童早期鉴定;婴儿刺激早熟

HISTORY OF SPECIAL EDUCATION
特殊教育的历史

在适者生存的史前社会里,人们不会保护刚出生就带有缺陷的儿童,一般任其在出生时或婴儿期死去。一些古人由于相信身体缺陷和精神异常是魔鬼附身的结果,所以便拒绝、惩罚或杀死被魔鬼折磨的人。然而,证据显示也有一些残疾人受到了仁慈的对待,甚至被尊崇为拥有超自然的力量。

古希腊和古罗马社会给我们留下了科学理解和对待儿童残疾的最早记录。在这些文化社会中的一些医师和学者,开始把这些身体状况看成是可以治疗的,尽管在当时杀婴行为依然普遍,但他们还是为保护残疾儿童的生命做出了一些努力。

在中世纪,残疾人常常是被消遣的对象,有时候还供人娱乐。然而更常见的是,他们被嘲弄、关押和处死。在这段时期,教堂开始收养残疾人并仁慈地照料他们,为他们提供庇护。文艺复兴运动使人们更加坚信人的生命的价值,也为后来在欧洲的许多地方和美国推翻君主统治的人民革命奠定了思想基础。对残疾儿童的教育兴趣就是从文艺复兴新的人文主义,从相信每个人的价值和为平民争取自由的联合斗争中产生出来的。

1. 听力残疾人的教育

作为特殊儿童教育和科学研究的特殊教育诞生于1555年。那时,西班牙修道士庞塞教会了少数几位聋童读、写、说和掌握学院科目。1620年,另一个西班牙人包耐特(1579—1629?)撰写了第一本关于聋人教育的书。他在书中记述了他的方法(这种方法可能来自于庞塞),并创造了单手手指字母表,该表为当今所使用的手指字母方法提供了基础。

1644年,约翰·布韦(1614—1684)在英国出版了第一本关于聋人教育的英文书。1680年,乔治·达拉加诺所写的最重要的一本早期英文书《聋哑人的教师》,也随之出版。该书作者做出了惊人的断言,认为聋人与健听人一样具有学习的能力。他所倡导的指导方法被后来的教育家们广泛采用。

1767年,托马斯·布雷渥(1715—1806)在英国爱丁堡建立了第一个永久性的聋人学校。布雷渥的学校一开始就办得很成功。1783年,为了从人口更多的伦敦地区招收学生,他把学校迁到了伦敦附近的哈克尼。布雷渥的侄子兼助手约瑟夫·华生(1765—1829),后来在伦敦地区建立了英国第一所招收贫困聋童的学校。布雷渥的方法结合了手势和口头要素,教学生们学习手指字母、手势和发音。

大约同一时期,德国的塞缪尔·海尼克(1729—1784)发展了一种纯粹的口语指导方法,强调发展唇读和说话技能。该方法被弗里德里希·默里兹·希尔(1805—1874)进一步发展,成为全世界所接受并实践的口语方法的基础。

同期在法国,莱佩(1712—1789)和斯卡德(1742—

1822)发明了现代手语。该教学体系以柏瑞尔(1715—1790)所做的早期工作为根据,其特点是使用手语和手指字母作为交流方式。这套法国教学体系也强调视觉和触觉的训练,是感觉训练的先驱,成为后来一个世纪里特殊教育的一个有机组成部分。

在美国,对聋童进行有组织的教育始于托马斯·霍普金斯·加劳德特(1787—1851)到法国向斯卡德学习法国聋童教育方法。加劳德特后来应邀返回到美国康涅狄格州首府哈特福德,筹办美国第一所聋校。深得斯卡德方法真传的他,从法国聘请本身是聋人的教师劳伦特·克勒克(1785—1869)做他的助手。1817年,他们在美国建立了第一所聋童学校,也就是现在的美国聋人学校。这是美国为特殊儿童开设的第一个教育机构。纽约聋人指导中心也于次年开办。到1863年,美国已经有22所聋校。1867年,建立了美国第一批口语学校:马萨诸塞州克拉克聋人学校和纽约州列克星敦聋人学校。建立于1864年的加劳德特学院,是世界上唯一一所为聋生开办的文科大学。1869年,美国第一个普通学校聋童特教班在波士顿建立。1874年,纽约市开始了面向聋人的成人教育。

许多卓越的倡导者对美国聋人服务随后的发展发挥了难以估量的促进作用。最著名的要数亚历山大·格雷厄姆·贝尔(1847—1922)和海伦·凯勒(1880—1957)。贝尔是电话的发明者和不知疲倦的聋人教育工作者;而童年早期就失明和耳聋的海伦·凯勒,则是特殊教育方法能有效克服残疾甚至最严重残疾的一个生动范例。

由于口语教育法和手语教育法倡导者之间的严重分歧,使得聋人服务的发展在美国和其他地方受到了阻碍,导致不能朝向共同的目标而努力。这些分歧一直持续到今天,一些教育者倡导口语法,还有一些教育者则为推进手势语言或综合方法而努力。大多数教育者同意,聋人教育的目的是为聋人个体提供合适的交流手段。在今天,聋人教育的主导方法是综合了多种交流模式的综合交流法。

2. 视力残疾儿童的教育

视力残疾儿童教育的创始人是法国的霍维(1745—1822)。1784年,这位法国慈善家在巴黎建立了国家青年盲人学院。这所学校同时招收盲人和正常人目的是为了不使盲人学生和正常视力同伴隔离开来。该校的成功也使得在随后的15年里欧洲建立了7所类似的学校。美国的第一所盲童学校,也就是现在位于马萨诸塞州克水城的柏金斯盲校,建立于1829年,该校第一任校长是塞缪尔·格雷德利·豪(1801—1876)。此后,寄宿制学校得到快速发展,并开始招收低视力学生。在公立学校特殊班开办之前,只有这些寄宿学校为全国的视力残疾儿童提供教育服务。视力残疾儿童特教班最早于1900年在芝加哥建立。13年后,第一所低视力儿童特教班在波士顿开办。

对盲人学生教育至关重要的是要开发一套读写系统。霍维开发了一个通过手指阅读的凸体字系统,并用这套系统为盲人出版了第一批书籍。但是,凸体字阅读起来非常困难。从小失明同时也是霍维学生的路易·布莱尔(1809—1852)后来进一步发展了这套阅读系统,使之至今广为使用,这就是人们熟知的盲文。这套系统用凸点来代表字母。多年以来,盲文资料都要一个一个地用手工来完成。弗兰克·霍尔(1843—1911)的两项发明—盲文打字机(1892)和盲文印刷系统(1893)—极大地增加了盲文资料的数量。英语盲文开始的时候有很多变体,直到1932年才通过国际盲文码协议实现了盲文的标准化,也就是标准英文二级点字。

3. 智力落后儿童的教育

智力落后儿童的教育起源于法国的内科医师伊塔德(1775—1835)对一名在森林中生活到11岁的野孩进行的教育。伊塔德教育和开化这个野孩的努力只取得部分成功,明显的原因是这个野孩智力上有障碍。伊塔德把他的教育方法记录在一本名为《野孩阿维龙》的书中(1801)。他的教育资料和方法为此后一个多世纪智力障碍教育的发展奠定了基础。最知名的是法国(后来移居美国)的塞甘(1812—1880)和意大利的玛利亚·蒙台梭利(1870—1952)。塞甘于1866年出版了一本很有影响的书,书名叫《白痴与生理学治疗方法》。书中提出了一些至今仍然为人们所接受的观念:全体儿童教育、个别化指导、从儿童现有功能水平出发开始指导以及师生之间情感和谐的重要性。这些观念以及塞甘对于感觉训练的强调,在20世纪也融入到著名的蒙台梭利方法之中。在全世界,无论是残疾儿童还是健全儿童的教育,蒙台梭利的教育方法都广为使用。比利时的奥维德·德可乐利(1871—1932)在20世纪为智力落后儿童发展了一套有效的课程,并且建立了学校,为欧洲各国所纷纷效仿。在巴黎公立学校工作的阿尔弗雷德·比奈(1857—1911)在发明智力量表方面做出了巨大贡献。他于1905年提供了第一套客观的测量工具,用于选择儿童并把他们安置到特殊教育计划中。

1839年,美国马萨诸塞州柏金斯盲人学校招收了一名眼盲并且智力落后的学生,首次对智力障碍儿童进行学校教育。1848 年,赫维·B·威尔博(1820—1883)在马萨诸塞州的巴里开办了一所专门为智力落后儿童设计并配备寄宿设施的学校。在随后的半个世纪里,美国各个地方相继开办了智力落后儿童和成人的公立寄宿制学校。到1917 年时,除了4 个州以外,其他各州都已经为智力落后者建立了教育机构。

1859 年,德国开办了第一个公立学校智力落后儿童特教班,此后几十年里,欧洲其他国家也开办了为数不多的类似的班级。美国的第一个公立学校智力落后儿童特教班,于 1896 年在罗得岛的普罗维登斯开办。从 1896 年到 1900 年,一些城市也相继仿效。这段时期,各地为非英语的儿童建立了“主流班级”。很快地,这些特殊的教育设施成为了所有那些无法进到正常教室的各种儿童的“收容所”。

20 世纪 30 年代,在大城市,特殊教育已经渗入到中学教育。直到那时,为青少年提供的特殊教育服务主要是寄宿制,或者安放在小学内。马滕斯(1947)认为,初中学校里接纳特殊学生是一个重要的可喜的标志,表明这些学校做出了调整以满足残疾青年的需要。一些城市的高中为来自小学的“智力次等生”建立了特殊分部,有些城市的初中还提供经过修订的教育计划。

随后几年,轻度的智力落后儿童主要在公立学校的隔离班级或寄宿学校中接受教育。严重智力障碍的儿童则待在家里,接受一些私人教育,或者被送到专门机构里。始于20 世纪40 年代,至今仍然盛行的正常化和去机构化运动,使更多的智力落后儿童在公立学校接受教育。1975 年美国 94 - 142 公法的颁布,使智力落后儿童特殊教育服务产生了重大的转变。越来越多的被学校系统鉴定为“可教育的”儿童被整合到一般主流教育中,越来越少的人被安置在隔离的班级和学校里。被鉴定为“可训练的”和“严重的”儿童,也到公立学校里接受教育,不再被安置到隔离的设施里接受教育。

4. 肢体残疾儿童和其他健康问题儿童的教育

20 世纪以前,很少有为肢体残疾儿童和其他健康问题儿童提供的特殊教育。1899 年或 1900 年,美国为肢体残疾儿童在芝加哥的公立学校里开办了第一个特殊班级。1908 年,美国罗得岛州普罗维登斯开始为低活动能力的学生开设特殊班级。1909 年,美国马里兰州巴尔的摩为癫痫症学生开设特殊班级。随着美国 94 - 142 公法和《残疾人教育法案》(IDEA)的实施,为不同程度的肢体残疾儿童和其他健康问题儿童提供的职业治疗和物理治疗等特殊教育和相关服务,也很快得到了发展。

5. 情绪和行为障碍儿童的教育

直到 19 世纪,才有科学文献讨论情绪障碍儿童。此前任何文献都令人吃惊地没有提到过情绪障碍儿童。伊斯奎诺(1772—1840)1838 年出版的著作《精神疾病》,第一次描述了儿童的精神问题,第一次提出了精神疾病的科学治疗。

要追溯情绪障碍儿童学校服务的发展过程是不太容易的,因为这类残疾的分类不精确,诊断困难,而且人们也倾向于把这类残疾儿童安置到为其他类残疾儿童设计的教室里。19 世纪晚期,美国的一些学校开始为情绪障碍学生提供正规的服务。1871 年,美国康涅狄格州纽黑文公立学校开办了一个班级,为那些表现出难以控制行为的儿童提供教育服务。1874 年,纽约市公立学校为那些不守规矩的男孩设立班级。值得注意的是,这些是美国第一批为特殊学生开办的公立学校特殊班级。

对于严重情绪障碍儿童的系统研究,直到 20 世纪 30 年代才开始,即使在那时,公立学校也不是很愿意承担教育这些儿童的责任。但是,随着精神病学发展成为一门学科,个体差异成为心理学的中心议题,心理测验更好地成为诊断的工具,学校也开始承担责任,教育这些学生,并根据精神病学诊断和治疗建议制定各种教育计划。

1975 年,十类残疾儿童被认定有资格接受特殊教育,后来 1990 年的 101 - 476 公法又规定了有资格接受特殊教育的残疾类别。这十类残疾包括:智力落后、听觉损伤(包含聋)、言语或语言障碍、视觉损伤(包含盲)、严重情绪障碍、肢体障碍、自闭症、外创性脑伤、身体病弱和特殊学习障碍。

6. 父母参与

第二次世界大战以来,随着父母和政府组织参与的大量增加,美国的残疾儿童服务快速发展。长期处于特殊教育幕后的残疾儿童的父母亲们开始于 19 世纪 40 年代和 50 年代组织起来,代表自己孩子的呼声和要求,并在必要的时候为那些不能上公立学校的儿童提供教育服务。一些组织机构,如国家智能国民协会、脑瘫联合协会和学习障碍协会等,已经成为推动公立学校为所有残疾儿童服务的主要力量。这些组织在确立所有儿童及其家庭的教育权利,争取与残疾人人权相关的立法,改变对残疾人的态度以及确立父母在公立学校参与对他们孩子作决定的权利等方面,都已经产生了重要的影响。

7. 立法活动和政府行动

第二次世界大战以来,联邦政府实施了一系列旨在促进残疾儿童教育服务的计划。这些政府行动包括援助各州制定新的残疾儿童发展计划,资助研究和示范项目,资助特殊教育人员培训,建立地区师资中心,为聋—盲儿童建立网络中心等等。1967 年,美国教育办公室成立了残疾人教育处,管理全国范围内由联邦政府支持的培训、研究和教育计划。

美国的 94 – 142 公法,即 1975 年美国国会颁布的《所有残疾儿童教育法案》,是残疾儿童立法的一个里程碑。这一立法的目的是保证所有残疾儿童都能够获得免费的适宜的公立教育。为其提供特殊教育和相关服务以满足这些学生的特殊需要,94 – 142 公法对各个州和地方的教育机构提出下列要求:保证所有残疾儿童都得到鉴定和评估;保证对残疾儿童做出综合的、无歧视的和多学科的教育评估;保证每 3 年至少进行一次重复评估;保证对已经被鉴定为残疾的每一个儿童提出并保留一份书面的个别化教育计划;保证让每一位残疾儿童在适合其残疾的最少受限制的环境中接受教育。这个法律也赋予父母们如下的权利:检查儿童的学校记录;争取儿童的独立评估;在学校对儿童做出特殊教育服务安置之前得到书面通知;如果他们对儿童的残疾分类或教育安置不满意,有权要求学校听取他们的意见。按照 94 – 142 公法的有关要求,联邦政府给予各州数量相当的财政资金,和各州的地方资金一起,为残疾儿童的教育支出提供支持。94 – 142 公法产生的一个深远影响是消除了学校对残疾儿童的排斥。就像法案标题陈述的意思一样,立法为所有残疾儿童提供的教育。

94 – 142 公法修订了许多次,放宽了对残疾儿童的年龄限制和强化转介服务和辅助技术。94 – 142 公法的重大修订是在 1990 年,法律的名称由“所有残疾儿童教育法案”改成了《残疾人教育法案》(IDEA)(101 – 476 公法)。这个法案增加了残疾的类别,将自闭症和外创性脑伤包含在内,并且试图处理以前法案中被认为是不公平的说法。1997 年《残疾人教育法案》的修订,在个别化教育计划(IEP)的要求方面作了重大的修改,把“分类”方法和“功能”方法结合到了一起。一名 3 ~ 9 岁之间的“残疾儿童”可能在下列一个或几个方面经历发展延迟:身体发展、认知发展、交流发展、社会或情绪发展,或者适应性发展。这次的规定允许为各个州的高危儿童提供特殊教育服务。

许多法庭的判例为制定 94 – 142 公法奠定了基础。1972 年宾夕法尼亚智力落后儿童协会与宾夕法尼亚州政府之间的诉讼案的判决,确立了公立学校有责任为残疾儿童提供合适的教育,没有正当的程序,学校不能拒收残疾儿童。同年,米尔斯与学校董事会之间的诉讼案,则确立了残疾儿童有权接受合适的公立教育,学校系统不能以缺乏资金为借口,不向残疾儿童提供他们有权得到的服务。

1973 年通过的《康复法案》(93 – 112 公法)的第 504 条,是一条陈述残疾人公民权的法案。该条例规定,符合条件的残疾人,绝不能因其残疾而被拒绝参加受联邦政府资助的任何活动或计划。这项规定确立了接受公立教育是所有残疾儿童的一项权利,不管其残疾程度可能有多么严重,也为全国范围内努力保证让残疾儿童无障碍地进入学校的相关场所提供了依据。

1990 年的《美国残疾人法案》将 1975 年《康复法案》第 504 条的非歧视性规定延伸到了私人领域,重点强调了就业无障碍对提供特殊教育的影响。《残疾人教育法案》和《康复法案》涉及与就业相关的教育和培训,《康复法案》第 504 条和《美国残疾人法案》则保证了残疾学生能够便利地得到教育和培训。

8. 服务的成长

第二次世界大战以后,特殊教育服务在残疾儿童服务的数量和类型两方面快速扩展。新的特殊班级和特殊学校急剧增加,学院和大学的特殊教育人员培训计划也快速增加。增加的儿童服务类型包括可训练的智力落后儿童,他们以前主要被送到专门机构或者由家长们自己开办的特殊学校。20 世纪 60 年代开始,还包括了学习困难儿童,这些儿童以前大部分在普通班级中学习,成绩很差,或被误置在为其他类型残疾学生设置的特殊班级中。另外,为没有残疾但被定义为特殊儿童(天才儿童)的学生提供特殊教育的兴趣也增加了。为这些学生提供的教育计划进展缓慢,因为它们缺乏多数教育家的有力支持。因此,为天才儿童提供的教育计划,并不如为残疾儿童提供的教育计划那样快速增加。

为听力损伤儿童、脑瘫儿童和其他身体残疾儿童提供的早教和学前教育,已经存在了很长时间,但 20 世纪 70 年代,其他残疾类别的儿童才普遍接受早教和学前教育。可以通过早期干预来改变年幼儿童的发展的普遍信念及其相应的研究成果,为这一发展奠定了基础。这些计划开始时经常由联邦政府资助,提供了特殊教育新的重点,包括为开展特殊计划、查找年幼儿童而实施的有组织的“发现特殊儿童”程序经过改进的多学科方法以及家长教育。

94 – 142 公法和《康复法案》第 504 条规定要求公立学校为重度残疾、极重度残疾和多重残疾的学生提供适宜的教育服务。多重残疾学生指不同程度的、集各种残疾类型(智力障碍、行为障碍、身体残疾和感觉障碍)于一身的学生。为许多以前不能在公立学校里得到服务的多重残疾儿童所提供的教育计划,已经成为特殊教育的一个重要组成部分,而且还带动了以前被认为不在学校职责范围内的服务(如物理治疗和作业治疗)。这些计划也使课程逐步向下延伸到包括为婴儿提供自助技能的指导。

1976 年的《职业教育修订法案》(94 - 482 公法)要求每个州从职业基金中拨出 10%,用于残疾学生的教育,该法案也使登记接受职业教育的残疾学生的数量有了增加。随着这些修订法案的制定,残疾高中生有了很多的职业准备选择,让他们可以在普通的和特殊的职业教育计划中进行选择。

我们这个以技术爆炸为特点的时代在某些重要方面直接给残疾学生带来了好处。残疾学生使用电脑变得很平常,因为电脑是为所有学生服务的。辅助技术,包括经改进的假肢、机动轮椅和其他交通设备,已经在很大程度上提高了肢体残疾儿童的活动能力。听觉障碍者已经受益于助听器技术的巨大进步、人工电子耳蜗手术的技术进步和日益增多的影视节目字幕。电子交流装置对聋人或有听觉障碍的人具有特殊的意义,其中最出名的是文传电话(TTY),这种装置能使聋人用电话交流,他们在输入端通过键盘打字输入信息,然后这些信息在接收端被打印出来。许多装置正在使视力残疾人的阅读变得更有成效。现在,在一项被称为"压缩言语"的技术的辅助下,辑录的"有声图书"的功能进一步增强。这项技术能够在音质和音调不失真的情况下,使辑录的语音信息的播放速度加倍。奥普特康盲人电子阅读仪把印刷文字转换成用手指可以阅读的振动图像。库兹韦尔阅读机把印刷文字转换成英语口语。在人流多的重要区域,音波向导器通过产生一种声音来表明佩带者所处的位置和与前进路途中某一物体的距离,从而帮助有视觉障碍的人行走。其他的技术包括把印刷文字转换成口语和盲文、合成言语、产生言语的掌上计算器、带有放大图像装置的闭路电视、视觉—触觉和印刷文字—盲文转换器以及各种便携式装置。尽管这些装置的费用有些还很高,但是它们却提高了在许多教育和社会情景中为残疾儿童服务的质量。

20 世纪 70 年代,回归主流和最少受限制环境成为了特殊教育的主导概念。94 - 142 公法要求残疾学生在最少受限制环境中接受教育,是针对对现有特殊班级模式的教育功效和社会效益以及学校是否心甘情愿同意残疾儿童进入普通学校的质疑而做出的一种反应。最少受限制环境的要求已经导致了在上一个十年中特殊教育安置形式的重要转变。这一转变减少了残疾学生在寄宿制学校和走读制特殊学校的安置数量,增加了普通学校的特殊班级和普通班级招收残疾学生的数量,并通常给予残疾学生额外的特殊指导和帮助。将他们安置在最少受限制的环境中并在该情景中提供合适的教育服务尽管存在一定困难,有助于撤除对残疾学生不必要的隔离。

关于残疾儿童教育的最好环境的争论仍然在继续。《残疾人教育法案》(IDEA)赞同尽最大可能把残疾学生和非残疾学生放在一起进行教育,赞同学校提供额外的帮助和支持服务,赞同如果残疾学生不能从普通教育中获益,融合的规定要被搁置。在这种情况下,残疾学生可能被安置到更少典型性的、更多特殊性的和更少融合性的项目中。《残疾人教育法案》还规定学校必须提供典型性和融合性不同的各种服务。另一方面,有诸如学习障碍协会这样的组织认为,把学习障碍学生安置在普通教室并不合适。他们提倡替代性教学环境和教学策略,认为这些是普通班级不能提供的。也有其他的组织和专业人员支持学习困难协会的规定,但不拥护回到以前那种完全隔离的特殊教育机构。

特殊教育的历史,经历了从开始的隔离环境下特殊人群教育到公立学校内整体融合运动的演变。发生在 20 世纪 90 年代的普通教育重组(制定了 2000 年目标等)及其相应的改革已经影响到了特殊教育。这些改革分别是:合作学习、合作教学、基于现场的管理、基于结果的教育和评估、学业标准、有效的评估工具、责任、州和联邦的立法。将来会有许多研究来评估现在的改革。

参见 美国残疾人法案;融合;残疾人教育法案(IDEA);政治学与特殊教育

HOBBS, NICHOLAS
尼古拉斯·荷伯思(1915—1983)

尼古拉斯·荷伯思从担任高中教师开始他的职业生涯,于 1946 年从俄亥俄州立大学获得临床心理学博士学位。他先后在哥伦比亚大学教师学院、路易斯安那州立大学、范德比尔特大学乔治·皮博迪学院担任过教职。自从他 1951 年到乔治·皮博迪学院就职到 1980 年退休,他担任过各种职务,包括人类发展部的主任,他倡议创办的家庭和儿童研究中心的主任,以及范德比尔特大学的教务主任。

荷伯思是因他做的一项先锋性研究"再教育项目"而闻名的,这个项目致力于"对情绪障碍儿童进行再教育”。作为一种对情绪障碍儿童进行治疗,该项目最后发展成全国性项目,在荷伯思写的《带来麻烦和被麻烦困扰的儿童》一书中曾提及。

荷伯思被委任为多个总裁委员会和协会的委员,参与了维和部队的创建工作。他还曾担任过美国心理学协会的主席。

HOLISTIC APPROACH AND LEARNING DISABILITIES
整体式教学与学习障碍

整体论的定义是“一种认为宇宙,特别是生命世界应该被看做是一个互动的整体的理论……它甚至超出了基本粒子的纯粹总合”(《韦氏新大学词典》,1979)。整体论在应用到教学中时,就意味着各种因素不再被分解成部分,而是被放置在它们发生的情景中进行考虑。这种类型学习的是连续式的学习,而不能被分解成单一的片段或技能(麦克纳特,1984)。相反地,行为主义者认为每项学习任务都可以分析、分解成小片段并按等级顺序排列;认为在学习整体(各部分总和)之前必须先学习单个部分。整体论者则相信这种片段式的学习最终导致的是学习任务之间变得彼此无关,学习过程变得无聊。

直到近些年,对有学习障碍儿童采取的教学方法基本都是简化主义倾向的。根据博普林(1984a)的研究,心理过程教育法、行为主义教育法、认知策略教育法,都已经应用到治疗学习障碍中,并且这几种方式有如下共同观点:学习过程被分成部分,教学重点在个人的缺陷而不是长处,处理信息过程有正确的方式和错误的方式。整体论者不同意这些观点,事实上,他们认为这些观点和做法阻碍了学习障碍儿童的学习。

关于学习障碍,整体论者提出,学习过程,比如记忆,是无法通过实验方式证明或者通过片段式教学教会。儿童对学习任务的记忆,依赖于他们已经掌握的和感觉到的东西,依赖于他们的兴趣,而不是依赖于任何一种假定的记忆结构的功能(博普林,1984)。

用整体论方式来教学习障碍儿童的倡导者们(赫舒西乌斯等,1984)认为,这些学生需要一个语言丰富的课程环境,这可以为学生提供足够多的读书和写作的机会。但是学习障碍学生经常读得很慢,很辛苦,不顺畅。罗兹和达德利—马琳(著作即将出版)指出,读书不顺畅的学生害怕在读和写的过程中冒险。他们认为,读书和写作是为了学习语言、认识单词,练习拼写和语法结构。他们没有意识到阅读的目的是要帮助他们从读书过程中理解意义。根据普夫劳姆和布赖恩(1982)的研究,阅读流畅的学生使用三种语言系统,即单词分析、句法以及语义,并通过一种相互关联的方式来解读文章的含义,而有阅读困难的学生主要是根据单词分析这一种系统来理解文章含义的。整体论者认为学习障碍学生需要将阅读和写作当做语言,而不是单个的与读者毫不相关,没有意义的技能来学习。

整体式的课堂创造机会,帮助学生参与到阅读和写作中。在教室中有阅读角,里面有很多图书、报纸、杂志、卡通片以及食谱。写作角则有笔、纸以及各种写作的素材。学生写杂志报道、故事、笔记、诗歌、戏剧,还有菜谱。学生在一起读书和写作,这可以帮助他们变得更加有创造力,克服更多障碍。整体式的教师要设计能表明读写有用性的活动。比如,一个烹饪项目,就要求学生在书中找到菜谱,列出要购买的原材料,写和读菜谱,以及谈论烹饪经验等。

整体式的课堂是一个将教和学融为一体的互动过程,强调的是意义,而不是语言的形式。学习障碍学生可以从这种有意义的环境中获益。将学习分解成部分,让学生重复无聊的学习过程,会造成学生不愿意学习。而整体式学习,可以激发学生的学习兴趣,因为它是有意义、有目的、学习内容相互关联的学习。

参见 生态评量;残疾人的生态教育

HOLLINGWORTH, LETA A. S.
乐塔 A · S · 胡林沃斯(1886—1939)

心理学家,1916 年从哥伦比亚大学教师学院获得博士学位。在此之前,她在内布拉斯加州的一所高中担任教师,还在纽约的一个心理诊所担任过医师。从 1916 年到她去世,她一直在教师学院任教。

胡林沃斯在女性心理学方面进行了先锋性研究,纠正了先前人们对不同性别能力差异的错误认识,这些研究为她后来大力倡导女性和男性获得同等工作机会提供了坚实的基础。在构建临床心理学家的任职标准方面,她起了领导作用;在对智力落后儿童和天才儿童的调查研究中,她也做出了突出贡献。

HOLT, WINIFRED
薇尼芙德 · 霍尔特(1870—1945)

薇尼芙德 · 霍尔特在 1905 年创建了纽约盲人协会。她负责创建了最后演变成“美国防盲组织”的委员会。由于对盲人的教育和就业有特殊兴趣,她创办了“纽约灯塔”,这个机构致力于为盲人提供教育、就业以及休闲服务。1913 年,塔夫茨总统为“纽约灯塔”献词。这个机构取得了巨大成功,很多其他的城市也开始创办这样的机构;"纽约灯塔"在其他 34 个国家也有自己的分支机构。

身为让盲童进公立学校运动的领袖,霍尔特帮助纽约教育委员会创建了一个让盲童和明眼儿童一起读书的项目。她写了两本有影响的著作;一本是关于亨利·佛瑟特的传记,亨利是英国邮局总局长,也是盲人;还有一本是《不能熄灭的灯火》,这本书收集了很多盲人的故事,也是一本为盲人和他们的朋友准备的有用的手册。1922 年,霍尔特和鲁弗斯·格雷夫斯·马瑟结婚,她的丈夫是从事艺术研究的学者和讲师,后来也参与到霍尔特的工作中。

HOMEBOUND INSTRUCTION
在家教学

在家教学指的是由于疾病、生理缺陷或情绪问题而必须在家的儿童通过巡回教师的教学来接受教育的一种教育方式。如果学校无法满足儿童身体或情绪上的需要,儿童就可以在家接受教育。94 – 142 公法和《残疾人教育法案》(IDEA)将在家教学划归到所有可供教育环境中限制最多的那一类,因此,只要有可能,这种安置形式都被看做是临时性的安置(伯丁和布莱克赫斯特,1985)。

在那些可以提供巡回教师的地方和学区,由巡回教师为儿童提供教育服务。在家教学方式包括直接为儿童提供教学服务,以及定期和校内工作人员进行咨商。因为在家教学的本质对只是短期在家学习以保证跟上进度和完成作业的儿童,和必须长期在家学习全部课程的儿童是很不一样的。研究者认为定期和学校以及同学联络对于发展在家儿童的社交技能、保持伙伴关系是很重要的。一旦他们的自身条件允许,就要尽快让这些儿童重返学校(保罗威,1985)。

特殊教育新法令已经将传统的在家教学概念拓展了,把为严重残疾的儿童、聋和盲的婴儿和幼儿、智力落后以及其他处于高危情景的婴儿提供的家庭式服务都纳入在家教学范畴中(卡特怀特等,1995)。在家教学的服务包括让教师、训练员对家长和儿童进行教学训练,强调提高儿童自助技能、交流、在家庭的自然环境中运用语言的技巧,从而促进儿童的发展(基尔南、乔丹、桑德斯,1984)。

电信技术和计算机教学技术的提高可以协助在家学习的儿童及其教师,直到他们能够进入受限制更少的环境中学习(科克和加拉格尔,1986)。

参见 瀑布式特殊教育模式

HOMEWORK
家庭作业

花费在家庭作业上的时间往往和学业成就相关。20 世纪初期以来的很多研究结论一直支持这个说法。基思(1982)发现,除了智力因素外,在各种影响成绩的因素中,家庭作业与分数的相关比较高。瓦尔伯格(1984)在分析了 15 个关于批改家庭作业的研究后发现,家庭作业对学生成绩的影响,比教育、家庭收入水平或者父母的职业地位等因素高三倍。布置家庭作业与不布置家庭作业,对学业成就有显著影响。教师对家庭作业进行评分收到的教育效果,是仅仅布置家庭作业效果的三倍。

这不是简单地要求布置更多的作业来取得更高的成绩。如何设计、指导和监督学生的作业才是学生取得成就的关键。基思(1982)总结道,到一定程度后,再增加家庭作业,可能带来的收效越来越少。但是,大部分学生要完成的作业量,距离那个会造成收效下降的程度还很远。一些布置家庭作业的准则如下:①常规性地布置作业;②在学生完成作业后,及时对作业进行评分或反馈;③把作业作为课堂教学的一部分融入课堂活动中;④考什么内容布置什么作业。

参见 学业需要;教师效能

HORTICULTURAL THERAPY
园艺治疗

园艺治疗也被称为园艺疗法、农艺疗法、治疗性园艺、种植治疗等。对残疾人士进行的园艺治疗起源于 19 世纪大型的州级机构的兴起。这些机构很多位于农村地区,拥有庄稼地。住在机构中的残疾人士要学习如何种植、照顾植物,还要学习如何收割。开办这样的农场,最初目的不是为了治疗,而是为了获得经济效益。但是,很多人因此获得了在农场工作的机会。事实上,第二次世界大战前,农业是残疾人一项主要的就业领域。

现在的园艺治疗有几个理论支持。它是职业治疗的一个分支(伯顿和沃特金斯,1978),用来促进动作发展。它也可以被看做是心理治疗的一个模式(沃森和伯林盖姆,1960),用来培养接受治疗的人的动机以及对生命物体的责任感。园艺治疗还可以被看做是职业活动(唐尼,1985;古德—哈密尔顿,1985;施拉德尔,1979)。可以在庇护性工作环境或培训竞争性就业的学校职业教育方案中进行这些训练。

美国目前有很多独特的园艺治疗项目。伯顿和沃特金斯(1978)描述了一所公立学校为身体残疾学生开设的治疗项目,教师将学科知识融入到由学生照看植物的教学活动中。这个项目是根据皮亚杰的认知观点设计的,并且是跨学科的,将物理治疗、职业治疗、言语治疗以及课堂教学融为一体。塞韦(1985)对 8~12 岁的学习障碍学生采用了园艺治疗,作为一种培养他们的责任感、秩序感、尊重自然、学会合作以及与成人建立积极关系的方式。古德—哈密尔顿(1985)报道了另一所公立学校对可教育的智力落后儿童和学习障碍儿童开办的项目,此类项目让这些儿童在花房中学习职业技能(首先是工作习惯)。50% 以上的学生在训练结束后可以获得工作。美国有一个专业的园艺治疗组织,即国家园艺治疗和康复协会(NCTRH),它成立于 1973 年。

参见 作业疗法;职业治疗

HOSPITALIZATION AND SPECIAL EDUCATION
住院治疗与特殊教育

医院教学指在医院里,对那些逐渐从疾病或意外事故中恢复的儿童开展的特殊教育。通常,这样的教学被认为是临时性上门教学中的一个组成部分(卡特怀特等,1995)。医院对残疾儿童来说是限制最大的环境。94-142 公法和《残疾人教育法案》(IDEA)要求学区内增设更多成熟的学校特殊教育项目,以减少身体或情绪方面有障碍的儿童留在医院或家庭的时间(科克和加拉格尔,1986)。

参见 在家教学;残疾人教育法案

HOUSE-TREE-PERSON(HTP)
房—树—人(HTP)

房—树—人是 J·N·巴克(1948,1966)设计的一种被广泛应用的图画投射技术。但作为衡量成人和儿童性格的工具,人们对它还有争议。尽管施测的方式和步骤多种多样,但测验的主要内容是要求被试者用铅笔在一张 8.5×11 英寸的纸上画上一座房子、一棵树、一个人。或者也可以像巴克最早提议的,在三张纸上分别画三样东西。等被试者画好后,要求他对图画进行描述或解释。巴克设计了量化评分系统,若勒(1971)则提出了一套对被试图画和描述的阐释系统。比利奥斯卡斯(1980)对 HTP 的发展历程和相关研究的评论进行了整理编辑。

参见 人格评量

HOWE, SAMUEL GRIDLEY
塞缪尔·吉德雷·豪(1801—1876)

塞缪尔·吉德雷·豪是一位盲人教育和智力落后教育的先驱,一位来自马萨诸塞州的医生。1832 年,在他自己家乡开办的马萨诸塞州第一所盲人学校担任过负责人。这所学校后来被命名为柏金斯盲人机构和马萨诸塞州盲人学校。豪的学校在帮助盲学生提高学业能力、自立以及就业能力方面起着模范作用。他最出色的学生是一位又盲又聋的儿童,劳拉·本杰明。学校在教育这位学生时取得的成功,50 年后吸引了海伦·凯勒的父亲到校求助。最后,该校的安娜·沙利文成了小海伦的老师。

豪出版了许多盲人读物,并且通过向国会呼吁,对 1879 年美国盲人读物出版社的建立起了积极作用。1839 年,豪接收了一位既盲又智力落后的学生,他证明了这样的儿童也是可以教育的。1848 年时,他在柏金斯学校创立了一个为此类儿童服务的教育实验项目。这个项目的成功帮助豪说服了立法机构同意应当将智力落后儿童的教育纳入社会责任中,政府也批准了创办州立培智学校。1855 年,该学校竣工后成为华特芬纳得州立学校。

HUMAN RESOURECE DEVELOPMENT(HRD)
人力资源发展

特殊教育中的人力资源发展包括通过各种途径和干预措施帮助专业人员和辅助人员提高其特殊教育服务质量。特殊教育人力资源发展的需要,是四个历史发展趋势和事件促成的:①特殊教育不断变化的性质,②特殊教育工作者的过度劳累,③新的专业和法律的要求,④对特殊教育服务需求量的增加。特殊教育不断变化的性质可以从很多方面看出来,包括新的教学技术,如微电脑的引进。对于特殊教育工作者来说,他们要与特殊教育的发展同步前行,就需要积极地参与到发展技术和知识的活动中。特殊教育工作者劳累和压力大的问题已经引起重视,最近一篇研究报告指出,特殊教育工作者无法从劳累和与工作相关的高压力中解脱出来(彻尼斯,1985)。

人力资源方法和干预可以帮助特殊教育工作者积累丰富的经验来消除劳累和压力感。人力资源发展对特殊教育的重要性,还可以通过改变专业和法律要求进一步加强。比如,94-142 公法对很多特殊教育工作者提出新要求,例如要求由跨专业的团队决策。有研究者(义田,1980)指出,特殊教育工作者以及其他人员在参与团体决策方面准备不足。特殊教育中人力资源发展的需要从对特殊教育服务不断增长的需求可以明显看出。正如萨拉森(1982)所提到的,传统的训练方式已经不可能满足培养足够能够提供所需服务的工作者的需要。因此,其他各种非专业团体(比如课堂教学辅助人员,家长,甚至学生)的参与显得非常重要。

参见 多学科团队;特殊教育人员培训

HUMPHREY,ELLIOTTS S.
伊利特 S·哈姆瑞(1888—1981)

伊利特 S·哈姆瑞早年曾经做过骑师和牛仔,后来他开始养殖和训练动物。他为马戏团训练狮子和老虎,还养狗,有些狗后来被比尔特将军征用,参加了他的南极探险之旅。

多萝西·尤斯蒂斯,即 1928 年创建了美国第一家导盲犬机构——"能视之眼"的创建者,聘请了哈姆瑞帮助他喂养和训练导盲犬。哈姆瑞的训练方式让"能视之眼"于 1928 年成立之时立即成功。这些训练方式今天仍在沿用。为了解决"能视之眼"缺少合格训练师的问题,哈姆瑞开办了一所专门培养训练师的学校,这所学校不仅仅为"能视之眼"提供师资,也为其他工作犬培训基地提供师资。哈姆瑞出版了一本关于喂养工作犬的书,并且在哥伦比亚大学宣讲他的专长。在第二次世界大战期间,他成为海岸防卫队指挥,承担了一所专门为军队培训训犬师的学校的管理和指导工作。

HUNGERFORD,RICHARD H.
理查德 H·汉格福德(1903—1974)

理查德 H·汉格福德是智力落后研究领域的领军人物,曾在 1942 年至 1953 年间担任纽约公立学校智力落后儿童发展署主任。后来,他又先后担任了新汉普郡拉哥尼亚州立学校校长,得克萨斯州维克多尼亚加夫本儿童和青少年中心的执行总裁,加文斯顿—休斯顿教区智力健康和智力落后服务中心的执行总裁,以及波士顿大学特殊教育学教授。

在 20 世纪 40 年代,汉格福德为纽约市的学校制订了一套完整的为智力落后学生准备的课程。这套课程强调具体职业技能、家居生活技能的训练,强调培养社会技能的教学活动。1943 年,他和克里斯丁·德普罗斯坡一起创办了《职业教育》杂志,这是为智力落后学生的教师创办的刊物。汉格福德写了不少意义深远的作品,特别是他优美的散文,比如"论蝗虫",大大鼓舞了从事智力落后教育工作的同事以及非专业人士。1948 年至 1959 年间,汉格福德担任美国智力缺陷联合会的会长,还担任《美国智力缺陷》杂志的编辑。

HUNT,JOSEPH MCVICKER
约瑟夫·麦维克·哈特(1906—1991)

约瑟夫·麦维克·哈特于 1906 年 3 月 19 日出生在内布拉斯加州的斯克特思布夫。1929 年,他从内布拉斯加州立大学获得学士学位,1930 年获得硕士学位。1933 年,他从康奈尔大学获得了博士学位。毕业后,他成为国家研究会的一名心理学研究人员,1933—1934 年在纽约精神病学研究所和哥伦比亚大学工作,1934—1935 年在沃彻斯特州立医院和克拉克大学工作。1935 年,他在内布拉斯加州立大学做了一年的访问心理学助理教授,之后,他到了布朗大学担任心理学讲师,1938 年晋升为该校助理教授,1944 年晋升为副教授。在布朗大学工作期间,哈特还先后以助理(1944—1946)和主任(1946—1951)的身份参与了普罗维登斯的布特医院的项目研究工作。1951 年,哈特成为伊利诺伊大学的心理学教授,他在那里一直工作到 1974 年,还获得了荣誉教授的称号。哈特逝世于 1991 年。

哈特在儿童心理研究的很多方面做了出色的工作。除了是心理学教授外,他还是伊利诺伊大学早期教育教授(1967—1974)。他是儿童早期教育白宫任务团的主席,帮助起草了"儿童权利法案"报告。这个报告建议在年幼儿童教育中推广领先计划项目,并加强研究后续的项目以突破领先计划中的年龄限制问题。

哈特出版了很多作品,涉及临床心理学、儿童心理、社会生活环境、人格和行为障碍、智力等各个方面的内容。

HUNTER'SYNDROME(MUCOPOLY SACCHARIDOSIS II)
亨特综合征(黏多糖 II)

亨特综合征(黏多糖 II),属于黏多糖症(包括胡尔勒等,1998)的一种,是一种 X - 连锁的染色体隐性疾病,主要发生在男性身上。罹患该症的儿童,出生前两年发育正常,在 2~4 岁时出现畸形。亨特综合征有两种形态,A 型(重度)和 B 型(轻度)。A 型病人角膜干涩,而且通常在 15 岁之前即死亡。与罹患胡尔勒综合征的儿童相比,亨特综合征儿童的智力水平和学习水平比较高(卡特,1978)。但是,在他们身上经常看到行为失调、多动和破坏行为,而且随着年龄增长,他们变得更难以控制。罹患 B 型亨特综合征的儿童,可以活到 50 岁,而且还可能有正常的智力(沃迪斯,1981)。

亨特综合征儿童的身材矮小,关节僵硬,大腹便便(肝脾等内脏肿大)。这些儿童脑袋大,前额突出,头骨长,眉毛粗重。随着儿童年龄渐增,还会出现厚唇、扁平鼻和参差不齐的牙齿。2~4 岁患儿的常见特征是毛发稀少,特别是没有眉毛和睫毛。他们的手是爪子形状的，手指粗短而且硬。僵硬的手和脚会造成身体行动和协调方面的问题（勒梅肖，1982）。

亨特综合征儿童经常有程度不同的智力方面的问题，但由于其发展在2岁或2岁以上都正常，他们的认知和语言能力会比有相似生理特征的其他综合征患儿高。随着儿童年龄增长，身体运动也会出现问题。年龄大的儿童会出现突然惊厥的现象。某些罹患亨特综合征的儿童，还可能出现进行性神经性耳聋的问题，有的还有视力问题（伊林沃斯，1983）。在他们身上，还会出现很多类似学习障碍的现象（注意力持续时间短、运动过度、消极行为）。

健康和行为问题，以及随其成长出现的运动和智力问题，使得人们有必要把这些儿童安置在有限制的环境中，而不是在普通班级中。需要特殊教育专家对这些儿童出现的视力、言语以及听力障碍进行评估和补救。物理治疗和职业治疗的介入也是必需的。亨特综合征非常少见，在140,000个男性中才会出现一例（布朗等，1998）。

参见 胡尔勒综合征；智力落后；身体异常

HUNTINGTON'S CHOREA（HC）

亨廷顿舞蹈症（HC）

亨廷顿舞蹈症，又称亨廷顿疾病，是一种退行性疾病，其退行过程不易被察觉。通常发病的时间是25～50岁之间，特征是病人的身体动作不自主、不规律，并且抽搐（类似舞蹈病）。尽管在病人没有出现舞蹈症之前很难正确地诊断出这种病，贝拉米（1961）发现他的病人中有29%在出现不正常的肌肉动作之前有情绪失调的问题。随着病症的发展，智力也会出现退化。发病10到20年，病人将痛苦地死去。

亨廷顿舞蹈症是很少见的疾病，大部分的有关该病的流行率研究都认为，100,000人中才会出现4～7个亨廷顿舞蹈症病人。尽管很长时间以来，人们认为这种病永远不会在某些特征民族身上发生（比如，犹太人家庭），但事实不是这样的。不过要提到的一点是，在日本，这种病发病率确实很低（大约是每一百万人中4个人患此病）。

在早期的文献中，就有人描述了这种疾病的主要症状，他们是：查里斯·沃特斯（1841），查里斯L·高尔曼（1948），乔治B·伍德（1855），莱昂（1863）。由于乔治S·亨廷顿在1872年对这种病进行了精确的说明，人们认为应该用他的名字来命名这种疾病（德容，1973）。

亨廷顿舞蹈症是一种常染色体显性遗传疾病。也就是说，携带病症基因的父或母，其孩子有一半会出现这种病（克莱曼，1964）。如果有一代的病人放弃生育，那么这种病的发病率就会减少到零。但是这种解决方法很难执行，因为携带者通常要到他们的生育期以后才能意识到自己的问题。另外，由于这种疾病是由缺陷基因导致的，终止携带者生养后代是唯一的解决方式。目前还没有可以治愈亨廷顿疾病的方法。

青少年亨廷顿舞蹈症很少见，大约占亨廷顿舞蹈症病例的5%。言语含糊和构音困难是最明显症状，但在20岁之前很难做出诊断。在青少年类型的舞蹈症中，抑郁和焦虑比较明显，癫痫的发生率是成人亨廷顿舞蹈症的25倍（青少年型为50%，而成人仅2%）。该病需要特殊教育的介入，但是症状管理是唯一的治疗形式（特克等，1998）。

参见 舞蹈病；遗传咨询

HYDROCEPHALUS

脑水肿

脑水肿是大脑中脑髓液异常的积聚现象。随着脑脊髓液的积累，头部的上方会增大到与身体其他部分比例失衡。如果不治疗，病情会加剧，最后导致病人死亡。引起液体累积的三个主要原因是脑脊髓液分泌过多、液体吸收不良以及液体循环不好。这些原因往往跟脑膜炎、脊柱裂或者肿瘤有关系。

尽管脑水肿的病理学原因还未完全揭示，但基本的治疗方式至少已经有150年的历史了。比如，约旦（1972）引述了迈因德尔记录，早在1829年时，就有2例脑水肿病人经过脑室通管引流的手术方式得到了治愈。但这个由康奎斯特医生做的手术过程受到了批判，最后被人摒弃了。直到1950年，人们才重新找到了能普遍成功地做这个手术的技术。

人们发明了很多诊断和治疗脑水肿的精妙技术。现在，MRI可以为诊断提供权威性证据。

英格拉姆和马特森（1954）提到一种早期的治疗方式是脑室—输尿管造口术，这个手术先切除一片肾叶，而后用一个塑料管，将头部的脑室与输尿管连接起来，这样，多余的脑脊髓液可以排到膀胱中，和余下来的肾脏产生的尿液一起排出体外。这个手术以及其他相关手术被称为分流手术，因为多余的液体由身体的其他部位吸收或排除。目前最常见的两种手术都采用单向阀门的导管（通常是哈基姆或普吕登术，有的时候也和反虹吸的导管一起使用）。脑室—心房分流术，则是把脑脊髓液排放到右心房中。如果采用的是脑室—腹部分流术，液体则排放到腹腔中（胃）。

尽管成功的引流术可以使病人的情况趋于正常，

但有三个问题需要密切关注:①要特别注意避免术后感染;②如果导管阻塞或者某些功能失效,就需要修复或更换导管,汲取液体的管子可能会产生沉积物,需要调整;③手术治疗和分流引起的感染往往会导致癫痫(布洛乌,1978)。

参见 脑膜炎;脊柱裂

HYPERLEXIA

超能语言

超能语言是指儿童表现出超出与其智力水平相当的语言能力的单词认读现象。尽管他们阅读或者单词认读的技能非常高,但他们很难理解自己所读的内容。自从20世纪40年代有人(伯格曼和埃斯卡罗那,1948)报告了这种现象之后,在后续的十年中,出现了更多的相关报道(艾森伯里和坎纳,1956)。超能语言这个术语最早是由西尔伯贝格等(1967)提出的,他们认为这种现象可能和超前发展的某个大脑功能神经异常有关。1969年,凯恩对已有研究作了分析,提出这种现象无法解释。从那以后,很多研究开始关注超能语言的儿童(哈特拉格等,1973;里奇曼和基切尔,1981),但是研究者对这种现象的本质以及原因还没有统一的说法。

参见 阅读障碍;阅读矫正

HYPEROPIA

远视

远视是一种视力障碍,由屈光不正常导致。屈光是收集光线并将其聚焦到视网膜的中心部位的过程。患有远视的眼睛眼轴很短,无法正常地完成屈光过程(休厄德和奥尔兰斯基,1984),这样就造成远视。远视眼的人无法看清近距离的东西。

普通婴儿刚出生时,都是远视眼。随着婴儿的成长,远视会逐渐变弱。特别在青春期,如果在婴儿时期没有远视眼的话,会患上近视眼。有远视眼的儿童,根据情况严重性的不同或职业需要的不同,会逐渐意识到自己的问题。

远视眼可以通过矫正眼镜或隐形眼镜得到治疗。但是,如果没有治疗,远视眼会对学生的学业成绩造成很大影响。由于患远视眼的学生看近距离的物体有困难,因此他们在完成某些学习任务时会遇到困难。

参见 视敏度;视功效

HYPERTELORISM

眼距过宽

眼距过宽指的是两眼之间距离很大,眼眶相距甚远。这种情况会呈现出一种张大的、原始的眶间角度的停滞。尽管早期认为的造成眼距过宽的原因是单一的,但后来对头骨的临床和透视研究则表明,眼距过宽的原因多种多样。这种情况和眦距过远病症非常不一样,患眦距过远病症的病人两眼之间的距离是正常的(杜克—埃尔德,1963)。

斜视是最经常伴生的视力障碍,但其他的眼睛异常,如小眼、小角膜、视萎缩也会发生。眼距过宽的病人,他们的心理状态通常很好,大多数人非常温和。

这种病对教育没有什么影响,除非这种病是其他发展障碍的原因。总的来说,眼睛、脸以及大脑的发展是同时进行的;在一个方面发生的缺陷说明其他方面可能也有缺陷。当这种病和视神经或中枢神经系统缺陷有关时,才需要引起特别的关注。

HYPERTHYROIDISM

甲状腺机能亢进

甲状腺机能亢进是一种内分泌失调疾病,其特征是甲状腺激素分泌过多,引起新陈代谢速度加快、眼球突出、甲状腺增大、高血压以及心跳过快。其他症状还包括夸张的应激反应,手脚、脸部和脖颈部位产生快速且颤抖的动作。病人还可能出现焦躁和行为问题(赫琴斯和怀特,1998)。这种病通常是由基因遗传引起的,在家族中流行,女性比男性更容易患病,需要得到医生的诊断和后续的治疗。家长、教师以及学校心理学家应该同儿童的医生密切合作,一起进行干预(加德纳,1969)。

据观察先天性甲状腺机能亢进的儿童多动,吃得很多,体重却不增加,体温过高。儿童5岁以前很少出现甲状腺机能亢进,大约10%的病人是在10岁前发病的。尽管女性和男性患病的比例是6∶1,但在10~15岁的儿童中,男女患病的概率是一样的。这种疾病发展得很快,从轻微的症状到出现行为问题以及在校成绩出现滑坡,时间不长。他们的身体发育很快,但最后的身高却没有增长多少(莫内克斯和奥尔贾齐,1980)。

甲状腺机能亢进的病人通常有情绪问题,医生要仔细诊断。研究表明,这类病人往往伴有精神疾患,甲状腺素分泌过多也会引起突发性的精神疾患(蔡特霍佛、萨莱图、施塔里和艾哈迈迪,1984)。有些时候,精神疾患会掩盖潜在的甲状腺机能亢进,并且,异常行为也会减少后续的抗甲状腺机能亢进的治疗。人们认为体内化学元素的不平衡会影响中枢神经发挥效能,从而导致了病理行为。

对甲状腺机能亢进的治疗,或者采用切除方式(手术,放射性碘),或者采用保守方式(药物治疗),或者两者结合使用。如果肿瘤是引起甲状腺机能亢进的原因,那么就需要进行手术。但是,甲状腺的切除可能会导致另一种相反病症的产生,即甲状腺机能减退。使用抗甲状腺机能亢进的药加上支持性的咨询服务,是最普遍采用的治疗选择。

这种病的预后发展缓慢,因为至今没有完全令人满意的治疗方法。这种病可能是终身性的疾病,需要长期的治疗。特殊教育工作者应该同医生、学校心理学家密切合作,调整教育环境,满足患有甲状腺机能亢进儿童的特殊需要。

参见 *情绪障碍;甲状腺机能减退*

HYPOACTIVITY
活动减退

活动减退是指运动神经活动不足或不当,对外界刺激不能集中以及保持注意力。梅耶和哈密尔(1969)描述了活动减退儿童通常昏睡、安静,与班里同学有些距离。与多动的儿童相比,这些儿童在识别以及鉴定上存在更多的困难,而且他们的问题容易被忽略。

尽管多动儿童和活动减退儿童在活动水平上截然相反,但两类儿童都表现出了会影响学习的注意力缺陷。戴克曼、克莱门茨和彼得斯(1971)讨论了那些不能在书面或口语词汇上集中注意力的儿童,以及那些很难学会阅读或拼写的儿童。大多数情况下,注意力缺陷表现为冲动性和对刺激的过度反应。但是对于活动减退儿童来说,抑制、被动、对刺激反应不强是其注意力缺陷的症状。

俄国心理学家 A. R. 鲁利亚(1959,1961)对注意力缺陷进行了论述,并特别提到了活动减退问题。他提到了脑部衰弱综合征,该病的特点就是注意力不集中、精神涣散、注意时间不长。鲁利亚指出,这一综合征经常会有两种完全不同但本质却类似的表现形式。他强调神经过程可以分为两个基本的成分:兴奋和抑制,两者都在人身上体现出来。兴奋和抑制的力量、集中、平衡和运动是受脑部病理影响的。如果脑部细胞的病理状态首先影响的是抑制过程,儿童就会表现出过多的冲动性,以及与多动有关的失控。相反,如果病理状态减少了兴奋过程,儿童的神经紧张状态就会急剧下降,开始进入被动状态。鲁利亚提到和描述了这些抑制型的儿童,他们行动迟缓、迟钝、对新的刺激做出反应时表现缓慢,很像活动减退、学习障碍儿童。

对于多动的研究一直有很多,但是对于活动减退儿童的相关研究却很少。鲁利亚(1961)的研究报告论述了语言对基本的神经紧张过程之间的不均衡性的影响。要求持续集中注意力的实验中,他发现抑制型儿童对刺激不能做出准确的肌肉运动反应。但是,当要求这些儿童同时做出口头反应和肌肉运动反应时,他们的反应正确性和频繁性都增长显著。鲁利亚认为,口头言语反应和肌肉运动反应的结合可以增加儿童的活动水平,言语补偿可以增强兴奋的程度。

参见 *注意力缺陷多动障碍;注意广度*

HYPOGLYCEMIA
低血糖

低血糖是一种生理障碍,指的是在 1 ~ 3 小时内血液中的葡萄糖含量突然上升,然后又急剧下降。这种血液中葡萄糖的突然下降使得身体处于一种接近休克的状态,且这种状态可能因压力而恶化(索罗昌,1981)。随之而来的症状可能包括昏睡行为(缺乏动力、疲劳、退缩、抑郁);不稳定行为(心智混乱、无故焦虑、多动、攻击);想要糖果。这种血液中葡萄糖过低的情况就是低血糖的标志。它不同于高血糖,在高血糖的情况下血液内葡萄糖含量过高。

医生通过测量不同时间体内葡萄糖的含量来诊断低血糖(如:饭前、饭后立刻、饭后几个小时)。吃饭前,血糖低;吃饭后升高;几个小时后又下降。如果血糖下降的速度超过了人群的平均速度,则往往说明是低血糖。

一些研究者调查了低血糖与行为障碍攻击、精神病症状之间的关系(维尔库宁,1982)。许多研究者特别关注患者的饮食方面,特别是碳水化合物的减少。低血糖最有效的治疗方法可能是控制饮食,每天吃六餐或更多,而不是一般的一天三餐。其目的是减少葡萄糖消耗量以及减少患者处于低血糖状态的时间。

尽管低血糖应该由医生来进行诊断,但是学校管理者、心理学家以及教师也应意识到这个情况。如果观察到儿童在吃饭后总是出现反复无常的行为,这可能是低血糖的征兆,需要去看医生了。

参见 *行为障碍;糖尿病*

HYPOTHYROIDISM
甲状腺功能低下

先天的甲状腺功能低下是由于甲状腺激素分泌不足引起的内分泌失调。如果甲状腺功能低下在出生后 1 ~ 3 个月内没有得到治疗,就会导致严重的智力落后。先天的甲状腺功能低下对智力造成的损害比先天的甲状腺功能低下造成的要小。但是,后天的甲状腺功能低下会造成人体的疲劳、发育迟缓、畏寒、攻击性行为以及抑郁。研究表明,后天的甲状腺功能低下会对人体的心理、神经以及行为都造成损伤(加德纳,1969)。

目前似乎有充分的资料表明,大脑发展的关键时期需要足够的甲状腺激素(赫尔斯,1983)。胎儿在很大程度上依赖自己的甲状腺,因为母体的甲状腺激素只有很少的部分能够通过胎盘。甲状腺激素对中枢神经系统的发展非常关键。甲状腺功能低下会造成胎儿出生前的脑部损伤。探查早期治疗能在多大程度上逆转脑部行为变化,最新的研究正在检查这种可逆性的程度。有证据显示,新生儿普查中的早期诊断以及后续的治疗对预防先天性甲状腺功能低下导致的终身并发症极为重要。

甲状腺功能低下对大脑发育的影响是通过复杂的交互作用累积起来的。甲状腺激素缺乏或不足会导致脑部发育以不同的形式和速度放缓,从而又反过来影响脑部树突细胞的生长以及突触的连接,(比勒尔、弗罗斯特和帕尔金,1983)。最终的结果是造成严重的智力落后。

赫尔斯在1983年报告,早期研究者认为迟滞发生的年龄以及严重程度与治疗的时间有很大关系,但是也有例外。之后,更多详细的研究证明,在先天性甲状腺功能低下者出生后不到1～3个月就进行治疗有利于其预后(罗韦特、韦斯特布卢克和埃利希,1984)。诊断与治疗由医生来进行,学校有关人员应该在干预实施中与医生保持合作。

好的预后来自于新生儿筛选之后持续对其进行早期诊断和治疗。成功的治疗案例中,患者具备了正常的智力、一些行为障碍以及一些小的运动协调问题。如果需要治疗计划,需要对患儿的强项和弱项进行仔细的描述,这样有利于进行特殊干预。在治疗甲状腺功能低下患者时,要与其学校日常活动以及周围环境相融合,这有利于他恢复智力及体力。

参见 *活动减退;低血糖*

HYPOTONIA
张力减退

张力减退是一种非特定性状态,指的是骨骼肌张力或部分收缩力减弱。这一术语有时可与肌肉松弛互用,但是肌肉松弛通常指的是肌肉缺乏张力。张力减退的发生是由于肌肉纤维中缺少运动单元的活动。这是神经功能紊乱或肌肉疾病的征兆。张力减退是一个连续统一体,可以从轻微的肌肉张力弱到完全的肌肉松弛;在身体的不同部位,它经常处于变化中。尽管张力减退时肌肉无法自主控制,但是个体的觉醒程度、与重力相关的身体方位以及活动可能会影响张力减退的程度。

一些人的肌肉张力可能比常人弱(导致不良姿势),但是这通常不是病理意义上的张力减退。正常的肌肉张力是一种肌肉拉紧或部分伸缩的状态,这有利于保持身体姿势的稳定,使人克服重力保持直立。当部分中枢神经系统(CNS),特别是小脑受损时,躯干或四肢就会出现张力减退。末梢神经受损时一般会导致相对应的四肢出现肌肉松弛。一些先天性障碍或综合征,如肌肉营养不良或唐氏综合征都有不同程度的肌肉张力减退。与张力减退有关的肌肉收缩力降低使发病的四肢神经末梢的稳定性降低,而关节的活动增强。稳定性的降低以及灵活性的增强会降低个人的体位能力,导致身体各部位运动困难。

张力减退的治疗包括各种外科治疗方法。夹板和支架可以用来防止脊柱弯曲以及永久性的变形,但是这些方法只是针对症状而不是病症本身。也有人尝试生理治疗或操作技术,如神经发育治疗法(NDT)、本体感受性神经肌肉促通技术(PNF),但是它们对张力减退的效果不是很理想。如果张力低下引起永久性变形,就需要矫形外科在体内插入钉或融合脊柱或其他关节以防止进一步的变形或脱臼。张力减退会影响儿童在学校活动中的表现,包括感觉运动功能。张力减退可以轻到不足以影响儿童在学校的表现,也可以严重到影响儿童的坐立或头部正确姿势的保持。张力减退可能还会与智力落后或其他智力功能上的障碍同时存在,需要各学科的教育干预。

参见 *肌肉萎缩症*

HYPOXIA
缺氧症

缺氧症指的是氧气摄入量不足。氧气量低会导致pH值平衡、能量利用以及组织灌注的改变(弗里曼,1985)。变化程度与持续时间和发作的严重性有关。缺氧症甚至会导致死亡。缺氧症可能发生在以下类型的婴儿身上:①肺部氧气摄入量不足需要机器供氧;②经常性窒息;③心脏病使氧化血到达不了关键部位;④严重贫血。最后一类其根本原因在于血液丧失供氧能力,尽管其心肺功能正常(阿达姆,1985)。

新生儿缺氧症可能会导致不可逆损伤,特别是对脑部的损伤。发育中的脑部组织在供氧不足的情况下特别容易受损。缺氧症会产生不同的影响力:有些婴儿经历了缺氧一个极端的影响,但是大多数恢复很快。

最新的研究提出了缺氧症的阙限效应:一定程度的缺氧是可以没有明显症状的,恢复很差,但是超过阙限的缺氧会导致严重的后果。假设正常体重的正常新生儿处于最高阙限,他们最能忍受氧气的少量缺失。阙限降低的情况会削弱婴幼儿缓解压力的能力。早产与出生体重不足就是降低阙限的两种条件(弗里曼,1985b)。

母亲缺氧症,即由严重的肺炎引起的缺氧症会对胎儿的发展造成严重的影响,导致胎儿脑部畸形(古德林、海德里克、帕彭富斯和库比茨,1984)。

脑瘫是与缺氧症相关的最为常见的缺陷,幸存者中大概有10% ~26%是脑瘫患者。缺氧症的其他后遗症是脑水肿、抽搐、脑出血以及智力落后。缺氧症还可能引起学习障碍以及大运动失调障碍(帕里、巴尔迪和加德纳,1985)。缺氧症也是导致窒息的一个因素。

参见 窒息;早产

I

IDIOT
白痴

白痴这一专有名词从19世纪末20世纪初开始沿用到20世纪50年代,用来指那些智商在25或30以下的智力障碍人士。它用来指称最严重的智力障碍,也可以用来说明比最严重的智力障碍程度稍微好一点的情况(比如低能者和愚笨人)。白痴这一术语流行多年,造成了不好的影响,终于在20世纪50年代,人们对这一术语系统进行了修改。

参见 AAMD分类系统;特殊教育的历史

IDIOT SAVANT
白痴天才

这个有明显冲突的术语指那些在绝大多数方面表现出精神或智力障碍,但在一种或几种技能上有过人表现的人士。天才行为的表现可能是超群的记忆、计算能力、音乐或其他艺术才能,或者是动手操作能力。“白痴天才行为”一词在现在的文献中已经不多见了。为了避免由这个术语产生的一些带有耻辱或其他不良感受的情绪,现在人们使用“断裂技能”来替代这个术语。

这些人显现出来的天才技能是孤立的。在绝大多数方面,这些所谓的白痴天才表现的行为可以被当做是智力落后或精神病的表现。尽管有些重度智力落后人士也具有某方面的天才,但总的来说,白痴天才大多是轻度智力落后人士。造成这个现象的原因不得而知,相对来说,科学家对此关注比较少,可能是因为它对其他人无害,反而还给很多人带来益处。

参见 自闭症;智力落后

IMAGERY
表象

表象指一种以非语言形式呈现的对物体、事件或者概念的心理表征,是形成人类机能的基础过程。尽管根据克林格(1981)的说法,表象通常应该是以可视画面的形式出现,但实际上心理表象包括各种不断产生的来自感觉的经验,这些经验是我们意识的一个组成部分,代表了我们的感觉形态。

从建筑、体育到分子科学,心理表象在各个领域的创造过程中都起着关键作用(霍尔,1998)。利用表象加工信息的能力,可以用于帮助儿童和成人预测和提高他们的创造性想象能力(卡特纳,1979)。另外,有指向的表象的聚集可以很好地帮助人们从整体上直接感知到身体的位置或者组织(坚得林,1980)。关于这种有指向的表象的利用,已经发展完善了不同的体操或表演技巧和多种课堂的运用技术,也有人就此写下了文献(罗伯茨,1983)。罗斯(1980)描述了他如何在小学课堂上应用有指向的想象来习得新概念,在做口头报告时获得自信,掌控冲突。在特殊教育中,表象可以用来帮助个人鉴别出对身体残疾是抱有消极的还是积极的态度(莫尔甘,1980)。

表象是心理治疗特别有效的工具。病人可以通过绘画来表达自己,治疗师会分析这些画中无法用言语表达的信息。这种交流形式的优点是它所处的环境没那么有压迫感,能够避免病人产生退缩、过度兴奋或害怕的情绪。另外,表象可以用来帮助病人形成同情性理解,控制自己的焦虑和压力,还可以减轻病人的痛苦,缓解病情。通过表象,人类可以提高自身及他人的身心功能。

参见 创造力

IMPULSE CONTROL
冲动控制

冲动是一个心理学术语,指可以导致行动的感受。关于冲动控制的研究通常和许多精神障碍的研究,比如注意力缺陷多动障碍(麦克尔罗伊等,1996)、躁狂抑郁症等联系在一起。在本文中,冲动控制指用如“相似图形匹配测验”测试出来的明显特征。测验的结果可以用来判断学习者是反思型还是冲动型的人。反思型学习者比冲动型学习者用更多的时间来检查刺激和作决定。通常,冲动型的人和高出错率之间相关。因此,有必要控制学习者的反应速度以降低出错率。

控制冲动行为的主导方法是认知训练。研究者将认知和行为方法结合起来。两个最有效的控制冲动行为的策略是模仿和自我教育训练。模仿策略的理论基础是社会学习。学习者观察比自己社会地位高的成人或同伴进行反思性的和有目的的活动,如果榜样所做的事情和学习者要做的事情类似,那么学习者就很可能模仿反思行为。如果任务不相同,那么学习者模仿的水平也会下降。

自我教育训练的理论基础是:身体行为的主动控制需要口头命令的内化。为了通过自我教育训练提高冲动行为的控制能力,学习者需要大声、轻声或不出声地说话。这种练习是出声思考的干预形式,可以让学习者放慢速度,细心,一步步地完成事情。

还有一种认知训练包括下列的六个解决问题的步骤:①问题界定(梅肯鲍姆和古德温,1971);②解决问题途径;③注意力聚焦;④问题解决;⑤自我强化;⑥应对错误。研究发现,如果自我陈述的训练是全面性而不是针对某个具体问题展开的,那么反思性行为就可以更好地泛化到方方面面中。如果训练只针对具体的问题情境展开,那么反思性行为的泛化运用范围就很有限。如果能将策略运用到更广泛的问题情境中,良好行为就更容易泛化。

参见 行为模型;行为矫正;自我监控

IMPULSIVITY – REFLECTIVITY
冲动型—反思型

冲动型—反思型是卡根(1965)从认知角度提出的,形容儿童处理不确定问题的方式。冲动型—反思型指在面临几种选择时,对解决问题的有效方式进行反思的倾向。最经常用来测量儿童冲动性和反思性的工具是“相似图形匹配测验”,这个测验已经有了电子版本。从测验结果来看,反思型的儿童比冲动型的儿童更少犯错误,反应时间更长。

反思型和冲动型儿童随年龄增长会发生变化,通常,儿童年龄越大,反思能力越强。梅瑟报告说,随着年龄的增长,反思时间会延长,同时错误数量也会减少。西格尔曼(1969)对不同年龄的冲动型和反思型儿童对呈现给他们的物体能否进行选择和审视进行了研究。研究假设是,冲动型儿童用更多时间来应对选择目标,但会忽视其他可选择的对象;而反思型儿童则相反,他们用很多时间来权衡各个可选择的对象。研究结果表明,冲动型和反思型儿童采用不同的探索策略。这意味着冲动特性可能会发生变化。卡根(1983)和梅瑟(1976)发现,通过教育冲动的儿童提高审视策略可以调整其冲动性。研究者通过让儿童说出自己正在做的事情,进而达到改变他们冲动性的目的。

研究者还从教学的角度研究了冲动性和反思性,这对课堂教学有益处。教师需要了解不同的儿童有不同的特点,要不同地对待。雷德斯和比恩(1978 年)研究指出,冲动型儿童在解决问题的时候倾向于根据自己的第一反应采取行动而很少思考。反思型的儿童通常反应比较慢,他们要评量所有的可能的选择。反思型儿童不一定就是更聪明或学得更好的学生;但是,研究表明,教师更不太愿意接受冲动型学生。反思型儿童看上去注意力更集中,冲动型的男孩在课堂上更不容易集中注意力。这一点支持了学生个体的冲动性和反思性特征对课堂教学很重要的观念。已有足够证据支持认为冲动型和反思型认知和元认知维度是重要的个体差异的观点(帕拉迪诺等,1997)。这些维度在特殊教育中对于评估儿童的能力、全面促进学生的学习起着重要作用。

参见 创造性问题解决;冲动控制

INBORN ERRORS OF METABOLISM
先天性新陈代谢障碍

先天性新陈代谢障碍属于一种基因疾病,是单基因缺陷造成的新陈代谢过程紊乱。新陈代谢指身体将食物分解成脂肪、蛋白质和碳水化合物的过程。在酶的催化下,食物转化成能量,保持了身体细胞的生命周期。酶可以协助身体保持体内平衡,控制血压、血糖的水平以及人体生长速度。一种单基因疾病可以导致某种酶的缺失或功能故障,如果没有及时医治,会导致严重的智力落后或身体功能出现障碍,比如消化不良。这种先天性新陈代谢障碍发生率大约是五千分之一(巴特肖和佩雷特,1981)。

鲁宾逊(1965)将新陈代谢障碍分成三个类型:①通过检查尿液或血液中的生物化学物质来判断的持续性的消化不良过程;②由于新陈代谢速度过慢或新陈代谢产物过多导致的贮疾病;③由于内分泌失调导致的大脑、头骨的结构异常或其他残疾。

科克等(1974)提到,40% ~50% 的此类严重疾病是从父母亲那里遗传来的。身体需要持续地产生细胞,维持细胞的数量,并吸收死亡细胞。在有丝分裂的新陈代谢过程中,细胞死亡,然后被身体吸收,转变成化学物质和蛋白质。而后这些成分会被身体吸收,再次利用。任何阻碍这个转换过程的基因疾病,都称为先天性新陈代谢障碍。许多新陈代谢疾病没有有效的治疗方法。而有些新陈代谢疾病如果在出生后就开始治疗,也可以成功治愈。如果没有治疗,重度智力障碍、惊厥、异常行为以及矮小症会伴随新陈代谢障碍而产生。一些先天性新陈代谢障碍(比如,戈谢氏)是无症状的,对身体机能正常运转几乎没有影响。但是,很多新陈代谢疾病都会产生严重的后果,如果不治疗会产生致命性影响。发病年龄与疾病的影响有直接关系。对于几种脂肪存储疾病,比如戈谢氏和尼曼—皮克病,如果是在婴儿期大脑髓鞘化过程中发作,就会造成程度较重的残疾。相反地,很多遗传性新陈代谢疾病,比如痛风、血色沉着病或者家族性麻痹等,一般要等到成年时期才发作。

先天性新陈代谢障碍是越来越受人关注的研究内容。有关新发现的症状经常被报道。筛查仍是最好的发现方式。最直接的检测方式是检查蛋白质结构的构成变化(贝亚恩,1979)。对所有可能的单基因疾病进行大面积筛查需要资金支持。因此,除了苯丙酮尿症,筛查主要是针对家庭以及高危人群进行的。贝亚恩(1979)提出,在全面筛查推广之前,羊水诊断和培养纤维细胞将成为主要的筛查手段。目前,科学家运用复杂的实验步骤来鉴定和分析疑似新陈代谢疾病。

参见 半乳糖血症;遗传咨询;遗传传染;胡尔勒病;新陈代谢障碍;苯丙酮尿症

INCLUSION
融合

一般地讲,融合是指残疾学生的安置和教育,即将他们与同龄而没有残疾的学生一起安置在普通教室里上课。融合的潜在前提是所有儿童都能够在主流学校学习并适应主流学校和社区生活。因此融合的目标就是确保所有的学生被充分地融合于主流生活中,而不管他们可能具有的任何个体差异(斯坦巴克等,1992;维拉,1993)。然而,融合在特殊教育中已经引起了很大的争议。许多教育工作者、专家和专业组织对融合给出了不同的定义和定位,或支持或反对。

1. 支持融合的论点

根据斯坦巴克等人(1990)的观点,如果一个社会支持所有个体的融合,那么隔离性学校和教室将在这个社会上没有立足之地。因此,他们断言,既没有具有说服力的理由,也没有实施过的科学研究能够在最后的分析中证明隔离的正当性(斯坦巴克等,1990)。相应地,融合的结果是给学校和学生带来大量潜在的好处。这些好处包括无标签化、社会接纳、独立和服务一体化(布赖斯、布达和哈勒尔,1993)。

无标签化学生免除了确定残疾的必要性,这种必要性无异于污蔑和非难(维拉,1993)。工作场所和社区的广泛接纳能为残疾人发挥作用、完成正常化任务并在学校里参与互动提供机会。同样重要的是让他们的同龄人学会怎样与他们互动(伍德,1998)。当课堂教师关注终身学习、劳动习惯和教育儿童怎样度过他们的空闲时间时,独立性就得到了培养(维拉,1993)。当普通教育和特殊教育人员,以及课程和授课程序被结合起来设计教育实验以满足一体化环境中学生的需要时,融合也能为学校系统中的服务一体化提供便利(斯坦巴克等,1992)。

2. 反对融合的论点

融合的反对者倾向于反对基于实用主义的、社会政治的和实验性理由的融合实践。首先,相当数量的研究者怀疑普通教育教师的意志和能力,他们必须适应学生的较大差异性,包括将所有或大多数的残疾儿童融合为一体(贝克和西格蒙德,1990;富克斯,1991;舒马克和德什勒,1998;舒姆和沃恩,1991)。一些作家,像麦克米兰、塞米尔和格伯(1994),都一致声称,大多数课堂教师缺乏时间和训练,或缺乏正确的态度来有效教育学习成绩特别不好的学生。此外,几乎没有资源或使普通教育工作者改变态度的动力。

一些反对者(例如麦克米兰、塞梅尔和格伯,1994)争辩说,融合教育尚未以一种方法论上的合理模式被彻底评估。确实,融合教育领域的许多研究是对融合的态度层面上的调查研究。而且,考夫曼(1989)斥责融合的反对者抱着的是"一种对待实验和研究的骑士态度"。

3. 融合性特殊教育立法的重要性

《残疾人教育法案》(IDEA)的颁布已经形成了许多关键规定性原则:①公立学校的免费教育和适当的教育;②恰当的和无歧视性的评估;③个体化的教育计划;④最少受限制的环境;⑤程序性的应有的过程;⑥家长和学生的参与。最少受限制的环境(LRE)是融合教育的基础,似乎仍然是最需要界定清楚的原则。

简言之,LRE并不需要一种特别的环境,而是一种确保学校要兼容残疾学生的方式(耶尔,1998)。IDEA规定:"要在最大而又适当的范围内,让公立或私立学校和其他保育机构的残疾儿童和非残疾儿童一起接受教育,只有当残疾状况过于严重以至于在普通课堂上即使采用辅助手段和服务也不能获得满意效果的时候,才采用特别的课程、隔离的学校教育或其他的将残疾儿童从正常的教育环境中排除的措施。"

儿童受教育的环境(即安置)是由IEP团队根据儿童的个别化教育计划做出的一项决定。因此,每项安置决定应首先以个体服务需要为基础,而不是在决定一个儿童将在什么样的教育环境中接受教育后再决定哪些服务是可以得到的。为确保每个儿童的安置以个体为基础,IDEA还提供了一系列备选安置方案。有关规则陈述如下:

(1)每个学区应确保提供系列备选安置以迎合残疾儿童接受特殊教育和相关服务的需要。

(2)这种系列要求必须包括备选安置(即常规课堂内指导,特别班级,特别学校,家庭指导和医院及机构的指导);要求将补充性服务(例如,资源教室或巡回教学)与正常班级安置结合起来提供给儿童。

特殊教育项目办公室(教育部,1997)将普遍教育安置定义为:学生可以在其中接受普通课堂以外的每个学日的0% ~20%左右特殊教育和相关服务的安置。把资源教室安置定义为:学生们可以在其中接受普通教育环境之外每学日的21% ~60%特殊教育和相关服务的安置。而在普通教育课堂之外接受特殊教育和相关服务超过每个学日60%的学生则被视为安置于一种隔离课堂环境中。

因此,IDEA并没有要求各个学区向每个残疾学生提供融合教育,但要求他们最大限度地在常规班级中教育残疾学生。然而法律的执行条款也为残疾个体提供的服务详细指明了范围或连续性。补充性援助和服务可能包括筛选前的干预、咨询、行为管理计划,巡回教师和资源教室(耶尔,1998)。其中蕴涵的关键项之一是:为达到一种满意的或有益的教育,借助于补充性援助和服务的教育的最大可能程度是什么?

法案的结论为处理该问题提供了某种指导,但并不能解决每个残疾儿童的问题。法院处理方法是为了比较在普通教育教室(借助于补充性辅助手段和服务)和在特殊教育教室里受教育接受到的益处。如果特殊教育教室能提供更多的益处,并且让学生更加成功,那么普通教育教室将是不恰当的。

4. 融合环境中的学生的现有地位

自从EHA/IDEA获得通过以来,教育部每年都要编辑、报告关于这部法律执行情况的国家统计数据,包括学生参与诸如普通教育课堂之类的各种学校环境的百分比。报告已经显示出每年接受服务的学生人数的增长和20世纪80年代晚期以来,至少每个学习日有部分时间待在普通教育课堂里的学生数目的显著增长。据来自教育部(1997)关于已累积安置率(一个既定系统里每千人中的残疾学生数目;麦克莱斯基、亨利和霍奇斯,1998)的统计数据显示,更大数量的残疾学生接受了普通教育安置中的特殊教育服务。实际上,普通教育课堂中的所有残疾学生的累积安置率(CPR)在1988—1989和1994—1995学年中从30上升到了48,增长了60%。相应地,安置于资源教室中的学生的CPR明显地下降了(37到31,下降了16%)。

这种向更具融合性的教育发展的趋势也与贯穿在1988—1989年和1994—1995年之间的残疾分类相一致。在此期间,学习障碍、言语和语言障碍、其他健康损伤、肢体残疾和视力残疾的学生中间发生了最大规模的运动(麦克莱斯基、亨利和霍奇斯,1999)。智力落后学生、多重残疾学生和聋—盲学生仍然以最小的比例被安置于融合性的普通教育班级中(麦克莱斯基、亨利和霍奇斯,1999)。

融合教育的倡导者和反对者怀着同一种教育改革的远见,这种教育改革聚焦于为所有儿童提供有效的教育实践。最重要的问题不是残疾学生能否在普通教育班级里或某种特殊教育教室里得到最好的服务,而是儿童的教育是否恰当和有益。融合教育不是一种非此即彼的选择,而是一种由《残疾人教育法案》(IDEA)确保的可以得到的系列服务范围内的可行的选择。并且,融合教育可能适合于一个学生的学校教育计划中的某个阶段,而不是所有阶段。

INDEPENDENT LIVING
独立生活

根据卡特怀特和沃德(1984)的观点,大多数残疾人渴望独立地生活。然而,为了实现独立,家庭生活环境要进行调整。例如,对一个重度残疾人来讲,环境调整包括一个内部通话装置,备有适当装置和控制的厨房,方便进入的浴池、淋浴间以及能在轮椅上淋浴的装置。家庭环境以外,其他应考虑的方面是交通和工作。就交通而言,借助计算机控制的轮椅、波导电子眼镜和其他诸如声音数据终端系统(VDETS)的技术装置,残疾人就能实现个人移动。声音数据终端系统为肢残的个人控制现时环境提供了方便。

1973年颁布的《康复法案》的第503和504条确保残疾人不会因其残疾而被剥夺使用居住 、工作和交通工具的权利。就业也是独立生活的必要组成部分。适合残疾人的工作范围是很宽的,但这取决于个人的技巧和知识水平。康复代理的主要目标是为了帮助残疾个人获得和保持一份工作。一些残疾人将能够参与普通就业市场的竞争。其他较严重不能参与竞争的残疾人则被限制在受保护的工厂和工作活动中心里。受保护的工厂雇佣残疾成年人来完成各种各样的从其他公司和企业那里转包来的工作。工厂的所有雇员根据出勤情况、满意的工作表现和充分的社会活动来领取工资。工作活动中心常由工厂操纵,是为那些在受保护的工厂里没有令人满意的表现或在进入一个工厂之前可能需要另外训练的残疾人设计的。

参见 美国残疾人法案;社区安置;去机构化;正

常化

INDIVIDUALIZATION OF INSTRUCTION
个别化教学

个别化教学是一种为学生的独特需要而量身定做的、以使学生能够按照其自身的速度前进并发挥其潜质的教学方法。个别化教学要求在课程或一系列的目标体系中对学生进行个别化安排,在制定教学方法时要使个体的发展和成就最大化。

94-142公法及其后续的修订案委派国家和地方性的机构负责向特殊儿童提供免费的适宜的教育以满足他们的独特需要。法案通过要求为每一个学生提供个别化教育计划(IEP)实现了为个别化安置和诊断提供的指导方针。个别化教育计划包括对教育表现的现有水平、年度目标、短期目标以及应该提供的具体教育服务进行的陈述。理想的个别化教育计划应该体现个别化教学的各个要素和并因此能“表明诊断性或说明性的教育方式的正式化”(塞弗,1978)。

个别化教学和“一对一”教学内涵不同且不能相混淆。后者可以是也可以不是个别化的,前者可以由小组来完成。同样,个别化教学不一定要求学生独立完成需要在座位上完成的任务。有效的个别化教学可以出现在教师引导的小组中(史蒂文斯,1980)。

参见 基于材料的教学;个别化教育计划;精确教学

INDIVIDUALIZED EDUCATION PLAN(IEP)
个别化教育计划(IEP)

IEP是“个别化教育计划”的英文首字母缩写词。该术语指在开始一个残疾儿童的特殊项目之前,必须为其制订个别化教育计划。94-142公法,即《所有残疾儿童教育法案》(1975)以及后续的修订案如《残疾人教育法案》(IDEA)之类的法律都要求接受联邦特殊教育资助的各个州发表并执行一个书面声明,以表明每一个残疾儿童将会得到什么样的独特的教育服务。每一份书面声明必须最低限度地包含以下内容:①一个有关儿童现有表现水平的陈述。②一个有关年度目标的陈述,包括长期和短期的机构目标。③一个有关将要向儿童提供的特殊教育以及相关服务的陈述,以及有关在多大程度上该儿童能参与常规教育计划的陈述。④服务开始和预期持续的时间。⑤适宜的目标标准、评价程序以及至少每年一次的检查短期的教学目标是否达到的计划。

在这些方针的指导下,至少一年举行一次会议,以进行回顾和修改(如果必要的话)最初设定的教育方案。很明显,在最初的个别化教育计划中指定的长期或短期的目标将会因一系列的原因需要进行定期的修改:最初的目标对儿童不合适;儿童可能达到或在众多的目标上取得进步,因此要求进行新目标的修改和规划。

虽然法律的意图是值得称赞的,但是实际的执行通常不尽如人意。例如说,在多大程度上个别化教育计划对儿童而言是真正的个别化。教育方案在设计时通常针对的是儿童的残疾分类(如,学习障碍),而不是某个儿童的独特个性。通常,个别化教育方案仅仅反映了儿童就学的具体学区或学校。例如,有些州经常会规定所有的儿童在一个既定的科目(如阅读)满足某个特定的目标。因此,普遍现象是为学习障碍儿童特别制定的短期阅读目标仅是一系列学区内很普遍的阅读目标。这种做法似乎是与法律意图直接冲突的,当然不会总是与相关残疾儿童的利益相一致。事实上,许多特殊教育者已经质疑这些类型的个别化教育计划的普遍价值(瑞安和鲁谢,1991)。

许多研究已对父母参与个别化教育计划的发展和安排进行了调查。吉田等人(1978)发现,参与方案筹划会议的教育人员希望家长们只是提供信息而不是积极参与组成方案的决策。有意思的是,由鲁斯特豪斯等人(1981)所作的一项家长调查结果显示,家长们同意他们的角色应该是信息提供者和接收者,而不是平等的决策者。这种情况已慢慢地有了改变(万·罗伊斯赫鲍斯,1994)。罗伊特和福尔(1984)指出,有一大批家长通常不能很好地理解那些提供给他们的有关94-142公法以及他们的权利(包括他们参与个别化教育计划制订过程的权利)的印刷品上的信息。这是一个在帮助各个机构不仅要达到字面上的要求而且要达到法律的意图的过程中应该处理的变量(罗伊特和福尔,1984)。

参见 残疾人教育法案(IDEA);残疾儿童家长

INDIVIDUALS WITH DISABILITIES EDUCATION ACT(IDEA),PL105-17
《残疾人教育法案》(105-17公法)(IDEA)

《残疾人教育法案》(IDEA),以前通称为“1975年所有残疾儿童教育法案”(EHA,94-142公法)。自开始实施以来,该法代表了20多年来国家对残疾儿童的承诺。作为联邦立法的《残疾人教育法案》是美国有关特殊教育的主要法律。最初于1975年施行的时候,该法是这个国家有关残疾儿童权利的最全面的表述(哈林等,1994)。该法律的目的是:①确保所有的残疾儿童享有免费的适宜的公立教育,且公立教育所着重的特殊教育及相关的服务要满足残疾儿童的需要并使他们为就业和独立生活做好准备。确保残疾儿童及其家长的权利受到保护。帮助各州、地方、教育服务机构和联邦机构向所有的残疾儿童提供教育。②帮助各州执行一个全州范围的、广泛的、协调的、多学科的、跨机构的为残疾婴幼儿及其家庭提供的早期干预体系。③通过支持系统变化活动,协调的技术辅助、传播和支持,技术发展和媒体服务来保证教育工作者和家长有必要的手段改进残疾儿童的教育成果。④评价并确保教育残疾儿童的努力的有效性。

《残疾人教育法案》要求,残疾儿童无论是在公立学校还是私立学校,州都有责任向他们提供参与特殊教育及相关服务的机会。国家否认这种机会将会使该州丧失联邦基金。

长达20多年时间的早期立法和判例法预示了1975年《所有残疾儿童教育法案》的颁布(雅各布—蒂姆和哈茨霍恩,1995)。三个里程碑式的法院案例—布朗诉托普卡教育委员会(1954)—宾夕法尼亚智力落后儿童协会诉宾夕法尼亚州政府(PARC;1971,1972)以及米尔斯诉教育委员会(1972),标志着残疾儿童教育的转折并且推动着旨在保证残疾儿童享受免费的适宜公立教育的联邦立法的发展和实施。在布朗诉讼案之前,全国的许多学区都在"隔离但却平等"的政策下运作(如,基于种族的隔离教室)。实际上,这种政策并不平等。许多少数族裔(在布朗诉讼案中是黑人)被排除在享有公立学校的平等的教育机会之外。根据布朗案裁定,这种做法违背了美国宪法的第14修正案——"平等保护条款"。教育被认为是一种所有权,在第14修正案的"平等保护条款"中受到保护。布朗案的裁定认为,黑人使用公共经费的教育所有权遭到了践踏(雅各布—蒂姆和哈茨霍恩,1995)。

按着布朗案裁定和其他成功的挑战公立学校中的种族歧视的诉讼案,残疾儿童的家长们开始就他们孩子的利益而提起诉讼,声称根据第14修正案的平等保护条款,儿童们在公立经费上的教育权遭到了践踏。在20世纪70年代以前,许多学校根据学区要求儿童满足特定的入学标准(如拥有特定水平的生活适应能力和认知技能)的政策而拒绝接收残疾儿童。宾夕法尼亚州智力落后儿童协会(PARC)的智力落后儿童的家长们因为他们的孩子被拒绝接受公立教育提出反对宾州的诉讼,在一个赞同的法令中,智力落后儿童的家长们为他们的孩子赢得了接受公立教育的机会。同样,在米尔斯案件中,有行为问题、情绪问题和学习问题的儿童的家长们代表他们孩子的利益提起诉讼,反对哥伦比亚特区拒绝残疾儿童接受公立教育。在一个法院指令的赞同法令中规定,无论每一个残疾儿童残疾的程度和特质是什么,都要求学校为这个残疾儿童提供免费的公费支持教育(雅各布—蒂姆和哈茨霍恩,1995)。

随着宾州智力落后儿童协会和米尔斯案件的成功解决,来自27个不同的管辖区域的家长们代表其残疾孩子的利益提出了另外的36个"受教育权"(马丁,1979)的案件。这些案件成为向美国国会发出的一个信号,表明需要一个联邦立法来确保残疾儿童有一个完整充分的受教育机会(雅各布—蒂姆和哈茨霍恩,1995)。

除了判例法之外,美国国会做出一些早期尝试,试图着手解决残疾儿童的需要问题。通过各种教育法案及其修正案提供资助以便发展或改进特殊教育资源、项目、服务和人员。最早从20世纪60年代通过87—276公法开始,国会批准支持培训针对聋人的教师和针对言语及听力损伤者的言语病理学家和听力学家(艾布拉姆森,1987;雷诺兹等,1990)。1965年,国会制定实施了《中小学教育法案》(ESEA,89-10公法),此法案也是第一个主要的辅助教育的联邦法案。一年以后,国会修订了《中小学教育法案》。随着这些修正案的颁布,向各州提供了资助以便帮助他们发展和改进教育残疾儿童的方案(雅各布-蒂姆斯和哈茨霍恩,1995)。1968年《职业教育法案修订案》(90-576公法)的通过也对残疾儿童有所帮助。随着这些修正案的颁布,也有了各种资助来发展残疾学生职业教育项目(艾布拉姆森,1987;雷诺兹等,1990)。1968年,在《残疾儿童早期教育援助法案》(90-538公法)的指导下,建立了标准教学大纲以解决年幼残疾儿童的需要(艾布拉姆森,1987;雷诺兹等,1990)。1970年,国会撤销并取代了1966年对中小学教育法案的修正案(89—750公法;雅各布—蒂姆斯和哈茨霍恩,1995)。99-230公法取代了89-750公法,设立了一套类似于89—750公法的资助项目以鼓励各个州发展特殊教育资源和培训相关人员(图恩巴尔,1990)。联邦政府对各州在特殊教育方面的援助随着1974年《教育修正案》(93-380公法)的通过而有所增加。该法案还通知有关学校,联邦政府对特殊教育的资助将视一个州的计划的发展而定,目标是向残疾儿童提供充分的教育机会(雅各布—蒂姆斯和哈茨霍恩,1995)。

国会也试图通过反歧视立法着手解决残疾儿童的需要(马丁,1979)。1964年《人权法案》第五章的修正案是试图确保残疾儿童平等的教育机会的第一个立法。9 年之后,该修正案成为 1973 年《康复法案》第 504 条的一部分。第 504 条是一条民权法案,禁止歧视享有联邦资助的学校中的残疾儿童,联邦资助将不会提供给那些违反这个法案的学校(雅各布—蒂姆斯和哈茨霍恩,1995)。

反歧视立法和教育法的制定,以及现有教育法和诉讼的修正,为引进一个全面的联邦法令提供了舞台。这个联邦法令旨在重申和巩固残疾儿童的受教育权和增强联邦政府对残疾儿童的财政支持(艾布拉姆森,1987;雷诺兹等,1990)。

1990 年,乔治・布什总统签署了 101 - 476 公法。在签署该修正案时,这部法律被更名为《残疾人教育法案》(IDEA)。该法案最近的一次修正案是于 1997 年通过的(105—17 公法,美国各州特殊教育行政主管联合会,1997)。105 - 17 公法于 1997 年 6 月 4 日由比尔・克林顿总统签署并成为现行的法律。《残疾人教育法案》的大部分条款随着总统的签署而生效;但一些涉及个别化教育计划(IEP)、声明为每一个残疾学生发展个别化计划的条款却直到 1998 年 7 月才正式生效("聚焦残疾人教育法案",1997)。

新的立法将《残疾人教育法案》重组为四个部分:A 部分,总则;B 部分,所有残疾儿童的教育帮助;C 部分,残疾婴幼儿;D 部分,改进残疾儿童教育的国家行动。A 部分总则包括了在法律条文中所应用的定义及法律的目的。在 1997 年修正案通过的时候,对第一部分作了一些重要的更改。首先,正在经历发展迟滞且年龄在 3 ~ 9 岁的儿童现在符合残疾儿童的资格标准。经各州和地方教育机构(SEA 和 LEA)同意,年龄在新的立法中从 3 ~ 5 岁延伸到 3 ~ 9 岁。其次,术语"严重情绪困扰"的强调重点变化是:以往此术语在定义部分残疾儿童标题下可以参考,但是后来被归入了情绪困扰。另一个主要的变化包括由美国教育部(DOE)起草的政策公函。现在当教育部起草用于管理违法行为的政策公函时,必须为公众反馈提供官方的通告。新的立法中的这个要求限制了教育部试图增加公共投入的权力。

B 部分名称为所有残疾儿童的教育帮助,包括联邦资助各个州的授权以及各州要求得到联邦资助的申请。联邦政府向各州提供资助,从而在财政上支持各州对残疾儿童的教育。联邦资助基于"一个儿童一份"的方式分配给各州。每个州的现有的"一个儿童一份"的计算方式为该州年龄在 3 ~ 21 岁、接受特殊教育及相关服务的残疾儿童的数量乘以在美国公立小学和中学中平均每个学生经费(APPE)的 40%(美国各州特殊教育行政主管联合会,1997)。在新立法中,现行的"一个儿童一份"的方式仍被保留;然而,当联邦拨款超过 49 亿美元时(如,4,924,672,000 美元),额外的资助就将基于人口普查的形式进行分配,以弥补不足(《聚焦残疾人教育法案》,1997)。当各州接收联邦资助后,如果联邦拨款没有超过 49 亿美元的标准,各州可以将联邦资助的 25% 用于州的管理和州级的活动,但资助金额的至少 75% 必须用于地方教育机构。然而,如果联邦拨款超过 49 亿美元,分配给各州教育机构和地方教育机构的资助百分比将会变化。

法案的 C 部分,残疾婴幼儿,包含有关该项目的信息,包括资格标准、州的要求、个别化家庭服务计划、州的申请和保证、资助的发放和责任、程序保护措施、各州或联邦机构之间的合作努力。补助金可用于各州发展州范围内的跨机构系统,以便为残疾婴幼儿及其家庭提供早期干预服务。随着《残疾人教育法案》1997 年修正案的通过,产生了几个变化。第一,H 部分现在变成了 C 部分;第二,高危婴幼儿现在被纳入到资格认定中来了;第三,对婴幼儿项目的联邦资助增加了。还有一个变化是向残疾婴幼儿及其家庭提供的服务必须最大限度地处于自然的环境中。对人员的最高资质标准也被纳入到 C 部分中。

D 部分,改进残疾儿童教育的国家行动,包括所有其他可自行处理的方案(如,国家提高补助金、人员准备、研究、技术辅助、家长培训和公告)。为了帮助州教育机构和其合作者改善和提高向学生提供教育性的早期干预和转衔服务的系统,以改进对学生的服务,各州提供改善补助金。补助金也更有利于研究和创新以及人员准备以提高为残疾儿童服务的质量和结果。

《残疾人教育法案》的重要条款,包括免费的适宜的公立教育、无歧视的评估、个别化教育计划、程序性的保护措施、记录的保密、最少受限制的环境及相关服务。无论残疾儿童残疾的性质和严重程度如何,免费的适宜的公立教育都应该对所有的残疾儿童开放。免费的适宜的公立教育是特殊教育及其相关服务且这些服务应该无偿地提供给这些残疾儿童,国家教育机构有责任保障地方教育机构为所有的残疾儿童提供免费的适宜的公立教育。

另一个重要条款是无歧视的评估。测查和评价资料必须经过选择和处理,以避免文化和种族歧视。另外,除非不可行,否则测查必须以儿童的母语或其他的交流形式来实施。除去这些要求之外,地方教育机构必须保证给予儿童的标准化测验就其目的而言是有效的并且由受过训练的人员来实施以确保与测验编制者的操作指南相一致。必须在可能存在残疾的所有领域对儿童进行评估,也必须用各种评估工具和策略对儿童进行评估。仪器必须在技术上完好无损。在资格认定时,无需将单独的程序作为唯一的标准。

程序性的保护措施在615部分得到了详细的说明。这些保护措施是一种确保残疾儿童及其父母享有某些权利的手段,这些权利是受法律保护的。家长有机会通过以下方式来对他们可能被侵犯的权利提出投诉:调解,正当程序的听证会,以及/或者与其孩子的鉴定、评估或安置相关的任何事项的民事诉讼。

家长的权利也涉及了其子女的教育档案。有关儿童的教育及心理档案必须对除了那些直接参与到儿童的教育及因有特殊原因需要对这些档案进行回顾的人员以外保密。有关学生档案保密事宜的其他限制条件可以在"家庭教育权利及保密法案"(FERPA)的词条中找到。1997年的修正案向家长提供了检查所有记录的机会。不仅仅是相关档案,只要是与其子女的资格认定、评价和安置相关及与免费的适宜的公立教育条款相关的档案,家长都有机会查看。

特殊教育及相关服务必须在最少受限制的环境中提供给在公立或私立学校中的残疾儿童。法案要求在尽可能适宜的范围内,使残疾儿童和非残疾儿童像在正常环境中那样一起受教育。只有当增加了额外的辅助和服务的常规教育环境不能令人满意时,才能将儿童从常规教育环境转移。因此,对残疾儿童的最少受限制的环境不一定要求儿童必须完全或部分时间在常规教室中受教育。做出有关最少受限制环境由什么来组成的决策要以每一个残疾儿童的具体情况为基础。决策要以儿童的需要以及教育方案的要求为基础。

相关服务是所需的能帮助残疾儿童从特殊教育中受益的支持性服务。相关服务的例子包括心理辅导、物理和职业治疗、言语矫治和听觉康复。在新立法的指导下,定位和移动服务也被纳入到相关服务的定义中。相关服务不能独立存在于《残疾人教育法案》的B部分。这些服务必须和特殊教育方案相关。换言之,残疾儿童必须在《残疾人教育法案》B部分里有资格接受特殊教育才能享受相关服务。

需要为每一个接受特殊教育的残疾儿童制订个别化教育计划(IEP)。每一个地方教育机构必须在每一学年开始的时候为每一个儿童准备个别化教育计划。该计划至少每年都要由个别化教育计划小组进行审核和修订,至少每三年要进行一次再评估。个别化教育计划小组由以下成员组成:学生的家长;至少一名特殊教育教师;如果儿童正在参加或可能参加普通教育方案的话,还要有一个普通教育教师;有资格提供或监督特别指定的教学条款的地方教育机构的代表;知晓大纲课程和资源利用的人;一个能够阐释评估结果的教育内涵的人;其他能够替家长或地方性教育机构作决定的人;如果合适,儿童自身也可以成为个别化教育计划小组的成员。个别化教育计划是一种建立目的和目标、制定计划方案且监管儿童进度的机制。

随着《残疾人教育法案》1997年修正案的通过,现今有了更多在家长、教育者、相关服务人员和早期干预服务提供者之间开展合作的机会。家长和学生的作用有望通过增加这些参与机会而得到增强。家长有机会参加为其子女的资格认定、评估、安置和免费的适宜的公立教育的条款而举行的会议。家长有机会成为小组的一员从而决定什么样的附加信息是其子女评估所需的信息,决定其子女的资格,决定其子女的教育安置。在发展和审核儿童的个别化教育计划时,必须考虑家长的关注点和所提供的信息。必须向家长发放有关个别化教育计划会议的通知。会议的目的、时间、地点和与会者都必须包含在通知当中。要求有通知家长以保证他们参与会议的文件证明。家长有权要求并收到其子女的个别化教育计划的复印件。家长有权通过调解、合法程序听证或民事诉讼就与地方教育机构或州教育机构未达成一致的地方寻求解决方法。家长有权获得独立的评估。必须定期地通知家长其子女在达到其年度目标上所取得的进步。不仅如此,家长有权参与对其子女的教育进展进行年度回顾的会议。这些会议必须每年举行。最后,依据《残疾人教育法案》的要求,养父母须同一般家长一样对待。在对家长进行定义时增加收养家长的附加条款可以增加收养家长对残疾儿童教育的参与机会。

《残疾人教育法案》1997年和1990年的修正案为加强残疾儿童参与与其未来有关的决策提供了机会。当会议的目的是讨论转衔服务的需要的时候,必须邀请学生参加个别化教育计划会议。因此,14~15岁的学生可能会被邀请参加这些会议,如果学生不能参加,必须采取步骤以保证考虑到学生的兴趣点和喜好。在B部分的条款里,当儿童达到了法律规定的成年年龄且此儿童智力健全时,各州要将家长绝大多数的权利转移给其子女。而且,至少在儿童成年的前一年,必须通知学生这些权利将被转移给他们自己。有关这些权利转移的声明必须包含在儿童的个别化教育计划中。

随着新的修正案的通过,还产生了一些额外的变化或调整。第一,家长的合法程序听证权不能因家长们不能按法令要求向地方教育机构或州教育机构报告而被拖延或否决。第二,当学生取得普通高中的毕业文凭而非其他证书时,新法律便终止了他接受免费的适宜的公立教育的权利。这一规定的目的在于表明对残疾儿童和非残疾儿童的教育期望是相同的。第三,州教育机构有关全州或全学区评估结果的报告必须包含残疾和非残疾的学生。要报告总的结果以保证更好的责任性。第四,只有当符合资格的、低薪的人员取代离职人员时,地方教育机构才可以减少开支。第五,在个别化家庭服务计划取代个别化教育计划之前必须要有来自家长的书面知情同意书。第六,家长必须预先取得有关如何提出投诉以及提出投诉的有效期为三年的书面通知。也应该让家长知道解决争端的低费用以及更少对抗性的办法。

《残疾人教育法案》1997 年的修正案标志着一个长达 20 多年的确保残疾儿童的充分受教育机会的国家承诺。这些新修正案的影响目前尚无法确定。将来新法案的其他变化会继续下去,这些变化更有可能对残疾儿童及其家庭产生深远的影响。

INFANT ASSESSMENT
幼儿评估

"幼儿评估"这一术语是指为了系统收集数据而进行的各种正式的和非正式的筛查和诊断程序。评估的最初目的在于确定幼儿的发展是否在正常进行。

遗传学和生物化学近来的进展使得在婴儿出生前就开始这个评估过程成为可能。有关母亲及其胎儿的健康状况的信息,包括基因和染色体紊乱的确定,都能从产前诊断技术中获得。

从出生到 2 岁的幼儿评估共同关注的焦点包括生理和感觉的特征、认知和一般的交流能力以及社会/情感反馈和互动。

幼儿评估开始时可以实施快速的、廉价的程序。这些筛查测量组成评估的最初阶段并为高危婴儿(如,有已知的或可疑的障碍或发展迟滞的个体)的身份确认预作准备。

对那些被认定是高危的幼儿来说,评估的焦点扩展至包括更深入的或更具诊断性的程序。运用诊断性方法的目的在于收集信息,这样有助于识别和理解损伤的性质,因为它影响儿童的发展。

筛查和诊断信息可以通过直接测验(运用标准化规范、标准或课程参照的手段)、自然观察和家长访谈的综合运用来收集。结论性的信息经分析可被运用于策略性诊断、安置和干预决策中。

显而易见,与评估幼儿行为有效性相关的最普遍的问题就是:早期的测验结果不大可能准确地推测长期的表现。就像希恩和加拉格尔所提议的那样,将幼儿评估用于应对诊断、安置和干预的即时需要比用于对一个儿童的发展结果进行长期推测更富有成效。

关于幼儿评估的持续对话与研究使得许多指导原则出现以图达到更大的评估有效性和可靠性。尽管不可能详尽地描述文献中的所有信息,但是下述总结代表了由贝雷和沃勒瑞以及希恩、加拉格尔在 1984 年参加讨论的意见的总的看法。

评估过程应从识别要测量的具体行为开始。在识别之后可以进行适宜的筛查和诊断性测量的选择。诊断性过程必须更深入地包括运用可靠的、有效的标准化测验(配合使用合适的可调整工具)、在各种情景和环境中对幼儿进行多元系统的观察以及家长访谈。

评估数据的收集和随后的分析应该由多学科小组来承担,此小组包括一个儿科医生、一个心理学家、一个沟通专家、一个物理治疗师以及幼儿的家长。结论性信息的目的是用于为干预建立适宜的目标。这一评估过程也必须包含对干预方案的评估。

参见 阿普加新生儿评定量表;评估发展的里程碑;幼儿刺激;测量

INFANTILE HYPERCALCEMIA
幼儿高钙血症

幼儿高钙血症(也称为多钙血症或威廉姆斯综合征)是一种罕见的,病因尚未查明的综合征。其典型症状是钙异常以及心血管系统缺陷(特别是主动脉和尖瓣狭窄)。许多有此综合征的儿童在出生时体重过轻。他们可能在生命的早期就有心脏杂音、肾脏问题和胃肠问题。也可能出现肌肉张力降低及一般运动神经困难(迟钝、呆滞)。尽管一些儿童有着正常的智力,但是绝大多数儿童有轻到中度智力落后。也发现有一些儿童患有轻微的神经机能障碍。

此类儿童身材矮小(骨骼缺陷是常见的),下巴和耳朵尖,通常被描述成有小精灵一样的外形特征(高颧骨,额头小又宽)。典型的特征还有眼睛斜视、眼距过大、内眦赘皮。牙齿发育不全但是嘴唇宽阔且有类似丘比特之箭一样的上嘴唇。通常上下肢没有明显的特征(勒梅肖,1982)。

受此综合征影响的个体表现出空间认知能力的严重缺陷,但是却有着适度的语言和面部认知能力(阿特金森等,1997)。由于存在不同程度的智力落后以及伴随的健康和骨骼问题,就需要对这些儿童的适当安置进行综合评估。这种综合评估通常需要支持性的医学服务,在某些情况下,还会需要医疗和外科手术。运动神经问题可能会引起多种运动障碍,也可能导致比常规教室更受限制的教育安置。这一决策只有在对此综合征的所有因素进行了充分的评价以后才可做出,通常也需要相关服务。

参见 亨特综合征;赫勒综合征;低体重新生儿;智力落后;生理畸形

INFANT SIMULATION

幼儿刺激

"幼儿刺激"这一术语用于表示各种针对促进发展的早期干预活动(如,感知觉的、感觉运动的、认知、语言以及/或社会/情绪的)。早期干预的价值基于一系列的研究。这些研究表明,幼儿,包括那些残疾幼儿,能够学习是因为与他们所处环境中的人和事物存在持续不断的有意义的互动(奥索夫斯基,1979)。

人们相信,幼儿的早期经验是个体未来发展的基础。根据发展理论,幼儿的早期感觉运动经验,诸如视觉追踪和抓住物体,是以后认知才能(如客体永久性、手段—目标和空间关系)的先兆(加拉格尔和里德,1981)。

由于许多高危幼儿(如,有已知或可疑的残疾情况的幼儿)在感知觉和感觉运动领域表现出缺陷,所以早期干预就尤为重要。限制婴儿与其身体及社会环境之间的互动的缺陷常常会导致发育不良或发展迟滞(博巴斯等,1972)。

目前,在"多大程度或何种类型的刺激对推动发展而言是最有效的"这一问题上还未达成一致。这一问题尚未解决是由于人们不知道如何有效地评价刺激活动的影响。但是人们普遍赞成对婴儿的刺激对其现时和未来的发展有积极的影响(艾伯托等,1983;汉森等,1984;希恩等,1983)。

多年来已为刺激残疾和高危幼儿的发展开发了许多项目。对这些项目的详尽的审核(约翰森等,1983;希恩和加拉格尔,1983)显示这些项目在内容和效果方面变化很大。幼儿刺激项目可以是基于中心的(如由医院、诊所或学校的专业人员来实施),也可以是基于家庭的(如在幼儿的家中由家长或专业人员来承担)。也有一些项目结合了基于中心的指导和基于家庭的指导。

幼儿刺激项目已经显示出对低视力幼儿、早产幼儿、有胃病的幼儿以及在许多其他条件下的成功。

参见 剥夺;幼儿评估;低体重新生儿

INFORMAL READING INVENTORY(IRI)

非正式阅读调查(IRI)

非正式阅读调查(IRI)是指将某些类型的非标准化技术应用于评估阅读行为各方面表现的一般术语。根据史密斯和约翰逊的观点(1980),诊断方法最不正式的应用包括让儿童默读或口头阅读节选的材料,就读过的内容提出理解性的问题,对阅读的质量,特别是单词辨认错误做记录。

约翰逊和克里斯(1965)确立了实施非正式阅读调查的四个目的。非正式阅读调查可用于判定阅读者独立作用的水平;他在何种水平上能够从教学中受益;在何种水平上对材料感到沮丧(皮尔森,1994)以及听力理解的水平。非正式阅读调查的结果有助于判定阅读者在阅读时的具体的优缺点,由此而导致教学方案的建立或纠正。此外,非正式阅读调查的结果能够促使阅读者知晓自身的能力,并且还可用于衡量阅读的进步。

参见 基础阅读者;填充测验法技术;约翰逊非正式阅读调查;阅读

INFORMATION PROCESSING

信息加工

在心理学的研究背景中,信息加工是指由人脑对输入刺激、现有或预先储存的信息的处理控制以及对新信息的创造。这包括诸如知觉、编码、解码、从记忆中检索、复述、一般推理能力和不断增长的大量的新的认知过程等一般活动。当认知过程的新理论产生的时候,新的名称和新的建构就被发明并被添加到理论分类中来。信息加工理论隐含的假设是:每一个个体的行为由其内在发生的信息加工决定。总体上说,尽管信息加工所有可能的形式都与外部世界有着交互关系,但是形式、深度和广度都是或公开或隐蔽地控制行为。

至少自20世纪初以来,特殊教育者就把对各种信息加工方法当作一种纠正学习障碍的技术来训练儿童产生了兴趣。过去通过训练信息加工来改进学业技能的努力已经明显失败了(格拉斯,1983;雷诺兹,1981)。

特殊教育者对特殊儿童的信息加工技能一直都怀有兴趣。绝大多数智力落后儿童都有着某种形式的信息加工障碍。要么是轻度背离了同龄儿童平均的技能水平,要么是高级技能的严重损害,治疗这些儿童需要对他们的信息加工技能有广泛的知识。

基本上讲,只有三种类型的信息加工模式。第一种模式将信息加工看做是一种线性活动,加工的形式是连续的,加工的各阶段是以直线相连的,且每一个阶段的输出即为下一个阶段的输入;加工以序列性的、一步接一步的形式进行,每一阶段必须等待上一阶段的输出结果。第二种基本的加工模式不需要等待链条中的每一个连接全部完成,而是进行平行加工、同时完成多项任务而无需等待前一步的输出。在平行加工中,几个阶段可以从任何其他阶段同时获取输出。将两种模式相结合的信息加工理论是混合模式(序列阶段和平行阶段)。这些模式更为复杂但是并非总是更为有用。它们持续受到诸如中枢信息加工系统这类具有广泛基础的、更具包容性的方法组织的挑战(泰绍罗等,1995)。

信息加工现在已经发展到成为实验心理学中一股主要的力量。很可能在未来的一些年里,它在顶尖的心理学的科学刊物中将继续占有意义重大的一席之地。与信息加工相关的讨论、评论和研究及其相关的理论将会继续在与特殊儿童教育相关的刊物中增加其重要性。

参见 知觉发展;知觉训练;交互决定论;矫正;序列性和即时性;认知加工的中心缺陷模式

INITIAL TEACHING ALPHABET
启蒙教学字母表(I/T/A)

启蒙教学字母表,通常以 I/T/A 而闻名,是由英格兰的詹姆斯·彼特曼爵士发明的。他的工作就是综合了英国人对英文拼写进行简化的已有的工作成就。彼特曼提升了要求增加符号使得字母表从 26 个字母增加到 44 个字母的简化英语拼写概念。这些旨在改变英语拼写的早期努力就是众所周知的英语启蒙拼音字母表(奥克尔曼,1971)。

唐宁(1979)评论了特殊儿童 I/T/A 的用法。他报告说,尽管 I/T/A 在教有阅读障碍、智力落后、文化上处境不利的、双语的、有情绪障碍的以及社会适应不良的儿童进行阅读等方面取得了成功,但是仍需要进一步的研究。英国的纵向研究表明,天才儿童从 I/T/A 教学法中受益最大(唐宁,1979)。

参见 阅读障碍;阅读矫正

INSATIABLE CHILD SYNDROME
无法满足的儿童综合征

据布鲁克斯和绍恩考夫描述,无法满足的儿童综合征是一种可能伴随注意力缺陷的慢性无法满足症。正如这些著者所描绘的那样,无法满足的儿童综合征不是指从未获得过满足,而是对满足感有持续的要求。这些要求可能主要集中于食物、特殊的活动或物质产品。他们通常容易烦躁发怒,被家长形容为讨人厌的、要求高的和难以相处的儿童。无法满足是生物学上的(如,体质的遗传特征)或者是后天的特征。

"慢性无法满足症是一种很难处理的管理问题"(莱文等人,1980),此类儿童的教师和家长通常对与此类儿童的沟通感到不耐烦和沮丧。莱文等人(1980)为此症提供了特殊的干预策略和总体目标,但是它们的实施则依赖于准确的诊断。其病因在许多情况下会指明治疗的具体方法。总的说来,必须聚焦于构建儿童延迟满足的能力、构建儿童忍受没有成人注意的耐心、鼓励儿童与他人分享自己的东西。在学校,利用关注的作用和特殊的"一对一"时间可以强化其更为适宜的行为。如果儿童的能力感、自我满足感和自尊可以通过学校活动来加强,无法满足症就可以得到缓解。在所有情况下,咨询特殊教育支持人员,特别是学校心理学家是必不可少的,这也要同在家庭中的努力相结合。要想成功地治愈无法满足综合征儿童,全面的、综合的干预方案是必需的。巴特盖(1991)写了有关此问题的有意思的专题论文。

参见 注意力缺陷多动障碍

IN - SERVICE TRAINTING FOR SPECIAL EDUCATION TEACHERS
特殊教育教师的在职培训

特殊教育教师的在职培训还没有明确的定义。特殊教育教师在职培训的定义非常多(海特,1977;约翰森,1980;朗格恩,1983),重大分歧在于其目的、需要、责任和形式。然而总的说来,特殊教育教师在开始正式的专业工作后的任何培训都可以称作是在职培训。在过去的几十年中,特殊教育教师在职培训的焦点在从矫正职前培训方案的不足到补充进新的教学技术之间变化。

教育团体内的三股力量也提高了对特殊教育教师在职培训的需求:对职前培训项目的限制的意识、转衔服务的实现、常规教育课堂中要求的合作参与以及新教学技术的注入。几十年来,教师教育工作者将他们的注意力集中在提高特殊教育教师职前培训方案的标准上。在这一段时间里,在职培训主要被视为修正职前培训方案不足的一种手段。在 20 世纪 70 年代末,教师教育工作者开始意识到职前培训方案只适合于那些准教师,不适合那些有经验的教师(豪伊,1978)。另外,教师教育工作者也开始意识到一些教学能力是受益于经验,在工作中才能更好获得。而另一些教学能力是不能从任何地方习得的。例如,很难看到特殊教育教师如何能够内化复杂的组织策略、或者如何在没有更大量的教学经验的情况下,比在有职前培训的情况下更能将成长和发展的原理转换成教学决策。另外,职前方案保留了针对融合教学实践的训练要求而产生的重要问题。不同的教学安排,诸如联合教学和合作教学,要求有补充的内容和实践。

对在职培训的需求在20世纪90年代得到强化的最终理由是教学技术向特殊教育方案的注入。本纳特和马厄(1984)确认了为有效应用教学技术而训练特殊教育教师是就职的急迫需要。例如,特殊教育教师必须学习将教学技术的潜力发挥出来。像计算机辅助教学之类的技术能使教师和学生的时间更富有成效地使用。特别重要的一点是它能够为每一个残疾学生提供真正个别化的教学。

特殊教育教师在职培训的常用形式包括:校外现场工作坊、课外活动、教师中心和大学现场课程(斯温森,1981)。在这些形式中,教师中心反映了教师扮演的新角色。教师中心是教师决定其自身需求、寻求帮助和生成解决问题材料或策略的地方。教师中心的督导员自己也是教师,他们之间分享自己从实践和课堂生成的材料;他们有时就是咨询师——以前的课堂教师——将自己的工作视为刺激、支持和扩展自身发展方向。参与教师中心课程是自愿的,而不是被学区规定的,如果是学区间接要求(如,作为消磨课余时间的一种方式),那么提供的方案则是以教师自己表达的对培训需要为基础的(德瓦尼和索斯,1975)。

此外,旨在帮助多元文化/语言学生的教育的在职培训并不像它所期望的那样风行(齐姆菲尔和阿什本,1992)。未来员工的发展必须重视教育改革。

参见 教师中心;教师有效性

INSIGHT(IN THE GIFTED)

(天才儿童的)洞察力

韦特海默(1945)和斯滕伯格以及戴维森(1983)等研究者都曾对洞察力作过描述。韦特海默研究了儿童对几何问题的有悟性的解决。一些儿童运用死记硬背的方式解决问题,另一些儿童则可以看见问题情境的本质结构,继而运用洞察力作为他们学习的方法。另一方面,斯滕伯格和戴维森以洞察力技能的中心属性为基础发展了智力天赋的亚理论。

戴维森和斯滕伯格(1984)在他们后来所著的一本书中提出,洞察力包括不是一个而是三个独立但相互关联的心理过程。根据对三种洞察力技能类型的理解,它们涉及洞察力的三种操作产物:①选择性编码,据此将给定情境中的相关信息从无关信息中筛选出来。②选择性合并,据此相关信息以新奇有效的方式合并。③选择性比较,据此新信息和旧信息以新奇的方式相连。

上述理论提出者的洞察力的三过程理论组成他们所认为的智力天赋的亚理论。鉴于选择性编码包括知晓哪些信息是相关的,选择性合并就包括知晓如何将相关信息结合在一起,而选择性比较则包括将新近获得的信息和过去获得的信息(就像用一个类比的方法解决了一个问题一样)相联系。另外,理论创始者推论,三个过程并非以简单的序列运行,而是在关于新想法的信息中与其他过程持续地交互作用。因此,它才是涉及洞察力的这些操作的成果。

斯滕伯格和戴维森(1984)提出了他们的方法在理解和评估智力天赋上优于其他的心理测量和信息加工理论的几个方面。第一,他们提出以他们的理论为基础的方法解决了为何天才有别于常人的问题。第二,因为他们对洞察力技巧的测量不要求先前的知识,所以他们的方法适用于不具备标准背景的个体。现今的研究者都运用脑电图技术来研究问题解决中的洞察力(扬索维科,1997)。

参见 文化/语言多元天才学生

INSTITUTES FOR RESEARCH ON LEARNING DISABILITIES

学习障碍研究所

学习障碍研究所的创办是为了鼓励基础性和应用性研究以开展和证实学习障碍学生的成功实践。学习障碍研究所最初由残疾人教育局主办,而后由教育部的特殊教育项目提供资助,有5个期限为6年的研究所。在签合同的基础上,这五个研究所被授予伊利诺伊大学芝加哥校区、哥伦比亚大学教师学院、堪萨斯大学、明尼苏达大学和弗吉尼亚大学。

5个学习障碍研究所的工作围绕有关学习障碍本质的大量争论而开始(麦金尼,1983)。总的说来,普遍认为这些研究所通过许多调查者的集体性资源以计划性的风格来探索系列复杂问题,对我们如今所知的学习障碍的本质和治疗做出了重大贡献(基奥,1983;麦金尼,1983)。

INSTITUTIONALIZATION

机构化

在过去,残疾人(尤其是有智力落后或精神疾病的人)通常都被放任自己照顾自己,被关在屋子里,更糟糕的是被关在监狱里(沃尔芬斯伯格,1972)。这通常会导致残疾人生病或死亡,最终导致在19世纪建立安置机构。这些机构,通常被叫做医院、精神病院或隔离群,一般建在与社区居民联系较少的郊区。这些机构建立的最初目的是为需要此类照顾的残疾人提供更高水平的照顾。

安置在居住机构中通常都是为了生活。在20世纪50年代,生活在机构中的残疾人数有所增加。随着由那些认为机构的生活和社会环境有害的人发起的去机构化运动的出现,安置在机构中的人数有所减少。从1955年到1973年,尽管美国人口增长了40%,但是安置人群的数量却从50万减少到了25万。目前,随着绝大多数州控制新的准入而不是将安置人员转移,安置机构的空巢化已经减缓。

当很多先前在机构中的残疾人可以被安置在社区中,照顾他们的机构和医疗机构却没有跟上去机构化运动的步伐。因此,一些返回到社区中的人无法获得需要的服务成为许多城市中的无家可归者的一部分。至少一小部分的残疾人要求有残疾人机构。然而,随着早期干预、教育和社区选择的出现,很少人会要求深入细致的和长达一生的照顾。

参见 社区安置方案;去机构化

INSTITUTION NATIONALE DES SOURDS - MUETS
国立聋儿学校

国立聋儿学校是世界上第一所为聋人建立的公立免费学校,1755年由阿伯特·查尔斯·米歇尔·德莱佩(1712—1789)在巴黎建立。1960年,学校的名称改为国立年轻聋儿学校。尽管这所学校坐落在巴黎的市中心,但占地范围很广(19300平方米),由操场、花园、果园和蔬菜基地组成。

国立聋儿学校可以称得上是聋人教育手语的摇篮。在学校的前院,参观者可以瞻仰阿伯特·查尔斯·米歇尔·德莱佩的塑像。一个充满感激之情的聋孩子牵着德莱佩塑像衣服的一角。全世界的许多聋人都将德莱佩视为精神上的父亲,而且国立聋儿学校也被看做是他行动的活的历史见证。

参见 聋教育;综合沟通

INSTRUCTIONAL MEDIA/MATERIALS CENTER
教学媒介/材料中心

事实上,每一个学区、中间单位和合作组织都支持教学媒介/材料中心成为其全面教育努力的一部分。《残疾人教育法案》的实施扩充了许多教学媒介/材料中心的功用,到如今包含了教师中心、专业图书馆、教科书的书库、印刷品和可调整装置(除了电化教具)。服务的范围可以包括通过现场借用或移动单元而实现的新产品的循环;信息搜索;在职培训;供地方使用的印刷和非印刷产品的开发;对有前景的实践和产品信息的散布;帮助选择和采用新实践;参与学校的改进方案。一些教学媒介/材料中心还提供微机房、软件开发、软件评审与指导和微机图书馆。

参见 特殊教育在职培训;残疾人教学技术

INSTRUCTIONAL PACING
教学速率

过去大量的教育研究集中在证实具体教育方法的有效性上。教学速率,或者说刺激呈现速率,被视作是能直接影响学生学习的教学行为而被提出(尚伯格,1996)。

有几种时间变量决定一个教师的上课进度。一般说来,教师等待时间被定义为教师在提出了一个问题或刺激之后等待学生回答的时间。有研究者(费根,1996)提出,延长教师等待时间会让学生的回答更频繁和更准确。这些发现也在多重残疾儿童的特殊教育领域得到了证实。

第二个时间变量——试验间时间间隔,是指在一次学习试验结束和下一次学习试验开始之前的消耗的时间。在对自闭症儿童的研究中发现,1~4秒短暂的试验时间比5~26秒的间隔会导致更快的学习(凯格尔,1980)和更低水平的自我刺激行为(邓拉普,1983)。

英格勒特(1984)测验了特殊教育背景下的呈现速率。她发现,根据其学生的成绩,被判定为更有效的实习教师比被判定为效率更低的实习教师在每分钟内提出数量更多的试验。有效的实习教师据说能保持更活跃的上课进度。

虽然教师等待时间的延长和试验间时间间隔似乎可能遭到理论上的反对,但是直接教学模式的支持者和以直接教学模式为基础的商业课程都提倡类似的方法。他们建议,允许学生有足够的时间来回应任务和缩短两个任务之间的时间。未来的研究将会有助于为特殊教育专业人员树立一个稳固的教学速率宗旨。

参见 自闭症;直接教学;教师有效性

INSTRUCTIONAL TECHNOLOGY FOR THE HANDICAPPED
残疾人教学技术

教学技术,也称为教育技术,用于描述为了简化或提高学习者或教师的教育努力的一系列的工具或技术。虽然一般被视作机械或电子设备(如电脑和计算器)和教育媒介(如幻灯胶片或录像带),但是某些特定的评估策略(如精确教学和应用行为分析程序)和课程设计(如特殊能力/技术设计或基于目标的教学)也可以被视为教学技术。认定一种事物是不是教学技术的关键因素主要是看该设备或技术是不是将科学原理应用于与教育相关的事宜的结果。

《特殊教育技术杂志》是由犹他州州立大学、特殊教育技术协会和特殊儿童理事会技术与媒介分会编辑并出版的一份季刊。该刊专门针对残疾人教学技术的应用中的创新实践进行研究和介绍。

参见 扩大性沟通系统;计算机和教育;人类行为中的计算机;残疾儿童的计算机使用;电子交流辅助

INTEGRATED THERAPY
整合式治疗

整合式治疗是指在教室和其他自然环境中提供的专门的治疗服务(舒茨等,1980;斯特纳特等人,1977)。整合式治疗模式和隔离式治疗模式相比有许多优点。隔离式治疗将学生从他们的教室中转移出来,在隔离的环境中(通常是在一个诊所或治疗室中)进行治疗。整合式治疗的一个优点就是:和阶段式的训练相反,整合式治疗有持续进行的可能。治疗师和主班教师能够协作训练目标和程序。而且,在整合式治疗模式下,他们有更多的机会分享专业技能和有关学生方案的信息。

整合式治疗的另一个优点是其提高归纳概括能力的潜力。这对有严重残疾、不能在其他条件下像在训练环境中那样表现新技能的年幼学生而言至关重要。

参见 融合;最少受限制环境;回归主流

INTELLIGENCE
智力

智力被证实是很难定义的一个概念。从早至1921年(《智力及其测量》专题论文)到今天(如,德特曼,1994;斯滕伯格和德特曼,1986;奈塞尔等,1996),心理学家们一直都没有在一个公认的概念定义、通用的理论方法或评估工具上达成共识。

在相当统一的水平上,心理学家和公众普遍达成了一些共识。让我们来看看斯滕伯格、康韦、凯特龙和伯恩斯坦(1981)所提出的著名的智力的隐含理论。他们让超市、火车站、大学图书馆的那些对智力是外行的人描述他们认为是智力、学业智力或日常智力的行为。斯滕伯格等人(1981)将上述提交给研究心理学的心理学家们,并让他们指出每一种行为在区分人们的智力、学业智力和日常智力方面的重要性。斯滕伯格等人也让一大群外行人在实验室环境下做相同的工作。对心理学家有关智力评级的因素分析揭示了三个因素:言语智力(既“言语的流畅性”)、问题解决能力(即能够运用知识解决手头的问题)和实用智力(“很好地估计情况”)。对外行人评级的因素分析也揭示了三个因素:实际的问题解决能力(逻辑推理)、言语能力(清楚地说话和发音)和社会交往能力(接受其他人的本来样子)。显而易见,这些因素在两组人群上相似且表明,专业人员和外行人都有着发展良好的和相似的智力的隐含理论。斯滕伯格等人(1981)提出,问题的解决相当于流体智力;言语能力相当于晶体智力(见下面的讨论),两者是“智力功能的必需的方面”。而且,很多专家给智力的定义都包含两个方面:一是从经验中学习的能力,二是适应环境的能力。

1. 心理测量的方法

智力的心理测量理论是由统计学分析,特别是智力测验中对分数的因素分析衍生而来的,此类理论可以被看做是那些能把智力测验做得很好的聪明人的无趣的原型。一些激烈的论点支持单一的一般智力因素,叫做g因素。早在1904年,斯皮尔曼就指出,一些在那时可获得的测验的分数都彼此相关;也就是说,测验中的高分数倾向于和其他的高分相联系;反过来也是一样。这种相关关系表明,某一个智力因素预测了在测验中的表现。随后他(如,斯皮尔曼,1927)利用自己发明的因素分析技术对大量的智力测验分数进行了因素分析,而且发现分数之间是相关的。这种因素分析虽然反映出智力的一般因素(g),但是每一组测验也挑选出一个特殊因素(s)。

对单一的一般智力的支持是在反应时间的研究中提出的。反应时间通过个体完成不复杂的任务所需的时间来测量。艾森克(1994)为g因素的生物学基础提供了证据。而詹森也声明,g因素的本质依赖于神经系统的传输速度。某个个体的神经处理速度越快,其反应时间就越快。通过其与智商的积极相关关系,反应时也与智力联系起来。其他人反对这种观点,认为反应时速率和智力应该相关没有意义。他们认为智力是一个包含着问题解决的投入的过程。反应时间则不一样,它是在主体几乎没有控制的条件下的一种自动反应。g因素的重要性和基础依然是有争议的,这一点可以在莫迪基尔等人或赞同的或反对的讨论中看到。

卡特尔(1971)提出了一种智力的层级模型,这种模型将 g 分成了两个组成部分:流体智力和晶体智力。流体智力,现在被称为 Gf,是认知新奇问题、获取新信息、推理已知信息中的新关系的能力。这种类型的智力被认为是抽象的和无文化背景的。晶体智力,现在被称为 Gc,包括人一生中获取的让个体能将已被证实的问题解决技能应用于熟悉的挑战中的技能和知识。这种类型的智力是后天获得的,非常依赖文化和经验。在这两个主要次因素下还有其他更为具体的因素。霍恩(1985)提出了 Gf 和 Gc 的新证据,并且提出它们在年幼儿童中呈高度相关,但是随着儿童们的成长和拥有各种经验,这种相关就会越来越少。

卡罗尔(1993)基于对大量的数据样本的因素分析,发展了智力的层级理论。他的理论模型在多重维度上提出了 40 多个主要因素(语言能力,推理和思维,记忆和学习,视知觉,听力感受,思想产生和认知速度)。对这些主要因素的分析揭示了 7 个次级因素,它们中的大多数和霍恩、卡特尔、艾克森及詹森的理论有部分相同,Gf,流体智力;Gc,晶体智力;Gv,形成思维图像的能力;Gs,一般认知速度;Gm,一般记忆力;Gr,一般检索能力;Ga,一般听力知觉能力。在意料之内,对这些因素的分析揭示了斯皮尔曼的 g 因素。卡罗尔(1994)提出 g 因素主要处于包含"复杂水平"的任务中,在这些水平上,个体能够处理归纳、推理和判断的基本过程。

2. 在心理测量之外:广泛概念化的智力

考虑到 g 因素的局限和其他方面,加德纳(1983,1993)提出了七种"多元智力"(M. I),它们是在不同水平上独立起作用的个体成分。他(加德纳,1983)宣称通过"对神童天才、白痴天才、正常儿童、正常成人、各行业的专家及来自不同文化的个体的研究"来支持多元智力。他的多元智力是:①语言智力,反映在诸如阅读和语言理解之类的任务中。②数理逻辑智力,包括计算和逻辑。③空间智力,包括目标的转换和形式的感知。④音乐智力,该智力发展最早,包括谱曲或弹奏乐器的能力。⑤身体运动智力,反映在控制身体和控制的能力。⑥人际交往智力,理解他人的能力。⑦内省智力,根据自身的优缺点来客观地看待自己的能力。尽管七种智力被视为独立起作用,但是它们通常是相互作用以产生特殊类型的智力行为。

尽管加德纳的建议引起了对心理学和教育学的相当大的兴趣,但是从科学的角度而言,该提议仍受到了质疑。第一,他没有提供对其各种智力的测验,使得其假定的独立性和其本身的存在都受到质疑。他提供的证据很有意思,但是几乎不系统或者说不具说服力,尤其是在其他假定的"智力"都可以找到相对应的证据的情况下。正如其他人指出的那样(如奈塞尔等人,1996),独立类型的智力并非全部独立;在一个领域有天才的个体也会在另一个领域中有才华,这又和 g 因素前提再次相关。

就 g 因素的一些局限,斯滕伯格(1985)还提出了三种成分的智力理论。该理论中,智力被看作是包含三种类型,在三种不同水平上进行操作以及在三种信息加工的成分上获取信息的能力。这三种能力是分析、创新和实践能力。分析能力用于评价和判断信息,以处理只有一种答案的问题。创新能力用于解决要求以不同方式思维且可能没有解决办法的新异问题。实践能力处理有多种解决方法的真实世界的问题。这些能力在三个层面上进行运作:内部世界、外部世界和个体经验。三种信息加工成分是:①无成分,即计划、管理和评价等执行过程。②实施无成分进行补充的表现成分。③用于最初学习问题解决策略的知识获得成分。这三种成分互相依存地运转。斯滕伯格反对将强调重点放在 g 因素上的论点是,一般推理(如先前在晶体智力中提到的)可能在一些文化中是值得高度重视的方面,而在另一些文化中却一无是处。

g 因素的提倡者认为,斯滕伯格的理论缺乏生物学基础且其概念不符合实际经验。一些人(艾森克,1994)提供了证据证实原创性和创新性不是认知能力的部分,而是个性特征的部分。另一方面,各种证据(奈塞尔等人,1996)支持了斯滕伯格的论点,即实践智力在很大程度上独立于标准智力测验的分数,又是一个与真实世界问题解决相关的重要因素。

3. 学术成就的预测

从比奈时代开始,智力测验的主要目的就是预测学业表现。正如所期待的那样,这些测验分数和通过等级评定和标准成绩测试所测量出来的学业成就是相关的。儿童的智商和学校成就测量之间的平均相关率是 0. 50 左右。在更高的教育水平上,学业倾向测验和分数也能预测大学成绩的等级,尽管各个研究得出的相关度差异非常大,这些相关度只占了总差异的 25%,说明大量的其他因素,包括个性、社会的和文化的因素在学校表现中也非常重要。

智力测验的分数与受教育的时间长度、职业地位和工作表现有关,它们也和社会经济地位有关,但是由于其他的相关因素的数量很多,很难对测验分数做解释。人在承担大量的认知任务时表现的速度也和测量得出的智力呈正相关且相关的量值也随着任务复杂性的增加而呈现增加的趋势。

4. 遗传和环境基础

尽管已成为众多研究和争论的话题,但是遗传和环境因素在多大程度上影响智力仍然是不确定的。这种不确定有很多原因,包括统计技术和运用的被试样本。而且出于必要,环境因素与样本中的被试对象越相似,遗传因素的影响就越大,也就是说,如果忽略环境差异,那么任何的变量都可以归因于遗传差异。据估计,遗传背景的差异导致的智力差异的比率,范围是从0.40到0.80,平均值是0.50。然而,这些估计数据来源的研究没有充分代表,对那些来自低经济社会地位的被试的研究是不具充分代表性的。既然环境差异和社会经济地位相关,那么人为的较小的环境差异就一定会夸大遗传差异的影响。比率随着年龄而增加,或许是因为随着个体成长,他们就越来越会选择他们自身的环境,部分原因是为了和其他基于遗传的特征相一致。当然,特别的遗传条件,如唐氏综合征,会导致个体案例的智力落后。

尽管对遗传差异作用的最高评价也表明环境差异在决定智力差异上起相当大的作用,但是确定起作用的环境因素的本质还是挺难的事情。研究者已经确定了大量的环境因素对正常的智力因素变量起非常大的影响作用。这些正常变量包括文化、家庭、社会和学业因素,但是很难确定。毫无疑问,环境因素,诸如接触铅产前酗酒、长期的营养不良、产期因素(早产、出生时低体重)等都会导致低智力和智力落后个案。但是,它们在正常个体差异中的作用却很小。

5. 群体差异

文化、种族的亚群体所测量出的智力一直存在差异,尽管差异的程度并不一致。盎格鲁人的平均智商与标准智商100相近似,亚裔美国人的平均智商会略高一点,是105,而非洲裔美国人的智商则会相对低些,在85左右。拉丁美洲裔和土著美国人的平均智商介于两者之间。很多遗传的和环境的解释都为这些差异提供了理由,但所有的解释都受到了批评。然而一个共同的发现是,群体差异不能归因于测验中的偏见,因为没有科学的证据表明存在偏见。然而没有测验偏见不能支撑遗传解释。例如,弗林(1999)新近提出了对群体差异有说服力的遗传解释。实际上,没有直接的证据支持遗传解释,但是也很难找到可信的环境因素的证据。这一点可以说的是:坚定地宣称坚持哪一种观点可能更多的是基于信念而非科学支持的证据。

6. 不断提升的智商

"或许所有环境影响中最具震撼力的就是在智力测验表现中显示出的那种平稳的世界范围内的提高。"(奈塞尔等人,1996)"弗林效应"以第一次系统报告它的人的名字命名(弗林,1984;1999),涉及至少自20世纪30年代以来发生在美国和其他西方国家中的已测智力的持续和大量的增长。每年取得的进展接近于0.3个智商百分点。尤为有意思的是在瑞文渐次矩阵测验(一个不考虑文化且因此载荷更多g因素的测验)中的增长,甚至会更高些,并出现在20个不同的国家(弗林,1999)。当然增长必须是环境性的,因为断定这一段时间的变化是遗传变化简直是站不住脚的。不仅如此,增长出现在缺乏任何成绩测验分数增长的情况下,且增长的原因不明。奈塞尔等人(1996)主张:测验复杂性的增加是一个不太可能的原因并且认为文化复杂性的增加和/或营养的改善可能发挥作用。但也有可能如弗林的观点所说的那样,分数的提高不能反映真正的智力上的相对增长,或几个国家由于它们在天才的数量上有了惊人的增长可能会经历一个真正的文化复兴。弗林提出,出于实践的目的,实际增长的东西只是相对狭窄的抽象问题解决的类型。毫无疑问,他1999年的论文可能会引起更深入的讨论。

7. 一些启示

智力测验作为学校表现的预测的有效性支持了其确认儿童对特殊教育服务的需要的继续应用。智商和学业成就之间较低的相关性表明,许多其他的因素已被包含在内。尽管许多的研究支持将g作为最高因素的智力层级理论,但是智力的附加方面,特别是实践智力,成为大范围内行为的重要决定者,对于需要被解释的理论来说,弗林效应清晰地反映环境对已测智力的影响,这也需要理论解释。正式的足够的学校教育,包括学前教育和适宜的干预,对智力发展而言是个重要影响因素。最后,智力研究的科学组成从其政治含义中脱离出来也很必要。

INTELLIGENCE:A MULTIDISCIPLINARY JOURNAL

《智力》:一个多学科的杂志

当《智力》于1977年创办起来的时候,还没有任何其他的杂志专门致力于对人类智力的基础研究。虽然当时在学习领域已经有了许多有威望的杂志。通过创办新的杂志,创办者试图"使人类智力研究的重要性以及它在行为科学中已经发挥的主要作用形式化"(德特曼,1977)。

《智力》是一份以科学为导向的杂志,发表的论文需要对智力的本质和功用的理解有大量的贡献。杂志致力于发表原创性的研究成果,但也接受理论性和评论性的文章。有关应用的研究只有在作品对基础知识有用时才会被考虑接受。该杂志在本质上是多学科的。特殊教育者感兴趣的是在智力落后领域已发表的许多经验性的研究。其他类型的研究包括儿童的早期发展、个体差异的测量和文化测验偏见的问题。

INTELLIGENCE,EMOTIONAL
情绪智力

情绪是我们智能生物所具有的非常重要的一部分,这一观点源自达尔文(1872;1965)、弗洛伊德(1923;1962)以及近期霍华德·加德纳(1983)的著作。在加德纳的多元智力理论(1983)中,他所提出的七种智力中的两种涉及情绪:人际智力(理解其他人)和内省智力(理解自己)。罗伯特·斯滕伯格的成功智力理论(也称实践智力)是另一个把情绪健康的重要性考虑在内的主要的智力理论(斯滕伯格,1985,1996;斯滕伯格和考夫曼,1998)。但是,过去常见的观点认为情绪是附属于—实际上是低于—智力的。

1990年,沙洛维和梅耶提出了情绪智力的三因素模型,即情绪的评价与表达、情绪的调节以及情绪的利用。情绪的评价与表达是由自我情绪(可能是言语的和非言语的)和他人情绪两部分组成的。他人情绪由情绪的非言语感知和移情构成。情绪的调节是第二个因素,它是指调节自我情绪的能力以及调节和改变他人情绪的能力。最后一个因素是情绪智力的运用,它包括四个方面:灵活的计划、创造性的思考、被转移的注意力以及驱动力。灵活的计划是指为未来制订出许多不同计划的能力,这种能力可以使计划者更好地把握机会。这种多个计划的制订,可以来源于将情感和情绪转变到自己的优势方面以及考虑到更为广泛的可能性。第二个方面,创造性的思考,更可能发生在一个人高兴、情绪状态良好的情况下。被转移的注意力是指当经历到强烈的情绪体验时,个人的智慧和注意力可以转向新的问题。能够将这一现象用于自身利益的人也能够将一个潜在的有压力的情形聚焦于最重要的或最紧迫的问题上。情绪智力的最后一个要素,情绪的驱动力,是指能够通过把自己的焦虑和紧张聚焦于任务的执行本身来使自己持续地完成较困难任务的一种艺术。

梅耶和沙洛维(1997)在《情绪的发展与情绪智力》一书中的一个章节里改进了他们的理论。他们将其精简为四种能力:①认知、评价和表达情绪;②理解和产生情感以帮助认知;③综合情感信息与运用情绪知识;④为其成长和满足调节情绪(梅耶和沙洛维,1997)。

有一些情绪智力的测验:情绪特征量表(TMMS,见沙洛维、梅耶等,1995);情绪智力多重因素量表(MEIS,梅耶和沙洛维,1998)以及 Bar - On 情商量表(EQ - I,Bar - On,1997)。但是,所有这些测验都是对自身负责的,并且存在着一些未知的心理测量特性。在这个方面,没有一个已经发表和测验是用已有方法对实际的问题或待解决的问题进行了有意义的研究。

按照沙洛维(1999)的说法,未来情绪智力的研究方向将可能聚焦于下列领域:将情绪智力从传统的智力类型中区别出来;评价情绪智力(能力和定义)中的文化异同;发展以观察和实验为根据的测量标准;并判断这些测量标准如何能够预测学术成就、个人成功和职业成就。

INTELLIGENCE QUOTIENT
智力商数/智商

智力商数是一个测量概念,在早期的智力测验中被广泛使用,但现在已使用得不那么普遍了。1911年阿尔弗雷德·比奈逝世后,斯特恩(1914)提出了心理商数这一概念,认为来源于比奈—西蒙量表的智力功能的指数可以被表示为:受测者的心理年龄与其实际年龄(为消除小数点)乘以100($MQ = 100 \times MA/CA$)的比值。这种心理商数反映了个体心理发展与受测年龄的比值。如果受测者的心理年龄(MA)等于其实际年龄(CA),他们的心理商数(MQ)则为100。心理商数100代表平均水平。

在加利福尼亚州斯坦福大学工作的特曼制定了斯坦福—比奈量表。这个量表很快成为最广泛使用的美国版本的比奈测验。特曼(1916)纳入了斯特恩的心理商数概念,并将其改名为比率智商或智商。

比率智商这个概念日益流行,但其使用常常不恰当。上世纪最后二十五年,它逐渐退出历史舞台,原因在于其固有的许多特性遭到了测验专家和实践者的严厉批评。

由于这些对比率智商的批评,当今大多数重要的智力测验结果都采用智商分数而不是比率智商来表示。例如,1960年修订斯坦福—比奈量表后,比率智商就被离差智商所替代。重要的智力测验,像韦氏量表、麦卡锡量表和考夫曼儿童智力评价量表(K - ABC),都没有采用比率智商来表示测试结果。然而,目前仍在使用的若干其他智力测验仍保留比率智商的概念,包括勒特国际操作量表、斯罗森智力测验和快速测验。由于比率智商固有的缺陷,应谨慎解释来源于这些测验的智商结果。

参见 *离差智商;智商;比率智商*

INTELLIGENCE TESTING
智力测验

如今,团体智力测验和个体智力测验都运用于许多不同的方面。其中使用最多的当数学校。学前水平的团体智力测验常用于区别那些已准备好参与教育活动的儿童和需要治疗准备的儿童。小学、中学和高中水平的团体智力测验用于鉴别班级里的超常学生和有障碍的学生,以帮助形成班级内同等能力团体。团体智力测验常常成为学院和大学录取学生的标准之一。个体智力测验已经被经良好训练的临床医师使用了半个多世纪,实施的主要目的是为了进行心理学的、教育心理学的和神经心理学的诊断。1975 年《所有残疾儿童教育法案》(94 - 142 公法)的通过导致个体智力测验作为大型评价量表组的一部分被广泛运用于安置特殊儿童参与特殊教育项目并逐步展开个别化教育计划上。这种特殊教育项目是针对智力落后、学习障碍、情绪障碍儿童实施的。对于成年人来说,团体和个体智力测验用于各种环境中,包括工商企业、监狱、心理健康中心、医院和私人诊所。

团体智力测验主要被用于教育、企业、政府、军队和一切能同时获得多个个体有效测验数据的情境;它们也适用于能够进行自我测验而不需要主试人员的个体。相反,个体智力测验通常被用于诊所和特殊教育中心,这些地方需要对个体进行深入细致的调查,同时也需要一个受过良好训练的主试来保证测验结果的有效性。使用团体测验和个体测验的原因有很多,这些原因也为理解这两种测验类型提供的信息提供了基础。下面是阿纳斯塔西(1982)总结的原因。

团体智力测验通过提供受测者印有题目和格式、以便他们作答的小册子,可以在同一时间内对一大批人进行测验。主试不需要有太多的训练和经验,因为大多数团体测验只需主试念出简单的指导语并精确地控制时间即可。因此,正是由于主试在团体测验中所起的作用很小,团体测验比个体测验更加统一。

客观评分是团体测验的一个重要方面。考试题目通常是多项选择题、是非判断题或其他一些不需要过多考虑就能判断回答是否正确的题型。团体测验的题目通常由工作人员或电脑来计分。此外,团体测验往往包含有独立的答题纸,即答题纸和测验的小册子是分开的,这样就可以循环使用测验小册子,经济实惠。

由于团体测验能对一大批人同时施测,因此,与个体测验相比,团体测验能让更多的人参与标准化程序。团体测验的规范普遍比个体测验好,因为它们是建立在 10 万到 20 万个标准化样本,而不只是个体测验的 1000 到 4000 个样本基础上的。

另一方面,个体智力测验也有若干特点,使其适用于各种诊断目的。在个体智力测验中,主试有机会与被试合作,建立和谐关系,以及增强被试的动机。受过良好训练的主试在个体智力测验中通过发现、报告、运用被试的许多可能影响测验表现的特征,如焦虑、疲劳、问题解决类型,来解释测验得分。此外,一些个体,如情绪障碍、智力落后的儿童或成人,可能在个体测验中表现得比在团体测验中的好。由于大部分团体测验要求被试者阅读指导语和测验题目,而个体测验则很少或不需要被试者阅读,这对于有阅读困难的个体,尤其是对学习障碍和智力落后的个体来说是有利的。

个体智力测验的题目通常是简短的要求口头回答的开放性问题,因此允许被试者给出有创造性的、有独到见解的回答。在个体测验中,被试者并不局限于在四个答案选项中选择一项或判断某道题是否正确。因此,分析被试者的回答内容的目的在于形成对被试者的相关假设,如被试的创造力、思维方式、认知发展或防御机制。

个体测验的另一特点就是施测的灵活性。团体测验要求被试在一定时间内回答所有的或尽可能多的题目,而个体测验则是更有效地利用测验时间,因为被试只需要完成那些适合自己能力水平的题目。这个特点避免了被试在测验过程中因题目太简单而产生的厌倦感或太难而产生的挫败感。

目前存在着多种团体智力测验,但大多数都具有先前提到的特点:每个问题带有 4 ~ 5 个选项的多项选择题和带有独立答题纸的测验小册子。大多数团体智力测验还提供离差智商或标准分。由于无法灵活呈现或多或少基于被试表现的难题,大多数团体智力测验由一系列多层次的测验组成,其中每种测验都是为特定年龄、年级或差异水平所设计的。

自 1960 年起,智力测验就一直是一个颇有争议的话题(考夫曼,1979),其中在专业论坛和公共论坛上争论最激烈的莫过于测验偏差、遗传因素与环境因素对智商的影响的高低、测验分数的种族差异以及对少数民族儿童进入特殊教育班级的不合理安排,如为智力落后儿童设置的班级或为天才儿童设置的班级。这些问题已经成为研究、讨论、联邦指导方针、法律和诉讼案件的主题。正如许多重大法律案件在智力测验是否对少数民族儿童不公正这个问题上的意见不一致一样,智力测验领域的专业人员在这个问题上的意见也仍然不统一。未来很有可能充满着有关合理运用智力测验的争论和取消智力测验的主张。但与此同时,同样能确定的一点是新的和修订的个体和团体测验工具将继续增多。

参见 智力;智力商数;理解性测验

INTELLIGENT TESTING
理解性测验

理解性测验是一种基本原理或一种评估模式,它广受赞成,并在考夫曼等人的著作中得到了充分的展示(考夫曼,1979,1994;雷诺兹等,1986)。理解性测验模式的目的是将通过观察所得到的数据、心理测量学、临床经验、心理学理论和一些审慎的论证整合起来,建立起一种对个体的评估,以便形成一种能改善主体生活环境的干预。这一基本原理的普及是许多因素作用的结果,尤其是极端主义方法对测试的利用。

对于那些低智商的儿童,理解性测验的测试者所起的主要作用在于利用测验的结果去形成一种干预的手段,使之能够粉碎综合智商分数所做出的预言。在20世纪,已经有很多调查充分地证实了伴随低智商儿童所表现出来的是极低的学业成就。因此,对低智商儿童进行理解性测验的临床目的至少是双重的:①确定该儿童确实是学业失败的高危儿童,②创设学习环境以打破测验对儿童的预期。对于那些有着平均智商水平和高智商的人来说,测验者的目的可能不尽相同,但原理都是一样的。例如,评估一个学习障碍儿童时,其主要任务是应验综合性智商分数所做出的预言。大多数学习障碍儿童都表现出平均的或高于一般智力的商数,但他们的学业表现却远远低于人们基于其智力测验所做出的预期值。理解性测验者有责任保证这种测验的结果符合儿童真正的智力水平,也就是说,他/她必须创设一系列的环境条件,让这些儿童达到并在理解性测验所预计的水平下学习。

当心理学家参与到理解性测验之中时,该儿童或成年人成为评估的焦点,而测验本身则作为理解的唯一载体退居幕后。测验环境完全以受测者为中心。连同个体的特定背景、转诊病人的行为和完成不同任务的方法对测验结果的理解与交流构成了有效评估的关键。全面测验的分数已不再重要,而心理学家的灵活性、广泛的心理学知识背景和洞察力才是所需的。对于那些关心儿童的家长和教师来说,理解性测验不再是给学生贴标签、做无望的安置计划的工具,也不再是破灭其希望的依据,而是成为了一种有力的推动力。

理解性测验要求我们使用现代化的智力测验手段作为必要条件以便达成关于个体智力如何运转的正确理解。在这一基本原理指导下的对测试的理解方法和心理探察方法是相似的(考夫曼 1979;1994)。它需要融合临床技能,对心理测量学及相关测量手段的熟练掌握,以及关于认知发展和智力的丰富知识。我们可以在1994年由考夫曼编纂的,适用于韦氏儿童智力量表的著作《运用韦氏儿童智力测验修订本所进行的理解性测验》(考夫曼,1979)中,找到对这种测验更为广泛的论述。然而,这一基本原理并不因测验的不同而不同。在考夫曼、雷纳德和克拉克的著作中可以找到关于将这一基本原理运用于学前儿童的讨论。

理解性测验中,掌握心理测量学和相关测量手段的知识和技能是必需的(雷诺兹,1999)。对测验的临床评估必须由以下三者,即对测验成绩的统计属性的详细分析、这一测验的内在心理测量学特点以及它们与外在事实相关的数据来共同指导。例如,测验得出的不同分数,尤其是同一智力量表不同部分所得出的不同分数历来是心理学家们的兴趣所在。不同的测验分数并不可靠,而不同阶段的测验表现出来的细微差别可以归因于测量误差。如果误差数值过大,不同的分数则可为选择适当治疗方案提供宝贵信息。相关测验的心理测量学特性限定了差异的范围,这种差异的范围是在反映真实而非偶然波动的过程中保持数据信度的。对分量表之间的差异的理解要求将对儿童行为的临床观察、与测验数据相关的其他因素和智力理论结合起来,但这种结合必须建立在这些误差是真实存在,而不是由于操作错误而产生的基础上。

临床技术、心理测量的复杂性和个体差异理论的广泛知识等方面共同催生了理解性测验。然而单个因素都是不充分的,但是,如果能相互补充,这些因素就能相互作用,产生最可能是正确的解释。理解性测验模式对施测者,也对测试本身提出了一系列要求;并非所有的测试都能被正确运用,也不是每个人都能成为施测者。施测者拥有的心理测量学、差别心理学、儿童发展心理学和其他领域知识的广度是十分重要的。同样,测验必须有多个层次,这些层次必需可靠,有真实有效的证据,还必须在足够多的、全国性的分层随机取样数据基础上加以标准化。这种测验必须为有效的临床观察提供机会。如果没有这些特性,理解性测验就不可能起作用;但如果有这些特性,儿童必将从中获益。

参见 评估;测试中的文化偏见;智力测验;矫正的缺陷—中心模式;顺序的和同时的认知处理

INTERACTIVE LANGUAGE DEVELOPMENT
交互式语言发展

交互式语言发展这一概念来源于实用主义哲学和

儿童语言语用学研究。语用学是指对语言的社会运用的研究和在儿童实用语言发展领域的研究。它大体涉及三个焦点问题:①理解儿童如何学会使他们的语言适应于各种语言学和非语言学环境;②追踪日益增多的全部语言功能的发展;③确定社会环境在推进各方面语言发展中所起的作用(贝茨,1976)。

交互式语言发展理论非常依赖于对成人—儿童相互作用的社会心理学研究。里斯(1982)在这类文献中发现一个反复出现的主题:语用学观点在语言习得上扮演了一个重要角色,“不仅仅是一系列需要习得的技能,而且是对语言习得本身的激发和解释”。里斯认为,语用学的交互式因素在儿童掌握本国语言方面起了重要的作用。交互式因素可看成是儿童语言的起源。布鲁纳(1975)认为,母亲和婴儿在出生头一年里,尤其在共同关注的物体、人和感兴趣的事件上的相互作用,是儿童理解所指和意义的基础,而意义赋予了人类所使用的符号的特征。

其次,语用学的交互式因素可看成是对语言学习的激发,正如哈里德(1975)和贝茨(1976)的研究中所举例说明的。这些研究者论证了交流功能是如何先于语言技能的习得出现的。除了为特殊语言结构的发展建立基础外,语用学的交互式因素还解释了语言风格和编码转换能力的发展。正如里斯(1982)所说的,“语言使用者通常掌握一系列适合于特定听者和环境的语言风格和编码变体,而且他们将这些变体运用于建立和维持社会角色关系……”。研究已经发现3岁或4岁的儿童在对家长、同胞、朋友、陌生人、比自己年少和年长的儿童说话时使用不同的风格或“语域”(格利森,1973;斯诺和弗格森,1977)。

语用学的交互式语言疗法的步骤在威尔科克斯(1982)的著作中有所论及。

参见 交流障碍;语言治疗;语用学;社会学习理论;活动理论

INTERDISCIPLINARY TEAMS

跨学科团队

在任何一个儿童接受特殊教育服务前,都必须接受一份个别评估,其目的在于鉴定教育需要的领域,判定儿童学业成就的天资和鉴别可能妨碍儿童学业表现的其他因素。个别评估是所有教育计划的基础。94－142公法的出现要求有一个跨学科团队(IDT),也称为多学科团队(MDT)来判定适合特殊教育服务的条件。那些评估被怀疑存在不利条件的儿童的公共机构在他们的跨学科团队中必须包含以下人员(联邦记事,1977):

A:(1)儿童的指定教师;

(2)如果儿童没有指定教师,一个有能力根据儿童年龄展开教育的普通班级的教师;

(3)如果儿童没有达到入学年龄;一个受过国家教育机构认可并能根据儿童年龄展开教育的专业人员也是可以的;

B:至少一个有资格实施儿童个别诊断测验的专业人员,如学校心理学家、言语语言病理学家,或治疗教师。

自从94－142公法及其后来的修正案和《残疾人教育法案》(IDEA)颁布开始,跨学科团队就已被纳入美国大多数学校系统的组织惯例。但是学校专家、家长和公众对它们的价值发表了不同的看法(马斯特斯和莫里,1986)。

跨学科团队的作用已得到广泛的研究,但结果却是复杂的:一些质疑跨学科团队能否比单个个体做出更好决策的研究发现,跨学科团队所做出的决策和那些由个体决策者所做出的决策之间没有什么差别(法伊弗,1982)。一些研究者(法伊弗和纳列里,1983)已经证明跨学科团队所做出的决策比个人所做出的决策更具有一致性。正性研究与负性研究之间在解释学和方法论上的差异使该问题难以定论。

参见 评估;多学科团队;残疾人教育法案(IDEA)

INTERNATIONAL CHILD NEUROLOGY ASSOCIATION(ICNA)

国际儿童神经病学协会(ICNA)

国际儿童神经病学协会成立于1973年,是一个由儿童神经病学专家和相关专业人员所组成的非营利组织。其中相关专业人员包括致力于促进儿童神经病学领域研究的人,以及那些致力于对从事该领域实践活动的个体的能力和知识范围进行认证的人。为了促进儿童和婴儿神经科学发展并从中受益,该协会通过举办国际性会议、开展国际间合作研究、出版和翻译有关文献以及支持该领域师生的国际交换,为科学的和专业的意见的交流提供了一个平台。第八届国际儿童神经病学大会(1998)在斯洛文尼亚的首都卢布尔雅那举行(ICNA)。

INTERNATIONAL CLASSIFICATION OF DISEASES

国际疾病分类

国际疾病分类的作用一方面是为了归类统计发病

率和死亡率的数据,另一方面是医院为了保存和恢复院内疾病和手术的数据而编制的索引。为了这个目的,传统上对分类具体操作已经根据手术过程的类型、解剖部位或者二者的结合形成了一种模式。外科系统在目前国际疾病分类和大多数医院的分类中都是一条主线。疾病分类的应用方法取决于需要分类的具体数据和最终想要求得的结果。目前国际上还没有一种公认的方法对各种死亡病因进行分类。

国际疾病分类第十次修订是对患病和死亡原因系统的扩展。而且,它提供了一条途径,用以为将诊断数据录入医院表格提供有效的基础,以便这些医疗信息今后的审核和研究。国际疾病分类被分为 17 个主要部分,包括:已明确诊断的传染因素导致的疾病;内分泌疾病;肿瘤;营养代谢性疾病;精神病;妊娠及分娩并发症;围产期合并症;不明原因疾病;各类损伤(刺伤,烧伤或开放性创伤)。最后的这一分类包括了一个二重分类系统:引起损伤的外因及损伤的性质。这部分被编号为 800—99。其中外因以“E”为前缀,性质以“N”为前缀加以区别。虽然这种广泛的分类标题有助于组织,但是更大的意义并不在于它们本身的价值上,因为他们并没有持续收集疾病的情况,以便用于统计上稳定并有用的领域。详细的目录包括 671 个种类,此外还有根据伤痛的性质划分的 187 类伤害和 182 类根据外部原因划分的伤害。分类应用了十进制系统,各种分类以三位数字标记。前两个数字指明重要或总括性组别,第三个数字区分各种依据某类具体疾病为特定轴的疾病的分类。这种三位数字类别编号并不连贯。四位数字的种类应用于额外的,关于疾病的病因和表现的种别。国际疾病分类提供了一个分类的结构,在其能够投入实际应用前,必须熟悉其诊断条目所包括的每一个分类目录。

INTERNATIONAL DYSLEXIA ASSOCIATION
国际诵读困难协会

国际诵读困难协会(IDA)是一个国际性的非营利组织,正式的名称叫“奥顿诵读困难协会”,致力于诵读困难症的研究与治疗。建立国际诵读困难协会的目的是为了将奥顿博士所开创的研究工作继续深入下去。奥顿博士是一名神经学家,是最早确定诵读困难症并为其制定有效教育方法的学者之一。此后,该协会成为教育和科学团体中一股实力强大的力量。近 50 年来,国际诵读困难协会一直致力于帮助存在诵读困难的个体、他们的家庭、教师、医生和研究者更好地理解诵读困难。该协会坚信:所有的个体都有权利实现他们的潜能;个体的学习能力能够得到提高;语言习得和应用的社会、教育及文化障碍必须被消除。

该协会的使命宣言是:“国际诵读困难协会积极促进发展有效的教学方法和相关的临床教育干预策略。我们支持并鼓励跨学科的学习和研究。我们推进对诵读困难起因的探究和早期诊断;我们致力于负责任地广泛地传播那些建立在研究基础之上的知识。”

本词条内容直接摘自国际诵读困难协会的网页。对于那些对诵读困难和该协会感兴趣的人士来说,这个网站是极好的信息资源。

网址是 http://www. interdys. org。

INTERNATIONAL READING ASSOCIATION(IRA)
国际阅读协会(IRA)

国际阅读协会是一个致力于改进阅读教育的非营利性专业组织。那些对阅读领域有兴趣的人士,包括教师、行政官员、阅读专家、特殊教育工作者、大学教师和研究人员,心理学家、图书馆学专家和家长,都可以成为 IRA 的会员。此外,与阅读教育或阅读教师培养相关的机构和研究所也可以成为该协会的团体会员。国际阅读协会将对阅读的研究视为一个过程,推进有关改进阅读方案的研究,并提倡更好的教师教育。正如国际阅读协会道德准则(1985)所颁布的,该组织也密切参与世界范围内的文化活动,宣传阅读对社会和个体的普遍利益。

国际阅读协会由世界范围内不同国家的 1150 多个委员会和国家分支机构组成。国际阅读协会创办了四种重要的专业期刊,出版了许多与阅读主题相关的书籍,这些出版物为成员了解当前阅读教育的活动提供了另一条途径。

参见 阅读;阅读矫正

INTERNATIONAL TEST USED IN SPECIAL EDUCATION
特殊教育中使用的国际测验

一项在世界范围内 44 个国家(不包括美国)展开的国际调查确定了 455 种经常对儿童和青少年实施的测验。在这些测验中,有 46% 的测验是从国外引进的,因为它们是在其使用国之外制定的。那些引进的测验最初制定于美国(22%)、英国(7%)、德国(7%)、法国(5%)和瑞典(5%)。在接受调查的国家里,68% 的国家更频繁地使用国外制定的测验,只有 27% 的国家更频繁地使用本国制定的测验。而七个国家没有本国所制定的测验。

测试的使用在全世界各地都不统一,使用测试最频繁的是三个社会主义国家(1990年之前):南斯拉夫(主要是斯洛文尼亚)、东德和捷克斯洛伐克。使用测试最少的是最不发达国家,中东和最不发达国家依赖国外发达国家的测试非常常见。

1. 所用测验的类型

出现频率最高的测验是智力测验(39%)、人格测验(24%)和成就测验(10%)。评价感知运动能力、职业兴趣与资质、入学准备、社会性发展的测验并不常见。十大最常用的测验,按使用频率排列,依次是韦氏儿童智力测验量表、雷文图形推理测验、班达完形测验、罗夏克测验、斯坦福—比奈测验、韦氏成人智力测验量表、主题统觉测验、区分性向测验、明尼苏达多向人格测验和傅若斯蒂视知觉发展测验。

调查中三分之二的国家表达出对更多的团体和个体测验的迫切需要,包括成就方面的、智力方面的、职业兴趣与态度方面的、社会性发展方面和人格方面的。将近85%的国家确定了对那些用于评价个人品质的测验的需求,而这些品质对于智力落后者、盲人、聋人、学习落后者、情绪和社交性障碍者、身体缺陷者和天才来说十分重要。考虑到世界范围内估计有1.5亿学生有学习障碍,对评价有学习障碍学生的测验的需求是最多的。

2. 心理测量研究

标准化测验应当建立合适的规范并具有可信度和效度评估(美国教育研究协会,1985年)。如下所述,这些重要的特性往往并不存在。80%的成就测验,65%的智力测验和58%的人格测验可以建立地区规范。在成就测验中,71%的成就测验进行过同时效度研究,43%的成就测验进行过预期效度研究,48%的成就测验进行过结构效度研究。在智力测验中,63%的智力测验进行过同时效度研究,56%的智力测验进行过预期效度研究,54%的智力测验进行过结构效度研究。在人格测验中,53%的人格测验进行过同时效度研究,约39%的人格测验进行过预期效度和结构效度的研究。

在智力测验、人格测验、成就测验、职业兴趣和资质测验、入学准备测验中,进行过信度研究的只占50%~60%。其他类型的测验对信度的研究则更少。因此,通常没有信息来断定那些常用于儿童和青年的测验是否适宜(欧克兰,1994)。

3. 施测的专业人员

至少有16个专业团体经常对儿童和青少年进行测验。学校或教育心理学家在测验中常处于领导地位。其他频繁使用测验的专业人员包括常规教育教师、特殊教育教师、临床心理学家和咨询师(欧克兰和胡,1994)。

这些专业人员的教育水平差别很大,从接受两年半的护士教育到接受六年半的医师教育的都有。中等教育后教育的年数和专业团体的理解能力之间有很大的相关性($r = -.50, p > 0.001$)。因此,普遍认为受教育多的专业人员使用测验时更加得心应手。此外,使用个体测验的专业人员比那些使用团体测验的专业人员接受的教育更多。

4. 特殊教育领域使用测验的意义

国际通用的儿童和青少年智力测验的研究资源的可用性和质量在不同的国家和地区之间差别很大。西欧、一些东欧国家、隶属于大不列颠王国的英语语言国家以及以色列的研究资源最为充足;而中东、中南美洲的研究资源最少。检测测验信度和效度的研究的数量明显不足。专业人员通常需要利用测验对儿童与青少年作出决定,这些测验的心理测量特性并不清楚,其规范是建立在技术发达国家的儿童的基础上的。其结果是,专业标准和专业可信度,连同提供给儿童、青少年及其家庭的服务品质都会受到损害。

推进测验发展及其在国际上的使用的努力应当满足三个主要需求:对检测测验信度和效度的额外的研究需求、对具有全国范围代表性的规范的需求和对本国发展的测验的更大的需求。

INTERPRETERS FOR THE DEAF

聋人翻译员

聋人翻译员,是指倾听口语信息并以某种方式将之表达给听障人的健听人。翻译过程中,允许不采用说话者准确的原话,而进行意译、阐述和解释(奎格雷,1984)。

美国94-142公法,即《所有残疾儿童教育法案》实施后,美国最高法院裁定的第一桩诉讼案是,在普通学校上学的聋童艾米·罗利的父母要求为其提供一名手语翻译员。法院裁定这位聋童不需要翻译员。然而,在其他的诉讼案中,当教师们认为聋生需要有手语翻译员以让他们积极参与上课并从课堂中受益时,即使是小学的聋生,也允许给他们配备手语翻译员(杜伯和吉尔,1983)。1982年,美国上诉法院要求州立职业康复机构为大学聋生提供手语翻译员。

1965年的《职业康复法案》规定,职业康复服务必须包含翻译员服务。从那以后,在绝大多数的州,每当涉及聋人的公民权时,都要求必须给聋人提供手语翻译员。翻译员的培训项目全美到处都有。许多大学设有翻译专业的文科学士和文科准学士学位。

参见 聋教育;唇读

INTERVENTION
干预

干预包含一切有计划地推进特殊个体普遍利益的努力。干预一般有三种主要类型:预防性干预、治疗性干预和补偿性干预。

预防性干预目的在于阻止残疾的出现。例如,苯丙酮尿症是一种先天性疾病,最终会导致大脑损伤和抑制智力的发展。早期诊断和特殊的饮食干预能有效地阻止可预知的神经损伤和智力落后。尽管并非一定如此,预防性干预大多数由医学专业人员来执行。

治疗性干预是通过直接矫正和改善缺陷从而克服缺陷的过程。训练一个阅读障碍者达到同龄组的阅读水平的干预就称为治疗性干预。治疗性干预普遍由教育专业人员执行,他们独立地为每个儿童制订个别化教育计划。

在补偿性干预中,最常见的方法是给儿童提供方法以回避、替代或补偿一种无法治疗的缺陷。最广为人知、运用得最广泛的补偿性干预包括教育儿童利用科技进步来消除,至少是部分地消除治疗的需要。例如,有字幕电视节目的出现有效地补偿了那些听不到节目的聋人。

干预可以根据若干理论模式进行分类。这些理论模式包括生物物理学、心理学、行为科学、生态学和社会学模式。

生物物理学理论研究人员认为畸形起因于有机体的生理异常。情感、认知和肌肉运动困难的病因可能是自发的(如源于身体内部),也可能是外因的(如源于身体外部),且普遍被认为是由遗传的、营养的、神经病学的或生物化学的因素造成的。

遗传咨询是一种旨在预防遗传病发生的干预手段。需要遗传咨询的主要对象是那些已经知道自己有遗传病的成年人,或者是发觉自己生育有遗传病的孩子的可能性在增加的成年人。镰状细胞贫血症、血友病和脆骨症就是三种遗传导致的疾病,因此可以通过遗传咨询来预防。另一方面,遗传咨询师为大龄夫妇提供服务,告知他们生育有遗传变异的,如唐氏综合征儿童的可能性。

营养不良可以导致严重的不可挽回的智力和生理损伤。在美国,尽管营养问题并不是特别普遍,但它们确实存在;在许多第三世界国家(如埃塞俄比亚),这类障碍的范围简直是一种灾难。引进一种平衡的、营养的饮食是明显的生物物理学干预选择。

意外事件、血液含氧量低等造成的神经损伤也会导致行为异常。当我们用手语来指导触电或中风的受害者,以便回避神经损伤时,即是实施了一种补偿性干预。

治疗性干预也用于克服假定的神经机能障碍。例如,认知干预指导个体如何去思考。这样的干预主要是为了提高感知觉、记忆和问题解决能力。这里所包含的方法常常适用于过程或能力训练(曼和萨巴蒂诺,1985)。通常说来,所涉及的任务是神经心理学特有的。也就是说,它们具有感觉特征(如听觉的、视觉的或触觉的),或者具有大脑半球特征(如它们是分析的、连续的、高度基于语言的,或者是综合的、同时发生的,不基于语言的)。认知干预策略涵盖了各式各样的主题(哈拉汉,1980)。它仍是最有争议的干预方式。

心理学干预模式的核心理念认为变态是内化的冲突的结果,内化的冲突妨碍个体全面参与到社会和学术环境中去。心理动力模式,作为弗洛伊德精神分析心理学的产物,试图通过帮助个体更好地理解行为及其出现的原因来减少其冲突。弗利兹·雷德是这种方法的主要贡献者之一,他引进了生活空间晤谈法(LSI)这样的教室技术。生活空间晤谈法实际上是一种能在危机状况下立即采用的干预方法。这种干预方法和传统理论相比具有时间优势,因为儿童和教师或理论工作者处理生活事件的时间和事件发生的时间不能间隔太久。

尽管特殊教育的行为干预传统通常与斯金纳的工具性(或操作性)条件反射理论最密切相关,但它的根基更为广泛。如今所知的大部分行为调整的干预方法的确是来源于斯金纳关于强化、惩罚和消除的突破性研究。然而,最近引进的这一领域的许多更有效果的干预方法来源于传统心理学有关概念学习、言语学习、辨识学习和问题解决的研究。

与生物物理学模式和心理学模式的提倡者相反,生态学理论家认为困扰是儿童与环境之间动态的相互作用的结果(罗兹和特雷西,1974)。根据生态学干预理论,像家长对儿童的身体虐待、儿童的懒惰行为或某一个同胞的死亡这样的事件并不是孤立的现象,而本质上是相互作用的。也就是说,个体的行为和其他环境条件既会影响人们及其所在的生物圈的条件,反之也会受其影响。因此,该模式的倡导者论述的是受困扰的环境而不是受困扰的人。

三个鲜明的观点赋予了社会学干预模式的特征:

①标签理论,②社会规则的违背与遵循,③社会变态。作为这些观点的结果的具体干预方法是难以确定的。而且,在标签理论和社会规则的违背与遵循中,相反的观点似乎是正确的,也就是说,很可能是干预本身导致了变态(该术语由社会学家提供)。

标签理论者认为变态本身有时候是过分关注个体行为的结果。他们认为那些标签,如捣蛋鬼和傻瓜,是极轻蔑的,而且实际上是对变态行为强有力的刺激。

与其他观点不同的是,社会学家通常将变态看做是与社会既定规则格格不入的行为。正是由于正常人只是偶尔违反规则,而变态个体大多时间都遵守既定规则,因此,我们必须注意到的一点是,那些强制执行社会规则的人(如教师、警察等)常常处于尴尬的境地,因为他们要决定哪一类违规者应被贴上变态的标签。诚然,社会只对一些违规者贴标签,然而,正因为变态是一个模糊界定的概念,我们似乎可以肯定的是,现实中存在有许多假阴性和假阳性的错误判断。尤其是许多人认为来自贫穷家庭的个体或者来自不同文化背景的个体最有可能被错误地贴标签。这种逻辑似乎支持了标签理论的主张。

建立在社会学模式基础上的干预很难实现。然而,社会已经将它们中的很大一部分付诸实践,以试图防止或者纠正变态。地方、州和联邦各级警力都是为了执行已经法令化的社会规则。我们的司法系统是为了赋予那些被指控为违法者的人以正义。公立学校也明显起了同样的作用,尤其是在尚未法令化的价值观和道德观方面。对于违法者来说,监狱系统和青少年拘留中心起着惩罚性和补救性干预的作用,近来社会更有效的干预措施包括精神康复中心、组织更好的社区服务、危机干预中心、自杀求助热线和正常化项目数量的增加。此外,还有为残疾儿童提供的公立学校融合计划。

参见 行为矫正;儿童心理学;生态评估

INTERVENTION IN SCHOOL AND CLINIC
《学校和临床干预》

1988 年,Pro – Ed 公司从学业治疗出版社购买了《学业治疗》杂志。之后,Pro – Ed 公司于 1990 年将杂志的名称更改为《学校和临床干预》。然而,杂志的宗旨并没有变,仍与约翰 · 阿瑞纳 1965 年创办《学业治疗》杂志的时候相一致。《学校和临床干预》是一本面向一线从业者的杂志;这些从业人员面对的是那些有严重学习障碍或情绪和行为问题的学生,通常的教育指导对这些儿童往往是无效的,因此,杂志致力于为这些从业人员提供实践的、以研究为基础的理念。杂志的文章容易阅读,提供的干预方法和策略可用于学校或特殊的临床环境中。该杂志每年出版 5 次,分别在 9 月、11 月、1 月、3 月和 5 月。

INTERVENTION FOR AUTISM
自闭症干预

当自闭症个体在家庭和学校里接受到适当的干预时,他就能在智力、运动和社交发展上取得相当大的进展(亚当斯和杜梅,1995;科茨洛夫,1998;罗瓦斯,1987;鲍威尔,1992;罗杰斯,1996)。罗杰斯(1996)证实了能有效地减少自闭症的消极影响和促进受到损害的儿童的心理社会性发展干预的两个具体特征:①早期干预。当尽早地对自闭症儿童实施干预,儿童就能明显地获得更大的进步时(一般在 2 ~ 4 岁之间)适合实行早期干预。②强度干预。每星期至少 15 小时的接触和低师生比的干预项目具有更成功的效果。

1. 以行为为导向的干预计划

达森和奥斯特林(1997)确定了对自闭症有效的早期干预应包含的几个要素。

(1)干预课程的内容应强调 5 个基本技能:①能参与和遵从教学指令;②能模仿他人;③能理解和使用语言;④能适当地玩耍;⑤能参与社会互动。

(2)学习环境应是高度结构化的,强调将学习到的技能泛化到其他的任务、材料、个体以及儿童生活环境中。

(3)学习环境是针对儿童的日常生活和可预见的未来的需要而设计的。

由于自闭症儿童通常非常依赖于结构,因此第(2)和第(3)条要素是极其重要的。显然,自闭症儿童从他们生活环境的稳定性和可预见性中获益很大,因为这使得他们能泛化所学得的技能并学习行动的策略。

(4)应用功能性策略来改变问题行为。功能性策略包括:①辨别环境条件,例如,先前事件、提示内容以及强化式偶发事件,这些环境条件保持了非期望行为和/或被用于增强期望行为;②制定方法以改变环境特征,从而取代问题行为和激发期望行为;③指导计划和收集对效果的过程性评估数据;④依据数据修正项目计划。

(5)干预计划能帮助自闭症儿童从学前向幼儿园或一年级过渡。过渡是一个渐进性的过程,儿童要准备好迎接这种变化,教师要接受适当的培训以适应儿童;很多干预计划都为教师以及那些为儿童工作的人提供培训。

(6)家庭参与是干预成功的关键要素(科茨洛夫,1998)。家长参与能帮助儿童泛化和保持在一对一和小组治疗中不常应用的技能。很多干预计划为家庭提供培训训练,帮助家长学会处理儿童在家里发生的行为。

幼儿自闭症计划可能是发展和评价最好的自闭症干预计划。从20世纪70年代开始,该计划就被用于干预那些已被诊断为自闭症的儿童。这些儿童的生理年龄小于40个月(若有言语模仿症则小于46个月),或生理年龄为30个月而心理年龄至少达到11个月。参加实验的自闭症儿童被分为实验组和控制组。尽管分组不是随机的,但是两组的被试是高度相似的。实验组的儿童每个星期接受至少40个小时的一对一治疗,主要是将应用行为分析技术运用在其家庭、学校和社区;而控制组的儿童则每周只得到10个小时的治疗。

当实验组儿童平均达到13岁和控制组平均达到10岁时,双盲的追踪实验报告在相当大的程度上证实了儿童平均年龄在7岁时,两组之间存在显著的差异(罗瓦斯,1987)。极为重要的一点是:在19个实验组的儿童中有9个(47%)在普通班级就读,而控制组则没有一个儿童在普通班级学习。

另一个有效的干预方法是将发展观融入到自闭症儿童的教育中。该方法强调认识自闭症个体不均衡的发展模式是很重要的。由斯可普勒和瑞西勒创立的"自闭症和沟通障碍儿童的治疗与教育"(简称TEACCH)是一个发展良好的、以发展为重心的干预计划。TEACCH干预法强调使每一个儿童的干预计划个别化以提升其发展水平的重要性。该干预法也采用行为治疗和特殊教育来治疗自闭症个体。自闭症儿童的家长也接受培训并成为自己孩子治疗计划中的"合作治疗师"。TEACCH服务提供了高度结构化学习的环境来满足自闭症个体对常规和可预见性的需要。这种干预模式也强调帮助培养个体在所有发展水平上的独立性的重要性。健康科学中心项目(科罗拉多大学)也将发展性原则应用到自闭症儿童学习的环境中,利用游戏为媒介来促进个体在各个发展阶段上取得进步。通过利用积极反馈来鼓励儿童表现恰当的社会互动行为,并帮助他们理解人际关系。这个项目还提供了家长培训以及家庭支持小组。

2. 精神药理学干预

许多药物被用于治疗自闭症儿童,以期减少自闭症儿童的行为问题。就如麦可多格(1997)报道的,一些药物治疗已经取得了效果。影响5—羟色胺功能的药物(如丁螺环酮、氟西汀和锂)以及影响多巴胺系统的药物能减少某些儿童的行为症状。妨碍去甲肾上腺素功能的β-受体阻滞剂可以有助于减少某些自闭症儿童的攻击性行为和自伤性行为,并能增进他们的语言和社会性技能。由于自闭症神经生理成分在很大程度上仍是一个谜,因此没有一种药物能真正治愈自闭症。

没有一种干预在治愈自闭症儿童上是完全有效的,认识到这一点是非常重要的。应用行为或发展原理来对自闭症儿童进行干预并结合药物治疗才会取得令人兴奋的干预结果。

INTERVENTION PROGRAMS, EARLY
早期干预项目

美国联邦法令要求为所有残疾儿童提供干预服务。1986年对94-142公法(即1974年的《所有残疾儿童教育法案》)的修改将干预服务延伸到3~5岁的学前儿童;1997年的修正法案《残疾人教育法案》(IDEA,97,105-17公法)进一步规定将服务扩展到那些表现出发展迟缓或有症状表明将会导致发展迟缓的婴儿和学步儿童。尽管有人(雷梅,1998)认为"干预项目"这个术语指的是针对处于发展迟缓边缘的儿童提供的服务,而"治疗项目"则是为那些有发展迟缓症状的儿童提供服务的,但是多数人总括性地使用"干预项目"一词,本词条中该词的意义亦是如此。

现在,干预项目服务于具有潜在障碍和出现了障碍的儿童:①处境不利的高危儿童;②早产和低体重婴儿;③孕期遭受酒精或其他物质影响的婴儿;④具有各种神经运动障碍的婴儿,如脑瘫;⑤父母有智力残疾的婴儿;⑥受HIV感染的婴儿;⑦唐氏综合征婴儿;⑧自闭症婴儿;⑨存在交流(言语和语言)障碍的幼儿;⑩有行为问题的幼儿,⑪存在视觉或听觉缺陷的幼儿;⑫虐待型的父母和他们的孩子,等等。关于这些干预项目的摘要和评估在古拉尼克(1997b)书里的个别章节中有详细的描述。干预项目在不断改进和发展,布瑞恩和格拉哈姆(1993)对实施干预项目的建议进行了收集、整理。

在指导干预项目时,建议应遵循几条指导原则。下面所列的指导原则主要是依据布瑞恩和格拉哈姆(1993b)提出的儿童早期实践活动的任务强度划分原则以及古拉尼克(1997a)提出的原则编撰而成的。

(1)不管提供的服务模式如何,给儿童及其家庭提供的服务都必须是最少受限制的和最接近于自然环境的。

(2)干预项目应该以个体家庭和儿童的需要为中

心,认识到家庭具有优先选择的权利。

(3)干预项目应不仅只是跨学科的,更应对各个学科的内容进行充分整合。

(4)应以实证结果和专业的、家庭的价值观来指导干预服务实践活动。

(5)每一个儿童和每一个家庭的干预项目都应该是个别化的,是发展适宜的。

(6)干预项目的实施应依托儿童所在的社区。

(7)干预项目应运用系统模型整合各种机构提供的服务。

(8)干预项目应尽可能早地实施,实施的强度对于儿童和家庭应当是适当的和合理的。然而,在某些情况下干预的时间和强度必须依据儿童的发展水平而慎重地制定,因为实施干预太早或强度太大都有可能产生医源性影响,从而实际上是有害的。

INTERVENTION PROGRAMS FOR AT - RISK CHILDREN
高危儿童干预项目

处于不利地位的儿童(指那些出生在贫困生活环境中的儿童)会出现发育迟缓、在校适应不良、行为问题以及其他多种高危状况。通常这些儿童在标准化智力测验和学业成就考试中的得分在平均分以下,到特殊教育班级的人数比例也比其他儿童多,并且退学的可能性也大。在伯奇和古索(1970)所作的关于贫困循环的报告中提到,在校适应不良会直接造成失业和难以就业,反过来,又造成这些失业和难以就业的人成为贫困循环的主要原因。这样的状况使得那些贫困的人、他们的孩子以及社会都要付出重大代价。

在上世纪三四十年代兴起并在五六十年代盛行的实验研究证明了早期经验和环境对动物学习和问题解决的能力有重大影响。赫伯(1949)以这方面的研究作为他的理论基础,提出多样化的早期经验对儿童的"基础学习"是必要的,而基础学习更是儿童后来学习的必要前提。赫伯提出,基础学习是感知觉的学习,会促进大脑特定结构的发展。亨特(1961)在他的一本很有影响力的书中,将赫伯的理论和皮亚杰的儿童发展理论结合起来,提出多样化的早年经验可以调整人的智力发展。研究发现,早期多样化的环境经验,可以促进动物大脑的发育(如本尼特等,1964),这个发现支持了赫伯和亨特的观点。另外,各种研究表明,与社会经济地位(SES)相关的环境因素对儿童的认知发展有积极或消极影响。比如,赫斯和西普曼(1965)提到,社会经济地位比较高的母亲与那些贫困的母亲相比,她们对儿童使用的语言更为复杂,也更倾向于儿童的语言风格。而这些语言上的差异与儿童在完成解决问题类型的任务的表现相关。因此,各种研究的焦点落在早期干预对于提高高危儿童的智商和学校表现的可能性上。在这些研究的基础上,1964年出现了"领先"干预项目,现在这个项目还包括"早期领先"以及其他的干预项目。

卡罗莱纳初学者方案可以说是一份设计得最好,持续时间最长,训练密度最大的干预项目。一些儿童从婴儿阶段早期就接受干预训练,一直到8岁。

在这些儿童长到15岁的时候,对他们所做的后续测试表明,学前干预方案在有些方面有非常显著的效果。表1列出了主要的研究结果。EE和EC两组儿童与CC和CE两组儿童相比,在阅读和数学成就测验上的得分比较高,接受特殊教育的人数更少,留级的人数也只有一半。在智力测验上,尽管EE和EC两组儿童的得分只比CC和CE两组儿童略高一些,但EE和EC两组儿童仍取得了更好的成就。学前干预项目无疑对儿童的学业成就有显著且长久的积极影响。

表1 卡罗莱纳初学者方案结果总结

	实验处理			
测验	EE	EC	CE	CC
15岁时的智商	95.0	94.5	87.3	92.0
伍德科克阅读分数	95.0	92.0	88.8	87.5
伍德科克数学分数	92.3	92.3	87.0	86.0
15岁时,留级生的比例	31	30	52	56
在基础教育阶段接受特殊教育的人数比例	36	12	48	48

注:数字来源于坎贝尔和雷梅的数据(1995)。

由于它能保持长期效果并被证明是经济效益比较高的干预,派瑞学前干预项目深得决策者的认同(布赖恩特和马穆威尔,1997)。这个方案从1962年开始执行,到1965年结束,主要对初始智商在90分以下的处境不利学前儿童进行干预。儿童被随机分配到使用经过特殊设计的高瞻课程或没有采用任何干预措施的幼儿园中。高瞻课程是根据皮亚杰的建构发展理论设计的,它将儿童看成积极的学习者,关注儿童自主学习。儿童自己计划并实施学习活动,受教师引导和鼓励。儿童的活动经验关系到各方面的发展,包括主动性、创造性、语言、逻辑和数学,以及社会能力。这类课程可以让儿童有一种控制感,这对于处境不利的儿童来说尤其重要。儿童在上小学前的两年中,每天到幼儿园学习2.5小时,每周5天。

后继的评估表明,高瞻课程不仅能成功地提高儿童的学业能力,还能提高他们的社会情绪水平。在小学阶段,参加过高瞻课程学习的儿童在学习为轻度智力落后儿童开设的特殊教育项目上花的时间,还不到那些没有参加过高瞻课程的儿童的一半(1.1小时vs. 2.8小时),且他们在各项评估的学业成就能力测验中得分也更高。尽管到27岁的时候,两组人群在认知分数上差异不大,但接受过学前干预的人完成高中甚至更高级别的教育的比率更高,受拘捕率更低,收入更高,更多地拥有自己的房子,更少地接受社会福利救济。表2说明了这些差异。特别重要的是,经济效益分析表明,为项目每投入1美元,最后能产出7.6美元。该项目的制订者认为,这个项目的成功在于它能够使儿童、家长和教师变得有能力。

1. 制订高危儿童干预项目的原则

在大量分析高危儿童及残疾儿童干预项目的基础上,雷梅提出了制定、实施和评价干预项目的六大原则。下文提到的第七个原则是其他人提出的,但对于个别化教育来说是很重要的。

表2 派瑞项目结果总结

测验	实验处理	
	实验组	控制组
完成高中学业	71%	54%
被捕5次或5次以上	7%	35%
月薪至少2000美元	29%	7%
拥有家庭	36%	13%
接受成人救济	59%	80%

注:数字来源于施魏因哈特 & 魏卡特(1993)

(1)发展时效原则。总体而言,干预越早开始,持续时间越久,效果就越好。很多案例表明,对早产儿、低体重儿或高危儿童,最有效的干预应从婴儿早期就开始。

(2)训练强度原则。干预的效果随干预时间、干预环境的变化、干预活动数量的增多而增大。

(3)学习经验直接提供原则。无论是在中心还是在家庭中进行,干预者直接为儿童提供学习经验都比培训家长,再由家长训练儿童的效果好。

(4)项目的广度和灵活性原则。与人们预期的一样,项目提供的干预服务所面向的方面越多,干预实施的方式越多,干预效果就越好。

(5)项目受益个体差异原则。儿童对同一干预项目的反应不尽相同,这至少部分地与其风险程度相关。

(6)生态优势与发展的环境维持原则。如果缺乏后继的干预与支持性环境,早期干预效果很可能消退甚至消失。

(7)个别化原则。这个原则对于制订干预计划来说如此明显和如此受考虑,以致每个儿童都有自己的个别化教育计划,其自身也不言自明。

2. 概要和结论

如果进行得早、密度大,持续时间长,干预就能为儿童和社会带来各种好处。一些干预项目产生了很重大的学习影响,提高了学生的在校表现水平,减少了留级人数,减少了转介到特殊教育服务项目或特殊教育班级的人数。尽管接受干预的参与者年岁还小,无法对他们进行评估,但干预效果可以提高他们的就业能力,使他们脱离贫困循环(伯奇和古索,1970)。很多干预项目还明显地减少了参与者的一些行为问题。

对于干预项目为何对参与者的智力方面没有显著效果,可能的原因如下:①很少有项目是从婴儿初期就开始进行的,而最近的研究(哈尔特和里斯雷,1995)表明,生命最初的三年对儿童的智力发展至关重要;②与儿童在家的时间相比,任何项目用来训练儿童的时间都是不够的。甚至那些每周有40小时训练时间并持续几年的项目,也无法占据儿童的全部时间(每周128小时训练外时间)。而在训练之外的时间中,儿童会受到家庭和社会环境的不良影响。很多高危儿童还是来自单亲家庭,其母亲自己所接受的教育就甚少,而且缺乏应对技能。但我们仍很惊奇,干预项目对这样的儿童也可以起一定作用。

INVESTMENT THEORY OF CREATIVITY
创造力的投资理论

罗伯特 J. 斯滕伯格和脱德 I. 卢巴特提出创造力的运作过程和银行投资一样,区别在于,创造力的“货币”是思想。一个有创造力的人会“低价买进”、“高价卖出”,和华尔街的交易者一样。关键是知道什么时候去“投资”一个想法,什么时候去实施和推动计划(斯滕伯格和卢巴特,1995,1996)。根据斯滕伯格和卢巴特的理论,要实现创造性的工作需要有六个方面的个人资源:智力、知识、思维方式、人格、动机和环境,这些通常在其他创造力理论中被视为必需的条件(但不是充分条件)。根据三因素智力理论,斯滕伯格和卢巴特认为智力是创造力的重要组成部分。综合智力牵涉到从新的视角看问题。分析智力帮助个人决定什么样的想法值得去做。最后,实践智力对于推广一个想法是必要的。人格是研究有创造力的人时经常被提到的因素,也是斯滕伯格和卢巴特理论中的一个构成因素。有创造力的人应该是敢于冒险,并且有毅力的人,他们相信,各种有创造力的想法,特别是最有价值的想法,通常是会遭到各种抗拒的。

斯滕伯格和卢巴特还讨论了校园气氛及其与创造力的关系(1995)。他们提出,个人经验使得他们相信,学生"经过在校学习,更难以做有创造力的工作"。造成这个结果的一个原因是教学通常有一个终极目标,即通过标准化考试考查学生。这些考试通常更多地考查学生所掌握的基础知识,而不是考查学生的创造力。

IQ
智商

在心理教育评估中,智商和智力商数或者说是比率智商是不同的。比率智商或者说智力商数的应用越来越少,智商却被更多的人认为是测量人们智力功能或总体认知能力的当前水平的指标。智商在了解和预测一些重要的行为表现,比如学业成就方面是非常有用的(萨特勒,1982)。另外,在诊断很多学习困难,比如智力落后和学习障碍时,测量学生的智商也是很重要的部分。

大卫·韦克斯勒是韦氏智力测验量表的作者,他提出了离差智商的概念。离差智商是一种描述受测者的智力水平与同一年龄群体的标准化样本的平均分数的差异的手段。最初这个量表是用来测量成人的智力的。韦克斯勒(1939)精选出了标准化样本的数据,并建构了智商表,这样,一个智商达到其年龄组平均水平的人就会得到100分。韦克斯勒以15岁年龄组为基准,设置其他年龄组的标准离差智商。对于韦氏儿童智力测验而言,智商是用来比较儿童的智力表现与他所在年龄组平均水平的差异的。离差智商是一个标准分数,说明受测者的智力高于或低于平均水平的标准离差是多少。为了便于进一步帮助非专业人士了解智商的意义,智商标准分通常还可以转换成描述性的分类标准,比如智力缺陷,百分等级,或者说是年龄相当。

目前离差智商是各种智力测验,包括韦氏智力测验和斯坦福—比奈测验最常用的复合性标准分。它之所以流行的首要原因是它克服了比率智商的很多不足。离差智商的方法与标准差在所有年龄水平都是一致的,这就可以在不同的年龄组中进行智力水平的比较。但是有一点很重要,施测者要记住,要比较不同测验得出的智商,前提是这些测验的标准差必须一致。

参见 离差智商;智力;智力测验

IRWIN, ROBERT BENJAMIN
罗伯特·本杰明·欧文(1883—1951)

罗伯特·本杰明·欧文,5岁失明,1909年成为俄亥俄州克利弗兰区公立学校盲生班的总负责人,该地区是美国第一批建立盲童教育机构的地方。他组建了布莱尔盲文班,但最突出的贡献是他为有剩余视力的学生组建了第一批"视力补救"班级,而不是将这些学生与盲生分到一起。

1923年,欧文成为新成立的美国盲人基金会管理研究和教育的负责人。1929年,他成为该基金会的执行董事,一直做到1950年退休。在他的倡导下,各种与盲人有关的联邦法案出台,包括授权国会图书馆制作和发行"有声图书"和盲文图书,为盲人提供社会安全保障,免除盲人的税收等。欧文的信念是盲人不应当被隔离,因此他反对建立国立盲人大学。

ITARD, JEAN M. G.
简·伊塔得(1775—1838)

简·伊塔得是一位法国医生,在巴黎著名的国立聋哑机构做医疗工作。他以研究阿维伦的野孩而闻名于世。这个孩子在11岁或12岁的时候被人们在树林中发现,当时他赤裸着身体,像原始人那样生活。他被带到伊塔得那里进行训练。伊塔得着手让他接受文明,教他如何说话,如何学习,给他命名维克多。5年过去,伊塔得得出结论,维克多是智力落后人士。维克多学会了阅读和书写很多单词,甚至可以和其他人进行简单的书面交流,但他从未学会说话。他具备一定社会化水平,比如他能够和他的指导者一起到餐馆吃饭。但这个社会化学习过程在维克多进入青春期的时候不得不终止,他从一个温顺的男孩变成了一个反叛青年。伊塔得放弃了对这个男孩的教育,维克多后来一直在监护所生活,直到40岁的时候去世。

但伊塔得的工作不是徒劳的。他证明了智力落后人士可以接受认知和社会技能的训练,并且,他还为爱德华·塞甘及其他教育人员制订第一批智力落后儿童教育计划提供了重要的基础。

ITINERANT SERVICES
巡回服务

巡回服务是“在车轮上的教育服务项目”。在那些缺乏资金,无法在每个学校中提供全时教育服务的地方,以及在那些学生不多,不需要全职教师的地方,最经常采用巡回服务模式。除了为学校服务,巡回服务还可以到医院或家庭中,通过制订课程和提供授课的形式为患慢性疾病的儿童提供服务。

佩佩(1973)对接受巡回服务和在资源教室中的学习障碍儿童的学习效果进行了对比研究。每个组都有20名被鉴定为有学习障碍的9~12岁的儿童。这些儿童之间的学习效果没有显著差异,表明巡回服务和资源教室为轻度学习障碍学生提供的教学效果是一样的。由于教学结果没有显著差异,而巡回服务提供的教学时间比特殊教育教师所花费的时间少,从这点来看,巡回服务效益更高。萨巴蒂诺(1971)的研究也得出同样的结论。

维德霍尔特、汉密尔和布朗(1978)描述了在实施巡回服务时可能会遇到的几个困难。首先,教师要随身携带材料辗转在学校之间。其次,他们经常在炉子间、食堂或者校长顾问室工作,甚至要和其他工作人员一起合用房间。第三,他们很少能有固定的工作日。第四,由于教师要服务好几所学校,因此他们很难发展自己的社会与专业关系网络。

巡回服务的一个好处是它有弹性教学时间,可以调整教学方案以满足学生不断变化的需要。由于为大量有发展问题的幼童提供的巡回服务花费比较少,可以避免他们的障碍继续发展到严重程度,他们可以在普通班级中就读,这就为那些在封闭式特殊教育班级中的障碍学生提供了更多的空间。通过巡回教学,许多学生可以从社区的学校中获得帮助,因此,为障碍学生去学校提供的交通服务可以减少。最后,与封闭式的特殊教育班级相比,接受巡回服务的学生每天在融合的环境中与年龄相仿的同学一起学习,只有在接受巡回服务的时候才成为特殊的学生。这样,可以避免产生对特殊班级学生的刻板认识。

参见 家庭教学;巡回教师;资源教室

J

JOHNSTONE, EDWARD RANSOM
爱德华·兰索姆·约翰斯通(1870—1946)

爱德华·兰索姆·约翰斯通在辛辛提那公立学校开始了他的职业生涯,先是做教师,后来又做校长。然后他到印第安那青少年培智学校担任教师,而后又成为该校校长。1898 年,他受聘于新泽西州的瓦因兰训练学校,担任副校长,协助 10 年前创办该校的校长雷维朗·斯蒂芬·奥林·加里森工作。加里森在 1900 年去世,约翰斯通继之成为该校负责人。1922 年时,他成为执行董事,并且在 1944 年时成为荣誉退休董事。

在约翰斯通就职期间内,训练学校在智力落后儿童和成人的教育和训练、特殊教育教师师资准备以及教育测查等方面都产生了重大影响。约翰斯通创建了研究实验室,并聘请亨利 H. 格达德作为顾问。他利用这个学校智力落后人群的数据资源开展了很多研究,学校还为教师举办暑期学校。

约翰斯通还创办了《训练学校公告》杂志,该杂志从 1904 年创办之初就成为特殊教育界有影响力的杂志。约翰斯通为很多委员会服务,并且一度被推选连任美国智力落后协会的主席。

JOURNAL OF EMOTIONAL AND BEHAVIORAL DISORDERS
《情绪和行为障碍》

《情绪和行为障碍》是一本季刊,发表与儿童、青少年情绪和行为障碍有关的研究性、实验性和评论性文章。1993 年,Pro - Ed 创办了这本杂志,它囊括咨询、教育、儿童早期看护、青少年行为矫正、心理健康、精神病学、心理学、大众健康、康复、社会工作以及特殊教育等各学科的内容。《情绪和行为障碍》提供一个公正的论坛,吸引更多领域的人为有情绪和行为问题的少年儿童提供服务。

JOURNAL OF FLUENCY DISORDERS
《语言流利性障碍》

《语言流利性障碍》杂志始创于 1974 年,它是国际语言流利性协会的官方刊物。这本杂志被公认为研究语言流利性问题的领先刊物,它全面地介绍了有关口吃的临床、实验、理论方面的相关研究以及最新的矫正技术。杂志的文章形式包括研究论文及临床报告,方法论、理论以及哲学方面的探讨文章,评论,分类别的交流文章等等。杂志的目标读者是在大学、医院以及社区诊所里面工作的临床医生和研究人员。

JUNENILE DELINQUENCY
青少年违法

在 1938 年联邦青少年违法条例出台以前,对违反美国法律的少年的起诉与成人一样。自从该条例颁布以后,少年罪犯在法律程序上被当作青少年对待,尽管少年犯罪一词的定义为:未满十八周岁的人对美国法律的违反。如果是成年人对法律的违反则被称为犯罪(卡尔奇,1984)。法定违法者指的是那些因触犯法律而被监禁(对成人来说是拘捕)并被登记在册的人。如果青少年的行为被认定为是触犯法律的行为,那么他们会受到法庭审判(霍普金斯,1983)。

从广义上说,有两类青少年违法者:行为不良者和少年罪犯。不良行为是指那些只有青少年做才算是违法的行为,比如出逃、恶习、抽烟、喝酒、不受父母或监护人控制的行为(霍普金斯,1983)。成人做这些事情则不会被指控为违背法律。不良行为者可以分成几类:需要监控的未成年人、无法独立生活的未成年人,被忽略和被虐待的未成年人。1974 年的《青少年审判和违法条例》要求把行为不良的少年从少年管教所释放出来,使他们没有被拘留的经历。

青少年违法者与成人违法者的主要不同是青少年对团体犯罪的重视和他们参与团体犯罪活动的倾向。但是严重的青少年违法者与那些成年重犯有相似的特征。青少年违法者与成年重犯主要是男性;从人口比率上说,黑人和西班牙裔美国人比较多;他们多是处境不利者,无论在学校还是在工作中都有人际交往困难和行为问题,或者是来自冲突多、不稳定和监管不足的单亲家庭(美国司法部,1983)。

1981 年时,18 岁以下青少年的暴力行为占全美国暴力行为总数的 18.5%(共 73506 起)。这些暴力行为包括谋杀、过失杀人、强奸、抢劫以及伤害他人。18 岁以下青少年的财产犯罪行为占全美国财产犯罪行为的 37%(共 567923 起)。这些财产犯罪行为包括:入室行窃、盗窃、偷车以及纵火(美国司法部,1983)。

美国青少年审判和违法预防办公室(1977)发现,青少年违法者多是那些自己(或其母亲)不要求其完成高中学业的学生,这些学生比那些希望上大学的学生,犯罪率高得多。青少年违法者中,来自大家庭的黑人比较多,他们的家庭往往缺少良好的父子互动关系,其生活的社区素质也低。额思(1980)认为,家庭关系不好、同伴不良、课余活动选择不当以及道德发展不好,是青少年违法的前提条件。同伴不良还是一个直接诱发青少年发生违法行为的因素。格卢克等(1968)发现,青少年违法者的家庭有一些共同特征,包括家庭破裂、酗酒、犯罪、分居、离异现象多,对孩子监护少,家庭规则少,如进餐和入睡时间的规定。格卢克他们还发现,青少年违法者比其他非违法者更多地被摩托车撞死,比率分别是14%和5%。但最令格卢克吃惊的可能是,98%的青少年违法者有违法的朋友,而其他未违法青少年中,只有7%的人有违法的朋友。

参见 行为障碍;处境危险儿童;纪律

K

KANNER, LEO
利奥·坎纳(1894—1981)

利奥·坎纳,"儿童精神病学之父",是约翰斯·霍普金斯儿童精神病医疗中心的创建者,也是广为流传的《儿童精神病学》教科书的作者。他出生于澳大利亚,1924年来到美国,1930年加入美国国籍。

坎纳自1928年至去世前,一直在约翰斯·霍普金斯大学工作。他是第一个提出幼儿自闭症的人,他认为幼儿自闭症是某些儿童天生缺乏与他人建立联系的能力。曾经希望成为一名诗人的坎纳是一位多产的作者,发表了250多篇有关精神病学、心理学、小儿医学和医学史的论文和书籍。

KARYOTYPE
染色体组型

染色体组型是指个人的染色体的排列或组成。每一个物种都有独特的染色体组型,不仅染色体的数目和形态不同,每个染色体的遗传因子也不同。染色体在体表的淋巴细胞上明显地体现出来。淋巴细胞存在于组织中,受到刺激就会分裂,在细胞分裂中期受到抑制,并且呈现渗透性的肿胀。在分析时,处于分裂中期的人类细胞染色体会被制成染色体切片放置在显微镜下。为了分析这种染色体切片,人们要从显微照片中裁剪出染色体,将之成对安放在标准分级中。这个过程就称之为染色体组型的制作。

参见 染色体异常;唐氏综合征;遗传咨询

KASPER HAUSER CHILDREN
卡斯帕·奥塞尔儿童

在高度贫乏条件下成长的儿童有时候,尤其在古老的文献中,被称之为卡斯帕·奥塞尔儿童。1828年,17岁的卡斯帕·奥塞尔衣衫褴褛地出现在纽伦堡。他能简单地写出自己的名字,但是缺乏协调性,显得智力迟钝。在一名当地教师的照料下,他学会了一些言语和社交礼仪。他能够回忆出他在一个黑暗的房间里独自生活了好几年,其间被一个从不说话从未谋面的人照顾着。他的故事最初由安塞姆·万·法尔班克编写,之后于1980年由沙塔克进行了总结。

不幸的是,与大多数此类的案例一样,对卡斯帕·奥塞尔的进步进行解释是很困难的,因为缺乏对他的早期环境的了解,不了解他为何过孤立的生活以及他以前是否掌握过语言。

参见 剥夺;野孩;后机构化儿童

KAUFMAN ADOLESCENT AND ADULT INTELLIGENCE TEST(KAIT)
考夫曼青少年和成人智力量表

考夫曼青少年和成人智力量表(KAIT)(考夫曼等,1993)是一种评估个人智力的测验,适用于11~85岁及以上的人群。KAIT能够评估一般智力、晶体智力和流体智力。晶体智力是指那些依靠学校学习和文化适应才能获得的能力,而流体智力则是指解决新奇问题所需要的能力。

KAIT包括6个子测验的核心测验组,用时60分钟。KAIT还有一个包括10个子测验的扩展测验组,用时30分钟。KAIT的晶体、流体和复合测验都采用标准IQ(平均数=100;标准差=15)作为测验结果。复合测验来源于6个核心子测验。这些IQ都源于年龄基数标准,所以个人分数要与各自年龄组进行比较。每个子测验都产生一个标准分数(测验分),平均数是10,标准差是3。除了核心组和扩展组的测验,KAIT还有一个补充标准智力状况测验,该测验用于对那些不能用完整的KAIT来测验的功能低下的受测者进行大概分类。

1988至1991年,KAIT根据2000个成人和青少年的样本进行标准化。这个标准化样本依据1988年美国人口普查数据中的性别、地域、社会经济地位和种族等进行分层。KAIT手册提供大量有关该测验效度和信度的信息。

总之,KAIT是一个高标准化的测验,其有趣的测验任务使青少年和成人在评估过程中保持注意力。该测验的理论基础能够帮助我们理解和阐释KAIT测验。基思(1995)指出,虽然该测验提供了大量的效度信息,但是仍需要进一步的效度信息来充分评估该测验在测量霍恩和卡特尔流体和晶体智力结构方面的有效性。KAIT测验的部分子测验是有时间限制的,这就可能增加了速度因素(Gs),而非"单纯"测量流体智力和晶体能力。KAIT为《韦氏成人智力量表三》(WAIS-III)和

《韦氏儿童智力量表三》（WISC－Ⅲ）以及其他测量青少年和成人智力的量表提供了一个较好的其他选择和/或补充工具。

KAUFMAN ASSESSMENT BATTERY FOR CHILDREN（K－ABC）
考夫曼儿童成套测验（K－ABC）

考夫曼儿童成套测验（K－ABC；考夫曼等，1983）是一种评估儿童智力和成就的工具，适用于2岁半至12岁半的儿童。K－ABC测验是由心理学理论发展而来的，与许多传统智力测验有所不同。该测验试图在解决问题的过程中对智力进行评估。

构成K－ABC的基础理论认为，智力是由两种加工方式组成的：一种是连续的、分析的、时间的；另一种是同时的、整体的、完形的、空间的。所以K－ABC的认知部分被分为同时性加工和顺序性加工两个量表。这些加工方式已经被鲁利亚和其同事以及奈瑟等认知心理学家所证实。

K－ABC顺序性加工量表中的问题任务必须将输入的信息以连续的或线形的顺序排列，其中每个想法必须与前一个想法呈线性和时间上的相关关系。该量表的一致化过程就是对刺激做出连续的处理反应，而不管其内容是什么。

同时性加工量表包括的问题是空间的、类推的、本质上结构化的，要求将输入的信息同时地整合和综合起来，以生成合适的解决方法。以面孔再认子测验为例，该测验要求从一组照片中选出一个或两个前页中快速闪过的面孔。另一个子测验——完形闭包，要求儿童对一幅未完成的墨水斑点画中的一个物体或场景命名（考夫曼，1983）。两个加工测验量表的成绩综合起来就是测验的总成绩。

对已获得的知识和学习成就进行测量的是另一个独立的K－ABC量表——成就量表。该量表包括许多类似于传统智力测验（词汇、语言概念测验）、传统成就测验（阅读）、或者两者的任务。例如，面孔和地方子测验包括对熟悉的人、虚构人物、照片或画中的地方进行指认。猜谜子测验要求儿童在给予一个具体或抽象概念的系列特征的前提下，推论出此概念的名称。

K－ABC在2000例根据1980年美国人口普查数据进行了分层的儿童样本的基础上进行了标准化。信度和效度数据提供了大量证据支持K－ABC的心理测量特性。学龄前儿童的K－ABC全体量表的半分信度系数为0.86到0.93（平均数＝0.90），而5至12岁半儿童的则为0.89到0.97（平均数＝0.93）。该测试的再测信度也很高。大量有关K－ABC效度的研究（考夫曼等，1999）已经提供明显的经验以支持在每一个年龄水平都与顺序性量表和同时性量表相符合的两个因素。

K－ABC是一个对少数群体敏感的工具（考夫曼和利希滕伯格，1998）。数据表明，在其他智力测验中存在的美国白种人群和非洲人群的组间差异在K－ABC测验中并不存在。美籍西班牙人群的测验平均数与整个标准化样本的平均数相当接近，因此证明了该测验并没有歧视这些少数群体。斯丁伯格（1984）认为，与其他现存的工具相比较，“K－ABC在其规范方面比大部分，如果不是所有的，现存的工具更具有文化公平性，或更能代表所有群体”。2001年初开始对K－ABC进行修订，由于工作正在进行中，具体的修订版出版日期还未确定。

参见　评估；智力；智力商数；智力测验；测量

KAUFMAN BRIEF INTELLIGENCE TEST（K－BIT）
考夫曼简易智力测验（K－BIT）

考夫曼简易智力测验（K－BIT，考夫曼等，1990）是一个简便的个别实施的认知能力测验。该测验适用人群年龄范围从4～90岁。

K－BIT大致费时15至30分钟，年纪越大的被试需要越多的时间。测试无时间限制。K－BIT主要包括2个子测验：词汇和矩阵。词汇由两部分组成，一部分要求被试说出所画物体的名称（表达性词汇），另一部分要求说出最符合两个书面线索的单词（定义）。矩阵是一个非言语测量表，运用视觉刺激，要求被试指出正确的图片（或说出其字母）。K－BIT根据被试的年龄预先确定测试起点。另外，K－BIT不需要全部完成，被试如果在一个单元里做错了所有的题目（每个单元含有4或5个题目），那么就可以停止测验。该测验得出原始分并将之转化成标准分（平均分＝100，标准差＝15），还得出词汇、矩阵和综合IQ的百分点排列表。

K－BIT测验根据2022个4～90岁样本进行了标准化，并与考夫曼青少年和成人智力测验（KAIT）联合得到发展和修订。如果可能的话，采用的样本接近1985年美国人口普查数据和1990年的估计数据。大量的研究证明K－BIT的效度和信度都很高。

KAUFMAN FUNCTIONAL ACADEMIC SKILLS TEST（K－FAST）
考夫曼功能性学业技能测验（K－FAST）

考夫曼功能性学业技能测验（K－FAST，考夫曼等,1994)是一个简便的个别实施的功能性阅读和数学能力测验,适用人群年龄范围在15~85岁及以上。更具体地说,该测验评估的是个体已习得的基本阅读和数学技能,以及运用这些技能解决日常问题的能力。

K-FAST大致费时15至25分钟,由2个子测验组成:算术和阅读。算术子测验评估的是数字推理、计算技能和通过运用图示刺激来减少阅读能力影响的数学概念。阅读子测验评估的是被试对画谜、缩写和短语的认识和理解能力。两个子测验下面包括许多反映社会适应行为的题目,这些行为是根据适应行为量表进行评估的。所有的被试都从第一题开始做,如果连续4道题做错,就停止测验。K-FAST得出原始分并将之转化成标准分(平均分=100,标准差=15),还得出阅读、矩阵和能性学业技能的百分点排列表。

K-FAST是根据1424个15~85岁及以上的样本进行标准化的。该样本根据性别、地域、社会经济地位和种族等进行了分层。此样本十分接近1988年美国人口普查数据。K-FAST具有很好的效度和信度。

KAUFMAN SURVEY OF EARLY ACADEMIC AND LANGUAGE SKILLS(K-SEALS)
考夫曼早期学业和语言技能研究(K-SEALS)

考夫曼早期学业和语言技能研究(K-SEALS,考夫曼等,1993)是一种简便的个别实施的测验,用于评估幼儿的语言、学业前和清晰发音等技能。该测验源自早期筛选测验中的认知/语言部分(ESP,考夫曼等,1990),并被视为ESP认知/语言部分的扩展形式。K-SEALS适用于3岁0个月至6岁11个月的儿童。

K-SEALS需要费时15至25分钟。它包括三个子测验。词汇子测验评估的是儿童的理解和表达词汇。儿童指出有物体或动作的图片或说出其名称,并根据对物体特征的口头描述说出其名称。数字、字母和单词子测验评估的是儿童关于数字、数字概念、字母和单词的知识。该子测验要求儿童指出或说出数字、解决数字问题、数数。发音清晰度研究子测验通过念出普通单词的方式来评估儿童清楚发音的能力。K-SEALS产生原始分并将之转化成标准分(平均分=100,标准差=15),还得出百分点排列表、年龄等价和描述性分类。解释量表包括语言量表(表达技能量表和理解技能量表)、早期学业量表(数字技能量表和字母、单词技能量表,只适用于5岁0个月至6岁11个月的儿童)以及早期学业和语言技能综合量表。

K-SEALS的标准化过程是作为AGS早期筛选量表的一部分进行的,这使其样本包括1000个3岁0个月至6岁11个月的儿童。被选择的样本要与年龄、性别、地域、社会经济水平以及种族等变量相匹配。经比较,样本数据与1990年美国人口普查数据十分接近。K-SEALS有很好的效度和信度。事实上,K-SEALS由于其"显著的效度和信度"而得到推荐(阿克曼,1995)。

KAUFMAN SHORT NEUROPSYCHOLOGICAL ASSESSMENT PROCEDURE(K-SNAP)
考夫曼简略神经心理评估程序表(K-SNAP)

考夫曼简略神经心理评估程序表(K-SNAP,考夫曼等,1994)是一个简便的个别实施的测验,用于评估个体的精神功能,适用于11~85岁及以上的人群。此测验评估3个不同层次的认知复杂性的功能。

K-SNAP需要费时20至30分钟完成测验。该测验由4个子测验组成。每个子测验是根据不同的复杂程度编排的。精神状态子测验(复杂程度低)评估的是注意力和倾向性;数字回忆和完形闭包子测验(中等复杂程度)评估的是简单的记忆和感知技能;四个字母的单词(高等复杂程度)评估的是推理和计划能力。K-SNAP生成原始分并将之转化成标准分(平均分=100,标准差=15)来计算出K-SNAP的综合分数和等级分来计算出各子测验的分数(平均分=10,标准差=3)。另外,测试也生成百分点排列和描述性分类。同时需要计算出一个损伤指数,以提供一个更为客观的方法来确定认知损伤的程度,确定是否需要做其他全面性的评估。

K-SNAP的标准化过程采用了2000例11~94岁的样本。每个年龄组样本都依据1988年美国人口普查数据,根据性别、地域、社会经济地位和种族进行了分层。K-SNAP是与KAIT、K-BIT和K-FAST一起共同被规范化并开发的。K-SNAP已被证明具有较好的效度和信度。

KAUFMAN TEST OF EDUCATIONAL ACHIEVEMENT/NORMATIVE UPDATE(K-TEA/NU)
考夫曼教育成就测验/最新标准化版(K-TEA/NU)

考夫曼教育成就测验是一种个别实施的成就测验,已有两种独立的不重合的版本:一种是记录阅读、拼写、数学总体分数的简单测验;另一种全面测验对阅读解码、阅读理解、数学应用、数学计算和拼写等具体领域都进行了评估(考夫曼等,1985;1997)。简单测验大概需要30分钟,而全面测验对年龄较大的儿童来说需要一个多小时,对年龄较小的儿童则需要30分钟。

K－TEA 提供了基于年龄的规范(6 岁 0 个月至 18 岁 11 个月)和基于年级的规范。每个子测验和综合分数都有标准分数(平均数＝100,标准差＝15)。每个原始分数之后都有年龄相等和等级相等的分数。

K－TEA/NU 的全面测验分别由春季和秋季两个国家标准化项目进行标准化。春季标准化项目包括 15 个州 25 个测验地的 1400 多名学生。秋季标准化项目包括 16 个州 27 个测验地的 1000 多名学生。简单测验的国家测验项目包括对 16 个州 27 个测验地的 580 多名学生进行三个简单形式子测验的测试。考夫曼(1997)指出,简单测验是全面测验秋季标准化项目的一部分,所选的样本要具有人口统计学特点,具有国家代表性。简单测验和全面两种测验都依据 1994 年美国人口普查数据,根据等级水平、性别、地域、社会经济状况和种族等因素对样本进行分层。

KEARNS SAYRE SYNDROME
卡—赛综合征

卡—赛综合征是一种儿童期发病的严重的渐进性的多系统紊乱。其主要特征是眼部肌肉的麻痹、视网膜色素恶化和心脏阻塞。其他特征包括共济失调、听力损失、身材矮小、内分泌失调以及智力功能的渐进性衰退。这些学生由于其需要的不断变化必须每年进行再评估。

相当一部分线粒体 DNA 的缺失会影响线粒体的结构和功能以及细胞内能量的来源。像大脑、心脏、肌肉这样需要大量能量的细胞是最易感的。不正常的线粒体集中在一起就像是肌肉活组织检查中的少量破布样红色纤维。即便是休息时,乳酸仍持续存在。这种限制生命的疾病无法医治,但是通常需要用到心脏起搏器,而且一些病人能从含有辅酶 Q 和肉碱的饮食补充产品中受益。

几乎所有的案例都是偶发事件。值得注意的是在对线粒体疾病的表述中存在很多差异。在渐进性外侧眼肌麻痹、成年期发作、眼部和四肢肌肉缓慢渐进性衰弱中都能很明显地发现线粒体 DNA 缺失状况。卡—赛综合征虽然是一种罕见的疾病,但四千分之一的人会由于各种各样的线粒体疾病而感染此病。

KELLER,HELEN A.
海伦·凯勒(1880—1957)

海伦·凯勒从 18 个月开始就又盲又聋又哑,但她是世界上最广为人知的克服严重障碍的成功人士之一。在一位富有献身精神和有才能的教师安妮·沙利文的指导和陪伴下,凯勒不仅接受了教育,而且还成为了一名成功的作家、演讲者和残疾人事业倡导者。1904 年,她以优异成绩毕业于哈佛大学拉德克利夫学院,开始了代表残疾人的长期工作。她写作、进行肖托夸巡讲和歌舞杂耍表演,服务于马萨诸塞州盲人委员会。自 1923 年美国盲人基金会建立以来,她不辞辛劳地为该基金会工作。她游说联邦立法机构为盲人建立联邦阅读服务,其中包括录制有声书,还为社会安全法案中添加了联邦盲人补助条款。凯勒热衷于各种社会事业,如妇女投票权、反对世界战争的和平运动、二战后的反核武器运动等。更重要的是,海伦使自己成为战胜障碍的真实象征,激励着世界各地的残疾人。

KENNY,SISTER ELIZABETH
伊丽莎白·肯尼护士(1886—1952)

伊丽莎白·肯尼护士改革了小儿麻痹症的医疗方式,在 20 世纪 40 年代小儿麻痹症流行时期成为了一名国际知名的女英雄。伊丽莎白·肯尼开始是澳大利亚的一名护士,专门帮助小儿麻痹症患者。与当时流行的小儿麻痹症医治方法是用带子固定肌肉不同,肯尼发明的方法主张刺激感染的肌肉使之重新获得功能。她的成功引起了全世界的注意,1939 年,她受一些医生的邀请来到美国。在明尼苏达州圣保罗,她为医生们示范了自己的医治方法,此举促使了医院病房决定采用肯尼治疗法。此后,世界闻名的肯尼学会成立了,护士肯尼的方法也因此成为了小儿麻痹症的医疗方法。

KEPHART,NEWELL C.
纽厄尔·凯法特(1911—1973)

纽厄尔·凯法特于 1936 年获得爱荷华大学的博士学位。他曾是密歇根州韦恩县师范学校的心理保健员,在他参加美国二战海军前曾担任就业服务部门研究分析员。1946 年他加入珀杜大学,成为心理学和教育学教授,指导儿童成就中心的工作。儿童成就中心是一个残疾儿童研究和康复机构。

凯法特擅长以一种教师能欣然理解和接受的方式介绍课堂步骤。他还是 20 世纪 60 年代知觉训练运动的领导者。1968 年从珀杜大学退休之后,凯法特一直是科罗拉多州格伦海文成就中心的负责人,该校致力于残疾儿童及其家长的教育工作。

KERLIN,ISAAC NEWTON
艾萨克·牛顿·克林(1834—1893)

艾萨克·牛顿·克林,医生,1863 至 1893 年逝世前一直是宾夕法尼亚州低能儿童训练学校(现为埃尔温中心)的负责人。克林是一名杰出的领导者,使埃尔温中心成为影响美国智力落后中心计划的模范。通过克林的努力,美国白痴和低能人群中心的医学学会(现为美国低能研究会)于1876年在埃尔温成立。身为这个青年组织的秘书长,克林致力于扩充会员,最终几乎接纳了美国所有致力于精神障碍研究的心理学家。

KERNICTERUS
核黄疸

核黄疸是一种由于子宫内部胎儿红细胞的破坏和基本神经中枢胆红素的堆积而导致的新生儿大脑损伤形式(梅德韦和托马斯,1998)。血液中的大量胆红素渗透过脑膜屏障(血液和大脑之间的屏障),造成脑损伤。这种综合病症通常紧跟在RH不相容之后发生,也可能由大脑损伤造成。但是,此病也可能是因为药物、红细胞的酶异常、肝脏传染病或其他血液传染病而产生的(齐默尔曼和扬内特,1935)。核黄疸也可能表明儿童有手足徐动症和痉挛麻痹症。现在人们很少见到核黄疸了,因为它是可以预防的(梅德韦和托马斯,1998)。

各种智力落后都可能发生,但是在许多情况下都看不到这种情况。早期喂养似乎能够降低黄疸的深度,减少并发症的发生(伊林沃思,1983)。有些血液问题也可能会产生。但是许多患此病的儿童仍有正常的智力。要想精确地评估儿童的状况需要多学科化的评估小组来执行评估。

核黄疸发作、听力损失、视觉和交流问题、运动神经损伤等都需要相关服务进行支持。支持服务可以用来移动和喂养此类儿童。支持服务的设置需要众多专业人员共同努力。其安置状况将根据损伤的程度而定。

参见 出生创伤;新生儿行为评估量表

KEYMATH – REVISED:A DIAGNOSTIC INVENTORY OF ESSENTIAL MATHEMATICS
凯麦斯修订版:基础数学的诊断性量表

凯麦斯修订版是一种无时间限制的个别实施的诊断性测验,用于评估数学功能。凯麦斯测验包括13个子测验,测量领域包括数字和分数知识、进行加减等运算的能力以及运用钱和时间的“真实生活”等。子测验主要分为三大部分:内容、运算和应用。内容部分集中测试有关对数学运算而言必要的基本数学概念的知识,如计算、有理数和几何学。数学运算部分测试加减乘除等计算过程以及心算。应用部分测试日常生活中应用数学解决问题的能力,例如估价、测量、理解数据、时间和金钱。

凯麦斯修订版适用于幼儿园到九年级的学生,费时30~50分钟,不同年龄的儿童用时不等。此测验有2个版本A和B,各包含258个题目。分数解释可以在4个诊断水平上进行,主试可据此判断长处和弱点。这4个水平包括总测验、范围、子测验和领域。解释得出的信息可用作普通教育的评估,或作为综合评估、前后测验、课程评估或补习教育评估的一部分。

凯麦斯修订版有两个补充部分。一个是被试家长报告,以把便于测试人员儿童的结果告诉家长;另一个是凯麦斯修订版辅助系统(标准化测验的自动化计分和解释系统),能提供自动转换、描述和计分管理。

凯麦斯于1985年秋季和1986年春季进行了标准化。秋季样本有873名从幼儿园到八年级的学生,春季样本包括925名从幼儿园到九年级的学生。1997年,凯麦斯修订版又有了新规范,新的规范化的测验版本被称为凯麦斯修订版/最新标准化(康诺利,1997)。凯麦斯修订版的子测验复本信度是0.53~0.80,范围测验的复本信度是0.82~0.85,总测验复本信度是0.88~0.92。1997年最新标准化版本的子测验复本信度中位数是0.69,范围测验的复本信度中位数是0.82,总测验的复本信度中位数是0.92。凯麦斯修订版的分半信度是根据子测验和年级进行计算的。虽然分半信度系数一般比复本信度系数要高,但幼儿园和一年级的一些子测验的分半信度却很低(拉森和威廉姆斯,1994)。1997年最新标准化版本的子测验分半信度中位数是0.81,范围测验的分半信度中位数是0.92,总测验的分半信度中位数是0.97。因为某些限制,凯麦斯修订版的效度信息难以得到。拉森和威廉姆斯(1994)指出,该测验的构想效度似乎可以通过因素分析研究而得到提高。

参见 成绩测验;学习困难和数学

KEYWORD METHOD
关键词法

关键词法是记忆力提高技术之一,用于促进学习和相关信息的回忆。1975年,该方法最早由阿特金森运用于教授大学生俄语词汇。1977年,普莱斯里最早将此方法运用于学龄儿童对西班牙语词汇的学习上。从此,这种方法便被运用到各种不同内容的领域中,运用于不同年龄和能力水平的学生身上(普莱斯里、莱温和德拉内,1982)。

关键词方法采用了莱温(1983)的3R记忆技术:重新编码、叙述、重新获得。例如,在学习意大利单词roccia(发roach-ia音,意思是悬崖)时,学习者首先获得一个重新编码的关键词。关键词就是发音接近刺激物且很容易描画的一个词。在这个例子中,roach对roccia而言是一个很好的关键词。第二步,此关键词要与反应物形成互动画面或象征性相关关系。在roccia例子中,roach可以被看做跳下悬崖。最后一步是重新获得,要求学习者在面对刺激物roccia时回想关键词roach,想象roach的画面,回忆画面中的其他东西,应答合适的对象,悬崖。

关键词方法最近被用于学习障碍(马斯特罗彼得里、斯克鲁格斯和莱温,1985)、智力落后(斯克鲁格斯、马斯特罗彼得里和莱温,1985)和天才(斯克鲁格斯、马斯特罗彼得里、蒙森和乔根森,1985)学生身上。最新的结果显示,关键词方法是一个很有效的特殊教育指导策略。

参见 记忆障碍;记忆术

KIRK, SAMUEL A.

塞缪尔 A · 珂克(1904—1996)

塞缪尔 A · 珂克通常被认为是"学习障碍研究之父"。他分别于1929年和1931年获得芝加哥大学心理学学士学位和硕士学位,并于1935年获得密歇根州立大学的生理学和临床心理学博士学位。他的博士论文让他对残疾的生物物理鉴别法产生了质疑,从而主张更多的行为描述,以制订康复计划。1935年,他开始在密尔沃基州立师范学院担任教师教育项目的负责人。1947年,他加入了伊利诺斯州立大学,为本科生和研究生开发一个特殊教育项目。在塞缪尔 A · 珂克担任伊利诺斯州立大学特殊儿童研究院创立负责人时做了大量的初创工作,在担任负责人的前后,他还于1963年和1964年出任联邦教育办公室残疾儿童部门的负责人。在华盛顿期间,他致力于早期联邦立法工作,促进了1968年《早期教育辅助法案》的产生和残疾儿童教育局的建立。该局的工作终于迎来了《1975年所有残疾儿童教育法案》即94-142公法的诞生。在伊利诺斯州立大学工作了20多年之后,他搬到了图森市的亚利桑那大学,在该校他继续发挥了积极作用,即使退休后,也没有停止工作。1996年,塞缪尔 A · 珂克逝世于亚利桑那州图森市,享年92岁。

塞缪尔 A · 珂克一生中发表了200多部作品包括书、专著和杂志文章;获得过大量荣誉,其中包括约瑟夫 · 肯尼迪基金会授予的智力落后研究领域的国际一等奖。

KLINEFELTER'S SYNDROME

克莱恩费尔特综合征

克莱恩费尔特综合征(KS)是一种发生于男性的染色体综合征。与正常男性基因型xy相反,发病男性至少含有一条多余的女性染色体(如,xxy或xxxy(里德,1975)。大约三分之二的KS患者是xxy型(根瑟等,1998),其余的是xxxy。虽然该病的确切病因尚未得知,但是多余的x染色体是由减数分裂过程中的染色体不分离导致的,这个过程类似于唐氏综合征的产生过程(霍阿肯等,1964)。这种综合征的特点是患者一般拥有看似正常的外表,睾丸小而无功能、男子乳房发育(也就是增大的胸部)、性欲低、嗓音高、女性化、肥胖、无胡须、男性荷尔蒙分泌减少等。据报道,该病发生率为0.15%至0.3%不等,或者每1万名男性中有15至30名发病。发生率与母亲的年龄有直接关系(根瑟等,1998)。尽管克莱恩费尔特综合征越来越能通过遗传调查在婴儿早期得到鉴别,但该病在青春期之前不易被人们诊断出来,直到患者的睾丸明显偏小时,才会引起注意。青春期期间,患者要服用睾丸激素。

研究一致认为,额外的x染色体会相对容易导致一系列的发育异常和心理疾病(1980)。

怀特等人(1979)建议,行为医生对xxy人群的智力、学业和人与社会功能进行全面评估。他们特别推荐应该在青春期首次鉴别出该病症进行激素治疗之前和之后,都应该进行评估。患有KS的学生通常需要特殊教育安置和咨询,他们在学业和社会化方面都有较高的危险性(根瑟等,1998)。在诸如不育等问题上,应该长期为这些儿童及家长提供预期性指导。

参见 遗传咨询;行为中的遗传因素;遗传变异;身体异常

KNIGHT, HENRY M

亨瑞 M · 奈特(1827—1880)

亨瑞 M · 奈特是一名医生,也是一名教育者。当他服务于一个专门调查康涅狄格州智力落后儿童具体数目的委员会时,他作为康涅狄格州立法机构的一员正式进入了智力落后领域。在一次人口普查结束后,立法机构建议专为教育智力落后者创办学校。当这个立法机构的建议没有实现时,奈特放弃了他的医学事业,1858年在他的家中建立了一个智力落后儿童家庭教育项目。奈特通过不懈努力来寻求公众支持,1861年立法机构终于建立了必需基金,奈特的学校也成为了美国国内第五家受公众支持的智力落后学校。奈特一直是该校的负责人,直到他在1880年去世。该校于1917年关闭,而改为更为现代化的研究室。奈特是美国白痴和低能人群中心的医学学会(现为美国低能研究会)的创立者之一。

KOPPITZ,ELIZABETH M.
伊丽莎白 M·科皮茨(1919—1983)

1939年,伊丽莎白 M·科皮茨从德国来到美国。她于1955年获得俄亥俄州立大学的博士学位,之后一直是俄亥俄州和纽约公立学校的心理学家,直到1982年退休。她对儿童心理教育评估领域做出了重大贡献,并因《幼儿弯曲完形测验》中的分数系统和对儿童人物形象绘画的研究而闻名于世。

KRAEPELIN,EMIL
埃米尔·克雷柏林(1856—1926)

埃米尔·克雷柏林,德国精神病学家,一生中曾在多尔派特大学、海德堡大学和慕尼黑大学任教。他因对智力落后的分类而著名。他对精神疾病症状的描述和分类为精神病学思想提供了基础,这些为今天所使用的分类系统奠定了基础,而克雷柏林把心理学实验的方法运用到对个性、学习和异常行为的研究领域中。他研究酒精和烟草的影响,并第一个运用科学的方法来检测药物对人类行为的影响。他曾写过大量有关犯罪问题的文章,为犯罪和精神病关系的现代研究奠定了基础。

KUHLMANN,FREDERICK
弗雷德里克·库尔曼(1876—1941)

弗雷德里克·库尔曼是一名心理学家,也是一名测验改进者,曾获得马萨诸塞州克拉克大学的博士学位。在克拉克大学、威斯康星州立大学、伊利诺斯州立大学和明尼苏达州立大学任教之后,他成为了明尼苏达州低能学校研究室的负责人。他擅长对智力落后儿童和成人的评估和教育。1912和1922年,库尔曼发表了两个1908年的比奈—西蒙量表的修订版。这些修订版扩展了原测验范围,使之能测量3个月的儿童,成为早期婴儿标准化测验代表之一。1927年,他和罗斯·安德森发表了一个广泛使用的智力团体测验《库尔曼—安德森智力测验》。1939年,库尔曼还发表了《库尔曼智力发展个别测验》。

1921年,库尔曼的研究部门成为了州政府部门——智力测验局。他一直都是该局的负责人。库尔曼的文章和研究报告广泛地影响了其他州立机构,以及明尼苏达州公立学校里为智力落后学生的服务。另外,库尔曼还负责对智力落后教师的培训。库尔曼还是美国低能研究会的活跃成员,并于1940-1941年间担任该会的主席。

KURZWEIL READING MACHINE
库日韦尔阅读机器

由雷蒙德·库日韦尔于20世纪60年代中期在麻省理工大学发明的库日韦尔阅读机器(KRM),是一种专为盲人和阅读障碍个体设计的计算机。KRM能把多种来源、字体和类型的打印材料,转换为合成的、全字的、多语言的言语。这种言语在短期熟悉之后很容易理解。KRM也能当作能发音的计算器或全字的语音输出的计算机终端来使用。

KRM包括两个主要部分:自动扫描系统和控制面板。扫描系统能自动把文章扫描成11英寸×14英寸,然后能阅读6—24点打印字体和出版物。按钮控制面板激活并指挥系统工作(库日韦尔计算机产品)。KRM的发展有许多胜于盲文和直接翻译阅读机的地方。由于机器输出的是声音,人们就会更容易理解,也不需要太多的特殊训练。这个机器也能达到相对较高的阅读速度(大约每分钟250个单词)(古德里奇等,1979)。

KRM的用户认为它的最大优势在于为他们提供了阅读印刷出版物的平等机会,以及根据自己的速度、日程安排进行私人的独立的阅读(库日韦尔计算机产品,1985)。KRM的缺点在于它的价格、体积,以及不能把印刷不良的或过于复杂的出版物转换成清晰的声音。由于20世纪90年代个人计算机价格和可获性的革命,课本的计算机扫描和语音转换目前已经比较普遍,而且相对便宜了。

参见 盲;电子旅行辅助器

L

LABELING
贴标签

贴标签是一个不精确的术语,涉及一系列由残疾学生的正式分类引起的影响,大多是负面的影响,霍布斯(1975)在他那部今天仍然像当初第一次出版时那样入时的经典著作中这样定义"分类":"分类就是把一个儿童或者一种状况归到一个一般的类别或分类系统中的一个特定的位置"。霍布斯对贴标签的定义揭示了分类与贴标签之间的密切关系。他将贴标签定义为"把一个儿童归到一个类别里",这一归类也包含了"公众在交流中关于对儿童进行归类的方式的观念,因此也就出现了耻辱的含意"。

上述从某种程度上说有些混淆不清的定义却是区分贴标签和分类影响的典型尝试。贴标签这个术语用来指被认为与学生分类有关的负面影响。这些负面影响通常与各种轻度残疾分类有关,特别是轻度智力落后(MMR)。贴标签的影响也可能存在于其他的残疾分类中,如特殊学习障碍(SLD)和情绪障碍(ED),但是与这些残疾分类相关的负面影响没有被认为和前面所讲的一样严重。

贴标签的影响在很大程度上依赖于社会偏差理论(贝克,1963)。社会偏差理论最初用来解释官方的司法体制对个人行为的影响,常常是针对那些可能或不可能被归类为少年罪犯的十几岁青少年。社会偏差理论强调标签对个体的行为的影响。人们相信,正式的标签通过复杂的程序直接对行为施加影响,导致产生偏差行为。标签是否导致产生偏差行为或者标签是否来源于明显的行为偏差的问题,在大量关于标签影响的专业文献中,都是一个基本的问题。

罗森塔尔和雅各布森的著作(1968),是关于标签的影响产生行为最有力的论述之一。这一被广泛引用并有重要影响力的研究显示了向教师传达正面信息对小学年龄儿童智力开发的影响。罗森塔尔和雅各布森认为,加插在儿童教育记录中的关于儿童的简短陈述会使教师的信念产生变化,从而导致儿童智力明显增长,这一增长的原因可能是因为教师对待儿童的方式有细微的变化。

尽管罗森塔尔和雅各布森的工作在专业文献中遭到尖锐批评,许多试图再度得出和从前一样的研究成果的努力也没有成功,但是,自我实现预言的观念对20世纪60年代晚期和70年代的特殊教育产生了巨大的影响,而且在相当大的程度上,一直影响到现在这个年代。应用于特殊教育的自我实现预言表明,由于特殊教育的分类,儿童和青少年表现出异常行为或者难以形成正面行为。

特殊教育分类,特别是轻度智力落后分类,对学生有重大的负面影响,是邓恩(1968)的一篇被广泛引用的文章的明显主题。邓恩认为,轻度智力落后特殊班级的计划涉及耻辱标签和无效干预。智力落后总统咨询委员会1970年的一份报告,详细阐述了"贴标签"这样一个主题,特别是关于轻度智力落后。这份报告发明了一个新的术语:"六小时落后儿童"。关于对分类和安置过程中贴标签的影响的讨论,也进一步强化了默瑟关于该主题的观点(1973)。尽管邓恩和默瑟的结论,以及"六小时落后儿童"这个概念被广泛引用,但是特殊教育标签的直接负面影响,还很少或没有明显表现出来。特殊教育文献中持续谈到的一个问题是,对标签影响的经验研究没有给予足够关注。

很多研究试图确定特殊教育的分类或安置的影响。这样的研究很复杂。也许最复杂的是,标签不是随机地分配给学生(真的不能归咎于教师的道德)这样一个事实。在现实世界中,一些学生被分类和安置,而另一些学生却没有。众所周知,把那些被分类和安置到特殊教育中,并因此可能容易受到"贴标签影响"伤害的学生,与那些没有被分类和安置的学生分开,会有很大的差别。因此要正确地论述贴标签在现实世界中的影响,必须考虑到学生之间那些导致其初诊、分类和安置不同结果的差异。

学生出现提名诊断常常是因为其在班级中有严重的学习或行为问题。只有少数一些学生被推荐诊断,数量一般不超过10%。被提名的学生接受多因素的安置前评估。由多学科专家团队来负责对其多因素评估的信息进行评价,学生或许会、或许不会被鉴定为残疾并被安置到特殊教育中去。因此,可能在他们身上发生标签影响的这些学生,是通过在一般学生中进行二次抽样特别选择出来的。贴标签可能产生的影响,据推测发生在正式分类和安置之后,很可能会和导致他们获得最初提名和接受特殊教育资格的行为和特点混淆在一起。要在现实世界中把这些影响和贴标签分开是不可能的。

有研究试图观察儿童在贴标签之前和之后,在自我概念和同伴接受方面的发展变化,得出的研究结果是复杂的。权衡多方面的研究证据似乎表明,贴标签对儿童的自我概念和同伴接受,或者有促进作用、或者没有重要影响(戈特利布,1980)。

有关贴标签的大量繁杂文献,至少在两个方面作了很好的概括。第一,被分类为轻度残疾的儿童和青年不喜欢被贴标签。第二,许多人,包括像公立学校教师这样的专家,常常误解普通的特殊教育标签。这两个结论提供了充分的理由要求谨慎对待标签的分配,努力避免误分类,如果贴标签是必需的话,要仔细考虑当前分类系统中的选项。

贴标签是非常复杂的现象,已出现了许多关于它的歪曲、混淆和错误的信息。1975 年 94 – 142 公法通过后,关于发展更好的儿童分类系统和特殊教育中的非分类方法的许多工作已经完成。尽管研究了不下 25 年,但是今天依然没有什么变化,也没有设计出更好的系统。关于现存系统的正反两面看法,在卡特怀特和沃德 1995 年写的文章中有详细论述。

参见 AAMD 分类系统;智力落后;六小时落后儿童;分类系统

LANGUAGE, ABSENCE OF
语言缺失

在一些类别的人群中,语言系统的发展不良并不排除能发单个音和说单个词的可能性。例如,人们一般都认为极重度智力落后(智商低于 20 且明显具有适应行为缺陷)儿童的语言得不到发展。过去对非言语语言系统(劳埃德,1976;龙德尔,1985)的研究表明,对这样的人辅以手势交流系统是可能的,反过来也证明了建立实用的口语储备是有用的。

参见 交流障碍;聋教育;语言不足和缺陷;语言迟缓;语言障碍

LANGUAGE DELAYS
语言迟缓

语言迟缓、语言障碍和语言差异并不是同义词。当儿童的接受性或者表达性的语言技巧发展缓慢,但是这些在获得技巧的顺序上与典型(正常)的发展相一致时,就存在语言迟缓(里德,1994)。这一迟缓在本质上存在于语言的各个方面(例如,语义和句法)。如果一个儿童是使用双语的,那么语言迟缓可以存在于一种或者两种语言当中。有语言发展迟缓的儿童在语言丰富的环境中学得快。该病的神经心理学的病源因素至今无人知晓。“特殊语言障碍”(SLI;尼尔森,1998;保罗,1995)这个词可以用来指那些语言技巧处在正常范围低端的儿童。

在幼儿期,语言迟缓可能会影响交流—学习过程的社交和学业方面。推荐采取早期鉴定与干预来阻止和降低语言迟缓的负面影响(尼尔森,1998;保罗,1995)。

参见 交流障碍;表达性语言障碍;语言不足和缺陷;语言障碍;语言缺失

LANGUAGE DISORDERS
语言障碍

“语言障碍”这个术语是指在为社交、教育、就业或职业目的而理解、创造和/或使用口语、书面语和或其他符号系统时,存在明显的发展性或者是获得性的缺陷的异类群体。语言障碍是慢性的,可能在一个人的一生当中持续下去。其症状、表现、影响和问题的严重性随时间以及因为语境、语言内容和交流—学习任务要求的不同而变化。

1. 术语

在历史上,曾使用各种名称来描述发展性语言障碍,包括:语言—学习障碍、语言损伤、语言残疾、语言障碍、语言迟缓、语言偏差、语言差异、儿童失语症或先天失语症、儿童言语障碍症或先天言语障碍症(伯恩斯坦等,1997)。语言障碍和学习障碍在整体上是相关联的(尼尔森,1998)。被诊断为语言障碍(学习交流)的学前儿童在进入正式的教育体系时,很可能会遇到各种学术语言(交流学习)的问题(语言障碍)。虽然根本的问题在于符号的编码和解码,但这一障碍也可以表述为学习障碍,因为这些问题也是在学习学业材料(读、写、拼、算)中遇到的问题。目前,人们最喜欢用的词还是语言—学习障碍。由于个人难以摆脱语言—学习障碍,所以,他们成人以后,会不断地遇到社交或学业问题。在成年阶段显现出来的交流—学习缺陷,也被称为交流—学习适应障碍(韦勒等,1992)。失语症、语言障碍症、痴呆、右脑综合征等术语都是指获得性的语言障碍(赫格德,1998)。

存在语言障碍就意味着发展某些具体的语言技巧的速度和顺序有了偏差(欧文斯,1991;尼尔森,1998)。这些偏差包括:语言的某一个方面内的差异(如,语义或词态);语言的某一个方面内的某些特征出现的过度困难;在语言的各个方面的习得速度的差异(如,意义发展中的语义、句法和语用的关系);以及/或者在语言的一个或者多个方面的技巧与年龄相适应,但是在其他方面发展迟缓。由于在不同语言变量之内和不同语言变量之间习得的速度不同,典型的发展顺序也就会打乱。有语言障碍的儿童需要特殊的干预。

语言差异与社会的、学业的和职业的语境(语用)偏向相关联,也与价值偏向、语音体系偏向、语法偏向和在标准美国英语交流或主流文化交流中没有,但是存在于另外一个种族群体(例如,非裔美国人、亚裔美国人、拉丁裔美国人)的交流中的语汇偏向相关联。

2. 病因学

语言障碍,无论是发展性的还是获得性的,都可能对儿童教育的早期、小学、中学以及大学阶段的交流-学习过程中的社会和学业方面以及青年和成年等阶段生命角色发生的变化产生影响。推荐做好早期鉴定和干预来阻止和降低语言迟缓的影响。

美国言语语言听力协会提出了积极的干预措施。基础预防的目标是做好疾病管理,阻止问题的出现;次级预防目标是做好早期鉴定和干预,尽可能降低长期残疾的可能性;三级预防要求解决当前的问题,降低由于最初障碍而产生更多问题的可能性(尼尔森,1998)。

参见 儿童期失语症;交流障碍;聋;表达性语言障碍;语言不足和缺陷;语言缺失;口吃;发音障碍

LANGUAGE THERAPY

语言治疗

语言治疗能采用多种形式。它可以采纳的六种主要角度是:①语言符号和非语言符号系统角度;②沟通渠道角度;③语言习得理论角度;④听说—读写交谈角度;⑤主位—客位的角度;⑥非口语角度。

语言符号和非语言符号系统:被定义为语言符号(单词)和非语言符号系统的语言(比如,辅助语言学、举止神态学和空间关系学),可以使用语言符号来进行治疗,也可以使用非语言符号。语言系统可以用于处理听、说、读、写和思考过程中遇到的问题,而非语言系统可以用于处理元语言和实际的语用障碍(赫利特和霍华德,1997)。

沟通渠道:语言治疗可通过一个六渠道的理解(接收)—生成(表达)的范式进行,即观察—运动、听—说、读—写(尼尔森,1998)。

语言习得理论:已知的语言习得理论的三个主要类别是:行为主义、先天论和认知—社会相互作用论(语用学,海恩斯和舒尔曼,1998)。

行为主义理论的基本观点是,语言是习得的行为,产生于语言行为的前因和后果,即,通过环境的训练和塑造教学习者语言。儿童和成人之间语言模式的差异形成了一种障碍。治疗过程使用斯金纳的S-R-R行为矫正范式,训练那些儿童不会的行为(音位的、语义的、句法的、语形学的)。

先天论的基本观点是,语言是一套抽象的规则系统,根据这套系统,个体能产生无限量的话语。乔姆斯基认为,儿童生来就有一套内在的语言习得装置(LAD)。他后来又提出表层结构和深层结构的管辖—约束理论,这一理论为把这个方法用于治疗奠定了基础。儿童自己形成语言规则,其自身的系统控制着规则的选择及其内在结构;这个过程具有普遍的特点。

认知—社会相互作用论(也称为实用理论)的基本观点是,语言的主要功能是交流(也就是意义交流),语言的基本单位是在语境中形成的有助于确定形式的言语行动。让·皮亚杰、布里安·麦克温尼、让·贝尔科·格利森以及其他人在探索这个理论的研究中作出了贡献。语言是通过认知(发展的认知、元能力和信息加工)、语言(语音、语义和语法的规则)、社会和环境相互作用而发展起来的。

听说—读写交谈:语言治疗可以包括听说和读写两种形式的交谈、叙述和讲解(尼尔森,1998)。交流障碍治疗的重点是建立语用的规则(谁能交流什么,与谁交流,怎样交流,什么时候交流,在哪里交流和为什么交流),这些规则与以下各方面相关:口头的和书面的人际交流—学习;理解和产生不同的叙述形式;以及包含了数学语言、计算机语言、外国语言和工作语言的学术交流学习。这种治疗的重点也包括学习策略的元技能、时间管理、教-学的方式和策略以及情景策划。

主位的(从内到外)—客位的(从外到内):主客位的语言治疗方法也指从外到内(当事人自己)—从内到外(情景)的治疗,包括交流学习过程的认知、语言和语境三个维度(尼尔森,1998)。这个方法包含两条原则:①语言中断可能存在于儿童和语境中(如教师谈话、课程);②变化理论—第一顺位(个体)交换和第二顺位(系统)变化。儿童可能因为内在缺陷而经历语言学习中断,但是语境原因可能使障碍更加严重(这些语境包括教师模棱两可、糊里糊涂的指导,教科书和测验中复杂的认知和语言结构,同伴使用非直接的语言,如比喻的、幽默的、讽刺的和嘲弄的语言)。个体的语言行为有可能改变(从内到外的治疗方式),但是如果此人又回到导致障碍的语境中,个体的改变会难以保持。从外到内的语言治疗是指改变病人遇到的语境。“主位的—客位的”治疗方法可以以基本人际交流技巧

(BICS)或认知学术语言熟练程度(CALP)为目标。

非口语:非口语语言治疗包括在许多增长性的或选择性的交流(AAC)中的符号,即低技术或高技术系统,手的交流或手语系统,以及布莱尔盲文系统(尼尔森,1998)。

语言治疗对人在社会、学术和工作等方面取得最大限度的成功非常重要。治疗的方法随文化、病因和交流障碍的严重性不同而有所变化。

参见 交流障碍;语言迟缓;语言障碍;学习障碍

LARGE－PRINT BOOK
大字本

许多低视力学生在学习阅读普通规格的出版物时,有的使用助视器,有的不使用。为低视力学生选择出版物要依据以下几个因素:学生的动机和兴趣、视觉敏锐度和视野、阅读经验和能力、照明以及出版物的使用便利性(乔斯,1983)。

根据乔斯(1983)的观点,大字本的优点在于它使阅读更舒服、更容易;它一般用不炫目的纸张制成;而且相对于用放大镜看普通规格的印刷书籍来说,这种印刷品的视野限制较少。但是大字本书的生产是昂贵的。所以,这种书籍的数目和种类都是有限的,尤其是高中和大学级别的书本更为稀少。大字课本其他的缺点在于,书中的图片经常会缺失,或不如普通印刷书显的彩图清晰。此外,大字课本体积较大,与正常印刷出版物明显不同,这让一些学生使用起来感到尴尬(巴拉戈,1983)。

参见 美国盲文出版社;盲人和身体残疾者图书馆;残疾人的图书馆服务;低视力

LARRY P.
拉里 P.

拉里 P. 是 1971 年起诉加利福尼亚州公众教育负责人里莱·威尔逊的六个黑人儿童之一。这个案子控诉在决定可教育性智力落后(EMR)儿童的安置的资格过程中运用的 IQ 测验带有文化偏见。原告律师提出文化偏见控诉的依据是黑人的平均分低于白人的平均分以及这些分数的运用导致黑人儿童在 EMR 班级中的比例高于在正常班级中的比例的事实。

拉里 P. 诉里莱·威尔逊案件之后,1972 年联邦区域法院颁布了禁止在 EMR 班级安置中对黑人儿童运用个别智力测验的法令。这使心理学家不得不采取其他方式如课堂观察、适应性行为评估、学业成就测量等来判断求助于特殊教育的儿童是否是智力落后,以及是否应得到特殊教育服务。

1976 年,这个案子被公开审判。原告的代表是公众辩护团,代理律师来自旧金山的莫里森公司,免费为此案代理诉讼。一名州律师事务所的律师代表该州。原告控诉的焦点在于 EMR(可教育的智力落后儿童)班级中黑人儿童比例过高的问题以及大部分标准化智力测验中黑人儿童获得的 IQ 平均分较低问题。他们认为,这些测验存在文化偏见,因为这些题目是根据白人中产阶级的文化背景设计的,而黑人学生并不受这种背景的影响。他们辩称,上述论点受到这样的事实的支持,即当六个原告在重新做韦氏儿童智力测验(就是被用来判断是否走进 EMR 班级的测验)时,由于黑人主试者感受到了种族、民族及社会经济的偏见,而在诸如改写题,对非标准反应的接受,或延长时间限制等测试管理中做了一些调整后,他们的智商分数就提高了。除了认为测验是歧视黑人儿童之外,原告方坚持认为 EMR 班级的科目与普通班级不同,而且儿童在 EMR 班级时间越长,EMR 儿童与普通儿童的表现差距越大。

原告方的法律控诉围绕着黑人儿童在 EMR 班级数量过多以及 IQ 测验是决定安置的唯一标准而展开的。原告方认为,如果智商是用于安置的工具而黑人儿童在 EMR 班级数量过多,那么测验肯定是存在偏见的,使得特殊教育班级也值得怀疑。因此,智力测验和特殊教育都歧视黑人儿童。从法律角度而言,责任就转给加利福尼亚州,它必须要证明测验不是有偏见的,甚至要证明哪怕特殊教育班级中的黑人儿童更多,但儿童们已经从特殊教育项目中获益。

加州的辩护则依赖数据来证明,IQ 测验是目前和未来都有效的诊断工具,而且测验对黑人和白人是平等对待。辩诉方的证人都证实了 IQ 测验只有在儿童长期跟不上正常班级的学习时才实施,并用于评估他们进入 EMR 班级的资格。辩诉方的证人还证实,IQ 测验和智力落后从中度变为重度之间存在直线性关系。而且,他们有证据证明智力落后是有生物学或新陈代谢原因的;轻度智力落后儿童分布在智力常模的一端,正如天才儿童分布在另一端一样。至于解释为什么黑人儿童与白人儿童相比有更多的轻度落后,辩诉方则用智力与贫穷、营养缺乏、认知刺激缺乏以及其他环境因素等之间的关系的研究进行了反驳。

最终,辩诉方不得不面对两个因素:一个与为特殊教育安置而采取智力测验有关;另一个与特殊教育的好处有关。原告方对智力测验的控诉是建立在智力测验的文化偏见上和以此作为把部分学生安置在 EMR

班级中的唯一标准的争论上的。辩诉方则证明智力测验是被用来决定特殊教育的资格和决定再次诊断其智力落后程度的合理性的。大量有关智力测验有效性的研究是为了区别出不同学业成就的个体,从而指导同时实施于黑人儿童和白人儿童的智力测验的结构和标准的有效性。许多证人都对这些研究进行了概述。但是智力测验不是为表明一个儿童是否从特殊教育安置中获益或得到进步而制定的。为了使法庭满意,必须证明特殊教育安置对儿童的学业成就或者智力水平有积极的补救的效果。由于有关 EMR 项目的研究并没有表明存在这种积极的效果,所以原告方认为即使辩诉方有说服力地表明智力测验对于推论目前智力功能水平是有效的,而且智力功能是用于检测轻度智力落后和特殊教育有效性的唯一心理学推论,但是智力测验对 EMR 安置是无效的。

辩诉方想要努力证明,黑人儿童在 EMR 班级比例过大更多的是归结于儿童进行心理评估的过程,但没有成功。有关推荐过程中存在歧视(也就是说,黑人男孩比黑人女孩、黑人儿童比白人儿童更多地被推荐出来,从而导致在 EMR 班级中男孩比女孩、黑人男孩比白人男孩多的现象)的证据并没有说服法庭,使法庭同意智力不是一个儿童是否安置在 EMR 班级的主要鉴别标准。只有大约五分之一的被推荐的儿童在智力测验之后发现是符合条件的证词也没有改变法庭认为智力测验是罪魁祸首的看法。

原告方提出的黑人儿童的智力比白人儿童的智力低的证据使法庭最终判决测验是存在歧视的。因为智力在案件中是 EMR 儿童案例分析记录里最常用的信息词汇,即使辩诉方表明只有一部分智力属于 EMR 范围的儿童曾被安置在特殊教育班级中,法庭仍然认为智力测验是特殊教育项目安置的基础。如果辩诉方成功地证明 EMR 儿童的学业落后得到了补救的话,黑人儿童过多的现象也可以忍受。所以,法庭认为,测验是存在偏见的,也是没有发展前景的,是使特殊教育班级蒙羞的安置计划的主要基础。

法庭于 1979 年宣布了判决,并禁止学校“在没有得到法庭允许的前提下使用,或允许使用,或赞同使用鉴别黑人 EMR 儿童及其在 EMR 班级的安置”。法庭还进一步规定,任何用于特殊教育目标的测验应该证明其使用目的的有效性。加利福尼亚州拉里案件的结果是在寻求新的方法,以用于检测特殊教育班级有效性和试图选择出适宜于特殊教育的儿童,但这些可供选择的方法却往往更不可靠,更无效果。同时这也是一次试图从有资格接受特殊教育的儿童中挑选出可以从特殊教育中受益的儿童的尝试。

1971 年,当法庭接受这个案件申请后,根据立法机构的命令,被归类为 EMR 的儿童又被重新评估了一遍。重新评估造成特殊教育班中儿童数目的明显减少,但并没有改变 EMR 班级中少数儿童比例失调的现象。在案件审理过程中,加利福尼亚州采用了加利福尼亚特殊教育控制计划(几乎同一时间,议会通过了 94 -142 公法),废除了 EMR 项目的分类,用“学习障碍”的类别替代包含轻度智力落后学生和那些有学习困难的学生。在案件审理期间和之后发表了大量有关学校教育能力测验的有效性的研究,包括个别智力测验,采用了包括学校成绩、适应性行为评估等各种各样的标准方法。这些数据一般都表明,能力测验对黑人和白人都有效。

拉里案件的结果是否改进了评估和黑人儿童的特殊教育待遇?我们现在有责任向人们证明用于鉴别特殊教育获益者的标准的有效性和智力测验的有效性。能力和智力测验可能是预言和诊断合格性的极好的依据来源,但不是挑选特殊教育受益儿童的必须工具。拉里案件的结局还没有造成少数群体超额的减少现象,只是被分类为轻度智力落后的儿童减少了。一些人认为这个结果是有益的,而另一些人想知道那些在分类上被拒绝了特殊教育服务机会的儿童将会遭遇到什么。不管采用的心理测验或程序是什么,学校心理学家和特殊教育专家仍有义务去证明他们在诊断教育失败的原因和选择、安置特殊教育服务受益者等方面是有效而值得信赖的。

拉里最终去了州外上学,之后因为他的学业成就和课堂表现而接受特殊教育。19 岁时,他仍然没有通过驾驶员考试,没有被有偿雇佣。曾在高中适应得很好的另一个起诉人在离开旧金山学校后,应其母亲的要求重新接受特殊教育。

参见 测试中的文化偏见;智力;智力测试

LAURENCE - MOON SYNDROME

劳伦斯—穆恩综合征

劳伦斯—穆恩综合征(LMS)是一种常染色体(非性染色体)隐性遗传的疾病,尚不知病因,其特征表现为神经的、眼科的和内分泌的失常导致的衰退性残疾状态。约翰·扎卡赖亚斯·劳伦斯和罗伯特·穆恩于 1866 年首先对这种情况进行了描述。

劳伦斯和穆恩观察了同一家庭内的四个智力落后成员:个子矮、肥胖、生殖腺发育不全(异常小的生殖器)以及视网膜炎(内桑森,1998)。LMS 还具有渐进性神经病变,包括共济失调(不能协调随意肌运动)和痉挛性下身麻痹(内桑森,1998)。在20世纪20年代初期,一位名叫乔治·路易斯·巴迪特的法国医师和一位名叫毕尔多·亚瑟的布拉格大学实验病理学专家分别发表了对一些有相似病症的病人的描述,其中也包括多指(或趾)畸形(有五个以上的脚趾或手指)。以前,这两个相似的病症被认为是一种疾病,称之为劳伦斯—穆恩—巴尔代—毕尔多病症;但是现在人们认为它们是两种不同的疾病。虽然两种病症都包含智力落后,但视网膜异常、生殖腺发育不全,神经性问题却是劳伦斯—穆恩综合征的特征,而很少在巴尔代—毕尔多病症中看到。多指(或趾)畸形是巴尔代—毕尔多病症的特征,而不是劳伦斯—穆恩综合征的特征(莫里斯等,1998)。

尽管还没有LMS的医学治疗办法,但是患病的学龄个体可以要求采用多学科的方法来有效地评估、发展、和实施适宜的教育项目和支持性服务。由于智力落后是LMS的特征之一,患病个体还会经常得到一个教育项目的帮助,该项目强调的是在一个自足式班级(内桑森,1998)中的功能性生活技能,并尽可能有机会与健全同伴整合和互动。有共济失调和痉挛性下身麻痹的学生可能需要适应性的体育。有必要进行体育和职业治疗以促进自主技能的发展,增加肌肉坚韧性。严重的视觉损伤也是LMS的一个特点,患病学生会要求视力损伤方面的教育服务。低视力辅助工具,例如放大镜、大字课本、大字计算机软件、录音机、CD和手/电动盲文打字机等,必须得到开发利用。过渡计划同样也支持LMS学生安置在支持性雇用环境中,使其成为社会的建设者。

LEARNED HELPLESSNESS
习得性无助

习得性无助这个术语是指近年来在动机和情绪问题研究领域中广泛运用的一个理论。简单地说,该理论认为一个人感到无助或不能控制生活中重要事件的这种感觉会导致低自尊和以目标为导向的动机的破坏,并会产生压抑情绪状态。该理论目前通常被运用到人类心理学中,但其历史根源为动物条件反射。最终导致习得性无助理论的产生的研究涉及条件反射过程中的非可控的反向刺激的影响。该研究的主要结果是:各种动物种类都能得知,如反向刺激的停止这样的强化过程是非可控的或者不受它们所作努力的影响的。以狗为对象的试验表明,当狗通过跳跃障碍物能够避免电击时,狗便会相当快地学会跳跃障碍物。相反,如果在先前的程序中狗不能逃脱电击,那么其情况就会完全不同。这种条件化的狗会短时间地乱跳一通,然后,狗便放弃跳跃而躺下来,低声呜咽,它们甚至不再尝试逃脱。这种习得性经验对动机、认知和情感方面都有重要的影响。动机方面,非可控的强化的经验会导致被动而无目标导向的状态。认知方面,非可控性会影响到动物学习控制那些取决于其自身行为的强化过程的能力。情感方面,非可控性会导致某些方面类似人类消沉的状态。

随着该理论从动物实验室当中走出,人们发现,在无助状态产生的过程中有一种更高级的心理活动在发挥着更重要的作用。理解一个人为何不能控制事件,即因果归因过程,变成理论活动的焦点。近期更多对习得性无助理论的修正强调,不只是对厌恶效果控制能力的缺乏,而且一个人对为何缺乏控制力的理解都决定了被动的、无助的行为(艾布拉姆森、塞利格曼和第斯代尔,1978)。对无法解决的问题的反应能演示"普遍无助"或"个人无助"。普遍无助反映了一种信念,即认为失败是客观的无法控制的,原因是存在的,任何人都会在任务中失败。个人无助则反映了这样一种信念,即认为个体缺乏内在能力和技能来解决问题,但是他人有这个能力,能够找到解决办法。所以,对失败的归因要么是内在的、个体的,要么外在的、环境的,可能长时间稳定、泛化到生活的各个领域。尽管归因的多样化与该理论相关,但近期的研究集中关注于改变个体的无助感。例如,如果教会一个学生认识到成功和失败归根于可控制的因素(如努力、坚持),而不是内部的稳定的因素(如智力、能力和个性),那么该学生的个体无助感就会改变。

习得性无助的理论已经引起关心教育环境中儿童动机问题性质的研究者的广泛重视;同时也引起了对无助感兴趣的人的广泛重视,这些人认为无助可能与成人和儿童的抑郁有关。对动机的有关研究已经表明,动机的缺乏可能是习得性无助发作的结果,而且,一些儿童比另一些儿童更能忍受无助感。德韦克·卡罗尔和她的助手(1986)做了大量工作,将习得性无助理论广泛运用于教育环境中。

教师能够影响儿童追求什么样的教育目标以及儿童怎样试图达到目标。德韦克和其他人都已经证明了儿童具有"能力递增观"或"能力实体观"。具有能力递增观的儿童相信能力是能够通过努力和练习得到改进的。而能力实体观的儿童坚持认为能力有高度稳定的特性,不受努力或练习的影响。在一份文献综述中(米勒和德韦克,1998),研究者根据实体因素(智力,

“你很聪明”)或递增因素(努力,“你工作努力”)表扬了五年级学生的任务表现。智力得到表扬的学生完成任务时倾向于把看起来较好作为目标。当他们失败的时候,他们倾向于放弃努力,把失败归因于智力不好。因努力而得到赞扬的学生寻求去解决一些像学习挑战之类的问题。并在他们失败后继续寻找更多的问题。他们把失败归因于努力程度不够,而不是能力的缺乏。确实,其他研究都相继证明了对努力的表扬和对能力的表扬对儿童有不同的影响,即使儿童们具有相同的实际能力水平。这就给我们一个启示,教师应该重视个体知识,提高个体能力,而非只是高目标和高分数。认为失败根源于内部、稳定因素的习得性无助儿童将会逃避竞争情形,变得情绪低落,而缺乏坚持性。

习得性无助理论的影响在教育中很好地体现出来了,同样也与其他环境相关。家长应该采取权威性家长方式,表扬孩子的成功,但更应重视孩子所作的努力。即使孩子失败了,也应重视孩子所作的努力。习得性无助同样也适用于抑郁症和其他精神问题的临床研究。未来的研究将扩展习得性无助理论运用的领域。目前的研究对于通过改变成功和失败的归因来改变动机行为是持有乐观态度的。

参见 焦虑障碍;对残疾人的态度;归因训练;抑郁症;压力

LEARNER TAXONOMIES
学习者分类

分类是为了某种特定目的而对信息进行分类的组织结构。学习者分类这个词是指根据个体特点对个体进行分类,而这些个体特点被认为对学习过程具有重要意义。特殊教育领域中有多种学习者分类;事实上,当前的学习者分类(如学习困难)就说明了当初在这方面的努力,尽管这些努力是无效的。

发展有用的学习分类的努力暗含着几个假设。下述就是其中的几个:个体必须被视为在与学习密切相关的个体因素范围内不断变化。如果个体没有表现出明显的个体差异,那么学习者分类的需要也就不存在。第二个假设要求假设结构中的明显的个体差异是可以测量的。但这些测量的信度和效度历来都存在着困难。而这些困难必须在实践中解决掉。第三个前提假设教育者有能力操作分类程序。也就是说,学习者分类必须语用上以可测量的有效方式改变教育课程。如果分类不能有效地指导教育课程,那么它指导活动的目的就令人怀疑。这也暗含着其他假设。但是,先前的假设也确立了此方法在教育领域中使用时的重要限制。

就目前而言,许多分类与认知领域相关;而且在考虑到一些很特殊的方面时是有限的,在大部分都基于未经证实的理论模型这个意义上说是启发式的。但是也有一些例外。由科拉特霍尔、布鲁姆和马里亚于1964年建立的被广泛运用着的分类是与情感领域相关的。由布鲁姆于1956年建立的分类关注的是认知行为和学习结果的广泛领域。试图通过测验(如韦克斯勒量表)内部分析来合格化儿童的表现可以被认为是一种归纳的过程,而不是分类发展的更为典型的推论过程。也就是说,后者试图根据行为建立一个模型而不是根据模型来推测行为。

尽管存在很多差异,但所有的学习者分类事实上都在试图解释学习行为和促进教育个别化课程的发展。这可以视作与强调学习过程的相对近似之处的行为模式相对的接受学习者分类概念并且认同认知、学习类型等相关概念的教育者有一个任务,即选择最适合的模型。全面的模型还不存在。目前可运用的模型提供的建议仍存在争议。因为这个原因以及其他原因,学习者分类在实际应用中比该理论表面上具备的不足还要多。

参见 让·皮亚杰;分类系统

LEARNING DISABILITIES
学习障碍

根据州教育厅经常使用的用于指导适当服务的定义,特殊学习障碍指那些在一种或多种与理解和使用语言(说或写)有关的基本心理过程存在障碍的儿童,障碍可能表现为听力、思维、阅读、写作、拼写或进行数学计算方面的能力不完善。这些障碍包括以下情况:知觉障碍、脑损伤、轻微脑功能失调、诵读困难和发展性失语症。这一术语不包括由于视觉、听觉或运动障碍、智力落后、情绪障碍或环境、文化和经济上的劣势引起学习问题的学生(联邦注册处,1977)。

学习障碍全国理事会的概念化强调了学习障碍这一情形的异质性、内在性和假定的神经学基础(麦克洛克林和内提克,1983)。学习障碍儿童和成人协会(简称ACALD)还增加了以下内容,即学习障碍可能延伸到成年以后,而且还包括了社交技能方面的障碍(ACALD,1985)。学龄儿童学习障碍的发生率在保守估计的3% –5%达10%。

教育评估是一个收集相关教育资料的系统过程,为特殊教育服务提供法律和指导决议(麦克洛克林和刘易斯,1986)。评估得到的数据被用于回答如下问题:"哪些属于学校中出现的学习问题?""这些学习问题是否和特殊学习障碍有关?""学生有哪些需要?"等等。此外,评估结果也能为制订个别化教育计划提供依据。选择和使用合适的评估程序应遵守《残疾人教育法案》(IDEA)的原则,并根据实际情况具体对待。特别需要说明的是,评估应该由小组合作进行(包括学生家长),该小组应该本质上是全面的,对特殊情况和其他特殊儿童不能抱有偏见和歧视,且必须遵守适当的操作程序。评估工作可以利用一些个别标准化测验和非正式评估程序,这些评估涉及智力和适应性行为、特殊学习障碍、课堂行为、社会—情绪发展、阅读、算术、口语和书面语、职业需要等方面。非正式评估包括了观察、工作样本分析、任务分析、非正式教师量表、标准参照测验、诊断性教学、检核表、评定量表、访谈和问卷。

对上述状况的评估争议最大的就是操作过程中对区分学习障碍者的能力和实际成就之间显著差异的检测水平不足。早期量化这种差异的方法遭到了批评,这些方法包括年级水平离差法以及各种基于年龄、年级、智龄水平等的期望公式法(麦克洛克林和刘易斯,1986)。标准分和回归分析的应用得到了普遍关注(科恩和威尔逊,1981;雷诺兹,1984)。尽管遭到该领域许多人的误解,但雷诺兹提出的操作程序(1984)仍是众多模式中最合理的(例如卡特莱特、沃德 1995)。除此之外,由于普遍认为对视觉、听觉和其他信息加工过程测验的信度、效度是可疑的,使得对这些关键领域的评估变得困难并依赖于非正式评估(伊塞尔代克,1985)。因此,目前评估大量重点主要放在对认知和学习策略的测量上。其他诊断专家也常参与评估,包括言语—语言—听力临床医生和咨询师,但是,全面的神经学检查还是很少见。

学习障碍学龄儿童可以接受多种方式的服务。根据 IDEA 的规定,他们应该尽可能地接受与他们年龄相当的同伴同样多的指导,而且不能在没有必要时将他们隔离开。合适的安置基于学生的需要,由专家和家长组成的小组共同决定。大多数学生被安排部分时间在普通班,他们的老师也相应接受专业咨询师的专业支持。只要具备设计详尽的合作学习活动(史密斯、约翰逊,1982)、适当的指导、适合的学习场所、行为管理计划(德默斯,1981)和其他调整措施,这样的安置就是可行的。

一般来说,学生是由巡回教师在固定时间直接进行指导或每天抽出部分时间接受常驻资源教室教师的指导。重度障碍儿童(以及那些刚开始矫治计划的儿童)则被安置在全日制特殊班进行一些有利于回归主流的活动,或被安置在某种特殊的白天制或住校制机构里。由于教师培训、课程、指导程序、学生构成、所采用的研究设计等方面都存在着差异,所以两种安置方法功效的比较结果并不清晰。把学习障碍儿童和其他类型儿童(例如,轻度智力落后或行为失调)安排在同一个班级已变得越来越普遍,这种做法基于这样的假设即其指导目标和方法学是相似的。但家长团体和其他组织并不完全赞成这种对严格地分类了的服务的修正办法。此外,一部分人也对这种服务的美中不足给予了关注,使得这些曾经是支持性的服务被中断了(伊托,1980)。

学习障碍者的家庭会对他们产生很强烈的影响。反之,当家庭越来越完全接受有学习障碍的成员,可能会经历压力和其他情绪体验(麦克洛克林,1985)。家长被要求完全参与到矫治计划的各个方面。学习障碍儿童和成人协会是一个主要的支持家长的组织。其他还有很多针对专业人士的团体,包括学习障碍全国理事会和特殊儿童理事会的一个部门。教师必须在公认的大学接受适当的培训才能获得指导学习障碍儿童的资格;一些州还有教师资格考试和实习要求。

参见 变态反应;大脑损伤;直接教学;费因格尔德饮食疗法;学习功能缺失;学习评估;严重差异分析

LEARNING DISABILITIES ASSOCIATION(LDA)
学习障碍协会(LDA)

学习障碍协会,前身为学习障碍儿童和成人协会,是学习障碍儿童的家长于 1964 年成立的一个非营利性组织。它是一个全国性的志愿者组织,成员包括学习障碍者、他们的家庭成员和专业人士。该协会旨在提高和改善那些拥有正常智力或潜在正常智力、但在知觉、概念或协调上存在学习障碍的儿童和成人的教育和福利状况。以此为目标,协会通过倡导、研究、服务和合作努力等办法积极寻求提升学习障碍个体和家庭成员的生活质量,减少限制效应,并支持为判断障碍原因所作的努力。

此外,协会还努力地教育残疾个体认识学习障碍的本质,告知他们应享有的权利。而且,他们还与国家教育部和州教育局一起,通过有组织的倡议来改进面向他们的普通教育和特殊教育;协会也不断提升普通教育和特殊教育教师的师资培训和教育。通过直接与学校合作,协会帮助制订和实施干预指导计划,以提供早期鉴定结果和改善了的支持性服务的质量;并在各全国性总部广泛协调资源,从而帮助教育者解决有关

L

学习障碍各个方面的问题。

目前,该协会已拥有包括首都华盛顿、全国50个州以及波多黎各的600家分会,5万多名会员。学习障碍协会已成为世界上最大的专门服务于学习障碍者的非营利性志愿组织,他们倡导为200万有学习障碍的在校学生和成人做出不懈努力。

LEARNING DISABILITIES, PROBLEM IN DEFINITION OF
学习障碍定义中的问题

有五个原因解释了为何教育者在鉴定特殊学习障碍儿童时存在困难。首先,许多人也和学习障碍者一样存在相似的学习问题。这就容易使学习障碍群体的目标人群变得模糊不清。第二,没有一种单一的可观察的特征或行为症状来体现学习障碍儿童的典型表征,因为这类儿童常常存在多种不同的行为症状。第三,每一个儿童有他(或她)自己独特的学习方式。行为症状取决于障碍类型、严重程度、儿童原本的能力以及儿童尝试解决问题的方式。第四,特殊学习障碍的一些行为症状也可能和视觉或听觉损伤、智力落后、情感困扰、社交性情感障碍、健康问题、文化差异、家庭问题或不良教导有关。第五,当一个儿童是多重障碍,并且存在除了特殊学习障碍以外的其他方面的问题的话,学习障碍的问题就可能会被忽视,因为人们的注意容易被更明显的健康问题、视听问题等所吸引。更轻微的学习障碍可能根本就未被发现。

学习障碍作为一种障碍类型被认识是近些年来的事。这个术语于1963年开始流行。最初来自几个脑损伤和重度障碍儿童的父母组织的代表在芝加哥聚会,讨论彼此间的问题和成立一个全国性的组织。这个概念接着逐渐扩大,把许多不符合其他障碍分类标准但在学习技能的习得上确实需要帮助的儿童也包括了进来。

1963年以来,许多人开始尝试界定学习障碍,但并没有一种定义被公认。专门研究学习障碍学生的专业人员倾向于按照他们各自不同的专业视角来界定学习障碍。因此,不同的定义强调了学习障碍的不同方面,例如,学习障碍是一种中枢神经系统的神经学损伤,是学业失败、视知觉失调、语言紊乱、心理加工功能紊乱、行为问题、学习效率缺损等等。

联邦政府关于学习障碍的定义有助于减少实际应用中大量出现的各种术语和定义,但这个定义也存在着严重的局限,联邦政府在《残疾人教育法案》(IDEA)中对学习障碍作了如下界定:

特殊学习障碍儿童这一术语是指那些在一种或多种与理解和使用语言(说或写)有关的基本心理过程方面存在障碍的儿童,障碍可能表现为听力、思维、口语阅读、写作、拼写或进行数学计算方面的能力不完备。这些障碍包括以下情况:知觉障碍、脑损伤、轻微脑功能失调、诵读困难和发展性失语症。这一术语不包括主要由视觉、听觉或运动障碍、智力落后、情绪障碍或环境、文化或经济上的劣势引起学习问题的儿童。

48个州和哥伦比亚特区都给出了学习障碍的定义。另外两个没有给出学习障碍的具体定义的州则采用不分类计划对他们进行帮助。大多数州和哥伦比亚特区都一字不差地使用了联邦政府的定义。对比联邦政府的定义和一些经修改的定义和各州对其的原始定义,可以看到学习障碍的定义可能包含了如下五个要素:①学业失败;②心理过程;③具有排他性;④巨大差异;⑤病因学上的原因(查尔方特和派什,1984)。

上面所说的排他性要素指的是那些导致学习问题的障碍情形而不是学习障碍本身,包括智力落后、视觉损伤、听力损伤、社交性情感障碍、不良教育指导、文化和环境不利以及心理问题。

学生的学业问题必须经过诊断评估,从而断定困难到底是由于学习障碍本身引起还是由于其他障碍引起。要符合特殊教育服务的条件,学习障碍学生的主要问题必须是"特殊学习障碍"。因此,排除所有其他有可能引起相似问题的因素是十分必要的。

然而,理解学习障碍和其他问题可能会同时发生也很重要。例如,一个视觉损伤的儿童,有可能在处理听觉或触觉信息时存在困难;一个听力损伤的儿童有可能在加工视觉信息时有困难。多重障碍的儿童应该接受多种服务,因为每种障碍所需要的特殊服务的类型和程度都不同。

排除障碍的特殊标准在各州之间都有所不同。尽管判断视觉和听觉损伤、智力落后、运动缺陷和健康状况不佳的标准在指导原则中很明确,但判断学习迟缓、社交性情感障碍、文化环境及经济状况不利的标准却并不是很清楚。由于标准不明晰且各州之间不统一,导致学习障碍儿童被不适当地包括在特殊服务以内或排除在外,进一步使对这一类特殊群体的界定变得模糊不清。

尽管有44个州在特殊学习障碍的定义中融入了病因学的观点,但病因学作为支持学习障碍界定的标准作用还是微乎其微。大多数州的指导原则中都提及了需要审查学生的生长发育经历和疾病信息,因为这些和学生日常功能有关。在学习障碍学生身上经常发现的病因学因素如下：

脑损伤和神经问题史；运动协调问题；言语和语言发育迟缓；情感和社交发展不成熟；多动或少动；频频生病或旷课；早期做过外科手术。婴幼儿时期表现出的一些早期症状，例如哺乳或睡眠问题、易怒、经常哭喊、产前或产程困难、出生低体重或者早产。

医生掌握着关于儿童生理学和医学方面的数据资料。然而，教育工作者还是能通过和父母的交谈、通过审查儿童的发展史、通过鉴定各种可能引起学习障碍的因素来获得重要的信息。与医学专业人士的合作可以将学生的在校行为表现和可能引起学习障碍的病因学因素联系起来。这些信息也许对教师认识学习障碍没有什么作用，却有助于多学科合作小组区分哪些儿童是学习障碍儿童(查尔方特和派什，1984)。

特殊学习障碍学生的一个特征就是学业成就和智力潜能之间的差异非常明显。但是仅仅发现成就和潜能之间的差异并不能对学生做出学习障碍的断定，因为这种差异同样存在于以下情况的学生中：频繁缺课；频繁的搬家；对学校持消极态度；缺乏动机；家庭存在家庭问题；任何种类的教育中断等等。存在这些问题的学生也需要帮助。但他们的基本需要和学习障碍学生的基本需要不同。这些需要可以在正常班级或通过普通教育中一些可替代的计划得到满足。

回归模型用于衡量成就和潜能之间的差异。这些方法将正常群体的回归现象也考虑在内。该理论基于如下假设，即回归公式平衡了过高估计 IQ 值在 100 以上的儿童以及过低估计 IQ 值在 100 以下的儿童(这和期望公式正好相反)。此外，强调了回归分析的标准分程序在统计学上更适合量化成就与潜能之间的差异。

以下是关于回归分析的一些主要观点：

(1)回归分析是用于进行总的行为测量的一种复杂精确的技术(勒纳，1984)；

(2)回归分析作为一种量化离差的方法存在自身的不足，因为目前所用到的各种智力测验效度较低，且达不到可接受的心理测量标准(谢泼德，1980；萨尔维亚和伊塞尔代克，1981)；

(3)专业统计学家和心理测量专家之间关于回归的统计学起源、概念理解和理论假设之间存在很多分歧。因此，很多管理人员、特殊教育人员、教师和家长对回归分析的程序和结果不懂、不会解释、不会使用，也就不足为奇了。

(4)无法解释学生在校学习的年数；

(5)虽然回归分析并不会对特定的严重程度的适当性做出假设，但随机选择严重程度依然是一个随机的决定；

(6)教师在使用这种方法上还存在准备不足；

(7)很难决定何时中断特殊服务。

回归分析的倡导者可能会反对上述这些观点(雷诺兹，1984)。在他们看来，回归的方法并不是多么精确、精巧的技术，它只是实际测量数据的量化反映而已。而且，无法解释学生在校学习年数不应该在公式中予以强调说明。留级是合法的正常的教育干预方法，学习障碍学生不应该对其没接触到足够的学习材料负责。

学业成就与潜能之间存在的严重差异并不足以作为判断学习障碍的标准。雷诺兹(1984)指出，差异仅仅只说明了一种统计学信息，并且这种信息必须以一种以上的包含 IQ 的公式的计算结果为基础。任何分数的教育意义都要视为独立于差异原型。

对个体智力测验结果进行分析，可以决定一个学生是不是有学习障碍。个体智力测验包含了语言和非语言加工功能的很多方面，提供了总体能力的测量。对分测验分数进行综合分析和编组，可以更加清楚地说明个体认知强度并提供对总体能力的测量。

测验中也常会列出用来测量心理加工过程的一些特殊能力测验。这些测验针对不同的特殊领域，像语言功能、听觉区分、听觉加工、肌肉运动知觉加工、视觉加工以及视动整合。特殊能力测验存在的部分问题是，它们和特殊学习或与学习有关的任务(除了听力测验、理解测验和语言测验)没有联系，所以，很多教育工作者不知道如何将特殊能力测验结果和学生每天的学业完成情况以及教室里的表现联系起来。对于年幼儿童来说，通过观察他们在学校和家里的表现而得到的发育水平结果更可信。轶事记录和评定量表也会有所帮助。

参见 *萨缪尔·科克；学习障碍；回归(统计学习)；严重差异分析*

LEARNING DISABILITIES, SEVERE DISCREPANCY ANALYSIS IN

学习障碍中的严重差异分析

多年以来，对学习障碍的诊断和评估一直是专家、学者和通俗文献资料中不停争论的主题，尤其是在 94－142 公法通过以后。94－142 公法和它的后续法案——《残疾人教育法案》(IDEA)的日常实施反映了对学习障碍的定义缺乏一致意见的事实。由于缺少大家普遍认可的定义，许多学区在决定谁有条件享有特殊教育服务上遇到了困难。无论是对学习障碍儿童

(LD)的低估还是高估都会产生严重的问题。对本身是学习障碍的儿童评价不足会剥夺他们本应享有的特殊教育服务的资格;而对本来没有障碍的儿童做出评定会导致不合适的安置,进而造成对全体人员宝贵时间的浪费,增加了执行特殊教育计划的费用(查尔方特,1984),也因此耗费了其他计划和学生的资源;如果再严重的话,还会动摇整个 LD 计划。对学习障碍诊断错误是在所难免的,但是错误量应尽可能地减少,同时还应确保让尽可能多的学习障碍儿童享受到他们有权享有的特殊服务。

有两大类因素可以决定谁是学习障碍儿童:①普遍流行的学习障碍的定义以及②这个定义如何在日常基础上得到应用。94－142 公法的实施原则和规则为所有接受联邦特殊教育计划基金的州提供了学习障碍的可操作定义,这个定义在《残疾人教育法案》中被继续保持。根据这个定义,诊断结果基于:①有被提供适当的教育经历时,儿童是否有取得与他的年龄和能力相当的成绩;②儿童是否在有关沟通技能和数学能力的一到七个领域存在严重的学业成就与智力能力差异。

这些概念被合格的评估小组成员在个案研究的基础上解释。小组必须判断差异不是由以下原因直接导致的结果:①视觉、听觉和运动缺陷;②智力落后;③情绪障碍;④处于环境、文化或经济不利境况。

该定义虽然给许多州一定程度上的指导,但总的来说,学习障碍领域还是认为这个定义是模糊的、主观的,并且在诊断时必须排除多种情况。各州对联邦政府的定义在操作上各有不同,因而产生很大的混淆,和对哪些儿童应该接受特殊教育服务的问题上存在意见分歧。实际上,学习障碍可能性的诊断结果很可能随儿童所居住的州的职责等五种因素的变化而变化。

查尔方特对比了全美各州教育机构的定义并确定了五个在各州之间都看来相当一致的要素。第一个是成就失败,或者更确切地说,应该是学业成就失败。这代表了缺乏对学校学习的主要领域之一的适当水平的学术成就。该问题有时被认为与年级安置不当有关,有的则被认为与获取成就所需的智力潜能不足有关。第二个要素,即心理过程障碍,是指存在对学校学习而言必需的一项或多项基本心理加工过程存在障碍。尽管从未在定义中列出,但这些过程无疑包括了注意力、理解和使用口头语和书面语的能力、概念化以及普遍意义上的所有类型的信息加工过程。

排他性标准要求那些可观察到的症状不是由其他因素如感官障碍、智力落后、情绪障碍,或教育/经济及其他不利因素引起。病原学可能是所有因素中定义最差的,它典型地反映出了对学生的医学和发育史进行评估以断定那些有可能引发学习障碍的因素的必要性。这些因素包括脑外伤或本质上属于神经问题的疾病史、运动协调问题、多动、整体水平不成熟、言语和语言发育迟缓以及产前或生产过程困难。

最后一个要素,即严重差异性,在联邦法规中特指儿童在某种程度上无法获得与自己年龄和能力相当的成就,从而导致了在学业成就和联邦定义中所列出的七种智力能力中的一种或多种之间的严重差异。需要特别指明的一点是,许多州似乎都忽略了该定义中的"能力"成分。他们仅仅关注相同年龄的所有儿童的平均学业成绩水平,而不管学生的能力。以上的每一条标准在进行学习障碍的诊断时都应该发挥重要的作用,每一条的运作也都需要在定义上和操作上清楚明确。

尽管以上所述五个要素都很重要,但心理过程障碍和严重差异性要素又是其中最显著的。在开始努力改善诊断学习障碍方法的过程中,严重差异标准表现得相当富有成效。因而该标准是全美最广泛使用的标准。与此同时,尽管和学习障碍定义中的其他标准比较起来,严重差异很容易衡量,但全美各地对该标准的应用还是存在很大的地域差异的(雷诺兹,1984)。

针对哪些因素构成了严重差异,联邦工作组就学习障碍的关键测量问题推荐了一套程序,该模式似乎受到了测量专家的偏爱和推崇(例如,威尔逊和雷诺兹,1984)。

1. 对严重差异的客观决定

尽管已有大量证据证明统计学或精算的方法和医学诊断的方法具有相同效果——有时甚至更好——但总的说来,医学诊断在所有的诊断中还是最合适并最受推崇的方法(米尔,1954;威金斯,1981)。然而,人本身应保持作决定的核心角色。但是,医学诊断也需尽可能地接受统计标准的指导。大多数州都要求出示学习障碍诊断的严重差异结果,但是非常有必要指出的是,判断严重差异情况并不构成学习障碍诊断的全部;它仅仅是确认学习障碍最基本症状的存在。也就是说,严重差异是确诊学习障碍的必要但非充分条件。

对特殊儿童来说,为了判断他们确实存在学习和潜能这两种测验分数的严重差异,必须具备以下两个条件。第一,单凭两项测验结果得出的差异必须有足够的可信度,即它是真实的而且不是由于计算或测量结果错误而得出的;第二,这种差异需足够大以便能同其他非学习障碍儿童区分开。

只要是涉及年级或年龄当量的公式(例如残疾人教育局最早为联邦规定的适合于学习障碍诊断和安置的那些公式)会由于不充分和误导性而被马上拒绝。有很多理由可以对此做出解释,简言之,年级或年龄当量用于作离差分析时不具备充足的算术值特征(安古夫,1971;雷诺兹,1981、1984;桑代克和哈根,1977)。本质上,不能对年级或年龄当量进行加减乘除运算。此外,年级当量还存在其他问题,包括容易被曲解、与课程计分不相关(尽管表面上看似乎是直接相关),以及普遍的不准确性。只有标准分数才真正有潜力回答严重差异性问题。以下几段对于学习障碍测量值计算方法的描述,都采用了标准分或量表分的形式,其中大部分都是年龄修正离差分,例如目前普遍使用的韦氏量表、考夫曼儿童成套评价测验,以及斯坦福—比奈智力量表第四版。

2. 差异的信度

正如上面提到的那样,能力和成就之间分数的差异应该足够大,应有高水平的信度($p<.05$),从而足以表明这种差异不是由于偶然或测量上的误差造成的。这需要对假设进行推论性的数据测验,这个假设是:被讨论的儿童的能力和成就得分是一致的。佩恩和琼斯(1957)最早引入了这种测验,用于解释个体的智力测验。他们提供了计算上的更加复杂的方法包括两个测验各自的效度和两种测量方法之间的相关性(萨尔维亚和伊塞尔代克,1981)。但呈现出来的简单的计算公式是复杂公式的代数式(雷诺兹,1984;齐默曼和威廉姆斯,1982),当用 Z 分数表示两个已测分数的差值(X_1-Y_1)时测试就可以用如下公式(1)来体现:

$$z=\frac{X_i-Y_i}{\sqrt{z-r_{xx}-r_{yy}}} \qquad (1)$$

不必被这样的公式所吓倒,它计算起来很简单,只需要高中初期的代数知识即可。在公式(1)中,X_i 和 Y_i 代表这个儿童的得分,能力测验分为 X_i,成就测验分为 Y_i;r_{xx} 和 r_{xy} 代表各自测验的内部一致性信度的估值。这些信度估值应该以每个测验的标准样本的反映为基础,并且所评估的儿童的年龄要适当,这些常会在评估手册中提到。测验数据是 z 分数,z 分数是一个正态曲线上的分数。对于 $p=0.05$ 的单侧检验,关键值是 $z=1.65$,如果 $z>1.65$,那么可以充分地认为,这种差异不是由于这两个检验中固有的误差造成的。尽管在 0.05 水平上的单侧检验对评估有学习障碍可能性的儿童相当合适,但是双侧检验或更高水平的信度(如 $p=0.01$)能够为可以观察到的差异提供更加严谨的测量方法。对于 $p=0.05$ 的双侧检验,关键值是 $z=1.96$,所有其他的重要数值可能取决于正态分布曲线的任何一个数值表格。

信度建立以后,必须评估差异分数的发生频率。下面的讨论很清楚地表明,任何差异在满足频率推荐标准的同时,也必须满足信度标准。

3. 差异的频度

评估一个差异分数的频度,首先需要确定所评估的差异分数是什么类型(如,预期与获得成绩分数之间的累积的差异,评估的真实分数和累积的真实分数之间的差异,真实分数的差异)。在一定程度上,这种决定依赖于人们如何解释 94 - 142 公法中学习障碍的定义。

为了使人们相信差异是显著的,必须确定下面两个问题。

(1)这个儿童在成绩测验上的得分与所有其他有相同智商的儿童的平均成绩得分之间有显著差异吗?

(2)测得的这个儿童的成绩水平与他的智力能力水平之间有显著差异吗?

这两个问题都涉及在测验表现中个体内部的变量(与纯粹的个体间参照标准对比值的对立)。在第二个问题的情况下,这是显而易见的,但是对于第一个问题,这可能并不如此明显。第一个问题涉及个体内部的对比,因为所有其他有相同智商的儿童的平均成绩水平的确定是以被讨论的儿童个体所获得的智商为基础的。尽管这两个问题很明显是同一个体内部的不同模式,但是回答这些问题的数学模式有很大的区别。

为了评估学习障碍儿童,前一个问题显然是最为迫切的一个问题,也与《残疾人教育法案》(IDEA)的意图最为一致,因为我们想要定义的天资或能力是学业领域的天资或能力(雷诺兹,1984)。在计算方面,评估第二个问题更为简单,可以参照考夫曼(1979)或者雷诺兹和古特金(1981)推荐的在韦克斯勒量表上评估口语表现智商差异的方法。然而,这只是没有包含指向性时的案例,就像在分散测试中的评估一样。这当然不和诊断学习障碍时一样,诊断学习障碍时,我们非常感兴趣的个案是他们的天资超过了成就。这样,像最近由堪萨斯州学习障碍研究所颁布的林的真实差异分数的回归分析模式一样,不解释天资和成就之间的回归是错误的(见雷诺兹对这种模式的观点和它存在的问题所做的评论,1984)。当指向性是已知的或假设的,对第二个问题的适当评估仍然是未知的。

评估第一个问题需要一个回归模型(是一种数学模型,解释智商和成就之间不完美的关系)。一旦评估出回归的效果,所讨论的儿童与所有其他有相同智商的儿童之间的学业表现的差异的发生频率就确定了。正确的模式说明天资(X)和成就(Y)之间的显著差异是存在的,假设两个测验是以公制测量的,

$$\hat{Y}-Y_i \geqslant SD_y\sqrt{1-r_{xy}^2} \qquad (2)$$

这里 Y_i 是儿童的成绩分数,X_i 是儿童的天资分数,$\hat{Y}$是所有智商等于 X_i 的儿童的成就分数的平均值,SD_y 是 Y(儿童成绩分数)的标准差,z_a 是标准曲线上的点,与标注为"显著"所需的相对频率相对应,r_{xy}^2是天资成绩测验分数之间相关值的平方。

很有必要运用$\hat{Y}-Y_i$ 作为差异分数,因为智商和成绩并不完美地关联。例如,如果智商和成绩测验有相同的均值和标准差($\bar{X}=100$;$SD=15$),并且它们之间的相关系数是0.60,那么所有智商为80的儿童的平均成绩分数是88,所有智商为120的儿童的平均成绩分数是112。这就需要比较被讨论的儿童的成绩和所有拥有相同智商的儿童的成绩。$SD_y\sqrt{1-r_{xy}^2}$是$\hat{Y}-Y_i$ 分布的标准差。因为这个分布是常态的,所以我们能够估计任何一个给出的差异($\hat{Y}-Y_i$)的发生率,这个差异与正态曲线上的"显著"点相对应。下一步,必须为 z_a 赋值,它自身是一个有争议的问题(雷诺兹,1986)。

4. 为差异模式中的 z_a 赋值

为 z_a 赋值没有严格的实践标准和研究方法,因为在学习障碍的定义上不一致。具体地说,我们没有一个定义能够允许产生一个真实的、全世界都接受的对归入学习障碍范围的失调人群的普遍评价。使这个问题更加复杂化的是:冒过度识别的危险(希望几乎所有的学习障碍儿童都能接受服务)还是冒识别不足的危险(为了避免把没有学习障碍的儿童识别为学习障碍)更好?这个问题在学习障碍的团体中还没有一致意见。把第二种观点推向极端,合适的程序将识别不出几个学习障碍儿童,因为这种障碍的人口比例非常小。关于不同诊断错误的相对合意度的一致意见,结合有效的流行度估计,将在 z_a 的推荐赋值上提供相当的指导。没有这些指导,人们只能依靠推理、数据和传统的标准。

据论证,在被认为显著之前,差异应该相对不频繁地出现在正在被考虑的正常人口的个体中。当然了,"相对不频繁"和"显著性差异"是同样没有定论的。心理学中的惯例和推理论证,特别是在智力落后领域,将重度定义为低于考虑范围中的分布平均值的两个标准差。关于智力落后的诊断,得分低于智力量表平均值两个标准差被定义为有重度智力问题,这是用于诊断的多个标准之一。诸如智力低下或认知不足或低端极限等的量化的描述是用来指代处于分布曲线平均值以下的常见词汇。在曲线的相反的一端,大部分天才的概念是指智商值在高于平均值两个或两个标准差以上的范围内,用于描述的词汇有非常优等的、资赋远远超过普通人的人。这种实践获得了普遍的认可。

在推论统计学上,0.05的信度水平是判断某一假设可能被拒绝的一致被接受的标准。0.05大致符合评估的差异的两个标准误差(对于双侧检验而言),或测验数据平均分布的两个标准差(如,z,t,F)。因此,与自然科学相同,在社会科学中也有大量的先例把两个标准差的差异作为显著性的标准。信度水平为0.05时,z=1.96,这个值相当接近2.00,可以支持使用2.00。实际值1.96主要用于避免更多的小数水平,因为这暗示无根据的精确度。$z_a=2.00$ 这个值被推荐用来确定差异分数是否显著,尽管这个值需要进一步的证明。

由于不管其定义为 $\hat{Y}-Y_i$ 或其他的值,差异分数都不是完全可信的,人们在定义显著性差异时就必须考虑这种不可靠性。如果一个人认为保守识别比过度识别有更大的风险,那么将有一个合理的解决方法。否则就如已提到的那样,应该通过不把任何正常儿童识别为学习障碍来使整体的误差最小化。由于用多种方法来解释差异分数的潜在的不可靠性是可能的,信度差的概念就既是通用的又是可用的。采用单侧检验中传统的0.05的信度水平,经修正的不可靠性的 z_a 的值可以定义为 $z_a-1.65$SE(例如,z_a 减去单侧检验的信度差值0.05乘以相关差异分数的标准误差得出的z值)。在此,单侧值非常合适,因为我们先前必须决定要保护哪一方;两方不能同时得到保护,在这些假设下,可以在此情况下认为差异是显著的,用2代替 z_a

$$\hat{Y}-Y_i \geqslant (2SD_y\sqrt{1-r_{xy}^2})-1.65SE_{\hat{Y}-Y_i} \qquad (3)$$

$Y-Y_i$的标准误差的计算在雷诺兹(1984)的书中有给出。它的使用明显是可选择的,尽管对过程中的误差进行解释看起来是可取的。注意到这一点很重要,即这不是等式(1)评估中测量误差的种类。这个计算允许我们识别比真的是学习障碍儿童更多的儿童;另一方面,该计算能解释在此过程中也许会阻碍真实的学习障碍儿童的识别的可能的错误之处。正如以前呈现的那样,最为流行的学习障碍定义的其他四个部分可能会被评估,以便对关于一个儿童是否有权和是否需要接受学习障碍者提供的服务做出最终的判断。

概述的程序能够使学习障碍诊断中的显著性差异客观化。我们可能认为,关于学习障碍的诊断,"当我

们看到一个时我们才认识一个”，但是如果没有“显著性差异”，我们很可能做错，数据的指导对帮助人们做出判断是很有必要的。

概述的过程为客观地确定显著性差异提供了指导。雷诺兹和斯托（1985）设计的计算机程序将能够处理所有用到的测验分析。但是，数学的处理并不能够改变原始数据的性质，把这一点铭记在心是十分重要的。

5. 输入数据的质量

做差异评估时，测验数据输入的质量至关重要。缺乏心理测量学特征的测验可能会误导或者不能够测量显著性差异。以下标准提供了选择用于评估潜在严重差异的测验的指导原则。尽管人们在挑选测验种类的时候不可能符合所有这些标准，然而能符合得越多越好。当然，施测者，即收集数据资料的人的特点也同样重要，甚至可能更为重要。

测验必须满足《残疾人教育法案》的实施规则中关于评估工具的规定要求。这不仅仅是法律的要求，也与高水平的专业实践相一致。例如，按照测验编制者制定的规则来实施测验是正确解释测验得分的必要条件。如果一个标准化测验没有按照规定的指导语明确施测，就会引入大量无法估计的错误，参照常模得到的分数也会无法解释。因此，给有教育问题的学生作评估的所有人员都必须精通《残疾人教育法案》的要求并严格遵守这些标准。

规范化的数据应该符合同时期的实践标准，而且也要为对全国范围内儿童进行足够大面积的分层随机抽样提供资料。实际上，这条标准几乎不可能在各个方面都得到满足，然而尽可能接近标准仍然十分重要，因为为了达到比较的目的而进行样本标准化对建立不同表现水平的常模是非常重要的。应该知道，施测对象正确回答出成就测验 60% 的问题以及正确回答了智力测验 75% 的题目几乎不能传达什么有意义的信息。他会在哪个测验上得到的分数更高？如果不了解特定的参照组在这些测验中的表现如何，是不可能回答出这个问题的。

测验的原始分，例如答对的题目数或者正确的百分比，只有与规范组或参照组作对比时才有意义。恰当的参照群体一旦确定，这个组的所有随机抽取样本就要尽可能地被按照同样的程序接受测验、计分、计时等等。这个组就被称为标准化样本。埃贝尔（1972）和安古夫（1971）都曾经讨论了许多适当发展和使用规范参照组数据的必要条件。

被用于测验分数需要做比较参照的测验的标准化样本应该具有相同的或高度的可比性。在最好的情况下，用于儿童自我比较或与其他人作比较的智能、成就或其他测验应该具有共同的常模，也就是说，这些测验的标准化样本应该十分明确地包含同一类儿童。如果达不到这一点的话，那么至少每一个测验常模的制定应该建立在同一群体样本具有可比性的基础上。量表的标准化过程总的来说应该在同一时期进行，或者同类研究也应该相应完成。尽管各自的样本可以被量化在同一矩阵中，但在不同时期针对不同样本所制定的量表常模一般不会有相同的含义和标准差。而将各自的样本量化在同一矩阵中的做法，使得这两种测验看起来好像在实际中拥有相同的含义和标准差，然而事实并非如此。大量证据证明，同一群体不同时期在智能和成就测验上的一般表现都不同。仅举一个例子，现在一般人做 1949 年版的韦氏智力测验（WISC）的结果接近于 116，而做 1974 年修订版（WISC – R）的结果平均接近 110，尽管这两版量表当时对其规范化样本处理时，常模都为 100。对于学业成就低于其智商的儿童，如果选择使用常模制定于 1984 年的成就测验和常模制定于 1970 年的智力测验，那么应该给他们原本的智力——成就分数差再增加三到四分。有这种结果仅仅是因为选择使用的这两种测验标准化的时间不同。面对极少量具有共同常模的量表，在相近的时间对高度相似的样本施测（或完成类似的研究）是可以被接受的。但拥有共同的常模是首要的，除非样本满足了上面所提到的规范化处理数据的条件。

若要达到诊断的目的，应使用个别化测验。而对于纯筛查性目的的测验（例如，推荐作全面的评估），小组施测可能更为合适，尽管对幼儿来说，个别化筛查更可取（雷诺兹和克拉克 1983）。对所有儿童，尤其是对障碍儿童来说，太多不可控或易被忽视的因素会影响儿童的测验表现。个别化评估中，施测人员更容易发现这样的因素，因为这种方式有利于密切观察儿童。而且，个别化评估更加有助于使用可能需要的特殊适应和测验程序。最后，个别评估允许主试在儿童完成各种学业或智力任务时对其进行仔细的临床观察；而这对恰当评估所有年龄段学习障碍儿童来说是最核心的一点（考夫曼，1979；雷诺兹和克拉克，1983）。一般来说，个别评估为儿童充分表现他们的最佳水平提供了更好的机会，也为制订干预计划提供了更高质量的资料。

在能力倾向测量中，应该使用个别施测的对一般智力能力的测验。这类测验应该制定一个各种智力技能的样本；应该能很好地测量出心理学家所指的“g 因素”,即渗透到所有有关认知任务的一般智力能力。如果能力测验太具体的话,儿童能力某一方面过强或过弱都会严重影响到对儿童正常智能的评估。当然,为障碍儿童评估多种能力对制订矫正和教育计划,以及消除人种偏见都是非常重要的(雷诺兹,1982)。具体的能力测验(例如,班达—格式塔、哥伦比亚智力成熟度量表、皮博迪图片词汇测验—第三版)和记忆力测验(例如,记忆和学习测验)构成优质评估的必要部分,但是它们在估计障碍儿童的一般能力时是不够充分的。

以年龄为基础的标准分应该用于所有的测试,这些测试应该按通用标准进行施测。计算严重差异的公式至少需要间隔数据的应用。当需要对分数进行对比时,应尽量避免使用像年龄或者年级当量这样本质上的序级量表的计分系统。这类分数或许对于纯描述性的目的有用,但是它们不适用于比较个人或小组之间的分数,除非是在特殊或者不经常发生的情况下。年龄或者年级当量的比率分数,例如由传统(MC/MA)×100 的公式得出的智商值也不合适。年级标准分同样不完全合适。《残疾人教育法案》给出的学习障碍标准特别说明了年龄和能力成就间的差异。年龄标准分很好地考虑了年龄的因素。这种分数应该以合适的年龄间距给出年龄修正值。为了得出标准分,在进行年龄分组的时候,2~6 个月是合理的间距。无论如何,对 6 岁以下儿童进行分组时决不能超过 6 个月,对 6 岁以上儿童进行分组时也不能超过 12 个月。

L

尽管年龄和年级当量自身存在严重的心理测量学缺陷并有误导倾向,但它们目前仍非常受欢迎。在大多数涉及诊断的情况下,年级当量都被滥用了。因为它们被认为拥有量表分数的特征,而实际上它们仅代表了一种测量的序级量表。当分数离散在年级之间不断改变的时候,年级当量忽视了分数离散的意义。无论何时,年级当量都不足以成为标准分。年级当量的计算很简单。当给一组儿童做测验的时候,每个年级水平上都会得出一个平均原始分,这个平均原始分就叫做原始分在这个量级上的年级当量分。如果第四级的初始阅读测验平均原始分为 37 分,那么任何人只要在这个测验上得到 37 分,都被认为达到年级当量 4.0 分。如果第五级的平均原始分是 38,那么得到 38 分将意味着达到了 5.0 级水平。37 分的原始分可能代表的年级当量为 3.8,38 可能是 4.0 级,39 则可能是 5.0 级。因此,关于由原始分持续变化而得到的年级当量的差异量与年级之间的真正差异并不保持一致。

被应用的测量工具应该显示出较高的信度,而信度应在测验附带的技术指导手册中明确给出。各种差异公式所使用的具体分数,其内在一致性信度系数应该不低于 .80,最好能达到 .90 或者更高。alpha 系数是估计信度值的一种好方法。在测验标准化样本时,每一级的 alpha 系数都应该给出,相邻级别的间距不应超过 1 年。人们已经认识到 alpha 系数并非适用于所有测验。测验编制人员和出版者应该按惯例在适当的地方使用 alpha 系数,同时还应该提供能恰当揭示测验性质的其他信度估计值。当没有报告 alpha 系数时应给予解释。内在一致性信度系数(例如,alpha 系数)通常是智力测验和成就测验最恰当的信度估计值。之所以这样,是因为它能最好地确定测验分数的准确性(农纳利,1981)。

效度系数 r_{xy},代表了能力和成绩测量结果之间的关系,应建立在合适样本的基础上。样本量应足够大,而且是在正常儿童中分层随机抽取的。大样本量对于将 r_{xy} 中的抽样误差降到绝对最低十分必要。因为 r_{xy} 的变化将会影响到严重差异值的计算,也会最大程度上影响到分数分布曲线两端的分数差异。样本最好选取正常儿童是因为严重差异的定义是部分建立在正常群体差异发生频率的基础之上。一旦智能测验和成就测验的共同常模被引入,这个问题就轻松地得到了解决,因为 Y_{xy} 可以建立在这两种测验(应该满足标准化数据的要求)的标准化样本之上,而无需涉及障碍儿童。一些州根据障碍儿童的估计值得出了效度系数,并在实践中用到了这些系数。并不推荐这种作法,因为障碍儿童的智商和成就分数的分布是非常态的。因此,他们限制了分数的分布范围,也改变了智商和成就之间的关系,使得这种关系值人为地比实际值小。

对测验分数的解释效度应该清楚地建立起来。尽管《残疾人教育法案》中明确指出了这个问题,这一点仍旧需要得到特殊强调,尤其是对于测验的克朗巴赫效度系数(1971)的讨论。由常态样本得到的效度不足以用于障碍状况的诊断;效度应该向特殊人群证明(然而,为了使用公式(2)和公式(3),r_{xy} 反而应该建立在常态样本的基础上),这是个迫切需要解决的问题,尤其是在成就测验的某些领域,只有极少量较为成熟的量表。为了判定与常态的偏离情况,应该充分确认常态样本的效度。这并不需要对每一种障碍状况单独标准化。常模和效度系数的可概括性部分地是一种功能(雷诺兹,1986;雷诺兹、古特金、埃里奥特和威特,1984)。

当人们使用基于表现的成就测验(例如,书写技能)时,某些特殊技术考虑应该强调一下。一些测量,像书面表达,就包含了效度和信度的特殊问题。例如,需要主试作出判断的评分人的评分信度需要报告,且该信度系数应该在0.85到0.90之间甚至更高。韦克斯勒词汇和理解测验也存在这样的问题,因为主试要根据被试回答问题的质量不断地做出细致的区分,来给被试计分。需要快速完成的任务和基本上全靠记忆力的任务也提出了特殊技术问题,这些都应该引起我们的注意。

关于测量工具应用的对照比较研究应有所报道。在这方面,效标关联效度应引起足够的重视,当然也不能排除其他方面的对照研究。对照因素应该和一些恰当的人口统计学变量一起呈现,因为这样可以中和测验的效度。尽管不要求同时具备,但最起码这些变量应该包括种族、性别和社会经济地位。评估和诊断学习障碍时,尤其需要调查性别对照因素。因为一个班级中,学习障碍的男孩远远多于女孩,大约为3.5∶1。一个测验中评估各个方面对照性因素的程序,都在詹森的文章中全面地列出了(1980)。当测量结果表明很少有差异,或几乎没有统计学的偏差时,应该用别的测量方法予以修正。

在应用评估数据判定严重差异的过程中,应考虑到上述各点。需再次说明的是,(界定学习障碍的)差异公式得到的结果的信度仅仅只和这些公式进行计算使用的测量数据一致。全面完整地考虑测量数据的质量,是测试人员应该具有的品质。

参见 离差商数;年级当量;智力测验;学习障碍;学习障碍定义中的问题;智商比率;严重差异分析

LEARNING DISABILITIES AND JUVENILE DELINQUENCY

学习障碍和青少年犯罪

20世纪60年代晚期和70年代早期,学界开始不断关注学习障碍和青少年犯罪之间可能存在的因果关系(凯尔茨和达尼万,1986)。作为对这种关注的回应,美国青少年司法和犯罪预防研究所的青少年司法和犯罪预防办公室任命美利坚研究院的查尔斯·莫里负责重新审查学习障碍和青少年犯罪之间可能存在的因果关系的经验证据。通过对这些证据的评价,莫里做出总结(1976),认为虽然先前的研究清楚地表明犯罪青少年存在学习问题,但学习障碍与青少年犯罪之间并不存在因果关系。他在报告中建议,应该认真设计一些研究指导方案,用以评估学习障碍对犯罪青少年的影响,以及对有学习障碍的犯罪青少年的诊断和治疗效果。

针对学习障碍和青少年犯罪之间这种尚存争议的关系,学习障碍儿童基金会向法院和相关机构提供了教育材料用以研究。

参见 学习障碍儿童与成人协会

LEARNING DISABILITIES MARKER VARIABLES PROJECT

学习障碍记分变量项目

记分变量反映了能定义某一特定领域并赋予其特征的结构,而且通过让读者评估研究样本的可比性,为该领域提供了操作和概念体系(贝尔和赫兹,1979)。由洛杉矶加利福尼亚大学(UCLA)的芭芭拉·基奥指导的记分变量项目,目的在于在学习障碍领域发展和试验一套记分变量系统(基奥、梅杰、奥莫瑞、甘达尔和里德,1980)。

UCLA记分变量项目积极寻求确立各种可能的记分方法。他们从经验和理论概念的角度出发,通过审查学习障碍的相关文献,从而决定出研究者在实际中使用的一些描述性变量。这些变量用于界定和挑选被试、评论各种定义和理论研究方向,从而决定哪些被认为是构成学习障碍基本要素的过程或能力。基于此过程,一系列的会议都提出了成套的记分变量,并由咨询专家在一系列会议上作了修订。

得出的一套记分变量最终被组织在三个维度上:①描述性记分。这类记分变量并不专用于学习障碍的研究,只要是涉及用人做被试领域的研究,它们都能提供合理的信息。这些领域包括:被试的数目、年龄、年级水平、学习的月/年、地理位置、社会类型、种族划分、被试来源、社会经济地位、语言背景、教育经历、目前的教育状况、健康状况以及排他性标准;②实质性记分。特别是和学习障碍儿童学业有关的,包括一般能力、阅读和数学成就以及情绪行为矫正;③专题性记分。有关学习障碍领域的专门研究,包括活动性水平、注意力、听知觉、精细动作协调、大肌肉运动协调、记忆力、口语和视知觉。

参见 学习障碍;特殊教育研究

LEARNING DISABILITY QUARTERLY

《学习障碍季刊》

《学习障碍季刊》是学习障碍理事会发行的官方刊物。该刊和《学习障碍杂志》很相似,但更容易被一线教育工作者所接受,而且对学者也同样有价值。与某些主题相关的特殊问题并不是不平常的。近来的论文有《学习障碍中的社交性技能缺失:精神病学假设》以及《学习中的积极情绪效应》。该杂志的目标是提高学习障碍个体的受教育和发展水平。

此外,该季刊还收集有关以下主题的论文:①鉴定、评估、矫正和制订计划等技术;②对和学习障碍个体直接相关文献的评论;③对相关问题的理论探讨;④着眼于实际应用的原创性研究;⑤人员编制的实践。《学习障碍季刊》发行量达到4000份。

LEARNING DISABILITY SUBTYPES
学习障碍亚型

根据学习障碍领域专业人员的调查(阿德尔曼和泰勒,1985),20世纪80年代,对特殊学习障碍再分类的探究逐渐成为实践领域和相关应用型研究中最引人关注的问题。

从历史的角度来看,单一综合征理论曾一度在该领域占据着主导地位。这些理论认为,存在像学习障碍儿童这样的情况(菲斯克和鲁尔克,1983),并形成了关于学习障碍的主要特征、病因和干预内容的观点。这些理论中比较重要的包括神经缺陷理论、知觉缺陷理论和语言缺陷理论。然而,早在20世纪60年代晚期,有关学习障碍的文献中就已经开始出现多种综合征理论;不仅其研究范围不断扩大,其重要性也日益增强。这些理论通过探寻更多同质亚群体尝试解决一直以来存在的学习障碍群体中的异质性问题。

调查人员依据经验,采用多变量聚类分析技术对被试进行了分类(麦金尼,1984)。在范围广泛的学习障碍领域,包括了阅读、算术、拼写障碍以及行为问题等亚型(鲁尔克,1985)。

近来对学习障碍亚型的研究表明了鉴别学习障碍的同质亚群学生的可行性。发展完善的学习障碍分类体系同特殊教育其他领域的功能一样重要。

参见 学习障碍;严重差异分析

LEARNING – DISABLED COLLEGE STUDENTS
学习障碍大学生

从20世纪70年代以来,学习障碍学生逐渐出现在美国的大学校园中。更多的学习障碍个体选择进入大学(阿斯廷、赫蒙德和理查森,1982),同时也有更多的人在上大学前或进入大学后确认自己是学习障碍者。但另一方面,只有少数学院为学习障碍学生发展了全面的支持服务(科罗多尼,1982)。直到20世纪80年代,多数学院才开始考虑除了那些适用于所有学生之外的支持服务中有哪些才应该是合适的。

大多数对学习障碍大学生的描述都来源于观察,以及对参与到大学或学院的支持计划中的学习障碍大学生的临床经验(巴巴罗,1982;科罗多尼,1979;沃格尔,1982)。虽然这些描述关注的是他们的缺陷而非他们的实力,但从中还是能清楚地看出,这些有学习障碍的成年人有完成大学学业的固有潜能和相关素质。

学习障碍大学生的特征差异很显著。这些学生表现出以下一种到多种不同的困难形式:口语和书面语不成熟、缺乏组织性,认知—运动问题,学习和时间/空间组织障碍,社交性不协调以及基本的阅读、拼写、书写或数学技能低下。

尽管没有得到证实,以上困难仍被假设为存在神经或生物化学方面的潜在原因。它们代表了有可能是先天遗传或后天获得的一种差异、倾向或缺陷。其智商水平根据各学校要求完成课业的标准不同而不同,虽然各大学之间要求各不相同,但还没有哪一所大学的标准低于85分以下。许多大学的要求都高于平均智商(曼格卢姆和斯特里查特,1984)。

大量被鉴定为学习障碍的学生涌入大学校园,已经开始影响到一些学校政策和计划的形式。然而,还有一些项目仍没有关注这些学生的需要。例如,全国大学生体育协会直到上世纪90年代才开始破例接受有学习障碍的学生运动员。如何为他们提供方便,在教练和协会官员之间仍然是一个相当有争议的问题。

参见 残疾成人项目

LEARNING POTENTIAI
学习潜能

学习潜能评估策略已经作为可替代标准化常模参照评估的选择得到了发展。凭借这种方法,学生获得评估,并在评估任务方面接受指导,然后接受再评估。测试后的考核分数是对学生学习潜能的测量。这种方法的目标是要识别学生的表现如何受到先前的学习经历影响,学生通过什么过程来学习,怎样调整学习的过程以及怎样调整他们的策略。最终目标是为干预程序提供对策,以便调适这些学习的过程,增进学习的效率(海伍德、费勒、希夫曼,1975)。

虽然四种最杰出的方法在其理论基础和专业技术的变化程度上所有不同,但他们都在这样的前提下进行操作,即一个学生的真实的认知能力可能不同于它所表现出来的东西,不同于标准化的测量。调查研究将这种方法视为联系干预和评估的一种方式,因为心理学家不仅知道一个学生要什么,需要多少,而且还知道什么教学策略对改进功效起作用。虽然这种方法可以将潜能当作一种评估选择,但研究已经不能支持其预期的有效性、训练的普遍化以及使用于多种群体。

参见 学习潜能测定法;L. S. 维果斯基;感觉发展带

LEARNING POTENTIAL ASSESSMENT DEVICE
学习潜能评估策略

学习潜能评估策略(LPAD)是一个评估学习潜能的直接的教学方法,其主要的潜在假设是:人类是可以改变的(福伊尔施泰因等,1997)。LPAD是一个动态的或程序化的评估方法,它基于这样的想法,即认知缺陷是由于不良的成人—儿童互动学习经验造成的,认知功能是可以调整的(利兹,1997)。这种方法与传统的以发现个体之间紧密联系特征为目标的方法有所不同(福伊尔施泰因等,1997)。最初用于低功能青少年的评估,其主要目的是测定学生的认知功能缺陷所在、评估学生掌握认知过程的可能性、并为学生设计、实施相应的计划。

LPAD没有按照传统的测量模式(如韦氏测验)那样进行标准化,但是,它包括一种交互式的过程,在这种过程中,主考对学生的认知结构进行假定性测验。LPAD的任务构造自一种模式,该模式允许一种"测试—调停—测试"的技术,该技术要求主考不仅仅是观察个体的行为,还要介入其中并对个体行为进行二次评定,从而得出行为矫正的结果(福伊尔施泰因等,1997)。由于通过非正规的年龄对比就能进行分类与安置,设计LPAD的初衷并不是以分类或安置为目的的。因此,它是对其他评估方法的补充,而不是替代。由于LPAD是一项复杂的评估程序,在实施之前必须进行广泛、充分的训练,甚至对于那些已经受过训练,以及在个体心理学方法教育评估方面有过经验的专业人员也是一样。

参见 矫正的缺陷中心模式;活动论;最近发展区

LEARNING STRATEGIES
学习策略

学习策略是指人们用以学习或记忆的策略。加涅(1970)把学习分为八类:信号、刺激反应、连锁、言语联想、辨别、概念、规则及问题解决。对于非残疾学生而言,前四类在学校教育中的重要性不及后四类。然而在特殊教育中,教师应该关注到所有层次的学习。与所有学习类型相关联的问题正是制订以大多数残疾学生为教育对象的特殊教育计划之基础。

参见 行为模式;意向;学习风格;记忆术;教学策略

LEARNING STYLES
学习风格

若用最简单的方式定义学习风格,那么学习风格是指学生的个性特征,包括他们的需要和喜好,会在风格上影响其学习。而事实上,学习风格在实践中有多种不同的定义方式。

班尼特(1979)这样定义学习风格,"学习风格是偏好的学习方式。它代表着影响学生个体感知、记忆、思维及解决问题的一系列个性的与智力的特征"(荷兰德,1982)。根据亨特(1974)的定义,学习风格代表可接近性特征,比如学习者特有的认知与动机特征。

学习风格实际上是认知风格的一部分。对学习风格的探究事实上包含了对传统的认知风格的研究。然而,比起传统的认知风格,学习风格概念更多地趋向于课堂导向与教育导向,并常常被放在教育环境中进行研究并被应用于教育环境。将学习风格与种类更广的认知风格显著区别开来的另一显著特征是,学习风格更趋向于以环境为导向。人们可能会过于简单地认为,认知风格研究者强调的是个体对环境做出反应并进行建构的特定方式,而学习风格的研究者则对环境是如何影响个体的更感兴趣。

认知风格通常是通过论文或笔录方式进行研究,它起源于心理学实验室,并且比学习风格有更严谨的研究传统与坚实的数据基础作为支持。而学习风格通常是依靠从行为评定表、详细目录、调查问卷中获得信息。

尽管学习风格评估展现了学生与其学习偏好之间的差异,但学习风格变化不能够说明有足够多的学习者在教育干预中取得了巨大进步。事实上学习环境在多大程度上能够被调节到满足于特殊学生需要是值得质疑的。相对于普通教育,特殊教育中的个别化教育计划能够毫无疑问地对学习风格进行更多的适应。

从积极方面说,通过大量的论文、笔录以及观察来确定学生的学习风格是简易而又价廉的。深入了解学生的学习风格将为教师提供有用的指导性提示。

参见 认知风格;教师效能

LEAST RESTRICTIVE ENVIRONMENT(LRE)
最少受限制的环境

最少受限制的环境这一术语常常与回归主流作为同义语使用。尽管这两个术语都提到了残疾学生的安置方式,但它们的含义未必完全相同。94-142公法及《残疾人教育法案》(IDEA)专门保障残疾学生在最少受限制的环境中接受适合自己的教育的权利,但并没有使用回归主流这一术语。

教育专业人士已形成这样一种共识:最少受限制的环境是指将残疾儿童安置于与健全儿童最为接近的

学习环境中。理想的设想就是安置于普通班级中。最少受限制的环境不一定是指将残疾儿童与普通学生安置在一起,共同开展所有的教育方案。

105-17公法要求各地方教育机构(LEA)都要确保,在最大的合适程度上不论公立或私立机构的残疾儿童都要与健全儿童在一起接受教育。只有当儿童的残疾程度十分严重,普通班级教育所提供的辅助性帮助及服务无法满足他们的需要时,特殊班级、隔离式学校教育、或其他将儿童从普通教育环境中除名的情况才能出现。

法律的假设是,对每一位残疾学生的安置应该都是从普通教育班级里开始。

参见 特殊教育服务的瀑布模式

LEGG-CALVÉ-PERTHES DISEASE
幼儿股骨头缺血性坏死疾病

幼儿股骨头缺血性坏死疾病,或称青少年股骨头缺血性坏死,主要涉及骨骺近端供血缺乏。这种情况在3~10岁人群中发生最多,其中男性的发病率高于女性4~5倍,白种人的发生率高于黑人近10倍(翁,1995)。该病的病因尚不清楚(梅奥内科医师组,1997)。其根本上的一个特征是股骨骺血液循环系统紊乱,导致临近的股骨头产生肌缺血性萎缩坏死(鲍尔和宾德勒,1999)。当血液供应转移后,髋关节内的股骨头就坏死了,严重的炎症与疼痛开始蔓延。

当儿童由于疼痛、跛行被带去儿科医师或是外科医师那里就诊时,通常被诊断为幼儿股骨头缺血性坏死疾病。这种疼痛可能是由病理性骨折或肌肉痉挛引起的,并伴随有髋关节发炎疼痛。这种疼痛还将扩散到腿的其他部分,例如腹股沟、大腿或是膝盖(赫林,1994)。当移动髋关节时,疼痛会更加剧烈,而静止不动能减轻这种不适。

其治疗方法在过去十年已有很大变化,目前有多种用于促进康复的疗法。最早治疗该病的方法是休息、不受重,矫正动作并进行消炎。牵引术也常被用来缓解痉挛、拉伸挛缩、矫正髋关节运动。染病肢体应避免受重,因此儿童应配备无负荷器械,例如拐杖、石膏、吊带。保守治疗法通常要持续2~4年。外科手术矫正法能够加速康复进程,使儿童在3~4周内恢复正常运动。

6岁以前患病的儿童有更高的几率痊愈,也能更快地康复(梅奥内科医师组,1997)。诊断时间越晚,股骨在治疗前损坏的程度越大,痊愈的效果也越差(翁,1995)。在外形上有缺陷的尚需要特殊教育指导服务。

参见 身体障碍

LEISURE-TIME ACTIVITIES
业余活动

业余活动,或业余爱好,是指在从事娱乐活动中建设性地利用业余时间。业余活动除了能提供娱乐、增进技能的发展、与有相同爱好的朋友见面交流,还能满足某种自我实现的需要和治疗需要。

在特殊教育中,业余活动能为解决教育条件有限而导致的人际、学业障碍提供有效的方法。接受特殊教育服务的儿童,无论是安置在与同龄儿童相隔离的特殊班级中,还是因为特殊教育问题区别对待而被认为与之不同,他们都存在产生孤立或自卑心理的危险。建议这些儿童参与到业余活动中,这样可能较少地受到有限教育条件与各种障碍的影响,从而提供一个改善各种问题的途径。在业余活动中提供成功经验对儿童来说是很有帮助的,同时也能够帮助他们发展在学业领域内是很难获得的自信心与自我价值肯定。

鼓励有特殊教育需要的儿童参与业余活动应该十分谨慎,以免加剧他们内心的挫折感。这种情况下的谨慎是指要考虑到如何将儿童有限的认知水平与特定的业余活动结合起来。例如,注意力缺陷多动性障碍儿童可能会在下棋或十五子游戏等业余活动中受挫,这些游戏需要长时间集中注意力。同样,视觉损伤儿童在一些工艺活动或拼版游戏中会有困难,但他们却能从文字游戏或纵横字谜游戏中找到乐趣。在考虑到儿童能力范围的前提下,业余活动能帮助他们获得心理的满足感与成就感,而不是更加受挫与自卑(哈特拉格和特尔茨洛,1986)。

业余活动能为学生学业上的兴趣点提供辅助性技能训练。尤其对天才个体而言,业余活动能为他们提供扩大学业或职业兴趣范围的机会。对于那些对物理学或机械学有天赋感兴趣的天才儿童来说,设计电子系统或做机械修理都可能是扩充的资源。它能为技能的提高与发展提供校外实践的机会。尤其是对学业技能有限的特殊儿童,有机会在无压力的业余活动中提高技能,会使他们在心理上对学校环境进行正迁移。例如在Monopoly(译者注:游戏名称)等桌面游戏中的计算技能,或在拼字游戏中的构词技能,都能帮助有计算困难或语言困难的特殊儿童,这些游戏也可以作为一种轻松愉快的方法被鼓励使用。

考虑到儿童的兴趣、态度、能力与缺点,配合以按照正式匹配程序(哈特拉格,1968;哈特拉格和埃尔斯,1983)或直接的指导性建议进行设计的业余活动,将有利于使业余活动转变成为令人愉快的提高个体已有的能力的方法,同时也能弥补个体在学业上的不足,帮助个体发展自身或社会交往的能力与自信。

参见 深造;动机

LESCH - NYHAN SYNDROME
莱斯琪—奈翰综合征

莱斯琪—奈翰综合征是一种罕见的 X 染色体连锁的隐性遗传病,在 10 万个出生人口中约有 1 人发病(霍尔莫斯,1992)。这是由于次黄嘌呤—鸟嘌呤磷酸核糖转移酶(HPRT)缺失或缺乏而引起的先天性嘌呤代谢异常。HPRT 分解次黄嘌呤与嘌呤产生尿酸(安德森、恩斯特和戴维斯,1992)。

其病症特征是行为异常,其最可怕的、最普遍的表现为具有攻击性、严重且慢性的自伤行为。自伤行为(SIBs)持续时间之长,潜在的伤害性之大,以至于必须加以管制。自伤行为可能早在婴儿时期就已经出现,但也可能在十几岁时才表现出来。最常出现的自伤行为是咬伤手和嘴唇,以致大量组织的破坏和缺损(霍尔莫斯,1992)。由于患者的痛觉是正常的,因此患儿在自伤时会发出哭喊尖叫,并要求将他们的身体束缚起来。唇部咬伤是一种自毁行为,因此必须拔牙。在一个极度重症案例中,一名 17 个月的婴儿由于持续的自伤,造成口腔溃烂,最后导致拔去其所有的牙齿(拉什德和尤素福,1997)。自伤性攻击行为出现得越早,随着时间的积累后果越严重(安德森和恩斯特,1994)。此外还有其他特征,如痉挛与手足徐动(霍尔莫斯,1992)。近来的研究表明,认知损伤对患者而言是最轻程度的,并对智力落后是莱斯琪—奈翰综合征的普遍特征这一观点提出了质疑。患者表现出正常的记忆技能、情感范围、专注能力、自我意识以及社会技能(安德森等,1992)。

该疾病可能是遗传或基因突变而致病。该疾病的遗传基因完全是隐性的,因此该病症实际上只能通过母亲遗传给男性后代。女性可能是该基因的携带者,但不发病。最近报道的一些女性案例,被认为是由基因突变导致的(巴拉巴斯,1993)。

莱斯琪—奈翰综合征患者出生时表现正常。当尿酸浓度过高而引起婴儿尿布上出现沙状沉淀物时便是早期的异常迹象。患儿的运动发展正常,而常常到约 6 个月大时才开始丧失以前学会的一些运动技能。背部呈现弓状,头部控制能力差,在没有辅助的情况下无法站起或坐下是常见症状。此外,言语发育也是十分有限的。随着发展的成熟,肌紧张增强,无意识运动便成为典型症状。常常只有自毁行为出现时才能将该病与脑瘫相区别。

目前,对该病的治疗取得的成功十分有限。别嘌呤醇能够有效地减轻由于 HPRT 导致的尿酸过高,降低各种肾脏受损以及痛风,但对于神经系统的异常却没有任何效果(施罗德等,1990)。血液中的 5 - 羟色氨再摄取抑制剂可用于调理多巴胺与嘌呤水平。这一治疗方法显现出短期的疗效,但随着时间的推移,效果越来越不明显。尽管还没有发现长时间用药对自伤行为有何改变,但目前苯二氮是进行行为控制的最常用处方药(安德森和恩斯特,1994)。

行为矫正的效果也很有限。最好的预防措施是减轻压力,并进行保护性约束。对自伤行为进行惩罚只会导致有害行为的增加。此外,在特定情境中,暂停策略或对非自伤行为进行强化能减少自伤行为。当患者没有受到直接关注时,其异常行为尤其可能发生,这意味着今后实施行为矫正疗法时必须考虑社会与环境因素。

参见 遗传咨询;遗传性

LEUKEMIC CHILD
白血病儿童

白血病即白血球癌。在白血病中,正常的血液成分被未分化的或未成熟的细胞替代。这些细胞被称为原动细胞(彭德格斯特、查德和哈特曼,1985)。

慢性白血病中,已分化或成熟细胞会出现恶性增殖。在急性与慢性白血病中,这些非正常细胞在患者体内大量增长并累积。如果不采取治疗措施,扩散速度是非常快的。慢性白血病牵涉到骨髓、淋巴结、肾、肝脏、脾、肺、皮肤与性腺。

急性白血病主要在儿童中发生。99% 的白血病儿童患的是急性,而 1% 患的是慢性。最常见的急性白血病是急性淋巴细胞白血病(ALL)(贝纳,1978),它占了儿童白血病的 80%。除急性淋巴白血病之外的其他白血病类型统称急性非淋巴细胞白血病(彭德格斯特、查德和哈特曼,1985)。

儿童白血病的传统治疗法是一种药物治疗。强的松是一种类固醇,它被认为是最好的单用药物。它通常与其他药物配合使用以达到最佳效果。有时也使用骨髓移植方法,这种方法相当有效,甚至在白血病晚期。白血病早期进行骨髓移植是很有前景的治疗方法。

近几年来,对白血病的治疗有了很大的进展。据报道,白血病患儿的生存时间已大大延长(汉森等,

1980)。其结果是,白血病的死亡率不再代表其发病率,而是出现了一种新的统计白血病发病率的方法。由第三次全国癌症调查组织(杨和米勒,1975)和国际癌症协会的监督、流行病学与最终结果(SEER)项目(西尔弗伯格,1981)提供的数据表明,急性淋巴细胞白血病的发病率有上升趋势,最小发病年龄在 2 岁左右,3~4 岁是发病高峰年龄段,而急性非淋巴细胞白血病的分布较为平均。

白血病儿童的长期预后工作仍然很差。白血病患儿中几乎没有存活到成年的病例。尽管没有明显的证据表明他们容易感染其他疾病,在成年后患癌症具有更高风险。

人们发现中枢神经系统白血病在白血病患儿身上出现的比例较高,甚至处于完全缓解期的患儿身上,这一事实对特殊教育者来说意义重大。研究表明,其部分原因是由于大脑的保护机制减少了渗入脑组织中的药量。由于其对中枢神经系统的影响,用于治疗儿童白血病的药物疗效可能就被破坏了。为了解决这一问题,药物必须直接注射到脊髓液中。已发现这一方法能够极大地降低中枢神经系统白血病的发病率,同时维持长期的缓解(格莱德威尔和赫兰德,1973;彭德格斯特、查德和哈特曼,1985)。

患上白血病会给患儿本身及其家庭心理上带来很大影响。药物治疗对患儿、患儿家庭及临床医学家来说都是十分艰辛而沉重的,也常带给患儿躯体病痛。治疗后遗症以及对病症后果的了解(多数儿童都很早就进行了学习)将带给他们巨大打击。长期的病痛与药物控制、治疗也给患者家庭造成心理与经济上的极大压力。白血病儿童的社会技能与学业成绩也不可避免地受到影响。事实上,患儿即使存活到成年,其生活也将十分坎坷。幸运的是,白血病在医学上的快速进展给白血病治疗与白血病患者带来了新的希望。

依据《残疾人教育法案》(IDEA)的规定,白血病患儿有接受特殊教育的权利。在法律体制下,他们被鉴定为健康损伤,并拥有接受特殊教育的权利。

参见 癌症;儿童;健康损伤

LEXINGTON SCHOOL OF THE DEAF
莱克星顿聋校

莱克星顿聋校于 1867 年建于纽约,其目的是为聋儿提供口语教育。当时,美国的聋校已超过 12 所,但这些聋校全都使用不同形式的手语。莱克星顿聋校是口语教学的先驱,并形成了强大的言语、言语阅读与听力康复的支持系统。

莱克星顿聋校在聋婴、聋童、聋青少年各层次的教育计划上都是闻名的领导者。它为多重障碍聋生提供特殊教育计划,包括精神治疗与心理治疗服务。其教职员工中有许多杰出教育者,如《聋儿的自然性语言》的作者米尔德丽德·格罗特,《聋儿语言概述》的作者伊迪斯·比尔,言语教师纽·玛丽、沃尔斯·依莱恩纳、海德·简奈特以及负责人康纳·凯莱恩斯与康纳·里。莱克星顿聋校目前位于纽约市的皇后区。

LIABILITY OF TEACHERS IN SPECIAL EDUCATION
特殊教育教师的责任

对教师效力的关注主要集中在对特殊教育班级所发生的事件的高度关注。同样,教师在教室里的言行举止会受到监督,教师也要对自己在教室中的行为负责。这种情况的副产品就是出现被不断发展的、针对教师和教师责任的法律诉讼。

教师责任通常在法庭上被定义为包括渎职或者没有为特殊学生提供适当的服务。其结果多是被起诉失职(布莱德和丹尼斯,1984)。亚历山大(1980)、布莱德与丹尼斯指出,教育中的失职的责任通常包括渎职、故意干涉或伤害以及体罚。然而,若对教师提起责任诉讼,往往主要是追究他们的失职罪。

如果法庭证实教师:①没有尽到对学生的责任,②没有履行职责,③由于没有完全尽到责任而导致学生受到伤害,那么教师失职罪相应成立(布莱德和丹尼斯,1984)。如要良好地履行教师责任,一般认为教师必须提供适宜的教育、监督及设备维护。若没有尽到上述责任而导致对学生造成实质性伤害,教师有可能要对此负责(亚历山大,1980;布莱德和丹尼斯,1984;康纳,1981)。

对教育失当已从多方面进行了定义。就教师的职责这一点来说,违反职责主要是由于在其教学期间将儿童置于身体伤害的风险中。例如,学生在运动场所或实验室受伤可能导致责任诉讼。迄今为止,还没有因学生学业失败导致追究教师责任的事件发生(布莱德和丹尼斯,1984)。

康纳(1981)指出,适当的监督常被定义为全面的监督。例如,学生活动时教师必须到场并进行监护。在这种情况下,教师必须注意到当时的情形,确保潜在的危险因素被消除。如果说教师到场能够避免学生受伤的话,那么事故发生在教师不在场时,其责任将归咎于教师失职。

最后,教师必须确保当天活动使用的器械没有故障并能正常使用。曾经有过由于操场器械的故障导致事故的例子(哥伦比亚地区,1975)。在另一个案例中,由于安全防护装置的锁链断裂致使一名学生受伤。

为避免失职的情况,教师应该参加实际的教学实践,考虑每个学生的需要,并对学生的活动进行记载。

LIBRARIES FOR THE BLIND AND PHYSICALLY HANDICAPPED

盲人与肢体残疾人图书馆

为了帮助那些因视力或肢体残疾而无法抓握和翻页或看不清的读者能够更方便地阅读,盲人与肢体残疾人国家图书服务机构(国际性图书集会)出版了许多盲文图书与杂志,并将其录制成光盘与磁带。被诊断为有严重阅读障碍而不能用普通方式阅读一般印刷品的人也有资格去该机构借书。

依靠一个由160多家图书公司共同运营的全国图书网络,国家图书服务机构的常规服务程序包括图书流通、传播、磁带拷贝、设备分配、出版物分发、读者咨询、参考援助、出版地方作品。向该服务机构订购服务的人员将获得免费的录音重放设备以及双月出版的《有声读物主题》或《盲文书刊评论》,这两种出版物详细介绍有关国家图书服务机构的最新图书与杂志。

除了国家图书服务机构,美国盲人基金会、美国盲文出版社与盲人唱片公司也为残疾读者提供大量磁带与录音材料。但国家图书服务机构并不制作与销售课本或课程资料,这项工作由美国盲文出版社与盲人唱片公司负责。

只要符合条件的读者去国会图书馆办理借书业务,都可以免费借到以下器材:有声读物机器(使用硬盘和软盘)、磁带式图书机、双耳式耳机、枕式扬声器(卧床残疾人适用)、扩音器(重听残疾读者适用)、拾音器设备夹(为那些不能抓住拾音器设备的读者而设计的一种附在有声读物机器上的装置)、延伸杆(操作磁带式图书机器有困难的读者适用)。

LING METHOD

林氏方法

林氏方法是一种发展和补救听力损伤儿童的言语的系统程序。第一本描述林氏方法的书是由丹尼尔·林写作的(1976)。这种方法高度地但不准地依赖于最佳地利用听力损伤儿童的残余听力。精通林氏方法的教师强调系列性发音技能的习得、听觉线索的运用和音节发音的自动知觉。该模式包含了语言的语音学的和音韵学水平的7个渐进性的阶段。语音学水平是指儿童发出所要求的声音模式的能力,音韵学水平是指对这些声音模式的系统的、有意义的应用。

林氏方法的初始阶段集中于发音的韵律学成分,该成分常常被忽略(科尔和佩特森,1984)。忽略了该成分会导致单调的、不自然的发音。林氏方法的韵律学成分包括音长、音强和音调。

阿布莱翰和斯得科斯(1984)发现,连续地和系统地练习有意义的词汇可以改善聋生的发音,使其在音节水平上进行发音练习。林氏方法还是一种可以使聋生在言语发展的语音学水平上能够达到被适当理解的水平的更好方法。林氏方法是为在一天的几个短时段而不是在一个持续的正式的时间段里进行教授活动而设计的。

参见 聋;聋教育;言语—语言服务

LINGUISTIC DEVIANCE

语言异常

语言异常这个术语在交流障碍方面的文献中有不同的意义。最显著的定义包括:①大体上的意义是指包含所有类型的语言残疾(包括语言迟缓)的偏常;②更严格的意义是指所应用的语言结构与早年正常语言发展水平相匹配,但是特殊语法形式的运用频率超过了正常预期;③被大量简化的意义是指特定的结构异常才被称为偏常。最后一种偏常的定义和该词在语言学和关于交流障碍的文献中的大致意义最为接近。因此,偏常的范围应该只包括那些发音在成人语法允许的结构之外以及在预期的正常儿童语言发展之外。例如,如果一个仅说英语的成人发出"chicken a",这将被认为是偏常的。因此,成人语法将拒绝这个结构,并且这个结构不符合儿童语言发展的正常特征。

参见 交流障碍

LIPREADING/SPEECHREADING

唇读

唇读通常被定义为通过观看说话者的嘴唇来理解其思想的一种艺术。唇读就像其名称一样,是利用说话中可获得的视觉信息来帮助理解。唇读是一种很难的技巧,并非所有听障人士都能掌握。即使是最好的唇读者都无法看到嘴唇所说的一切,因为只有大约25%的语言可以通过嘴唇观察到。然而,一个优秀的唇读者常常可以辨别出大约75%的信息,因为当词汇、短语、句子被用在语境中的时候,唇读的效果才能得到提高(毕晓普,1979)。

训练听障学生运用他们的残余听力结合唇读将显著提高他们的唇读能力。但极重度耳聋的个体无法大量利用声音线索。不论是否存在听觉线索,他们的唇读表现保持在相同的水准上(桑德尔,1982)。

唇读也可用于综合沟通中,它包括同时在说话、唇读、手指语、手语和其他人类的交际形式中出现的信息。当今,综合沟通已经广泛运用于美国聋校。近期有关唇读的研究强调的是可视语言的最小单位的组,以及在运用可选择的不同变化程度的变形训练中唇读的有效性和聋人视觉的可理解性(康特尔,1985)。

参见 综合沟通

LOCUS OF CONTROL

控制点

控制点大体上指的是个体借以决定或不决定他们的行为和行为控制的一种心理机制。客观地讲,当感觉到行为不由与个人相关的或与环境相关的可变物和特性决定时,两个独立的心理控制机制就被确定了:内部和外部的控制点。内部控制点指的是个体通过自我调节来自我决定行动或行为的能力(例如:自我观察、自我暗示、自我激励、自我强化、自我惩罚)或特殊的个性(例如:智慧、坚持性、聪明才智)。外部控制点出现在个人的行动或行为在事实或感觉上由外部推力或环境推力控制的时候。在这种情况下,个体行为控制归因于环境(即这是游离个体自控之外)及环境中特殊的偶然事件。理所当然,没有人是完全仅受内部或外部控制心理机制影响的。事实上,每个人身上总有一种起主导作用的控制机制。

参见 认知行为治疗;抑郁症;习得性无助

LOUIS - BAR SYNDROME

路易—巴氏综合征

路易—巴氏综合征,又称共济失调毛细血管扩张症(AT),是一种罕见的、渐进性的、常染色体(非性染色体)隐性遗传病。AT 的标志是共济失调(缺少肌肉控制能力)和毛细血管扩张(小的、红"蜘蛛网"静脉),多发生于眼睛的边缘,鼻子、耳朵、眼睑以及肘和膝的内部,在共济失调开始之后立即出现。

路易—巴氏综合征的早期症状包括平衡失调,常常发生在 1 岁以前。儿童的头部或上半身在坐下或起立时向背后倾斜或倒向一边。最终症状变得十分严重,以至于青少年时期,儿童就被限制在轮椅上了。患儿的症状也逐渐发展成手部、手指、头部的震颤,言语逐渐变得缓慢、含糊,患者也存在反复的眼球跳动和若不同时转动头部则动眼困难的情况。

80% 到 90% 的患者还存在免疫缺陷,引发其对慢性传染病和对窦和肺部的复发性细菌和病毒感染的易感性。路易—巴氏综合征患者易发展为淋巴恶性肿瘤,例如:霍奇金和非霍奇金淋巴癌和急性白血病(韦伯斯特,1994)。该疾病的其他性状还可能包括轻微的糖尿病,头发过早变白、吞咽困难(导致窒息或流口水),和生长缓慢。AT 患儿初始智力水平正常,后逐渐退化到中度智力落后(甘迪,1999)。身体发育方面包括男性生殖器发育缓慢,女性卵巢发育不全。

患儿通常在普通幼儿园或小学接受教育,但将表现出渐进性的复杂的多种不同类型的残疾,且在他们升学的同时伴随多种问题。在患儿疾病发展的同时,他们的教育计划也需要不断地调整。职业和物理治疗也许将有助于保持肌肉力量和延缓四肢紧缩。经调整的体育课也将适合于保持患儿在其自身水平上的体育活动。因为上述运动问题的加剧并伴随言语问题的出现,言语治疗也可能是有益的,还有一些可供选择的交流方式,例如手语或交流板。有视力障碍的患儿需要合适的助视器、大字课本、放大镜或电脑。

许多患儿和他们的家庭需要长期的心理支持帮助。路易—巴氏综合征的预后随着疾病的发展形成一种持久的危机不断的态势。皮肤异常,例如:皱皮、白发或面部、耳朵、颈部的血管膨胀将引起其他儿童和成人的负面反应。1985 年,路易—巴氏综合征患儿的家长在脑瘫协会中成立了他们自己的组织。

LOW BIRTH WEIGHT INFANTS

低出生体重婴儿

低出生体重(LBW)儿是一个通常用于描述出生时重量不足 2500 克的婴儿的术语。这样的婴儿可能是足月或早产。新生儿科医学的发展使得体重越来越小的婴儿能够生存,因此需重新定义低体重儿童的范围。

1. 低出生体重婴儿

低出生体重婴儿体重在 1501 ~ 2500 克之间。新生儿出生体重低的原因有许多,包括早产、基因易感性或发育滞后。一个婴儿可以在孕期的任何一个阶段出现生长滞后现象,但大体上这个术语被用于描述胎龄超过 37 周的婴儿。这种婴儿通常被认为是胚胎生长滞后(LVGR),也就是说,他们没有完全达到他们的生长潜能。导致这一现象的原因分为:胎儿的、母体的、胎盘的和环境的多种原因(史蒂文森等,1977)。胎儿因素包括染色体和基因异常、先天畸形、非染色体症状和宫内感染。母体因素最常见的是胚胎生长滞后,母体营养不良是对胎儿成长产生不利影响的最主要因素。母体疾病、低下的社会经济地位和劳动密集职业也是出现低体重婴儿的原因。胎盘功能异常,例如,胎盘容量小、不正常的胚胎植入和胎盘血流量减少,都可能导致胎儿生长不良。胚胎生长不良的发生率随胎儿数增多而提高,在双胞胎中高达15%至25%,在三胞胎、四胞胎身上显著提高。环境因素通常难以与母体因素分离开来,药物可能导致胎儿畸形,酒精和其他物质滥用则与营养不良和感染相联系。吸烟将对胎儿有负面影响(史蒂文森等,1997)。

2. 超低体重新生儿

超低体重新生儿(VLBW)是体重在801~1500克的早产儿(见早产的原因及影响因素)。每年约有4.2万超低体重新生儿每年在美国降生,存活率高达85%。在存活者中,5%~15%的婴儿是脑瘫;此外,25%~50%的超低体重儿童表现出一些残疾及与认知和学习相关的异常(格拉齐亚尼,1996)。颅内出血和心脑室白瘢将成为神经发展和发育缺陷形成的主要因素。尽管具体的异常状况和畸形与神经病后遗症存在相关,但最终残疾的严重程度则很难预测。

3. 极低出生体重

在过去十年中,那些出生时体重少于800克的极低体重新生儿(ELBW)的存活率已经显著提高,妊娠22~25周出生的新生儿存活率已提高到40%。这些婴儿在文献中被称为"微小的早出世者"。他们是严重的躯体、神经和发育性的并发症的高危人群。如同预期的一样,妊娠时间越短,这种并发症的数量就越多,情况就越严重。在一项研究中,2%的妊娠23周的早产儿存活且没有严重缺陷,21%的妊娠24周出生的早产儿和69%的妊娠25周出生的早产儿存活且无严重神经缺陷。尽管只有10%到20%的妊娠23到25周存活新生儿有神经发育方面的问题,但约60%存在某些残疾,包括感觉统合异常及学习障碍。严密的监测和评估可导致早期诊断和干预,有助于儿童和家庭向积极结果方面发展。

参见 先天障碍;早产

LOWE SYNDROME

洛氏综合征

洛氏综合征(LS)是一种X染色体隐性遗传的疾病,病因不明,通常发生在男性身上,它也被称作奥库莱—卡尔布罗—埃澳症(OCRL)。洛氏综合征反映在眼、脑、肾三个主要器官系统的失调上。1952年,洛·查尔斯博士、泰瑞博士和马科拉卡兰博士首次对洛氏综合征进行了描述,它是一种罕见的能引起身心残疾和医学问题的遗传问题。在美国,流行率估算在200~2000例不等。据报道,洛氏综合征已在15名女性身上发现,只有5名符合严格的诊断标准(恰尔纳斯和加尔,1991)。

先天性白内障是眼部的最主要症状,眼部症状是诊断该病的必要条件。伴随的症状包括青光眼、眼球震颤(不随意的、快速的、有节奏的眼球运动),角膜瘢痕(一块悬空的、不规则覆盖的、渐渐变大的疤),和斜视(眼睛的轨迹不能集中在一起)。神经学表现包括中枢和外周神经系统(恰尔纳斯和加尔,1991)。这些症状包括肌张力减退(比正常肌肉正常弹性低)、肌僵直(深度肌腱弯曲能力减低或消失),而这些都将导致患者易于发生骨折、脊柱侧凸和关节问题。患者同时还处于严重智力障碍的边缘状态。发生癫痫者占洛氏综合征案例的近半数(恰尔纳斯和努斯保姆,1995)。关于肾的研究表明,洛氏综合征在肾方面的症状常常在出生后一年内被发现。肾的相关症状是一系列由肾小管机能障碍导致的疾病,可能导致一段时间的呕吐、脱水、虚弱和不明原因的高烧。洛氏综合征患者常死于慢性的进展性的肾衰竭。通过积极的医学治疗,大多数患者能避免这种情况的发生,生命也将明显地延长到20~30岁,一些患者甚至可以活到40岁。导致洛氏综合征的基因在位于X染色体上的Xq24~26片断上。

行为问题也常见于洛氏综合征患者,包括注意力不集中、异常的执迷或入神、自我漫骂、自伤、一段时间的歇斯底里、挑衅、暴怒、重复行为、无目的运动。一些LS/OCRL患儿的家长反映患儿的行为问题通常发生于5岁,8岁时恶化,2/3病例中,14岁时行为得到改善(洛氏综合征协会,1997)。

对于洛氏综合征,目前尚没有可治愈的方法,但许多症状可以通过医学进行治疗,其中包括药物、手术、言语、物理及职业治疗等方式。特殊教育通常在患儿进入学校前就开始进行,患儿常常与智力落后儿童、病弱儿童、或多重残疾儿童分为一类,在学校接受特殊教育服务。新陈代谢平衡的保持很关键,并且能够通过检测生理健康及儿童的行为进行帮助,合适的营养也是保持体内关键物质适宜水平所必需的,患儿应该随时进水以防止脱水(恰尔纳斯和努斯保姆,1995)。行为矫正可能对解决行为问题有帮助。洛氏综合征患儿家庭需要在照顾衰弱患病儿童方面获得心理支持。

LOWENFELD, BERTHOLD

波瑟德·路恩夫艾德(1901—1994)

波瑟德·路恩夫艾德,澳大利亚人,于1922年开始他的盲童教育生涯,1927 年从维也纳大学获得儿童心理学哲学博士学位,1930—1931 年在美国研习儿童心理学和盲教育,获得洛克菲勒研究基金资助。1938 年纳粹德国侵略他的家乡后,他移民美国并成为美国盲人基金会教育研究的领军人物。他还在哥伦比亚大学讲学并将研究延伸到加拿大国立盲人机构。

1949 年,他接受了加利福尼亚盲校主管人职务,他在那一直工作到 1964 年。从那时起直至他 93 岁去世,他在美国教育办公室、加利福尼亚州教育委员会、健康与人类服务部社会与康复部门的赞助下从事研究和著述。

他获得的荣誉有:1965 年的艾姆布劳斯 · 绍特威尔特别成就服务奖章,表彰其对盲人的领导和服务;米格尔奖章,国家授予的盲人服务的最高荣誉。在他的一生中,路恩夫艾德写了 100 多本书和大量的杂志文章,把一生都奉献给了视力损伤者。路恩夫艾德于 1994 年去世。

参见 视力损伤;视力训练

LSD
麦角二乙胺

麦角二乙胺(LSD)最初是由瑞士化学家阿尔伯特 · 霍夫曼意外发现的。LSD 是一种致幻药,能引起生动的幻觉和强烈的情感。通感(一种药效引起的知觉现象)可能发生(即看见说话或听到颜色)。该药的药效显著,50mg 的剂量就会产生明显的心理反应。一些使用者报告,千变万化的形象出现在他们眼前,知觉更丰富更集中,通常有对身体部位扭曲的知觉。空间的和时间的扭曲是正常的,人格分裂也可能发生。服用者通常易受暗示,另外,服用者常常报告增强了对事物的真实性质的意识。能在琐碎的事物中找到特殊意义。

同其他致幻剂一样,对 LSD 的反应很显然是与环境相关的。"糟糕的旅程"也许是 LSD 服用者遭遇的最普通的有害经历。在这种情况下,有了解该药剂及其作用的人员的相伴和支持是最好的治疗方法。最强的副作用通常在 8 至 12 小时内减弱直至消失。

LSD 是一种能迅速使服用者产生耐药性的药剂,在短时间内要想产生药效需要不断增加剂量。然而,一旦药物不再继续服用,耐药性也迅速减轻。不会对药物产生生理依赖,也没有证据表明有像滥用其他药物一样的使脑组织改变的情况。但是大约 25% 的服用者会经历往事闪回,在其中,他们将再次体验服药后的急速的陶醉。闪回现象在最后一次用药的一年多后很少发生。在精神分裂症的发展研究中一些作者已经论证了 LSD 的使用可能构成一种危险因素(卡普兰和萨多克,1981)。

参见 儿童精神分裂症;药物滥用

LURIA, ALEXANDER
亚历山大 · 鲁利亚(1902—1977)

亚历山大 · 鲁利亚是俄国神经生理学家,他因关于与脑损伤相关的行为后果的理论和实践工作而闻名。他早期的工作整合和扩大了其他俄国科学家——著名的巴甫洛夫和维果斯基的成果。鲁利亚结合了维果斯基的关于言语的社会学发展理论和巴甫洛夫对高级脑皮层突起的神经生理学方法。鲁利亚认为所有的高级脑皮层功能需要多个大脑区域的合作与协调。他的理论既不是局部化的也不是整体混为一谈的。他认为,高级大脑皮层的功能(如:读)需要包括多个脑区在内的功能系统区的指挥。尽管特定的功能系统(如:运动)可以在大脑中确定其位置,但是更复杂和完整的行为是找不到位置的。因此,重点脑区的损伤会影响许多具体技能,因为功能系统的一个联结丧失作用,但是其他的功能系统则是未受损的(即大脑不是整体失调的或同一的)。鲁里亚的其他贡献包括,运用他的功能系统方法来理解脑皮层突触的理论对失语症进行评估和治疗。他也因关于额叶功能的创新性工作而知名。

参见 L. S 维果斯基

LURIA – NEBRASKA NEUROPSYCHOLOGICAL BATTERY: CHILDREN'S REVISION
鲁利亚—内夫拉斯卡神经心理学测验:儿童修订版

鲁利亚—内夫拉斯卡神经心理学测验儿童修订版(LNNB – C;戈尔等,1987)是由个人实施的任务组,用于评估 8 ~ 12 岁儿童的神经功能,筛选和诊断一般的和具体的认知缺陷,例如脑损伤的偏侧性和局限,以及精神残疾儿童的脑损伤。然而,这套测验不适合于言语能力差的儿童。

LNNB – C 要花两个小时完成。它通过下列分测验来评估神经功能的各个方面:运动功能、节律、触觉功能、视觉功能、理解性言语、表达性言语、写、读、计算、记忆、理解过程、拼写学业成绩、整合功能、空间运动、运动的速度和精确性、绘画质量、绘画速度、节奏感知和发出、触觉敏感性、接受性语言、表达性语言、词和词组的复述。通过 LNNB－C 观察到的结果以 T 分数的形式呈现。测验包含 11 个诊断量表、11 个因素量表和 3 个概括性量表。LNNB－C 可手工或电脑计分。LNNB－C 手册也提供一套质性的计分系统,但关于它的使用却没有提供任何信息(胡伯,1992)。

尽管 LNNB－C 声称是基于神经发展的原理而建立的,但它却仅像是成人测验的一个降低水平的版本(胡伯,1992)。该测验不包括额叶功能的评估,尽管证据显示额叶的某些功能在 6 岁或 7 岁时已经发展起来了。LNNB－C 的确定版本在 125 个儿童试验的基础上加以规范化(每个年龄组各 25 名儿童)。只有白种人儿童被抽样,诊断量表和概括性量表的信度值在 0.13 ~0.92,因素量表的信度值在 0.70 ~0.94,胡伯认为这种规范的数据是不够的。

胡伯(1992)指出,LNNB－C 手册的内容和信息组织涣散,并且存在前后矛盾的现象。但是,他进一步指出,所有评估该工具所需要的信息都已经提供,这些都为支持 LNNB－C 作为像哈斯代德—瑞特恩神经心理学测验一样的鉴别脑机能障碍的工具提供了有效证据。LNNB－C 的因素效度较高,胡伯指出,这提供了附加的说明信息。然而,已有评论者建议谨慎使用该测验,因为它存在着心理测量和概念上的缺陷(胡伯,1992)。

M

MMACY, ANNE SULLIVAN

安妮·沙利文·梅西(1866—1936)

安妮·沙利文·梅西,海伦·凯勒的老师。从海伦·凯勒6岁起,梅西就以老师和伙伴的身份照顾又盲又聋的她,直到1936年辞世。安妮·沙利文·梅西在波士顿的柏金斯盲人学校学习期间,曾与第一个接受教育的盲聋人劳拉·布里奇曼住在一起。年轻的梅西成功地开创出一套教学方法,教会凯勒学会读、写、说,使其成为一名受过良好教育的、有用的人。虽然凯勒总是称梅西为“老师”,但实际上,她不仅是凯勒的老师和翻译,而且凯勒繁忙的写作和演讲计划,以及在出席学术和社会活动时的个人形象等工作也都是梅西负责安排的。

MAGNET SCHOOLS

磁石学校

磁石学校是指那些可以选择的学校,它们通常建在某个学区内,允许教师、学生及其父母选择某些特殊的课程或教学方法。

近年来,磁石学校发展了很多课程项目,其中包括科学和数学、个别化教育、环境教育、全球教育、双语教育或多种文化教育、天才教育、卫生保健、销售、大学预科、表演及视觉艺术、职业工作研究计划、商业和管理、公共事业、法律和公共管理、运输、特殊职业教育、基础学科以及微型社会课程。在微型社会课程里,学生可以设计并管理他们自己的民主社会(克林奇,1984;多尔迪,1982;鲍威尔,1981)。磁石学校也通过特殊的教学材料、教学方法及亲身经历等手段利用工商业资源。这种学校与工商行业之间的互动在概念上被称为“收养学校”(巴尔,1982)。

20世纪80年代,磁石学校在组织和行政体制方面的发展变化受到诸多非议(梅茨,1984)。目前的争议包括自由选择、教育改革、废除种族歧视和强制校车接送,以及社区领导人的参与(加里森,1981)。许多争议是围绕着课程质量方面展开的。这些课程真的不同于并优于传统教育课程吗?真的允许穷人入学吗?是不是确实促进了种族融合?这种优于传统课程的特殊课程为什么应该存在?对于不读磁石学校的学生而言,它又意味着什么呢(加里森,1981)?只要人们对磁石学校的办学成败仍无定论,公立学校还会继续与其竞争生源,那么这些问题将继续争论下去。

MAHLER, MARGARET SCHOENBERGER

玛格利特·舍恩伯格·玛勒(1897—1985)

玛勒是匈牙利肖普朗当地人,在德国和奥地利学习医学和精神病学。作为一名儿童精神病医师,她于20世纪20年代晚期在维也纳创办了一家健康宝宝诊所,20世纪30年代又建立了第一个儿童精神分析诊所。

1938年,她移民到了美国。从1941年到1955年,她在哥伦比亚大学医学院任教。从1955年开始至1974年退休,她一直在纽约的艾伯特·爱因斯坦大学医学院担任精神病学临床教授。玛勒于1985年逝世,享年88岁。

玛勒是儿童精神分裂症识别和诊断方面的先驱,她也是最早倡导在儿童治疗计划中应包括母亲、孩子和临床医学家的人。她的研究集中于她称之为儿童“心理诞生”的理论,即:从婴儿到3岁幼儿这段时间内,儿童经历了与母亲之间完全的心理融合状态,到3岁左右最终形成个体的独立人格。这种婴儿心理发展观点需要构建分离/个体化过程中的有关概念,以及阐述它们对自身认同形成的作用。

玛勒毕生获得的荣誉包括:被纽约精神分析学院收入名册,获得美国精神分析研究院授予的弗里达·赖希曼奖。

MAKE - A - PICTURE STORY(MAPS) TEST

组图说故事测试

组图说故事测试是通过应用于早期测验(如主题知觉测验TAT、儿童知觉测验CAT)中的故事投射法演变而来的。在MAPS测试(施耐德,1949;1960)中,儿童需要从67张剪纸画中选出一些人物,用这些人物与22张背景图片相对应,来组成某种情境,然后针对每一个情境讲一个故事。MAPS测试是想更大引发儿童内心深处的感觉、需要和欲望,从而更真实地投射儿童反应的本质(TAT和CAT通常使用事先准备好的图片)。由于每个儿童对不同图片表现出的反应千差万别,因此在操作上几乎无法保证良好的信度和效度。

尽管MAPS测试的结构更适于评估中小学生,但是在学校中,它还是被定期用来评估有严重情绪障碍的儿童(科皮希,1982)。MAPS测试中故事的计分方式与TAT相同,但二者一个显著差别在于儿童选择放入故事中的人物剪纸数量不同。除了作为其他临床测试的辅助手段,以及在判断儿童一般情绪和内驱力状态的辅助手段之外,很少有支持使用MAPS测试的相关数据 。想要恰当地使用MAPS测试还需要进行大量的训练。

MAINSTREAMING
回归主流

回归主流是用于最少受限制环境(LRE)的法律原则中经常提及的术语。

该术语及其潜在概念是20世纪五六十年代公民权利运动的产物,那一时期法院判定基于种族的隔离是非法的。种族隔离是指拒绝某些儿童所享有的同等条件下其他儿童享有的受教育机会。在宾夕法尼亚智障人士联合会(PARC)诉宾夕法尼亚州政府(1971)和米尔斯诉哥伦比亚特区教育委员会(1972)案件中,这一原则被延伸至残疾人群。这鼓励教育机构把学生安置在最正常的环境中,并尽可能地避免对学生贴上劣等生的标签或实行隔离。在1975年《所有残疾儿童教育法》、1990年《残疾人教育法》及1997年《残疾人教育法》修正案颁布后,教育机构需要为每个学生的教育提供"最少受限制环境"。

尽管回归主流和最少受限制环境(LRE)这两个术语历史渊源密切,但是二者并不是等同的,对二者的滥用常常会混淆法律对最少受限制环境所作的规定。LRE学说提出,要在最大可能限度上,使残疾儿童与健全儿童一起受教育。与之相对,回归主流仅仅是众多可以满足LRE要求的教育方式中的一种:回归主流学生在普通课堂上接受教育,在必要的时候给予他们特殊教育支持。

对于最少受限制环境的构成的阐释从20世纪90年代兴起,而且研究者们对此依然争论不休。一些人认为,不管残疾程度如何,每一个残疾儿童都应该在普通教室内接受教育,在必要的时候给予特殊支持,这种方式被称为完全融合。这种融合模式寻求的是融特殊教育和普通教育为一体,以满足所有学生(无论是健全儿童还是残疾儿童)受教育的需求。而其他很多参与特殊教育的人士、以及与残疾儿童一起工作的人士则认为,上面所讨论的教育模式最大程度上满足了特殊教育学生的需求。

参见 融合;最少受限制环境

MAINTENANCE
保持

这里的"保持"与学生在校的学习表现有关,是指学生在经过训练习得之后,即使停止训练,也能够保持成绩的正确性。保持与其他三个概念有关:习得和熟练,二者发生在保持之前;以及一般化,这发生在保持之后。

习得意味着学生能够做一些他以前不能做的事情。例如,对学生进行一次预备测试,考察其是否知道非重读元音/ə/的17种拼写方法。预备测试的结果表明,被测试的学生只知道其中四种方法。在最初的训练后(例如,使用多感官的练习方法,进行每天30分钟的训练,共4个星期),学生掌握了17种方法中的15种。这时,学生就通过习得初步掌握了一项新技能。当学生被要求使用习得的新技能,而且在此过程中,不得借助原先的训练方法继续学习,那么此时学生就展示了他的保持技能。达到保持阶段后,学生可进一步做一些适当的复习,这种适当的复习可称为过度学习试验和分散复习。

过度学习试验就是重复练习或过度学习的典型表现,这种过度学习的工作量是习得阶段的一半。例如,对于非重读元音/ ə /的17种拼写方法,初级训练需坚持4周,每天练习30分钟。为了达到保持的目的,在过度学习试验阶段,我们可以减少时间为每天15分钟,持续2个星期。分散复习是在一段指定的时间,如几周之内,系统性地安排工作。因此,与保持有关的分散复习概念,是伴随着过度学习试验中的练习发生的,分散复习包括与学生作业相关的扩展练习。

二者的实际差别在于:并非2周每天15分钟,而是每周安排2次同样多的练习时间,持续5个星期。分散复习的一个主要优势就是它可以补充长时记忆,同样长时记忆也可以促进一般化的完成。一般化意味着一位残疾学生经过训练后,可以独立有效地完成学业任务,同时也意味着学生可以随机(或由于需要)进行自我导向性的补救练习。因此,对有学习障碍的学生(LD student)来说,一般化的概念及其应用代表着独立。如果在学习非重读元音/ ə —/的17种拼写方法的过程中,一般化过程发生后,学生通过在各种随机情况下要求拼写由/ ə /组成的单词时,正确率可达96%。

在审视习得、保持和一般化这三个连续统一体的关系时,需要强调的是,如果使用系统的分析方法,在正确的和修正过的工作中发生的学习,可以揭示这三

M

者两两之间的交汇关系。

许多接受特殊教育的学生最初没有达到习得阶段,因此不可能应用一般化的学习习惯和技能,而这种学习习惯和技能通常是那些非常优秀的健全学生所具备的学习特点(卡瓦莱和福里斯,1985)。因此,保持的过程就变得很重要。接受特殊教育的学生学会应用与保持有关的各种概念后,就能够成为独立的学习者。

参见 一般化;熟练学习和特殊教育

MALADAPTIVE BEHAVIOR

适应不良行为

适应不良行为由消极行为构成,这种消极行为会妨碍正常适应行为的机能。适应不良行为包括如下几方面:诅咒、胆怯、发脾气和偷窃等。绝大多数的儿童都曾经表现出适应不良行为。鲁宾和巴洛(1978)在一项针对1586名儿童的调查研究中指出,大概有60%~65%的学生在6年时间内至少被一位老师认为表现出了适应不良行为。

评估适应不良行为有三种常用方法。教师和家长可以使用行为量表,在多种维度上对儿童的适应不良行为评定等级。这样的行为量表有:儿童行为量表(阿肯巴克和埃德博洛克,1979)、行为问题量表(奎和彼得森,1979)以及儿童行为评估系统(雷诺兹和坎普斯,1992)等。儿童行为量表测量的是儿童适应不良行为的各个方面,如行为不良、攻击、粗暴行为、多动。行为问题量表包括四个子量表,分别测试行为问题、人格问题、功能不足以及发育不良。适应不良行为也可以通过对教师、父母、同伴及被评估的儿童进行非正式访谈做出评估。适应不良行为评估的最后一种方法是直接观察儿童在不同环境下的行为表现,例如在课堂上、操场上或家里。

适应不良行为的干预方法常常根据行为的严重性和频率的不同而有所变化。例如,行为矫正和构建儿童生活环境常常在课堂上被教师使用,以减少其适应不良行为。在特殊教育的课堂教学中,教师经常采用大量的行为管理计划或认知行为改变,来降低情绪和行为有问题的儿童的适应不良行为(梅亨鲍姆和比兰,1979)。严重的适应不良行为需要使用强度大的治疗和药物进行干预。

参见 儿童行为评估系统(BASC);儿童行为检查表

MALNUTRITION

营养失调

营养失调被定义为营养发生变化的一种状态,有时营养过剩,有时又极度匮乏(威廉姆斯,1997)。由于以下一些原因,个体容易造成营养失调:不能吸收营养、绝食、无力购买和准备食物、经济拮据或者是烹饪的工具太差(戴维斯和舍勒,1994)。每天由于饥饿、营养失调或因营养失调所导致的疾病而造成的死亡人数约有3.5万(每年1400万人)(威廉姆斯,1997)。

营养失调是一种对儿童影响很大的疾病。美国有五分之一的儿童生活在贫困中并遭受着营养失调所引起的各种不良影响(威廉姆斯,1997)。发育迟缓、贫血等缺乏性疾病、免疫力下降、学习能力降低、活动水平下降等都是营养失调的结果。最近的营养失调调查表明,老年人在情绪能力和受损的认知能力方面呈现出下降的趋势(萨尔维奥利等,1998)。西格曼和惠利(1998)有关营养失调的调查也揭示了营养和智力的联系。多年来,研究者们记录了有关营养早餐可以提高儿童学业成绩的证据(惠特尼、卡塔尔多和罗尔费斯,1998)。统计数据显示,早餐营养均衡的儿童,考试成绩会有所提高,因此由联邦政府出资的学校午餐计划也就应运而生了(惠特尼、卡塔尔多和罗尔费斯,1998)。

MANUAL COMMUNICATION

手势语交流

人类的语言被认为主要是通过听说模式产出和感知的。然而所有的信息都可以通过非语言的方式来表达,例如面部表情、眼神(方向和特质)、手的动作、手势、肢体动作。非言语的交流和手势语交流具有辅助功能,对语言交流(主要的、通常是唯一的交流方式)所表达的信息起到了补充的作用。

在手语音系学中(以前称为手形学),每种手势都有如下特征:tabula 位置(位置,即做出手势的地方);designator 形状(手的形状);signation 运动(手的运动);orientation 方向(手相对于身体的朝向)。已有证明显示这些特征在很多方面与口语的音素类似。

在手语形态学中,手语的"类"(性、数和时态)和构成方式并不一定跟口语一样(例如,手语也有复合词,但是手语不能通过词缀构成新词)。手语可以表达各种不同的区别,有指示词、可以表达相互作用关系、数量、分配及时间概念等(克利马和贝卢吉,1979)。

在手语的句法方面,手势的顺序并不是随意的,例如:手语有自己的句法规则。手语也有自己的词汇表。各种手语之间或是手语与口语之间的词汇差异,从根本上说,与各种口语间的词汇差异并没有太大不同(斯托科等,1965)。

尽管手的动作在手语中的作用极其重要,但是必须强调的是,打手势者也会大量利用其他的非言语表达模式(如眼神、面部表情、头、肩、躯干的动作等)。手势语交流也有体系之分,一般称作手势语(如手势法语与法国手语相对),包括手语的扩展及变形。最大的特点是增加了手语形态学方面的类别,在最初的手语中并不存在这样的词法,或者句法上更类似于一种本国口语。打手势者有时使用手指语,手指的每一种指型都代表着书面语中的一个字母。绝大多数专有名词和概念,因为手语中没有相应的手势或是为了表达更加准确,都会用手指语来表达(例如,如果不存在与"狮子狗"对应的手语,那么就可以用"狗"的手语再加上 P、O、O、D、L、E 这几个字母的手指语来表示)。

参见 美国手语;综合沟通

MARASMUS
消瘦症

消瘦症是一种严重的营养失调。它是由出生时或婴儿早期的一种全面缺乏食物而引起的。对于生活在贫困环境中的婴儿,由于没有母乳喂养而引起的消瘦症十分常见。然而,如果摄入的食物严重不足,尤其是在热量摄取不足时,任何年龄阶段的儿童都会引发消瘦症(克罗伊特勒,1980)。

消瘦症导致了组织消耗和严重的生长迟滞。由于缺少肌肉组织和皮下脂肪,这些儿童看起来满脸褶皱,比实际年龄要老。身体的表皮和骨骼会出现由于饥饿而导致的典型特征。营养不良降低了人体对疾病的抵抗力,使这些儿童极易受到传染病的感染,例如肠胃炎、痢疾、肺结核(佩尔蒂埃,1993)。

随着发育速度的下降,如果营养还是匮乏的话,不但会导致身体发育迟缓也会导致智力和情绪的发展缺陷。即使经过物理和生理化学的康复治疗,由于消瘦症而引起智力发展明显落后的儿童还是无法治愈(克拉维奥托,1981)的。

参见 神经性食欲缺乏;食物紊乱;营养失调;营养紊乱

MARFAN SYNDROME
马方综合征

马方综合征通常是指常染色体的显性遗传疾病,有时候基因突变也会导致马方综合征(吉尔伯格,1995)。有理论认为,15 号染色体与马方综合征有关,但尚未得到证明。马方综合征的症状很多——包括主要的身体特征指征,但是也有一些症状并不总是伴随马方综合征发生。通常认为,智力和情感是不会受马方综合征直接影响的(吉尔伯格,1995)。马方综合征之所以为大众所熟悉,部分原因是由于亚伯拉罕·林肯曾患过马方综合征(兰德尔,1990)。

马方综合征主要身体特征是身体特定部位骨骼过长,主要是胳膊和腿,也包括过分细长的手指和脚趾。手指脚趾细长是蜘蛛指症的一种典型身体特征(在某种其他类型的遗传性失调上也可以看到的一种特征,包括先天性睾丸发育不全)。除此之外,还有更严重的躯体问题,包括脊柱侧凸、心脏畸形、动脉瘤,甚至包括肺脏位置不正常。

有时候视力也会受影响,而且经常会出现皮肤问题。患马方综合征的儿童需要经常看内科医生,基本上上不了学。众所周知,马方综合征患者的行为和情感没有受到疾病的直接影响,但由于他们的外貌异于常人,患这种病的儿童比正常儿童有更多的情绪问题,尤其是青春期的儿童。大部分马方综合征患者不需要接受特殊教育,但这可能需要根据个人心脏、肺及视力的损伤程度来决定。如果必要的话,大多数情况下都可以得到特殊教育服务。马方综合征除了症状控制和可能的心脏及脊髓缺损的手术矫正之外,没有特殊的治疗方法。

MARLAND REPORT
马兰报告

马兰报告是美国国会授权教育委员会官员 S·P·小马兰研究以下问题后得到的反馈:

(1)确定针对天才/超常儿童的特殊教育支持项目的必要性和作用。

(2)目前有哪些联邦教育支持项目是用来满足天才儿童的需要的?

(3)评价现有的联邦教育支持项目如何能更有效地发挥作用,以满足这些需要。

(4)推荐新的能够满足以上需要的项目(马兰,1972,VIII)。

这个报告证实了对于天才青少年提供服务的缺乏,以及大家对天才儿童教育存在普遍的误解。这些研究结果跟其他调查一起推动了美国教育办公室发起了消除这种普遍存在的忽视天才儿童状况的运动。

这个报告关注的焦点是天才儿童,其建议对于发展国家和民族的天才儿童计划是非常重要的。而且,这个报告对于联邦政府参与天才教育也起到了极其重要的作用。

MASTERY LEARNING AND SPECIAL EDUCATION
掌握学习和特殊教育

“掌握学习”是一种乐观的教与学的理论。这种理论提出,任何一位教师实际上都能帮助所有的学生极有成效地、快速地、自信地学习。布鲁姆、黑斯廷斯以及麦道斯(1971)相信,不论优等生、差等生都可以从教学中受益:只要教育成体系,任务被分割成小的步骤,教育目标非常明确,并且给予学生充足的时间,他们就能够取得好成绩,下面是达到“掌握学习”的一些标准。

从学习熟练的角度出发,学习的管理需要三个基本阶段(布洛克,1984),第一阶段是目标导向阶段。在这一阶段,教师需要向学习者阐释清楚希望他们达到的结果,解释掌握学习的分级方针和标准,并指导学习者使用策略来掌握学习。

第二阶段是教师使用各种各样的教学方法进行教学。最初,教师按照一定的次序教授全班学生,并进行全面测试。随后,根据学生的学习水平对他们进行分组:对于没有达到预定水平的学生使用矫正教学,对于达到预定水平的学生进行巩固和扩展。第三阶段是评分阶段。这个阶段通常发生在矫正阶段和强化阶段之后,对每个学生的掌握情况进行个别评价。如果学生达到了预定水平,就给予他们 A(A's);如果没有达到预定的水平,就给予 I(I's)。

还要采取措施,帮助学生实现由 I 向 A 的过渡。

在特殊教育课堂中所使用的一些材料是基于“掌握学习”的原则的。

DISTAR(恩格尔曼和布鲁纳,1969)是为初等教育阶段的学生设置的阅读课程,它把阅读分成一个一个的小单元,按照等级顺序排列这些单元,让学生掌握每个单元。还有一些课程,例如思维技能(布莱克等,1984)以及和社会技能的教授都与大脑中的掌握学习息息相关,共同发展。掌握学习的优势实质上与特殊教育项目的目标是一致的。

更多的学生能够完成指定的目标,且提高了分数;反过来,这也对学生形成自我概念具有积极作用,提高了学生对有关学科的兴趣,这就是其成功之所在(布洛克和安德森,1975)。

参见 能力教育;基于数据的教学;教学策略

MATERNAL SERUM ALPHAFETOPROTEIN(AFP) SCREENING
母体 α-胎甲球蛋白血清(AFP)检测

母体 α-胎甲球蛋白血清(AFP)检测是对怀孕 14~18 个星期的妇女进行的验血诊断。它用来检测怀孕早期进入母体循环系统的 AFP 的含量,AFP 是胎儿合成的一种普通的蛋白质,即(詹森和博巴克,1985)。

母体 AFP 的升高常与胎儿神经管的缺陷有关,最常见的是中枢神经系统的畸形。这些缺陷包括无脑、脑膨出、脊柱裂(哈里森等,1984)。

无脑指的是大脑和小脑发育缺失;脑膨出指脑通过头骨中的先天性缺口而突出的现象;脊柱裂指脊柱底部的闭合失败,引起脊髓膜的突出现象(托马斯,1985)。AFP 水平不断提高,则需要进一步做超声波检查和羊水诊断,以确诊胎儿是否出现缺陷。

参见 羊膜穿刺术;遗传咨询;脊柱裂

MATHEMATICS,LEARNING DISABILITIES IN
数学学习障碍

数学中的学习障碍至少在三个不同的人群中出现。其中一个人群的特点是在数学方面存在整体上的不足,以至于学习进度慢并且很费力,但是表现稳定。第二个人群在一些特定的数学题目上表现出不足,如分数,或在一个子题目上表现出不足,像除法。第三个人群的表现特征为思维、推理和问题解决上的综合性的障碍,以至于在数学概念和技能上的表现都是错误的和不合逻辑的。

数学是一种综合性学科,这种学科重点强调概念和原理的推导、计算的精确和简便、概念和原理的应用以及在解决难题和做决定上的计算熟练程度。数学学习障碍的最主要的研究和计划一直关注算术的计算。在这个领域中,重点是整数及其加法和减法。尽管教师发现除法是学习障碍学生所有困难中的主要问题(麦克劳德和阿姆斯特朗,1982),但是关于这方面的研究和教学发展数量极少。相反地,加法和减法方面研究的文献却很充分(桑顿和图希,1985)。加法和减法这两种计算技能是儿童最早遇到的困难,基于这个观点强调加法和减法就可以理解了。不过,加法和减法的早期学习障碍到底是什么原因引起的,至今还无定论:有人认为是学习者的概念和理论不足引起的,这是从认知观点来看的;或是由于学习者在注意因素或记忆能力上的缺陷引起的,这是从行为观点来看的。

同样不能完全确定的是,加减法学习障碍的儿童成功入门后在乘法和除法上也能取得成功。

数学能力的评估必须是全面的。这需要在各种发展水平上对全部学习内容给出一个合理的考量。至少,这应该包括对涵盖数字、分数、几何及测量方面的概念和技能、计算以及解决问题的能力评估。使用单项测试意味着,“g”因素(智力因素)正在起作用,数学单一项目上的表现足够用来预测在其他题目上的表现,或者还表明,这种评价只是从兴趣角度做出的,主考所关心的就是所考项目。单项测试限制了对强项和弱项类型的研究,但能使人对关心的一个领域进行更加深入的钻研。如果将基玛斯诊断算术测验修订版(康诺雷、纳契曼、普利契特,1988)与其他测验对照,人们会注意到基玛斯测验涵盖了更多的项目,但是没有像其他测验那样重视计算水平那样偏重哪一个单项。鉴于这些差别,评估专家需要在设计评估方法时作出明智的决定。

教学和课程在计划设计上是结合在一起的,以适应数学上有学习障碍的学生的需要。课程的选择决定了内容或内容的水平、顺序或内容呈现的顺序。除少数特例以外(考利等人,1974;1976),特殊教育并没有把注意力对准数学课程的发展。有两个因素影响课程的选择。一个是普通班级课程的使用,这种课程主要决定于正在使用的课本。第二个因素强调整数运算。这第二个因素几乎没有给课程变化留出什么余地。

教学法的选择决定了内容呈现的方法。可以把教学方法分为两类,当然要注意其实教学法不止这两类,并且这两类方法之间也有交叉。其中一类方法强调概念、原理、信息处理和对数学题目的分析。另一种方法强调对少数数学题型上答案的正确率以及熟练程度,这些数学题目通常包含整数运算和文字题。

最近由美国国家数学教师协会(NCTM)提出要关注特殊教育学生数学标准测验的内容效度(帕马、弗拉泽塔、考利,1996)。数学成绩的取得需要大量的知识、并以具备一定的语言和阅读能力为先决条件、还要运用各种各样认知行为。为学习障碍者设计合适的数学课程,并进行恰当的评价这都需要如同数学科目本身那样全面、综合的方法。

参见 失算症;算术矫正

MATHEMATICS, REMEDIAL

数学补习或矫正

数学矫正的传统教学模式是诊断式的,例如,识别擅长的领域和薄弱的领域,并且传统上是关注对弱项的指导,包括数学技能上的不足。但是数学矫正专家对矫正机能失调学习者也感兴趣。这种学习者由于机能失调而导致注意力分散、缺乏策略、短时记忆或长时记忆差(赖斯曼,1982)。大部分矫正的努力以后会转化为数学学习障碍学生的教学策略,这些策略有助于解决数学成绩表现不佳的相关问题。

与传统模式相对,有人建议使用发展的方法,认为好的发展性教学可以对数学障碍学习者提供最好的矫正。考利(1984)提出了反对意见,认为教学习障碍学生学习数学的一个难点是对于强调“怎样教”,而忽视了教什么。他倡导在向有学习障碍的学生传授数学知识时,要更加强调“我们应该教什么,我们应该什么时候教,最好以什么样的顺序教”(1984)。不过,他还建议对学习障碍学生的数学教学还应根据他们的优缺点因材施教。除此之外,他认为对学习障碍学生进行数学教学应该遵循的前提是,学习障碍学生的需要是相互关联的,应该运用技能方面的活动和题目而不是数学本身来增强学生数学积极性,培养学生的数学应用和归纳能力。

参见 数学课中的学习障碍;矫正性阅读。

MBD SYNDROME

轻度脑障碍综合征

轻度脑障碍综合征或者轻度脑功能紊乱综合征(这种说法现在已经过时了),多年来一直被作为一些不正常行为的病因及诊断的根据,这些不正常行为常常出现在有学习和行为问题的儿童身上,包括多动、分心、冲动(克莱门茨,1966;克鲁克香克,1966;施特劳斯和莱赫蒂宁,1947)。

近年来,无论是在医学诊断方面还是在特殊教育分类方面,轻度脑障碍综合征的提法都相对减少。大脑不同区域的损伤会导致不同的结果,相对于慢性大脑功能紊乱,急性损伤对大脑—行为间关系的本质会产生不同的影响。大脑是由数百万的神经细胞和一些无法定位和定量的受损神经细胞组成的(哈特拉格等,1977)。无疑,轻度脑功能障碍这个概念过于宽泛,用它对某些儿童下结论毫无意义,也不可能用来做会诊后的干预方案。因此,轻度脑功能障碍这个术语有一定的历史价值和启发价值,但并不蕴含特殊教育实践的特殊意义。

参见 脑损伤;学习障碍

MCCARTHY, DOROTHEA

多萝西娅·麦卡锡(1906—1974)

多萝西娅·麦卡锡对心理学领域中的年幼儿童的语言发展和临床评价做出了杰出的贡献。在弗洛伦斯·古德诺夫的指导下,麦卡锡于1928年获得了明尼苏达大学的博士学位。弗洛伦斯·古德诺夫对麦卡锡的职业生涯有重要影响,他使麦卡锡确信,儿童间的认知差异可以在儿童早期通过几个维度进行测量(麦卡锡,1972)。

1972 年,麦卡锡儿童能力量表出版,标志着其职业生涯到达顶峰。这套量表用于对 2 岁半到 8 岁半的儿童进行智力和动作能力的测试。这套量表历时 15 年开发完成,并于麦卡锡从福德姆大学退休一年后出版。麦卡锡在福德姆大学任教 40 年(1932—1971),期间由副教授转为教授。

在福德姆大学,她的同事称赞她最鲜明的特点就是她的研究完备而且可靠,不论是对她自己的研究或是指导学生做研究,都坚持高标准。麦卡锡有关学前儿童需要和兴趣研究的临床意义已经被证实,证据有二:①她为麦卡锡量表制定的儿童导向任务;②测试中这些任务的顺序都经过巧妙安排,有益于测试顺利进行。

MCCARTHY SCALES OF CHILDREN'S ABILITIES (MSCA)
麦卡锡儿童能力量表

麦卡锡儿童能力量表(以下称 MSCA:麦卡锡,1972)用于测量 2.5 岁到 8.5 岁儿童的一般智力能力。MSCA 包括 18 个子测验,分成 5 个分量表:言语(V)、知觉-操作(P)、数量(Q)、记忆、运动,还有一个综合量表,即一般认知量表。一般认知系数/指数来源于 18 个测验中的 15 个子测验,并为儿童的认知水平提供了一个常模指标(平均值为 100,标准差为 16)。这五个 MSCA 的量表系数/指数的平均数都是 50,标准差是 15。

麦卡锡儿童能力量表的优点是格式清晰,材料结构合理,非常适于儿童使用。缺点是记分的工作量太多、程序太繁杂,上限和下限不明确,量表使用的年龄段有限。考夫曼(1977)曾经就麦卡锡儿童能力量表的方法问题作过解释。然而,由于麦卡锡量表的常模已经过时,而且越来越多与时俱进的评估年幼儿童认知能力的方法也不少,因此建议麦卡锡量表的分数主要用来获取临床信息,而且对于这个分数的解释要小心谨慎。

参见 智力测试;考夫曼儿童评估组;斯坦福—比奈智力量表;韦克斯勒儿童智力量表

MCGINNIS METHOD
麦金尼斯方法

麦金尼斯方法,也称作联想法,是 20 世纪 50 年代至 70 年代早期推荐的一种教学法,主要用于被诊断为失语症或者患有接受性或表达性失语症的儿童。失语症被定义为一种能够引起感觉剥夺的大脑损伤。

联想法是一种综合应用视觉、听觉、运动感觉的多感觉教学法,它强调注意、回忆和保持的重要作用。讲话训练和口语表达计划强调与唇、舌运动相一致的肌肉运动的感知觉。通过训练计划谨慎地引导训练学生,早期的训练可以使学生独立地发出音素,记忆序列通过读写的方式建立。

通过联想法的垂直训练和水平训练项目,可以进一步发展语言技能。垂直训练项目教授学生在某一特定时期将要掌握的基本语言和言语模式。

水平训练项目是一种日常教学示范,该项目为分级工作提供了一个连续体。联想法遵循以下 7 个步骤:强调注意力,发出特定语音,将语音组合成有意义的名词,恰当的名词概念联想,使用书面字词进行名词和单词的书写,发展话语能力,听觉联想,书面表达和口语表达的意义联想。

MEASUREMENT
测量

测量是对观测到的行为和活动给予评分。

对于特殊教育中的测量,最重要的两个特征就是信度和效度。信度的学术意义与字典意义稍有不同。信度通常意味着一种确定性。只要我们认为行为测量的信任程度具有一致性,我们就认为它是可信的。

根据心理测量学(测量的数学模型),一致性是指,相对于其他分数而言,一个分数的相对位置维持不变。例如,对五个人进行观察,得到的分数分别是 1、3、4、4、6,如果对这 5 个人再进行一次测量,得到的分数是 2、4、5、5、7,而且这 5 个人的顺序不变。尽管两次测量的分数并不相同,我们还是认为这个观察程序具有很高的可信性。信度是指一个测量分数相对于所有其他分数保持一致性。在某一个点上两组分数完全不同,这是效度问题。

信度可以通过三种方式检验。一种方式是进行两次同样的测验。在智力测验中,这意味着在两次相同的测验间要有一定的间隔,这就是重测信度检验。如果一个测验由几个独立的部分组成,相对于整体而言,可以对各个部分测验的一致性进行检测,这叫内在一致性检验。第三种方式是,为了测量与第一份测验相同的东西,而编制了一个完整的第二份测验。这两组分数间的信度就叫分半信度/平行信度。

效度的概念有几方面不同的应用。就像前面我们给出的例子那样,我们必须要问,哪一列分数可以更好地反映行为。在测量儿童在学校中的学习时,我们最感兴趣的是测验的内容效度:这些问题在多大程度上反映了老师应该教授的以及学生应该学习的内容?在测评思维过程的时候,我们感兴趣的是智力测验中的结构效度,即:测验能在多大范围内测量思维过程?在测量一个准大学新生的成绩作为其未来在大学中的成就效标时,我们感兴趣的是预期效度;与受过培训的临床医生的诊断相比,测量一个筛选测验能够有效预测学习障碍的程度,我们感兴趣的是同时效度。测验的效度必须与测验的目的相关联。

对所观测到的行为进行推论是一个很复杂的心理过程。随着任务所要求的推论的增加,观测者测量的信度下降,这是人作为观测者进行测量的典型特征。如果对观测者进行广泛的训练和频繁的再训练或者保持练习,对于推论要求较多的观测有可能获得高信度。

参见 评估;心理教育方法;信度

MEDIATION
调节

调节是一种用于指导、控制、调整一个人的行为和反应的智力活动,是一种在行动前要进行的思考活动(迈亨鲍姆和阿伦森,1979)。在一个人设法获得新信息、建立联系、记忆信息、或者学习一系列动作的起始阶段,调节是非常重要的。调节可以用于指导肌肉的运动行为,控制情绪和社会行为,记忆信息,进行学习。调节的本质是言语和形象,其作用随着意义的逐渐丰富而增加(彼得森等,1964)。

言语调节应用很广。儿童可以通过自言自语,来分析自己的境遇或者经历,并计划如何反应。言语调节可以用来帮助儿童学习身体运动。如果一位教师只是数"一、二、三、四",那么这种调节可以帮助学生在正确的时间内按顺序完成每一个动作。很快儿童就会自己大声地数数,随后他们能够进行默数,直到这种运动的模式自动化。

调节也可以用于控制情绪和社会反应。例如,一名儿童在排队吃午餐的时候被推了一下,摔倒了,他会非常生气。如果这名儿童使用言语调节,他可以这么想:①关注的问题是——他把我撞倒了;②分析情绪——这让我很生气;③分析情况——他正在玩捉人游戏,没注意看路;这只是一个意外。调节的结果是,或许这名儿童会得出这样的结论:这个撞人的孩子应该更小心些,而且这种情况不值得生气。这样这名儿童就控制了他自己的情绪,并调整了其社会反应。所以他没有进行回击,而是说,"嗨,小心点"。鲁利亚(1966)和维果斯基(1962)两人都提出,儿童通过言语调节他们的社会活动和行为,从而进行社会化学习。

调节在学习,如阅读、写作、拼写以及算术方面具有广泛应用。例如,一个儿童可以使用调节来记忆计算加法的步骤。在阅读中,一个儿童可以使用他原来学习过的单词,如,猫(cat),帽子(hat),来帮助学习蝙蝠(bat),肥胖的(fat)等生词。由于这两组单词的最后两个字母不仅看起来相似,而且听起来也很相似,因此可以大大提高生词的学习效率。

在学习的最初阶段,调节常常是有意识的、公开的。儿童可以大声地说出所学习的东西。最后,调节变得隐蔽,儿童可以默默自言自语。当学习的反应变得接近自动化的时候,就不再需要调节了。

参见 注意缺陷模式;行为调整;A. R. 鲁利亚;活动论;L. S. 维果斯基

MEDIATIONAL DEFICIENCY
调节缺乏

调节缺乏是指不能应用言语调节来促进学习的现象。鲁利亚(1961)和维果斯基(1962)提出,语言和思想是相关的,二者的发展相辅相成,例如,年幼儿童可以通过自言自语来指导活动,阐述想法。儿童自语逐渐内化成一个有效的调节,使得儿童能在行动之前进行思考。

根据这种调节模式,年长的儿童更有可能使用言语调节器来帮助学习,因此年长的儿童比年幼的儿童学得更好。我们来看一个概念形成与刺激相结合的任务。在这个任务中,让儿童从两种图形(三角形、圆)与两种颜色(红色、绿色)中各选一种进行组合。儿童必须选择形成这个概念的所有可能的组合——假定是绿色的形状。每次选对的时候,他就会得到强化。这里我们的假设是,年长的儿童会使用调节器,对这种情况中的重要特征进行标记(在前面的例子中,每次正确的选择都是绿色的)。我们观测到的实际情况也是这样的,年长的儿童比年幼的儿童更快地获得概念。年幼的儿童不会使用个人的标记或者调节器,他们更倾向于选择最近得到强化刺激最多的选项。

对智力落后调节的研究始于20世纪60年代。像年幼儿童一样,智障者也有调节缺乏现象,他们无法用自己掌握的语言来标记同一颜色出现的各种情形。大量的研究围绕着智力落后儿童和成人在指导下能否使用言语调节来促进学习。数据表明,在言语调节的刺激下,像年幼儿童一样,智力落后者也可以使用调节线索来促进学习。这项研究的结果或许是调节缺乏的最好证明。

在直接指导的情况下,个体能够学习复杂技巧并进行有效的应用,但是他们不能把这种策略或技巧应用到其他情况。某些情况下应用的策略与学习者在最初的情境下所习得的策略不一样,这是极有可能发生的。

智力落后学习者对于知识的迁移存在非常大的困难。当教他们使用言语调节且调节缺乏现象大量减少的时候,他们的表现继续表现为输出缺乏。

参见 语言治疗;调解者;宏观认知;残疾人的语言能力

MEDIATION ESSAY
调节问卷

调节问卷是一系列打印出来的声明,里面描述了具体的恰当和不恰当的行为以及行为的结果。它使用认知干预来改变行为(布莱克伍德,1970)。

调节问卷采取的是苏格拉底式对话模式,先提一个问题然后给予详细的回答。

内容主要围绕4个特定的问题,学生使用他们自己的语言做出回答。这4个问题通常是这样的:①我做错了什么?②为什么我不应该这样做(不恰当的行为)?③我应该做什么?④如果我做了(恰当的行为),将会发生什么?(布莱克伍德,1970;莫罗等,1985)前两个问题的回答主要描述学生的不恰当行为以及行为的消极后果。最后两个问题的回答为儿童提供了恰当的、可以选择的行为及其行为的积极结果。

对于非残疾学生(布莱克伍德,1970;麦克弗森等,1974)和残疾学生(莫罗等,1985)调节问卷功效的研究是很有价值的。调节问卷与很多传统的惩罚措施相比,其优势在于关注积极的可以选择的行为,这点已被早期的很多研究所证实。

参见 调节的认知行为;后效契约法;生活空间晤谈法;自我控制课程;自我监测

MEDICAL CONCERNS OF HANDICAPPED CHILDREN
医学对残疾儿童的关注

5%的学龄儿童(约20万)有身体残疾,其中有15万残疾儿童接受特殊教育。据报道,近20年来某些身体残疾类型的人数一直处于增长趋势(哈基,1983;威尔森,1973)。这或许与鉴定技术的提高有关系,但更有可能的是,医学的发展提高了这类儿童的成活率。这就迫切需要学校和有关专家能充分理解这些患慢性疾病、身体残疾和感觉受损的人群,以及这些儿童给学校带来的各种问题。哈基(1983)认为,1%到2%的儿童,约100万儿童,有很严重的疾病,需要接受额外的专业照顾,以确保在学校中的学习和生活。由于80%的轻度残疾儿童每天至少有部分时间接受正规教育,因此教师与残疾儿童接触的几率很高。很多残疾儿童还伴随有其他的健康问题,因此这就需要学校的专职人员掌握尽可能多的有关残疾儿童的知识。

很多教师为了给残疾儿童提供充分的教育计划,非常关注如何才能更好地满足残疾儿童的各种需要。最近,州政府、联邦政府以及最高法院的决议使这些患有多重残疾的儿童和慢性疾病的儿童的权利落到了实处,要求学校尽可能将这些儿童编入正规班级并提供支持性的服务(计算机辅助教学、机器翻译、延长在校时间等)。考虑到上述各项决议,教师需要与治疗残疾儿童的专家开展跨学科合作。教师必须了解与残疾儿童有关的其他学科,要求他能够与医学领域的专家交流残疾儿童的专业问题,如身体、情绪、认知和社交发展方面的问题。由于需要服务支持,职业治疗师和理疗师可以定期或不定期就怎样给残疾儿童上课提出有价值的建议。可能需要在课堂上继续完善这些建议,这样才能为儿童制订促使其独立和培养其技能的课程计划。

学校需要与残疾儿童的家长进行良好的沟通。家长的合作和鼓励可以帮助儿童在学校中获得成功。信息是治疗疾病和克服残疾的关键,因此家长和教师需要进行定期的沟通,这样大家可以共享信息。由于这些儿童需要各种意想不到的照顾、还有适应不良行为、服用药物引起的严重的副作用、以及由于治疗设备和治疗场所局限性所导致的残疾儿童的孤独感等问题,因此需要家长和校方人员合作,为残疾儿童创造尽可能平稳的过渡条件,这是非常重要的。霍布斯等人(1984)指出,患有慢性疾病的儿童通常无法在教育上享受公平待遇,因为教师和校方的专职人员不是根据儿童的需要,而是根据学校现有的教育为儿童制订课程计划。尽管残疾儿童也常常需要在家和在医院上课,但那种学习可能是粗略的、杂乱的,而且学习的环境也一直在变化。

参见 神经心理异常;适应性体育;病史;躯体疾病;医疗管理;身体异常;身体残疾

MEDICALLY FRAGILE STUDENT
体弱的学生

在校期间教师要密切注意体弱学生,以确保其身体状况处于稳定水平。这些学生的特殊问题可能需要也可能不需要教师在紧急情况下了解其特殊的干预方法。

体弱的学生彼此很不相同。他们有不同的需要、精力水平以及潜能。一些儿童会表现出一种弥散性的虚弱(生长或者发展缓慢的一种普遍模式),但是并不需要特殊干预。更有可能的是,儿童患有慢性疾病或者遇到紧急的情况,为了应对这种紧急情况,需要找出特殊方法进行处理,或者为了让儿童参与到学校活动中去,而调整日常事务。

对于每一个体弱儿童,教师和学校管理部门应该接受培训以掌握儿童可能需要的特殊方法。例如,如果学生的疾病危及生命时,学校的教职人员需要知道儿童的父母和医生希望他们遵守的方法。所有的指导说明必须详细书写,签署姓名且注明日期,并在孩子入学前与校长和教师进行讨论。

存在如下健康问题也被鉴定为体弱儿童,例如慢性疾病,某些疾病的晚期阶段,术后恢复期,呼吸暂停,严重的抑郁症,心血管疾病以及肾功能障碍。有一些体弱儿童,需要长时间住院治疗,因此需要以医院为基础的教育服务。

参见 健康保养程序

MEDICAL MANAGEMENT
医疗管理

由于近 10 年到 15 年来医学诊断和治疗方面的进步,许多原来被认为是无可救治的儿童疾病现在转变为慢性疾病,例如囊肿性纤维化病和癌症(泽尔策尔,1978)。由于医疗水平的提高,过去很多卧床不起的儿童,现在可以到学校上学,包括那些患有紫绀型心脏疾病、慢性肾病以及风湿病例如系统性红斑狼疮和风湿性关节炎的儿童。哮喘和糖尿病是儿童期最常见的慢性疾病。这些疾病在布卢姆(1984)所撰写的教科书和哈格蒂(1984)所编辑的一本书中都有所论述。

当慢性疾病突然加重的时候,由于不能参加已经计划好了的活动,儿童常常会变得焦虑或者抑郁。有些儿童担忧自己会死去。尽管慢性疾病本质上不会总是导致焦虑增加、或者自我评价低下,但是这些情绪发生的时候,可能导致儿童长期旷课以及也不利他与同伴的关系。绝大多数需要药物治疗的疾病常常都会产生副作用,导致心理问题。例如,患有哮喘病的儿童所服用的一些药物能够导致多动或者周期性兴奋以及注意广度变窄。

在教育机构中,教育者管理这些儿童的任务是尽可能地熟知这些特殊疾病及其治疗方法。教育者需要与学生及其父母讨论疾病及治疗方法,如果可能的话,还需要与医生讨论。教育者需要发展一个高度灵活和个别化的教育计划。由于学生的需要会随着生病期间的各种变化而变化,所以这个计划需要经常进行检查。患有慢性疾病的儿童常常对于那些亲自为他们提供支持和对他们本人感兴趣的教育者做出很好的反应。对于教育者来说,能够认识到这样的事实是非常重要的,即绝大多数儿童和青少年是极其开朗的,他们能够很好地处理他们的疾病及其治疗事宜。教育者所能做的最大贡献,就是全面了解患病学生,满足他们个别化的需要,并鼓励他们尽可能地过正常生活。

参见 化学疗法;糖尿病;医疗史;躯体疾病

MEDICAL MODEL, DEFENSE OF
为医学模式的辩护

医学模式描述了一种理论导向,即关注可观察到的问题、损伤或疾病的潜在的、经常性的身体原因(戴维斯,1980)。医学模式的同义词包括疾病模式及病理模式。

在特殊教育领域内,医学模式非常明确地用于预防身体损伤,如视觉损伤、听力损失或者肢体损伤。一些评估方法就是为鉴别身体残疾而设计的。在学校里对有视力或者听力问题、脊柱侧凸、肺结核的学生进行群体筛查,属于医学模式的检查。与这种医学趋向的伦理标准相一致的是保守决策规则的应用。经由筛查程序筛选出来的有疾病危险的儿童被建议进行额外的评估,如果有必要的话,要进行适当的治疗(赫伦等,1982)。在特殊教育其他领域中,尤其是对轻度残疾儿童进行的检查,却遭到了批评。例如,默瑟(1973)曾提出,社会中使智力落后概念化的医学模式是不恰当的。然而,默瑟强调指出,对于确切的具有生物学功能障碍的精神发育迟滞综合征,医学模式的使用更具合理性。

对医学模式的应用进行详细讨论时,如在对特殊学习障碍进行解释时,加迪斯(1985)和巴伯(1995)指出,对于医学模式的很多经常性的批评(例如它没有促进变化或者发展,及减少心理教育干预的作用)并不是模式本身所固有的,而是其在实际中滥用的结果。加迪斯指出,神经心理学模式是一般医学模式的特殊趋向,其使用很有优势。他强调指出,神经心理学是一个使人信服的、已经确定的科学领域。由于所有的行为都是大脑和中枢神经系统机能的副产品,因此理解大脑—行为间的关系对于了解儿童学习和行为的知识非常重要。一种神经心理学或者生物社会心理学的诊断模式可以帮助鉴定可观察到的疾病的原因,反过来,这些原因的鉴定可以促进有效干预的发展。

参见 生物源性模式;神经心理学;心因性模式

MEGAVITAMIN THERAPY
大剂量维生素治疗

大剂量维生素治疗(或者调整分子法治疗)通常指维生素的消耗剂量超过推荐膳食供给量的十倍(RDA:鲁茨等,1997)。尽管医生对大剂量维生素疗法的开药和管理非常严格,但是有关这种疗法的自我管理还存在一些争议。那些想增加营养的孕妇常常服用大剂量的维生素,她们错误地认为,维生素的补充越多越好。在怀孕期间,这种做法非常冒险,会对未出生的胎儿产生不可逆转的伤害。大剂量维生素疗法应该最好由熟悉其治疗风险和副作用的内科医生来管理。

关于在急性精神分裂症(霍夫,1994)、癌症和动脉硬化(霍夫,1995)的治疗中,使用大剂量维生素疗法的做法存在很大争议。就维生素和儿童的智力而言,学习成绩的提高主要发生在维生素和矿物质摄入量低的儿童群体中(本顿,1995)。

对极具争议的大剂量维生素治疗唐氏综合征的做法进行评估的结果表明,唐氏综合征个体的智力并没有提高(塞利科威茨,1990)。塞利科威茨提出警告,大剂量的维生素会在人体内堆积,引起毒性作用,减缓儿童的发展,甚至会危害身体健康。尽管对大剂量维生素疗法有一些不恰当的评论和一些负面的调查结果,但是现在医生还是很频繁地为那些患者开方,并被患者所使用,如神经系统不适、精神不正常、秃头,或者患有遗传代谢性障碍的人(库姆斯,1992)。

美国医学会科学事务委员会(AMA)声称,到目前为止,支持大剂量维生素治疗的说法只是传闻,毫无科学依据(戴维斯和谢勒,1994)。该委员会还声明,大剂量维生素疗法的使用引起公众错误的期待及不必要的花销,并产生了直接的毒副作用,甚至还引起关键营养成分间不良的交叉反应(戴维斯和谢勒,1994)。

对于大剂量维生素疗法的作用及有效性的研究还将继续下去。随着人们对一些维生素药理方面作用的了解日益增多,在治疗时大剂量开药的这种特殊用法还是很有可能发生的。

参见 营养不良;营养紊乱

MEMORY DISORDERS
记忆障碍

神经心理学的研究表明,记忆障碍可能伴随大脑损伤或者神经系统疾病一起出现。一般而言,记忆障碍是指对于信息存储或提取的不足。记忆机能受损是普通大脑损伤的一种最常见的症状(斯特劳布和莱克,1977)。

对于记忆基本组成的正确评价促进了对记忆障碍的了解。尽管出现了很多记忆模型,但是从普遍涵义上讲,存在着三种截然不同而又相互独立的记忆存储系统(沙利斯,1979)。接收到的感官信息会在感觉记录器内暂时存储并进行选择,以进行下一步的加工。这一领域的研究表明,感觉记录中的信息要么转变成短时记忆,要么被传入的其他信息迅速取代。

短时记忆,或者瞬时记忆,被界定为一种容量有限的临时工作记忆。短时存储中的信息可以保持20~30秒,记忆广度为5到9个项目(米勒,1956)。短时记忆中的信息经过复述,随后被存储在长时记忆中,或者被传入的其他信息所取代。因此"复述"可以延长记忆痕迹,并促进存储的永久性。总之,短时记忆中的信息不太稳定,容易丢失或者不能再回忆起,除非这些信息能够转化成更为持久的长时记忆。

长时记忆是指那些相对持久的信息存储。由于信息重复呈现或者刺激非常明显,长期存储会在大脑中形成一个相对持久的结构或者生物化学变化(希尔加德和鲍威尔,1975)。信息的长期存储包括感觉输入的迁移和巩固。简单来说,迁移指信息从短时记忆到长时记忆的信息传递过程,或者信息由感觉记录直接进入长时记忆的过程。巩固是一种复杂得多的过程,指随着时间的流逝,记忆痕迹的一种渐进的强化过程。巩固过程的中断会损害学习能力。

大脑显然与记忆加工有关。实际上,已有有力的证据证明大脑的颞区与记忆功能有关。颞叶主要与听觉有关,它能触发复杂记忆。此外,大量的研究表明,海马体(正好位于颞叶下方边缘系统内的结构)负责巩固信息以转化为长期记忆。研究还显示,如果海马体的两侧受损,那么除了一些简单基本的动作技能外,其他的都无法学习(巴米泽特,1963)。以上述研究为基础,我们可以推论出颞叶尤其是边缘系统或许是记忆系统的根本的解剖学基础。

对于颞叶或者其相关结构(例如海马体、穹窿、乳头体、丘脑)的损伤常常导致记忆功能障碍。最常见的障碍,如逆行性遗忘,是指对于提取大脑损伤前的某段时间信息的能力减弱。对记忆存储影响最大的是大脑损伤前30分钟(勒扎克,1983),而与逆行性遗忘相关的记忆障碍从事故发生前的几个月到几年时间不等。然而,长时的、根深蒂固的记忆很少出现永久性的破坏现象。

顺行性遗忘是一种更为严重的记忆障碍,其特征是在保持新信息的能力上存在严重问题。虽然瞬时记忆(短时记忆)功能可能是完好无损的,但是回忆一天几个小时中发生的事件的能力已经被严重削弱了。因此学习新知识几乎是不可能的,即使可能,也是非常困难的。然而有趣的是,很多调查者指出,那些患有慢性顺行性遗忘的患者通常都能够提取大脑发生神经病理变化以前已学过的信息(斯夸尔和斯莱特,1978)。这些证据表明,顺行性遗忘的问题在于在对新信息进行编码的能力上存在困难,而不在于提取先前已经存储好的信息方面。

除了一些限定的对记忆过程有影响的因素,大脑发生病理变化也会对特殊类型的材料的存储和提取产生不同的影响。例如,根据大脑功能障碍发生的区域不同,要么是对言语材料,要么是对非言语材料会产生记忆缺陷。因此,特定的记忆缺陷也可能只是针对之前学过的运动行为发生记忆障碍(科尔金,1968)。

大脑外伤常常引发记忆损伤(外伤性遗忘)。非常典型的是脑震荡之后的记忆损失,包括逆行性遗忘和顺行性遗忘。在脑外伤性意识丧失之后,个体常常会产生一种短暂的无法储存和提取输入信息的现象。在脑外伤之后,个体的行为表现正常,但之后可能对某些特定行为没有记忆。许多研究者得出结论,认为外伤性遗忘与昏迷时间的长短和大脑损伤的严重程度有密切关系。

脑外伤之后,长时记忆常常保持完好无损,然而,发生外伤前几分钟或者几个小时的记忆就难以保持了。而且,如果昏迷持续几天或者几个星期,逆行性遗忘就会更严重。不过,随着时间的流逝,许多根深蒂固的记忆可以再次想起。还有很多的记忆干扰现象伴随脑外伤发生,这种脑外伤的后果由损伤的严重性、年龄及损伤的部位而定(勒扎克,1983)。对于这种损伤有三种基本的干预策略:用于改变环境的外部驱动干预、提高认知能力的干预、教授补偿性策略的干预(马蒂尔、科恩斯和埃索,1996)。

先天异常也能导致记忆和学习产生问题。无疑,那些严重的先天异常,如脑瘫、脑膜炎和脑积水会引起严重的学习和记忆问题。这种先天性的记忆障碍具有弥散性,能够在最大程度上引发学习困难。这种弥散性/广泛性学习损伤(马图勒,1992)的特征是存储及提取过程被严重破坏。

正是由于这种弥散性/弥漫性的损伤,患者常常要求特殊教育服务或者看护人的照顾。实际上,有很多把一些学习困难和语言障碍当做记忆障碍来安置的情况(1990)。

参见 遗忘;胆碱酯酶;学习障碍;记忆与学习测试

MENINGOMYELOCELE

脊髓脊膜膨出

脊髓脊膜膨出指脊髓通过脊椎后方的开口的反常突出。这个术语与脊髓脊膜膨出的另外一种写法脊髓脊膜突出(myelomeningocele)是同义,是脊柱裂的一种常见形式,但并不是脑脊膜突出(仅仅指保护膜的突出,而非脊髓伸出)。脊髓及其神经根管膨出会引起弛缓性麻痹以及下肢或躯干感觉的丧失。功能缺损的程度取决于脊髓的缺损程度及所涉及的神经根管的数目。

脊髓脊膜膨出的病因还不清楚,它发生于怀孕的最初几个星期,神经管(形成脊柱和脊髓的细胞)发育失败,不能完全闭合。脊髓脊膜膨出可以通过几种子宫内测试检测出来,最常见的是羊膜穿刺和超声检查。早期治疗包括闭合开口以防感染,是一种切除某些神经组织的手术。随后还需要进行附加手术,以应对与脊髓脊膜膨出有关的其他问题。其他问题包括脑积水,及发生在腿部和脊柱的整形外科畸形(例如畸形足和脊柱侧凸)。

对于脊髓脊膜膨出的患者来说,肠和膀胱控制功能的损伤也是很常见的。对于肠和膀胱功能的恢复包括综合使用栓剂、控制饮食、用药及间歇性导尿术等方法。物理治疗和职业治疗,支架、轮椅和其他支持性的设备,可以促进患者独立性功能的提高,并为患者提供积极有意义的生活。

参见 身体残疾;脊柱裂

MENTAL AGE

智力年龄

智力年龄是通过普通智力能力测试获得的与某一年龄相当的分数。智力年龄的推导方法与其他年龄当量的推导相似。智力年龄代表某一年龄段的孩子在智力测试里的平均水平或平均分数。

智力年龄曾经流行一时,在计算比率智商时需要用到它。比率智商是智商量表分数的一种,在多年前就被所有主要智力测试所摒弃。绝大多数的心理学家和心理测验学家都认为智力年龄是测量分数报告的一种很差的方法,而所有情况下标准分数更高级。

参见 集中趋势;离差智商;年级当量;智商比;标准离差

MENTAL ILLNESS
心理疾病

心理疾病是指个体的行为、思想、感知或者情绪受到破坏的一种疾病或者情况。其他的同义术语有心理障碍、精神障碍、心理紊乱或精神疾病。

在精神病学中,没有任何一个术语像心理疾病一样,可以引发那么激烈的争论。它不仅是不同职业间政治斗争的工具,也是区分异常行为的各种理论方法的一种手段。尽管目前有关心理疾病这一概念的有效性争论刚刚开始,但是这一术语已有很长的历史。

心理疾病这一术语所隐含的疾病模式已经无效了,有关这一结论还有几种争议。一种看法认为内科精神病医生在治疗心理疾病时即使不是唯一的,也应该起主要作用。疾病、治愈、精神病医院、治疗、症状的缓解、复发等术语都是从医学领域借用并应用到心理治疗中来的。除了接受过医学专业训练的人,还有谁能够进行最好的治疗呢?因此,一些专家认为,精神病学对异常行为的研究支持其实是巩固了自身专业领域的边界(莫勒,1960)。

其他的异议是基于研究心理疾病的理论方法上的医学疾病模式,如可以使用短语"生活中的问题"来替代"心理疾病"这一术语(坎菲尔和菲利浦,1970;萨斯,1961)。这一看法的基本观点是,异常行为不是潜在的精神障碍的一种表现,而是行为和环境相互作用的结果(班杜拉,1969)。在这样的界定下,心理疾病、疾病、症状以及治愈等术语几乎没有任何意义。症状不是患者潜藏的精神疾病发展的结果,而是患者本身有问题。这些学到的适应不良策略可能有几种目的,如降低焦虑,避免消极的社交后果,或是激发他人的积极响应。这种诊断和治疗的涵义不同于传统的"疾病模式"(坎菲尔和格利姆,1977)。近来,这种争论的政治色彩不那么浓厚了,由于托管公司要求进行医学模式的编码,临床医生在治疗上追求的是理论和解(瓦赫特尔,1977)及医学赔偿,因此现在这种典型的划分使得其初衷模糊不清了。

《精神障碍诊断与统计手册》(DSM-IV)在"婴儿期、儿童期或者青春期最常见的障碍"的标题下共列举了30多种障碍。就严重性程度而言,障碍的范围从自闭症到发展性算术障碍不等。需要指出的是,由于儿童的行为表现与成人有很大差异,因此DSM-IV中有关神经精神病障碍的标准对于诊断没有帮助(泰勒,1998)。

当儿童表现出反常行为时,家长通常都很关注。幸运的是,绝大多数的儿童问题都有时间期限。2岁儿童怕生,4岁儿童怕黑,5岁儿童害怕做梦和强盗(格雷,1971)。在6岁以前出现的征兆几乎不能预见未来的问题,当然也有个别例外。在某一年龄的儿童如果出现很多征兆,那么未来他可能出现几种症状(鲁宾斯,1972)。智力落后和自闭症在儿童早期就会明显地表现出来,而且随着年龄的增长会持续发展下去。

儿童期障碍的一个例证是注意力缺陷多动障碍。这一障碍的典型特征就是注意广度很小、冲动、活动过多。他们给人的印象是不能听指令,在从头到尾完成一项任务时有困难。他们在学校的表现常常是马虎,没有条理,经常丢三落四或是三心二意。当课堂环境比较松散时,他们的注意力缺陷问题就容易被放大。他们过度地跑上爬下,好像永远都处于运动之中。这种障碍在3岁时就表现得很明显,但是一般是进入小学以后才能确诊。这种障碍的典型特征是儿童的行为经常随情况和时间的不同而变化。因此,这种多动的状况并非是一成不变的,有条理的行为还是有可能出现的。他们会表现出倔强、欺负弱小、低挫折耐受力及突发的愤怒等个性特征。这种障碍会持续到成人期,在青春期消失,或者表现为过度动作行为频率有所降低。大概有3%的儿童会出现这种障碍,其中90%是男孩。

儿童期常见的另外一种障碍是分离焦虑障碍。这种障碍的基本特征是对其主要依恋对象、家庭、熟悉环境分离的一种过度焦虑。当儿童的焦虑达到恐慌点后,他们会拒绝在朋友家睡觉,拒绝上学或者拒绝在离家不远的街区玩耍。这种分离可能引发身体疾病,如头疼和肚子疼。他们的思维常常被死亡和(大祸临头的)恐惧所占据,害怕即将降临到自己家的非常恐怖的灾害。由于曾经怀有这种恐惧的想法,随着年龄的增长,这种恐惧会愈加集中,他们会更加关注那些潜在的危险,如绑架、盗贼或者车祸。处于青春期的男孩可能会拒绝承认当他们离开母亲时会感到焦虑,但是他们会倾向留在家中,而且如果被迫离家一到两天,他们会感觉不舒服,这反映了他们的分离焦虑。患有这种障碍的儿童怕黑,他们宁愿选择与父母睡在一起,即使是被要求睡在父母卧室外面的地板上。这种儿童黏人,要求过多,需要经常给他们安全感。这种障碍经常发生在儿童受到伤害之后,如搬迁、宠物的死亡、生病、失去了朋友或者亲人。这种障碍会持续几年,可能恶化,也可能减轻。更重程度的分离焦虑会延续到成人期,通过他不愿意从父母家搬出来或者过分依赖配偶表现出来。

参见 精神障碍;《精神障碍诊断与统计手册》

(DSM－IV);投射技术;社会病态

MENTAL RETARDATION
智力落后

智力落后已经提出几个世纪了,各个专家都使用不同的术语来描述这种情况。在几个世纪前使用的术语有白痴、傻瓜、天生的笨蛋。20 世纪早期到中期,愚笨、痴呆、白痴描述了三种水平的迟滞(由高到低),直到 1940 年统称为低能。比较新的术语包括智力缺陷、智力低下、精神失常、发展性残疾,后者指的是一种长期的、严重的障碍。

有关智力落后的定义反映了这一领域的流行思潮,描述了这一领域内相关知识的情况(格罗斯曼,1983)。美国智力落后协会(AAMR)采用了这种定义及相应的分类体系,他们根据特殊个体需要得到支持的程度,即间歇的、有限的、广泛的、全面的支持来取代原来定义中的轻度、中度、重度、极重度的分类体系。

现将这几个术语总结如下:

(1)间歇性的支持:按需要提供高强度或者低强度支持。其特征是在个体生命发展中具有阶段性或者短期性。

(2)有限的支持:在个体一生中始终如一地提供支持,但并不是任何时间都提供广泛支持。与广泛支持相比,这种支持需要的人力更少,花销也更少。

(3)广泛的支持:至少在某些环境中,如工作地点或者家里,定期(或许是每天)提供支持。提供的支持并不一定很精深,但是需要长期提供。

(4)全面的支持:在各种环境下提供一种经常性的、高强度的支持,这种随时提供的支持是个体生命得以延续的保障,其特征是需要很多人员的参与。

1992 年美国智力落后协会公布智力落后的定义后,很多人对这个定义不满意,因此它又得到了部分发展。这些不满主要集中于 IQ 的临界值,适应性技能领域及需要支持的水平。其中最突出的定义是由美国心理协会提出的(杰克森和穆利克,1996)。

智力落后是指:①在一般性的智力功能上存在显著局限性;②同时有适应能力的显著限制;③在 22 岁以前,智力和适应性局限性就已经开始了。

这个定义本质上重申了 1983 年美国智力落后协会的定义,但是有所不同的是,它提出了 22 岁发展期,这一说法与发展性障碍的联邦定义相一致。

美国精神医学会在第四版的《精神障碍诊断与统计手册》(DSM－IV;1994)中也保留了 1983 年美国智力缺陷协会(后更名为美国智力落后协会)有关智力落后的定义及根据智力落后的严重程度划分水平的分类体系。智力落后的特征是,18 岁以前就开始出现智力功能显著低于正常水平(智商大概是 70 或者更低)的情况,在适应性功能方面同时存在着缺陷或者损伤问题。根据智力受损的程度,划分了四类来说明智力受损状况,分别是:轻度、中度、重度、极重度。而且,《精神障碍诊断与统计手册》(DSM－IV)以及《疾病和有关健康问题的国际统计分类》(第 10 次修订本,ICD－10)共同整理了精神和行为障碍部分,因此,它们对于智力落后的定义和分类体系拥有相同的观点。由此可见,随着时间的推移,智力落后的定义发生了变化,这反映了社会和政治力量也在发生变化,而且未来这些定义还会发生变化。例如,美国智力落后协会就在重新检视智力落后的定义。

归类为智力落后的人分为两类:要么是身患疾病,要么在功能上与其他人不同。智力落后有很多诱发病因。遗传因素,包括先天性新陈代谢不良,如泰萨氏综合征(黑蒙性家族痴呆疾病)、结节性硬化症及染色体异常。染色体异常中我们最熟悉的是三体型唐氏综合征及脆性 X 综合征。胚胎发育早期的变化包括染色体畸变,例如嵌合型唐氏综合征,或者由于母亲喝酒或受到感染而产生的毒素作用而导致胎儿在出生前受到伤害。胎儿营养不良、早产、缺氧、病毒或其他感染、及外伤等因素都容易导致怀孕期间和围产期出现问题。婴儿期或者儿童期引发疾病的一般医学因素有感染、外伤、中毒(如铅中毒)。无人抚养、或是缺乏社会、语言和其他刺激是导致智力落后的最重要的环境因素。与其他精神障碍(如自闭症)有关的因素,也归属于医学分类体系之中。

由两个群体来研究智力落后(例如,齐格勒,1967;齐格勒和霍达普,1986)的方法为描述智力落后的类型及探讨其病因提供了一个有效的概念框架。这种研究方法表明,与智力落后有关的群体可以分为两种:家族性的群体和器质性的群体。家族式的群体,大部分弱智者都属于这一类,大多数患有轻度智力落后,而且其父母和兄弟姐妹的智力都低于平均水平。也就是说,他们的智力具有家族特征,就像身高也具有家族性一样,多个基因在胎儿出生前、出生时和出生后与环境发生相互作用,然后基因由上一代传给下一代。他们的智力与高智力者一样,通过普通的综合因素发展,只是属于正态分布中较低侧的末端。器质性的智力落后群体,由于迟滞的程度更重,单独分布在智力正态分布的最低端。这种迟滞是由一些特殊的器质性问题引起的,这些器质性问题可能是先天遗传的,也有可能是环境影响的结果。他们的父母和兄弟姐妹智力一般都正常。由遗传性器质问题所引起的智力落后有唐氏综合征、脆性X(染色体)综合征及先天性新陈代谢不良;由环境问题所导致的智力落后,包括胎儿酒精综合征,出生前感染,如风疹、铅中毒。

对于医学治疗、预防及其研究来说,这种分类系统非常有用,但是就我们现在可查到的教育心理学的研究表明,这个分类系统对于教育发展计划的制订几乎不起什么作用。

自从1977年94-142公法生效以来,被界定为智力落后的学生数量急剧下降,其中被划分为轻度智力落后的群体所产生的影响最大。这个"新"的学生群体,功能水平较低,在十年或者更早以前被称为轻度迟滞,他们占智力落后群体中大概85%。正是由于这个原因,有关智力落后群体的早期文献资料已不适于用来理解现在的问题。同样,也并不是每一个被划分为轻度智力落后的个体都会体现以下列出的智力落后的所有特征。这个群体与以往的群体不同,在绝大多数的适应领域中,个体一般很少需要或者根本不需要支持系统。过去,轻度智力落后的范围是指那些可以接受教育的或者是可以培训的,尤其是指在学校中接受教育或者训练的学生。智力落后问题的人口统计学特征是,更多的男孩而不是女孩被鉴定为智力落后,而且少数民族中有大量的儿童被鉴定为智力落后。

行为的特征是自我调整行为受限,外部定向(向他人需求解决问题的方法,而不是自己解决),失败预期及外部控制点。在学习领域,各种认知加工可能受限制,包括注意、调节策略、记忆、训练的迁移及概括。这一群体会很频繁地出现某些言语、语言和健康问题,包括语言与动作的发展延迟、脑瘫、痉挛性障碍及感觉缺陷。

从教育的角度而言,在小学阶段,个别化教育计划(IEP)的目标主要是学术上的,很多学生都能在全纳(普通)教育环境下取得成功。经过系统教育,技能培训及提供服务的变化,那些个体在完成正规的学校教育后,能够适应综合的、竞争性的工作环境。

原来被划分为中重度的智力落后,以及在某些情况下被划分为中度的智力落后者,现在被界定为需要更广泛的支持。在1975年94-142公法通过以前,公众并不接受那些重度智力落后(智商范围大概是从20~35)及极重度智力落后(智商范围低于20或者低于25)者进入公立学校受教育。

教师常常把在中度水平(智商范围大概是35~55)以下所有智力落后者都是需要看护的对象,绝大多数或者所有的这类儿童都应该在家受教育。随着消除对心理治疗机构的依赖(又称去机构化)运动的开始,这种情况开始改变了。现在,儿童需要进入公立的教育系统接受教育,而且必须在最少受限制环境中接受合适的教育。

现在,有关智力落后的定义支持如下这些术语的使用,如重度/极重度,需要提供广泛支持者,以及严重残疾者。这一群体的需要在大多数情况下与其身体情况或者健康情况有直接关系。需要支持的程度(或范围)受外界环境的影响。鼓励独立,工作及社会交往的环境能够促进中重度智力落后者的发展。这一群体所需要的支持在频率、持续时间、强度几方面与中度、轻度智力落后者的需要是不同的,需要增补许多与日常生活活动相关的支持。

在教育领域,个别化教育计划目标应该个别化、功能化及年龄合适化。教育应该接受并传递社区的参考意见,以利于智力落后者未来更好地适应社区。过渡计划的重点是独立性的培养、社区社会融合及提供最大可能范围的支持。

在过去,智力落后者的潜能经常被低估,他们经常遭受偏见、恐惧及虐待。由于智力落后儿童现在已进入公立学校接受教育,因此教师和其他学校人员应该特别注意"迟滞"这个术语的使用。有人认为这样的标签容易留下烙印,可以使用另外一些可以替代的术语,包括精神失常、认知障碍及精神障碍。实际上,有研究表明,当教师和其他人在与智力落后儿童互动的时候,标签本身未必会留下烙印。但是由于我们的社会很看不起那些智力落后者,因此任何术语都带有贬义色彩。只有当我们学会从他人的长处去评价一个人,而不是专挑他们的短处,那么用什么词语都不会那么麻烦了。

总之,智力落后是指在适应性行为上出现的认知无能和损伤状况。被视为智力落后的学生应该接受适当的教育,尽可能地使他们过上具有生产性的、独立的生活。尽管他们在学习上会存在困难,但是所有人都可以从这个设计良好的教育计划和支持体系中学到知识并获益。

参见 AAMR适应性行为量表;适应性行为;融合;智力商数;贴标签;瓦因兰适应性行为量表

MENTAL RETARDATION:A JOURNAL OF POLICY, PRACTICES, AND PERSPECTIVES
《智力落后》:有关政策、实践和展望的杂志

《智力落后》杂志由博伊德出版社于1963年首次出版发行,现在发展成双月刊,由美国智力落后协会出

版发行。这本杂志的初衷是致力于满足智力落后群体的需要,并为家庭和教育者提供信息,寻找帮助他们的有效途经。《智力落后》杂志关注实际应用,文章刊登的选题包括:新教学法、管理工具、纲要评价研究、新纲要的发展、服务应用研究、社区调查、国家政策的争议、个案研究及强调新方法应用的调查研究。文章要先经过专家评议,最后由编辑决定是否发表。现在的编辑是美国雪城大学的史蒂文·J·泰勒,杂志的订阅信息可以咨询美国智力落后协会。

MENTAL RETARDATION, SEVERE
重度智力落后

到现在为止,如果有人在智力测试中所测得的分数(在斯坦福—比奈量表中测得智商在 20 ~ 35 之间,在韦氏量表中测得智商在 25 ~ 39 之间)低于常模 4 ~ 5 个标准差,那么这个人就会被贴上重度智力落后的标签。而且,根据美国智力落后协会(AAMD)(格罗斯曼,1977)制定的分类体系,在判断智力落后的时候会考虑具适应性行为的缺陷(如,根据某一实足年龄个体应该具有的、满足个人和社会责任标准的行为的缺乏)。一般来说通过 AAMD 适应行为量表来测量适应行为,也可用类似的量表,只要能反映个体的技能水平与智力落后群体间的差别即可。

过去,对重度智力落后者的看护和治疗主要强调他们能力的缺陷。这种否定态度导致了社会公共机构对智力落后者的忽视、嘲弄及隔离,并对各种投资和努力持悲观态度。考夫曼(1981)对从 19 世纪开始以来的美国智力落后的历史做了详细的分析。在 19 世纪初期,有段时间人们对残疾人的教育持乐观主义态度。在那段时间内,所有的残疾人认为能够得到家庭看护,这样可以使他们成为对社会有用的人,或者至少可以促进他们的技能水平及生活条件的改善。当时正值多西亚·迪克科发起了把残疾人送进专门机构的运动,以使其免受侮辱;同期,塞缪尔·豪和爱德华·塞甘报告在教育极重度智力落后者方面取得了成功。因此,到 19 世纪晚期,专门机构的数量剧增,但是相应的辅助资源或者资金却没有增加。进入专门机构中的智力落后者增多,而资源相对减少,结果导致了看护质量的下降。面对智力落后无法成功治愈的事实,人们的悲观情绪渐涨,专门机构的服务重点也从提供训练转变为提供保护式的看护及与社会的永久性的隔离。

在 20 世纪六七十年代,对于重度智力落后者的援助工作有了更为乐观的发展前景。60 年代,重度智力落后者在专门机构接受技能训练;70 年代,在公立学校接受带有一定限制的教育。去机构化运动和基于社区的预防服务开始出现,这与过去几十年大型专业机构只为重度智力落后者提供食物、住处和医务护理的现象形成了鲜明对比。

20 世纪六七十年代发生的几件大事促成了赋能计划,包括:①智力落后者父母群体的继续支持;②有关法规的出台,如 1975 年美国《所有残疾儿童教育法案》(94 - 142 公法),1975 年《发展性障碍者协助与权利法案》(94 - 103 公法),和 1973 年《康复法案》(93 - 112 公法)第 504 条。这些法规对残疾人的服务做出了规定,并确定了残疾人的权利;③诉讼。如 1954 年布朗对学校董事会提出诉讼,在这场诉讼中,最高法院废除了隔离教育体系;1974 年怀亚特诉斯迪克尼案,最高法院决定将治疗作为一项权利加入宪法;宾夕法尼亚智力落后市民协会诉宾夕法尼亚州案,结果确保了教育配置中的正当程序,保证智力落后群体享受免费公共教育;④行为研究者们在教育技术方面所取得的进步(惠特曼等,1983);⑤对原则标准化的拥护(沃尔芬斯伯格,1969)。

在 20 世纪六七十年代,赋能计划发生了很大变化。教育技术的重点也开始发生变化,从关注基本的自我照顾技能和专门机构中不恰当行为的减少,转变为关注社区生活技能,以利于个体在提供了多种服务的社区中更好地工作和生活。这些变化反映了研究智力落后定义的教育方法的变化(戈尔德,1980)。

治疗模式的变革和教育技术的进步还在继续进行着。治疗模式现在发展为职业培训和培养独立的生活技能。这些模式努力让严重智力落后者参与到社区生活的所有方面(库沃和戴维斯,1983;鲁施,1986),这代表了一种乐观的观点,即通过恰当的训练和支持性服务,那些重度智力落后者可以较为充分地参与家庭与社区的活动。为了使重度智力落后者可以最大限度地参与社区生活,需要对已有的职业、居住和社区计划等方面的服务进行发展和延伸,以满足智力落后者的需要。重度残疾人协会的出现为父母和专家之间提供了动态联盟,确保智力落后者能充分融入学校、社区、工作场所及其他社区环境中。

参见 智力落后;极重度智力落后

MENTAL STATUS EXAMS
心理状态测验

心理状态测验是指在一个简要的表格中,将定性观察与标准化评价相结合的一种尝试。测试者对心理过程和行为表现进行足够广泛的有代表性的抽样,试图借此判断个体是否出现了障碍。此外,这个简短的测验允许这样的假设,即结果模式或许与某种特殊的综合征有关。在历史上,大多数的简短测验都追随精神病理学的发展而发展;目前,神经心理性障碍鉴定的有效性成为关注的焦点,尤其是老年痴呆症。

对心理状态测验进行回顾后,温特劳布和梅舒拉姆(1985)提出,作为测验而言,应该包括如下几方面:失眠,觉醒和注意;情绪和情绪反应;学习和回忆;语言和交流,包括语用学;算术处理/计算;复杂的感知任务;结构性任务;注意的空间分配;概念推理;综合推理(如,将一个问题转变为计划和行动)。

当选择程序来组织评估的时候,临床医生要允许评估项目沿着几个维度变化。评估方法必须既能观察简单的行为,又能观察复杂的行为。当研究者想要维持选定的心理过程的轨迹时,就必须变化输入和输出形式。而且这个测验必须观察单侧化行为。在编制测验的时候,临床医生一定不能为了简短而牺牲观察的深度(心理状态测验的应用,见温特劳布和梅舒拉姆,1985;斯图布和布莱克,1983)。从一个简洁的诊断程序的角度而言,这些目标听起来是合理的,但是普通的心理状态测验是一套任务的有限集合,通过个体的表现得到的分数可以与供参考用的常模标准进行比较。

非常有趣的是,在回顾了心理状态测验的连续发展过程之后,我们可以发现,发展新方法的原因是由于先前的方法不够广泛。在这样的进化历程中,标准化测验和简短的心理状态测验之间的差异变得模糊不清了。

参见 评估;临床谈话

MERRILL – PALMER SCALE

墨跋量表

墨跋量表是一种测量18个月到6岁之间儿童智力的测验,此量表适合个别实施。

这个测验对缺乏口语表达能力的儿童(如过于年幼,发展性迟滞,或者残疾儿童)非常有用。有两篇出色的评论(翁齐,1975;罗卜,1985)指出了这个测验存在的问题,包括过多的限时测验(用以处罚那些行动迟缓、过度思考的儿童)及不适当的标准化。此外,这个测验很难作解释,因为对于54个月以上的儿童来说,心理年龄的标准差并没有随着实足年龄的增加而成比例地增长。这个测验已由芝加哥的斯图尔汀公司出版发行。

参见 智力;智力测验

METABOLIC DISORDERS

代谢障碍

有关代谢障碍的研究发展迅速,现在已经鉴别出2000多种不同类型的先天性代谢障碍及其形态(安波拉,1982)。绝大多数的代谢障碍是由单基因隐性缺陷所引起的,这种障碍由于基本酶的缺乏,会削弱对脂肪、蛋白质、氨基酸或者碳水化合物的新陈代谢,从而引发疾病。比较常见的疾病有纤维性病、糖尿病、半乳糖血症,苯丙酮尿症(PKU)及泰萨氏综合征。

由于这些疾病所带来的发展上的和行为上的后遗症,使得代谢障碍与特殊教育的从业者相关联起来。例如,研究发现,代谢障碍与智力缺陷(卡纳,1979)、社会行为问题(阿伦等,1984)和儿童期精神障碍(奈安,1974)有关。而且,患有代谢障碍的儿童的兄弟姐妹容易遭受社会心理问题(朗格德尔,1979)。代谢疾病对儿童的行为和发展的影响会随着某些因素的变化而变化,如某种特殊的疾病、发病的年龄、医疗的类型和功效、社会支持系统及发病前的身体功能水平(里尔,1984)。

由代谢障碍而引起的较为常见的疾病就是库欣病、囊性纤维化、糖尿病、半乳糖血症和PKU。有些疾病,如囊性纤维化,认知功能看起来好像并没有受到损伤,但是由于相关的紧张性刺激通常会导致其社会情绪调节受到影响。有关代谢障碍的远期后遗症问题,我们知道得还很少。例如,近来PKU医疗技术的进步而减少了智力落后、多动症、癫痫症和头小畸形的数量,这表明,虽然还存在学习和行为问题,但是问题没有那么严重了。

目前大多数的代谢障碍还缺乏有效的治疗;现在关注的焦点应该是通过基因筛选和计划生育进行有效的预防。

参见 半乳糖血症;遗传咨询;先天性代谢障碍;苯丙酮酸尿症;泰萨氏综合征

METACOGNITION

元认知

元认知是指个体所具有的关于其"知道"的知识和"如何知道"的知识(布朗,1975)。通过使用这些知识,学习者可以有效地分配和配置认知资源以满足任务需要。元认知被视作儿童可以从中获得知识和技能的潜在领域;然而,这一领域不是阅读或者算术,而是思考。

认知心理学家、发展心理学家和特殊教育学家的研究指出,青少年的元认知知识和技能在学业成绩(布朗、布兰斯福德、费拉拉和坎皮奥内,1983)中起着重要作用。有证据表明,许多具有学习问题的残疾学生在元认知方面存在缺陷。

教育家和心理学家对于元认知的研究兴趣反映了这样一种观点,即人类行为是多种心理事件和过程的结果。也就是说,学生不仅仅只是对环境的需要做出反应,他们要能够解释周围的世界,然后由这些想法和感觉引导行为。这种观点的重要原则是个体积极尝试去理解他们周围的环境。尽管环境因素会妨碍这种问题解决的活动,有些学生可能不理解任务要求或者不知道如何完成一项任务,但是大多数的学生会先尝试理解任务要求,然后开始进行问题解决活动。

阅读能力差的学生的元认知特征可以在残疾学生的各种表现中得到识别,如学业成绩、问题解决和记忆任务(布朗等,1983;费舍,1998)。识别这些特征不仅可以更好地理解人类学习,而且有利于促进教育干预的发展。从20世纪70年代后期开始,各种元认知训练计划开始发展起来。在阅读领域,布朗和巴林斯卡(1982)研制出的交互式训练法备受关注。在这个训练中,学生和教师轮流主导一个对话,来共同学习课文中的一个片断。对话的目的是帮助儿童意识到并使用与阅读理解有关的有效的元认知的技能。这些技能包括自我评价、自我提问、澄清课文中的重要信息,并能够预测课文内容。随着学生元认知能力增强,教师教学指导作用可以慢慢降低。这种干预不仅增强了学生的解释能力、提出有意义问题的能力、预测能力,而且几个月后的跟踪评估表明,它还可以提高训练后的各种理解能力。

有证据表明,具有学习问题的学生在一些基本技能上存在特殊缺陷,例如对于字母和数字的辨认。因此,要使这样的学生具备读写能力,需要教会他们如何去思考,如何解决问题。对于元认知的研究可以帮助教育者识别限制残疾学生学习知识和技能的缺陷,设计满足他们学习需要的教育计划。

参见 阅读障碍;交互决定论

MICROCEPHALY
头小畸形

头小畸形是一种先天性异常,典型特征是头部与身体的其他部位相比显得过小。由于大脑发育不全,导致个体某种程度的智力落后。乌当和斯沃罗(1983)描述了这种情形,头小畸形个体的头围要比同年龄、性别、种族和孕期的平均头围大小低2个标准差以下。小头畸形的基本形态或者遗传形态,来自于一种单隐性基因,第二种形态是环境因素影响的结果(杰拉尔德,1982;罗宾逊等,1965;特尔福德和索里等,1977)。与小头畸形有关的因素包括宫内感染;外伤,尤其是孕晚期或者婴儿早期受到的外伤;出生时缺氧;大量接受X光照射或者滥用X光照射;化学试剂的使用。

呈现典型症状的个体一般是受影响较为严重的(罗宾逊等,1965)。其特征是,除了头小、呈圆锥形外,头皮松弛且多皱。前额通常狭窄且靠后,枕部平坦;面部特征还算正常,但大多下颏回缩。患有这种疾病的人,身材矮小,脊柱弯曲,佝偻,膝盖弯曲,胳膊和腿很长,与身体其他部位相比不成比例。这样的个体几乎都是重度智力落后者,他们的言语能力或者基本自理能力可能得不到发展。

头小畸形的第二种形态的个体没有那么严重,尽管头骨很小,但是其他症状很少见,或者根本不会出现。智力落后的程度也不那么严重。在招收中度智力落后的班级中可以见到这类个体(杜恩,1973)。对于头小畸形,目前还无法治疗,因此医学护理是重要的。这种障碍需要完整的一系列看护和教育服务(斯沃洛,1983)。

参见 染色体异常;先天性障碍;身体异常

M

MICROTRAINING
微型培训

微型培训是大多数师范教育计划所采用的一种教学实践活动。微型培训的典型特征是,接受训练的教师要给一小组学生上一堂简短的课,然后观察上课录像带,根据他们自己的意见和监督者(听课教师)的意见改正,再重新授课。从这个培训过程中我们可以看到,微型培训强调通过客观的反馈来提高教师的教课水平。由于接受训练的教师接触的是一种模拟教学,降低了实际教学的复杂性,所以称为"微型培训",尤其是,这种简短的高度结构化了的课程只对少数学生进行教授(格雷高里,1972)。

微型培训在20世纪60年代早期被引入斯坦福大学的中级师范教育计划。基斯·艾奇逊,斯坦福大学的毕业生,将其发展成为教师职前培训的一种方法。有很多科研论文专门评述微型培训的有效性,美国超过半数以上的师范教育计划把它看做必需的职前临床经验(特内等,1973)。

微型培训的基本方法论存在多样的变式。延森(1974)对反馈选项(如录像带、录音磁带、接受培训的其他教师、评论者)、批评选项(如其来自他人的、自己的)、再授课选项(如教授、系统再教授、从尝试到标准)进行了多种结合,提出了24个基本变式。除了这些选项,微型培训还可以用其他接受培训的教师替代学生,以及反馈模式的多种组合进行(如可以使用录像带记录其他教师的表现,使用录音带记录批评意见等等)。目前,这种方法还被用于特殊文化的咨询工作中(格兰特,1991)。

参见 教师效能;教学策略

MILDLY HANDICAPPED, TEST - TAKING SKILLS AND THE
应试技巧与轻度残疾

米尔曼、贝肖普和爱贝尔(1965)将考试技能或者考试方法定义为:“被试利用测试或者所参加测试的特征和形式,来获得高分的一种能力”。此外,他们声称,应试技巧“与被测试的内容在逻辑上并无多大联系”。因此,应试技能被看做是可以忽略测试内容的、可以在多种测试中反映出的被试的一组能力。

现在,绝大多数轻度残疾学生通常在普通学校课堂内度过大部分在校时间(弗兰德和麦克纳特,1984;赫勒,1981)。因此,他们被期望着能够像健全学生那样完成学业上的要求。在回归主流课堂上最为频繁、重要的就是参加教师命题的客观题测试(如对错题、多项选择题、匹配题)。事实上,学习好坏主要由学生如何较好地完成这些考试来评价。例如,卡斯伯森发现学生的成绩60%仅取决于考试的分数。除了先验知识和学习之外,影响考试分数的一个因素就是参与考试的学生的考试技能。

糟糕的是,一些证据表明,与健全的学生相比,带有轻微残疾的学生是缺乏考试技能的。一些轻微残疾学生所特有的常见行为包括注意力分散、冲动和焦虑,都会使这些轻微残疾的学生缺乏考试技能。研究人员所注意到的特殊行为包括:在读完所有可选答案前就做出选择,不能认真读懂问题和不会通过线索猜答案。

参见 测量;考试焦虑

MILLON CLINICAL MULTIAXIAL INVENTORY - Ⅲ
米隆临床多轴量表Ⅲ

米隆临床多轴量表最初是1977年由西奥多·米隆建立的用于精神失常的临床诊断和确定精神失常分类系统的临床问卷(《精神障碍诊断与统计手册》(DSM - IV),美国心理协会)。米隆以研究精神病理学以及在这个领域的理论建树而闻名。

MCMI最适合于精神病学研究者对中度到重度的性格病状或临床症状的评估。它不是用于普通人群的一般性测试工具。

根据《精神障碍诊断与统计手册》(DSM - IV)的说明,MCMI是为那些必须对出现情绪和人际关系困难的人做出评估,并为其制订治疗方案的诊断人员提供资料。这些诊断人员包括心理学家、精神病学家、顾问、社会工作者、医生和护士。问卷报告可筛查出哪些人需要更进一步的评估或需要特别留意。这个临床自评量表报告提供了人格及症状动力学的详细分析及治疗安排的建议。

MCMI的基础是米隆的精神病理学理论。他的理论把人格功能划分为八种基本类型,这八种基本类型源自一个4×2矩阵。矩阵的“行”表示积极强化因素:分离性、依赖性、独立性和对立心理;“列”涉及竞争行为的基本范式:主动或被动。MCMI - Ⅲ使用24个量表。这些量表尽管与DSM - Ⅳ的分类系统不完全相同,但却是基本一致。米隆将这些量表描述为用作界定基本人格类型的工具。“临床人格障碍类型”是指基本的人格失调,包括:分裂样人格、逃避性人格、抑郁性人格、依赖性人格、癔病性人格、自恋性人格、反社会性人格、虐待性人格、强迫性人格、抗拒性人格、自我失败性人格等。接下来的三个量表,即严重人格变态部分涉及的是更严重、更持久的人格障碍,即分裂型、边缘型、偏执型。“临床综合征量表”是基本人格障碍类型的扩展,但它涉及的症状是暂时性的,而且对压力有敏感反应,例如焦虑症、精神抑郁、酒精依赖、创伤后压力心理障碍症等。严重临床症状是指思维障碍、严重抑郁症和妄想症。

MCMI - Ⅲ是为18岁以上的成年人设计的。有一个为13~19岁青少年设计的版本,即米隆青少年临床量表(MACI)。MCMI - III要求有八年级的阅读水平,完成操作需要25分钟。而青少年版需要有六年级的阅读水平,完成操作需30分钟。

米隆临床多轴量表具有开拓性。相对那些耗费时间的人格测试,这个记录报告提供了一个简便有效的替代工具。该测试被临床诊断者广泛接受,他们发现这种测试表对于诊断人格失调和评估他们的治疗计划很有价值。但也存在一些批评,指出这种测试存在大量的重叠题目,这样会降低量表的辨别力。在一个人处于焦虑或抑郁状态时尤其如此。不过,已有两个改编版本尝试解决这些问题。这两种版本改换了测试项,增加了量表数量,并对测试项目的权重作了改变,但它对临床症状量表的诊断有效性还需要更多数据来给予支持。另一个批评指向常用的计算机测试系统。

但当临床诊断者觉得这个阐释报告具有吸引力的同时,使用者们也必须承担量表解释的职业责任。也有些批评是关于这种阐释性报告的测试效力的,因此,强烈建议不要将这些量表作为单独手段使用,而是在做出任何确定的诊断之前,将这种测试报告结合其他临床诊断数据使用。

MINIMUM COMPETENCY TESTING
最低能力测验

此项测验用于检验学生是否掌握了为升入高年级或是为取得高中毕业证书所指定的各项必备技能。该测验作为提高学业水平和增强教育成就的一种方式而得到了公众和政府的广泛接受(黑尼和马道斯,1978)。大多数的州都设立了此项测验(辟佛,1978),但是测验的目的和内容并不一样,这要根据各州及地方学区来确定。

关于是否应该让残疾学生参与此项测验仍存在疑问,一些教育者完全反对此项测验(钱德勒,1982)。但是支持者对此项测验进行了适当的调整以确保测验过程的公正,同时杜绝歧视现象的产生。

此项测验也与 94 - 142 公法、1973 年《康复法案》及宪法的规定有所冲突。其中与宪法相冲突的两点是:适当的过程与平等的保护,这已在宪法第 14 条修正案中得到阐述。迄今为止,法院支持各州确定最低能力测验标准。只有在测验的学业标准明显对残疾学生不公平公正时、或其标准带有歧视性、或在没有充分通知相关的要求的前提下处罚学生,法院才会代表残疾学生对此项测验进行干预。

参见 成绩测验;能力测验

MINOR PHYSICAL ANOMALIES
轻微身体异常

超出正常数量的轻微身体异常(MPAs)常常与各种行为失调结合在一起,包括精神分裂症、唐氏综合征、智力落后、自闭症、学习障碍及多动症(克罗泽和考夫曼,1982)。MPAs 现在用于判断青少年的精神疾病是否呈上升趋势的危险。到目前为止,MPAs 已成功地预测了儿童品行障碍问题(皮恩等,1997)。

患有 MPAs 的人的外貌特征包括:耳朵柔软易折,舌面有粗糙和平滑斑点,毛发纤细,颚弓高尖,头围多于或少于常人,小指弯曲,只有一条掌纹横贯手掌,内眦赘皮,第一个脚趾和第二个脚趾间有缝隙。

最近有调查表明,在精神分裂症群体中的 MPAs 人数增长了近 60%,而普通人中仅有 5% 会表现出典型的 MPAs 特征。然而,患有精神分裂症个体的兄弟姐妹,MPAs 的发生率也增长了 38%。

有精神分裂症的 MPAs 个体常常伴有眼、嘴、手、脚等部位的畸变(伊斯梅尔,Cantor - Graae 等,1998)。由于 MPAs 通常可以通过妊娠期间出现的各种情况被检验出来,这也许可以帮助研究者更好地了解精神分裂症的病因(沃丁顿等,1998)。

参见 唐氏综合征;身体异常;身体残疾

MISCUE ANALYSIS
朗读失误分析

朗读失误分析是由肯尼思·古特曼于 1970 年开发的一种研究技术,用以描述朗读过程中语言和思维的过程。基于心理语言学理论,古特曼把阅读描述为读者语言和作者语言之间的一种交互作用(古德曼和布尔克,1972)。为了发现语言和思维加工在阅读中是如何发挥作用的,专家们对儿童在朗读新篇章时的口语失误进行了分析。失误被定义为偏离了课文中可预期的反应而出现的意外的反应。确切地说,朗读失误分析常被作为一种鉴别和评价水平不同的读者试图从书面文字构建意思时所使用的策略手段。

在课堂中,失误分析的程序常常被简化为诊断工具,称为阅读失误表(古德曼和布尔克,1972)。布尔克(1974)以下列问题为基础记录了儿童朗读失误并对失误进行分类:

(1)字形相似点。失误与正确的预期反应之间有多相似?

(2)读音相似点。有多少失误听起来像是预期的反应?

(3)语法功能。误读的单词的语法功能与课文中单词的语法功能是一样的吗?

(4)句法可接受性。含有失误的句子在语法上可被接受吗?

(5)语义可接受性。含有失误的句子在语义上可被接受吗?

(6)意义改变。误读对句子含义会产生变化吗?

(7)矫正和语义的可接受性。读者矫正后的句子语义通畅吗?

每个失误都用以上问题进行分析,以确定读者在看到印刷材料时如何处理三类信息:图像—声音信息,句法信息,语义信息(古德曼,1969)。

由于对具体的朗读失误的分类和解释存在不一致性,使得失误分析的研究结果并不具说服力的。韦克松(1979)指出,失误分析程序不能说明某些变量,如教育方法、课文类型、篇章长度和难度、及阅读者的目的。有专家认为(洛伊,1982;韦克松,1979),失误模型应该是各种变量的函数,而非单个读者阅读策略的反映。

失误分析研究的一个最为重要的发现就是熟练阅读者与不熟练阅读者的阅读策略是有差别的。因为熟练阅读者具有较好的语言能力,所以与那些不熟练的阅读者相比,他们所犯的错误在句法和语义上更具可接受性(古德曼,1969;古德曼和布尔克,1972;古德曼,1995)。

教师可以使用失误分析的结果来提高教学策略。在对学生的失误进行分类和解释后,教师应该提供恰当的语言经验,这对于促进概念理解,以便更好地理解作者所要传达的意思很有必要(马尔滕斯,1995)。

参见 语言学读者;阅读障碍;阅读矫正

MOBILE EDUCATION UNITS

流动教室

正如名字所示,流动教室包括面包车、公共汽车、多功能车或拖车等,这些车辆被改造成房间并配有特殊材料、媒体及实验仪器,其目的是为残疾儿童和青少年服务。流动教室以农村地区使用为主。当地地域广阔、学生稀少,流动教室成为一种有效手段,可以为教师和学生提供特殊的材料及服务的。这些教室由承担特殊教育服务的政府部门负责管理。

流动教室用车是一种通用汽车类别。其大小和功能取决于服务区对它的需要。有些流动教室只用来进行测验。许多学校非常重视测验场所,即使有适用的场所,也可能由于噪音导致人的精力不集中而影响心理测验及听力评估。为此特殊目的设计的流动教室,车内装备有特殊的灯光及降低噪音的材料,改善了测验环境。流动教室定期前往规定的地理区域内,并在学校附近长期停留,以方便使用。通常,负责流动教室的心理学家或听力学家可能同时充当司机。

参见 返家教学;巡回服务

MOBILITY INSTRUCTION

出行指导

出行指导是为中、重度残疾人服务的。它将特定的日常功能性生活技能列入对残疾人的教育计划中。目的是让残疾人个体安全地参与有计划的迁移活动(墨布勒和伍德,1984)。这些功能性技能是为了促进残疾人在家附近及当地社区范围内独自行动的能力。内容包括上洗手间、就餐准备、为购物、上班或者参加社区娱乐活动而进行的出行培训等。

在过去的20年里,越来越多的人支持将这些功能型技能系统性地并入为弱智人群开设的课程当中。许多课程的重点就是直接教授这些技能。马丁、鲁施和黑尔(1982)曾评论过一些出行训练课程,包括在教室中模拟出行情境以及亲身体验。

虽然还需要额外的研究来评价出行指导的有效性,但一些初步的成果表明,亲身体验比模拟训练更为有效。

不管模拟训练与亲身体验应该怎样结合,重要的是出行指导必须系统化。同等重要的是父母及团体家屋①的工作者们为残障者提供独立实践技能的机会(切尔托史华兹和布朗,1977)。

参见 电子移动辅助器;为残疾人提供的旅行辅助

MOBILITY TRAINERS

行动训练者

正规的帮助盲人独立行动的训练始于美国一所导盲犬学校的建立。此校名为"Seeing Eye",位于新泽西州的莫里斯敦(布莱索,1980)。虽然几个世纪以来许多盲人都可以独立行动,但是,直到导盲犬学校的建立一系列独立行动的方法才被正式确定下来。

但是,设置行动训练正规课程的本来目的是教会盲人利用手杖而不是导盲犬。多年来,为盲人设立的行动训练名目繁多。弗朗西斯·坎贝尔是一位加入英国籍并被授予爵位的美国人。在19世纪60年代,他在大标题"徒步旅行"下广泛详尽地阐述了正规行动训练必要性。托马斯·卡瑞尔神父,作为"天主教所有盲人的向导"组织的创始人,创造了一个新词peripatology——可以松散地定义为对行进活动的研究。而现在人们最常用的是定向和行走。定向指的是对周围环境知识的掌握。行走是指个体自由且安全地从一处行进到另一处的能力。教授定向行走的人一般被称为行动专家,也有人用徒步游历学者或定位者。

不论是本科还是研究生阶段,训练课程都包括了解盲人的特征和需求,独立教学的特殊技能和技巧培训,还要练习在蒙眼状态下工作多个小时。正式的课程讲授完后会有一个由合格的行动专家来进行监督指导的实习期。视障教育与复健协会的行动兴趣团体为

① Group home:是提供失智症老人一种小规模,生活环境家庭化及照顾服务个别化的服务模式,满足失智症老人之多元照顾服务需求,并提高其自主能力(有道词典)。

大学中参与行动训练课程的毕业生颁发证书。

相当数量的行动训练专家在规模大的学校任教。在那儿他们向盲生提供训练,除了直接训练儿童及青少年外,他们也与残疾儿童教师就一些概念的发展进行磋商,用以加强和完善以后的独立行动训练。

参见 盲人学习倾向性测验;视觉训练

MODEL PROGRAMS FOR SEVERELY AND PROFOUNDLY DISABLED INDIVIDUALS
重度和极重度残疾人的模式项目

重度和极重度残疾人进行模式教育项目的旨在了解此类残疾人的教学的技巧状况,及通过对目前的教法进行研究以促进残疾人教学改革。这些项目的主要资金来源是接受外界资助(如,联邦特殊教育和康复办公室),一般包括地方学校系统的示范项目,与非学校人员(如父母)的共同协作的家长培训项目,或者成人职业和独立生活技能培训项目。

下面举三个例子说明模式项目的情况:弗吉尼亚阿尔伯马尔县的社区教育项目(CBIP),俄勒冈州尤金县的特殊培训项目(STP),由雪城大学和雪城公立学校推行的融合教育项目(罗根和达文,1992)。CBIP(斯内尔和伦扎利亚,1986)是由联邦政府资助的为期三年的项目,其目的是为重度和极重度学龄残疾学生提供服务。在这个项目启动前,这些残疾学生在学前班,在轻度及中度残疾学生班级,或在家学习,接受不到适当的服务。项目启动后,在一体化教育体系中开办了三个班:高中班级设在一所容纳 2000 名学生的普通高中内部,招收 16 ~ 21 岁的残障学生;中学班级设在容纳 375 名六至八年级学生的普通初中内部,招收 12 ~ 15 岁的学生;小学班级设在容纳 225 名从幼儿园至五年级的普通小学内部,招收 6 ~ 11 岁的学生。

特殊培训项目(STP)(博尔斯、贝拉米、霍默和马克,1984)的实施是为了发展、进行实地实验及推广一种结构工作模式,这种模式强调为重度残疾成年人提供工作台装配工作。最初,这种模式是以大学为中心,为重度和极重度智力落后者提供校园工作项目,后来进入实地实验阶段,三个应用 STP 的州都提供社区职业培训。最近,这个项目进入模式执行阶段,并成立了工作支持中心,为全国各地的 STP 项目提供协作支持。

STP 在小部件组装领域(如电子元件)提供就业机会。当地的工业部门提供工作,工人都是一对一的培训,直到他们能够进入生产支持系统。应用行为分析程序被用于培训和教育领域,对个体在周围社区及工作场所的能力进行分析。每个模式点均以小型的非营利行业的形式运作,并提供有关经营、金融及商业运作的详细说明。

经过精心策划的模式点培训及各种活动,同时为希望新办 STP 模式点的群体给予支持,STP 模式为重度及极重度残疾人提供了许多工作机会。通过系统教育,那些至今在竞争激烈的职场上不受待见的残疾人有了可行的选择,不再无所事事或是必须做专门为残疾人提供的福利性工作。

融合教育项目是为了满足在普通教育系统中受教育的重度残疾儿童的特殊需要而设计的。有 8 所学校参与了融合教育的发展水平、领导组织及社区网络的建设。

上述这三种模式表明当前研究和推广的类型都是教育改革实践的反映。为重度或者极重度残疾人服务的模式计划一般包括如下各项:对当前及未来需要做出评估,不断对当前发展做出评估,重度残疾学生/成人与普通同龄人的一同学习;跨学科间课程;家庭—学校相互协作;适龄教育计划;学习目标具实用性以满足残疾学生/成人现在或未来需要;某些特殊领域的系统培训,如居家方面的(仪容修饰、做家务等),休闲/娱乐,社区交往(例如,去饭店就餐、行走技能、到杂货店购物),及职业培训等(斯内尔和伦扎利亚,1986)。

参见 应用行为分析;功能教学;学习的迁移;培训的迁移;残疾人的职业培训

MONTESSORI, MARIA
玛丽亚·蒙台梭利(1870—1952)

玛丽亚·蒙台梭利,意大利第一个女医师,创立了著名的蒙台梭利教学法。蒙台梭利教学法的主要特征是混龄班,个体化教育/个别化教育,学习任务循序渐进,感觉训练和运动训练,使用教具,废除惩罚,发现学习及活动自由、选择自由。1899 年,蒙台梭利教学法最初被应用于智力落后儿童的教育,不久她发现这种教学法对普通儿童同样有效。如今,蒙台梭利对特殊教育、学前教育及初等教育的初级阶段仍有影响。蒙台梭利去过很多国家宣讲她的教学法,世界各国随之兴起了很多蒙台梭利学校。1914 年,蒙台梭利访美后,美国成立了美国蒙台梭利协会,由亚历山大·格雷厄姆·贝尔出任会长。

MONTESSORI METHOD
蒙台梭利教学法

玛丽亚·蒙台梭利 1870 年出生于意大利的基亚

拉瓦莱(Chiaravalle),在获得博士学位后,她参观了收容所,激发了对智力落后儿童的兴趣。通过对伊塔德和塞甘教育方法的研究,她设计了教具和教学法,并取得了巨大成功。经过蒙台梭利教学法教育一年后的智力落后儿童,能够轻松地通过那些接受过一年学校教育的普通儿童所参加的国家考试。蒙台梭利认为,既然一个智力落后儿童接受她的教育后,能取得很大成功,那么普通儿童应该能够取得更大的成功。她开始逐步地设计教具来实现她的目标,并在尊重儿童及其精神世界的基础上构建了她的基本哲学观。1912—1917 年间,蒙台梭利在五本重要著作中阐述了自己的基本观点:《蒙台梭利教学法》、《教育学和人类学》、《蒙台梭利手册》、《高级蒙台梭利教学法》卷Ⅰ和卷Ⅱ(吉特,1970)。

蒙台梭利的课堂提供一个充分准备的环境,在这里指定了一些基本规则,儿童享受相对的自由,可以在不被其他儿童打扰的环境下建设性地活动和工作。精心设计的教室很像这种有准备的环境,它围绕在保持秩序的多个活动中心周围。这些中心包括知识中心,提供理论知识;探索中心,提供一系列可操作的实物进行科学探测;还有其他中心,是为一对一的特殊支持训练提供服务的(科特勒,1977)。只要儿童愿意,他们可以直接用自己选择的教具工作,想玩多久都可以,这样创造了一种根据个人的学习速度设置个别化课程进度。因此,更容易让儿童体验成功,而非失败(欧赖姆,1969)。

很多教育者都把蒙台梭利教学法作为有可能解决残疾儿童教育问题的方法。个性化是特殊教育的中心,在蒙台梭利的体系中是可以实现的。这种宽松的气氛对于那些在压力下无法做事的儿童来说是有益的,还有很多感知觉缺陷的儿童在蒙台梭利教具和教学法中受益。在一个学习任务中应用多种感官,一种感官可以代替另外一种有缺陷感觉通道。

在入学年龄的早期(3 岁),对于想要优先发展的儿童来说,这是早期干预计划的一个非常重要的年龄。然而,这个计划的价值并不能被客观的评估所验证,它几乎不能提供证据证明蒙台梭利教学法的教育价值(古德曼,1974)。可以这样推论,蒙台梭利无分组的教育结构可以让残疾儿童感觉,他们能够更好地被同伴所接纳,这是自我形象发展的重要因素(克罗,1982)。然而,蒙台梭利没有强调转换生成思维的重要性,没有承认丰富经验的重要作用。对与无计划环境和事件她利用的不如计划好的环境和事件。她对于符号行为(如语言等)的早期发展没有给予足够重视。这些都是儿童发展中的重要方面,同时也是当代对蒙台梭利教学法的严肃批评。

参见 残疾人的生态学教育

MORAL REASONING
道德推理

道德推理是指个体通过信息的认知加工,对一种行为的对错做出判断的方式。这个领域的研究重点不是影响道德行为的各个因素,而是日益复杂的道德水平在认知发展体系中如何发展。道德判断的主流理论是劳伦斯·柯尔伯格(1976)理论,他的理论基石是皮亚杰理论(1965)。

柯尔伯格(1976)提出了道德推理的三种水平,每种水平有两个阶段。在前习俗水平阶段,儿童只能从自我中心的角度出发,解决伦理两难问题。因此任何导致惩罚的都是错的;个体并不在意自己的行为会对他人产生什么后果。随着自我中心主义的下降,儿童能够考虑他人的观点,虽然带有具体的、个人主义的色彩。现在一个行为如果是建立在协定、交易或者某种公平交换的基础上,那么这个行为就是正确的。在习俗水平阶段,儿童开始从社会的角度考虑问题,然而考虑问题的框架还是过于具体。道德推理带有明显的专制性,别人对他的期望及信奉的社会标准都会对儿童影响较深。在后习俗水平阶段或道德原则阶段,个体能够更多地对伦理问题进行抽象思考,证明了操作思维的正式出现。能够根据个人自愿选择的、被普遍的伦理原则认可的道德观点进行道德判断。法律或社会契约都源自普遍的伦理原则,因此对于道德推理是有效的。如果法律与原则不同,那么行为应该遵循原则。必须强调指出的是,道德推理的水平并非基于个体如何作为的最终答案上,或者是个体的实际行为上,而是基于用于判断一种行为正确的基本道德原理。

作为一个认知发展阶段的理论家,柯尔伯格提出了发展阶段恒定的假设(个体不能跳过某一发展阶段或者改变发展顺序)和一般性/普遍性假设(阶段的先后顺序和特征适用于所有文化、宗教和性别的所有人)。上述假设引发了大量争论和研究(图列尔,1998)。阶段恒定性假设一般可以通过组合研究和纵向研究等跨文化研究得到证实(科尔比与科尔伯格,1987)。那些表现出道德发展的个体,确实是系统性的循序渐进。然而值得注意的是,在很多文化中,包括美国文化,绝大多数个体在第四阶段以后并没有继续发展,未进入后习俗水平或者原则道德水平。

各发展阶段的普遍性是有争议的。后习俗水平道德在一些社会并不存在，也可能只反映了一种西方式的理想。许多社会并不赞同个人主义和个人权利，所以，在那些社会里，最高道德可能在个人权利服从于社会权利或集体权利时才能得到表现（施伟德、马哈帕特罗和米勒，1990）。

道德推理理论被广泛应用于多个不同的学科，包括哲学、人类学、社会学、犯罪学和教育学（图列尔，1998）。一般而言，在道德推理和道德行为之间存在一种复杂但是比较适度的关系。较高道德推理水平的个体行为趋向稳定，但是代价过高或者惩罚过多的情况却可能引发低道德水平者的行为取向（托马·雷斯特和戴维森，1991）。受教育程度越高，越容易提高道德推理水平，这或许是因为更为频繁地接触道德冲突问题。而且，非智力落后儿童和年长但具有相同心理年龄的智力落后儿童拥有相似的道德推理水平（魏斯和齐格勒，1979）。这些结果表明，认知发展可能是道德推理的基础，而且训练可以影响推理的水平和上限。

参见 道德心的缺乏；让·皮亚杰；社交技能训练

MOSAICISM
镶嵌现象

镶嵌现象是唐氏综合征中最少见的一种形式，发生率为1%。镶嵌现象并非家族遗传现象，而是受精后在细胞分裂早期发生错误而导致的。受精后的第一个细胞拥有正常数目的染色体。在卵子受精后的某一时刻，多余的染色体出现了。出生后的儿童有些细胞含有46条染色体，而其他细胞则含有47条染色体，因而创造了一种类似镶嵌的模式。而那些含有45条或者更少数目染色体的个体通常不能存活。

智力落后与某些特定的身体特征通常与多余的21号染色体有关。吉布森和弗兰克（1961）列出了最常见的特征：舌头上有宽大的裂缝，手短而粗硬，内眼角有内眦皮褶皱，只有一条掌纹横贯掌心，小拇指向内弯曲，鼻子扁平，大脚趾和第二个脚趾间有裂缝，头骨小而扁平，小拇指很短，平滑的外耳垂，有先天性心脏问题，小拇指只有一条侧褶而不是二条。上述所有的特征不会全部都体现在一个唐氏综合征个体身上。嵌合体可能会体现出少数的明显症状。他们可能会拥有正常的智力（科克，1974）。不良症状出现的数量依赖于细胞错误分裂时的胎龄，细胞发生错误分裂的时间越早，后果越严重。

染色体不能正确分裂的原因现在还不是很清楚（史密斯和威尔森，1973）。有如下推测：对放射线和X射线的接触，病毒感染，药物滥用，荷尔蒙分泌紊乱或者免疫失衡。唐氏综合征通过镶嵌现象遗传给下一代，有些人直到自己的孩子出现镶嵌现象或者经过细胞遗传学的检查，才知道自己是嵌合体。在怀孕的第12到16个星期，可以进行羊水诊断，来判断是否存在染色体异常现象。

参见 染色体异常；先天性障碍；唐氏综合征；遗传；轻微身体异常

MOTIVATION
动机

一般认为，动机是由内驱力和诱因两个成分组成的。内驱力是指不必确定活动类型就能激起某些活动，例如，手指扎了一根小刺可以引起多种行为（尽管这根刺并不会引发特定的行为），直到小刺被挑出。诱因是一种刺激，可以激发接近行为或者避免行为。例如，即使不饿，一道可口的甜点也可以激起人们的接近行为。

很多生物本能决定的动机被描述成是一种自我平衡过程。自我平衡过程是个体想要保持某种变量稳定的一种倾向。例如，我们通过生理和行为方式来保持近乎稳定的体温。喝东西可以使细胞溶质保持近乎稳定的浓度和近乎稳定的含血量。吃东西可以使人体细胞保持稳定的营养供给及合理稳定的体重。

然而很多社会动机不具备自我平衡性。人类有交往和成功的需要。这种动机会在相当长的一段时间内处于一种高水平。然而，实现交往和成功并不会削弱对更高水平的交往和成功需要。因此这种活动是不同于饮食的。

人们自己设定的目标是一个高效能的动机（洛克等，1981）。明确具体的目标可以提高人们在多种环境下的表现成绩，而一些模糊的目标如“尽你最大努力……”通常是无效的。一般来说，只要目标设置得合理，即使目标再高也会取得好成绩。如果想要一个目标对个体产生影响，那么个体最好对想要达到的目标做出公开承诺，而且必须接受根据目标的进展情况而做出的定期反馈。同时对于达到目标给予奖励也很重要，否则人们就不会关注下一步的目标。

目标可以通过如下几方面提高成绩：集中注意力以减少分心，增强持续性，激励人们开发新策略以达到目标，甚至可以不惜代价。例如，制定了提高产品数量目标的人可能会降低产品的质量。学生动机的成分包括：知识的所有权，信心，积极的自尊，学习的迁移能力。学习的动机表现在学校目标的数量及完成情况、班级的积极氛围、合作学习策略的利用等。

参见　成就需要;应用行为分析;正强化

MOTOR-FREE VISUAL PERCEPTION TEST-REVISED (MVPT-R)

不含动作的视知觉测验—修订版(MVPT-R)

不含动作的视知觉测验修订版(科拉鲁索和汉密尔,1996)是视知觉测验的第2版。第1版出版于1972年,使用广泛。它测量的是不包含运动的视觉感知能力,是为心理学家、教育诊断专家和其他一些接受个体评估训练的人设计的。MVPT-R适用于4岁到11岁半的儿童,简单易行,15~20分钟即可完成。它从以下5个部分衡量视知觉:空间关系、视觉辨别、图形-背景辨别、视觉填充及物体再认能力。数字从图形-背景理论说明某一项目。

正如测验的编制者所指出的那样,绝大多数用于评估视觉感知的测验(例如,本德格式塔测验(本德完形测验),视觉-动作统合发展测验,麦卡锡儿童能力量表的绘画子测验)实际上就是视动综合技能测验,它要求视觉感知能力,但也对儿童的精细动作能力提出了基本要求。在大动作测验中表现不佳的儿童经常被误诊为视觉感知障碍。MVPT-R在评估过程中避免了评价中视觉感知与运动技能的混淆。

这个量表的信度适度(内部一致性估计值最大值为.70,最小值为.80),但是奇怪的是,8岁以上的儿童没有相关的信度值。效度已经过时了,只有1972年版的量表提供了效度。由于缺少可供选择的其他工具,MVPT-R基本上还是有用的。由于其施测、记分简便易行,因此仍具有一定的吸引力。

参见　本德格式塔;视动和视觉感知问题

MOTOR LEARNING

运动学习

运动学习对于身体有效运动所需的技能来说是很必要的。尽管有的学者区分了运动和活动行为两者间的区别,这两个术语还是经常互换使用的(哈罗,1972)。奥克森·戴恩(1984)提出了3种类型的运动(或者知觉运动)学习。第一种类型是成熟型行为,主要发生发展于生命早期。行走、说话及身体的一般协调能力都属于这一类型。第二种类型是技能型行为,主要包含知觉成分和交际行为,例如书法。这些行为对于取得教育进步是很必要的。第3种类型是通过学习获得的行为,因为这些行为表现可以使行动者直接获益。大多数职业和娱乐性技能都是在运动学习的基础上练成的。

许多特殊教育学生存在感觉运动缺陷,使得运动表现目标成为其教学目标设计中最核心的问题。运动学习本身就很重要,而且它也是认知和情感发展的组成成分。残疾儿童体育教学中的活动学习增强了他们的自尊感,及社会性互动行为(穆恩和伦扎里亚,1982)。基本运动技能对于日常生活活动是必要的,而学习那些交流所需的运动行为,对于认知发展来说是至关重要的。

哈罗(1972)提出了应用于精神运动领域中的任务分类法。随着认知领域和情感领域分类体系的发展,教师们开始使用这种分类法来详细说明教育目标。从事特殊教育的教师们制定的目标必须能够提出满足一个给定残疾群体的需要。典型的运动学习行为目标包括日常生活运动技能及精细运动和大动作运动能力(弗里德利克等,1976;霍金斯等,1983)。

中度和重度残疾学生的运动学习目标可能与教给绝大多数普通学生的相同,不需要任何精细计划或者方法。霍金斯等人(1983)组织的项目就是应用运动表现目标制定家庭和学校具体活动项目的例子。这种计划对于达到简单运动学习的水平来说是必要的。总之,运动学习开始的时间越早,取得的效果就越好(桑茨和梅伦德斯,1992)。

参见　运动治疗;知觉训练;视动和视知觉问题

MOTOR SPEECH DISORDERS

运动性言语障碍

运动性言语障碍是由神经病理改变引起的,它可以影响个体规划运动活动的能力(失用症),或者损伤发声的能力(构音障碍)。运动性言语障碍占所有习得性交流障碍的36%以上(达菲,1995)。运动性言语障碍可以是后天的,也可以是先天性的,在儿童和成人中都可以发生。运动性言语障碍不包括任何一种语言障碍。由于言语结构的缺陷而导致的言语障碍(如喉头切除术)或者发展迟滞(如语音发展迟滞)都不是运动性言语障碍。

构音障碍是由于肌肉无力、不协调、神经失控及感觉缺陷而导致的言语运动错误。尽管可能只是言语系统的某一部分发生了问题(如呼吸、发声、清晰度或共鸣),但绝大多数的构音障碍会在某种程度上影响整个系统。不同构音障碍的语音症状可以进行知觉评估,而且其特征确定与特殊的神经病理基础有关。因此,对构音障碍语音进行鉴别,可以帮助判断神经障碍的类型。对构音障碍者需要采取行为治疗及医学治疗。

对言语失用症患者来说,语音肌肉/发声肌肉及神经通路都是完整无损的。然而,个体在制订感觉运动计划方面或者动作的策划方面会显示出一种能力损伤,这方面的能力决定了所需运动动作的正确数目及动作类型,以及动作发生的顺序。对言语失用症患者来说,他们很容易让发音器官产生无意识的运动,但是当要求他们发出相同声音时,他们却不能完成相同的运动。言语失用症可与其他系统的功能障碍失用症一同发生,例如非言语口头运动,眼球运动功能及四肢运动。言语失用症的治疗以行为作为基础。几乎没有证据表明,医疗对言语失用症是有效的。

运动性言语问题可由脑血管意外(中风)、肿瘤、退化性疾病、外伤、感染、过敏反应、代谢异常而引起的。运动性言语症候伴随着言语发展的出现一起出现,在没有神经病因学证据的情况下,是无法鉴别诊断的。运动性言语障碍通常与其他交流障碍共存,这些交流障碍是由于神经性问题(如失语症),发展性问题(如语言迟滞),或者肌骨骼系统(如腭裂)病变造成的。必须谨慎区别这些交流障碍,才能设计有效的治疗方案。

MOVEMENT THERAPY
运动治疗

运动治疗,创造性的运动治疗,身体运动治疗和舞蹈治疗,在论述治疗方法的文献中是可以互换的术语。这些疗法可以帮助残疾人通过运动,以一种适合的方式来表达他们的情感和情绪。魏斯布罗德(1972)认为,"身体运动治疗是运用各种舞蹈、运动和感觉经验促进个体身心融合"。它在学习障碍、情绪障碍(如精神分裂症和抑制性神经病)、聋或者听力损伤、盲、失语症、智力落后等残疾人及普通儿童和成人中成功地进行了应用,并为语言发展和非语言交流技能的培养提供了帮助。

莱西(1942)、荣格(1969)和沙利文(1953)等人的精神分析理论极大地影响了运动治疗,他们的理论在身体语言表达、艺术的治疗价值以及人格的交互作用等方面做出了贡献。同样,拉班(1974)的运动行为分析、伯顿(1974)的即兴技巧、雅各布森(1958)等人的放松技术也对运动治疗有很大影响。

对儿童精神分裂症(他们可能口头语言贫乏,或者口头语言混乱)进行运动治疗的目标,是通过运动帮助他们进行沟通和联系。抑制性神经病患者能说话,但是不能清楚表述他们对自己或他人和世界的某种想法或者观念,对他们进行治疗的目标就是通过身体运动解决这些难题(朗、莫瑟和纽曼,1971)。为所有个体制定的共同目标就是为其提供有潜在价值的经验,以帮助他们面对自己的情绪(魏斯布罗德,1972)。这个目标可以通过如下活动完成,如对动物本性的模仿,表达自己和他人有关过去、现在、未来的感受,并使用音乐、语音、击掌、跺脚或者节奏乐器的环境声音等(谢伊,1978)。例如,让儿童演示遗失玩具这一动作过程,可以帮助他表达悲伤或者痛苦的情绪。可以让儿童在完成一些有节奏的活动的过程中表达他们的愤怒、快乐和抑郁的情感。患有进食障碍的患者在创造性的运动中会承认他们的身体感觉及身体表象(威廉姆,1993)。

参见 *舞蹈治疗*

MOVIGENICS
运动基因

运动基因是由雷蒙德 H · 巴什(1965,1967)提出的一种学习障碍理论,他假定学习困难与个体不能有效地处理空间问题有关。"运动基因"这个单词源于两个拉丁单词,其一是"movere",意思是运动;其二是"genesis",意思是起源和发展。"因此,运动基因就是研究人类运动模式的起源和发展以及这些运动和人类学习效能之间的关系"(巴什,1967)。这个理论是基于巴什的假设,即人类学习与运动效能有关。儿童在适应环境、学会有效的活动之后,他们的语言也可以通过空间经验的方式获得发展(勒纳,1971)。

巴什受到沃纳、施特劳斯和哥特曼三人的深刻影响。他是研究学习障碍儿童的四个著名的知觉运动理论学家之一。其他的三位理论学家分别为克法尔特、哥特曼、弗罗斯蒂格(哈拉汉和克鲁克香克,1973)。

参见 *知觉运动困难;感觉统合治疗*

MULTICULTURAL SPECIAL EDUCATION
多元文化特殊教育

多元文化特殊教育这个概念充满了争议,其中的一个议题就是少数民族儿童在特殊教育的班级中人数过多。然而,其他争议也不容忽视,如语言差异与语言困难之间的对立,少数民族文化标准与课堂行为预期之间的对立,以及在评估程序和使用工具中存在的偏见。

普拉塔和桑多斯(1981)提出,双语特殊教育的目的是"为了满足不讲英语残疾学生的学业、社会文化和心理上的需要,通常这些学生的学业成绩达不到讲英语的残疾学生的普通标准。钱和吕埃达(1979)提出,"非正式课程"妨碍了那些来自不同文化背景的学生的学习和社会适应。

无歧视测验的概念是多元文化特殊教育的一个主要的关注点。对于学生所接受的特殊教育服务的评估,尤其是智力落后和学习障碍学生的评估,成为一个激烈争议的话题,其中的一个主要争议就是传统习俗的适用性和有效性的问题(雷施利,1982)。然而,问题远非那么简单。正如萨特勒(1984)指出的那样,评估中还存在不同类型的偏见。雷施利(1982)指出,有多种定义测验偏见的途径。由于它的制定体现了一种强烈的情绪情感和评估过程的复杂性,因此雷诺兹(1982)提出,有关无歧视评估的争议还会持续下去。测验的开发者、制订者和使用者(教育、心理学者)必须对来自不同文化背景的儿童所接受的评价程序持审慎态度,同时还要根据经济和文化因素谨慎客观地解释测验分数。在这些方面增强力度,有利于满足多元文化背景下学生的教育需要。由于少数民族的轻度残疾学生在学校班级中的人数过多,这些有关多元文化教育的争议受到特殊教育研究者的高度重视。教育者所面临的主要挑战是要懂得欣赏和理解来自不同文化和语言背景的学生。多元文化教育和融合有一个共同目标:将残疾人和来自不同文化背景下的学生和成人融入主流的学校和社会。我们必须依据学生的文化背景制订合理有效的教育计划(加西亚和马尔金,1993)。

参见 文化/语言多元学生;文化公平测验;回归主流;无歧视性评估

MULTIDISCIPLINARY TEAM(MDT)

多学科团队(MDT)

戈林和杜卡尼斯(1981)将多学科团队(MDT)定义为"由经过多种特殊训练的个体组成的功能单元,他们相互配合,为儿童提供服务"。MDT经常与跨学科团队的术语替换使用。在儿童管理中的团队协作在20世纪早期就已经非常流行了,到20世纪50年代在教育中体现得更加明显。在提出"全儿童"概念和各州、联邦政府相继通过的相关立法之后,多学科团队(MDT)的使用在特殊儿童的研究中开始增加。"全儿童"概念是1951年由白宫提出的,它把人描述为一个"相互影响的、综合的、完整的"个体。特殊儿童的问题是彼此相关的,在隔离的状态下不能完全得到解决。必须对异常儿童所需的各种服务进行协调,因此,团队合作的方法得以发展。

有可能进入团队的成员包括学校管理者、学校心理学家、特殊教育学家、医师、家长、社会工作者、教师、实习教师、诊断医师、言语矫治师、物理治疗师、职业治疗师、听力学家、护理顾问、课程专家、验光师、职业康复顾问(琼斯,1978)。精神病医师、神经心理学家或者眼科医师可以扩展并补充学校心理学家的作用,当然这些都取决于学生的需求以及学校与当地专家合作的经验。多数情况下,内科医师要么成为家庭医师,要么成为儿童的儿科医师。职业临床医师可对儿童所需的精细动作控制的疗法提供见解。学生的班主任可以为学生的课堂表现提供可靠的参考,这些是正式的测试所不能反映的。

多学科团队(MDT)负责公立学校残疾儿童的个别评估和教育计划。由团队决定学生是否适合接受特殊服务。通过个别化教育计划(IEP)会议,为学生制定书面的教育计划。多学科团队的干预必须定期进行评估,以便根据儿童的兴趣进行教育计划的调整。团队的组成和功能决定了团队的服务质量。

家长是这个团队的重要成员,然而很多研究者报告家长与专业人员间缺乏沟通。专业人员们抱怨,家长们存在过度保护、妨碍、不理解的现象。而家长们则抱怨,专业人员们过于咄咄逼人,而且不允许他们主动地参与决策(戈林和杜卡尼斯,1981)。很多争议是由于文化背景的问题而引发的,如果施以恰当的文化胜任力训练,这些争议应该可以避免。

如果多学科团队要达到他们想要的目的,所有的成员都必须协作,才能达到最高水平的沟通和参与。

参见 个别化教育计划;《残疾人教育法案》(IDEA)

MULTI – ELEMENT DESIGN

多因素设计

多因素设计用于比较两种或多种条件(处理)对一个因变量的影响(阿尔贝托和特劳特曼,1999;巴洛和海斯,1979)。这个实验设计通称为交互处理设计、多重时间表设计、或同时处理设计(巴洛和海斯,1979;托尼和加斯特,1984;沃勒瑞等,1988)。为了识别环境变量和学生的目标行为变量之间的函数关系,多因素研究设计允许教师在相对短的时间内以一种快速、散布的模式/陡坡散点模式呈现两种或者多种条件。教师可以使用这种设计有效地确定对于一个学生来说哪种处理是最有效的,或者哪种条件能够预测目标问题行为在特定情况下会/不会发生(库珀、赫伦和休厄德,1997)。后者是一种函数分析(奥尼尔等,1997)。多因素设计可用于对单词拼写习得进行散布训练的效果检验(尼夫等,1980);可以用于生成并验证在环境和人群改变的情况下,有关问题行为的功能或目的的假设(伊瓦塔等,1994;奥尼尔等,1997;泰勒和罗曼泽克,

1994);可以用于研究教学策略对提高阅读流畅性有什么效果(戴利和马尔滕斯,1994);可以用于检验任务喜好程度对问题行为发生率产生的影响(沃恩和霍奈特,1997)。

参见 函数分析

MULTIPLE BASELINE DESIGN
多基线设计

多基线设计是一种单一被试应用行为分析的研究设计,用于评估对残疾儿童和青少年的行为进行干预的效果。尽管干预撤回或倒反设计是最常见的单一被试设计,但在行为研究的案例中,有时候回到基线水平阶段对于评估来说并不是一种恰当的选择。拉瑟福德和普列托(1978)、卡兹丁(1982)和巴罗、赫尔森(1984)认为,在几种情形下无论是伦理的原因还是科学的原因,回到基线水平的情况都是不恰当的。

第一种情形是:个体一旦获得某些行为,这些行为就可以通过环境中自然发生的强化物来维持,而不再依赖于干预。例如,如果一种干预增加了一个孤单的儿童在运动场上与同伴的合作行为,那么哪怕教师撤回干预,儿童也会通过已经获得的同伴的社会强化来维持合作行为。

第二种情形是:行为的倒反设计是不恰当的,因为行为一旦被获得,从本质而言是不可逆的。例如,如果一个行为干预项目的目的是教儿童字母表中的字母,一旦儿童获得了这项技能,即使撤除或者倒反也不可能导致其丧失复述字母的能力。反应的速率也许会下降,但是基本技能本身或许不会有变化。

第三种情形是:教师不能精确地倒反干预程序,那就不能恢复到功能的基线水平。例如,如果干预包括对专注行为进行系统性关注,同时忽视不专注行为,那么教师会发现想要恢复到基线水平的专注度和不专注度是不太可能的。

第四种情形是:儿童的有些行为非常危险,不允许更进一步,即使只是短暂的反复也不可以。例如,一种干预在阻止儿童自我毁灭行为方面非常有效,则几乎没有教师会撤除这种干预,去计算自我破坏性行为的数量。

多基线设计一般用于评价干预结果时,倒反设计不适用的情况。这种设计包括建立并发的几种不同行为的基线,然后对其中的一种目标行为进行系统干预。如果行为发生了预期变化,那么就会对第二种行为采用相同的干预。如果第二种行为也发生了预计的变化,那么就会和对第三种目标行为实施这种干预,依此类推。如果行为有且只有在实施某种干预时发生变化,那么就证明实验控制是有效的。

在研究中应用多基线设计最重要的因素是,所有的处理同时开始,而且对于所有行为的测量和记录必须是连续的。干预的后继应用直接由干预对先前行为的影响决定。当在各种设置、各种行为、各个被试间进行重复干预后,因素间发生密切相关或者行为发生功能性变化,我们几乎可以肯定地认为,这个干预是有效的。

参见 行为目标;行为观察;行为矫正

MULTIPLE HANDICAPPING CONDITIONS
多重障碍

多重障碍的学生是指那些具有两种或者两种以上残疾而导致的在生活功能体验方面有障碍的人。多重障碍也叫做重度障碍、双重诊断(二元症状)和肢体残疾。患有多重障碍的个体包括:聋盲、自闭症、脑瘫、神经性损伤、脑损伤、精神分裂症或者智力落后(费维尔和科恩,1983)。做出多重障碍的诊断要非常谨慎,要特别注意后果。世界卫生组织(1978)提出对损伤、残疾、障碍等术语推行三级分类体系。损伤指生理或者解剖上的缺失或者其他异常或者上述两者都存在问题。残疾指由于损伤,某些关键的生活功能受到限制。障碍是指由于个体能力的缺失而导致在日常活动方面的限制。根据上述定义,一个患有多重障碍的学生由于两种或多种残疾,在教育发展方面将受到限制。

参见 儿童精神分裂症;聋盲;贴标签;智力落后;其他健康损伤

MULTIPLE REGRESSION
多重回归

多重回归是一种统计方法,是指一个单一的连续因变量根据几个连续自变量进行回归处理。其主要目的是根据自变量预测因变量的分数,预测各个真实变量间的关系模型,并简要地解释因变量的变化。

在多重回归中,有两种决定分析和解释的条件。在第一种条件中,所有的自变量在统计上都是彼此独立的。但是这种情况自然发生的并不多见,它只能偶尔得自理论或得自对自变量的准确选择。在这种情况下,自变量与因变量的相关用皮尔逊相关系数表示;皮尔逊相关系数的平方等于因变量方差占的比率。所有自变量相关的平方和等于多元相关的平方,即由所有自变量造成的所有方差比率。在这些循环的 Venn 图中,两个自变量圆相交于因变量圆,但在自变量间彼此不相交。更常见的一种条件是一个或多个自变量彼此之间并非统计意义上相对独立。这就表示自变量彼此之间相互关联,也与因变量关联。在这种条件下,两个或三个自变量对因变量的方差就有所重叠。在 Venn 图中,呈现出自变量圆除了与因变量圆相交外,还彼此之间相交。多元相关的平方仍被定义为因变量总方差所占的比率。

然而,由于这些自变量重叠在一起,个别自变量的作用就无法分辨。自变量 X1 与因变量 Y 之间的偏相关系数被定义为处于两个回归误差间的皮尔逊相关系数。X1 根据所有的其他自变量进行回归,每一个被试的观察分数减去预测分数就是误差分数 E1。相应地,因变量根据其余的自变量进行回归分析,并计算出误差分数 Ey。偏相关系数就是 E1 和 Ey 间的相关系数。它的平方表示自变量 X1 能够解释 Y 的变异的唯一的独立的贡献率。多元相关系数的平方和是偏相关系数的函数,但是它并非如此简单(达林顿,1978)。

多重回归的预测常用于根据过去的成绩作决定。例如,大学会根据高中的百分等级和学业能力倾向测验(SAT)来预测学生第一年的平均分(GPA),并据此做出第一年的选择。高中的等级和学业能力倾向测试是自变量,称为预测值。大学的 GPD 是因变量,典型的多元相关是在 0.5 水平,可以预测 25% 的新生 GPA。在基于高中等级的预测上,学业能力倾向测验分数可以增强 5% 的预测率。

多重回归在建立模型和理论方面的应用是建立在具体指定多重回归中自变量顺序的基础之上的。因此自变量对因变量的作用要取决于自变量输入的次序。有时可以称为等级回归或顺序回归。路径分析是一种很特殊的情况,它的偏相关系数是以一种特殊的顺序计算的,被解释为路径系数,说明一个变量对另一个变量的直接影响(佩德哈祖尔,1982)。

多重回归的目的是:当存在多个可能的预测变量或者自变量时,寻找最节约的预测。由于数据收集费时费力,因此并非所有数据都需要,所以大家希望找到一个小型的预测变量的子集,它可以起到所有的预测变量的作用。下面介绍几种可以寻找到这种节约的子集的策略:向前回归、向后回归、逐步回归。每种策略都存在几种可以使用的变量。向前多重回归以最佳单一预测变量开始,这是与因变量有关的皮尔逊最大相关值。我们根据一定标准增加新的预测变量,能够提高预测或者增加因变量的多元相关的平方。如果加入新的变量后几乎没有变化,那么程序结束。向后回归一开始就引入所有的预测变量,然后再逐个淘汰,直到达到预测标准的大量淘汰值。例如,无论是向前回归还是向后回归,都要遵循一个标准,就是多余的预测变量必须能够使多元相关的平方增加 0.05(德雷珀和史密斯,1982)。逐步多重回归是在向前回归和向后回归基础上的一个变体,是检验引入新的变量后,先前引入的变量是否需要剔除。这意味着产生了一个新的预测变量组合,可以与先前的设置一起进行预测。因此最先引入的变量最后有可能被淘汰。多重回归广泛地应用于行为科学中。就其最一般的形式而言,它包括了大多数的统计技术及方差分析,如一般线性模型。

参见 判别分析;特殊教育研究

MULTIPLE SCLEROSIS(MS)

多发性硬化

多发性硬化是一种影响大脑和脊髓的进行性神经性疾病,一般认为是一种发生于青壮年人身上的疾病,很少发生在青春期或者 40 岁以后(布朗,1971),发作的平均年龄为 30 岁(考夫曼,1981)。女性比男性更容易发病(考夫曼,1981)。尽管没有鉴定出明显的遗传成分,但是在患病的亲属中,其发病率还是很高的(考夫曼,1981;托马森,1979)。

多发性硬化是一种脱神经髓鞘疾病,因为中枢神经系统中的髓磷脂(神经纤维外周的脂肪鞘)处于分散状态。多发性硬化患者的中枢神经系统中,瘢痕性神经纤维的斑块或者硬化斑块明显增多。多发性硬化的名字来源于这些结疤(硬化的)块,以及这种疾病的多种偶发性本质。多发性硬化也是一种弥散性硬化(布朗,1971;马加利尼,1971)。

多发性硬化的早期症状比较轻微、模糊,因此可能会被患病者或其家人忽视。这些症状包括视力模糊、躯体或者四肢的麻刺感或者麻木感、眩晕、意向性震颤、笨拙。这种疾病的典型症状是在一段好转期后,紧接着就会发病,这种方式会持续几年。尽管这种疾病本质上是间歇性的,但是病症会逐渐加重,患病者会表现出越来越严重的神经损伤。多发性硬化的晚期症状包括运动性共济失调(表现为步态失调,典型特征是步幅大,走路东倒西歪),断续言语(表现为单调的、断断续续的语言,对邻近语音的忽视),眼球震颤(眼球转动时战栗)。其他症状包括膀胱和肠功能的紊乱,部分视力受损或全盲(球后神经炎),反射亢进运动(巴宾斯基征)。尽管大量的专家都报告多发性硬化患者患有情感障碍,典型表现为情绪易变性和欣快症(考夫曼,1981;马加利尼,1971;莫斯比,1983),莱希登伯格(1982)却提出了异议。他引用的一些研究表明,患有多发性硬化的患者,抑郁的发生率很高,并提出欣快症的症状可以描述为“被不切实际的/夸大了的乐观主义态度所激发的一种伪装的抑郁”。

尽管在多发性硬化患者中发现了某些共性,但目前其发病原因还不清楚。多发性硬化被看做是一种比较温和的疾病(布朗,1971;考夫曼,1981)。尽管这种疾病的传播作用还不清楚,但是很多患者都养了小型的室内宠物作为他们的孩子(考夫曼,1981)。有人提出了毒性病毒和过敏性新陈代谢作用的病因学假说(马加利尼,1971)。多发性硬化的诊断很大程度上要依赖于临床症状和其多偶发性本质。

对于多发性硬化患者的干预性治疗几乎很少见效。物理治疗和职业治疗可以促进运动的最佳范围,必要的时候还可以提供环境支持。皮质类固醇的治疗可以减少症状偶发性,如果注意饮食,降低与过敏性食物接触的几率,有些患者症状会有好转。

参见 步态失调;身体残疾

MULTISENSORY INSTRUCTION
多感官教学

多感官教学包括通过多种途径呈现教学内容,例如视觉、听觉和触觉通道。使用这种教育方法的基本原理是多种感官并用将会促进学习。弗纳尔德(1943)教学法和吉林汉姆-斯蒂尔曼(1960)教学法是用于阅读教学的多感官教学法的代表。然而,这两种教学法强调的重点不同。弗纳尔德教学法强调全字学习,吉林汉姆-斯蒂尔曼教学法强调看字读音教学,尤其是个别音位和声音的混合。

最近“多感官”这一术语发展为“整体”教学法,在学科内容和课堂上加入了各种教学活动(福克斯和汤姆普森,1994)。这个术语的定义从教授具体内容发展为一个更加注重互动和学习者的综合体验(恩茨和西尔福斯,1993;麦基翁,1995)。

参见 阅读;阅读矫正;教学策略

MUNSON, GRACE E.
格雷斯·E·芒森(1883—1980)

格雷斯·E·芒森出生于内布拉斯加州奥尔良附近的一个草屋里,她深信通过教育可以获得自我成长和进步。她从牧场上只有一个教室的学校考入秘鲁(内布拉斯加州)师范学校(1905),1911年获得内布拉斯加州立大学文学学士学位,1916年获得韦尔斯利学院哲学博士学位,读博期间(1912年)还获得了该学院的文学硕士学位,是该校的“杰出校友”荣誉获得者。

1899—1903年,她在内布拉斯加州的日内瓦城附近任乡村教师;1905—1909年,在哈尔纶县任教师和校长;1912—1918年,在内布拉斯加州立大学任教育学讲师;1918—1935年,她搬到了芝加哥,成为一名学校心理学家和教师;1935—1946年,任儿童研究局的主任;1946—1949年,成为主管特殊教育的副主任。

芒森是一位具有创新意识并欢迎别人提意见的领导者,她对于他人和观点的批评也都是深刻而有力的。尽管她的工作和管辖范围仅限于大芝加哥地区,但她还是于1924年为儿童研究局和青少年研究所的心理学者们组建了芝加哥心理学俱乐部,这是一个为心理健康需要服务的小组。通过这个俱乐部,格雷斯·E·芒森为芝加哥心理学者与美国那些伟大的心理学家之间的对话搭建了桥梁。

MUSCULAR DYSTROPHY(MD)
肌肉萎缩症(MD)

肌肉萎缩症是指一组遗传性障碍,典型特征是一种与双侧骨骼肌萎缩相关的严重的、进行性的衰弱。这种疾病最常见的典型特征是发病早,肌肉受损日趋严重,最后死亡。患者寿命缩短,大约有2/3的肌肉萎缩症病人是3~15岁的儿童(魏纳,1973)。

尽管肌肉萎缩症的分类体系多变,但是大家一致认同杜兴肌营养不良(假肥大型)是最常见的一种变异。其他种类包括面肩肱型肌营养不良症(影响面部和肩膀肌肉;10-20岁间发病)和肢带型肌营养不良症(儿童发病较少)(布莱克,1975;布达,1981;罗兰德,1979)。有证据表明,这种疾病各个类型的发病率差别很大,每100万人中有5个患有面肩肱型肌营养不良症,而每100万人中有250个患有杜兴氏肌营养不良(罗兰,1979)。杜兴氏肌营养不良是通过(X染色体)性连锁式隐性遗传传播,但也常常有报告说这是自发性基因突变的结果,因为大约有2/3的患病儿童没有家族遗传史。

尽管女性携带者会表现出轻度的临床症状(布达,1981),但按其定义该病仅限于男性发病。

杜兴氏肌营养不良多在学前期发病。学会走路的时间延迟,这种疾病的早期症状包括从卧姿/坐姿起身困难或爬楼梯困难。随着病情的发展,骨盆带肌肉发生病变,典型的特征就是“鸭步”步态,脊柱前凸,腹部挺出(布莱克,1975)。杜兴氏肌营养不良的特点是进行性无力,儿童在10岁或者12岁的时候就不得不使用轮椅(布莱克,1975;科拉塔,1985)。由于呼吸衰竭或者心肌病变等问题,多在30岁左右死亡(魏纳,1973)。

患有 MD 的儿童需要特殊教育和服务。他们需要合适的设备、专人陪同、适当的治疗。尽管对患有杜兴氏肌营养不良的男孩进行神经心理学治疗的优缺点还不明确,但收集的数据说明,个体间的差异可以作为调整教学计划的依据。实际上,肯德尔(1991)和尼尔森(1997)提出,调整教学计划需要受过训练的教育人员、灵活的课程安排、连贯的服务、家长的支持和培训以及受过训练的高科技人员。

参见 适应性体育;肌肉萎缩症协会;身体残疾

MUSCULAR IMBALANCE
肌肉力量不平衡

肌肉力量不平衡多发于拮抗肌相互作用的整合能力存在困难或缺陷的群体。通常拮抗肌群都有精细分级的相互作用,受交互神经支配,神经支配的麻痹、衰弱或者中断可能导致失衡。肌肉不平衡的位置和严重性程度将决定个体能否保持直立、伸展胳膊、眼睛聚焦,或者单脚跳。

运动技能可能受到严重损伤,也有可能只受到轻微影响。肌肉力量不平衡可能导致疲劳,呼吸困难,口语运动技能受损,疼痛,视力聚焦功能受损,或者其他众多的情况,取决于肌肉失衡的性质、位置和弥散性等。

在课堂上可以观察到肌肉不平衡的症状。如歪着头阅读,在坐了一段时间后向一边倾斜,在书写的最后阶段笔迹出现显著的退步,这些都是肌肉不平衡或者衰弱的表现。

参见 运动治疗;肌肉萎缩症;身体残疾;视动和视知觉问题

MUSEUMS AND INDIVIDUALS WITH DISABILITIES
博物馆和残疾人

随着 1973 年《康复法案》的通过,不仅残疾人对博物馆的访问量大大增加,而且残疾人也可以更全面地鉴赏艺术。该法律第 504 条规定:由政府资助的组织禁止歧视残疾人。这对于博物馆的设计方式、展览及教育的实施具有重要影响。但是这并不是说在第 504 条款制定前就没有适合残疾人的项目。美国北卡罗莱纳州首府罗利的玛丽 · 杜克 · 比德尔展览馆,早在 1966 年就为盲人和视力残疾的游客创立了触觉感知的方法,1972 年,在康涅狄格州的哈特福德市建立了利翁感官展览馆。早期的这些努力是卓越的,但是如果没有批评,他们也不会取得这么大的成就(肯尼,1983)。其中一个非常重要的批评就是那些为残疾人特殊设计的展览馆和博物馆,尽管初衷是好的,但是无意中却形成了与健全人的隔离。

博物馆通过各种途径进行了回应。为了避免隔离,他们为所有的观光者提供扩展服务和多感官经验。但是博物馆在为无视力的游客服务方面没有经验。斯坦纳(1983)指出明眼人负责为视力受损的人制订计划会导致误解;法律上认定的盲人是没有一点视力的;绝大多数的盲人阅读盲文;盲人对于触摸和声音比明眼人更敏感。人们非常容易低估(或者忽略)明眼人无意识地从环境中获取背景知识的数量,并容易低估应用背景知识欣赏艺术的数量。为了避免由于上述误解而引起的误会,全国的博物馆组织了由残疾人组成的咨询会议,由他们来引导并计划新的努力方向。

全国的一些博物馆可以实施示范性计划,为残疾人提供连续的展览会服务,并将其与艺术教育项目的其他方面交织在一起。

参见 《美国残疾人法案》

MUSIC THERAPY
音乐治疗

音乐治疗是通过应用各种音乐形式改善非音乐行为(莱瑟姆和伊格尔,1982),并促进心理健康和社会性发展,提高适应及运动协调能力。有时为了娱乐或者教育,它也用作一种康复治疗工具。或许音乐对特殊教育最重要的贡献就在于,用那些愉快的活动促进学习。

音乐治疗在医院、学校、研究所和私人机构中得到了大量应用,通常以一对一或者团体的形式进行。它包括随着音乐运动,演奏乐器,表演音乐剧,参加音乐会,跳舞,作曲,唱歌和听音乐。

音乐治疗的作用应该与特殊教育中音乐教育的作用区分开。音乐治疗有它自身的治疗目标。而音乐教育是从美学的角度教给学生知识和技能,为所有的儿童包括残疾儿童提供丰富的愉快经验(阿利,1979)。在特殊教育中,音乐治疗被用来增强残疾学生服从指挥的能力、提高他们对有逻辑顺序的动作、声音和音乐的注意力和反应能力。任务分析对此很有帮助(艾雷,1979)有人建议,特殊教育中的音乐治疗应该选择在学生技能水平范围内的音乐活动,因此音乐活动应该尽可能简单,就像听摇滚乐或者参加学校管弦乐队那么简单。

94 – 142 公法公布之后,音乐教育家们把目光转向了音乐临床医学家,他们已经建立起教育残疾学生的成功惯例。结果,很多残疾学生的音乐素材和教学程序都植根于音乐治疗。从1975年到现在,音乐教育和音乐治疗在《残疾人教育法案》的支持下,从私人或者社区教育传播到特殊教育的各个方面。实际上,1995年的加拿大教育中心(CEC)的年度最佳教师布伦达·罗宾斯,她既是一名音乐教师,也是一名临床医学家。

参见 舞蹈治疗;娱乐疗法

MUTISM
不语症

不语症是一种有声言语缺陷(坎纳,1975)。根据科尔温和丰杜迪斯(1981)的说法,存在很多种不语症,在本质上可以分为基于生物学的和基于心理学的。基于生物学的不语症的典型特征是与重度耳聋、严重心理障碍、自闭症或者失运动能不语症有关。作为心理障碍的一种症状,有两种程度更深的不语症。创伤性不语症是指在遭受一个心理或身体上的打击之后突然发作,因此被看做是一种歇斯底里式的反应。选择性不语症则是只在某些熟悉的情景或者只对选定的一小部分人说话。

鉴别诊断在区别选择性不语症和由于其他障碍所导致的不语症上起着重要作用。重度和极重度智力落后儿童可能普遍不能说话,这反映了一种普遍性的发展障碍和发展性的语言障碍。拉特(1977)提出,选择性不语症是一种"纯粹的"情绪障碍,不语症是潜在的言语或者语言障碍的反映。科尔温和丰杜迪斯(1981)报告,在纽卡斯尔的流行病学研究中被鉴定为选择性缄默的儿童,有50%表现出言语不成熟或者其他言语困难。

在区分选择性不语症和语言障碍儿童的不语症时,考虑下述几点是重要的。症状的长期性和发病前口语的熟练性在鉴别诊断中也非常重要。具有发展性或者先天性语言障碍的儿童更可能具有非典型的言语和语言发展史,然而选择性缄默的儿童在学前期常常具有正常的言语和语言发展(里奇曼和埃利亚森,1983)。

根据《精神障碍诊断与统计手册》第四版(DSM-IV;1994),只有在选择性不语症中才出现语言缺失这种重要障碍。重度忧郁症、童年期或青春期的逃避型障碍、过度焦虑障碍、对抗性障碍以及社交恐惧都会出现普遍拒绝讲话的现象,因此不能据此就判断个体为语言缺失。

尽管现在几乎没有关于这种童年期障碍(失语症)的流行研究,但还是有证据表明这种障碍相对罕见。莫里斯(1963)报告,临床案例中有0.4%的发病率,舍费尔德(1950)报告,有1%的发病率。但是由于现有的发病率的研究质量并不高,所以这些报告的数据并不完全可信。接受失语症治疗的报告数量及临床文献表明,障碍的流行率比数据所显示的发病率还要高。例如,海登(1980)、沙诺克和阿肖内(1979)提出,由于选择性不语症儿童的家庭都会自我隔离,对障碍的严重性缺乏认识,且普遍只在学校发生,所以有很多选择性不语症案例并没有报告。大家一致同意,这种障碍多发生于童年早期(5~7岁),很难治疗,而且随着时间的推移更加难以控制(克拉托赫维尔,1981;拉韦和威廉姆森,1984)。这种障碍经常伴随着社交退缩及社交技能的缺失,几乎还没有研究探讨过这方面的问题。

有大量的临床文献报告这种障碍的成功治疗。很多人都对这些文献进行了详细的研究(弗里德曼和卡拉贡,1973;克拉托赫维尔,1981;克拉托赫维尔,布罗迪和皮塞尔1979;拉韦和威廉姆森,1984;沙诺克和阿肖内,1979)。不管是传统的动力学治疗还是行为治疗都可以应用于选择性不语症儿童。

虽然在识别最有效的治疗选择性不语症的特殊精神动力学策略上还存在困难,在治疗中想要保持一贯的主题也是很困难的。这反映在全程的治疗过程中(从几个月到几年),从不语症出现的治疗环境(例如诊所)到自然环境中的问题领域(例如学校的普遍化)都很缺乏统一的说法,而且也缺乏持续的追踪调查和对结果的维持(克拉托赫维尔,1981;克拉托赫维尔,布罗迪和皮塞尔,1979)。

弗里德曼和卡拉贡(1984)提出了联系评价和治疗的概念框架。评价包括对儿童在各种环境下(如学校、家庭、社区),面对不同的人(如父母、教师、同伴)所表现的话语情况直接打分。根据可能出现的评价结果确定治疗方案。可能发生的五种结果:①儿童在绝大多数情景下能够和绝大多数人讲话,但是频率很低;②儿童在任何情景下可以至少和一个人讲话;③儿童只在一种情景下和绝大多数人讲话;④儿童只在一种情景下和一个人或者为数极少的几个人讲话;⑤儿童不和参与治疗方案中的任何一个人讲话。根据评价的分数,各种治疗方案都在动态中发展,它们要与体现障碍特征的评价结果相匹配。

参见 选择性不语症;语言缺陷和不足;言语缺失

N

NATIONAL ASSOCIATION FOR THE DEAF(NAD) 美国国家聋人协会(NAD)

美国国家聋人协会(NAD)成立于1880年,是一个私立的非营利性联盟,包括51个州立协会分支机构、赞助的和组织的分支机构以及直接会员。华盛顿特区和美国各州的协会被认为是州立分支机构。组织的分支机构可能是非营利性的,也可能是营利性的。直接会员分为普通会员、高级会员、学生会员、初级会员或者国际会员。美国国家聋人协会是世界聋人联盟的一个成员。

美国国家聋人协会旨在促进美国的聋人和重听人士在教育、就业、卫生保健、社会服务和电信通讯等方面无障碍和公民权利。该协会是一个提供信息交流的场所,提供关于聋人社会、文化、传统、语言以及该协会所开展的计划和服务方面的信息。该协会开展的服务包括如下方面:字幕媒体、美国手语资格证书、从事聋人研究的专业人员,以及手语翻译。另外,该协会还为耳聋和重听委托人提供免费律师服务,其范围涉及公民权、就业权、受教育权和法律授予的平等权利等。该协会也对耳聋和重听青少年的领袖计划提供准备性的培训。

NATIONAL CENTER ON EDUCATIONAL OUTCOMES(NCEO) 美国国家教育成果中心(NCEO)

美国教育部特殊教育项目办公室(OSEP)于1990年创建了国家教育成果中心(NCEO)。当时,国家教育成果中心是唯一一个集中致力于研究所有学生(包含残疾学生在内)的教育成果的国家级中心(国家教育成果中心,1999)。为了监测残疾学生的教育成果,国家教育成果中心在鉴定教育成果、指标和评估方面起主导作用,鉴定成果都可能被州立机构和联邦机构开发和利用。该中心的工作基于这样一种信念:鉴定教育成果指标,有效并负责任地加以运用,将会提高残疾学生的教育结果。通过开展残疾学生教育成果监测,国家教育成果中心致力于在各级学校引入针对所有学生的教学效果责任制①。

美国国家教育成果中心的主要活动包括制定教育成果的概念框架,对数据收集(特别是残疾学生的数据)起到了指导作用。为了汇总各州按照目前的方法收集到的残疾学生数据,需要开展一些调查。另外,该中心还努力收集和分析各州残疾学生教育成果的数据信息。

该中心自建立以来,工作人员已经收集和分析了许多来自州立机构和联邦机构的信息。通过检验在标准、目标和评估系统等方面执行的效果,国家教育成果中心已经能够为残疾学生的重要教育成果作出鉴定。中心与州的管理者、教育者、父母以及其他在“所有学生教育成果”领域中工作的人员一起,召开工作会议,达成共识收集相关信息。同样,国家教育成果中心也充分研究了当前各州的教育政策和责任制实施情况(国家教育成果中心,1999)。

国家教育成果中心工作人员通过三种不同类型的活动来提供技术援助。

提供“直接技术援助”的有该中心发起的评估和学生标准州立合作组织(SCASS, State Collaborative of Assessment and Student Standards)、美国各州学校主管委员会(CCSSO, Council of Chief State School officers)和美国各州特殊教育行政主管联合会(NASDSE, National Association of State Directors of Special Education)。该中心工作人员还检查各州研究起草的材料,并向各州反馈。与各州的小组一起召开电话会议,对各州提供援助和支持。在全国性的会议中,国家教育成果中心工作人员常常举办讲习班,讨论发展覆盖广泛的教育效果责任制(国家教育成果中心,1999)。

美国国家教育成果中心也通过“与地方资源中心合作”,提供技术援助。中心工作人员常常给各州提供资源材料、最新研究动向和促进将残疾学生纳入教育效果责任制的最佳实践方案。地方资源中心也将可供各州使用的资源材料提交国家教育成果中心审查。这样的审查程序,使地方资源中心确信他们的材料始终

① 教学效果责任制(Accountability Systems):运用测试(以及其他的相关信息)和评估中的信息对于相关的对象(如教师、学生、学校等)进行描述和判断。测试与评估是责任制的重要手段,但与测试和评估不同的是,责任制的目的是通过这种判断告知公众学校(教师或学生)的教育情况如何,应该对教师、学生或者学校作出怎样的决定(奖励或者惩罚等),而学校也有权以一种合理和公平的方式来得到评判。

如一地反映出残疾学生全部都被纳入教育效果责任制(国家教育成果中心,1999)。

美国国家教育成果中心的工作人员也通过与“其他技术援助提供者”合作,对各州提供技术援助。通过合作,中心和其他技术援助组织可以商议有关促进责任制实践的问题,审查机构提供的材料,获得最新研究信息(国家教育成果中心,1999)。

自成立以来,美国国家教育成果中心的研究对各州和国家的政策发展起到了一定的影响。中心工作人员出版了大量描述各个州数据的读物,大部分信息可以从该中心的网站(http://www. coled. umm. edu/NCEO/)下载。这些信息包括各州标准的汇总、关于交替评估之类重要议题的政策简报以及技术报告。国家教育成果中心定期出版各州评估活动概要和各州测试调节的实践报告。各州也可以通过网站获取发展融合评估和教育效果责任制的自学指南。

NATIONAL COUNCIL FOR ACCREDITATION OF TEACHER EDUCATION(NCATE)
美国国家师资培训鉴定理事会(NCATE)

美国国家师资培训鉴定理事会(NCATE)成立于1954年,目的是建立一个师资培训统一标准的国家级团体。该委员会目前的主要活动是,研究和颁布大专院校对中小学教师以及学校其他专业人员进行培训的标准,并对其进行审查和认证。NCATE是唯一具有认证资格的国家级机构。高等教育鉴定委员会(COPA)授权NCATE采用的鉴定标准和程序,并对从事初高级师资培训机构的资格进行认证。NCATE也被美国教育部认为是合适的鉴定师资培训的团体。

NCATE由33个专业协会组成,包括教师、师资培训教师、专家以及代表300多万人口的地方和州的政策制定者。专业协会委派代表组成NCATE董事会,提供资金支持,并从以下四个方面帮助制定标准、政策和程序:专业教育的设计、专业教育人才选拔、专业教育教师团体、专业鉴定单位。这四个方面都“强调未来教师在专业学习和文科学习方面能得到扎实的培训”。

NCATE对特殊教育及大部分相关服务领域包括学校心理学、教育诊断和学校咨询等提供资格认证。任何招收4年制(及以上)本科的学院或其相关领域都有资格参与NCATE的鉴定评估,其前提是学校被相关州立机构认可,已经被地方鉴定为合格;学校给予每位教职工平等的机会,招聘教职工时也没有歧视;且学校已经培养了足够数量的师资培训毕业生(用于项目质量评估),NCATE的具体认证标准常常被修订。

NATIONAL FEDERATION OF THE BLIND(NFB)
美国国家盲人联盟(NFB)

美国国家盲人联盟(NFB)成立于1940年,是一个消费者组织。这一组织为盲人提供了联合行动与支持的平台,以增加他们参与社会的机会,增进公众对盲人的了解。这个美国最大的盲人组织的分支机构遍布全美50个州、哥伦比亚特区和波多黎各,在大多数主要城市都设有地方分会。该联盟目前在全国有5万多名会员。

美国国家盲人联盟提供的服务包括盲人的就业计划(JOB),这个十分成功的计划开始于1979年,协同美国劳工部,帮助盲人寻找具有竞争性的工作岗位。美国国家盲人联盟还建立了国际盲文和技术中心(IBTC),提供盲人适应性技术评估与演示。

其他服务包括出版《新闻杂志》——第一份数字有声报纸;还创建了资料中心,提供1200多种与目盲问题有关的盲文出版物。

美国国家盲人联盟的出版物给盲童的父母和教育者提供信息,处理糖尿病致盲患者的问题和关心的事情,回答关于目盲的常见问题,提供关于盲人的服务和项目方面的信息,帮助教育盲人和明眼人如何以积极态度看待“盲”。每月发行的刊物《盲文箴言报》,有盲文版、印刷版和磁带版,是该联盟的喉舌。该联盟每年召开一次大会,有3000多人参加,是世界上最大的盲人聚会。

NATIONAL INFORMATION CENTER FOR CHILDREN AND YOUTH WITH DISABILITIES(NICHCY)
美国国家残疾儿童和青少年信息中心(NICHCY)

美国国家残疾儿童和青少年信息中心,创建于1970年。作为国家特殊教育信息中心,自从它成立以来,经历了4次改名。NICHCY是残疾人研究和服务中心下属的教育发展学院的一项工程,并由该学院与美国教育部特殊教育项目办公室合作运营。NICHCY为家庭、教育者和其他专业人员提供关于残疾和与残疾相关的问题信息,并进行转诊介绍。NICHCY提供各式各样的服务,其中包括:专人处理具体问题;介绍残疾人组织、父母群体和专业组织;中心的数据库和图书馆收集了丰富的信息;许多西班牙语原著都可以拷贝。

美国国家残疾儿童和青少年信息中心还发行了许多出版物,包括关于某种残疾的情况说明、各州残疾人服务资源索引、父母指南、参考文献以及该中心发行的报纸——《新闻摘要和转衔摘要》。大多数出版物在该组织的网站(http://nichcy.org/)上可以获得,其数据格式有两种——纯文本格式和PDF格式。该中心目前正在发行的录音磁带和小册子——《学生就业指南》和《技术帮助指南:帮学生找工作并保住饭碗》(国家残疾儿童和青少年信息中心,1998)。

NATIONAL INSTITUTES OF MENTAL HEALTH (NIMH)
美国国家精神卫生研究所(NIMH)

美国国家精神卫生研究所始建于1946年,是负责支持开展心理障碍的发现、诊断、治疗、干预的国家级研究机构。为了了解心理障碍的原因、提高治疗效果、并加以干预,该研究所采用一种多学科研究方法,综合了神经科学、基础行为科学、临床医学、传染病学、干预研究以及心理健康服务研究等,探究人类大脑的健康和疾病状况。通过利用这种综合的方法,该研究所支持开展涉及特殊心理障碍病因和治疗的基础研究,如:精神分裂症、情绪失调、焦虑、进食异常、阿尔茨海默氏病和儿童心理疾病。NIMH的研究还关注包括少数民族群体、妇女、农村居民在内的特殊人群的心理健康需要。

该研究所公开发行《精神分裂症通报》、《精神药理学通报》两种期刊以及关于基础行为研究、心理健康神经科学和心理障碍诊断治疗的印刷资料。公共和专业的教育活动包括抑郁症的发现、识别和治疗、焦虑障碍教育项目以及进食异常治疗项目。

NATIONAL JOINT COMMITTEE ON LEARNING DISABILITIES (NJCLD)
美国全美学习障碍联合委员会(NJCLD)

美国国家学习障碍联合委员会创立于1975年,是一个由关心学习障碍者的教育组织和福利组织的代表构成的国家委员会。这些组织包括美国言语语言听力协会(ASHA)、学习障碍理事会(CLD)、特殊儿童理事会学习障碍部(DLD)、国际阅读协会(IRA)、国家学校心理学家协会(NASP)、高等教育残疾人协会(AHEAD)、特殊儿童理事会儿童交流发展部(DCCD)、国家读写障碍协会(IDA)、美国学习障碍协会(LDA)和学习障碍国家中心(NCLD)。

NJCLD代表了各类组织的35万名成员。该机构的基金来自各组织的捐赠。

NATIOANAL LEARNING DISABILITIES ASSISTANCE PROGRAM
美国国家学习障碍支持项目

91-230公法,是在1970年的《中小学教育法修正案》(Elementary and Secondary Educatin Act, ESEA)基础上,自1971年7月1日起,废止了ESEA修正案的Title VI(第6部)。这一举措将以前许多与残障儿童相关的项目都归总在一个新的法案中,这就是《身心障碍教育法案》(Education of Handicapped Act, EHA)。1970年的《身心障碍教育法案》增加了G部分,授权对有特殊学习障碍的儿童开展基金计划。

《身心障碍教育法案》G部分计划的目的是,支持各州开展学习障碍儿童的识别、诊断和服务。这一酌情补助计划为开展学习障碍儿童的研究以及教师和督导教师的培训提供支持,同时还支持开展各州服务中心的示范活动,鼓励它们在全州范围内为特定人群开展服务。

94-142公法对残疾儿童的定义进行了修正,将学习障碍纳入其中。随着法律的变化,《身心障碍教育法案》的任何其他项目得到的资金都可以用在学习障碍儿童身上。1983年,G部分被98-199公法废止。

NATIONAL REHABILITATION ASSOCIATION (NRA)
美国国家康复协会

美国国家康复协会成立于1925年。该协会有1万5千名成员,由70个地方组织组成。协会总部设在弗吉尼亚州的亚历山大市。该协会由下列人员组成:咨询师、治疗师、内科医师、残疾检查者、职业评估人员以及其他对残疾人康复感兴趣的人。

该协会每年出版6期业务通讯,它的《康复杂志》一年出版四期,另外还有一本《纪念玛丽·E·舒尔策年度研讨会专题论文集》。

NATIONAL SOCIETY FOR THE PREVENTION OF BLINDESS (NSPB)
美国国家防盲学会(NSPB)

美国国家防盲学会成立于1908年,它通过在全国开展公共专业教育、研究以及行业和社区服务帮助人们保护视力、防止失明。其服务包括促进和支持地方的青光眼筛查、学前儿童视力测试、工业用眼安全,以及收集关于导致失明/视力缺陷的原因及视力受损程度方面的数据。

美国国家防盲协会提供医学和眼科方面研究的奖励基金。协会出版一份季刊和一份简讯,还有关于眼疾、儿童的眼睛护理以及在工业上、运动中和学校里安全用眼的小册子。国家防盲协会还分发适合学前儿童和成人使用的家用视力测试的资料,以及测试图表、海报、电影、广播或电视节目资料。该组织的一项重要工作就是推广安全眼镜在各种职业和运动中的应用。

NATIONAL TECHNICAL INSTITUTE FOR THE DEAF (NTID)

美国国立聋人技术学院(NTID)

美国国立聋人技术学院于1965年6月由国会批准成立,并被美国总统林登·贝恩斯·约翰逊签署写进89-36公法。这个法案特别包含了与计划规模、计划目标、场所、管理、课程、入学标准、课程学习的时间和研究相关的规定。

现在,美国国立聋人技术学院,是世界上最大的、在主要是健听学生的校园里开办的聋人技术学院。学院为大约1100名来自全美以及外国的聋生服务。学生能报名学习多种职业课程,可获得结业证书、大专毕业证书、学士学位证书或者硕士学位证书。该学院是罗切斯特理工大学(RIT)的8所学院之一。94%的RIT耳聋大学毕业生毕业时可以找到工作。他们被聘用到全美的商业、工业、政府和教育部门里。

美国国立聋人技术学院的学生高中成绩必须优秀,标准化考试的总成绩至少达到8级水平,在不使用助听器的情况下,较好耳的听力损失大约70分贝或以上。在这里学生可以获得适合他们需要的服务。

NATURE VERSUS NURTURE

先天禀性因素还是环境因素的问题

历史上一直在争论人的许多特征从何而来。一些人把诚实归因于遗传,而另一些人强调是由于对家庭成员的模仿,受同伴的影响,或者可能是一部分社会成员的道德观念问题(温伯格,1983)。

智力来自于遗传还是来自于环境,是所有人类成就领域中争论最多的一个问题(哈拉汉和考夫曼,1986)。由于长期的争论以及由此产生的社会和政治后果,因此关键问题必须澄清。如下两个问题颇受关注:智力测验的效度、智力受遗传的影响程度。智力测验,特别是智商测验(IQ),包括个体解决问题、理解词汇和段落、解谜等等项目。这样的测验在欧洲和美国已经使用了许多年,但是人们批评它存在文化偏见。也就是说,完成这些测试所需要的知识,对于社会中的一部分人有价值,而对另一些人则没有价值。

第二个重要问题,即智力受遗传影响的程度,争论更多。有些权威人士(比如,詹森,1969;斯卡和麦卡特尼,1983)认为人的大部分智力是由遗传因素决定的。但是,大多数学者认为智力主要受环境因素影响,或者认为这两个因素紧密相关,不可分割(布洛克和德沃金,1976;布沙尔和麦克,1981)。现在,遗传学家们普遍认为,至少有50%的智商是遗传得来的(卡罗尔,1992)。

对天性的了解,为评估遗传与环境的关联影响提供了非常有效的方法。关键的因素是保持遗传不变。研究同一个父母的后代还不够,因为每一个儿童都有他的独特基因组合。同卵双胞胎具有相同的遗传特征,因此,这些双胞胎之间的差异可以完全归因为环境因素的影响。研究在不同的环境下抚养长大的同卵双胞胎,以考察环境因素影响的程度,法贝尔(1981)在关于这一主题的一篇综合性文章中指出,同卵双胞胎在相似的环境中分开来抚养长大,他们的智力几乎没有什么差异。但是如果同卵双胞胎的生活环境完全不同,那么他们的智力测试表现就会很不相同。

如果没有双胞胎的话,就不可能直接评估遗传因素的影响。由于某些人对种族智力差异做出了一些毫无根据的推断,所以许多心理学家在思考智力的遗传因素时非常谨慎(布洛克和德沃金,1976)。因此,心理学家支持开展环境因素的研究,努力找到家庭、人群、机构和社会规范等因素对儿童行为的影响,以及儿童自身又是怎样影响环境的(麦克尤恩和施梅克,1994)。

研究清楚地显示,智力既受遗传因素的影响,也受环境因素的影响。环境的影响因素来自于儿童出生时的重量、营养和不同的家庭背景。因此,遗传因素和环境因素持续地交互作用,影响着儿童的发展。

参见 评估;智力;智力测试;社会经济地位

NEGATIVE PUNISHMENT

负效惩罚

去除一种刺激以减少不适当行为的做法就是负效惩罚。为减少今后目标行为的发生,从正面强化环境中隔离和反应代价是通常采用的策略。

当采用这些策略时,环境改变而产生的突兀性需要引起特别注意。建议教师做最小的环境改变,这种方法对减少不适当行为的再次发生是最有效的。同样,根据需减少的不良行为的严重程度,剥夺先前已经获得的分数或者代币(反应代价)时也存在很大的变化。

NEGATIVE REINFORCEMENT
负强化

负强化是指去除或避免来自于周围环境的厌恶刺激,这种刺激能够促使前次去除行为的再一次出现。负强化包括逃避和躲避两个部分。在课堂教学时,听到响亮的火警声后进行逃避,增加了在火灾训练中全部学生逃出教室的可能性。类似地,通过不断地完成数学作业来避免老师的口头批评也是一个负强化的实例。

负强化经常被混淆或者被误贴惩罚的标签。在负强化中,通过去除厌恶刺激增加了行为未来发生的可能性。但是,通过去除正面的刺激(负惩罚)或是给予厌恶的事情(正惩罚),行为未来出现的可能性却会降低。

参见 应用行为分析;行为矫正;负效惩罚

NEONATAL BEHAVIORAL ASSESSMENT SCALE (NBAS)
新生儿行为评价量表(NBAS)

新生儿行为评价量表(NBAS,布雷泽尔顿,1973,1984)是用来检查足月儿(不少于37孕周)或出生30天内新生儿的行为。正常的、健康足月出生的婴儿的特征,诸如婴儿对分娩和新环境的适应能力,将受到评测。与照顾者的社交能力和自我平衡的调整也将受到评价。通过检查婴儿的意识状态来检测婴儿的适应能力。

1984年的NBAS包含了测试手册,视听磁带和一些必要的装置(发光的红球、闪光灯、格格作响的玩具、铃铛、便携式触觉探测器)。NBAS有20项是4分制的反射动作测试。两项综合行为量表是:①吸引力(测试婴儿身体组织响应能力、行为综合能力和对测试人员的积极反馈);②对鼓励的需求(婴儿对组织响应的鼓励需求)。还有28项行为评分,采用的是9分制。整个测试大约需要20到30分钟。建议测试至少分两天进行,以避免仅基于某一天的测试结果而得出错误的结论。

在NBAS成绩的解释上是存在问题的,这是因为一些量表的最优值是变化的。例如,一些项目的最优值是9分,而另一些项目则是5分。整体测试的总成绩是无法得到的,但一部分成绩却可获得,如:适应性、定位性、运动能力、状态范围、状态调节、自动调节和反射性。

建议计划使用NBAS的研究人员和临床医生参加培训讨论会,以确保测试的信度。由于测试的成绩是基于临床评价的,所以,除了要求具有护理婴儿的临床经验和婴儿成长发育的知识以外,操作的准确性至关重要。学会操作NBAS也是相当费时的。然而,它却是研究中最为广泛采用的量表之一。西尔弗曼等人(1994)说,“NBAS看起来是符合基础研究的可接受标准的,尽管它并非经过临床检验的工具,布雷泽尔顿将会证实这一点。”。NBAS用于临床还必须谨慎小心。直到现在,NBAS还无法用于普通人群。

参见 新生儿评价

NEURAL EFFICIENCY ANALYZER(NEA)
神经效能分析仪(NEA)

在过去的20多年里,许多心理学家一直在争论,认为传统的智力测试常常是不正确的,因为它们存在着文化偏差。针对这样的批评,心理学家们进行了许多尝试,试图开发出客观的、排除文化影响的认知机能的评测标准。

一套独特的排除文化影响的认知机能评测方法是20世纪60年代末、70年代初由埃特尔发明的神经效能分析仪(NEA)。作为一种对智力无偏差的评测方法,NEA的目的是评测神经元传送的效率和速度。

尽管NEA可以说是在智力测量中将文化差异的影响最小化的一种革新性尝试,但鲜有实验证据支持这项评测应用于临床。由于智力测试的主要目的是反映个人在众多独立但却相关的认知领域的能力,并预测未来发展潜力,所以任何对于认知机能的单一评测都是存在应用问题的。

参见 智力

NEUROLINGUISTIC PROGRAMMING(NLP)
神经语言程序学(NLP)

神经语言程序学(NLP)是由班德勒和格林德(1975,1976,1979)所提出的用于咨询和心理治疗的一种有效的人际交流模型。这个模型认为,人们是通过感官或表象系统来接收、存储和处理信息的。每个人都具有一个喜好的或主要表象系统(PRS),通过视觉、听觉或者知觉等感觉来最有效地处理信息。根据神经语言程序学的理论,当人际对话表现为与对方的喜好表象系统相匹配时,人际交流就会增强。

最近,基于神经语言程序学已经被用于教育领域。托里斯和卡茨(1983)指出,如果教师意识到他本身和学生的主表象系统,并且,沟通渠道也相互匹配的话,就会促进学习。已经领会到班级里存在多种接收模式的教师就可以通过各种交流途径,利用更灵活和有效的方式进行教学。

神经语言程序学及其推论是存在争议的。研究已表明,不论通过预测分析或是通过对眼动的观察来确定主表征系统都不可靠。为了确定这个理论的全部价值,在实际教学和临床中的进一步评测是必要的。

参见 能力训练;大脑优势;心理疗法;教学策略

NEROLOGICAL IMPRESS METHOD
神经印记法

提出神经印记法是为了改善患有严重阅读障碍的儿童的阅读能力(海克尔曼等)。它可能对 10 岁以上的学生是最有效的。在这种方法中,教师和学生都在大声快速地朗读,教师坐在学生旁边稍稍靠后的位置,这样,教师的声音就可以直接传入学生的耳朵里。首先,教师在大声、快速地朗读,并且鼓励学生跟读保持节奏,不需要担心停顿或者读错。一边读,教师一边用手指在书上划出他所读过的句子。当学生能够很顺畅地阅读时,教师让学生领读和点读。这样,教师和学生不断地交换朗读顺序来完成阅读段落。

在神经印记法的应用研究中,洛伦茨和沃克尔(1919)、斯金纳、罗甘和罗宾森(1997)发现这种方法在认识生词和阅读理解中都没有太大作用。但这种方法却有助于增强阅读表达能力、提高朗读的流利程度、并有助于培养学生对朗读的自信。

后来,有研究已经反驳了采用这种方法能够使学生增强认识能力的说法(里茨和胡沃,1992)。坎恩建议,可以将神经印记法和反复阅读相结合,后者能够提高朗读流利程度和提高句法能力(萨缪尔斯,1979)。

NEUROPSYCHOLOGY
神经心理学

神经心理学是研究行为和大脑之间关系的一门学科。它的重点是了解大脑在负责简单和复杂机能模式(例如,听力辨别、阅读和记忆)下的工作机制。从 20 世纪中期开始,大量专业研究就转向对大脑特定区域机能的了解。

实际上,布罗卡(1861)和杰克森(1874)已经观察到病人的行为和大脑特定区域损坏之间的关系。事实上,有人认为神经心理学就起源这些对大脑与行为关系的研究(迪安,1986)。

神经心理学家的职责是诊断和治疗疾病。诊断注重的是对损伤的神经系统功能和大脑区域的判断。通过治疗干预,神经心理学家经常会构建一些经历来扬长避短,治疗神经过程障碍。在儿童神经心理学中,越来越多的人开始关注神经心理学方法的应用,利用儿童的认知能力来构造教育经历,以补救学习和行为上的问题。

大脑的两个半球是采用不同的模式来处理信息的。右半球大脑更倾向于利用视觉、空间和同步过程的信息模式。而左半球则是分析的、语言的和连续形式的信息模式。左右大脑半球不同的作用,最近已经在教学评估和治疗中得到了成功的应用。

许多神经心理学家已经开始将情感(或行为)障碍(如,一些抑郁症、机能亢进和精神分裂症)与其中涉及的生物学的或生理学的因素分离开来。这些障碍先前被认为是与周围环境压力相关的。这些发现是非常重要的,因为它们已经把大脑的机能与人类的情感和精神病理学清晰地联系起来。另外,这些发现也表明,一些障碍或者某一障碍中的一些方面,过去曾被认为是由环境所导致的,但实际上其根本可能是生物学问题。因此,在学校的治疗计划中,神经心理部分的机能评估可能就像对儿童生活环境的评估一样重要。总之,神经心理学在了解大脑和行为的关系方面做出了巨大贡献,并为脑功能障碍的儿童和成人的教育和康复指明了新的方向。很明显,神经心理学很可能成为联结医学、教育和心理科学的重要纽带。

参见 大脑优势;半球功能;神经学组织;裂脑研究

NONCOMPLIANT CHILDREN
不顺从儿童

不顺从儿童是指那些不能遵守别人制定的要求、规则或者政策的儿童。

他们经常违反常规,并常常会有破坏性行为。在某些州,"不顺从"这个术语用于描述引起法庭或权威关注的青少年。不顺从儿童不一定有情绪上或者行为上的障碍。通常,不顺从儿童在社交上不同于常人,但并不一定会有社会偏差行为。

以教师为主导的互动通常需要学生的服从。如果学生服从,教师就会给予肯定的反馈。如果学生不服从,教师会首先给予否定的反馈,然后再重复先前的指令。如果接下来学生服从,教师再给予肯定的反馈;如果学生还是没有服从,教师就会给予更强烈的否定反馈并一直循环下去,直到学生最后服从。然后教师给予正面的反馈。

以学生为主导的互动可能是合适的行为,也可能是不合适的。如果行为是合适的,教师就会给予肯定的反馈;如果行为是不合适的,教师首先给予否定的反馈,并指导学生什么是合适的行为。如果接下来学生表现出合适的行为,教师就会给予正面的反馈。在教师和学生互动的所有情况下,最后的结果都应该是教师要给予正面的反馈。教师也应该与父母沟通这些结果,那么父母就可以支持这个积极的过程(奥尔伯,1993)。

参见 应用行为分析;课堂管理;行为失常;工程教室

NONDISCRIMINATORY ASSESSMENT
无歧视评估

每年,学校都会出于各种目的进行数百万次的测验(例如,升级考试,筛选测试,预科考试,引导,诊断,晋升,保持,形成性评估和结论性评估)。虽然公众对于测验的态度是积极的(勒纳,1981),但是学者通常会批判测验,指责对少数民族学生滥用测验(威廉姆,1974;萨穆达等,1991)。这些滥用包括:对学生的非优势语言进行评估;测验只反映白人中产阶级价值观和能力;评估人员准备不足、对文化差异不敏感;将过多的少数民族学生鉴定为智力落后并归入较低能力群体;允许少数民族学生几年都待在一个较低水平的班级里;限制少数民族学生的受教育机会;在做出重要教育决策时不通知少数民族学生的家长;重要教育决策的制定所依据的信息匮乏、无效;根据低学业成绩,贬低种族尊严(奥克兰,1977;奥克兰和帕马利,1985)。

N

一旦意识到这些争议,教育家、心理学家(雷诺兹,1982)、政治家(博索夫,1981)、法官(萨特勒,1981)及其他人开始寻找不同的弥补方法,来澄清这些争议并改进对少数儿童的评估。例如,为了寻找到合适的测量方法,心理学家们设法制定了文化公平性测量和文化特殊性测量,标准参考测量及行为评估程序;将测验由英语翻译成其他语言;让更多的少数民族儿童参与标准化测验,并制定种族标准和多元标准;建立了公平使用测验的统计模式(奥克兰和帕马利,1985;詹森,1980)。

传统上对偏见的定义很大程度上是基于效度的三种概念:内容、相关标准(包括协同效度和预测效度)和构想(包括内部构想效度和外部构想效度)。统计学家似乎更喜欢判断和统计相结合的方法。例如,逻辑分析被用于对进行评估的项目特质建立关联,以识别项目是否冒犯了特殊群体的成员。统计技术被用于识别异常项目——那些测量相同特质、但操作与其他项目不一致的项目。可以再次使用判断检验统计上可能出现偏见的项目模型,并进一步升华个人对特质的理解(舍帕德,1982)。项目偏向法(与效标关联效度相反)是首选的,因为它们可以合并到测验构想效度的第一阶段,这样就可以较早地纠正偏向,避免其对测验效度的影响。此外,在使用项目方法之后,用回归法检测效标关联偏向并用因素分析法检测构想偏向就变得更加轻松和恰当。

心理测量学家通常在界定偏向时都会强调测验项目和总测验间的相关性(例如,项目总体相关性)。然而,其他人会强调整个测验,并关注选择中可能的偏向或者安置决定。

偏向的重要定义有三个。回归法认为,当一个测验对一个组的预测不同于对另一个组的预测时,就产生了偏向。因此,偏向是根据对因变量进行标准测量的回归差异定义的(克利里,1968)。

经常使用的第二个模型是配额制系统。使用这种方法时,根据被试所在人口群体的比例选择相同比例的被试。如果一个社区的人口白人占 80%,黑人占 20%,那么每选择 4 个白人,就要选择 1 个黑人。当均数出现组间差异时,会设置两个独立的临界分数来限定选择比例。

第三种模型是矫正标准模型(达林顿,1971),它允许在社会性和政治性暗示的问题中使用各种加权的文化公平性模型。

模型的选择取决于是选拔最高分,还是要给予少数民族群体更多的被选择的机会。这种模型的实际效果是给某一群体成员加分,以确保他们以较高的比例入选。

能够有效达成具体目标的测验,由经过训练的和能够胜任的主试者按照标准化的程序实施,对多元特殊的教育需要领域进行评估,这样测验才是无文化歧视的测验。学生的身体状况、社会性、心理问题和教育发展等方面的信息应该由经过训练的专业人员收集和解释。当评估有感觉损伤或者其他生理损伤的学生时,测验必须评估他们未被损伤影响而变弱的能力。把所有的信息提交给多学科团队进行评估,是无偏见的主要特征。同时鼓励专家提供有益的干预(赫勒、霍尔茨曼等,1982)。学校必须每三年对学生进行一次全面的复评,记录学生个别化教育(IEP)目标的完成情况,并决定学生是否适合继续接受特殊教育。

参见 测验中的文化偏见;个别化教育计划;特殊教育中的种族歧视

NONLITERAL LANGUAGE
非字面语言

字面语言是术语或者词语的一种平常的、普通的建构或者原始意义。非字面语言是术语或者非词语的一种不常见的建构或者非原始意义。例如,使用常规语言的深层含义来解释单词、短语或者句子的含义和看法。

字面语言或者非字面语言的区别常常就是程度的差异,因此,当讨论字面语言或者非字面语言的口头和书面沟通时,经常使用连续统一体的概念。

各种文化间的非字面语言沟通是不同的。非文字语言理解的问题对于将英语作为第二语言的说话者(ESL)和有发展性或者习得性沟通学习障碍的个体来说,是很常见的。从主流文化的视角来说,理解和使用非字面语言形式的能力在5岁左右开始发展,持续终生(莱恩和茉利纽克斯,1992)。能够理解并使用比喻、幽默、揶揄、讽刺、欺骗、口头挑衅、俚语等语言,对于儿童的社会性发展来说是必要的。对于比喻修辞、欺骗、广告、标题、多重意义和模糊性的理解和输出,对语言理论来说是重要的。一个会意的设计和计划、广告语言、欺骗的形式,对于工作和职场来说是至关重要的。

NONSHELTERED EMPLOYMENT
非庇护性就业

接受特殊教育的毕业生可以有多种不同的就业选择。在过去,庇护性就业对于智力落后学生来说是最可能的工作环境。今天,他们有更多可以选择的就业机会,这些机会可以增加其在主流社会工作的经验(鲁什和休斯,1990)。非庇护性就业由一系列工作组成,包括流动的工作人员、工业内部的独立小团体、竞争上岗及工作支持措施。通过功能性职业课程活动的纵向发展,这些结果得到强化。这些活动给智力落后个体提供了必备的技能,以适应整体的社会就业体系的要求。

采用系统的训练策略,训练者与学员在工作现场一对一进行培训。习得策略包括,在一种行为发生之前,变化训练提示的强度或者变化反馈/强化的强度。此外,任务本身的修改也包括改变步骤顺序、更改材料的物理属性、允许受训者独立地完成部分任务并重新安排其职责。这样,一起合作的受训者就可以完成活动中更难的步骤。

非庇护性就业程序最后提供的是后续服务。非庇护性就业的一个关键维度是来自培训者的支持逐渐减少,而后由培训点的非残疾工人监督者承担相同的义务。这个过程包括监督者反馈形式的分析,对工作速度和质量的数据分析,与家长对长期就业动机进行面谈,学校和代理机构对于随时解决危机的意愿,如不能及时解决则可能导致受训者下岗。

参见 保护性工厂;职业康复;残疾人的职业训练

NONVERBAL LANGUAGE
非言语语言

非言语语言通常用于描述超越于口头语言和书面语言的所有人类交流(伍德,1981;纳普,1980;莱恩和莫利纽克斯,1994)。非语言沟通贯穿人类生命的始终(布雷瑟顿,1991)。非言语交流技能的早期发展可分为三个阶段(芒迪和戈梅斯,1997):①从出生到5个月,可称为双方阶段,这一阶段婴儿和其照看者之间的交流常常包括面对面的情感信号的交流;②6~18个月,可称为三方阶段,这一阶段经常发生三方的交流(例如,婴儿指向一个玩具的时候,他使用眼睛与其照看者交流);③第三阶段与第二阶段重叠(12~24个月),婴儿结合非言语信号不断增加言语交流。第三阶段形态交流继续发展,至少可以发挥四种重要功能:①代替语言交流(当没有必要或者不可能使用语言交流的时候);②增强语言交流内涵的清晰度(通过变调、重读、语调、强调和手势等等);③揭示参与者的一般情绪状态(如,舒适或者焦虑,放松或者恐惧);④揭示对正在讨论中的有关话题的特殊感觉(不但表达情绪,而且反映情绪的相对强度)。

理所当然地,系统地观察和记录非言语语言要比口语或者言语行为困难得多,非语言交流可以传达80%的信息(德维托,1997;特伦霍姆和詹森,1997)。尽管非语言交流在所有社会和学术交流中都很重要,但在涉及重度残疾的个体和前语言阶段的婴儿时,它的作用就是决定性的(布雷瑟顿,1991;芒迪和戈梅斯,1997)。各种文化间的非语言交流变化很大,需要根据情境的言内行为(内容)、言外行为(实际信号)和言后行为(由语言的接收者做出的解释)等各个方面做出解释。

NOONAN'S SYNDROME (MALE TURNER'S SYNDROME)
努南综合征(男性特纳综合征)

努南综合征类似于特纳综合征,主要影响男性,是一种X连锁染色体异常,但是其具体病因还不清楚。努南综合征的特征与女性特纳综合征的特征类似(伯格斯马,1979)。患有努南综合征的儿童身材矮小,有颈蹼,脖子又短又粗,且多褶,四肢肿大或者虚胖,尤其是手足。一般在一出生时就出现肿胀,随着儿童的生长逐渐消失。多有睾丸发育不全和第二性征缺失。眼距很宽,可能会发生斜视,或者内眦赘皮,常常会发生近视(科林斯和特纳,1973)。耳朵位置靠下,招风耳。龋齿、头发粗糙无光。手指、脚趾短小,指甲短小且发育不良。偶有报告说肌肉松弛,及视听障碍。这种病症的患者通常患有先天性心脏病。尽管一些患有努南综合征的儿童智力正常,但是智力轻度落后也是相当常见的(勒梅肖,1982)。

由于一些附加的障碍常伴随这种综合征发生,这些儿童可能有必要进入班级接受教育或者训练,因此,这种教育安置需要考虑儿童的认知发展性障碍的程度。如果经诊断表明听觉和视觉有缺陷,就需要提供相关的服务。

由于第二性征有可能不明显,因此需要进行心理学和疏导咨询,以纠正在男性青春期出现的自我定位和适应冲突。如果儿童在普通班级中学习,那么这种咨询就更有必要。由于心脏问题和适应性体育课程,这种儿童经常需要医疗护理。与这些学生一起学习是很重要的,这样可以确保制定的学业和社会目标是正确的(贝萨格等,1993)。

参见 克鲁宗综合征;亨特综合征;智力落后;身体异常

NORMALIZATION
正常化

智力落后儿童的父母和其拥护者们都拥有一个坚定的信念,即智力落后儿童有权利在一个能够形成正常化观念的普通环境中生活和发挥作用。

这些智力落后儿童的拥护者们强调,残疾人也是公民中的一员,也应该享受到提供给健全儿童和成人一样的机会和教育。正常化这个术语起源于丹麦,首次在斯堪的纳维亚国家实施并获得了成功(沃尔芬斯伯格,1972)。尼杰(1979)把这个术语引入到美国,并定义为"让所有智力落后人群都可以享有的、尽可能地贴近正常社会的生活模式及日常生活条件"。

近来,这个术语不仅仅面向智力落后的个体,而且也面向所有的残疾人。无论残疾的类型是什么,都应该尽可能地把这些残疾人纳入社区和社会。这包括参与那些被认为是正常的日常生活活动,如上学(教育)、工作或者在保护性的工厂工作(就业)、看电影、参加体育活动和基督教青年会的活动(一些娱乐和休闲活动)。目前这些残疾人的安置趋势是接近家庭和社区。这样的环境包括社区的居住设施、康复护理之家、疗养所等。

参见 社区计划;解除收容;独立生活

NORM – REFERENCED TESTING(NRT)
常模参照测验(NRT)

常模参照测验(NRT)是指一组数目繁多的标准化测验,通过把应试者的成绩与其指定群体的成绩或者标准组的成绩进行比较来解释测验结果。

从更广阔的意义上讲,NRT 常常指通过与效标参照测验(标准参照测验,CRT)对比来给予定义的一种测验类型,效标参照测验的结果可以为一个特殊的内容领域提供参考,并为应试者提供技能信息,但不提供应试者在一个标准组中的等级排列(阿纳塔西,1982)。

绝大多数的标准化测验都是常模参照测验。它们有严格详细的使用说明,用于在标准条件下施测,使用客观的方式记分,这样的结果可以为基于类似的标准化条件下参加测验的代表性样本提供标准参照。在学校中使用的绝大多数标准化测验的参照结构,一般来讲是国家(如美国)统一的年龄段或者按年级划分,如 8 岁儿童,六年级学生,或者即将升入大学的高中学生。

心理学和教育学经常使用大量的常模参照测验。智力测验、能力测验、成绩测验、兴趣和人格测验等,全部都是依赖与标准组(常模组)的对比来解释。NRT 和 CRT 间的差别特指成绩测验,尤为特指那些用于评价小学阶段的基本阅读、算术和语言技能的测验(阿纳塔西,1982;梅伦和莱曼,1984)。即使 NRT 和 CRT 中所使用的项目看起来没有差别,常模参照测验在内容的覆盖方面也要比效标参照测验更加宽泛。

如果测量的使用者在选择、解释测量类型的时候,能够谨慎使用、合理判断,那么 NRT 和 CRT 的优势就很容易体现出来。自 NRT 在 1920 年左右被介绍引进,它遭遇了从无限制的使用、推崇,到清醒及觉醒等周期性过程。当 1920 年将 CRT 引入熟练测验的时候,CRT 因其测量的狭窄性不能测量个体差异的全部范围而被淘汰。因此读者们在评价 NRT 和 CRT 优点的时候要保持一种历史的观点。对于测验的使用者和应试者来说,对于两种类型的测量程序的平衡毋庸置疑会产生最佳效果。

参见 评价;标准参照测验;测量

O

OBSERVATIONAL LEARNING
观察学习

“观察学习”是目前谈论模仿行为的首选用语,是一个人形成正常或异常行为的基本过程。正如班杜拉(1986)所说:“多年来,人们一直认为模仿是传递价值观、态度、思想和行为方式的最强有力的途径之一。”但是在许多学习理论中都没有对这一认识做出明确的表述,只是最近几十年间观察学习理论才得到广泛的研究。

在班杜拉对观察学习的社会认知分析(1986)中,示范意味着提供信息。班杜拉(1986)提出了一个包括四个过程的模式,作为对他的观察学习理论的解释。这些过程随着被试年龄的增长变得更为复杂,因此观察学习理论呈现出重要的发展趋势。

这一过程可以简单地归结如下:

(1)注意过程。一个人为了学习,必须注意他模仿的活动。鉴于一个人的模仿对象及其他刺激的多样性,儿童有选择地注意到的示范行为也是相当有限的。影响观察者注意的因素包括知觉能力和唤醒水平。示范行为的显著性和功能价值之类的特征也影响注意。此外,模仿对象的个性特点和观察者的过去经验也是影响注意的因素。

(2)保持。观察者为了推迟模仿行为的再现,必须能记住示范行为。保持可以把符号信息转化为具体的图像和词语。对于言语材料,把它们转化为有意义的术语和进行详细的复述有利于观察活动的保持。班杜拉强调,对于观察活动进行即时的和间断的复现,如实复现和理解后复现,都是很重要的。

(3)动作复现过程。班杜拉(1986)认为,“大多数被模仿的活动都被抽象地替代为概念和行为规则,具体说就是一个人应该‘做什么’”。为了复现所模仿的活动,一个人必须以和那些概念和规则一致的方式组织反应。从口头报告和认知测验得到的许多证据表明,无论是儿童还是成人,即使没有真实复现过模仿行为,也可以习得所模仿的活动。运动缺陷也许会限制其精确的模仿,而运动技能的改善也许会产生较好的模仿效果。反馈是改善模仿技术的重要因素,在复杂的动作技巧中,如弹奏乐器,正确地进行示范表演也许是最有价值的。在矫正性反馈中,一个技术熟练的人准确地示范了某一活动,然后学生们就试图进行匹配模仿。

(4)动机过程。通过观察学习可以使一个人获得某种行为,但是如果没有适当的刺激,该行为也不会表现出来。直接强化(外部强化)、替代性强化和自我强化在复现习得性反应的行为中都是重要的因素,这正是观察者个人动机的所在。

在缺乏适当的刺激,观察者不能即时复现的情况下,示范的信息仍可被获得和保持。例如,班杜拉(1965)让一群儿童观看一部电影,影片中的一个模特演员对另一个演员表现出强烈的攻击性行为。不同组的儿童看到了不同的影片结尾:该示范角色或受到奖赏、或受到惩罚、或遭受非攻击性行为的痛苦。在即时进行的实验中,看到示范受到惩罚的儿童表现出较少的攻击性行为:女孩表现出比男孩的攻击性更小。然而,当复现的攻击性行为受到强化时,看完整部电影的男孩和女孩们都表现出大量的模仿行为。因此,示范的行为后果比行为学习本身更影响着一个人的模仿行为。

不同的示范会产生不同程度的模仿,实验研究(班杜拉和罗斯,1963)和相关研究(赫瑟林顿和弗朗基,1967)表明,行为力量和热情一直是两个很重要的因素。如果示范者行为表现出权威性和控制力,同时对模仿者表现出关心和爱护,那么他们极有可能会模仿他。

如果一个观察者模仿某些示范行为后得到强化,他也会模仿该示范者的其他行为方式。这对于示范技巧的应用是很重要的(贝尔和舍曼,1964)。因此,如果一个儿童刚开始没有表现出较强的模仿行为,就可以对他施加条件控制,通过适当的强化技术让他达到模仿的目的。

模仿在婴儿时期就开始发展,到幼年时期会更准确一些,对某些行为的模仿比另一些行为的模仿会发展得早一些。例如,对简单的动作和社会行为的模仿从12个月到24个月就开始发展,而对一些较复杂行为的模仿发生在24个月或更晚的时期(麦考尔、帕克和卡瓦诺,1977),运动行为的模仿不仅需要观察示范,而且也需要自我观察(费拉里,1996)。

尽管大多数理论家建议婴儿应该在出生数月后再

开始学习模仿,但梅尔佐夫和摩尔(1977)的报告称,12~20天的婴儿就可以模仿简单的面部表情,如伸舌头、张嘴等。一些后来的研究未能给出证据表明新出生婴儿存在模仿行为(麦肯齐和奥韦尔,1982),而其他的研究表明模仿行为可以发生在更小的婴儿身上(菲尔德等,1982),这种现象给人们留下了相当多的疑问。

人们常常建议父母和教师,对儿童要尽量避免使用惩罚手段,因为这样惩罚者会给儿童提供一个攻击性行为的范式,可能会让儿童加以模仿。实验研究的结果(吉尔费诺,1982)也验证了这一结论。年纪较小的儿童既会模仿惩罚别人的行为,也会模仿奖赏他人的行为,并且这种模仿会持续很长时间。

大多数的儿童都会模仿,有的儿童是通过训练学习模仿行为的。通过正规的观察学习和强化训练可以增加个体的各种亲社会行为、减少反社会行为和社会适应不良症。另外,儿童们也会在非正规的条件下进行模仿。因此,作为教师应该记住,一般而言,他们会有一些个性品质让儿童加深模仿,如果他们言行不一,儿童们可能就会效仿。“按我说的做,不要按我做的做”,这样的教育是不会成功的。最后,所有的儿童工作者务必记住,一个人的行为力量和热情(不仅仅是行为力量),是为人师表者重要的个性品质。

参见 活动论;模仿倾向;学习风格;憎恶和恐惧;社会学习理论

OBSESSIVE COMPULSIVE DISORDERS
强迫症

美国精神医学会(1994)对“执著”是这样界定的:“经常性地产生与期望相悖的思想或冲动,而且不能通过逻辑的或推理的办法加以消除”。对“强迫”的界定是:“一种迫切的、反复发生的、侵扰性的冲动,志在从事与一个人平时的希望或标准相反的行为……如果不能从事这一强迫性行为将会导致明显的焦虑。人们通常认为强迫是一种冲动性的执著。”(美国精神医学会,1994)这类病人除了有执著和强迫等主要的症状外,也会出现许多其他的症状。雅利尤拉—托拜厄斯和内齐尔奥卢(1983)的报告说,具有强迫症的人可能会出现压抑(94%)、焦虑(90%)、攻击性(65%)和感觉障碍(60%)等症状。也可能会出现睡眠障碍(49%)、家庭纷争(45%)、性功能障碍(34%)、食欲失常(33%)、甚至是自虐(16%)等症状,尽管这些症状不常发生。强迫症已被证明与风湿热相关的儿童自身免疫性神经精神障碍有关(瑞多、莱昂纳德、米特尔曼和艾伦,1997)。

强迫症在心理学文献中有大量的记载,在古代的书籍文献中也有相关的报道(雅利尤拉-托拜厄斯和内齐尔奥卢,1983),并因此产生了相当多的应用治疗研究,这在福阿和斯特克蒂(1980)的评论文章中有说明。尽管强迫症引起的专业兴趣相当大,但其发病率还是相当低的。比奇和沃恩(1978)的报告显示,在精神病人中,强迫症的发病率在0.1%~0.4%,在普通人中,这一症状的发生率大约是0.05%。

对强迫症常见的治疗方法有心理治疗、行为治疗、药物治疗、维生素和食物疗法以及精神外科治疗(格拉多斯、拉布达、里德尔和沃尔克普,1997)。每一种治疗方法各有不同的疗效,采取何种方法常常是根据临床专家的定位而不是病人临床特征来决定的。

参见 情绪障碍;心理疾病

OCCUPATIONAL THERAPY
职业治疗

“职业治疗是一门艺术和科学,通过引导某人从事某项特定工作,恢复、增强和提高个人的工作表现,学会提高适应性和工作效率的技能,消除和纠正其病理学特征,以增进个人健康”(标准理事会,1972)。

职业治疗的主要问题是关注对活动的反应,必须运用专门的活动而不是普通的练习来增强其功能。这些活动都是有目的性和医学规范性的,可能会包括体力的、创新性的或者工艺方面的活动。职业治疗常常是病人治疗计划的一部分,这些病人患有生理上的、心理上的疾病,甚或是精神病患者和残疾人。尽管其主要的目的是恢复病人的功能性活动,但职业治疗师也同样关注患者的社会能力、心理状况以及沟通能力的发展。

随着94-142公法的贯彻,在公立学校迫切需要职业治疗师,在这里,他们要提供直接的服务(如对个人教育计划进行筛选、提供参考、进行评估、设计方案和贯彻实施,复评以及形成个别化教育计划)和间接的服务(如行政、管理和咨询)(美国职业治疗协会,1980)。今天,在《残疾人教育法案》的规定下仍然提供这一服务(美国职业治疗协会,1997),职业治疗师提供的许多服务对严重残疾儿童的发展都是至关重要的,其最重要的方面包括改善其感觉统合能力、改善触觉和定位机能。在很多情况下,职业治疗师需要使用仪器来进行治疗。职业治疗师常常和物理治疗师协同工作,以提供服务。

提高患者的日常生活质量是职业治疗师应当承担的另一项服务职责。患者可能是身体残疾者或发育迟缓者,也可能是老人和儿童,治疗师也许要与言语病理学家协同工作,以改善和提高患者的口唇运动功能,从而改善他们的进食技巧。

参见 残疾人的事业教育;物理治疗;康复

OLYMPICS, SPECIAL

特殊奥运会

特殊奥运会是为智力落后者举办的世界上最大的训练和运动竞赛活动(西普里亚诺,1980)。自从1968年首次举办以来,已有200多万运动员和志愿者参加到当地特奥会、地区特奥会、国家特奥会或国际特奥会运动中。

举办特殊奥运会的目的是训练运动员参加个人和团体运动项目的比赛(穆恩斯,1997)。奥林匹克强调体育精神、技术进步、团队合作、实现运动目标、挑战自我。正如其他奥运会一样,特殊奥运会的重要性在于训练运动员为比赛做准备,而不在运动会结果。参会旨在检验比赛训练的进步情况(亨里奥德,1979)。

第一届国际特殊奥林匹克运动会于1968年在美国芝加哥市举办,有来自20个州和加拿大的共1000名运动员参加了这次特殊奥运会。到1985年,美国的每一个州和其他33个国家都组织了特殊奥运会训练和比赛项目。在美国,每年有上百万的智力落后者在2万多个社区参加当地举办的、州举办的特殊奥运会训练和比赛。

国际特殊奥运会每四年举办一次。在冬季和夏季特奥会上有16种不同的运动项目,包括:田径、五项全能、飞盘、游泳、跳水、保龄球、地板曲棍球、聚乙烯曲棍球、排球、团体篮球、拉拉队、快速射击、越野、足球、马术、竞走、花样滑冰、高山滑雪、北欧滑雪、雪鞋走。特殊奥运会的最大特征是有为数众多的志愿者(现在已超过45万),不论是当地举行的特奥会还是国际水平的特奥会,他们都担负着组织和管理运动员训练以及运动项目的协调工作。志愿者的工作包括在当地和本地区范围内筹措资金、交通运输、管理当地训练俱乐部以及担任教练和指挥整个比赛等等。特殊奥运会的志愿者来自于中小学、高等院校、教会、社会团体以及扶轮国际社等民间组织,也有来源于国家篮球和国家曲棍球职业运动联盟的志愿者。

国际特殊奥林匹克运动会由尤妮丝·肯尼迪·施莱佛发起倡议。当地和地区性的运动项目以及为参加特殊奥运会而备战的比赛,其资金来源于志愿者的筹款,捐款者主要是个人、团体和其他资源,筹得的资金由地区和国家特奥部门的专业工作人员负责管理。

OPERANT CONDITIONING

操作性条件反射

斯金纳认为(1938;1948;1953),从本质上来说,操作性条件反射是行为的后果的影响而发生的学习,可以用下列正强化的简单公式来表示:

R→SR

存在这样一种可能性,即只有出现某种特定的反应(R),才有强化现象(SR)的发生。反应和强化之间的非本质关系是操作性条件反射和巴甫洛夫经典性条件反射的最大的区别因素之一。如果在某一反应之后进行强化性刺激,那么这一反应就会更加频繁地发生(其发生的可能性增加了)。很显然,这一公式与桑代克的效果律(1911)关系密切。从本质上说,如果反应导致满意的结果,那么反应的发生会与特定情形的出现更为相关。操作性条件反射的典型实例是把一只老鼠放入有踏杆的操作箱中,饥饿的老鼠为寻找食物而踩中了杠杆,从而得到食物,强化了这一行为,老鼠踩杠杆的行为随之增加。如果强化反应的方式仅仅是呈现某一特定刺激、辨别性刺激(SD),那么这一公式就要更改为:

SD→R→SR

例如,老鼠按压杠杆,只有当灯亮时,老鼠的反应行为才会受到强化。斯金纳认为心理学家的主要工作应该是对行为的作用机制进行分析,即找出是哪种前因性行为导致了某一行为后果的发生,当人们把操作性条件反射应用于人类行为的分析时,这一方法被广泛地作为行为模式加以应用。

A→B→C

前因 行为 后果

1. 重要的问题和概念

(1)操作的本质。尽管我们时常谈到反应,但斯金纳(1938)的操作概念强调的是一个具体的结果而不是肌肉运动里具体的反应。因此,如果一个儿童推操纵盘的行为受到强化,推操纵盘就是一个操作行为,我们并不关心这个儿童究竟是用他的左手或右手、左脚或右脚、甚至是用鼻子推,我们强调的是行为的结果而不是反应的结构。

(2)强化和惩罚的时间。一般而言,在特定的反应之后尽快给予强化或惩罚性刺激,对一个人行为表现的影响最大。在任何反应之后立即给予强化刺激,反应就会得到强化,因此发生在目标反应和强化之间的反应,强化效果最佳。如果一个儿童刚刚开始做出不受欢迎的反应,就对他进行惩罚,其效果最为显著(阿龙弗里德,1968)。

O

较大的儿童,反应与强化或惩罚之间的时间可以用语言来调节。在施加强化或惩罚的时候,语言的描述可让儿童看到其行为发生时最初的情况。阿龙弗里德(1968)论证了这样的语言调节增加了阻止儿童不良行为时的惩罚效果。

(3)强化的步骤。对反应的强化应是间断性的,而不是连续性的(例如每隔四次反应进行强化而不是每隔一次反应就强化)。斯金纳的最重要的发现之一是,对反应进行部分强化,比对反应进行100%的强化,其效果更持久。因此,对反应进行间断的、非系统的强化增加了行为的持久性。有关强化步骤和进行部分强化的更多细节可以参阅心理学导论或儿童心理学之类的文献。

(4)原强化物和条件(二级)强化物。原强化物是先天固有的强化刺激,比如食物、水和其他一些可以触摸到的刺激。条件强化物是和其他强化物相联系而获得强化作用的刺激物。诸如金钱、地位、表扬和认同都是条件强化物。像金钱这类条件强化物的作用是非常大的,因为它们是普遍化的强化物——它们可以用来获得各种各样其他的强化物。

(5)强化的历史和等级。不同的刺激可以强化不同的儿童和成人,所以很难确定一些普遍通用的强化。由于过去的历史经验所致,儿童们喜欢的强化物有不同的等级,虽然泡泡糖这类东西是许多较小儿童更喜欢的强化物。而且,一般来说,强化的级别会随着年龄的增长而不断变化。

O

年龄较小儿童喜欢触手可及的奖励,年龄较大的儿童喜欢得到社会赞同,而年龄更大的儿童则喜欢"我是正确的"这一内在的强化。然而,实实在在的有形奖励对于社会经济地位较低的年长的儿童和智力落后儿童可能更为重要(齐格勒,1984),这表明在从事儿童工作时需要考虑个体强化的级别。

在个体强化物中的不同价值特质使得普雷马克(1965)总结出一个富有启发性的原理:可以利用一个人喜欢的活动强化他所不喜欢的活动。

(6)积极强化和消极强化。强化,就其定义而言,就是巩固一个人的行为。如果一个人的行为反应导致他所喜欢的事件发生,就会产生积极的强化;如果一个人的行为反应导致了他所厌恶的事件发生,就会产生消极的强化。

(7)塑造。有时,一种期待发生的反应也许不在儿童的行为库中,在这种情况下,就没有可以强化的反应发生。这时,行为心理学家就要运用行为塑造法,或连续运用与行为类似的方法来强化行为,使之不断与目标反应相类似。

2. 对教育者的启示

教育者和其他儿童工作者的行为会对儿童产生影响,他们应当有此敏感性。尽管有时他们的行为是无意的,也将对儿童造成强化或惩罚。而且,儿童的知觉水平决定一个既定的事件是奖励性的还是惩罚性的。举一个平常的例子,一位教师对一位做错事的儿童大声喊叫,他把喊叫当做一种惩罚,但对这名儿童来说,"能够引起注意"也许会受到强化;另一方面,对一名非常害羞的儿童来说,在大庭广众下"抛头露面"也许会是一种惩罚。当然,也存在这样一种可能性,即一个成人会间断性地强化一个儿童的不良反应,因此增加了该儿童行为的持续性,使之不易消失。

对待发育障碍、特别是智力落后的儿童,我们需要考虑更实在的、触手可及的强化物,与健全的儿童相比,他们也许更需要用表扬来维持正常的行为表现。

参见 行为矫正;B. F. 斯金纳;条件作用;概括作用

OPHTHALMOLOGIST

眼科医师

眼科医师是专门通过配镜、开药、实施眼部手术或利用其他类型的医疗措施来诊断和治疗眼部缺陷或疾病的医生(卡特赖特和沃德,1981)。

眼病具有特别的意义,它们经常为系统疾病和一些智力落后儿童先天畸形的存在提供线索。

眼科医师的一个重要责任是为视力损伤儿童和青少年(也可由验光师来完成)实施全部的眼部检查。这应当包括以下几项:

症状史,视觉敏锐度,明显由身体原因引起的眼疾检查,视觉运动的评估,眼睛屈光度的诊断,近视眼的适应性调节评估,视觉领域的研究,眼压检测,颜色视觉检查,包括视网膜和玻璃体在内的眼内检查。

眼科医师的一个分支是小儿眼科医师,专门对儿童眼病进行诊断、研究、早期治疗以及最终防治。这种专家特别擅长诸如尚未学会说话的儿童的视觉发育、视觉基因、弱视和先天白内障的诊断治疗(纳尔逊,1984)。小儿眼科医师通过提供支持来满足视觉损伤儿童的发育和教育需要,对于由教育专家和家长组成的综合性小组有特殊价值。

参见 多学科团队;验光师;视敏度;视力残疾

OPTACON

盲人摸读机(视触转换仪)

盲人摸读机(视触转换仪)是一个小型的电子装

置。它把普通的印刷文字变成专为盲人阅读的振动形式。当装有晶状体模镜头的微型摄像机扫过印刷字符时,图像通过振针变成这个字母形状的触觉表现形式。盲人的右手拿着摄像机在印刷材料上移动,左手的食指放在轻触式数组上阅读触觉图像。

用盲人摸读机阅读是一个缓慢的过程,因为机器一次只能显示一个单词的一个字母。它并不能代替盲文。但是,它为盲人阅读打印材料提供了即时通路,比如私人信件、贺卡、收据、目录、大学或工作申请、银行结算、支票、乐谱以及电话号码。它还能使盲人学生阅读图表。另外,盲人摸读机附有专用的透镜,使盲人用户能够阅读阴极射线管(CRT)图像并从事需要使用计算机的工作。由于太耗时间,盲人摸读机的使用技巧不会在学校课程中广泛传授,而且需要视觉障碍学生掌握其他技能才能使用。另外,计算机中的盲文翻译程序可以快速地将资料翻译成各种格式(卡帕曼,1997)。

参见 盲;布莱尔;视力残疾;视觉训练

OPTOMETRIST(OD)
验光师(OD)

验光师是对人眼进行屈光度检测、并开具矫正处方的、受过专业训练的验光执业医师(查尔克雷,1982)。一些验光师专业配镜,并为视力低下的学生提供其他形式的视觉援助。他们花费大量的执业时间用于门诊,诊断视力低下者。这些医学专家和特殊教育工作者紧密配合工作,根据家长和其他多学科团队专家提供的信息和建议做出决断。

特殊教育工作者和验光师建立良好的交流非常关键,只有这样才能为学生提供适合的矫正眼镜,确保学校活动正常进行。验光师提供的帮助各种各样,主要取决于需要的度数、视野、工作距离以及低视力学生的动机。

一些验光师还接受知觉动作训练。这种角色对验光师来说是否合适受到了许多特殊教育工作者的质疑。

参见 多学科团队;眼科医师;视力残疾;视力训练

ORAL FACIAL DIGITAL SYNDROME(OFDS)
口面指综合征(OFDS)

口面指综合征(OFDS)是X连锁遗传的结果,它会对男性和女性产生影响,但对男性是致命的。它的特征是:面部有中线裂缝,并且在口、牙齿、舌头、手指有可见的结构异常缺陷。唇腭裂、分叶舌清晰可见;这些都会导致言语机能障碍。牙齿错位畸形,鼻宽,颅骨缺少分界线。面部有赘生物,头发稀少。手指粗大、粘连,经常有异常和多指,肢端也许生长异常。虽然在精细运动过程中常有手指异常,但没有姿势、神经或运动方面的异常。尽管50%的病例发现有轻微的精神迟钝,但身体健康问题不太明显(卡茨曼,1979;勒梅肖,1982)。

由于缺陷极明显,因此进行咨询是必要的。长期的情感问题(特别是自我价值感低)也许是OFDS的常见问题,在认知不适当时回归主流的安置或许不是最佳的安置。在对这种儿童进行教育安置时,团体管理是必要的。

参见 赫勒氏综合征;智力落后;身体异常

ORAL LANGUAGE OF THE HANDICAPPED
残疾人的口语

语言是一套有规则的任意符号,通常能被特定的人群所理解,用来记录或表达观点、描述事物和事件。语言由五个相辅相成的部分组成:音韵,词法,语义,句法和语用。音韵学指音素的排列规则。音素指语言中能够区分意义的发音。例如,m和p在英语里是音素,如果它们在单词里互换,意义就会有相应的变化。词法指支配词/语素的规则,语素是语言中最小的意义单位。自由语素可以独立存在,如"happy"和"the"。黏着语素有意义但不能独立存在,前缀如"un-",后缀如"ly"都是黏着语素。

语义指语言中词的含义。句法指句子中词的排列方式。语用指社会互动中的交流规则。语用的基本单位是交流简短信息的言语行为。言语行为包括言内行为、言外行为、和言后行为。言内行为是言语实际的外在形式,是通过语法、语义和音韵表现得。言外行为是言语表达的实际意图。言后行为是言语表达对于听者的效果。

听力障碍儿童可能在以下一个或几个方面存在缺陷:口语表达、听力理解、书面表达、基本阅读技能、阅读理解、数学计算或数学推理(联邦登记处,1977)。虽然语言只是儿童学习障碍的许多表现方面中的一个,但是由于它与阅读、拼写、书写和算术都有关,由此引发的分支问题还是很多的。学龄前学习障碍儿童经常对语言表达不感兴趣,也许会由此导致语言发育迟缓。他们使用的句法很简陋,同时掌握词法方面也会延迟。他们也许不能迅速说出图片的名字或辨认颜色、字母表、星期、月份和季节(布赖恩,1981)。有学习障碍的学龄期儿童,即使他们已获得正常的口语词汇量,但也可能在理解用几种符号表示同一物体时有困难。另外,他们也许不能理解代词和被动语态,不能表达比较关系、空间关系和时间关系(威格和塞梅尔,1976)。

智力落后者的语言损伤可以反映迟钝程度。调查人员报告,45%的言语损伤为轻度迟钝,90%为严重迟钝,几乎100%的深度迟钝都有言语障碍(戈梅和波德海斯基,1978;施朗格,1973,施普林,1965)。智力落后者的语言能力调查结果复杂。拉克纳(1968)报告,迟钝并不导致语言形式的改变。确切地说,他们的语言发展更为缓慢,并最终无法达到智力正常儿童所能及的阶段。科金斯(1979)、米勒和约德(1974)报告了类似的发现。相反地,梅纽克(1971)和希弗布什(1972)认为智力落后者与正常的同龄人相比使用的词法不同。他们无法将屈折形式的规则一般化,只有经过重复使用后被记住的屈折形式才会被他们使用。布利斯、艾伦和沃克(1978)的报告称智力落后者使用将来时、嵌入式句子和双形容词修饰名词短语的能力有限。

许多研究者论证,听力损伤者在习得语言时存在延迟的现象(戈达,1959;米克勒比斯特,1960;普格,1946)。但是,听力损伤者的语言是以较迟缓的速度发展还是他们的语言偏离正常还不甚明朗。调查者报告,聋童比听力正常的儿童获得的词汇要少,并且在理解类比、同义、多义时有困难。比起健听者,聋童更多地使用名词和动词,更少地使用连词和副词(戈达,1964;西蒙斯,1962)。语法结构的研究结果表明,聋童在使用被动语态(鲍尔和奎格利,1973)、动名词和不定式(奎格利、威尔伯和蒙塔内利,1976)、关系代词(威尔伯、蒙塔内利和奎格利,1976)和动词结构(斯威舍,1976)上存在困难。听力损伤者的语用发展也受到影响。聋童在同他人交流信息方面有困难,缺乏互动,缺少舒适感。

考虑语言发展中的条件与延迟或偏离之间的相互作用是很重要的。例如,一个语言混乱的儿童也许不能以社会认可的方式表达情感和关怀,可能采取扰乱和暴力行为的方式。这名儿童也许随后被认定为情绪困扰,而实际上,语言障碍才是他最首要的不利条件因素。相反地,一名儿童显示出唐氏综合征症状,也许不能对父母的慈爱做出适当的反应。父母会发现他们的孩子很少微笑,并发出令人沮丧的喔喔声,也因此对他们给予更少的言语刺激。儿童也许随后就会被认定为智力落后,同时还有言语障碍。建议教育者为残疾儿童设计、实施干预策略时要考虑智力落后和语言障碍之间的关系。

参见 *表达性语言障碍;语言缺陷和不足;语言迟缓;语言障碍*

ORAL READING
诵读

诵读或大声朗读是阅读指导中、特别是在小学低年级教学中经常运用的技巧,诵读适合在小团体中进行,这样每个儿童可以轮流阅读文章中的一节。阿林顿(1984)报告,按年级水平统计,朗读量呈下降趋势,阅读能力强的学生下降更为惊人,阅读能力差的相对要用更多的时间朗读。

诵读已被用作阅读实践中的一种评估技术,并且已被用作提高学生阅读动机的干预措施(卡尔,1995)。通过分析大声朗读时出现的错误,可以确定需要什么样的教学方法,同时,很多研究人员也在关注处理朗读错误的最佳程序。

至于诵读和默读孰优孰劣仍存在较多的争论。一些研究表明,作为儿童技能水平的一项指标,诵读的优缺点可能是变化的。例如,米勒和史密斯(1985)发现,阅读能力差的儿童在诵读时获得的理解分数高于默读时的分数,尽管两种阅读形式的表现水平都相对较低。中等水平的阅读者在默读时的理解分数高于诵读,但阅读能力良好的读者则没有差别。研究者假设,诵读可以通过要求对每个词给予注意来提高阅读能力差的读者的成绩。

诵读还常用来展示残疾儿童的困难。它为不会阅读(诵读除外)的读者提供练习,为教师考察教育成果提供方法。为显示特定学生的困难来源提供诊断功能(詹金斯,拉森和弗莱舍,1983)。

有关残疾学生错误纠正程序的效果已进行了几项研究。在有关错误纠正(词汇和语音分析)对有学习障碍的小学生的阅读成绩的影响之调查中,罗斯、麦克恩泰尔和多蒂(1982)发现,运用错误纠正比没有错误纠正对提高阅读成绩更为有效。他们还发现,相对来说,单词供给比语音分析更有效。相反地,对中度智力落后儿童来说,教师延迟注意比立即注意或不加注意更能有效地减少未纠正的诵读错误或增加学生自我纠正(辛格,温顿和辛格,1985)。

阿林顿(1984)指出,阅读能力差的读者易于接受强调准确性、流利性或对句法元素的敏感性的指导。相比阅读能力强的学生,阅读能力差的学生更为经常和迅速地被纠正错误,更多地被引向文章的表面特征,更少做自我纠正。

另一个提高诵读流利程度的方法是让儿童在诵读

前先默读一段。但是,课堂观察表明,预习只是例外,而不是常规的现象(安德森,希伯特,斯科特和威尔金森,1985)。

罗斯(1984)和萨顿(1991)发现,预习程序(让学生在课前或考试前预先阅读或收听一段)对于提高中小学学习障碍学生的诵读速度更为有效。

参见 阅读;内容领域的阅读;阅读矫正

ORAL VERSUS MANUAL COMMUNICATION

口语交流还是手语交流

口语交流还是手语交流是围绕听力损伤者的教学方法论的一种争论。口语方法包括唇读、听觉训练、言语、书面表达、阅读和一般手势的使用。这种方法强调最大限度地使用听力来发展必需的口头交流技能,以便使听力损伤者成功地融入社会。口语方法也称作听力—口头法、听觉法、自然法、单一感官法(本德,1981)。严格来讲,手语法包括手势语言、手指语、一般手势。但是,很少有手语支持者宣扬完全排除言语和阅读的理念,更为确切地说,他们鼓励同时使用这些方法(帕茨,1978)。

手语交流与综合沟通一直在交替使用。综合沟通的概念开始于20世纪60年代后期,于1976年正式采用。综合沟通实际上是指健听人同听力损伤者交流或听力损伤者之间的交流。聋人可以选择各种各样的交流方法,包括言语、唇读、试听、手指语、手语、阅读和书面表达。

围绕口语和手语之间的争论集中在各自的优点上。口语交流的宣扬者表达了以下观点:①只能依靠最大限度地使用言语和唇读来发展言语和唇读技能,使用手语会干扰这些技能的发展;②口语交流能加强对主流社会的融入,使用手语使聋童同家人和朋友疏离(伯格,1972);③聋童应当完全使用口语,除非通过反复尝试证明不使用手语交流手段就不能进步。

相反地,手语交流宣传者表达了以下的观点:①口语交流排在言语、唇读、听觉训练之后,对语言的发展并无优先权;②使用手语交流可以促进语言的发展,也可以增进概念和知识的习得,这些对正常智力发展极其重要。对许多聋童来说,使用口头交流来学习语言是一个痛苦而漫长的过程,也许会浪费语言习得所需的宝贵时间;③由于许多语音并不在唇形上显示出来,依靠唇读来获取信息是不合理的。手语的使用可以提供完全的、准确的信息,不需要专门学习猜测法来填补空白。

这两种方法都经历过一个兴盛期,只是由于公众意见,医学或技术进步而抛弃其中之一选择另一个。口语和手语战争的参与者对这两种方法已辩论了200多年。

伯格(1972)报告,经过口语训练的学生显示出的唇读技能高于手语训练的学生。拉沃斯(1944)在早期的研究中报告,经过口语训练的聋生在语言运用、算术推理和计算等方面的分数要高于手语训练的聋生。其他研究则支持了手语的使用。受过手语训练的聋生在以下测试中表现优秀:

词语识别(迪卡洛,1964)、阅读(德莱尼、沃尔特,1984)、唇读、书面语(梅多,1978)和数学(蔡森和朱克曼,1968)等。然而,应该注意的是,这些调查中的许多受过手语训练的学生是在体现综合沟通哲学的项目中接受的教育,因此,他们在发展言语、唇读技能方面受到鼓励,并使用了残余听力。

很显然,在口语和手语之间的辩论中没有明显的胜利者,因为每一方的支持者都很容易地举出他们方法的优越之处。这导致一些学校系统向听力损伤学生提供交流训练方式的选择(霍金和布劳恩,1997)。趋势是增加了综合沟通哲学的手语沟通方法更受青睐。不论学校或是教育家们建议用什么方法,坚持发展聋文化,聋人的未来都是光明的。

参见 聋教育;手语训练;综合沟通

ORDINAL SCALES OF PSYCHOLOGICAL DEVELOPMENT

心理发展顺序量表

心理发展顺序量表(亨特,1975)是为评估2岁之前婴儿的发展能力而设计的量表。这个量表根据皮亚杰的一条原则而发展起来:发展阶段有一个特定的顺序,与特定的年龄无关,这些发展里程碑反映了婴儿在操作能力和与环境组织互动方面的特点。量表主要测量六种基本能力:①视觉追踪;②运用各种手段获得环境中想要的事物的能力;③声音和姿势模仿;④操作因果性;⑤物体空间定位的能力;⑥与物体关联的基模发展。

罗森塔尔(1985)发现,顺序量表有很高的信度。评判间一致性的百分比为96.1%,维度之间的一致性为79.9%。这项测量不像先前的量表的范围那样宽泛,而是着重评估,因而受到欢迎。

ORGANIZATIONAL CHANGE

组织变革

在本世纪接下来的时代里,组织变革在特殊教育领域将是一个重要的话题。组织变革是指组织单元(例如,工作组、部门、学校、社区)适应用户需求、规则、纪律和其他因素的过程。组织变革承认以下事实:所有的组织单元都处于不稳定状态,它们以有效或无效的方式来适应需求。特殊教育系统应与普通教育系统的兼容并建立良好合作,这点非常重要。因此,特殊教育中有效的组织变革,应当包括这些重要问题。

为完成有效的组织变革,专业人员最起码应使用一种有计划的、系统的方法。一项有计划的、系统的方法包括以下阶段和组织活动(马厄和伯那黛特,1984)。

1. 明晰组织问题

(1)评估组织问题;

(2)评估组织变革的准备;

(3)用可测量的术语定义问题。

2. 设计组织干预

(1)描述最终目的、长远目标和短期目标;

(2)总结并选择干预手段,促进实现;

(3)制订书面干预计划。

3. 实现组织干预

用技术上合适的、道德的、有用的、可行的方式将干预实现程度最大化。

4. 评估组织干预

(1)评估设计干预要素实现的程度;

(2)评估干预目标完成的程度。

组织干预途径的目标是改变组织成员的关系(比尔,1980)。一种处理干预的方法是调查反馈,这是围绕调查数据的收集以及与组织成员交流调查结果。另一种途径是团队发展,即团队成员为提高团队效率和效能而进行的合作努力。这种发展过程研究法意图改善相互依存的工作团队之间的关系。尽管过程咨询与其他过程研究法可能有重复,但它主要关注帮助被选拔的成员理解和改变存在问题的组织过程。

组织变革的技术结构途径意味着把转换组织结构作为提高工人满意度和生产力的一种手段。一种技术结构途径包括改变奖励机制,例如发工资、及对员工口头表扬的方式。第二种技术结构途径是管理工作业绩。

这种方法包括目标管理(MBO)、目标设置、表现评估、或业绩总结和发展。岗位设计也是技术结构途径的一种,牵涉到改变工作性质或工作条件,使员工更加满意而提高生产力。第四种干预的技术结构途径是组织设计,注重整体结构的改变,例如将一个组织内部的决策管理权力下放。

组织变革焦点集中于员工个人。招聘和选拔,作为这种方法的一个例子,注重将工作角色的需要与个人能力及技能相匹配。另一种个人途径试图通过让个人继续发展专业活动来加强组织变革。最后,个人咨询可用来减少或缓和可能影响员工效率的个人或人际关系问题(关于学校组织变迁方法的广泛讨论,参见马厄和肯斯,1984)。

参见 人力资源发展;特殊教育的监督

ORTHOPEDICALLY HANDICAPPED
肢体残疾

随着对残疾人立法的进步(如IDEA,《康复法案》的504条),大量的肢体残疾学生进入正规或普通教育班级。另外,越来越多的多重残疾学生(例如严重智力落后和脑瘫)在公立学校接受教育。当课堂教师制订教学计划时,必须考虑到肢体残疾学生的特殊需要。作为这些残疾学生的教师,懂得肢体残疾的类型以及干预方法是很有用的。

肢体残疾的学生一天大部分时间在课堂,因此,课堂教师应该掌握教室里用于特殊治疗课程的技术(戴克斯和维恩,1983)。教师应当仔细观察学生的健康状况,必要的时候帮助学生转诊。教师还应该对健全儿童对待肢体残疾学生的消极态度有敏锐的感知,并给予纠正(科恩,1994)。教师还应向专家咨询,了解肢体残疾学生的生理适应知识;入职前以及在职期间,参加有关肢体残疾学生课堂管理的课程。为满足学生的生理需要,改变教材教法也是必要的。最后,为了满足肢体残疾学生社交和情感的需求,掌握肢体残疾人社会心理方面的知识(卡尔皮尼亚诺和比格,1982)也是必要的。

事实上,应当鼓励开展课外活动以支持社会对肢体残疾学生的接纳(尼瓦,1994)。

随着电子和微型计算机技术的进步,将会看到越来越多的改造型座椅、交流仪器、支撑设备的替代物(例如使用电子刺激的装置)。医疗的进步(例如:计算机断层扫描仪(CT)、正电子发射断层扫描仪(PET)、计算机步态实验室)将进一步允许医生和物理治疗师更好地利用资源处理残疾人士神经肌肉方面的问题。另外,外科护理技术的进步使术前和术后条件的更复杂分析成为可能(弗拉泽和亨辛格,1983)。这些进步必定会对肢体残疾学生进入公立学校产生影响。

通过与专家密切合作,肢体残疾学生的教师可以因材施教,将专家提出的建议和方法传授给学生。这个项目计划讲求团队合作,需要全体员工共同参与,残疾学生也要适当参与,这样才能尽可能培养肢体残疾学生的自立能力。

参见 脑瘫;多重残疾;脊柱裂

ORTHOPSYCHIATRY
行为精神病学

行为精神病学,其最好的描述可能是促进精神健康和人类发展合作研究或跨学科研究。精神病学家、心理学家、教育家、社会工作者、儿科医生、护士、律师和其他专家于1924年组成了美国行为精神病学协会。从它成立起,行为精神病学作为一个业界的论坛,就将许多学科的成就集合在一起,用统一的方式解决精神健康问题(李维,1931)。美国行为精神病学协会对工作在精神健康领域、并达到一定教育程度和职业标准的会员开放。协会的出版物《美国行为精神病学》是一份季刊,选登理论性的、研究性的、管理性的和临床方面的文章。一本评论性的刊物《读物》,还有一本《行为精神病学简讯》。美国行为精神病学协会总部设在纽约,每年春季主办一次会议。

参见 生态学评估;心理诊断;学校心理学

ORTHOPSYCHIATRY MOVEMENT
行为精神病学运动

行为精神病学是1924年1月9名精神病学家第一次集会时采用的术语。前缀 ortho 是希腊文的派生词,意思是"直的正的"。因此,行为精神病学的字面意思是:矫正精神病学。最初,创始成员把它定位为"致力于获得正确的心理和精神"(美国行为精神病学协会,1985)。到了1949年,美国精神病学协会(AOA)宣称"行为精神病学暗指一种哲学,反映了对塑造人类行为感兴趣的不同行业之间的相互关系"(AOA,1985)。从那时起,它发展成为包括预防的跨学科概念、涉及社会政策与精神健康的相互关系(AOA,1905)。

最先发起行为精神病学运动的是一群精神病学家。但是它很快就将心理学家和社会工作者包括进来(劳里,1957)。美国行为精神病学协会于1924年6月在芝加哥举行首次会议。这次会议把预防作为大会主题(莫尔,1938)。对预防的兴趣变成了运动的焦点并扩大到包括以下三级预防:"一级预防是指在疾病发生前的预防;二级预防包括诊断疾病和立即着手治疗;三级预防致力于治疗或使慢性疾病的发展减到最小"(沃尔曼,1977)。从预防到治疗的立场转变来看,显然需要不止一个专业和学科提供服务。行为精神病学运动认识到专家团队的必要性并促成了专家团队的建立。最初,这个团队严格限制在精神病学家、心理学家和社会工作者领域内。参与的功能分别为:精神病医生为儿童看病、社会工作者为儿童的父母提供咨询、心理学家进行所需要的测验。

在20世纪60年代,由于另一些学科进入咨询领域,运动扩展到包括许多其他专业人士。

行为精神病学运动是涉及临床实践、理论、研究和影响精神健康的社会因素的多学科研究法的领导者。

行为精神病学把跨学科研究的观点应用于影响儿童、青少年、成年人、家庭、学校和社区的各种精神健康问题上。从一开始,行为精神病学的哲学中就强调预防和治疗,并关注社会环境中的个体。这种有广泛基础的跨学科观念是行为精神病学的最佳特征,并由此把它和其他更加专业化的组织区分开来。

参见 儿童精神病学;临床心理学

ORTON, SAMUEL T.
萨缪尔 T・奥顿(1879—1948)

萨缪尔 T・奥顿是一位医生,因其对严重阅读困难儿童的研究而著名。

这类儿童虽然在其他方面并没有障碍,但在习得阅读、写作或说话技能方面却遇到了极大的困难。奥顿发现,这些语言困难是与生俱来的,常常与方向、时间和次序混乱相关。奥顿称这种综合征为字盲,并阐述了矫正这种症状的原理。由他的助手安娜・吉林厄姆和贝西・W・斯蒂尔曼创设的教学步骤,今天仍在特殊教育中广泛地被使用。奥顿逝世一年后,奥顿协会就建立起来,继续推动已开展的工作。

ORTON – GILLINGHAM METHOD
奥顿—吉林厄姆方法

教授阅读的奥顿—吉林厄姆方法是以美国神经病学家萨缪尔・奥顿的理论为基础,由安娜・吉林厄姆(吉林厄姆和斯蒂尔曼,1968)发展起来的。

奥顿(1937)帮助诵读困难儿童(智力发育正常但存在严重诵读障碍)培养特殊的兴趣。他认为,联想能力差是这些儿童困难的核心问题,原因是非优势大脑半球不完全受控制。吉林厄姆把这些理论转变成高度结构化的阅读实践方法,强调在单个音素的发音、名称、和书写信息之间建立重复联想。

奥顿—吉林厄姆方法,也常常被称为多种感觉教学法,强调教学过程中找出英语的语音规律。它与其他强调解码法的区别在于,它是单独地教字母发音,再把字母组合起来(例如,m – a – p = map)。它的指导形式是高度的重复。在这种方法中,教师重复地把阅读

O

和书写活动结合起来,注重练习。教具包括音素训练卡片、语音规则单词卡片、音节概念教学卡片、小故事和详细的手册(吉林厄姆和斯蒂尔曼,1968)。

近年来的研究发现,用这种方法学习两年的学生明显比控制组具有更高的阅读认知和理解能力(奥克兰等,1998)。这种方法也适用于学习第二语言困难的学生(斯帕克斯,1991)。

OSBORN, ALEXANDER FAICKNEY
亚历山大·费克尼·奥斯本(1888—1966)

亚历山大·费克尼·奥斯本是一个广告经理、金融家、民间领袖、作家、教育家,因强调教学技巧的创造性而远近闻名。他被描绘成“一个创新思想家和天才作家”,他对创造性思维和问题解决的基本概念做出了清楚和有实用价值的解释,在至少半个多世纪里影响了关于思维、教学以及成千上万的其他问题的研究(伊萨克森和特雷芬格,1985)。奥斯本的主要成就是介绍与提倡一种有组织的创造思维方式(称为“头脑风暴”),并开发了一种创造性解决问题的教学体系。

他坚信人们都能被教育成更好的创造性思想家,促成了纽约州布法罗的创造性教育基金会的创立(1954年)。该基金会致力于传播创造性思维技能发展的信息,并每年主办为期一周的创意解难学会(Creative Problem Solving Institute)。

1967年,《创造性行为杂志》的创刊号由基金会出版,这是与创造性发展方面相关的一本季刊。

参见 创造性问题解决研究所

OSGOOD, CHARLES E.
查里斯·E·奥斯古特(1916—1991)

查里斯·E·奥斯古特于1916年11月20日出生在马萨诸塞州的布鲁克林。他是著名的语言学家、研究员、古根海姆学会会员。1939年他获得达特茅斯学院的文学学士学位,1945年获耶鲁大学心理学哲学博士学位。

1942—1945年在耶鲁大学任讲师,1946—1947年为美国空军和海军指导心理学研究,1946—1949年是助理教授。1950年始,奥斯古特历任位于乌尔巴纳的伊利诺斯大学的副教授(1950—1955),教授(1955—1981),1981年起担任荣誉教授。奥斯古特在教授任职期间还兼任传播研究所的主任。

奥斯古特的语言互动模式为伊利诺斯心理语言学能力测试(ITPA)提供了理论基础,这项测试在20世纪六七十年代被广泛地用来评估学习障碍儿童。奥斯古特一生中独立撰写或与他人合著了多部作品,其中包括《意义测量》(1975)、《语言运用讲义》(1980)和《语言,意义与文化》(1990)。

OSTEOPOROSIS
骨质疏松症

骨质疏松症是一种骨质异常,这种疾病意味着骨量的减少(贝尔曼和沃恩,1983)。骨质疏松主要在早期绝经后的妇女身上最为常见。其次是不爱运动的年轻人:如偏瘫、酗酒者或营养不良者身上也较常见。青少年具有感染骨质疏松的几个危险因素(吕森和沃克,1997),用类固醇和肝素的治疗也会引起这种症状。病人通常没有表现症状,只有当举起重物或意外摇晃时发生骨折或椎骨折断才得知(汪戴尔,1981)。

这种疾病的治疗包括更改饮食习惯、控制性激素水平、增加矿物质促进钙化(库利,1977;鲁宾,1985)。个人和家庭都应学习预防措施,包括对怎样举起重物。在骨折的第一时间内进行援助的指导也很重要。

参见 普—为综合征

OTHER HEALTH IMPAIRED
其他健康损伤

其他健康损伤儿童包括那些健康状况严重影响学习的小学生。联邦法律指明,这个群体包括严重肢体损伤、康复期较长的急慢性疾病、或是限制儿童生机和活力的急慢性病(艾滋病)、先天畸形(例如,脊柱裂和畸形足),其他身体疾病(例如,截肢或脑瘫)以及其他健康问题,包括但不限于血友病、哮喘、重度贫血和糖尿病。这个类别的儿童大约占残疾儿童4%的比例。另外,这个类别中少数民族的代表人数比例超重的情况要比其他类别小得多,例如学习困难(库尔特,1996)。

其他健康损伤也许是先天性缺陷或后天性(获得)疾病。这一术语的各种疾病之间区别很大,但要注意这些有健康损伤的孩子都有一个共同特点,即身体状况会影响儿童的正常机能,限制儿童全面参与学习活动;体力不支,新陈代谢受到影响;儿童活力减弱;并在儿童成长发育中导致其他严重问题。

参见 其他健康损伤儿童教育;身体残疾;脊柱裂

OTITIS MEDIA
中耳炎

中耳炎是中耳的发炎或感染。鼻腔的分泌物倒流,感染咽鼓管,导致中耳压力不平衡,造成部分真空,由此导致听力损伤。鼓膜穿孔也会导致感染。中耳炎有三种类型:急性中耳炎、分泌性中耳炎和慢性中耳炎。

急性中耳炎和分泌性中耳炎是儿童传导性听力损失的最主要原因。急性中耳炎的症状包括耳痛、听力损失、耳分泌物、耳闷胀感。在婴儿和儿童中最为常见,也可出现在任何年龄。中耳炎的经常发作在呼吸道感染之后。伴随症状是发烧。通常的治疗是卧床休息,止痛,消炎。滴耳剂的用途有限,但能缓解局部发热。口服解充血药也能够加速症状缓解。如果用抗生素进行适当的治疗,通常能够治愈。如果治疗过早中止,感染没有完全治好,传导性听力损伤也许会持续下去。

研究表明,慢性中耳炎不论何时发作,都会显著影响语言/言语习得考利,1996)。

分泌性中耳炎其特征是液体在中耳积聚,最终造成听力损失。它区别于急性中耳炎的特征是不发烧,耳朵也不痛。听力损失的特征是感觉耳朵被堵塞,患者听到自己说话有回音。治疗包括鼻血管收缩剂。如果认定鼻部过敏是原因,可给病人开抗组胺剂。要想永久性地治愈此病,可能有必要进行扁桃体切除术和增殖腺切除术(布卢斯通,1982)。

慢性中耳炎经常伴随耳膜穿孔。有两种类型的慢性中耳炎:良性和伴随乳突炎起病(谢弗,1978)。后者目前更为危险,其特征是耳内流出有臭味的脓和听力损伤。如果在婴儿期出现慢性中耳炎,乳突就不能发育成良好的薄壁蜂窝组织。抗生素在抗感染方面作用有限,但是能在治疗并发症时起作用。使用抗生素药粉和溶剂进行局部清洗是一种治疗方法。在某些情况下可实施手术治疗。慢性中耳炎和乳突炎的并发症可能是脑膜炎和窦血栓。

参见　聋;表达性语言障碍;语言迟缓

OTOLARYNGOLOGIST
耳鼻喉科医师

耳鼻喉科医师是治疗耳、鼻、喉疾病和实施外科手术的专家。耳鼻喉科医师可以为言语或听力障碍的病人提供咨询服务。耳鼻喉科医师的检查包括鼻、颈、喉、头和耳。他们会对鼻腔进行局部麻醉,使用一系列检测仪器检查堵塞和黏液。这时,也可以检查咽鼓管及其功能。医生检测粘连的厚索状组织或咽隐窝淋巴组织的发育。使用压舌板和镜子可以查看鼻咽。整个口腔的内部检查包括牙齿、舌头。最后,可以使用耳镜对耳朵进行检查(萨塔洛夫,1966)。

耳鼻喉科医师可以和其他专家进行合作。做听力检查时,可以向听力专家就非手术的治疗改善听力问题或术后服务进行咨询。言语病理学家可以和耳鼻喉科医师一起工作,为言语困难者进行非手术的治疗或提供术后服务(诺森和唐,1974)。

参见　聋;中耳炎;语言病理学家

OTOLOGY
耳科学

耳科学是研究耳病的科学,包括耳聋和其他听力缺陷,如耳痛、分泌物和乳突感染。耳科医生是专门对这些疾病和问题进行治疗的医生。耳科医生可以诊断听力问题的病因,并建议服药和手术治疗。耳科医生可以是医学博士或骨科博士。

耳科的检查项目不仅包括对耳的检查,因为某些症状的病因也许在鼻、颈或喉。首要的检查应当从病史开始。耳硬化症和小骨缺陷的矫正手术不会留下可检测到的疤痕;因此在记录病史时询问是否做过这些手术是必要的。由于耳科与耳病有关,当病因由鼻或喉引起时,耳科医生可以召集耳鼻喉科医生来辅助病例治疗。耳鼻喉科医生能对耳、鼻、喉之间相关症状进行处理。

参见　聋;中耳炎;耳鼻喉科医生

OTOSCLEROSIS
耳硬化症

耳硬化症是一种常见的传导性听力损失,多在中年发作。用耳镜可观察到耳鼓和中耳是正常的。但是,进一步检测可发现耳蜗内海绵状骨质增生。耳硬化症的病因尚不明朗。

当耳硬化病变感染区在骨迷路而不是卵圆窗时,不会伴随听力损失。当耳硬化伴随听力损失时,是指临床耳硬化症。这种症状的发展期为几个月甚至几年。当镫骨变得更加固定时,听力逐渐损失。在某些情况下,达到轻微听力损失程度后就不再继续。但更为常见的是,听力损失稳定在50至60分贝范围内。早期听力损失发生在低频区,后来发展到高频区(戴维斯和西尔弗曼,1974)。

耳硬化症在女性中比在男性中更为常见,在怀孕期症状加重。这种病经常发生在一个家庭中的几个成员身上。尽管也许某些病例反映与基因有关,但是基于基因理论的推测还不成熟。夫妻都患有耳硬化症,他们的子女听力却都正常。病症可能发生在单侧耳。手术可以帮助恢复部分听力(萨塔洛夫,1966)。

参见　聋;聋教育;中耳炎

OVERACHIEVEMENT AND SPECIAL EDUCATION
学业成就超过预期和特殊教育

除儿童拥有优良技能或能力的那些领域外,学业超过预期一般不被认为与特殊教育有联系。成绩低于正常表现或学习成绩不良更为常见,特殊教育的大部分领域把精力都集中于学习障碍。例如,智力落后者、学习障碍者、受精神困扰而影响教育成绩的;不能理解语言或不能充分表达自己的儿童在学习中有困难;身体损伤者(例如,听力损伤、视觉损伤和健康损伤者)致残也会影响成绩。

一般说来,特殊教育把注意力集中在这些儿童的缺陷上,但除弱点之外,这些儿童也具有一定长处。正是这些长处使特殊儿童在某些领域获得超过预期的成就。例如,中等智力落后者一般只能阅读一年级水平以下的材料(柯克和加拉格尔,1983)。但是,这些儿童中的一部分人可以阅读更高级的材料。这种的能力也许归功于个人在阅读能力方面的优势。很可能与普通人群相比,这种阅读能力不能表明学业超过预期成就,但当与这些儿童的其他能力相比时,这也许更好地表明了学业超过预期成就的能力。因此,在特殊教育中,学业超过预期成就应当考虑每个儿童的能力和障碍之间的关系。

参见 学习成绩不良

OVERACHIEVEMENT AND THE GIFTED
学业超过预期的成就和天才

当把相当的注意力集中到天才学生学业成绩不理想的问题上时,天才学生学业成绩超过预期仍不好界定。一般来说,评判学生成绩好坏的标准就是看期望值(能力测验或智力测验成绩)与表现(考试成绩)之间的差异有多大。但衡量标准缺乏统一性,很难明确地将学生归类。当使用一套评判标准时,一个儿童可能被看作学业成绩超预期,依照另一个不同的标准,就有可能被排除在优等生之外(坦嫩鲍姆,1983)。

一些评论家指出,心理因素也许会造成期望和成就之间的矛盾,比如家庭动力(戈韦尔,1991)。惠特莫尔(1980)指出,学业超过预期成就的学生更能控制考试焦虑,更有满足感和自信,自我价值感比学业成绩不良的同伴要高。并且,学业成绩超过预期的天才学生对学业追求的兴趣要超过社会活动。阿斯伯里(1974)发现,导致成就差异的心理因素并不都是一样的。有趣的是,坦嫩鲍姆(1983)建议,在测量期望值和表现之间的差异时,如果学业成绩超过预期,结果都会指向测量期望值出错。这样,学业成绩超过预期显然是一种"低预期导致的错觉"。由于期望值测量旨在表明儿童的能力,学业成绩优良看起来却让学生处在了表现超过个人能力的荒谬位置上。

OVERCORRECTION
过度纠正

过度纠正是指一种惩罚过程,是为减少目标行为的出现而采取的一系列规定性策略。过度纠正的完整程序可以包括言语斥责、正强化的暂停、短时言语指导、逐步引导。过度纠正的两个主要程序是重建和积极练习。重建意味着恢复环境或使自我进入到一种相对于先前条件大大改善的状态。积极练习就是反复练习相关情形下会出现的某些行为(霍布斯,1985)。

福克斯(1982)描述了过度纠正行为的三个特征,包括:与学生的不良行为直接关系的存在、发现不良行为以后立即执行、过度纠正行为的迅速管理。当管理过度纠正行为时,教师使用一种完整的或部分的逐步引导的辅助形式。在一项完整的逐步引导方法中,教师始终与学生的手保持接触。在部分的逐步引导中,教师使用拇指和食指轻轻地指导学生的动作。最终,教师把一只手放在距离学生的手最近的地方引导学生,只有当学生不能完成过度纠正行动中的动作时才接触学生。

在过度纠正行为的评价中,费雷蒂和卡瓦利耶(1983)总结了过度纠正吃饭技能、上厕所技能、侵犯—扰乱行为、模式化行为、自伤行为的有效性。在这些研究报告中,没有对过度纠正策略所包括的个人因素进行评估。然而,过度纠正程序的有效性一般是适宜的。过度纠正行为被成功地实施于智力落后、自闭症、情绪障碍和行为障碍个体身上。

参见 行为模式;行为矫正;破坏性行

P

PALMAR CREASE
掌纹

人的手掌上布满不同深度、长度和方向的纹路。这些弯曲的掌纹是早期在子宫生活中形成的，人们认为引起胎儿畸形的因素对掌纹有影响。掌纹外观上的变化与某些医学疾病相关。因此，这种变化有医学诊断价值，通常包含在肤纹分析中。三种主要掌纹是大多数研究的主要焦点。这三种主要掌纹分别是放射状纵向掌纹、近端的横向掌纹和远端的横向掌纹。

横贯手掌的单一横向掌纹常被作为唐氏综合征的特征(鲁滨逊和鲁滨逊,1965;泰尔福和扫尔瑞,1977)。整个手掌横向的单一掌纹取代近端横向掌纹和远端横向掌纹或与之相连接。单一掌纹的人口发生频率在1%到15%之间，在有发展障碍的人群中发生的频率可能更高一些(绍曼和奥尔特,1976)。研究者指出，外观上的变化使确定疾病变得困难，这已经在很多已报告的案例中得到证明。

参见 唐氏综合征;身体异常

PARAPLEGIA
截瘫

截瘫是一种用来描述身体状况的专业术语，这种身体状况使个体不能正常使用身体的下半部分。这个专业术语描述了这种损伤的情况，但没有表明这种身体缺陷的病因。截瘫可能会有不同的起因(贝斯特,1978)。

如果不预先采取措施学习替代独立行走的办法，作为教育过程一部分的环境体验将会受到损害。被剥夺了自由探索环境权利的患有截瘫的年龄较小儿童，在概念发展上可能会受到阻碍(康纳、威廉森和斯尔普,1978)。对于刚学步的儿童而言，类似于脚踏车或鳄鱼爬的装置，会对他们积极探索环境的活动有所帮助。这种装置就是一块安装滚轮的板。儿童俯卧在装置上，通过用上肢推动地面，从而推动他自己在地面上转。大一点的儿童可以开始使用轮椅或假肢。后面提到的这种装置允许患有截瘫的儿童或少年在垂直的方向上移动，来进行更自由的探索或学习。脱下、戴上假肢的训练，对于增强个体的独立功能是必不可少的。有了发达的上肢，假肢也可以用来爬楼梯。

在教室里，一张直立的桌子可用来支撑儿童保持直立的姿势，并解放上肢用来对学习材料进行探索，同时避免静止不动的姿势。当课堂学习可能要求书写和其他需要用手的技能，并需用下半身来支撑身体时，那么在教室里使用这种桌子是最好的了。因而，为满足特殊教育者对截瘫个体进行教育和管理的需求，对这些弥补身体功能缺陷的方法和工具的全面了解变得必不可少。这种管理包括姿势、移动、参与学习的能力、摆脱残疾强加于身的困扰。这种管理也一定出现在一个又一个成功的案例中，并阻止进一步的并发症。

参见 脑瘫;肌肉萎缩症;脊柱裂

PARAPROFESSIONALS
准专业人员

有各种各样的描述方式用来定义特殊教育领域的准专业人员。麦克米伦(1973)已经确定了可能的准专业人员，包括非职业成年人、起教导作用的年龄稍大点的儿童、家长。塔克和霍纳(1977)把准专业人员认定为除教师以外从事为残疾儿童提供教育机会的任何人。当受过全面训练的专业人员不被列入考虑时，准专业人员是被赋予希望拥有能力为残疾人提供更高质量和更有效教育计划的人。

在特殊教育课堂使用准专业人员的首次报道出现在20世纪50年代(克鲁克香克和哈林,1957)。这项调查得出的结论是，那些班级中分配了准专业人员的教师认为准专业人员能够更好地从事教学工作。这些计划的组织人员同意这个观点，家长也认为他们的孩子已经从有准专业人员的课堂教学中获益。20世纪60年代，在专业人员和立法的努力下，人们越来越关注于建立多种残疾人教育服务设施。结果造成了专业人员的严重短缺，无法满足迅速增长的特殊教育计划的需求。人们认为准专业人员可能是这一问题的解决办法。

在特殊教育计划中，准专业人员经常处于从属的地位。人们期望准专业人员能够跟随受过全面训练的专业人员并执行专业人员分配的工作。这种假设是当准专业人员作为总体计划中可能有价值的附加物时，必须把教师作为对教学功能负根本责任的人。然而，准专业人员在教育环境中承担各种不同的工作。他们的职责经常包含下面一些活动:书记工作、监督非学习活动、家政工作、扮演家长的代理人、有时甚至是作为活动教师在专业教师的监督下从事教学活动。

人们希望对没有接受过教育的残疾人群(例如,重度残疾者)的教育计划延伸的关注已经促使准专业教师产生一个可能的新角色。尽管桑塔格、伯克和约克(1976)相信那些和重度残疾者一起工作的教师应该受到严格的训练,并且拥有许多专业而明确的能力。但是,伯顿和海尔首仁(1979)认为,使用受过良好训练的准专业人员作为教师是解决自身问题(如:可利用的人力、个别化教学、教师能力耗竭)的一个办法。塔克和霍纳(1977)已经承认,重度残疾者教育计划需要受过良好训练的准专业人员,并且同意完全依靠专业教师提供教育计划所必需的个别化教学是不切实际的。

在对准专业人员进行广泛讨论的时候,对特殊教育中他们的作用还没有做出明确的规定。然而,准专业人员的作用将继续受到评估,特别是在融合性实践方面的作用(多伊尔,1997)。

参见 教师效能

PARENTAL COUNSELING
家长咨询

对残疾儿童家长的咨询已经采取了许多不同的形式。咨询策略上的变化,反映了不同的职业定向,也反映了不同的家庭原动力和需求,因为新的挑战常常起源于儿童的残疾与其不同发展阶段的需求增长之间的相互作用,咨询服务在残疾儿童家庭中经常是一个周期性的需求。

下列两种理论观念或框架告诉许多残疾儿童父母可以利用的咨询服务方法:悲伤阶段理论和家庭体系理论。不管使用哪种专业方法(教育的、精神治疗的或家长培训的),许多为家长提供咨询的人都已经受到两个或其中一个理论的指导或者至少是受到启发。第一个理论框架反映了普遍观点,即部分残疾儿童的家长,由于他们孩子的残疾而经历了许多悲伤。与变化程度相一致,这表现为对健康孩子希望的破灭。库布勒-罗斯(1969)悲伤阶段理论中的阶段变化已经被认为是解释家长能动地适应他们孩子的残疾状况的情感变化的过程(塞利格曼,1979)。这些悲伤阶段包括:否定阶段,父母对孩子残疾的存在、严重程度或含义进行否定;交涉阶段,父母常常寻求不可思议的或高度可疑的治疗方法;愤怒阶段,经常爆发指向配偶或专业人员的愤怒,或指向自身的内疚或羞愧的情绪;沮丧阶段,在这一阶段父母表现出退缩、无助和无能;接受阶段,在这一阶段中,父母采取建设性的行为,积极维持家庭平衡。通常认为,由于受突发危机影响,或受从一个发展阶段到下一个阶段的转变过程中儿童或家长反应的影响,任意一个前期阶段都有可能被重复。

家庭系统理论,特别是米努琴的结构分析(米努琴、罗斯曼和贝克,1978)和黑利(1973、1976、1980)的重要方法为咨询提供了另一个非常宝贵的概念框架。在这个框架中,家庭被看做是一个相互依赖的系统,家庭中存在的问题是相关的。这种观点为干预一个家庭成员或一个子系统来影响所有家庭成员的想法提供了概念和技术支持。通过关注一个家庭的结构、层次和家庭生活周期阶段的运动,家庭体系理论提供了一个更复杂也更精确的对有残疾孩子的特殊家庭的机能、发展和需求的理解(福斯特、伯根和麦克莱恩,1981)。

家庭系统理论和悲伤阶段理论在家庭咨询中有着广泛适用的概念上的影响。任何一个理论都不会反对使用任何其他各类教育的、精神治疗的或家长培训的方法促进有残疾儿童家庭的成长。

参见 家庭咨询;家长效能训练;心理治疗

PARENT EDUCATION
亲职教育

在如何为人父母方面,父母们很少直接接受指导。对于大多数父母来说,这样的知识来自于他们自己接受父母抚养的经验,以及来自祖父母、朋友及邻居的忠告。据报道,被虐待和被忽视儿童的父母经常拒绝学习有效的对子女的养育技能(沃尔夫,1985),并拒绝建立对培养儿童可能有帮助的朋友和邻居的社会关系网(波兰斯基、戈丹、安蒙斯和戴维斯,1985)。

亲职教育项目的目的是帮助家长通过形成较强的自我意识、使用有效的教养方法、参加早期干预训练项目(彼得森和库珀,1989),来改进亲子间的交流,使家庭生活更加令人愉快,并提供有关儿童发展方面的信息(凡恩,1980)。亲职教育不同于家长治疗,因为亲职教育是有时间限制的,而且亲职教育的目标是改变行为而不是改变人格(登博、斯韦策和劳里岑,1985)。来自各种各样理论定向的方法已经形成,包括行为科学的方法(贝克尔,1971;帕特森和吉利恩,1971)、阿德勒的方法(德雷屈尔和绍尔茨,1964)、有效养育的系统训练(丁克迈耶和麦凯,1976)、相互作用分析(詹姆斯,1974)、人文主义的方法(吉诺,1965,1968)和家长效能训练(戈登,1975)。每一个计划都是以小组的形式进行的,所有的计划都包括适合家长的阅读资料、技术举例说明和技术应用讨论。

如果存在多种教育计划,那么计划评估是必不可少的。登博、斯韦策和劳里岑(1985)发表了一篇综述,对48个评估研究进行了深入分析。只有5个比较不同教育方法的评估研究在登博等人的综述中得到了确认,其中一个是比较阿德勒的行为方法,另外4个研究对行为和教育与培训专家小组(PET)方法进行了比较。这些研究没能在两种方法中发现任何显著性的差异。这些方法中的每一种方法都集中于改变家长对待儿童的行为与态度上。先于当前儿童发展研究中儿童作用的时代精神,这些教育计划已经得到发展和完善(贝尔,1979);教育计划的效果可能会通过考虑儿童对其家长的影响和把家庭作为一个单元来处理以得到改善。其他被登博等人在评论中提到的事情,涉及针对不同文化群体(包括十几岁的母亲)的教育计划的效果(基斯曼,1992)、研究者和方案开发者、对家长的不同需求缺乏注意、性向—治疗相互作用的评估,以及大多数研究所缺乏的方法的严密性。

参见 家庭应对残疾儿童;家庭治疗;家长咨询;家长效能训练

PARENTING SKILLS
育儿技能

相对于那些没有被鉴定为残疾的学生家长来说,残疾学生的家长所面临的需求并不十分清楚。残疾学生的家长不再是被动的服务接收者,而是孩子利益的强有力的捍卫者。他们特别需要具备一些技能,这些技能包括:学会减压、参与个别化教育计划(IEP)、完成家庭规划、帮助孩子与朋友和兄弟姐妹互动以及管理行为。

家长的主动参与是个别化教育计划所鼓励和要求的。这种参与通过与学校人员进行关于家庭和学校代表的权利与责任系统的联系得以实现。在基本层面上,识别、评估和安置决策要求一个公正的过程,来确保决策结果被所有相关方接受。教师越来越起到家长顾问的作用,以及逐渐把家长看做孩子生活中的真正专家。有了这种观点,在召开个别化教育协商会之前,教师要编制大量需要家长完成的调查问卷。这些调查问卷包括的内容对于家长具有最高的价值。因此,家庭和学校环境之间的沟通技能对于个别化教育计划的良好发展非常必要。

残疾学生的一个共同特征是从学校到基于社区的环境的泛化过程中缺乏积极的规划。因此,家长应该继续教授学校所倡导的技能。应用行为分析法的原则对于许多基于学校的方案是很普通的,这些原则可以被家长掌握,以确保教育的连贯性。这些教学策略可能包括:等级激励、强化程序和作业调整。从孩子非常小的时候,家长们就应逐渐接受这些领域的训练(汉森,1977)。

家长们表达了对于残疾儿童给予兄弟姐妹和邻居同龄儿童影响的关注(鲍威尔和奥格尔,1985)。结交朋友、参加社区活动以及家庭成员的相互作用是有助于残疾人个体基本生活质量的活动。家长通过同伴支持团体、《特殊家长》一类的期刊、同伴指导教师、社区融合专家和家长训练研讨会来获得信息和支持以便建立和维持这些关系。

参见 家庭应对残疾儿童;个别化教育计划(IEP);残疾人的兄弟姐妹

PARENTS OF THE HANDICAPPED
残疾人的家长

在整个特殊教育历史中,残疾儿童和青少年的家长在子女的教育和服务方面已经成为最有影响力的因素之一。过去的十多年里,由家长组织的团体在赢得残疾儿童的完全接纳的运动中成为先驱者。这些组织通过艰苦且经常是自我牺牲的努力已经获得了很大力量。家长们帮助其他家长、创办学校、筹款、收集所需事实和数字、游说改革和发起社区服务。

同时,家长坚持不懈地鼓励教育者承认他们为自己孩子寻求救助的权利,并批准那些能够满足残疾儿童需要的法律(韦伯斯特,1976)。94-142公法及随后的修正草案和立法,如《残疾人教育法案》(IDEA),规定了家长在残疾儿童和青少年的教育中的权利和责任。马丁(1979)总结了这些权利,内容如下:

当做出安置和项目决定时,残疾儿童有权利获得独立的教育评估。家长有权利知道在哪里能够获得免费或费用低廉的独立评估,并且如果评估不适当,同样有权要求评估机构进行赔偿;残疾儿童的家长有权知道用公费进行独立评估的程序和能够获得这种评估的条件。

在转介机构开始或改变(或拒绝开始或改变)项目之前,家长有权知道孩子的鉴定、评估或安置情况;获得以文字、母语、或其他主要沟通方式发布的通知,而且是一般公众可以理解的水平;获得记述被推荐行为和解释为什么其他选择被拒原因的通知;了解转介机构使用的每个评估程序、测验、记录或报告。在特殊教育中实施评估之前和进行最初安置之前,家长也有权发表同意或反对意见;有权在任意时间中止同意;对关于儿童是否应该得到安置的听证会不满意时,家长有权终止转介机构继续进行工作。

家长有权利要求公平而程序适当的听证会,质询转介机构对儿童的鉴定、评估或安置,或对转介机构提供的免费适当公共教育进行询问;家长应被告知可以得到何种免费或价格便宜的法律服务或其相关服务(例如,邀请残疾儿童方面的专家在听证会上作见证人);家长有权利听取不是由与儿童教育有关的公共转介机构人员主持的听证会;家长有权利查看听证意见的政府官员的资格证明;家长在听证会上能够得到辩护律师的建议和陪同,能得到在残疾问题方面有专业知识或经验的个人的陪同;家长有权利让儿童出席听证会;家长有权利把听证会向公众公开;出示证据和进行反驳,反复询问,迫使证人出席;禁止在听证会上介绍任何证据,这种证据在听证会至少 5 天前不能被透露;拥有一个听证意见的记录;在听证会的初始请求后 45 天内,家长能得到行为的书面裁决和书面决定;向州教育委员会提出上诉并在立案 30 天内接收到裁决;在家长方便的时候举行听证会和上诉;在法庭上要求州教育委员会做出裁决;除非家长和转介机构同意另外的安置,否则在行政诉讼期间,保持儿童目前教育安置状态不变。

家长有权利对儿童的教育需求进行全面的个人评估;在制订适当的教育方案时,使用的标准可以不止一个;可以由多学科专家小组完成评估;有权利在所有与残疾相关的领域对儿童进行评估;如果条件许可,或是家长或儿童教师要求,可以每 3 年或更频繁地对儿童进行再评估。

残疾儿童的家长有权利尽最大可能让他们的孩子和非残疾儿童一起接受教育;家长只有在辅助性帮助和服务经尝试令人不满意时,才可以让他们的孩子离开普通教育环境;有一连续的供选择的安置环境,这样,从普通教育环境离开可能是最少的必要的背离;能够得到辅助服务,如资源教室或者巡回指导,以使他们的孩子保持随班就读安置;有权利把他们的孩子安置在非残障情况下可以入学的学校,除非个别化教育计划要求一些其他的安排;让他们的孩子和非残疾儿童一起参与非学业的和课余活动,如进餐、休假、咨询服务、俱乐部活动、运动和特殊兴趣团体。

父母通过拒绝透露他们孩子的档案来限制他人随意使用他们孩子的档案是很重要的;在孩子档案中的信息被销毁之前,家长应被告知;并被告知信息已被透漏给谁。另外,法律保证家长和监护人必须参与个别化教育计划的制订(特恩布尔和舒尔茨,1979)。

残疾儿童家长的作用已经被诺布洛克(1983)、海沃德和奥尔兰斯基(1984)、布朗和默尔施(1982)、诺兰(1971)和沃伦斯基(1995)概括为拥护者、资源、教师和顾问。家长可以从美国教育部和民政局获得为残疾个体服务的国家和地方机构的信息。

参见 家庭咨询;家庭对残疾儿童的反应;《残疾人教育法案》(IDEA);特殊教育的法律规定

PARKHURST, HELEN
海伦·帕克赫斯特(1887—1973)

海伦·帕克赫斯特设计了道尔顿计划,并在纽约市创办了道尔顿学校。道尔顿计划的实质是,基于帕克赫斯特的把学校当作实验室的观念,学生不只是参与者,还是实验者;通过与学生订立合同实现教育个别化,每个学生独自按照自己的步调学习,去完成已约定的任务。

在帕克赫斯特事业的早期,她在意大利跟随蒙台梭利从事研究;从 1915 年到 1918 年,她在美国指导了蒙台梭利教育方案的研究。在此之后,她离开蒙台梭利的研究工作,在匹兹菲尔德和道尔顿学院、马萨诸塞学院将她自己的教育计划付诸实践。她在 1920 年创办了道尔顿学校,直到 1942 年退休,她都一直担任校长。帕克赫斯特在全世界进行演讲,并在英国、日本和中国建立了道尔顿学校。她的著作《道尔顿教育计划》已用 58 种语言出版。从道尔顿学校退休后,帕克赫斯特为儿童录制广播和电视节目,并主持了一个谈话节目,针对家庭生活提出自己的建议。

PARTIAL PARTICIPATION
部分参与

部分参与的原则主张,所有重度残疾的学生(包括重度智力落后和重度身体残疾)都能学到大量技能,这些技能(至少是部分技能)能够在多种最少受限制的学校和非学校环境中起作用(鲍姆加特等,1980)。因为他们具有严重的感觉或运动障碍、注意和学习过程缺陷,一些严重残疾学生学习技能有困难,这些技能在目前和以后的最少受限制环境里能独立发挥作用。部分参与原则的支持者认为,不是拒绝他们进入这些环境,而是可以通过让学生广泛地参与活动,来促进适应(戴姆恰克,1994)和接受融合教育计划。然而,融合教育计划中并不总是让严重残疾学生在最少受限制环境里。

辅导教师需要采取许多措施才能成功实施部分参与策略。这些措施包括:①取得普通人在特殊任务中使用的策略或技能详细目录;②取得严重残疾学生在同样工作中使用的策略或技能详细目录;③确定残疾学生可能学会的技能;④确定残疾学生不可能获得的技能;⑤形成一个适应假设;⑥建立一个目前能使用的适应清单;⑦确定能使用的个别化适应;⑧确定使用个别化适应可能获得的技能(鲍姆加特等,1982)。

当为严重残疾学生使用个别化适应时,有一些建议考虑的事项,其中包括:①在标准或自然环境中,适应的适当性和有效性的检验要以实践为主;②避免学生在适应上变得过分独立;③谨慎选择适应来满足个别学生在危险环境中的需要(鲍姆加特等,1980)。部分参与原则的适当应用将促进严重残疾个体进入一体化环境(布朗等,1979;弗格森和鲍姆加特,1991)。

参见 最少受限制的环境

PASAMANICK, BENJAMIN
本杰明·帕萨马尼克(1914—1996)

本杰明·帕萨马尼克在康奈尔大学开始了他的专业学习,并于1936年获得了文学士学位。在此期间,他开始学习生理学和生物化学并成为诺贝尔奖获得者詹姆士·萨姆纳唯一的本科学生。1937年,他进入马里兰大学医学院,并在1941年获得医学博士学位。他在纽约市的布鲁克林国家医院和哈莱姆医院完成精神病学医生的实习。1943年,帕萨马尼克在纽约国家精神病学学院的精神病学住院医生实习期满后,在耶鲁的儿童发展医疗中心成为一名助教,并在格塞尔带领下从事研究工作。在1996年他去世时,他是奥尔巴尼医学院名誉退休儿科教授。

在作为导师、学者和儿童精神病学临床医生的杰出生涯中,帕萨马尼克保持着对特殊儿童,尤其是那些智力落后儿童的兴趣。他向传统习惯挑战,经常促进变革和创新,并寻求儿童发展的基础研究同实践的结合,促进关于治疗的清晰概念结构的形成。

帕萨马尼克最为人所知的研究可能就是关于对儿童发展的多维度和多因素的影响(卡维和帕萨马尼克,1979),尤其是对于非洲裔美国婴幼儿的纵向研究(格拉尼奇,1970)。他第一次证实了,作为心智成熟的指标,非洲裔美国婴幼儿的行为发展与盎格鲁婴幼儿的行为发展没有区别。他最后形成这样的认识:在生命早期,智力和相关的认知技能主要是由生物学来决定的,但是后来随着年龄的增长,却日益按年龄顺序发展并受到社会的影响,最终受到社会经济因素的驱使。

在他众多的贡献中,他曾经担任过美国行为矫正精神病学学会的会长(1970—1971)、美国精神病理学学会的会长(1967)和西奥博尔德·史密斯社团的会长(1984)。帕萨马尼克在专业领域里非常著名,他撰写或编辑了大量书籍,在学术刊物上一共发表了300多篇文章。他曾在《儿童发展》、《美国智障杂志》、《墨·跋季刊》和《生物精神医学杂志》编委会就职。

PATH ANALYSIS
路径分析

路径分析是由休厄尔·赖特(1934)于20世纪30年代发明的一项技术,其目的是为了研究变量之间的因果关系。路径分析提供了一个数学模型,用来表示假定量对假定的因变量直接和间接的影响。自变量即原因变量,因变量即受原因变量影响的变量。当一个变量影响另一个变量而缺乏第三变量作为中介时,就会产生直接效应。当一个原因变量通过第三变量来影响因变量时,就存在间接效应,反过来第三变量直接影响因变量。

在路径分析中,表达因果关系的数学模型在回归分析中有它们的起源。最简单的路径模型是只有一个回归方程,即一个因变量对一个或多个解释因变量变化的变量回归。例如,学生成绩可能对一个假定影响成绩的教育干预回归。在这个模型下,教育干预对学生成绩将有直接效应。回归方程中的残差项也可能包含在模型内。假定残差项与方程中的其他变量没有相关。残差项被认为是一个原因变量,表示在学生成绩回归模型中那些没有被明确识别的变量的效应。例如,虽然智力是一个在模型中没有被明确识别的变量,但它能够解释学生成绩的部分变异。许多影响学生成绩的变量是可以识别的。

包含间接效应的模型需要更多的回归方程。例如,如果上面的例子包含教师培训对学生成绩的间接效应,那么就需要两个回归方程。第一个回归方程是学生成绩对教师培训和教师行为的回归;第二个回归方程是教师行为对教师培训的回归。控制回归方程的一般原则是一个因变量需要一个方程。

上面讨论的两个模型存在单向性的因果关系。例如,在间接效应模型里,假设教师行为影响学生成绩,但是不能假设学生成绩影响教师行为。假设单向性因果关系的模型称为递归。普通最小二乘方(OLS)回归可以用于递归模型。非递归模型假设一对或几对变量之间存在双向的因果关系。不能使用最小二乘法,要用其他回归方法来求路径系数。邓肯(1975)对非递归模型进行了非常好的讨论。

模型中的Ps表示路径系数。在递归模型里,路径系数就是标准回归权重。每个路径系数被解释为因变量标准差的分数,因变量是受原因变量直接作用的。例如,Pda 表示受变量 A 直接作用的变量 D 的标准差分数。在因果模型中,标准回归系数权重在路径模型中作为路径系数的功能已经不再广泛使用。在一个因果模型中所用的变量应该设计在一个量表中的假设已经受到挑战。使用非标准权重可以参考顿坎(1975)对标准权重问题的探讨。

路径分析可以看做结构方程模型的一个特例(本特勒,1980;周瑞斯考格和瑟尔布姆,1979)。路径分析与结构方程模型之间最大的不同在于,结构方程模型中既有潜在变量又有观测变量。潜在变量就是不能直接观测的变量,但是可以由两个或多个观测因子推测。例如,学生成绩可以看做是一个潜在变量,可以由两个或多个成绩测验来推测。结构方程模型表示一组变量对另一组变量的影响作用。结构方程模型中的变量可能包括潜在变量和观测变量。例如,一个模型可能包括性别对学生数学成绩的影响作用。在这个模型中,性别是观测变量;数学成绩是潜在变量,需要两个或多个测验分数来推测。结构方程模型对于赖特在路径分析中的早期工作进行了强有力的拓展。对于结构方程模型,它不但为变量间的因果关系提供了广阔的思路,而且表明更应该重视教育和心理研究中各种各样的潜在变量。

参见 多元回归;统计回归

P

PATH - REFERENCED ASSESSMENT
路径参照评估

路径参照评估(伯根,1981,1986;伯根、斯通和费尔德)是一种指出能力在发展顺序中位置的方法。路径参照评估方法已经被用于启蒙教育测量工具组(伯根和史密斯,1984;斯通和莱恩,1991),该工具组由 6 个认知测验组成,这些测验用于辅助计划何种学习经验有助于促进儿童启蒙教育发展。在路径参照框架下,能力被看做一种潜在变量,通过对测验试题的表现成绩来评估。发展过程中技能的等级水平是由试题难度变化来说明的。低难度试题反映低水平发展任务,反之,高难度试题反映高水平发展任务。接受路径参照测验的被测量者获得一个潜在能力分数,该分数可以指出儿童在发展顺序中的位置,并显示在各个阶段可以正确完成的各种任务。例如,一个儿童接受启蒙教育测量工具组中数学量表的测试,获得了一个潜在能力分数,表示具有正确完成简单计数作业的高可能性和正确完成比较复杂的加法作业的低可能性。

路径参照方法把潜在特质模型(博克和阿特金,1981;洛德,1980)用于解决发展顺序中能力位置的确定问题。一般潜在特质模型认为,正确完成一个测验试题的可能性是潜在能力和一定试题参数的函数。在潜在特质模型中可能得到反映的试题参数包括:试题难度、测试区分度(试题与潜在能力的关联程度)和一个推测参数。在潜在特制模型里,潜在能力和试题难度在同一个量表内受到评估。路径参照方法使用潜在能力参数来评估个体的能力,描述为他的发展水平。试题难度用来量化发展顺序。潜在能力和试题难度在同一量表用于表示发展水平在发展顺序中所处的位置。

路径参照评估同常模参照评估和标准参照评估有显著的不同。常模参照评估显示测验成绩在常模群体中的位置。能力分数显示个体在群体中所处的位置。按照在群体中的位置确定能力水平。对于路径参照方法,能力的评估来自使用潜在特制模型的测验成绩。因此,潜在能力可以显示发展顺序中的位置。路径参照显示个体在发展顺序中的位置,还可以详细说明个体过去已经掌握的能力,和那些可以作为发展进步基础而掌握的能力。

参见 评估;发展迟缓;头脑启动计划

PATTERNING
范型疗法

范型疗法也被称为多曼 - 德拉卡托治疗方法,用于神经损伤儿童的治疗。多曼 - 德拉卡托治疗方法在 20 世纪 60 年代非常流行。这种治疗方法的倡导者已经报告了大范围的治疗成功案例,这些案例包括智力落后、脑损伤、学习障碍、身体障碍、失语症、语言障碍和阅读障碍。大量来自专业人员、专业人员的助手和家长的报告已经证实了这种治疗方案的成功。神经练习之所以被人们普遍接受,是因为得到了发表在《好管家》和《读者文摘》这样通俗杂志上的文章的广泛宣传。

医学专业人员、教育家以及在服务性工作领域工作的人员,已经研究、评价并调查了神经组织理论倡导者的主张。众多的研究和严格控制的研究综述并不支持人们传说的范型治疗方法已取得的成就。

参见 神经发展疗法;神经病学组织;神经心理学

PEABODY DEVELOPMENTAL MOTOR SCALES (PDMS)
皮博迪运动发育量表(PDMS)

皮博迪运动发育量表(PDMS,1983)是一种儿童早期动作发展测验,适用范围是0岁到7岁11个月。这个量表包括:1个大动作量表,测量儿童的反射、平衡、非运动、运动和物体的接收和推送;1个精细动作量表,测量儿童的抓握、手的使用、眼—手协调和手指的灵活性。大动作量表有170个题目,分为17个年龄水平,每个年龄水平有10个题目。精细运动量表有112个题目,分为16个年龄水平,每个年龄水平有6或8个题目。题目采用三点记分系统,即分为掌握技能、出现技能、明显超越儿童能力的技能。

PDMS标准化的样本有617名儿童,在性别、种族、地理区域、城市或农村居住等方面可以代表国家的儿童总体状况。原始分数被转化成量表分数(Z分数、T分数及运动发展商数)和年龄分数。

评论者(康普顿,1996;里德,1985;维恩,1986)十分推崇PDMS,认为它能对儿童发展的基本方面进行全面的测量。提到的缺点是测验实施起来不方便,比较麻烦。

PEABODY INDIVIDUAL ACHIEVEMENT TEST – REVISED/NORMATIVE UPDATE
皮博迪个人成就测验—修订版/标准化更新

皮博迪个人成就测验—修订版(PIAT – R;马克沃德,1989)是适用于儿童和成人学业成就的个人测验,适用范围是年龄为5～22岁的儿童和成人。PIAT – R评价的学业内容包括6个方面:常识、阅读识别、阅读理解、数学、拼写和写作。这些分量表的组合可以产生一个总的阅读分数、一个总的测验分数和一个书面语言合成分数。测验实施时间大约为60分钟。

PIAT – R是最近进行重新标准化的,并被认为是PIAT – R标准更新版(PIAT – R/NU;马克沃德,1997)。标准化样本是按照1994年人口普查资料,分层抽取的3429名儿童构成。PIAT – R/NU各分测验的分半信度平均是0.90,PIAT – R/NU各分测验的重测信度平均是0.90。PIAT – R/NU的效度可以由同其他量表的高相关来说明,这些量表包括:K – TEA(考夫曼和考夫曼,1985)、KeyMath – R(康诺利,1988)、PPVT – R(邓恩和邓恩,1981)。有关PIAT – R/NU的文献综述表明,PIAT – R/NU是比较令人满意的测验。

参见 成绩测验;评估

PEABODY LANGUAGE DEVELOPMENT KITS – REVISED
皮博迪语言发展工具包—修订版

皮博迪语言发展工具包—修订版(PLDK – R;邓恩、史密斯、霍顿和史密斯,1981)是一种多级课程计划,用来促进幼儿口头语言的发展。课程的目标领域是适合的、有联系的和有表现力的语言和认知技能。皮博迪语言发展工具包—修订版的目标是促进标准英语整体语言技能的提高,每年促进儿童的认知技能提高一个新水平。不是训练儿童的特定心理语言过程,PLDK – R强调的是语言的整体发展。

PLDK – R是一个内容全面的课程,可以促进不同类型儿童的口头语言和认知发展。语言康复师、特殊教育教师、英语为第二外语的英语教师和普通教师将会发现这个课程计划是有益的。

参见 残疾人的口头语言;口语交流还是手语交流

PEABODY PICTURE VOCABULARY TEST – THIRD EDITION
皮博迪图片词汇测验—第三版

皮博迪图片词汇测验—第三版(PPVT – III;邓恩和邓恩,1997)类似于1959年的原版和1981年的修订版。PPVT – III是一种对儿童和成人(标准英语)词汇的个人测验,适用年龄是2.5～90岁。这项不计时的测验要求被测验者分析四幅黑白图画,并从测试者说的词汇中选择最能代表词汇意义的图画。

虽然PPVT – III与皮博迪图片词汇测验1981年的版本有很多相似的地方,但是也有一些明显不同的地方。例如,每个测验内容的题目数增加到204个,测验题目分为17个类型,每种类型12个题目;新的图画促进了测验内容的现代化;为了方便测验工具的运输而采用便携的包装形式。

PPVT – III有两套内容相似的测验复本。测验标准化的样本量是2725,其中有2000名儿童和725名19岁以上的成人。PPVT – III的复本信度变化范围是0.88至0.96,平均是0.94。内部一致性系数的范围是0.86至0.97,平均是0.94。测验分数是非常稳定的,所有值的标准差都在0.90以内。PPVT – III的效度是通过与其他智力测验和文字测验的相关性来获得的。例如,PPVT – III与韦克斯勒儿童智力量表—第三版(WISC – III;韦克斯勒,1991)中的文字量表的相关系数为0.91;PPVT – III与考夫曼简要智力测验(K – BIT;考夫曼和考夫曼,1990)中的词汇量表的相关系数为0.81;PPVT – III与口头和写作语言量表(OWLS;卡罗 – 伍尔福克,1995)的相关系数为0.75。

PPVT – III是对掌握词汇数量多寡的测验。最近版本的修订版的记分方法变得非常简单,它有新的一套最低和最高分数标准。这个测验实施起来比较简单,是综合测验中一个较好的测验。然而,它不是智力测验,不应该作为教育安置和语言障碍诊断的唯一标准。

PEABODY REBUS READING PROGRAM
皮博迪组字画阅读课程

皮博迪组字画阅读课程是一套象征符号系统,用来教授儿童初级的阅读技能。基本词汇的象形符号被称作字画,字画可以表示所有的词或一部分词。这些字画符号可以为形成阅读和理解技能打下基础。字画符号可以分为4种类型:第一种类型是合成符号,主要用来描述物体或动作(如:球 =);第二种类型是关系符号,用来描述位置和方向(如:里面 = ,上面 =);第三种类型是抽象符号,主要用来表示想法(如:在 = ,也 =);第四种类型是将符号和字母、词缀(如:在做 =)和其他字画进行组合(如:进去 =)(伍德科克、克拉克和戴维斯,1969)。

最初,拼写的字词与相应的字画符号相匹配。这些符号对于正确拼写字词的过渡作用渐渐地减弱。在完成过渡之后,学生将能够阅读122个拼写的字词、掌握字词的发音、认识标点符号和理解故事内容。

皮博迪字画阅读课程是通过让儿童学习一套代替拼写字词的字画符号来进行阅读。另外,该课程还可以促进儿童语言技能的发展。

PEDIATRICIAN
儿科医生

各种各样的医学疾病都可能阻碍儿童的学习能力。有些疾病可能归因于遗传因素。其他的可能与出生前母亲的健康因素相关,或是与胎儿受到的直接威胁相关,例如传染病或吸毒。一些疾病可能发生在围产期或发生在出生过程中或之后。这类疾病包括因分娩引发的并发症。一些疾病只有在婴儿回到家后,才会出现或得到诊断。很明显,儿科医生在特殊教育中可以起到重要作用。

首先,儿科医生也许能够诊断出一种严重影响儿童学习能力的疾病,并评估这种障碍的大致程度。以这个信息和其他相关信息为基础,能够形成一项干预和教育的计划。第二,学校成绩可能是学生发展不正常的首要有效指标。全面的儿科检查是对这种发展问题进行全面评估的重要部分,这样才能识别或排除起作用的医学因素,例如视觉问题。如果需要,可能会采取详细的治疗措施(伯林,1975)。

在需要的时候,儿科医生能帮助将儿童转介给其他专科医生,这些专科医生掌握鉴定或治疗问题的专业技能是必要的。在那些转诊的案例中,接受转诊的专科医生包括:负责眼睛障碍的眼科医生、负责脑或中枢神经系统其他部分疾病的神经科医生和负责听觉障碍的耳鼻喉科医生。在学校里,儿童有可能出现健康问题。如果存在有效的药物治疗或其他治疗方案,那么教师既要监控学生接受治疗又要鼓励学生配合治疗。超过50%的美国家长已经为了与学校有关的问题向儿科医生寻求帮助(美国儿科学会,1978)。因此,儿科医生和教师保持开放的信息沟通渠道是很重要的,这样,他们可以互相协作以便帮助孩子们解决学校相关及健康问题。

PEDIATRIC ACQUIRED IMMUNE DEFICIENCY SYNDROME(AIDS)
小儿获得性免疫缺陷综合征(儿科艾滋病)

自从1981年第一例艾滋病(AIDS)被报道以来,引起艾滋病的人体免疫缺陷病毒(HIV)已经带来近代史上鲜为人知的流行病。据估计,全世界有150万名儿童患有艾滋病。到2000年,美国已有32,000~38,000名感染艾滋病病毒的儿童出生。到目前为止,美国疾病控制中心已有6,309个小儿艾滋病案例报告。截至1994年1月,美国大约有12,000名艾滋病病毒携带儿童(儿童希望基金会,1998)。

据统计,到2000年为止,美国有8万到10万名未被感染而他们的母亲死于艾滋病的儿童出生。在美国,每年由感染了艾滋病病毒的母亲产下的婴儿中,大约有25%生来便感染了艾滋病病毒。接近89%的患有艾滋病的儿童都是围产期感染病毒的病例——在母亲怀孕或孩子出生时,母亲体内的病毒传染给了婴儿。其他儿科艾滋病的病因包括母乳喂养传染、1985年以前的感染性输血和性滥交。

在围产期的病例中,得到诊断的平均年龄是4.1岁。在所有围产期病例中,只有54%的病例直到7岁才得到诊断。

患艾滋病的儿童有特殊的需求和令人担心的情况,各种现象表明,小儿艾滋病的出现要多于成年人艾滋病。感染了艾滋病病毒和患有艾滋病的儿童经常伴随中枢神经系统并发症,丧失了同儿童期疾病做斗争的能力,影响了生长发育(儿童希望基金会,1998)。

感染了艾滋病病毒的婴儿平均成活年龄为18个月。目前,血友病患者是最大的艾滋病病毒呈阳性的群体,但是,由于安全血液供应的增加,这个数字正在下降(亚当斯、马肯特尔和普赖斯,1989)。在儿童之间正常的接触方面,学校环境是感染艾滋病病毒概率最低的场所之一。这一点也适用于学校员工(亚当斯、马肯特尔和普赖斯,1989)。

到目前为止,对于参与学校生活的感染了艾滋病病毒的学生和员工,在没有证据表明艾滋病病毒能在偶然的接触中传染的情况下,几乎每个法院都允许他们留在学校。因此,很重要的一点是,学校委员会、管理者和全体教师都要彻底地接受有关艾滋病知识的教育并不断更新艾滋病的知识。疾病预防控制中心(CDC)的指导手册介绍了一个对感染艾滋病病毒的儿童教育安置类型做出决定的小组策略。这个小组应由儿科医生、公共卫生人员、家长和来自于教育环境的人员组成(柯克兰和金瑟,1988)。在小组策略中需要提及的另一个因素是学校的管理者、顾问、心理学家和社会工作者应该对感染了艾滋病病毒的儿童和那些组成支持群体的儿童提供情感和社会支持(沃克,1991)。至关重要的是,在艾滋病发展的这一阶段,健康政策和疾病控制所关注的事情并不侵犯个人的隐私权(布鲁德,1995)和适当的人本教育。尽管到目前为止,对患艾滋病的儿童实施《所有残疾儿童教育法案》或《康复法案》还没有联邦级别的法院的授权,但是这种授权必然会出现在我们未来的教育机构中。

PEDIATRIC PSYCHOLOGIST
儿科心理学家

在过去20年中,儿科心理学的发展非常显著。总体来说,医学领域的心理学家的数量增长很快,他们的活动范围也有极大的扩展。

在儿科领域,儿科心理学家为门诊和住院病人提供服务的工作场所主要有三种类型:①儿科医院或综合医院住院部;②流动的看护机构(门诊部或私人儿科办公室);③为慢性病或慢性病状况设置的综合监护中心(如:肾透析中心、烧伤中心)。在这些环境中的儿科心理学家的主要临床职责基本上分为两部分:为病人提供直接的心理服务和为各种儿科医学附属专业提供咨询,包括肾脏学、心脏病学、血癌、内分泌学、神经病学、遗传学和外科学。

在过去20年中,儿科医生越来越关注疾病的预防和慢性儿童疾病的控制,其中有一些疾病至今不能治愈,如囊性纤维症、镰状细胞病和儿童糖尿病。儿科医生的业务内容有所改变,新的重点放在病人的日常生活问题、生活质量问题以及与辅助治疗的养生法相关的问题上。在儿童卫生保健综合预防方面,儿科心理学家的积极参与得到了更多的支持。

许多在医学环境中的儿童存在病因不明的身体不适症状或伴有显著心理社会成分的症状,包括头痛、慢性腹痛和身心萎靡。儿童生理疾病伴随的心理社会症状是转诊到儿科心理学家的一个主要方面。

作为一种减轻或减少与儿童许多身体疾病相关联的症状行为的方法,行为治疗措施已给人带来相当大的希望(西格尔,1983)。儿科心理学家已使用了多种行为技术,例如,生物反馈、放松训练和各种操作性条件反射程序,成功矫正了与哮喘、呕吐和遗尿这些疾病相关联的症状。

儿科心理学家也关心健康问题的预防。其中受到相当大关注的问题是,减轻与住院治疗和疼痛医疗程序有关的压力以及与高血压之类的身体疾病发展相关联的行为管理(如暴食)。

最后,在医院环境下工作的儿科心理学家,经常被要求对那些处理生命处于危险状态的儿童的监护人员提供情感支持。职业疲劳是那些为疾病晚期儿童提供医疗服务的医务人员的一个重要问题。儿科心理学家可以和这些人员交换意见,帮助他们处理在这些环境中遇到的情感消耗经历。

参见 家长教育;儿科医生;心理社会调适;身心障碍

PEER RELATIONSHIPS
同伴关系

残疾学生和其同伴间的关系是一个受诸多因素影响的复杂现象。一些更为显著的因素是残疾儿童的年龄、课堂教师的态度与行为、学生障碍状况的类型、残疾学生的自我观念和技能水平以及普通班级学生是否已经准备理解一些回归主流学生的特殊需要。例如,有人提出,同伴关系开始于小学低年级(鲁宾和卡普兰,1992),随着残疾儿童年龄的增大,同伴团体的影响也会增加。换句话说,在残疾儿童学校经历的早期,家长和教师的认同比同伴的赞成和认同更重要。

在文献中可以找到改善残疾儿童同伴关系的方法。作为这些方法的一个实例,史华慈(1984)在准备接收一个回归主流学生的时候,为普通班级教师提供了一个用来跟踪调查的检查表。在教育活动中,要求教师给班级里的普通同伴提供有关障碍状况的信息,并请他们体谅残疾儿童可能存在的任何问题。这种做法增加了残疾儿童与其同伴间积极互动的次数,对身体残疾的学生尤其重要。一些研究表明,身体残疾儿童被其非残疾同伴接受的可能性最小。

参见 回归主流;同伴辅导

PEER TUTORING
同伴辅导

文献资料已经确认同伴和跨年龄辅导程序在残疾儿童的教育中已获得成功。同伴辅导方案已成功地改善了各种各样的学业技能,在数学教学(本茨和富克斯,1996;约翰逊和贝利,1974)和拼写法教学(哈里斯,1973)方面也是非常有效的,但更多是应用于阅读技能上(索普和达奇,1980)。许多作者明确提出,儿童在接受辅导任务之前需要认真做准备(马尔泰拉,马钱德-马尔泰拉,扬和麦克法兰,1995;施洛斯和塞德拉克,1986)。至于对儿童辅导的准备程序,在文献资料中还没有详尽的讨论。对已成功实施的辅导教师准备技术,几乎很难得到完整全面的原始资料。

特殊教育中的一些研究显示,年龄较大学生对年龄较小学生的辅导是有效的(帕森等,1979)。其他报告表明,大的年龄差异对于有效的同伴辅导方案并不是至关重要的(迪宁、克拉克和里斯利,1977)。事实上,一个对同伴辅导的研究证明,把存在学习障碍的年龄较小的学生安置在同一资源教室的其他学习障碍学生中间是有效的(索普和达奇,1980)。因此,以目前可得到的信息为基础,可以有把握地做出结论,即辅导者与被辅导者的年龄差异对于同伴辅导方案的成功并不具有如其本身一样的重要性。

很明显,同伴辅导可以从大多数特殊教育方案中被挑选出来。研究已经证实,有效的同伴辅导可以来自残疾学生或非残疾学生。虽然在普通班级中的学习一般,成绩不高,但特殊班级的学生也可以成为有效的辅导老师(佩因、拉迪基、罗塞利尼和达奇,1983)。一些研究表明,高功能学习障碍学生会成为低功能学习障碍学生的有效辅导老师。在这些严格设计的方案中,被辅导者所取得的成功,可能能帮助先前动机不明学生发生重要变化。

参见 直接教学;同伴关系;社交技能训练;教师效能

PEOPLE FIRST
以人为本

"以人为本"是一个由智力落后者为自己创立的自我拥护组织。它具有双重目的:保证服务、训练和支持的有效性,维持和增强残疾人的能力,以引导其过上独立和正常的生活;向社会证明残疾人首先是人,残疾是第二位的。智力落后者团体被要求处理自己的事务,召开会议,做出决定并将其执行到底。他们从非残疾指导教师那里得到的帮助很少。很大程度上,这些团体不只是关心智力落后者的需要和问题,而且也关心所有残疾人的需要和问题。自我拥护团体已经召开了州和全国范围的大会,国际"以人为本"团体的自我拥护运动已经形成。

自我拥护团体在美国和英国发展较快。这样的团体正在向精神障碍者、身体障碍者和能替自己说话的智力落后者的传统观念发起挑战。自我拥护团体拓展了非残疾人的期望和态度,因此正在帮助智力残疾人创造一种新的独立。在加利福尼亚州,"以人为本"已受到州发展性残疾委员会的委托,来审核当前发展性残疾人的服务系统。这个方案的独特方面在于它完全由接受服务的对象而不是由专业人员来实施管理。

参见 为残疾儿童辩护

PERCENTILE SCORES
百分位数

百分位数是表示一个原始分数在全部分数的分布中所处位置的分数。这些原始分数最起码是等级数据,例如原始分数能够按等级排序。通常为原始分数确定最小的间隔,以至于对于所有的分数,1 分的差距有同样的意义。百分位数没有这种等距的性质。

百分位数的计算是以比被转化原始分数低的分数数量为基础的。一个原始分数的百分位数为 50,表示在原始分数分布中一半(50%)的分数在这个分数之下。这个百分位数也称作中数。一个原始分数的百分位数为 10,表示 10% 的分数在这个分数之下,而百分位数为 90 表示 90% 的分数在这个分数之下。

百分位数不是等距的。也就是说,当对 10 或 50 这两个分数进行考察时,10 的百分位数的差异具有不同的意义。百分位数 10 与百分位数 20 之间的差异可能表示许多原始分数点,而百分位数 50 与百分位数 60 之间的差异可能表示很少的原始分数点。这是因为原始分数分布具有大量分数聚集在平均分数周围的特点,大约三分之二的分数在平均数加减一个标准差范围之内,所以原始分数的 10% 可能发生在几个分数值范围之内。在原始分数分布的两端,人数很少,10% 可能代表大的原始分数范围。百分位数不应该被看做等距分数。他们不能进行加、减、乘、除运算来获得任何意义。它们的主要用途就是告诉使用者一个原始分数对于所有其他原始分数的相对位置。在一个具有严格抽样的常模样本的标准化测验中,百分位数可以告知一个测得的原始分数如何同常模群体的原始分数分布进行比较。

参见 年级当量;测量

PERCEPTUAL AND MOTOR SKILLS
《知觉和运动技能》

《知觉和运动技能》杂志(1949 年刑名为《知觉和运动技能研究交流》)是一种双月刊杂志。一年两卷,合计是 2000 到 3000 页。其中 30% 的论文来自于美国以外。刊物的目的是鼓励来自多学科角度及观点的科学创新和创造,这些领域包括人类学、体育、物理治疗、整形外科、麻醉学和工业操作效率的研究。论文具有实验性、理论性和推测性。每期杂志都刊有新书目录和专门评论。杂志欢迎具有科学价值的有争议的论文。有多名评委对呈交的论文进行评审,提出论文的修改意见以保持编辑的严肃性和严格性。

PERCEPTUAL CONSTANCY
知觉常性

知觉常性是指在感知物体时,尽管在感觉层面上的印象已发生变化,但仍能感知物体的固有不变的属性,如大小、形状和位置。本质上,这就表示人们感知一把椅子为椅子,而且不管在什么角度观察都是同一把椅子。我们可能只从一个视角观察过一个物体,可是我们在不同距离和任意角度观察时,都能识别这个物体。

知觉常性是整体视知觉的一个主要部分,在早期阅读过程中起着非常大的作用。知觉常性障碍较为罕见,但它确有发生,并会严重破坏早期的学习。儿童可以学会识别字母和单词,即使这些字母和单词以不同的拼写方式呈现。在早期学习阶段,儿童和教师会用很多不同的印刷体书写,因而儿童相对轻松地掌握了各种表现形式。完成这种视觉模式识别任务的普遍化需要知觉常性。患有轻度知觉常性障碍或较严重视觉模式识别障碍的儿童,对于完成许多学习任务都有很大困难,尤其是在阅读方面。这种障碍的发病率比较低,然而,现在还没有对其普遍性的准确估计。

参见 视知觉发展测试;知觉发展中的迟滞;知觉训练

PERCEPTUAL DEFICIT HYPOTHESIS
知觉缺陷假说

知觉缺陷假说,一个曾被广泛接受的学习障碍的观点,对 20 世纪 60 年代到 70 年代中期的特殊教育教学和教学实践评价有过支配性的影响。然而知觉缺陷假说也经历了许多变化,它的核心概念是学习障碍起源于神经的知觉—运动功能紊乱(克鲁克 - 香克,1972)。人们认为,学习障碍儿童存在模式识别和/或视觉分析的缺陷,而且这些缺陷被认定为儿童学习阅读存在困难的核心问题。

知觉缺陷假说的支持者受到很多心理学家研究的影响,如:皮亚杰有关知觉中成熟和运动机能作用的理论、格式塔心理学对于知觉发展的强调以及施特劳斯和莱赫蒂宁(1947)关于脑损伤儿童的研究。在学习障碍儿童的教育方案中,这些特殊教育的先驱把逐步学习的阶段理论完全转化为学前矫正活动,以便在集中进行学业学习之前,努力发展运动技能、视觉技能和视觉运动技能。理论上,学业技能的发展需要掌握这些较低水平的功能。

到 20 世纪 70 年代中期,知觉缺陷假说及其补救方案开始受到多方严厉的批评。其理论的基本概念受到质疑,早期的基础研究被发现存在错误。从理论到实践的机械转化和过度简化被认为是对直觉概念的错误诠释。新的研究表明,学习障碍(尤其是阅读障碍)更应该被归因于语言领域问题而不是知觉缺陷(维鲁提诺、斯蒂格、莫耶尔哈丁和尼尔斯,1977)。

过程定向假说是指人的工作能力实际上可以解析为心理上明显不同的范畴,任意一个被解析的范畴都有有效的机能,用于解析的有效的测验和以基本过程能力为基础的补救措施会转化为机能和学业学习。当前,心理学和特殊教育的行业状况不支持这些假说的任何方面。

PERCEPTUAL DEVELOPMENT,LAG IN
知觉发展延迟

科法特、德拉卡托和格季曼认为,知觉发展延迟是造成儿童学习障碍的主要原因。一般而言,这些理论研究者认为,儿童使用一系列策略来处理源自环境的信息;假如在任意一个阶段学习得不完整,这些策略就会给较高水平的学习带来障碍。这些理论研究者还认为,熟练的知觉技能会给学业学习提供一个必要的基础。而且他们主张,儿童由于知觉系统的发展延迟而学习失败,这种延迟在发生学业失败之前可以并且必需得到改善。虽然在理论观点上有一些不同,但是这些理论研究者,如巴尔施、艾尔斯、多曼和柯克都认为,知觉训练既可以建立学业学习的必要基础,又可以促进学业学习的获得。他们的研究为当前学习障碍领域的工作提供了大量根本原则。

虽然有许多知觉—运动理论和训练方案,但没有支持这些理论或确认方案有效性的研究。哈米尔、古德曼(1974)在阅读技能、智力和学业成绩方面,对调查格季曼知觉训练计划效果的研究进行了评价。在这些评价研究中,没有研究证明训练对于智力和学业成绩存在积极效果;只在几项研究中,阅读技能得到了提高。在一个检验德拉卡托阅读能力和视觉—运动统合的知觉训练方法有效性的研究里,奥唐奈等人(1969)发现视觉—运动统合阅读能力都没有得到提高。此外,许多研究者、专业团体和教师团体已经强烈批评了德拉卡托的理论和培训方案(艾朗,1982)。

最后,在38项实施柯克的心理语言训练模型研究的评价中,哈米尔和拉森发现,只有6项研究显示了阳性结果,得到的结论是心理语言训练的有效性为零。虽然知觉和心理语言训练理论者坚持他们治疗方案的效果,然而其他人质疑把大量的时间和金钱用于那些没有确切根据的知觉训练计划的意义所在(哈米尔、古德曼和维德郝特,1974)。在某些案例中,研究可能证实了他们的价值,然而普遍使用方面的价值好像未获证实。

参见 神经组织;矫正的缺陷中心模式

PERCEPTUAL DISTORTIONS
知觉歪曲

知觉歪曲是一个临床术语,指对刺激的异常接收或解释,可能是由视觉、听觉、嗅觉、味觉和触觉这五种基本感官中的一种或几种引起的。知觉歪曲通常与精神分裂症、重度抑郁症及癫痫相联系。精神分裂症患者特别容易产生知觉歪曲并经常以减弱和减少的异常方式处理感觉信息。

传统上认为,精神分裂症患者特别低估触觉、听觉和视觉刺激。与知觉歪曲有关的证据是,精神分裂症患者有一个严重缺陷的感觉—过滤机制,它会造成在任何时刻都不能聚焦最相关的刺激(平卡斯和塔克,1978)。各种精神激活药物也可以诱发与精神分裂症患者的知觉歪曲一样的知觉歪曲。长期的感觉剥夺也可以造成知觉歪曲和非常离奇的幻想。

与精神分裂症患者相比,抑郁症和癫痫患者容易夸大接受刺激的强度。精神运动发作会产生非常特别的知觉歪曲,但是它们可能是由臆想造成的。知觉歪曲可能被看做神经损伤的一个软指标,也可能伴随学习障碍发生,虽然后者的发生比通常认为的要少很多。

参见 儿童精神分裂症;知觉发展中的迟滞;癫痫发作障碍

PERCEPTUAL – MOTOR DIFFICULTIES
知觉运动困难

知觉运动发展被看作是未来学习的一个基础。知觉缺陷假说认为,学业困难是因为知觉缺陷(戴夫斯,1980),改善知觉过程会带来学业成绩的进步。严重学习障碍儿童常常在空间定向、眼手协调和身体形象方面存在缺陷。施特劳斯和莱赫蒂宁(1947)早期对这些障碍描述使用的术语是脑损伤,但是后来这些障碍被史蒂文斯和伯奇(1957)称为施特劳斯综合征。他们对具有知觉运动困难的儿童进行了描述,这些儿童表现出知觉、思维或情绪行为方面(单独的或兼有)的紊乱。

没有人质疑发展知觉运动技能的重要性。克拉蒂(1975)指出,具有知觉运动困难的儿童在把自己的想法转化为书面语言形式方面不如正常发展的儿童精确。这样的儿童也可能在一个或多个感觉通道内(触觉、动觉、视觉或听觉)存在多种知觉缺陷,成为有缺陷神经系统的证据并且导致学习问题。克鲁克香克(1979)也认为知觉过程缺陷或神经功能紊乱是学习问题的基础。这些问题是与来自外部环境和儿童身体内部刺激的接收、处理和反应相关的。理解、记忆、思考和完成知觉运动技能的能力比阅读、书写或掌握算术能力更先出现。帮助儿童知识加工的策略已经得到完善(科法特,1963),该理论认为,知觉运动缺陷的本质首先是器质性的;其次,它们可以通过特定技能的形成,如知觉、眼手协调和时空关联来补救。

弗罗斯泰格(1975)和科法特(1975)两人都强调:要按照技能发展的自然顺序来发展技能。他们把重点放在了运动过程对于知觉的作用和知觉对于认知过程的作用(如,在概念形成过程中使用的视觉和运动技能或活动)。

关于这些计划的效果仍存在争议。很多关于知觉运动训练有助于学业成绩论断的重复研究认为这些说法都是没有根据的(巴罗,1971;古德曼和哈米尔,1973;齐格勒和赛茨,1975)。几乎没有证据支持知觉运动活动在阅读或其他特定学习困难方面具有治疗或预防作用。然而,其他一些研究倾向于肯定早期的主张(艾尔斯,1972;格雷戈里,1978;内曼,1974)。人们仍有兴趣去确定特定感觉运动训练的益处并给予支持。

参见 视觉动作和视知觉问题;视知觉和辨别

PERCEPTUAL SPAN
知觉广度

知觉广度是阅读研究中遇到的一个术语。它主要指的是在一次注视过程中,对阅读者有用的视觉信息的总量。在眼睛浏览一行字的注视过程中,阅读者只能理解有限数量的信息;然而,很久以前就有人注意到熟练的阅读者也能识别一些在眼睛注视左或右短距离内的字词(伍德沃斯,1938)。这个知觉广度(理解广度)对熟练阅读者是有用的,它能不断提高阅读的速度和理解力。知觉广度的实质和大小程度以及它与阅读障碍的关系已成为一个有争议的话题(皮洛佐罗,1979)。皮洛佐罗(1979)描述了四种主要测量知觉广度的方法,这是另一个有争议的话题。

在过去的一百年中,研究者和临床医生已经假设阅读障碍者的知觉广度很小或他们可能存在功能紊乱。弗兰克和莱文森(1976)曾指出,作为一个实例,阅读障碍者与非阅读障碍者相比,在模糊视觉速度上较低。人们相信这是由于小脑的前庭功能紊乱,通过减少清晰视觉和使正确定位更加困难,对阅读过程造成的不利影响。

在对阅读障碍中视觉功能的研究上,有相当充足的证据(在皮洛佐罗看来是压倒性的)表明,视知觉缺陷与阅读障碍无关。眼睛扫描、感官和知觉技能以及知觉广度存在的问题明显不是造成大量阅读障碍病例的原因,但是这些领域可能会作为阅读障碍的结果而表现出异常。

参见 *知觉发展中的迟滞;知觉训练;阅读障碍;感觉统合治疗;视知觉和辨别;视觉训练*

PERCEPTUAL TRAINING
知觉训练

许多理论研究者认为知觉是一种习得的技能,因此,可以假定教学或训练能对儿童的知觉技能产生影响(勒纳,1971)。一旦知觉能力得到评估,各种各样的教学程序和计划都能被用来改进知觉技能。

一些最经常使用的针对学习障碍儿童的教育计划已把重点放在知觉训练活动上。虽然许多这样的知觉训练计划强调视觉训练或视觉—运动训练,但是在听知觉、触觉、运动知觉和社会知觉领域也有知觉训练活动。尽管这些知觉训练计划的资料是适用的,许多研究者仍然怀疑知觉训练计划改善学校学习的有效性(哈拉汉和克鲁克香克,1973;哈米尔和拉森,1974)。

《课堂上的后进生》(科法特,1971)这本书介绍了科法特的知觉运动训练计划,这一计划包括黑板训练、感官运动训练、眼睛运动训练和形状知觉训练。因为科法特相信运动会影响视觉发展,形状知觉训练中的活动包括用火柴棍完成拼图设计和把钉子固定在钉板上(哈拉汉和考夫曼,1976)。

格特曼(1985)也提出了一个模型,试图说明儿童运动和视觉知觉技能发展的顺序。这个称为视觉运动复合体的模型在训练活动指南中得到了应用,该指南是一本书,书名为《准备生理学:儿童知觉发展的行动计划》(格特曼、凯恩、哈尔格伦和麦基,1964)。

弗罗斯蒂戈和霍姆(1964)设计了一个用于矫正训练和准备训练的视知觉训练计划。适合视知觉发展的弗罗斯蒂戈计划在眼睛运动协调、轮廓背景、知觉常性、空间定位和空间关系领域都有涉及。

巴尔施的电影基因理论提出学习困难与学习者低效率的空间交互作用有关。由这一理论发展而来的训练计划包括一系列活动,这些活动是经过设计的发展性运动计划(巴尔施,1965)。用于学习障碍儿童的训练课程都包含这些计划中的活动内容。

由克拉蒂(1973)撰写或编辑的一些著作和训练手册也聚焦于训练运动技能。这些资料提出的训练与体育计划中提高运动技能和改善儿童认知能力的训练相似。

PEREIRE, JACOB R.
雅克比·R·佩雷尔(1715—1780)

早期聋人教育家雅克比·R·佩雷尔,是唇读的发明者和聋人单手手语字母的创始人。佩雷尔还证实,通过使用触觉可以感知由发声系统器官的震动和肌肉运动。

佩雷尔在巴黎和波尔多管理聋人学校,他的方法得到了位于巴黎的聋哑人国家委员会的勒佩和西加德的进一步发展。他的工作得到了认可,并得到了巴黎科学学院的官方赞誉,使他成为伦敦皇家协会的成员,因此获得了国王路易十五授予的养老金。

PERFORMANCE INSTABILITY
操作不稳定性

操作不稳定性指在一个跨时间的特定任务上不一致的机能。作为残疾儿童的一个特征,操作不稳定性经常与另一种类型的变化相混淆,奥唐奈(1980)把那种类型的变化称作个体内差异。然而,操作不稳定性表示一个跨时间单个领域内的可变性,个体内差异指在相似时间框架内跨不同操作领域的可变性。

然而,作为学习障碍的明显特征,操作不稳定性的有效性至少受到两个因素的影响。首先,概念上与操作不稳定性相联系的两个领域——注意力缺陷和冲动——的研究工作表明,当同其他类型的特殊学生比较时,学习障碍儿童没有什么特殊的行为表现。其次,对于健全学生和轻度残疾的学习障碍学生和行为障碍学生操作不稳定性的研究表明,三个群体本质上在学习任务中表现出的操作不稳定性程度是可比较的(富克斯、富克斯和德诺,1985;富克斯、富克斯、廷德尔和德诺,1986)。

参见 注意力缺陷多动障碍;冲动控制

PERINATAL FACTORS IN HANDICAPPING CONDITIONS

造成残疾的围产期因素

许多出生前后的因素增加了新生儿残疾状况的危险程度。社会因素包括:缺少产前的照料、母亲年龄、母亲营养不良、酒精、烟草、毒品的滥用、压力、工作、残疾状况(洛德,1991)和疲劳。母亲的疾病因素,如高血压、糖尿病和心脏病也可能会影响胎儿的出生状况。然而,出生过程中的变化本身会成为造成胎儿残疾的因素。早产、过期产、胎膜早破、多产、产前大出血、难产、剖腹产和产钳分娩,所有这些都会造成不利的胎儿状况和增加残疾的危险程度(埃弗里和托伊施,1984)。

母亲年龄对胎儿出生结果具有非特定影响,15岁的青春期和更小的女孩会提高神经障碍和低体重新生儿的出现率。40岁和年龄更大些的妇女存在分娩死胎或染色体异常胎儿的危险(埃弗里和托伊施,1984)。

母亲营养不良和体重增重不足14磅都与低体重婴儿的出生有关联。妊娠期间的过度酗酒会增加新生儿生长延迟、脑发育不良、心脏异常和肾异常的危险程度。妊娠期间吸烟会增加新生儿出生时低体重、早产甚至死胎的危险。处方药、非医生开的处方、非处方或娱乐性药品的使用也会给胎儿带来负面影响。药品引起危害的可能性是由药品的性质、药物剂量、服用方式、妊娠阶段母亲与婴儿的基因组成等因素决定的。药品增加了婴儿出生低体重、染色体异常、器官异常、甚至死胎的危险。此外,药物还可能产生新生儿恢复精力和潜在的冷漠现象问题(霍贝尔,1985)。

压力、工作和疲劳与胎儿营养不良存在一定联系。虽然这些因素和妊娠病发病之间的联系并不明显,但是它们同婴儿的生长迟滞或低体重有关系(克里西,1984)。

与婴儿营养不良和残疾状况有关的母亲的疾病因素包括:高血压、糖尿病和心脏病。高血压是最经常被确认的与婴儿生长迟滞相关的母亲问题。高血压也与早产、出生低体重、脑瘫、智力落后和死胎有关系(埃弗里和托伊施,1984)。

与高血糖有密切联系的缺乏控制的母亲糖尿病与营养不良的胎儿出生有关。糖尿病并发症可以增加婴儿生长迟滞、先天性缺陷和脑损伤的危险。与心输出量减少有关的母亲心脏病也与早产和出生低体重的增长有关(霍贝尔,1985)。

早产和其并发症同许多障碍状况有关。过期产是指怀孕持续42个星期以上。过期产与生长迟滞,身体疼痛,甚至婴儿死亡的增长危险有关(霍贝尔,1985)。

胎膜的早破同样能增加早产和新生儿传染病的危险(1986)。多产、产前大出血、难产、剖腹产和产钳分娩也会增加新生儿残疾状况的危险。这些出生过程中的变故,会增加新生儿死亡率、中枢神经系统损伤、窒息和长期的神经障碍的危险(埃弗里和托伊施,1984)。

参见 病原学;干预;低出生体重婴儿;新生儿行为评估量表;早产

PERKINS SCHOOL FOR THE BLIND

柏金斯盲人学校

柏金斯盲人学校是美国第一所特许为盲人建立的私立住宿学校。这所学校是由塞缪尔·格里德利·豪于1832年为两个失明学生创办的,最初这所学校被称为"新英格兰盲人收容所"。在那时,收容所是所有的、甚至是最幸福盲童都期望进入的地方。然而,塞缪尔·格里德利·豪是一个教育的坚定信徒,他把新英格兰盲人收容所这一名称改为成了新英格兰盲人教育学校。今天,它被称为柏金斯盲人学校,是以托马斯·柏金斯的名字命名。托马斯·柏金斯是一个著名的波士顿商人,他是学校的早期捐助者之一。该校最有名的学生之一是海伦·凯勒,她大概是在1887—1892年在柏金斯学校就读。

参见 盲;视力损伤

PERSEVERATON

言语重复症

言语重复症在特殊教育中用来描述儿童在行为正常结束之后仍然重复(库尼奥和韦尔施,1992)并很难改变任务。言语重复症被认为是神经衰弱的征兆,并被认为是学习障碍和脑损伤儿童中最为普遍的现象。勒纳(1971)把重复言语行为作为学习障碍儿童四个主要行为特征之一。

适应性困难可能是易患注意力缺陷体质的因素之一。不能转换任务、行为或心理定势的儿童可能反映了与失败结果或失败恐惧相关的焦虑,或可能论证了与前叶或网状结构相联系的神经异常。科皮茨(1963;

1975)回顾了许多研究,这些研究表明脑损伤儿童比同年龄的普通儿童有更高水平的重复言语行为。言语重复症是本德尔—格式塔测验测量神经损伤的最佳指标之一和最客观的分类之一。

下面来自布鲁克斯等人(1979)的临床案例对于理解言语重复症的不同特征和它与非坚持行为的关系是有用的。

(1)儿童难以控制日常活动的进展。可能在早晨起床、穿衣、吃早饭和准备去上学时出现问题。儿童可能在每个活动上拖延。同样的模式也可能出现在儿童从学校返回的时候;在开始日常事务、进入游戏状态、离开电视、准备睡觉时可能也会出现问题。父母努力转变活动可能导致儿童发脾气和难以抑制的愤怒。

(2)儿童可能在一个活动上坚持不变,在适当时间之外仍希望持续这种行为。这样的儿童很难中止正在继续的活动。有时,这种行为反映了一个儿童希望继续一些很可能获得成功的活动,而不是继续进行一个比较冒险而且很可能以失败结束的活动;这种坚持可能是一种逃避反应。另外一些时候,言语重复症可能是关于转变思维定势的认知惯性的结果。例如,一些有记忆缺陷或很难建立目标稳定性的儿童可能会经历无法克服的变化。

(3)儿童可能抵制日常活动中的任何变化。他的行为可能在一次意外拜访亲戚的时候恶化。一些儿童渴望前后一致或千篇一律,这样可以在看来是无序的世界中帮助确定秩序。他们不会重视特别之事,却会坚决要求确切地知道每天都发生了些什么。

佩因汀(1979)对此发表的评论非常恰当,他认为,言行重复可能是因为一个特定反应令儿童非常满足,因而儿童希望通过不断重复来获得这种快乐。学习障碍儿童成功完成了一道测验试题或掌握了一个特定活动有可能继续重复这些活动,因为这些活动激发了儿童的成功体验并增强了儿童的自尊。

言语重复症可能因各种原因出现。好的诊断必须超越言语重复症现存的定义来解释为什么儿童的言行会持续重复。治疗选择可能会受到那些重复言行病例的病因理论的重大影响。

PERSONALITY ASSESSMENT
人格评定

人格评定被定义为对个体特征的描述和测量,传统上分为四个截然不同的类型:访谈法、客观法,投射法和行为法。作为心理评估的应有成分,临床医生经常使用一种或多种评估方法。

访谈法是历史上最早使用的方法,过去人们认为访谈法是不可靠且主观的。被访问者经常不愿意说出自己的一些负面事情,他们提供的信息取决于访问者的风格和个人特征。就积极方面而言,访问是获取信息的最直接的方法之一。结构性的工具有情绪障碍和精神分裂症访谈程式(SADS;恩迪科特和斯皮策,1978)和诊断性访问表(DIS;罗宾斯、黑尔策克劳甘和拉特科利夫,1981),这些工具已被证明具有实证效度和充分的信度,从而使访谈法重新赢得了人们的信任。

客观人格评估包括问卷,例如自我陈述测验和调查表,是评定人格方法中典型的最为标准且结构化的方法。人格问卷因能很快得出分数而多用于团体施测;然而,当人们没有给出真实答案时,这些问卷的效能就非常低。

投射法是标准化程度比较低的,要求评定者在解释测验时具有很高的临床判断能力。投射测验包括:罗夏墨迹测验(罗夏,1942)、主题统觉测验(TAT;麦克莱兰、阿特金森、克拉克和洛厄尔,1953)、画图测验、词语联想测验和造句测验。由于没有所谓正确或错误的答案,人们认为投射法能更好地评定一个人实际的人格特征。这些方法的批评者认为投射测验的解释是主观的,它很大程度上取决于解释者的经验和技能。埃克斯纳(1974)已经形成了一个结构化的、容易理解的罗夏墨迹测验记分体系,试图提高这一方法的科学效度。

行为评估旨在检验当前行为,并期待这样的观察有助于对未来活动的预测。这些方法包括自然观察、模拟情境观察、自我监控和参与性观察。

尽管人格评定已得到了广泛使用并成为有价值的临床工具,但是有效性还是值得怀疑的。虽然《精神障碍诊断与统计手册》第四版(DSM-Ⅳ)提供了诊断的客观标准,但是该书通过人格评定来作预测仍旧是一个有争议的问题。因此,正在进行的研究的目标是增加预测的效度和信度以及该书的诊断与人格评定的兼容性。

参见 *《精神障碍诊断与统计手册》(DSM-IV);精神疾病;精神状况*

PERSONALITY INVENTORY FOR CHILDREN(PIC)
儿童人格调查表(PIC)

儿童人格调查表(PIC)的形成大约已有20多年的历史,最初是由罗伯特·沃特和威廉·布伦编制的。该调查表包括600项,33个分量表(3个效度量表、1个一般筛选量表、12个基本临床量表和17个附加量表),

原始分数和用于解释的重点分数分布图。它在很多方面与明尼苏达多项人格测验(MMPI)很相似,不止一个评论者把儿童人格调查表看做明尼苏达多项人格测验的儿童版(阿肯巴克,1981)。

PIC 是一个冗长而不易于理解的儿童人格量表。在标准化、常模和信度方面,量表存在严重的心理测量缺陷,其结构效度也存在问题。然而,作为一个研究工具,人们准备在多种领域广泛而又谨慎地使用它。作为一个临床工具,它很有前途,但是它在诊断和鉴定上的广泛使用是不成熟的,需要有一个最简洁的且完全重新标准化的量表。另外需要一个较好解释的计分系统,这对临床医生有很大帮助。当前的计算机计分和解释系统如同回答者把团体叙述核对为连贯的短文一样,很少提供新的信息。尽管量表在临床环境下的使用越来越多,但是在学校还没有被广泛采用。要深入了解儿童人格调查表可以参看雷诺兹(1985)的相关评论。

参见 人格评估

PERSONALITY TESTS, OBJECTIVE
客观人格测验

客观人格测验是指在测验中要求被测验者对问题或陈述进行强迫选择。量表的记分是按照量表所测因素通过模板来组织反应。在客观人格测验中,测验试题可能是大多数回答者被要求或指定的相同事情。在大多数情况下,这些试题的内容必须清晰明确,避免含糊不清。试题的选择项可以采用"是"、"否"或"正确"、"错误"。在另外一些情况下,试题可以采用多项选择的方式,最多可达 5 个选项。

量表的效度是通过对那些临床上被诊断为异常的人的反应及反应模式的分析,和那些临床上没有被诊断为异常的人或控制组的比较来建立的。明尼苏达多项人格测验(MMPI-2)可能是这类测验中最为著名和应用最为广泛的人格测验。与投射人格测验(罗夏墨迹测验)相比,客观人格测验可以进行心理测量学的操作和轮廓图分析。

那些热衷于确定心理学问题的临床医生和研究者会使用客观人格测评程序。测验结果用于帮助他们更好地理解个体或帮助他们解决问题。使用客观人格量表来阻止一些人获得就业或教育机会是不适当的,并且可能带来法律责任。未来,客观人格测验在临床上的应用比用于职业筛查更为合适。

参见 人格评估;儿童表现焦虑量表修订版

PERSONNEL PREPARATION FOR WORKING WITH DIVERSE INDIVIDUALS
同有差异的个体一起工作的人员准备

与来自不同文化和语言背景学生数量越来越多的现象相比,教师队伍却是以白种人的、单一语言的、女性的和偏狭的特点为主(蔡克纳,1993)。由于学生与教师的特征差异引发的文化冲突,是造成普通教育和特殊教育中文化语言多样性(CLD)学生成绩不高的一个关键因素,西班牙裔/拉丁美洲人、非洲裔美国人和美国印第安儿童及青少年经历了最严重的成就困难。与那些白人儿童和青少年相比,这个群体的学生在特殊教育中有不相称的过高的人数比例,在资优教育中的人数比例却不足,并有较高的辍学率(加西亚和都明该兹,1997)。

多样性相关重要知识和技能。

高等教育的公立机构必须采用使特殊教育者做好文化和语言服务准备的培训模式。为了对班上不同背景的学生进行服务,教师必须同时具有一般文化和特殊文化的相关知识和技能。一般文化知识强调出现在不同文化中并广泛应用于不同背景下的文化现象(布里斯林和尤士达,1994)。这种知识提供了理解学校教育中文化/语言因素的首要基础。另一方面,特殊文化知识提供了对特殊种族的风俗习惯、规范、传统和价值的理解,并有助于教师更好地为他们所教的团体提供服务。

现在教育者努力的目标是鉴别新教师和模范教师的知识和技能的不同。例如,特殊儿童理事会(1996)为特殊教育者的准备制定了专业人员标准,并正在与它的文化语言多样性特殊学习者部门合作,来确定与文化语言多样性教学的相关入门知识和技能。同样,国家专业人员教学标准委员会为教师如何完成以及能够完成特殊教育制定了标准,并设计一个体系来认可教授特殊需求学生的模范教师。委员会的所有证书都包括公平、公正和多样性标准,这些标准强调对个体和群体差异关注和负责的重要性,并强调确保所有学生有学习挑战性课程的权利和机会。

PESTALOZZI, JOHANN HEINRICH
约翰·亨利希·裴斯泰洛齐(1746—1827)

约翰·亨利希·裴斯泰洛齐是一位瑞士教育家,对欧洲和美国的教育产生了非常重大的影响。他认为,概念只有与具体事物发生联系时才具有意义,学习过程也必须从具体到抽象才能够进行。他创立了一种教育方法,通过目标课程帮助儿童从具体经验形成抽象概念。

裴斯泰洛齐开办了许多孤儿院和学校,最著名的是位于伊韦尔东的寄宿学校,创办于1805年。他的学校证明了准备、个体差异、能力分组和分组教学这样的概念,并对地理、自然、艺术、音乐和手工课等实践学科课程的融合有很大贡献。很多教育者参观过伊韦尔东学校和许许多多建在欧洲的裴斯泰洛齐学校。裴斯泰洛齐目标方法的第一次运用是在美国纽约的奥斯威戈师范学院,该学院第一次用裴斯泰洛齐的方法来培训教师。他自己的《格特鲁德如何教她的孩子》一书对其教育原理进行了最好的阐述。

PETS IN SPECIAL EDUCATION
特殊教育中的宠物

在全世界范围内,课堂上使用动物已有很长时间了。典型的例子是,金鱼和沙鼠被用于教授基本动物知识。教师也用动物来培养学生的责任感。动物能够提供有价值的课堂或教学支持,这远远超出了传统的期望。生存教育、责任行为训练和抽象概念的形成能通过特殊教育学生和动物的互动得到增强。

教学责任是多方面的,且经常是困难的任务。只要特殊教育学生具有对课堂里或家里动物的责任感,教师就应该努力发展其责任行为的多个部分。学生应学会制订喂食、喂水、洗澡、散步等表。在为动物制订日程表时,学生可以学习为他们自己的生活制订日程表。对动物的关心也能帮助学生增强工作责任和关系责任意识。学生必须照料课堂上的动物时,即使没有教师的提示,也会很容易地学到责任的另一个方面——自我指导。

参见 文娱活动

PHENYLKETONURIA(PKU)
苯丙酮尿症(PKU)

苯丙酮尿症(PKU)是最早发现的一种与智力障碍相关联的生化异常。1934年,福林记录到一些被送到专业机构的低能儿的尿液有像“老鼠一样”的特殊气味,这种气味是由于儿童体内的苯丙酸的排泄所引起的。典型的苯丙酮尿症患者体内缺乏苯基丙氨酸水解酶,这种酶可以使苯基丙氨酸(存在多种蛋白质和食物之中)分解,转化为酪氨酸和其他的代谢产物。由此体内积累的高水平的苯基丙氨酸会破坏发育中的大脑组织。因为大脑的损伤是不可逆转的,持久的和严重的智力障碍是可以预见的结果,此外还会导致痉挛、震颤和皮肤色素沉着问题(史密斯,1985)。

苯丙酮尿症是常染色体隐性遗传的氨基酸的代谢异常,只有同质接合体才会发病。英裔和亚裔的发病率是万分之一,但是在非洲裔美国人却是低得多。异质接合体能产生正常新陈代谢所需的酶。受影响的同质接合体在出生时通常是正常的,因为出生以前,他们已经通过脐带吸收了经代谢的营养物质。若PKU没有得到诊断和治疗,大脑损害就开始了。在20世纪50年代以前,苯丙酮尿症的预后是非常差的,很多受到影响的个体的智商仅有30,被送到专门机构看护。

现在,对于新生儿进行筛查是非常普遍的。最初的方法是进行尿检,现在的诊断是通过格思里检验,即对婴儿出生后24至48小时之内进行血检,检查是否有多余的苯基丙氨酸。假如确定婴儿患有苯丙酮尿症,那么婴儿需要低苯基丙氨酸的食品,由于蛋白质中存在苯基丙氨酸是非常普遍的,所以这种低苯基丙氨酸的食品是人工制造的。饮食治疗必须在出生后几天内进行,这样才会有最大的作用。在早期得到治疗的苯丙酮尿症个体的成人智商可以达到90,随着治疗的延迟,个体的智商也会降低,若到了3岁时,还未进行治疗,损害即最大化了。在婴儿期,唯一能用来喂养食物就是低苯基丙氨酸的食品。一些人(如:伯科,1977)建议在婴儿期之后,可以吃一些低蛋白的食物,如水果和蔬菜能被接受的。然而,也有一些人(如:史密斯,1985)认为,应该坚持食用低苯基丙氨酸的食品。这种食品的味道是令人厌恶的,随着儿童年龄的增长,家庭其他人食用普通食品而要使儿童坚持食用这种食品成为越来越严重的问题。

因为苯基丙氨酸仅仅对于发展中的脑组织是有害的,因此当脑发育完成的时候,治疗就可以停止或者无须那么严格。专家对于停止食物治疗的时间还意见不一,通常的经验是在儿童8岁的时候恢复正常的饮食。然而,研究表明,相对长时间的食物治疗可能是明智的。对于苯丙酮尿症的食物治疗是一个典型的基因—环境干预实例。在正常的饮食下,带有苯丙酮尿症基因型的个体智商会达到30左右,饮食干预改变了可预知的发展途径,会使儿童的智商达到正常人的水平(布朗,1986)。

然而,治疗后的苯丙酮尿症儿童可能会表现出在知觉运动功能和数学成就方面的特殊缺陷,这些缺陷比根据其略低于平均智商的智力水平所推断的要严重得多。这些儿童表现出与那些脑损伤儿童相似的神经心理缺陷(巴特肖,1997;布伦纳、乔顿和贝里,1983;彭宁顿翁·道克、麦凯布和麦凯布,1985)。这些儿童在视觉空间和概念技能方面存在特定的缺陷,这些缺陷可以部分解释他们在数学方面的问题。彭宁顿等(1985)认为,在脑发育完成之前,中断食物治疗可能会导致这些缺陷。虽然在这些研究中被试的数量较小,研究结果尚需要验证,可是对于治疗后的苯丙酮尿症儿童的研究工作者应该清楚这些儿童可能还有其他一些学习缺陷。

食疗也有出人意料的效果。在20世纪60年代末期,人们已经清楚那些在怀孕期间已食用普通食品的苯丙酮尿症妇女所生的儿童在出生以前就已遭受发育迟缓、头小畸形和脑损伤,甚至儿童没有苯丙酮尿症的基因型。虽然影响不同,但很多这样的儿童夭折或者出现重度智力障碍。这个问题可能比没有治疗苯丙酮尿症本身更加严重。在产前的关键期,妊娠妇女给受精卵或胎儿输送了未经代谢的苯基丙氨酸,这严重损害了脑的发育。对于苯丙酮尿症妇女,通常的建议是在育龄期恢复食物治疗。然而调整体内苯基丙氨酸达到合适的水平是困难的,尚没有一种食疗方案是完全有效的。对于苯丙酮尿症妇女最安全的建议就是不要孩子。因而,那些治疗后的妇女在育龄期有额外的责任,那些处于临界功能水平的人可能需要社会服务组织的帮助。

参见 生化代谢紊乱;先天代谢差错

PHILOSOPHY OF EDUCATION FOR THE HANDICAPPED
残障者教育哲学

残障者教育哲学是强调特殊教育是多种多样的、能动的以及有互相关系的哲学信仰与价值。它们思考广泛的诸如对残疾个体的态度以及特殊教育关心的重要事情之类的社会问题。三个关键的问题是获得教育、安置与教学。

获得教育的问题涉及儿童受教育的权利,是否所有儿童都能从教学中受益等问题。获得方法与可教育性问题首先被提出,要多尊重重度残疾者和有明显障碍的个体——盲、聋、智力落后以及严重的情绪障碍者。对这些个体的关心引发了最早的干预尝试,早在1817年的美国就开始了。

什么样的组织环境或安置最适合残疾学生的问题,通过特殊教育的历史已获得不同的答案。与社区机构的开始同时,安置的选择范围已逐渐扩大到特殊学校、公立学校里的特殊班,最后,融入正常公立学校的班级(主流)并被同伴所接纳。《残疾人教育法案》(IDEA)要求在最大程度上适当地将残疾学生安置在与同伴在一起的普通教育环境中。这项命令通称为在最少受限制的环境里安置残疾学生。融合与最少受限制的安置是正常化哲学概念更广泛的成果——残疾人应该在最大程度上融入社会。

没有适当的教育政策,任何融合或最少受限制的安置努力都不可能成功。个别化教育,最先受到19世纪像伊塔德和塞甘这样的教育家的拥护,现在通过《残疾人教育法案》的要求而得到肯定。该法案规定,应该发展个别化教育项目。它的实施密切关注了每一个被安置在特殊教育中的儿童。

决定特殊教育发展方向的哲学问题在过去两个多世纪中已经逐步形成,并发生了值得注意的变化。反思残疾人的当代教育哲学体现了复杂问题的差异,其中包含那些同获得教育、可教育性安置与教学相关的问题。

PHOBIAS AND FEARS
恐惧症和恐惧

儿童和青少年的恐惧是一种非常强烈的情绪,是与焦虑的行为、认知和生理指标相联系的。当一个残疾儿童或青少年在一个没有外部危险的情形下感受到与年龄不相称的恐惧时,那么这种恐惧是不合理的,我们就说该个体患有恐惧症。当个体开始回避没有危险却令他恐惧的情境时,即使保持这样的行为也是愚蠢的,但恐惧症通常被看作是一种回避反应。另一方面,恐惧是正常儿童发展中的一个主要部分。很多儿童的恐惧是短时间的,发生在大致相同的年龄阶段。这种恐惧通常不会妨碍儿童的日常生理机能。事实上,伴随成长产生的一些恐惧,能让儿童适应各种来自于生活中的压力。

在婴儿期观测到的那些恐惧,是儿童对于所处环境发生的一些事情的典型反应(例如,陌生人的出现、大的噪音)。随着儿童的成长,渐渐学会走路并进入幼儿园,恐惧对象的范围也随之扩大,开始包括黑夜、鬼和其他超自然形象、与父母分离和对特定事件、物品和人物的恐惧。儿童进入小学和中学以后,发展性恐惧仍旧在扩大,恐惧对象包括动物、雷电、黑夜、与父母分离、身体受伤和独自睡觉等。当儿童进入青春期前期和青春期,标准的恐惧更多地转向学习成绩、身体外貌、身体受伤、同辈接纳、死亡、虚构形象等(莫里斯和克拉托赫维尔,1983)。

关于发展性恐惧和标准化恐惧,研究表明:24个月至71个月的儿童平均经历了4.6次恐惧。43%的6~12岁的儿童至少经历了7次或更多的恐惧。处于青春期前期和青春期的青少年中,有66%报告了对于暴力的恐惧(奥顿,1982)。在生命早期,女孩倾向于比男孩更容易恐惧,然而这种差异到了青春期前期和青春期好像没有了一致性。没有文献表明残疾儿童和青少年的恐惧症和恐惧的发生率和流行程度。

在过去的几年中,有很多关于致力于减少恐惧症和恐惧的干预手段的研究发表。这些干预手段的理论假说是行为主义理论定向。对于减少儿童和青少年的恐惧共有5种主要的行为治疗手段:系统脱敏(包括这种方法的各种变式),满贯疗法,偶发行为管理程序,塑造和自我控制程序。在这些方法当中,最初被用于研究的是系统脱敏或这种方法的变式。虽然对于恐惧和恐惧症的研究很多,但是对于残疾儿童和青少年来说,发表的有关恐惧和恐惧症治疗的研究论文却很少。然而,在这些已经发表的论文中,大多数使用的干预程序是以系统脱敏为基础的。

参见 焦虑障碍;情感障碍

PHONOLOGY
语音学

语音学是研究语音发展和言语生成规律的学科。研究的中心不是特定音素的出现,也不是语音的种类,如尖声大叫和鼻音。语音系统形成和运用的组织规律是研究关注的中心。

意义传递的需要推动着语音系统的发展。最初,儿童可能仅对作为交流沟通工具的辅音和元音有个粗略的区分。为了使他们的需要得到满足,他们学会了词汇需要开始和结束,并且知道语音具有像停顿和前声调之类的分类。他们掌握了全部的语音的分类,并逐渐完善这些分类,最终可以区分/t/和/k/。在任何时间点我们把儿童的话进行转录和分析,记录儿童发音的规律,用以描述儿童得以清晰发音所用的方法。

有语音障碍的儿童不能从他们听到的其他人的发音中提炼和概括发音的规律。他们的言语通常令人费解。音位错误的数量会超过10个,这些错误是一种基本规则模式。有语音障碍的儿童通常与年纪较小、发育正常的儿童使用同样的程序,但是他们具有更多的程序功能而且趋向于保持得更久些(英格拉姆,1976)。在评价语音障碍的严重性时,两个需要考虑的因素是儿童的年龄和使用程序的数量。此外,由于元音产生于言语产生的早期,如果元音的发音出现了错误,那么标志着这种障碍更具复杂性。与此类似的是,如果儿童被真正教会自我评价,但是经过一段时间后仍不能这样做,这可能是儿童伴有听觉困难的第一个指标。多数有语音障碍的儿童是发育正常的儿童,但是他们在言语生成的组织结构方面存在问题,没有人知道原因是什么。对于这些儿童来说,治疗后的情况是非常好的。语音治疗能使有听觉缺陷的儿童和运动神经性损伤的儿童受益,但恢复的进展比较缓慢。

在对儿童进行治疗之前,有必要进行深入的言语分析,确定儿童语言程序使用的程度和应用的规则。治疗的重点在于给儿童提供帮助信息,使他们能够修正自己在言语表达中所使用的规则。

语音过程更多是研究关于规则体系的形成,特别是儿童规则的形成。大龄智障者或神经受损者表现为失语症或言语困难,他们也能从语音治疗过程中受益。关注低层次的言语程序,如话语的最末一个单词、音节、前后声调及其他可以理解的单词。患失语症和言语困难的成人早先已经掌握了言语生成规则,但由于神经性内部损伤,导致执行或计划这一思考非常之难。通过分类组织语言的这种更广泛治疗方法,有助于提高这些人的语言能力。例如,如果一个病人正练习用一个语音替代另一个,那么在课上做替换练习比在课下更易于他们理解和接受。因而,语音过程治疗的实施应该广泛些,而不应该仅仅局限于年幼的孩子。

参见 语言学读本;阅读障碍;阅读矫正

PHOTO ARTICULATION TEST – THIRD EDITION (PAT –3)
照片表述测验—第三版(PAT –3)

照片表述测验—第三版(PAT –3;利普克、迪基、谢尔马和瑟德尔,1997)是照片表述测验的完整修订版。照片表述测验—第三版能够使教师快速而准确地评估和解释表述错误。测验由72张彩色照片构成(8页照片,每页9张)。前面的69张照片除了测量一个元音和双元音之外,测量的都是辅音。剩余的3张照片测量的是连续发音和其他元音和双元音。在测试词的开始、中间和最后不同位置,辅音的发音是不同的。同样的72张一套彩色照片,分别放在一张卡片上,可以用于进一步的诊断,并且可以用于言语表达的语言补救。

照片表述测验—第三版标准化的样本来自23个州的800多名学生,学生年级范围是从幼儿园到四年级,生源有公立学校的,也有私立学校的。学生特征正如《1990年美国统计摘要》中报告的一样。测验的标准化过程提供了百分比、标准分数(平均数=100,标准差=15)、年龄分布,还报告了内部一致性系数、重测信度系数、评分者信度系数在大多数年龄段都达到0.80,并且在许多年龄段达到0.90,也报告了内容效度、相关标准效度和结构效度。

PHYSICAL ANOMALIES
身体异常

身体异常是指身体任何特征或方面显著地偏离正常变化或状态。从学术上讲,身体异常不是必须有残疾或障碍,但是正如定义所说,身体异常常常伴随着一系列残疾状况而发生。

身体异常能够增加一个或许多领域的残疾或障碍(如认知、情绪和运动)。从功能上讲,个体可能在学业成就方面存在困难(如:阅读、数学),也可能在社交或情绪适应方面存在困难(如:建立和保持友谊,获得积极的自我观念),或在身体活动方面存在困难(如:移动、定位)。

视觉异常,取决于开始的时期,可分为先天的视觉异常(出生前出现)和非先天的视觉异常(出生后出现)。通常,视觉损伤包括视觉敏锐度、视野、眼球运动、眼睛的适应性调节、颜色视觉和角膜的透明性等。

与视觉异常一样,听觉异常也可以按照不同方式进行分类。例如,按照发生的时期,听觉异常可以分为先天听觉异常和非先天听觉异常。分类还可以按照听力损失的程度来划分,如聋和重听。最后,听觉异常在本质上可以分为传导性的听力损失和神经性的听力损失。传导性的听力损失是因为声波从外耳到内耳的物理传导发生异常。另一方面,神经性听力损失,正如它的名称,是因为内耳的神经组织损坏所引起的。传导的声音到达接收者时可能已被严重扭曲,或者声音根本就没有被传递。一般来说,神经性听力损失有更严重的预后问题。

P

身体残疾是各式各样的,但在病因方面一般分为神经性的身体残疾和身体形态的身体残疾。神经性身体残疾是由于中枢神经系统的某一部分受到损伤、先天缺陷和进行性退化。因为人的绝大多数机能很大程度上依赖于未受损伤的中枢神经系统。神经性障碍可能给儿童和教育者带来特殊的困难。例如,我们很难确定一个儿童真实的智力水平,因为神经肌肉障碍可能妨碍儿童的智力表现。脑瘫、脊柱裂、痉挛性障碍和急性骨髓灰白质炎是最常见的神经性障碍。

身体形态的障碍或肌肉骨骼障碍也可以分为先天的和后天的。它们影响骨骼(包括关节)和肌肉。意外事故、疾病和先天遗传异常经常引起身体形态的障碍。比较常见的身体形态障碍有:肌肉萎缩症、截肢、先天成骨不全、脊柱侧凸、关节炎和莱格玻斯病。

另外,有些儿童的身体健康状况不管是长期还是短期来说都是有缺陷的。尽管他的身体状况比患神经性障碍和肢体残障者看起来轻得多,但是,他们在很多功能领域(如:学业成绩、社会交往)面临着障碍和困难。这些最常见的病有:癫痫症、囊性纤维症、青少年慢性糖尿病、镰状细胞血症和血友病。

智力落后群体中存在身体异常者是广泛的。到现在,身体异常已经有250种以上的分类。尽管如此,在美国的智力障碍者中仅有25%被诊断为有身体异常。美国智力落后协会(格罗斯曼,1973)把智力障碍的原因归结于:①传染病;②外伤和生理因素;③新陈代谢和营养;④脑功能异常;⑤产前影响;⑥染色体异常;⑦妊娠疾病;⑧精神病症。正如其他身体异常一样,智力障碍者经受着一系列情绪和肌肉运动问题。然而,最能描述这些智力障碍儿童的特征是他们在认知和适应性行为方面存在困难。

身体异常也是用于描述伴随着许多医学上综合病症的各种生理失常的术语,这样的儿童需要特殊教育。这些综合病状中很多是遗传障碍,遗传障碍可以通过专家对这些身体异常的特定组合来进行诊断。在这些案例中,仅有一个或两个较小的身体异常是显性的(如:卷发和手掌断纹),它们常常被认为是存在神经问题指标的"软指标"。可观察的、较小的身体异常经常通过发展的巧合性而与神经问题相联系。在胚胎阶段,同样的胚胎组织发展为中枢神经系统,也形成覆盖身体表面的表皮。而且,人的染色体控制着不止一个方面的身体发育,因此当一个方面发生变异时,其他方面就可能成为显性的。

较小的身体异常会表现为各种形式,并且与多种障碍相关联。对于唐氏综合征(21号染色体异常)患者来说,他具有宽扁的脸、显著的长舌头、明显的内眦赘皮、短的上腭和畸形的耳朵。13号染色体异常可能会导致头小而畸形、心脏疾病、多指(趾)畸形,唇裂和腭裂以及眼耳畸形。这两种综合征常常会导致从轻微到重度的智力障碍。穆帆综合征患者具有长的手臂和腿、蜘蛛脚一样细长的手指、眼睛和心脏畸形,虽然有时候会导致轻微智力障碍,但是常常与学习障碍相关联。

参见 唐氏综合征;遗传因素和行为;智力落后;未成年身体异常

PHYSICAL EDUCATION FOR STUDENTS WITH DISABILITIES
残疾学生的体育教学

体育是促进残疾人发展肌肉运动和身体技能、保持身体健康的一种方法和手段。在美国的社区、家庭和公共教育机构里,都有正在实施的为残疾人制订的体育计划(美国健康协会、美国体育教育和娱乐协会,1981)。

有很多专业术语运用于残疾人身体活动计划中。每一个术语都表示改善残疾人肌肉运动性能和生理性能的特定的途径或方法。像矫正性、发展性、改进性、治疗性和特殊性体育运动之类的术语都是适应性体育教学方面的代表。

矫正性体育运动是通过身体锻炼和肌肉运动纠正结构和机能紊乱的手段和方法。虽然受到损伤,但是机能障碍是可以矫正的。发展性体育运动是通过锻炼身体、做肌肉运动来改善运动肌发育落后状况使身体发育。改进性体育运动可以针对不同残疾人的学习水平来进行体育活动。治疗性体育运动是在医生的指导下来实施体育计划。特殊性体育运动是为了满足那些不能参与无限制的、正常的体育活动的个体的需要,而专门挑选的发展性体育活动计划。由于内涵有争议,特殊性体育运动这个术语还没有得到全国范围内的认可。

适应性体育运动是"适合残疾学生的兴趣、能力和局限性的各种发展性身体活动、游戏、竞争性运动、律动等。残疾学生不能安全、成功且无限制地参与普通体育计划中的各种活动"。

按照定义,适应性体育活动包括:

为有学习问题的个体设计的身体活动,而这些学习问题可以归因于肌肉运动、智力和情绪障碍、残疾或机能紊乱。

为了康复、补救、预防和身体发展而设计的身体活动。

为使伤者、残疾人能够参与社会生活而设计的提高性身体活动。

为改善机体的运动能力而设计的身体活动。

为提高最适宜的肌肉运动发展而设计的身体活动。

在学校、临床医院、所在社区、日托中心和其他场所,人们机体活动的首要目的是提高学习和运动能力。

适应性体育教学不同于正规的体育教学,因为适应性体育教学有一个联邦政府委托的政策基础和一套制订个别计划的综合多学科的研究方法,该计划可以涵盖从幼儿早期到成人的所有年龄阶段;适应性体育教学要通过个别教育计划(IEP)来实现教育担负的责任;适应性体育教学强调学校、社会及家庭的协调合作,来提高残疾人的能力(谢里尔,1985)。

对于残疾人来说,体育运动的目的是帮助他们在身体、社会和情感方面得到与其能力相适宜的发展。适应性体育教学计划的目的是随着不同计划而不同的,而这取决于人口特征、指导专家、设备和器材的变化。

公立学校在实施体育计划之前,必须对残疾学生进行全面的体检。医师负责鉴别学生的身体异常,学校老师负责对学生的教育管理提出建议。医师的建议通常包括全程跟踪监控,以确保残疾学生得到合适的班级安置和适当的教育安置,而这些建议是根据残疾学生身体活动的需要和限制来制定的。适应性体育教学教师必须清楚了解医师的指导方针,并转化为一个适当的身体活动教育计划。

为了制订年度个别教育计划(美国卫生、体育和娱乐联合会,1981),必须要求残疾学生进行一系列肌肉运动、身体健康和认知运动检测。根据检测的结果,制定学年体育活动的长期目标和各个短期目标,并推荐针对每个目标的特定身体活动。

一旦残疾学生要接受适当的体育课堂安置,就需要体育活动指导者在整个学年提供一个身体活动计划。除了计划和实施个别化教育计划外,体育活动指导者还作为一个顾问,在下面几个方面来帮助学生。

确立合理的身体活动目标;

把课堂上形成的活动技能与习惯迁移到其他环境;

促进体育锻炼;

在学校和社会,与学生家庭和相关服务部门协调计划目标;

提供在最少受限制环境下培养社会性技能的教育框架;

记录进步,并不断通过身体活动来评估学生的需要和兴趣。

为残疾人设置体育课程的目的,是通过身体锻炼和运动来促进身体健康、获得运动技能。为了达到有效地学习,学生有必要知道在肌肉运动学习中机能的不同水平,这会影响学生的课堂成绩。在获得肌肉运动技能的过程中,有三个机能层次:(1)输入功能;(2)能力;(3)运动技能。

为使残疾学生有意识地参加体育运动,有必要对运动的某些方面进行修改来适合学生的能力。例如,轮椅篮球就是对正规篮球的改造,参加者不是带球奔跑而是转动轮椅传球。绝大多数参与适应性体育教学的指导者遵循的全面指导方针规定,身体活动必须适合有效学习。这就意味着修改器械的使用规则、运动方式,以便适合体育活动参与者的特点。例如,为了适应发育迟缓群体肌肉运动能力受到限制的特点,足球场应该小一些,足球应该轻一些,因为这样球才会被踢得远一些和踢得准确一些。另外,身体活动要尽可能设计的适合学生的能力,而不能超越学生的能力。例如,脊柱裂的学生可以学习如何游泳,因为他们上肢的协调性没有受到影响。最后,指导者要按照学生的能力来安排学习的进程。

参见 适应性体育运动;适应性行为;特殊奥林匹克运动;残疾人文娱活动

PHYSICALLY HANDICAPPED
身体残疾

身体残疾分为轻度、中度和重度三种情况。但是,当前的实践致力于把有身体残疾的学生分为平均智力和平均智力以上的学生,或者分为身体残疾和多重残疾的学生。多重残疾的学生还有其他的缺陷,如智力落后、盲或聋等。而且,人们发现那些只有身体残疾的学生常常伴有轻度到中度的学习障碍。

据估计,身体残疾的发生率是2%(史密斯,1984)。在1984—1985学年,美国有73292名多重残疾的学生,58924名肢体残疾的学生,和69688名其他健康损伤学生接受特殊教育服务(特殊教育与康复办公室,1985)。在学校里,最常见的身体残疾是脑瘫、脊髓脊膜突出(脊柱裂)和肌肉萎缩症。虽然,一些学校拒绝接纳那些患有可传染性疾病(如巨细胞病毒、疱疹、肝炎、艾滋病等)的学生(戴可斯,1984—1985),但是这些疾病的发生率在持续上升,并肯定会被纳入到公共教育系统。

P

大多数身体残疾和健康受损的学生在普通和特殊教育相结合的计划里接受服务(沃尔可和考布斯,1984)。然而,戴可斯(1984—1985)认为,85%的健康受损的学生和35%的肢体残疾的学生应该单独在普通班级里接受教育服务。假如没有融合教育的条件,身体残疾和多重残疾学生通常在特殊教育班级、个别培训机构、医院或家庭里接受教育服务。

身体残疾学生的教育需要在很大程度上随着障碍类型、病因和教育安置的不同而发生变化。对于大多数身体残疾的学生来说,普通教育的学习课程是非常合适的。另外,一个要强调的方面是应该帮助那些学生获得独立生活的技能,如清洁、穿衣和准备食物等。这些学生最大的需要或许是对于适应性器材(坎贝尔,1983)和技能(万德里顿和沃尔斯苔德,1982)的使用方面。身体残疾的学生常常需要轮椅、拐杖、头部指示器以及胳膊和腿的吊带等。对于身体残疾的儿童来说,为了多种不同的教育目的,使用非言语的、增强性的沟通系统,或使用微型计算机是很普遍的。科技的进步使提供给那些不能说、仅可移动和使用手指的学生充分的教育指导变得越来越具有可能。

对身体残疾学生进行干预的另一个重要方面是社会性和自我概念的发展。身体残疾的学生常常被认为具有消极被动、坚持性差、注意时间短、很少探究事物、动机水平低(詹宁斯、考诺斯、斯苔格曼、萨卡拉纳拉言和门德尔逊,1985)和低自尊(劳伦斯,1991)等特征。另外,身体残疾的学生更多地依赖成人,并且与同年龄的儿童相互交流比较少。针对这些学生的教育计划必须考虑儿童的社会化和独立性。父母和教师需要寻求方式、方法来增强身体残疾学生的独立性,并建立他们的自尊。

参见 无障碍建筑物;扩大性沟通装置;其他健康损伤

PHYSICAL RESTRAINT
身体约束

身体约束是指使儿童的肢体或整个身体固定不动的一系列程序。身体约束的目的是直接地减少或消除那些不良的行为。应当使用身体限制,当且仅当获得充足的条件后,那么少量的倾入性干预是无效的。

身体约束的方法是变化的,可能从使学生的手放在身体两侧到在学生的肘部安装机械肘箍来阻止学生自己对脸部的击打。有几种被推荐的实施身体约束的方法:比特古得、彼得斯、琼斯和哈特霍恩(1982)认为,教师应该站在学生的身后,紧紧抓住学生的肩,使他们不能乱动;第二个身体约束的方法是当学生在椅子上坐着的时候,教师应该抓住学生的双肩(瑞德、汤博和霍伊维尔,1981);第三个方法是教师应该站在椅子后面,抓住学生的双手(拉波夫、奥尔特曼和克里斯托弗森,1980)。最确切的身体约束的方法会随着几个方面的变化而变化,即学生的数量、教师的数量、教给学生用于代替原来不良行为的活动,与被教授的活动相关的学生的位置等。

除了主动地约束学生的身体的一些部位外,也可以使用器械来约束。这些约束,能够约束学生击打自己身体的某些部位,或者使用保护性用具(肘垫、头盔、面具等)保护受伤的部位,防止受到新的伤害。

每次实施身体约束的持续时间的变化范围从3秒到15分钟,大多数研究者推荐持续时间为10秒到1分钟。也就是说,伴随着出现的不可接受的行为,老师应当为约束手段的使用,预先设定间隔期。假如学生在间隔期之后平静下来,没有攻击性行为,愿意通过言语交流处理事情,那么身体约束应该被取消(里奇,

1997)。然而,如果学生在时间间隔末期仍旧挣扎不止,那么必须接着实施身体约束,直到学生安静下来。

作为行为干预实施的身体约束不应该机械地与惩罚相联系。研究者已经发现,身体约束可以作为连续性适应不良行为的强化物。费弗尔、麦克吉姆斯、琼斯(1978)对身体约束实际上导致攻击性行为频率增加的情境进行了评估。与此相似,辛格、温顿和鲍尔(1984)证明了可能伴随的身体约束会增加离座的行为。最后,在一个大的社区,福克斯和都弗仁斯(1984)对带链的金属夹板对于智力落后居民的自我伤害行为的强化效果进行了评价。有趣的是,作者能够淡化自我约束的首选事物(大的塑料眼睛)的,而代之以社会可以接受的自我约束形式,如手表、眼镜等。

导致身体造成强化性质的原因有以下几个方面:身体固定不动的放松体验,由此产生的睡意;来自成人的身体接触,如身体依恋(坎斯,1994);给予学生要求的减少,即学生通过产生不良的行为,导致身体导致程序的实施,从而逃离不喜欢的活动。

为了使身体限制程序得以合理、有效地实施,需要遵守一定的指导方针,教师要维护每一个学生的权利,至少要做到以下几点:

(1)获得学生监护人的正式同意;

(2)密切监控身体限制程序的实施,防止有意或无意的滥用;

(3)对适当行为进行积极强化;

(4)在采取身体限制之前,考虑较少限制的措施;

(5)使用最小的体力;

(6)记录身体限制实施的频率和时间长度;

(7)仅对于可能发生的行为实施身体限制;

(8)在学生经常出入的所有环境里训练所有个体;

(9)保留成功使用身体限制的资料文件,用以指导目标学生各个方面的发展;

(10)约束工具的强度,尽量改用社会可接受的、非伤害性的工具(福克斯和都弗仁斯,1984);

(11)当控制身体,减少异常行为时,应该识别认同功能性生活技能,以取代自身性或者刻板的行为举止。

PHYSICAL THERAPY
物理疗法

理疗师的责任是使身体得以恢复。他们使用各种设备,通过按摩和调整练习来提高协调能力和平衡能力,重新锻炼肌肉,恢复关节活动,增强病人的活动耐力。

理疗师使用器械治疗和增强肌肉锻炼来帮助那些会从中受益的学生提高生活质量。理疗师常常是负责病人全面治疗的跨学科专家组的成员。许多病人接受物理治疗的目的是为了能够独立生活和能够参与竞争性就业。对于患有严重关节炎的病人的物理治疗包括深层热疗、石蜡沐浴、水疗、轻度拉伸和力量锻炼;对于患有脑瘫的病人的物理治疗包括力量和协调能力训练;通过步行、腿部吊带、轮椅、或几种结合起来共同发展活动性的训练,并与作业治疗师相协调;还有对其他任何人工弥补、修复装置的恰当使用。吊带、轮椅和其他装置在使用和保养过程中需要指导。理疗师通常会教授这些装置和设备的使用技术。他们也与作业治疗师、语言治疗师、听力治疗师、或其他治疗师一起帮助病人使用人工弥补或修复装置来完成独立生活或职业的技能。

物理疗法是教给残疾人增强肌肉运动力量、控制肌肉运动、保持身体平衡和其他技能的活动。物理疗法把肌肉运动的训练同使用人工弥补或修复装置结合起来,帮助病人降低残疾带来的影响,完成既定目标。物理疗法是整个必要训练的一个部分,用以减少残疾带来的影响,帮助残疾人从其残余的身体机能中获益。健全人和残疾人,特别是刚刚致残的人,常常被伤残的情境所压垮,从而看不到一定数量残余且可用的身体机能。物理疗法的原理就是使残疾人锻炼肌肉群、控制肌肉运动、保持身体平衡等,以此促进残疾人使用残余的、没有受到损害的身体机能。

参见 职业疗法;身体残疾

PHYSICIANS' DESK REFERENCE(PDR)
《医师案头参考书》(PDR)

《医师案头参考书》,简称作 PDR,是由医学经济公司出版的一种年度刊物。它介绍了 2500 种以上药品的信息。这些信息完全由药品制造商提供,由出版商雇佣的医药专业人士来校对和核准。PDR 的内容包括药品的描述(通常情况下,很多药品都有图片)、药品的使用说明、不同剂量标准的推荐和一些药品的解毒方法。另外,PDR 也发表由临床毒理学学会提供的药物过量使用的处理措施。PDR 的主要目的是供医师使用,使他们能够方便地获得主要医药产品的基本信息。PDR 对于卫生专业人员和特殊教育人员都是非常有用的。特别是对后者更为有用,因为对于残疾儿童来说,药品的使用频率是很高的。另外,在任何一个特殊教育机构的图书书阅览室里都能用到 PDR。

PHYSIOTHERAPY
物理治疗

物理治疗或理疗,是借助物理方法和手段,如光、热、冷、水、电或器械对疾病进行治疗。负责物理治疗的人员称为理疗医师,即专门研究物理治疗的医师。运动治疗,或者由运动治疗师或作业治疗师实施的物理治疗都接受理疗医师的指导。

物理治疗的主要目的是训练四肢运动的可控制性和其他肌肉和关节的连接性,这些是日常生活和竞争性职业活动所必需的。增强肌肉力量,提供协调训练,提供用于增强每个关节的力量和扩大远的范围的器械(非化学物质)。

物理治疗的对象包括:中枢神经系统或外周神经系统受到损伤的人,患有疾病或受到机械损伤的人,以及因出生缺陷而影响肌肉和骨骼发育的人。物理治疗针对的两个主要系统是骨骼和神经系统。在处理过的比较常见的情形中有一些是中风(脑血管的意外事故)、脑瘫、脑损伤、脊髓损伤、关节炎、小儿麻痹症和许多先天及后天的骨骼、关节或肌肉问题。

两个主要的诊断研究类型是身体外形残疾和其他方面的健康损害。身体外形残疾是指神经肌肉方面的残疾,可能是中枢神经系统的损伤或者是比较低级的神经—肌肉—身体外形的外周部分造成了对中枢神经系统的损伤。其他健康受损的情形多为病原学方面的原因,一般而言,非常虚弱的个体不得不限制或改变他的活动方式,因而接受物理治疗以免除痛苦就成为必要手段。

参见 矫形外科损伤;其他健康损伤

PIAGETIAN APPROACH TO SPECIAL EDUCATION
皮亚杰的特殊教育方法

简·皮亚杰(1950、1952、1977),瑞士著名发生认识论学家,提出以生物学发展过程为基础,从儿童出生到青春期这一阶段的发展的、结构主义的认知模型。虽然皮亚杰的理论已经应用于普通教育好几十年了,但是很少应用于特殊人群(加拉格尔和瑞德,1981;瑞德,1981;瓦斯和佛斯,1980)。显然不感兴趣的第一个原因是皮亚杰的理论来源于对健全儿童的观察,因而缺乏应用于残疾儿童的理论假设。第二个原因是缺乏拟合性(贝林,1996),即健全儿童比较全面的、社会语言的教育目标及源自皮亚杰理论的教学策略与残疾儿童特定的、渐进的目标及切合残疾儿童的方法缺乏一致性。然而,皮亚杰的发生认识理论对于理解和教育有特殊需要的儿童仍提供了一些有用的方法。

皮亚杰自己很少提及要把自己的理论用于教学实践。然而,心理学家和教育工作者从皮亚杰的理论中抽取一些原理用于指导学校教学和社会学习。适用于特殊人群的皮亚杰理论假设,所有儿童(残疾的和非残疾的)都要经历一系列的同化、顺化和平衡过程。对于特殊的学习者来说,发展的速度可能不一样,可教育原理仍然是适用的。试验试图通过训练促使孩子(异常和非异常的)达到较高的水平,至今未见成功(加拉格尔和里德,1981)。理论上讲,孩子的进步依赖于自我身体发育的成熟和周围环境因素。应该遵循的教育理念是指向概念、概括和思维过程的教学,而不是提高认知发展水平。现将有关原理陈述如下。

(1)由于儿童的思维在每个发展阶段都是不同的,所以教育目标应该与儿童的发展水平相适应;

(2)学习是以先前知识结构为基础向更高层级知识结构的转化。学习是获得广泛的、普遍的规则或框架结构而不是特定的、单一的方式。学习的过程是融会贯通而不是死记硬背;

(3)儿童受到渴望获得平衡的内在动机的刺激。这样,凭借最具挑战性任务的表现和易使儿童感到不平衡的不同事件,学习就变得容易多了;

(4)儿童最好通过与环境刺激互相作用、控制环境刺激进行学习;

(5)小组的互动可能给儿童带来新的观念,这些观念会挑战自己原有的观念,导致不平衡、重组和形成新的结构。

与上述原理和指导方针相一致的教育方法是合作学习、假想测试、发现学习、调查和其他鼓励归纳思维的方法。合作学习是一种教学策略,即学生在一个小组内一起学习,完成学业任务。潜在的好处是掌握学习内容、发展基本技能、解决问题和社会化等。对于特殊学生合作学习的效果需要通过更多的研究来证实(普利斯和史密斯,1981)。加拉格尔和瑞德(1981)用于特殊群体的描述的用于特殊群体的假想测试法与皮亚杰理论相一致。

1. 智力落后

虽然皮亚杰的著作很少涉及个体差异,但是他的观点已经用于解释特殊个体的认知行为。例如,因荷尔德(1968)认为智力落后者所能达到的认知发展水平取决于他们智力受损的程度,重度智力落后者停滞在感知运动阶段,中度智力落后者达到前运算阶段,而轻度智力落后者达到具体运算阶段。

在20世纪60年代到70年代期间,在智力落后研究领域,皮亚杰的理论激发了新的观点生成。对于轻度、家族性智力落后者,发展的观点是缺陷观点的积极的替代物。缺陷观点认为智力残疾者存在各种缺陷(如:注意、记忆、组织或神经结构方面的缺陷),需要补救。由齐格勒(1967;齐格勒和巴拉,1982)和艾雅诺(1971)具体阐述的发展的观点认为,家族的、可教育的智力落后者构成了智力正态曲线比较低的末端部分,与智力正常者的区别也仅仅在于发展的速度和最终达到的智力水平。智力年龄应作为当前发展水平的一个指标。

通常,发展理论的支持者认为,适用于轻度智力落后者的发展理论观点,能使教师依据孩子正常发展阶段来观察智力落后的孩子以便获得他的发展缓慢的速度。克莱恩与萨福德(1977)从对以往文献的研究中得出结论,认为智力落后儿童的发展阶段类似于皮亚杰描述的非残疾儿童,只是出现在成长的后期。因此,可以预测轻度智力落后儿童能够完成与他们的智力年龄相一致的任务。对于教育者来说,这就意味着用于正常儿童的方法能够有效地用于同龄但轻度智力落后儿童。因此,常规的教育手段和使正常孩子获益的广泛的教学课程都适宜于教育这些智力轻度落后的孩子。艾雅诺(1971)指出,教育者太多地假定智力落后儿童在学习速度、持续性、归纳及概括能力方面存在缺陷。作为结果,教师就会强调大量的重复、结构、具体的呈现,并慢慢地循序渐进地引入新内容。这时教师会提出疑问,智力落后儿童推理和问题解决的失败是由于理解能力的缺失,还是由于教学中强调死记硬背、机械做法的结果。

虽然应用于智力落后儿童的发展观点遭受到了强烈的批评(如:斯皮茨,1983),但是研究既没有证明发展观点的错误,也没有证明缺陷观点的正确,也许永远得不到证实(斯皮茨,1983)。在此期间,皮亚杰教育方法应用于轻度智力落后儿童的观点仍值得认真研究,并且为那些希望拓宽自己教育技能的教师带来了一个令人兴奋的可供选择的方法。皮亚杰的观点对于教育最重要的应用可能在于给那些轻度智力落后儿童提供了变化和挑战。

皮亚杰对于感知运动阶段的描述,通常涵盖了从出生到18个月,已经作为理论基础,用来解释重度智力落后儿童的行为,评价他们的认知发展水平,和开发适合他们的课程。感知运动阶段又分为六个阶段(斯蒂芬,1977),各个阶段的特点及其教育任务概述如下。

反射阶段(出生—1个月)。这一阶段最初以反射动作(如:摆手、踢、哭、吮吸、抓握等)和物体的视觉追踪为主要特征。这些行为变得越来越协调和概括化。教育任务:促进视觉追踪,拿着一个可以移动的发光物体,距离被测试的眼睛10英寸左右,在测试的视野内慢慢地移动物体。假如被测试者不能自动地进行视觉追踪,应该转动被测试者的头部来跟随物体移动。

初级循环反应阶段(1—4.5个月)。在这个阶段,反射行为变得复杂和协调。婴儿对自己的动作非常感兴趣,如观察自己手的摇动。自我动作的不断重复,这种行为活动称作“循环”反应。教育任务:不断从上到下,从左到右,移动一个彩色可以发声的物体,这样做的目的是促进视觉追踪和用手触摸物体的协调性。假如视觉追踪和用手触摸物体不能主动发生,应该指导婴儿做出这样的反应。

二级循环反应(4.5—9个月)。婴儿下意识地重复一个偶然的动作,这一动作产生了让婴儿渴望的效果(如摇动一个格格作响的玩具来发出一个声音)。教育任务:在婴儿面前挤压玩具并递给他。如果婴儿没有主动模仿,那么要指导他挤压玩具并使玩具发出声音。

二级模式的协调(9—12个月)。婴儿开始区别自己和环境,模仿他人说话的声音和动作,区分手段和目的。教育任务:示范和指导一种手段—目的活动,如把一个物体扔进水中溅出水花。

三级循环反应(12—18个月)。婴儿积极地实验和发现新的手段和目的,如拉动毯子以便够到放在上面的玩具。教育任务:提供发现一种手段—目的活动的机会(必要时给予一定的指导),如用手杖得到够不到的物体。

通过智力的组合形成新的手段(18—24个月)。婴儿思考可供选择的办法、解决问题并完成物体守恒的发展。教育任务:示范并允许婴儿把各种大小和形状的物体分别放到相应大小和形状的沟槽内。

根据她早先对重度智力落后儿童的研究,伍德沃德(1963)认为重度智力落后儿童的许多看似不适当的行为是可以在皮亚杰的理论框架内得到解释的。假设重度智力落后儿童的操作处在感知运动阶段,在眼前拍手这样的特殊习惯可以解释为在手眼协调过程中形成的感知运动模式,这发生在初次循环反应阶段。

乌兹基里斯和亨特(1975)编制了一套评估程序来说明婴儿在感知运动阶段认知机能主要方面的发展情况。这套评估程序适合各个年龄阶段的重度智力落后者使用。乌兹基里斯和亨特评估的机能包括:视觉追踪和物体守恒,完成想得到的环境事件的手段,姿势和言语的模仿,操作的因果关系,物体的空间关系和与物体关联的图式的发展。

因为重度智力落后儿童的发展通常不会超过前运

算阶段,课程应该为那些处于感知运动阶段不同水平的人群而设计,并且按照不同的实际年龄来实施。为重度智力落后者而设计的课程体现了皮亚杰理论本质的适当的发展课程要求:目标要与个体当前的发展水平相匹配,个体的积极参与,个体按照自己的速度进行活动的机会,自己探索和操纵的机会,重复和练习的机会,和对相关的感觉或运动缺陷的适应。

2. 学习障碍

按照大多数定义的表述,学习有障碍学生拥有高智商,但是在学业成绩和社会成就方面的表现却低于这种智商所预计达到的水平。通过研究那些在解释学业、社交领域中智力与成就之间差异的可能因素,得到的结论是认知和社会发展迟滞。在有关文献中也已经出现以皮亚杰理论为基础的教学干预的建议。

研究。一般说来,学习有障碍的儿童在认知发展上和社会认知度上低于学习没有障碍的儿童。斯皮斯、迈克肯尼、阿佩尔鲍姆(1986)研究发现,有学习障碍儿童的认知能力比没有学习障碍儿童大约迟3年以上。然而,他们又表明当有学习障碍的儿童达到一个具体的操作阶段,他的获取知识的速度和结果与没有学习障碍的儿童一样。此外,就学习障碍儿童而不是非学习障碍儿童而言,皮亚杰的认知发展和年龄的测量(守恒的得分)可以比言语智力更好地预测学业成绩。一个重要的发现是学习有障碍的儿童即使接受了3年以上完善式的教育也达不到同龄无学习障碍儿童的水平。斯皮斯等人(1986)认为,认知发展迟缓可能是构成解释那些接受教育干预有学习障碍儿童学业成绩仍然过低的一个重要因素。

P

迪克斯坦和沃伦(1980)得出同样结论:有学习障碍的儿童在认知、情感和知觉方面的发展都迟于无学习障碍的儿童。他们对5~10岁儿童的学业成绩进行了分析,年龄较小儿童组的分数差距比较大,在8~10岁,有学习障碍儿童的成绩提高了一点。霍罗威茨(1981)也发现,有学习障碍的儿童在人际角色获得任务中的成绩比较低,但是在知觉方面测量中,两组儿童并没有显著的差异。然而,正如霍罗威茨所说,由于两组儿童存在智力差异,结果是令人困惑的。翁(1980)发现,有学习障碍的儿童和无学习障碍的儿童在角色获取方面存在显著的差异,有学习障碍的女孩比男孩的角色获取技能更差。

最后,对有学习障碍的儿童咨询、沟通技能的研究证实了角色获取的研究结果,相对于无学习障碍的同年龄儿童,有学习障碍的儿童存在社会认知缺陷。诺埃尔(1980)发现,有学习障碍的儿童不如无学习障碍的儿童能有效地描述物体的情形,因为有学习障碍的儿童倾向于通过外形而不是标签或名称来描述物体。斯佩克曼(1981)进一步报告,有学习障碍的儿童在沟通中更多地提供没有建设性的、没有关联的或重复性的信息,而无学习障碍的儿童不会这样。这些研究结果表明,有学习障碍的儿童不如无学习障碍的儿童能有效地进行交流。

总而言之,角色扮演和交流的研究结果表明,一些有学习障碍的儿童存在社交方面的问题,因为他们的技能有缺陷。在预测他人观点和提供他人需要的信息方面存在困难减少了有学习障碍的儿童社会交往成功的机会。

教学。研究文献已经表明,皮亚杰理论针对学习障碍儿童制定的教育策略,既可以作为提供学习内容的工具,也可以作为弥补有学习障碍儿童社会认知技能缺陷的工具。加拉格尔和匡特(1981)提供了一种与皮亚杰理论相一致的询问策略,来促进有学习障碍儿童的阅读理解能力。例如,他们建议使用推理式询问,要求学生超越所给信息的范围。这种询问策略提出令人困惑的问题以刺激达到均衡的效果。摩西(1981)提供了数学教学的实例来说明用于有学习障碍的儿童教学的皮亚杰教育指导方针。角色扮演训练是通过让每一个儿童不断扮演故事中不同的角色来提高他们的扮演技能和社交行为能力。

3. 其他类型特殊儿童

很少有研究者检验皮亚杰理论原理在其他特殊类型儿童(如脑瘫、听力障碍、视觉障碍、情绪障碍和资优学生)中的应用。加拉格尔和里德(1981)对这些方面的研究进行了回顾,得出下面一些结论:①患有脑瘫、智力正常的儿童的发展速度大致与正常儿童相同,但是前者在完成任务的操作能力上表现得迟缓,需要反复试多次,还得多次鼓励,而且抗挫折能力也比较低;②盲童和聋童与正常同年龄儿童相比,在掌握语言、感知差异和仔细匹配事物时表现出较小的延迟或根本没有延迟;③受情绪化严重干扰的儿童偏离正常发展模式。

总之,特殊儿童认知发展研究表明,在很大程度上,特殊儿童发展的阶段顺序与皮亚杰所描述的正常儿童一样,但是他们在发展的速度上和最终达到的水平是不一样的。皮亚杰理论的实践应用表明,教学策略的使用能够使儿童积极参与同他们的发展水平相一致的问题的解决。还有一些研究用于证明源自皮亚杰理论的教学策略对于残疾儿童和资优儿童的教学效果。这些教学策略很有潜力,已成为特殊教育教师的教学策略的组成部分。

参见 认知发展;直接教学;教学的个别化;智力;让·皮亚杰

PIAGET, JEAN(1896-1980)
让·皮亚杰(1896—1980)

让·皮亚杰是瑞士心理学家,他对于儿童认知发展的研究促进了20世纪的教育改革。皮亚杰认为心理发展有三个阶段:①感知运动阶段,从出生到2岁,在这个阶段,儿童获得有关物体的基本知识;②具体运算阶段,从2~11岁,以具体思维和简单概念的发展为这一阶段的主要特征;③形式运算阶段,大约从11岁开始,这一阶段主要是抽象思维、推理和逻辑思考。皮亚杰关于发展顺序的描述和理论促进了强调儿童发现知识的教学方法,即呈现与发展阶段相适应的问题,要求儿童予以解决。

皮亚杰生于瑞士西北部的纽沙特,并在那里接受了大学教育,后来成为日内瓦市卢梭学院的院长,并担任日内瓦大学的教授。1955年皮亚杰在日内瓦创立了国际发生认识论研究中心,在那里,他和同事出版了很多有关儿童发展的著作。

PIERRE-ROBIN SYNDROME
皮埃尔—罗宾综合征

子宫内胎儿发育9周以前,下腭的发育不良会导致舌头位置靠后,它反过来又会影响后部或软腭的闭合。生来具有小腭综合征的儿童有气管堵塞的危险,这种危险可能在出生时发生或者在人体成形的头一个月,需要安放气管导管或者进行气管造管手术。关键期的缺氧会导致心脏和大脑受损。大多数婴儿的其他方面是正常的,腭的发育也正常,预后的外表和功能都没有问题。然而,这种畸形也可能是其他多重畸形的一部分,如智力落后。

PIERS-HARRIS CHILDREN'S SELF-CONCEPT SCALE
皮尔斯—哈里斯儿童自我概念量表

皮尔斯—哈里斯儿童自我概念量表(皮尔斯,1969)是一种自陈式量表,用于测量9~16岁儿童的自我概念。量表共有80个条目,其中36个条目是积极陈述,44个是消极陈述,这些条目的内容是根据三年级的儿童阅读水平来设计的。对于良好的自我概念的反应记为1分,量表分值为0~80分。分为6个分量表:行为、智力和学校地位、外表和品质、焦虑状况、声望、幸福度和满意度。测试,再测试可信度分值:测试时间隔2~7个月为0.62~0.75,间隔时间3~9周为0.8~0.96(休斯,1984)。皮尔斯(1977)重新对结构效度的证据进行了评估。与其他自我概念的测量存在一定程度的相关,与人格和行为测量的相关也在期望的水平。

虽然皮尔斯—哈里斯儿童自我概念量表的常模已经建立几十年了,但是许多新近的研究对于使用这种工具仍提供了全面而持续的支持(埃普斯坦,1985)。当与儿童的其他治疗综合分析时,皮尔斯—哈里斯儿童自我概念量表可能是相当有用的。对于治疗,临床医学家和顾问可能认为皮尔斯—哈里斯儿童自我概念量表是一种有益的筛查工具或者一个有用的引导性活动(埃普斯坦,1985)。

参见 儿童表现焦虑量表;自我概念

PITUITARY GLAND
垂体腺

垂体腺是脑基底的一个小的腺体,位于下丘脑的下面,口腔的顶部,视交叉神经的后面。垂体腺分泌不足会导致骨骼发育不良,这称为蝶鞍点。垂体腺有时也称作脑垂体。

垂体腺管理着许多其他腺体的分泌活动,常被称为主腺。然而,垂体腺的功能与下丘脑有着非常密切的联系,垂体腺和下丘脑更应该被看做是一个系统,而不是两个相互独立的实体。下丘脑和垂体腺在一个叫做漏斗管的地方交叉连接,这个部位有大量的神经。

从形态上看,垂体腺是一个小的腺体。它的重量小于1克,直径大约是1厘米。垂体腺包括垂体前叶和垂体后叶。这两个叶通过较小的媒介物连接。垂体前叶产生很多激素来促进其他腺体分泌。垂体前叶直接分泌的激素有:生长激素,促甲状腺激素(TSH),促肾上腺皮质激素(ACTH),和刺激生殖腺的激素,如促卵细胞生成素(FSH)、促黄体素(LH)和催乳素。

促肾上腺皮质激素(ACTH)与应激反应有密切关系。垂体腺分泌这种激素会导致肾上腺皮质产生皮质醇和其他类固醇类激素,传递给人战斗或逃跑的信息。刺激生殖腺的激素(如:促卵激素和促黄体素)会刺激卵巢和睾丸,这样就会分泌雌性激素和雄性激素。催乳素是一种影响乳腺的激素,调节脊椎动物的母性行为。生长激素是一种对于正常生长发育非常必要的激素。过多的生长激素会造成临床上的肢端肥大症。

垂体后叶分泌抗利尿激素(ADH)和催产素。这些激素的释放是由神经系统部分的复杂连接激发的。垂体后叶的细胞自身不会产生激素,而是作为垂体前叶分泌激素的储存场所。当血压下降时,抗利尿激素会促使肾减少水排出。抗利尿激素的缺乏会导致多尿症。催产素起着在分娩中促进子宫收缩的作用,能促进乳腺平滑肌的收缩,还能在吮吸乳房反应中促进乳汁分泌。研究发现,患有厌食症和贪食症的个体都存在相同的垂体腺的萎缩,这可能是由于营养或内分泌紊乱造成的。

PLACEBOS

安慰剂

安慰剂是一种物质或治疗干预措施,它会按照接受者和治疗专家的期望产生效果。如同最初的药物使用,安慰剂治疗会改善病人的状况,尽管实际上安慰剂没有任何直接的生理作用。因此,安慰剂对于那些缺乏专门治疗措施的医生是有帮助的,而对于那些研究治疗效果的研究者来说是令人讨厌的。

在社会情境里,安慰剂的效应是非常巨大的,因为一个实验的方法会使人产生对成功巨大的希望(奥纳,1969)。为了区分安慰剂和药物的直接生理效果,人们在药物研究方面常常使用双盲设计程序。在这样的设计中,不管是实施治疗的人还是被治疗者都不知道所给药物是要实验的物质还是没有任何生理作用的安慰剂。假如安慰剂和治疗措施导致了相同的效果,那么这种新型治疗的价值就值得商榷。实际困难或者伦理问题常常限制了双盲设计的实施,潜在的安慰剂效应是许多研究领域的一个遗留问题。

P

在理解行为改变干预方面,有关安慰剂概念的使用引起了很大争论。西蒙和魏林斯(1993)认为,有关对儿童使用安慰剂的研究还不够多。克里特利和纽曼(1984)认为,安慰剂的作用不仅仅是改变厌恶的情绪、展示同情、无限热情等等,它可能成为治疗的一个重要方面。课上,教育干预期间,老师的期望和学生高涨的表现对教育干预的发挥起着至关重要的作用(扎那、希尔斯、库珀和肖,1975)。

参见 双盲设计;教师期望

PLASTICITY

可塑性

人类科学中的可塑性是指不事先预定个体的发展特点,让其随着自身机体和环境的影响而改变。这个概念不仅仅是指根据外部压力自身获得改变的能力,它也包括从经验中吸取教训的学习能力和改变行为的能力,而不是保持那些先天拥有的遗传基因(科尔布和惠肖,1998)。美国教育家约翰·杜威(1916)着重指出,未成熟儿童特有的可塑性是一种为了实现成长而特有的适应性。这个概念的根本是说,个体改变行为的能力是以先前的经验为基础的。另外,可塑性意味着一定性格倾向或习惯的形成。杜威认为,为了达到人类的目的,习惯可以对环境予以控制并且提供利用环境的力量。

切斯、科恩和费尔南德兹(1971)对1964年全球风疹流行时受感染的235名当时仅2岁的年轻患者进行了研究。这些孩子1岁时,就表现出全面的发育迟缓,伴随有典型的言语和运动感知功能的受损。在幼儿期,1/3的儿童被诊断为有不同程度的智力落后表现,但是到了8~9岁的时候,只有1/4的儿童表现出智力落后的迹象。非智力落后儿童的智商在进入学龄期之后也会有进一步的提高。对许多表现出智商提高的儿童的案例分析证实了这些儿童通过多样的和迂回的模式获得了正常的学习功能。这些儿童常常在言语获得、社会性发展和学习方面开拓新的领域,从而证实了在幼儿期人的大脑机能具有与生俱来的可塑性。

参见 智力;最近发展区

PLATO AND THE GIFTED

柏拉图和天才学生

柏拉图的三个级别的公共教育包括:普通小学,选拔性的中学和更高程度的选拔性的国家大学。在小学阶段,课程包括文学、音乐和公民学。在中学阶段,学生学习数学、算术、平面几何和立体几何、天文学和声学等课程,为未来担任军事职务和文职做准备。在高等教育阶段,那些理想国家领袖的候选人在获得15年的辩证法经验之后还要学习5年的辩证法(布伦博,1962)。

在对数学进行公开讨论期间,教育系统内天才学生的观点在共和国是特别引人瞩目的。柏拉图认为,应该使所有学生了解数学,讨论数学如何影响学生的智力;他认为数学可以磨炼学生的才智,有助于学生注意力的保持。人们认为高等数学的技能是少数未来管理者所必须掌握的技能。这些天才学生应该进行非常系统和严格的数学研究(莫罗,1960)。如果学生理解了各种课程领域的普遍关系,他们会被选择学习高级课程。如果一个学生成功掌握了实践和理论之间的联系,那么在他30岁的时候会被允许学习哲学,它是所有学科中最高级和最完善的学科。

参见 特殊教育史

PLAY

游戏

尽管游戏的起源看似很随意,但它是一种必不可少的发展性活动。我们的社会、运动与认知活动的很多方面都来源于童年的游戏。俄国著名生理学家维果斯基认为,游戏为儿童获得想象能力、社会能力和智力技巧创造了条件。近来,计算机和网络为许多儿童和青少年提供了一种新的游戏方式(格里菲斯和亨特,1995)。

一种儿童游戏的划分法是基于儿童之间的互动,这种游戏分为五类(帕登,1932)。第一类是单独游戏,不和其他孩子互动。第二类是旁观游戏,儿童只是在一旁观察其他孩子玩。这被认为是学龄前儿童与其他孩子互动的第一个阶段。第三类是平行游戏,儿童参与同一个游戏活动,但相互之间的关注很少。第四类是联想游戏,出现在年龄较大一些的学龄前儿童中,在这种游戏中互动性更强些。在这个阶段,两个或两个以上的儿童一起参与同一个游戏,基本上做着相同的事情,可是没有组织这个活动或进行轮换的意图。第五类是合作游戏,一种有组织的活动,儿童合作完成一些团体目标。通常,儿童在 3 岁的时候才会做这种游戏。在这个阶段,儿童已经变得能够并且也渴望参与到大家的游戏中来,但单独游戏状况还没有消失。在没有找到同伴的时候,大多数儿童都能够自己玩。旁观行为甚至可以持续到成年时期。

游戏的象征意义对于儿童的成长至关重要,在儿童成长过程中发挥着以下几种作用。第一个作用,儿童可以以新颖的、不同的方式使用他们的符号技能(如语言),在某种意义上检验那些技能的水平。第二个作用,儿童通过游戏可以做或说那些通常情况下难于表达或禁忌的东西。第三个作用,当幼儿期结束之后,儿童能够以协作的社会形式做游戏。玩过家家的游戏可以使儿童去探索社会角色,学习与其他人一起合作,体验社会角色和规则(戴蒙,1983)。

残疾儿童很少能有效地利用游戏,因此可能无法利用游戏的一些重要作用。例如,一个身体有残疾的儿童不能和其他儿童一起做游戏。因此,残疾儿童需要特殊的安置或干预,从而保障使他们获得参与游戏的机会。

参见 活动的概念;L. S. 维果斯基;最近发展区;

PLAYTEST

游戏测试

"游戏测试"程序是一种筛查和直接评估幼儿听觉功能的方法(巴特费尔德,1982)。"游戏测试"装置最初是由 B. Z. 弗里德兰德开发的,用于测量家庭环境里幼儿选择性倾听和声音辨别能力的一种研究工具(弗里德兰德,1968)。

该装置由一个简单、方便、自动玩具似的设备构成,它可被安装在婴儿床或婴儿用游戏围栏上。这个设备由录音机或录像机、反应记录器组成,把这个设备安装在婴儿床或婴儿用游戏围栏的不同位置。当婴儿注意其中任何一个设备时,反应会激活盒式立体声录音机,录音机里装有无限循环的录音磁带。安装的特定装置可以提供图像—声音反馈,而不仅仅是声音反馈。在装置的不同波段有预先录制的不同声音。

婴儿对于不同声音刺激来源的反应频率和时间可以用来推断婴儿当前的声音辨别和选择性听力水平。不管是声音游戏测试还是图像—声音"游戏测试",都使用反应记录器来记录婴儿对于各种声音刺激的不同反应。

研究证实,"游戏测试"对于研究幼儿听觉功能是一种有价值的研究工具(弗里德兰德,1968、1970、1971、1975)。一个有趣的发现是,比起简单乐谱,非常小的婴幼儿表现出对母亲声音的明显偏爱。

专家发现,"游戏测试"也是鉴别出那些以后形成严重语言障碍的高危儿童的一种非常重要的方法(巴特费尔德,1982;弗里德兰德,1975)。巴特费尔德(1982)认为,"游戏测试"可以作为幼儿早期听觉过程和听力问题的筛查和评估工具。他对现有的游戏测试进行了修改,从而使专业人员可以对年龄不到 6 个月的婴儿的听觉障碍可能性进行评估(巴特费尔德,1982)。

参见 听觉辨别;聋;语言障碍

PLAY THERAPY

游戏疗法

游戏疗法是一种用于儿童的治疗方法,强调游戏的中介作用,用于取代传统的治疗师和儿童监护人之间的言语交流。与儿童面对面的工作始于胡葛赫尔玛斯(古梅尔,1984),他将弗洛伊德精神分析法应用于 7 岁以下的儿童。在与治疗师进行长时间谈话时,儿童明显表现出言语能力弱、缺乏兴趣和耐心。在 20 世纪 20 年代晚期,梅拉尼·克莱斯和安娜·弗洛德采用了利用游戏作为儿童主要表达形式的治疗方法。安娜·弗洛德强调游戏在建构治疗关系中的重要性,而不再强调解释的重要。然而,拉尼·克莱斯从事的游戏治疗更像传统的成人心理分析工作,只不过自由游戏直接代替了自由联想,但领悟和解释仍与原来一样重要。

在以后的 10 年里,奥拓·兰克是一个重要人物,他提出了关系治疗的概念。兰克强调儿童和治疗师之间情感依恋的重要性,主要聚焦于儿童当前的情绪和行为。20世纪40年代到50年代,弗吉尼亚·阿克斯林(1947)把卡尔·罗杰斯的来访者治疗中心改为非指导性游戏治疗。阿克斯林坚持认为儿童自己有能力解决情感冲突,他的观点仍是当前游戏疗法的一个理论基础。按照阿克斯林的观点,游戏治疗师的工作在于给儿童提供一个最理想的环境,从而使他自然地成长、发展。阿克斯林的基本规则现已成为非指导性游戏治疗的标准。它们包括友好关系的发展、可接受性、最低限度的许可、情绪反应和让儿童自己负责讨论、做出选择并完成转变。

游戏疗法的有效性归结于直接与儿童发展水平和能力相适应。沃尔特曼(1964)强调游戏允许儿童用行动表达烦扰、矛盾和困惑,这样做可以使儿童能够对比自己的位置认清周围的环境。游戏治疗成功的固有性质是假装或幻想成分。通过幻想和做游戏,儿童可以掌握不同种类的工作(如:开车、驾驶宇宙飞船)、改变角色(如:成为家长或教师)、或在没有受到惩罚的情况下公开表达敌对情绪。沃尔特曼认为,游戏疗法可以使儿童消除内疚,超越自我的力量、范围和能力而成的胜利者。克普兰和克普兰(1974)对游戏疗法的有效性做了更深层次的解释。他们认为游戏的自发性使儿童对于游戏有着与生俱来的兴趣,从而减少了儿童的抵制情绪。儿童可以自由地展示自己,而不用担心评价和报复。通过幻想,儿童可以获得控制环境的感觉,而没有来自他人的竞争。最后,游戏疗法可以促进儿童身心能力的全面发展。

P

游戏道具的选择是治疗中的一个重要方面。古梅尔(1984)表示,玩具应该是经久耐用、便宜且安全的。玩具还应该是多用途的(如:泥土、颜料),从而儿童可以在很多情形下使用。玩具还应该促进儿童和治疗师之间的交流(如:电话、玩偶)。还应该选择一些玩具用于激发儿童的攻击能力,如玩具枪或者战士玩偶。最后,玩具应该是相对开放的诸如棋类游戏或书这样的物品留给儿童的创造空间很少。除了已经提到的玩具,阿克斯林(1947)通常使用一套家庭玩偶、奶瓶、卡车和小汽车,如果可能的话,还有沙盒和水。

近年来,游戏疗法得到了发展,包括许多设备、参与者和技术(菲力浦和兰德雷斯,1995)。吉诺(1961)发明一种方法,提供了选择玩具的详细标准,并强调限制性环境的重要性。德雷屈尔和绍尔茨(1964)也曾使用游戏疗法,强调儿童行为自然、合理的结果。迈里克和哈尔丁(1971)记述了一种由治疗师指导的游戏过程,比阿克斯林的治疗用时短,更适合用于学校教学。读者可以通过阅读游戏疗法手册(谢弗和康纳,1983)进行更深入的学习。这本书记述了如家庭游戏和艺术治疗之类的操作方法,适宜于治疗那些有过遭遇(如虐待、攻击、忽视,父母离异)的有学习障碍、智力落后的儿童。

参见 家庭疗法;游戏;心理疗法

PLURALISM, CULTURAL
文化多元化

文化多元化是一个社会学概念,是指在保留少数民族文化遗产的主流文化或主体文化内接受与变化的双重行为。文化多元化被广泛认为是最理想的文化环境,并且在许多不同领域都得到了促进,包括教育和就业。

默瑟和刘易斯(1979)最早把文化多元化运用于特殊教育中对智力落后儿童的评估。默瑟认为,过去对于轻度智力落后儿童的个别化教育计划中的评估和安置没有能认识到美国社会多元化的本质。

在教师教育领域的文化能力运动近几年发展得相当快,主要通过立法支持(如《残疾人教育法案》特别是H部分),还编制了一些测量工具,如多元化和多样性态度评价工具(PADAA)。这些工具主要用于评定在从事教育、教学工作之前教师的态度(斯坦利,1997)。文化能力已逐渐成为特殊教育和普通教育的一致要求,它也促进了文化多元化。

参见 测试中的文化偏见;文化/语言差异学生;多元文化评估系统

POLITICS AND SPECIAL EDUCATION
政治学和特殊教育

从20世纪中期以来,围绕着特殊教育的政策被认为是排外性政策。最初的决策者是那些学校官员,他们拒绝接纳公共学校有特殊需要的学生,未向多数学生提供所需要的服务(克普兰,1983)。拒绝的理由往往是不适当的或具有破坏性的行为,而不是对学生的需要或妨碍学习的性质进行严格的鉴别。家长通常默许这样的决定而不怀疑公共学校资源对他们的孩子的拒绝。

在世纪转折点,公共教学体系开始接纳这些需要特殊教育的学生,而不是排斥他们(萨瑞森和多丽斯,1979)。评估技术的精细使残疾学生特殊需要的识别变得更容易,建议采用适合他们的管理方法和教学方法。结果,公共学校里的特殊班的数量有了普遍的增加(虽然在健全学生的主流之外)。州和联邦立法机构制定了相关法律,为这样的特殊班提供资助。家长拥护团体和特教工作者协会迫切要求增加经费以满足各类残疾儿童及青少年的特殊需要。

由于为不同的残疾学生提供服务会产生不同成本,因此,各种资助方案可能对地方的学校政策及实践带来有意义的影响(琳恩,1983)。被贴上各类特殊残疾标签学生的比例在区与区、州与州之间各有不同,常常与资助特定残障的金额的变化相关。它的变化与所使用的诊断仪器的类型、学校专业人员的类型以及已经提供的专业化服务的类型都有关系。这样,融合政策就受到了地方实践者、政治机构和特殊教育利益团体、立法者和官僚主义者的影响。

虽然现行特殊教育政策、资助、项目和实践不能适合有特殊教育需要的学生,但他们的合法性在日益被大众接受,这些促进了公立学校特殊教育的改进。到1975 年,为特殊教育需要的学生制定的法律政策,除两个州外,其他州都通过了。此时各州的财政拨款已经上升到拨给特殊教育的总收入的一半还多。到 1979 年,公布了大约 140 个不同的为残疾人服务的联邦政府项目。20 世纪 80 年代初,许多地区和特别行政区共筹款58 亿美元。各州筹款34 亿美元,联邦政府共拨款8.04 亿美元(琳恩,1983)。

然而,显然公立学校内外两个支持特殊教育的分立的系统已然得到发展。家长拥护扩大已经在公立学校内建立的体系,并在此系统内部推动对特殊需要学生在地域、社会及教育上的接纳。这些努力对从各州开办的社区机构进入公立学校的大多数特殊需要学生是个贡献,对从前者到后者相当大的成本转移同样是贡献。

这种转移的法律基础来自法院关于安置特殊需要学生享受免费且合适的公立学校的权利的案例(瓦特讼斯蒂克尼,1970;戴安娜讼美国教育部,1970 和 1973;PARC 讼宾夕法尼亚,1972)。宪法的第 14 次修正确保了应有的程序,并唤起了平等的保护,确认特殊需要儿童有权利进入免费的被提供给其他儿童的公立学校。美国宪法适用于保护这些学生免遭公立学校用同样的方式对其进行歧视。宪法同样适用于像 1954 年布朗讼教育部那样的案例,以及保护少数民族群体学生。

法院的行动作为一种重要推动力,承认了有特殊需要的学生就读公共学校的权利,它同时也宣告先前的学校政策和实践违反宪法。然而这样的决定往往并不会具体指定什么或被判决符合宪法。相反,法院开始作为仲裁人而行动,命令原告和被告通过谈判达成双方都能接受,而不违反宪法的妥协方案(基尔普,1981)。他们的作用就是要在州和地方学校系统内建立一个有组织且具对抗性的程序,在此程序内,法院将作为调停者而不是立法者采取行动。这样,这套程序按照其持续反对时间可以进行修订,并按照其可能的结果,确定法定诉讼时间维度和不可预测的因素。

关于残疾学生安置和服务的争论和冲突,也扩展到了联邦政府的层面。倡导者力图在此层面上,把法案中所规定的接纳原则应用于国会的法令中。这些拥护者坚决支持公民权利运动和 1964 年《公民权利法案》。他们在通过联邦系统获得联邦法令并补偿他们的努力中遇到了类似那些阻碍公民权利活动家的对抗力量。运动和行动以及众多的修改试图消除公立学校的歧视性做法,责令不要因为学生的种族、国籍、性别或贫困(博尔蒂耶,1983)而拒绝对他们进行地域、社会和教育的接纳。

他们向美国国会提供了一个经设计主要以保护特殊需要学生权利的法令模式。该法令 1975 年获得通过,这就是《所有残疾儿童教育法案》,即 94-142 公法,肯定了残疾儿童有权利在最少受限制的环境中接受免费且适合的公共教育;需要按照个别化教育计划(IEP)鉴别、评估和安置特殊需要学生,保证家长有权利参与关于自己孩子的教育决定。

在 94-142 公法下,联邦政府要分阶段按公立小学和中学的花费,平均支付给每个学生费用的百分比,从 1979 年的 5% 开始,到 1982 年达到 40%。立法机关的执行在义务上是非强制的。然而,多数学区都跟着做,他们如果不是因为想获得现成的可使用的联邦资助,那么或许是因为他们可能很难承受特殊需要学生家长的压力。此外,一部更早的法律,即 1973 年《康复法案》的第 504 条款,禁止获得联邦财政资助的项目机构歧视残疾学生。在 504 条款下,各学区例行被要求签署遵从声明,确认他们没有歧视基于种族、国籍、性别或残疾的学生。由于该法律起初被诠释意味着不能签署遵从声明,可能会影响接受联邦资助,通过这些声明,遵从(至少在书面上)就变成了准则。

到 20 世纪 80 年代中期,即里根总统第一任期结束,第二任期开始时,削减了对 94-142 公法履行的资助,该法律以及它的条例因受到国会的干预而遭到削弱,教育部的作用也有所削弱,部分权力被下放到(包括普通教育,尤其是特殊教育)各州。

然而,由于 94-142 公法已经把重要的责任和履行资助权力归于各州。到20 世纪 80 年代初期,后者已经正式通过了反映该原则的法律和条例以及联邦政府更早时候已经颁布的服务传递体系。这样的法律框架是在州水平上创建的,即使在联邦法律本身于20世纪80年代被削弱之后,仍然继续生效。此外,州和地方当局已经投票赞成增加经费,以便遵从94-142公法。

当联邦一级消减了资助,在地方和州一级也出现了强烈反对给先前服务不足群体迅速增加经费的征兆时,试图保护特殊需要学生权利的拥护者援引这些政策和自主分配额作为先例,认为继续援助特殊教育是正当的。州和地方当局的作用和责任变成了独立于已确立的联邦法律和条例。地方学校系统也如法炮制,日益进步的对特殊需要学生的接纳仍在继续,无论是在地域上、社会还是教育上,比预料的还广泛(布兰特灵格,1997)。

特殊需要学生的入学人数明显地增加了。学校的自我的识别评估系统和参考程序也形式化了,这个过程中有新的参与者加入。有由地方学校委员会任命的残疾人委员会,家长和他们的法律顾问,新类型的特殊教育者和临床医生,"普通"教师,管理者以及先前不负责管理特殊需要学生的辅助人员,多学科评估团队,影响了联邦法院系统和联邦政府的较早期的融合政治学,在地方水平的融合政治学中明显地增加了参与者的人数。他们的参与在法律上主要关注细节化和形式化的程序,法院的决策及法律条例已经建立起来以改进提供给有特殊需要的学生的教育服务。

同时,特殊教育领域里新运动的征兆也出现了。这将产生新的经过设计的政策手段,以整合提供给残疾学生的服务机构的范围,包括但不限于学校(克普兰,1983),学校以外的新的服务提供者也已经出现了。提供这些服务的机构和他们所利用的资助资源,都是与公立学校相独立的。

机构内的合作和协调是需要的,但这种合作和协调需要政策、条例的发展。例如,应付公共福利的公共机构(如:社会服务,帮助依赖的儿童,对所领养孩子的照管和医疗补助),健康(如:母亲和儿童健康),精神卫生/智力落后/发展性残疾,职业康复,以及需要更严密的工作管教。由于公立学校吸收了先前大部分被安排到社区机构的儿童和青少年,很明显,公立学校不能为这些学生提供所需要的所有附带的服务。

加强这些服务需要机构之间的合作(正如《残疾人教育法案》所规定的),促进拥护者团体联盟的发展以使他们的预算、员工和服务成为一体化的传递系统,这是非常重要的,公立学校也将是这个系统的一个组成部分。它还需要制订复杂精细的,能在主流教育之内继续接纳有特殊需要学生的计划。与此同时,根据学生的永久服务需要,还应该对这些学生进行区分。这个计划是为20世纪90年代制订的,超出了单一机构内部的决策、项目和预算。它将为特殊教育和普通教育的拥护者以及为儿童和青少年永久的社会服务提供一个雄心勃勃的、复杂的政治议事日程。

参见 特殊教育史;融合;《残疾人教育法案》(IDEA);回归主流

PONCE DE LEON, PEDRO DE(1520-1584)
佩德罗·德·庞塞·德·莱昂(1520—1584)

佩德罗·德·庞塞·德·莱昂,西班牙本笃会修士,因开创聋人教育艺术而受到人们的赞誉。正如历史学家所记述的,他的方法是教授学生写下物品的名称,然后教学生练习相应的发音。从现存他工作的记录中,我们不知道他是否教授唇语,也不知道他在教授学生时是否使用某种符号。然而,他的教学方法对于许多儿童都是成功的。

佩德罗·德·庞塞·德·莱昂在1584年去世之后,没有人继续他的工作,但是他的成功得到了公认,影响了17世纪早期西班牙聋人教学方法的发展。

POSITIVE PRACTICE
积极练习

积极练习是一种行为改变技术,即要求行为不良者不断重复练习正确的或适当的行为。积极练习这个术语通常被认为是过度矫正(一种惩罚技术)的同义词。实际上,积极练习是过分矫正的一个次要组成成分。关于过度矫正,要求行为不良者对不当行为的环境作用进行过度矫正,或在经常发生不良行为的情境里重复练习相关行为的正确形式(福克斯和贝克特,1982)。过度矫正程序的开始部分称为恢复,随后的部分常常称为积极练习。福克斯和贝克特尔(1982)建议取消恢复和积极练习的术语,而用过度矫正来代替,这样可以使概念的内涵更清晰而明确,便于沟通和交流。

参见 应用行为分析;行为矫正;负面惩罚;惩治过度

POSITIVE REINFORCEMENT
正强化

行为主义心理学,特别是操作性条件反射理论,是基于行为是被其结果维持的推测。一种结果可导致行为发生次数的增加的现象叫做强化刺激。正强化的原理分为两部分:①假定在一特定条件下,个体的行为之后紧随着一个结果。②个体非常有可能在以后相似的条件下产生相同的行为。行为之后的结果被称作正强化刺激,它与奖励的概念内涵大致一样。

正强化的实施看起来比较简单。正确实施正强化的两个重要方面是:正强化刺激的选择和给予强化刺激的时间表。有些刺激对于每个人都是正强化刺激。例如,对于任何一个已经几个小时没有进食的人来说,食物就是强化物;钱一般也是一种强化物。只有在个体想得到的行为出现之后来给予刺激,刺激才起强化作用,所以认识个体实际上对确定强化刺激是非常重要的。换句话说,一个刺激只有对行为有影响才会被认为是强化刺激。在实施行为改变程序中,最常见的一个错误是没有找到作为强化刺激的刺激。

一个行为和相应的结果之间的关系称为偶然性。偶然性的作用可以是持续的(如:每次目标行为出现后都有相应的结果)和间隔性的(如:只在一些目标行为出现后才有相应的结果)。大部分偶然性采用间隔强化时间表(如:变化比率、变化间隔时间、固定比率和固定间隔时间)。每个强化时间表对行为的影响也不一样。一般来说,持续强化时间表对于形成新的行为是非常有效的。然而,间歇强化时间表能够有效地增加和保持个体已经有的行为。比率强化时间表通常会产生高比率的反应,间隔强化时间表会产生低比率的反应。总之,强化刺激物和强化时间表的选择会直接决定正强化的力量。

参见 应用行为分析;行为矫正

POST – INSTITUTIONALIZED CHILDREN
后机构化儿童

当一个儿童被描述为被忽视的儿童时,事态的广泛化可想而知。儿童的看护者不可能提供被认为是儿童基本需求的具体资源,如食物、庇护所和衣服。像适当的医疗和教育之类的服务有可能被有所保留。另外,还有可能发生一些不是很具体的忽视,如缺乏与看护者的情感交流、缺乏促进身体发育或智力发展的刺激。

情感的忽视是社会、发育和智力刺激不足的结果,很有可能导致早期环境的变化。家长太忙或者由于被自身问题压垮而没有时间给予孩子所需要的刺激和关注。同样,从一个过度拥挤的领养家庭搬到另外一个领养家庭,儿童也有可能遭受这样的忽视。

无论原因是什么,这些儿童可能得的一些的病症有:重大打击后遗症(PTSD)、依恋症、功能性智力落后、学习障碍、感觉综合失调、抑郁症、焦虑症、行为紊乱、人格障碍、胎儿酒精综合征(FAS)、胎儿酒精中毒症(PFAE)、注意力缺陷多动障碍(ADHD)和其他一些障碍。儿童也可能被诊断为普遍发展障碍和自闭症。罗纳德·费德里西博士是一位专门研究后机构化儿童护理的发展神经生理学家,他提出在这些儿童中单一型自闭症时有发生。他把自闭症称为获得性综合征。

这些儿童也可能有特别的医疗问题。这些医疗问题可能包括:传染性疾病、胃肠疾病和心脏方面的问题。发育迟缓是一种常见的医疗问题,它会对大脑产生负面影响。一些研究者已经指出,这些儿童在青春期初期发生危机的可能性有所增加(普罗斯等,1991)。

养父母及其孩子很难使后机构化儿童融入到家庭里来。不幸的是,一些中介组织许诺给收养家庭一个完美孩子,他只需要一些温柔的体贴。假如这个儿童总是显示出迟滞或行为困难,那么收养家庭可能感到非常失败和沮丧。

同样,孩子要适应新环境可能面临很大的困难。文化的冲突是常见的。在美国温暖舒适的家对儿童来说,可能是一个热闹而丰富多彩的游乐园。一些我们认为理所当然的事,可能会威胁或吓到那些生活贫困的孩子。这些事情可能包括以前没吃过的食物、洗澡时教导他们分辨热水和冷水管、乘车、外出、拥抱、亲吻及其他身体形式上的接触。个体的专业辅助人员,如儿科心理学家和儿科与家庭心理咨询师,他们熟悉海外收养的情况。咨询他们会对这些家庭和儿童大有裨益。

就教育建议而言,德布拉·谢尔·弗兰克是一位后机构化儿童家长网络的特殊教育顾问,他强烈要求应该把这些儿童看做有特殊教育需要的儿童。家长、教育者和医生必须一起工作,评估儿童的优势和不足,尽可能早地提供适当的干预服务,帮助这些儿童挖掘他们最大的潜力。

POSTLINGUAL DEAFNESS
语后聋

语后聋是用来描述在语言和言语正常获得之后发生的极重度听力损失的一般性术语。也称作获得性或偶然性耳聋。那些遭受此种类型听力损失的人被称为致聋者,而不是聋人。

语后聋与语前聋不同。后者阻碍了语言和言语的正常习得,而且常常影响聋生的教育成就,以至于聋生在 18 岁离开特殊学校时,其教育成就,比听力正常的同伴落后了七八年(托马斯,1984)。语言形成后致聋的儿童,在丧失他的听力之前已经学会了说话。他们已经有了声音和言语节奏的记忆,并且已经正常地获得了词语和语法知识。如果一个儿童在变聋之前有正常的听力,哪怕只有很短的时间,前景也会改观(韦伯斯特和埃尔伍德,1985),虽然这并不必然能够预知大脑的对称发展(斯策拉克,1996)。

获得性或偶然性听力损失可能是家族遗传、噪音、意外事故或者疾病所导致,对成人而言,年纪大了也会变得耳背,即老年性耳聋。听力损失有时是渐进性发展的,以至于患者很长时间都注意不到。然而,任何听力损失,不论是渐进性的还是突发性的,都会阻碍正常的交流,产生各种各样的问题,以至于听力变得愈加困难(焦拉斯,1982)。大多数情况下,需要开设正式的唇读课程。有时助听器和人工电子耳蜗植入(博斯曼、范奥尔夫等,1997)能补偿残余听力,使交流变得容易。

在3~12岁丧失听力的儿童,有时会完成为聋人开设的教育课程,成为聋人团体的领袖和代言人。12岁以后丧失听力的儿童,会同以前听力正常的朋友保持联系,但不会加入成年聋人团体(雅各布斯,1980)。现代技术设备,如助听器、听觉训练装置、聋人电信通讯装置和显示字幕的电视解码器,对先天性耳聋和后天性耳聋的儿童的教育都会有很大的帮助。

参见 聋;聋教育

POVERTY, RELATIONSHIP TO SPECIAL EDUCATION
贫困与特殊教育的关系

贫困与特殊教育之间有一定关联,但是要把许多变量分离开,决定哪一个变量对儿童最重要,却比较困难。这是因为许多变量与儿童发展的各个阶段中是交织在一起的。营养不良、母亲不健康、孕期照顾不当、儿童不健康、无家可归(马斯滕,1992)和普通环境的剥夺,这些因素相互作用,以至于很难区分出某一个特别的原因。不过,所有这些因素都与贫困有关,对个体的认知和行为发展会产生影响。

贫困家庭和中产阶级家庭养育儿童的方式也有所不同。低收入的家庭通常孩子多而成人少。家长多倾向于惩罚,特别是体罚式教育;而中产阶级家庭的教育更倾向于讲道理、隔离和让孩子感到内疚。贫困家庭也常常等到孩子能够快速地学习了,才开始培养他们的独立性,几乎没有为儿童提供如何在没有羞耻感的情况下犯错的机会。

这种环境的另外一个负面影响,是限制了感觉刺激的范围。低收入家庭通常与发展性刺激受限相关,因为能够让儿童产生反应的东西很少(史密斯、内斯沃丝和亨特,1983)。这种感觉刺激范围的限制,由于只给儿童提供很少的行为线索,会阻碍儿童与物质环境和社会环境的互动。

上文提到的环境因素并不是单一的。与贫困相关的许多其他因素也会影响儿童的学习和行为。但是,这些因素使我们注意到,贫困是许多与残疾状况相关的负面环境变量的一个潜在原因。在某些情况下(如母亲营养不良且健康状况不佳),这些因素会影响儿童出生前的发展,导致儿童器官残疾(如脑细胞损伤)。另外,贫困导致儿童对开始上学准备不够充分。这些儿童缺乏经验,而这些经验对于高收入家庭的儿童来说是很普通的,而且也可以通过学前早期干预服务计划重新获得(巴尼特,1998;埃文斯、奥开富吉、恩格勒和布罗姆利,1993)。

即使这些贫困因素是许多与残疾状况有关的负面变量的基础,但是必须记住,这些学习和行为问题只适用于一小部分儿童。绝大多数生活在贫困环境中的儿童都能正常发展。这些因素在某些儿童身上能导致学习和行为问题,在另外一些儿童身上却不会产生不良的影响。

参见 文化剥夺;文化—家庭剥夺;残疾的社会经济影响;社会经济地位

POWER AND RESEARCH IN SPECIAL EDUCATION
特殊教育的影响力和研究

科学研究方法的改善使得研究者能够观察现象、提出问题、形成假设、指导实验研究以及发展理论。在假设的验证过程中,研究者常常把以统计假设(H^1)形式存在的科学理论和零假设(H^0)作比较。科克(1984)曾经说过:"统计假设是关于一个或更多总体分布变量的陈述,需要验证。"(236页)例如:

$$H^1: m > 80,$$

该假设公式表明,当学生完成阅读校正计划后,平均分被假设成大于80。因此统计性假设的基础是研究者对相关理论和前人研究成果的推论。零假设则是与统计假设相反的一种假设。换句话说,如果研究者认为儿童们的平均阅读分数会在参加阅读计划后有所提升,那么为了验证研究者的这个设想,就应该用零假设的形式进行验证,即:

$$H^o: < 80。$$

如果零假设被拒绝,即使没有得到统计假设或选择性假设的验证,上述研究者的设想也被认为是正确的。

在假设的验证过程中,对零假设的拒绝和接受都建立在概率的基础之上。错误的决定可能表现出两种形式。如果零假设被拒绝而在现实中却是真实成立的,这种错误就叫做Ⅰ型错误。如果零假设被接受而实际上是不成立的,此时就发生了Ⅱ型错误。

在以推论为目的的研究设计中,应该将几率这个统计学的基本概念考虑进来。对零假设的拒绝取决于测验统计结果是在特殊水平上显著落在一个特别的标准区域,还是落在开端水平上(a)。发生Ⅰ型错误的概率取决于特定的开端水平。开端水平同样决定了正确接受真实零假设的概率(1-a)。发生Ⅱ型错误的概率叫做b,正确拒绝的概率则为1-b水平,或几率水平。可通过增加样本量的方法增加统计检定权。

使用演绎的方式推翻假设的几率,使得计算样本容量对于研究者在给定的几率和开端水平上验证零假设成为必要。研究者经常面对一个限定的样本或小样本从而决定几率水平。而且,在很多研究情境下,例如评价特殊教育计划、评估一种新教学方法的效果,或者通过与现有治疗方法作比较从而探究一种新治疗方法的效果时,概率水平都使得研究者在研究设计阶段就考虑到了进行显著差异性考察要达到的效果。与此相似的是,使用双尾检验、数量更大的起始水平和小样本标准化离差有助于更强有力的研究。然而,有必要指出的是,犯Ⅰ型错误的代价等同于Ⅱ型错误所产生的损失。在治疗注意力弱的儿童时,由于错误地决定了某种饮食疗法比行为疗法和药物疗法更有效,那么采用这种新饮食疗法的后果和完全否定新饮食疗法研究效果的偏执同等严重。尽管几率水平是研究设计中需要优先考虑的因素,但是研究者还是应该将它的价值和其他统计学、方法学和研究实际中的一些侧面结合起来权衡考虑。

参见 特殊教育研究

PRACTICAL INTELLIGENCE
实践智力

对实践智力进行科学研究的历史并不长(斯腾伯格,1996;托夫和斯腾伯格,1998)。尼斯尔(1976)提出了学术智力和日常智力的理论差异;斯腾伯格、康韦和伯恩斯坦证明了非专业人员和专门的智力研究人员都深信学术智力和实践智力是相互独立的。切奇、莱克尔(1986)和斯克里布纳(1984)早期曾对成人如何更好地完成数学推理任务进行了研究,被试者被安置在自己熟悉的环境中(例如在工厂中填订单)。研究结果表明,传统智力测验中表现不好的被试,如果在工作中每天都能得到指导,再遇到类似问题,便能够解决。

他把实践智力定义为类似于城市环境中巧妙生存的能力,即在切身的、真实世界的方式中来应用一个人的知识的能力。实践智力所需的一个关键因素是隐含的知识(瓦格纳和斯腾伯格,1985,1986;斯腾伯格、瓦格纳、威廉姆斯和霍瓦特,1995),即知识的获得不是通过明确的教导而来。隐含知识有三个典型特征:①是程序上的;②和追求有价值的结果有关;③不是借助他人的帮助而学到的。第三点是隐含知识和学术知识最主要的差别之一。

斯腾伯格、瓦格纳和其他研究者(斯腾伯格,1997;斯腾伯格、奥卡嘎奇和杰克逊,1990;斯腾伯格、瓦格纳和奥卡嘎奇,1993;瓦格纳和斯腾伯格,1986)所做的经验性研究得出了与此一致的几个结论。隐含知识随自身经验而增加;隐含知识与工作表现显著相关,然而与传统智商较少相关;早期研究结果表明,如果想要传授隐含知识,那么这样的训练除了能增长隐含知识外,还能改善实践智力的测量结果。

实践智力对教育来说有多项重要的暗示含义。斯腾伯格、加德纳和其他同事联合起来设计了一项合作计划,叫做"学校实践智力"(PIFS;加德纳、克雷奇夫斯盖、斯腾伯格和奥凯佳奇,1994)。这些作者将实践型天才儿童界定为清楚自己的学习方式;知道如何付出个人努力;理解需要跨越许多不同的专业解决各种问题的必要性;以及人际关系和学业问题都能很好处理的人。作者提出一套包括三个单元的PIFS强化课程:一部分关注自我意识和自我管理,一部分关注任务管理,最后一部分告诉学生如何和他人有效地互动(加德纳等,1994;斯腾伯格等,1990)。这套课程改善了多种测量实践智力的方法。

PRADER-WILLI SYNDROME(PWS)
普来德—威利综合征(PWS)

1956年瑞士生物学家普来德、拉纳特和威利首次提出了普来德—威利综合征(PWS)。此综合征伴随着复杂的紊乱状态,同时它也是一种很少见的生理缺陷。普来德—威利综合征(PWS)的基本特征是婴儿早期的张力过低,生殖腺官能不足,2岁以后体重迅速增加和过度肥胖(卡茜迪,1984)。或许普来德—威利综合征(PWS)最显著的特征是个体长时间专注于食物,同时每时每刻都有想吃东西的冲动(奥托、苏兹巴彻和沃辛顿—罗伯茨,1982;派珀,1978)。这种对食物的极度渴求往往导致普来德—威利综合征(PWS),个体疯狂和毫无选择的饮食,例如,他们会过度地吃肉,吃腐烂的蔬菜甚至是猫食,他们会尽力地搜寻、偷取和贪恋食物(博特尔,1977;克拉利恩和史密斯,1977;戴肯斯和卡茜迪,1996;奥托等人,1982)。

普来德—威利综合征(PWS)患者通常具有奇怪且让人无法预期的行为特征。例如:固执、易怒和沮丧(沃坦纳比和奥莫瑞,1997),甚至是精神错乱(奥托等人,1982)。尽管并不具有持续性,但人格问题、行为错乱、情绪波动现象通常出现在普来德—威利综合征(PWS)患者身上(卡茜迪,1984)。而许多更加消极的行为进一步强化了患者的暴躁个性和贪恋食物的不良习惯。

目前的研究表明,第15号染色体的变异可能是导致普来德—威利综合征(PWS)的根本原因(纳德拉等人,1983)。然而,普来德—威利综合征(PWS)并不是高度危险的症状,同时它可能不带有遗传性(尼森,1978)。其他一些普遍流行的理论则认为,普来德—威利综合征(PWS)是由于脑丘体下部受损引起的,因而普来德—威利综合征(PWS)患者从来没有满足感(克拉利恩和史密斯,1977)。

智力落后(特别是当其处于中度临界状态时),已经被看成是并发症的一种表现(卡茜迪,1984;尼森,1978)。然而,霍尔姆目前的研究报告表明,对于许多普来德—威利综合征(PWS)的患者来说,认知功能更多地表现为学习上的障碍。也就是说,儿童在某些领域比较强而在其他领域却比较弱。这种状况和低能儿童的状况不同,低能儿童则是在所有技能领域的发展都受到了阻碍。

对于普来德—威利综合征(PWS)患者的教育干预应在儿童早期进行。制订的计划应帮助家长控制儿童的饮食习惯。食物和营养的搭配应该成为学校计划的首要目标。教师必须足够细心以保证教室内没有任何食物,包括小食品。以糖果为目标的奖励也应该被其他的奖励形式所代替。学校中所有和儿童打交道的员工,特别是午餐管理人员必须清楚地知道儿童的状况以及多余热量的摄取会对儿童产生的不良后果。应该鼓励儿童尽自己最大的努力远离食物。

在患有普来德—威利综合征(PWS)的儿童的班级中,应该强化和适当地设计身体运动,鼓励儿童在活动中进行相互交流。同时,应尽快弥补学习上的不足,加强学习研究,通过行为矫正的方式来消除或修正脾气暴躁和性格固执等不良的行为习惯(卡茜迪,1984)。中学生应该学生独立生活的技能(例如日常生活中的数学和职业知识),同时学校也应该培养学生逐渐增强控制体重的责任感。竞争性的雇佣很少见,大多数的成人都受雇于非竞争性的组织和中心。无论何时,在任何学校或组织的计划中,都应该密切关注患普来德—威利综合征(PWS)的学生,不要让他们专注于其他人的食谱或是残羹剩饭。

参见 染色体异常;遗传障碍

PRAGMATICS AND PRAGMATIC COMMUNICATION DISORDERS
语用学和语用沟通障碍

语用学是独立于语言结构、规则的关于语言运用的研究,也是和语言运用有关的语言结构原理的研究(杜珊,1995;杜珊、休伊特和索南米埃尔,1994)。语用学的这些规则和原理界定了谁能交流(谈话、书写、打手势)些什么,和谁交流,怎样交流,什么时候,在什么地方,以及为什么交流。语用学包括了语言沟通和非语言沟通两个维度,其规则往往是隐含的,也是灵活的。语用能力包括文字发展能力(人们通常获得的知识结构)和组织能力(综合文字的分层认知策略)(赫德伯格和维斯特比,1993;纳尔逊,1998)。

语用学理论认为,每一次交流活动都包括三个方面:①言外行为意图即信息发送者要达到的某种目标,例如,通知、请求、劝说或者承诺等;②言内行为,即,交流活动中实际使用的词汇和句子结构;③交流活动在信息接受者身上产生言语表达效果(例如,信息接受者是否满足了信息发送者的请求,是否理解了信息)(海恩斯和舒尔曼,1998,赫利特和霍华德,1997;莱恩莫利诺,1992;麦克劳克林,1998;纳尔逊,1998;欧文斯,1996;保罗,1995;沃勒克和巴特勒,1994)。

沟通风格是一种语言变化类型,它区分了不同语境中的说话者。语法正确的正式用语用于学术论文或工作等正式场合;日常用语宜用于日常交谈和某些工作场合;粗鄙的语言被一些人在特殊的情境下使用(姆玛,1978)。

语用沟通障碍包括在沟通风格、编码或文字方面违反语言、非语言、口语和书面语规则。这些障碍会影响交流—学习过程的社交和学业方面。语用沟通障碍在发展性残疾或获得性障碍群体中经常出现,例如自闭症、盲、聋、语言学习障碍、智力落后和情绪行为障碍(杜珊,1995)。天才或有特殊天赋的人也会表现出语用沟通障碍。应当注意的是,沟通语用学存在文化上的差异,应该和语用学语言障碍区分开来。

PRECISION TEACHING
精确教学

精确教学是由堪萨斯大学的奥格登R·林斯利于20世纪60年代中期开发的一套评量体系(麦格里维,1984;波茨、埃什尔曼和库珀,1993)。该体系包括为了评估学生的发展状况,而每天对学生的表现所作的评定和绘制图表。

精确教学可分为四个步骤。第一,将行为进行精确表述,或者提供可供选择的细小要点。对细小要点的陈述,例如"看单词或读单词"。第二步,获取正确信息和错误信息反馈的频率值,并在标准行为图上记录下来。第三,按照期望的行为改变方向矫正当前一些事件。最后,评价绘制出的行为图并根据图上数据的趋势制订出教学指导计划。当然,最后两个步骤必要时应该重复,直到程序与预期目标达成为止。

标准行为图是一张半对数图或等比率图。Y 轴(纵轴)代表了频率,表示每分钟的活动量(活动量/分钟,M/m)。行为的相等变化量在 Y 轴上用频率的相等距离表示出来。因此,10M/m 和 20M/m 之间的距离等同于 50M/m ~ 100M/m 之间的距离,因为它们都代表了 2 ×(2 倍)的变化量。实际上,任何 2 × 的变化量,无论它从 Y 轴的什么地方起始,都在标准行为图上表示出相同的距离。标准行为图可以反映的行为从(0.001M/m ~ 1000M/m)。X 轴(水平轴)的单位就是实际的天数。

数据直接由观察学生的行为获得。例如,单词辨认可每天在阅读时,通过计算学生每分钟读对或者读错的单词量来得到所需的行为数据。同样,在精确教学中,也是这么持续不断地记录数据的。一旦开始阅读了,行为变量就会受到监控,以保证在规定的时间内不会被打扰。

精确教学中所使用的测量原理是加速度(celeration)(彭尼帕克、凯尼格和林斯利,1972),是一些直线测量方式,描述了图表数据的趋势。例如,正确反馈向上或者增加的趋势以及错误反馈向下或者减少的趋势描述了一种期望的模式。精确教学建议,做出某些教学决定需要以可操作为目的,建立在最小可接受的加速度(celeration)之上。实际上,如果教师看见学生的行为不在可接受的最小范围内的话,那么就有必要在课程的某些方面加以改动(怀特和哈林,1980)。

因此,精确教学的程序是最优化的。一旦反馈行为被精确定义、观察和记录的话,自我改进指导系统要素也就同步开始发挥效应了。要达到限制学生某些行为的目的,教师们有时可能无法解释没有掌握足够步骤的失误。这是很自然的,这样的失误表明了应该控制现有的某些教学计划。由于调整教学计划的创造力不够,他们在解决残疾学生的最困难的教学问题时其能力就变得有限。

参见 直接教学;基于数据的教学

PREHM, HERBERT J. (1937 – 1986)
赫尔伯特·J·普雷姆(1937—1986)

赫尔伯特·J·普雷姆是伊利诺斯州奥罗拉的人,他从位于伊利诺斯州福里斯特河畔的康卡迪亚教师学院获得教育与心理学科学学士学位(1959),后来从麦迪逊威斯康星大学获得教育与心理学科学硕士(1962)和哲学博士学位(1964)。

作为一个经过培训的小学教师和有经验的诵读困难儿童的阅读顾问,普雷姆终其一生关注儿童学习问题。作为一位教育学教授,他在多所大学执教 20 余年,主要研究方向为智力落后儿童的有效教学(赫尔施和普雷姆,1977;普雷姆,1967;普雷姆和斯汀尼特,1970)。普雷姆的著作是特殊教育专业博士研究生必读的参考书,也是他作为一个教师和顾问的多年研究经验(普雷姆,1980)。

普雷姆曾担任特殊儿童理事会职业发展部门的助理行政主任和特殊儿童理事会教师教育分部门的负责人。此外,他还是美国智力缺陷协会的会员和杰出教师教育泰德-马瑞尔奖的获得者。他与凯瑟琳·麦克考伊合写的著作《教主流化的学生》(1987),在他 1986 年逝世后的很短时间里获得出版。

PRELINGUAL DEAFNESS
语前聋

语前聋是语言习得之前的深度听力缺失。深度听力缺失的开始年龄是主要因素,因为它牵连到语言的发展。深度听力缺失开始的关键年龄是 2 岁左右(奎格雷和克雷楚玛,1982)。儿童天生聋或 2 岁前致聋就叫语前聋。耳聋指听力损失的程度极重,两耳听力损失达 90 分贝或听力计刻度上处于 -10 分贝到 110 分贝之间(奎格雷和保罗,1984)。

语前聋的儿童依赖视觉作为他们的交际和语言获得的主要途径。由于语言在思维和概念发展方面发挥如此重要的作用(韦伯斯特和埃尔拉德,1985),语前聋的儿童需要强调语言和交际相关的所有技巧的特殊教育项目。

语前聋者远不只是听力缺失。由于它对儿童的交际和语言学习都有很大影响,阻碍儿童各方面的发展,所以是严重的障碍。

参见 聋;聋教育;言语缺失

PREMATURITY
早产

早产指的是婴儿在 37 周孕期完成之前提前出生。

虽然随着围产期保健和新生儿护理的进展,全世界早产婴儿的存活率有所上升,但是早产的发生率在过去20年中没有发生显著变化,存活率仍然保持在大约10%的水平(斯皮策,1996)。

产生早产的确切原因还不清楚。人们猜测是母亲、父亲、胎儿和环境因素共同作用的结果。导致早产的母亲的危险因素包括:孕期高血压、产前出血、感染和胎膜破裂。母亲的社会因素有:社会经济地位低下、年龄不到16岁或超过40岁、有早产史、有反复流产或堕胎史、母亲滥用香烟和酒精、缺乏围产期保健、营养状况不良(斯皮策,1996)。父亲的因素包括遗传原因和年龄偏大。与早产有关的胎儿因素包括先天变异、胎儿疾病和多胞胎。环境因素包括压力、受伤和暴露在导致畸形胎的制剂,如病毒、药物或辐射当中(约翰逊,1986)。早产的原因还难以捉摸,使预测早产比较困难。

孕期早产由神经学特征和身体特征两个方面决定(杜博威茨和杜博威茨,1977)。早产婴儿一般表现出头大、身子小、皮肤粉亮、皱缩和半透明。直到22至25个周孕期时,眼睛才睁开,睁开后的眼睛在脸上显得特别大。腹部扩张,生殖器还没有完全发育(梅伦斯坦和加德纳,1998)。指尖很细,身体表面有细柔毛,皮肤富含脂肪。早产婴儿的胳膊和腿很瘦,肌肉的伸缩性不好,要借助外力支持以对抗地心引力,其肌肉才能舒展开。反射运动只得到部分发展,呼吸和哭泣常常呈间歇性,也很微弱(舒斯特和阿什伯恩,1986)。

P

早产儿的组织器官不成熟,引起了许多临床问题。这些问题包括肺部不成熟、呼吸暂停、脑内出血、胃肠道感染、体重偏轻、无法维持体温及容易感染(梅伦斯坦和加德纳,1998)。

这些临床问题需要集中管理,由一群医疗卫生专家提供全面系统的支持。这样的支持可能包括使用早产育儿保育器、呼吸器,静脉注射营养流质和进行生理监测。目前早产儿的存活率正在提高,有报告称,在23至26周孕期早产的婴儿,存活率已提高到了61%。存活者中,有6%~36%的婴儿完好地生存下来,不会出现长期残疾的状况。婴儿越不成熟,长期并发症发生的概率和严重程度就越大。在26周孕期以后早产的婴儿,其存活率增加,发生并发症的概率急剧减小(戈尔德松,1996)。

早产导致的远期后遗症,与出生前后的并发症及父母—婴儿依恋过程的中断密切相关。长期后遗症包括呼吸障碍、视网膜疾病、婴儿猝死综合征和神经损伤导致的感觉运动发展延迟(梅伦斯坦和加德纳,1998)。

早产导致的其他潜在的长期影响,包括父母—婴儿依恋的缺乏以及成长和发展的延迟。隔离、内疚、害怕和缺乏做父母的技能,会导致依恋的缺乏。通过鼓励和支持早期父母—婴儿的互动以及让父母参与照顾在医院就医的婴儿,会增强依恋。教父母如何与婴儿进行适当的互动,帮助父母理解婴儿的需要,鼓励父母和婴儿之间多进行皮肤接触,这些都有助于依恋的发展(梅伦斯坦和加德纳,1998)。

参见 羊膜穿刺术;出生损伤;出生低体重婴儿

PREREFERRAL INTERVENTION
转介前介入干预

格瑞得恩、凯茜和克里斯滕松(1985)认为转介前介入模式的目标“是在正规课堂中完成系统的干预策略,并在学生正式进入特殊教育阶段以前评价这些策略的有效性”。(378页)转介前介入模式是为了避免实施不必要的心理教育测验,而这种心理教育测验是以判定特殊教育计划的适用性为目的的。转介前介入模式是间接的咨询性质的服务,相对于传统的教师介入、心理教育测验、适应性的确定和特殊教育的安置而言,它具有很多优点(威尔逊、古特金、哈根和奥茨,1998)。

第一,传统的心理教育测验认为儿童的问题来源于儿童自身如:学习障碍、智力落后或人格障碍,而转介前介入模式则认为儿童的问题是儿童的个性与环境、任务的变化相互作用的结果。如果这些环境和任务的变化使儿童的成绩有所提升,并且这种提升的结果能够通过细致观察和解决问题的努力所证实,那么,不需要让儿童离开普通的课堂也能顺利地完成。第二,在传统的实验过程中,如果特殊教育服务对儿童不起作用,那就应为儿童准备更多的资源,但是儿童们不一定从中受益。第三,由于许多测验并不采用教学所用的数据,因此,其结果也并不能对教学有所帮助。而儿童们在日常生活中经常遇到的许多问题,在特定的测验情景中也不一定出现。第四,如果特殊的教育服务对问题儿童来说是唯一有效的辅助途径,那么教师应该在普通课堂中一定的范围内满足儿童的需要。如果教师能够获得咨询性质的服务,那么应该通过间接的方式来帮助儿童。第五,间接的服务方式能够促使达到预防目标。当儿童出现问题时,如果教师能从学校心理咨询师或是特殊教育咨询教师那里得到相关的服务,那么儿童就不会出现更为严重的问题。在传统的测验模式中,儿童的问题不断地被教师强化,直到这些问题严重到足以使儿童接受特殊教育计划为止。最后,教师在咨询的过程中获得了新的知识和技能,而这些新的知识和技能会满足其他儿童的需要。

尽管现在有许多研究评价咨询的有效性,但很少有研究成果表明咨询作为系统性的策略能够减少不适当的特殊教育测验的介入。而加德纳、凯茜和克里斯滕松(1985)的研究中得出了不同的结论,他们发现,实施转介前介入模式的六所学校中有四所都减少了测验和特殊教育设置的介入,而在其他两所学校中,因为缺少系统性的支持,转介前介入模式并没有获得成功。

参见 学前筛查咨询;初级预防

PRESCHOOL – AGE GIFTED CHILDREN

学龄前天才儿童

通过鼓励发掘儿童的潜能,激发儿童学习的兴趣和对其父母提供支持,为学龄前天才儿童提供服务已受到越来越多的关注。一些学者(福克斯,1971;艾萨克斯,1963;惠特莫尔,1979,1980)已经指出,早期缺少帮助和智力上的挑战,是造成这些英才日后成就不高的缘由之一。早期天才儿童的一些课程能够加强其父母和教育工作者之间的早期联系,这种联系能够促进支持性教养子女的实践和支持(卡恩斯史威得尔和林耐姆耶尔,1982)。早期识别和家长训练对于家庭经济情况不好的天才儿童来说尤其重要。

尽管存在这种需求,但专门为3～4岁的学龄前儿童设计的课程仍然很少(罗德尔、杰克逊和鲁宾逊,1980)。有几个因素说明了这类课程为何如此稀少。第一,州和联邦政府缺少对学龄前天才儿童提供适当教育的措施,很少有系统性程序能实行早期识别和提供服务。第二,目前对于3～4岁儿童进行英才鉴定的可用方法,其信度和效度已经遭到批评家的质疑。第三,年幼天才儿童的父母通常在早期服务中很难获得有关被推荐人的特征、可利用的服务和对辩护的需求等方面的信息。

然而,回顾一下关于英才教育的现存文献,反映出人们渐渐认识到了早期天才儿童的特殊需求(卡恩斯,1983)。具有重要意义的主题包括识别程序、特征、课程和文化问题(桑德尔、麦卡利斯特和纳什,1993)。

通过与具有相同年龄、性别和文化群体的其他儿童进行对比,很容易观察到年幼天才儿童的特征。从认知方面来说,天才儿童会说高级词语,能表达完整的信息,很早就对书本和数字感兴趣,注意力持久,持续而有创造性地解决问题,生动的想象力,宽广而浓烈的兴趣,对细节无认知(莫斯和斯特雷耶,1990)的非凡记忆力,满脑子"为什么"。

同样,许多天才儿童在社会情感方面也有一些特点,比如,喜欢与年龄大的儿童进行交往,渴望强烈的情感和高层次同情的移情作用,这些特点使得他们面对压力时比较脆弱。另外,由于天才儿童的不平衡发展,他们或许会变得令人失望。比如,他们超前的思维和一般的精细动作能力协作产生的作品往往未能达到他们的目标。基塔诺在一些就读于天才幼儿园的儿童身上发现了竞争性和完美主义的特征,这些社会—情感脆弱性也许可以从他们内向、害羞、攻击性或惹人注意的行为中表现出来。

给在小学阶段天才儿童实施的方案被成功地运用到幼儿园阶段。例如,尚佩思—乌尔瓦纳伊利诺伊大学的方案(卡恩斯和伯奇,1978;卡恩等,1982)已经包括了"智力结构"课程和开放教室模型,亨特学院(坎普,1963)和新墨西哥州立大学(基塔诺和柯比,1986a,1986b)的方案让学生学习单元课程和独立作业。阿斯多尔方案(恩儿利希,1980)强调更高层次的布卢姆式(1956)分类技能,也注重学术能力和创造性研究。泰勒(1968)的多元才能发展模式和伦祖利(1977)的强化三合一模式已经被应用到了学前期天才儿童的课程中。

参见 天才儿童学业不良

PRESCHOOL ASSESSMENT

学前评估

为3～6岁幼儿进行的学前评估被称为"确定实用能力和建立可行目标的持续的、从一般到特殊的过程"(巴尼亚托和尼斯沃斯,1981,7页)。人们普遍认为,进行学前评估是为了确定服务的合适性、获得个人课程发展的信息和评价课程的效果(奈斯沃斯等,1980)。以这些作为总的基本目标,学前评估包括筛选课程,但它也包括对发展的长处和弱点进行深度和广度的分析、教学目标的设定、对儿童在特定干预计划中的进步进行评价。

要有效地实现这些目标,学前评估应由多元向度评量方法组成。它涉及发展信息的综合,从多元方法、多元来源到多元领域(包括认知、社会性、语言、运动肌以及适应性行为领域)。在幼儿园阶段,对于这种多元向度的强调是必须的,因为对于正在经历快速的行为和发展变化的儿童来说,普遍的分数和评估方法缺乏信度。

常模参照学前测验产生出发展年龄和代表儿童技能发展最稳定水平的标准分数(巴尼亚托和内斯沃兹,1981)。这些测验描述了发展领域中的优缺点。标准分数有时被称为IQ分数(来自韦氏学前智慧量表与斯比智力量表),但它们常会有一些可供选择的名称(如考夫曼儿童智力测验中心理过程的索引与麦卡锡儿童能力量表的普通认知索引)。无论用何种名称,整体的标准分数被认为是代表与后来IQ分数相似但又不同的一种结构(麦卡锡,1972)。这些预测后来IQ和学校成绩的工具的能力是一个重要的理论与实践问题,并备受争议(布拉肯,1994)。考虑到这个问题,所有的在学前阶段进行的普通比较必须要在理解行为变化对分数影响的情况下才能进行。

同样,在学前阶段,平衡正式的测试方法与非正式的"限制测试方法"、"测—教—测"方法是必须采用的。主张这种动态评价体系(里兹,1982)和适应过程评价(巴尼亚托,1981)的人认为,应该用一种灵活而系统化的方法来评估儿童完成任务的能力。他们特别强调,需要把改变结构化行为的活动作为特殊损害的补偿,并且允许可选择性的响应方式。因此,这种不怎么正式的方法把测试和教学结合起来作为单一诊断过程的一部分。在进行标准形式的测试之后,运用这些方法在标准化且适合的条件下为比较学龄前儿童的成绩提供了基础。

自然观察和访谈方法构成了非测试学前评估的基础,提供了影响学前儿童环境方面的信息。《学前水平的社会评估手册》(SAMPLE)(格林伍德、托德、沃克和霍普,1979)是指导在幼儿园教室里进行结构观察的工具。对环境测量的观察(HOME)是进行家庭观察的方法。另外,还有数目众多的发展列表,构成了来自老教师和家长的发展性关怀的分析(林德,1983)。这样的程序在揭示成人对儿童发展的感知、他们的教学和应对策略、信仰体系、目标和照管技能诸方面都是必需的(巴尼特,1984)。

考虑到学前教育评估程序的复杂性,显而易见,确定可行性和建立教育目标所涉及的远远不止进行标准测验。同样,传统测试分数在评估效果上的缺点也被列举出来并且受到了关注(布拉肯,1994;基奥和希恩,1981)。

参见 学前筛查;学前特殊教育

PRESCHOOL SCREENING
学前筛查

学前筛查是用简单而成本低的方式对3~5岁儿童进行评测,以鉴别出哪些存在潜在风险。学前筛查是以这样的假设为前提的,即早期干预对成长可能产生重大的积极影响,存在成长问题的儿童必须被精确地鉴别出来,因为他们的问题正在恶化,而且这种早期鉴别和干预的实施无需花费巨资(霍兰和梅里尔,1998;利希滕斯坦和艾尔顿,1984)。虽然在医药领域也同样频繁地使用,但特殊教育和相关领域的筛查涉及与以后的学校成就和社会适应相关联的风险因素的早期鉴别。由于许多童年时期的健康问题比如中耳炎所导致的复杂结果(曼德尔和约翰逊,1984),所以从多个学科中提取的筛查方法被认为是最全面的(埃尔德和玛格瑞布,1980)。

筛查分为两个过程(利希滕斯坦和埃尔顿,1984)。第一个过程是外延服务,即最初与父母、专业人员、学前教育中心和社区机构接触,告知他们提供服务并安排学生参与筛查。用来表示这个儿童的初始位置的其他说法是"儿童寻找"(哈宾、达纳赫和德里克,1994;迈泽尔斯,1980),引自《残疾人教育法案》H部分的规定和"事件寻找"(巴恩斯,1982;哈林顿,1984)。主要目标就是要定位一个目标人群,并在实际的筛查过程中使尽可能多的人参加。

第二个过程是对那些符合要求的儿童评估,综合信息及需要确定进一步评估。总的来说,这部分的组成是基于以下几点:①需要被回答问题的种类;②需要被评测的障碍状况的类型和严重程度;③儿童的年龄;④可利用仪器的精神分析的特性(哈林顿,1984;斯科特和霍根,1982)。具体来说,筛查活动应该确定儿童是否在一个或多个领域(认知、感觉、运动原、社会情感、说话的能力和语言表达能力)存在相当程度的迟缓,以至于被认为存在风险,需要做进一步的诊断。如果这样的话,筛查应该就什么类型的诊断评估需要肯定或否定筛查效果提供发展方向(霍洛维茨,1982)。障碍条件应该有一个普遍的足够高的几率以判断需要筛查的儿童人数,但往往达不到每个儿童都必须接受诊断评估的程度。另外,应该针对儿童的年龄选择工具,这些工具应该有很好的信度和效度。筛查工具的精确性并不像诊断工具那么严谨,因为从它们得来的结论具有普遍的性质。布罗斯(1985)、哈林顿(1984)、利希滕斯坦和艾尔顿(1984)对各种筛查体系和方法、心理测量的特点和作用都作了评论。虽然团体和个别化管理手段在这些资源中得到了评论,但应该认识到个别化管理最大化了学龄前儿童测验结果的有效性(雷诺兹和克拉克,1983)。

通常将筛查结果分为筛查阳性(被认为存在着高风险并且需要进一步评估的儿童)和筛查阴性(被认为是低风险且不需建议的儿童)。基于筛查判断的准确性和在诊断评估中儿童对标准测量的实际表现,对每一个被筛查的儿童来说可能有四种结果:①需要特殊服务,建议进行治疗;②需要获得额外帮助;③考虑到筛查中存在的误差,建议儿童接受治疗,但无需提供特殊服务(一个错误的或过渡的建议治疗错误);④不建议治疗但需提供服务(一个错误的或没能给出足够的诊治建议错误)。为了评估特定筛查系统的影响,必须要确定被建议去诊治的儿童是否是按照计划的情形去做的,是否有可选择的程序更能成功地完成这个任务。另外一些相关的争议包括,所用的测量标准的适用性,筛查过程中存在偏见的可能性(雷诺兹和克拉克,1983),以及尽可能让家长参与的策略。

长期以来存在这样一种认识,即父母在满足他们的孩子的教育需求上是极其重要的,他们可能在筛查的每个阶段都被要求参与(利希滕斯坦和艾尔顿,1984)。不仅《残疾人教育法案》(IDEA)第二部分授权父母参与,而且父母们还获得了关于自己的孩子发展的特定方面的丰富的信息资源,这种资源是通过其他途径无法得到的。父母也能确信,对自己孩子的评估在文化上是胜任的。从对家庭到课堂环境影响的筛查是一个正迅速增长的研究领域和临床关注的领域(阿德尔曼,1982)。

参见 领先计划;学前评估;学前特殊教育

PRESCHOOL SPECIAL EDUCATION
学前特殊教育

学前特殊教育是对 0 ~ 6 岁的残疾儿童进行的医疗和教育服务。这种服务旨在为处于关键发展期的各种残疾儿童提供最适宜的学习经验。许多儿童发展机构已经证实学前教育对残疾儿童未来成功的重要性,他们强调儿童从出生到五六岁是生理、感知、语言、认知及情感方面快速发展的时期(勒纳马代尔 - 克祖得诺斯齐和戈登堡,1981)。这些早期的发展对残疾儿童来说尤为重要,因为越早鉴别出这些儿童的残疾并开始进行教育,那么减少残疾对儿童和社会的影响的机会也就越大。近来由豪斯儿童、青少年和家庭选择委员会起草的一个报告声称,在学前特殊教育计划中每投入 1 美元,就会为日后的特殊教育减少 3 美元的开支。

除非为这些残疾学前儿童提供合适的服务,否则对他们进行识别、筛查和评估就是毫无意义的工作(霍布斯,1975)。一旦对某个儿童做出鉴别,而且诊断的信息齐全,那么,必须要为其安排合适的项目与课程。目前,有许多不同的课程开发模式可以采用,这些课程都有其广泛的哲学基础。

学前教育项目是由各种各样的理论假设逐步演化而来的,从儿童发展模型到精确教学法和系统化教学,都被包括在项目内。这些方法可以用于不同的人或不同的环境,且表明其有用性。儿童发展模型主要是一种强化模型,目的是像正常的学前项目一样,提供多样化的活动中心。领先计划的许多程序也遵从这一模型,这对轻微的残疾儿童非常有意义。感官—认知模型基于蒙台梭利的研究,注重设计适宜儿童发展水平的材料,这些材料被安放在精心构建的环境中。还有些项目基于语言—认知模型,主要来源于皮亚杰的发展理论,强调精心安排的师生互动。重度残疾儿童常常受益于高度结构化的系统教学项目,这些项目依赖于详细的任务分析与行为理论。

残疾儿童的年龄常常受教育服务地点的影响。由于远距离接送婴幼儿非常困难,许多课程只得基于家庭进行,由教师到学生家里施教。随着儿童年龄的增长,项目开始在中心执行,由儿童参加学校项目或采用家庭和学校项目相结合的方式。影响教育服务地点的另一个因素是地理位置。在人口稀少的农村地区,合理的学校距离内可能没有足够数量的学生。因此,与大的城市地区相比,农村地区的残疾儿童可能更多地依赖于家庭的服务。

学前特殊教育项目中的实际课程内容根据儿童的需求而变化。然而,在大多数情况下,这些项目是以一个或一个以上的方法为基础的。一些学前特殊教育课程围绕改善缺陷的方法来设置,它们基于儿童问题的评估开设课程,课程的内容以矫正鉴别到的缺陷作为指导。另一些项目运用了基本的技能领域方法。这样,课程围绕一些技能或过程来设置,比如注意力、语言、感觉动作技能、社交技能、知觉听觉过程、大动作和精细动作的技能、自理能力和记忆力。发展性任务方法使用系列的常态发展来开设课程。这种方法中的内容,范围是那些经过任务分析和排序的广泛的儿童发展种类。最后,教育内容方法同学业内容范围一起运用,它根据学业前或学业内容确定学习的范围。最常被包括的领域是学前阅读、数字、音乐、艺术、舞蹈、游戏、讲故事、社会学习和自然。在许多情况下可以将这些不同的方法结合起来,开发合适的教育项目(伍德和赫尔利,1977)。

对于任何学前特殊教育项目来说,一个重要的内容是父母参与。就像谢弗(1977)提出的,在子女教育上有几个原因涉及家长。父母是消费者并且常常希望参与孩子的教育。当父母学会怎样教育孩子时,他们就能把学校所学的东西带到家庭里去。这些教育技能同样能被用于新的环境,用于残疾儿童的兄弟姐妹,使父母更好地成为所有儿童的教育者。研究表明,儿童们取得的显著成绩常常随着学校课程的结束而丧失。

近年来的研究已经证实了学前特殊教育课程对残疾儿童产生的效果。卡内斯(1981)等人提供了一篇关于对学前特殊教育效果进行检查的多项研究的评论。虽然斯基尔斯和戴伊的早期研究存在一些方法逻辑上的问题,但他们的研究大体上表明,早期激励和学前参与对儿童的成长速度做出了明显的区分,这些收获能随着时间的流逝保持很久。研究表明,如果保持高标准的质量(施温哈特和魏卡特,1981),那么多样化的课程模式在促进学校成功方面同样有效。另外,包容性儿童项目得到了人们极大的支持(卡瓦拉罗、巴拉德-罗萨和林奇,1998)。

关于佩里学前课程的一个纵向研究,为学前特殊教育课程提供了强有力的论证。考察对象是3岁至上学年龄的123名儿童。经研究发现,那些参与学前教育的儿童能取得更高的学习成绩,获得更强的动力和更少的特殊教育项目安置以及更少违反规定。对佩里学前项目经济上的利益成本效果的分析表明,当考虑儿童参加学前教育的时候,从教育上更低的成本消耗,从项目增长带来的好处以及节省妈妈的时间来说,能获得最初投资248%的回报。

目前有许多关于学前特殊教育项目获得成功的报告。尽管这些项目在它们服务的群体、理论基础及课程内容方面存在诸多不同,但是它们的效果都已经得到证明。认识到这些好处并支持所有残疾学前儿童的教育项目是非常必要的。

参见 学前评估;学前筛查

PREVENTION, PRIMARY
初期预防

这个术语涉及通过建立医疗和社会项目来减少残疾状况的发生或流行而尽的各种努力,这些项目试图改变那些对其发展负有责任的状况。

巴顿、佩恩和贝尔尼-史密斯(1986)指出,每一种原因都已找到具体的预防措施。对于预防最富有成效的方法包括传染病的预防、产前监测和新生儿筛查。这些方法的结合在阻止不同的障碍状况上似乎比单独的方法更为有效(塞尔和贝内特,1977)。预防常常在确定原因的框架内得到处理。最大的原因似乎来源于产前和中毒、创伤和物理因素、新陈代谢和营养的不均衡、大脑疾病、出生前未知因素的影响和染色体的变异(格罗斯曼,1983)。

在约定期间实施的预防测量能够明显地减少遗传性疾病、先天性疾病、认知性以及其他的先天性障碍。适当的产前照顾和对可能的遗传疾病进行分析是在妊娠期间进行预防的两个基本方法。然而对于在医院生产的妇女来说,每四个人当中就有一个在怀孕期间从没有得到过医师的照顾护理(科克和科克,1976)。在围产期预测出生时可能出现的潜在问题能够避免问题的发生。

环境干预、合理营养和避免危险是童年时期的主要预防措施。例如,有报道指出,饮用水中的铅与智力落后有很大的关系(吉尔哈特,1980;内德勒曼,1994)。

血液检测技术可以用来鉴别一些通过常染色体隐性基因或者X连锁性染色体引起的状况。特内、希金斯、克里格、施米克和韦斯(1981)利用一些检测程序,鉴别了由于缺乏一种酶而引起的7种代谢性障碍。由于在大多数情况下发生的概率很低,携带者十分稀少,以至通常的检测程序必须包含很大数量的人群才能有效(韦斯特林,1986)。因此,基因监测技术绝大多数情况下通常由那些已经有一个患有先天不足的儿童或者知道家族中存在这种情况的人们所采用。

胎儿出生前进行的检测可发现100多种遗传性疾病(塞尔斯和贝内特,1977)。羊膜穿刺术(抽吸一些围绕胎儿的羊水来进行细胞检测)可用来检测三种类型的问题:通过染色体结构来检测的问题、由于酶的不足引起的问题以及神经毛细血管的损伤引起的问题。米伦斯基(1976)曾暗示,那些35岁以上的妇女,配偶中有一位是染色体平衡易位的携带者以及已有一个患唐氏综合征儿童的夫妇,是通过羊膜穿刺术使用羊水诊断常见的三个群体。使用胎儿镜观察胎儿,医师把一个细管插进母亲的腹部来检查胎儿的各个部分。这对确定是否存在障碍的身体特点的确认可能是有用的。通过密度差别包括利用超声波来描绘胎儿的大致形状和鉴别缺陷(脊椎缺陷及头小畸形等)结构可以使用低电压图像技术。通过对第一个孩子Rh阳性或者流产过的Rh为阴性的母亲进行Rh伽马球蛋白的注射,可以阻止Rh的不亲和性。

新生儿筛查测试能够鉴别出许多带有先天性新陈代谢异常(半乳糖血症及苯丙酮酸尿症等)的婴儿。在一些例子中,可以通过改变饮食来预防智力落后(卡彭特,1975)。通过出生筛查,使用同样的血液样本,同样能够检测甲状腺机能减退症(迪索等,1975)。在前六个月中,由于一些诊断指示剂被逐渐利用起来,在以后的婴儿检查中,新生儿检测应该与其他的检测一起进行。

远离特定的物质(如毒品、酒精和X射线等)是预防某些疾病的唯一有效方法。有时候隔离行为是预防的唯一办法,比如在HIV/AIDS例子中(凯利和墨菲,1993)。预防性的接种疫苗能够抵御一些病毒的侵害(风疹、梅毒等)。然而,据统计,美国有25%以上的儿童、更大些的女孩和年轻的妇女不能抵御风疹(吉尔哈特,1980)。剖腹产用于分娩时患有疱疹的妇女。能被预防的产后原因包括头部的直接损伤、脑出血、脑部损伤、引起脑炎和脑膜炎的感染以及电击。尽管对慢性营养不良在智力发展中的作用仍存在争议,但是已经有证据表明,它能导致更大的感染风险,增加来源于其他因素的疾病的可能性(韦斯特林,1986)。

参见 遗传咨询;早产

PREVOCATIONAL SKILLS
职前技能

中学的残疾学生在学习职业的概念时可能有困难,因为他们还没有掌握必备的基本技能,这些技能是许多职业活动的基础。

一个学生在职业课程上的成功受其对学习课程的准备程度的影响。学前准备技能常常被鉴别为职前知识和态度。布罗林和科考什卡(1979)鉴定了三个包含22种主要能力的课程领域。这些领域和技能是:①日常生活(如:管理家庭财务、关注个人需求以及从事公民活动);②个人社交能力(如:人际关系、解决问题能力和独立性);③职业指导和准备(如:了解和探索职业前景、工作习惯和个人行为;能够去寻找、获取并保住满意的工作)。

有些因素可以作为残疾人职业发展的预测。这些因素包括基本学业技能的成绩、适应性行为、语言表达方式和交流技能、职业一览表方面的表现和职业行为的范例(福恩斯,1982)。对这些预测器的更进一步的观察表明,通过在与工作相关的背景下评价他的学业和社交技能来评估一个残疾人的职业潜力是很有价值的。在课堂上学到的知识不能普及应用到工作中。有希望达到学业能力普遍化的一个步骤是发展一种评估应用性学业和社交技能的技术。内夫(1966)为评估残疾学生的潜在工作能力提供了4种方法:智力测验、工作分析、工作样本和情境评估。

参见 职业评价,职业康复;残疾人的职业培训

PRIMARY IMMUNODEFICIENCY DISORDERS
原发性免疫缺陷疾病

与健康相关的疾病分类包含了50多种显著不同的、由遗传决定的疾病但不包括艾滋病毒、艾滋病或者由化学疗法引起的次级起因。这些疾病的发生率从1/500~1/1,000,000,至今在美国大约已鉴别出25,000个病人。这些疾病影响了免疫系统,虽然绝大部分是先天的(病人生来就如此),但是这些症状直到成年才会明显。

或许患免疫缺陷疾病最著名的案例是德克萨斯州休斯顿的"泡沫男孩"大卫。这种疾病的特殊类型干扰到他的免疫系统的几个方面,其免疫系统对所有的病毒和细菌都有很强的敏感性。大卫在一个无菌的环境中勇敢地生活了12年。虽然在20世纪50年代中期首次发现他的免疫系统存在缺陷,但是大卫痛苦的经历促进了我们对免疫缺陷、自身免疫系统疾病、癌症和感染过程的整体了解。

像大卫一样,带有原发性免疫缺陷症状的儿童和成年人容易感染传染性疾病。有些人在免疫系统修复好之前经历了慢性的、复发的、罕见的、侵入的或严重的感染并伴有多种并发症。通过替换丧失免疫的那部分系统来治疗这些疾病。例如,对那些带有X连锁型球蛋白性贫血或常见变异型免疫缺陷的病人静脉注射两种球蛋白(IV-IC;一种来自淤积的血浆制剂并含有抗体的产品)。带一种特殊症状的病人被第一个进行基因治疗,在他身上去除了感染的细胞,并植入正常的DNA。当这些细胞被再植入病人体内时,他们的不适症状会得到减轻,就可以减少对昂贵的、复杂的药物治疗的依赖。与大卫的故事类似,这些病人都为一项非常有前景的新的研究领域做出了贡献,可能会有助于很多由基因决定的疾病的研究(如囊性纤维化和镰状细胞性贫血等)。

根据个人的基本情况,可能要求其他的特殊需求。不是由于免疫力障碍的直接结果,而是由于重复感染所发生的后遗症。特殊需求是特殊的饮食、频繁的进餐或者由于消化不良需要特殊病房、走廊出入口或者为药物治疗管理而安排的护士来访,或者为了减少缺席而进行的分班安置。

在学校的体制内,医生、病人和家人应该能灵活地工作,如果可能的话,围绕重要的事件和日期,安排例行的护理。然而,在他们的生活中,为了要达到病人自己设定的目标,他们同样需要依靠耐心、同情心和别人的理解。

参见 慢性病;图像罕见病组织;罕见病办公室;

其他健康损伤

PRODUCTION DEFICIENCY
创作力缺失

创作力缺失与调解理论具有紧密的联系(弗拉维尔,1970)。调解涉及初始的激励事件和最终的响应之间的某些过程的干预(里斯等,1970)。需要特殊教育的学生常常不能"调解"或者使用其他相宜任务策略作为学习过程的中级步骤(托格森,1977)。这样的无能可能是由于特殊需要学生是缺少目标导向动机的被动学习者(托格森,1977)。或者是学习环境没有激发起学习者的中介干预(科租林和法利克,1995)。

这个领域的另一项研究已经导致了一种对前面提到的内容进行可选择的解释;特殊需要学生较差的学习成绩可能反映了一种创造缺陷。创造缺陷表明一个学生本该会使用调解策略或者其他策略但是却不能自然而适当地利用它。鼓励这些儿童在元认知和相关过程中进行一些训练是可行的。

PROFESSIONAL STANDARDS FOR SPECIAL EDUCATORS
特殊教育工作者的专业标准

特殊教育教师的专业标准是为从事特殊教育工作者制定的行为条例和指导方针。能力标准的出台是提升服务质量、使专业更为出色的尝试。1966 年,特殊儿童理事会出台了关于特殊教育工作人员的专业标准。1979 年,该理事会制定了特殊儿童教育工作人员的指导方针。这些标准并没有包括正式的可定义的能够决定一个教师已经获得必要能力的标准。理事会后来出台了一系列标准,一般要求特殊教育应由三个方面构成:伦理规则、专业实践和培养特殊教育职员的标准。这些政策描述了特殊教育专业人员的哲学观点,专业工作者应该在工作中所展示的技能,培训机构应该怎样最好地培养未来的特殊教育教师。

一旦标准出台并且得到贯彻实施,特殊教育领域的专业人员需要全神贯注于以下三个领域。第一,在职教育与继续教育的发展必须强调该领域里已有工作人员所需要的技能(斯特德曼、史密斯和宝考姆,1981)。第二,正如格尔斯登(1985)所说,必须尽力强调那种教师的技能确实与具有特殊需要的人们有关系(恩格勒特,1983)。为发展大量的技能和标准,对专家(赞恩苏尔泽、阿扎罗夫、汉登和福克斯,1982)就发展专业技能进行访问调查是有用的,但由于不能确定这样的技能是否与学生的进步有关,所以这种策略是远远不够的。第三,必须不停地更新与改变标准(特殊教育职前人员标准,1983)。通过评估,随着需求升级,把它们融合到培训特殊教育教师的机构中去,这个标准将成为培训特殊教育教师必不可少的一部分,以达到培养他们的最初目的——培养合格的专业人员,最大程度上促进有特殊需求的人们的进步。

参见 伦理学;教师效能

PROFILE ANALYSIS
个人能力测验图分析

个人能力测验图分析是基于辅助测试和测试量表,对散点图以及个人不规律表现的评估。无论何时,针对特殊领域内个人表现能力的描述应通过测试产生,在一个正式的或非正式的基础上对个人能力测验图进行分析是有可能的。因此,从无数的智力、成就、人格、态度以及职业兴趣测量得到的分数结构能够通过对在辅助测试中的相对位置和相互的标准中进行分析来解释(戈尔茨坦和赫森,1954)。

十分重要的是个人能力测验图分析依赖于在子测试或辅助测试中存在的统计上的显著差异。因此,在能够对应试者是否获得了较高的或较低的 IQ 分数、标准的分数或者辅助测试分数做出评论之前,必须对标准测试或辅助测试之间的巨大差别进行提示。辅助测试或者标准之间的统计上的巨大差别表明了这些差别与其说是由于测量上的错误引起的,还不如归结为有代表性的子测试或标准所带来的能力差异。

即使存在统计上的差别,已生成的想法也必须简单地看作一个假设,以核对关于此受测人的其他信息。因此,第二个原因就是,进行个人能力测验图分析时,应该考虑到不平均的分数可能由许多原因引起,包括辅助测试的不稳定性、测试者或环境的变化、背景因素、身体上的残疾以及少数群体的状况(萨特勒,1982)。换句话说,专家们一致认为,在判断认知能力特定的强项和弱点之前,只有当被测试者的整体行为得到评估以排除其他因素的影响时,个人能力测验图分析才是有意义的。

参见 智力测验

PROFILE VARIABILITY
个人能力测验变化

个人能力测验变化最早是由普莱克、雷诺兹和古特金定义的,是测试散点图(在各种各样的心理测验和教育测试之间或内部的个人测试分数变化)。在任何多标准评估设备的辅助测试中,它是作为一个诊断辅助用来确定个体行为内部测试的变化程度的。

测试散点图典型的由范围(由一组测试中一个个体的最高分减去最低分)来决定,或者由在所有处理的测试中,统计数据很大程度上偏离个体的有意义的测试分数值来决定(后者有时被认作不正常迹象的数量值,或者 NDS)。个人能力变量在一些方面与变动范围相类似,但是它更精确,更稳定,比以前的散点索引值更加有效。个人能力变量指对个体进行的所有测试的数据。它并不像变动范围一样局限于两个最极端的分数。

个人能力变化值的计算方法是简单的,因为它是一个人在多于一个测试中的一组分数,因此,它就叫做个人能力变量。对一组或一个群体中的每一个个体的个人能力变量能够用下面的公式计算出来(普莱克等,1981):

$$S^2 = \sum_{j=1}^{k} \frac{x_{ij} - \bar{x}_j}{k - 1}$$

此处 S^2 = 个人能力变量

x_{ij} = 第 i 个人的分数,j 为测试或辅助测试序号

$\bar{x}_j$ = 第 i 个人所有参与的测试(k)所得的平均分

k = 所有参与的测试数目

然后,所得的结果就可以与一个测试或一些其他群体的标准样本数据相比较,来确定这个个体的能力变量是一个不寻常的事件还是普通的事件。在一个研究环境中,知道一个群体的平均 S^2 值与另一个群体的平均 S^2 值在统计学上的显著的水平是否存在差别或许同样是有意义的。普莱克等人已经开展和描述过关于这种差别价值的测试(1981)。

参见 个人能力测验图分析;测试散点图

PROFOUNDLY HANDICAPPED, COMPETENCIES OF TEACHERS, OF

重度障碍学生的教师能力

重度障碍(PH)学生可能包括那些被贴上极重度智力落后、自闭症、聋—盲、重度多重障碍或重度情绪障碍标签的那些学生。近年来,教育这类学生的教师应具备的能力或技能已日益引起重视(伯克和科恩,1977;霍纳,1977;东南区域联盟,1982)。

在行为规划和行为管理领域,被认为最重要的一些特殊能力包括任务分析的发展、行为矫正技术的理解以及处理突发性事件的能力。此外,在该领域,有关合适的获得知识策略的发展、维持和行为概括的能力,精确地测量行为与潜在的能力(格雷沙姆、麦克米伦和赛珀斯汀,1995),都被认为是非常重要的能力。

引导家长参与教育计划以及作为家长指导人员发挥有效作用常常被认为是重度障碍学生的教师应具备的能力。

具备一项不间断的学习评估的能力是很重要的。掌握仪器使用的知识,了解筛查、诊断和教育评估的适当程序,以及理解和解释诊断结果的能力都是必需的。

教学的实现是一项附加的能力,包括开发和挑选教学材料,每天在最佳教学时间给予指导,以及快速且高效地掌握所需技能。

需要掌握医学方面的知识。使用改良仪器、管理药物以及为重度障碍学生提供帮助常常是老师需具备的技能。

在教育重度障碍学生的过程中,理解正常的发展顺序和早期的学业学习过程是极为重要的。

还有一项经常提到的能力是与其他专业人员交流沟通和有效合作的能力。其他的能力还包括监督指导辅助专业人员,理解并应用学校和社区中的支持性服务。

最后还包括理解认知、语言、社会性、动机和行为发展,掌握临床症状方面知识的特殊技能。尽管重度障碍学生的教师被认为应该掌握多项技能,但以上所述大多数技能都基于作者、专家组的观点,引自专业文献。

根据特纳的观点(1971),判断教师实践效力的最高标准是判断一段时间内对有学习障碍学生所开展活动的效果,而不是根据教师基于理念所开展的活动。因为所建议的教师技能,其有效性实质上是经验研究的结果。

回顾以上所述各项能力,显然很多条目对所有教师尤其是特殊教育教师来说都是需要掌握的。然而,重度障碍学生的教师更应该精通并熟练掌握这些技能。桑塔格、伯克和约克提出(1973),教师应具备的能力水平和学生的实际能力水平之间应该呈正比关系。因此,重度障碍学生要想达到他们的最佳发展水平,他们的教师也应该比普通教师或其他特殊教育教师具备更高的能力。

参见 能力测试;轻度智力落后残疾学生的教师的能力;教师培训

PROGRAM EVALUATION

项目评估

在过去 20 年间,项目评估在中小学教育中是一个

非常活跃的领域。它能如此活跃,主要是因为公众对项目所起作用的关注,以及对专家提供优质项目、对结果做出说明等服务的强烈要求(克龙巴赫,1982)。尽管还没有普遍的定义,但项目评估仍具有以下两个基本特征:能系统地、有目的地对一到多个相关重要的评估问题收集数据;利用评估结果判断项目是有价值的(罗西、弗里曼和赖特,1985)。

在特殊教育界,项目评估在全国地方学区这一级备受关注,并且越来越活跃。学校管理人员、教师以及校外咨询人员一起,都应共同参与到该项活动中来。项目评估在地方如此蓬勃发展的一个重要原因,是1983年12月在圣·路易斯召开的为期两天的全美特殊教育项目评估大会(特殊教育管理者理事会,1984)。这次大会得到了美国特殊教育管理者理事会和特殊教育与康复服务办公室的联合赞助。在这次大会上,不同的支持者提交了四种已获验证的地方级特殊教育项目评估模型。有100多位来自全美各地的特殊教育管理者和监督者参加了大会的小组讨论,相互学习这些实际操作方法。会后,地方学区的申请人员和单位经审批通过。随后,各种模式的项目评估于1984年在全美大约20多个地方展开试验。

这些领域测试的个案研究结果与1985年和1986年由各州自主通过的地方特殊教育项目的辅助评估结果,以及特殊教育项目评估的专业出版物一起,构成了该领域迅速发展的几个重要类型和特征。这些类型和特征从特殊教育项目评估过程的以下方面体现出来,即评估工作的焦点、方法、程序和指导特殊教育项目的工具,以及对评估结果应用的增强。

对特殊教育项目评估信息运用的强调,似乎是实践人员不断要求项目获得实施的积极结果。关于这一点,人们认识到撰写简洁的评估报告是非常重要的一个方面,由于目的是面向学校工作人员,因此撰写报告时应该使用非技术性语言;应该尽可能多地使用叙述性语言,并配有清楚的表格、曲线图、数字和其他表现要点的陈述方式。最重要的是,项目方案中的建议必须详细,包括如何执行下一步计划;必须清楚,下一个步骤是如何得出的。为了促进信息资料的使用,人们认为评估专家和被评估对象有必要定期举行小组会议或讨论会。

参见 学校效果;特殊教育监督

PROJECT ON CLASSIFICATION OF EXCEPTIONAL CHILDREN
特殊儿童的分类计划

20世纪70年代初,尼古拉斯·霍布斯受邀管理一个针对特殊儿童的分类和贴标签实践的系统评论。此计划由10个联邦机构发起,由当时负责健康、教育及福利的秘书艾略特·理查森组织,这个评论有几个目标。

第一个目标是增进公众对给残疾人分类和贴标签相关问题的理解。第二个目标是为公共政策系统地做出说明,包括管理准则方面的建议。第三个目标是教育那些最终要为特殊儿童群体提供服务的专业人员(霍布斯,1975a)。

《儿童的未来》(霍布斯,1975b)一书对特殊儿童分类计划做过详尽的报道,计划包括所应采取的行动、计划实施者、服务成本以及完成这一计划所需花费的时间。

该计划成员们的特别建议包括为建立综合分类系统这一目的成立一个国家顾问委员会。作为此系统的一项结果,应该有助于增进对特征复杂性和残疾条件的病原学的理解。该分类系统中建议的变化不被认为是最终产品,而是作为改进服务,为残疾个体及其家庭安排计划的手段。

历史上,曾出现过与残疾人口的分类系统相关的大量争议。自从20世纪20年代初第一本特殊教育教科书被引进以来,对分类系统就提出了更精确的要求(考夫曼,1981)。

目前,在有关文献中几乎没有多少证据证明特殊儿童分类计划的建议已经在国家水平上得到执行。在一些领域,由该计划报告确定的个体服务机构已经取得进步(例如,诊断程序的改进,为残疾个体的家庭服务的增加为基础,以结构支持需要和个体权利保护为基础的智力落后的重新分类)。然而,要请一个全国性顾问小组帮助确立政策并指导相关研究的主要议还没有得到实现。

参见 AAMD分类系统;分类系统;贴标签

PROJECT RE-ED
再教育计划

情绪障碍儿童的再教育计划(再教育计划)始于1953年的心理健康需求的一项研究,这项研究是由南部区域教育委员会进行的。该研究表明,存在大量的经证实有效、成本合理,接近于大批受训人员,并将技术转让给公立学校有关儿童心理健康项目的迫切需求。

1961年一笔二百万美元的NIMH助学金被授予乔治·皮博迪教师学院(现在是范德比尔特大学的分校)和田纳西州及北卡罗莱纳州政府。尼古拉斯·霍比斯是这个8年试验计划的发起人。该计划的对象是田纳西州首府纳什维尔和北卡罗来纳州首府达拉谟居住中心中6~12岁的中重度情绪障碍儿童。这些服务中心设在居民区里,将需要提供服务的儿童划分为8个组,每个组有24~40个人。这个计划重在强调健康而不是疾病,教学而不是治疗,现在而不是过去,强调儿童是整个社会系统的一部分,而不是强调单独个体内部的心理过程。最初的计划是讲求实际的,而不是纯理论的,理论产生于计划研究和实施中。霍布斯(1978;1983)后来评论到,在再教育计划的实施和发展中,重要的理念之一是:引导专业人员紧密合作的指导思想是对合作伙伴关系的发现而非恪守教条或正统思想。

其后的儿童再教育计划研究(温斯坦,1974)表明,尽管再教育计划不能将有情绪障碍的学生变成“正常”的学生,但他们比没有参加过这一计划的学生得到了较好的改善。学生待在中心的时间一般是7个月(和居民中心其他类型的教育需要几年的时间相比),很明显,这个计划更容易达到它的目的,不是治好儿童,而是反复强调儿童是有效操作的小社会系统中不可缺少的一部分。霍布斯认为将再教育计划运用到公立学校可能是最经济的。到1983年在美国的9个州建立了大约24个再教育中心,其他地区也在筹划中。

参见 生活空间晤谈法;社区设施

PROJECT TALENT
天才计划

“天才计划”产生于20世纪50年代末,是一项针对美国青年人的大规模的调查。全美有5%的高中学生参与了这个为期2天的测验和评估。调查目的是按照常规间隔去操作这些测验,然后获得男生和女生运用自己能力的基本信息。“天才计划”的目标是开发国家的人力资源储备,以更好地了解年轻人怎样选择和发展自己的职业;证明教育和生活经历在个人工作生涯中的重要性(佛拉纳根等,1962)。

“天才计划”实施的效果远远超过了这个报告中所涉及的内容。知识的主体包括这个天才计划成员1962年至今所撰写的技术性报告和发表的文章,这些文章主要是研究通过天才计划数据库所获得的评估信息。报告中的部分内容被陈列在大学的图书馆里。

关于“天才计划”的报告发表于1964年。它描述了美国天才的调查情况(佛拉纳根等,1964)。这个为期一年有后续追踪调查的报告的重点之一就是调查关于职业计划的大规模变化。例如,1960年,一些被测试者对未来的职业选择做了规划,但等高中毕业后一年再进行调查,许多人都改变了最初的选择(佛拉纳根,1966)。1961年毕业的学生百分比比1963年要略低些。研究发现职业选择的变化更多与能力和兴趣相关。

接续的第5年(佛拉纳根,理查德,克劳迪,1971)和第11年(威尔逊和怀斯,1975;怀斯,麦克劳克林,&吉尔马丁,1977)的研究结果也发表了。11年的跟踪调查结果显示29岁的男性和女性中有近25%的人仍然有继续接受教育,获得更高学位的计划(怀斯,1977)。

和天才计划一起所获得的数据对科学家们是有用的,但它脱离了对信息真实性的鉴别,是建立在以成本——回收为目的基础上的。现在一项由外界调查者根据天才计划进行的最全面的研究,已发表在由克里斯托弗·詹克斯和他的同伴所写的《不平等:美国家庭和学校影响的再评估》(1972)一书里。

PROSOPAGNOSIA
面容失认症

面容失认症是一种由于大脑病变引起的面部认知中的一种罕见的获得性缺陷。视觉敏锐度保持不变,但个体不能辨别熟悉的面孔,也不能记住他们已经见过的面孔的特征。这种对熟悉面孔视觉认知上的缺陷是不同于语言或认知上的缺陷的。

面容失认症常常伴随其他特定的视觉紊乱现象。患有面容失认的个体常常有单向或双向的视野缺陷。当视野被固定在中间位置时,他们不能看到正常范围内的一部分,这种缺陷常见于大脑损伤或视辐射损伤,而不是眼伤。另外,面容失认症还经常伴有中心全色盲,除视网膜功能正常,中枢神经系统病变可引起辨别颜色的获得性能力削弱。另外也经常出现视觉失认症。视觉失认症是看事物的能力正常,但在接受视觉光线时,对看到的事物不能赋予其正确的意义。对被诊断患有视觉失认症的个体必须进行常规的视觉敏锐度、视觉扫描和视觉感知检测。尽管视觉能力正常,但个体不能正确辨认所看到的东西,而辨认中的困难不是语言或认知缺陷所带来的结果。事实上,许多患者一旦能触摸到看到的事物或者这种事物的用途功能被告知的话,他们就能辨认事物。

参见 视觉损伤;视知觉和辨别;视力训练

PROSTHETIC DEVICES
人造装置

人工修复术是用一种额外的装置或人工配备支持和替代身体失去的器官。修复装置是一些替代人体残缺

P

器官的牙科或外科的人工特制品。人工修复装置的实例有假肢、假牙牙床、轮椅和长脚拐杖。一些能控制手或手臂的运动,辅助吃和喝的装置,比如特殊材料制成的饮水杯、塑膜短臂支撑或长臂支架都是人工修复装置。

现代技术不仅增加了人工修复装置的种类,还扩大了它的介入范围。晶体芯片、激光和微型电脑技术的广泛应用,迅速帮助了阅读者,如激光棒和选择器弥补了视觉上的缺陷;能够把听觉信号改变为合适的字母并把它们反射到眼镜上,或者能够在总体上改善助听器质量的技术,都能补偿听力损失。在信号系统中,还可以通过动作或声音来辅助人工假肢的移动,现在还为身体残疾和高位截瘫者提供了自动移动器。技术已不断地打破了残疾或障碍所带来的限制。修复工程和修复技术涉及生物学、电子学和其他工程学领域,这些技术能很好地帮助残疾人利用残余视力、听力、或有利于步行或手臂控制。在人工修复装置的发展过程中,技术带来的潜力是无止境的。

参见 职业疗法;物理疗法

PSYCHOANALYSIS AND SPECIAL EDUCATION
精神分析和特殊教育

纽科默(1980)认为精神分析对特殊教育既有积极的贡献也有消极的作用。精神分析理论认为个性特征是由幼年时期的事件所决定的,所以在儿童入学之前可能会发生病变。学校中的问题是由童年时代的障碍造成的,因此,康复的策略应集中在儿童和家庭方面而不是学校。这可能会导致学校在解决冲突中扮演被动角色。

布鲁诺·贝特尔海因和弗里茨·雷德尔对精神分析理论和特殊教育做出了重要贡献(哈林和飞利浦,1962)。他们的理论在本质上是受到认可的。在他们看来,学校工作通常作为一种工具用于帮助儿童将无意识的冲突转化为有意识的自觉。总之,特殊教育方案从以儿童为主导的精神分析模式转移到更多地以教师为主导的行为模式。这种行为模式更着重强调在学业上和行为上的控制。《美国残疾人教育法案》(IDEA)要求学生在最少受限制的环境中接受教育。因此,特殊教育着重强调的是在学校教给儿童适当的和可被大众接受的行为,这正好与弗洛伊德和他的后继者提倡的自由和开放的观念相矛盾。

参见 儿童精神病学;心理剧疗法;心理疗法

PSYCHODRAMA
心理剧

心理剧作为一种团体心理治疗的方法,是由莫雷诺(1946)创立和发明的。心理剧疗法需要一个受过良好训练的治疗师,一般选择有专业资格证书的人作为心理剧表演治疗师。心理剧表演包括使用戏剧表演技术,和顾客一起把咨询者真实生活中的情境表演出来,通过过去、现在或者投射未来的情境,试图透视他们的行为和情感。心理剧疗法还提供了在一个支持性的团体氛围中去表现特定行为的机会。这种疗法将洞察力、经验性的认知与参与活动相结合,利用团体治疗环境的优点,使用身体运动、非语言线索来引起顾客的注意。心理剧疗法的关键在于接受治疗的个人可以是一些语言受到限制的人,特别是儿童和青少年罪犯(布拉特纳,1973)。该疗法的另一个重要优点是通过指导性角色表演将儿童和青少年良好表现的特性转化为自身内化表演的创造性形式。

心理剧疗法可以作为不同行为障碍的儿童和青少年心理治疗的一种特别有用的形式。它不仅提供了理解和获得洞察力的机会,还提供了选择性行为的发展环境和在现实、支持环境中重现情境的机会。

参见 社会剧

PSYCHOEDUCATIONAL METHODS
心理教育方法

心理教育方法主要是指心理评估的过程和补偿计划的后续设计。从历史上来说,特殊教育者试图找出一系列心理教育的方法,其目的都是为了有利于特殊儿童的学习。这些努力随着后来若干年美国特殊教育法案的颁布而得到强化。这些已颁布的法律强调了心理教育评估的数据和以个别化教育计划(IEP)为形式的教学方法改进之间的联系。

目前已经有成百上千的不同类型的心理教育方法在使用。但选择哪一种特殊的心理教育方法通常与教育者关于儿童特殊性的本质和原因的想法或信念紧密联系(奎伊,1973;伊塞尔代克和米尔金,1982)。

在历史上,与测试心理语言能力的伊利诺测验紧密联系的心理语言学训练计划(柯克和柯克,1971;怀斯曼和明斯科夫,1972)代表了一些较为流行的心理教育方法。这些心理语言学训练计划的经验性支持程度表明,他们只能为了研究的目的才被实施。

另一个有名的心理教育方法是建立在特殊性的机能障碍过程基础上的感知觉—运动训练方案,包括训练视觉辨别力、空间关系、视觉记忆、听觉—视觉统合以及听觉—知觉技能(伊塞尔代克和米尔金,1982)。很少有经验性支持证明在知觉—运动过程和学习成绩之间存在任何联系,也很少有经验性支持证明这些心理教育方法在改善学习成绩过程中的有效性(伊塞尔代克和米尔金,1982)。

建立在程序化训练(詹森和迈克尔巴斯特,1967;勒纳,1981;韦普曼,1967)基础上的心理教育方法也缺少经验性支持(阿特纳和詹金斯,1977)。程序化训练所依赖的设想是儿童通过程序化治疗比通过其他方式可以学得更好。

心理教育方法是在智力技能的过程性机能障碍的基础上发展起来的(卡特罗纳,1975;雅各布森和克瓦林斯克,1969)。尽管如此,韦氏测验的任务仅仅是提出了行为的样本,而这些样本中的一些不适当的行为不能自动地表明矫正这些行为的需要。测验的低分仅仅被看作是问题的症状,这些问题需要被证实他们是否能代表全部或普遍的缺陷(考夫曼,1979)。另外,孤立地用于矫正认知技能缺陷的心理教育方法在帮助学习方面是否有效,也几乎没有经验的支持(伊塞尔代克和米尔金,1982)。

在韵律和平衡方面(赖斯,1962)的感觉整合(艾尔斯,1972)和训练代表着另外两种用于减轻潜在性机能障碍问题的心理教育方法。与前面谈到的其他方法一样,这两个方法在改善学习成绩方面也几乎没有证据支持(伊塞尔代克和米尔金,1982)。

与特殊性病原学观点相关的连续体的对立一端是在奎伊氏(1973)的经验缺陷理论中提出的。这个理论认为,学生的学习问题不是由儿童个体内的缺陷引起的,而是由儿童有限的行为功能所引起的。学生的学习器官是完整的,而且内在的过程缺陷不是被假定的。由特殊性这个概念所指导的心理教育评估的目的是为了识别经验性的缺陷,并用矫正或补偿干预措施或心理教育方法去消灭这些缺陷问题。

任务—分析或技能—训练方法代表了一系列心理教育的方法,这些方法是建立在经验性缺陷概念基础上的。典型方法包括直接教学(卡尼恩和西尔伯特,1979)和精确教学(林斯利,1971)。这两种方法都关注于学校计划的学业性和社交性技能的要求。同时他们也共同具有在个别化和小组环境中连续性的、系统的、集中的、有代表性的特征。更甚者,复杂的学习任务根据像强化和榜样塑造之类的行为原理可以被分解成较为简单的小步骤技能,这样教起来就更容易一些。这些不同的心理教育方法其不同之处在于测量的使用频率和直接程度。精确教学包括学生在掌握学业或社交技能方面表现的持续不断的测量。这种方法还包括所教技能之间的直接评估,而不是对大范围抽样有效性的评估。所有的任务—分析或技能—训练心理教育方法的前提假设是教师不能一致地断定对特殊儿童进行的特定的干预措施是最有效的;因此,这些方法只被用作暂时性的假设,即如果有必要的话,需要经常进行检测并进行修改。

与其他已讨论的心理教育方法相比较,任务—分析或技能—训练的方法使用直接而持续不断的测量评估,这在增长学习成绩是最有效的(伊塞尔代克和米尔金,1982;伊塞尔代克和萨尔维,1974)。尽管如此,未来的研究仍需要证实,那些评估、开发、实施特殊儿童心理教育方法的人员应该持有这样的信念,即特殊性可以通过互动的观点来进行解释。学习问题可能是由过程缺陷或经验性缺陷引起的。但是许多特殊教育者喜欢单独使用依靠一种或其他观点基础上的心理教育方法(伊塞尔代克和米尔金,1982)。特殊教育需要更多建立在互动方法之上的心理教育方法。

参见 评估;病原学;测量;任务分析;教学策略

PSYCHOGENIC MODELS
心理模型

心理模型按照个体的心理功能描述人类行为的原因。个体的认知和情感方面是解释行为的中心。心理方法强调把情绪低落作为异常行为的根源(布特因,1984)。这个模式是与生物学因素相对立的,生物学因素几乎不强调潜在行为的心理因素。

巴洛(1979)认为,心理模型与特殊教育实践是相容的,因为许多教育干预是以心理学原则为基础的。特殊教育的模式、技术和测量方法的惯于根据个别学生的心理功能来典型地进行表达。现在的特殊教育的重心已从心理模式移开,而更多侧重于结果评估,更关注结果。

参见 行为的生物模式;病原学

PSYCHOLINGUISTICS
心理语言学

心理语言学纳入特殊教育的一个重要因素是研究者在评估智力落后儿童、自闭症儿童(罗森堡,1982)或阅读困难儿童(格林,1996)的语言表达状况时,需要描述和解释正常语言是怎样获得的。不仅如此,心理语言学的基础研究者也开始意识到正常语言的获得及功能,这些理论能通过对有语言障碍的儿童和成人的观察进行解释。事实上,正常儿童和有语言障碍的儿童两者在语言获得的过程中或在语言习得的结构中很少有质的差异。这就表明在第一语言的获得中存在着很强的语言生物学因素的限制,它们严重地制约着不同种类的个体在获得语言能力和其发展中的行为方式(罗森堡,1984,228页)。

就像上面所讲的一样,心理语言学因为其对有语言和交流障碍并伴有智力落后、听觉障碍、视觉障碍、学习障碍和其他障碍的儿童的长期贡献,在特殊教育领域是极有影响力的。这个影响尤其对残疾儿童以下几个方面进行评估和矫正时效果特别明显:语言能力障碍(布鲁姆和莱希,1978)、语言编码和阅读能力(瓦伦蒂诺和斯坎伦,1982)、社交能力的发展(多纳休和布赖恩,1983)。提高社交能力是特殊教育所不断强调的提高残疾学生社会生活的能力,以促使他们回归主流社会。

因此,在语言和交流领域对残疾儿童的教育取得了很大的成就。尽管还需要继续努力,但要特别关注阅读学习和数学方面,第一语言能力的作用问题(奥舍森和温斯坦,1995)。

近来心理语言学研究的应用给了特殊教育很大启示,包括阿伯杜特和罗森堡(1980)在内的专家已经提出,轻度智力落后的成人的对话交流能力(中度智力落后的成人也有可能)与健全成人的对话交流能力没有明显区别。因此,尽管智力落后儿童在对话交流能力领域开始发展得很缓慢,但大多数人能赶上正常的同龄人。这样的发现能鼓舞特殊教育工作者加倍努力来促进智力落后儿童交往能力的发展。

参见 语言障碍;语言治疗

PSYCHOLOGICAL ABSTRACTS(PA)
《心理学文摘》

《心理学文摘》(PA)为世界心理学和相关学科的文献提供了大量的摘要。共有超过950种杂志、技术性报告、专著和其他科学文件为《心理学文摘》提供材料。该刊包括文献引文或注释,用来概括书籍的内容、二手资料及与心理学相关的论文,或者用30—50个词就能被充分说明的文章。从1967年以来,这些摘要已经被制作成机器可读的磁带,为现在自动搜索和检索服务(美国心理学会数据库)提供了基础。

PSYCHOLOGICAL CLINICS
心理诊所

大学心理诊所通常是学生实践训练的好场所,他们和周围社区有着合作的关系。这些诊所在一个比较完善的监督实习机制下,为教育学、法律诉讼学和心理学的研究生和大学生提供了为各种咨询者服务、实践他们的理论和技术性知识的机会。心理诊所提供许多不同类型的服务形式,包括:儿童评估和治疗、家长培训、家庭诉讼、教师商议、程序评估和组织;团体协商。同时,心理诊所给咨询者提供了一系列广泛的心理治疗服务,也给实习的学生展示了一种解决特定问题的不同方法。

参见 儿童指导诊所;残疾大学生的大学项目

PSYCHOLOGICAL REPORTS
《心理学报告》

《心理学报告》是一年两次的双月刊出版物,第一次出版是每年的二月、四月和六月,第二次是在每年的八月、十月和十二月。每年出版2000~3000页。大约1/3的文章来自美国以外的国家。这本杂志的目的是普通心理学领域的科学独创能力和创造性,其对象首先是心理学家,其次是专业人员。杂志有简要评论、特别评论、新书书目和其他原始资料,刊载的文章多为实验性、理论性、推测性类的。有学术价值的争议性材料是非常受欢迎的。多个评阅者负责审阅提交的文章,他们按照标准的要求,通过详细有效的建议对文章进行批判性的修改(阿蒙斯,1962a)。

30多年来、这份杂志始终坚持一个原则,就是高度强调实验性,公平、公开对待所有有争论的观点,鼓励创新和不平凡的观点,并通过认真且思维开阔的查询和修改来保护作者。

PSYCHOLOGY IN THE SCHOOLS
《学校心理学》

《学校心理学》杂志于1964年由威廉·亨特创办,后由B·克劳德·马西斯接任,1970年密歇根大学的杰拉尔德·B·富勒担任责任编辑。为了满足这个领域专业人员的实践需要,这份杂志强调实践应用。它满足示范学校和临床心理学家、指导型专家、教师、教育工作者和大学教师的需求。发表的文章应能清晰表达这些实践者研究的相关话题。除此之外,该杂志也发表一些重要的实验性和理论性的论文。

PSYCHOMOTOR SEIZURES
精神运动性发作

精神运动这一术语是1938年由吉布斯和伦诺克斯率先用以描述癫痫患者各种不同的精神和动作活动表现的。这些现象与对颞叶前端的脑电图扫描呈现出的长而尖、有峰端或缓慢的波形图有关。因此,这些表现又被称为颞叶抽搐。根据“国际抗癫痫病联合会”(1981)的分类,这些抽搐发作现象是部分的,因为它们从局部开始;同时又是复杂的,因为它们与"意识不清或对事件的完全或部分健忘"相关(利文斯顿,1972)。这些现象通常会伴随着紧张性——痉挛性抽搐。

在年龄稍大些的儿童、青少年和年轻成人中抽搐发作的几率非常高(柯里、希思菲尔德、亨森和斯科特,1971;利文斯顿,1972)。除此之外,伦德和瓦普纳(1961)以及赵、塞克斯顿和桑托斯·帕多(1962)提出,在所有癫痫类型中有11% ~15.7%的儿童这种抽搐长达15年。发作在6岁之前出现抽搐的超过50%,3岁之前出现的接近30%。

当每一次失神发作时,颞叶癫痫开始会有先兆,首先是抽搐的自觉和能记忆的症状。这个先兆预示着突然发作的开端,有时又预示着它的蔓延。作为先兆,幼儿在失去意识之前,可能会惊慌恐惧地跑向母亲或者抱怨不舒服,或者有不愉悦的气味和味道。这些症状一开始经常会伴随一些运动的停止,甚至凝视着一些简单或复杂的不由自主的动作,如唇部的反复动作(例如咂嘴、不停地咀嚼和吞咽,艾布纳、迪纳和利德斯,1996)。会有些故意不适当的行为,如摩擦脸、摸衣服扣子,在教室里来来回回地走,喃喃自语、语无伦次。也会出现诸如撒尿、流口水、脸红之类自律性的失调。意识受损和疾病发作时的健忘一般都是持续发生的结果。这些事件也不是频繁发生的(从一天1~5次到一个月1~5次),通常是短促的,仅持续2~3分钟,但是意识的恢复常常是缓慢的。心理和精神性的抽搐发作是多样变化的,而且伴有视听的幻觉,常常与周围的事物联系起来。这些情绪表达的现象诸如恐惧或攻击性都是常常出现的。这种症候经常与智力落后、脑瘫和多动症相关(与儿童时期任何器质性大脑障碍有关)。

在儿童时期,病因学上通常认为这是一种慢性的、非渐进的神经性疾病。这种抽搐发作可能源于新生儿时期大脑的先天受损,如供氧不足、感染、脑外伤或者先天畸形,也可能源于早期生活的严重和持久的抽搐发作或发烧痉挛等,肿瘤是很少见的。通常有很多不确定的原因存在(戈麦斯和科拉斯,1983),最常见的异常现象是中枢颞叶硬化。这种预后比前面的情况更容易治疗(林赛、昂斯特德和理查德,1979;斯塔夫,1980),主要是通过药物治疗。

参见 药物治疗;癫痫;失神发作

PSYCHOMOTRICITY
心理运动学

心理运动学起源于法国,是建立在生理、情绪和智力功能的相互依赖基础上的一门独立学科。它涵盖了一个非常广泛的领域,包括神经病学、教育学和心理分析学。

在法国,早在20世纪60年代初心理运动学就被认为是一门学科。第一部法国心理运动学宪章(de Ajuriaguerra - Soubiran)随之公布,并创建了一门课程,成立了一个行业协会,出版了各种出版物。

就实践而言,教育、康复工作和治疗之间是有区别的。教育的目标是促进恢复健康儿童的心理运动功能,这个理念在护士学校慢慢地传播开来。康复工作的目标是通过重新调整神经动作领域来改善心理运动的症候群。巴黎有名的亨利 - 卢塞尔医院的模仿课程是非常有用的。治疗的目标是通过治疗师与调解对象身体的和相关的互动打破有障碍儿童的心理结构。根据奥库蒂里耶的研究,治疗包括产生运动的愉悦感、处理攻击性和幻想结果。这些多样性的方法可以用到7岁,这个过程能使儿童与他们亲身的经历相分离。不仅如此,心理运动学的概念在理论上可以运用于生活的每个阶段。

PSYCHONEUROTIC DISORDERS
精神障碍

神经症是描述儿童情绪障碍的一个术语,是与西格蒙德·弗洛伊德的精神分析理论相关联的。它被广泛地应用于专门的临床病症中,包括恐惧症、焦虑反应、强迫性行为、异常兴奋和转化障碍。在这些临床症状中,所有权威人士一致认为焦虑反应的发生是最随意。情绪障碍包括幼年期和成年期的沮丧反应。

大部分研究精神异常的方法不是按照心理分析理论就是按照行为学习理论。每个理论的研究方向都有坚实的拥护者,因此,拒绝或者接受一种方法胜过其他精神障碍的治疗方法是没有根据的。这两种理论框架都应用于解释和治疗大范围的异常行为。

转化反应和强迫性行为障碍传统上是用来自精神分析方法的个人心理疗法进行治疗。行为疗法更多地应用于有焦虑症状的患者如恐惧症患者,这样行为疗法的功效能很好地得到体现。很明显,很少有关行为疗法应用在强迫性行为和转化行为上的报导。与儿童情绪障碍相关的精神动力学的个人疗法是以强化儿童与治疗师的关系为基础的。这种方法试图发现由于心理矛盾引起焦虑并导致产生情绪障碍的原因。游戏治疗通常应用在更年幼的儿童身上,作为心理治疗程序的一部分,可以使儿童表达他的矛盾。弗洛伊德的方法强调靠解析这些基本矛盾来克服这些障碍。否则,障碍替代将会发生,即在尚待解决的心理冲突浮出水面时以另一种异常行为的方式出现。

相反,行为治疗师不赞成症状替代的理念和直接攻击患者有问题的行为或症状。在儿童的生活中,强化意外事故必须得到治疗师和成年人的重视。问题行为不再被正强化,而是负强化。更多适当的应对方式得到正强化,以便帮助儿童学会应对焦虑的新方法。例如,在教室里,教师向治疗师咨询后,将对儿童的强迫行为做出反应,如鼓励儿童少吹毛求疵,努力提高他们的学习效率。

家庭治疗通常是有价值的,可以作为精神异常儿童个体辅助治疗的方法。近年来都强调短期的动态心理治疗,可能是作为对管理型护理及理论进步的一个回应(达凡洛,1995)。传统分析理论主张当一个心理医生与儿童交流时,应另外分配一个心理医生与家长交流,也可以举行家族治疗会议。行为治疗师经常常告知家长一些特殊的行为干预方法,以便他们能在家中实施。这样的话,家长成了治疗师的助手,学校咨询成为附属的有效干预。针对精神异常的特点,治疗师对教师进行培训,以便他们在适当的时候做出适当的处理。这些教师可能更耐心,比如在转化反应或过度强化的案例中,教师实施的干预在改变行为中起着重要作用。药物治疗不适于精神异常患者,因为没有任何来自生物学根据。平衡障碍患者则是一个例外,如青少年抑郁,就需要进行抗抑郁药物治疗。

参见 焦虑障碍;儿童精神病;抑郁;情绪障碍;严重情绪障碍

P

PSYCHOSOCIAL ADJUSTMENT

心理社会调节

心理社会调节涉及社会和情感功能:一个人与他人交往的方式,在有特殊需要的学生和健全学生中存在显著不同。心理社会发展和家庭内部关系的问题可能导致以后的心理社会困难(艾里克森,1963),行为分析态度(艾里克森和巴德,1984)特别强调环境激励在强化和维持适当社交技能方面的重要性。

当一个异常儿童表现出心理社会问题时,常常使用大量的矫正技术。通常,父母接受教育训练以营造更积极的家庭氛围,以便与儿童更有效地交流。在学校和游戏期间,特别适当的社会行为能用来训练和形成强化技术,比如接近其他儿童,分享和进行社交游戏(戴维斯和罗杰斯,1985)。能积极强化社会交往的频度,也能用来增强合适的社会关系。

参见 情绪障碍;家庭咨询;功能评估;社交技能

PSYCHOSOMATIC DISORDERS

身心障碍

躯体痛苦是儿童期和青少年期普遍的现象,并且大多是与文化相关的。超过90%的3~18岁的儿童与周围的世界建立了心理上的联系,在他们发育的某一阶段产生心理问题并表露出一种困惑。儿童时期躯体化的表现总是与焦虑相关的,要么是对客观风险情况的反应,要么就是对无风险情况的歪曲理解。在与儿童的成熟阶段有关的已成人的儿童的躯体表达是特殊的,渐渐变化的(情感的和神经的)。这与亲子关系质量的缺陷也有关系,大部分与母亲相关。

儿童的身心障碍疾病有别于成年人,是由各种不同相关因素导致的。身心障碍疾病存在的周期是:3个月绞痛,6个月呕吐,8~12个月湿疹,2岁呼吸不顺畅,3岁腹部疼痛,5岁哮喘,6岁头痛,成年后易患克罗恩氏病(节段性回肠炎)。精神心理症状的发展与以下因素相关:①虚弱的体质(重复感染);②早熟及不适当的亲子关系(拒绝、过度保护、攻击性行为和焦虑);③身体压力(过敏)或者对于之前痛苦问题的心理反应直到得到补偿;④身心障碍者家庭功能的类型。按照年龄、流行病因学和心理治疗的可能性,必须根据器官或者心理的、个人的或家庭的、症状的或综合的观点进行治疗。

儿童身心障碍症候学需要区别身体和心理、先天和后天、个人和亲属、有意识和无意识行为。治疗这种病症需要有大量的同情心,操作性应答并从儿童、家庭以及儿童所处的整个社会背景来了解儿童。特殊教育专家在诊断身心异常时起重要作用,因为教师能持续观察学生行为,可参考《精神障碍诊断与统计手册》(DSM-Ⅳ)(APA,1994)。如果儿童躯体疾病持续了一段时间,教师就应该警觉,看其是否有身心障碍,学校心理咨询师和父母也应该意识到这种情况。应重视社区专业人员的意见,以便在诊断和治疗中支持家庭。

参见 情绪障碍;家庭咨询;身体障碍;学校恐惧症

PSYCHOSURGERY

精神外科学

精神外科学不是一种对专门精神障碍的干预,而是研究动物攻击行为时的一种神经外科操作,还用于控制人类暴力型精神病及神经症状(福尔顿,1949;雅各布森,1935)和应用于人类控制更多的暴力精神病和神经病的症状。精神外科学的技术兴起于20世纪40年代的美国(佛里曼和沃茨,1950)。各种技术,从向额叶白质注射酒精来破坏额叶(卡里诺斯基,1975)到复杂的脑体定位和电力引起的离格程序,都有所应用。损毁部位也越来越精细。最初,操作者的目标是破坏大脑前部以达到使病人安定的效果。目前的技术关注更广阔的定位,防止大面积的脑损伤。部位包括边缘系统的器官,前带状物和后正中央的视丘脑下部(萨诺、赛开诺和马亚那基,1972)。

近期神经外科在处理疼痛(卡利顿,1976)、强迫性行为(拉帕波特,1992)和不受控制的抽搐方面(施皮尔、绍默和布鲁姆,1985)取得了成功。其中最后一种是精神外科应用的最好例子,即除去大脑中导致异常产生的区域。对于不受控制的癫痫病患者,外科干预的目标是切除产生抽搐病源中心的大脑组织。因此,用来辨别病源中心区域的技术与外科操作本身一样重要。这点是精神外科与现有方法最明显的区别。为了消除行为功能障碍,精神外科在不影响基本障碍的情况下是一种限制疾病的必需手段,相反,施行外科手术来缓解未受控制的癫痫,潜在的病因会随着行为的改变而被去除。

参见 电休克治疗;神经心理学

PSYCHOTHERAPY WITH INDIVIDUALS WITH DISABILITIES

残疾人心理治疗

心理治疗是运用心理学理论和原则对行为异常,情感和思维有问题的患者进行治疗。心理治疗的三个主要方法是心理动力疗法、行为疗法和人本主义疗法。

心理动力疗法的目标是帮助患者获得对自己存在的问题的透彻理解。当前的行为和情感问题被假定是用来解决他们的无意识、心理内部冲突和无意识机制(如:防御机制)的结果。理解治疗的主要目的是帮助把这种无意识的东西转化为有意识的东西,并继而允许患者锻炼意识并能对其行为进行理性控制。

当前的心理治疗学家保留了无意识对行为影响的肯定,但更多地应用了有目的和专门的技术以帮助患者获取理解和练习理性控制。目标是帮助患者找到更加现实和有效的方法以处理、接受并找到方法去面对感情需要,这些感情需要是外部现实需要中的一部分。

行为治疗在几方面有别于心理动力治疗。首先,呈现出的问题被看成是治疗的适当的焦点,而不被认为是生活中患者心理内部潜在的原因。第二,从经验心理学研究中获得的学习策略应用于改变不适应的行为和认识。不适应的行为和认识可以通过有策略的学习得以改变。行为治疗学家关注当前而不是一个问题的过去的原因。行为治疗是一个宽泛的术语,包括各种各样的治疗技术。行为治疗的一个最基本的原则是不同问题需要使用不同的治疗方法,更进一步讲,治疗程序的选择是以对相似问题的不同处理方法的经验为基础的。

人本主义疗法同样包括广泛的技术。人本主义倾向的治疗有这样一个理念,即每个患者都是一个独一无二的个体,他们努力于个人成长或自我实现。关键的治疗技术包括治疗者对患者积极的评价、同情、反应和倾听。

为残疾学生提供心理治疗的合理之处在于残疾人士与非残疾人士相比,在提高心理功能上有相同或更大的需要。一些学生不能够把他们的思维集中在学习上是因为他们正在经历着心理上的压力和情感上的困惑。当一个儿童的情感和行为问题影响到他的学习和社会行为时,就需要实施教育干预,这种干预要关注于干预情感和行为问题。

参见 残疾人的调整;家庭咨询;家庭治疗

PSYCHOTROPIC DRUGS

精神药物

大部分精神药物都能影响大脑变化过程并间接引起行为的变化。它们的化学成分通过增加或减少特定神经传导物质的有用部分起作用。主要的种类包括催眠药、主要镇静剂(抗精神病药物)、次要镇静剂(抗焦虑药物)、兴奋剂、麻醉剂和迷幻药(致幻药)。在大多数情况下,这些药物通过影响个体的唤醒水平来提高或降低其活动能力。效力大的迷幻药能加大感知扭曲的程度。

催眠药使人产生昏昏欲睡的感觉,增强睡觉的欲望,并且保持睡眠的状态(凯曾,1982)。这些药物极深地抑制了中枢神经系统。它们的主要成分是巴比妥盐酸(一种镇静剂)。这类药物有戊巴比妥、司可巴比妥、异戊巴比妥和格鲁米特。

巴比妥盐酸因为其催眠作用常被称作“镇静剂”。巴比妥盐酸引起的麻醉效果与酒精引起的效果相似(关于麻醉效果的全面介绍可参看布卢姆,1984,165–210页)。使用巴比妥盐酸的主要问题是时间长了,它会在生理上产生依赖性。另外,除非在医疗监视下分步骤戒除毒瘾,否则在突然戒除毒瘾期间会有致命的可能。

巴比妥盐酸多用于自杀,包括意外的自杀(无意识行为)。所谓意外的自杀是指习惯于用镇静剂的人不确定一片药是否已经消化,进而就又服用了另外一种药而导致的一种混乱的状况(雷,1972)。

镇静剂用于减少与焦虑相关的不舒服情形。兴奋剂用于缓解疲劳,也经常用于抑制儿童多动行为。中等剂量的兴奋剂(安非他明)是减少药物用量过程中的辅助药。这类药物有安非他明(右旋安非他明丸),咖啡因(咖啡、可乐),可卡因,右旋安非他明(安非他明)和尼古丁(烟草)。

长期药物滥用的负面影响有营养不良、失眠、冲动、有缺陷的推理、幻想、昏迷和妄想(布卢姆,1984)。承认药物滥用者的不稳定性且易受影响,并伴随有注意力缺陷多动障碍和明显的妄想症,安非他命滥用可能导致暴力行为。

麻醉剂能够缓解疼痛与止痛药(恩多芬)作用相似。吗啡因不仅用来缓解极度的疼痛,也用来治疗腹泻、咳嗽、焦虑和失眠(卡从,1982)。这类药物包括鸦片、吗啡因、可卡因、海洛因二氢吗啡、杜冷丁。

这类药物之所以被特别关注是因为病人可能对药物产生耐受性,也可能产生生理上的依赖。尽管中枢神经系统有抑制作用,但是麻醉剂能够使正在经受生理或感情痛苦的人产生愉快和兴奋的感觉(莱维特,1982)。继压力情景、对严重疼痛的不明智的治疗以及这两种情况同时发生之后,人们显然开始滥用麻醉剂(布卢姆,1984)。长期的药物滥用会产生阶段性的恶心、呕吐、便秘、呼吸困难和痛觉受限。药物滥用者意识不到生理上极大的痛苦,后一种情况还会产生其他的影响(莱维特,1982)。30 岁以下服食海洛因成瘾者的死亡率是非成瘾者的 8 倍(莱维特,1982)。

参见 药物滥用;药物治疗;镇静剂

PSYC SCAN
心理学阅览

过去十年中,大量的信息已经变成了电脑上可读的和可检索的形式,而传统上只有印刷的信息才是有价值的。结果,心理学家、特殊教育工作者和研究者可以方便地任意使用那些为了能够使用计算机简单、快速、便宜地检索而已经归类、总结、储藏好的知识资源。心理学阅览是心理信息的一种服务,这种服务是美国心理学会心理学文摘信息服务部工作的一部分。

心理学阅览在各种领域提供了在电脑上可读的信息和出版发行的书籍,这些信息对包括特殊教育在内的专业人员非常重要:临床医学和发展心理学,学习/交流障碍(LD)以及智力落后(MR)。作为季刊,心理学阅览为订阅者提供了一种有效的方法,它通过提供最近发表的期刊上的学术文章的引文和摘要使订阅者在自己的领域内从实践和理论方面都能站在最前沿。

参见 计算机辅助教学

PUBLIC SCHOOLS AND SPECIAL EDUCATION
公立学校和特殊教育

20 世纪 90 年代对特殊教育和公立学校的兴趣为教育者分析和发展项目提供了机会,这与过去的 50 年形成了鲜明的对比。在发展有效率的学校方面,这种评价和兴趣是由多种推动力所激发的。第一,提高关注是为了能够真正增强国家对年轻人的学业和社交技能项目的实施。第二,有关障碍状况的普遍的,可接受的概念已经发生变化,就像那些正在进行的特殊教育和普通教育的义务概念已经发生变化一样。这样的结果导致了学生分类过程中使用的程序发生了很大的变化,作为研究功能的组成部分,提供了对当前实践的经验性分析,但同时也可以作为这种实践结果的功能。第三,在内容、结果和改革方面,特殊教育和普通教育的关系已经受到了质疑。这三种力量为当前建立我们的教育体系所做的努力起到了主要的推动作用。

每个儿童都应该享受到适合的教育,这种观点曾经深刻地影响了美国的教育方向,尤其是残疾学生的教育。在公立学校提供特殊教育服务是对这种观点的响应。但是,提供"全民教育"这种承诺是最近才发展起来的观点(伊塞尔代克和艾尔够赞,1983)。事实上,每个人享有免费、适合的教育的权利开始于 20 世纪 70 年代中期,是《所有残疾儿童教育法案》(94 - 142 公法)颁布的结果。直到 20 世纪晚期,只有很少一部分人能享受到正规教育的好处(莉莉,1979)。

20 世纪 70 年代晚期,国会为全国的五个研究中心提供资金,用于调查有学习障碍学生的教育实践和使用。在其中一个中心,明尼苏达大学学习障碍研究所,一个为期 6 年的调查开始于记录评价实践中艺术的作用。在总结大学研究项目的结果中,伊塞尔代克和瑟洛(1983)认为:

(1)学校使用的评价实践和分类标准存在相当大的变化;

(2)评价过程中使用的绝大部分工具技术含量不够;

(3)一般情况下,把学生安置于特殊教育计划中是因为他们的能力和成就不足;

(4)当前的识别学习障碍学生的标准不完备,也不精确;

(5)分类的决策往往与评价过程中得出的数据没有关系;

(6)决策者没有使用可靠的评估数据识别有学习障碍的学生;

(7)大部分团队关注的只是报告的数据。几乎不会花费时间整合这些数据或参与教学干预;

(8)有关学习障碍的定义和流行程度的专业观点不一致;

(9)特殊教育安置方面最重要的是转诊本身。一旦一个学生被转诊,评估的可能性是92%;一旦被评估,安置的可能性是73%;

(10)特殊教育中的安置并不会导致教育计划实施中实际的变化,这些教育计划与普通教育计划不同。

20世纪60年代,在小范围内出现了与教育有关的法律诉讼。到了20世纪70年代,教育中的法律诉讼才涉及与特殊教育相关的领域。20世纪60年代,残疾儿童的拥护者和家长最先运用法律武器来确保在特殊教育安置过程中儿童的权利受到保护。特殊教育立法的范围在20世纪70年代大幅度扩展,并且法院成为特殊教育领域变化的主要活动场所。

最有意义的立法授权产生于对20世纪60年代和70年代初期对教育的立法。1977年10月1日全面生效的94-142公法的采纳,即1975年《所有残疾儿童教育法案》对评价程序和少数群体儿童心理和教育服务的传送产生了深刻的影响。法律授权的两个最重要的变化是,在提供特殊教育服务的整个过程中,每个阶段的所有步骤都建立起保护残疾儿童和他们的父母或监护人权利的机制,以及个别化教育计划(IEP)的需要。IEP必须包括儿童当前表现水平的档案记录、短期目标、年终目标、所提供的教育服务、儿童参与的普通教育计划、服务开始的时间和评价过程的进展(莉莉,1979)。

法律行动对引起很多相关事情的关注产生很大影响,如无歧视性测验以及在评价和儿童安置方面多种方法的使用。此外,立法可被认为是鼓励我们的社会为所有儿童提供所希望的免费、适合的公立教育。这种希望已经很好地得以实现,并且在特殊教育领域和我们的整个社会正在广泛地实施。

立法的强调、特殊教育中学生的被鉴别与相关服务依然存在不平等。这种不平等推进了特殊教育中学生评价与安置体系的改善,使之更精确。当前评价和安置体系存在很大问题,极大地影响了为所有学生提供平等的机会。最大的影响是对少数民族儿童和男性的过分识别。美国教育部公民权利办公室(OCR)发现这两种学生在特殊教育中出现过多。这个问题已延续30年,将来很可能再被延续30年。

当前特殊教育实践的项目正在被程式化。一方面,这种修改是基于对现行的程序缺乏实际支持的基础上的。正像廷德尔指出的(1985),特殊教育的有效性在过去20多年中一直被许多评论者质疑。大部分评论者发现,几乎没有证据表明特殊教育取得了显著的成绩。但是用这些效能研究的方法质疑那些结果的有效性也显得苍白无力。

在埃普斯和廷德尔(1985)的相关评述中,对特殊教育计划的分析已扩展到不仅包括成就、结果,也包括计划内容的定义。特别是,这个评述调查了在教学内容和情景方面特殊教育和普通教育计划之间的区别。运用程序产出模式重新评价了许多研究,在这种模式的班级中,观察了组织者和教师的行为以及学生表现的成绩的取得。最主要的结论是在两种环境中几乎没有区别。在特殊教育和普通教育中,教学实际上被解释为同样的方式。学生得到了几乎相同数量的指导时间并在得到指导时被要求表现相同的行为。出现在特殊教育定义的教学方式中唯一的区别是,学生是在一对一的情景下接受指导,而不是在小组或大组的情景下接受指导。

作为对特殊教育中缺乏明显不同或高水平教学的反应,这两个问题,牵涉到了特殊教育传递的程式化。主要模式是由迪诺(1970)最早建议而由雷诺兹和伯奇(1982)修改的"瀑布式服务"。但是,普通教育的倡议和全纳运动改变了"瀑布式服务"的整个概念,研究和结果的评价将决定服务的传递如何进展。

这个体系的实施大体上承认了咨询师和辅导教师对普通班级中教师的重要性。咨询内容包括评估过程,个别化教育计划的教学体系,直接教学和计划结果的评估。

总之,对过去特殊教育中学生的评价和安置实践现在一般被认为不适当。为了回应经验主义的实践和法律命令,一个新的方式被提出,那就是实施融合式教育。在这种体系中,特殊教育工作人员作为制订个别化教育计划的咨询者和协作者提供服务。通过实施这种方法,特殊教育将真正成为公立学校的一部分,而不是与公立学校分离。

参见 评估;特殊教育的瀑布式模式;融合;个别化教育计划;残疾人教育法案(IDEA);最少受限制的环境

PUNISHMENT
惩罚

从功能角度定义,惩罚产生于令人厌恶的表现结果引起的意外事件中,因此减少了这种行为的发生率。正如阿尔伯特和特劳特曼(1986)所说的:"如果它的意外应用导致了目标行为的减少,每个刺激都可以定义为惩罚。一个惩罚者,如同一个强化者,可以只通过它对行为的影响来识别,而不是通过它对结果刺激物本质的影响来识别。"因此,仅仅运用令人厌恶的刺激(如打屁股)或取消积极的刺激(如代币或钱),不能成为一个惩罚的过程,除非促使了令人厌恶的目标行为的减少。不幸的是,随后的刺激对行为的减少影响很小,而且很少用于日常的评价,因此,导致了不适宜的和无效的惩罚使用程序。

参见 应用行为分析;厌恶刺激;消极的惩罚;积极的惩罚

PUNISHMENT, POSTIVE
积极的惩罚

使用"积极的"和"消极的"之类的形容词大部分情况与强化技术有关,也偶尔用来进一步定义惩罚技术。行为主义者用这些形容词描述意外地给予一个刺激(积极的)或者意外地消除一个刺激(消极的)。这些术语不应该作为与价值判断同义的"好"和"坏"来解释。因此,积极的惩罚是对一种错误行为或规则禁止的行为意外地给予一个令人厌恶的刺激。儿童因为与同伴打架而被打屁股是一个积极惩罚的典型案例。社会上更多的积极惩罚是让受罚者承担不好的任务,例如,由于偶然把卧室弄乱而被罚清扫卧室(令人厌恶的刺激)。消极的惩罚是意外地取消一种积极的刺激,消极惩罚技术的常见例子是反应成本和暂停。

参见 惩罚

PURDUE PERCEPTUAL – MOTOR SURVEY (PPMS)
普度知觉—动作量表

开发普度知觉—动作量表(PPMS)(罗池和凯法特,1966)是为了对知觉—动作发展的问题领域能够进行量化的观察。下属的测验包括:步行板、跳跃、身体部位的识别、动作模仿(跟随测验者做手臂动作)、障碍路线、克劳斯—韦伯(要求儿童俯卧,举起上体并降低残障的躯体部位)、雪地中的目标(在多种模式下区别上肢和下肢)、粉笔板(画从简单到复杂的图形)、视觉追逐(视觉轨迹)或视觉成就形式(纸笔摹仿任务)。

凯法特(1971)描述了这个量表的理论和实践含义。最主要的有争议的假设是较高水平的学习依赖于动作完成的基础,认知—动作干预对学业缺陷的治疗很重要(哈米尔,1982)。这个量表的心理测量工具过多,也过于冗长,未曾修订过,因此这个量表现在基本上已经过时了。

参见 知觉—动作技能

Q

QUADRIPIEGIA
四肢瘫痪

四肢瘫痪通常是指颈部以下的瘫痪。尽管这个定义在某些情况下可能是准确的,但是它也具有误导性。对四肢瘫痪更准确的描述是非特异性瘫痪或四肢正常功能丧失。这种疾病经常影响运动功能,同时也会影响感觉功能。四肢瘫痪可能是由于脑、脊柱、外周结构的损伤或功能不全而引起的。其中脑的损伤包括脑瘫、中风、创伤性脑损伤等;脊柱的病变包括脊柱损伤、肌萎缩性脊髓侧索硬化;外周结构的病变包括肌营养不良、多发性硬化等。此外,肿瘤、化学物质中毒、先天畸形或感染也可导致四肢瘫痪。四肢瘫痪这一概念有时包括四肢轻瘫,即四肢的虚弱或不完全瘫痪。四肢瘫痪不是总与头颈部相关,但在某些情况(如脑瘫)可能累及这些组织。

四肢瘫痪的病人所丧失的特殊技能或功能根据个体主要受损部位的不同而有很大差异。例如:脊髓损伤所致的四肢瘫痪患者,将会出现损伤平面以下的感觉和运动功能丧失。当损伤发生在第三颈椎水平时,患者颈部以下基本上丧失感觉和功能。而如果损伤发生在第五颈椎,则患者可有一定的主动运动功能,如肘部的弯曲或反掌,肩部的外展和外旋,但其他大部分运动功能都将丧失。在营养不良的晚期阶段,患者可以用手指写字、打字,或操作别的小物体。由于身体大肌肉的进行性削弱,此种类型四肢瘫痪的患者不能移动手臂,但感觉仍然完好无损,这一点与脊髓损伤所引起的四肢瘫痪不同。患有由脑瘫所引起的四肢瘫痪的儿童,其上肢的关节通常能够活动,他们的感觉完好无损,但运动感觉会有异常。由于不同肌群肌张力的异常改变,会出现活动僵硬、不谐调或跛行、无力。患有四肢瘫痪性脑瘫的儿童不仅四肢全部受累,而且其面部和颈部肌肉表现为肌张力和运动模式的异常。

对四肢瘫痪病人的特殊性的治疗、教育以及其他形式的干预措施均需根据病因来实施。运用多学科、跨学科、学科间模型的团体综合方案对四肢瘫痪病人看护和管理是最重要的。这种团体包括医师、护士、教师、物理治疗师、职业治疗师、语言病理学家、康复工程师、家属、服务员,还有患者本人。有的四肢瘫痪的病人需要大量的帮助,即使是在日常的生活方面(例如吃饭),而有的瘫痪病人则可以独立生活、追求事业、养家糊口。

尽管四肢瘫痪通常会导致广泛的残疾,但是许多电设备和非电设备可以用来帮助患者获得正常的活动能力。电轮椅、专门设计的顾客车、进食器、扩音交流系统,以及个人卫生和装饰设备等,都能够弥补患者受损的功能。这些技术的进步使很多四肢瘫痪的病人具有更加独立的生活方式,但有人认为,社会的变革能够使残疾患者的独立性得到最大程度的发挥。要想获得丰富的、令人满意的生活,排除环境和态度的障碍和对工作采取乐观的行动,是非常重要的。

QUESTIONAIRES IN SPECIAL EDUCATION
特殊教育调查问卷

在特殊教育中,调查问卷常常用来搜集研究资料。调查问卷相当省钱,能确保匿名,而且初涉研究工作的新手以及成熟的专业人士都易于使用。

普赖德(1979)观察到,邮寄调查问卷对从较远处的人那里获取资料特别有用处。调查问卷被邮寄给调查对象时因太忙碌以致无法立即使得目标群体进行回答,因此,以一种适合统计分析的方式来设计问卷的框架是有益的。邮寄问卷还能“消除采访者对问题的偏见,当采访者回邮问卷时,那些问题是很敏感或令人困惑的”。

作为普及的调查研究工具,问卷(无论是邮寄,电话采访,或亲自调查)需要精心设计。设计需要考虑以下几个方面:①要寻找的信息种类(如态度的、行为的);②问卷结构(如开放题型的、有顺序分类的封闭题型);③问卷用词的选择(狄尔曼,1978)。每项调查都要提供特别需要的和不同的问题。奥本海姆(1966)、狄尔曼、苏德曼与布拉德伯恩(1982)对设计调查问卷应考虑的许多因素进行了深入讨论,并对写作和提出的问题做了详细的推荐。

尽管事实是,在许多案例中邮寄问卷调查最适宜从大范围、宽广的分散的样本收回资料,但许多研究者表达了有关对它的方法论的严密与精确性的“担忧”。这种担忧大致基于回答率的严重不足。“最常见的缺点是较大数量或种类的问题不回答。这使答案不具代表性或代替不了全局”(伊尔多斯,1970)。不足40%

或50%的回收率是很普遍的现象。此外,在所获得的资料的性质方面以及许多问卷的回收数量上也有局限。

卡努克和贝伦森(1975)肯定,尽管减少不回答偏见的调查、研究报告技术激增了(远远超过200),但"除了跟踪和使用金钱鼓励之外,没有强有力的经验依据支持任何技术"。题目方面的研究一般已被严格地集中,也没有很好地进行整合,而且有时还是相互矛盾的。伊尔多斯(1970)和狄尔曼(1978)描绘了少数人企图通过满足整个邮寄问卷的调查过程的期望来改进邮寄问卷的回收率。

狄尔曼的推荐提供了一个完全整合的、经过计划的连续程序和技术,这种程序和技术可以提高回收率,完全适合特殊教育中需要调查的问题。他的整体设计方法(TDM)试图提供邮件调查,用这样的方式,应答者对要求他们参与的调查项目就能逐渐形成像问卷所有者那样的态度。基于动机心理学的宗旨,狄尔曼假设,设计和发送调查问卷的过程,使得应答人用一种诚实的方式完成它,并且返回问卷,这本身就是一种特殊类型的社会交流。他提出的极其规范的方法和经过设计的有关策略尽量减少了应答的成本,最大限度地提高了这样做的收益,赢得了期望得到这些收益的人的信任,也能很容易地适应它目前的形式。整体设计方法还提供一种有用的参考框架,以此框架为背景,每个邮寄问卷调查研究的设计方面都能被考虑到。

参见 特殊教育研究

R

RATIO IQ
智商比率

智商比率或IQ比率是一种通过智力测验(或认知能力或智力能力测试)得来的分数。它现在作为一个统计术语或是评分标准已经过时了。许多智力测验的制订者已经用标准评分,如智商离差,代替了IQ比率。

表示认知发展水平的智商这一概念,是由威廉斯·斯特恩于1912年4月在柏林向德国心理学大会提交的一篇论文中提出的。随着1916年斯坦福修订版和比奈—西蒙智力量表的扩展,刘易斯·特曼引入了智商这一术语及其缩写IQ,作为对未来智力发展比率的预测(这一预测基于以前完成的比率)。早期的智商发展指数仅仅是智龄除以实际年龄的比率再乘以100,消去小数点(也就是IQ = MA/CA × 100)。然而,智龄通常呈现为连续性而非间断性,所以两个不同年龄之差,比如4-6岁的差值与12-14岁的差值,就未必相等。而且测试制订者不能在每一个年龄层建立相同的方差的测试题。结果,对于每一个智龄,标准分数差都不相同。所以,在不同年龄水平所获得的相同的智商比率,其百分位范围可能不相同(接近或超过3%的人口的智商比值,在一个年龄可能是75分,在另一个年龄可能是68分,也可能是60分)。鉴于智商比率的统计特性,给其使用带来了太多的困难,以至于除了作为用来说明智商这一概念,人们已经不再使用它。这一概念简单明了,在向许多客户解释他们的表现时仍然是很有用的。人们可以说一个智商为65的10岁儿童,其智力功能相当于大多数6、7岁大的儿童,而且表现为每年有2/3的时间智力在增长。将智商比率和智龄的概念应用于成人似乎很荒谬。由于智商比率仅仅代表普通的量表,它们既不能被乘除加,也不能被除以年龄。而且对于大多数诊断环境中的需要来说,它们已经过时了。

参见 离差智商;智力商数

RAVEN'S MATRICES
拉文测验

拉文标准进步测验和彩色进步测验(拉文,1938-1983)是一些具有花纹的图案,就像是从壁纸上取走的一些样本。该测验要求被试者找到最合适的图案放在被取空部分。这种测验据称是衡量G因素智力(一般智力因素;马沙莱克、洛曼和斯诺,1983)的极好的测试。由于这种测试容易施行,采用非文字形式,和传统智力、成绩衡量标准联系密切,使它在全世界范围内得到广泛的使用。拉文标准进步测验在国际上被应用于成百上千的心理研究中。

这种测验适用于年龄从5岁到成年的个体,它不仅被印刷成彩色(适用于5~11岁),而且被印刷成标准的黑白版本(适用于6岁以上的个体)。它仅提供百分位的范围作为个人的最终成绩。但实际上这些还不算是完全的,手册中说明的表现水平仅有5、10、25、50、75、90和95这几个百分数,所以仅能测出人们表现的大概水平。正因如此,这种测验对粗略评估5岁及以上儿童的非文字推理能力非常有用。由于测试手册和标准化样本中存在着许多缺陷,它最适合用作以研究为目的的评估工具,也适用于那些需要估计个人能力、智力的个别医学临床检查。

参见 "g"因素理论;智力;智力测验

RAY ADAPTATION OF THE WECHSLER INTELLIGENCE SCALE FOR CHILDREN - REVISED
雷对韦克斯勒儿童智力量表(修订版)的修改

雷(1979)为设计一套专门针对听力受损儿童的智力测试而修改了韦克斯勒的儿童智力量表(WISC-R)。他引入一套简化的文字指令,并增加了更多的实施条款,试图提供标准化的测验管理技术,来提高聋儿对测验的理解和表现。不懂美国手语的治疗专家也可以施行这项测试。除了雷版本的指令外,许多不同的技术被用于非文字的测试管理(沙利文,1982)。这次修改产生了七项新分数,包括:完成图画、排列图片、设计积木、物体组装、编码、走迷宫的成绩和总成绩,执行时间平均为45分钟。

雷的修改测试被用在127个听力受损的儿童身上,他们的年龄从6岁到16岁不等,他所抽取的样本并不代表所有适学年龄的聋儿,其中不包括词汇量很小的聋儿和具有多种行为障碍的儿童(沙利文,1985)。我们对待雷的测试所提供的标准应该谨慎,而且这种谨慎也应该用在其他聋儿智力测试标准的设计上。如果安德森和西斯科标准可以用所有沟通方法来施行,那么 WISC－R 的测试成绩衡量标准很适合用来替代希斯基－内卜拉斯加的标准(费尔普斯和恩松,1986)。根夏特(1985)认为,雷的修改中,最有用的成就在于他对聋儿的单独的、有代表性的标准。

参见 聋;韦克斯勒儿童智力量表—修订版

REACTION TIME

反应时间

人对刺激做出反应所需要的时间是早期心理学家研究人的行为所采用的最频繁的测量内容之一。确实E·G·博林这位心理史学家把19世纪晚期描绘为“智力精密计时法”时期。在这一时期,戈顿最先使用听觉刺激反应时间来衡量人的智力。类似的反应时间测试项目被包含在许多早期的智力测试中,但是当人们发现反应时间和显示出更有效的测试智力的方法之间具有的联系微不足道时,人们对它的热情逐渐冷却下来。现在回想起来,反应时间测试法的失败可能是由于不可靠的测量和一些方法学上的困难。人们现在承认,要获得可靠的个人平均反应时间,需要进行大量的实验。

近年来,由于计算机已经在认知心理学领域占据统治地位,人们对反应时间又重新产生了兴趣。目前,反应时间研究的目标是测量大脑执行各种初级认知任务所需要的时间。从这样的信息中,人们有可能推导出人的大脑是怎样工作的。实际上,在一项测量反应时间的任务中的程序只需要用简单的智力操作即可。然后智力操作的复杂程度不断增加,用反应时间的增加量来测量大脑处理复杂信息所需要的时间。下面是三个常用的范例:

希克(1952)测量了在不同的视觉和听觉刺激中进行选择时刺激信号增加所需时间的增加量。所需要的时间可以作为刺激数量的记录表,这些刺激信号可以解释为大脑进行选择时的信息量。这样看来大脑在不同的信号中进行了区组性的比较。

斯滕伯格(1966)给受试者提供了一系列的阿拉伯数字,然后又提供了一个测试用数字,要求受试者指出这个数字是否包括在这组数列之内。这项测试看起来是用来测量人的短期记忆速度的,所需要的反应时间与数列中的数字个数呈线性正比关系,展示了一种逐行扫描机制。

波斯纳(1969)要求受试者分辨两个字母是否相同,其中第一次相同指的是外形相同,即 A 与 a 是不同的;第二次相同为语义相同,即 A 与 a 是相同的。后者在测试中比前者所需的时间大大增加了,因为字母必须被识别,很明显这属于长期记忆的过程。

詹森(1980)应用传统的心理学智力测验量表,对受试者在执行这些基础认知任务方面进行了评分。通过分数的不同,研究了所需时间的个体差异。令人吃惊的是,在仔细测量和误差允许的范围内,约一半人数的智力评分差异可以从其测试过程的不同方面的速度预测出来。

参见 文化公平测试;g 因素理论;智力测验

READABILITY AND READABILIY FORMULAS

易读性和易读性公式

易读性是指一篇文章的难易程度,通常用等级数字来表示。一般而言,阅读课是为满足不同阅读水平的人而设计的,根据不同的等级来选择不同的阅读材料。教科书常常根据易读水平被分成不同等级。各种易读性公式可以用来界定这些不同的阅读水平。

克拉雷(1982)为易读性公式提出了一个一般性的定义:“一种通过对一篇文章中的句子和单词进行不同的计数来反映一篇文章风格的难度和客观指数。”自从20 世纪 20 年代易读性公式第一次被推出之后,相继出现了 200 多种对此概念的公式。

为了预测一篇完整的文章的易读性水平,阅读文章一般是从一篇完整的文章中随机摘出来的长约 100个字的短文。文章可阅读性的分级公式一般是基于回归方程,对字句的计数使用加权分数来预测和被测读物等级水平粗略相关的综合分数。公式也有赖于评估语义难度的单词表和音节计数(克拉雷,1982)。

许多普通的易读性测量也适用于微型计算机模式。一个项目可能只包括一个简单程序,有的却可达到 8 项。肯尼迪(1985)提供了一些此类项目的相关信息。达菲尔梅耶(1985)主张,虽然电脑程序可以快速、容易地给出公式,但还是需要教师的判断力来评估材料的难度。

参见 阅读;阅读障碍;内容领域的阅读

READING

阅读

阅读是一个从印刷文字中提炼含义的过程。自从语言被记载下来,人们就一直在阅读,但在所记载的历史中,从来没有出现过像现在这样对阅读有如此浓厚兴趣的时刻,无论从研究的角度,还是从实用的角度(安德森、休伯特、斯科特和威克森,1984)。已经有人在集中精力来研究阅读的过程是如何发生的,也正在试图把有关知识制作成学习资料和策略以帮助人们更有效地接受阅读教育。阅读教育者长期以来一直关心着阅读的研究和完善。近来,为了解开阅读之谜,一些认知心理学家、教育心理学家、发展心理学家、语言学家和社会语言学家也加入到研究的行列中。

虽然阅读一词以个人和阅读材料之间的任何意义互动为特征,但我们还是可以把阅读分成四个基本类型。每一个类型都是根据不同的阅读目的区分的。下面将要讨论的四种阅读类型包括:发展式阅读、学习式阅读、功能性阅读和娱乐性阅读。

发展式阅读可以称为一种为了学习如何阅读而从事的活动。在学生接受小学教育时,为了提高阅读的效率,发展式阅读仍是他们学习内容中不可分割的一部分。尽管发展式阅读在过去被定位在基础教育的范围内,但现在人们普遍发现,发展式阅读课程也可以在大学阶段开设。发展式阅读之所以有此上升趋势,是因为现在有大量的大学生的阅读效率不够,在学习怎样阅读的过程中他们仍然需要一些指导。

在小学高年级和整个正规教育的过程中,发展式阅读是与另一种阅读相结合的:学习性阅读。安德森(1979)曾说过:学习是一种特殊形式的阅读,与一些教学目标的完成有关,学习期间所从事的这种类型的阅读是特别为各种理由专门开设的。

虽然用于发展式阅读的材料主要是记叙文(如:故事性文章),但实际上学生们大多数学习的却是与自然有关的说明文。说明文与记叙文相比缺少一些特征性元素,比如情节、人物、背景等,所以理解和记忆起来,与记叙文相比有一些不利之处。而且,说明文通常缺少文采,充满了更多的技术性语言。所以,学习起来可能会更难一些,缺乏动人之处。这类文章不仅在学习过程中难以掌握,还有一点,就是学生在阅读它们时经常是在要对其内容进行考试的前提下,这一点使学习过程更缺少趣味性。

由于学习的本性,它需要人们进行特殊的学习,并掌握一些学习技能。除了众所周知的SQ3R方法(鲁滨逊,1970),还有诸多学习策略,如记笔记、列提纲、注释、想象和再阅读,这些也许能提高学生的成绩。

虽然发展式阅读与学习式阅读都是直接与学校有关的,但还有另外一种阅读方式,它来自于现实世界的需要。这些阅读形式称为功能性阅读或生存阅读。当我们读路标,或者从地图上寻找路径,执行处方或按菜单订菜时,我们就是在使用功能性阅读。简单地讲,与指导目的不同,功能性阅读就是为了解决个人需要的阅读。

最后一种阅读的方式,即娱乐性阅读,是出于个人的兴趣,这种形式的阅读有时候被称为为了享受而进行的阅读。娱乐性阅读没有其他目的,只是出于阅读者的兴趣。当你为了个人兴趣而阅读喜剧、小说或者诗歌时,那么你所从事的就是娱乐性阅读。实际上,娱乐性阅读和其他形式的阅读,例如学习性阅读,在数量上存在着密切的联系。因为这些联系,像沉默性阅读这样的项目便发展起来,目的是鼓励学生经常地阅读。这些项目的希望是鼓励学生们经常阅读,最终使阅读更有效。

无论是发展式阅读、学习式阅读、功能性阅读,还是娱乐性阅读,阅读始终是一项复杂的,需要更多投入的认知过程。尽管大多数研究者和教育家都同意阅读是一个涉及书面语言的非常复杂的过程,还存在着像阅读是怎样发生的之类的争论。当然,人们怎样看待阅读过程会直接影响阅读的重点,也影响到他们所选择的指导性材料和策略。

个人阅读的目的直接与阅读的类型相关(比如发展式阅读、学习式阅读、功能性阅读和娱乐性阅读),与此同时,一个人的阅读目的也影响了这个过程发生的性质。不管阅读的类型或观点是什么,有一点始终很明确,即在信息处理的年代,好的阅读能力是一种基本的生活技巧。更进一步讲,只要书面语言存在,阅读和为此过程所进行的探索就会一直持续。

参见 阅读障碍;阅读矫正

READING AND EYE MOVEMENTS
阅读和眼球运动

认知过程可以通过对阅读者眼球运动的观察推断出来(帕夫利季斯,1985;雷纳,1985)。阅读的过程需要阅读者把他们的眼球集中在一个相对较小的视野范围内。眼球并不是持续地扫描整个视野。相反,他们从左到右做出一系列跳跃和停顿,逐行掠过,每一次停顿称之为一次凝视,当眼睛凝视的时候,纸上的文字内容得到了处理。每一个跳跃称之为扫视(两个凝视间的运动)。在扫视的过程中,视觉是模糊的,因此是不可能处理细节性的文字内容的。当读者在凝视期间不能处理文字内容时,眼球就会往回运动,并停顿下来。一个好的阅读者比差的阅读者有更加规律的较少的短暂凝视。

有人断言,阅读不好的人可以经过眼球运动方式的训练而得到改善(格季曼,1985)。眼球运动行为和阅读之间的关系本质充满了矛盾。强有力的证据证明,这种对于阅读障碍者训练的有效性是很不充足的。廷克(1985)回顾了对阅读障碍者在进行训练前后成绩的研究,指出:阅读障碍者可以被指导进行有效的眼球运动,但是阅读能力并没有提高。

有证据表明,眼球运动引起的阅读障碍是微乎其微的。雷纳(1985)回顾了阅读过程中眼球运动的特征,指出眼球运动并不是引起阅读问题的原因。相反,眼球运动的特征看起来可以反映阅读者在阅读过程中的困难;他们是因为阅读障碍引起的,而不是眼球运动异常导致的。

参见 *阅读障碍*

READING DISORDERS

阅读障碍

阅读是一个复杂的涉及阅读者获得、掌控和回顾语言符号的智力活动。当阅读失败的时候,应该检查其原因。常见的原因是大脑的损伤或者功能低下、神经心理疾病。它们都反映了一个神经学方面的原因。哈里斯和西佩(1980)总结了出现神经性疾病的原因:①难产病史,包括产程过长,产钳的使用和大脑的变形;②怀孕期间的疾病或者早产;③失衡或者一般性的笨拙;④明显的语言迟缓;⑤注意力不能集中;⑥遗传性癫痫或暂时性意识丧失。

根据斯帕克(1976)的说法,在过去 20 多年里,对于神经因素的重要性的强调重新抬头。这种重新抬头可以部分地被科技的发展所解释,对于大脑和其功能的认识越来越深入。然而,斯帕克提醒我们,虽然大脑损伤可能引起像失语症、脑瘫、智力落后之类的症状,但是我们的一些医学或者阅读专家却习惯性地把所有阅读有困难的人都认定为存在大脑损伤或者智力落后,这是不正确的。

R

失读症、诵读困难、部分或者全部失去阅读能力、语言表达缺陷、学习障碍等是最普遍的由神经相关原因所致的阅读障碍的疾病。这些疾病都被人熟识,我们将对其进行更深一层的讨论。

诵读困难确实是使用得最广泛,也可能是最容易被误解的术语之一。这个术语可以追溯到摩根的先天性字盲和奥尔顿有关读字倒反的研究。对诵读困难的描述在相关文献中很常见,而且有大量的有关诵读困难的定义,但是这个单词的词根却和“扭曲”有关,而且与“撤销”这个单词也有关。克利奇雷(1970)描述了两种阅读困难:发展型和症状型。根据他的观点,发展型诵读困难来源于器质性疾病,而症状型诵读困难有可能受许多因素的影响,包括器质性和精神性两种因素。

尽管诵读困难这个术语非常流行,但许多人士,主要包括教育界人士,却宁愿相信诵读困难的情况不存在(卡特赖特和沃德,1995)。虽然诵读困难这个词好像很容易被很多人滥用,但是使那些理解和掌握书面语言有困难的人的数量减少也同样很难。难以理解书面语言是诸多诵读困难的中心议题(E. G. 瑞德,1998)。

一些与诵读困难相同的情况也发生在学习障碍者身上(LD)。根据《残疾人教育法案》(IDEA)的定义,这种特殊的学习障碍是指在需要理解语言时出现的一种或多种基本心理障碍,这些障碍包括以下情况:感知障碍、大脑损伤、轻度脑功能下降、诵读困难和发展性失语症。

不过,除了这种法定的定义之外,还存在大量的对学习障碍的性质、识别和治疗方法的不同意见。其中最有趣的是,学习障碍在很多情况下实质上主要是一个教育问题。经常使广大被贴上学习障碍标签的学生一致行动的因素是在可感知的潜力和实际表现之间存在一个不可忽略的鸿沟。而且此鸿沟不存在明显的原因,也许与情绪或认知的综合因素有关,也许在学习者的学习或行为问题中反映出来。教师和专家们经常通过使用医学和教育的方法来提高学习障碍学生的成绩,以使其达到与内在潜力一致的水平。

阅读是一项智力任务。除了纯粹神经方面外,也是一些感觉活动,这些活动与视觉和听觉刺激息息相关。如果阅读者存在一些感觉上的缺陷,就会使其领悟和阅读的功能受到直接而明显的影响。

尽管阅读的时候,特别是口头阅读的时候,有赖于听觉能力,但严重的阅读障碍很少是直接由听觉因素引起的。然而,在我们讨论有关阅读障碍问题的时候,有关听觉能力的因素应该被考虑进去。这些分类包括听觉敏感、听力辨别和听力记忆。听觉敏感是指一种好的听觉状态,听力辨别是指对于语言中细微差别的辨别。学生恰当地发出言语声音的能力有赖于他们的听觉辨别能力。一些早期的阅读项目强调语音辨别,即学生们能够分辨并模仿出语言中普通的声音符号。由此可见,听觉敏感或辨别的缺陷将不利于儿童的阅读发展。

同样,在接受听觉信号时,有效地祛除或隔离多余环境中的噪音也是很重要的能力。众所周知,教室作为一个多种语音信号交流的场所,是不够安静的。把注意力放在重要的信息上要求读者屏蔽声音,否则这些声音可能影响那些主要信息的接受。总之,在阅读中,听觉缺陷比起前面所讨论过的视觉和神经系统的问题来说是一个比较次要的因素。

除了视觉和听觉因素外,还有很多其他生理条件也可能影响阅读能力。在这些条件中,包括疾病、一般性的笨拙、内分泌性疾病、营养不良和过敏。然而,应该注意的是,现在还没有丝毫的证据能够证明这些条件可以明显地影响阅读成绩。例如,当学生长期承受慢性病痛时,疾病有影响阅读能力的倾向。然而,在大多数病例里,慢性病使患者无法上学,所以阅读能力下降可能是由经常缺课所致,并不能导致阅读障碍,但它常是大脑轻度异常时的症状,因此受到重视。还有,尽管内分泌异常可以导致肥胖、矮小等身体异常,但是对于阅读障碍进行内分泌治疗,还没有引起足够的重视。对于营养不良对阅读的影响也很难给出定论,因为营养不良经常与较低的社会经济状况紧密相连。

社会心理行为经常与阅读成绩偏低有关。然而,情绪和社会因素引起阅读障碍的意义尚不明确。部分原因可能是,我们对于社会心理状况和阅读障碍之间的关系了解得很少,因为该领域现有的收集资料的技术在某种程度上还不充分。例如,教师可观察学生的情感或社会行为,但他们没有经过任何的培训,得到的结果可能存在偏差。访问调查也可以用来收集这方面的信息,但是,即使是一些经过培训的专家,也不能保证学习者所说的是真实的内心反应。个人测验是另外一种方法,可以评估个人的情感和社会状况。尽管这样的测量方式较之观察和调查可以提供更确切的信息,但有关此种测量的可信度还有待商榷。

关于心理社会行为和阅读障碍,有两点需要明确。首先,阅读虽然发生在学校这样的环境中,但仍是一种社会活动。读者在阅读时,不仅要满足自己理解的需要,还要用一种恰当的方式解释给老师和同学听。所以,不管是不是社会和情感因素偶然发挥了重要作用,他们都与阅读成绩有一定关系。第二,学校倾向于把自己的工作当作是在教授阅读技巧,而不是解决情感和社会问题,因此,在课堂上或诊所里,很少能够对需要解决情感和社会问题的学生加以重视。看起来,那些有情感和社会问题的阅读者在一些细节性阅读问题解决之后,才能给予相应的重视。然而,其他一些人主张说:如果只解决阅读问题而忽略了同时存在的情感和社会问题,只是部分地解决了问题,仅在短期内提高了阅读成绩。如果我们想了解如何最大限度地提高阅读障碍者的阅读成绩,必须在社会心理学领域进行深入的研究。

参见 弱视;发展迟缓;诵读困难;学习无助;阅读矫正

READING IN THE CONTENT AREAS
内容方面的阅读

在至少半个世纪的时间里,阅读与课程专家声称,每位教师都是教阅读的。在此期间,出版了许多书籍、论文和研究报告,许多教育学院提供了在内容领域教阅读的课程。尽管有了这些成就,但教师通常还是强调他们是学科内容教师而不是阅读教师。在一项内容领域里有关阅读研究的综合性、批评性评论中,杜博伊斯(1984)断言,教师对有关普通阅读内容,特别是有关他们专业方面的阅读,知道得太少。她进一步报告说,教师在面对不能读课堂材料的学生时感到"无助和挫折"。

1981 年,由 27 位教师、监督者、管理者和非专业团体组织发表一个叫作"本质联合:反思 80 年代的课程"的声明,该声明赞同技能和内容的相互依赖,以及一些内容领域的知识的相互依赖。技能与内容的相互依赖涉及学习者在学习文学、社会研究、科学和数学中阅读、写作、谈话和思维的运用。"本质联合"主张,如果教师教学生特殊的阅读、写作、获得知识的学习策略以及批评性地回应所学学科的知识,教师的教学工作将会更加有效。最后,这样的协同努力将为学生的终生学习做好准备,肯定能帮助他们成为独立的学习者。显然,这种被推荐的指导不限于阅读和学习之间的关系,而且还延续到写作、学习、谈话和思维。

在许多学校里,"本质联合"曾经提醒过两种相关的做法,即参加培养相互依赖原理的方式。当考试被严格地限制在他们能测试什么时,第一种有缺点的做法是根据一次测量来规定基本的技能。与此相关的是教被这样的孤立于有意义的内容的考试所识别的技能的做法,例如,看起来更像考试的课文而不是真正的内容课文。简言之,阅读技能已被弄得支离破碎,远离了内容领域,并被进一步分裂成不相连接的次技能。古德拉德(1983)证明了学校的这种状况,他将这种状况描绘作专注于较低的智力过程和十分盛行的比例的乏味。对特殊班级和主流班级里的有特殊教育需要的人来说,问题就更严重了。在那些班级里,教师错误地相信,更需要强调孤立的次技能以矫正这些学生的贫乏的阅读技能。

1985 年,全美教育科学院阅读委员会出版了《成为一个读者的国家》(安德森、喜伯特、斯科特和威尔金森,1985),该书综合了目前的社会心理语言学理论和有关学习阅读及阅读学习方面的研究。该文件为那些将会向"本质联合"提供工具的教师提供了一个基本原理的阐述。

阅读并未被限定作一种产品或一套要被测试的次技能,而是被限定为"一个从书面材料构建意义的过程……,一个复杂的需要协调众多相互关系的信息资源的技能”。这些资源存在于读者,存在于课文,存在于同类的学生,也存在于教师。读者带着有关世界、语言、阅读不同课文的策略、教师的目的及期望,也带着他们自己的兴趣和目的去阅读。课文用特殊的方式描述有关世界的知识,例如,文学课文就有不同于信息课文的惯例和结构。它们在目的、内容和风格上存在差别。同类的学生构成一个理解者的共同体。通过相互作用,他们能分享有意义的更重要的知识、课文的知识以及阅读的策略。

教师的作用是协调这些相互关联的资源,在读者和文本之间发展创造性的相互作用,这能使学生掌握更有效的信息处理策略。信息处理涉及像获取更重要的知识、做预报、询问、详细说明、转换、组织、重新叙述、概括、综合、反省和批判性地评估之类的主动的智力探索。用实践的术语来说,内容教师能教阅读并体现一个或更多这些探索的依靠模仿策略的学习。使学生成对地或以小组的方式或以他们自己的方式来实践这些策略,使学生在使用这些策略中互相交流,分享他们的经验。

今天,内容领域的阅读涉及教师如何组织和计划教学,以便讲述学习基本学术科目时的基本学术能力(不仅是阅读的语言处理,而且包括写作、听和说)。对所有学生来说,包括主流班级和学习中心里的特殊教育需要学生在内,这些基本学术能力都是普遍适用的。

从特殊教育的观点来看,教授内容阅读的被推荐的方式应当是含有提供更多学习,更少孤立和支离破碎、更少使人蒙上污名和与同伴相分离,更少的教师的孤立以及语言的更少破碎的效果。

参见 阅读障碍;阅读矫正

READING MILESTONES(SECOND EDITION)

《阅读里程碑》(第二版)

《阅读里程碑》是一套由斯蒂芬 P·奎格雷、辛西娅·M·金、帕特丽夏·L·麦克安利和苏珊·罗斯开发的第二版专为听觉损伤个体设计的基础读物丛书,第1版于20世纪80年代初由多美科公司出版。然后于1995年由Pro-Ed. 出版公司获得该书的版权继续出书。

《阅读里程碑》是同类阅读项目中最普及的读物。这个经过设计,语言得到控制的读物基本上适合五年级阅读水平的读者。它对听觉损伤及语言迟缓学生特别有效果,也广泛地用于其他有特殊的语言和阅读需要的人,包括学习障碍个体和将英语作为第二语言来学习的学生。

《阅读里程碑》项目包括学生读本,教师指南,学生分班测验和六级水平的每一级的学生练习。《阅读之桥》系列包括4~5级水平供学生阅读的广泛材料。补充材料,即附着在《阅读里程碑》中的有组织的入门读物,包括《简易语言仙人故事》、《简易英语经典名著》和《喜爱的古典名著》系列。

该丛书的第二版根据阅读领域的最新研究和实践以及丛书使用者的信息反馈进行了全面的修订。由于大多数听觉损伤学生和其他特殊需要学生普遍缺乏一种关于语言的口语或听力方面的基本知识,因此在他们的语言经验中可能存在由此产生的鸿沟,在提供给他们的阅读的材料中也可能存在固有的臆断。《阅读里程碑》经过设计,一开始就是用最简易的语言保证在阅读中最初的成功。增强了语言的获得,这样就缩小了这个鸿沟。经过指导的学生,在小幅度的增长中,伴随不断的强化和概念、词汇及语言结构的复习,能取得进步,并保证持续的成功和动力。

READING REMEDIAION

阅读矫正

可以把阅读描述为基本的、高度复杂的认知活动。作为一项认知任务,阅读行为需要成功地完成许多简单的和复杂的语言技能(佩尔费蒂,1983)。要说明这点,可考虑大声朗读单词“dog”这一任务。要完成这个看似很简单的任务,读者必须认识字母表中的字母,掌握英语中常见的发音、符号,必须能够精确地拼写或发出单词的读音。英语单词的释义掌握起来就比较困难,但有许多的语音规则。然而,例外似乎远比语音规则多。此外,如果需要理解“狗”这个动物,那么读者必须把抽象的符号和声音与储存在长时记忆中的狗的概念联系起来。

如果需要技能来认读和理解单个的单词,那么要理解上文意思所需的技能就更多了。所以一些个体从来没有取得进步并不值得惊讶。在阅读已出版的印刷品中正在经历困难的那些个体是需要特殊教学的学习群体的一部分。这种特殊教学就涉及阅读矫正。

阅读矫正是语言教学的一个分支领域,它主要关注阅读问题的识别与治疗。

实际上,个体进行阅读之前就存在一些很可能增强或抑制阅读表现的因素。拉普雷和布莱尔(1983)识别了两种与阅读表现相关的宽泛类别的变量:功能因素和促进因素。功能因素是那些实际上与阅读有关的变量。见物识字词、阅读速度和口头语言的发展是功能因素的例证。在许多方面,这些功能变量都是其他变量的结果，也就是说，这些变量不是阅读表现的直接部分，而是有助于它的部分。这些变量就叫做促进因素，它们在阅读矫正中特别重要。促进因素在如此宽泛的标题之下成为身体、认知和情绪的特征。在这些广泛领域里的每一个，都存在能显著地影响阅读表现的条件。

认知因素也明显地有助于阅读过程。个体影响阅读行为的认知能力是所期望的熟练水平的主要决定因素。虽然智力与阅读能力之间没有一对一的关系，但是两者之间的关系的确是强有力的。认知因素可以通过成绩或智力测验数据，或学校表现记录进行评估。

同样，个体情感健康也能积极或消极地影响阅读水平。情感因素对学习的重要影响在阅读问题的评估中不应该被忽视（卡特赖特和沃德，1995；莱德，1998）。有认知潜力的学习者可能缺乏阅读的欲望和决心，但这正是阅读能力提高所需的。家长（学生）的交流和自我概念以及人格测试可以被用来搜集有关读者情感因素方面的信息。

当怀疑存在阅读问题时，首先应谨慎确定是否存在身体上的、认知的和情感的以及社会经济的、文化的或教育的因素成为问题的潜在根源。功能因素和促进因素的系统评估是阅读诊断的一部分，依次，这也是阅读矫正周期中的主要组成部分。

语言阅读矫正中的大部分方法都是借自医学科学的。医学的影响在阅读矫正周期中特别明显。这种周期由三个阶段构成：诊断、处方和治疗。

矫正周期的诊断或数据收集涉及对现有条件的系统评估：寻找可能指明读者问题根源的证据。正是在这一阶段，有关读者和阅读表现的信息得到整理和分析。有关读者的知识可以在课堂内用一种自然的方式收集到，也可以通过一种正式的和全面的程序来积累。

在仔细诊断的基础上，开始矫正周期的第二阶段，即处方或治疗方案说明阶段。处方是需要管理的适当教学治疗的描述。据预计，一个经细心地规定过的教学方案将改善读者的问题。和诊断程序一样，教学计划实际上可以是正式的或非正式的。一个非正式的处方可能仅需教师对教学目标进行说明，这种方式对读者好像很合适。相比较之下，一个正式的处方可以是一个在诊所或资源教室里需要由专家管理的复杂的教学项目。

最后，是矫正周期的治疗或项目实施阶段。在这一阶段，经过悉心策划的教学治疗得到执行，其效果得到评估。从教学与评估期间获得的知识之中，有关读者和阅读表现的额外信息得以搜集。以这些新数据为基础，可以提出一个经过修正的诊断，矫正周期重新开始。这个矫正周期就形成了阅读教学的基础，不论它是发生在正常的课堂里，还是发生在资源教室里（齐克，1980）。

诊断可以在几个复杂的层次上进行。按不断增加的正式手续的顺序，这些层次可以是非正式的，课堂和临床诊断（威尔逊和克利兰，1985）。在先前的部分，数据搜集倾向于作为更广泛的临床阅读诊断形式的一部分。然而满足大多数读者的需要并不经常要求诊断达到这样正式的层次。恰恰相反，临床诊断应当是诊断程序的最后阶段。总的来说，在诊断顺序中，满足读者的细节需要仅仅需要前两个层次，即非正式的诊断和课堂诊断。

非正式诊断是一个持续地发生在正常阅读课堂的不间断的过程。诊断的这个阶段围绕着教师的阅读教学管理以确定这种教学对学习者是否合适。如果发现这种教学是不合适的或无效的，那么，应该在一些方式上对教学做出调整，以便更充分地适应学习者的需要与能力。

如果阅读教学中较小的调整在改善状况方面并不是很成功，要怎么办呢？下一步教师应该做什么？在诊断的第二阶段，教师应该在课堂内实施一些测试，以识别阅读问题的性质。课堂诊断可能涉及教师自编测试或商业测试的使用，这种测试可以由没有阅读或评估方面专门知识的教师来管理和解释。正像先前的个案一样，或许教师从基本课文中有必要编制一个完形填空（蒂尔尼，雷登斯和迪什纳，1980）。从这个完形填空中教师来决定采用什么阅读教材，应避免使用对儿童来说太难的教材。教师可以把儿童送到更合适的阅读小组去，这样，口头阅读问题有可能就此消失。

如果任课教师试图认定或矫正阅读问题的失败，那么，是聘请一位专家的时候了。正是在诊断顺序这一点上，应该实施阅读问题的临床评估。接着抑制因素的评估，应该给出一组阅读测验。在临床诊断中经常测验的阅读技巧是见物识字词、口头阅读、默读、听力理解和单词分析技巧。诊断中积累的信息使得临床专家为学习者确定有可能改进阅读表现的矫正项目。

由于诊断在矫正周期中发挥着主要作用，评估时提供令人信服的和可靠的信息是极其重要的。邦德和丁克（1973）已经为临床诊断概括了几条有可能导致阅读问题更有效矫正的指导原则。这些原则中的某几条也可以应用于非正式的和课堂的诊断。

（1）诊断应该倾向构想出改进的方法。

（2）诊断应该包含一种以上阅读技巧与能力的

评估。

(3)诊断应该是有效率、有效果的。

(4)诊断应该是持续不断的。

(5)诊断应该设法识别出行为的模式。

将一个学习者安置于矫正阅读项目中的决定常常是小组决策过程的结果。这类似于遵循其他特殊学习者的类别。当最初的阅读矫正的任务落到阅读专家面前时,矫正项目能够,也应该包括家长、校外专家、内容领域教师以及学校管理者。应该为读者建立长期和短期目标,关注认知,变换认知以及情感需要。应为实现目标过程中取得的进步细心地建档,以便使项目和学习者的精确评估成为可能。

最后的读者个人能力测验是对学习慢的人的个人能力测验。像矫正的读者一样,学习慢的人的情况证实,其阅读技能远远低于同年级水平。然而,与矫正读者不同的是,学习慢的人的阅读表现是与认知能力相称的。换句话说,学习慢的人基本上是在表现适合他的潜力。

只要存在复杂的阅读过程,就会有遭遇困难的学习者,就会有需要特殊阅读教学的学习者。向那些将熟练阅读作为目标,然而还未达到这一目标的学习者提供适当的教学,正是有效的阅读矫正项目的目的。

参见 诊断处方教学;诊断矫正处理;阅读障碍;内容领域的阅读;矫正的缺陷—中心模式

REALITY THERAPY
现实心理疗法

现实心理疗法是心理治疗的一种方法,它强调被治疗者学习更有效的行为以应付目前的处境的重要性。现实心理疗法强调互相鼓励,行为改变和逐渐发展"成功认同"。按照哲学或理论上的观点,现实心理疗法可以被描述为强有力的认知或理性的方法。这种方法求助于客观的理智,强调有意义的改变的可能性,不仅是为了改变受治疗者的情感,而是为了改变受治疗者的行为。治疗师扮演类似教师的积极的、直接的角色,但只限于支持性的作用,而不是惩罚性的作用。

威廉·格拉瑟,一个内科医生,从心理治疗开始,经过了多年的努力,发展了现实心理疗法的理论。不论是格拉瑟对于传统的精神分析疗法的反对,还是他在加利福尼亚女生学校与社会不良少年有关的工作经历,都可能在现实心理疗法的发展中起着很关键的作用(贝尔金,1975)。

在评价受治疗者目前行为在满足其需要的有效性的时候,治疗师像教练或指导员一样向受治疗者提供帮助和鼓励。当合适的改变得到认同之后,治疗师就会帮助发展和执行这些矫正计划。培养受治疗者的勇气并让他们认识到自我价值的存在可以导向成功认同,这是治疗师的一项关键责任。

现实心理疗法正在逐渐流行,并产生了反响,在学校和刑事法庭获得的效果特别好,在残疾人康复的咨询工作中也获得了很好的效果。这种心理治疗的方法使其自身变成了一种短期的、直接的、积极的治疗方法。

参见 心理社会调整;心理治疗

RECEPTIVE LANGUAGE DISORDERS
接受性语言障碍

由于大脑损伤或者功能低下,导致理解或者使用语言时出现严重丧失或损伤,这种语言障碍被称为失语症。这种障碍可以分为表达性或运动性失语症,接受性或感觉性失语症。前者是语言形成功能受损,后者是语言理解功能受到影响。对于成年人,失语症是由于大脑损伤以至于原来应用语言的能力终止或退化。对于儿童,语言障碍有可能是由于脑外伤或者是先天性疾病所致。也就是说,儿童在出生前、围产期和出生后的一年由于大脑发育不完全或者中枢神经系统语言中枢受损,不能形成正常理解和应用语言的能力(加迪斯,1980)。这种情况也可以看作是一种原发的或者先天性的语言障碍(德尔,1983)。当大脑语言中枢功能受损很轻微时,也导致学习障碍。

接受性语言障碍可以用很多种方式来划分。约翰逊和米克勒比斯特(1967)讨论了一种综合征——在听觉学习上存在缺陷的疾病,即儿童可以听到,但却不能对所听到的内容进行解释。另外,一些病情较轻者,可以理解非动词性社交用语,但却不能将口头语言与相应的实践联系起来。在那些比较轻的接受性语言障碍者中,可能只限于对于抽象语言或者语言中某些特定部分存在理解上的障碍。本森(1983)引用了四种明显的临床医学中对障碍的理解,而且还指出了每一种可能的神经解剖学定位。它们是:①接受障碍,包括理解和复述口头语言障碍;②感觉障碍(也称之为韦尼克失语症),包括理解口头和书面语言障碍;③语义理解障碍,主要表现为不能理解口头和书面语言,但是却几乎能够正常地复述;④语法障碍,包括语法结构和排序障碍。本森强调,在这些理解性的问题中大多数存在着交叉,他们很难被孤立地发现。

接受性语言障碍经常与其他一些残疾问题一起研究。在米克勒比斯特(1954)所列出的语言发展等级中,表达性语言发生在内在的语言接受之后,而且有赖于接受性语言能力的发展。同样,阅读和书面语言有赖于早期语言水平的获得。因而,毫不奇怪,阅读、写作和算术问题的解决有可能受接受性语言障碍的影响。约翰逊和米克勒比斯特(1967)指出,听力认知技巧包括分辨、节奏和连读,经常与接受性语言障碍有关。这些技巧是取得听力—语音阅读成功的先决条件。他还指出需要有一个全球性的语言方法来指导。

参见 失语症;听力辨别;听觉感知;发展性失语症

RECIPROCAL DETERMINISM
交互决定论

交互决定论是人类行为的一个模型,这个模型有效地将医学的、行为的和生态的模型整合成一个单一的综合视角。交互决定论是由班杜拉(1978)在关于社会学习理论的广泛研究和实践中提出的。这个理论假设人的活动是一个交互作用的结果,它发生在一个人的行为(B)认知和其他与这个人有关的事情(P)还有外界环境(E)三者共同作用下(班杜拉,1978)。这个模型假设人类行为是每个人生活中的 B、P 和 E 三个因素相互作用的结果。根据此观点,如果能够了解一个人的这三个突出的相互作用的因素和这些因素是如何相互作用、相互影响的,那么就能够获得深入了解一个人的行为的最佳途径。

交互决定论模型对于特殊教育者来说,在理论和实践上都有很重要的意义。例如,假设一个四年级的学生有阅读困难,如果从一个医学观点来解释这个学生的问题,特殊教育者就会检查他的 IQ、神经系统状态以及健康等等。那些强调行为模型的人,把精力集中在诸如与教师的课堂交流,学生之间的交流以及阅读课上的学习材料等等。如果特殊教育者运用生态模型,他就会考虑学校的阅读课程、阅读领域的资源以及家庭环境等等。然而从交互决定论的观点入手,特殊教育者就能够看到,每个方面的信息都是重要的,并且每一个方面都不应该忽略。

更重要的是交互决定论模型强调,如果不能正确理解 B、P、E 三个因素是如何相互作用的话,人们是无法真正理解隐藏在儿童教育和心理问题背后的诱发因素的。例如,这个假定的儿童在阅读课上的行为(B)一直在受他的智力(P)能力的影响,随之而来的是,或者增强或者减弱学校课程和来自家庭环境(E)的影响。而这些因素本身也会受到儿童在校内和校外表现(B)的影响。通过使特殊教育者充分地了解 B、P、E 三个因素相互作用的动态机制,交互决定论提供了一个综合性框架,利用这个框架,儿童的问题就能被概念化,并得到评价、诊断和治疗(雷诺兹、古特金、埃利奥特、维特,1984)。

参见 行为矫正;生态评估;残疾人的生态教育;人文主义特殊教育

RECORDING FOR THE BILIND
盲人录音社(RFB)

盲人录音社是一个 1951 年建立的专业音像出版机构,目的是为了给那些不能使用普通印刷制品的人录制免费的录音教材。不能使用普通印刷制品包括各种原因,主要是视觉、感觉或者身体条件不允许。柯克纳和西蒙(1984)在 1982 ~ 1983 年的一项研究中声明,RFB 为 7300 多名高等教育中的学生服务,其中 57% 的学生都有视力损伤。

像 RFB 这样的录音项目对于视力残疾的学生来说是无价之宝。其他服务组织也为此类人群提供有声形式的材料(费雷尔,1985)。会说话的书籍,是由美国盲文出版社发行的,它是视力残疾学生的父母和教师的好帮手。美国盲文出版社还给声控磁带配置了各种声控磁带录音。隶属于国会图书馆的盲人和肢残人国家图书馆机构向视障人士免费提供图书馆服务。国会图书馆也借给申请者特殊的有声读物录音和磁带播放器。这些组织提供的资料很多都是流行的休闲书、杂志、宗教书籍和报纸。

参见 盲;点字处理器

RECREATION, THERAPEUTIC
治疗性文娱活动

治疗性文娱活动是一种玩耍或身体活动的形式,这种玩耍或身体活动可用来改进各种发生在认知、情绪、社会和身体领域里的行为。这些活动包括游戏、舞蹈、骑马以及更大范围内其他个体、团体比赛和运动。

通过运动神经的大运动或精细运动,智力领域可能会受到影响。存在很多按顺序发生的认知发展理论。在认知发展的顺序中,运动能力是更高思维过程的基础(凯法特,1960;皮亚杰,1950)。理论上,运动技能有助于残疾人增长记忆能力、语言能力以及解决问题的能力,从而发展更高的技能水平(梅杰和沃尔什,1977)。娱乐形式也可能成为传统教育方法的替代物。汉弗莱(1976)运用游戏和舞蹈来帮助解决旋转困难、排序困难、左右方向性分辨困难,提高残疾儿童跟随方向的能力。身体运动使概念和技能得以用一种更为具

R

体的形式表现出来。儿童们通过模仿和扮演角色,就可以运用已经学会和得到发展的智力概念(姚克,1979)。

其他形式的学习也可能受到身体活动和游戏的影响,这些身体活动和游戏以增强儿童们的动机和注意力为目标。纳维尔和布洛姆(1968)强调,通过运动所获得的教育成绩包括集中注意力、意志力以及自我控制的能力等。

通过娱乐活动能影响残疾儿童的情感,因为娱乐活动能帮助残疾儿童改善自我观念,增加自信。在令人愉快的娱乐活动中,可以感觉到身心愉悦。从社会方面来说,有组织的团队活动可以通过有序的人与人之间的游戏(比赛),提供社交技能的学习机会。所有的个体都有机会一起工作,服从领导,适当地行事,并且培养各种形式的自我表达能力。娱乐不仅可以作为一种沟通的媒介,还有助于把残疾儿童和健全儿童联系在一起,整合教学活动,减少隔阂。

从身体方面来说,娱乐活动对身体方面有很多的限制。运动能帮助个体增加协调性和身体移动动作的范围。例如:水上运动、游泳或水疗对各类残疾儿童和年轻人都有极大帮助,创造性舞蹈等自由活动也能起到这种作用。这些活动能增加身体的力量和灵活性;拥有一个强健、有魅力的身体可以提升人们心目中的自我形象。

具体的项目如保龄球、民间舞蹈,甚至是竞技性的运动结合了娱乐活动,可以对不同人群进行治疗。这些项目中最好的一个例子是针对各类残疾学生的特殊奥林匹克运动会。杰夫凯斯-达尔克罗兹(1930)首次提出,盲人可通过学习音乐、舞蹈体操以增强他们的自信,通过音乐和节奏来增强表达能力。格尔尼茨引进了一种有节奏的心理机制的治疗(1970)。这种对个人的治疗方法,把动作、音乐和节奏与心理及智力发展障碍结合起来。莱夫克(1974)继承了整合身体和精神的思想,使用舞蹈治疗来促使精神和身体健康。位于雷塞斯、威斯康星、埃万斯顿、伊利诺伊的科夫学校是为脑部受损的学生而创办的,这些学校为学生提供游戏活动。这些游戏的使用也许由于学生们脑部发展速度缓慢而被遗忘了。哈利威克方法能够用于培养身体残疾儿童游泳的能力。挪威有一所专为残疾人设立的练习骑马的学校。曼、伯杰和普罗热(1974)提供了一个综合性的就体育对认知的、身体的、情感的及社交领域的影响研究的回顾。在这个回顾里,他们认为运动在这些领域里不同程度地对残疾人起着重大作用。

总之,治疗性文娱活动包括身体体质上的和社交的活动。设计这些活动的目标是享受闲暇时间,改进行动,增强身体力量以及培养社交技巧。娱乐活动、适应性体育以及体力活动可以增强或改善人的体能、智能以及社交能力。

参见 *娱乐治疗;残疾人文娱活动*

RECREATIONAL READING FOR THE HANDICAPPED

为残疾人提供的娱乐性阅读

根据大多数词典的定义,文娱活动是一种令人愉快的艺术活动,一种休闲活动,或一种能提供放松和享受的消遣活动。然而,大多数残疾学生不会将文娱活动与阅读联系起来,因为书本象征着失败和情感上的挫折(尚泽尔,1973)。因此,教育的目标应该是鼓励学生独立阅读,有规律地选择阅读。为了实现这个目标,教师、图书管理员、父母有必要参与其中。

对于许多学生来说,教师很有可能成为他们唯一的阅读模范(史密斯等人,1973)。因此,教师应该是积极地阅读示范。谈论有关他们正在阅读的书,让学生们看他们所拥有的个人藏书或杂志。在教室里,每个人的自由阅读时间,应是没有要求写阅读报告的威胁或长篇的阅读理解检查,这一点应该列入时间表。教师应该保证拥有足够大的教室图书馆,藏有大量娱乐性的书籍。然而,标准的可以借阅的小说或传记存在令人困扰的障碍,例如阅读水平、学科主体以及篇幅长度(哈伦贝克,1983)。因此,这样的书籍应该具有指导性,重要的单词应该在书中多重复几遍。书籍的主题应该与学生的生活紧密联系,句子应该精短并运用简单的动词时态。另外,代词应该放在它所指代的名词的附近。书中的角色应该是人类,而不是抽象的东西或思想。最后,写作的风格应该是对话式的(斯里克,1968),这将有助于避免选择太困难的阅读材料。

图书管理员在鼓励残疾学生进行娱乐性阅读方面也是有帮助的。因为一个普通学校的图书管理员在一周里可以与所有的学生接触。图书管理员应该移开所有的绊脚石,以便使接受特殊教育的学生可以自由地使用图书馆。例如:调整借书期,因为这些学生也许需要更多的时间去读完一本书。另外,通过与学生建立一对一的关系和拥有足够多的简单有趣的书籍,从而减少书籍选择的困扰是很重要的。当接受特殊教育的学生开始频繁光顾图书馆时,应该赞扬他们并为其推荐图书。另外,个别指导和推荐也是必需的。图书管理员为特殊教育班级提供一系列的新书是十分有益的,这样,当接受特殊教育的学生访问图书馆时,可以得到特殊的书籍。最后,让接受特殊教育的学生充当图书管理员的助手也是十分有益的,这样可以使他们确信自己是被需要的,是可以帮助别人的,并得到别人的感激(斯里克,1969)。

对许多学生来说,阅读可以在学校进行,也可以不在学校。如果阅读成为一种令人享受的、终身享用的活动,在家阅读就成为必需的了。然而,来自父母的阅读压力并不是问题的答案,因为压力违反了自由阅读的精神(海莫威茨,1977)。早在20世纪40年代初期的日本,就存在两种家庭阅读项目。其中一个阅读项目是一个20分钟母亲和儿童的阅读过程。在这个过程中,母亲和孩子每天花20分钟坐在一起,然后由孩子读书给母亲听。另一个阅读项目是一个星期有一次的阅读时间,在这段时间里,家庭的每个成员均进行阅读(史密斯等人,1978)。由PTA集团及社区集团发展的诸如此类的项目及其他项目,有助于鼓励残疾学生进行娱乐性阅读。

参见 *高兴趣—低词汇阅读;残疾人的图书馆服务;阅读*

RECREATION THERAPY
娱乐疗法

娱乐活动对任何一个人的全面的身心健康来说都是必需的,它们提供一种快乐与放松的重要资源。多数人从学习怎样游戏的一生中去学习如何利用娱乐活动。但是,就像在其他技术领域一样,残疾人经常在适当使用自由时间进行娱乐活动时遇到困难,也许因为在成长期间他们一直受到庇护,或者他们的残疾阻碍了他们掌握参加娱乐活动的必需技能。所以,许多残疾人要想学习到那些技能,就不得不接受专门的系统的指导。鉴于此种原因,娱乐疗法项目采用干预的手段来促进娱乐技能和休闲活动的成长和发展。

娱乐疗法试图消除残疾或使残疾最小化。它用文娱活动来帮助残疾人在身体、心理和社交方面进行交流,以便他们能够追求自由的空间并尽可能独立地生活(国家娱乐协会与公园协会,1978)。娱乐疗法也包括帮助残疾人与健全人尽可能共同地参加文娱活动。这种融合有助于使残疾人融入到主流社会中去,从而参加更多的文娱活动。因而,娱乐疗法也有助于残疾人维持身体的技能、互动的社交关系以及促进学业发展。

参见 *职业治疗*

RECREATION FOR THE HANDICAPPED
残疾人的文娱活动

残疾人的文娱活动包括个体活动和群体活动,这些活动主要是指:闲暇时间里的户外活动、社交活动、体育运动或者教育性活动。在医疗行业里发生的活动被认为是治疗性文娱活动,而在学校和社交场合发生的活动被称之为社区活动(波默罗伊,1983)。所有这些文娱活动的目的都是令每一个残疾人有权利参加在最低的有效保护水平上,尽可能根据自己的能力进行自由的活动(斯坦,1985)。

残疾人娱乐服务应该与治疗性文娱活动区别开来。后者是一种干预措施,是为了促成预期的变化。在学校,治疗性文娱活动是经过医生指定并由娱乐性治疗师组织的。与此不同的是,文娱活动的目的对于残疾人来说,不论是个人活动还是集体活动,都是为这些学生提供机会来认识自己的闲暇和娱乐需要。残疾人文娱活动,无论是在学校还是社区里,本质上都是自愿参加的,并由活动负责人统一安排。

在1960年以前,大多数残疾人娱乐项目都是隔离式的,或者是在机构里举行的(鲁滨逊和斯金纳,1985)。自从1960年以来,立法的压力和有关专业组织的努力使这些项目已经设法去机构化并改变了单独举行的状况。随着94－142公法的制定,文娱活动逐渐被学校所承认。在20世纪70年代末期,联邦政府向学院和大学提供资助,为其娱乐治疗师和体育教师以及地区信息和资源中心的发展提供了相应的项目培训(鲁滨逊和斯金纳,1985)。其他私人组织,像轮椅运动队和残疾儿童救助会,也积极地参加了促进娱乐活动在学校和社区的发展。

虽然在所有残疾人中只有5%～10%与现有的俱乐部和娱乐机构相接触,但是未来的前景还是光明的。改进障碍物设计的法令、改变服务提供者和参与者的态度,看起来预示着一个好的趋势,将会有更多的残疾人参加学校和社区的娱乐项目。

根据监护者的等级要求,可以将残疾人文娱项目分为四类。第一,特殊项目仅限于特殊的残疾人,例如:盲人、聋人或肢体残疾人。这些项目通常仅仅围绕着一个简单的活动进行,其目的是为了有趣、使社交和技能得以发展。第二,有一些半整合的服务,可以允许残疾人在参加活动时与健全人混合在一起,这样可以促进两者之间的一体化。第三,一些社区有一种伙伴关系,在这种体系里残疾人和健全人可以参加同样的活动或项目;童子军和营火少女团队已经在其项目中广泛建立了伙伴关系。第四种是在所有的活动中为全面整合而提供的机会,就像在许多国家公园和一些娱乐场所的情形一样。

卢塞尔(1983)将残疾人文娱活动具体划分为:体育和游戏、兴趣爱好、音乐、户外娱乐、智力与文学性文娱活动、艺术和手工、舞蹈和戏剧。

国内外开展的残疾人项目通常都是竞技性的。其中包括残疾人奥林匹克运动会,每四年在世界不同的地方举行一次,它拥有四个残疾人群体:聋人组、截肢组、脑瘫组以及半身不遂组。轮椅运动是由国家轮椅运动联合会发起的,提供了田径比赛、篮球和举重三个项目。美国国家残疾人运动和文娱活动联合会通过全国 29 个地区办公室促进了体育和娱乐活动的发展。

大多数州立或地区性的项目都是国家机构的组成部分,例如特殊奥林匹克项目。一些州立的项目在当地居民区或日间夏令营中举行,还有一些项目在户外活动中心举行。很少有文娱活动中心是纯粹为残疾人组织的。大多数文娱活动中心都位于大城市,例如,位于纽约市的安克尔项目组织和位于旧金山的残疾人文娱活动中心。

许多学校、学院和社区都自发建立了当地的残疾人文娱活动项目。社区游泳项目看起来是流行最广泛的。纽约的亨特学院开展了本市智力落后和身体残疾少年的文娱活动项目,其中大多数人都是少数民族。

参见 音乐疗法;特殊奥林匹克

REDEL,FRITZ

弗里茨·雷德尔(1902—1988)

弗里茨·雷德尔出生于奥地利并在那里接受教育,1925 年获维也纳大学哲学与心理学博士学位。1925—1936 年,他在维也纳心理分析研究所接受分析员培训,深受儿童分析工作的奠基者,特别是安娜·弗洛伊德和奥古斯特·爱希霍恩的影响。

雷德尔终其一生都对群体心理学感兴趣,1936 年到美国后,他在密执安大学执教,在克兰布克学校帮助建立了一个指导项目,后来到韦恩州立大学担任教授,他在该校工作了 12 年。雷德尔主要从事儿童以及精神卫生领域的工作,他曾担任过密执安大学新鲜空气营地临床主任,国家精神卫生研究所儿童研究部门的主任(1953—1959),美国行为精神病学协会会长。

雷德尔的工作集中于对儿童行为控制的解释、儿童的保护以及如何预防或治疗行为控制系统适应不良时而导致的混乱(雷德尔,1966,1975)。他的"生活空间晤谈法",为直接处理儿童生活中的危机提供了策略与技术,显示了他在儿童行为方面对时空安排(例如,转变的重要性)影响的热心体验。雷德尔还研究了儿童的行为受到怎样严重的干扰,以帮助阐明被正常儿童所使用的技术。作为他的研究的一个产物,他结合小组工作、营地经历以及参与此项活动的社会机构,建立了"开拓者机构",一个为过失儿童提供学习与治疗的社区项目,还建立了"底特律小组计划",为低收入家庭的儿童提供在一起工作的临床小组和夏令营。雷德尔在他的《好斗的儿童》一书中对"开拓者机构"的工作做了阐述(雷德尔和瓦因曼,1957)。

作为一个在全世界有名望的演说家和咨询者,雷德尔是纽约州立大学刑事司法学院的平克顿客座教授,荷兰乌得勒支大学儿童精神病学系的访问教授。他于 1973 年退休,1988 年逝世于马萨诸塞州的北亚当斯。

参见 生活空间晤谈法

REFERRAL PROCESS

筛选程序

筛选是一种为学校工作人员所采用的程序,其目的是通过对个体进行全面的评估,而识别出潜在的智力缺陷或智力超常的学生。这种为评估而对学生进行的识别是联邦政府的委托行为,所有的学区和各州教育部门都必须有详细而精确的相关政策和程序(美国教育办公室,1977)。这项法律规定学区和各州教育部门应为这些智力落后儿童做出鉴定、负责提供特殊教育和相关服务,包括他们在公共和私人机构中应受的特殊照顾。

学生可以通过两种方法进行筛选(赫勒、霍尔茨曼和梅西克,1982)。第一种是通过在学校、社会团体、政府等部门中所获得的成绩。比如学区一年一度的成绩测验,就是通过成绩的高低来对学生进行分类。与之类似的是医院筛选新生儿进行早期干预的计划。最终各州教育部门会协同印刷单位或电子媒体开展活动,并建立免费热线鼓励对当前没有接受服务的智力落后或有天赋的学生的筛选。

第二种主要筛选途径是向儿童周围的人了解情况,并参考他们的看法。这些看法来自儿童的老师、父母、医生,在这些看法中,绝大多数是教师的看法(赫勒等,1982)。随着 94 - 142 公法的出现,学校内外的其他人士的意见也加入进来(比克尔,1982)。

教师(以及其他人)所做出的筛选是基于主观标准之上的,通常只代表其个人看法。所以容易受到外界很多因素的影响。这样一来,很难确定到底是哪种因素影响着教师的看法(比克尔,1982)。研究显示,教师会受到以下几种意见的影响。一是程序可用性,如果没有适合学生需要的项目,或没有该项目的可用空间,筛选是不可靠的。二是如果在评估中存在大量的积压,教师做筛选会很犹豫。这种积压使教师们认为筛选是一种没有意义的行为。三是父母会影响这个程序。如果儿童的父母持敌对态度,教师很难对其进行筛选;或者如果儿童的父母施加积极的压力,教师会很快得出结果。最后,合格标准影响结果。例如某些州和地区要求教师按照一个专用程序为学生分班,如一个智力落后儿童班。因此,教师可能会受到鼓励只筛选具有特殊症状的儿童。

筛选程序内在的主观性可能受到社会和伦理的影响。首先,大部分儿童会被不适当地归类。不适当的归类会浪费有价值的资源,在评估中造成积压,从而拒绝了那些真正需要服务的人,使儿童因为特殊教育安排而感到潜在的耻辱,使他们进入一个并不适合他们的环境中接受教育。

其次,不适当的分类可能不合理地影响了特殊社会群体。多年以来,对少数儿童及可教育智力落后学生(EMR)计划中的个体安排的不合理性已经得到证明(海勒等人,1982),而做出这些不合理安排的原因众多且复杂。当我们发现本可以做出适当的安排,我们就会提出这样的问题:教师们的评估筛选是否也是不合理的?

关于不合理筛选方面的相关研究相当少。那些确实有意义的研究应用了两门基础方法学。一些调查员分析了现有的筛选数据以确定是否有一定数量的学生被误归类于特殊群组。而另一些研究者提出不同的几组教师模拟数据来描述学生,并得出筛选结果。这些通过不同小组获得的数据仅仅将不同社会群组成员资格分配给学生。这些研究虽然没能得出权威性的结论,但显示了对少数人群的较高推荐率这样一种趋势,即使这些学生提出了与多数同辈人几乎相同的问题(比克尔,1982)。

当前的问题是,儿童被不适当归类的可能以及对大多数接受特殊教育的学生的不成比例安置,会导致众多学区精炼他们的筛选程序。这些精炼程序首先会与对教师筛选的尊重同时出现。这样的一些筛选通过学生评估团队直接获得批准。大多数精炼程序将检查和平衡穿插进"教师—评估团队"中。

参见 1975年所有残疾儿童教育法案;残疾人教育法案;筛选前干预

REFLEX
反射

反射是一种刺激与反应之间的自动连接,比如膝腱反射以及瞳孔对光的反射。

从历史的观点来看,反射这个概念丰富、吸引并激发了许多希望强调行为的机械性的理论家的想象。勒内·迪卡尔建立了一个水压模型来说明非人类动物的行为。俄国生理学家伊万·谢切诺夫(1863—1965)争论说,所有的行为,包括人类的行为,都是一种反射(意味着已经被决定)。伊万·巴甫洛夫以及其他一些理论家称之为条件反射,意味着即使后天学习来的行为也是机械决定的,而且可以当作刺激—反射连接被描述。

某些人类本能反应只有在幼年时期才能被观察到(佩珀,1963)。例如婴儿会紧紧抓住任何放到他手中的东西。新生儿紧紧抓住上升的棒子来支撑自己的体重,至少是一瞬间。如果轻轻划婴儿的脚底,他的大足趾和其余足趾会像扇形一样伸展开(被称为巴宾斯基反射)。如果有人碰触婴儿的脸颊,一个醒着的婴儿通常(不是每次)会转向被碰触的脸颊并开始吮吸。

再大一点的幼儿和成年人的婴儿反射是受到抑制的,但反射的可靠连接并没有被破坏。当成年人的大脑受到破坏,特别是额叶的大脑皮层受到损伤时,他的婴儿反射会再次出现。

参见 行为主义;行为矫正;发展里程碑

REGRESSION(STATISTICAL)
回归(统计学的)

回归是一个广泛应用于行为研究的术语(多元回归)。其含义包括了统计技术和统计现象。这种现象,或者说是统计学回归的人为现象存在着问题。简单地说,回归是指两种行为或变量没有完美地彼此结合起来。例如,中学成绩和新生的年平均分数(GPA)是象征性的5分。研究者用一个变量来预测另一个变量(用中学成绩来预测新生年平均分数),这个事件就是回归。这个预测出的分数不如成绩预报极端。在这个例子中,预测的新生年平均分数在标准差单位中是中学成绩的5倍。学生的中学成绩1倍标准差在第一学年末会被预测为班级年平均成绩的1.5倍标准差。

回归现象是高尔顿(以及在他之前的人)于19世纪在关于人类性格研究中发现的。他之所以将这种现象称之为回归,是因为人们期望或预测的成绩总是比标准差更接近预测值。

回归对于特殊教育的重要性在于,特殊教育的对象在某种方式上讲是倾向于极端的。接受特殊教育的学生经常在测验和观察测量中通过分数被极端地定义为不同级别。这样当第二个标准制定出来,学生通过回归接受观察,得到的结果就不会那么极端(如图1)。有时这种现象受到教育或程序改进的干扰。霍普金斯(1968)在关于这个题目的一篇经典论文中详细列出了特殊教育者的问题。他指出在测试特殊教育成果的尝试中,研究人员有时会拿接受特殊教育的学生与普通学生做比较。比较是一个迫使研究者或读者考虑回归结果的关键词。在这样的研究中,特殊教育学生在一项测试里被作为极端挑选出来,将在下一次测试或许是研究工作中的课程结束考核中显示回归。他们的对照组也被作为极端挑选出来作为对照,也会在课程结束考核中显示回归。除了这两组有着同样的总平均数(非常不可能的情况)之外,他们表现出不同数量的回归,因此课程结束考核中发现的组间的区别可能完全归因于不同的回归。这样对照组就成为程序,如同对比研究中的随机化的一个不幸的替代品。相似的,单组设计中的一个处理组在处理前后被测量,在显示回归效果时是冒着一定风险的。然而,回归效果能在一些环境下得到评价,这样的设计对认真计划的试验设计来说依然是很难替代的。

图1 三组不同智力水平儿童两次测验的假设回归效果示例

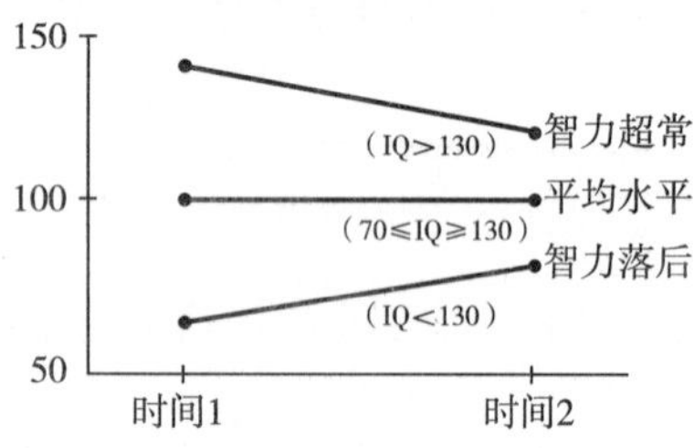

REHABILITATION
康复

康复指的是能使残疾人以一种更加独立和个人满意的程度来发挥作用的任何过程、程序或项目。这种作用可以包括个人生活的所有方面,如身体的、情感的、心理的、社会的、教育的和职业的。残疾人可以被定义为这样的人,因外伤、疾病,或认知上的缺陷而患有慢性精神疾病或身体残疾,因而妨碍他的独立、工作生活能力或目标的达成。缺陷的范围是广泛而各式各样的,包括自闭症、精神创伤、肌肉萎缩症和许多神经学和外形上的障碍。这些形式各异的缺陷可以单独或者同时出现。很清楚的是,被计划用来帮助人们获得更优良的工作程度的过程是个复杂的过程,康复过程的复杂性要求是必须建立一个尽可能广泛而完善地包括以上所提到的各方面专家的团队。

参见 康复咨询;残疾人的职业培训

REHABILITATION LITERATURE
康复文献

康复文献是一份由美国国家东海岸学会出版的双月刊。它是一份教育服务性杂志,摘录刊登在别处的文章或书评、杂志、电影、治疗方案等,刊登所有有关残疾人康复文章。在每期中至少有一篇原创的特色文章出现。该刊的目标读者是残疾人康复的专业人士和正接受针对不同类型残疾人康复设置的多学科的康复知识培训的学生。

RELATED SERVICES
相关服务

1975年的《所有残疾儿童教育法案》(94－142公法)是第一部支持教育机构不仅要向特殊教育服务负责,也要向相关服务的实施负责的联邦法律。相关服务被定义为:"运输工具和一些起改进作用的、矫正性的以及其他支持性的服务……需要帮助残疾儿童从特殊教育中受益4a部分。"在《残疾人教育法案》(IDEA)中重申了这一定义。

在相关服务的定义中,特别包括了语言病理学和听力学、心理辅导、医疗服务(只为诊断和评估的目的)、物理和职业疗法、娱乐及咨询。但是,由于法律条文中存在的"可能被要求的其他支持性服务"字句的存在,相关服务的精确定义仍然是争论的主题。

关于被要求的相关服务类型的内涵及其外延的争论已经成为一系列法庭案件的焦点,首先包括最高法院对联邦特殊教育法案的决议。诉讼涉及特殊教育服务的合理性、定义和经济责任。

处理提供相关服务的经济问题是一个持续性的挑战。在1984年的"给国会的第七次年度报告"中,美国教育部描述了通过使用有经济效益的政策来提供相关服务。一项政策已经使本地教育机构能向学生们联合提供一系列相关服务。另一项政策是寻找能为公共和私人的保险提供第三方资金。第三项尝试包括在教育和服务提供商之间建立联合资金和合作项目。比如,一个学区和当地一个精神康复机构达成协议,精神康复机构为学区中所有患严重精神疾病的儿童提供并提供相关服务的费用(马克尔和贝内特,1984)。每一项这样的协议都扩大了分担经济责任和工作的成果,这些都提高了向残疾儿童提供相关服务的质量。

参见 特殊教育诊断;1975年所有残疾儿童教育法案;残疾人教育法案(IDEA);为聋人服务的译员;言

语—语言服务

RELIABILITY
信度

测试成绩的信度涉及作为一种测量手段的测试的精确度。如果测试结果有意义并且有用的话,那么,测量的精确性对所使用的测试或测量程序来说就是一个非常令人期待的特征。测试使用者必须认真评价测试手册中关于测试信度的信息以确定测试信度是否能达到测试所标明的目的。

通常,在测试手册中关于信度的统计证据有两种:信度系数和测量的标准差。在进行测试结果比较时,信度系数是测试精确性的一个通用的指标。另一方面,在解释个体的测试分数时测量的标准差能起一定作用,因为它在细节方面可以提供一种可信的结果。

古利克森(1950)提出一个有关信度的基本定义:任意一个所得到的测试分数(X_0)都包括两个部分:正确的得分(X_i)和错误的得分(X_e)(公式1):

$$X_0 = X_i + X_e \qquad (1)$$

公式1可按照方差变换为公式2:

$$S_0 2 = S_i 2 + S_e 2 \qquad (2)$$

公式2说明所得到的分数的方差($S_0 2$)等于正确得分的方差($S_0 2$)加上错误得分的方差($S_e 2$)。可靠性r_{xx}的定义是得分中正确得分的方差与总方差的比值(方程3)。

$$r_{xx} = S_i 2 / S_0 2 \qquad (3)$$

公式中的r_{xx}说明,信度系数实际上是一种相关系数。在实践中,信度系数在大多数已公开的测试中波动于0.80~0.90之间(阿那斯塔西,1982)。例如,如果一个标准的六年级阅读测试的信度系数是0.90的话,这意味着在个体中90%的变异率是正常的变异,10%是误差。显然,误差越少,测试得分的信度就越好。

有许多种可用来估计信度的程序。测试手册的读者们会遇到许多类型的信度系数:测试—再测试、替换式、半数和内部一致性都是最常见的。每一个系数都允许在测试分数中反映出不同的误差分数。每一个类型的信度系数的估算是从一个单独测试或是两个有一定时间间隔的测试中得出的(桑代克和哈根,1977)。

重测信度系数是通过给予两次同样的测试,并在测试之间间隔一段时间,而后将这两次分数联系起来。两次测试分数的差别被认为是由于两次测试期存在不同的影响因素。复本信度是通过在两次不同时间内进行两次平行测试来估算的,而后联系两次分数。两次测试分数的差别归结于不同的影响因素影响了每次的测试以及每次测试内容的不同。复本信度提供了最严格的信度估算(桑代克和哈根,1977)。无论是重测信度系数还是复本信度都要求进行两次单独的测试,然而,从进行一次单独的测试中估算信度系数是可能的。分半系数的估算是通过将一次测试分为平均的两次半数测试并将两次分数相联系。实际上,这两个结果都是基于全部测试长度的一半并且必须通过使用斯皮尔曼-布朗公式来纠正全部测试的估算。两个半测试分数之间的不同可归结于测试所含内容的不同。内部一致性信度系数是通过测试项目的表现得出的。所反映出的误差方差来源包括测验内容和由测验测量出的构想或特质的异质性。

必须慎重地解释信度系数,因为许多因素都可以影响他们的大小。这些影响因素中包括群体中用来估算信度的现有能力范围,群体的能力水平和测试成绩依赖工作速度的程度(阿那斯塔夏,1982)。

信度系数的大小与群体中用来进行信度估算的每个个体的差别程度直接相关。例如,如果对一群数学家进行一次简单的数学测试,由于所有的数学家都可能得到非常优异的成绩而导致信度系数很低。在这样一个群体里几乎没有可变性,因此,信度系数可能几乎是零。同理,信度系数可以由于群体的能力或其他人口统计学特性的不同而有所不同。一个特殊群体的组成成分通常必须进行清楚的描述,以便对特定的信度系数做出准确的解释(阿那斯塔夏,1982)。

参见 评估;测量

REMEDIAL AND SPECIAL EDUCATION(RASE)
《康复与特殊教育》(RASE)

1982年,Pro-Ed从阿斯彭系统公司购买了《特殊教育季刊》杂志。1984年,这份杂志的名称改为《康复与特殊教育》(RASE),同时,这份杂志变成了双月刊。同年,Pro-Ed购买了两份另外的杂志《学习和学习障碍中的主题》(阿斯彭出版社)和《特殊教育者杂志》(美国特殊教育者协会),这两份杂志也并入了RASE。这份杂志致力于针对那些经典的教育方式不能奏效的人群的教育。其重点在于对科研文章的解读及对康复和特殊教育实践的建议。RASE成为从业导向性的教师杂志和专业领域的纯学术杂志。所有刊登于该杂志上的文章都受到同行的评论。

REMEDIAL READING
矫正性阅读

根据史密斯(1965)的说法,矫正性阅读这一术语最早出现于1916年出版的由W.H.尤尔所写的一篇专业杂志文献中。然而,就像许多阅读领域的术语一样,矫正性阅读这个术语并没有在可操作性的定义中获得广泛的认同。许多年以后,戈德伯格和希夫曼(1972)清楚表达了对这个词语的不解和敬意:

“许多教育学家把此类问题称为矫正的、相思病特征的联想学习障碍、特殊阅读或语言障碍,认知性字盲,基本的阅读落后或发展性诵读困难。一个学区可能将所有阅读困难的读者都称为矫正性的,而在同一个学区里的另一个机构,可能只对一小部分存在特殊学习障碍的儿童使用矫正性阅读这一术语。”

《阅读和相关术语词典》(哈里斯和霍奇斯,1981)提供了一个现实的关于矫正性阅读的定义,尽管某些地方仍含糊不清:

“任何专门化的阅读教学都必须适应在正常阅读教学上表现得不能令人满意的学生的需要。为阅读水平远低于预期水平的学生提供强化的、专门的阅读教学。”

然而,很明显的是,并没有明确的方法用来区分矫正性读者、学习障碍者、矫正了的读者和诵读困难者,人们可能想知道是否有任何教学模式和材料是单独针对矫正性阅读的。教科书上在论及这个问题时暗示这是存在的。例如,邦德、廷克、沃森指出,矫正性阅读教学有4种重要的要素:个别化、激励读者、使用有效的教学程序和谋取合作努力。这些要素对矫正性阅读教学是重要的,对所有的阅读教学也同样是重要的。这些作者进一步提出,那些基础读本,也就是具有发展性阅读教学特点的读本,是矫正性阅读的基本材料来源。

一份关于讨论矫正性阅读的报告指出,无论我们是否关心矫正性阅读或发展性阅读的读本,阅读教学的原理都是相同的。基本的考虑是,矫正性阅读是建立在读者对阅读技巧的了解和需要的认真评价的基础上的,而教学则是在一个适当程度上的挑战。许多技巧都与那些用来教阅读并使读者成功的方式相同。例如,鲁德和厄尔克斯(1972)描述了如何将语言经验发展为阅读教育,这些围绕读者的要求和教师所写的阅读材料能用来补充阅读。语言经验的方法也是教授阅读的一个重要发展技巧。

参见 基础读本;阅读;阅读障碍;奥顿·吉林厄姆方法

REMDIATION, DEFICIT – CENTEREO MODELS OF
矫正的缺陷—中心模式

虽然不是唯一的模式,但缺陷中心模式自20世纪以来作为一个先进的矫正儿童学习问题的模式已在世界范围广泛应用。缺陷中心的矫正模式注重判断儿童发展过程中潜在的缺陷,并指导此后的对这些缺陷的矫正方法。对这种程序的假设是:一旦潜在的缺陷被矫正(修补、去除或治愈),学业的学习会以一种恰到好处的方式进行。缺陷中心矫正模式自20世纪30年代以来已经解决了无数的问题,尽管塞缪尔T·奥顿对甚至延续至今日的这些程序的巨大影响已经消失。

许多用来在认知过程中识别弱点和缺陷的评估技术和程序出现了,并用以指导后续的干预。一些针对儿童认知进程缺陷的方法包括埃叶斯(1974)等。在一段时间里,缺陷中心模式的效率成为心理学家和特殊教育研究者值得参考的研究主题。不幸的是,对用缺陷中心矫正项目矫正学业缺陷所获得的效果的支持尚缺乏,特别是当阅读和数学是学业问题所在范围的时候(格拉斯和罗宾斯,1967;卡瓦莱和弗内斯,1999;雷诺兹等,1982)。知觉和视觉运动功能可以被缺陷中心矫正项目所改进(迈尔斯和哈米尔,1976),但是至今为止,仍然没有文件性的结论来支持学习问题上的矫正模式。

哈特拉格和雷诺兹(1981)批评缺陷中心模式对儿童有潜在的伤害。那些伴随着德曼和德拉卡托治疗过程中的精神上的伤害已经被广泛地讨论,而这种方法也遭到谴责(莱文斯和布鲁克斯等,1980)。然而,其他的缺陷中心模式都不可能类似于精神伤害,很有可能的是(未经证实),让儿童进行长时间的得不到显著的学业收获的工作和练习可能会产生精神伤害,尤其是对儿童们的自尊、动力和在学校继续学习的可能性。格拉斯(1981)在一个对缺陷中心矫正模式效率的变换分析中报告说,一个显著的数字对学习技能的效率完全否定,这就是说,许多缺陷中心矫正模式同没有采取特殊教育模式相比较,只取得了微乎其微的学业方面的收获,因此,当只考虑学业收获时,不采取任何特殊教育模式比采取缺陷中心矫正模式要来得好。

最近,认知心理学家对儿童的信息加工方法产生了兴趣,并在了解儿童如何组织、存储和处理刺激方式上取得了重大的进展。伴随着对认知兴趣的复苏,大量的努力用来评估新的认知缺陷并提供矫正方法。海伍德和斯维茨基(1986)同别人一起,提出了通过类似于福伊尔施泰因(1979)的学习潜力评估设计(广为人知的LPAD)的技巧,以便使儿童认知过程中的缺陷能被鉴别并被有目的地加以矫正。从概念上讲,这种新的“认知科学”方法和旧的没什么区别,只是在方法的名称上考虑到了不足才是新的。新的缺陷中心模式成为争论的话题(海伍德和斯维茨基,1986;雷诺兹,1986),并且有证据显示,通过对材料的良好设置,儿童在诸如拉文测验之类的(一种非语言的智力测试)测试中的成绩获得了提升。

没有证据表明,缺陷中心矫正项目在诸如学习阅读、写作或计算之类的现实世界的任务中能有所帮助。但他们在推理、直觉、个人证据或轶事的基础上仍然受到广泛欢迎。然而,有时候没有得到治疗的儿童取得了进展,而在缺陷中心矫正模式下的儿童仅取得相同或更少的进展。正如曼(1979)定期提醒我们时所说的,我们最好远离手头的为任务而进行的培训和教育,不要因为这是最新的方法。在评估新的认知科学矫正方法时,我们被迫去总结,正如曼在他关于方法训练的评论中说到的,新的科学教育学将使教育获得新生,只有提供个性化的对学习问题的矫正方案,才能矫正认知上的损伤。

打倒普遍的智力缺陷模式!打倒无教育病因学的医学模式!我们即将到达希望的田野。既不是摩西,也不是我们,是阿拉斯曾经到达过彼岸。然而,方法并不是一个无用的东西。在诊断阅读障碍和其他一些能力缺陷时,考虑到它是至关重要的因素。使用过程方法来矫正学习中的问题的努力,看起来要比建立在缺陷中心模式上要好。

STRENGTH MODELS OF REMEDIATION
能力矫正模式

谈到能力的矫正模式同时也要援引认知或智力过程的概念,它们通常采用相同的方式进行测量。但是,最终所采用的方式和技巧却大相径庭。在能力矫正模式中,对一个不能进行阅读的儿童采用的最好矫正模式是教他如何去阅读,而不是认知、预习策略、听力反应,或分组和分类。

在能力矫正模式中,鼓励在学业或行为困难领域里进行直接教学。然而,教学是围绕着儿童的最好的发展过程设计,利用儿童的最好的智力能力,避免那些无可发展、技能障碍或功能中的不恰当的过程。正如雷诺兹(1981b)所描述的:能力模式是以充分完整的过程为基础的,从而能促进教育项目中步骤的成功完成,这样,认知能力(取决于评价过程)和干预之间的结合部位是使整个诊断—介入过程有意义的基础。在鲁利亚的术语中,这表示需要在大脑内确定一个运行良好、有能力控制和调整学习过程、获得存在疑问的学习技巧的复杂的功能系统。这个观点并不是新的,虽然这在很大程度上未进行过试验。伍德罗(1919)建议在科学的心理学基础上进行认知能力的教育。

能力模式并没有明确地告诉我们拿什么去教育儿童,这同缺陷中心模式是一样的。后者告诉我们教育儿童的那种特殊过程已被发现是有缺陷的。在能力模式中,特定的教授内容来自于可用来精确描绘儿童们掌握的学习技巧中所存在问题的一项项的任务或诊断。能力矫正模式告诉我们如何去教学,如何使材料得到最好的组织和描述,因此最好的学习机会出现了(雷诺兹,1985)。那些可能出现的压力、焦虑和自卑对许多儿童来说可能是无法承受的。让儿童们用他们搭积木的能力来掌握学习技巧甚至纠正错误行为,可增加获得更多积极而成功的经验、降低压力和减轻焦虑的可能性。能力矫正模式对儿童们可能还有其他的情感上的好处。

当用来矫正儿童们的问题时,能力矫正模式也能用来作为许多看起来有分歧的理论模式的汇集之地。在使用能力矫正方法时,一个人能很容易地把认知、行为、神经心理学和心理教育学的模式相混淆。通过任务分析或诊断成绩测验,关注学习技能描述的行为和心理教育学模式,需要明确地告诉我们教什么;关注儿童怎样更好地思维和加工信息的认知、神经心理学模式告诉我们怎样组织、显示和讲授有关的内容及行为;行为模式,尤其是使用开放式技术的积极强化项目,是使儿童们懂得原因、目的和动力,以及为什么要学习的最好方法。在各种各样的理论中,能建立并对能力矫正模式进行补充的,只有神经心理学模式是最合适的(雷诺兹,1981b,1985)。同时,这一模式同其他模式整合之后的模式已经在许多场合得到应用。

参见 信息处理;学习潜能评估手段;神经组织;S. T. 奥顿;知觉训练

R

REPEATED READING
重复阅读

重复阅读是一种经过设计以提高阅读流畅性并间接地增进理解力的矫正阅读技术。该方法主要基于阅读中自动信息处理理论的教学启示(拉伯奇和塞缪尔森,1974)。在自动性理论中,假定流利的读者能自动地译解课文;因此,为了理解,注意力是自由的。另一方面,不流利的读者,即逐字逐句读的读者,必须倾注大量的注意力用于译解,使得理解很困难。重复阅读的目的是使读者能自动地译解相连贯的语段,这样,就增进了流畅性,使读者能够集中在理解上。

莫耶尔(1982)为残疾读者的阅读方法的潜在有效性提供了一个基本理由。她建议,对一些能力差的读者来说,要获得阅读能力,只靠传统的阅读项目提供的重复或过量的阅读是远远不够的。然而,整个文章的重复阅读,在书面表达的全部水平方面,最大限度地增加了多余的东西。因此,在运用句法和语义的暗示以及获得书写单字结构的知识中应给读者提供更多的实践机会。

参见 阅读;阅读矫正

RESEARCH IN SPECIAL EDUCATION
特殊教育研究

特殊教育研究是一种手段,通过这种手段,能够获得并核实治疗的知识和方法,证实适用于有特殊需要表现的人。这样的研究包含了一个宽广的方法论领域,资料搜集与分析技术,实验对象和问题。虽然所有的特殊教育研究都促成了该领域的日益增长的知识基础,但所有的研究在某种程度上是不同的。特殊教育研究在一定范围内变动,从个案研究到单学科和小组设计。便于操作、所获结果的把握和真实性以及研究成果的通用性,基于此每一种方法都不同于其他的方法。

通过研究,我们了解了残疾、怎样通过教育和训练来预防及治疗残疾。在证实研究结果过程中必须强调研究方法的重要性。许多与发展性残疾相关的假设在轶事报告和逻辑分析中取得了进展。但这些假设是带有推测性的,在被应用到特殊教育领域之前,必须通过研究接受证实。只有依靠认真的研究,通过监控的研究设计才能被认为是有用的研究结果,并应用到除了涉足研究的那些人以外的人们。

特殊教育研究通常是应用性研究,换句话说,它主要是在残疾人生活、工作和就学的地方实施的。例如,研究曾在团体家庭、福利工厂、资源教室和社区实施。虽然不如实验室的研究严密,但特殊教育研究与研究主题的关系更紧密,实践性更强。也就是说,所研究的问题通常优先考虑被涉及的人的福利,因为他们的功能是相关的。通过严密的应用研究项目,特殊教育专业人员能确定由测验有关特殊需要的人的假设所获得的观察,证实不同人们的已知影响。从长远来看,在知识方面特殊教育研究提供了坚实基础,从这个基础取得进步,维持特殊教育的理智的生命。

现象的观察是所有的研究,特别是特殊教育研究所固有的。自然观察是一种搜集有关专业情报的方法。运用这种技术,研究者观察一个人(或一群人),并对当事人的行为进行全面的记录。目的是尽可能系统地提供一种可能的对中介因素的事后分析。

研究的另一个重要的特征是有计划地控制可变因素,观察此类操控对其他可变因素的影响。一般地,当对象暴露给自变量时(一种或多种由研究者控制的因素),一个研究者要精确地测量因变量是怎样受到影响的(如,对象为变化的主体行为)。特殊教育研究中因变量的一些例子是词汇阅读数、正确表达符号所获频率、问题获得解决的数量、所展示的不适当社会行为的百分数以及中断的频率。研究中一些自变量的例证是教师的赞扬,任务的重复,儿童活动的免除,特别激励策略的使用和药物管理。

大多数研究的第三个特征是使用实验方法来确定自变量在功能上同因变量的相关程度。研究者谨慎地设计如何及何时向研究对象公开自变量。实验设计是将这种不可控的、额外的因素在改变因变量中发挥作用的可能性减至最低。没有精确地设计以减少额外因素的影响的研究必须谨慎地考虑和分析。

研究的最后一个特征涉及研究结果的分析。一般地,研究人员已经使用统计方法确定他们的研究结果是否证实了一个显著变化。无论是研究比较干预前和干预后的不同,还是从已知道自变量的对象同另一个不知道的对象相比较所获得的结果,分析的意图就是评估差异的程度,并就这样的差异能否被干预做出一个陈述。特殊教育研究中使用的统计方法包括 T 检验、变量分析、协方差分析和回归分析结构相等模型,或给一些重要例子命名。研究人员能确定他们的工作是否在自己的对象上已经引起了一个值得观察的实际变化。这种确定被认为具有功能的或临床的意义。

变换分析是一个提供多人参加的,质量分析的研究手段,允许一个人从事相交叉的特殊问题的研究。卡瓦勒和福内斯(1999)提供了特殊教育中变换分析是有用的多项例证,特别是在干预项目的评估中。

在特殊教育领域中,研究增加了该领域的知识,同时提出了新的问题。一个重要的问题是进行研究时特殊教育教师的道德行为。使用人类作为研究对象的实验,实验人员有责任提供严格的预防措施以保护其健康和福利。特殊教育中的专业人员一定要对这些问题特别敏感,因为发展性残疾对象不大可能理解研究中所涉及的问题,这样,就不可能做到真正的知情同意。

保护被试权利的预防措施确实存在,专业人员必须遵守它们。凯尔蒂(1981)为研究人员总结了几条关键的指导说明,用以指导那些计划用人作为研究对象的研究。一般涉及被试是否同意参与,以便使他们真正理解研究的目的;对他们的冒险有什么好处,是做志愿者、还是退出研究。这样才能使参与研究的对象获得最大收益,而使伤害减到最小。

研究的标准组成其中之一是可靠程序的描述,以证实原始资料搜集者对对象反应的记录是精确的。不幸的是,很少有研究人员提供类似的个案,来验证实验性治疗是实际应用的建议。这个问题已经被称为治疗的完整性(萨伦特,1984),对研究结果的信心是至关重要的。例如,如果一个实验员不慎地实施一个不同于计划的干预,这样得出的结果将是错误的。就研究设计者来说,治疗的完整性,几乎用不了多少额外的努力就能被证实。正像泽思·汉丁·马森和格芬(1984)所报告的,完整性检查能成为传统的信度检验的部分。可靠记分员注意实行实验项目的人是否使用正确的干预,正确地记录对象的反应。通过呈现两组数据,读者能判断在什么程度上所预设的干预实际上得到了执行。

一些已被认知的更多的能被有力地执行的特殊教育研究领域是什么?一个领域是诊断。能够在最小年龄精确地评价一个人的缺陷的病因学技术以及对各种障碍条件做出真实诊断会产生有益的影响。另外一个领域是关心回归主流的成功。作为理想的做法,应该建立一个坚实的基地以支持回归主流以及描绘使它更成功的方式。一些重要的问题也能获得解决。比如,被贴了正常标签的儿童和贴了发展性残疾标签的儿童的最理想班级比例是什么?用学业及社会成功的术语来说,回归主流怎样影响学生个体?即便有的话,对被贴上了正常标签的学生们,有什么影响?从系统的研究中获得的对这些问题的答案将阐明回归主流的未来方向,甚至将引领残疾人的更进一步的改进。

参见 测量;多基线设计;多元回归;回归(统计学的)

RESIDENIAL FACILITIES

居住设施

在美国,社区中有各式各样的福利机构,包括学校、医院、种族聚居区、监狱和救济院。社会福利机构为残疾人所做的这一切都是当时社会和文化风气的反映。对社会福利机构产生巨大影响的几个时期按照其特点分为:乐观的早期,1800—1860年;觉醒期,1860—1900年;反思期,1920—1930年;衰退和反复期,1930—1950年;新的反思期,1950—1960年;狂热期,1960—1970年(赛格尔卡,1982)。

1817年,第一处为残疾人设计的福利机构建成。同年,美国聋哑人教育和收容所在美国康涅狄格州首府哈特福德落成。1819年,另一所盲人学校在马萨诸塞州沃特镇建成,它的名字是"新英格兰盲人救助所"。在这段时间以及内战中,许多东部的州都建立了为聋人、盲人、孤儿和智力落后患者就读的学校(国家残疾人咨询委员会,1976)。

19世纪40年代,在美国为智力落后者设立的公共机构开始得到发展。1848年,豪·塞缪尔说服马萨诸塞州的立法机构拨款建立了第一个残疾人公共机构。同年,赫维·威尔伯建立了第一个为残疾人服务的个人机构。这些机构为轻度残疾人,偶尔也为中度残疾人提供教育和培训。南北战争之后,这些公共机构的发展陷入停滞,但在19世纪末期,它们重新得到了持续的发展,无论是机构数量还是机构中收容的人员数量。随着19世纪接近尾声,越来越明显的事实是这些机构并没有完成培训残疾人并使他们重返社会的任务。1900年,约7000名残疾人住在社会机构中。在这个时期,这些社会机构的角色明显改变了。它们的工作重点从培训转变为通过系统的隔离措施使残疾人受到保护(沃尔芬斯伯格,1975)。

直到第二次世界大战后,国家立法机构及大多数公众对这些社会机构所持的观点一直不断波动。到那时为止,这些社会机构人满为患并且缺少管理人员。从20世纪40年代晚期到50年代早期的人口高出生率所带来的影响给这些机构带来很大的压力。二战后,国家逐渐认识到了对特殊人员的存在和需求。这个认识是在家长的压力、满足服务人员的需求、职业化的照顾以及利用公共和私人资助的各方面的作用下获得的。这些因素导致了对程序、研究和对社会福利机构在治疗、照顾和培训残疾人的认识的重新评价。到1969年,共有19万名残疾人住在这些机构中。

到20世纪70年代,对这些机构的危险性和不足的新的观点被认识到。早期法律机构在认识这个观点方面扮演了主要的角色。瓦特诉斯蒂克尼案(1972)强调了智力落后者有获得治疗的权利。莱萨德诉施密特案(1972)确定了收治残疾人的程序。苏代尔诉布伯南(1973)案使非自愿劳役人的接纳制度化。

联邦政府也在1971年通过对公共医疗施行补助制度推动了改革。这些规定使社会福利机构同其他为残疾人服务的机构一样,处于统一的控制和检查机制中。当时国内经历了一个全国性的使残疾人回归社会主流的运动。

去机构化成为每个州的社会、经济和道德目标。在20世纪60年代晚期到80年代早期,被社会福利机构照顾的残疾人的数目减少了5万多人。同时,随着许多机构硬件设施的改善,员工与受照顾患者的比例也有所升高。在20世纪80年代到90年代,大约半数的为智力落后者提供帮助的州立福利机构转移到集体家庭中和其他限制较少的地方。

为了推动去机构化的进程,以社区为基础的选择在20世纪70年代到80年代之间蓬勃地发展起来。在这一时期,建立了一些小的机构(居住者低于100人)。诸如小的集体家庭、培训处、半自助定居点和医疗室被作为重点依靠,来解决残疾人离开大型机构而转向小型机构的选择。

参见 特殊教育史;残疾人教育哲学

RESOURCE ROOM

资源教室

资源教室概念随着霍普森对汉森的诉讼而得到流行。该诉讼宣告常规系统不合法,并需要定期进行重新评估。这次诉讼对回归主流和最少受限制的环境的概念是一个先行者。这种服务传送模式允许残疾儿童尽可能留在教育主流中。随着94-142公法的通过,在《残疾人教育法案》(IDEA)中也看到了对最少受限制的环境的强调,资源教室得到进一步普及。今天全美有10万多名资源教师。专业特殊教育工作者经常论述资源教室概念的重要性,在没有支持性服务的自足式班级或正常班级中作为一种有希望的安置选择,已经注意到它是一种切实可行的办法。

通常,进资源教室的学生被鉴定有轻度残疾(占全部学生总数的4%~6%)。资源教室是一种为轻度残疾学生提供服务的常用手段,还可以用于安置超常特殊儿童。

资源教室的安置主要用于于短期安置(卡西科,1983)。随着学生达到特定的目标,他们就被安置回正常的全日制班级。通过逐渐取消支持服务,返回正常班级后应该能够继续进步。资源教室被认为是连续有效的服务中的一种服务传送类型。

参见 特殊教育服务的层叠模式;霍普森诉汉森;融合;最少受限制的环境;资源教师;自足式班级

RECOURCE TEACHER

资源教师

多数研究文献提出,资源教室应配备经过特殊培训的特殊教育教师,他们应是有行为能力的,具有出色的人际交流技巧,并为单一或多重残疾儿童群体的诊断与康复做了职业上的准备。瓦雷斯和麦克劳林(1979)确认资源教师的主要职责包括评价、制订教学计划、开展教师评估和联系—咨询等。里尔纳(1985)将资源教师描述成一个受过良好训练的职业人士,他们能够诊断儿童,计划并实施教学项目,帮助班级任课教师,提供持续不断的对学生的评估,并同其他教师及社区一起主持在职教师的会议。

萨巴蒂诺(1981)声称,资源教师的任务包括对个体、儿童小组的直接服务,对班级任课教师的咨询服务,负责个别化项目的评估及传送。卡西克(1983)认为,资源教师需要被很好地组织,在时间管理上是灵活的、自我导向的和富有成效的。帕罗兹、西根特哈勒和塔杜姆(1977)建议,资源教师应主动地介入整个学校社区,包括学生及教职员工。他们补充道,资源教师的角色是可调整的,仅仅受时间、才能的限制,录用教师应由学校行政和员工决定。资源教师是接受过训练的专业人员,同其他教师一起工作;又是一个顾问,为在正常班级学习有困难的儿童提供设备和方法来帮助他们。通常,资源教师同中度残疾的学生在一间中心资源教室一起工作,许多适合的设备和材料都放在这间教室内。

资源教师分四种不同的类型:分类的、不分类的、巡回的、教师—顾问。分类的资源教师只为特定的人群服务;不分类的资源教师可以为一种或不止一种特定的人群服务。巡回资源教师一般没有固定的工作场所,他们在各个教室之间流动服务。教师顾问型资源教师向正常班级任课教师、家长和其他需提供服务的人员提供咨询。

参见 诊断处方式教学;资源教室

RESPITE CARE

临时照顾

临时照顾是特殊教育的补充,它能给残疾儿童家庭提供帮助。临时照顾可以被认为是一种暂时性的照顾,它向残疾人或者需要帮助的人提供照顾,以便让平时看护他们的人得以休息(科恩和沃伦,1985)。临时照顾在概念上,一般与间歇性服务相联系,尽管它有时也用来指每周一到两次的常规照顾。

临时照顾项目是为了响应去机构化运动而于20世纪70年代中期第一次出现的。去机构化意味着很多家庭原本打算将残疾儿童送入机构中,或者改变计划,或者在专业人士的劝告下,不再这样做。此外,一些早年已经被送入机构的残疾儿童又被送回家中。这样的话,有大量的父母每天都需要面对照顾他们的残疾孩子的难题。对于那些残疾儿童的父母,就不能拥有其他正常儿童与父母的自然分离时间,即儿童们离开其父母去朋友或亲戚家里过夜、或者去野营的时间。

事实上,残疾儿童父母是不可能雇到家庭看护的,即使是亲戚,也可能不愿意承担此项任务。残疾儿童的固定看护者,通常是妈妈,会发现几乎不能享受正常的活动,例如购物、就医、牙齿护理,还有走访朋友。父母几乎没有时间关心对方,以及家庭的其他孩子。家庭面临着急需解决的严重问题。

临时照顾是一项家庭—支持服务,旨在改善家庭功能,并使残疾儿童的家庭生活走向正轨。这项服务对于支持系统较弱、解决问题的能力不足或者急需看护的家庭,有着特别重要的意义。提供临时照顾的难度也许可以反映这个残疾人问题的严重性或者残疾人生理或健康需要的广泛性。固定照顾者利用临时看护所提供的闲暇时间来休息,解决自己的医疗健康问题,改善与其他家庭成员之间的关系和参加一些其他成人能够享受到的普通私人和社会活动(例如:走访朋友,旅游度假以及购物)。

临时照顾模式可以顺着多个维度发生变化,例如:在哪里服务,服务内容是什么,谁来提供服务,服务是怎样执行的,以及服务需要多长时间等。模式中最重要的变量是服务提供的场所是在家里还是在其他场所。在家里服务是最受欢迎的一种方式。在家服务是最经济的,减少了家庭和残疾儿童的麻烦。这些服务可能是短期的,可能赶上父母去看电影或者进行为期一到两周的旅行。家庭服务提供者也许是一个只经过几个小时训练的陪护,也许是一个接受过大量训练的家庭健康顾问。

陪护或照顾工作是短期照顾关怀的主要内容。当客户存在生理和健康问题时,可能需要个人关怀和护理服务。社会娱乐项目经常是长期照顾的一项主要内容。

临时照顾经常通过州立智力落后委员会或发展性残疾人委员会资助,使家庭获得这些服务,有的通过这些机构在当地的分支机构,或通过这些机构提供资助的社区项目获得服务。

参见 去机构化

RESPONSE GENERALIZATION
反应概括化

当一种反应的强化或惩罚的影响分别地增加或减低时,反应概括化这种在功能上相似的行为就发生了。这种概括化是教学的一个潜在的目标,因为如果教学只得到一个特定的反应,学习就是毫无价值的。不幸的是,正像贝尔(1981)所强调的,这种概括化不是自动的,有可能仅限于一些残疾幼童和成人,特别是智力落后的人(罗宾逊,1976)。

参见 概括化;学习的转移

RETINITIS PIGMENTOSA(RP)
色素性视网膜炎(RP)

色素性视网膜炎第一次被提出是在19世纪中期。视网膜炎是指视网膜的炎症,而这种疾病其实并不是发炎,故使用色素视黄醛营养不良的定义更为准确一些。这种情况往往是遗传的,主要表现为视网膜感光细胞和色素上皮层与脉络膜渐进性退化(克里尔,1972)。临床特征表现为视网膜血管针状突起,视盘苍白萎缩和视网膜血管变窄;通常发生在双眼,但也有个案是单眼发生。在生命中的第一个十年可以发现典型的色素变性,一开始是色素呈小点状,逐渐地呈骨细胞样。色素分布不规则,包括呈中心型和扇形缺陷状。斑点状色素较少见,或者缺失(泰斯曼,1971)。

此病的治疗前景并不乐观。现有的知识指出:此病变表现为光感异常,光的刺激可以促使视网膜光感细胞变性。试图通过挡住一只眼睛来减缓疾病恶化的方法并未起到明显的效果。过去曾尝试过注射胎盘提取物的方法,效果也并不明显。

此病的晚期可能影响学业。可以为教育工作者提供的有关病情线索有:走路撞到物体上(限制或管状视野),夜盲症,其他功能缺失,如听力受损和中枢神经系统退化性疾病等。视野受限可能导致在黑板上寻找资料困难。除非患者没有一点残存视力,一般情形下很少使用盲文点字法教学。

RETROLENTAL FIBROPLASIA(RLF)
晶状体后纤维组织增生症(RLF)

晶状体后纤维组织增生症是20世纪40年代初被发现的,首次文献描述发表于1942年。在之后的十年中,许多不相关的,有时是互相冲突的病因都被考虑到了。在这些病因中,有水溶性维生素、铁剂、氧气、牛奶和非正常电解质,所有这些都显示与晶状体后纤维组织增生症的发生有关。实验室研究显示,维生素E缺乏有可能是病因。其他与晶状体后纤维组织增生症的发生有关的因素包括病毒感染、激素失调、早产儿眼睛过早暴露在光线下和母亲缺乏维生素A。1952年有关观察第一次提出,晶状体后纤维组织增生症的发生率上升与早产儿持续暴露在氧气中直接相关。1954年完成了一项对照实验,实验结果表明,氧气是最可能的病因。这种疾病被某些人称为流行病,其源头与向保温箱中的婴儿有效地集中提供氧气的能力的发展直接相关(西尔弗曼,1980)。

20世纪50年代早期积累的实验室资料表明,氧气的集中监控是非常重要的。无论何时,周围供氧浓度水平应限制在40%以下,血液中的氧气浓度的监测也应该进行。但这样并不能彻底解决问题,理由如下:此病发生在缺少补充性氧气疗法的情况下;当供氧浓度在40%左右时就可能发病;然而这个补充性供氧水平对于减轻经常伴有早产导致的呼吸窘迫综合征通常是不够的。有关动脉血氧分压POZ、呼吸窘迫综合征与晶状体后纤维组织增生症之间的重要关系现在已经十分明确。然而,很多监测和控制动脉血氧分压POZ的尝试遇到了巨大的困难,既有技术方面的,也有生理方面的。

在美国,约10%出生时体重不足2500克的婴儿会患上呼吸窘迫综合征,每年大概有4万人;由于氧气治疗的原因而患晶状体后纤维组织增生症的婴儿只占群体中一个很小的比例,大约只有2%。有鉴于此,许多作者将此病命名为早产儿视网膜病(ROP)。

晶状体后纤维组织增生症所导致的失明,对于儿童、家庭、社会机构、学校和社区的影响开始受到全面关注。受到影响的儿童试图不把失明视作主要的负担。这个世界是为视觉导向的,有关部门的偏见、专制和忽视使那些想通过非视觉方式接触这个世界的人的生活受到限制。一些因素包括医学的、法律的和社会的因素试图保全旧模式,即那些盲人希望放弃他们迈向独立的渴望。这样,此病在视觉、神经、个人和社会层面的复杂性,到现在才受到了重视。

晶状体后纤维组织增生症所导致的失明有可能因为限制了感觉输入而影响学校表现,残疾的程度反映了疾病的严重程度。当疾病严重时可能导致失明,如果双目失明的话,就需要进行盲文教学。教育者应该认识到有这种情况的个体问题的复杂性。

RETT SYNDROME
雷特综合征

雷特综合征(RS)是一种失调,起初发生在看起来正常的婴儿和幼儿人群中。它主要表现为发育迟缓,大脑发育变慢,对周围环境漠不关心,运动神经功能恶化,手功能丧失和随即而来的运动能力减退,手的固有功能(如写字和鼓掌)减退,语言表达能力丧失,孤僻和自虐,最终导致严重的智力落后。研究人员对患病率的估计各不相同。哈格贝里(1995)最近重新订正了对典型雷特综合征发病率的估计,在女性中的发病率由原来的1/10000改为1/15000。全世界每个地方每类人种都有病例报道(如:奈度,1997)。雷特综合征由安德烈亚斯・雷特(1966)第一次报道,通过哈格贝里和其同事(哈格贝里,艾卡尔迪,迪亚斯和拉莫斯,1983)的努力工作使这个病得到了全世界的广泛关注。

雷特综合征的独特性表现为在最初的发展中一切正常,紧接着出现智力和身体上的快速衰退和恶化,接下来又表现稳定,一些症状甚至开始减少(例如哈格贝里,1995)。它的另一些独特性是:①它几乎只发生于女性,虽然大多数性别易发性疾病只发生于男性;②部分表现为所获得的功能的丧失,但显然是神经发育学的异常而不是神经发生学的异常(例如格莱泽和舒尔茨,1997);③表现为一系列很突出的具有相同发展趋势的行为方面的症状;④肯定与遗传学有关,但尚未明确具体的遗传标记物。尽管已经有上百篇文章做过研究,但是与其他相同发病率的发展失常疾病相比,对于它几乎仍然是一无所知。就像我们所期待的那样,基因学的研究都把目光聚焦于x染色体异常。雷特综合征与一些神经解剖学和神经化学异常有关,有关此点的概述可见于布朗和霍德利的报告(2000)。

由于此障碍对于父母和家庭其他成员存在终生的影响,这些影响包括家庭护理问题,有关教育和其他安置的决策问题,因此,家庭咨询特别重要(伦德尔,1998)。对于父母进行行为矫正方面的训练,有可能帮助他们在某些方面管理患有雷特综合征女儿的行为,包括暴怒。同样重要的是,考虑到患雷特综合征的成人可能需要的护理程度和他们日后相对较长的生存,父母甚至需要面对终生照顾她的问题,一旦他们去世,还要为其女儿的照顾做好财务上的安排。

REVERSALS IN READING AND WRITING
阅读和写作中的颠倒

术语“颠倒”通常与阅读或写作障碍有关。颠倒是阅读或写作中颠倒字母、数字、单词或词组(例如,将“saw”颠倒为“was”,将“p”颠倒为“q”),或一些被称为镜像阅读或书写的困难。

在奥顿的第一篇关于阅读障碍的理论论文中(1925,1928),他认为这样的颠倒问题是由于拙劣地建立的大脑半球型优势引起的(单侧性优势)。奥顿(1928)引用了下列读字倒反的例子(strephosymbolia,字面意思是“歪曲符号”):①区别b和d的困难;②混淆像“ton”和“not”之类的单字;③从镜像阅读的能力;④镜面图像的写作技能。奥尔顿进一步规定,这些颠倒的问题不是由智力落后引起的。其他调查者在知觉能力方面已经促进了发展滞后的概念,因为在因果关系上颠倒的问题同阅读障碍有一定联系(本德尔,1957)。

颠倒是由于知觉缺陷这种经验支持也是可疑的。据悉,许多入门读者都有颠倒字母和单词的现象(吉布森与列文,1980)。事实上,一半以上的幼儿园学生通常都颠倒字母(吉布森与列文,1980)。当儿童第一次获得阅读技能时,这被认为是辨别学习的正常构成要素之一。吉布森和列文(1980)认为,正常儿童仍然继续犯颠倒的错误,直到八九岁的年龄为止。还发现,单个字母颠倒仅仅占较差的读者所展示的全部阅读错误的一个较小百分比。此外,受到质疑的是学习困难学生中的这种颠倒是潜在的知觉问题,而不是语言问题(古普塔、奥西、与斯雷特尔,1978)。

参见 失写症;书写困难;手写;矫正的缺陷—中心模式

REVERSE MAINSTREAMING
反回归主流

反回归主流是一个涉及介绍健全学生到特殊班级同严重残疾学生一起学习的过程。目的是最大限度地把严重残疾的学生与健全的学生整合在一起。回归主流是一个人们已耳熟能详的概念,它涉及把残疾学生安置到健全学生的班级,使每个个体都能参与接近于日常生活的模式。反回归主流,就像该名称字面的意义一样,是一个贯彻与回归主流方向相反的过程,但奋斗的目标是一致的。反回归主流可用于各种严重残疾人士。

反回归主流最初用于重度和极重度残疾人及自闭症患者。直到20世纪70年代初期,这些严重残疾学生都是被隔离的,在只有残疾人群体的环境中受教育。这些环境包括为残疾人办的各种机构和特殊教育学校。另一方面,中度智力残疾学生很有可能在非常接近于非残疾同伴的环境中接受教育。

正常化哲学思潮在过去20多年中被广泛接受。这种哲学意味着残疾人能够尽可能地像健全人一样地生活。1975年获得通过的"94-142公法"要求残疾人尽可能像健全人一样地接受教育。对于中度智力残疾人来说,有了被融合进健全学生班级学习的机会。对于重度智力残疾人,则意味着有可能被安置在普通学校特殊班级里学习。由于他们的能力水平低及特殊需要,期望重度智力残疾人参与正常班级常常是不切实际的。在这些事例中,为了增进互动,特殊教师安置健全学生到残疾学生的班级中,当志愿者或"同伴",这样,主流就反过来,成为反主流。

参见 融合;最少受限制环境;回归主流;同伴关系

REVISUALIZATION
视觉重现

视觉重现被定义为对于文字、字母、数字的视觉图像进行积极再现(约翰逊和米克勒比斯特,1976)。视觉重现缺陷的患者不能写出书面材料的视觉图像,这与拼写的难度有关。相比较来说,好的拼写者能够在检查自己的拼写时,对比听觉和视觉信息。

根据记忆功能,患有视觉重现缺陷的儿童,回忆可能是最主要受损的功能,而认知受到的影响相对较小。所以,听写测试、数字排序和默写对于视觉重现存在缺陷的儿童是极度困难的。但是此病对做匹配相同和多项选择题影响不大。

参见 表象;视觉训练

REYE'S SYNDROME
雷耶(氏)综合征

雷耶(氏)综合征是一种急性的,经常会致命的儿童疾病。它因澳大利亚病理学家雷耶而得名,雷耶早在19世纪60年代初期就对此综合征的特点进行了描述。它的发病率很低,大约每年在10万名儿童中有1~2个人患这种病(科拉塔,1985)。雷耶(氏)综合征经常发生于上呼吸道或者消化道病毒感染之后,例如可能与流感B病毒和水痘病毒有关(莫兹比,1983;斯尔博伯格,1979)。当病人看起来正从这种相对较轻的疾病康复时,威胁生命的雷氏综合征正悄然发生。这些症状包括持续性的呕吐,发热,意识障碍进行性加重,直至昏迷和抽搐。在一些病人中常表现为一种独特的姿势(曲肘、紧握双拳、腿伸直)(马加利尼,1971)。可能出现深大、不规则呼吸,有时候会导致呼吸抑制。雷耶(氏)综合征的病理过程与大面积脑水肿、肝肾的脂肪浸润有关(马加利尼,1971;西尔伯贝格,1979)。

雷耶(氏)综合征的病因仍然不清楚。一些研究成果,包括伴随流感病毒B爆发后雷耶(氏)综合征发病率的上升和一些雷耶(氏)综合征患者常有的某些病毒感染,认为病毒感染是此病的诱发因素之一(西尔伯贝格,1979)。一些研究还提出,在对感染流感和水痘病毒的患儿进行阿司匹林治疗和雷耶(氏)综合征的随后发展之间存在一定联系。一项研究观察了29名雷耶(氏)综合征患儿和143名对照组儿童,结果显示,在患水痘或流感期间,服用阿司匹林的患者的雷耶(氏)综合征发病率是未服用阿司匹林患者的25倍(科拉塔,

1985）。1985年1月，马格丽特·海克勒，健康和人类服务部门的秘书长，要求那些生产阿司匹林的厂家在阿司匹林产品上加上警告标识（科拉塔，1985）。阿司匹林与雷耶（氏）综合征之间的关系正在进行进一步研究。

雷耶（氏）综合征的发病过程呈多样性（吉尔伯特，1995）。很多患雷耶（氏）综合征的儿童都会死亡。据统计，致死率大约有25%～50%，但是现在有更多的研究数字表明致死率更接于25%，可能与医疗管理水平的提高有关（卡拉塔，1985；西尔伯贝格，1979）。雷耶（氏）综合征的幸存者往往伴有严重的神经系统后遗症，包括智力发育迟缓、癫痫发作、半身不遂，或者行为问题，包括多动症和注意力不集中（卡伯特森等，1985；西尔伯贝格，1979）。还有证据表明，年龄也可以对雷耶（氏）综合征患者的后遗症严重程度产生影响，越小的儿童表现的损伤越重（卡伯特森等，1985；哈特拉格，斯托瓦尔和哈特拉格，1980）。

虽然雷耶（氏）综合征是一种较罕见的疾病，但是它与教育者还是有很大关系的，因为此病只发生于儿童，而且它有时会带来严重的损伤。由于怀疑阿司匹林与雷耶（氏）综合征之间存在联系，学校的领导应该强调在儿童服用阿司匹林时需要谨慎。雷耶（氏）综合征的患者可能需要特殊教育或者相关的服务，这需要通过综合评价来决定。

参见 脑炎

RIGHT HEMISPHERE SYNDROME（LINGUISTIC，EXRALINGUISTIC，ANNON－LINGUISTIC）
右半球综合征（语言、语言之外的和非语言的）

R

大脑右半球在交流中所起的作用在20年以前还不十分清楚（迈耶斯，1997）。二十多年来的大量研究证实，大脑右半球处理整体、格式塔式的和视觉空间信息，损伤后会出现大范围的交流障碍。大脑右半球受损后的综合征有三种表现，非语言性的（感觉和注意力）功能损伤，语言之外的功能损伤（谈话），和比较轻度的语言受损（韵律学的，语义的，语法的，语形的）（赫格德，1998；迈尔斯，1997；佩恩，1997）。

1. 语言之外的受损

谈话是交流的一个方面，它不仅包括音调、词汇或句子。它把“语言的片段连接起来，表现了事件、目标、信仰、个性和经历”（布劳内尔和琼耐特，1993）。谈话的能力与前后语境关系有关，它不仅与单词、句子有关，还与谈话者的声音、手势、姿势、发言者的面部表情和整体的目的和交流的主要事件有关。谈话还包括了语言的组织、排序和互相映射、前后铺垫和提示等等，以便使句子不至于过于分散独立，使其统一在同一个中心思想之下，其目的是为了强调和支持文章的主要内容。右半球综合征可以分为以下四个主要的内容（赫格德，1998；迈尔斯，1997；佩恩，1997）：

宏观结构：在核心概念、推理上的准确性和数字能力降低，对信息的特征或明晰性降低，在听、说、读、写思考方面的有效性降低。

非文字语言能力受损：在描述性语言（类比、比喻、成语、格言），幽默（漫画、笑话、谜语、双关语），讽刺、通告、俚语、语言攻击，模棱两可、多重意思、讽刺（挖苦，嘲讽）的灵敏度和使用上以及在词语原始意义的理解上能力降低。

修辞灵敏度或情感方面：敏感性下降，包括交流的目的、分享知识、说话的语气、合作者的交流状态、讲话顺序、转移话题、把握主题的能力的下降；容易冲动，说大话，反应慢以及冲动性语言增多。

韵律学受损：对于韵律的感受性下降（对于别人声音变化所传达的意思不能理解）和对于别人说话的韵律感受性下降（个人情感状态的产物）。

2. 非语言性的受损

与右脑综合征有关的非语言性的受损包括视觉感知方面的问题、左侧疏忽、注意力分散和对于缺陷的否认。

视觉感知方面的问题：面孔识别能力下降（面容失认），难以构成或画出团块状图形、二维的条状图形和几何图形。

左侧疏忽：对于身体左侧所传入的信息的敏感度下降，尽管运动和感觉功能并没有受损。根据其疏忽的类型和环境的不同，对于“左侧”的定义可以有所变化。在以身体为中心的忽视中，“左侧”可能是指身体中线的左侧。在以环境为中心的忽视中，“左侧”可能是指整体视觉刺激的左侧，无论他们所处的空间位置如何，或者是指具体环境坐标的左侧，例如一间屋子或者一本书的左侧。在其他的一些情况中，疏忽可能发生在一件指定物品的左侧，尽管这件物品放在患者的右侧。这样，疏忽可以发生在左侧或者右侧视野，这取决于刺激的环境，所以左侧被认为是相对的。左侧疏忽可以发生在各种感觉中（听觉、视觉、触觉、嗅觉、味觉），但是最常被注意和实验的是视觉。除了左侧疏忽，患者也可能会显示定位偏向右侧，也就是说，右侧刺激会“捕获”人们的注意力。

注意力分散：唤醒能力减退（警觉），惊醒症（注意相对片面的信息），刺激持续注意；选择性注意。

3. 语言受损

与大脑左半球受损伤时会发生交流缺陷不一样，语言受损在右半球综合征中是一个比较次要的问题。找词困难(语义上的)经常发生。给种类下定义(例如，苹果、桃子、樱桃都是水果)，或通过比较命名识别集体名词和单数名词有困难是典型的语言功能损伤。音韵学上的、句法的和语形学上的错误并没有描述右脑综合征的交流模式(海格德,1998)。

右脑综合征与中风、肿瘤、脑外伤和各种神经性疾病有关联,可见于各种族的人群(佩恩,1997)。此综合征对社交和学习都有重要的影响。

参见 非动词语言;语用学

RIGHT TO EDUCATION

受教育权

受教育权指的是根据法律要求,适龄儿童和青少年都有接受教育服务的自由。这种权利概念的发展及法律的发展,与日益增加的社会对特殊教育需求显示出的关注是分不开的。社会态度的转变在实现所有学龄儿童及青年接受教育服务的权利的司法决策及立法努力中得到了反映。

美国宪法中虽然并没有直接对受教育权作出承诺,但它已经被引用作为教育服务条款的法律基础。特别是,在第 14 次修正案中已经包含了受教育权的意思,在其平等保护条款中,宪法声明,“任何一个州都不允许通过法律或任何政府途径,为某一部分公民的利益或其他公民不接受的处罚制定法律条款”。这样一来,这项修正案要求,不管在哪里提供教育服务,都必须公平地为所有人服务。

早期法院处理的特殊需要学习者接受教育服务的权利的案例并不能够体现这一内容。一般来说,20 世纪 50 年代以前此领域的诉讼导致了排斥性的教育政策(例如,沃森诉剑桥,1883;比蒂诉教育局,1919)。但是在20 世纪 50 年代早期,随着人权的觉醒和维权意识的增强,法院在受理教育案件方面显示了更加积极的态势。一些更有影响力的判例,都与为有特殊需求的学习者的受教育权概念的发展有关,这些判例包括布朗诉托皮卡教育委员会(1954),宾夕法尼亚智力落后公民协会诉宾夕法尼亚州政府(1971),和米尔斯诉哥伦比亚特区教育委员会等(1972)。

布朗法案,主要解决的是一类市民(主要是南方的黑人)在摆脱种族隔离的基础上,到他们所在社区的公立学校上学的权利问题。这个案例的主要争论是疑似分类(例如按照种族分类)和平等保护。在上诉方全体一致的表决下,最高法院强调了教育的社会重要性,并且裁定,在教育面前,人人平等。

宾夕法尼亚智力落后公民协会(PARC)案例主要处理了特殊需要学习者的受教育权利问题。法官引用宪法第 14 次修正案中关于法定程序和平等保护裁定,宾夕法尼亚法令允许拒绝或者推迟智力落后儿童进入公立学校就读是违背宪法的。这个案例中提到的解决方法包括,给予上诉方所应有的权利,对于原来被排斥在公立学校之外的儿童进行鉴别并安置到公立学校体系中。

影响更加广泛的是米尔斯案,它向排斥智力落后、癫痫病、大脑损伤、机能亢进以及行为障碍的儿童进入公立学校就读的做法提出了挑战。为了维护上诉方的权利,法院要求被告提供全面的公共教育或者充分的替代教育。这些替代教育只有在事先通知并有公平均等的机会要求给予服务之后才能提供。从 1954 年的布朗案到 1971 年的宾夕法尼亚智力落后公民协会案,再到 1972 年的米尔斯诉讼案,这些进步反映了对特殊学习需求者的教育需要增加关注。特殊学习者对于特殊教育更加完整的看法和特殊个体的权利在近年来的立法中也得到了明确的体现。

强调特殊学习者教育权利的两个主要立法是,1973 年的《康复法案》第 504 条和 94 - 142 公法(即《所有残疾儿童教育法案》)。其中 1973 年的《康复法案》第 504 条尤其重要,因为它提出了所有项目都可得到联邦的资助。这个立法规定,如果要继续得到资助,不得以残疾状况为由,有任何歧视行为。

94 - 142 公法使立法更加具体化,即高度强调了特殊学习者的特殊教育需求。这个法案要求,对于所有人,无论其是否有残疾,也不论其残疾的程度如何,都必须在公共开支的情况下提供适当的免费教育。94 - 142 公法进一步明确规定,这些服务必须因人而异,在最少受限制的环境中提供。

随着社会公众对特殊教育需求人群的态度的改变,需要特殊学习的儿童和青年人已经逐渐获得了受教育的权利。这种态度的转变已经通过日益增多的法律诉讼体现出来。这些诉讼对于提供教育的组织,其教育的充分性、可用性和恰当性提出了质疑。这些案例已经为受教育者的权利奠定了法律基础。接着,这些诉讼促进了保障受教育权利的法律的发展。关于特殊学习者受教育权利的更加深入的讨论详见沃蒂斯(1978)和塞尔斯、克劳斯、萨肯和欧佛卡斯特的论述。

RIGHT TO TREATMENT

接受治疗权

术语接受治疗权指的是一个法律概念、法律规定,其意思是每个人都有权利自由接受治疗和医疗服务。最初作为诉讼的延长而发展的这项权利,把未被收容的个体的定向医疗服务作为目标,最近以来对它的解释已经扩展到康复权利和接受教育的权利。

治疗权的发展反映了社会对特殊教育需求者或者行动不便者的态度的改变,它趋向于为这些人提供更多的服务。随着人们态度的转变,相关人士已经联合起来,通过组织活动以确保这些服务的有效性和可用性。这种转变已经导致了诉讼和立法干预,已经为被收容个体的治疗的可用性及适用性做了处理。

有三个主要的法院判例形成对医疗权利诉讼案的解释,它们分别是劳斯诉卡梅伦(1968),怀亚特诉斯蒂克尼(1970),纽约智力落后公民协会诉洛克菲勒(1972)。在宪法修正案和州立法律中,这些案例可以解释为被收容的居民需要合法的医疗服务。第一个法院判例解决了一个被收容的人接受医疗的权利问题。在这个案例中,一个名叫劳斯的行为不端的男人,在被证实无罪后,由于精神病,被收容了4年。然而在收容期间,他并未得到治疗。法院引用宪法(法定程序,平等的保护权、免受虐待和不正当的惩罚权利)和州立法律从而裁定,以治疗为目的的收容,如果没有进行治疗的话,就等同于囚禁,是非法的。劳斯随后被释放。

参见 *受教育权;怀亚特诉斯蒂克尼*

RILEY – DAY SYNDROME
赖利—戴综合征

赖利—戴综合征,也被称为家族性植物神经功能失调综合征(FD),是一种发病率很低的常染色体(非性相关染色体)隐性遗传病。主要发生在北欧和东欧犹太人儿童身上。赖利—戴综合征第一次由医师赖利,戴·格里利和兰福德在1949年进行了详细描述。赖利—戴综合征是植物神经系统功能失调,它导致饱受病痛折磨的患者在身体上、精神上、社交上出现一系列的异常。

患有赖利—戴综合征的人在痛哭的时候不能分泌泪水。典型的赖利—戴综合征通常包括异常的痛觉、味觉、温度觉,还有血压不稳定和胃肠功能失调。患有赖利—戴综合征的人还有其他的问题包括吞咽困难、呕吐、误吸、反复感染肺炎、发音动作不协调、生长缓慢、脊柱侧凸。其他常见的症状还包括,生长发育滞后、步履蹒跚、角膜感觉缺失、激动、进食时出汗过多、或者入睡初期易出大汗、呼吸暂停、脊柱弯曲(13岁以下患者的发生率为90%)、手掌红肿、舌头上菌状头(味蕾)缺失(NYU,1999)。

赖利—戴综合征是无法治愈的,但是它的很多症状能够通过多种干预和药物治疗得到控制。患赖利—戴综合征的人通常是智力正常的儿童,而且如果治疗及时,赖利—戴综合征患者通常能够生活自理,很多残疾都能够避免。特殊教育服务可以在儿童患病初期,还不能够区分类别的早期阶段和其他健康受损的阶段进行。早期的病症鉴定和治疗对于患赖利—戴综合征的儿童非常重要,那些儿童通常语言发展迟缓,运动和行动能力发展缓慢,由于进食困难和过度呕吐导致生长缓慢。对于进入学校的儿童,语言、体质和专门训练可能是有益的。教授专业化的喂食技术可能是必要的。由于对疼痛不敏感和体温控制不稳,进行适当的体育课教学来避免伤害是必要的。赖利—戴综合征患者通常有绝望、焦虑,甚至偏执的倾向。患有赖利—戴综合征的儿童的家庭需要心理医生的支持,由他们来辅助照顾一个患有残疾的孩子的感情需要。欲了解更多信息,请联系家族性自主神经异常基金会(纽约州纽约市东46街20号,10017)或致电(212)949-6644

RISK MANAGEMENT IN SPECIAL EDUCATION
特殊教育中的危机管理

很多时候,教育环境没有发觉学校实践和法律责任之间的关系。风险管理是一种积极姿态,它试图识别潜在的法律责任区域,评估当前的策略和标准,并尝试提供可行性策略以防止伤害,使法律责任最小化(菲利普斯,1990)。

教育环境中通常的风险管理包括,当更改学生的教学课程时给予及时的记载,当一个学生表现出自杀的想法时给予明确的诊断,进行诊断评价时要符合州立的法律和方针。在执行过程中,依州法规定要取得学生家长和学生的学校顾问的同意,维持适当的责任范围(伍迪,1988)。学校成员的风险管理策略包括了解和遵守伦理规范,并且紧跟当前职业发展和实践标准的发展(菲利普斯,1990)。

RITALIN
利他林

利他林是一种中枢神经系统刺激性药物,通常用来治疗患有不正常的注意力缺陷多动障碍(ADHD)儿童。利他林也可用于昏睡病、轻微抑郁症、老年自闭症(香农,威尔逊和斯唐,1995)。

虽然利他林的全部效用尚未被完全掌握，但是它提高了 ADHD 儿童的注意力（德格兰和瓦勒朗，1999）。利他林刺激中枢神经系统的效果类似弱化的苯异丙胺或者特浓咖啡。它的作用包括：①通过刺激抑制中心，提高多动症儿童的注意力，减少其活动（NIDAInfofax，1998）；②降低嗜睡患者的疲劳；③增加老年自闭症患者的机体活动，提高其精神警觉性（香农等。1995）。

应告诉所有的服药者，服用利他林缓释剂时需要整粒服下，不要压碎或者咀嚼。必须在白天规律的间隔时间点服用利他林，并且需要医生开处方（德格兰和瓦勒朗，1999）。作为一种刺激性药物，如果服药时间太晚，可能导致睡眠不规律。为了避免失眠，每天最后一次服药应该在下午 6 点之前。这种药物的另一个潜在副作用是体重变轻，应该告诉服药的人每周至少要称重两次（德格兰和瓦勒朗，1999）。由于多种刺激的混合作用，所有患者应该知道要戒酒，禁用任何含有咖啡因的饮料，如可乐和咖啡（斯基德莫尔 - 罗思和麦肯瑞，1997）。在连续用药期间，学校工作人员应该注意药物治疗和其他与健康相关的问题（翁，1995）。

像利他林这样的刺激性药物可能很容易被人滥用，美国药品强制管理局已经发布了大量的利他林操作控制条例，控制利他林的生产、分配和处方。利他林被认为是一种强力、有效和安全的药物，但是长期使用的潜在风险仍然在调查研究中（NIDAInfofax，1998）。

参见 注意力缺陷多动障碍；药品管理

ROBERTS APPERCEPTION TEST FOR CHILDREN (RATC)

儿童用罗伯特统觉测试（RATC）

儿童用罗伯特统觉测试（RATC）是一个为 6 ~ 15 岁儿童设计的，有针对性地对其个性进行评估的一项技术。该项测试试图把投影技术的灵活性和标准分数系统的客观性相结合。与主题统觉测试和儿童统觉测试相似，儿童用罗伯特统觉测试由一系列图画组成，这些图画暗示着一个故事。实验由 27 张卡片组成，其中 11 张由男性和女性共同使用。剩下的 16 张在测试中发给被测试者，这个测试需要 20 ~ 30 分钟。

儿童用罗伯特统觉测试据说益处显著而超越了其他相似的投影测验（麦克阿瑟和罗伯茨，1982）。测试的操作手册设计得很好，并包含了大量的信息，这些信息包括该测试中的心理测试的特征、执行和评分方法，还包括一些研究案例。图片是为儿童和未成年人特别设计的，通过场景的描绘引出相同的联想。例如，图片描述父母和子女之间的关系，兄弟姐妹之间的关系、敌对行为、控制、父母反对和赞同、裸体的观察、学校以及同学之间的关系。测试有个标准评分系统，所得分数根据 T 检验，转换成标准化的分数，这个 T 值是从 200 个儿童样本中得出的。

总而言之，罗伯特统觉测试看起来是一项设计良好的适用于儿童和未成年人的测试技术。标准评分系统，尽管缺少与那些纯粹的、客观的人格测试的实验相比较的证据，但是相对于类似的测试技术来说，结果还是令人满意的。

参见 儿童心理学；人格评估

ROBINSON, HALBERT B. and NANCY M. ROBINSON

哈尔伯特·B·罗宾逊（1925—1981）和南茜·M·罗宾逊（1930—）

南茜和哈尔伯特·B·罗宾逊在智力落后儿童、早期儿童护理与天才儿童领域做了大量的工作。他们合著了《智力落后儿童：一个心理学的入口》（1976），此书给智力落后下了有影响的定义，并强调它的研究基础，两人合作编辑了《国际早期儿童护理论文集》（1974），该书提供了包括美国在内共 9 个国家的早期儿童护理选择的描述。

1966 年，哈尔伯特 B·罗宾逊同安·彼得斯一起，在北卡罗莱那大学建立了弗兰克·波特·格拉罕儿童发展中心，1969 年，他在西雅图华盛顿大学接受了心理学教授的职位。在华盛顿大学时，哈尔伯特还是“儿童发展研究小组”的主要调查人员（CDRG，现在叫“哈尔伯特·罗宾逊天才儿童研究中心”）。“学前儿童发展”，以前是“儿童发展研究小组”的一个项目（后来独立于华盛顿大学之外），主要关注高级智力和学业技能儿童课程的识别与发展方面（罗德尔、捷克森和罗宾森，1980），而“华盛顿大学早期入学项目”承认中等学校学生进入大学，取决于他们进入高中之前的准备（罗宾逊和罗宾逊）。

罗宾逊夫妇曾获得美国智力缺陷协会的奖金（1982）。此外，南茜还是《美国智力缺陷杂志》的编辑，1981 年哈尔伯特逝世以后，她就任“哈尔伯特 B·罗宾逊天才儿童研究中心”主任，一直到现在。她还是华盛顿大学精神病学和行为科学教授，已经出版了包括天才儿童和数学天才儿童的咨询等重要主题的论著（罗宾逊，1996；罗宾逊、阿伯特、伯宁格、巴斯和穆霍帕迪业，1997）。

ROBOTICS IN SPECIAL EDUCATION
特殊教育中的机器人技术

机器人技术在特殊教育中有两个潜在的功能。第一,机器人技术能够作为一种辅助性教学工具向学生提供新颖的教学,激发其学习兴趣,还可以作为教师这个教学角色的延伸。在今天这些辅助性教育功能可以在机器人和机器人技术系统中得到实现。虽然有限,但它们已经在特殊教育领域中得到应用。不过,目前几乎还没有关于这些应用有效性的研究。

第二种功能,可能还更具潜力,就是机器人作为残疾儿童自身功能的延伸。学生们自己控制机器人来满足他们个人的需要和目标并控制周围环境。这些功能要求机器人在逻辑和行为中能够进行复杂的操作。

机器人技术应用方面的考虑主要集中于残疾人的健康状况上,如肢体活动及灵敏度受限,不能与周围的环境进行互动(金布尔,1984)。机器人可以根据残疾人的指示被概念化,能提供一些人类已缺失或者受损的功能。远程控制装置已经在一定程度上被用来实现此目的,而且,在一些有限的环境中,私人机器人已经被用来实现一些有限的功能,例如做饭。然而,这些应用需要环境的改造。我们希望这些功能将会更加综合化。机器人在执行它的功能时,要与周围的环境相适应。第二个主要应用于残疾人的机器人技术类型是弥补感觉受损,包括听觉和视觉受损。在这些情况下,机器人作为一个可移动的巧妙的适应装置将会提供感觉传递,从而使人们可以感觉到周围的环境,可以直接在环境中进行操作,或者控制机器人作用于环境。

为了支持这些功能,可靠的工作性能特征是必要的。例如,为了完成外部的要求,遥控下的可移动性是必需的。这种移动要求平稳,可以从极慢到快变速,还可以通过感觉传感器和新鲜的环境相适应。机器人技术为了迎合这些要求,既需要有效载重,又要足够灵活。再具体一点说,就是既要足够结实以便满足运载的需要,又要有合适的尺寸以满足不同的精确的功能需要。机器人需要有相应的智能,能够通过感觉仪器接收和传递信息,与命令或者感觉输入信号一致的基本运动和适应新环境以执行及新指令的本领。最后,机器人必须把这所有这些功能集中在一个合理体积下。为了方便接受和使用,机器人必须有与一般成人相类似的尺寸,但要有足够的容积,足够稳定和强大。

ROCHESTER METHOD
罗切斯特方法

罗切斯特方法是一种用于指导聋童的以语言为主的复合感觉程序,即在语言阅读的同时配合手指拼写和助听器的使用。符号语言在这个教学程序中已经被完全淘汰了(魁格雷和杨,1965)。

罗切斯特方法是由泽若斯·韦斯特维尔特于1878年在纽约罗切斯特聋校创立的。韦斯特维尔特认为手指拼写是在对聋童进行语言教育时教授正确语法的最好方法。他相信,在语言教学中,容易辨识的手指拼写同样能够帮助唇读(列文,1981)。罗切斯特方法与西班牙人胡安·巴勃罗·博内特所创立的技术有直接的关系。他提倡把单手字母表融入语言中的观点出现在他的《声音的简化和教聋童说话的艺术》一书中。这本书出版于1620年。此方法在20世纪50年代的苏联很是盛行,并被译为新口语主义。上世纪60年代该方法在美国也同样盛行(毛斯,1982)。

作为一种教育工具,罗切斯特方法的有效性已被广泛研究并进行了评估。回顾这些研究,奎格利和保罗(1984)报道说,一般来讲,研究人员已得出结论,认为罗切斯特方法与对照组比较,可以提高聋童的手指拼写、言语阅读、写作和阅读能力。他们还发现,当好的口语技术与手指拼写联用时,并不影响口语技能的掌握。

参见 聋;手语训练;综合沟通

ROGER, HARRIET B.
哈利特B·罗格(1834—1919)

1863年,哈利特B·罗格在自己家接受一个聋童为学生时,她就为美国聋人的教学开设了第一所口语学校。她使用德文版的聋人教学解说作为教材,学会了怎样教那个聋童。这项工作的成功吸引了其他聋童慕名而来。其中之一就是马贝尔·胡巴德,她后来成了亚历山大·格雷厄姆·贝尔的妻子。她的父亲,一个杰出的律师,为在马萨诸塞州创建一所聋人口语学校获得了法律许可。1867年胡巴德通过将罗格的学校搬到诺桑普顿,而创办了这所学校,她们为聋人建立了克拉克聋校,这是美国为聋人开设的第一所纯口语学校(同年年初,在纽约为聋人已开设了莱克星顿聋校)。罗格夫妇作为克拉克聋校的第一个教师和机构领导人,一直在该校工作到1886年退休。

ROSS INFORMATION PROCESSING ASSESSMENTS
罗斯信息处理评估第二版(RIPA-2)

罗斯信息处理评估第二版(RIPA-2)为沟通与认

知功能的十个关键区域提供了大量的信息:即时记忆、短期记忆、时间定位(近期和远期记忆)、空间定向、环境定位、信息再现、问题解决、抽象推理、组织能力、听觉的合成和保持。RIRA-2使测试者能够将认知—语言缺陷进行量化,确定特定功能区域受损的严重程度,明确康复目标和对象。

罗斯信息处理评估初版(RIPA-2)是为5~12岁的儿童设计的。这些儿童有外伤性脑损伤,患过其他的神经疾病,如癫痫或厌食症,学习困难或能力过弱而影响到知识的获取。8个子测验测量即时和短期记忆,空间定向,时间定位,组织能力,问题解决,抽象推理,信息再现。

RIPA-2是对115名5~12岁的个体进行标准化后形成的。信度系数大于或等于0.81,被测1/3以上的系数都高于0.90。效度研究显示,此测验能够区分"普通人"和学习障碍或有神经问题的人。RIPA-2条目区分系数从0.39~0.94。常模中包括有学习障碍的儿童。

ROSWELL-CHALL DIAGNOSTIC READING TEST OF WORD ANALYSIS SKILLS, REVISED AND EXTENDED

罗斯韦尔—查尔文字分析技能的诊断性阅读测试,修订版和扩展版

开发罗斯韦尔—查尔诊断性阅读测试是为了评估一至四年级小学生阅读能力中的文字分析和认知技能。也可用于评估正在阅读较高水平文字的小学生,此水平的小学生存在解码疑惑和文字识别困难;也可用于研究和程序评估。

这个测试有两种比较形式,每种形式都可以单独使用。此测试包括10个主要子测试和4个扩展评估子测试。所有的子测试或只有那些被认为适合的子测试才用于受试者,主要测量以下几种技能:高频率词汇,单辅音的发音,辅音图,混合辅音,短元音单词,短元音和长元音的发音,哑音e的规则,元音图,普通复合元音和r控制的元音,以及音节的区分(以及复合词)。扩展的评估子测试包括命名大写字母,小写字母,解码单个辅音,解码语言上常用的单词。

此测试需用大约10分钟的时间来进行测试、评分和解析。用户手册中提供了分数值的解释。此测试有良好的信度和效度。使用者应当考虑常模样本的大小和有限性,因此,测试人员应当熟悉大多数个体测试情形中所需要的各种技能,以便准确地解释此测试。测试人员应当是相对熟练的阅读临床医师。

ROUSSEAU, JEAN J.

让·J·卢梭(1712—1778)

让·J·卢梭是法国—瑞士哲学家和道德学家,他最先在儿童培养和教育实践领域掀起了一场革命,这一革命是通过1762年出版的小说《爱弥儿》一书实现的。该书是一本用小说形式写成的论述教育的专著。卢梭强调,儿童时期不只是为成年做准备而度过的时期,还是一个受爱护且过得快活的发展阶段。他嘱咐父母和教师应通过儿童的兴趣及能力来指导他们,他也是第一位提议儿童研究应是儿童教育基础的作家。自从18世纪以来,大概每项主要的教育改革在某些方式上都能追溯到卢梭。裴斯泰洛齐、福禄贝尔、蒙台梭利和杜威在他们的著作里都很清楚地感谢他。作为一个有说服力的作家,卢梭论述人与自然的关系,论述社会、政治和教育事务的著作,对他那个时代的文学都是重要的贡献。

RUBELLA

风疹

产后风疹(德国麻疹)是一种相对轻微的病毒感染。18世纪后期由德国工人第一次将麻疹和猩红热区分开。德国科学家称这种病为Roethelm。按照《布莱克医学词典》的解释,术语"德国麻疹"没有地理出处,但确切些说,来自单词"germane",意思是"与……类似","与……近似"。风疹来自拉丁语"rubellus",意思是红色(《布莱克医学词典》,1984)。

产后风疹病毒是通过接触血液,身体排泄物,受到感染的人的鼻咽分泌物传播的,也有可能是接触了带有病毒的衣服(《疾病职业指导》,1984)。由于产后风疹的危害较轻,因此几乎没有引起人们的重视。这种疹子很少使用局部的药膏,但可以服用阿司匹林片来减轻同发热病和身体疼痛有关系的不舒服。由于受到感染的威胁,应该把刚刚怀孕的母亲同患有产后风疹的儿童或成年人隔离开。

当一个母亲在怀孕的最初三个月期间得了感染时,由于对胎儿的损害机会可能达到20%~30%,应对风疹引起关注(博思韦科,1972)。灾难性的损害结果首先是由澳大利亚眼科医生诺尔曼·格雷格先生于1941年报道的。正像格雷格所描述的,典型的先天风疹综合征是由胎儿异常、视觉缺陷和听觉损伤组成的。智力落后也被认为是因胎儿早期受损害所导致的普遍

结果。

过去20年间的广泛调查已经把先天风疹描述为有病理的可能性,这种可能性比格雷格当初所认为的要大得多。例如,现在可以假定,除了要与先前已报道的异常有关之外,先天风疹可能还要与生命晚期出现的许多反常症状有关。这些包括牙齿的问题、贫血、脑炎、肝囊肿、皮肤炎和糖尿病。

积极干预似乎是减少先天风疹影响的关键,因为一旦子宫里的损害发生,恐怕已没有什么希望来改变这种结果。当然,可以在胎儿遭受心脏损害或有白内障的情况下实行矫正手术,听力损伤儿童可以配戴助听器,但损害是不可逆转的。

参见 先天障碍;智力落后

RUSH, BENJAMIN
本杰明·鲁斯(1745—1813)

本杰明·鲁斯是一位医生、教师、改革者和爱国者。1769年在费城开始医学实践。他在费城学院教化学,并出版了第一本美国化学教科书。在美国独立战争期间,他作为一名外科医生在军队服务,出版了一本军事医学方面的教科书,该书一直使用到美国内战时期。沿着他的军事服务之路,鲁斯返回费城,继续医学实践。在费城,他建立了美国第一个免费诊疗所。他被认为是第一个相信吸烟与癌症有关系的医生,也是第一位提倡节欲和锻炼以促进良好健康的人。作为一个坦率主张对精神病进行人道治疗的人,1812年,鲁斯出版了一本影响之后数代的医学教育著作《医学探究与心理疾病的观察》。

他不仅是一位卓有成就的医生,而且还对政治与社会问题很感兴趣。鲁斯是大陆会议成员,也是《独立宣言》的签名者。他在废奴运动中很活跃,也影响了宾夕法尼亚州联邦宪法的批准。他亲自干预了一些教育诉讼,拥护改进对女孩的教育,提议使公共学校成为向学生提供科学与实践对象以及传统学术的综合体制。

S

SAFETY ISSUES IN SPECIAL EDUCATION
特殊教育中的安全问题

对于特殊教育工作者来说,责任、过失、法定诉讼程序及可信的保险都是他们熟悉的内容。确保儿童们的安全是教师工作的重中之重。特别是那些有肢体障碍和极重度残疾的儿童,更容易出现意外事故、急救和伤害。因此,教师在教学环境中必须事先采取一些预防措施,以保证学生和工作人员远离不必要的危险。教育者尤其要考虑如何对教室的诸方面进行良好管理,从而为学生创建一个安全的学习、生活环境。与学生安全相关的教室管理工作主要有如下四个方面:①基本的现场急救技能;②突发天气变化和火灾的应对方法;③教室环境的安全;④家长对于班级活动的意见及参与。

美国许多州要求教师在获得教师资格证书之前一定要先取得急救技能证书,尤其是对于心肺复苏和如何防止窒息方面要进行培训,如海姆利克急救法,即当喉咙有异物堵住时,怎样让儿童吐出的急救措施。在学生伴有某种发作性症状时,教师一定要清楚必要而适当的急救程序。而且,对于一些中毒现象、眼外伤及其他伤害等,教师也要了解相关的急救方法。此外,当学生在接受某些药物治疗的过程中,要细心根据学生的症状观察一些药物,如利他林(中枢兴奋剂),苯巴比妥(一种镇静安眠剂)、狄兰汀(通常用于癫痫的治疗)等的用量是否超量或不足量。没有医生或校医协助,教师决不可独自负责配药。

对于特殊学校设施及教室环境设计,一些特殊教育工作者已总结了一定的经验(阿本德、拜德诺、弗饶灵格和司坦兹乐,1979;伯奇和约翰斯顿,1975;福尼斯、格思里和麦克米伦,1982;哈琴斯和仁泽格利尔,1983;赞陶,1983)。教室的环境设计与特殊教育中的学生安全有着密切关系,如:在有肢体残疾学生或盲生的教室里,就应该为他们提供充足的储物空间,让他们可以放置轮椅或拐杖、盲文书或盲杖等。教室的整洁有序可以保证学生的安全,装有伤害性物品的橱柜要在学生的可接触范围之外。罗素(1982)曾对在特殊教育的艺术教学中可能对学生具有危险的一些用品进行了描述。

总之,特殊教育工作中的具体安全问题虽然没有形成很多的文字资料,但却深刻体现在特殊教育教师的实际工作中。尽管对于这方面的问题曾有过一些常识性的探讨,但就这些问题对教师进行提醒还是十分必要的。

参见 项目的可行性;特殊教育中教师的责任;病患学生;利他林

SCALES OF INDEPENDENT BEHAVIOR – REVISED
自主性行为量表(修订版)

自主性行为量表(修订版)(SIB – R,1996)用来对适应性行为和问题行为进行评估。共包括三个表,分别为:详表、简表和早期发展量表。同时还有一个专为视力障碍者设计的简表。简表和早期发展量表操作时间为15~20分钟,详表则需要45~60分钟。此量表在美国全国范围内对2182位被试者进行了测试评估并得出常模,适用于从出生到80多岁的个体。

自主性行为量表修订版比原来的量表更易于操作,而且将访谈过程结构化,并附有一个实施检查表格,计分方法也更简单。最主要的特点是给出了一个辅助分数,用以预测伴有适应不良行为的个体在多大程度上需要辅助。另一个特点则是修订后的量表还附有功能性指标,可以确定个体在适应性行为方面的表现及严重程度。

测试手册包括内部信度可靠性(中上为0.90),适应性行为量表的测试—再测试信度可靠性为0.83~0.97,非适应行为指标的信度为0.69~0.90,相关分数为0.80以上。SIB – R和其他的适应性行为评量方法表有着极强的联系,可为不同类型特殊儿童的安置与服务提供较好的预见性参考依据。

参见 适应性行为

SCHIZENCEPHALY
脑裂畸形

脑裂畸形是一种神经元移行模式发生严重异常的障碍,发病于胎儿发育期。其特点是侧脑室形成裂缝,以及中央前回和中央后回区域异常开口。这些异常可能是不对称的(巴朗,1995)。脑的其他区域也可能受到累及,但仅仅依靠脑裂畸形的诊断是无法预测受累区域的。这种疾病通过对胎儿的超声诊断,并且出生后的CT和MRI检查对于判断脑结构异常的范围也很有必要。

该病通常会引起一些神经心理损伤,而且其愈后有很大差异,轻者头颅过小,重者可能会出现智力落后。患有脑裂畸形的儿童可能有多种多样的神经方面的问题,包括脑积水、各种类型的癫痫、智力落后、不同程度的协调障碍等。特殊教育课程几乎对于所有的患者都是必要的,但是由于该病症状群的表现具有高度变异性,因此在实施特殊教育课程之前,建议对患儿进行综合性的神经心理检测。

SCHOOL ATTENDANCE OF HANDICAPPED
残疾学生的学校出勤率

无论是残疾学生还是非残疾学生,其学校出勤率都要受到如下因素的影响:动机水平、家庭或所在社区问题、压力水平、学业成绩不良、失败几率、消极的自我概念、社交困难、外部干扰、学校不当的安置、父母与教师间不一致的期望、校外的某些活动、学校环境中的一些令学生厌烦的东西及学生自身技能的不足(格拉拉和麦考利,1976;施洛斯、凯恩和米勒,1981;辛格,1998;昂格尔和皮尔斯,1978)。专业人员对长期缺课的现象进行了研究,当它成为一种习惯时,便被逐渐增强,且不断增多(斯特林格,1973)。

施罗斯等人(1981)对上学让人不开心的因素和待在家里让人快乐的因素进行了评估,并为学生量身制订干预计划,以期增加其对于上学的满足感,相对减少在家里的满足感,同时以生动的教学技能增强学生在学校环境中得到更多益处的能力。结果表明:不仅学生的学校出勤率增加,而且成绩也有所提高。昂格尔等人则于1978年通过教授学生必要的、在学校获得各种成功的技能来提高学生的出勤率。整个过程中,对学生的学校出勤率进行考核,对缺席理由进行评定,并针对个体设计教学。结果,学生的学校出勤率提高了,对上学的态度也比以前相对更积极。

《残疾人教育法案》(IDEA)明确提出了残疾儿童的出勤率问题。地方机构常对残疾儿童的出勤率进行评估,并在任何可能时机,根据个体情况,采取必要措施调停、解决残疾儿童的缺勤情况是极其重要的。

参见 *《残疾人教育法案》(IDEA);残疾儿童父母*

SCHOOL EFFECTIVENESS
学校效能

"学校效能"一词出现于20世纪70年代后期,越来越多的研究旨在验明一些效能比较好的学校,并探求这种高效能的途径。对于学校效能的研究主要始于如下三个假设(根据博克尔于1983所提出的观点):①可以验证一些学校在教授贫穷儿童和少数民族儿童方面,具备了良好的技能;②效能好的学校能表现出一些可识别的特征,这些特征与学生的成功相关,并且可以被其他的教育者操作;③效能好的学校其突出的特征能够成为低效能学校进步的指标。

博克尔(1983)指出,对于学校效能的研究主要有三个原因。第一个原因是出于对20世纪60年代科尔曼研究的反对。一些研究认为学校之间的差异与各学校对贫穷儿童与少数民族儿童的教育无关;二则是因为20世纪70年代心理学的大环境。在当时情况下,一些校长、教师、家长和其他相关人员似乎对学校有更高的期望,相信学校可以改变一些不良现象,而且高效能学校也一定存在。博克尔认为第三个原因是相关教育的研究发展,这些内容包括有力的教育领导、有序的学校环境、高期望、强调基本技能及对学生的进步情况进行经常性的考察和监控等。

财力、设备充足的环境有助于最大可能地提高学生的能力,相反,资源有限的环境则可能让学生发展的速度受阻、能力受限,但这并不意味着这两种环境中学生成绩的差距一定增大。只要学校教育对于学生是有效的,就可以使不同环境中的学生整体上得到发展和进步。这一点至少在理论上如此。依据这个理念,目前有人尝试将特殊学生在学校里的学习成绩也作为学校教学成效的表现之一。

随着人们对于学校效能的关注及对于学校效能核心要素的认识趋于一致,也出现了不同的,却是有根据的批评和意见。在研究方法的正确与否上,存在的问题有如下几点:①用单一、有限的只注重教学成绩的效能评量方法;②研究的设计使分析部分没能很好地解释原因和结果的关系;③只依据数据做总体上的比较,而不评量学校之间在组织上的差异及学校内部班级之间成绩的不同。尽管存在这样或那样的问题,但对于学校效能的关注,让人们重新乐观地认识到,可以通过良好的组织或学校构建使学生获得更好的学习成绩。但是,在特殊教育中,还没有遵循这些理念并应用这些方法及理念。与特殊教育相关的研究需要同普通教育分离开来进行。研究的主要内容仍然是考察那些与普通学校相同的各种因素及互动模式对于残疾学生有怎样的效用。

参见 *特殊教育项目;教师效能*

SCHOOL FAILURE
学校失败

导致学生在学校里失败的原因有很多,通常会发生在遭遇下列情况的儿童身上,如家庭经济困难、剥夺、忽略、情感上的创伤、父母离婚、滥用药物、学校低出勤率、教育不足及被收养的儿童。在美国还有一种情况,就是学生对那些喜欢卖弄学问的教师的讨厌所造成的学校失败,事实上其根源在于西方国家里崇尚个人主义,而不是像俄国的学校那样多年来一直重视集体取向。城市里一些学校教师的备课及讲课的许多改变被记录了下来(耶欧,1997)。

在班级里有行为问题的学生通常也会导致学校教育失败。他们扰乱课堂、常常激怒老师、不听从指令、容易分心、易冲动或旷课缺席。一些学生则因为某种害怕、焦虑或发育不良而不能在课堂里良好互动,从而不能发挥真实的学习潜能。那些自信心很低的学生通常认为自己没有价值,在学习上会感到很无助,这些学生会因为自己认为学不好而停止在学习上的努力。对于有行为问题的学生来说,因为他们的行为问题是学校环境的准则所不允许的,他们有可能出现社会性犯罪、拒绝认同学校或社会的价值观、与权威对抗、吸食毒品或酗酒、加入黑帮组织、触犯法律、偷东西,最终辍学或被开除(诺布洛克,1983;朗、莫尔斯和纽曼,1980;奎伊和惠里,1979)。

某些学习障碍也会导致学校教育失败。学习障碍是一种或多种与阅读、书写或拼写、运算等相关心理过程中的官能障碍。有些儿童则是因为有注意困难而不能有目的地注意,从而不能有选择性地注意,或过分注意同一时间内的所有外界刺激。记忆困难则指不能记住自己所看或所听到的内容。认知困难指儿童视觉、听觉、触觉正常,但不能理解所看到、听到或触摸到的事物的意义。如不能分辨"d"和"b"在方向上的不同,或需要过长时间盯着看词的拼写,分析字词后才能读出来。思维困难指在判断、比较、理解新的概念、做决定、批判思维、解决问题等方面有障碍。口语障碍指在理解和运用口语方面的障碍。所有这些学习障碍都可能妨碍读、写、拼、运算或适当的社会—情感行为的习得(科克和查尔方特,1984)。针对这样的学习障碍,近期的研究强调学校与家庭间的合作(普尔,1997)及集中进行个案处理(瑞德、贝雷-登普西和库克,1994)。

参见 情绪障碍;学习无助;学习障碍;智力落后

SCHOOL PHOBIA(SCHOOL REFUSAL)
学校恐惧症(学校拒绝)

在过去几十年里,已有很多关于学校恐惧症的研究。1932年布洛德温将其从逃学现象中分离出来并第一次对其进行了描述。"学校恐惧症"一词则是1941年开始启用的(约翰森、法尔斯泰因、苏莱克和斯文森,1941)。近期对于学校恐惧症的定义通常遵循如下几个特征:

(1)特别不愿意上学,累积的缺勤时间极长。

(2)当被期望去上学时,会出现严重的情绪低落,主要症状为害怕、暴躁、痛苦或在没有明显器官病变症状的情况下抱怨说自己有病痛。

(3)明知道父母因为其不愿意去上学而不知所措,却依然在家里待着而不去上学。

(4)没有明显的反社会行为,如偷东西、说谎、出走、错误的性行为或其他破坏性行为(伯格、尼科尔斯和普里查德,1969)。

与学校恐惧症相比较而言,逃学的主要特征与上述特征中的最后两点相反。当代曾使用过"学校拒绝"一词的人基本也是用上述特征对其进行描述(卡尼、埃森和希尔弗曼,1995)。但有一个例外,美国精神病学协会1994年的分类体系《精神障碍诊断与统计手册》(DSM-Ⅳ)将学校拒绝看作与独立的焦虑并存的现象,故依然保留了这个词,用来指学生即使在父母的陪伴下仍然会对学校产生的害怕情绪。

关于学校恐惧症的文献较为充足而这一症状的发生率相对较低。调查表明学校恐惧症的发生率为0.32%~1.7%(肯尼迪,1965;尤尔,1979)。数据上的差异可能是由样本的年龄不同造成的。详细来说,可以主要分为如下三个不同年龄阶段:5~7岁,即正式入学或入学后不久;11岁,换学校时期;14岁,是青少年很容易产生沮丧情绪的时期(贺斯伍,1977)。很多作者认为学校恐惧症发生在同年龄男女学生身上的比例为3:2(赖特、沙佛和所罗门斯,1979)。但是,这个比例并没有在关于学校恐惧症的正式文献中出现(贝尔和威尔斯,1978;伯格等,1969;赫西,1960;肯尼迪,1965)。

阿特金森等人(1985)曾指出,导致学校恐惧症的原因极其复杂,很难简单地对其进行解析。他们考察了五种与学校恐惧症相关的因素,有些因素是相互重叠的,分别是:干扰的广泛性、害怕的来源、情绪不好的表现形式以及学生的年龄和性别。

在过去的20年里,使用行为疗法对有学校恐惧症的学生进行干预比较常见。尤尔(1979)和特鲁伊曼(1984)对有关这方面的行为疗法进行了重要的评述。特鲁伊曼于1984年对1960年至1981年间19个案例进行了回顾和评论,这些个案多是以传统心理学、操作心理学的一些技术或二者结合的方式进行干预。其中6个个案为年龄10~17岁的男生,2个是8~9岁的女

S

生。干预的主要内容包括培训父母习得积极的强化方法,减少可能发生的偶然事件,鼓励和塑造。

参见 儿童神经官能症;恐惧与害怕;分离焦虑与残疾

SCHOOL PSYCOLOGY
学校心理学

有人(布朗,1982)将学校心理学作为一门独立于心理学和教育学之外的专业学科,也有人(巴登,1982)将其作为心理学的一个分支学科。实际上,绝大多数学校心理学家认为学校心理学是介于教育学和心理学之间的学科。他们在实践中提供的一些服务既有来自于教育学,也有取源于心理学的内容。一项学校心理学家(罗森菲尔德、辛伯格和桑顿,1983)工作内容的综合研究表明,学校心理学的实践与临床心理学、咨询心理学的实践很相似。事实上,学校心理学家还较多地关注测量和组织问题。

一篇学校心理学文献的综合评论(伊塞尔代克、雷诺兹和温伯格,1984 年)认为学校心理学可以分为如下 16 个领域:班级管理、班级组织与社会结构、人际交往与咨询、基础的学科技能、基本的生活技能、社交技能、家长参与、制度的发展与规划、个人发展、个体差异与学习、学校—社区关系、教学、法律、道德、专业议题、测量、多文化关系(罗杰斯和蓬特约托,1997)、科研和评估。

学校心理学是一门动态的学科,难以将其归类或描述。简要地说,学校心理学家主要的工作内容有如下几个方面:对需要特别注意的学生进行评估,评量学生的认知(如:智力和学习成绩)、情感、社交、情绪及语言特征,运用的方法包括行为技术、教育学方法、心理学及神经心理学和心理分析方法(达马托、哈蒙斯、泰尔米尼和迪安)。

学校心理学者同时参与旨在提升学生认知、社交和情感发展的规划和评估,这些服务包括教学、培训、咨询和治疗。虽然他们常会把重点放在个别学生身上,但他们也会分别通过与父母、教师、校长以及其他的教育者一起合作以达到目的。

学校心理学者同时通过为教育者、家长或相关的成人提供直接服务而间接为学生提供服务,主要包括对教师进行在职培训、父母指导、教育商讨、咨询及一些配合工作。他们作为教职工的组成成员,在很大程度上影响学校的具体组织工作,这些都会对学校里的班级、建筑、所在辖区、周边社区等产生很重要的作用。

大多数学校心理学者在学校或其他组织结构(如:心理健康诊所、青少年法庭、指导中心、公共和私办社区保健中心)工作,获得政府认证的资格证书对于学校心理工作人员来说极其重要。49 个州政府有权颁发这一证书,这个数目比 1946 年增加了 42 个。许多学术类心理学者也想具私立资格,虽然通常是必须获得博士学位才会取得心理学者资格证书,但是那些拥有博士后学位的人通常也拿不到独立心理咨询执照,越来越多的人在争取提供私立心理咨询的资格。

与学校心理学相关的出版物主要有以下五种专业期刊:《学校心理学》、《专业学校心理学》、《学校里的心理学》、《国际学校心理学》、《学校心理学评论》。

参见 教育诊断;学校里的心理学

SCHOOL PSYCHOLOGY REVIEW
《学校心理学评论》

《学校心理学评论》1972 年首次出版,当时名为《学校心理学文摘》,为美国国家学校心理学会(NASP)的正式期刊。其主旨在于:通过出版研究、培训和实践中的学术进展来影响学校心理学服务的提供。此评论为季刊,并拥有一位编辑和一个指定的编委会。

该刊的一项内容分析表明,大约 10% ~20% 的文章关注学校心理学中的专业问题,30% ~40% 与学生学业与行为问题的干预相关,30% ~35% 与考试及测量问题相关,其他为项目评估、心理学理论及特殊教育实践等。

《学校心理学评论》拥有学校心理学领域最大的发行量(订阅超过 20,000),在整个心理学领域的发行量居第二。《学校心理学评论》由美国国家学校心理学会出版,其会员可免费得到该期刊,当然也可以通过单独订阅获得。

SCHOOL STRESS
学校压力

压力是人体对某种需要的非特定性反应。它不仅仅是简单的神经紧张,也是身体的生理反应。压力会发生在所有生物身上,而且会伴随着整个生命过程(谢耶,1976)。压力来自于心理、情绪及体育活动。

学校压力则来自于学校环境对于儿童的影响。身体上的压力通常表现为某些疼痛或不舒适,但不是学校压力的主要构成因素。学校压力通常以生理症状开始,然后导致情绪反应,并伴随身体生理上的变化。特殊儿童往往要应对更多的学校压力,如缺少同伴支持及因为残疾而导致的环境适应上的困难(文莰 - 格罗斯和西博斯坦,1998)。

学生在学校里的压力通常来自于学校里对他们来说有重要意义的人,即教师、同伴及其他对其在学校表现有期望的人(如:父母)。学生对于情绪反应的认知过程及行为处理方式与学校压力有直接关系。个体对于一些问题的处理可能有效也可能无效,有时可能只是表面感觉是有效,实则不然,在这种情况下,机体就会从警报状态转为抗拒阶段。在这一阶段,个体处理其他压力的能力就会降低。抗拒阶段可以一直持续到出现身体及生理问题为止(谢耶,1976)。

在儿童真正产生这种压力之前,可以通过对环境进行干预,以减少或改变引起压力的情境;让他们增强抗压能力和自我实力(即自我概念),从而正确面对可能给他们压力的人和事;增强他们对压力的承受力;将他们从压力较大的环境中转移到压力相对小的环境(菲力浦,1978)。很多技术和策略可以用来缓解学生的学校压力,其中大多数涉及学习及动机过程问题。

参见 学校恐惧症;压力与残疾学生

SCOLIOSIS
脊柱侧弯

脊柱侧弯,即脊柱侧面的弯曲,是最常见的一种脊柱畸形。功能性脊柱侧弯主要由于不正确的姿势或双腿不等长所造成。这不是一种发展性疾病,通常可以通过锻炼治愈。结构性脊柱侧弯相对来说要严重得多,通常会伴有脊椎的自发性转动和脊椎骨内部的变化(齐爱,1984)。

多数结构性脊柱侧弯为原发性,找不到原因(本森,1983)。结构性脊柱侧弯经常发生在处于生长发育高峰的12~16岁女孩身上。如果不及时治疗,这种情况就会在脊柱的整个生长过程中(女孩为15~16岁,男孩为18~19岁)继续加剧。脊柱侧弯也可能伴随神经肌紊乱,如脑瘫和肌肉营养失调,也可能导致感染、外伤,患者需要手术。

早期及时的治疗可以停止脊柱侧弯的发展。治疗方法根据脊柱侧弯的类型、儿童的年龄、畸形程度的不同而不同。轻度的脊柱侧弯需要注意观察即可,程度相对重一些的则需要锻炼和矫正,而严重的脊柱侧弯则需要手术。近些年来还运用了电刺激疗法(本森,1983)和机能反馈疗法(白尔鲍默佛罗尔、科维和德沃金,1994;齐爱,1984)。

参见 脑瘫;肌肉萎缩症

SCOPE AND SEQUENCE
范围与顺序

范围与顺序信息在特殊教育中起着很重要的作用。在学业领域,如果没有现成可用的课程,特殊教育者可通过范围与顺序和任务分析法来决定某种技能的教学方式(哈格雷符和波蒂特,1984)。

若想教给学生恰当的技能,特殊教育者一定要十分明了这一技能的次序,还要了解它归属于哪一学科领域。领域是指要教授的技能,次序是指教学中具体操作中的顺序,这种顺序的安排可以经由教育者自身的经验来决定(韦曼和麦克劳克林,1981)。

在特殊工作者及特殊教育计划中,范围与顺序的计划在结构及版式上有很大的不同。范围与顺序可以成为教育评量与具体教学目的及目标之间的桥梁,在个别化教育计划中作用极为重要(韦曼和麦克劳克林,1981)。对于范围与顺序的了解及相关的记录可以让教师明了学生已经习得的技能以及还需要学习的内容(莫瑟和莫瑟,1985)。

SCOTT CRANIODIGITAL SYNDROEM WITH MENTAL RETADATION
伴有智力落后的斯哥特颅骨综合征

伴有智力落后的斯哥特颅骨综合征是一种罕见的与X染色体连锁的隐性基因疾病。患有这种综合征的儿童伴有智力落后及不同的颅骨表面异常及其他极端异常。颅骨表面异常包括小而窄的头部和鼻子;特别短小的下巴;两眼分离。头部及脸部特征还包括延长的发际线;浓厚的眉毛和长的眼睫毛;有些儿童的脸上还会有一种受惊吓的表情(国家罕见病组织,[NORD],1977)。

在这一类儿童身上还发现一些极端异常:包括他们手和脚上的蹼状结构;脚后跟内翻;身体某部分的毛发过度生长(NORD,1997)。

由于伴有智力落后,所以早期干预对于这类儿童来说极其重要,应该在3岁左右开始,并进行持续的特殊教育服务。

SECKEL SYNDROME
赛克尔综合征

赛克尔综合征,即头小畸形,是一种遗传性疾病。由于赛克尔综合征与常染色体隐性基因有关,因此其发病率女性高于男性(特内,1992)。此病的主要特征包括头颅过小(头小畸形);胎儿期和出生后的生长异常导致的身材矮小;尖锐的面部特征,包括下巴发育不成熟(鲁道夫,1991)。脸中部突出是患此病儿童的特征。鼻子呈鸟嘴状,眼睛大而畸形,耳朵低位且无耳垂,均是患病儿童的症状表现。他们的身材矮小,成人约3英尺到3.5英尺高(琼斯,1988)。其他的身体异常包括永久性第五指固定于屈曲位,髋关节畸形,前臂桡骨错位等(NORD,1998)。

患有赛克尔综合征的儿童具有中度至重度的智力落后(琼斯,1988)。这些儿童经常表现为活动亢进和注意力难以集中(琼斯,1988)。提供一对一指导,使他们能够按照自己的速度提高的小组教育,将有益于他们的恢复。具有赏罚制度的结构化教育体系将是最好的选择。赛克尔综合征的标准治疗是对症和支持治疗。包括行为管理技术在内的儿童心理师对患儿的父母进行培训,可能会给患儿及其家庭带来益处。此外,遗传咨询可能也会有所帮助(特内,1992)。

SECOND LANGUAGE LEARNERS IN SPECIAL EDUCATION
特殊教育中的第二语言学习者

特殊教育领域里充满了挑战,其中的一个就是针对第二语言学习者提供特殊教育。当前,在美国,很多儿童来自于非英语国家或在家庭中英语不是一个口头或作为概念来讨论而使用的语言。有数据表明,任何一个人群中都会有大约10% ~20%的人有一种或几种残疾,而特殊教育就是为这些儿童服务的。在这些儿童中,有很多人的英语是他们的第二语言。这种状况成为特殊教育与服务的挑战,也会影响到评估与干预的效果(奥尔迪斯,1997)。与在单纯的英语环境里长大的儿童相比较,第二语言学生会存在发音、词汇和语法的迟滞,对于复杂的口语和书面文字理解也会有困难。由于这样的原因,加上对于第二语言习得阶段的有限了解,使得特殊教育的安置会过度以学生的语言状况为依据。如奥乔亚、罗布尔斯-皮纳、加西亚和布罗伊尼格于2000年所进行的一项跨8个州,涉及被试人数广泛的研究表明,在对第二语言的学生进行安置时,与口语相关(获得和/或迟滞)的问题是排在第三位的决定因素。奥乔亚、罗布尔斯-皮纳、加西亚和布罗伊尼格更深入的研究表明,在为这些学生选择安置方式时,排在前13位的原因中,有8项与语言相关。在他们的研究中,语言原因占到整体的54%。同样,对这种情况的有限认识建议,转介模式下的这些第二语言学习者,他们的残疾促进了普通教育考虑学生的问题(德里奥和克勒,1994)。

近些年来,特殊教育界才开始在整体上致力于为第二语言学习者及其家庭的特殊沟通需要提供支持,这些支持通常是针对这些学生所具有的障碍的具体情况而定。但是,近十年来的文献研究表明,这些工作的效果及其中的变化趋势可能要在五年以后才会显现。与此同时,相应的研究、培训及一些刊物已经使人们注意到这些问题。例如,一些基于正常儿童教学中得出的经验也被提倡用于教授第二语言学习的残疾儿童的实践中(加利福尼亚教育机构,1997;费尔南德斯,1992;格斯滕、布伦格尔曼和希门尼斯,1994)。目前,特殊教育者正在与言语治疗师合作以提高这些以英语为第二语言(ESL)的特殊学生的语言发展(德里奥和克勒,1994;加西亚和马尔金,1993;格斯滕等,1994)。但是,如何;找到最适合、最有效的方法还有待于在实践中进行不断的探索。

SECONDARY SPECIAL EDUCATION
中等特殊教育

中等特殊教育服务几乎没有多少现成模式,大学里的培训项目多以初等教育为重点内容,中等阶段教育体系很多都有赖于初等教育中的资源教室并将其作为服务传递的模式。

若某个学校的理念为帮助学生习得基本的语言和数学技能,那么传统的初等教育模式就比较适用。如果学校认为特殊学生有特别的需要和课程,他们有着自己特别的问题,那么就需要采取不同的教学形式(马什、杰尔哈特等,1978)。

勒纳(1976)提出的观点认为,高中的资源教室教师应该熟悉整个学校的课程,才能对特殊学生进行成功的教学。这些教师应该能够辅助学生各个学科的学习,而不仅仅是帮助他们获得某一特定的学习技能。对学生进行的一些行为矫正则应该与回归主流教室里的情境相联系。

古德曼和曼恩于1976年提出了另外一种模式,他们强调中等阶段特殊教师应该以数学学科和语言艺术为主。招生的对象也主要是没有达到六年级学业水平的学生,而这些特殊教师的目标则应该是让这些学生尽可能赶上六年级学生的学习水平,从而可以使他们在普通级班中随班就读。

总的来说,不同的教育方案其实都是在两个极点之间变化着的。主要受到学校所在地区的习俗和理念的影响。基本目标应该是为学生提供并不复杂却能保证质量的教学。良好的教育模式应该以学科教学为主,根据学生的个人需要进行辅导。同样,这些学生也应最大可能地得到平等的学习训练及职业教育机会,而不再是让他们接受有限的培训,习得一些低水平的技能,得到一份社会地位低的工作就满足了。一些学校里存在的偏见不应该成为这些学生发展的最大障碍。

参见 资源教室;资源教师;职业培训

SEGUIN, EDOUARD
爱德华·塞甘(1812—1880)

爱德华·塞甘向世界表明智力落后者也是可教育的。他早期在巴黎跟随伊塔德学习医学,习得了这位著名内科医生和教师所采用的针对智力落后者的教育训练方法。塞甘于1837年在巴黎创办了世界上第一所智力落后儿童学校,取得了巨大的成功。1848年,他移居美国后,继续进行医学方面的实践,担任宾夕法尼亚培训学校的领导者,同时兼任多个机构的顾问。他曾是美国智力缺陷协会的创立者,并担任了协会的第一届主席。

塞甘的方法促进了整个美国智力落后教育的发展,其方法主要有以下几个原则:对于儿童的教育应该建立在对儿童进行观察的基础之上;教育应着眼于儿童的全面发展;让儿童在实践中习得真正有用的东西;感知训练是儿童概念发展中最主要的训练;即使智力落后很严重的儿童也具备某种学习能力。塞甘将艺术、音乐、体育整合到教学之中,并强调运用教室里的各种具体材料。

塞甘对于特殊教育早期干预的影响也不容忽视。美国第一所公立智力落后儿童学校的负责人塞缪尔·格利德里·豪直接习得了塞甘的许多方法。玛丽亚·蒙台梭利也曾表示塞甘的教学原则也是她的教育体系的基础。现在,塞甘虽然已去世一个多世纪,但他的教学方法仍然在学习障碍教育领域发挥着作用与影响。

SEIZURE DISORDERS
癫痫病

癫痫病在儿童中相当普遍,是小儿神经科医师最常遇到的一种多发病(哈斯拉姆,1996)。癫痫是"突发性的大脑功能紊乱,它可以表现为意识减退和丧失、运动障碍、动作异常、知觉障碍或自主神经功能障碍"(哈斯拉姆,1996)。在许多病例中,癫痫都直接与脑外伤或高烧引起的头部损伤有关。据估计,大约有8%的儿童在青春期以前会有至少一次的癫痫发作(布朗,1997)。癫痫的诊断应以儿童出现一系列癫痫症状为依据。虽然儿童的父母或其他人对症状的描述有助于诊断,但仍有一些不同类型的癫痫(例如:癫痫小发作或复杂部分癫痫)可能表现出相同的症状。因此,脑电图检查结果是确诊的重要依据(哈斯拉姆,1996)。癫痫的频繁发作程度常常与智力缺陷及脑瘫的严重程度有关。

1. 癫痫的分类

按照国际癫痫分类法,癫痫主要分为两类:部分发作和全面发作。部分发作癫痫(病灶或局部的)从单侧大脑的某一部分开始,或可波及另一侧。全面发作癫痫开始时即有双侧脑半球受累,与双侧自动症状和意识改变其中之一或两者都有关。

2. 部分发作癫痫

部分发作癫痫分为两类:①简单部分发作,源于大脑局部区域,无意识障碍。②复杂部分发作,源于大脑局部区域,但向对侧传播,有意识障碍。这两种是最为常见的类型,占所有儿童癫痫病的40%~60%(布朗,1997;哈斯拉姆,1996)。在简单部分发作时,没有意识障碍。在复杂部分发作中,存在不同程度的意识丧失。

简单部分发作经常表现为原发病灶病变引起的神经系统症状。部分发作常可见身体某一部分的自主运动。多发于四肢、面部或头部,有时还会引起语音含混。由于场景不同可能还会产生幻觉和幻视。部分发作时由于病变向相关的邻近大脑皮层扩展,症状也呈现出连续发展变化的态势。此种癫痫被称为杰克逊发作。良性运动性癫痫比较普遍,一般会导致儿童在睡眠过程中惊醒并伴有自主运动的症状。持续的局部麻痹或无力的现象有时会持续几分钟或数日,它表明了可能有潜在的结构损伤。部分发作性自主运动也可能会持续更长的时间。

复杂部分发作癫痫,曾被称作精神性癫痫或颞叶癫痫。它最常见于年龄较大的儿童或青少年中,发病率超过成人的50%以上。其典型发作从情感、精神症状开始,并可有错觉、幻觉和特殊感觉症状。有时,发作时会有意识障碍。在出现疾病先兆之后,病人会出现完全或部分的意识丧失,也可能表现为明显的无目的动作。发作时可见不随意自主运动,如眨眼、咂嘴、做鬼脸、呻吟、咀嚼和其他的自动症状及特殊的行为姿态。在压抑的情绪笼罩下,患者可能对这些动作不做主动抑制。一般每次发作时间为1~3分钟,恢复时,患者除了对先兆症状和自主运动症状有所记忆外,对发作过程可完全没有印象。复杂部分发作常开始于颞叶,但可能源于额叶、顶叶或枕叶。

3. 全面发作癫痫

全面发作癫痫开始即与大脑的两个半球直接相关。有五种形式:①失神发作,脑电图(EEG)显示为规则双侧对称的3赫兹(每秒周期数);②非典型失神发作;③肌阵挛发作;④强直阵挛发作;⑤失张力发作。

失神发作不像其他的类型那样普遍,仅占癫痫病的5%。每次发作一般没有先兆及其他局部发作的迹象,表现为持续3~15秒的意识中断。失神发作开始和停止都很迅速,但每天可复发几次至几百次。通常表现为基本情况稳定,而正在进行的行为突然停止。患者可能表现出不引人注意的每秒3次的眼睑或睫毛闪动,也可能有简单的机械性动作,比如摸鼻子、把手放在脸上、咀嚼及吞咽等。由于仍具有维持肌肉协调的能力,因而不会发生跌倒的情况。在短暂的意识中断过后,觉醒的患者可继续先前的行为活动。失神发作患者脑电图表现为双侧同步的3赫兹波峰波谷周期,与正常的底数活度相反。发作年龄基本上都在2岁以后,且第一次发作不晚于20岁。患者很少患有其他神经系统疾病,但是40%~50%的病人出现少见的、易控制的强直阵挛发作。在一些病例中患者表现出对光的敏感性。

无论哪种类型,大多数患者在某些时候都会出现全面性强直阵挛发作。这类发作可由多种因素诱发(例如:发烧、中枢神经系统感染、大脑畸形及遗传倾向),通常儿童癫痫发作也类似。全身强直阵挛发作是全面发作的一个类型,可为原发性,神经系统检查和EEG都显示,一开始发作两边的脑结构就同时受到了影响。如果同样的检查显示疾病是从一侧脑半球开始,而后引起全面发作,强直阵挛发作即被归类于部分发作,进一步引发全面发作。强直阵挛发作通常持续3~5分钟,表现为复杂的意识丧失现象并发生跌倒。当患者跌倒时,由于肌肉的强直性收缩,身体变得僵硬,通常可见腿伸展、手臂部分弯曲。这一时间通常持续不到1分钟,此后出现约1分钟的四肢阵挛惊厥现象,随之而来的是又一个约1分钟的意识丧失过程,在此阶段中,患者表现出意识上的进一步松弛,在完全恢复知觉之前,通常有几分钟的迷惑、昏睡和不合作现象。

非典型失神发作一般会导致比典型发作持续时间长的失神凝视,非典型失神发作通常与多种类型的发作有关,包括:肌阵挛发作、强直阵挛发作、失张力发作。失张力发作通常开始于儿童时期,特点是姿势性张力丧失,产生"跌倒发作",头下垂,突然跌倒在地。发作没有预兆,时间短暂,经常造成意外伤害。肌阵挛发作是突发、短暂、可复发的四肢和躯干肌肉的收缩。轻微的双侧对称的持续性肌阵挛运动经常在失神发作中发生。但是,严重的双侧对称痉挛极少成为失神发作的主要症状。

4. 治疗

常规的癫痫治疗方法是采用抗癫痫(AEDs)药物。在治疗过程中,最重要的是确认和消除导致癫痫发作的各种潜在因素。不同的药物用于治疗不同类型的癫痫。在病情得到控制后或副作用影响进一步减小的情况下才可停药。在更严重的药物治疗无效的病例中,手术成为唯一的选择。从大脑中切除病灶或肿瘤通常是危险的,术后会损伤感知功能。最常见的外科手术部位是颞叶前部。

5. 一般注意事项

癫痫病患者(特别是儿童),出于可以理解的原因,经常感到害怕,感觉没有自控能力。作为医药治疗的补充,父母及儿童可能还需要咨询服务。除游泳和洗澡之外,其他活动通常不需要特殊的限制。应当鼓励父母允许他们的孩子尽可能地像普通人那样生活。

SELF - CONCEPT
自我概念

自我概念是个体对自己能力和特点的评价,包括个体意识到的各个方面的特点。自尊和自我是两个不同的概念(达蒙和哈特,1982),但是这两个概念常常通用。有许多理论对自我概念进行了阐述,例如,库珀史密斯(1967)认为个体自我概念包括四个方面的内容:重要性(感觉被爱和被重要的人认可),能力(能完成重要的工作),美德(符合道德和伦理规范),力量(控制自己和他人的程度)。近来,哈特(1982)认为自我概念可以分为认知的、社会的和生理的三个特定成分,以及通常所指的自我价值的因素。

自我概念发生于生命的早期,18~24个月大时的幼儿开始能区分自己和他人(刘易斯和布鲁克斯·冈恩,1979)。当儿童的思维从具体形象思维向抽象思维发展,自我概念也相应发展。年幼的儿童(比如9岁)倾向从具体的类别,如姓名、年龄、性别、生理特点等等来描述自己;而年龄较大的儿童更多从抽象的角度看待自己,从个人的或人际间的特质,如态度、信仰等方面描述自己(蒙特马约尔和艾森,1977)。目前还没有有力的证据说明自尊(如何积极或消极地看待自己)发展与年龄相关的变化,但是有研究显示,在童年期儿童进入十几岁时,自尊发展会出现暂时的水平下降(西蒙斯、布莱恩、范·克利夫和布什,1979)。

有许多因素可以影响自我概念的发展,父母的教养是最重要的因素之一(库珀史密斯,1967)。自尊心强的孩子,他们的父母也往往具有较高的自尊水平,他们对孩子温和亲切,以接受的态度对待自己的孩子,同时对孩子有较高的学业和行为表现的期望。他们能有效严格约束孩子,同时公平、理性并持续一致地贯彻纪律。对那些自尊心低的孩子来说,他们的父母往往时而过度放纵,时而无理惩罚。在高自尊的孩子中,与同性别的父母的高自尊有非常明显的关联。独生子和头生子往往具有较高的自尊,这一点暗示了我们父母的关注对孩子的自尊发展是重要的。另外,学习成绩、朋友关系、善解人意等等都有利于高自尊的发展,外表吸引力和身高与自尊发展没有关系(库珀史密斯,1967)。教育者还要注意,不同种族具有不同的自尊表现,有不同的测量方式(奥比亚克,1992)。

参见 沮丧;情绪的稳定;自我管理;社交技能

SELF - CONTAINED CLASS

自足式班级

第一所自足式班级建立于18世纪末19世纪初,是在普通公立学校中为那些中度智力落后、耳聋、重听、情感困扰和肢体残疾的学生设置的班级。埃斯滕(1900)指出,那些发展迟缓的儿童需要特殊的班级,以满足他们较慢和特殊的发展。在自足式班级中,将异常的儿童与正常儿童隔开,儿童们常常被按照残疾类型分成小组。邓恩撰文(1968)认为自足式班级对那些轻度障碍的儿童是有害的,今天,自足式班级的设置是较少的,但是,也出现了许多严重的问题。现在邓恩的观点受到瓦尔科和麦克劳克林的质疑。科克和加拉戈尔(1983)认为对那些天才儿童来说,应该按照他们的兴趣和能力进入特殊班级学习。

在自足式班级中接受特殊教育的学生超过60%的在校时间在自足式班级中,并在那里接受学业指导。通常来说,这种班级规模很小,为5~10人。班级中应准备各种指导材料,自足式班级中教学更为个性化和特殊化,直接监控更多。

一个学生是否应进入自足式班级接受额外帮助或接受融合教育,应该有适当的鉴定。不同的教育设置应遵循最少受限制的原则。通常情况下,在那些没有学业水平要求的科目,如:音乐、体育、艺术或熟练的学习领域,学生应该被纳入正规的学习计划。

参见 最少受限制环境;资源教室;特殊班级

SELF - CONTROL CURRICULUM

自我控制课程

法根、隆和斯蒂文于1975年提出控制课程的概念。他们主张情感和认知发展是密切相关的,在教学指导计划中应该同时予以强调。他们指出,如果学习者对自己的态度是消极的,其学习也是有缺陷的。法根等人研究了许多行为失常者的案例,发现他们个人的自我控制表现有障碍。自我控制课程的目的就是要促进自我控制的发展和培养良好的自我感觉。

自我控制课程中有8个训练技能目标,其中有4个是有关认知方面的,有4个是关于情感表达的。这8项技能是:

(1)选择:注意指导;

(2)贮存:记忆指导;

(3)排序:对材料进行组织;

(4)预期结果:认识并预期行为后果;

(5)尝试感受:用言语和行为表达感情;

(6)应对挫折:学习控制紧张的情景;

(7)抑制和延迟:学习即使在最兴奋的时候,也要认识行为后果和控制行为;

(8)放松:有意识地释放身体紧张。

课程包括学生活动和教师的指导,在每一节课上教师的指导要能引领更多课程。学生的活动有游戏、讨论、角色扮演等等。课程中需要突出自我控制的内容。目前,几乎还没有针对这一课程展开研究。

参见 自我监控;残疾人的社交行为;社交技能训练

SELF - HELP TRAINING

自助训练

自助训练包括上厕所、吃饭、穿衣服以及个人卫生等自我服务的内容。进行这方面的训练有以下显而易见的理由:发展存在障碍的儿童中普遍存在这方面能力的不足。另外,获得自我服务的技能是发展过程中关键的步骤,同时能够有利于自尊的提高,促进积极的社会交往并保持身体健康和生活质量(吉曼等,1995)。一旦获得了这些技能,监护人用于日常照料的时间就会减少,进行自我服务训练就得到了有意义的社会结果。

每一项自助训练都有其独特的特点,这些特点影响了这一领域的训练和研究方向(里德等,1980)。上厕所的训练会逐渐变得复杂,同时要注重儿童上厕所中自然逐渐出现的行为。有经验的训练者会利用儿童的自动反应来训练儿童要上厕所的行为,或终止这种行为。晚上的技能训练有助于减少遗尿的频率。

通过行为修正程序训练儿童的独立进餐是相对容易成功的,因为食物是天生的强化物。另外训练儿童获得独立进餐的技能,研究人员和实践人员能逐渐减少和消除儿童不适当的进食行为(如吃得太快和偷食物)。

与训练进食一样,穿衣服的训练也是要注重获得合适的行为,同时减少不适当的行为(比如当众脱光衣服)。对其他人群来说穿衣服是很自然的事情,但是对发展障碍的儿童来说是需要特别训练的,因为穿衣服不是自然获得的。保持持续穿衣服也是需要训练的,因为穿衣服不像吃饭和上厕所那样是自然的强化。还有几个领域是研究者和教育者应注意的(魏特曼等,1983)。监护人每天的照顾和有效的训练技术常常会发生矛盾。向监护者说明执行训练的原因,促进监护者的训练目的是非常必要的。如对多方面的训练策略的分析,详细的集中训练的具体内容,能协助训练者选择更有效的训练手段。随着发展障碍的人群越来越多地在社会上生活和工作,对他们进行更高级和更复杂的训练是非常必要的。确定某一自我服务技能的社会效果,尤其是在穿衣服和个人卫生方面也是必要的。通过评定社会效果,训练者能够教授更有效的技能,以使其为社会接受。最后,对生理障碍者的有效而实际的自助训练程序需要不断进行改进。

参见 日常生活技能;实用技能;康复

SELF – INJURIOUS BIHAVIOR
自伤行为

自伤是一种非常不寻常的和难以理解的异常行为。它有多种表现,包括:咬、撞击头部、拍击面部等等。在精神异常的人群中自伤行为发生率大约有4%~5%。大约9%~17%的正常儿童(9~36个月)中也有自伤行为(卡尔,1977)。

通过一些互不相关却相互补充的研究,研究者确定自伤的行为可以运用人类其他行为的规则加以调节控制。这些早期的研究结果指出运用学习理论来应对自伤行为是有效的(洛瓦斯,1982)。

自伤行为的病因很长时间以来就存在争议。有些自伤的行为显示在器质方面。有证据显示,在莱施—尼汉和德朗热病中有自伤行为症状,并且存在遗传的因素。在莱施—尼汉疾病中比较罕见,仅发生于男性脑瘫患者,患者具有反复的咬舌、咬嘴唇和咬手指的行为。这些不良行为的形成被认为有生物化学的因素。相当多的研究致力于找寻症状后面的化学因素。有报告说,有自伤行为的德朗热症状中,也有遗传的器质性原因。生物化学的联合治疗还没有得到发展。自伤的遗传因素的研究结果相互矛盾,只发现了有限的化学和药物的治疗手段。那些已经用于残疾人士治疗的手段说明,在治疗开始时,药物的应用是非常必要的,在某些案例中药物的干预是很有效的(卡尔,1977;伊万斯和梅耶,1985)。

埃瓦塔等人于1982年为初涉此领域的研究者提供了分析自伤行为的方法。运用这种方法可以确定,对许多残疾人士来说,自伤具有动机的意义。需要在四种情景下进行观察:在负强化的环境中、社会注意的环境中、游戏中和独处中。确定在每种情景中自伤行为的平均水平,在特定情境中出现的特定行为模式反映了导致行为的特有动机。

目前的研究说明,药物干预有时在减少和排除自伤行为方面是适合的,也是成功的。精神疗法和其他心理学方法也用于治疗自伤行为。很显然,最成功和最有效的干预方法都基于行为基础。选择适当的干预方法要符合最少受限制的原则,还应置于系统的数据搜集程序的监控下。行为基础的干预策略包括使用惩罚,惩罚通常是非常有效的,尤其是对于短期的自伤行为。慢性的自伤案例中,患者存在生命危险和不可挽回的损害,必须要采取强烈的手段,如电击(洛瓦斯,1982)。在其他干预手段发展之前,这些手段通常被用来制止严重的自伤行为。

自伤行为给初涉此领域的医务人员带来很多问题,虽然经常被误解,但通过目前的工作,能够给予理论的解释,也能帮助寻找新的、有效的、实际的治疗自伤的方法(西蒙斯,1995)。

参见 应用行为分析;自我刺激;刻板的运动障碍

SELF – MANAGEMENT
自我管理

自我管理是指观察、区分以及记录自己的行为。比如,教室里的一个儿童可以记录每一个完成数学问题的索引卡片。对于那些具有广泛社交和学业行为的特殊学生,自我监控主要用于评估和治疗。与使用自我监控作为评估程序有关联的问题包括自我监控的不准确和反应(自动发生的行为),这两项可能导致最初行为水平扭曲的现象。然而,当自我监控用于治疗策略时,常常会期待反应的效果,不准确的使用可能会对获得这种反应产生影响。

自我评价,或自我评估是把自己的行为与事先制订的标准相比较,来确定自我的表现是否达到了这个标准。标准可以是自愿接受的或由外部确定。在一项研究中,在活动10分钟后,要求特殊学生划分自己的行为等级,“好”、“一般”、“不好”。自我评价是一项典型的综合性能力,可有助于减少不良行为,提高学生在学校的良好行为(罗伯特森等,1979)。

自我管理的结果能够导致积极的结果(自我强化),或者令人讨厌的行为结果(自我惩罚)。如果考虑到使用较为频繁,自我强化的效果要比自我惩罚更好。

比如,当自我强化程序训练加入多种能力训练计划中时,能够看到特殊教育中的学生逐渐减少不适当的行为,同时增加目标有效行为(夏普洛,1980)。

自我指导是指自己对自己行为的开始、指导和保持的过程。举例来说,对于有注意力障碍的儿童,特别需要指导他们了解自己所处的状态,以应对一些课堂上出现的问题,如分心、过分活跃或没有目标等。典型的训练包括认知模型、公开或不公开的表演、完成任务的分级联系、反馈过程等等(麦亨鲍姆,1977)。

自我管理训练常常与自我管理中的多种能力训练相结合。比如,在发展上具有破坏性的残疾个体训练应在职业训练情景中练习他们的自我监控、自我评价、自我效能和自我指导的技能,以减少其慢性的、严重的行为困难(科勒等,1985)。

对大多数接受特殊教育的学生来说,进行全面的自我管理训练是不可能的,但是必须要教育他们有自信心。进一步来说,有证据表明,在促进积极行为改变和维持这种积极的变化时,自我管理程序的效果和外部管理同样有效。这样,除了治疗效果外,自我管理的训练在特殊教育领域中能提供经济、哲学、法律和专业的效益。

参见 注意力缺陷多动障碍;认知行为调适;自我控制课程;自我监控

SELF – MONITORING
自我监控

自我监控是一个更为普遍的被称为自我管理、自我规范或自我控制的过程。自我监控的过程首先涉及个体要认识到约束自己行为的需要。个体有了这种意识,就必须观察自己的行为,并与预先的标准相比较。自我观察和自我评价以及对行为的记录,构成了自我监控的能力(夏皮罗,1981)。自我管理中其他的能力还包括自我强化、标准分组、自我评价和自我指导。这些能力在自我监控行为中以各种结合的方式,来修正发展中的各种失当行为问题(如:过量饮食、情绪爆发及否定等等)(科勒等,1994)。

自我监控所公认的可变的结果,由于一些干预因素,可能影响自我监控的反应或治疗价值(尼尔森,1977)。因为来自经验中的证据是有限的,而且大多数的研究数据都来自非发展性障碍的人群,所以下面的建议仅供参考:首先,一种行为的诱发力或一个人要改变自己行为的愿望能够影响他的反应。积极的愿望会促进改变,而消极的愿望会阻碍改变。有积极改变愿望的人在实行自我监控中控制了反应行为,那么自我监控行为的频率就会逐渐增加。另外,如果几个人的行为同时处于监控中,他们其中任何人的改变的可能性都会受到抑制。最后,自我监控的训练增强了反应,特别是对那些有消极态度的人。

参见 冲动控制;自我照顾技能;自我控制课程;自我管理

SELF – SELECTION OF REINFORCEMENT
强化物的自我选择

在自我管理的训练计划中,当允许学生选择强化物或决定与目标行为相联系的强化物的价值时,就可以使用强化物的自我选择技术了。它是自我管理的方法之一。在自我记录和自我评价中可单独或混合使用(休斯和鲁尔,1985)。当然,在进行强化物的自我选择时,应该首先操作记录和评价过程(由老师或学生控制)。

在其他的自我管理方法中,强化物的自我选择比外部控制的强化更为有效。能够有效减少学生对外部控制的依赖。许多研究也证实了这一点。这是因为学生更了解什么对自己更有价值,了解自己更愿意为什么工作。

参见 应用行为分析;行为调适

SELF – STIMULATION
自我刺激

自我刺激,也称为刻板行为,包括高度持续的、重复性的自动的特定行为,这些行为并非由外部指导而发生,并且对他人有伤害。自我刺激行为包括:拍打手腕、盯视灯光、过度大笑、持续嗡嗡叫、摇头、转圈、转动或打击物体、手指呈固定姿势、手淫等等。在救助机构里,大约 2/3 的个体有自我刺激的行为(斯内尔,1983)。

自我刺激的另一种类型是自伤,即一个人反复出现一种伤害自己的行为。这种行为有挖眼睛、撞头、咬自己、抓伤或拧伤自己、打自己耳光。救助机构里,估计有 4% ~10% 的人存在各种形式的自伤行为(斯内尔,1983)。

虽然不是所有的自伤行为都干扰其他人,但是自伤却对自身影响很大,妨碍正常学习、工作和业余活动。同时,自伤行为也会损害身体健康。自我刺激的行为,尤其是自伤行为,是我们要优先考虑进行干预的。

干预措施应该小心评估,以确定其缓解个体自伤行为的潜在能力。在采取任何行为和环境的干预措施之前,必须先评估身体的生理状况。身体的不舒服也许是自我刺激行为的原因。在考虑其他措施前,要排除生理因素。

根据阿尔伯托和特鲁特曼(1982)的研究,首先要考虑的技术是那些能减少自我刺激行为的积极措施,比如不同的强化措施;第二个要选择的方法是使用消除程序,或撤回强化物的方式以保持已形成的良好行为;第三个措施是使用惩罚结果,持续地消除他想要的刺激,以减少不良行为;第四个方法是应用令人嫌恶的非条件或条件刺激。

那些令人厌恶的干预手段(比如,身体惩罚、有害的气味儿或液体、电击等)应该作为最后的选择。这些手段只有在自伤行为危及生命或其他技术手段都告失败的情况下,才能考虑使用。因为这些手段会牵扯到一些伦理和法律问题,在干预方案中是敏感的问题。

参见 自闭行为;自伤性行为

SENSORINEURAL HEARING LOSS
感觉神经性听力损失

感觉神经性听力损伤又称为神经性耳聋、知觉性听力障碍。感觉神经系统听力损失程度范围比较大,从中度到极重度。听力损失程度是指三个语言频率(500 赫兹,1000 赫兹,2000 赫兹)听力损失的平均值。轻度至中度的听力损失通常被称为"重听",重度的听力损失为耳聋。感觉神经性听力损失可能是单耳的,也可能是双耳的。

感觉神经性听力损失可能由很多因素引起,包括一些遗传性疾病,如显性遗传、隐性遗传和伴性遗传;产前、产程中及产后的一些疾病、幼儿期疾病。成年人也可能因为疾病、药物、噪音及听力器官老化而导致感觉神经性听力损失。也有很多感觉神经性听力损失病例找不到具体的原因。先天听力损失是指出生时就因某种原因造成的听力问题,后天听力损失则是指出生以后因为受伤和疾病导致的听力问题。如果听力损失发生在语言形成之前,就是语言前聋,发生在语言形成之后则为语言后聋。

患有感觉神经性听力损失的儿童中大约一半由遗传原因导致,另一半则为其他原因。脑膜炎和早产是导致感觉神经性听力损失的最主要原因。成年人通常是因为衰老或过多噪音形成感觉神经性听力损失,又称老年性耳聋,而且这两种原因形成的听力损失往往发生在声音的高频,使人难以听清楚语言。

进行听力和耳科诊断对于感觉神经系统听力损失患者来说极为重要。但对于多数案例来说,如果是耳蜗部位发生器质性病变,就没有什么药物可以治疗了。有人选择电子耳蜗移植,但人们在其到底能起多大作用的问题上,看法还很不一致。

患有耳蜗感觉神经性听力损失的儿童和成人可以通过配戴助听器帮助听清声音。对于儿童来说,通常是双耳同时配戴助听器,需要进行听读训练、语言治疗以及学业指导。成人则可以单耳配戴助听器,也可以双耳配戴助听器。一般来说,成人不需要什么特别的训练,但读话能力的训练还是有一定帮助的。

参见 聋;聋教育

SENSORY EXTINCTION
感觉消退

感觉消退是由里可夫(1978)开发的一种方法,用来减少发展性残疾儿童的一些病理性行为,如自我刺激、自伤、冲动等行为。感觉消退技术所持的理论认为,刻板行为是由其感觉结果所维持的操作性行为,例如,反复的拍手,就是因为个体喜欢随之而来的个体感觉;不自觉地模仿他人语言则是因为听觉系统的反馈。

感觉消退主要包括掩饰、改变或去除某些行为所带来的感知觉。当某些强化感觉消失时,相应的行为也不会存在了。例如,如果一个儿童有在桌子上摔盘子的习惯,可以通过在桌子上垫厚布以去除他所喜欢的听觉反馈。同理,如果一个儿童喜欢反复地拨弄灯的开关,则可以去掉这一行为原本应该带来的视觉反馈(若光的变化是其强化感觉);或取消其听觉反馈(若按开关的声音是其强化感觉)。

在利用感觉消退技术抑制个体的某种行为的同时,可以就其依赖的某种强化感觉教一些适当的行为,比如说对于喜欢转盘子的儿童,可以教他们玩陀螺,因为这两种行为所带来的感觉相似。

参见 行为矫正;自我刺激

SENSORY INTEGRATIVE THERAPY
感觉统合疗法

感觉统合疗法是用来矫正感觉统合失调的技术,由简·艾尔斯于 1972 年发展而来。艾尔斯和其他人(奎洛斯,1976;西伯赞 1982)都认为感觉统合失调是学习失调的根源所在。艾尔斯用感觉统合失调这个术语来描述儿童的学习问题,认为是由于在有效运用和组织信息上的功能低下(主要是中脑、脑干、前庭系统)。感觉统合疗法的目的在于增强大脑皮下组织的感知和学习机能。治疗可通过增加运动量和身体锻炼来达到这个目标。许多职业治疗师也在运用这一方法。

关于感觉统合疗法的严格控制的研究和成果还不

多,尤其是在学业技能提高方面研究得更少。该疗法是一种以缺陷为中心的矫正方法。然而,学习障碍还不能通过增加运动量得到矫正。

SEPRATOR ANXIETY AND CHILDREN WITH DISABILITIES
分离性焦虑和残疾儿童

分离性焦虑一词由鲍尔比定义,是指因失去或与所依恋的人分开而引起的焦虑。这是在面对某种可能失去事物时的一种常见反应。因出现被抛弃的感觉,在很多年龄大一些的儿童和青少年身上不仅会出现严重的焦虑,还会产生极强的气愤情绪,甚至是功能障碍。有害的分离经历至少有两种影响:他们使个体对以后的有害经历更敏感,使个体更有可能有这样的经历(鲍尔比,1982)。

对于婴儿和年纪小的儿童来说,分离性焦虑是成长过程中的必然发展过程。这与依恋行为有关。幼儿的依恋产生于出生后的第七个月至一年内,而分离性焦虑也是幼儿在六个月以后出现的。

在身体有残疾的儿童身上,依恋具有重要的影响作用,可能使幼儿和其照顾者都更容易从中感受到伤害(阿尔雷,1981)。在把依恋和分离作为一个整体来看时,二者之间就会出现某种不平衡。如果是一个有运动障碍的儿童,他可能无法完全感受到来自于父母亲身体的爱抚,因此就减少了亲子间的身体接触;不正常的肌肉状况也可能影响儿童的动作水平及情绪表情;还有其他的一些运动方面的障碍也可能使幼儿远离照顾者,使得两者之间的依恋延迟。视觉损伤儿童对人的依恋比明眼儿童出现的要晚一些,但一旦出现,持续的时间相对会很长。听力损伤儿童也会在形成依恋时出现问题(阿尔雷,1981)。照顾者对于残疾儿童的焦虑则使得他们不知道如何适当地与儿童互动,以建立良好的依恋关系。

分离性焦虑与强迫性障碍、恐慌突然发作及终生分离问题也有关系(布莱恩斯卡和沃兰克在克,1998;克莱因,1995)。

SEPTO－OPTIC DYSPLASIA
隔—视发育不良

隔—视发育不良,也称为德莫西亚综合征,是一种以视觉损伤和垂体缺陷为特征的罕见疾病。隔—视发育不良的病原学目前尚不明确,但是这种出生缺陷在年轻母亲的第一个孩子中的发生率较高。男性和女性的发病率相同。

视力残疾包括视物模糊,尤其是一只眼睛的视物模糊(通常指弱视)和眩晕。导致这些症状的原因是与视觉系统相关的视盘较小,未发育成熟。在这种疾病中,瞳仁(眼球上光线进入的窗口)不能够产生正常的反应。瞳仁对相同强度的光的反应每次都不同。除了视觉的损害之外,垂体活性降低在出生时或出生以后的发育期均可能出现。如果不加以治疗,儿童的生长发育会延迟。黄疸在出生时亦可能出现。

隔—视发育不良的标准治疗是对症和支持疗法。激素替代疗法用于治疗垂体激素缺少的患者。患隔—视发育不良的儿童通常具有正常的智力,但有可能出现智力落后或学习障碍的情况(特内,1992)。也有报告说,此病偶尔会出现性早熟的症状(琼斯,1988)。

如果儿童有学习困难或发育迟缓的症状,就应该对其进行综合的神经心理学的评估,以确定其认知功能的强弱。根据这个评估结果,可以采取相应的治疗方法,以及个性化的、能够在学校中实施的教育措施。

SEQUENCED INVENTORY OF COMMUNICATION DEVELOPMENT, REVISED
沟通发展的连续记录修订版(SICD－R)

沟通发展的连续记录修订版(SICD－R;亨德里克、普拉瑟和托宾,1984)是一个诊断评估工具,可以用来评价正常儿童和智力落后儿童的交流能力,适用于4个月至4岁的儿童。SICD－R既利用家长的报告也利用交流行为的观察。记录里包括100个题目,分为理解性题目和表达性题目。结果会被记录下来,包括自我意识、辨别、理解、模仿、口语和动词等。同时还会考察其中的语义、语法、因果关系、感受性和音位区域。

常模数据来自于以252个儿童为样本的测试,这些被试者全部来自于白人家庭,单语环境,都有着正常的听力、语言、身体及智力发展。在使用这一评量工具时,因其样本数量比较小,要考虑其信度和效度(马德尔－克组德诺斯基,1989;皮尔逊,1989)。

参见 语言缺陷;语言量表智商

SEQUENTIAL ASSESSMENT OF MATHEMATIC INVENTORIES: STANDARDIZED INVERTORY
数学量表系列评估:标准量表(SAMI)

数学量表系列评估即标准量表(莱斯曼和钦森,1985),是为测量特定数学内容标准并参照国家标准比较学生的成绩而设计的。它可用于评估从幼儿园到八年级的学生。

SAMI以一种轻松的方式提供给学生,测试人大声

S

朗读问题,学生以指点、书写或口头回答的形式做出回应。在 SAMI 中,学生可得 9 分:数学语言(仅幼儿园至三年级),序列(仅幼儿园至三年级),数字或符号、计算、测量、几何概念、数学应用(仅四至八年级),词汇题和综合练习。公测验平均 10 分,且标准误差是 3。

SAMI 用 1400 个幼儿园至八年级学生作为标准样本。重测信度值以 6 周为限,在 0.43 ~ 0.89 间浮动,平均值为 0.66。然而,分测验中有五信度值,其信度值低于 0.50。内部一致性值域在 0.72 ~ 0.97 之间,平均值为 0.93。有效性证明限于这样一种研究:比较 SAMI 和两种标准化的绩效测试,还有已知的分测验间的相互联系。弗利诺(1993)说,SAMI 有希望成为一种数学绩效测量,但需要更多的数据支持它的信度和效度。

参见 评估;数学中的学习障碍

SERIOUSLY EMOTIONALLY DISTRUBED
重度情绪障碍

重度情绪障碍一词由《残疾人教育法案》(IDEA)确定下来,指如下一种或一种以上情形达到一定程度并持续很长时间:①学习困难,却不能用智力、感觉和身体的原因加以解释;②不能与同学和老师建立和保持良好的互动关系;③在通常环境中,缺乏恰当的情绪和行为反应;④心情持续抑郁;⑤在学校环境和个人交往中遇到困难时会出现生理或恐惧反应。根据联邦法律,这一术语适用于精神分裂症儿童,但不包括社会适应不良儿童,除非其社会适应不良同时伴随严重的情绪障碍。

美国教育部在 1997 年的报告中说明,1995 ~ 1996 年度在公立学校的幼儿及青少年中有 438,217 名学生为情绪障碍者。导致情绪障碍的原因有很多,主要为遗传、情感创伤、节食、压力、社交技能不足和家庭等问题。这些原因与成人患有情绪障碍的成因不同。所以,情绪障碍可能表现为不成熟、多动、缺乏自控、社交技能不足、学习困难、攻击行为和自伤行为等。最严重的情绪障碍儿童可能表现为思维错乱、极度焦虑、不正常的情绪变化及其他心理症状(NICHCY,1998)。

由于受 IDEA 最少受限制环境的原则及类似法案的影响,情绪障碍严重的学生接受特殊教育的形式已发生变化。因为最少受限制环境原则及财政上的一些限制,安置在精神病院及类似机构中的儿童数目在过去几年中有所减少。在实践中,还是需要对他们进行综合性治疗。融合运动提倡让情绪障碍严重的学生在得到特殊教育辅助的情况下接受普通教育。这里仍要指出的是:对于严重情绪障碍学生来说,究竟什么样的环境才是最少受限制环境,还要个别情况个别对待,对某一个儿童来说是最少受限制环境,对另一个儿童来说,则可能是危险或不当的安置方式。

普通班教师与特殊教师都需要接受更多的在职培训以了解严重情绪障碍学生的情况,这些培训通常以提高多种文化能力为主。普通教育中的严重情绪障碍学生越多,越要求其中的每位教师具备更多的能力。

严重情绪障碍学生的人生发展和其他类型的残疾学生相比通常要差一些。格林鲍姆 1996 年指出严重情绪障碍学生的一些严重问题可能会在被诊断后的几年之间出现。有些问题会是终身性的,通常会有一定高危险性,如犯罪和实质性伤害。此外,还可以通过一些数据了解严重情绪障碍学生其他问题的严重性,如学习成绩、毕业率、学校安置、学校缺席率及退学率、青少年犯罪及不同社会经济背景下严重情绪障碍学生的数量等。一个名为切萨佩克的机构于 1994 年给出一些对于联邦政府、州政府及地区在政策、经费及治疗等方面可能适用于严重情绪障碍学生的几点策略:①增加学习机会;②加强学校和社区职能;③重视并强调差异性;④与家庭合作;⑤进行适合的评量;⑥提供持续的技能发展支持;⑦建立全面的合作体系。

联邦政府正在修订重度情绪障碍的定义(NICHCY,1998),这个定义强调情绪障碍的预防。对很多儿童和青少年来说,高危儿童的鉴定是关键,可以预防严重情绪障碍的适应问题。这个领域正在以一种客观且文化适应的方式,朝向鉴别那些在满足日常生活需要方面存在问题的年幼学生,一旦这些学生被鉴别出来,这一群体就能得到包括家庭参与在内的相关项目支持。学校和家庭一起,帮助那些尚无严重情绪障碍的学生来适应和满足同龄群体的需要。而目前的状况却是,成千上万的儿童和青少年已经经历着微笑,而失去了在适当教育中受益的能力。

参见 儿童精神病;儿童精神分裂症;情绪障碍

SERVICE DELIVERY MODELS
服务传送模式

服务传送模式是指为确保残疾儿童和青少年能够接受到免费的、适合的公立教育而建立的相关项目、程序及安全保护。对处于学龄阶段的残疾儿童提供适合的服务要遵循如下几个要求:①《残疾人教育法案》(IDEA)中的法定内容;②根据各个州及所在地区的大小、人口、财政能力及人力资源量力而行;③满足儿童的特殊需要。IDEA 中要求让残疾儿童在普通教育环境中接受教育,除非是额外辅助及服务依然达不到要求时才会考虑安置在特殊机构中。以此为前提,IDEA详细说明了在持续的替代安置中,普通教育环境中的学生必须能得到资源教师及巡回教师的辅助。如果必要的话,也要有特殊班、特殊学校、家庭教育或在专业机构和医院中接受教育等各种形式的介入。法案中还强调所提供的服务要适合残疾儿童的个别教育需要,而不仅仅是当时的特殊教育体系已存在的某些服务内容,除非这些内容正好符合了这个儿童的个别化教育计划(IEP)的具体要求。

持续的可替代的安置方式在美国教育部的有关规定及IDEA中被详细列了出来,表明了特殊教育及相关服务的基本模式的实现。每年都会公布得到不同安置的学生数目。雷诺兹(1962)曾用图表来表示各种教育组织模式,迪诺后来也用相同的方法来表示残疾儿童得到的服务方式。这些安置方式可根据得到干预的多少分为不同级别,最底层是普通教室,学生得到的特殊干预越多,就是越远离普通教室。特殊教育服务所呈现的三角形状可以表明,尽可能将有特殊需要的学生安置在普通教室中,辅之以咨询、巡回支持或资源教室,这样就可以使在特殊班、特殊学校、寄宿学校或其他非学校安置环境中的特殊儿童数量相对少些,但这里要包括那些基本在普通班学习,接受特殊教育教师直接指导的学生。

IDEA中的各项原则旨在尽可能让有障碍的儿童在普通教室中接受教育,但总会有一些特殊儿童的特殊需要在普通教育环境中不能得到满足,如某些特殊的设备、材料或额外的辅助(卡特赖特等,1985)。因为普通班的教师在这些方面没有得到足够的培训,他们找不到可能需要的特殊的设备或材料,以及一些特殊的教育方法。所以,他们应该和咨询教师共同合作,才能为学生提供相对适合个体需要的教育。

教育者、家长及一些拥护者都相信为特殊儿童提供融合教育,可以让他们更好地进入到普通教育的课程中,与非残疾同伴一起接受适合的教育,有助于提升对他们的期望值,同时可以加强特殊教育与普通教育之间的合作。

在1994~1995年间,美国6~21岁的有特殊需要的儿童有490万,其中的220万80%的时间在普通班中学习,他们之中的95%参加了普通学校的学习。学生们接受哪种形式和程度的特殊教育视个体需要的不同而异。目前87%的语言表达能力落后的学生大约花80%的时间在普通班中学习,而智力落后儿童中,只有9.7%在普通班接受教育。6~11岁的学生比12~17岁和18~21岁学生相对更多地在普通班环境中学习(美国教育部,1998)。

资源教室方案可以针对儿童的某些或全面的技能进行集中训练和教学,还有一部分儿童,他们的一些行为对于普通教室来说是不合适且难以让人接受的,对于他们,可以大部分时间在普通教室中学习,只在固定的时间和阶段到资源教室接受特别辅导。资源教室对于有学习障碍的学生来说尤其适用,当然其他类型的特殊儿童也能够从资源教室教师的额外帮助中受益颇多。近些年来,有很多资源教室在组织和建立时,通常会接受比较接近特殊需要的儿童,虽然他们属于不同类型的残疾。

对于某些儿童来说,全天候地在特殊班中学习十分必要。对于各种不同的安置方式,融合项目、资源教室、非全日制特殊班、全日制特殊班,通常影响最终选择的因素是学生能在多大程度上受益及其特殊需要的程度。值得探讨的是,在很多方面,这种选择会遇到难题,比如学生残疾的类型、到底有多少时间应该在普通班中接受教育,仍难以确定,资源教室、自足式班级,甚至是寄宿学校教师的教学方法也很难找到最佳模式,这些问题对于有情绪障碍的学生来说尤其明显。这在一定程度上表明,在决定所谓个体的最适合的安置方式及特殊或常规教育时,总会有些不一致的意见。

还有一些儿童可能被安置在特殊学校中接受教育。对于这些儿童来说,因为自身的障碍程度,难以参与到同龄健全儿童的社交、学习、课外活动及其他的活动中。所以,这种安置方式对他们来说是必要的。同样,对于那些被安置在教育系统之外的医院、某些治疗中心的儿童来说,也是如此。

在为需要特殊教育及相关服务的特殊儿童选择最适合的安置方式时,应确保对他们来说是处于最少受限制的环境之中。这里涉及的所有安置方式可能都不是最适合的,即使是普通教室,也许支持融合教育的人士会反对这一观点。无论如何,在做出选择时,一定要以制订出来的个别化教育计划为依据,并且尽可能保证特殊儿童能有意义地参与到健全儿童的一些活动中去。

这些特殊教育服务模式在过去一些年中随着特殊教育的发展而出现很多变化,相关法律、融合教育、法庭决定、来自家长们的压力、财政及人力资源、社会上的一些担心等都是其影响因素。无论如何,对于所有已经在学校及将要进入学校的儿童来说,我们必须持续努力,为他们提供所需要的特殊教育。

参见 特殊教育安置模式图;残疾人教育法案(I-

DEA);最少受限制环境;资源教室;自足式班级

SEVERE DISCREPANCE ANALYSIS(SDA)
严重差异分析(SDA)

严重差异分析(SDA)是由雷诺兹和斯托于1985年完成的一个电脑程序,用以对有学习障碍者进行辅助诊断。其依据来自联邦政府关于学习障碍定义中的重要差异构成因素,这个定义是美国现有的最能被大家接受的五个关于学习障碍的定义之一。这个程序强烈建议:定义中的所有因素应该在诊断某个学生是学习障碍之前被评估。

此程序依据联邦评估工作组关于学习障碍评估报告提供了两方面的分析:①儿童某种倾向评估与成就评估之间差异的意义;②儿童的成就水平与同等智商水平儿童平均成就水平差异的相对发生频率。雷诺兹对于具体的分析与原则进行了详细说明(1984,1985)。

参见 学习障碍定义中的问题;学习障碍中的严重差异分析;年级等值

SEX DIFFERENCE IN LEARNING ABILITY
学习能力中的性别差异

大众普遍接受的文献及流行病学研究表明,男孩比女孩有更多的学习与调节问题。接受心理服务的男孩也比有同样问题的女孩多(克普兰,1977)。此外,不同年龄的男孩都比女孩更容易被评估或视为学习问题者(埃莫,1979)。导致这种明显的性别差异的原因引起了广泛的辩论。主要观点如下:①男孩的某些不利的生理和成长条件会影响学习和调节(尤莲,1981);②课堂、教师和一些专业工作者面对男孩比面对女孩时更缺少忍受力(普莱克,1981);③女孩表现出来的问题会被以不同方式接受,或被认为不重要。这种辩论使人产生这样的问题:认知性的性别差异是否存在于儿童的学习障碍之中。

很多人相信男孩的认知能力与女孩不同。通常认为男孩在数学能力方面比较突出,而女孩在语言方面略胜一筹。麦克比和杰克林研究了心理学中关于性别差异的文献,他们总结认为:三种认知能力存在性别差异,女孩有着相对较强的语言能力,男孩空间想象能力和数学能力相对好些(1974)。他们同时也进一步总结出上述差异出现的年龄阶段:语言差异出现在11岁之后;数学方面的性别差异出现于12岁左右;空间能力的差异则出现于青少年时期。

在学校成绩上确实存在性别差异吗?相关的证据似乎有些矛盾。阿纳斯塔斯和赖厄斯于1984年进行的一项长达5年的对5~9岁的学生的纵向研究表明,在学校学习中几乎没有这种性别差异。但是若是考察全国关于学校成绩的数据记录,会发现小学和中学阶段男孩的数学成绩确实比女孩要突出一些,男孩在与科学相关的学习内容上比女孩出色,而女孩则在阅读理解和文学方面比男孩优秀(费内玛,1982;麦吉尼斯,1993)。

有人认为成绩的好坏与是否得到足够的教育机会相关,比如说课程的参与程度、得到指导的机会等,男孩在数学和科学方面比女孩有更多的接触机会(芬恩、杜尔伯格和赖斯,1979)。由此我们可认为女孩因为自身固有的某些因素在这些方面得到的机会相对少些。还有少数的研究者认为,不同的社会化水平与经验也会影响不同学科成绩与知识的获得。许多社会学家相信在不同能力上体现出来的性别差异,主要是由于不同的文化和社会机会及对男孩和女孩不同的期望所形成的(奥恩斯坦,1983)。但是,对于性别的本源我们还是知之甚少。当性别差异出现时,对其原因的推测要谨慎。

参见 半球不对称中的性别差异

SEX EDUCATION OF THE HANDICAPPED
残疾学生的性教育

许多专业人士和家长都认为残疾人的性需求也应该得到满足(科拉夫特,1981;洛夫,1983)。联合国《智力残疾人权利宣言》提出的正常化原则强调智力残疾者也拥有同样的性权利。这一原则旨在赋予残疾人与所在国家的所有公民一样拥有自己的权利。在美国,1973年的《康复法案》(93-380公法)明确支持正常化原则,《残疾人教育法案》(IDEA)则要求根据残疾人个体的需要,提供与最少受限制环境原则相适合的教育。

学校对于融合教育的提倡,使很多身有残疾的学生有机会进入到普通学校中学习,或者从看护型机构走向社区环境,这些都引起了人们对于残疾人生育权利的关注(巴斯,1974;雅克布斯,1978)。和保护基本人权的理念一起,应提倡残疾学生和健全学生一样都应受到同样的性教育。同时,也有很多人相信性教育一定会促进残疾人社交及生育方面的能力。根据残疾人的年龄、性别、残疾类型及严重程度进行适当的性教育也是残疾人性教育的根本要求。

在美国个别化的性教育过程中已取得很大进步。这一进步就是美国已经完成了一份丰富的指导性课程,可以适用于不同残疾人的需要,甚至从中可以找到适合重度智力落后者的性教育内容(埃德蒙森,1980)。

正常化原则通常需要残疾人正常的性发展,这使得他们有可能接近正常生活。但落实到具体实践,在设计和提供性教育课程上仍然存在如下方面的阻碍:①设计与应用某些课程时受到的限制,主要来自于与法律和社会禁忌;②教师培训机构忽视了教师上岗前性教育领域的专业培训;③难以对教学效果进行评估,因为对于这些特殊人群来说,教学目标与能力差异都是互相联系的;④一部分保守主义的家长对于教学提出限制。这些问题虽是阻碍,但并没有阻止这一领域内某些变化的发生。在其他国家有着很成功的对于残疾人实施的性教育,如瑞典的法律就对残疾人的性教育做了明确规定,其教育目的是让教育对象明了自己的性特征、远离可能被人利用的性行为、对自己的性行为负责(科勒,1993;科拉夫特,1983)。

参见 儿科艾滋病;残疾儿童的性困扰;残疾人的社会行为;社交发展;社交孤立;社交技能训练

SEX RATIOS IN SPECIAL EDUCATION
特殊教育中的性别比例

随着社会对性别偏见及其对儿童影响的认识深入,课堂中的性别偏见引起了特别的关注。教育中的性别偏见特别关注特殊教育领域。

研究表明,特殊教育中男教师的数量多于女教师,这一性别标签已被确认影响了特殊教育计划中的儿童。鲁宾和巴罗于 1971 年进行了一项纵向研究,跟踪了 967 名儿童,从幼儿园至小学三年级,其中有 41% 的儿童能从教育角度被定义为行为问题。其中的男孩数量远远多于女孩。男孩子在态度和行为上问题更多,需要进行特殊教育或出现留级现象。他们认为教师通常只能接受一定范围内的学生行为,而这一范围之外的行为则被认为需要进行干预。这一观点被后来的研究所证实(卡尔汉,1994)。

杨、阿尔戈塞斯和施米特(1979)进行的研究也证明了特殊教育对象在性别上的不均衡。麦卡锡和帕拉斯基沃普洛斯(1969)在对情绪困扰和学习困难儿童进行考察时,发现他们的研究样本中,情绪困扰儿童男女比例为 8:1,而学习困难为 9:1。

有很多理论对特殊儿童在性别上出现的不平衡现象进行了解释。克普兰(1977)认为研究中学习问题儿童在性别比例上的差距,由于男女两性不同的行为模式被夸大了。克普兰和坎斯堡 1974 年时就曾发现在学校里,成绩不好的女生会因为比较好的社会适应行为而掩盖,男生若是成绩不好,在行为上很可能会表现出一些攻击性行为或惩罚性行为。基于这种发现,他们认为由于多数教师认为攻击行为是极有代表性的一种困扰行为,因此这些儿童更容易被识别出来,而忽略了相对比较安静的女生。这样就使得更多的男孩子被“指认”出来接受特殊教育。

也有一些人从生理角度对这一现象进行了解释。对于学习困难儿童的性别比例差异,有人认为与性染色体相关。但是,对于智力落后儿童中男性的高比例,还没有比较认可的生理原因的解释。

参见 筛查干预;学习能力的性别差异

SEXUAL DISTURBANCES IN HANDICAPPED CHILDREN
残疾儿童的性困扰

对于残疾人性生活的看法,态度往往起着重要作用。肢体残疾人,尤其是那些智力正常,但因为产后事故或外伤形成的肢体残疾人,他们的性困扰或问题是所有残疾人群体中的一种特例。专业工作者,在某种程度上说可能是全社会,都愿意承认他们的生育权利,并给予理解和支持,甚至帮助他们装上义肢,以使他们有正常的性生活。但对待智力落后者却不是这种支持态度。

我们的教育没有能够成功地阻止一些性困扰,咨询工作也没有能够有效地消除不恰当的性行为,但是有很多的行为方法在一些个案处理上效果比较好。赫尔利和索夫纳(1983)报告了使用厌恶法、过度纠正、消退法及正强化等方法矫正裸露癖、公开手淫、在公众场所脱衣服及恋物癖行为的良好效果。

有学习障碍的人的性行为问题往往容易引起人们的注意,这是因为概念的形成对他们而言比较困难并且难以控制自己的冲动。对于盲人性问题的探讨可参考曼格尔德(1983)的研究以及韦尔伯恩等人的研究成果。对于聋人这方面的研究可参考《性和聋人》一书(加劳德特大学,1979)。

参见 冲动性;手淫;智力落后;自我刺激

SHELTERED WORKSHOPS
福利工场

特殊教育项目帮助有准备的年轻成年残疾人在工作训练营里工作,也称为“福利工厂”、“保护性工厂”。根据比格(1982)的观点,特殊课程应该包括一些生活过渡阶段技能、工作评估、工作调适、工作体验、职业技能及在职培训等内容。

工作训练营最常被用来训练成年残疾人的职业能力,通常主要分为三大类:常规工作训练营、工作活动中心、成人日间项目。常规工作训练营也可称为过渡工作营,提供一些治疗和受雇前的准备训练。他们一旦得到雇用,劳动部门要求他们的工资不得低于平均水平的一半。工作活动中心,也简称为 WAC,则提供培训、支持,或在工作训练营里为重度残疾人提供就业。成人日间项目由州政府的残疾人发展机构管理,提供一些与职业相关的服务,如社会交往、沟通技能等。其基本目的是让残疾人获得基本的生存技能。

此项服务经费来源有工厂自己的产品收入、政府部门、社会团体资助等。

参见 职业康复;残疾人职业培训

SIBLINGS OF THE HANDCAPPED
残疾人的兄弟姐妹

在文献中,关于父母对残疾儿童影响的研究比较多,而他们的兄弟姐妹在研究中很少被注意到。但现有的一些研究表明,残疾儿童的兄弟姐妹是容易出现某些行为问题的高危人群。其中的影响因素有很多(茨尔尼奇等,1983;加尔朱洛,1984;特雷维尼奥,1979)。比较明显地影响到这一群体社会适应的原因包括家庭中非残疾人的人数、年龄和性别,父母对家庭中残疾人的态度和反应。特雷维尼奥(1979)的报告指出,这一群体在下列情况下可能出现适应性行为困难:①家庭中只有两个子女,其中一个是残疾人,另一个正常;②非残疾子女与残疾子女的年龄接近或更小些,或者是家中的最小的女孩;③非残疾子女与残疾子女性别相同;④父母不能接受自己的子女是残疾人这一现实。

父母及专业工作者,有必要面对和处理其他子女因为家庭里有一个残疾的子女而形成的心理和行为问题。如果以正确的方式让健康的子女们了解他们的残疾手足,还可以使他们在这一过程中有所获益。对于这样的家庭,父母及子女应该向家庭咨询者、宗教组织和非营利机构寻求支持和帮助,以了解这些家庭中非残疾子女的个体需要、担心及感受等。教师们也应该对这些儿童多加注意,并提供额外的支持和信息。

参见 家庭对于残疾儿童;临时照顾

SICKLE – CELL DISEASE
镰状红细胞病

镰状红细胞病是一种遗传性血液病,包含两种情况:镰状细胞贫血(SCA)和镰状细胞特性(SCT)。这两种情况中,镰状细胞贫血更为严重。镰状细胞贫血是指红细胞中血红蛋白分子和携氧蛋白发生了异常。携氧红细胞通常是圆形的,柔软易弯曲的。但在一定的条件下,患有镰状细胞贫血患者的红细胞,可能会变成新月形细胞或镰状细胞。这些异常形状使得细胞在脾和其他区域形成黏附,导致红细胞破裂,从而引起红细胞的减少。这将对患有 SCA 的患者带来严重的后果(哈斯兰瓦莱图蒂,1995)。这些后果包括:发热,腹部不适,骨痛,脑、肺、肾的损伤。对一些患者,还会在其幼年或成年早期引起死亡(哈斯兰瓦莱图蒂,1995;国家镰状细胞病协会,1978)。患有 SCA 的患者将经历疼痛的发作,即镰状细胞危象。在发作期内,镰状细胞停留在小血管内,阻碍了其后红细胞的通过,导致缺氧和镰状变形,引起血管的完全阻滞。当骨髓不能够产生充足的血细胞时,患病的儿童将出现再生障碍危象并需要足量的输血治疗(魏纳,1973)。这些危象及其带来的影响在不同的患者之间会有所差异。大部分 SCA 患者在大多数时间内均保持有较好的健康状况(康纳沃伦,1996;NASCD,1978)。

当父母一方把镰状细胞基因遗传给后代时,就会有镰状细胞贫血的发生。镰状细胞贫血的患者其血液中有镰状细胞,患有镰状细胞病。当一个镰状细胞基因和一个正常基因分别从父母双方中的一位那里遗传而来时,就会发生第二种情况:镰状细胞遗传特性(SCT)。这种病人血液中没有镰状细胞,不会患镰状细胞病。SCT 患者可能会把镰状细胞基因传给后代(NASCD,1978;怀滕,1974)。作为一种常染色体隐性遗传病,父母携带镰状细胞基因者,其子女遗传 SCT 的几率是 50%,携带者的几率是 25%,患 SCA 的几率是 25%(怀滕,1974)。

在美国,镰状细胞病在黑人和加勒比后裔西班牙人中最为常见。大约每 400 ~ 600 个黑人中有 1 个遗传镰状细胞病患者,大约 1000 ~ 1500 个西班牙人中有 1 个遗传此病。大约 12 个黑人中有 1 个携带镰状细胞特性基因(NASCD,1978)。祖先生活在地中海沿岸(希腊、马耳他、葡萄牙和阿拉伯;NASCD,1978)的人较少受影响。

镰状细胞贫血目前尚没有明确的治疗方法。然而,人们已经尝试了许多新的治疗方法,这些方法能够减少发作的次数和严重程度。对镰状细胞贫血及其特性进行的血液检查称为血红蛋白电泳。这也是确定胎儿是否会患镰状细胞病或成为携带者的一种产前检测方法。

SIDIS, WILLIAM JAMES
威廉・詹姆斯・西底斯(1898—1944)

威廉・詹姆斯・西底斯为 20 世纪早期的一个天

才儿童,却一生短暂且最终无所成就。他的故事以前经常被人们引用,以反对特殊教育中天才教育的过速发展。威廉·詹姆斯的一生因很多原因受到歪曲。图尔蒙(1977)曾总结威廉·詹姆斯的故事为:早开的花早败。

1909 年,11 岁的威廉·詹姆斯进入了哈佛大学,一年后就在哈佛的数学俱乐部进行高等数学的演讲。他的一生都在尽力表现其超人的智力。据图尔蒙(1977)的统计,他 3 岁时,就具备了流畅的理解力;3 岁半时就能用铅笔写字;4 岁时,能流利打字;6 岁,能阅读英文、俄文、法文、德文和希伯来文,不久又学了希腊文和拉丁文;8 岁时,他通过了麻省理工学院的入学考试和哈佛医学院解剖学的考试。就成绩来说,他当时完全有资格进入哈佛学习,但因为年龄太小而没有马上入学。他于 1914 年获得学士学位,但实际上他于 1912 年就完成了所得的学分。他又在几个领域进行了研究生阶段的学习,如一年的法学院学习,但没有得到学位。在赖斯大学担任了一年不成功的教授之后,20 岁时,他彻底放弃了学术,成了一个乖戾而愤世嫉俗的人,并从社会中退出(图尔蒙,1977)。最终他选择了一个人孤独地生活,只做了一份低职位的科员工作,直至 1944 年因中风去世,年仅 46 岁。

威廉·詹姆斯的一生经常被人们夸张或歪曲,在今天依然成为一个用来阻止天才教育的谬论。然而,他的故事是另一个折磨天才教育的深化。

SIGHT – SAVING CLASSES
视力节省班级

目前仍然有人在教育低视力儿童过程中坚持"视力节省班级"这样的观念。在早些时候的许多公立学校和寄宿学校,这种想法并不鲜见,为残余视力的儿童设置视力节省班级,最早开始于 1913 年(李维斯顿,1986)。

主张视力节省班级者认为过多使用残余视力,会使低视力儿童的视力状况更差。这种做法的目的是想尽可能长久地保存可用视力,于是通过减少使用视力来保存残余视力。一些视力损伤儿童甚至被安置在黑暗的屋子里或被遮住眼睛接受教育。今天这种状况已经被根本改变,取而代之的观点认为,所有儿童,包括视觉障碍者,都会在充分利用视力过程中受益。

参见 低视力;残余视力

SIGN LANGUAGE
手语

手语是指运用特殊的手指、手掌或手臂的形状、动作,配合眼睛、脸部、头部和身体的动作来交流的一种姿势或视觉性语言。如英国手语、西班牙手语和以色列手语等。各个国家和地区的手语不同,但各个国家的聋人都可以用自己的手语快速而有效地进行交流,而不需要纸和笔。

美国手语,有时被称为"Aemslan"或"ASL"是多年前被美国聋人团体创造的。在美国手语中,一个手形通常代表一个概念。美国手语必须与手指语和指语术区分开来,在手指语中的每一个形状都代表了相应的字母。使用美国手语时,有时会用手指语来拼写英文中的专有名词。在美国手语中,手语翻译人员经常用手指语来拼写在会议中首次使用的专业术语或生僻词语。手指语伴随言语及唇读使用,再加上其他听觉和视觉的线索进行交流,被称为罗切斯特方法(奎格雷和保罗,1984)。

已有研究表明,手语和其他语言一样,有着自己独立的语法规则,而这些规则是生成更多句子的根源。聋儿和家长是聋人里的健听儿童,能够如同其他健听儿童掌握主流语言的抽象规则一样习得这些手语语法规则(贝卢吉和克利马,1985)。很多大学、聋校、继续教育中心和一些公立图书馆都开设了手语课,出于多种优势,为健听人开展的手语学习课程同样可加强语言习惯(丹尼尔斯,1994)。

参见 唇读;罗切斯特方法;综合沟通

SINGLE – SUBJECT RESEARCH DESIGN
单学科研究设计

越来越多的研究者认识到以心理学和教育学为基础的个案调查的重要性。个案研究通过对个案在干预之前、干预过程中及之后进行观察,以描述已选定的因变量而引起的变化。个案研究设计之所以受到很多研究者的青睐,主要有如下原因:首先,从个案研究中能够得到传统的、大数量被试的、临床小组研究中所不能获得的一些信息,而且极适合于对某个体进行评量和处置,或者当具有某种特征、困扰、问题的个案的数量有限时,个案研究也是首选。

另一个原因,在很多的要求被试数量的研究中,经常会涉及法律和种族问题(贺森,1976),比如说,有人认为这样的研究会出现被试因主试主观思想而被随意地划分到某一类群体中去。而个案研究出现这种情况的可能性就相对小得多。

个案研究设计在如何进行干预的整个过程中,对可重复的测量起到了非常重要的作用。如直接观察、表格检核、自我监控、标准化考试等都可以用来测量个案的整个状况。而且这些方法,还使得研究过程更具灵活性,如果这些方法显示某种干预方法没必要,则可进行调整或改变。

但对于个案研究,仍然有一些争议存在,而且会长期持续下去。比如说,怎样将精心控制的研究运用到临床。细心设计也会遇到难以实际操作的问题。

参见 应用行为分析;特殊教育研究

SINGLETON - MERTON SYNDROME
斯格灵顿—默尔顿综合征

斯格灵顿—默尔顿综合征是一种极罕见的不明原因的病症。最主要症状是大主动脉钙化、牙齿畸形及骨质疏松。患有斯格灵顿—默尔顿综合征的儿童,体内主动脉及心脏瓣膜内形成了不正常的钙质的堆积,而主动脉是人体内最重要的通道。主动脉和心脏瓣膜里逐渐增多的钙会威胁他们的生命,最严重时可能会阻塞心脏里的血液循环。相反,渐进的骨内蛋白质的流失又会形成骨质疏松。同时,这类儿童会出现牙齿发育不正常,缺牙或乳牙过早脱落的现象(国际罕见疾病组织[NORD],1997)。

这类儿童还可能出现全身肌肉无力,以及臀部和脚部的不正常。这类儿童通常会因为发展迟缓而个子矮小。损害,尤其是手指皮肤的损害也较为常见(盖伊和库恩,1976;NORD,1997)。

物理治疗和职业治疗可以帮助这类儿童增强肌肉力量。他们通过学校健康障碍诊断机构确诊后就可得到这些服务。

SIX - HOUR RETARDED CHILD
六小时落后儿童

术语六小时智力落后者第一次出现是在 1969 年因纳吉梯儿童教育问题会议的报告之中。这次会议旨在为生活在美国贫困地区的智力落后儿童教育存在的问题提出建议。在考察了 92 位与会者提交的论文之后,会议总结出 7 条主要建议:①提供幼儿早期刺激教育,并将之纳入到公立教育中;②对内陆城市已有的成功案例家庭进行研究;③对教师、行政人员和咨询人员进行再教育;④重新考量现有的智力测验及分类;⑤拨出足够的经费用于通过减少这类儿童教育不足的研究及工作;⑥确定学校职责的构成,并要求学校为所有儿童提供有质量保证的教育;⑦结合家长、市民、学生,并将普通教育与特殊教育联合起来,共同致力于大教育之中。相对于这 7 条建议来说,有一个更突出的、共同的结论,那就是:所谓的六小时落后儿童是指那些每周上学的 5 天里,每天的早上 9 点至下午 3 点这个时段是相对落后的,这种落后只是其在智力方面的某些表现,而不考虑其适应性行为。

这个概念直到 20 世纪 80 年代中期仍被人使用,现在也还有很多心理学家和教育家使用这一概念。通常是指那些在学校环境中具有明显功能性落后的学生,但在学校环境之外,无论他们的儿童期或成年期,都能良好地适应生活和工作。因此他们的家长、邻居和朋友通常感觉不到其有什么落后。

参见 可教育性智力落后;智力落后

SKEELS, HAROLD M.
哈罗德·M·斯基尔斯(1901—1970)

哈罗德·M·斯基尔斯是智力障碍领域的先驱研究者。1930 ~ 1940 年间,他曾负责对安置在机构中的儿童进行了大量的研究。这些研究表明,如果将儿童安置在缺少刺激的环境中,不可能得到正常的发展,而且在这样的环境中生活的时间越长,其不良影响越明显。他通过研究得出的结论是,在儿童早期,给予适当的刺激可以促进其智力功能。因此,他认为应该在儿童早期将其收养,而不是进行机构化安置。他的研究引发了对于自然—环境的争论,他和其同伴也受到很多反对者的强烈攻击。

他后期也曾做过对于自己前期研究的一些后续补充工作,其结果表明:儿童的早期环境对其成长和发展具有长期的影响。相关研究报告公布后,他早期的很多观点开始成为人们习以为常的认识:如将机构中的儿童收养在家庭中,减少机构化安置,发展多样的儿童早期服务模式,包括一些具体项目,如领先计划,旨在通过早期刺激促进弱势儿童和残疾儿童的发展。

参见 领先计划;遗传还是后天

SKILL TRAINING
技能训练

技能训练模式建立的前提为对于学生成绩的评量以课堂作业为主,而这些评量又以一组技能为主。由此,在教学上导致的结果就是直接教授学生以技能(莫瑟,1983)。

技能训练在特殊教育中通常用作入门的途径,为教师们提供一些评量与课堂教学相关的特定、即时技能的机会。这样的技能训练主要来自所采用的评量标准或教师自制的评量工具。对于评量结果的分析为教师们提供了课堂干预的信息,换言之,这些分析是围绕着一组技能展开的,教师可以发现学生在掌握某一特定技能时出现的错误,以进一步确定更精确的教学指导。这项教学指导通常来自于直接教学技能的使用,和在特定学术技能上集中教学的努力的结果(盖博尔和沃瑞,1993)。学生的学习过程会得到持续的评量,以保证教学没有偏离目标,直到学生掌握了某一项技能,教师和学生才进行下一组技能的教学和学习。

参见 熟练学习

SKINNER, BURRHUS FREDERICK
布鲁斯·弗里德里克·斯金纳(1904—1990)

布鲁斯·弗里德里克·斯金纳于1904年出生在宾夕法尼亚州东北部。他的一生工作不息,直至生命最后时刻(1990年8月18日)。1922年他进入纽约哈密尔顿学院主修文学,1926年获得了英语和古典文学专业的文学学士学位。当他成为作家的志向遭遇挫折后,他进入哈佛大学心理学研究生院学习,并于1930年获得硕士学位,1931年获得哲学博士学位。他的博士学位论文阐释了关于反射弧的理论,虽有争议,但仍被认为是经典的。他认为所有行为都可以用刺激和结果来解释。这些内容可以说是他所有重要研究的理论根基。

斯金纳被认为是20世纪心理学领域最重要的人物之一。在教育界,他之所以广为人知,是因为他制成了能够帮助教师为每个学生安排有效的学习程序。这种方法也可以帮助特殊教育教师进行分析和发展系统化的、适合某种特别情境的计划或教学方法,这很适用于学习困难和有行为问题的学生。

斯金纳的行为主义概念,以操作性条件反射著称,并附有大量实验结果,在他的第一部重要著作《有机体的行为》中得到了概括。其中的"操作性"这一术语,是指行为的鉴别。可以追溯到强化的偶然性,而不是引起激动,因此他认为对于刺激和反应或是反应和奖励之间的中介的研究是不必要的。

他曾提出通过他的行为操作主义原理,可用来建立理想的社会生活,如运用操作原理,用正强化的方法,可以控制人类的各种行为。他的一生从没放弃这一理念。这一理念主要体现在他于1948年出版的小说《沃尔登第二》。1953年他在另一部重要著作《自然和人类行为》一书中讨论了如何处理现实生活中的一些问题,如社会问题、法律、教育及心理治疗等。在这本书里,他认为人就像其他机器一样,是对于外部刺激的一种有规律可循、可预期的反应。1971年,他又出版了《超越自由与尊严》一书,对自由、价值、尊严等概念进行了阐释,对自己的观点做了总结,并驳斥了他人的种种批评。他认为,人是没有尊严和自由的,人们做或不做某种行为,只取决于一个影响因素,那就是行为的后果。人并不能自由选择自己的行为,而是根据奖惩来决定自己以何种方式行动,因此,人既没有选择自己行为的自由,也没有任何的尊严,人和动物没有什么两样。在他所有的著作中,人们最感兴趣的是他1968年出版的《教学技术学》和1984年出版的自传三部曲。

在斯金纳后期的研究中,他开始转向精神病行为、教育设备以及文化分析方面的研究。尽管对于他的理论,人们还有很大的争议,但在心理学的历史上,他的贡献仍然是不可磨灭的。

参见 行为改变;操作性条件反射

SKINNER'S FUNCTIONAL LEARNING MODEL
斯金纳机能学习模式

斯金纳以操作性条件反射概念而为人们所熟知的机能学习模式,描述了行为及环境中影响因素之间的关系。操作性条件反射的基本原则包括强化、惩罚、消退和刺激控制等,并强调运用这些原则来描述行为发生前或发生后的影响因素的机能,例如,强化可以促进行为的效力。1953年,他提出了两种强化理论:正强化是指行为者的行为在某种情境或刺激出现后,即时得到一种肯定,则以后在这种情境或刺激下,这一特定行为的出现几率会升高。例如,教师通过对学生说"你做得很好"来表扬学生完成作业的行为。负强化是指行为者发出一种行为,结果可引起厌恶刺激的移去或取消。比如说,儿童的进取行为可以让教师撤去某一让儿童不高兴的要求。在上述两种情况中,都是想让目标行为(完成作业和进取行为)在相似情境中的出现率升高。

在特殊教育中,可以应用这一原理,安排一些强化的偶然事件,以促进学习效果。斯金纳(1968)注意到,尽管学生在课外没有使用这些系统的程序,"老师们要为偶然事件做准备,这些偶然事件会加快用其他方法获得速度慢的技能,或使其他行为不再出现"。操作性理论已经在课堂中得到广泛应用,尤其适用于各类伴有学业问题和社会行为问题的学生。

参见 行为改变;条件反射;操作性条件反射;B. F. 斯金纳

SLINGERLAND SCREENING TESTS
斯林格兰德筛查测试

斯林格兰德筛查测试由四份表格构成,分别为四个不同的等级。A表适用于一、二年级,B表适用于二、三年级,C表适用于三、四年级而D表适用于五、六年级。表A、B、C各有8个分测验,对个体或小组都适用。这些分测验要求学生将不同背景中的指定字母照着写下来。如从一个写字板上或某一页书上将某一字母抄写下来;或在一组字母中将闪烁的字母抄下来;听写单词;并写下词首字母及尾音字母。如果被测学生在8个分项目测验中显现出困难,将会单独地进行听力感知及听觉记忆测验。通过要求学生重复听到的词和短语,完形填空或复述故事进行测试,藤树(1985)、先和基奥(1983)认为斯林格兰德测试不是确认语言障碍儿童,而是考察与学习读写相关的听力、视觉、动作技能。

在运用此项测试时,建议一定要建立所在地区的常模。基于充分的常模会有明显的删减,故而这项建议很有必要。此外,关于这一测试的信度、效度及稳定性的相关讨论还很少。

参见 评估;基本成绩技能;语言障碍

SLOSSON INTELLIGENCE TEST(SIT)
斯洛森智力测验(SIT)

斯洛森智力测验是1961年由斯洛森教育出版社出版的。这一测验主要以言语为主,模仿斯坦福—比奈智力测验,长度也差不多,并于1981年出版第二版。SIT在许多特殊教育者中得到了广泛应用。但是,人们并没有从心理测量学角度认可这一测验,通常只是通过此测验为学生选择安置方式。

参见 离差智商;考夫曼评量;韦克斯勒儿童智力测验(修订版)

SLOW LEARNER
学习缓慢者

在过去,很多人从不同角度对学习缓慢的学生进行了描述。如,英格拉姆于1960出版了《学习缓慢儿童的教育》一书,其中论述了如何教育那些可教育的智力落后儿童。约翰逊于1963年指出,学习缓慢者构成了智力落后中的最大群体。现在,学习缓慢者通常是指那些在学业、某一学科或几个学科上落后的儿童和青少年,这一群体的学业成绩低于平均水平,却高于所谓的可教育的智力落后学生,智商通常在75～90之间。

一般的特殊教育教科书中极少谈及学习缓慢者。实际上,这类学生也没有成为特殊教育学生。在《残疾人教育法案》中,没有对于学习缓慢者的分类及定义,因此这些学生也没有得到与这一法案相联系的经费和服务,只是在普通班或一些矫正班中接受教育,而这些矫正班的全部内容并没有被大家认可的可替代的教育课程,因为这样的班中还是强调对于普通课程的学习。也有一些学生被归类为学习障碍者,以保证一些特殊班的招生(及经费),因为如果不把这样的学生定为学习障碍者,这个班就会因为其中的学生没有特殊教育需要,而变成一个普通班。

对于学习缓慢者的研究,目前还没有一致的具体诊断或描述的文献,相关研究中也极少将自己标记为是关于"学习缓慢"的研究。人们更多地只是对于学习缓慢学生特定的学业弱项进行描述,并针对这些领域开展研究和治疗,而不是将他们标记为学习缓慢者。同时,早期曾出现的认为学习缓慢的主要原因为不良的社会经济状况、少数民族家庭背景、学业和社交挫折、被教师或同伴瞧不起、较低的自我概念,已不再适用于现在的研究和认识(考利、古德斯坦和博洛,1973)。

参见 分类系统;可教育的智力落后

SMITH-LEMLI-OPITZ SYNDROME
史—伦—奥三氏综合征

史—伦—奥三氏综合征是由常染色体隐性基因引起的一种遗传性疾病。该病的患者中,男性多于女性(琼斯,1988)。史—伦—奥三氏综合征的特征是面部、四肢及生殖器畸形。患病儿童的特征包括:头颅过小,脸型长而窄,耳朵呈倾斜或低位,上眼睑沉重或变厚,鼻孔前倾和下巴较小等等。双目斜视也是患病儿童的常见特征。这些儿童的身材也较短小,他们的手掌和足底有猿褶,足趾间有蹼化现象(琼斯,1988;特内1992)。一些患有史—伦—奥三氏综合征的儿童常有癫痫发作、心脏异常、脑电图异常、肾损伤和白内障等(琼斯,1988)。

史—伦—奥三氏综合征分两型:Ⅰ型和Ⅱ型。Ⅱ型又叫劳—米—麦综合征,是较严重的一种情况。死产是Ⅱ型的常见特征。即便生下来,这样的儿童也会有体重过低,难于存活的情况。尖叫、呕吐和进食困难在婴儿早期较为典型。

患病的儿童有明显的中度至重度的智力发育迟缓(特内,1992)。着重生活技能训练的特殊教育课程对患者有很大帮助。

SNELLEN CHART
史耐伦视力表

史耐伦视力表为检测个体中央远视力的工具。表上为8行字母表上的字母,字母自上到下,逐渐减小。

幼儿及不能判断“E”的开口方向及大小的人可用此表检察视力。史耐伦视力检查表可以用来评估个体利用视觉阅读的能力。正常的人眼视力可以在20英尺的地方看得清此表,因此定义标准视力为20/20(布赖恩,1979)。如果一个人的双眼视力均为20/20,则可以说其拥有正常视力。如果一个人在20英尺时才能看清,而正常视力的人在距离70英尺的地方就能看清,则记录这个人的视力为20/70;若一个人在20英尺时能看得清,正常人在距离200英尺时也可以看得清楚,则这个人的视力为20/200。低视力或有视力缺陷的个体可能是法定盲(视力在20/200以下),或有残余视力(视敏度在201/200与20/70之间;德莫特,1982)。

作为检查眼部问题的筛查工具,史耐伦检查表得到了广泛运用,因为它操作简单快捷、成本低、适用范围广。但布赖恩于1979年还是指出了此表的三点不足:

(1)此表不能很好地预测个体对于目标及视觉任务的操作。

(2)此表并没有说明儿童是如何使用视力来区别光线的强弱、物体的大小以及对空间方位进行判断。

(3)此测验结果不能迁移到学校活动中去。具有同样视力的儿童,对于相同的学校学习任务完全可能有不同的反应,因此,即使得到同样视力的结果的儿童也可能需要不同的教育。

不过,德莫特(1982)坚持认为,发现眼睛问题的最重要的初始检查工具是测量中心视敏度的那种装置。结合史耐伦视力检查表以及其他测量结果,对眼部问题的早期诊断和矫正是很重要的。

参见 视敏度;视力残疾

SCOIAL BEHAVIOR OF THE HANDICAPPED
残疾人的社会行为

勒纳(1985)及史蒂芬斯、哈特曼、卢卡斯(1983)等人的文献,清楚表明许多特殊儿童在社会技能领域存在困难。这些困难可能是微小的问题,也可能是严重的紊乱。明斯科夫(1980)认为在学习障碍儿童中社会感知问题是最严重的问题。

对于多数接受特殊教育的儿童来说,他们不仅仅只有一种问题,而且相同的残疾类型在不同的儿童身上会出现不同的行为表现(卡特赖特沃德,1984)。布鲁姆(1956)将残疾人的问题主要分为三大类,基本包含了与教育相关的内容,这三类分别为:情感、心理活动和认知。卡特怀特等人(1984)认为残疾人情感领域的问题就是他们的社会问题,主要指个体的社会技能,如建立并保持满意的人际交往技能,举止符合社会期望及自我调适等。社交技能对于残疾学生来说同样重要,在这一点上,与健全学生没有差别。从某种意义上来说,社交技能对残疾人可能更为重要,因为他们生活在健全人之间,经常会被拿来与正常群体相比,他们也需要努力获得优异的成绩、社会地位及工作。

社交技能很难被定义,也很难进行评量。直接观察可能是评估社交技能问题的唯一比较可靠的方法。当然还有其他的方法,如一些筛查工具、事件分析和面谈等。但无论是哪一种方法,在运用时,使用者务必注意行为发生时所处的情境、形势及文化。

埃莉斯和马厄(1983)认为很多中度残疾儿童与成长良好的儿童相比较,缺少某些社交及学业技能。如感受他人的情感、坚持自己的目标及行为技能等。因为不具备这些社交技能,常会使这些学生形成比较消极的自我概念,容易退缩、拒绝,也有可能引起与学业相关的问题。学校里的教育者应该了解残疾学生可能出现的社会行为问题,并帮助他们获得一些社交技能。莫瑟(1985)指出,教师可以促进学生情感的发展,同样也可以帮助他们获得社交技能。

也许“社会能力”一词更适合用来描述与人良好互动的技能。舒尔曼(1980)指出,社会能力是与人良好相处、交流并处理社会生活中所遇到的挫折的能力。女孩子通常比男孩子在社会能力方面要突出一些(美里尔等,1992)。几乎所有的人都需要被接纳,相信自己可以比较好地进行社会交往。但是,很多残疾人在这方面存在一定程度的困难,不能发展必要的社交技能。

参见 社会适应行为;社交技能;社交技能训练;社会关系图

S

SOCIAL DARVINISM
社会达尔文主义

社会达尔文主义是19世纪后半期形成的一种社会哲学思潮,它以达尔文化的自然选择和适者生存原则为基础。这种哲学思潮认为智力落后、精神失常、癫痫、酗酒及其他很多问题都可以通过遗传、基因和达尔文学说的基本原则进行解释。亚当斯(1971)对社会达尔文主义进行了如下的描述:“智商高于平均数的人群在下一次进化阶段中,按照新的标准,只能是智力一般的人,而智力落后的人则会被新的社会规则所淘汰。”社会达尔文主义对于智力落后的看法比较偏激,认为这一群体根本是异常,而不仅仅是能力不足(法伯,1968)。

社会达尔文主义及相关的社会运动,使人们对于智力落后及其他残疾人群的处理方面产生了深远的影响。但是这些影响产生的效果并非全是消极的,比如对于特殊教育服务的发展所起到的积极作用就促使人们去调查智力落后的发生率(法伯,1968)。

参见 优生学;遗传

SOCIAL ISOLATION
社会孤立

对于什么样的行为才能够真正代表适合的社交技能,在这一问题上,研究者们极少能达成一致。同样,什么是不适当的行为,也没有完全统一的标准。影响到个体是否具备足够社交技能的因素有很多,如年龄、性别、社会地位以及具体情境特征,但人们对于这些因素究竟如何作用于个体的社交技能还知之甚少。此外,评量过程中使用的标准(行为观察、同伴的评量尺度、教师评量)的不同,都会影响到最终将哪些具体行为标记为社会孤立(克纳等,1981)。而且,这些标准不可能指向某一行为的相同维度,由此会出现很多的亚类型儿童(戈特曼,1977;库尔热,1988)。

通常被人们所接受的关于儿童期社会孤立的概念可能与退缩有关,主要有两大类:较少的人际交往和缺少同伴的接纳(戈特曼,1977)。这两种类型代表了不同的群体,但是几乎没有用过不同的评量方法对同一群体施测,在具体的亚类型区分上尚缺少一致性。同样,由于对与社会孤立相关的行为界定不能统一的事实,也使得相对低的人际交往行为是否代表个体是缺少社交技能本身,还是不具备展示社交技能的能力依然没有明确。在同伴接纳或拒绝方面,也是不能确定是因为个体缺少社交技能,还是因为某些消极行为导致同伴的这种反应,如攻击性行为。将社会孤立行为分为两大类导致了对于评量效果与干预作用的模糊性,从而降低了这两大类之间的某些相似性。

针对社会退缩型儿童运用的干预方法越来越强调社交技能的训练。社会学习程序已成为主要的教授社会孤立儿童社交技能的方法之一(康格和基恩,1981;Hops,1983)。其中包括一系列教学内容,从不同方面着手。主要的方法有塑造、模仿、指导和强化,以认知为导向的处理人际关系的方法也被运用到这一领域之中。注重用认知的方法,对不同情况下的问题进行调解,而不是教儿童一些不连贯的对于某种单一情境的反应(于尔班和肯德尔,1980)。认知法中采用了社会学习程序中使用的一些方法,但其强调教授儿童解决问题的策略,以及实际的自我调节能力和自我控制。音乐疗法对于这一类儿童也是效果较好的方法(古尔吉,1998)。

参见 社会行为;残疾人的社会行为;社会图像

SOCIAL LEARNING THEORY
社会学习理论

社会学习理论是一个在不同领域理论与研究中经常出现的专业术语。毫无疑问,人们都认为斯坦福大学的阿尔伯特·班杜拉对这一理论做出了巨大的贡献。他后期的理论则不再像早期那样强调环境决定论。他于1986年出版的一本书中详细表述了自己的社会认知理论,以往的社会理论中没有一种能如班杜拉的理论那样得到社会上的广泛支持。班杜拉理论的核心为交互决定论,与人类发展生态学理论的创始人布朗芬布伦纳的观点相似,但并不局限于这一理论:个体、环境和行为是相互影响、彼此联系的。三者影响力的大小取决于当时的环境和行为的性质。

三位一体交互决定论认为个体的行为模式是行为(B),认知及个人因素(P)及外部环境(E)因素共同作用的结果。行为、个体(主要指认知和其他个人的因素)和环境相互影响,其中一个有变化,都会影响到另外两个,是"你中有我,我中有你"的,不能把某一个因素放在高于其他因素的位置,尽管在某些情境中,某一个因素可能占据支配地位。

社会学习理论中的重要组成部分是以模仿为基础的观察学习理论。儿童通过模仿习得各种复杂技能,如语言和社会交往。而且,这些技能的习得不需要强化。这一观点与原来的认为复杂的行为都是在强化过程中逐步建立起来的理论相反。其实,教师们每天很多次运用了观察学习。如教师可以通过表扬一个行为好的儿童,而让其他的儿童进行模仿。

自我效能也是班杜拉理论研究活动的一个重要内容。自我效能是指个体对自己能否在一定水平上完成某一活动(如:培训)、各种经验(如:模仿他人)、现实信念(如:鼓励)、生理状况(如:健康)及情感状态(如:高兴)所具有的能力判断。自我效能是个体自身潜能最有影响力的主宰,它在人们做出选择决定时,发挥了核心作用:激发个体为达到目标付出持久的努力,勇于面对各种挑战,不怕困难和失败,力图实现成就目标。自我效能体现了人的一种积极心态和自我信念,可以最大程度上激发人的学习潜力(班柆拉,1997)。具有高度自我效能感的老师会坚信他们有能力教好一个全是特殊学生的班级。在特殊教育班级中,高自我效能感的老师会帮助学生取得进步,提升能力。

社会学习理论还强调了另外一个重要概念:内部对话,也可称之为内部语言,通常是人们在获得某些信息(如:复述电话号码)时的一些自我指导(如:“我接下来应该做什么?”)或自我强化(如:“就这样做!”)。这些内部语言与维果斯基的发展理论也相吻合。在学习困难儿童教学中可以通过教授他们这种内部对话提高解决问题的能力(伯克,1992)。社会学习理论对于解释人类各种经验及问题都有极大的作用。

参见 冲动控制;调节缺乏;观察学习;交互决定论

SOCIAL SECURITY
社会保障

社会保障源于家庭中因为退休、残疾、健康状况不佳或死亡而出现困难时,为他们提供经济和健康上的保障。总的来说,有资格获得社会保障的人必须先有工作,政府在其工资中扣除一部分费用来支付社会保障项目。美国人口中有16%的人(超过300万人)能收到社会保障支票。大约2500万65岁以上的人由国家提供医疗保险。同时,大约有300万残疾人也能得到这样的保险。

享受医疗保险的残疾人要求符合一定的条件,通常是具有某种身体或心理疾病而不能胜任有偿工作,且这种状态要持续至少一年。这种状态包括心脏、肺部疾病或因心脏、肺部疾病引起的血管疾病、肾功能损伤、消化系统问题导致的营养失调、虚弱、贫血,以及因大脑损伤导致的判断力、智力、定向和记忆问题。针对医疗保险问题,世界卫生组织于1995年重新修订了国际对于损伤、残疾、障碍的分类(ICIDH)。其中规定有资格得到这一保险的残疾人须为在校高中学生,年龄低于18或19岁;或者为22岁以下,未婚,在家居住。

另一项是由国家社会保障部支配的低收入个人追加保障金(SSI)。这是针对年龄超过65岁,收入低于一定标准的公民。一般来说,在国家机构里生活的个人不享受这一待遇,除非满足社会保障部列出的4个条件(1986):

(1)个体所生活的公立社区机构中的服务人员少于16人,有可能获得SSI;

(2)如果个体在公立机构中接受教育或职业技能培训,且这种培训旨在让个体获得获利性职位;

(3)如果在公立或私人诊所中接受治疗,已得到的保险金不足以支付其医疗费用的一半,则有资格获得一部分SSI,但每月不超过25美金;

(4)公立紧急庇护所的个体可在一年中得到不超过3个月的SSI。

早在20世纪90年代,高等法院对泽贝雷诉沙利文案做出决议。此项决议使SSI的发放范围从残疾儿童扩展到上述群体。就残疾人来说,能否得到SSI,主要在于个体是否具有阻碍其获得获利性工作的身体或心理障碍,而且这种障碍至少要持续一年以上,甚至是终生。

参见 残疾;康复;社会经济状况

SOCIAL SKILLS/COMPETENCE TRAINING
社交技能/能力训练

社交技能训练是教导儿童学会有效处理社交策略的一种方法。它也是一种用来管理分裂行为的干预方法,以预防将来有可能出现的分裂,以及培养儿童情感成熟的一种工具(戈雷夏姆和艾略特,1984)。许多残疾儿童的矫正问题都与缺乏社交技能有关,社交技能训练试图对这种不良行为进行解释。从行为、认识、人类学等理论角度来看,社交技能训练是利用教育手段矫正行为问题。

一个人的社交技能能够决定重要的社交结果,比如,对同伴的接受能力和性格特点。那些自控能力较差的儿童可能会学习不合时宜的社交策略,因为他们的行为导致同伴的拒绝(戈雷夏姆和艾略特,1984)。缺乏社交技能的儿童在成人后仍会出现社交困难(拉特延,1984)。

社会领悟力较差的残疾学生需要在基本的人际交往方面受到训练(斯皮尔和道格拉斯,1981;斯旺森和马隆,1992)。他们需要学习恰当的社交技能,比如微笑和直视别人的目光。应该教导学习上有障碍的学生学会理解和使用面部表情及恰当使用口头语言;教导有语言障碍的学生怎样在社交对话中恰当地做口头回应;对于语言受损的青少年,交际训练应使他们理解四个关键因素:个性与角色、背景、话题、对象(明斯科夫,1982)。现实心理疗法是社交训练的一种方式,它主要强调行为与自然结果之间的关系,这种疗法被用来激励心理不正常儿童更有效地使用人际交流策略(福勒等,1982)。

社交技能训练也被用来治疗智力落后儿童。迈斯格伊尔(1981)提出了一项关于问题解决、个人责任、交流技巧的课程。教导学生们不再争强好胜,而是变得行动果敢。这项课程包括一系列构建起来的强调自我满足、放松情绪的成功经验。

社交技能训练已经被用来增强回归主流(扬纳克内和王,1998)的可能性以及接纳的有效性,帮助健全的儿童去接受那些智力落后的儿童(戈雷夏姆,1982)。戈雷夏姆建议,在接收残疾儿童进入普通学校学习的时候应该进行社交技能评估。

持批评观点的人认为(戈尔伯,1983),社交技能训练占用了珍贵的学习各种科学的时间,舒尔和斯皮瓦克(1981)建议应该将评价步骤穿插在整个社交技能训练的过程中,这样就可以判断出学生的成长情况及训练课程是否有效。最常用的一种方法就是方法—结果解决问题评估法。这种评估方法采用一系列假设的社交问题,要求儿童对此提出各种各样可能的解决办法,并根据他们提出办法的数量和质量给这些儿童评分。另外一种比较流行的做法是采用社会关系程序,让这些儿童互相之间对他们各自的人缘和有利条件做出评分,由此形成社会关系数据。行为评分也是进行社交技能评估的一种方法。这些标准希望能够通过可观察到的行为确定哪些是社交技能,而这项工作一般是由教师在课堂上完成的。

参见 行为模式;自我及他人的发展观

SOCIAL VALIDATION

社会有效性

在教育范畴内,社会有效性是一种提供心理服务的理念,这种理念强调学生或教师对于介入疗法的个人观点的重要性。社会有效性与统计学有效性的概念有几方面的不同。统计学有效性指的是治疗结果与一套客观标准或其他治疗方法具有怎样的相关性。社会有效性是指教师、家长和学生的主观看法是如何影响整个治疗结果的。社会有效性是基于这样一种假设:如果参与者不喜欢治疗,他们可以回避、逃离或者大声抱怨。因此,即使这种技术具有潜在的有效性,社会并不很愿意使用这种技术(沃尔弗,1978)。

消费者满意与治疗可接受性的不同主要在于测量方法的时间安排。治疗可接受性需要教师和学生在治疗开始前确定疗法。消费者满意需要教师和学生在治疗过程或治疗结束后对治疗进行判断。在实用的行为分析中,治疗结果可以很容易地通过基于基准尺度的行为变化来判断。然而,根据社会有效性的判断,学校介入的作用也只能通过参与治疗计划的教师和学生的主观评价来判断。

参见 应用行为分析;教师的期望

SOCIAL WORK

社会工作

在传统的特殊教育里,社会工作被归入学校社会工作的范畴内。学校内社会工作者的作用包括个人和家庭生活环境调查,与学生一起的个人和团体工作,以及社团联络服务。学校社会工作者将帮助学生最大程度地发挥其潜能,发展学校与其他机构的关系,提供在学生教育中社会性改进的观点作为自己的目标(戈斯汀,1981)。

学校社会工作者经常参与对接受特殊教育学生的评价工作。考虑到这一点,案例记载是社会工作者用于获得有关学生的环境、发展、社会以及经济信息的非常重要的工具。

残疾儿童的家庭成员们经常需要来自社会工作者的支持。社会工作者会努力为这些残疾儿童做好规划。社会工作者为残疾儿童家庭成员们提供服务,初步目标就是帮助家庭成员们面对并接受现实情况(迪克尔森,1981)。社会工作者鼓励家庭成员依据设计好的建议来增强儿童的身体机能,帮助家庭认识到客观存在的问题,并且这些问题可以在儿童正视现实、态度积极的状态下加以解决。

学校社会工作者还经常提供如心理咨询、性教育、职业教育前的发展和儿童辩护等方面的工作。作为辩护者,社会工作者试图建立起有助于提高受伤害儿童学校生活质量的系统。社会工作者还可以被赋予设立一种学校体系的态度的责任,并以此来反射更适应的、恰当的、有社会责任的位置(李,1983)。

学校社会工作者还有责任来发展学校内部的沟通环节,这样的话,教师、管理者和其他员工能够就学生规划的必要信息进行交流。他们也可以针对学生的健康安全方面组织学术讨论会。在特殊教育领域内,社会工作未来的趋势是继续发展服务体系。为此,可以预见,在特殊教育领域内会有越来越多的社会工作者扮演协调者与联络员的角色(兰道尔夫,1982),以及负责全部的教育规划(普赖尔、肯特、麦克甘和勒罗伊,1996)。

参见 多学科团队;特殊教育中的个性训练

SOCIODRAMA

社会戏剧

社会戏剧也称心理戏剧,作为群体治疗技术概念的扩充,是由J·L·莫雷诺(1946)提出并进一步发展的(20世纪初莫雷诺在维也纳首先提出了群体治疗技术)。虽然提出了这项技术,但他并没有在社会戏剧方面做太多工作,而是将更多的精力放在了心理戏剧的发展和应用上。后来,和莫雷诺一起作研究的心理社会学家托兰斯将社会戏剧重新定义为群体问题解决的技术,这个定义以莫雷诺的早期研究为基础并整合了托兰斯(1970)和奥斯本(1963)的创造性问题解决原则。社会戏剧适用于学前到成人的所有年龄段的人。

社会戏剧的最初应用在很大程度上反映了托兰斯的兴趣和影响,主要用于弱势群体或其他高危人群的行为问题的早期预防。社会戏剧也被应用于社会非正常行为的成年人和少年犯的治疗过程中。社会戏剧在引导及教授新的社会学者及通过提供给他们更多的行为选择来提高青年人解决问题的能力方面,有特殊的帮助作用。

在社会戏剧的表演过程中,小组中通常会出现的问题和矛盾情境来源于小组讨论。小组中的成员被分配给各种角色,从而将情境表演出来。许多产出技术被引入表演以帮助解决这些矛盾,这包括双重角色、独白、直接陈述、镜相和角色转换等。

导演的作用是保证活动向着解决问题的方向发展,或者更多朝着多种解决办法的方向发展。每次会议都应该经小组讨论并找到一系列潜在的解决方法。可以进行适当的行为训练。社会戏剧通过教导参加者集体讨论各种可能的行为并事先预演真实生活中可能出现的问题,成为治疗和预防儿童及青少年行为问题的一种行之有效的方法。

参见 *群体疗法;心理剧*

SOCIOECONOMIC IMPACT OF DISABILITIES
残疾的社会经济影响

有证据表明,父母的社会经济地位与儿童在学校的表现有一定的关系(巴罗纳,1992)。考德威尔(1970)认为,许多出身社会经济地位较低家庭的儿童,生活在一种被严格约束、缺乏鼓励的环境中。因此,较低的社会经济环境与较差的认知机能之间有着密不可分的关系。与社会认知地位较高的家庭相比,社会经济地位较低的家庭更容易出现认知较差的儿童。

有许多与社会经济地位有关的因素被认为在某种程度上导致了残疾。这些因素包括较差的健康卫生条件,出生前后缺乏护理,不适当的饮食以及缺少早期潜能的激发等。察豪·克里斯琴森和罗斯(1979)认为,出身于社会经济地位较低家庭的婴儿会更有危险经历或面对阻碍发展的情况。这些情况包括出生时体重较轻、铅中毒、营养不良以及怀孕过程中的母体传染等。卡甘(1970)讨论了出身较差和出身优越儿童之间其他心理上的差别。这些差别在儿童出生后的3年里显露出来并随着时间的推移稳固下来。这些差别的表现形式多种多样,包括语言、心智倾向、对异性的爱慕、自控力、成效感、动机以及对失败的预期。所有这些因素都极大地影响着儿童们在学校的表现。在以上任何方面的缺失都会限制其各种各样认知能力的发展。在缺少激励和与成年人健康互动环境中成长的幼儿,通常会在动作、语言、认知和社交技巧等方面存在障碍。

许多其他与低社会经济地位相关的因素也会导致儿童较差的学习成绩。其中的一些相关因素包括语言发展迟缓,更易冲动,在反映教学成果的标准智力测试中的低智商,较低的家庭教育水平,儿童5岁以后所生活的家庭环境,较差的家庭氛围,单调的激励方式,家庭对儿童在学校表现优秀极少鼓励,以及很少花时间在课堂及家庭作业上。

麦克米伦(1982)、波德尔和斯科德拉克(1993)曾经强调成见是很危险的。决定社会经济地位的指标与发展结果之间的关系会产生误导,任何规则都有例外。重要的是特殊教育人员的文化意识训练中应该包括社会经济地位的可变性。主要的关注应该放在整个社会经济因素的影响上,预防或阻止它们造成生理、社会、情感和智力上的残疾。

参见 *文化/语言上有差异的学生;天才儿童;社会经济地位*

SOCIOECONOMIC STATUS(SES)
社会经济地位(SES)

戴维斯(1986)将社会经济地位(SES)定义为一个人在社会中的位置。决定社会经济地位的因素有很多。这些因素包括收入、工作、地理位置、家庭花销和家庭的社会地位。社会经济地位在很多方面影响人们的行为方式。例如,家里有多少个孩子,私家车是哪年购买的、什么型号,以及每年有多少次休假,都会随着社会经济地位的不同而不同。

社会很重视财产和物质上的拥有。在社会中人们总是倾向于根据拥有的财富多少和权力大小来将每个人分成等级。财富与教育、收入和职位有着密不可分的关系。

科恩(1969)说,中产阶级家庭中的母亲看重自控力、可依赖感和周到体贴,然而处于较低阶层家庭中的母亲则更看重是否顺从和能否自我保护。中产阶级家庭的儿童在一个取得进步和成绩时就受到表扬和鼓励的环境中成长。而较低阶层家庭中的儿童是在一个要求立见成效和更现实的环境中成长起来的,他们被教导成遇到新的或不熟悉的事物就会害羞得躲开。根据布考克(1972)的说法,在家庭所具有的所有特点中,最能预示儿童在学校中表现的就是家庭的社会经济地位。更具体地说,成长在社会经济地位越高的家庭中的儿童,在学校中的学业成就也越高。社会经济地位还能够预示儿童所参加的课外活动的数量和类型,以及对学校社交和情感的适应程度。与社会经济地位有密切关系的方面还包括年级、考试成绩、年级水平中的停滞不前、课业不及格、逃学旷课、留校察看、辍学率、大学计划以及上学的总年限。

参见 残疾的社会经济影响

SOCIOGRAM
社会关系图示

社会关系图示(莫雷诺,1953)是指用图表的方式来表现一个群体中人与人之间的关系。它被认为是教师最普遍使用的一种社会性测试方式。在大多数情况下,社会性测试会使用在一群儿童身上,询问每一个儿童在一个特定的活动中他愿意和谁在一起。社会图示以图表形式展示出总是有很多学生愿意与之一起学习、游戏、工作的学生们的情况;也可以表现那些总是被拒绝而形单影只的学生的情况。每个儿童都会被问到诸如"你愿意和哪三个学生一起学习?你最喜欢哪三个学生?你休假时最想和哪两个学生玩儿?你最好的朋友是哪三个学生?"之类的问题。学生们对这些问题的回答都会被用来构建社会图示。

由社会图示得出的信息可用来了解那些孤单、社会心理不成熟、忧郁和有心理缺陷的学生(康德尔曼,1995)。一旦这种信息从社会图示中获得,教师们就会开始提出问题去弄清楚为什么一些学生被认为是孤单不合群的,从而帮助教师们分配学生到不同小组中去完成课堂任务,以及改变课堂中的人际关系。它也会提醒教师注意发现当前或潜在的障碍状况发生的可能性。几乎有40%的教师使用社会性测试技术(瓦萨,1994)。

参见 社交技能;社交技能与残疾人

SOCIOMETRIC TECHNIQUES WITH THE HANDICAPPED
残疾人的社会关系技术

由莫雷诺(1953)最先提出的社会关系技术是用来确定一个群体的社会组织的问题。应用在残疾人方面的社会关系技术多种多样,最经常使用的两种技术是同伴提名和定额方法。大多数的虚拟提名会问的问题是你最愿意和谁一起学习?午餐时你最想和谁坐在一起?你最喜欢和谁一起完成一件艺术品?课间休息时你最想和谁在一起?

对残疾儿童的社会接受是学校适应和学业成就最重要的部分。社会关系技术可以帮助教师确定残疾儿童是否能被其他正常的同伴所接受(康德尔曼,1995)。如果这个儿童未被接受,那么下一步就是决定用哪一种干预方法来帮助这些儿童提高社会地位。

参见 社交技能;社会图示

SOCIOPATHY/ANTISOCIAL PERSONALITY DISORDER
社会反叛/反社会人格障碍

社会反叛是一种标明18岁及以上成年人在一生中表现出来的挑衅或反社会行为的决定性标志。童年时期表现出的反社会行为最能有效地预示社会反叛,如打架、盗窃、一贯性撒谎、犯罪以及长期在学校中挑衅寻事。这样的儿童有位具社会反叛倾向的爸爸也是不足为奇的。事实上,除去社会经济地位的因素之外,家庭中有越多具社会反叛倾向的亲属,儿童就越有可能出现反社会举动(罗宾斯,1972)。

根据绝大部分心理障碍个体具有的一般规律,父母教导或家庭活动的具体表现并不能确定最终会导致社会反叛。然而,几位作者都特别指出了两种最有可能导致这种综合征的儿童养育方式(梅耶,1980)。一种是父母情感冷漠、不善表达,以至于对儿童不善于教诲,不能心意相通且没有亲近感。另一种父母养育方式的特点是缺乏管理中强化与处罚的一致性。这样,儿童就无法学到对与错的抽象规则,而只是对当前情况的一种反应,无法信任别人,而且无法对不被认同的人际关系做出应有的回应。除此以外,与一个反社会的成年人,尤其是成年男性接触,儿童也会效仿这种不正常的行为。

几项研究都发现,社会反叛被试中者有31%~58%的心电图还有异常的表现,其中最常见的一种异常表现是婴儿及儿童特有的慢速波动(埃林顿,1954)。在最冲动和最强烈的社会反叛中能够发现短暂的脑叶脑电图异常,还观察到每秒钟有6~8周和14~16周的顺时针峰值(希尔,1952;辛杜尔克,1978)。这些数据很难作为社会反叛因素进行解释,因为并不是所有的社会反叛者都显现出这种脑波运动。也许在这种人格错乱中还可以再划分不同类别,可以用不同的病因学理论来解释。然而,哈雷(1970)已经推测出,慢速的脑电波运动可以判断行为抑制机能中的异常作用。这与相信社会反叛者固执己见,而且不顾社会或身体上的惩罚而继续他们的不适当行为是一致的。

虽然有人认为社会反叛是一个无用的范畴,但是大部分临床心理医生都认为它是一个有意义的概念(格雷和哈钦森,1964),而且能够准确地被诊断出来。随着研究人员对这种复杂的综合征的进一步重视,无疑对社会反叛的人格特征下定义的标准还会继续发生变化,很可能继续形成下属类别。期望这些因素也会引导人们找到预防和治疗的有效途径。除了个别的报告(梅耶,1980),大部分比较乐观的预见是社会反叛行为的特征会在人接近中年的时候逐渐变弱。然而,从事特殊教育的人员必须认真对待行为异常的青少年,并用发展的眼光满怀希望地预防有社会反叛倾向的成年人。

参见 行为障碍;药物滥用

SOFT(NEUROLOGICAL)SIGNS
(神经系)软体征

谢弗等人(1983)将神经病学软体征定义为"在与传统的神经病诊断一样或类似的感觉测试中出现的异常表现,但这是一种出现在没有任何永久或暂时性精神错乱的个人身上的异常表现"。有资料(如:布达,1981;加迪斯,1985)显示,软体征与年龄因素有很密切的关系,在某种年龄段的儿童中显示出神经病软体征的行为,对年龄更小的儿童来说,被认为是正常行为(阿迪利亚和罗塞利,1996)。这个术语是与强体征相对的,强体征在医学上被认为是神经病的征兆。

谢弗等人(1983)认为,观察到的外在行为与神经病、精神创伤的病历没有直接联系。而且,神经病软体征组群也不能成为神经病及大脑疾病的病征。从定义来看,软体征并不意味着某种特定中枢神经系统的病理变化。在传统观念中,软体征也是不能够累加的,即"多个软体征并不能等同于一个强体征"(施普伦等,1984)。

现在已经能够确定出近一百种神经病软体征(施普伦等,1984)。这样的软体征包括多样的行为模式,其中易冲动(威迪罗、斯托弗、阿特金斯和马奥尼,1990)、精神集中、良好的运动速度、活跃程度以及感情。加迪斯(1985)列出了以下几种最常见的神经病软体征:行动迟缓、语言迟滞、左右不分、感知和感知运动神经障碍以及眼手不协调。软体征很可能与活动过度和特定的学习障碍同时出现,但是软体征的存在不能被看作是这些状况的病症(加迪斯,1985)。

神经病软体征与儿童的学习、行为错乱之间的关系已经得到广泛研究。从1983年以前广义的儿童行为研究角度来看,谢弗等人(1983)发表了研究成果,表明在神经病软体征与智商指数、确诊的神经错乱、行为问题之间存在着一致性。作者描述了一项由国家神经病、交流障碍、中风研究所(NINCDS)主持,有456个儿童参加的联合项目。该项目就儿童在7岁时是否存在18项神经病软体征进行了检测。特定的标志包括行动混乱(例如:抽搐、颤抖等)和协调困难(例如:消化不良轮替动作障碍等)。在15项指标中研究对象被随机分级(例如:恐惧、语言流利度、合作性、精神集中时长)。在之前的研究中,作者报告说:表现出神经性软体征的儿童中有渐渐增多的认知障碍、学习问题及行为错乱。

神经病软体征的真正病原尚未查证,很可能是由多种复合原因所导致的。软体征可能构成了连续渐变的神经病特征中的一方面,因此有可能导致较轻的中枢神经系统衰退。神经病软体征在另外一些人身上可能表现为一种基因变异。神经学软体征在人群中较高的发病率提醒我们,在解释它们的含义时需谨慎。(谢弗等,1983)。

参见 偏侧优势;神经心理学;视动与视知觉问题

SONICGUIDE
声波向导器

声波向导器是视觉障碍者使用的一种行动辅助和环境探测设备。它的操作基于高频音的反射原理,高频音可以转变成可以听到的立体声信号,以此告知使用者路上和周围环境中物体的距离、位置和表面特征等信息。任何年龄的使用者(希尔道得森·博克和福克斯等,1995)都可以用它学习定位并识别距离约5米远的物体。

使用者配戴的眼镜框中间有一个发射装置,可以向前发射超声波(人耳听不到的高频音)。当超声波遇到障碍物,如一面墙、一个人或一棵树时,就会反射回来,通过位于发射装置下面的两个麦克风装置接收。麦克风装置可以将反射回来的信息转换成电子信号,再通过眼镜腿上的耳机转换成低频的可以听到的声音。然后,这些声音通过小导管送达人耳。这些小导管不妨碍对日常生活中声音的聆听,使用者可以学习把向导器的声音和日常生活中的声音结合起来,从而形成对周围环境的概念。麦克风装置稍微向外倾斜,以便使用者能更清晰地接受到其两侧障碍物反射回来的声音。向导器的声音定位过程与日常生活中的声音同时进行,所以可以在自然环境中指向。反射信号的强弱可以说明物体的大概距离;当物体越来越近时,反射信号会由最强逐渐转到较弱。通过把信号的强弱和音调特征转换成声音送达人耳,使用者可以判断物体的方向、距离和表面特征等信息。向导器被设计成眼镜框的样子,是为了鼓励使用者表现出像明眼人一样的头部运动和姿势。使用者熟练掌握向导器的技术后,走路时会更加安全和自信,还能提高对环境的注意。在室外,声波向导器要和手杖或导盲犬配合使用,除非使用者非常熟悉周围环境,并可以自如避开向导器所不能发现的危险。

参见 盲;电子行走辅助设备;视觉训练

SPASTICITY
痉挛

痉挛是与肌肉缺乏控制直接相关的脑瘫的一种类型。脑瘫儿童中有痉挛症状的占了大多数,约40% ~60%。

提到痉挛性脑瘫时,也常使用另一个术语"锥体",是因为其相关神经的形状很像锥形。痉挛性脑瘫由运动皮质中的神经细胞的永久性损伤导致。运动皮质是一种含有为肌肉提供动力的神经细胞的大脑灰色物质。从皮质里的神经元到脊髓,都分布有神经细胞。这些细胞最终与神经束相连,刺激四肢并引发肌肉运动。如果这些神经细胞或神经束受到损伤,就产生了痉挛。

由于痉挛会影响部分或全部四肢,它可以被分为如下几种类型:单瘫指有一只上肢或下肢瘫痪,这种情况非常少见;三肢瘫痪包括三只上肢或下肢的损伤,它也不常见;偏瘫指半边(右侧或左侧)身体的异常,一般来讲上肢比下肢严重,这是最常见的;双侧偏瘫包括身体两边无力或瘫痪,上肢比下肢严重;还有一种叫四肢瘫痪,发生于四肢,下肢重于上肢;双侧瘫痪指四肢都受到影响,但下肢重于上肢;截瘫指下肢的神经机能障碍。其中痉挛性偏瘫是最常见的一种,约占所有脑瘫者人数的40%,而四肢瘫痪只占总数的19%(卡普托,1978)。

轻度痉挛的儿童步态笨拙,还可能伸出手臂以保持平衡(克里根等,1997)。中度痉挛的儿童可能出现双上肢肘关节和双手弯曲、内收;下肢可能内旋、弯曲,导致"剪刀步态"。重度痉挛的儿童可能很难控制身体的行动,没有吊带、拐杖、助行架或其他的支撑时就不能坐起、站立和行走(科克和加拉荷,1979)。

参见 脑瘫;身体残疾

SPEARMAN, C. E.
C·E·斯皮尔曼(1863—1945)

C·E·斯皮尔曼在英国一个颇有地位的家庭中长大,成人后成为正规军队的一名军官;在军队任职到40岁,并获得少校军衔。他于1908年在莱比锡的冯特实验室获得博士学位,时年45岁;在伦敦大学从事学术研究,终其一生。

斯皮尔曼因其一般智力理论和对统计方法学的贡献而著名。统计方法学包括因素分析、斯皮尔曼等级相关和斯皮尔曼—朗矫正公式。斯皮尔曼的主要兴趣在于一般智力的研究,他称之为G因素。他对研究方法进行了创新,以便能够对G因素进行更好的定义和测量。

斯皮尔曼独创的二因素说(斯皮尔曼,1904)包括G因素和一个完成各个特定任务所需的特殊因素。随后他又扩展了自己的理论,引入了群因素的概念,群因素是完成特定任务所需的一些与G因素无关的因素。总的来说,他主要强调的还是G因素(斯皮尔曼,1927)。随后瑟斯通等人使因素分析发展得更精细准确,并开始强调群因素。在一些主要相关因素里,G因素开始显得不重要。如今,在一些主要相关因素里,G因素被认为是次重要因素。关于它的重要性至今仍有争论。

参见 "G"因素理论;智力;反应时间

SPECIAL CLASS
特殊班级

第一个特殊班级建立于19世纪末20世纪初,是在公立学校里为中度智力落后、聋、重听、盲、情绪障碍和肢体残疾学生建立的班级。埃斯滕(1900)曾声明,最初的智力落后儿童特殊班是为了向学习缓慢的儿童提供合适的班级而建立的。

特殊班级或为残疾学生单独设立的班级的特点是,根据某种分类把特殊儿童和普通儿童隔离开来。由于邓恩(1968)曾撰文阐述把轻度残疾学生安置在特殊班级的弊端,因此,现在留在单独设立的班级接受特殊教育的学生通常是问题比较严重的学生。不过,科克和加拉荷(1983)曾报告,天才学生也可以根据其兴趣和能力被安排进特殊班级,而在特殊技能领域显示出进步的学生则很少回归到普通班级。

参见 特殊教育服务的瀑布模式;融合;资源教室;自足式班级;服务传送模式

SPECIAL EDUCATION, TEACHER TRAINING IN
特殊教育中的教师培训

在过去30多年里,美国特殊教育教师的培训和实践经历了迅速的发展和变化。

20世纪90年代,这一培训在本质上呈现经济化的特点。由于需要接受特殊教育服务的儿童人数一直在增长,而联邦、州和地区的预算资源却是有限的,这使

20世纪90年代的美国特殊教育呈现节约和不确定的特点。当时迫切需要增加有资质的特殊教育教师的数量,同时新培训出来的教师却总是不太能胜任其工作。但对特殊教育教师的要求是要更灵活机敏,做事更加具有条理性,有更清晰的创新能力、设计能力和执行指导的干预能力,并且能更直接地融入普通教育。

除了宏观的政治、经济因素之外,关于人类学习、身心发展和教学研究的数量和质量,也对特殊教育教师的培训有一定影响。自从20世纪60年代,大量关于残疾和非残疾儿童的研究和发展,使得特殊教育教师有了扎实的能够有效指导实践的知识基础。由于信息的不断增加,以及特殊教育教师开始被要求担任更复杂的角色,20世纪90年代以来的特殊教育教师培训要求具有比以往更大的广度和深度。

虽然在特殊教育教师应具备什么样的知识和技能的问题上仍缺乏共识,但一般的培训内容都包括以下几项:第一,教师应在文学概论、人文学科基本原理、自由艺术以及基础科学上有一个扎实的基础,以此作为进入教师职业的先决条件(德内马克和纳特,1980)。第二,特殊教育教师必须精通普通教育和特殊教育知识,也就是他们必须既是普通教育的多面手,又是特殊教育专家(雷诺兹,1979)。他们的培训应包括学校发展、基础理论技能课程、教学法、有效利用计算机辅助教学、教学和行为管理策略的知识。反过来,全纳运动要求普通教育的教师也要学习特殊教育知识。在22个州里,普通教育教师的任职条件之一,就是要求教师学习一些关于残疾学生的课程。11个州还要求在课程学习之余有一定的教学实践经验(美国教育部,1997)。第三,为促进学生融入主流教育,特殊教育教师必须起到小组成员和顾问的作用,与普通教育教师在关于残疾学生的问题上进行互动。第四,不管学生残疾的种类和程度如何,所有的特殊教育教师都必须具备有效的沟通技能去帮助残疾儿童及其父母。

最后,教师培训项目应为学员提供广泛的实践体验。实践体验应在培训项目过程中尽早开始,大量职业实践能使学员取得进步。

美国教师教育学院联合会专业教育委员会认为目前的教师职业最好半职业化(豪萨姆、科里根、德内马克和纳什,1976)。为提高教师教育的质量,该委员会介绍了一个结合学士和硕士学位的五年制教师培训项目,还要加上第六年的教学实习。这样的努力会提高教师的专业能力,以帮助学生达到更好的学业成就。通过这些介绍可以看出,特殊教育教师培训也将从师范教育扩展到研究生教育。

遗憾的是,由于教师培训项目的倾斜招生和大学预算的减少,少数大学决定采取措施使其培训项目比以往更严格,具体措施则采纳教师教育和特殊教育领域专家的建议。

美国特殊教育教师的减少是一个全国性的重要问题,而且它与职前培训质量不高有很大的关系。包括所要求的广泛文化适应能力(米勒等,1997)课程、实践和新的项目中所要求的实习教师培训,能够使研究生更好地进行准备,以面对特殊教育的挑战和需要。最后,他们会以一种更有效的方式继续长期从事残疾人的教育工作。

参见 人力资源发展;教师效能

SPECIAL EDUCATION INSTRUCTIONAL MATERIALS CENTERS

特殊教育教学材料中心(SEIMCS)

在《所有残疾儿童教育法案》通过之前的10多年里,美国教育办公室就承认,残疾学生教育质量的一个主要障碍是,缺少合适的针对师生的教材和服务(阿朗索,1974)。从20世纪80年代开始联邦政府就希望建立一个服务中心网络以解决该问题。

改善教材的努力始于1963年,南加利福尼亚州大学和华盛顿大学的两个项目获得资助,这两个项目提出了有效的教材和教法的发展和推广的示范模式。从此一些教材中心陆续成立:13个地区特殊教育教材中心(SEIMCS),4个地区聋和听障媒介中心(RMC),教育资源信息中心(ERIC)网络里的残疾儿童和天才儿童信息交换中心,美国盲文出版社的教材参考中心,国家残疾人教育媒介和教材中心(NCEMMH)。

政府不严格限定这些教材中心的范围。它们尊重服务需要的多样性,鼓励每个项目根据本地区的特殊情况开展工作,充分利用教职工的特殊力量。不过一般来讲,这些中心的活动可分为三种。第一种由教材的识别、收集、评估、扩展组成,如果有必要还包括发展或模拟教材的发展。第二种由不同的专门服务组成:教材媒介的选择、评估和使用方面的教师培训,建立或改进师生服务的协调活动,对州教育委员会提供技术援助以确保该州正在进行的支持服务制度化。最后,这些中心在某种程度上都涉及关于当前的特殊教育研究、教法和教材信息的系统传播。

参见 特殊教育在线数据库

SPECIAL SERVICES IN THE SCHOOLS(SSS)

《学校中的特殊服务》(SSS)

由霍沃思出版社(纽约)出版的《学校中的特殊服

S

务》是一个强调应用的季刊。现在已经发行至第7卷。《学校中的特殊服务》面向在学校和相关教育机构提供特殊服务的不同专业读者,包括学校心理学者、指导顾问、咨询教师、社会工作者以及言语和语言临床医师。杂志的方针是传播与这些专业人员直接相关的有用信息。同样,《学校中的特殊服务》中发表的文章也包括相关研究和著作的回顾,项目描述和评估,最近的政策发展倾向的观点以及特殊服务项目计划、执行和评估的方针。

《学校中的特殊服务》所刊发论文的目的在于为特殊教育者、心理学者、顾问、看护人员、社会工作者、言语和语言临床医师、物理和职业治疗师以及学校管理者提供信息和指导,以便帮助这些专业人员完成各种各样的服务工作。

关于上述主题领域和服务工作的投稿均有机会发表。所有投稿都要经过编辑顾问的盲审。

SPEECH
言语

在特殊教育里,"言语"一词有两种不同的含义。有时它指所有的语言技能,通常用于复合词,如"言语病理学者"和"言语治疗"。有时"言语"的含义比较窄,指口语,只用于表示所有言语的语言能力。口语是到目前为止使用最频繁的言语沟通形式。它也是儿童获得的第一种语言能力。

"言语"(即口语)由发声器官产生。发声器官是呼吸系统和消化系统的一部分。通常,呼出的空气被用于制造"言语"声音。从肺里呼出的空气导致喉部振动,就产生了声音,如元音或浊辅音。如果呼气时声带保持分离状态,就不会导致振动,呼出的空气就变成清辅音(如:/s/或/f/)。"言语"活动是发声器官迅速、复杂、精细的运动,因此儿童花上几年的时间才能学会说话。

参见 语言障碍;言语障碍

SPEECH, ABSENCE OF
言语缺失

儿童一般在1岁时开始学会说第一个能让人听懂的词语,到2岁时开始学会说一些句子。一般来讲,若儿童到2岁时还不会说话,父母就应该开始注意儿童的言语发展。无论如何,正常儿童很少在度过第二个生日时还不会说第一个词语。如果一个儿童到5岁时还不会说话,就可能存在严重的问题(布拉德斯坦,1984)。

言语缺失最常见的原因是认知缺陷。一些儿童在发展某种语言的潜能上有严重的认知缺陷,这样的儿童可能终生不会说话(罗宾森等,1976)。认知缺陷的成因有时是遗传因素;在另外一些病例里,脑外伤也是智力落后的一种已知因素。有智力缺陷的儿童发展语言的方式和普通儿童一样,只是更慢一些(内雷默和德弗,1975;万·里佩尔和埃里克森,1996)。总之,这些儿童会在词汇和语法的使用上遇到困难。

先天聋是儿童言语缺失的另一个可能因素。若一个儿童一生下来就有严重的听力损失,那么他就不能正常地发展言语,除非进行特殊干预。相当数量的儿童一生下来就有一定程度的听力损失,但这种损失不是很严重,不至于使他们不能使用听力去发展言语和语言。不过,有严重听力损失的儿童通常就要面临严重的语言发展问题,因为他们无法靠听觉去监控自己的言语。不可思议的是,婴幼儿的重度听障常常被人忽视,直到人们发现他直至2岁还不会说一个词。这是因为,一些听障儿童在咿呀学语的阶段里,看上去和健听儿童没有什么区别。

当听力损伤被确认后,多数听障儿童就开始配戴助听器。如果儿童的听力损失超过了90分贝,就不太可能只通过听来学会言语和语言。一些儿童的言语和语言训练由发音方法开始,主要采用要求儿童唇读和说话的方式。不过,在最近的20~25年,听力损伤儿童的语训发生了改变。现在多数儿童在确认听力受损后开始学习手语。在谈到听力损伤儿童时,把言语和语言区别开很重要,因为一些重度听力损伤儿童不会说话也能获得语言。

能引起言语缺失的一个附加的问题是社会/情感失调的出现,特别是儿童精神分裂症和婴幼儿自闭症(万·里佩尔和埃里克森,1996)。患有精神分裂症的儿童在生命的最初几年通常显得发展正常,然后开始退步,最后可能会失去所有的语言和言语。精神分裂症具有周期好转的特征,但很难治愈。而自闭症不同于精神分裂症,似乎从儿童出生时就开始了。自闭症儿童不能正常发展语言,语言的使用也很不正常。一些自闭症儿童可以说完整的句子,可是在生活中仅仅说一两次。另一些自闭症儿童发展的是模仿言语,即机械模仿别人对他们说过的话。还有一些自闭症儿童能说一些有意义的句子,但好像只是一串词语的记忆,并且只能表达简单的需要。只有少数自闭症儿童最终获得一定程度的言语和语言。

在过去,一些不能获得言语的儿童被送到专门机构,很少接受甚至不能接受教育服务。94-142公法出台后,这些儿童开始可以生活在家里,并接受一定程度的学校教育。随着公共教育法的继续细化(例如1997年的《残疾人教育法案》),宽广的服务基础已经可以帮助更多有言语障碍的儿童更好地发展沟通技能。

参见 自闭症;选择性缄默症;缄默症;言语治疗

SPEECH – LANGUAGE PATHOLOGIST
言语—语言病理学者

言语—语言病理学者是一个公认的职业头衔,指评估和治疗有言语或语言障碍的人。由于言语—语言病理学者还有其他相似的头衔,如言语(—语言)治疗学家、言语病理学者和言语(—语言)临床医师,所以称谓显得有些混乱。另外,言语—语言病理学者有时也是口语病理学者的非正式头衔。使用什么样的头衔可依据言语—语言病理学者的偏好和工作的场所(学校、医院等)来决定。不同的头衔不一定反映教育或技能水平的不同。

参见 沟通障碍;言语治疗

SPEECH – LANGUAGE SERVICES
言语—语言服务

为言语或语言障碍儿童和成人提供服务是一个复杂的过程。根据克雷兰和史华慈(1982)的说法,这种服务除了持续提供最新技术和工具服务的问题,还受诸如经费、运输、消费阻力等因素的影响。很多场所都提供言语和语言服务(万·里佩尔和埃里克森,1996),提供这些服务的专业人员通常要经过言语病理培训并获得相应的证书或州执照。从幼儿园到大学,都有言语病理学者。这种服务包括识别言语和听力损伤以及更多复杂障碍的诊断、治疗和转诊。公立学校里针对儿童的多数障碍治疗都是关于言语、语言、发音和口吃的。一些医院也提供言语和语言服务。言语临床诊所通常建立在康复部里。对于那些还伴有身体残疾的人,言语—语言病理学者还需和职业物理治疗师一起合作进行治疗。有时医院也为儿童提供这样的服务,这是公立学校免费服务之外的另一种选择。

参见 言语治疗学家;言语治疗

SPEECH SYNTHESIZER
语音合成器

语音合成器是一种试图复制人类声音的电子设备。它的重要之处在于允许机器与人类对话。当然,人类必须给合成器进行编程,以告诉它说什么。

当前大部分合成器设计,应用的是两种不同的语音技术。第一种叫做线性预测编码(LPC),试图制作一种人声电子模型。它制造的声音很像人类声带发出的声音。这些声音通过一系列过滤器,形成类似人类发音器官(舌头、嘴唇、牙齿等)形成的声音。这是一种很受欢迎的技术,因为它仅仅需要足够的计算机记忆以贮存过滤器配置,因此造价相对低廉。其音质是可接受的,但不真实,这是因为声音模型不能精确复制所有人类发声的细微特点。它发出的声音有一种机器般的音质。

第二种产生语音的方式是数字语音。实际上,数字语音不是合成语音。在数字语音中,记录的是语音信号的声波而不是喉部发音器官的位置。然后这些声波被数字化——转换成数字编码并在需要时再播放。这种方法的优点是音质好,听上去像高质录音机。不过,普通听众仍然需要时间去适应和理解这种合成声音(文卡塔基利,1994)。它的缺点是,存贮声波需要大量的资金。

语音合成器除了应用于工业,也用作不会说话的残疾人的沟通设备,可利用矫正软件帮助残疾人改善发音(伦德伯格,1995)。

参见 增强沟通系统;残疾人的计算机使用

SPEECH THERAPY
言语治疗

言语治疗致力于改善言语问题。其治疗活动包括改进从来没有正常说过话的人的言语(习惯),以及改进以前有过正常言语的人的言语(复原)。根据说话者的年龄、言语障碍以及言语病理学者的专业培训和实践,可采用各种各样的治疗方式。言语治疗通常是帮助一个有言语障碍的人说得更好。对于成人和大龄儿童来说,可采用玩游戏这样的间接治疗方式。

虽然已经有了一些关于言语(和语言)障碍现象及其治疗的调查研究,但仍有很多东西还是未知的。因此言语治疗在很大程度上仍是一种"艺术",而不是一种科学。言语病理学者常常依靠直觉和经验而不是研究结果来进行工作。言语障碍的原因通常无法确定,在大部分情况下是找不到病因的(如万·里佩尔和埃里克森,1996)。虽然一些言语障碍可以被完全"治愈",之前的言语问题行为不再出现,但还是有一些言语障碍不能根除。例如,一些口吃的儿童和成人尽管成功进行了言语治疗,但口吃的残余症状仍会继续。

根据障碍的表现和严重程度,病人接受小组或个别治疗,可以是短期(几个疗程)或长期(几年)。除此之外,决定疗程长短和频率的还有很多其他因素。

在治疗开始前,一般要经过言语—语言病理学者的评估,在治疗过程中也有一个确定障碍表现的“诊断治疗”时期。有时,病人会被言语—语言病理学者推荐到其他专业人员那里(如:听觉病矫治专家、牙科医生和医师)。

参见 增强沟通系统;言语—语言病理学者

SPELLING DISABILITIES
拼写障碍

拼写是小学课程的传统要素,是书写过程中一个必不可缺的部分。残疾学生和非残疾学生拼写教学的主要目的是,使正确拼写的行为自动化,只需要最小的有意注意。如果学生用最高的效率和最小的精力掌握了拼写能力,就说明他们可以把更多的注意力和精力放在逻辑更为严密的书写过程上,如目的、内容和结构(格拉姆,1982)。

一般来讲,大部分被贴上“残疾”标签的学生都存在拼写问题,特别是有阅读障碍的残疾学生(伦诺克斯和西格尔,1993)。

使用或改变传统的拼写程序和技能,在很大程度上是残疾人拼写教学的基础。残疾学生在拼写课程里可能不会进步太快或熟练掌握所有教给普通学生的技能,他们的拼写课程一般强调如下几个传统技能:①熟练掌握基本词汇的拼写;②通过发音和拼写规则写出生词;③发展正确拼写单词的愿望;④识别并改正拼写错误;⑤使用字典查找单词的拼写。然而,围绕“应主要强调什么技能”仍有很多争论。例如,一些专家认为基本词汇的拼写应成为拼写课程的核心,而另一些专家则认为拼写教学应充分利用英语拼字法的系统特点,并强调运用发音和拼写规则(格拉姆,1983)。

最后一个观点强调利用行为和认知程序。虽然没有最后证据,基于行为和认知原则的拼写程序对残疾学生来说还是显得特别有效。例如,麦克劳伦(1982)发现特殊班级学生的拼写正确度是在偶然中得到改善的。用认知程序的术语来讲,哈里斯、格拉姆和弗里曼(1986)发现策略培训的实施能改善学习缺陷学生的拼写成绩,即在一个学习情境下帮助他们更好地预知在下一次测试里能正确拼写多少单词。还有人发现,利用计算机帮助学生获得拼写技能,也是一个有意义的方法(高尔登、沃恩、舒蒙和谢伊,1993;万·达尔和万德尔·莱伊,1992)。

参见 写作矫正;残疾人的书面语言

SPERRY, ROGER W.
罗杰 W·斯伯里(1913—1994)

1913 年 8 月 20 日斯伯里出生于美国康涅狄格州哈特福德市的一个中产阶级家庭,他终其一生都致力于探索两个基本心理学问题:①什么是意识?②自然和环境对行为规律各有什么样的作用?他曾在俄亥俄州的奥伯林学院(英语学士和心理学硕士)、芝加哥大学(动物学博士)和哈佛大学(心理学博士后)就读。他常常反对当时的传统观点,喜欢通过简单而有创意的研究来质疑既定事实。他的多数研究都是在加州理工学院做希克森心理学教授时完成的。

他和外科医生约瑟夫·伯根、菲力浦·沃格尔一起设计了一系列研究,目的在于探索大脑两个半球的机能,以及大脑是否和边缘神经系统一样是天生的。他们将约 12 个顽固性癫痫病人的大脑胼胝体切断,现在称作“裂脑”手术。经过大量研究,其中一些研究至今还在进行,他们发现大脑确实和边缘神经系统一样是天生的。他们还进一步发现大脑左半球主要负责语言信息,大脑右半球控制视觉信息。

更多的研究揭示,癫痫病人有两个分离的意识,因此他们的行为不是整合的。经过进一步研究,斯伯里认为意识是一种大脑两个半球同时整合的机能。他还认为大脑机能形成意识,反过来意识也能控制大脑机能。

因其杰出的科学研究工作,斯伯里获得了 1981 年度诺贝尔医学奖,并在他的学科里受到极高的赞誉。他发表过包括心理学、神经科学和哲学在内的 300 篇(部)文章(著作),有近 100 名分布在 9 个州从事研究工作的学生,斯伯里的贡献从他所生活的半个世纪延伸到现代心理学。他在美国加利福尼亚州帕萨迪纳市去世,死于肌肉萎缩性侧面硬化病并发症,享年 80 岁。

SPINA BIFIDA
脊柱裂

脊柱裂(脊髓脊膜突出)是一种先天性疾病。它始于胚胎发育时期(妊娠开始的 30 天)中枢神经系统发育时的脊髓末端闭合缺陷(哈斯拉姆和瓦莱图蒂,1975)。正是这样的闭合缺陷导致了脊柱异常发育,即脊髓脊膜突出并阻碍了脊柱的进一步发育。

这种发育异常相当常见,每 1000 名新生儿中就有 2 ~ 4 例(哈斯拉姆和瓦莱图蒂,1975)。第一胎患有脊柱裂,则第二胎患脊柱裂的风险就显著增加至 1/20 ~ 1/40。脊柱裂可通过羊水穿刺来检测,即检测羊水中甲胎蛋白和乙酰胆碱酯酶浓度。正常状态下甲胎蛋白和乙酰胆碱酯酶都存在于胎儿的脑脊髓液中,在患有脊髓脊膜突出时才渗漏进羊水(贝尔曼和沃,1983)。

当胎儿出生时则可根据其背部下方(腰骶部)大面积凸出或突出病变来检测,这些病变部位有时有皮肤覆盖,有时则没有皮肤覆盖。这种脊髓损伤或缺陷,可导致各种各样的残疾。80% 的脊柱裂儿童患有脑积水,脑积水是由积聚于脑室的液体导致的(哈斯拉姆和瓦莱图蒂,1975)。如果不予治疗,脑积水可导致严重的智障。脑积水的治疗措施包括使脑积水液流向身体的其他部分,通常是心房或腹腔(沃尔莱希,1983)。

脊柱裂儿童可能需要广泛的内科、整形外科和教育服务,这些服务通常昂贵且耗时,会给家庭造成经济困难。这些儿童的教育计划,必须为教师提供创口洗涤技术和物理治疗方面的培训。一些脊柱裂儿童可能需要一个独立的特殊教育班级,另一些认知损伤不很严重的儿童可在支持服务下成功进入主流班级。

由于发现神经管缺陷和叶酸缺乏之间有紧密联系,脊柱裂的出现率显著降低。现在人们都知道叶酸可用于预防脊柱裂,虽然其作用机理还不清楚。已有一个脊柱裂孩子的妇女,在补充叶酸后可以使后来的妊娠减少 70% 的复发。再进一步讲,补充叶酸可以减少 50% 的脊柱裂出现率。因此,建议育龄妇女在妊娠前和妊娠初 12 周里每天补充叶酸。现在美国正计划在诸如面包、面粉和大米的常见食品里补充叶酸(利普塔克,1997)。

参见 脑积水

SPINAL CORD INJURY
脊髓损伤

脊髓损伤常常导致四肢瘫痪或局部瘫痪,但不一定是永久瘫痪。根据相关脊髓损伤的水平和严重程度,可导致不同程度四肢损伤或机能障碍。有时这种损伤是暂时的,对个体不会有永久性的影响。但在更多情况下,损伤会导致永久性的四肢机能损害和损伤。

脊髓损伤最常见的原因是坠落、枪伤、运动时受伤或机动车事故。脊髓损伤常常伴随着脊柱骨折,也可能发生于一个或多个骨骼脱臼。脊髓损伤时,身体和大脑的神经通路被阻断。损伤部位之下,任何形式的感觉(例如:本体感受、触感、温度感和痛感)和肌肉控制均丧失。虽然脊髓之外的神经可被自然修复或治愈,但脊髓神经的损伤是不能修复的。如果损伤部位在脊髓下部(通常在第一条胸椎之下),则只有下肢会受影响,这种情况叫做截瘫。如果损伤部位在脊髓上部(颈部),则四肢和躯干都会受到影响,这种情况叫做四肢瘫痪。最高部位颈椎的损伤则会导致死亡,因为这种损伤会造成丧失对横隔膜的支配。有时只有一侧脊髓受到损伤,这种情况叫做“脊髓半切综合征”,即损伤的一侧丧失身体感受并瘫痪,另一侧则丧失痛感、温度感和触觉。

在脊髓损伤的开始阶段,损伤部位之下的自主肌肉条件反射被抑制,这种瘫痪叫做“脊休克”,可能持续几个小时至 3 个月。脊休克过去后,脊髓条件反射会回到一个过度紧张的状态。这种痉挛或肌肉过度紧张可在一天的不同时间或遇到不同的刺激时发生变化,但会在损伤的第一年里更趋一致。最常见的紧急治疗形式是脊柱牵引,以治疗骨折或椎骨移位。可使用一种特殊的床,帮助接受牵引治疗的患者进行前后转身,以减少压痛(卧姿)。

第三颈椎(C3)以上部位损伤的患者通常需要做人工呼吸。第四颈椎至第七胸椎(T7)损伤的患者的呼吸能力会降低,在呼吸道感染时常常出现咳嗽和吸气困难。人保持直立姿势一段时间后,腹部和下肢会淤血,导致晕眩或昏迷,这是正常的反应,可通过坐在轮椅或能逐渐调整至直立姿势的倾斜床上来避免。

康复程序从损伤后几天开始,通常要持续几个星期或几个月的疗程。康复的一般目标是促进肢体能力和发展适应技能,以尽可能形成一种独立的生活方式。遗憾的是,康复目标过于集中在参与而不是成绩(达吉恩、马萨利和罗斯,1997)。脊髓损伤者的肢体限制妨碍了教育成绩。个体可能会出现自我形象、处理策略、融入支持和无能感的问题,这些都能影响教育成绩(马尔卡希,1992)。高位损伤的人可能需要大量的援助设施,例如:口含棒或能自动翻页的电子打字机。低位损伤的人在受教育时则不需要特别援助。建议帮助患者去适应新的肢体损伤,帮助患者发展未来职业追求也是适宜的。

参见 截瘫;四肢瘫痪

SPLIT - BRAIN RESEARCH
裂脑研究

大脑连合部切开术(裂脑手术)技术作为一种针对严重而顽固的癫痫手术,由万·瓦格恩于 1940 年首次采用。万·瓦格恩曾在约 24 个病例身上实施过这种手术,希望能够抑制癫痫者大脑半球的异常脑电波活动。遗憾的是,早期的手术方式并不成功,并已于 20 世纪 60 年代后被摒弃,以后的手术则被罗格·斯佩里、约瑟夫·柏根和菲力浦·沃格尔继续了下去(博蒙特,1983)。改进后的手术已被证明在许多病例身上是有效的,从科学角度讲,更重要的是,这种手术为研究大脑结构提供了一个独特的机会。斯佩里对裂脑病人

S

的研究被认为是非常重要的,因此他于 1984 年获得了诺贝尔医学奖。这种奖励意味着,这种开创性的研究导致了神经科学的巨大进步。

大脑连合部切开术的技术需切断胼胝体部位,包括中间质里的前连合和海马连合。这个技术有效地分开了两个大脑半球,防止信息从一个大脑半球传到另一个大脑半球。尽管这种手术方式耸人听闻,但手术后的病人则显得机能良好。要确认这种手术的效果,相当精细的测试程序很重要。

对术后裂脑病人的详细研究表明,事实上这些病人还是存在一些问题(斯普林格和德意志,1981)。有的病人经常报告很难把姓名和人脸联系起来,这可能是因为姓名和人脸的识别由不同的地方负责,左半球负责姓名,而右半球则与人脸识别密切相关。有的病人还报告在几何上有困难,并抱怨记忆力下降。最后,有的术后病人还报告停止做梦,不过它没有经过实证支持,测试显示这些术后病人仍有浅睡眠。

李维和她的同事曾利用嵌合刺激物对裂脑病人进行了一系列研究(李维、特雷瓦腾和斯佩里,1972)。这些刺激物被摆放成两组,每组刺激物都分别代表一个大脑半球。在研究的基础上,李维认为大脑左半球在分析上有优势,大脑右半球在整体性上有优势。

裂脑病人是双听实验的理想被试,即在双耳边呈现不同的刺激。另外,经研究测试,接受连合部切开术的病人的半边视野很少出现眼球扫描运动。不过应避免交叉提示现象,这需要一定的实验技术。交叉提示现象是指,病人故意或无意使用一些策略以同时向两个大脑半球传递信息。例如,一个被试者在触摸辨别一把梳子时可能用左手去摩擦梳齿,虽然触觉信息只传到裂脑病人的大脑右半球,但相关的声音却进入双耳并传到大脑左半球,最后导致相关的语言识别。

越来越多的神经外科医生成功实施了部分连合部切开术。这些手术提供了更多关于胼胝体内神经纤维传递定位的详细信息。例如,人们已经通过这些手术知道体觉信息通过胼胝体前端传递,而胼胝体后端的压部传递视觉信息。另外,已经有迹象表明感知判断和皮层下有关(科尔巴利斯,1994)。

关于裂脑病人研究的信息,可以帮助教师更好地理解和教育有特殊需要的儿童。李维(1982)曾用裂脑数据提出一个书写姿势模式;奥布兹克和哈特拉格(1981)曾把关于大脑偏侧性的发现应用于学习障碍儿童;哈特雷格(1975)曾提出一个基于大脑偏侧性的预知补习教育策略成绩的计划。斯佩里认为,只有通过理解大脑的两个半球各自是如何工作的,才能进一步理解它是如何作为一个整体来工作的(科尔巴利斯,1998)。

参见 大脑优势

SPORTS FOR THE HANDICAPPED
残疾人的运动

当前,美国联邦政府的法律规定:应为残疾个体提供体育服务和运动机会。《残疾人教育法案》要求提供免费且合适的公共学校教育,其中也包括体育教学和最少受限制的环境。《康复法案》第 504 条,详细说明不得歧视残疾人,必须为残疾人提供平等机会和平等进入,特别是校内体育教育服务。最直接的关于残疾人体育运动机会的法令是 1978 年的《业余运动法》(公法 95 - 606)(德波,1984)。

这些法律促使美国奥林匹克委员会成立了一个"残疾人运动活动分会",该委员会于 1983 年改名为"残疾人运动活动委员会"(德波,1984)。该委员会成员由两个为残疾个体提供运动机会的美国国家组织代表组成。"残疾人运动活动委员会"中至少 20% 的成员必须积极促进残疾运动员的参与。

残疾人体育由一些非学校组织举办,不过要保证残疾学生的平等机会,还需要教育者和心理学者对学校举办的运动项目给予更多的注意(阿申,1991)。需要创造一些独特而新颖的方式,使残疾人也可以参与学校运动。一种可能的方式是,在常规田径、游泳和体操运动会里安排残疾人的特殊项目。还可在一些运动项目里混合不同的残疾人和健全人。一个大有可为的项目是残疾人奥林匹克运动会,它是世界上最大的体育赛事之一(斯特沃德,1996)。

参见 特殊奥林匹克运动会;文娱疗法

STAFF DEVELOPMENT
教职员发展

教职员发展能提高员工的技能水平和组织对人力资源的关注,对改善组织的产品很有必要。在公立学校里,产品就是教育。教师设计并生产产品,学生消费产品,公众根据对消费者(儿童)努力的观察来评估产品。教育必须是有意义的,能和儿童进行学习前的经验联系起来。教师的动力和教育技能,对于事业成功是很重要的。生产产品——即教育指导,与教师执行、教材、体育训练、技术和学生的动机等因素有关,这些变量决定着这些消费者是购买还是拒绝该产品。教师的技能和生产者、生产机构一样,是生产过程中的关键投入。因为这些技能的重要性,作为关键资源的教职员的发展应有计划地坚持下去,像其他资源如组织一样。教职员发展必须是教职员所需要的、有意义的和容易获得的。

教育管理应包括建立一个加强学校教职员资源的计划,这个计划可能包括几个领域:课程、指导、个人技能、证书、先进的教育、缓解压力、工作环境、管理支持、学校、家庭、社会关系、学生管理以及学校或组织。一旦确定了组织的需要,就要草拟并通过每个教职员的参与方案。教师个体的作用是在日常教师评估程序中缩小评估范围并得到评估。加强组织技能水平的方法可包括:在职专业培训、小组教学、实习、发展补习计划、个人导向的教育单位、访问学校、室外指导和角色示范。

一旦确定需要,就应进行积极的环境建设、计划的设计和执行,以及专业教职员监控。组织对教师教学表现的积极反馈是必不可少的,教师通过这种反馈才能了解到组织的期望。监控/监督可以是同一个活动,监督包括:视觉呈现、询问课程问题、认可教学改革、鼓励教职员反思和支持小组、组织有创造性的教学改革、提供评估反馈和举行教师会议。教室巡视也是一种很重要的监控。以上这些活动可以传递关于管理兴趣的明确信息,若这些活动得以付诸实施,一个信任的环境就建立起来了。若学校积极鼓励教职员发展,教职员就会更好地接受教职员发展项目。

当组织给教职员一些制订计划和领导的机会后,这些管理者就成为教职员培训项目中的关键人物。要知道组织的两大资源就是人和物。在一个发展的组织系统中,应允许教师委员会来决定教师在工作中都有什么样的需要。在进行人力资源的评估时,教职员应被放在能充分发挥其专业才干的位置上。只要付出大量的努力,就可以达到组织所制订的计划目标。

参见 特殊教育教职员培训;特殊教育监督

STANDARD DEVIATION

标准差

标准差是样本或总体数据离中趋势的量度,是分布均衡时变量离中趋势最重要和最广泛的量度。一个有 N 个数据(X)且平均数为 m 的总体,我们可以用数据离差平方和的均数计算总体标准差,见公式(1):

$$\sigma^2 = \frac{\sum_{i=1}^{n}(X_i - \mu)^2}{N} \qquad (1)$$

经计算得到数据的方差 S^2。其平方根 S 即总体标准差。有 n 个数据的样本,其方差则可用公式(2)计算:

$$S^2 = \frac{\sum_{i=1}^{n}(X_i - \bar{X})^2}{n-1} \qquad (2)$$

其中 $\bar{X}$ 为样本数据的均数。使用($n-1$)而不是 n 做除数是为了计算出没有偏差的样本估计值 σ^2,若除以 n 就会计算出有偏差的估计值。其平方根 S 是样本数据的标准差,也就是样本数据的离中趋势。

这种离中趋势的量度被广泛应用于行为科学,以描述正态分布中数据分散的程度。我们可以把样本或总体的部分在一定值上下或在两个值之间的数据用公式转换成 Z 分数。

$$z_1 = \frac{X_i - \bar{X}}{s} \quad 或 \quad \frac{X_i - \mu}{\sigma} \qquad (3)$$

例如,一个 $\bar{X}=40$,$S=5$ 的样本,则 $X_i=50$ 的数据比均数大两个标准差;通过正态表我们还可以发现 97.72% 的数据都小于 50,只有 0.28% 的数据大于 50。

标准差的大小可以说明两个可比的分布中数据的相对散布情况。例如,在一个测验中,男性的数据 $S=3$,女性的数据 $S=5$,两组数据的均数都是 15,则我们可以认为女性的数据散布的范围比男性的数据更广泛,16% 的女性大于 20,可只有 5% 的男性大于 20。

除了描述数据分布,标准差也被广泛应用于推论统计,以描述抽样分布的数据散布情况。例如,样本均数为 $\bar{X}$ 的抽样分布的标准差为($\sigma/\sqrt{n}$),样本的 S 可通过公式(2)计算。我们也可以按照同样的方法求得部分样本、变异、相关系数或其他统计量的标准差。在这种情况下,标准差也称统计估计值的标准误。更进一步讲,在回归估计程序里,预测错误的标准差被用于判断预测值。这种量度叫做预测估计的标准误。在测量时,我们把测量错误的标准差定义为测量的标准误,用于推断真实的数值(霍普金斯和斯坦雷,1981)。

参见 离中趋势;正态分布曲线当量

STANDARDS FOR EDUCATIONAL AND PSYCHOLOGICAL TESTING (SEPT)

教育与心理测量标准

《教育与心理测量标准》(SEPT)是美国心理学会、美国教育研究协会和美国国家教育测量协会共同制定的。

《教育与心理测量标准》分为四个主要部分:测试的建构和评估的技术标准、测试使用的专业标准、特殊应用的标准(包括少数民族的语言测试和残疾个体的测试)和管理程序的标准。《教育与心理测量标准》的主要目的是提供评估测试、测试实施和测试效果的标准。《教育与心理测量标准》的评估由经过适当培训、有使用和建构测试资格的专业人员进行,它还提供关键的参考资料框架,确保评估时所有相关领域都被考虑到。测试的改革速度很快,但《教育与心理测量标准》并没有提供准确的数字或截止日期以适应这些不同标准。《教育与心理测量标准》要求报告各种各样的信息,以使评估是合适而有根据的,而不是错误的所谓"专家意见"或权威。《教育与心理测量标准》是一个文件,测试的主试和被试应使这些知识与实际结合并应用于实际。不应使用没有要求报告信息,也没有形成标准的测试,因为它们的评估并不适当。

参见 布洛斯智力测量年鉴;在印测验

STANFORD – BINET INTELLIGENCE SCALE – FOURTH EDITION
斯坦福—比奈智力量表(第四版)

"斯坦福—比奈智力量表"(第四版)(桑代克、哈根和萨特勒,1986)是一个用于2岁至青年成人个体的智力测验。它由15个子测验构成,评价四个主要的认知领域:言语推理、抽象/视觉推理、数量推理和短时记忆。每一个子测验都有一个标准年龄分数(SAS),平均数为50,标准差为8。各领域标准年龄分数与全量表合成标准年龄分数,平均数为100,标准差为16。全量表合成标准年龄分数是普通推理能力的最好的量度。

"斯坦福—比奈智力量表"可追溯至1916年推孟(刘易斯 M. 推孟)的"斯坦福修订和扩展比奈—西蒙量表"。"斯坦福—比奈智力量表"在1937年、1960年和1986年经过三次主要修订。在历史上,"斯坦福—比奈智力量表"主要应用于学前认知—智力机能、智力落后、学习问题和智力超常的评估。

广泛的测验效度、信度和公平性的研究被发表在《指导手册》(桑代克等,1986)和专业杂志上。《指导手册》里的效度研究报告了因素分析调查,"斯坦福—比奈智力量表"和其他智力量表的相关内容(如"斯坦福—比奈智力量表"的L—M部分和韦氏智力量表的K—ABC部分),以及特殊样本的平均测验成绩(如被学校认为是智力超常、学习障碍或智力落后的个体)。《指导手册》里的测验分数信度研究指出其内部一致性信度为0.80和0.90,全量表合成标准年龄分数的不同年龄库里信度的中间数为0.98。全量表合成标准年龄分数平均时间间隔为4个月的再测信度的中间数在0.90以上,各领域标准年龄分数的稳定性则在0.51至0.88之间波动。《指导手册》上报告的测验公平性研究,包括测验内容和程序中专家的偏见和敏感性评论以及使用传统的和拉什程序对测验内容特点进行的研究。更广泛的在性别、种族和宗教方面的测验公平性统计分析报告已经由河岸出版社出版。

对斯坦福—比奈智力量表的评论一般集中在其"技术性很高"(阿纳塔西,1989)、临床作用和优点多于其他已有的智力测验(例如:阿纳塔西,1989;克隆巴赫,1989)。在传统版本年龄量表里,继续下一系列相近年龄的测验之前,须进行一些特定年龄的测验,而它的废止使人们感到:斯坦福—比奈智力量表"不像游戏",不同于以前的版本和其他测验(例如,克隆巴赫,1989)。即使有这些限制,当时对测验使用的调查仍显示,在学校心理学者最常用的智力测验中,斯坦福—比奈智力量表名列第二,仅次于韦克斯勒智力量表(雷施利,1998)。

参见 评估;A·比奈;智力测验;智力落后

STEINART'S DISEASE(MYOTONIC DYSTROPHY)
杜氏肌营养不良症(肌强直性营养不良)

杜氏肌营养不良症(肌强直性营养不良)是由于常染色体显性病变而导致的不同程度的智力障碍、肌肉发育不良、双侧面瘫和大面积肌肉萎缩。明显的肌强直在婴儿早期并不常见,多数在儿童或青少年时期的末期出现。一些病童表现出多疑和忧郁的行为特点,在对待需求时显得孤僻而顺从。智力落后在病童身上很常见,它可能在轻度至重度的范围里变化,但较多地倾向重度智力落后,特别是发病较早的儿童(卡特,1978)。

大一点的幼儿或儿童患有肌强直性营养不良时,会出现肌肉无力和萎缩,并伴有精神性运动延迟、眼睑无力和流口水。病童中患白内障的也很常见,还会出现高弓颚和舌肌无力,如流口水,它甚至在大一些的儿童身上出现。病童常常伴有吞咽食物困难,还常有颈背异常弯曲、四肢萎缩、畸形足、过早秃头、性腺机能减退导致性欲过早丧失或男性阳痿、鼻音和清晰度问题、与白内障有关的视觉问题,还可能有糖尿病、心律不齐和心脏异常,患慢性糖尿病的也越来越多(勒梅肖,1982)。

轻度智力落后学生的教育计划常常包括班级的分类安置。不过,这种障碍直到生命晚期才出现,并持续终生(图伊卡、拉克索宁和索梅尔,1993)。

参见 智力落后;肌肉萎缩症

STEREOTYPIC BEHAVIORS
刻板行为

刻板行为指高度持续和重复的动作或姿势行为,

这些动作或行为看上去很少或没有实际意义(鲍迈斯特和福汉德,1973)。它们是有节奏的、协调的并显然是有意的动作。它们以相同的方式重复很长时间,常常是一次一小时或更长(米切尔和埃切斯,1977)。刻板行为是自发的、简单的或长期的习惯或癖性,常常带来愉快的体验(美国精神病学协会,1994)。刻板行为起因于条件反射(在某种形式上),似乎与达到体内平衡有关(尼基霍夫、约哈和佩克尔哈林,1998)。刻板行为在智力落后或自闭症个体身上最常见,但也有一些智力正常儿童会出现这种行为。刻板行为主要发生于婴儿期和童年早期,可持续到青少年和成人时期,特别是在隔离机构里的智障者。

刻板行为最典型的动作是摇头、撞头和摇晃身体。其他有节奏的重复动作还有踢脚、抖手、转手、吮吸手指和脚趾、咬嘴唇和磨牙。根据萨卢斯特罗、阿斯韦尔(1978)、米切尔和埃切斯(1977)的观察,头部在枕头上来回滚动的现象主要在婴儿入睡前发生,但有时在睡觉时和清醒时也可能发生;这种行为通常在婴儿期的最初 2~3 年发生。撞头通常在坐着时发生,但有时也在趴着甚至站着时发生,通常在出生后一年的年末发生。有时它还伴随着摇头,在 4 岁前停止。有的儿童重复且单调地向枕头或床栏撞头,有时甚至撞墙或地板,这种行为通常在睡前发生,但也可能在白天或夜晚发生,可持续 1 小时或更长时间,可能和其他有节奏的动作交替出现。摇晃身体是最频繁的刻板行为,其特征是身体缓慢而有节奏地前后摇晃,通常在坐着时发生,常见于 1 岁的儿童(萨卢斯特罗和阿斯韦尔,1978)。

这些动作在解剖学和功能水平上的确切意义仍然不为人知。它在重度智力落后儿童身上发生得非常频繁,表明其大脑皮层控制发育不全,大部分刻板动作可能源于皮层下的问题。刻板动作的有意性表明大脑皮层也参与了这种动作的发生和持续。拉·格罗和雷普(1984)曾经回顾过不同的处理和抑制全部刻板行为的策略。

参见 自闭症;智力落后;自伤行为;自我刺激

STERN, WILLIAM

威廉·斯特恩(1871—1938)

威廉·斯特恩是德国心理学家和个体差异心理学的先驱,他于 1912 年提出了"智商"的概念。"智商"用来表示智力测验的成绩,把由测验成绩决定的心理年龄除以实际年龄再乘以 100 便可得出智商值。在美国,"智商"或称"IQ"被李维斯·M·推孟于 1916 年用于"斯坦福—比奈修订量表"。

STIMULUS DEPRIVATION

刺激剥夺

刺激剥夺指随着减少强化刺激物的获得或进入而出现的强化刺激效果。强化刺激,特别是食物类初级强化刺激,在很大程度上根据个体的剥夺情况而变化。对一个学生进行食物剥夺时,在其刚吃过午饭时使用食物强化刺激就不会太有效,而恰好在午饭前使用同样的食物强化刺激就会很有效。只有对个体使用已经被剥夺了一段时间的刺激物,才能得到有效强化刺激效果。一般来讲,剥夺的时间越长,强化刺激越有效(马丁和波尔,1983)。

在使用剥夺程序前,应考虑到道德和法律。针对刺激剥夺的主要反对意见都集中在必不可少的主要强化刺激(例如:食物、水、住所和人际交往)的剥夺,违反了基本人权。决定使用剥夺或任何其他令人厌恶的技术,要求小心考虑到剥夺的种类、项目持续的时间、所选择的处理策略的有效性和使用剥夺导致的可证实的益处(卡兹丁,1980)。使用剥夺程序时的一种预防办法是,个体不应完全被长期剥夺强化刺激物。

幸运的是,一般情况下故意剥夺强化刺激并不是必要的,在个体日常活动过程中发生的自然情境下的剥夺,通常也可以充分增加强化刺激的有效性。例如,在教室里限制儿童的自由时间,他们通常就会在学校生活的过程中体验到轻度的剥夺。再举一个例子,使用少数食物强化刺激以增加食欲反应,就可以在自然情境下并在两餐之间剥夺。因此,在自然情境下剥夺而不使用更正式的剥夺程序,可以使各种各样的事物都能作为有效的强化刺激。

参见 行为矫正;操作性条件反射;刺激过度

STIMULUS SATIATION

刺激过度

刺激过度指在获得大量强化刺激后(通常在短期内),强化刺激效果降低的现象。因此,若一个事物在一段时间内开始表现出过于频繁或过多的强化刺激特点,可能就会开始变得无效,甚至令人厌恶。教师最初几次的表扬可能是有效的,但若在一天里使用的过多,其价值可能会慢慢减少。在处理措施和特定活动中若谨慎使用刺激物就会得到高度强化,但若使用得过于频繁则会丧失其有效性。特殊教育教师应掌握这种过度原则,并在发现现有强化刺激物已不再有效时,更换成其他合适的强化刺激物(加德纳,1978)。

刺激过度的现象在诸如食物类的主要强化刺激中最常见。这些强化刺激在很短的时间里提供得过多,就会相对迅速地丧失强化刺激的特点。要想防止或减少刺激过度,就应一次只提供少量强化刺激。主要强化刺激物的刺激过度通常只是暂时情况,在减少刺激后这些刺激物会重新获得其强化刺激的价值。

诸如表扬、注意和认可之类的次要强化刺激隶属于一般强化刺激,与主要强化刺激不同,它很少受刺激过度的影响。这是因为,次要强化刺激物本身(例如做标记、评级、钱)还可以与各种各样的其他强化刺激物(也称备份强化刺激)做交换。使用一般强化刺激物时不太可能出现刺激过度,除非其他备份强化刺激物也使个体感到过度。可用备份强化刺激的数量和范围越大,发生刺激过度的可能性就越小(卡兹丁,1980)。这样,为了确保有效的学习和行为而需要一些实际事物来进行强化时,教师可以考虑使用象征性的、可交换的、各种各样的备份强化刺激物(加德纳,1978)。

教师可以在一段时间里使学生的不良行为消失或减少,同时教授和巩固其他更多的适宜替代行为,以加强刺激过度程序的效果(加德纳,1978)。

参见 应用行为分析;行为矫正;刺激剥夺

STRABISMUS, EFFECT ON LEARNING OF
斜视对学习的影响

斜视,也称隐斜视,是一种双眼在注视物体时视线不平行的视觉状况,即当一只眼睛注视一个物体时另一只眼睛就会看向别的地方。斜视有两种分类,按照偏斜夹角可分为:伴随性斜视——偏斜夹角固定;非伴随性斜视——固定眼和偏斜眼之间的夹角变化。斜视还可以按照双眼视觉通路是向内侧偏斜,还是向外侧偏斜来分类(哈雷和劳伦斯,1977)。

儿童发生某种斜视的概率约为5%。对于脑瘫儿童来说,斜视比率则增加到40%~50%;因母亲怀孕时染上麻疹而导致先天视障的儿童的斜视发生率则为60%。

如果在儿童早期发现斜视,就可以通过配戴眼镜来矫正(弗拉克斯,1993)。费里曼、源和乔利(1996)认为,弱视和斜视是造成视觉敏锐性丧失的主要原因,应该通过各种办法来治疗。另外,一些医生建议做一些眼部运动来矫正,这种做法尚存争议。伊登(1978)指出,斜视通常发生在儿童能做出精细动作之前的生命早期。等到儿童能做出这样的运动时,永久性视觉损伤早已发生。在学校里,应减少斜视学生的近距离作业,并给他们更多的休息时间。

参见 弱视;盲;盲人和肢残人图书馆

STRAUSS, ALFRED A.
阿尔弗雷德·A·施特劳斯(1897—1957)

阿尔弗雷德·A·施特劳斯生于德国,在德国获得医学学位后,继续在精神病学和神经病学方面进行深造。他于1933年离开德国,赴巴塞罗那大学做访问教授,并建立了巴塞罗那第一个儿童指导门诊。1937年他作为一名研究型精神病学家和儿童保育指导员,赴美国密执安州的韦恩县立学校供职。1947年他在美国威斯康星州的拉辛建立了一所寄宿制的科夫学校,在那里他因在脑伤儿童方面开展的先驱性工作,赢得了全世界的尊重。他担任该校校长,直至去世。

施特劳斯主要的贡献是脑伤儿童的诊断和教育。他创建了一些诊断脑伤的测验。他对那些智力正常但在学习和行为上显示出脑伤特征的儿童进行了研究,第一次系统地描述了一个新的临床病种:轻微脑功能失调。他于1947年与劳拉·莱赫蒂宁合著的《脑伤儿童的精神病理学和教育》,成为1950年—1960年许多学校轻微脑伤儿童项目的主要指导书籍。

参见 产伤

STREPHOSYMBOLIA
识字困难

识字困难是一个希腊词,字面意义是"扭曲的符号"。"识字困难"这个词首先被萨缪尔·奥顿使用,通常用于关于诵读困难的讨论。奥顿等人注意到当一些儿童阅读时,常常颠倒字母、音节或词语。这些儿童能看到一个词语的所有部分,但是看到的顺序不对。所以,一个识字困难儿童也许会把"pebbles"看作"pelbbse"(约翰森,1981)。阅读材料的扭曲被认为是诵读困难的主要症状(克拉克,1973)。

当前,奥顿的理论可信度不高,因为还没有证据能充分解释映像传到大脑的机制(凯斯勒,1980)。莫瑟(1983)指出,这些困难可看作是严重的阅读障碍,应根据其特定的困难来进行治疗。

参见 诵读困难;阅读障碍

STRESS AND THE HANDICAPPED STUDENT
压力与残疾学生

当个人的身体和心理需要超过应对技能时就会导致压力的产生。当个体觉察到安全、自尊受到威胁时,压力就开始起作用。舒尔茨(1980)认为压力通常由环境交互引发,而残疾儿童的环境交互问题要比非残疾儿童严重得多。残疾儿童也会因为一些个人的想法而感到压力。

回归主流和融合教育可能会增加残疾学生的社会压力。蒂米茨沃尔弗(1984)曾分析指出,轻度智力落后学生回归主流时有三方面的担忧:学习成绩、社会交往和从隔离到融合安置的转变。也有报告称:在以上三方面的担忧里,对从隔离到融合安置的转变的担忧最突出。

舒尔茨(1980)主张在解决残疾学生的压力问题时,应强调适应性应对技能的指导,包括放松训练。现在放松训练已经被用于学习障碍学生的减压(赫加蒂和拉斯特,1997;欧米佐,1981)。

另外,还有人发现父母的支持也非常重要,学校应提倡父母支持并提供父母支持培训(沃伦斯基,1995)。

参见 自我概念;社交技能

STRONG INTEREST INVENTORY
斯特朗兴趣调查表

斯特朗兴趣调查表(SVIB - SCII,第四版;汉森和奇姆普贝尔,1985)主要评估个体在职业、爱好、闲暇活动和学校课程上的兴趣。该测验有很长的历史,它的第一版于七十多年前发表,即“斯特朗职业兴趣调查表”。1971 年后有过几次主要的修改,大部分修改是为了使其更能体现性别公平。

斯特朗兴趣调查表是书面测验,要求被试用“喜欢”、“不喜欢”和“无所谓”三个选项回答问题。测验时间为 30 分钟,用于有六年级阅读能力的成人和 16 ~ 18 岁的人。“斯特朗兴趣调查表”使用机器记分,将答卷和人们的各种职业兴趣做比较。测验包括 5 种信息:6 个普通职业主题、23 个基本兴趣量表和 207 个职业量表,还有 2 个特殊量表(学业满意度和内向—外向性)和管理指标(效度量表)。解释性信息包括一个图标和一个可选的解释报告。

斯特朗兴趣调查表的心理测量能力是出色的。从 202 个职业样本摘选出来的 48,000 余人被用于建构职业量表。该调查表第四版的手册详细描述了所有量表的信度、效度和抽样程序。

斯特朗兴趣调查表很容易操作,提供的结果解释也很容易理解。对该调查表的各种评论都肯定了它出色的解释信息和心理测量的能力(布什,1995)。但该测验也有一个问题,即作者没有报告职业样本的回答率,回答率可以表现样本的代表性,也就是量表的预测效度(布什,1995;沃森和赛勒,1995)。但斯特朗兴趣调查表还是被描述为“至今为止最有效的调查表”(沃森和塞勒,1995)。

参见 职业康复

STRUCTURE OF INTELLECT
智力结构

吉尔福特曾基于他对人类智力的因素分析,在其《人类智力的本质》一书中提出了一个智力模型。因此,智力的结构(SI)理论最初是来自多因素分析的各种方法的实验应用。

虽然吉尔福特模型没有被广泛接受,但他还是提出了一个智力测验时代开始以来一直就缺少的智力理论,为智力概念提供了一个坚实、全面而系统的理论基础。吉尔福特主张:一个坚实的理论基础必须基于详细的观察,理论本身应该包括智力的所有方面,结果必须是系统的,涵盖无数现象并有一个逻辑结构。他的研究成果就是其智力结构理论。

参见 智力;智力测验

STUTTERING
口吃

口吃是最常见的言语流畅障碍(曼宁,1996),这些障碍影响言语的节奏或“顺畅”。所有说话者偶尔都会有不流畅的时候,但不是每一个说话者都有口吃。尽管研究了几十年,但口吃的成因仍然不为人知。当前的推断(例如吉塔,1998)是,口吃很可能有一些内在因素,包括遗传禀性,以及神经生理学和心理学的影响。研究已经表明,口吃男孩比女孩多,这个事实有时被用做生物学解释的证据。

口吃有外在和隐蔽两个方面的表现。失调的外在表现包括:重复部分词语、声音延长和各种各样的所谓“衍生”(习得努力和避免)行为。口吃的隐蔽表现包括:词语和情境避免,感到焦虑、困窘、恐惧和挫败。

口吃的治疗措施根据口吃者的年龄、严重程度而变化,言语—语言病理学者的训练和指导也是如此。用于口吃儿童的治疗包括:与儿童的父母合作帮助减少紧张性刺激,减慢父母的说话速度,发现并减少流畅的阻碍以及教会儿童一种较慢速且“容易”的说话方式。

年龄较大的儿童和成人的治疗措施则分为两种。第一种是“口吃矫正”或“更流利地口吃”的治疗方法。鼓励口吃者正视他们的恐惧并停止避免口吃。他们学习如何以更流利和可控制的方式去除口吃。强调减少努力和失调的异常,而不是试图去消除口吃。

第二种家庭治疗是“流畅塑造”或“更流利地说”

的治疗方法。使用慢速说话和其他方法,教口吃者说得更流利(也就是没有口吃),首先在治疗室里说,之后在其他语境中说。保持说话流畅是使用流畅塑造治疗法的治疗师最大的挑战。

两种治疗法至少对某些口吃者是有效的。当前,言语—语言病理学者已经开始把口吃矫正和流畅塑造治疗法的不同方面结合起来(吉塔,1998)。时至今日,没有哪种口吃治疗法被广泛接受。由于口吃的成因至今不明,它的治疗仍有争议。

参见 言语教学;言语疗法

SUBSTANCE ABUSE

药物滥用

药物滥用通常被认为是国家公共健康的主要问题之一。术语"药物滥用"用来描述药物的滥用或有害药物的使用。毒品就是一种通过血管进入大脑并改变大脑机能的药物。根据这种定义,一些诸如酒精、尼古丁,甚至咖啡因的常用药物都可以看作是"毒品"。咖啡因、尼古丁和酒精是美国到目前为止最常见的毒品,还有一些其他被滥用的毒品,如:大麻、可卡因、安非他命("快速丸")、海洛因和其他鸦片制剂、迷幻剂(LSD、裸盖菇素、魔菇、佩奥特掌)、镇静剂(巴比妥类药物、苯二氮草类、"镇定剂")和处方药品。在最近几年,"化合至幻"药和新化合物的发展已经吸引了很多媒体的注意力。诸如"约会强奸药物",包括罗眠乐和GHB,在最近几年已经很受欢迎。虽然使用和滥用这些毒品并不像其他药物那么流行,但它们也引起了处理药物滥用的专业工作者的警惕。

各种各样的药物滥用已经被列入《精神障碍诊断与统计手册(第四版)》(DSM - IV;美国精神病学协会,1994)。该书规定了药物中毒、断瘾、滥用和成瘾的标准。根据《精神障碍诊断与统计手册(第四版)》,药物滥用的主要诊断标准被识别为"与药物的反复使用有关的反复出现的和明显的不利结果所证明的一种药物使用不适状况"。滥用药物的儿童或青少年可能会表现出一些行为改变,包括不能完成学校作业,学业成绩明显下降,在家里和学校里出现行为问题、违法问题、打架、吵架和同伴关系问题。与之对比,药物成瘾比药物滥用更严重。根据《精神障碍诊断与统计手册(第四版)》,药物成瘾至少包括如下症状中的三个:明显的耐药性、戒断症状、违反医嘱超量用药、不能控制或停止使用、渴望停止使用、日常机能和活动遭到破坏、在知道使用药物导致身心问题后仍持续使用药物。耐药性和戒断症状是成瘾的典型特点,但若要确定药物成瘾则这些标准既不必要也不充分。诊断药物成瘾时这些标准不必要的原因之一是,事实上一些药物(诸如大麻和大部分迷幻剂),仅导致少数明显的生理戒断症状。所以,药物成瘾在个体生活的很多领域可以被简要地陈述为一种机能混乱(美国精神病学协会,1994)。

虽然一些人以为药物滥用主要发生在成人身上,可酒精和大麻滥用者中占最高比率的却是18~25岁的年轻人(美国卫生和公众服务部,1993;美国精神病学协会,1994)。从最初正常使用药物,发展到最终滥用或成瘾,这种情况多发生于青少年。与普通青少年相比,出现滥用或成瘾症状的青少年不太可能完成学业(美国精神病学协会,1994)。因此,教育者和健康专业工作者显然需要特别注意青少年和年轻人的药物滥用问题。

对接受特殊教育儿童的药物滥用研究还很少。一个关于特殊教育环境和药物滥用之间的可能联系的研究,产生了令人担忧的结果。格雷斯和鲍斯(1996)调查了四至十二年级的学生,发现在特殊班级的学生和不分类(残健融合)班级的学生之间,特别是中年级(四至六年级)和中高年级(七至八年级)的学生,药物滥用的情况有很大的不同,其中最惊人的不同出现在中年级的学生里。例如,20%的严重行为障碍学生使用大麻,而只有2.3%不分类(残健融合)班级的学生使用大麻。有趣的是,与不分类(残健融合)班级的学生相比,严重行为障碍学生和特定学习障碍学生使用酒精、安非他命和吸入剂的比率较高,而发展性残疾学生使用这些药物的比率却较低。作者认为,接受特殊教育的学生的药物滥用与如下一些因素有关:对依恋和亲密的人际关系的需要未获满足,以及难以建立"自我认同",即一种在同伴的心目中有一个特定形象的需要和一种及时满足的需要。虽然这些因素对所有儿童都很重要,但对希望"适应"的特殊教育学生来说是特别重要的。格雷斯和鲍斯(1996)认为,重度残疾学生也许缺少一些必要的心理技能去处理需要未获满足的情况。其特定残疾的心理、情感和社会问题,可能导致药物滥用的风险增加(格雷斯和鲍斯,1996)。

有很多治疗办法能够帮助有药物滥用问题的人。正式咨询或心理治疗对于有药物滥用问题的个体来说是可用的,也可以根据个体的需要选择住院、门诊和日常治疗机构。还有一些人选择参加自助小组,例如酗酒者匿名会、麻醉药品滥用者匿名会、需要清醒的女人或理性复原。

参见 青少年药物成瘾;毒品滥用

SUBTEST SCATTER
子测验离散

考夫曼(1994)指出,像韦克斯勒儿童智力量表(WISC-III)所测量出的能力的巨大差异之类的离散在正态人口中经常出现。在这个发现的基础上,他强调:应首先确定特殊儿童子测验间的变异性比普通儿童子测验间的变异性要少,再把离散和异常联系起来。不过,常常在特殊儿童群体中发现确定而显著的离散。学习障碍儿童在韦氏儿童智力量表的算术、译码、常识和背数子测验中的分数通常很低,但这一点在最近已受到反驳(杜蒙特和威利斯,1995)。但可以肯定的是,学习障碍更有可能通过个体内的差异进行解释,而不是通过集中的个人能力测验进行解释。

离散已经应用于学习障碍之外的问题。不同类型的智力落后也可以用"离散"这一术语来描述(罗什科夫斯基和施普利特,1982)。在韦氏成人智力量表(WAIS)里,器官损伤导致的智力落后者的分数比环境导致的智力落后者的分数存在更多的离散,但并不明显。更大的离散,常常与机能较差的个体有关。大量智力测验中的离散,与高度适应不良的行为(罗什科夫斯基和施普利特,1983)和社会—情绪问题(格林瓦尔德、哈德和费舍,1982)有关。因此离散与行为、情绪和器官失调有关,在学习障碍里也更常见。

有证据表明,离散和各种障碍存在一定关系,但是离散是否足够强,以致可以作为诊断工具使用,目前仍然是个问题。大部分证据持否定态度(卡瓦勒和福恩斯,1984)。子测验离散可用于识别成绩特别好或特别差的个体及其教育干预计划,需要解释离散和个人能力测验图分析,为特定群体选择测验时还要有一定的灵活性(坎普豪斯,1985)。

参见 因素分析;智力;智力测验;个人能力测验图分析;测验离散;韦克斯勒儿童智力量表

SUICIDE
自杀

1950年~1990年之间青少年自杀率显著增加,这引起了人们的极大关注。调查数据显示,一年间有7%的高中学生曾尝试自杀,其中60%的学生自杀时使用的是手枪(奥唐奈尔,1995)。

儿童和青少年自杀的缘由一般是:①在家里缺少稳定的支持;②导致年轻人体验无助和对自己的生活失去控制的家庭问题;③缺少支持性的社会关系;④不能成功解决问题(瓦格纳,1997;魏纳,1982)。显然,这些个别或一致的因素,都可能影响到一些特殊儿童和青少年,特别是那些体验到被隔离和社会歧视的特殊儿童和青少年。另外,在习得性无助和沮丧感的因素和理论之间有明显的相似之处(斯蒂尔、库马和贝克,1993)。塞利格曼(1975)把习得性无助定义为个体的行为无法影响或改变命运的信念。曾有人进一步假设,在成长过程中觉得难以控制自己生活的儿童,通常都会感受到不能解决问题并开始感到沮丧(德韦克,1977;米勒和塞利格曼,1975)。

近来对智力落后者的情绪障碍的研究认为,低层次的社会支持会导致他们的沮丧感和习得性无助(赖斯和本森,1985)。雷诺兹和米勒(1985)在一项调查里发现,可教育的智力落后(EMR)青少年比同龄普通青少年更沮丧。另外,曾有报告称,特殊人群的自杀率比普通人群的自杀率高,这里的特殊人群还包括滥用酒和毒品问题的人,其中儿童和青少年的自杀风险正在日益增加(法尔默,1978;麦金太尔和安格尔,1980),精神疾病患者(邓纳姆,1978;瓦格纳,1997)和智力落后者的自杀风险也很高(刘易斯和麦克莱恩,1982;希曼斯基,1980)。

为减少特殊儿童和青少年的自杀风险,必须从基础层次进行干预,关注他们已经被确认,且与习得无助感、沮丧和自杀有关的需要。构建稳定的家庭或类似家庭的支持群体,让特殊个体参与自己生活的计划和控制,提供支持性的同伴和社会关系援助,问题解决和处理技能的培训,提供诸如滥用酒和毒品或精神疾病之类的适当治疗等措施,这样就可以充分降低这些人群自杀的风险。

参见 沮丧;情绪障碍;习得无助感

SULLIVAN PROGRAMMED READING
沙利文程序阅读

沙利文程序阅读系统由一个个别化阅读程序手册组成,用于一至三年级学生的阅读教学。这个长达三年的系统过程,包括从阅读准备到以后的三个阅读系列,配以教师指导和学生活动,用于使个体阅读速度最优化的诊断性、说明性。学生系统地从识别字母进展到识字或阅读句子和故事。该项目的前十个星期用于发展基础词汇和获得对程序教材来说必需的技能,这段时期主要靠教师教授或指导,必须以班级或小组的形式进行。之后的阶段,该项目才允许每个学生根据自己的学习进度来学习。在学习过程中,教师给学生提供少量信息,提出一个问题并要求学生做出回答,最后纠正或补充这些回答。儿童做出回答后也可以把他的回答和正确回答做对照,就像浏览网页时向下滑动以显示下一页一样(哈夫纳和约利,1972)。

阅读准备和程序阅读系列 I、II 和 III,可以在辅音、元音、常见字、标点符号、后缀、缩写、所有格、大写字母和理解方面为学生提供连续的指导。已在这一系统中学过一年的学生可以通过安置测试来确定下一步能进入哪一水平的学习。该程序阅读项目由 23 个层级组成,每个层级都有一本书。学生通过这些书进行学习,并通过书后的测试后才能进入下一本书的学习。全部计划共须学习 3,266 个词汇。

参见 阅读障碍;阅读矫正

SUPERVISION IN SPECIAL EDUCATION
特殊教育监督

当前特殊教育的一个重要方面是聘用特殊儿童项目的管理者,也有使用特殊儿童项目的特殊教育指导者和监督者之类称谓的。对大部分州来说,特殊教育的管理者或指导者必须有特殊教育或相关领域的硕士学位。特殊教育项目管理者的培训项目基本上和普通学校管理者一样,主要的区别在于他们的培训是特殊儿童项目所要求的内容。

项目管理者应有管理特殊儿童项目的能力,包括评估,计划和执行项目,预算,与父母、中心办公室职员、校长、其他服务提供者以及州和地区机构沟通,教职员发展以及项目评估的能力。项目管理者的另一个重要专业领域是应用学校法规管理特殊儿童项目,这包括关于残疾人的法律知识,如《残疾人教育法案》以及其他联邦和州的法规、机密标准、正式的处理程序、遵守审核和评价程序,听证官员的权威以及学校不同的安置、运输、暂停和开除、相关服务、能力测试和评估的责任。

项目管理者应精通重要人力资源管理教学的监督,应能面试和选择有资格的特殊儿童教师,观察和评估教师以确定教育优势和劣势,发展教师和支持教职员的专业进修计划。管理者应能计划特定目标的教学小组、教学顺序、学习活动以及教材和评估程序,能准备包括课程内容和水平、活动、可选择的教育策略和评估学习成绩的教育计划。项目管理者还应该够评估学习资源和教材的质量、效益和实用性。

参见 特殊教育管理;政治学和特殊教育

SUPPORT, BEHAVIORAL
行为支持

行为支持是为有严重行为问题的个体系统地制订综合而有效的行为支持计划的合作过程的结果。行为支持计划根据功能性评估的数据进行环境调整和特殊教学,教师、家庭和支持人员可用行为支持计划来减少学生的问题行为并增加其可接受的行为,促进其自信和独立(费尔德等,1998;埃内尔等,1997;舒盖和霍默,1994;特恩布尔,1990)。行为支持计划是一种很受欢迎的方法,它基于对目标环境中发生的问题行为的目的或机能的理解,来减少体现系统水平改变和技能发展的问题行为(霍默等,1990;舒盖和霍默,1994;特恩布尔,1999)。奥内尔等人(1997)指出,行为支持的结果"不应仅仅限于下定义和消除问题行为,还要理解问题行为的结构和功能,以教育和促进可接受的行为"。行为支持的另一结果是促进持久而普遍的改变,确保每个个体都能接近普通教育课程、社区环境所喜好的活动以及与环境相接触的人员(霍默等,1990)。

奥内尔等人(1997)提供了四种建立有效的行为支持计划的思路。认为行为支持计划应描述人们的行为,也就是说,行为支持计划是一个检查教师、家庭成员和支持人员在不同环境中为了教学生更有效地选择合适的行为以取代问题行为而发生改变的过程。行为支持计划还应进行全面的功能性评估,也就是说,行为支持团队应把直接的和间接的用于理解个体问题行为的目的和机能的功能性评估方法结合起来。行为支持计划应有坚实的技术基础,有效的行为支持计划应包括这样的策略,即通过执行可验证的跨环境、人员和时间的行为准则,使问题行为成为不相关的、无效的、无影响的策略。行为支持计划也应选择合适的执行安排,通过重视执行程序的价值、时间和资源,为行为支持团队及相关人员提供合适的安排。总之,有效的行为支持是一个创造反应迅速的环境的过程,重视有严重行为问题的人在当前环境中的偏好、意志和需要,通过合并来自功能性评估的数据,促进跨环境和人的系统水平的改变,教会个体有效选择取代问题行为的技能发展活动(舒盖和霍默,1994;特恩布尔等,1999)。

参见 功能性评估

SUPPORTED EMPLOYMENT
支持性就业

支持性就业意味着可以自由选择职业,在美国教育部颁布的《联邦公报》(1985 年 6 月 18 日)的条文中它被描述为"在各种综合机构,特别是正规工作场所,专门为严重残疾个体设计的有酬工作,不分年龄或职业潜能"。一般情况下,日间活动中心为重度残疾人提供服务,目的是为其提供职业康复服务,最终帮助其就业。这种服务准备模式,不能帮助重度残疾者成功适应职业康复服务或就业。支持性就业致力于为有严重智力落后或肢残以至于不能适应职业康复服务的个体提供就业机会。

支持性就业（威尔，1985）有四个不同于职业康复服务和传统日间活动服务的特点。第一，支持性就业的服务接受者，是接受日间活动中心服务后仍没有独立竞争就业的潜能，也没有能力接受职业康复服务的重度残疾人。第二，它为重度残疾人提供在传统日间活动项目里难以获得的持续支持、监督和培训。支持性就业不以促进残疾人独立竞争工作为目标，那是职业康复项目的目标。第三，支持性就业为残疾人提供和普通人一样的薪酬利益（如收入、保险、流动、更好的机会等）。它不去鉴定和教授就业所需的技能和行为，那是日间活动中心常要做的。最后，帮助重度残疾人获得和维持就业的支持策略有很大的灵活性。这种支持策略可能包括社区机构提供的“求职指导”，它在个体的工作场所提供培训和支持，直接支持雇主进行补偿培训和特殊设备支出，或为在工作时为残疾人提供个人护理援助的同事增加工资。

这四种支持性就业，其代表性例子分别是群组、机动性工作队、特殊工业项目和支持竞争就业。

支持性就业已经在州和地区层次开始，以应对重度残疾个体的职业需要。其目的是为这些个体提供真正的工作机会，并供应他们维持工作的必需品。已有人发现支持性就业是划算的（麦克－考夫文、艾利斯、鲁施和希尔，1993）。它认为所有人，无论残疾的程度如何，只要提供合适的持续服务，就有工作的能力。

参见 转介；职业康复

SURROGATE PARENTS
代理家长

《残疾人教育法案》（IDEA）规定，家长参与是残疾儿童教育计划的主要组成部分，其目的是使儿童和家长的权利得到保障。IDEA 关于家长参与的规定正式承认家长能为儿童的生活提供重要的、可持续的力量，并要求他们参与教育计划和决策程序。不过在有些案例里，由于各种各样的原因，残疾儿童的家长不能参与决策程序。这时，负责教育这个儿童的公共机构就会指定一个代理家长。根据联邦法律，在下列三种情况下，须指定代理家长：①没有家长；②公共机构在一定的努力后，仍找不到家长的行踪；③该儿童是州政府法律所保护的人（联邦注册，1977）。

代理家长负责确保残疾儿童能在最少受限制环境中接受免费且适当的教育。代理家长的角色受儿童教育需要的限制。不过已经有越来越多的祖父母（或外祖父母）开始担任这样的角色（罗滕伯格，1996）。

施莱伯曼（1982）曾列出代理家长的如下权利：

（1）阅读所有关于该儿童教育的书面报告；

（2）参与“个别化教育计划”（IEP）的制订和完善；

（3）拒绝、接受或建议改变“个别化教育计划”；

（4）要求并/或开始第二次评估；

（5）开始协调、听证或上诉程序；

（6）接受免费法律援助，如果这种援助对促进代理职责是必要的话；

（7）监控儿童项目；

（8）建议改变教育安置；

（9）在特殊教育的决策过程中可以行使亲生父母的所有权力。

每一个州都被要求为挑选代理家长创造必备条件。一旦地方机构需要代理家长，其标准和职责也有特殊规定。代理家长不需要成为专职工作者，但应具备残疾人相关州和联邦法律的一般知识，另外，还应了解公立学校系统的规章制度，以及关于儿童的残疾和教育需要的特定信息。州政府负责代理家长的教育和培训，以确保其能够适当地代表儿童。

参见 残疾人教育法案（IDEA）；家长教育；残疾人的家长

SURVIVAL SKILLS
生存技能

生存技能是功能性教学中必不可少的内容。一些教育者把“生存技能”和“功能性教学”这两个术语当作同义语使用。休俄德和奥兰斯基（1984）把“功能性技能”定义为“学生在自然环境中经常需要”的技能。卡西迪和沙纳汉（1979）提出“生存”的术语强调需要发展能帮助个体达到个人目标并承担社会责任的技能。一些生存技能的例子有：支票结算、乘车、完成工作申请、阅读菜单和在杂货店购物（阿尔坎塔拉，1994）。生存技能还被扩展到班级里的自我管理技能（辛德和班巴拉，1997）。

阅读领域生存技能的一个非常重要的组成部分是教材的选择。卡西迪和沙纳汉（1979）确定了选择教材的三个基本标准：实用性、必要性和频率。实用性意味着在选择教材时应考虑到学生的年龄、当前的功能性水平和居住地域。至于居住地域，使用诸如学生家乡的电话本或公共汽车时刻表这样的教材就比使用商业教材更合适。必要性指选择代表现实世界需要的任务的教材。频率涉及学生将处理的所选教材内容的时间次数。像阅读菜单和瓶罐标签之类的活动就常常在现实世界里发生。

阿利和德什勒(1979)认为功能性课程模式的潜在作用包括如下三点:①帮助学生在社会里独立行动,至少坚持一个较短的时期;②学生高中毕业后可以更好地胜任特定的工作;③功能性课程的指导可能对高中里的严重残疾学生有特别的实用性。

参见 日常生活技能;功能性教学;功能性技能

SYDENHAM'S CHOREA
西德纳姆舞蹈病

西德纳姆舞蹈病也就是人们所熟知的圣安东尼氏舞蹈病,也称为小舞蹈病、类风湿性舞蹈病、急性舞蹈病。通常是指风湿热、扁桃腺炎或其他感染的炎症并发症,亦与妊娠(舞蹈性子痫)有关。这种病在5~15岁的少女中最为常见,多发病于夏季和初秋。近年来,由于风湿热发病的减少,此病的发病率显著下降。西德纳姆舞蹈病以全身不自主的舞蹈样动作为特征,风湿患者中此病的发生率约占10%。

舞蹈样动作具有快速性、无目的性、非重复性、持续时间较短等特点。这种运动通常从一个肢体开始,延至身体的其他部位,类似痉病样脑瘫。躁动、笨拙、掉东西、面部怪相、步态笨拙、声音改变、语言急促等是本病的常见症状,在起病时即可见到。这些症状开始时比较轻,可能一个月或数个月后才会引起人们的注意。由于动作无法得到控制,焦虑、易怒、情绪不稳定等也可能发生。不随意运动在睡眠时会消失,偶尔也会在休息、注射镇静剂和自主控制时消失。西德纳姆舞蹈病不是致命的,其恢复期通常在2~6个月之间。在数年的时间内可能复发2~3次,约1/3的患者会出现复发。

鉴别诊断需要依靠病史和化验室检查来排除其他原因。此病通常没有特异的化验异常,病理学研究会提示基底节、小脑和脑干的潜在损伤。神经系统检查中,肌力或感觉通常没有问题。由于损伤常逐渐减退,其过程多变,难以评估。

此病没有特定的治疗方法,但一些药物(苯巴比妥、地西泮、奋乃静和氟哌啶醇)对减轻舞蹈症状可能有效。在大多数情况下,即使剩余症状依然存在,也应鼓励患者重返学校或恢复工作。对严重的病例,可能需要运用限动器以避免自我伤害。该病的预后不一,但病情会逐渐好转。确信本病具有自限性,最终会消退,不会留下残疾,这一点对患者、患者家属、教师、同学均意义重大。有报道称,在舞蹈症状消失以后,可能有行为问题、轻度运动异常、心理测试表现较差等情况。患病的个体接受治疗支持非常重要(莫尔,1996)。

SYNAPSES
突触

突触是传导神经冲动对靶细胞作用的结构。神经细胞、肌肉和腺体间的信息传递依赖于突触。突触连接神经元轴突的终端,这些神经元具有树突或其他神经元的胞体。“突触”于1897年首先被查理斯·舍灵顿提出。这个词本身即是连接之意。

突触传导可以是电传导或化学传导,尽管前者在哺乳动物脑内并不常见(加扎尼加、斯蒂恩和沃尔普,1979)。突触前膜分泌分子通过突触间隙与突触后膜融合。突触前细胞的终端包含线粒体和突触小泡,其中包含着各种神经递质。神经递质物质以微粒的形式释放,称为量子。这些物质能起到激活或抑制的功能,但目前尚未确定其所有的功能。主要的激活性神经递质包括乙酰胆碱、去甲肾上腺素、5-羟色胺和多巴胺。重要的抑制性介质包括r氨基丁酸和谷氨酸。接受这些介质的特异性受体分子位于突触后细胞上。

SYSTEMS OF CLASSIFICATION
分类系统

分类系统一般是在试图识别具有一种主要残疾状况的个体的过程中发展起来的(例如学习障碍),它用于在主要的异常领域里提供一种次级分类(例如,属于智力落后的亚类唐氏综合征)。在当代的特殊教育服务中,一般残疾状况的分类和更小范围的次级分类非常重要。

追溯分类系统的历史,有如下两件事情导致了它的出现。第一,特殊教育代表了一个不同于心理学的独特教育发展,它同样是随着人们对个体差异的测量和研究的强烈兴趣而出现的。后来测量的改进,包括基于确切个体差异的分类系统的发展,于20世纪初被引进特殊教育实践。第二,它源于早期特殊教育者为提供科学的安置而做出的尝试的影响。这也就是说,个体差异的研究导致了在治疗中对疾病进行分类的倾向。长期的对疾病进行分类的医学实践推测,就病因而论,障碍能够被隔离,病因最终能够得到治愈,随后的病例同样能得到处理(例如,从症状到病因诊断再到具体治疗措施的治疗过程)。在这个方法中,一个准确的分类和次级分类系统的发展是必不可少的。

可能当前大部分有重要影响的有效分类系统,都被列入《残疾人教育法案》。伊塞尔蒂科和阿尔戈茨恩(1984)指出,通过这些立法,美国教育部确认了11种特殊分类,虽然某些州确认的种类比这些特殊分类多一些或少一些。但在大部分州,这些分类代表了特殊服务的一种有效决定因素:如果个体没有特别的残疾状况就不能接受特殊服务。因此,分类系统和相关的入学程序,在最终确定是否进入特殊教育的甄选程序中是必不可少的。

虽然存在一些批评,但这些分类系统还是成为了特殊教育的一个重要的判断依据。考夫曼(1977)指出,分类行为一直持续到今天的根本原因是:分类是行为科学发展的一个重要方面;分类对于组织和传递信息来说十分重要;分类系统如果经过科学研究,可能最终帮助预测行为并提供首选的处理办法。正如考夫曼(1977)所说,继续发展分类系统是“一种教育方法学”,它通过随机的选择、直觉、试验和错误,对各种失调进行合理的干预。

参见 《精神障碍诊断与统计手册》(DSM - IV);学习者分类

T

TACHISOSCOPE
视速仪

视速仪是一种以可控制亮度展示瞬时视觉刺激的仪器(施汤和莱茨曼,1981)。视速仪可以是一个独立的设备,也可以安装在投影仪上。

一般来说,视速仪的目的是确定被测试者在什么样的范围内能够对特定的视觉刺激做出口头上的确认。利用视速仪的研究工作还关注潜意识感知的存在,这种潜意识感知据说能够影响清醒状态时的行为。

参见 知觉跨度

TALKING BOOKS
有声读物

有声读物通常指录制在磁带上,近年来更多是指录制在光盘上的有声图书,主要用来供盲人阅读。这些有声读物可以在特殊的有声读物机上播放,也可在经过改装的录音机上录制。所有在美国盲文出版社登记的视力残疾学生都可以使用有声读物和经过改装的录音机。患有严重阅读障碍的学生在经过阅读困难症诊断之后也同样可以使用这些有声读物。

参见 美国盲文出版社

TASK ANALYSIS
任务分析

任务分析是一种围绕教学任务,将其分解并排序使之成为若干个子任务的教学策略。梅耶和达尔蒂克(1978)注意到,这是行为方法的关键组成部分并在对残疾人的教学中扮演着双重角色。首先,任务分析方法能够发挥有效的诊断功能,帮助教师确定针对特定的技巧和任务时一个学生的功能水平。其次,任务分析方法为接下来的教学打下基础,能够针对特定学生的学习进度确定教学方案。在一个有效的教学方案中,彻底的任务分析产生一系列子任务,形成基本的教学步骤。总之,任务分析不仅是一种评价工具,同时也是一种教学工具(伊塞尔蒂科和艾略特,1999)。

根据米特豪格的研究(1979),定义任务分析的程序是从19世纪晚期弗里德里克·泰勒对工作测量的研究以及弗兰克和莉莲·吉尔伯里斯对动作的研究演化而来的。动作分析是当今任务分析的先驱,虽然很多对动作分析而言关键性的要素没有被包括在任务分析的教育性运用上。20世纪50年代,任务分析的方法在工作任务确定、任务基本组成部分检测领域得到越来越多的运用,预示了该方法于60年代晚期在特殊教育领域中的兴起。

针对设计和运用任务分析项目的指导方针已经提供了如下几点建议(莫耶和达尔迪,1978;西格尔,1972):①限定主要任务的范围;②用醒目的术语来指代子任务;③采用潜在使用者能够理解的术语;④任务要指明学习者该如何去做;⑤注意力应集中在任务上而不是学习者身上。

分析任务的能力——一种能被任何教师掌握的技能——使在一个学期当中查明学生表现方面的趋向以及修改任务的构成成为可能(云卡拉,1973)。总的来看,任务分析在特殊教育领域是一种非常有效的教育方法和诊断工具。

参见 行为评估;行为改变;行为目标

TAXONOMIES
分类学

分类学是关于分类法的科学。它结合分类的理论和实践,根据系统中成分的相似性和差异性来分类和排序,从而方便准确查找特定成分,加强对系统成分之间内在关系的理解,同时标示出可能发现的额外关系的新领域。关于设计分类资料的尝试可以追溯到公元前3世纪,亚里士多德将动物分为恒温动物和冷血动物。修弗拉斯杜——亚里士多德的学生,专注于如何对植物进行分类。在18世纪的瑞典,林奈设计了一个植物学的分类系统,成为后来所有分类系统的基础。

当今使用最广泛的分类系统是用于对图书进行分类的国会图书馆和杜威·德西梅系统以及对动植物进行分类的分类系统。后者包含了可以根据种属、基因、科、目、种类、门和界别对单个生物体进行确认的类别。

史蒂文斯(1962)为特殊教育发展了一套分类系统,主要用于生理残疾方面。他注意到目前使用的分类系统一般都建立在医学模式的基础上,重点在疾病、病因学和症候学方面。此举旨在促进在涉及教育的生理或心理障碍等问题上的交流,发展此类学生可能需要的特殊教育程序。史蒂文斯强调损伤、残疾、缺陷这些概念之间的区别,为制订特殊教育计划提供较为明显的特征属性。

1980 年,世界卫生组织(WTO)出版了《损伤、残疾和缺陷国际分类法》。该书将疾病的后果和环境联系起来,在这种环境中,残疾人在和别人进行互动时更容易发现自我,并适应他们周围的环境。世界卫生组织的努力目标是准备一种分类法,这种分类法能够在疾病的后果方面减缓统计资料的生成,方便收集对策划服务有用的统计资料,并且可以储存和修复关于损伤、残疾和缺陷的信息(WHO,1980)。同时,作为治疗方案先驱的诊断也是一种分类法的形式。

最终,分类学应当是容易理解、促进沟通、刺激思维的,并且能根据设计的需要被特定领域的专家所接受(布鲁姆,1956)。分类学是否能够促进特殊教育实现这些目标尚有疑问,但是,如果没有分类学的指导,信息肯定是不完整的。

参见 分类系统

TAY – SACHS SYNDROME
泰萨综合征

泰萨综合征是一种脂肪代谢失调症,它能导致视觉功能的丧失和渐进性的智力衰退。这是一种神经系统脱髓鞘病,其特征是大脑骨斑的退化。该征是以华伦·泰(英国内科医师,1843—1927)和伯纳德·萨思(美国神经学者,1858—1944)的名字命名的。泰萨综合征是常染色体隐性遗传,在有东欧血统的犹太婴儿中发病率尤其高。大约有 90% 的泰萨综合征患者都能追溯到立陶宛人和犹太人的祖先。

该征一般首先在 4 ~ 8 岁的儿童身上出现症状。早期征兆包括对声音刺激不正常的激烈反应,在精神运动方面发展迟缓或丧失自学的技能(譬如,丧失翻身能力),痉挛,视网膜上出现樱桃红般的血点,视网膜神经节细胞退化等。在第二年头部容积将不断增大但是大脑体积却保持相对正常,并经常伴有刺激性痉挛发生,失明的情况也可能发生。婴儿往往变得虚弱和冷淡。在第三至第五年常会出现患者死亡。在尸体解剖时会发现大脑有明显的萎缩症状。针对该征的治疗方案采用抗惊厥药物来压制病情的发作。

参见 认知障碍

TEACCH
自闭症和沟通障碍症儿童的治疗和教育

自闭症和沟通障碍症儿童的治疗和教育(TEACCH)是北卡罗莱纳州为各个年龄段的儿童以及他们的家庭提供全面的服务、研究和专门训练的惟一项目。TEACCH 项目组是教堂山北卡罗莱纳大学医学院精神病学系的一个部门。

该项目作为一个研究计划成立于 1966 年,由埃里克·舒普勒和罗伯特 J·雷施勒主持,得到国家精神卫生研究所的部分支持。该项目目的是调查关于对自闭症的几个误解:①自闭症大体上是一种情感障碍,导致儿童在他们带有敌意和病态的父母面前封闭自我;②这些父母往往受过高等教育,来自上层社会;③患有自闭症的儿童可能会恢复正常或者具有较高的智商。研究结果表明,自闭症在更大程度上是一种发育障碍症而不是情感病症;儿童的父母来自社会各个阶层,并且和患病儿童一样,是该病的受害者而不是病因;此外,尽管存在某些例外,仍然不排除智力落后和自闭症并发的可能性。这样,对自闭症的误解得到了澄清。

这些经验性研究的发现导致 TEACCH 项目的发展建立在如下原理之上:

(1)父母在自己孩子的治疗过程中应该扮演合作者和治疗者的角色。

(2)治疗应当包括运用行为理论和特殊教育的个别化教学项目。

(3)教学项目应当以个别化诊断和评估为基础。

(4)项目应当由心理教育治疗人员或者全能教师来实施,而不应当由某个技术领域(譬如物理治疗或语言治疗领域)的专家来操作。评价治疗结果时,应根据已提高的技能和对缺陷的环境性调整之间的互动来进行。

TEACCH 项目能够提供全面的服务,并将专业培训和研究同临床诊断完整地结合起来。培训主要针对不同领域的专家,包括教师、心理学家、精神病学家、儿科医生、语言病理学家以及社会工作者。该项目会对患者生活的各个方面——家庭、学校、社区——进行全面调整,其中最重要的是让患者的父母全程参与。

学校环境的调整通过在公共学校设立特殊班级的方式来实现。这样的班级里一般有 4 ~ 8 名学生,配备一名教师和一名助教。到目前为止,这样的班级共有 54 个,根据学校和 TEACCH 签订的合同,这些班级的教学都处于 TEACCH 的指导之下。TEACCH 的职责是为这些班级配备教师,提供教师培训,诊断和安置儿童以及为在教学中出现的行为问题和课程问题提供咨询。

增加社区适应性需通过建立家长小组的方式来予以实现。每个社区中心和班级都成立了一个隶属于北卡罗莱纳州自闭症患者协会的家长小组和一个全国性社团的分会。开展这种合作的主要目的是增进社会对自闭症患者特殊需要的理解并探索一种新的更加划算的支持性服务。近几年来,这种新的支持性服务也包括了为较大年龄段自闭症患者提供的帮助,包括建立家庭合作组,提供短期照顾,成立夏令营,进行职业训练,社交技能训练以及“学习生活”社团项目的发展。

对不同的 TEACCH 服务的研究结果表明,在一个精心设计的环境中,自闭症儿童往往能够学得更好,同时,经过适当的培训,父母也能对自己的孩子进行有效的教育和管束。这样的效果对家庭环境也能产生良性的影响。

参见 自闭症;自闭症与发展障碍杂志

TEACHER EDUCATION AND SPECIAL EDUCATION
《师范教育和特殊教育》

《师范教育和特殊教育》是由特殊儿童理事会(CEC)下属的师范教育部门(TED)主办的一份官方杂志。这份杂志的目的在于支持 TED 的目标,提倡对影响师范教育未来前景的关键性问题进行深入的思考。

该杂志每年出版四期。每年第一期的内容比较混杂,涉及师范教育领域内的许多主题。第二期集中讨论师范教育职前、在职和博士课程的准备。第三期集中讨论对人力准备的及时关注。最后一期集中探讨关于人力准备的研究和测评。

参见 特殊儿童理事会

TEACHER EFFECTIVENESS
教师效能

在过去 30 年进行的一系列关于教学过程的实证研究,人们试图找到具体的教学行为和学生取得的成就之间的相关性。早期的研究结果(克劳福特等,1978;安德森等,1979)认为,在跨年级跨科目优秀教师的教学行为中,存在一系列能够被观察和记录的共同点。研究结果进一步表明,在那些不太突出的教师身上则没有类似的行为表现。后续研究明确表明,教师的确和学生的生活紧密相关,尤其是课堂学习。

这项研究本身涉及教学方法,明确指出教师的行为是影响学生学业的重要因素。众所周知,优秀的教师一般遵循如下几条原则:①充分利用普通文化课的学习时间;②用合适的方式进行奖励;③采取互动的教学方式;④怀有并向学生传达高度的期望;⑤选择合适的教学设备,等等。当然,肯定会有例外情况,但是,优秀的教师必定具备一定的适应性。这项研究并非认为存在着一个最好的教学规范系统,而是强调教师必须不断地分析学生的反馈和表现情况以做出决定来修正指导方法。因此,关于教师效能的研究以及相关研究应当被视为一张路线图,据此,需要即时决策的教师选择正确的前进路线或者根据新的信息加以改变。总的来说,研究文献强烈主张将教师训练成精确的决策者,认为并非努力程度或热情,而是知识、技巧和自信影响了教育的效果。

不同的作者将有效的教学实践的重要组成要素归为不同的类别。一个行得通的组织方式是把这些要素分别归为管理、决策、时间利用和教学指导等不同的领域,这些要素相互影响,促进了良好班级氛围的形成。这些领域和子领域的划分建立在经验性研究和相关研究的基础上,和参与式教学策略相关的杂志经常对这些研究进行报道。

优秀教师的采取有效的课堂管理方法。有效的课堂管理意味着:①组织课堂秩序尽量避免摩擦;②建立教学规章和程序并严格遵守;③对可能出现的问题进行估计,准备相应的应急措施。优秀的教师对自己的科目有着非常深入的了解,并对学生的思想和学习状态有着清醒的认识。

优秀教师的教学实践是高效的。教学过程需要解释、示范和澄清。有效的教学指导要求所学的知识得到解释和回顾,从而能够使新旧知识联系起来。当注意力集中在某个领域的概念上时,展示和实践是很好的教学手段。优秀教师所遵循的科学指导方法包括利用模型、提问、提供暗示和线索,积极反馈以及为新学的技巧提供实践机会等。优秀教师课堂上的学生知道什么是目标,并能感受到教师对达到这些目标的期望。最后,研究证实,优秀的教师往往相信自己能够对学生的成就产生重要的影响。

参见 教师期望;教学策略

TEACHER EXPECTANCIES
教师期望

教师期望研究的领域主要包括探究教师的认知、信念以及态度对学生的影响。罗森塔尔和雅各布森(1968)对幼儿园至五年级的学生进行了一次测验,然后随机挑选出一部分学生,告诉他们的老师说这些学生拥有最好的潜质,将来能够在学业上取得显著的成就。之后的测验结果表明,这些学生比其他学生显示出更高的智商,取得了更好的成绩。有人认为这种结果表明了教师对高潜质学生的期望影响了他们和学生之间的互动,对学生的学习产生了积极的作用。但是,另外一些人拒绝认同这样的结果和相应的解释,认为这种测量在方法上存在缺陷,譬如,这个试验不能测量教师变化的期望以及他们教学的互动。后来的研究(霍尔和莫科尔,1985)也没有能够重复这样的结果。研究同时指出,教师的期望绝大部分建立在和学习表现相关的标准上,但是,他们在学生教育方面并无偏见。

考虑到残疾学生的情况,教师期望经常和标签效应联系在一起加以探讨。在特殊教育领域里,有一种担心认为儿童会被贴上特殊教育对象的标签,从而导致教师、家长和他人降低对儿童学业成就和社交水平的期望。“自我实现的预言”这个概念常常被用来描述教师期望以及相应的教学方式会促使残疾儿童由于自身的缺陷而形成思维定势。有这样一种可能的情况存在,就是这些残疾儿童在学习过程中可能会遇到一些困难,因为“他们是残疾人”,而他们所掌握的技艺也仅仅停留在大众眼中所谓的残疾人的水平上。这种自我实现的预言,可能会降低教师和他人对残疾儿童的期望,同时也降低残疾儿童自己对自己的期望,从而大大限制了这些儿童受教育的机会,因为他们没有机会接触更先进的工作或更复杂的学习环境。

对教师期望和残疾个体关系的研究目前还没有定论。虽然有些研究表明标签效应的确影响了教师对残疾儿童的认知和期望,但另外一些研究显示这种情况没有显著的副作用。麦克米伦在1977年适当地得出一个结论:

“虽然没有令人信服的证据表明以特殊关注的方式让残疾人变得引人注目总是一件坏事,但关于标签效应的争论应该让我们对其可能的危险性保持更高的警惕。”

霍布斯(1975)在整理一个关于标签效应及其对期望值影响的国家级研究项目中同样注意到,只要在进入特殊教育计划以及联邦和州财政在资助这些计划时还需要对残疾人进行标注,那么就无法找到对标签效应的简单解决办法。有必要解决的是当允许在特殊教育领域继续对残疾人进行标注的同时,将标签效应对期望值的潜在影响降低到最小。

参见 皮革马利翁作用

TEACHING EXCEPTIONAL CHILDREN(TEC)

《教育特殊儿童》

《教育特殊儿童》是特殊儿童理事会信息中心以及残疾儿童和青少年教学资料中心网络联合出版的专业杂志。该杂志在1968年首次出版,目前的发行量达到55,000份。

这份杂志由戴夫 L. 艾迪彭主编,其目标是“向那些教导特殊儿童和青年的教师传达及时和有效的信息”。这份季刊涉及的主题非常广泛,例如为天才儿童或残疾儿童准备的实际课堂程序,教育性诊断技术,对教材的评估,新的研究发现以及对进行中的教育项目的报道。

参见 特殊儿童理事会

TEACHING:INCLUSION AND CO-TEACHING

教学:融合和合作教学

合作教学是一种教学方式,具体是指在一个由健全学生和残疾学生共同组成的融合式班级里,普通教师和特殊教育教师共同执教。一般来说,一个合作教学的班级里的残疾学生只是轻度残疾(也就是听力、行动和语言残疾)。许多课堂可能存在结构僵化的问题,信息得不到有效的组织,且抽象、无趣、重复知识点多。轻度残疾学生给这样的课堂带来一些普遍和具体的问题。所以,一位熟悉学习过程的教师对解决这些问题有极大的帮助。

TEACHING STRATEGIES

教学策略

教学策略指的是由教师主导的旨在提高学生学业表现的活动。教学策略是建立在和学习策略相互配合的哲学方法基础上的。教师们一般会根据自己的教育和受训背景、个人信念、所教专业、学生特点和所获学位来选择特定的教学方法。

特殊教育的受训背景可以分为行为导向型和过程导向型两种。接受行为导向训练的教师往往采用具体任务的方法,关注可见的行为。而那些具有过程导向训练背景的教师更倾向于采用关注潜在过程的教学方法,他们旨在探讨那些导致问题和不足的可能的原因,而不是关注可见的行为。诸如知觉运动训练和认知训练这样的教学方法就很可能被具有过程训练背景的教师采用。知觉运动训练这种方法具有很大的争议性,对学生的学业表现可能产生不良的影响(卡瓦莱和福恩斯,1999)。认知训练方法关注思维的技巧以及学会如何学习,而不关心具体的学习内容。关于这种教学方法的研究非常有科学前景。行为导向教学方法的例子有直接指导和应用行为分析两种。这些方法注重辨别教学的具体内容以及利用指定的学习策略,并以一种系统的方式教学。还有就是科目具体化教学方式。举例来说,在阅读科目中就有多种不同的教学方式可资利用,譬如语言学教学法、看字读音教学法、瞄准单词教学法、费纳尔德阅读教学法、多感觉教学法、语感教学法和神经病学印象教学法等等。这些方法注重组织教学所需的材料并在某些情况下指定采用的具体策略。

除了上述方法,根据环境采用特定的学习策略也是创造教学策略所必需的。当教师和学生一起系统地计划、组织和采用特定的学习策略来争取具体的进步时,学习策略就转变成了教学策略。在许多情况下,这些学习策略往往意指教学指导的一般策略或原则。这些策略在使用时往往和学习的特定阶段(例如获取知识,巩固知识和知识转换)或特定类型(例如辨析,概念,规则和问题解决)相配合。在获取知识阶段采用的一般策略包括给予指导(例如口头指导,图片展示,模型展示或进行示范和表演),向学生揭示学习目标,为所学技巧提供合适的实践,对学习表现进行积极的反馈,有序的组织学习内容,通过提问检查学生对知识的掌握,为概念提供正面和反面的例证,等等。然而,学生通过发展自己的学习策略和信息处理技巧学会如何教导他人也是非常重要的。

参见 能力训练;应用行为分析;直接教学;记忆术;教师效能

TECHNIQUES:A JOURNAL FOR REMEDIAL EDUCATION AND COUNSELING
《技术》:关于矫正教育和咨询的杂志

由杰拉尔德 B · 福勒和胡伯特 · 万斯主编的《技术》杂志首次出版于 1984 年 7 月。这份杂志刊载多学科的文章,围绕着如何治疗和教育特殊个体以及他们在生活中遭遇的特殊问题,为各个不同的学科提供交流和互动的平台。该杂志的定位主要是临床医学和教育方向,反映了当前采用的不同类型的咨询、治疗、矫正和干预方法。该杂志不代表任何学术团体的观点,仅仅作为一个论坛供大家交流观点、经验和公开讨论。

TECHNOLOGY FOR THE DISABLED
方便残疾人的科技

如果有一个词能够总结最近 25 年来科技影响的话,那么这个词就是时代精神。芯片和微处理器义无反顾地把我们的生活从工业社会带入信息社会(托夫勒,1982)。如果残疾人希望在社会上充分施展自己的潜力,那么他就必须掌握那些能够促进沟通、信息处理和学习等各方面能力提高的科技。当科技进步在不断地减少由于肌肉、感知和认知障碍带来的影响时,它的真正潜力还尚未实现。接下来的这段文字将就当前影响残疾人生活的科技做一个介绍,同时也将为某些很有前景的科技提供一个概述。

计算机对人类获得和传播信息的重大影响仅次于印刷术。随着体积的不断缩小和制造成本的不断下降,计算机对我们生活的影响呈几何级数增长。对于残疾人来说,计算机的两个特点非常显著:①硬件的体积不断缩小,而存储量却逐渐增大;②越是复杂的计算机越容易被操作。这些特点对于残疾人来说特别重要,其表现主要有如下几个方面:首先,计算机变得越小,也就越方便携带。譬如,手持微机能够被安装在轮椅上从而提高其灵活性。其次,随着计算机越来越容易操作,残疾人使用起来就更方便。譬如,执行某一功能所需要按键的数量减少了,残疾人的操作也就容易了。

以微处理器为基础的科技以两种方式使得沟通更为方便,即作为感知障碍的补偿性设备和作为由于身体残疾而导致沟通障碍的人的辅助性设备。补偿性设备包括发音电脑终端,可以将文本信息转化为声音语言(斯托弗,1982);还有为微机准备的特殊改装设备,通过将声音转化为文本为听力障碍者提供视觉显示(万德尔海登,1982);以及 Cognivox,一种针对苹果个人电脑的改装设备,结合了声音识别和声音输出两种功能(莫理,1982)。

对于那些肌肉运动有障碍的人来说,帮助他们进行沟通的设备已经得到了开发,使得他们能够通过一个简单的开关输入装置来操作电脑。这种装置既可以简单得像游戏操纵杆,也可以复杂得像光学头盔瞄准系统。键盘增强器或其替代品可以通过减少动作次数来帮助行动受限制的人进行沟通。譬如,迷你语音器这种语音压缩系统就可以通过 7 次击键来产生上千条清晰发音的句子(贝克,1982)。适应性通讯设备也能和微型计算机连接起来帮助残疾人士操控他们的生活环境(例如,开动机器,回答电话或调节温度等)。

电信概念意味着远距离沟通。这是一种以电子脉冲的形式储存文本和图像,并通过电话线、卫星、光纤或无线方式进行传送的通讯手段。电子通讯和传统的通讯方式相比有一些优点。首先,在使用者之间传递信息时,电子通讯相对来说比较便宜。同样,电子通讯也有助于缓解距离遥远或由于行动不便造成的与世隔绝相关的一系列问题。信息的集中和分发不一定非要局限在学校,办公室或者家里也同样有条件可以实现;局域网就可以将若干台微机或终端连接到服务器上。这样的系统允许几个操作者同时利用同一个软件或资料,从而实现资源的共享。而广域的网络更是可以将距离遥远的计算机连接起来。这种网络性能的例子可以在好几个州找到,在这些州,地方政府的电脑和州政府的电脑是连通的。全州范围内的网络系统大大减少了为特殊教育立法所需的时间和书面工作。

特殊教育网是广域网络的另外一个例子。注册者主要利用特殊教育网登陆电子公告板或通过电子邮件来传送信息。电子公告板的功能和传统的软木公告板差不多,这些软木公告板在很多学校还能找到。使用者可以在电子公告板上留言以获取需要的信息,或者也可以阅读别人的留言以发现关于特定主题的最新信息。举例来说,特殊教育网的职业公告板会张贴出在特殊教育领域或相关领域内的职业空缺,在需求方案说明书公告板上会有关于可能的授权和合同的有效信息,而交流公告板则是供使用者留言以获取相关资讯的。电子邮件,顾名思义,是一个供使用者通过电脑来收发邮件的系统。在特殊教育网的系统中,每个登录者都会拥有一个特殊的用户名以确定其邮箱;在文字处理和电子通讯软件的帮助下,使用者可以在短短几秒钟之内发送或长或短的文件。

除了电子公告板和电子邮件提供的功能之外,能够上网的用户还可以从巨大的电子图书馆中获得信息,这些电子图书馆对各种信息进行储存、分类和提供检索服务。举例来说,由特殊儿童理事会运作的教育资源信息中心(ERIC),是关于残疾儿童和天才儿童信息的最主要来源。另外一些重要的信息资源是残疾人交流中心,它收录了一些关于残疾人的信息;还有就是ABLEDATA,收录有能为残疾人服务的电脑硬件、软件和辅助设备。

电子通讯的另外一个重要形式是图文电视——一种为电视观众提供的单向传送形式。图文电视利用单向垂直空白间隔,即电视信号空置的一部分在电视屏幕上显示某些信息。图文电视的应用包括新闻标题、天气预报以及学校放假的信息。闭路字幕是图文电视的一种形式,它能帮助听力受损的观众看清楚对白。目前,利用图文电视来传送教学资料的试验也正在进行当中,播送设备能够将公共领域的软件传送到拥有电脑和特殊解码设备的家庭和学校。

光盘是一种桌面工具,需要通过播放器来放映储存在12英寸光盘里的视频节目。当由电脑来控制时,光盘变得非常具有互动性,因此成为一种非常有效的教学工具。光盘的这种影响力部分来自它的存储量;一张光盘可以存储54,000帧的信息,包括电影、胶片、幻灯片和声音。当和电脑的功能结合起来时,光盘能够根据学生的需要控制学习进度。同时,所学信息还可以用慢动作或者定格的方式展示。加州长滩聋人学院也开发了一种使用光盘进行语言发展和阅读教学的系统,通过这个系统,学生们使用光电笔在屏幕上写下他们的反应(沃尔曼,1981)。过去,光盘科技非常昂贵,因为开发光盘的成本很高。但是现在,教育家们以及其他的服务提供商已经能够以很低的成本定做光盘了。

人工智能指的是利用电脑解决和人类遇到的一样的问题,做出一样的决定(尹和莫尔,1984)。由于科学家们对人类如何思维还没有充分的理解,因此他们就人工智能是否可行还有争论。到目前为止,和人工智能最为接近的研究是对专家系统、自然系统和光学检测仪的发展。专家系统是利用知识和推理策略来解决问题的电脑程序。这个系统依靠三种信息:事实,事实之间的联系以及利用事实来解决问题的方法。关于专家系统的一个例子是内科医生程序,用来进行医疗诊断。自然语言处理是使用自然语音同电脑沟通并翻译外文文本。光学检测仪则利用传感技术在电脑屏幕上显示物体的图像。和其他成果一样,这些科技应用对残疾人士有很多潜在的好处,但是它们对生理和认知的弥补功能还要依赖科技发展的大量积累。

机器人是一种能够根据程序进行定向运动和操作物体的设备。它因自身的运动能力和其他技术和弥补设备相区别。机器手臂能够拾起和移动物体,组装零件甚至喷漆。未来的机器人不仅能够运动,而且还能够通过触觉、视觉或听觉来感受周围环境。更重要的是,未来机器人将能够收集信息、对其加以理解,从而设计和采取合适的行动(尹和莫尔,1984)。虽然机器人能够像弥补设备那样为残疾人士提供潜在的帮助,但是目前来看,其运用领域还主要局限在科研、制造行业以及偶尔在教室里被用来教授计算机逻辑。

当前,在特殊教育班级里运用的专门技术适合各种各样的残疾情况,包括沟通障碍、健康损伤、听力损伤、视力损伤以及学习障碍学生。在一些最先得到应用的领域和那些关系到对人们生活质量影响最大的问题,譬如感知障碍和沟通障碍,科技发展得最为迅速。电脑辅助教学,尤其是针对学习障碍儿童的辅助教学正在发展,但是却处于劣势。1990年以来,主要涉及学习障碍的教科书(梅耶和哈密尔,1990)都没有提及解决学习障碍的相关技术。

参见 残疾人的计算机使用;机器人技术

T

TELECOMMUNICATION DIVICES FOR TE DEAF (TDDS;TTYS)

聋人电信设备

聋人电信设备通过普通电话线提供视频或打印模

式使听力损伤的人也可以借助电话进行交流(TDDs or TTYS)。在调制解调器或声音耦合器的帮助下,TDDS的使用者将打出的留言传送给对方。这条留言通过视频方式显示或者打印在纸张上。这样,对话或信息交流得以完成。

TDDs需要利用普通的或经过轻微改装的键盘,并用一些特殊的术语用来简化交谈。譬如,GA,意思是继续,表明对方在等待着答复。SK,意思是停止打字,表明对话结束。而当Q这一个字母出现的时候,则暗指对方在提问。

公共和私人使用的TDDs的数量在迅速增加。像图书馆、学校和航空公司之类的公共服务机构正在使用TDDs以方便听力损伤群体享受他们的服务。警察和消防部门使用TDDS来确保失聪者的生命财产安全。正因为如此,TDDS被认为对失聪者的独立生活做出了重大的贡献。

参见 聋;电子通信辅助器

TELECOMMUNICATIONS SYSTEMS IN SPECIAL EDUCATION

特殊教育中的电信系统

利用电信技术为特殊教育服务是当今社会技术爆炸的反映。和"电脑服务"、"来源"这样的商业电子网络服务逐渐为大众所熟悉的方式一样,特殊教育网是一个为特殊教育工作者提供电子邮件和信息来源服务的专业网络。同样,电话系统由电线通讯改造成光纤通讯能够支持出于各种使用目的的大流量信息传输,这包括关于特殊教育学生在地区间流动时带来的信息传输。

有些类型的电信技术,譬如伊利诺斯大学的柏拉图系统,是从一个中央位置向外传送信息。这种方式在个人电脑得到改造,指令传送的成本减少了之后就过时了。另外一些技术,包括电子存储和电话传输,得到了扩展,特别值得一提的是ABLEDATA,一个关于残疾人辅助性设备信息的检索资料资源,也得到了扩展。

电信技术处在一个急剧发展的时代,它能够像改造全球通讯一样改变特殊教育的实践。但是,和其他针对残疾人发展的科技相比,特殊教育将从广泛的技术进步中获得好处。因此,当普通家庭能够通过个人电脑、调制解调器和电话线登陆特殊的新闻资源网、了解股票行情、联系经纪人、享受定制的电子信息服务以及登录特定的电子公告板和电子邮箱时,残疾人也可以利用同样的系统,在网上和拥有共同爱好的人交流,浏览网站,在家里从事竞争性的工作以及更方便地享受社会提供的服务等等。同时,在公共学校和高等教育领域从业的特殊教育工作者也可以利用电子通讯实现同样的目标,努力从日益扩展的专业信息网络中获得有用的资讯。

参见 计算机辅助教学;电子通信辅助器

TEMPERAMENT

气质

长期以来,个人气质存在着差异是公认的。古希腊人就谈到过四种不同的气质类型。但是,关于先天条件决定行为的观念长期以来限制了美国心理学家和教育学家对气质研究的关注,直到最近才有所改变。虽然气质研究的主要推动力来自精神病学家亚历山大·托马斯和斯泰拉·切斯以及他们的同事(托马斯和切斯,1977),但对气质概念的独立支持或许在儿科和精神病研究,关于个体发展的跟踪研究,婴儿以及子女—家庭互动关系的研究,双胞胎研究,行为遗传的研究等方面也能发现。总的来说,气质研究无论是从研究的角度还是应用的角度都是一个重要的领域,它和特殊教育以及残疾儿童的发展和调整的相关性也受到越来越高的重视。

气质的定义虽然直观上充满吸引力,但关于气质的定义却众说纷纭。托马斯和切斯(1977)认为气质是一个风格变量,认为气质主要描述一个人如何行为,而不是做了什么或做得怎么样。托马斯和切斯识别了九种气质或行为风格维度:活跃水平,适应性,亲密和冷淡,注意广度和持续性,注意力分散程度,反应的强度,心态,节奏性以及反应的极限。这些维度部分来自托马斯和切斯的临床观察,并在纽约跟踪研究项目中得到正式的表述。在托马斯和切斯看来,这些气质变量有一部分从根本上来说是先天性的。

在其他的定义中,气质的先天性和生物性是很明显的。巴斯和普洛敏(1975,1984)提出,当考虑气质或行为的倾向性时,必须符合发育稳定,举止成熟,适应性和生物性气质的标准,同时还必须有基因的要素。他们以自己的观点确定了四个维度来满足这个标准:情绪性,活动性,社会性和冲动性。罗斯巴特和德里伯里(1981)最初以他们对人类婴儿的研究为基础提出这样的观点:在假定具有先天性基础的反应与控制两个方面,气质最好被定义为个体的差异。他们的表述强调兴奋性以及控制和调节兴奋性的精神和行为过程,这种表述和斯特劳(1983)的看法是一致的。戈德史密斯和坎波斯(1986)采取了一个有些不同的视角,把气质定义为在情绪方面的个体差异,包括一些主要的感情,譬如害怕、愤怒、悲伤、喜悦等方面的差异。他们不但考虑气质而且也考虑集中的变量,气质和人格这两个概念的差别问题也是值得注意的(戈德史密斯和坎波斯,1982)。很多研究人员认为气质是人格先天的和遗传的组成部分。这种观点在1980年纽黑文气质论坛上得到了充分的反映:"气质包括了人格中那些起初是天生的和遗传的方面,在各个年龄段各个社会中都一直存在,在不同的环境条件下表现出一致性,是相对稳定的,至少在主要的发育阶段内是如此。"(普洛敏,1983)因此,除了在具体构成和重点方面有所不同之外,关于气质问题达成了一些共识,认为气质是一种个性差异,以生物性或先天性的体格为基础,并且和行为或表达方式的差异相关(布沙尔,1995)。

将气质的知识正式运用到教育实践中只是最近的事情,不过正在逐渐发展。总的来说,有证据表明,气质和认知能力对教育成就来说是部分独立的贡献者。除了学业上的成就,还有大量证据显示,气质变量与儿童在学校的个人和社会适应能力有关。尤其是当儿童有生理缺陷或问题情况时,气质的影响更为显著,虽然在同类残疾儿童中存在着气质性的差异(汉森,1979)。菲尔德和格林菲尔德(1982)认为,气质的类型有可能与特定的残疾情况有关,还有一些假设性的证据将气质同学习障碍学生的适应性与成绩问题联系在一起。

气质能以好几种方式影响学业表现和适应性,并且和智力表现有关(布雷布纳和斯托,1995)。它可能是存在于普遍状态中的一个因素,也就是说,某些气质类型可以很好地适应学校里复杂和具有挑战性的要求,但是另外一些气质类型就不行。气质可以通过迅速简单的调节引导行动和注意力来影响一个儿童的具体的学习准备,也可以和特定学科主体形成互动以促进或阻碍学习。此外,个体气质性差异对儿童在学校的个人—社会关系调整也有重要影响。至少从直观上来看,人际关系问题深深植根于儿童之间以及儿童和教师之间的互动,因此,个人风格或气质,可能是问题行为中起作用的一个重要因素。如果儿童的气质与他们在学校的成绩和适应性之间的关系被认为处在托马斯和切斯所提出的"吻合度"范畴以内,那么儿童性格、环境任务要求和条件都必须考虑到。"吻合度"这个概念对于确定、诊断、干预和治疗都有着非常重要的意义。

参见 身体意象;功能亢进;学习无助;人格评估;教师期望

TEMPER OUTBURST

情绪爆发

情绪爆发,或者说发脾气,对和儿童一起相处的工作人员来说是非常熟悉的。就年幼一点的儿童而言,当遇到学习、生理和情感问题时,他们更容易发脾气。当儿童发脾气时,护理人员应明白他们是试图通过这种表演性的情绪爆发来达到某些个人目的。

发脾气是很好辨别的,因为它总是表现为暴躁性的行动。譬如诅咒、踢、打、咬、破坏财物以及对周围的人和家具可能有危险的一些相关行为。粗野的愤怒和恼火,尖叫,哭喊,表明儿童在情感上已经失去了控制,儿童固有的防备心理土崩瓦解,他们只能发泄紧张的、无法控制的愤怒。

一般来说,看上去只有当儿童受到父母管制的时候,他们才会发脾气。其实,当面对教师或者在一个公共机构中面对护理人员时,儿童也可能发脾气。特里施曼、惠特科和本德罗(1969)三人针对脾气暴躁的性质、起因提出了可能的综合治疗方法。大体上来说,作者认为发脾气是儿童试图获得控制以及处理发育问题的一种尝试。

在绝大多数的例子中,父母和护理人员反映说儿童经常在没有原因和预兆的情况下突然发起脾气来。但是,大部分教育学家和心理学家在对儿童发脾气的情况做出详细调查后发现其中一般都有突如其来或偶然的因素在起作用。举例来说,一般只有在和成年人共处并且总有他人在场的时候,儿童才经常发脾气。通常情况下,儿童受到极大的关注,并且往往是受到了负面的关注。事实上,成年人需要对儿童格外注意来防止他们伤害别人或者破坏财产。马伦(1983)曾经详细描述过被送进青年发展中心的儿童发脾气的事件,这些儿童都是十几岁的人,他们能够,也的确给护理人员造成了伤害。在这样的机构中,儿童发脾气往往是因为他们害怕别的儿童或工作人员。在所有的案例中,发脾气的儿童都吸引了别人的注意。

参见 行为改变;行为观察;抑制

TERATOGEN

致畸剂

致畸剂是一种导致发育缺陷或畸形的因素。导致畸形的原因可能是环境性的、遗传性的、多因素的、母体影响胎儿的或一些未知的因素。环境因素包括药物和类似的制剂(例如:酒精、抗惊厥剂,迷幻药等),荷尔蒙,感染(例如:巨细胞型包含体病,流感,腮腺炎,麻疹,梅毒,弓蛔虫病等),辐射,机械致伤,低血压,维他命缺乏或过剩以及微量元素缺乏等。基因方面的原因包括染色体畸形(如唐氏综合征等)以及不同的遗传模式——散发的、显性的、隐性的、多基因等等。母婴相互影响体现在母亲是高龄产妇或者母亲甲状腺机能减退造成胎儿畸形。到目前为止,还有多种畸形综合征的病源尚无法确定。

许多先天性畸形能够在出生之前就被检查出来,其主要手段是通过羊水诊断。另外,超声波扫描成像系统也能够在发育晚期显示相对完整的畸形状态(斯佩斯尼尔森,和博杜安,1983)。

胎儿发育的时间表往往有助于弄清相关畸形的种类。在怀孕后 15 天内孕妇受侵害会影响主要胚层的发育;这样的畸形往往是全面的,因此胎儿幸存的可能性非常小。在第 2 周至第 7 周,侵害导致的主要畸形会影响整个器官系统。在怀孕 3 个月之后(这段期间内,各个器官形成并建立其相互联系),此时畸形影响的范围变得越来越有限。虽然胚胎或胎儿受侵害的时间与可见的异常联系紧密,但如果存在某些特殊物质,也可能导致不同的畸形,虽然受侵害的时间没有变。

参见 中枢神经系统;遗传性变异

TERMAN, LEWIS M.

李维斯 M·特尔曼(1877—1956)

李维斯 M·特尔曼在克拉克大学获得教育和心理学博士学位,师从 G·斯坦雷·霍尔。特尔曼曾经担任教师、校长、学院讲师,1910 年加入斯坦福大学,1922 年担任心理系主任,直到 1942 年退休。

由于在克拉克大学当研究生时就对智力测试有着浓厚的兴趣,特尔曼后来成为新诞生的测试运动的领导人,并在其职业生涯中发展了很多测试方法。其中最有名并得到最广泛应用的是斯坦福—比奈关于智力的测试,这是特尔曼 1916 年对比奈—西蒙测试进行修改获得的,并在 1937 做了进一步修正。特尔曼还发展了军方的阿尔法与其他测试(第一组智力测试)用来在一战期间对服役人员进行分类。随着斯坦福—比奈测试在 1916 年公开出版,特尔曼引入了一个新的概念——智商(IQ),不久以后,这个概念就成了常用词汇表中的一部分。

1921 年,特尔曼首次发起了对天才儿童的全面研究。他的工作人员对超过 250,000 名在校儿童进行了测试,确认了 1,500 名智商在 140 以上的天才儿童。这份儿童样本被深入研究,并且研究人员对其进行定期的跟踪研究直到现在。特尔曼发现,与当时流行的观点相反,天才儿童往往更健康、更快乐,并且他们比资质一般的儿童更加稳健。另外,他们在自己的个人和职业生涯方面也更成功。因发起天才儿童研究运动而享誉世界的特尔曼,利用他的发现推动了为天才儿童而提供的特殊教育计划。

参见 斯坦福—比奈智力量表

TERMAN'S STUDIES OF THE FIGTED

特尔曼关于天才儿童的研究

1911 年,当特尔曼在斯坦福大学的时候,他开始系统地收集那些在斯坦福—比奈智力测试中获得异常成绩的学生的资料。20 年代初期,在同米利塔·奥登一起工作时,特尔曼对一些据说拥有高智商的学生进行了斯坦福—比奈测试。关于其特征以及在那些领域异于常人的研究始于 1925 年。

特尔曼的研究对象是 1500 名在校儿童(800 名男生和 700 名女生),他们在经过智商测试的学校儿童中处于顶尖的 1%,他们拥有 140 或更高的 IQs(特尔曼和奥登,1925)。

特尔曼和奥登(1951 年)对这些天才学生的特点做了如下总结:①更为高大、健康,在外表上较有吸引力;②在阅读、语言运用、数学推理、科学、文学和艺术方面胜人一筹;③在数学计算、拼写以及关于历史和文明的真实信息方面占有优势(但是优势没有在②中包括的领域那么明显);④自发性强,拥有广泛的兴趣;⑤有能力轻松地学习阅读,并能够比普通儿童阅读更多更好的书籍;⑥很少吹嘘或高估自己的知识;⑦在情绪上更加稳定;⑧所有这些特点上升的方向都有所不同。

接下来在 1947 年、1951 年和 1959 年进行的研究完整地获得了预测和实际表现之间的对比。后继的由别人主持的研究得到了不太完美的发现,也就是说,并不是所有的研究对象在特定领域里都取得了天才一样的卓越成就(费尔德曼,1984)。最近关于情绪稳定性(施罗文斯基和雷诺兹,1985)、自发性和创造性(和菲谢拉,1985)以及关于阅读智能(安德森,托尔夫森和吉尔伯特,1985)的研究同样支持了特尔曼的发现。

所有关于特尔曼所进行研究的初始资料都保存在斯坦福大学的封闭文件里。据估计,在所有针对数据来源的回复当中,转化为表格资料的不足一半。

参见 天才儿童和阅读

TEST ANXIETY

应试焦虑

应试焦虑是一种常见的现象,但很难给它下一个严格的定义。在上学时、工作中或者经过不同的申请程序时,考试都是必要的。考试的表现对一个人来说可能会有负面的影响,因此,当个体处于参加考试的状态时,诱发焦虑的主要因素也就产生了。考试环境都是具体的,这给考察焦虑的本质提供了一个机会。

应试焦虑通常被认为是普通焦虑的一个特例。一般来说,它是指在涉及个人对失败的感知问题时产生的一系列相关反应——生理上的,行为上的以及表象上的(西贝尔,1980)。经历过考试焦虑的人在害怕失败的同时也对成功有着很高的期望,这两种感情都可以内化在个人心里。在某些例子中,应考者表现出更多的对成功的渴望以取悦父母或某个特别的人。除了这些原因之外,考试焦虑也可能是激励的渐弱状态。

对理论家和研究者来说,一个最大的挑战就是弄明白为什么焦虑在刺激某些人的同时又极大地限制了另外一些人的表现。几位研究者的发现表明:个人对考试成功与否的期望和考试焦虑密切相关(海克豪森,1975;魏纳,1966)。例如,对那些求胜动机较弱的人来说,他们往往把失败归咎于能力不足,而那些急于求胜的人则认为是自己努力的不够。海克豪森(1975)引用相关资料表明,那些非常害怕失败的人比急切期待成功的人更倾向于把成功原因归结为运气。因此,相对于那些害怕失败的人而言,焦虑对渴望成功的人更容易变成一种动力。所以,对于后者来说,焦虑反而可能成为一种渐弱的应试焦虑的形式。

有许多现成的研究和丰富的自述表明:对儿童和成人来说,应试焦虑症都是一个挥之不去的问题。另外,应试焦虑症通常会妨碍正常水平的发挥。因此,如果把考试作为评判个人能力最有效途径的话,彻底了解应试焦虑症的起因及其对个体表现的影响也就变得至关重要了。

参见 焦虑;压力和残疾学生

TEST EQUATING
考试均衡

考试均衡是一种在可能的情况下使两次考试的难度特征相近或相同的技术,这样,一个人在两次考试中的得分就没有什么差别。当前,一般用统计的方法来完成这种处理。与考试均衡相关的问题有两个。第一个问题是使在两次难度相同、考生相同、内容相同的考试中的得分均衡,这叫做水平均衡。另一个问题是使针对不同人群(其中考生年龄不一),并且内容有所重叠的考试均衡。在这种情况下,一个考试对年轻的考生来说可能比较难,而另外一个考试对年长的考生来说又太容易,这叫做垂直均衡。

参见 评估;测量

TEST FOR AUDITORY COMPREHENSION OF LANGUAGE - THIRD EDITION(TACL - 3)
《语言听力理解测试》(第三版)

《语言听力理解测试》(第三版)(TACL - 3)是一个通过对个体进行语言接受能力测量,以评价被测试者对英语词汇、语法形态以及精巧的短语和句子等几类英语语言形式的理解能力的工具。《语言听力理解测试》(第三版)包罗了142个项目,分为三个子测试,其中每一个对应测试一种类别的语言形式。每一个测试项目由一个单词或句子以及一个含有三幅彩色图片的图片板组成。

百分制、标准分以及年龄等值对0~11岁的儿童都是适用的。《语言听力理解测试》(第三版)还提供一系列的标准参照,该参照是建立在由1102个社会经济地位、种族、性别和残疾均相同的儿童组成的标准样本的基础上的。研究已经表明,该标准参照没有性别、种族、残疾和少数民族方面的偏见。对规范化样本子群(例如:有语言障碍的个人,非洲裔美国人,欧洲裔美国人,西班牙裔美国人,女性)以及整个规范群体的可靠性系数都进行了估算。

参见 听力过程

TEST OF ADOLESCENT AND ADULT LANGUAGE - THIRD EDITION(TOAL - 3)
《青少年及成人语言测试》(第三版)

《青少年及成人语言测试》(第三版)(TOAL - 3)是对最早于1981年出版,修订于1987年的《青少年语言测试》的修改。这个测试最主要的改进是扩大了样本的范围,将18~24周岁的大专院校在校学生也包括进来。这样的改进要求测试的名称做出相应的改变以表明较大年龄段的人群也被包括在规范样本之内。《青少年及成人语言测试》(第三版)产生10个综合得分:听——理解别人口语的能力;说——口头表达观点的能力;读——理解书面信息的能力;写——用书写形式表达意思的能力;会话——听说的能力;写作——读写能力;词汇——理解和使用单词进行沟通的能力;语法——理解和创造句态、语态的能力;感受性——理解书面和口头语言的能力;表达——创造书面或口头语言的能力。全部语言能力份额和其他十个综合份额的平均分是100,标准差是15。

规范化样本超过了3000人,分别来自美国的22个州和加拿大的三个省。该样本符合根据美国1990年

T

人口普查得到的地区、性别、人种和居住地的百分比并根据年龄进行了分层。对样本的内在连贯性、测试—再测试、分数可靠性等问题也做了相应调查。所有的可靠性系数都超过了0.80。样本内容、相关标注以及建构的效度都经过了细致的研究。另外,《青少年及成人语言测试》(第三版)的得分在有语言障碍者的这一组和正常组之间能够进行区分。提供的证据也表明,该测试的条目对种族和性别并没有偏见。

TEST OF EARLY MATHEMATICAL ABILITY - SECOND EDITION(TEMA - 2)

《早期数学能力测试》(第二版)

《早期数学能力测试》(第二版)(TRMA - 2,金斯伯格和巴鲁迪,1990)测量年龄在3岁到8岁11个月的儿童在数学方面的表现。具体设计的测验项目测量如下几个领域:相对大小的概念、阅读和书写数字、数数、计算、计算法则以及十进制概念。

《早期数学能力测试》(第二版)的标准化样本由来自27个州的896名儿童构成。样本的特征与1980年美国全国人口普查结果基本一致。测试大约需要5~15分钟完成,结果可以表示为标准分、百分比或年龄等价分的形式。测试的信度达到0.90;效度经过反复检验得到保证。测试的结果以标准分(平均分=100,标准差=15)和百分比等级来表示。现在还收录了一本与被测试方面技巧的提高有关的补救技术手册。

TEST OF EARLY READING ABILITY - SECOND EDITION(TERA - 2)

《早期阅读能力测试》(第二版)

《早期阅读能力测试》(第二版)(TRAR - 2;里德,海尔什科,和哈密尔,1991)测量3~9岁11个月儿童的实际阅读能力。测量的范围包括:上下文意思的把握、文字知识以及书籍与印刷习惯等。测量结果以标准分(平均分=100,标准差=15)、百分比或标准等值曲线表现。《早期阅读能力测试》(第二版)有两种可替代的同等形式。虽然没有提供子测试,但是测试项目能够反映在上述三个领域中的能力。该测试拥有一个由1454名儿童组成的全国性标准化样本,每6个月就提供一次标准化资料。测试的内部一致性和信度在每年的测试中都会得到报告,在所有报告当中,相关系数都接近或达到了0.80。而测试效度则建立在该测试与其他关于阅读、语言、智力和成效的测试的关系上。《早期阅读能力测试》(第二版)图片版是一个画架形式。在这个测试中可以采用电脑记分系统。

TEST OF EARLY WRITTEN LANGUAGE - SECOND EDITION(TEWL - 2)

《早期书面语言测试》(第二版)

《早期书面语言测试》(第二版)(TEWL - 2;海尔什科等,1996)测量3~10岁11个月儿童的写作能力。这个测试包括两个子测试:一个是基本写作能力测试,另一个是情景写作能力测试。基本写作能力测试具体写作技能(如拼写、大小写、句子结构以及元认知知识),而情景写作能力测试是对一个写作样本进行客观评价(故事形式、衔接主题、发展构思以及故事结构)。测试还提供了具体的评分建议。每个子测试针对写作常规性的、语法性的以及概念性的具体要素进行测量,因此可以独立进行。

三个方面的测试(基本写作,情景写作和全面写作)均建立在平均分为100,标准差为15的基础上。《早期书面语言测试》(第二版)标准样本由来自33个州的1400个儿童组成。样本的标准化信息在性别、种族、民族、地理区域以及居住地的基础上反映了全国总体的状况。测试的内部一致性和信度系数都超过了0.90,同时还提供了充实的内容描述操作程序、标准预测操作程序以及结构辨认程序。

TEST OF LANGUAGE DEVELOPMENT - PRIMARY: THIRD EDITION

《语言发展测试——初级》(第三版)

首次出版于1997年的《语言发展测试——初级》(第三版)(TOLD;纽科默和哈密尔,1997)目前发行了第三版。该测试一共有9个子测试,被设计用来测量儿童的三种类型的语言系统(听、说、语言组织)以及三种类型的语言特征(语义、句法和语音)的语言能力。测量得出6个分析性的综合分数,每个分数对应上述6个语言系统和特点。这个测试适用于4岁到8岁11个月的儿童,需时一个小时。

这个测试被语言病理学家和教育诊断学家广泛运用来获得儿童语言技巧的标准化比较。由于《语言发展测试》这本书的第三版刚刚发行,还没有关于这个测试的相关评价。不过,通过对以往版本的评价可以发现该测试的充分规范性和可靠性。

参见 *语言障碍*

TEST OF MEMORY AND LEARNING(TOMAL)

《记忆和学习测试》

《记忆和学习测试》(雷诺兹和比格勒,1994a)是一组由14个记忆和学习任务(10个核心子测试,4个补充测试)组成的全面的测量系统,测量对象是5~19岁的青少年。10个核心子测试根据测试内容分为言语记忆和非言语记忆两部分,合为综合记忆指标。另外,还包括延迟回忆指标,即要求被测试者在首次测试30分钟后对前4个子测试进行重复回忆。

在一个受过创伤的大脑中,记忆往往以不同的机制运作,传统的记忆途径可能失效。《记忆和学习测试》因此预备了可选择的分组子测试形成补充指标,包括连续回忆,自由回忆,辅助回忆,学习,注意力及其集中。这个补充指标是由一组专业的神经心理学家对14个子测试进行逻辑分类后得出的(雷诺兹和比格勒,1994b)。为了让临床测试者具有更大的灵活性,测试还提供了四个纯粹由实证得出的要素指标——复杂回忆、连续回忆、反向回忆和空间回忆,它们也可以被用于测试中(雷诺兹和比格勒,1996)。

表1列出了子测试的名称、总结分和得分标准。《记忆和学习测试》的子测试采用常用的平均分制度来测量,平均分为10,标准差为3(从1到20)。综合分和总结分以平均分为100,标准差为15来加以测量。所有的测量采用滚动加权平均值的方式进行,在雷诺兹和比格勒(1994b)的著作中有详细的描述。

表1 《记忆和学习测试》的核心和补充测试以及指标

	M	SD
核心测试		
言语的		
故事记忆	10	3
单词选择提示	10	3
目标记忆	10	3
数字记忆	10	3
配对记忆	10	3
非言语的		
面容记忆	10	3
视觉选择提示	10	3
抽象视觉记忆	10	3
视觉连续记忆	10	3
定位记忆	10	3
补充测试		
言语的	10	3
正向字母	10	3
反向数字	10	3
反向字母	10	3
非言语的		
动作模仿	10	3
总结分		
核心指标		
言语记忆指标(VMI)	100	15
非言语记忆指标(NMI)	100	15
综合记忆指标(CMI)	100	15
延迟回忆指标(DRI)	100	15
补充指标(专业人士推荐)		
连续记忆指标(SRI)	100	15
自由记忆指标(FRI)	100	15
辅助记忆指标(ARI)	100	15
学习指标(LI)	100	15
注意力集中指标(ACI)	100	15
要素得分(实证得出)		
复杂记忆指标(CMFI)	100	15
连续记忆指标(SRFI)	100	15
反向记忆指标(BRFI)	100	15
空间记忆指标(SMFI)	100	15

对有经验的测试者来说,《记忆和学习测试》的10个核心测试和4个补充测试以及延迟记忆测试全部做完需要一个小时。通过这些子测试对记忆运作机制进行全面的观察,当所有的子测试均完成后,测试者能够对记忆做出全面的评估(费里斯和坎普豪斯,1995)。

(1)故事记忆。一个言语性的子测试,要求被测试者回忆所听到的小故事。该测试测量意义记忆和语义记忆,在某些情况下也适用于连续性记忆的测量。

(2)面容记忆。一个非言语性的子测试,要求被测试者在一系列干扰项目中对不同年龄,性别和种族背景的人的黑白相片进行识别和确认。该测试经过反复研究,可有效测量非言语意义记忆,反应的顺序并不重要。

(3)单词选择提示。一个言语的自由回忆测试,要求被测试者学习并复述一组单词,只有当某个单词被漏掉的时候才能进行提示。该测试测量言语记忆的学习和短暂记忆功能。试验将反复进行,直到单词被熟练掌握,或者在已经进行了8次试验后结束,回忆的顺序并不重要。

(4)视觉选择提示。一个和单词选择提示相参照的非言语性测试,该测试首先由测试者在卡片上指出一些具体的点,然后要求被测试者根据记忆重复指出这些点在卡片上的位置,只有当回忆出错的时候才能进行提示。该测试和单词选择提示一样,将反复进行直到被测试者完全正确或者在已经进行了8次测试后结束。

(5)目标记忆。测试者展示一系列图片,并相应地命名,然后让被测试者就图片和名称进行回忆,并将这个测验重复四次。在这个测试中,言语性的和非言语性的刺激配对出现,但回忆完全是口头性的。这为那些学习障碍儿童的回忆创造了干扰情境,但对正常儿童来说则比较简单。

(6)抽象视觉记忆。一个非言语性测试,要求被测试者对无意义图形进行回忆,来测量短暂性记忆,顺序并不重要。一个标准图形将展示在被测试者面前,然后让他将其从另外6个干扰图形中选出来。

(7)正向数字记忆。一个标准的言语性数字回忆测试。该测试测量对一系列数字的低水平机械记忆。

(8)视觉连续性记忆。一个非言语性的测试,要求被测试者回忆一组无意义的几何图形的顺序。首先,标准的图形顺序将展示给被测试者,然后被测试者回忆出原来的顺序是什么样的。

(9)配对记忆。测试者提供的一个言语性的配对—辅助性学习测试。简单和复杂的配对组合以及针对暂时性辅助回忆和学习的测量也同时被提供。

(10)定位记忆。一个评价空间记忆的非言语性测量。一张涂有圆点的图片将被展示给被测试者,要求他回忆这些圆点在纸上的位置,顺序不限。

(11)补充测试。

①动作模仿。一个在视觉上以对连续性记忆进行评估为基础的神经运动测试。测试者首先做出一组有序的手部动作,然后要求被测试者按照同样的顺序对这组动作进行模拟。

②正向字母记忆。一个和正向数字记忆测试相关的对比性测试,用字母替代数字作为刺激物。

③反向数字记忆。一个和正向数字记忆测试原理相同的测试,只不过要求被测试者按照相反的顺序回忆数字。

④反向字母记忆。一个和反向数字记忆测试相关的对比性测试,使用字母代替数字作为刺激物。

《记忆和学习测试》的子测试系统地改变了提问和反应的模式,将言语、视觉、运动测试各抽取一部分并和这些测试的联合形式一起融入提问和反应的模式中(雷诺兹和比格勒,1997)。测试者在一些子测试中还预备了针对一个标准的若干次试验,包括选择性提示,这样学习或认知曲线就可被导出。在选择性提示的模式中(只有当被测试者忘记了或没有能回忆起来时才被提示),当曾经被回忆起来的项目在后面的测试中被忘记时,就表明在对刺激物的短暂记忆向长期记忆储存的传送过程中出现了问题。在特定子测试的末尾备有暗示,以增加测试者探测记忆深度的能力。

《记忆和学习测试》是在人口比例分层的基础上(根据年龄、性别、民族、社会经济地位、居住地区以及社区规模)按照全美儿童随机样本的标准进行检验的。所立标准及规范是针对5~20岁的年龄组实施的。关于标准化的细节以及样本的具体统计数据可参见雷诺兹和比格勒(1994)的著作。

《记忆和学习测试》的子测试和综合指标有着非常高的内部一致性。雷诺兹和比格勒(1994b)报告说,就单独的子测试而言,其alpha系数一般超过了0.90,而就综合得分而言,则超过了0.95。同时,稳定性系数一般保持在0.80左右。

雷诺兹和比格勒(1994b)回顾了一系列已经公开的研究,这些研究为《记忆和学习测试》作为一种测量记忆功能手段的效度提供了有力证据。《记忆和学习测试》的得分和那些测量智力和成就的测试相关系数为0.50,这表明《记忆和学习测试》和这些测试有关但又不完全相同。智力测试一般来说彼此之间比较近似(大约在0.75~0.85之间),同时和成就测试也较相关(大约在0.55~0.65之间)。

自从《记忆和学习测试》出版以来,许多研究通过调查《记忆和学习测试》子测试与雷伊听力语言学习测试以及韦氏记忆量表(修订版)之间的相关性模式来为《记忆和学习测试》子测试不同方面测量的收敛性和发散性效度提供证据。《记忆和学习测试》的言语测试部分与上述两种测试的相关性比较明显,但是非言语性子测试则相对比较独立。《记忆和学习测试》的非言语测试部分和大多数视觉和非言语记忆测试不同,它很难以言语的方式进行编译,这使得《记忆和学习测试》非言语性子测试变得更为具体,也不易受到被测试者口头的辩解企图影响。在关于记忆障碍的非言语性测试和视觉测试方面,测试者应该期待测试间更大的不同而不是关注言语性记忆测量。

效度是一个复杂的概念,与对测验成绩的解释有很大关系。而且在针对像《记忆和学习测试》之类的测试所获得成绩具有什么意义方面,也有许多合适的解释。个案调查、小组比较以及关于测试内部结构的观点都能增加这方面的知识。这些在雷诺兹和比格尔(1997)的著作中都已提及。

TEST OF NONVERBAL INTELLIGENCE – THIRD EDITION(TONI – 3)
《非言语性智力测试》(第三版)

《非言语性智力测试》(第三版)(布朗和约翰森,1998)是对广受欢迎的《非言语性智力测试》第二版的修订。该测试是为0～6岁儿童和11～89岁成人设计的关于抽象图形问题解决能力的非语言类测试。《非言语性智力测试》(第三版)通过检查个人不用语言解决问题的能力来测量智力行为的特定成分。由于测试的每个环节,从指导到内容到做出回答都不需要语言,因此,《非言语性智力测试》(第三版)对于聋人、语言障碍患者、不会说英语的人以及来自不同文化背景的人来说是非常理想的一种测试。

测试的抽象图形内容保证每个项目都提供一个新的问题。《非言语性智力测试》(第三版)的项目中不包含单词、数字、熟悉的图片以及符号。在《非言语性智力测试》(第三版)中出现的图片已经在这次修订版中获得了充分的改进。由于该测试有两种同等的形式,这对测试前或测试后的人来说非常理想。该测试的45个项目中包含了问题解决任务,并且复杂性和难度逐渐提高。原始得分将被转换为百分比制和偏差,平均分为100,标准差为15。

《非言语性智力测试》(第三版)在1995和1996年分别对3000人进行了测试,在此基础上实现标准化。这3000人的人口特征和1996年美国人口普查资料所反映的全美人口特征相符。标准组依据年龄、性别、人种、民族、地理位置、社区规模、母语以及以受教育程度和家庭收入情况为特征的社会经济地位等方面进行分层。

近二十多年的研究已经建立了测试的信度和效度。指导手册中收集了大量的研究报告,包括作者本人的研究以及自本测试1980年公布以来,许多独立的调查者公布的研究情况,同时也有大量关于测试效度资料的报告。这些资料证明了该测试与智力测试、成就测试以及人格测试之间的相关性,证明了测试在辨别和要素结构上的效率。研究表明,测试项目潜在的倾向性问题并不显著。

TEST OF PHONOLOGICAL AWARENESS(TOPA)

《音位认知测试》

《音位认知测试》(TOPA;托格森和布赖恩特,1994)测量儿童对单词中个别语音的认知。《音位认知测试》可以用来确认可以从指导中增强音位认知的幼儿园儿童,从而为其阅读教育做好准备。《音位认知测试》的早期基础版本可被用来判断那些一二年级的学生在早期阅读中遇到的困难是否和音位认知的发展迟缓相关。

幼儿版《音位认知测试》(测量相同的或不同的首字母发音)适用于任何年龄阶段的幼儿测试,而早期基础版(测量相同的或不同的尾字母发音)适用于一年级和二年级的儿童。这两个版本的测试可以针对个人单独进行,也可以针对一组儿童进行。测试大约需要20分钟。该测试在大样本的基础上获得了标准化,样本代表性和美国人口普查的特征一致。指导手册还提供了百分比和不同的标准分的信息。测试的内部信度根据不同的年龄段有所区别,范围在0.89～0.91之间。指导手册同样提供了有关内容、预测性和结构效度的证据。

TEST OF WORD FINDING(TWF)

《找词测试》

《找词测试》(TWF;格尔曼,1989)对重要的语言表述技巧进行测评。一名测试者可以通过五种命名环节(图片命名:名词;图片命名:动词;完成句子命名;描述性命名;类别命名)来诊断找词失调症。《找词测试》还包括一个专门的理解部分,测试者可通过这个部分判断测试中的错误到底是找词问题的原因,还是由于错误的理解造成的。该测试还预备了对找词速度和准确性两个方面正式和非正式的分析。正式的分析产生标准分、百分比制和反应速度等级标准。非正式分析产生次要特征(手势和额外用语)和代替类型。速度可以用实际的或估计的反应时间来测量。

《找词测试》是一个单独进行的测试,包括一个为一至二年级学生准备的主要部分(80个项目)和一个为三至六年级学生准备的过渡部分(90个项目)。测试时间在20～30分钟之间。6～12岁或一至六年级的儿童都能适用。

该测试工具在对来自18个州的1200名儿童进行测试的基础上实现了标准化。样本根据1980年的人口普查进行了分层。技术手册上提供了该测试的信度和效度。

参见 失语症;学习障碍

TEST OF VARIABLES OF ATTENTION

《注意力参数测试》

《注意力参数测试》(TOVA:格林伯格,1988,1996)是一项单独进行的视觉连续性表现测试。该测试主要用来诊断患有注意力失调症的儿童和考察针对该症进行治疗的医疗方案的有效性。《注意力参数测试》是一个用时23分钟的电脑测试,既不需要语言技巧,也不需要对字母或数字进行辨别。测试本身相对比较简单:有一两个非常容易辨认的视觉刺激每隔两秒出现在荧幕上,每次出现的时间只有100毫秒,被测试者要求在对象出现时按下按钮,而非对象出现时则不能有任何反应。刺激对象是一个挨着大正方形顶部的小正方形,而非刺激对象是一个挨着大正方形底部的小正方形。测试中会有两种情况:①偶尔出现刺激对象的情况是用来测量注意力的;②频繁出现刺激对象的情况是用来测量反应速度的。

《注意力参数测试》可以获得七种记录:遗漏的错误,任务的错误,平均正确反应时间,可变性,预想性反应,多重反应以及后任务反应时间。该测试还为测试结果准备了解释手册,测验本身也提供了电脑化测验说明。此外,该测试还提供两盘录像带以展示测试能够诊断出注意力缺陷多动障碍(ADHD),预测对治疗方案的反应以及对精神药理学治疗方案进行监督。

TEST OF WRITTEN LANGUAGE - THIRD EDITION (TOWL - 3)

《语言写作测试》(第三版)

《语言写作测试》(第三册)(TOWL - 3)采用自然和人为设计两种形式对语言能力进行测量。在一幅图片的提示下,学生写下一段话。然后测试者根据语法习惯(大小写、标点以及拼写),文学语言(词汇、句法和文法)以及故事结构(情节、角色发展以及总体结构)对这段话进行打分。人为设计的子测试(词汇、拼写、文风、句子逻辑以及句子组合)测量单词使用,组词造句、标点、大小写以及句法等方面的能力。全面写作、设计写作和自然写作都有相应的综合系数。

《语言写作测试》(第三版)对来自26个州的从二年级到十二年级的2000多名学生进行了测量,并在这个样本的基础上实现了标准化。这些学生的特征和1990年《美国统计摘要》所提供的特征一致。测试还提供了百分比、标准分和年龄等值。在绝大多数年龄段,测试的内部一致性,对等同形式的测试与再测试,以及交叉得分的可靠性,系数差不多都在0.80,有些则达到了0.90。测试者对《语言写作测试》(第三版)的信度已进行了调查,相关的研究在说明手册上有报道。同时手册还对非正式的语言写作测评提供了一些建议,为教师提供了很多不同的想法,以便对写作缺陷进行补救。此外,《语言写作测试》(第三版)在性别、人种方面不存在倾向性,并可以单独或以小组形式进行测试。由于有两种形式的测验可供选择,学生的表现不会因为记忆因素受到干扰,所以测试者可以通过先后两个测试来评价学生在写作方面的进步。

TEST SCATTER

测试分布

一个参加智力、成就方面或其他教育、心理学方面测试的人,很少能够在所有的测试甚至子测试中都得到同样分数。这种在测试中个人表现的变化就是测试分布。针对测试中存在的测试分布有三种主要的测量方式:分布的范围、偏离迹象的数量以及分布轮廓的变化。

分布范围是指当个人在一组测试中的分数录入到平均值和标准差都相等的公共量表中时,用最高分减去最低分的值。《韦氏儿童智力量表—修订版》(WISC - R)有10个常规的子测试和2个补充子测试。作为测试分布的一个指标,应该先确定一个特定儿童在子测试中的最高分和最低分,然后相减。这样得出的结果就是分布范围。特定儿童的测试分布范围可以与标准样本测试中获得的平均分布范围或其他相关参考组相比较,以此来测定观察到的得分范围的经常性程度。有时,在《韦克斯勒儿童智力量表》—(修订版)的言语和表现量表中,用两个得分相减就能得到测试的分布范围。

异常迹象的数量(NDS)涉及一个人做过的所有测试或用来进行比较的测试中,在统计学意义上得分明显偏常的子测试或一组测试的数量。6个子测试组成了《韦氏儿童智力量表》—(修订版)(WISC - R)的言语量表。明显偏离一个儿童平均得分的子测试的数量是否是不正常的表现,或者说表现出如此多的优点和弱点是否是一件正常的事情,知道这些对我们是有益的。标准化对照将再一次进行。

分布轮廓的变化是测试分布的另外一个显著的指标,并且表现得最为稳定。分布轮廓变化仅仅是指个人一组得分中的不一致,譬如所有得分的平均分与平均平方差的比较。

或许在学习障碍领域的初期研究中,学习障碍儿童就已经被假定为存在着大量的或不平常的内部和外部测试之间的分布(查尔方特和舍弗林,1969)。直到20世纪70年代中期,这个假设才被忽略,测试分布程度成为正常儿童测试表现的重要特征。虽然《韦氏儿童智力量表》(WISC)的测试分布规范资料在60年代就有提供,但大多都被忽略了,直到考夫曼的《关于WISC的研究》在1976年出版(考夫曼,1976a,1976b)。在他对《韦氏儿童智力量表》—(修订版)(WISC - R)标准化样本中的2200名正常儿童的测验分布进行研究之前,关于这个指标的荒诞说法比比皆是。

在一份非正式的调查中,考夫曼提到当被问及正常儿童在《韦克斯勒儿童智力量表》—（修订版）测试得分范围应该是多少时，绝大多数心理学家和诊断医生认为范围应该仅仅在2～4分之间。而实际上，《韦氏儿童智力量表》—（修订版）标准样本中儿童的平均得分范围超过了7分，差不多是估计的两倍。同样，《韦氏儿童智力量表》—（修订版）的言语智力表现测试也存在着同样的差异。

在考夫曼的作品出版之前，传统的诊断认为，如果在《韦克斯勒儿童智力量表》—（修订版）言语智力表现测试的分数差距达到或超过15分，那就是学习障碍的明显表现。甚至连韦克斯勒（1974）都认为这种程度的分布差距具有临床上的重要意义，值得进一步研究。但是，在参加过《韦氏儿童智力量表》—（修订版）言语智力表现测试的正常儿童中，有35%的儿童存在着12分以上的差距，代表着两种分数之间的统计学上的巨大差异（24%），也就是差不多四分之一的正常儿童存在着15分以上的差距。这些和在60年代为《韦氏儿童智力量表》所提供的资料极为相似。

考夫曼（1979年）与言语性表现智力差异相关的研究发现在表3中有完整的体现。

自从这些开创性的研究开始以来，很多专家着手研究正常儿童在广泛使用的测试中的测试分布，譬如《韦克斯勒学龄前及小学阶段儿童智力量表》（雷诺兹和古特金，1981）、《考夫曼儿童评估测试组》（查特曼，雷诺兹和韦尔森，1983）。现在已经弄清楚的是，即使是正常儿童也会在能力方面表现出非常大的变化，打破了正常儿童能力表现平稳，只有特殊儿童才会有较大的测试分布的错误认识。《韦克斯勒量表》最近的修订版包括了《韦氏儿童智力量表Ⅲ》，《韦氏儿童智力量表Ⅲ》中的测试分布情况和考夫曼（1979）早期研究中出现的情况非常类似。

正常儿童的能力指标中出现大范围的分布情况并不代表否认儿童测试分布中存在变化的重要性。如果一个儿童在测试中得分的差异非常大并且是准确的，那么就说明，这个儿童在认知技能和能力方面确实存在差异，因此在注意力的调整方面也有所不同，并且和其个人教学策略的发展也有很大关系。同时，测试分数之间不平常的差异在诊断方面也有作用，但只有在考虑到标准化的时候才能使用。

参见 个人能力可变因素；言语表现智商差

表3 根据父母职业统计，正常儿童在特定或更高水平接受WISC－R V－P差异的比率

V－P偏差的大小（不考虑偏差方向）	父母职业					
	专业人员和技术人员	管理类的，牧师，销售类的	熟练技术工人	半熟练技术工人	非熟练工人	整体样本
9	52	48	48	46	43	48
10	48	44	43	41	37	43
11	43	40	39	36	34	39
12	40	35	34	34	29	34
13	36	33	31	31	26	31
14	32	29	29	29	24	28
15	29	25	26	26	22	24
16	26	22	22	22	19	22
17	24	19	18	18	16	18
18	20	16	16	13	15	16
19	16	15	13	12	14	14
20	13	13	12	9	13	12
21	11	11	8	8	10	10
22	10	9	7	7	9	8
23	8	8	6	6	8	7
24	7	7	5	5	6	6
25	6	6	4	4	5	5

V-P偏差的大小(不考虑偏差方向)	父母职业					
	专业人员和技术人员	管理类的,牧师,销售类的	熟练技术工人	半熟练技术工人	非熟练工人	整体样本
26	5	5	3	3	4	4
27	4	4	2	2	3	3
28—30	3	3	1	1	2	2
31—33	2	2	<1	<1	1	1
34 +	1	1	<1	<1	<1	<1

THALIDOMIDE
镇静剂

镇静剂是导致婴儿畸形可能性最大的药物之一。镇静剂是一种化学药剂,能够透过胎盘从而导致婴儿先天性畸形。与止痛剂和镇定剂的效果一样,镇静剂也是一种典型的致畸剂,对怀孕的母体具有积极作用,对于胎儿则完全是破坏性的。即使在经过了几十年的研究之后,镇静剂导致畸形的病理机制仍然不为我们所知。

当20世纪50年代末60年代初欧洲出现相对大量的海豹肢婴儿和其他畸形婴儿时,致畸剂开始受到怀疑。海豹症是指婴儿的胳膊或腿严重退化或者干脆消失,而手指和脚趾直接从身体躯干中长出来。镇静剂在欧洲使用广泛,据估计影响了7000多人。1961年末,在还没有通过食品药品管理局的许可之前,镇静剂在美国市场上就消失了(莫尔,1982)。镇静剂的致畸率非常高,超过90%曾经在怀孕的特定时期服用过镇静剂的妇女生产的婴儿都有某种程度的残疾(霍姆斯,1983)。

不管滥用镇静剂会带来多么可怕的后果,当它撤出美国市场后不久,调查镇静剂潜在益处的研究工作就开始了。1964年,镇静剂由于自身的消炎作用被用来治疗麻风病人,不久之后病人的症状就减轻了,继续服用之后症状持续缓解(布莱克斯利,1998)。因此,镇静剂通过了食品药品管理局的许可用来治疗麻风病,同时,镇静剂也许在治疗其他疾病方面也有显著疗效,譬如脑癌或其他形式的癌症,各种炎症以及自体免疫性功能失调等等。镇静剂现在正被用于治疗艾滋病的实验中,并能有效地缓解口腔溃烂和体重骤减等症状。有些研究还显示,镇静剂能够阻止HIV病毒的复制(布莱尼,1995)。服用镇静剂的患者声称镇静剂是无毒的,但是研究者必须确定可能致命的剂量。

参见 早期经历和决定时期;病原学;致畸剂

THEIR WORLD
《他们的世界》

《他们的世界》是学习障碍儿童基金会(FCLD)出版的年刊。学习障碍儿童基金会成立于1977年,并于1979年开始出版《他们的世界》,于每年一度在纽约举行的学习障碍儿童基金会义演上公布。《他们的世界》是一种公共意识媒介,意在让公众在广泛了解学习障碍的同时注意到学习障碍者所取得的成就。《他们的世界》报道一些家庭照顾学习障碍儿童的真实故事,同时为这些儿童和他们的家庭提供课外、假期、运动方面以及各种创造性的项目作为援助。《他们的世界》每年发行75,000多份,读者多为患者父母、教育工作者、议员和专业人士。

THEMATIC APPERCEPTION TEST(TAT)
主题感知测试(TAT)

主题感知测试(TAT)是由亨利·莫雷(1938年)开发的一种项目性评价工具,用来检测人格理论。主题感知测试(TAT)测试对象为7岁及以上的儿童,是应用最广泛的测评工具之一。测试材料包括31张描述角色在不同场景下的黑白图片。每张图片被设计引出特定的主题或冲突。关于每张图片的子测试一般有8~10个,根据被测试者个人的年龄、性别以及所展示问题的本质来加以选择进行测试。被测试者要求就展示在面前的图片讲一个故事。测试说明强调被测试者使用自己的想象力并在自己的反应中加上对场景中角色的行为、思想、感觉、故事背景和结果的描述。故事由测试者逐字记录,并在所有的图片都展示完之后,一般会向被测试者提问。

参见 情绪障碍;人格评估

THEORY OF ACTIVITY
活动理论

活动理论是关于心理学和发育学研究的一般理论,来源于1925—1945年苏联学者L·S·维果斯基,A.R.鲁利亚,A.N.列昂特及其同事的研究工作(列昂特,1978,1981;米尼克,1985;韦茨,1981,1985)。活动理论是当代苏联心理学最重要的智力推动,为广泛的心理学理论、研究和实践提供了统一的概念框架。由于语言、政治和概念上的障碍,直到20世纪70年代末期,西欧和美国的心理学家和社会科学家才了解到这一理论。

活动理论是维果斯基的学生和同事在他1925年至去世(1934年)这段时间内建立的理论框架基础上加以拓展得出的。维果斯基对当时心理学理论上的两个基本局限最为关注。第一,他认为许多心理学家低估了或者错误地解释了社会和文化因素对人的心理发育的影响。他尤其关注对这种影响机制进行解释时的错误问题。第二,他认为传统精神心理学和20世纪20年代出现的行为主义理论之间的争论代表了一种心理学和哲学上的潮流,这种潮流把传统精神心理学和行为主义理论的概念看成互相对立隔绝的,而不是作为一个整体互相联系的两个方面来看待(达雅多夫和拉奇科夫斯基,1985;米尼克,1987)。维果斯基的工作以及后来出现的活动理论都试图发展出一套理论范式以便克服当时理论中存在的这些局限。

活动理论的一个核心假设是人的心理发展依赖于将个人卷入社会活动的历史发展过程,这些社会活动构成了社会本身和成年人的生活。在这个理论框架中,心理发展和心理变化取决于个人逐步完全参与到社会生活中。在此过程中,组织和促成认知活动的模式得到掌握,同对象的外部世界与人的关系得以确定。

作为心理学和心理发展学的基本观点,活动理论对苏联特殊教育领域内的理论和实践产生了重要影响。虽然在这么短的篇幅内不可能详细探讨这种影响的性质,但是具体描述可参见亚历山大·梅耶里亚科夫有关失聪和失明儿童研究工作论述的英文翻译(梅谢里亚科夫,1979)。

参见 L. S. 维果斯基;感觉发展区

THERAPEUTIC COMMUNITY
治疗性社区

治疗性社区作为一个社会心理复原的典型,是在第二次世界大战后由一位英国心理学家马克斯威尔·琼斯发展起来的。琼斯于战时在一所精神病医院治疗有感情创伤和有人格问题的士兵。这种经历促使他想出这个方法。琼斯的方法是对传统精神病医院做法的反思,传统的治疗方法只能产生依赖性的病人,除了需要治疗之外,当他们将来出院以后还需要重新进行社会化。他认为医院可以有目的地创造一个治疗的环境,为病人提供完全的社会参与条件(梅因,1946)。提供组织合理的社会环境,而不仅仅进行精神治疗或医学治疗,能够在病人身上产生更好的疗效。琼斯的工作对社会精神病学的发展影响巨大,其重点放在导致病人产生不良反应的压力的社会环境来源上,而不是像传统精神病治疗那样头痛医头,脚痛医脚。

琼斯最初将治疗性社区的原则和实践公布在《社会精神病治疗:关于治疗性社区的研究》一书中(1952),但是此书在细节上的描写不是特别多。而治疗性社区中关于指导和塑造社会性互动的重要主题在人类学家R. N. 拉博拉特的著作《作为医生的社区》中有更清楚的说明(1960)。拉博拉特确定的主题如下:①民主——关于社区事务每个成员都有平等的权利决定;②宽容——允许社区成员有很大限度的行为自由;③公社主义——允许社区成员之间信息和评论的自由交流,包括医生和病人之间;④面对现实——经常性的告知病人在别人眼中他们的行为如何。

在治疗性社区中使用的主要社交方法是,由全体社区成员就发生在社区议事会上的事件进行讨论;方便社区成员之间的信息交流;在互动的过程中建立医务工作者和病人之间的联系,强调他们之间作为伙伴互相配合的身份;经常提供条件使得病人能够在与社区成员互动的时候学习到更多处理问题情况的适应性方法;由社区成员进行经常性的检查,尤其是医务工作者,他们的角色在于发现更加有效的方法来进行治疗。

参见 社区居住项目;精神神经障碍;残疾人的社会行为

THINK ALOUD
边想边说

"边想边说"是一种认知行为修正项目,其目的是提高幼儿社会和认知问题解决能力。该项目建立在迈亨鲍姆、古德曼、许雷和什派瓦克的开创性研究的基础上,并且和自我控制发展理论相关。"边想边说"项目作为一种训练项目被认为能够减少冲动,鼓励选择性思考以及做出良好的行动计划。该项目强调将认知模型作为一种教育工具,让教师将自己解决问题的思路作为模型展示出来,然后鼓励学生遇到具体的问题时,"边想边说",就四个基本问题自问自答:我遇到的问题是什么?如何才能解决它?我是否遵循了自己的计划?我做了些什么?

"边想边说"课堂项目的发展和研究在《中小学教育法案》第4款的部分支持下同意在丹佛市的公立学校中实施。很少有课堂项目之类的研究能够随机分配安插进试验的或传统的教学计划。但是,在非均等控制组的局限下,“边想边说”课堂的儿童在社会问题和认知问题的解决技巧方面都没有实行该项目的课堂中的学生表现得好,每个年级的情况都是这样。其中,在一二年级和五六年级中,“边想边说”课堂中的学生和对照组的学生在认知方面的差别最为可靠。而社会问题解决技巧方面的差别在各个年级都非常可靠。相关人员可以很轻松地对这种课堂项目进行调整,进而把它应用于个体或有教师指导的项目中去,以便深化经验,并使这种经验个体化。现在,该项目也为一些中学生、有需要特殊社会技巧训练的学生提供各种发展水平的广泛挑战,使他们能够像适应普通班级一样适应特殊教育班级。

参见 冲动控制

THORNDIKE, EDWARD L.
爱德华 L·桑戴克(1847—1949)

爱德华 L·桑戴克是最早将心理学引入教育领域的理论家和作家。他曾在卫斯理大学、哈佛大学和哥伦比亚大学深造,其职业生涯的大部分时间都在哥伦比亚大学师范学院度过。他因对学习理论和智力评价的重要贡献而享有盛名。

桑戴克对学习理论的主要贡献,被称为效应法则,已成为基本的行为法则。效应法则声明:“在特定条件下能够产生满足感的任何行为都和那个特定的环境有关,因此,当特定的环境出现时,相应的行为也可能出现。”(桑戴克,1905)这个相关性理论是认知导向性的,认为生理和心理行为建立了共同的神经传导路径。根据这个理论,当通过重复建立特定的路径时,学习过程就被认为发生了。

桑戴克对测量的兴趣是广泛的,正如他著名的格言所反映的那样:“如果某物存在,那肯定有一定的数量;如果有一定的数量,那么肯定可以测量。”(桑戴克,1926)他的多要素测量方法将智力视为建构性抽象、机械性和社会能力的综合,其智力测量也相应包括高度、宽度和速度三个方面(譬如,难度的水平,任务的数量,完成的速率)。这种多要素方法和桑戴克同时代的其他方法构成明显对比,那些方法只把智力视为整体的或单一的要素。桑戴克开发了很多测试,特别值得一提的是大学入学和成就测试。

参见 测量

THOUGHT DISORDERS
思维障碍

虽然思维障碍常常和精神分裂症联系在一起,但也可能在妄想症、情感障碍、器官性精神障碍或器官性错觉综合征这些与安非他命或致幻剂滥用有关的疾病中出现(《精神障碍诊断与统计手册》[DSM-IV],1994)。但是一般来说,精神分裂症患者易于表现出更为严重和具体的思维障碍症状,并有可能在病情没有急剧恶化的时候继续表现出某种程度上的独特思维(金斯伯格,1985)。根据《精神障碍诊断与统计手册》[DSM-IV](1994),在某些时候,精神分裂症患者经常产生错觉、幻觉或某些思想上的躁动,具体的表现就是胡言乱语。思维障碍是诊断精神分裂症的必要条件,该病的其他特征还包括感知、沟通和感情、动机等方面的错乱,等等。思维障碍这个概念囊括了一系列机能障碍,包括在思维形式、联想结构、思维层级和内容方面的混乱等等。

已有若干种理论用以解释思维障碍为什么会存在。比较具有心理学倾向的理论指出,不充分的自我功能导致患者创造出属于自己的现实,用来应付无处不在的紧张和焦虑。生物学倾向的理论则认为思维障碍具有遗传学上的病因。这个领域内的研究集中在对化学神经传递素——多巴胺分析上;这种化学元素在患者和正常人身上的含量是不同的。而对思维障碍进行药物治疗的有效性让人们更加信服生物学倾向的理论。还有其他理论,譬如学习、认知和家庭方面的研究途径更多是以环境为基础的,认为精神错乱症患者为了应付不健康的生活环境和家庭环境,学习了不良的思维和行为方式。

参见 《精神障碍诊断与统计手册》(DSM-IV);情绪障碍

TIME ON TASK
测试用时

学生在测试中花费的时间长短是所有领域里教师都关注的问题,斯夸尔、休伊特和希格斯(1981)确认了学生参与可以用来确定测试用时的三个尺度。第一,分配时间,指的是计划用来教学的时间。很明显,在分配时间里,学生不一定完全都在测试过程中。第二,接触比率,指的是学生实际参加测试所用时间在分配时间中所占的份额。第三,接触时间,指的是学生每天花在具体的学业或相关测试上的时间长短;这是分配时间和接触比率两者之间的整合。斯托林斯和卡斯科维茨(1974)发现,考虑到儿童年龄和测试主题对时间的影响,接触时间是和学生成就相关的最重要变量。根据这些发现,许多研究者将注意力集中在如何提高测试用时上。

举例来说,布赖恩特和巴德(1982)针对3个在幼儿园或学前班参加测试有困难的儿童,采取了自我教导训练的方式。研究者训练这些儿童五种不同类别的自我教导:①停下来观察;②就测试本身提出问题;③找出问题的答案;④给出指导性的意见;⑤为了完成任务而自我强制。结果表明,有2个儿童的测试行为得到了提高。当这种教导方式和课堂上隐蔽的干涉和提醒结合起来时,3个儿童都明显地提高了接触时间。

另外一个略微不同的研究测试行为的方法由惠伦等(1979)采用。他通过检查对多动症儿童在测试中和测试后的行为来判断药物治疗(利他林)的效果。他们发现被诊断患有多动症的儿童在服用了安慰剂之后与正常儿童在行为上有明显的区别。虽然研究者认识到药物治疗的确使很多患者提高了测试表现,行为更加符合社会准则,但是他们并不提倡大量使用该药物,因为许多长期的副作用还没有得到研究。另外,研究者觉得对个体情况中所有变量(教师的宽容度、环境的改造)的研究有利于治疗方案的确定。

参见 *注意力缺陷多动障碍;注意广度;活动过度症*

TIME – OUT
暂停法

暂停法是一种个人行为管理技术,一般用来减少或终止儿童或成人分散注意力的不适当行为。当课堂秩序已经无法维持下去的时候,就要使用这种暂停策略(祖尔策 – 阿扎罗夫和梅耶,1986)。

当进行如下操作时,暂停法的效果最好:

去除所有强化现有行为的机会(譬如,从一个强化性环境中退出,换到一个没有刺激的环境中)。

短时段或中时段的暂停(譬如,停止不适当的行为3 ~ 10分钟的时间)。

在进行暂停前清除环境和主体的联系(譬如,不合适的行为可能会中断暂停)。

在出现不适当行为的时候持续使用暂停,直到该行为减少并保持稳定。

当主体回到自然环境中时,为不适当行为选择替代行为并和暂停相互配合。

除了减少不适当行为以外,暂停这种方法还可以在没有令人厌恶的外部刺激情况下对行为进行管理。

参见 *反强化刺激;行为改变;惩罚*

TIME SAMPLING
时间取样

时间取样是一种间断性记录行为的方法,在时间取样规定的时间段观察并记录主体的行为。根据阿灵顿(1943)的说法,主要是国家研究理事会在1920 ~ 1935年间推动了时间抽样程序的发展。这个理事会控制着许多研究基金的分配,他们对当时在研究中普遍使用的对儿童行为的日志记录既不准确也无法进行比较的情况十分关注,于是开始鼓励各种研究运用可计量和可重复的方法来进行资料收集。

近几年,用以定义不同类型的时间取样方法的定义术语不断发生变化。在鲍威尔里程碑式的研究当中提及了3种不同类型的时间取样程序:①整体间隔记录;②部分间隔记录;③瞬间时间取样。在所有的取样程序中,观察期被分为一系列的间隔。当间隔时间相等时,就被称为固定间隔(譬如,每30秒一个间隔)。当间隔长度随机分配,但平均长度仍然是预定长度时(譬如,平均下来依然是30秒一个间隔),该程序被称为变量间隔。

儿童行为评价系统中的学生观察量表(SOS)是一种标准化的时间取样程序,采用的是第四种方式。学生观察量表采用的是简短间隔,在每个间隔末尾,观察者/测试者记录下最后3秒钟内发生的所有行为(雷诺兹等,1992)。在记录之后,如果同样的行为再次被观察到,就要重复这个总长度为15分钟的时间取样。

参见 *行为图表;行为评估;儿童行为评估量表;行为改变*

TOFRANIL
盐酸丙咪嗪

盐酸丙咪嗪(TOFRANIL)是一种抗抑郁症药物的专有名字,该药主要用于治疗抑郁症和夜间遗尿。有人认为该药也许还可以用来治疗校园恐怖症(赫索夫,1985)。

虽然盐酸丙咪嗪被证明能够有效地治疗成人抑郁症,但是在儿童身上使用的效果却充满疑问。夏菲尔(1985)认为,关于盐酸丙咪嗪的疗效和童年抑郁症都没有经过精心设计的研究。据一项对盐酸丙咪嗪和安慰剂进行双盲比较的报告研究显示,在两个测试组中都有60%的人做出了反应。在成人身上,盐酸丙咪嗪有轻微的镇痛作用,有助于减轻焦虑,但这并非治疗抑郁症所期待的疗效。但是,有人认为正是这种减轻焦虑的效果,在针对校园恐怖症的多学科治疗中能起到一定的帮助。在90年代,在支持选择性血清素摄取,诸如盐酸氟西汀和盐酸舍曲林之类的抑制剂方面,盐酸丙咪嗪的使用已经下降。

对于儿童来说,盐酸丙咪嗪主要用来治疗夜间遗尿。很多研究都表明盐酸丙咪嗪在治疗大部分儿童夜间遗尿方面具有显著的疗效(夏菲尔,克斯特洛和希尔,1968),并且见效非常快,基本上在第一个星期就发生了效用(威廉斯和约翰逊,1982)。但遗憾的是,一旦停止用药,大部分儿童又开始尿床。

参见 抑郁症;遗尿症

TOKEN ECONOMICS
代币经济学

代币经济学基本上是一个微观的货币系统,在此系统中,顾客为了普遍的、次要的强化物而工作,这些强化物可以和一系列备用强化物互相交换。20世纪60年代晚期,代币经济学第一次得到系统的描述(艾利翁和扎林,1965,1968),之后成为特殊教育领域中最受欢迎的提供奖励刺激的方式。成功的代币经济学已被证明适用于不同的人群,譬如精神病病人(艾利翁和扎林,1965)、庇护式工厂的残疾工人(韦尔奇和吉斯特,1974)以及特殊教育班级中的学生(休厄德等,1979)。

当施行一种代币经济时,服务提供者应该考虑一系列不同的问题。首先,代币系统本身必须建立起来。不过,任何可以使用的东西,像塑料筹码、画勾或打分都是很常用的强化物。在选择代币时首先应当注意两点:第一,代币要便于管理操作,第二,代币要难以伪造。其次,必须考虑如何选择备用强化物以及确定它们的象征性价格。一个可广泛选择和不断改变的备用强化物将使得整个代币经济系统变得更有吸引力。再次,必须考虑如何通过交换得到这些支援性的奖励。至少每周一次提供获得这些奖励的机会是很受欢迎的。另外,必须由服务提供者建立一个记录和保存系统,学生和教师应当清楚代币累计情况和平均得到了多少代币。最后,像其他行为程序一样,服务提供者必须确保代币做法能够一贯地坚持下去。教师和学生必须意识到哪些行为能够赢得代币,哪些行为会导致惩罚,并且这些规则必须得到严格遵守。

卡斯丁(1972,1982)和布特森(1972)评价了代币经济系统。卡斯丁(1982)就该领域内四个关键问题(加强代币经济的效果、人员训练、病人对该系统的抵制及长期效果)发表评论,并明确了三个新出现的关注领域(治疗的整体性、管理和组织问题和代币经济的分配)。首先在加强效果这个领域中,卡斯丁注意到,改变奖励的强度、强调代币系统经济性方面以及发展伙伴关系对提高代币系统的效率有很大帮助。第二,卡斯丁指出,一系列研究的焦点在于训练工作人员实施代币系统的有效手段。一般来说,内容全面的训练(譬如示范和有含义的反馈)证明最有效果。当参与者对该项目有所抵触时,卡斯丁觉得提供获得奖励的机会或许有助于减少抵触行为,虽然这并非总是有效。

卡斯丁所讨论的问题从本质上看都是管理方面的。这些问题包括:①项目是否按预期进行,②有多少不同的组织变量(譬如:做出决定的权威)影响代币系统,③该项目的方法论和结果在多大程度上受到外在影响。卡斯丁认为,就目前而言,代币经济的方法论已经很好地建立起来了,"研究的第二步是探索和评价如何将代币经济和很可能需要这个项目的场景很好地整合起来的程序"。

参见 应用行为分析;行为图表;行为改变

TOPICS IN EARLY CHILDHOOD SPECIAL EDUCATION
《早期儿童特殊教育主题》

《早期儿童特殊教育主题》(TECSE)是参考性的季刊,及时刊登与早期儿童特殊教育相关的文章,每年有三期是主题性的,一期是非主题性的。主题论点往往是提出一个确定问题、潮流、关注事项或早期干预的重要性等等。如果有人对向有发育迟缓和发育障碍表现的婴儿、学步者、学龄前儿童及其家庭所提供的服务有兴趣的话,可以向TECSE索取相关信息。《早期儿童特殊教育主题》(TECSE)从1981年以来一直在出版。艾德出版有限公司于1983年从艾斯本出版社买走这本杂志的出版权。

TOPICS IN LANGUAGE DISORDERS
《语言障碍主题》

《语言障碍主题》是一种跨学科季刊,探讨语言习得、语言发展和语言障碍领域的一般问题。该杂志的作者一般包括语言和语言病理学家、心理语言学家、儿科医师、神经学者和特殊教育学家,尤其是治疗阅读和学习障碍的教师。该杂志创刊于1980年,目的在于满足特定主题跨专业互动的需要。

正如其刊名所指,每期杂志都会围绕一个主题讨论许多问题。一个特邀编辑负责审稿。审稿时,他/她会寻求各个学科和不同观点之间的平衡。在临床和教育方面的应用还要寻求理论和实践之间的平衡。

美国言语和听力协会的会员如果阅读每期杂志并回答每期杂志后面的问题,还能获得继续教育的积分。答案应提交到杂志指定的地址。

TORRANCE TESTS OF CREATIVE THINKING

托兰斯创新思维测试

托兰斯创新思维测试适用于从幼儿到研究生的一切人群(托兰斯,1974)。语言的创新思维适用于从四年级到研究生的人群。行动的创新思维适用于3~18岁的人群。测试的作者将创新定义为一个对问题、不足、知识断层和缺失要素逐渐敏感的过程。

托兰斯创新思维测试采用的测试需要绘画。根据如下条件得分:流畅性——就特定主题提出很多观点的能力;原创性——提出新的不同寻常观点的能力;主题提炼——感知问题关键的能力;精细——为基本的理念增加细节的能力;对封闭性的抵制——在处理信息和考虑大量不同信息时保持开放的能力。托兰斯创新思维测试(语言形式 A 和 B)要求书面作答,并按照流畅性、原创性、灵活性(转换思维和产生不同类别观念的能力)来打分。衡量行动创新思维的标准采用行为、动作和语言作答的形式来测试创新思维能力。

测验的结果表明个人的创新性思维是与其他成人或同年级儿童相比较而言的。此外,测试结果还有助于洞察学生的思维、学习和创新风格。有研究表明,托兰斯创新思维测试以及行为创新思维测试没有性别、种族或社会经济地位的倾向(托兰斯,1962,1971,1973,1974)。该项测试虽然是对创新思维过程最有效的评价工具,但在今天并没有得到广泛使用。

参见 天才和资优儿童;洞察力

TOTAL COMMUNICATION

综合沟通

综合沟通这种表达方式可以意指通过各种可能的渠道进行沟通,不仅通过声音信号,还可以通过模仿、手势等其他方式。近年来,综合沟通主要用于一个比较有限的领域——对聋童的教育。综合沟通不只是一种方法,它更是"一种糅合了适当的听觉、手势、口头的沟通方法以确保听力损伤者与他人以及听力损伤者之间能进行有效交流的哲学"(加特森,1976)。它提倡采用不同的沟通模式,譬如言语(当聋人生活在大部分有听力的人之中时,这是不能被忽视的)、书面语言(阅读和书写)、手语、手指语和手势等方式。

近几年来,美国和欧洲越来越多的学校在教育聋童的方法中采纳了这种哲学。这些学校放弃了自 19 世纪末期在欧洲就十分流行的口语教学方法。1880 年,在米兰举行的国际大会上全体一致通过决议,接受并推荐使用这种方法(来恩,1980)。

在综合沟通的支持者看来,口语方式,包括唇读,伴随着语言和认知功能的发展,会带来一些令人不太满意的结果(克拉特,1979)。有人认为,即使听力损失在早期就被发现,但是父母和婴儿之间糟糕的沟通也会严重影响儿童学习语言,除非有些儿童的残余听力足以让其进行沟通。特殊机构实施的教育是缓慢的,与健听儿童的教育几乎没有区别,结果是不仅没有缩小差距,相反使得聋童的发展更加迟缓。

综合沟通提倡把使用手势作为父母和聋童之间早期沟通的最佳形式。在手势和言语的双重刺激下(90%的聋童有听力健全的父母)可以使有部分听力的儿童使用适当的听力辅助设备与健听的同龄人一起接受教育;而那些听力不足的儿童将通过多种方式接受教育,其中"口语、手指拼写、手势和书面语言构成重要的语言方式。能够保持一致的传送并将这些语言信号内在符号化,这些是同语言和认知发展有特殊相关性的重要媒介。"(伊万斯,1982)

综合沟通方法的反对者认为,手势可能无助于甚至阻碍口头语言的获得,与其花那么多时间在手势教学上(手指拼写等等),还不如加以合理利用来教授口头语言。他们强调这样的事实,即一些聋童,除了极少数之外,可以通过口语方法成功地接受教育,并在相当满意的程度上进行"听"和说。

参见 美国手语;聋教育

TOURETTE SYNDROME

图雷特综合征

图雷特综合征是一种肌肉发生痉挛性紊乱的征状,其特征就是无意识的肌肉抽动,患者年龄多在2~15岁之间。我们常见的痉挛通常是一种本能反应,比如眨眼、摇头或者鼻子的抽动。不过,这种本能反应往往会逐步变得复杂并扩展到身体的其他部位,这既包括一些全身动作,比如踢打、跳跃以及转圈;也包括清嗓子、咳嗽、打鼾或者咆哮等喉部动作,这些声音随后有可能转化为单词或词组。此外,鹦鹉学舌、自言自语、口吐脏言、东施效颦以及做出一些猥亵下流的动作,都是伴随上述肌肉紊乱而频繁发生的症状。

长时间内,一旦这些症状的频繁程度和剧烈程度不定,这种肌肉紊乱现象就会发展成慢性病,且很难自然恢复(夏皮罗等,1978)。与此相伴随的特征还包括:强迫行为、精力不集中、异常躁动、与学校生活相关的问题频发、学习能力的持续下降(贾格尔等,1982)等等。图雷特综合征的病因尚不清楚。不过,研究人员发现氟哌啶醇对治疗图雷特综合征有效,他们推断该病症可能是神经系统发生的某种生化失衡所导致的结果(斯奈德,泰勒,科伊尔和迈尔霍夫,1970)。通过观察患有类似肌肉紊乱症状的病人所在家族的共性,上述推断得到了进一步证实,这些家族或者有着明确的图雷特综合征遗传史,或者有着单一的运动神经和声带痉挛病症遗传史。

参见 言语模仿症;模仿倾向;抽搐

TOXOPLASMOSIS
弓形体病

弓形体病是由细胞内一种叫做弓浆虫体的原生型病毒所引发的,该病毒可经由血液输导给尚未出世的胎儿。这种先天性感染往往会引发轻重不等的精神疾病或导致肌肉协调功能的发育迟缓。被感染的新生儿中,绝大多数在降生初期并不会表现出任何症状,因此,必须对它们的视觉系统和中枢神经系统是否存在残疾予以认真观察。对于那些少数在出生初期就表现出弓形体病症的新生儿,其症状至少会表现为下述情形中的一项:头型不正常(偏大或者偏小)、大脑钙化、脑损伤、肌肉痉挛僵硬、惊厥和癫痫、视觉和听觉低弱以及眼睛受到感染。此外,因肝脏和脾偏大而导致的腹部鼓胀,也是常见症状之一。在婴幼儿患者身上,还可能观察到诸如皮疹和黄疸等皮肤病以及由于脑损伤所引发的运动神经发育不全。该病的治愈率较低,死亡率多在10% ~15%,而且患病儿童极有可能长期表现出运动神经功能缺损、抽搐、精神呆滞以及视力衰弱等病症(贝尔曼,1977;卡特,1978)。

由于存在诸如精神呆滞以及听觉、视觉和运动神经先天受损等症状,所以许多患有弓形体病的儿童可能需要一个专门的生长环境。这些儿童在很小的时候就需要进行自助式技能训练(包括进食、大小便等),也需要他人对其先天不足的语言能力、偏弱的视力和听力提供相关服务,还需要专门的医学治疗。由于该病总是伴随着多种健康问题,所以有可能需要医疗顾问。而充分的教育规划还需要更多人参与合作和管理。

参见 功能技巧;智力落后

TOY LENDING LIBRARIES
玩具租赁馆

玩具租赁馆是专门储藏大量适用于儿童的玩具、学习用品和各种器材并提供出租的“图书馆”。许多传统的公共图书馆曾设立过玩具部,给儿童们提供字谜、游戏、充气动物以及积木等玩具,这些玩具可以由儿童或家长付费后带回家。后来,随着儿童看护由传统的室内看护走向室外并引起了相关需求的增加,纯粹的玩具租赁馆才应运而生并大量涌现。现在,由于儿童的需求和相关服务不断增长,同时人们也越来越乐于满足儿童及其看护人的这些需求,所以玩具租赁馆和资源中心日益遍布全国各地。这些场馆允许在一个专门的场所内开展各种形式的儿童看护活动,以便整合资源、共享玩具,还可以交流思想和信息。对于那些居住偏远或者单独工作的人们而言,玩具租赁馆尤其有用。而且,如果这些场馆只对认证的日托中心开放,它们会推动整合认证的日托服务提供者。

在这些玩具租赁馆里,能够看到各种各样的典型设施,诸如娱乐器材、沙水游乐场、运输设备、动物农庄乐园、积木和其他多种手动玩具、做家务的器材、各类以假乱真道具、婴儿玩具,乃至字谜、触摸卡、字母表、数学运算器以及各种或大或小的自动玩具。筹建玩具租赁馆的资金来源有多种渠道,最常见的就是政府拨款(包括中央政府、州政府和地方政府)、基金会资助、地方联合筹办以及会员捐款。一些专门的组织——(比如针对特殊儿童的州议会),也会为这些场馆提供启动资金。

参见 日托中心;游戏

TRAINABLE MENTALLY RETARDED
可训练的智力落后

可训练的智力落后是20世纪60年代至70年代出现的一种诊断结果,它适用于这样的人群:智商范围在25 ~50之间(基于当时的智商测试;史密斯,1998),并且被认定为无法从标准的教育课程中获益。这个群体大约占整个智力落后人口的10%。

“可训练的”这种说法不合时宜而且容易产生误导,因为它暗含的意思就是说这些人的能力不足以使其从任何教育方式中获益。实际上,大多数具有这种智力水平的人都能在童年早期学到交流能力,也能从词汇和职业训练中学到知识;更常见的是,在有人监护的情形下,经过调适,他们能够很好地适应社区生活。

当前,对这种现象更合适的诊断是“中等智力落后”,它适应的人群是:智商值在35 ~55之间,具有适应行为障碍,并因此不具备料理个人日常事务和生活起居的能力(美国精神病协会,1994)。

参见 智力落后

TRANQUILIZERS
镇定剂

镇定剂可以通指两类精神药物:抗精神病药(主要镇定剂)和抗焦虑药(次要镇定剂)。主要的和次要的镇定剂,虽然程度不同,但都有镇定效果。次要的镇定剂很少有毒害神经的副作用,但是能使吸食者更容易滥用(布卢姆,1984)。

主要镇定剂试图用来对精神病患者进行人性化治疗,这些患者在精神病医院可以接受长期治疗。这种药物的研制基于能使狂乱动物镇静下来的相关药品的发现。像轻度镇定剂一样,重度镇定剂还没有被发现具有依赖性。但是突然不用药会产生失眠、焦虑和消化系统的一些症状(布卢克斯,1959)。

对于大多数人来说,轻度镇定剂更受欢迎。苯二氮经常用来减轻慢性压力、紧张和情绪不安的影响。安定剂是美国最经常开的处方药,而且75%不是心理医生开的(布卢姆,1984)。布鲁姆还报道了美国抗焦虑药市场的年收入大约为5亿美元。如果加在一起,大约五分之一的美国人使用安定和利眠宁药(布卢姆,1984)。

参见 盐酸甲硫哒嗪;盐酸三氟丙嗪

TRANSDISCIPLINARY MODEL
跨学科模式

跨学科模式最初由哈钦森(1974)提出,是对残疾学生进行教育和服务的几种团队方法中的一种。其他的团队模式是多学科模式和学科间模式。在多学科模式中,团队成员保持各自的专业,如果有合作和交流,也只是很少的(麦考密克,1984)。学科间模式和多学科模式不同,在学科间模式中相关专家完成个人评估以后会参与一些讨论,而且至少试图制订一个合作服务方案。但是这个规划的建议往往不现实。教师可能没有实施建议的技能,也或许没有安排规定的权威(哈特,1977)。另外一个问题是,学科间团队模式中缺乏复习和反馈这个环节。

跨学科模式有以下特征:①联合运转(团队成员一起进行评估、规划和教学)。②工作人员的不断发展(致力于每个团队成员能力的扩展)。③角色发挥(有跨学科的功能)。这个团队专业人员的组成根据学生需要的不同而有所变化。它可能包括很少或者很多专家,但是如有可能,他们就会改变评估步骤,集体制订学生的日常规划。

参见 巡回服务;多学科团队

TRANSFER OF TRAINING
训练迁移

训练迁移,也被称作刺激泛化或者泛化,指一个被某种刺激强化的行为会在和原刺激相似的刺激情况下发生。根据这个S>R>C行为分析范例,这个学习构造的重点是:①行为前事件的特征,②这些特征和在相似刺激条件下发生的行为的关系。

从这个观点来看,行为前的事件越相似就越容易发生刺激泛化。相反,当行为前的事件越不相似,这种行为发生的可能性就越小。应用于教育方案中,这些相似点的影响可能会是有益的,也可能会有问题。因此一个学生可以被训练举手回答男性老师提出的问题。如果这个学生在其他的教室环境下也举手回答女老师的问题,这样一个有益的训练迁移就发生了。但是,如果这个学生回答他父亲的问题"你为什么迟到了?"的时候也举手,这个训练迁移可能就是有问题的。

这个例子突出了一些和训练迁移有关的问题,也涉及这种学习解释在教育过程中的作用。几乎没有例外,学生都面对着有具体刺激特征的材料和信息,或者都在具体的刺激环境下。按传统推测来说,这个具体刺激训练应该能自动地转移到相似的刺激事件。但是当教育有特殊需要的学生时,这个假定的准确性就容易遭受怀疑。随着一个人学习问题严重性的增加,实施更具体的适合系统推广的训练迁移干预的需要也随之增加。

教育的有效性在很大程度上和从一个刺激事件迁移到另外一个刺激事件或者环境这样的训练数量有关。对于特殊需要学习者来说,这个迁移必须经常且直接地进行鼓励。关于迁移训练和相关教学考虑的综合性解释,请读者参考祖尔策-阿扎罗夫、梅耶(1997)、阿尔伯托和特鲁特曼(1977)的文章。

参见 泛化;学习迁移

TRANSITION
转衔

转衔是指从一种情况或者地方转换到另外一种情况或者地方的过程。人生中不同时期都会遇到这种转衔。儿童和青少年从学前班到学校的转衔以及从在校到离校的转衔中都会碰到一些问题。对于那些即将毕业或离校的有特殊需要的学生来说,这个过程通常要更难些。能免费享受公立教育并不一定能有工作的机会,不一定能融入社区,或享受成人服务。认识到父母、教育者和服务提供者对残疾儿童教育结束后未来的焦虑,特殊教育和康复办公室于1983年宣布了残疾人从学校转衔到工作地点的优先原则。对于转衔服务的需要和对这些活动的财政支持在98-199公法,即《所有残疾儿童教育法案》和《残疾人教育法案》(IDEA)中都已提到。

从学校到工作地点和成人生活的转衔需要在中学时代就要认真、系统地准备和计划,需要主管毕业的团体的共同支持,也需要社区和专家提供多渠道的就业选择和服务。

转衔服务可以分成三类,这三类服务反映了为转衔提供的公立服务的性质。这三类转衔是:①没有特殊服务的转衔—职业技术学校和工作经验;②有时间限制服务的转衔—职业康复,工作培训合作法;③有继续服务的转衔—严重残疾个体的工作环境(韦尔,1984)。

最后,关于转衔的一个主要话题是特殊教育毕业生信息的短缺。哈萨奇等人(1985)指出,需要准备关于这些个体就业状况的材料,作为对转衔活动未来计划的基础。

参见 职业康复;残疾人的职业培训

TRANSPORATION OF HANDICAPPED STUDENTS
残疾学生的交通

残疾学生的交通通常被认为是确保受公立教育的管理要求之一,很少被当作是教给学生社区移动技能的机会。但是社区移动是残疾学生交通话题内的一个动态概念。一个人独立或者半独立参加社区生活各方面的能力取决于社区的移动性(韦曼,伦扎利亚和贝茨,1985)。社区流动指在一个特定的环境内从一个地方流动到另外一个地方,即社区内两个地点间的流动。这个概念源于有关视力障碍学生的项目实践和文献。在这些文献中,社区移动是指方向性和移动性的训练。

对于视力损伤的人来说,方向性和移动性的训练很长时间以来都是课程中包含的一部分。因为所有市民都有得到限制性最小的环境的权利,社区移动这个概念已经被扩展到包括肢体残疾、智力落后、情绪困扰和其他特殊教育需要者。确保满足所有特殊需要学生往返学校的基本交通需要已经在94-142公法中得到确立,在《残疾人教育法案》(IDEA)中有所补充。但是,残疾学生的交通需要是复杂的。

一个人独立移动的能力取决于很多因素。一个影响残疾学生移动程度的重要因素是从一个地方移动到另外一个地方的机会。移动的机会可能受限于身体和态度。在很多社区,很多硬件的改动已经提供了这种机会,包括斜坡的建立、门的加宽、电梯的安装、边缘的割除和特种结构的公共汽车的购买。尽管这些改动已经去除了很多独立移动的障碍,但障碍依然存在于所有的社区内。现实地说,未来还会有很多障碍继续存在。一些障碍是设计师和教育者所不能控制的(比方说天气情况、自然地形)。既然移动障碍很可能存在于每个社区,那么努力的方向应该是教残疾者如何克服这些问题。把环境变化和具体的指导项目结合起来,给残疾市民提供较容易的机会和更多的在本社区独立移动的技能。社区移动训练项目应该关注改善硬件的需求和针对多种多样的环境障碍进行技能训练。

过度的保护和过低的期望成了严重阻碍一个人获得独立生存技能机会的态度方面的障碍。但有效的社区移动性训练项目的发展缓和了对安全的恐惧和关注,也引起了父母和专家对残疾人独立生活的期望。这个项目的发展会大大增加残疾人获得独立生存能力的机会。

最近,更多的社区移动训练项目已经开始强调公共交通和社区服务之间的功能性关系。比如,索尔斯、鲁施和赫德森(1979)用系统的训练步骤教严重智力落后成年人完成坐公交车上下班的10个系列行为:①穿过有红绿灯的十字路口;②穿过没有标志的十字路口;③用公交车票;④走到公交车站;⑤认清正确的公交车;⑥上车;⑦乘车;⑧离开;⑨换车;⑩步行去工作。此外,马霍林、奥图尔、图谢、伯杰和多伊尔(1979)也曾教过4个中重度智力落后的成年人乘公交车从一个公共机构到社区的很多地方购物和在餐馆吃饭。

接送残疾学生上学和放学的公立学校的责任还应该包括满足个别学生在社区内移动的需要。在承担这些责任时,教育者应该促进交通技能正常化发展。就最基本的来说,这可能涉及到残疾学生在健全同龄人的帮助下如何使用公共交通的问题。从比较复杂的层面来说,则需要教授很多移动技能,以加强一个人一生参与社区活动的能力。

参见 电子旅行助手;移动训练;残疾人旅行助手

TRAUMATIC BRAIN INJURY AND SCHOOL REENTRY
创伤性脑损伤与重返学校

创伤性脑损伤是由外伤引起的,有可能导致意识不清甚至休克(斯特拉顿和格雷戈里,1994)。创伤性脑损伤分为开放性脑损伤和闭合性脑损伤两种。当一个物体(比如说一个子弹或者弹壳片)穿透颅骨创伤大脑时,开放性脑损伤就会发生。根据穿透的路径可定位损伤发生的部位(莱扎克,1995)。相比之下,闭合性脑损伤比开放性脑损伤常见,容易发生弥漫性脑损伤(贝加利,1992)。脑部受到击打但并未穿透颅骨即是闭合性脑损伤的一个例子。在闭合性脑损伤中,直接的冲击会使漂浮在颅骨脊髓液中的大脑一个或多个部位受损。大脑在颅骨中的运动会引起神经纤维的断裂和挫伤(也就是说擦伤,莱扎克,1995)。除了直接的影响外(比如说擦伤、剪断和撕裂),间接的影响经常以脑肿胀和脑出血的形式出现。间接的影响把这些损伤混合起来使得更多的神经结构受到影响(斯特拉顿和格雷戈里,1994)。因此,创伤性脑损伤病人行为后遗症的多样性不是例外而是必然的。脑损伤的儿童和青少年在认知能力、语言能力、记忆力、注意力、概念功能、抽象推理能力、判断力以及获得新知和感觉方面的损伤都已经有所报道。动作和感觉障碍,行为和社会情绪化问题都已经引起注意(贝加利,1992)。

早就有创伤性脑损伤的儿童在学校就读,而幸存下来重返课堂的脑部受严重损伤的儿童数目有所增加。先进的医疗技术已经提高了创伤性脑损伤儿童的存活率(拉普,1999)。联邦法律规定这些儿童有权获得学校教育,但是,教育者和父母往往不知道如何教育这些学生(布罗瑟和德蓬佩,1991)。

1990 年,创伤性脑损伤在《残疾人教育法案》中被添加到合格类名单中。《残疾人教育法案》或者 101 - 476 公法,是美国主要的特殊教育法律。101 - 476 公法,现在叫 105 - 117 公法,把创伤性脑损伤定义为:

“外力引起的脑部损伤,导致全部或者部分功能残疾或者心理障碍,或者两者兼而有之,这种损伤影响儿童的学习能力。这个术语适合开放性或闭合性脑部损伤带来的一个或多个部分的损伤,比方说,认知,语言,记忆力,注意力,推理力,抽象思考力,判断力,解决问题的能力,感觉,知觉和动作能力,社会心理行为,身体功能,信息处理能力和话语能力。这个术语不适用于先天的或者退化的脑损伤,或者由于出生创伤引起的脑损伤。”

根据联邦法律,由内在的创伤引起的脑损伤儿童和青少年被排除在这个定义和这项服务之外。换句话说,由内在原因比如说脑瘤、脑血管疾病、环境毒素或者中枢神经系统受感染而引起的脑损伤不能归在创伤性脑损伤这一类,但是可以接受另外一类的特殊教育(比如说其他健康损伤)。不过一些州已决定对由内外力造成脑损伤的儿童进行识别、分类,并为其提供服务(拉普,1999)。内在创伤引起的脑损伤儿童能不能受到创伤性脑损伤的服务应该咨询州出台的规则和条例。

获得《残疾人教育法案》中创伤性脑损伤类别的教育服务的标准必须是,儿童的学习能力已受到严重损伤。对于那些不适合《残疾人教育法案》中特殊教育和相关服务的创伤性脑损伤者来说,1973 年《康复法案》中的第 504 条作了明确规定,他们可以在一个普通教室里接受充分的服务和保护。第 504 条概括了学校提供食宿的责任和允许残疾学生拥有和健全同龄人一样的接受公立教育的权利。在任何一种情况下,联邦法律都说得很清楚。适合《残疾人教育法案》或者 504 条款的脑损伤儿童必须享受到教育服务。因此制订一套计划并提供一定的服务,以便成功地让创伤性脑损伤儿童重新融入普通教室。

在儿童们返回学校之前必须调动很多资源,安排一些活动并加以实施以确保他们顺利入校,包括安排一个病例管理员,形成一个学校或者跨学科团队,学校人员在职培训,家庭教育,同龄人教育,通知州职业康复办公室以及学校、家庭、医院等系统之间的合作。成功地重返学校取决于家庭、学校和医院/康复等系统的合作和公开交流。公开交流在所有的康复阶段都是必需的。信息交流应该在脑部受伤儿童被允许进入医院后立即进行(克拉克,1997);至于哪个系统应该负责进行最初的联系仍存在争议。哈克和李维斯顿(1997)建议学校应该主动联系父母以便得到允许来联系医疗设施。公开交流渠道有助于确保儿童们享受到合适的教育服务。

学校应该指定一个了解创伤性脑损伤的代表(也就是一个病例管理员)来联系不同的系统。这个病例管理员的角色应该是代表儿童来确立和保持不同系统之间的交流和协调不同系统的服务。这个病例管理员应该把儿童脑损伤的严重程度,当时的行为和医疗管理(克拉克,1997)进步,期望出院和重返学校的日期(哈科和利文斯顿,1997)从医院传达到学校。通过病例管理员,评估结果和医院康复机构的建议能被传达到学校。另一方面,病例管理员可以提供医疗设备以及儿童在学校学习的经历,任何受伤前的评估结果,课堂作业和学校为儿童准备重返学校所做的努力(克拉克,1997)。例如,如果需要的话,可以清除建筑物的障碍。病例管理员还可以同家长进行沟通,以便获知儿童的目前状况,以及儿童可能遇到的任何问题。

家庭教育对儿童成功重返学校也至关重要。儿童的家庭需要知道关于创伤性脑损伤及其后遗症方面的信息。他们还需要被告知儿童的具体要求(比方说,教育需要)和能力。医学专家和病例管理员可以在这些方面帮助家庭。医学专家可以为家庭提供创伤性脑损伤及其后遗症的知识,病例管理员可以为家庭提供《残疾人教育法案》和《康复法案》504 条款的信息。儿童的家庭需要知道在学校可以享受什么服务,享受服务的条件和标准,获得这些服务的步骤,还有家庭和儿童在联邦法律下享受服务的权利(伊尔维萨克等,1991)。

在职训练是另外一个有利于儿童成功返校的重要活动。创伤性脑损伤方面的专家也应该提供儿童具体需要和能力方面的信息(伊尔维萨克等,1991)。课堂内外有利于儿童的干预策略也应该包括在内。

除了在职训练,病例管理员和这些儿童的同龄人应该开一个班级会议告诉他们同学一些有关创伤性脑损伤的信息,讨论受损伤儿童的情况和行为上一些可能的变化(比如说性格上的变化)。在受损伤儿童的允许下,和他们的同学进行有关他们的讨论能使同龄人更好地理解受损伤儿童的情况以便给予支持。

创伤性脑损伤儿童中学毕业后找工作可能需要一些服务,这一点应该联系州职业康复办公室。许多职业康复办公室都有跟踪系统。报告使得这些年轻人的名字被纳入接受未来服务的职业康复系统。而且,学校顾问和学校职业联络专家应该意识到为儿童发展社区工作的必要性。现场训练可以帮助有创伤性脑损伤的儿童培养在竞争性很强的人才市场取得成功所需要的工作技能(伊尔维萨克等,1991)。

创伤性脑损伤儿童在离开医院之前,需要成立一个学校或者跨专业的团队以制订这个儿童重返学校的计划。这个团队应由几个专家、儿童的父母以及这个儿童组成。该团队通常包括一个普通教师,一个特殊教师,一个病例管理员,一个学校心理学家,父母和这个学生。其他的团队成员可以包括神经心理学家、顾问、康复专家、语言病理学家、物理治疗师和职业治疗师。这个团队的组成取决于儿童的需要(克拉克,1997)。此团队应制订一个包括住宿和干预策略的试验性计划,而且还会提出需要特殊教育和相关服务的可能性。

从医院转衔到家庭,再从家庭转衔到学校,加上损伤和后果,对于大部分受损伤的儿童和他们的家庭来说都是压力很大的时期。现有的指导方针应当帮助存在这些转衔的家庭。比方说,柯亨等人给家人和学校人员提供了一些指导,帮助他们决定儿童什么时候准备好回学校而且会受益于学校经历。根据柯亨和其同事的看法,当一个儿童每次能集中注意力 10 到 15 分钟,能容忍 20 到 30 分钟的课堂刺激,能在一个集体环境下起作用,能听懂一些简单的指示,能参与有意义的交流,能表现一定程度的学识的时候,那么他就具备返校的条件了。这些指导方针可以帮助家人减少和这个过渡有关的压力。

创伤性脑损伤儿童对于这种转衔和重返学校会感到有压力和不安。重返学校更加突出认知能力、学习能力和身体功能的损失和行为上的变化。这些损失和变化可能会使儿童泄气,使其容易被误解。冒险行为增加(贝加利,1992),社会孤立感和退缩感等情况也可能出现。同学的理解和支持在这个阶段尤其重要。

从家庭到学校的转变也会引起父母的失望和压力。博加利(1992)在他的评论中提到,普通父母的失望已有所发现,包括教师对创伤性脑损伤儿童的不了解,父母和支持网络的联系减少,不合适的课堂设置和社会对儿童的孤立。对于创伤性脑损伤儿童的家庭来说,这个损伤和复原过程永远不可能在人与人之间的真空中发生。脑部损伤会影响儿童及其家人(哈科和利文斯顿,1997)。家庭可能很难接受儿童的局限性和性格上可能的变化。由于事故的发生,财政上的困难,对其他家庭成员的伤害和疲劳也可能会存在。学校可以通过家庭在儿童的教育上扮演积极的角色,教给家庭一些创伤性脑损伤的知识,并提供支持和建议来帮助家庭处理创伤性脑损伤的后果。家庭的压力和挫败感使得制订一个重新融入学校的计划至关重要,也突出了拥有了解脑损伤和准备很充分的学校工作队伍的价值(贝加利,1992)。

当一个创伤性脑损伤儿童重返学校后,首要问题是找到儿童接受教育的最适当安置方式,并不是所有的创伤性脑损伤儿童都需要特殊教育。一些学生只需要观察,根据教师的观察在课程表上做些轻微的调整即可。其他儿童可能需要特殊教育和相关的服务。为了接受这些服务,一个学生必须受到教育上的诊断(贝加利,1992)。换句话说,需要进行一个评估以决定一个儿童适不适合接受特殊教育。

评估在决定创伤性脑损伤儿童和青少年适不适合接受特殊教育和治疗方面有很重要的作用(贝加利,1992)。评估结果能提供十分宝贵的信息,可以帮助确定教育安置方式,是否需要相关服务和教育目标。应该进行心理教育评估、生态评估、神经心理评估和神经评估,而且应该将评估结果综合起来考虑,以便决定学校的环境应需要做出怎样合适的调整,才能给创伤性脑损伤儿童和青少年提供最理想的教育体验。标准化的测试加上有限的测验和处理步骤,能为适当的调整和干预提供宝贵的信息(克普兰,1988)。

一个标准的心理教育评估包括智力测试、成就测试和行为评量表(拉普,1999)。这种评估能预测未来的学习潜力和学习障碍,但是创伤性脑损伤儿童和青少年更有可能在以下几方面存在问题:注意力、记忆力、学习新知识的能力、解决问题的能力和社会情绪行为。只用一个标准的心理教育测验是不能够恰当地测出这些问题的(拉普等,1992)。因此,还需要其他的评估程序。

相反,一个神经心理评估能够测出更广泛的大脑和行为之间的关系、目前认知方面的强项和弱项以及学习新知识的能力。教育和职业计划目标可以根据这些评估结果来制定。神经心理评估和神经生理评估(包括医学专家进行的身体评估),应该用来加强标准的心理评估(戈尔德斯坦,1984)。神经心理评估应该在儿童重返学校之前进行,在返校的第一年应该经常进行评估(拉普,1999)。博加利(1992)建议伤后前两年每三到六个月就应进行一次再评估。重大的学校过渡期,新问题产生的时候或者没有教育进步报道的时候也应该进行再评估(拉普,1999)。

生态评估包括在多种情况下对学生或者青少年的观察。创伤性脑损伤学生在现实世界中通常很难控制和调整自己的行为,很难概括出自己的技能和能力以及认知的组织。正规的测试不能精确地估量出这些技能,正规的测试和现实世界或者教室环境也没有任何相似性。因此,观察可以弥补正规测试的不足。对创伤性脑损伤儿童和青少年的观察可以成为掌握这些学生的进步和评估教育计划及参与的一个方法(拉普,1999)。观察应该经常进行。

基于课程和标准评估之类的非正规测试也应得到推荐。这种测试可以用来指导教学的方向并提供反馈。这种测试可以发现教学计划的不足之处,从而可以对教学目标做些调整。在对那些创伤性脑损伤儿童和青少年的评估中,重要的一点是,应经常进行正规的和非正规的测试以掌握这些儿童的进步,因为这些儿童在很短的时间内能恢复一定的认知、身体和行为功能(克拉克,1997)。

根据评估结果和其他相关信息,如果一个儿童适合接受特殊教育,那么个别化教育计划团队、学校的人员或者跨学科团队会制订一个个别化教育计划。这个计划陈述了教育目的和目标以及将提供的特殊教育及相关服务。个别化教育计划要求提高儿童当前受残疾影响的学习表现水平(克拉克,1997),这对个别化教育计划团队是一个挑战,因为创伤性脑损伤儿童在恢复的前三个月的变化是很大的(莱扎克,1995),因此需要不断更新教育目标以跟上儿童康复的步伐。在个别化教育计划实施后三个月应该就计划本身进行一次评估。对于那些没有资格接受《残疾人教育法案》中的特殊教育和相关服务但是有资格享受504条款中规定的其他服务的儿童,学校团队应该制订一个方案以确保这些儿童能够享受充分的服务。

由于创伤性脑损伤儿童在康复过程中会有很大的变化,且事实上没有两种相同的创伤性脑损伤,因此对于这些儿童的教育方案应该个别化、灵活化并及时实施。针对这些创伤性脑损伤儿童的教育方案要确保专业性训练、教学方法和方案的实施同脑创伤康复的状况应同步进行。素质教育方案应该包括以下做法:环境控制、很低的师生比例、个别化和集中的教学技巧(贝加利,1992)、灵活的课堂安排和以社区为基础的体验。

一些创伤性脑损伤儿童需要学校里比较受约束的环境,如一个自足式班级的安置。在创伤性脑损伤儿童中发现的共同点是他们在阐释环境暗示和对这些暗示做出合适反应时的能力有限(伍德,1990),对感官刺激的超敏性和弱敏性(萨维奇和沃尔科特,1994),还有就是他们在记住课堂安排和组织学习材料时有困难。暂时地将他们安置在一个设备齐全的教室里面,可以给这些儿童一些时间,以培养他们恰当交流的策略和适应预测性很小、很困难的教育环境(贝加利,1992)。

灵活的课堂安排是针对创伤性脑损伤儿童和青少年素质教育方案的另外一个标记。创伤性脑损伤儿童刚刚返校的时候常常没有毅力在学校里呆一整天。需要缩短学习时间,减少课堂负担和课程数量以克服他们的疲劳。和职业治疗家和物理治疗家等专家的约会也需要安排到平时在学校的日子。因此,刚返校的时候,在教室里的时间可能非常有限(贝加利,1992)。

教师和学生数量比例很小的班级对一些创伤性脑损伤儿童可能有好处。在这些班级里,这些儿童能受到更加集中的训练,更加密切的关注和更加频繁的反馈。而且,和那些较大的班相比,在这里,分散注意力的因素可以降到最小(贝加利,1992)。

个别和集中的教学机会是素质教育方案的另外几个重要特征。创伤性脑损伤儿童由于认知能力受损,学习新知识的能力出了点问题,一些特定技能丧失或者一些行为问题可能需要个别指导和额外的指导援助。矫正、补偿和调整策略可能会帮助解决这些儿童的困难。对于学习上不适应的行为、环境的变化和一些限制的设立也可能是有好处的。调整策略通常是在这些儿童返回学校的时候采取的最初的参与方法。对一些特殊的已丧失技能的矫正也是一套很合适的策略。练习、重复、用更多的时间重新学习已丧失的技能是矫正策略的例子。教授一些补偿性策略是另外一套能矫正认知能力损伤的参与方法。借助于一些矫正性策略,比方说使用记忆术,可以学到执行和学习任务的新方法(拉普,1999)。将教学效果最大化,可以限制过渡时间和课外活动时间。如果可以,参加学校暑期的补习活动也能避免学习能力上的退步。由于认知、身体和行为技能及能力方面的迅速变化,采取一些针对个人的有活力的应对教学方法是必要的(贝加利,1992)。

以社区为基础的工作经历是针对创伤性脑损伤儿童的素质教育方案的另外一个标志。1990 年,《残疾人教育法案》要求学校在进行特殊教育的时候给学生提供过渡性的服务。接受特殊教育的 14 岁或者更大点的创伤性脑损伤儿童可以接受这些服务。参与社区工作的经历发生在在校期间。这些学生去他们所在社区的工作地点接受在岗培训。这些工作体验可以帮助学生培养当今激烈的人才市场所需的优秀的工作技能、工作习惯和社交技能。从学校到工作场所的体验目标是帮助学生培养获得有意义的工作技能,使其毕业的时候具有独立生活的机会(哈克和利文斯顿,1997)。

重返学校对于个人、家庭和学校都是很有挑战性的经历。目前关于创伤性脑损伤儿童重返学校方案的信息十分有限。而且反映这些儿童重返学校方案的有效性和经验性的调查也是很匮乏的。这些儿童的恢复之路需要学校、家庭、医院和社区的合作以及对这些资源的技术经验的利用。

TRAUMATIC BRAIN INJURY IN CHILDREN
儿童的创伤性脑损伤

儿童的创伤性脑损伤一直是一个重要的健康问题,而且据报道也是 2 ~ 44 岁的人的主要死因(海伊,1967)。实际的发病记录都是那些进行治疗的重伤者,但是据估计,在美国每年大约有 15,000 人有很严重的创伤性脑损伤。严重的创伤性脑损伤产生很多明显的变化,在一个儿童的认知功能方面会有更多的变化。在不是很严重的创伤性脑损伤或者在康复的后期,这个儿童可能看起来一切正常,但是轻微的认知缺陷可能还会从很多方面影响其行为,而且这些认知缺陷可能直到发展的后期才被发现。

T

对儿童的创伤性脑损伤的性质和程度的评估要比对成年人的更难并且更有挑战性,但是有效的治疗和补救需要一个对认知强项和弱项的客观评价。低估康复的能力可能导致康复的推迟,因为努力方向放在了损伤的后果而不是预防治疗上(斯托韦和蔡格,1976)。另一方面,低估损伤的程度可能会带来过多的压力,可能会给情绪调整带来困难(泰勒等,1995)。很明显,即使是一般的脑损伤对于儿童和家庭来说也能成为破坏性的事情。除非这个后果能被恰当地估计到,并且实施有效的康复。

1. 发展和康复时间

有一段时间大家都相信早年的创伤性脑损伤不会有什么负面的影响,都认为儿童的神经系统容易恢复,因为他们看起来要比成年人恢复得快,症状也不如成年人持久(布莱克等,1969),而且很少有后遗症报道(拉特等,1983)。不过,这个观点充其量只是部分准确(博尔特和隆,1985)。最近的研究表明,早期的损伤更有可能留下认知方面的缺陷(泰勒和阿尔登,1997)。

儿童可以摆脱一些早期的缺陷,但是却摆脱不掉后期的一些缺陷。在一些病例中,官能障碍可能只在发展的后期才出现(托伊贝尔和鲁德尔,1962)。例如,直到在后来的发育过程中前额脑皮层区出现功能异常时,一个儿童的发育尚不成熟的前额受到的损伤才会产生行为上的表现。儿童脑损伤的影响很可能在发展的过程中和其他的功能结合起来,而且可能产生更广泛的影响(克尔曼,1980)。年龄不是决定康复程度的唯一重要的变量。除了年龄,人们必须考虑到损伤的位置、性质和程度,才能确定损伤对以后行为的影响。

2. 损伤的严重程度

儿童和成年人脑损伤的病理生理学是相似的。损伤的严重程度通常由失去知觉的持续时间或者伤后的健忘症来衡量,尽管对于儿童来说这两项都不好测定(利,1979)。作为一般的指导,昏迷七天多的儿童很少能恢复到伤前的水平。即使昏迷不到七天或者健忘不到三天也常常会导致永久的认知方面的损伤(斯托夫等,1976)。

严重的脑损伤之后,明显受损的身体功能一般会迅速好转,但是认知方面的障碍可能好转得比较慢些。脑损伤通常影响智力、记忆力、言语、语言和其他的功能。损伤后的前六个月对认知功能的影响比较普遍。康复后期,影响的表现通常是信息处理速度变慢,解决问题的能力变得比较差,冲动,易走神,容易愤怒,情绪不稳。而且,研究者已经记录了记忆力的损伤,减弱的视觉空间处理能力(洛德 - 梅斯等,1996),迟钝的注意力转移(尤因 - 科布斯等,1998)。一般行为的症状还包括运动机能亢奋(32%),纪律问题(10%),嗜眠症(布莱克等,1969)以及多动症。这些影响在学校的表现和神经心理测试中都能被观察到。更重要的发现是,即使是很少或者不昏迷,患轻微脑损伤儿童的认知能力也会减弱。

儿童正在经历重要的发展性变化,即使是轻微创伤性脑损伤,也可能引起发展的挫折,导致不成熟的行为。这样的损伤可能会引起以前掌握的技能再丧失,获得新技能的能力也会打折扣。

3. 情绪和社会因素

除了身体损伤和认知功能障碍外,脑部受伤的儿童在发展中也有产生情绪问题的风险。如果发病前智商比较低,这种风险更大,这些儿童一般处于底层的社会阶级和离异的家庭(拉特等,1983),伤前的家庭环境也会影响康复(耶茨,1997)。创伤性脑损伤的幸存者也很危险,有可能产生心理疾病,这种危险与损伤的严重程度成正比。

4. 评估策略

适当的评估策略有利于发展实施个别化干预计划,这时脑损伤儿童成功重返伤前的状态至关重要。这些评估策略集中在影响和塑造以后行为的认知、情绪和环境等因素上。最初的评估应该集中在损伤的神经心理后果方面。这个评估检查受损伤儿童的脑功能与认知处理能力之间的关系。这种认知能力的评估,再加上对损伤类型和严重程度的考虑,发展中的因素,还有这个儿童的情绪功能,能让我们对认知功能方面的强项和弱项有所了解,这些了解有助于确定最初的参与策略。

重复进行神经心理方面的评估在大多数情况下是没有必要的。相反,一个心理教育的评估在康复后期却有比较大的价值。智能和成就的测试不能灵敏地测出创伤性脑损伤的后脑损伤对功能的影响。但是,它们在后来评估创伤性脑损伤对儿童学习优缺点的影响时是至关重要的因素。受伤前后态度和成就测试表现的比较在评估儿童获得和保留新信息的能力方面的变化也是很重要的。

儿童的情绪调节功能和日常生活中对环境的反应是评估过程的另外一个很重要的因素。对儿童在家的观察,在课堂上的观察,还有和同龄人交流时的观察等等很可能增加对这个儿童在这些环境中问题的理解。其他的评估策略包含家访和使用适应性情绪调节量表。还需要对儿童认知能力水平的环境进行评估,对情绪调节功能和行为控制进行评估也是必要的。

5. 干预策略

在制订治疗方案时应该考虑到相互影响的认知、情绪和环境方面的因素。传统的行为管理策略对于创伤性脑损伤儿童功能的恢复可能会有用,但是只有这些是不够的。因为创伤性脑损伤的人的注意力和记忆力通常已受损,而且对挫折的忍受力降低,所以必须考虑环境方面的因素。应该给创伤性脑损伤的儿童提供不容易分心和比较有序的学习环境。给儿童更多的完成任务的时间,这样才能克服已减缓的处理问题的能力。耐力的降低可以通过提供频繁的休息和缩短在校时间来调整。这些儿童重返普通学校应该是一个逐渐的过程。应该注意确保他们的努力能取得一些成功。必要时应该利用像特殊教育和语言专家这样的资源。此外,还应考虑情绪的作用,这将决定心理干预的需要。

TRAVEL AIDS FOR INDIVIDUALS WITH DISABILITIES
残疾人旅行辅助装置

美国司法部为残疾人提供了权利和法律保护以保证他们享有平等机会。这个文件里包含的是如何使用公共交通、公共设施和航空器的指导方针(残疾人权利部分,1996)。美国坚持这些指导方针并为残疾旅行者提供多种旅游选择。残疾旅行者可以乘汽车、坐船、坐火车或者乘飞机旅行。航空公司为残疾人安排靠过道的座位(很多座位都有方便进入的可以移动的扶手),并通知工作人员一个有特殊需要的旅行者会上飞机,满足他们特殊的要求比方说饭食的要求和补充的氧气。轮椅可能是旅游者到达目的地时或者换机时首先需要卸载的东西。残疾旅行者应该要求航空公司或者他们的旅游代理人预定最直接的路线,必要时要求他们给予充分的换乘时间。

TREATMENT ACCEPABILITY
治疗的可接受性

治疗的可接受性是一种社会认定,治疗前需询问顾客对治疗方法的感受。“对可接受性的判断有可能包括这样一些评价:治疗方法对解决这个问题合不合适?治疗方法是否公正、合理,还是强加于人?治疗方法是不是符合传统的治疗概念?”(卡兹丁,1980)。关于可接受性假想最基本的一条是治疗方法的可接受性将会影响治疗的总体效果。顾客认为最能接受的方法会比那些被认为不能接受的方法更有效。正像沃尔夫(1978)所言,“如果参与者不喜欢我们的治疗,他们可能会避免选用它,或者走开或者大声抱怨。这样,社会将更不喜欢选用我们的技术,不管它可能会多么有效”。

参见 教师效能;教师期望

TRIARCHIC THEORY OF INTELLIENCE
智力三元论

智力三元论是建立在“智力有三个主要方面”的观点上。智力的三个主要方面是:分析性智力、应用性智力和创造性智力。分析性智力涉及分析的能力、做出判断和比较的能力以及做出评价的能力。应用性智力类似于“街头智慧”,是以亲身实践的方式应用一个人的知识的能力。创造性智力指创造的能力、想象的能力和发现的能力。但是,这三种智力通常一起起作用(斯腾伯格,1999).

斯滕伯格(1993)制定了“斯滕伯格三元能力测试”,这个测试能测出这三个方面的智力,考查测试中用的不同类型的题目有助于定义这三种智力。应用性智力子测试包括路线规划(看地图找出从一个地方到另一个地方的最短路线)和日常言语推理能力这样的任务。关于言语推理能力测试的问题要求解决这样的问题:一个每年除了奖学金外还需要1000美元的“准大学生”如何独立地获得这些钱?一个刚从亚利桑那州搬到爱荷华州的十几岁的小男孩很难交到朋友,但是他喜欢写故事,他如何最好地解决这些问题?分析性智力问题对传统的智力测试题目做了有趣的改动。一个类比子测试,比方说,包括假定的陈述像“钱从树上落下”。被测试者必须假定这句话是正确的,而且再完成这样的陈述:“雪之于铲就像钱之于铲。”正确的答案,隐藏在“银行”和“钱币”中,是“耙子”。另外一个分析性的子测试创造出“加法”和“毛皮”等有具体意思的代数运算。创造性智力部分包括这样的子测试,比方说含有一些像“yip”“tems”这样无意义的词的句子,这些单词的意思只有从这个句子依从的上下文才能看出。这三部分也都可以通过问答题来测量(斯滕伯格,1993)。

创造性智力和应用性智力都和智商没有太大的关系(斯滕伯格考夫曼,1996,1998),这样引出了三元论的一个重要的含义:三分之二的儿童的能力没有被学校完全测出。而且,因为几乎所有标准化测试都集中于分析性的智力,所以学校经常过多地奖励分析性智力高的学生,惩罚分析性智力低的学生,但是这些分析性智力低的学生的应用性智力和创造性智力可能比较高。教师可能会用分析的方式讲课,希望(有意识地或者下意识地)能在分析性的标准化测试中对学生有所帮助。但是通过这个过程,擅长其他领域的学生却受到了不公平的惩罚。

斯滕伯格智力三元论的最后一个方面是他的“精神的自我管理”理论。在这个概念性的框架中(被认为是他的智力三元论理论的一部分),有思考中用的三个智力处理过程:元成分、操作成分和知识习得成分。元成分或者“白领”智力是和分析智力相似的最高级的过程,而操作成分或者“蓝领”智力是和应用性智力相似的级别稍微低点儿的过程。知识习得成分指学习和获得知识的过程(斯滕伯格,1998,1999)。

TUBEROUS SCLEROSIS
结节性硬化症

结节性硬化症是一种遗传性疾病,它是通过常染色体显性遗传累及皮肤、大脑、视网膜、心脏、肾脏和肺部的。它属于被称作母斑细胞病的一种,其特征表现为畸形、胎记以及神经中枢系统、皮肤及内脏里形成肿瘤的趋势。大约每三万个婴儿中就有一个患者(伯格,1982)。约25%的病人属于自然突变。

结节性硬化症表现多种多样,主要表现为癫痫、智力缺陷和皮肤损伤。痉挛是最常见的初始症状(88%以上),早期表现为婴儿痉挛(大约70%),通常出现在出生后4~6个月之间。痉挛到后期变为大发作和病灶癫痫或运动不能发作症(戈梅,1979;亨特,1983;鲍威尔等,1964)。当存在智力落后现象时,通常很严重,三分之一的病人可能智力正常(戈梅,1979)。只有12%~15%被感染的病人不会患上癫痫症和智力落后。皮肤损伤有好多种。皮脂腺瘤是这种病的特征性标志。1~5岁的时候它出现在脸上(通常是在四岁以后),一开始的时候是长在面颊上的斑状皮疹,看起来像个蝴蝶,然后斑点会长大,长满鼻子、嘴唇和下巴。那些被称做普林格尔氏瘤的腺瘤很常见,但是它们可能长得很慢。95%以上的病例被称作白斑或无色斑,色素不足的叶状斑点是最常见的标志(亨特,1983),它们散布在躯干和四肢上,一出生的时候就有(格尔德和弗里曼,1965),但是在随后的两年里,这些斑的数量会增多。它们在伍德光线下看起来会更多,临床无症状的父母可以证明这一点。绿皮斑是皮肤的增厚层,在腰骶的区域最常见。甲周瘤常常出现在脚趾而不是手指上,一般10岁以后出现,成年人也有。甲周瘤可能是受感染儿童父母的唯一症状。

神经系统病理学显示出大小不一表层畸形的存在(被叫做结节),表层畸形包含神经元、星状细胞核和巨细胞。这些结节也可能出现在室管膜下的区域,包括可以用X射线或CT扫描测出的钙层。它们可能长在脑室里面,妨碍脑脊髓脊柱液的循环,阻碍梦露式孔(室间孔)或西尔维多乌斯导管,产生脑积水和增高的颅内压的迹象。肿瘤也可能出现在心脏、肺部、肾部,但是它们都能很容易地被超声波检测出来。这种超声波检查能测出淋巴管瘤甚至能测出囊性瘤(阿维尼等,1984)。对眼底的检查可以揭示出视神经乳头处或者圆盘状物周围的肿瘤损伤,甚至没有眼病也能测出来。

这种病的诊断是以癫痫症、智力落后和皮肤损伤的结合为基础的。这种病可以在生命的早期通过婴儿痉挛以及与对大脑进行 CT 扫描所发现的大脑钙化有关的无色斑诊断出来（李和高勒，1978）。

TURNER'S SYNDROME
特纳氏综合征

特纳氏综合征是性染色体异常症，其特征是女性的一个 X 染色体全部或部分缺乏（里德，1975）。也就是说，不像正常女性一样有两个性染色体（XX），大约 80% 患特纳氏综合征的女性只有一个 X 染色体，用符号 XO 代表。剩下的女性患者由于染色体缺失或者移位而形成各种嵌合型细胞（本德等，1984）。对一些嵌合型的妇女，其身体及发育异常不明显。具有异常性染色体的胎儿只有极小的一部分能安全出生，而且据估计，各种类型的特纳氏综合征的女性胎儿安全出生率是1/2500（里德，1975）。与这种综合征相关的身体上的后遗症特征是：个子矮小，脖子粗大，肘畸形（肘外翻），性不成熟，先天性心脏缺陷（帕克等，1983）。医学上的治疗主要是在青春期期间使用雌激素。

学习障碍也与特纳氏综合征有关。虽然早期的研究报道了智力落后的风险比较大，但一些最近的研究已经重复了一个发现，即只有视觉运动协调能力而不是言语和全面认知技能有所降低（本德等，1984）。从韦克斯勒儿童智力量表修订版可以看出，儿童和青春期女孩的表现智商比言语智商要低。神经心理学研究已经报告了右脑半球尤其是右顶叶的能力有所减弱（莫内，1973）。因此，患特纳氏综合征的女孩更有可能存在视觉空间诵读困难这样的神经心理方面的学习障碍。除了注意力缺陷多动障碍外，一般不会有行为问题或者神经方面的问题（黑尔等，1980）。

对于特殊教育实践家来说，首要的启示是，患特纳氏综合征的女孩应该接受一次综合性的心理教育方面的或者神经心理方面的评估以发现可能存在的学习障碍。行为实践者也能就不育这样的话题向儿童和家庭提供一些预见性的指导。

参见 遗传变异；克氏综合征；镶嵌现象

TUTORING
辅导

辅导是一个或一小组学生（被辅导者）接受一个辅导教师的个性化和个别化教育的一种教育方法。辅导适用于各个年龄段和各种能力水平的学生。不过，在小学和中学，辅导经常被当作传统课堂教学的一个辅助：①给按照传统方法学习有困难的人提供辅助性的指导，这些学生包括一般的学生和残疾学生；②给学生提供更多的机会积极参与学习过程和接受及时的反馈；③减轻课堂上教师指导性和非指导性的任务。

在大多数情况下，给学生辅导的不是正式的教师而是其他人，可能是一个志愿辅导的成年人或者是一个收辅导费的成年人，一个大学生，一个程序化的机器或者电脑，或者很多情况下，是另外一个学生。同龄辅导是指儿童给那些和他们年龄相仿但是学习能力比较低的学生辅导。跨龄辅导指大一些的儿童或者青少年给比他们小很多的学生辅导。

同龄辅导和跨龄辅导的做法早在公元 1 世纪就被金蒂安刊载在讲演术学会刊物上。但是直到 18 世纪晚期这种做法才在更广泛的基础上被印度的安德鲁·贝尔和后来英国的威廉·兰卡斯特正式化和制度化。在美国只有一间教室的学校里，辅导是标准的做法，直到按年级的分班制才减弱了学生能力的多样性。重新对儿童教儿童的做法感兴趣是在 20 世纪 60 年代早期，因为当时缺少专业教师。教育者认为学习不好的儿童从同龄人那里学的要比从一个成年人那里学得多。纽约州、华盛顿州、芝加哥州、密歇根州和加利福尼亚州的若干大规模的辅导方案都很成功（阿伦，1976）。

1970 年以来，很多调查研究和轶事报告都已经记载了辅导对于辅导者和被辅导者的好处。就成绩的提高、学校态度、同龄人接受和自我形象来说，两者都能受益（德温 - 希恩等，1976）。据报道，对非残疾的被辅导者，以及特殊教育中的被辅导者包括中度智力落后者以及有攻击行为障碍的人（马厄，1982）。

调查进一步表明，辅导的有效性在很大程度上取决于辅导如何被组织，辅导者与被辅导者之间关系的性质。现将发展一个成功的辅导项目的许多指导方针叙述如下。

必须对辅导者进行认真挑选、培训和监督。未来的辅导者必须可靠，有责任心，需要了解一些教学技能。在辅导技能方面（比如，表扬，任务分析，直接指导，交流）对辅导者进行培训，必须给他们提供具体的材料。必须有一个指定的辅导者监督员。辅导者和被辅导者应该仔细安排，这样他们才会有好的关系，才会尽职尽责地合作。合同有助于讲清楚彼此之间的责任。如果可能，辅导应该一周进行两次，每次至少 30 分钟，最少应该进行 10 周。这个方案应该不断地调整以保证其有效。无论讨论任何问题，辅导者和被辅导者都应该在场。

参见 教学策略

U

ULCERS AND HANDICAPED CHILDREN
溃疡和残疾儿童

可以用来证实溃疡和残疾状况之间关系的经验性证据几乎不存在,然而残疾儿童似乎比健全的同龄人更可能患溃疡。奇姆、李尔曼、纳达和汤普森(1981)发现,在一个大型智力落后的儿童公共机构中,患有胃溃疡儿童的比例达5.4%。

常常与残疾状况相关联的其他因素似乎也会导致溃疡。例如,IQ(智商)比较低的儿童患溃疡的可能性更大。此外,一些有情绪障碍的儿童——性格内向孤僻又不愿意表达自己感受和挫折的儿童中,溃疡的发生率也较高。最后,出生于大家庭环境的儿童(例如,双亲离婚或分居)更容易患溃疡,这显示在残疾儿童中发生溃疡的可能性大于在非残疾同龄人中发生溃疡的可能性(贝蒂和马尼斯卡尔科,1985)。

溃疡的特殊类型,尤其是溃疡性结肠炎,可能会导致发育迟滞和皮肤等身体问题,这样患者就有资格接受《残疾人教育法案》规定的特殊服务(吉尔曼,1994)。

参见 反社会行为;离婚和特殊教育;情绪障碍

ULTIMATE INSTRUCTION FOR THE SEVERE AND PROFOUNDLY RETARDED
重度与极重度智力落后者的基本教学

基本功能的标准涉及优先顺序的方法,这种方法可以用来为重度或极重度残疾学生发展教学计划。虽然残疾状况的类型可能发生变化,但这种计划发展的哲学常常应用于智力落后的个体。

使用此类原理为这样的残疾学生开发课程基于以下三种主要假设(布朗等,1976)。首先,应该教给有特殊需求的学生一定的技能,以此来增强其独立性,并减少环境对他们的限制。第二,不能假设转衔培训、反应的泛化和保持会产生这样的学生。第三,在重度或极重度残疾学生的项目设计上,应该注意到这个群体个体学习特征的广泛多样性。这样,在应用基本功能标准为这些学生开发课程时,要求教给这些个体的技巧和行为应该直接和预期的非学校环境的行为相关。

布朗等人(1976)发展了基本功能标准的概念来应对不完备的教育项目,这些项目都是根据可选择的课程哲学而设计的。在重度或极重度残疾学生看来,这些课程哲学在本质上既是可发展的又是非理论化的(哈林和布里克,1976)。

为了克服大多数残疾学生课程编制方法的局限性,基本功能标准(布朗等,1976)建议传授这样的技能:①根据个体的学习特征传授适合学生需求的相关技能;②根据学生活动的环境传授能够直接起作用的技能;③能够增强学生的独立性并使其获得接近更加标准化的社会环境技能。从这个视角出发的教学方法应立足于对学生技能和环境需求的具体分析。这两个评估领域(学生技能和环境需求)之间的区别构成了教学目标。

基本功能标准,作为重度或极重度残疾学生的课程编制的基本原理,与传统的课程编制方法割裂。教授的技能与学生活动的环境是直接相关的,至少与期望的活动环境是直接相关的。这个方法建立在强调具体分析学生的行为和环境需求的技术上,并系统地向有特殊需求的学生传授技能,以使他们可以获得更多的独立性,易于接近更少受限制的环境。从理论上讲,学生可以接近社会环境的程度是由所教授的技能——适应这些环境的技能——的必要性来作为直接衡量标准的。因此,所教授的技能不仅仅与学习经验直接相关,也与这些技能的长期实用性相关。

参见 适合残疾人的课程;重度智力落后

UNIVERSAL NONVERBAL INTELLIGENCE TEST (UNIT)
通用非语言性智力测试(UNIT)

通用非语言性智力测试(UNIT)(布拉肯和麦卡勒姆,1998)是一种适于5~17岁儿童和青少年的个别化管理工具。虽然可以在任何一个被批准的智力评估测试中使用UNIT,但是,测试的设计是为了适应这样的情况:传统的以语言为载体的智力测试可能会对被试产生不公平。也就是说,当参加评估的学生对于英语的精通程度有限、英语为其第二语言或者是聋、听力损伤、语言学习障碍、选择性失语症、自闭症患者时,UNIT对这种情况特别有效。

UNIT通过6个文化削弱的子测试评估智力,将它们结合起来形成了2个初级量表(推理和记忆)和2个中级(符号化与符号化)量表,1个完整量表。UNIT的每一个子测试(例如,符号记忆、立方体设计、空间记忆、类推、目标记忆和迷宫)都在一个完全不需要语言的形式中执行(例如:测试者和被测试者之间不需要接纳或者表达的语言),仅仅通过使用8个标准化的手势、任务示范和样品列举即可完成。

UNIVERSITY AFFILIATED FACILITIES(UAF)
大学附属设施(UAF)

现今大学的附属设施(UAFs)网络是依据1962年总统智力落后陪审团的建议建立的,它强化了对于智力落后者、其父母以及志愿者"连续关心"的需求。在接下来的几年中,用来建立附属于大学或者医院的室内配套设施的联邦基金在88-164公法中获得了授权。母亲和儿童健康,即现在的母亲和儿童健康部(DMCH)是第一个提供项目支持的机构。与这个机构的授权一致,在关注儿童服务的传统的母爱和儿童健康科学中,联邦资助仅限于支持教师岗位及被训练者。UAFs是第一个为智力落后人士提供学科间训练和多样化健康护理的重要的有联邦财力支持的主动行动。

1979年通过的发展性残疾人立法把关注的范围扩大到了其他类型的残疾人,而发展性残疾人法案(由ADD——残疾发展执行部门执行)本身则为UAFs管理成本提供了核心支持。今天,19个项目获得了DMCH基金对训练的资助,ADD的核心支持则促成了36个UAFs和7个人造卫星项目。每一个UAF还获得了各种联邦、州和地方资源的额外支持。除了DMCH和ADD投资UAFs之外,5个项目已获选成为UAFs国家协会的成员,这样,现在的UAFs网络在38个州和哥伦比亚特区中共包括了55个项目。

UAFs的任务包括四项主要内容:多学科训练、示范性服务、应用研究和技术咨询(发布)。UAFs一方面通过指定活动范围以预防这些残疾,或者使有这些残疾状况的人士能够发掘自己的潜力,同时又减少了智力落后和发展性残疾的发生和影响。后者是通过早期诊断、治疗、自我帮助和职业相关技能训练、根据特殊需求和能力定制的教育而得以完成的。这些目标可以通过4个明显的项目活动来实现:①专业人员、管理人员、技术人员、直接照顾者和其他专业化人员——和智力落后或发展性残疾或有这些症状可能性的儿童及成人一起工作的专业化人员——的多学科训练;②整个服务范围的连续体;③通过在职培训、继续教育、出版物、培训材料的开发和发布以及会议的技术援助,面向州、地区以及社区服务项目的信息分发;④与各种障碍及预防、矫正和治疗策略效率相关的应用性研究。

参见 智力落后

V

VAKT
视听动触

视听动触是一种使用视觉、听觉、动觉和触觉来强化学习的多感觉教学方法(里切克等,1983)。与大多数教学策略不同,视听动触方法强调记录仪器提供的肌肉知觉感官输入,同时强调各种表面特征刺激提供的触觉感官输入。视听动触方法基于这样的原理,即当丰富的线索通过许多感觉通道被提供时,一些儿童学习得最好(莫瑟等,1985)。在教学中,学生的眼睛受到了刺激,耳朵听到了教师发音的刺激,然后沿着一些结构性材料追踪刺激(例如:砂纸、灯芯绒、凝胶物)。索普和萨默-博德(1985)主张肌肉知觉成分增加了学生对于任务的注意力。在视听动触教学条件下,学生很有可能选择性地注意到目标字母和单词的不同特征。此外,他们保持或停留在任务上的时间越长,其支持率越高。

感官活动类型的多样性已被考虑到。根据每个学生的学习风格,可能强调某一个感官通道优于另一个感官通道。一些学生可能需要更多相关的感官经验。一些更有效的刺激可能会经由一些活动——类似于跟踪沙子、玉米粉或凝胶的痕迹刺激的活动——来提供。由于使用视听动触方法的活动是耗时的,因此它们主要被推荐用在严重的学习缺陷方面(里切克等,1983)。不过,视听动触活动也可以用在较轻微的缺陷或者日常学习中。

参见 费纳尔德方法;吉林汉姆—斯蒂尔曼方法;多感觉教学

VALPROIC ACID
2-丙基戊酸钠

2-丙基戊酸钠是作为二丙乙酸的非专卖药品的推荐名称。这种药物的普通(专卖药品)名称是2-丙基戊酸钠。美国和欧洲使用的是二丙乙酸的钠盐。在南美,二丙乙酸的镁盐也投入了市场。

2-丙基戊酸钠在失神发作的治疗中较有效,在肌肉痉挛和紧张性肌肉痉挛(德莱富斯,1983)的治疗中也有一定作用。它也被用来处理躁狂抑郁神经错乱、躁狂抑郁精神病以及对于刺激药物无反应或者有问题的ADHD儿童。其主要的副作用是困倦、肠胃不适和食欲不振。美国小儿科研究院药物协会把2-丙基戊酸钠列为对于认知机能具有最小副作用的药物之一(普鲁伊特等,1985)。2-丙基戊酸钠的最严重也是最罕见的副作用是肝功能衰退。

VALUES CLARIFICATION
价值澄清

价值澄清是一种用于残疾儿童和健全儿童的道德教育方法,源自20世纪60年代的人文主义教育运动。在价值澄清中受过训练的学生被引导研究与道德问题有关的事实,并在系统礼仪中审视自己的感受。价值澄清教给学生获取价值的过程,鼓励他们亲自探索所取得的价值,追踪它们如何影响自己做决定的过程(卡斯蒂尔和斯塔尔,1975)。与根据好或坏来定义价值相比较,这样做可以让学生学会把价值看作是影响选择的导向原则。这个方法的反对者认为,在一个相对论者的立场上不可能教授价值,他们还质疑利用学校作为教授价值的场所的适当性。结果,价值澄清从20世纪70年代末期开始丧失了作为教育力量的声望(布卢默,1984)。

特殊教育学生常常面对与他们自身障碍相关的价值判断。例如,针对特殊教育学生的职业项目可能与某些学术上的观点相违。残疾的青少年,由于在生涯机会方面受到限制,需要探索职业选择的启示。价值澄清可以帮助这些青年人选择适当的职业方向并学会做决定,这些原则对工作环境中适当的社会化来说是必要的(米勒和施罗斯,1982)。

据有关研究结果显示,一些情感障碍和学习障碍儿童不认真考虑他们的行为暗示就行动(米勒和施罗斯,1982)。价值澄清提供了一个结构,在这个结构中行为存在障碍的儿童可以发现协调一致性。托普森和哈德森(1982)发现,价值澄清在减少情感障碍儿童的不适应行为方面有一定效果。还发现这些儿童变得更开心,焦虑情绪减少。

价值澄清也可以用来帮助接受正常教育的学生接纳已回归主流的残疾学生。辛普森(1980)训练学生检查社会影响和集体吸引力的作用,结果发现,这使健全学生和残疾学生回归主流变得更容易。将来的研究可能会关注普通人群对于残疾人个体的态度方面的价值教育的长期影响。

参见 残疾人所缺少的道德心;道德判断

VAN RIPER, CHARLES
查尔斯·范·瑞普(1905—1991)

查尔斯·范·瑞普是密歇根州钱皮市人。他在密歇根大学获得了学士和硕士学位,后在爱荷华大学获得博士学位。他的专业领域是关于语言能力病理学和心理学的。他是西密歇根大学语言能力病理学和听力学系的教授。从1936年起,他同时担任该大学语言能力和听力医疗中心的主任。

作为语言能力矫正领域的首要权威之一,范·瑞普对关于口吃的理论和矫正做出了贡献,并开发了理解、评估和转变语言能力行为的方法。1978年他出版了《语言能力矫正:原理和方法》一书,该书已出了第六版。

范·瑞普参与了对有语言能力问题儿童的家庭的干预,并参加了对儿童的治疗。他相信知道自己正在做什么的父母常常比那些只经过一般训练的临床医学家有更好的语言能力临床经验。他用这样的陈述作为《你的孩子的语言能力问题》(1961)一书的开头:"一旦父母理解了什么是(他们孩子的)语言能力问题以及需要做些什么,他们就可以做出伟大的成绩。"(第XI页)

范·瑞普的名字已被收入《教育领导者》、《美国南部和西南部名人录》以及《科学美国人》名录中。

参见 语言能力和语言障碍;语言能力紊乱

VELO－CARDIO－FACIAL SYNDROME (SHPRINTZEN SYNDROME)
腭—心—面综合征(史普林岑综合征)

这是一种与腭裂有关系的综合征。这种常染色体显性综合征的症状可能包括:身材矮小、细长的手和手指、腭裂、咽张力减退、腭帆与咽的功能不全、结构性面部异常、头小畸形、心脏异常、肺栓塞、癫痫障碍、人格错乱、智商范围从正常到低于正常(麦克威廉,莫里斯和谢尔顿,1990)。这些症状导致了降低清晰性的言语问题,例如由于腭帆与咽的瓣膜缺陷所导致的鼻音障碍和由于肌肉运动语言能力错乱导致的语言清晰度问题。听力功能常常由于与腭裂的发生相关联的传导性听力损失而受损,肌肉缺陷则导致欧氏管扩张和欧氏管自身的结构化缩小。幼年期可能会出现喂食困难。语言发展常常被延迟,接着出现语言偏差。缺乏学习能力也成为这类人群的共同特征。

腭—心—面综合征症状严重性的变化与范围使诊断更加复杂化,常常延迟了有效的治疗。由于医学和行为离差的范围很广,建议推荐跨学科团队管理来干预被确诊患有这种综合征的个体(市普林岑和巴尔达赫,1995)。

VELOPHARYNGEAL INADEQUACY
腭帆与咽的缺陷(VPI)

腭帆与咽的缺陷(VPI)是一个综合术语,它指腭帆与咽的机能或结构功能不足。这样的不足导致了言语中鼻腔共鸣的失控。这严重影响到语言的可理解性,并有可能产生吞咽功能障碍。腭帆与咽的机能包括膜(软腭)和最上层的后部及侧面的咽壁。

VPI的第一个问题是解剖结构异常,称作咽腭帆功能不全。在这种情况下,软腭中可能存在组织缺损,这意味着膜太小以至于不能接触后咽壁,导致不能把咽与鼻腔分隔开。另一个结构性问题可能涉及扁桃腺组织的干扰或缺失。巨腭扁桃腺会妨碍软腭或侧面咽壁的活动。咽扁桃体能暂时减少软腭上抬覆盖的面积,但由于手术切除或成熟退化,可能导致潜在软腭功能不足,可能揭示潜在的膜不足。最后,修正颅面缺陷的口腔外科技术(例如,上颌骨提高)可以使其功能增强。

VPI也包括术语腭帆与咽的功能不全。这个术语描述影响软腭或咽壁活动的生理功能紊乱。这些结构中的肌肉纤维可能被弄错方向,以至于像侧咽壁平均运动或软腭上抬这样的适当活动变得不可能。肌肉对可能会不对称或者在它们起收缩反应时异步。肌肉的神经供应可能会不足,这有可能导致瘫痪或者局部瘫痪(虚弱)。

VPI还能描述特殊言语声音——发生在听力损伤和聋的面前鼻腔/口腔平衡的错误学习。此外,气质的音位发展或方言差别也可能导致说话时的不标准鼻腔共鸣方式。

这种情况的区别诊断涉及言语的知觉和声音分析、口腔肌肉及功能结构检查以及使用视频荧光透视法或内窥镜检查法查看腭帆与咽的机能。外科手术或者行为干预可以减少或者改正VPI。对于个体最好的治疗选择决定可以通过咨询包括外科和语言病理学专家在内的腭裂小组来做出。

VERBAL DEFICIENCY
语言缺陷

语言缺陷是一个在特殊教育领域有多种意义的术语。它涉及语言的使用和理解,表明个体整体功能水平的不足以及在某一确定年龄上个体明显低于正常水平的能力。通常,当一个儿童的语言智商在根据个别化管理的智力测量,例如韦克斯勒儿童智力量表Ⅲ进行诊断时,明显低于表现智商,就说明该儿童有语言缺陷(考夫曼,1994)。语言缺陷也可以根据儿童对于集体管理标准化成绩测试的相对难度推断,这些测试严重依赖于语言技能。父母和教育者常常注意到,儿童的语言技能并不与其年龄相适应。儿童可能在领会口头指示或者理解口头供给的信息时表现出困难。儿童也可能存在语言表达上的困难。语言艺术技能,例如阅读、写作和拼写,可能会受到损害。儿童语言病理学家可能会使用语言缺陷这一术语来概括低于正常发展水平的语言结构、口语流畅和词汇知识。

语言缺陷的根源最初可能是医学上的。听力损伤,尤其是轻微的损伤,也可能成为未被发现的语言缺陷的原因。慢性中耳炎(中耳炎)病史以及由此导致的间歇性听力损失也可能是一个因素。神经损伤能导致语言技能的缺陷,而其他功能方面则相对完整。虽然智力落后儿童常常在各个领域都表现出功能水平较低,但是当这个儿童的父母有语言缺陷时,必须考虑到这一原因。

有时通过评估和测试也有可能推断出导致语言缺陷的特殊发展困难。这些包括表达性语言障碍或接受性语言障碍或中枢听觉处理混乱。语言艺术方面的学习障碍者(定义为虽然达到平均智力水平,但是不能用正常的速度学习)也可能和语言缺陷有关联。

萨特勒(1982)和考夫曼(1994)提供了一个关于语言缺陷本质和原因的更加细节化的讨论。儿童的父母有语言缺陷时,存在单一的或者综合的原因。这里未曾描述的原因也可能存在于个人案例中。

参见 *表达性语言障碍;接受性语言障碍*

VERBALISMS
语义不合

语义不合是由卡茨福思(1912)创造的一个术语,用来描述失明者使用的、不能直接表达的术语或者概念。彩色字汇就是一个例子。当视力正常者提及绿草、蓝天和亮橘色的太阳时,失明的儿童学习得很快,他们还可以把这些术语非常自如地用在他们自己的语言中,即使他们从未体验过这些颜色。语义不合的发展对于失明者掌握语言和交流非常重要,然而,也应该鼓励失明者不要仅仅依赖于文字的学习。

参见 *盲*

VERBAL - PERORMANCE IQ DISCREPANCIES
语言一表现智商差异

当解释 WAIS - Ⅲ、WISC - Ⅲ 或者 WPPSI - R 三个韦克斯勒量表中任意一个结果时,应特别注意构成智商的语言(V)和表现(P)之间是否存在差异。其他的智力测试(例如,麦卡锡儿童能力量表)也产生相似的语言和表现智商。只评估语言或者非语言(表现)智力的测试也同样有用。虽然这里的讨论主要集中在解释韦克斯勒量表的不同运用中 V 和 P 的差异,但大部分内容也能运用于其他智力测试。

智商测试数据的解释最初常常集中在 V - P 差异上,因为它具有诊断的或预期的价值。这个价值在于指出受试人特定的长处和短处,因为它们适用于现在以及将来的教育或者职业的追求(考夫曼,1994)。

当考虑 V - P 智商差异时,测试的使用者最好确定观察到的差异是否反映真实的差别,而不只是一个随机误差的结果。萨特勒(1982)和许多智力测试的个别化测试手册提供了有用的表格,允许检查者把他们的统计水平和 V - P 智商差异的鉴定数量联系起来。为了解释并计划适当的矫正项目这一目的,95% 的置信度水平被推荐用来确定 V - P 智商差异是否是真实的或者应该被归因于随机误差(例如,错误测量,考夫曼,1994)。

除了确定观察到的 V - P 智商差异的统计意义外,这类信息的临床和实践的重要性也需要做出评价。一个评估具体的 V - P 智商差异价值的方法包括确定对于正常个体来说这个差异是多么普遍或者稀有。要做到这一点,可以通过计算一个给定的、由普通个体组成的测试标准化抽样中 V - P 智商差异发生的频率。通过推论,这类信息可以提供普通人口中具体差异如何常常发生的频率的数据或基础比率。例如,考夫曼(1976)报告说,50% 的 WISC - R 标准化抽样中的正常儿童有大于或等于 9 分的 V - P 智商差异,34% 的儿童有大于或等于 12 分的 V - P 智商差异。每 4 个标准样本的儿童中就有一个大于或等于标准差(15 分)。马塔拉佐和赫尔曼(1984)提供了相似的 WAIS - R 标准化抽样的基础比率。这些统计说明,这些量级的差异是相当普遍的。考夫曼(1994)认为,当语言一表现差别很大时,检查者有必要提出治疗建议,而当差别又大又不正常时(例如,在正常人群中很罕见),他们也有必要在其他的测试分数和达到诊断假设的临床证据的背景下解释测试信息。

基于不同的韦克斯勒量表的各种标准化的抽样分析,就能得到相同百分比的 V 大于 P 的智商差异和 P

大于Q的差别。更进一步,没有发现V-P差异形式是基于年龄、种族、性别的。然而,V-P智商差异是和总体的智商水平(完全量表智商)以及背景特征(包括父母职业和社会经济地位)相关的。更多的V大于P的差异是在智商水平较高(大于等于平均水平)且来自于有利背景的那些人里发现的,包括来自专业人员家庭的个体。同样基于标准化抽样数据,P大于V的差异则更频繁地发生于智商较低的范围(低于平均水平)和那些来自于社会经济地位较低地区的人口,包括非技术工人家庭的儿童。这些发现表明,一个受试者的背景经历有助于影响语言和表现(非语言)认知技能的发展。同这些解释相关的是,统计显示,来自于专业的、社会经济地位较高背景的P大于V差异的儿童特别值得关注;同样,来自于社会经济地位较低环境的V大于P差异的受试者,也是非同寻常的。

参见 信息处理;智力测验;韦克斯勒量表

VERBAL SCALE IQ
语言量表智商

语言量表智商是一个标准评分(平均100分,标准差15分),源于6个组成韦克斯勒智力量表的语言量表的子测试中的5个的组合。每一个语言量表的子测试都要求被测试者接受一次听觉语言刺激并给出语言反馈。这项经过测量的能力包括词汇、一般信息、语言推理和听力—语言记忆。语言量表智商被解释为一个良好的语言理解及表达语言技能的指示器。听觉注意力也被包含在测试的分数中。

由于大多数美国学校都进行语言定位,因此语言量表智商是迄今为止学生学业成就的最佳预测器。对于英语是第二语言者,或者来自社会经济地位较低的人,或者是少数民族文化的人,常常得到低于他们真实智力水平的语言量表智商。语言量表智商和表现量表智商之间的重要差别常常被用来证明存在学习或者语言障碍。

参见 语言—表现智商差异;韦克斯勒标准

VIDEOFLUOROSCOPY
视频荧光检测器

视频荧光检测器是一种获取荧光照相术(X光线照相术)和解剖结构图像以及生理功能的手段。这个程序的优势是低放射水平、言语的同步视觉和听觉数据以及多重观察水平。这个程序需要一个和普通医学荧光检测装置和录像机之间的接口。可以从多个角度观察病人以产生不同兴趣领域的印象。钡溶液可用来加亮柔软的组织结构。该程序常常由言语—语言病理学家、放射线学家和成像技术员组成的团队来操作执行。这个程序两个常见的应用是:在言语产生的时候观察腭帆咽的机能并记录吞咽时食物和液体的运动轨迹(什科尔尼克和科恩,1989)。

由于个人的言语带有不完全的鼻腔共鸣(例如:偏上性鼻音、偏下性鼻音、同化鼻音、盲管共鸣),腭帆咽的缺陷可能会受到质疑。因而,在个人选择加强机制瓣膜能力的言语样本时,视频荧光检测器可以用来评估腭帆咽的结构和功能。在这个程序中收集到的信息有助于不同的诊断,支持关于VPI外科、修复或行为管理功效的决定,可以显示治疗的过程。

视频荧光检测器程序的另一种形式是改良性钡吞咽(MBS)研究,它可以在神经肌肉问题导致吞咽困难的情况下使用。改良性钡吞咽研究用来识别吃和吞咽时肠胃表面区域的特殊功能障碍。异质性材料进入气道(吸入式)的出现在MBS研究中特别重要,因为这种情况会引起吸入性肺炎。在这个过程中,可以给病人吃不同浓度和一定量的含有少量钡的食物(流质)。得到的信息包括个人怎样用嘴吃进食物,并准备吞咽它以及食物是怎样通过咽管向食道和胃前进的。一个包括饮食管理、位置变化和肌肉刺激在内的疗程可以由MBS研究得到。这个程序通常由言语—语言病理学家、放射线学家和成像技术员组成的专家团队来实施。

VINELAND ADAPTIVE BEHAVIOR SCALES(VABS)
瓦因兰适应性行为量表(VABS)

瓦因兰适应性行为量表(斯帕罗等,1984)是对多尔的瓦因兰社会成熟量表的修正,是一个对某一特定的熟悉被试的人发放的个别化管理的调查问卷。这个量表的目的是评估人们在不同的背景中,从出生到成人期的个人和社会满意度,包括临床、研究和治疗计划。瓦因兰量表有三个形式可以利用,包括调查、扩展和课堂版本。该量表的执行时间取决于使用的形式;不过,范围总是在20分钟到90分钟之间。

这个量表中有四个范围:交流技能,包括接受、表达和书面语言所需要的技能;日常生活技能,包括照顾自己所需要的一些实用技能;社交技能,包括那些与他人相处所需要的技能;运动技能,包括怎么使用四肢来移动、协调和操作对象。适应性行为组合即来源于这些范围。VABS还包括不适应性行为范围,主要用于评估干扰个体功能有效发挥作用的问题行为是否存在,可以同时得到百分比等级和年龄相同分数。

检查者指南提供技术方面的信息,例如常模、信效度等。通过分层使用性别、种族、社区规模、国家、地区以及父母的教育水平,量表的调查版和扩展版使用了全国范围内3000人的样本;课堂版本通过使用2984个从3岁到12岁11个月的儿童样本才得以标准化,并分层使用了相同的变量(性别、种族、社区规模等)。根据信度,在调查形式中记录了对半分、测试—再测试、测试者之间的信度。对半分信度系数中位数在0.70~0.98之间。测试—再测试信度系数中位数在0.80~0.90之间。测试者之间的信度系数在0.62~0.75之间。同时效度通过使用像皮博迪图片词汇测试修订版(PPVT-R)、海斯-比奈以及韦克斯勒儿童智力量表(WISC和WISC-R)等得以建立。这些系数的范围在0.28(PPVT-R)到0.82之间。

参见 适应性行为;智力落后;瓦因兰社会—情感早期儿童量表

VINELAND SOCIAL - EMOTIONAL EARLY CHILDHOOD SCALES(SEEC)

瓦因兰社会—情感早期儿童量表

瓦因兰社会—情感早期儿童量表(SEEC,1998)用于测量从出生到5岁11个月的儿童的情感功能。该量表是由瓦因兰适应性行为量表的社会化范围派生而来的。SEEC有三个分量表:人际关系,娱乐休闲时间以及应对技能。一个社会情感构成分数也是可用的。那些受到评估的行为类型包括注意、进入社交情境、理解情感表达、发展关系和发展自我调整行为等。该量表用来帮助发展早期干预计划,也有助于学龄前和幼儿园计划的发展。

SEEC量表的管理是通过和一个儿童照顾者半结构式的访谈实现的。项目评分是以儿童被记录的一个特定行为的频率为基础的:2分表示儿童"经常这样表现",1分表示儿童"有时或者部分地这样表现"以及0分表示儿童"从不这样表现"。基于年龄的标准分数(平均数=100,偏差=15　M=100,SD=15),百分比等级以及叙述类别可以从量表得到。整个SEEC量表的执行时间通常是15~25分钟。

SEEC量表的标准分是从瓦因兰适应性行为量表的标准化数据估算出来的(斯帕罗等,1998)。标准化样本是由1200个从出生到5岁11个月的儿童组成的。

参见 适应性行为;瓦因兰适应性行为量表

VISION TRAINING

视觉训练

验光配镜法视觉训练(视觉治疗)是开发视觉能力使之达到最佳视觉表现和舒适程度的一门艺术和科学。训练技术主要用于预防视力问题的发展、加强视觉有效性以及矫正现存的视觉问题。

视觉训练包括视轴矫正,这是一种治疗双眼视觉障碍的非手术方法。目前的许多由布罗克、尼古拉斯、哥特曼、麦克多纳尔德、施罗科、克拉斯金和格林斯泰因所发展的视觉训练技术都强调平稳眼睛移动技术(固定技术)。这些包括追踪(眼睛平稳正确地跟随对象移动或者阅读一行字的能力)和跳跃运动(正确地将眼睛从一个对象或者单词移开的能力)。

视觉训练中所强调的附加技术是眼睛聚焦技术、眼睛瞄准技术、眼睛协作技术(双目的配合)、眼—手协调、视觉化作用、视觉记忆、视觉意象和视觉形式感知。发现这些技术在消除或者减少视觉症状方面是有效的,甚至在史耐伦敏锐表中远近视觉敏锐度是20/20时也不例外。

利用眼镜、棱镜体视镜和旋转体技术通常可以矫正眼睛并使视觉效果最佳化。当有明显的眼睛转动,例如不变的、间歇的、交互的斜视(内斜视或外斜视)时,就应使用视觉训练方法。棱镜治疗常常和眼镜治疗一起使用以矫正水平的或者垂直的眼睛偏离。

视觉训练技术也可用于弱视、与学习相关的问题以及青少年不良行为的治疗中,用于运动训练项目,还可用于在工作上存在视觉困难的年龄较大的成人和工人。

验光师常常和多学科团队一起工作,这种团队包括教师、心理学家、社会工作者、康复专家、定向行走教师以及儿童发展专家(专长于儿童、青少年和成人的学习或者视觉缺陷矫正)。这些方法只有与学习问题和视觉系统问题相关联并与处理功能障碍为中心的方法相对时才有效。

参见 发展性视力测定;验光师;视觉敏锐度;视力损伤

VISUAL ACUITY

视觉敏锐度

视觉敏锐度指人类眼睛可以在不同距离清楚辨别细节的程度。它取决于眼睛曲光放射并聚焦于视网膜的能力(卡特莱特等,1994)。视觉敏锐度的测试提供了人类辨别最小图像视网膜形成的测量。无论是两个眼睛分开测试,还是一起测试,这种测试的结果受到视网膜刺激区域、照明分布强度、曝光时间、移动影响之类因素的影响。

当评估一个儿童尤其是那些低视力儿童的视觉敏

锐度时,使用高对比的字母来显示,并避免强光和视觉分散是很重要的。某些情况下儿童确定被区别的符号有困难,例如,当测试一个认知困难的儿童时,可能有必要遮蔽部分图表(乔斯,1983)。

当评估那些学习障碍儿童或者识别史耐伦视力检查表中字母的能力受限的多重残疾儿童时,可能有必要使用交替的方法来评估视觉敏锐度。其中一个方法是,要求学生指出史耐伦视力检查表中符号E的方向(或左、或右、或上、或下)。在施测时必须小心,因为要想成功就必须把握方向性和眼—手的协调。对儿童进行一些训练可以有利于应用。

其他粗略评估视觉敏锐度的方法包括视动鼓膜的使用、谢里登微型玩具、罗森鲍姆点测试和纽约灯塔符号抽认卡。最后那个测试使用和史耐伦字母大小一致的三个符号,一所房子、一把伞和一个苹果。儿童可以识别图表上的这些符号,用任何可以理解的方式给它们起名,或者指认他座位前面桌子上放置的符号。

除了测试远距离视觉敏锐度外,评估一个儿童近距离的敏锐度也是很重要的,因为许多学校以及与工作相关的任务都是近距离进行的。绝大多数学校学习都要求近距离任务,它常常在14~16英寸的距离内进行。评估近视力面临的一个主要问题是,目前用作评估的各种图表系统的标准缺失。史耐伦近点卡片使用公制来表示近距离视觉敏锐度。耶格包括20个不同类型递增的尺寸。它表示学生能够识别的类型大小。点系统使用类型尺寸,其中一点等于1/72英寸。这样,一个可以读报的学生就有一个相当于20/40史耐伦的近距离点,耶格成绩为J4-5,分数记录为8;一个只能阅读报纸头条的学生所有的史耐伦比率为20/100,耶格成绩为J17,分数记录为18(乔斯,1983)。一个外行可能会发现协调这些形形色色的结果存在困难。为了让教师和家长理解,视觉测试者应该解释它们的本质和含意。关于视觉敏锐度的信息,无论是远视力还是近视力,对所有儿童,尤其对残疾儿童来说,都是一个对教学有益的重要指导。

参见 视力损伤;视觉运动和视觉问题;视觉训练

VISUAL EFFICIENCY
视觉有效性

正像巴拉加所定义的(1970,1976,1980,1983),视觉有效性同各种视觉技能有关,包括眼睛运动、适应物质环境、注意视觉刺激、处理与速度及有效性相关的信息。

与这个定义相一致的是巴拉加(1983)关于视力残疾儿童的定义。其定义是:儿童的视力残疾限制其学习和成绩,除非在学习的方式上做出调整,为儿童提供合适的学习经历,并在合适的学习环境中提供有效的学习材料。

视觉有效性概念背后的基本理念是,儿童通过积极使用他们的视觉能力,学习怎样最好地利用自己的视力。作为对视觉残疾者的应用(例如:低视力儿童),这意味着他们应该被提供这样的学习机会,而且需要有效的方式来指导他们使用自己剩余的视力。没有适当的机会和训练,低视力儿童可能无法仅仅通过提供适当的视觉环境就能提炼出有效的信息,但是如果有适当的机会和训练,他们可以学会使用自己的视觉信息,这样他们最终可以使原本不清晰不明确的视觉印象变得更有意义。巴拉加开发的视觉功能有效性的项目,试图训练低视力儿童(1983),这是一个强调视觉有效性结构化训练的项目。

同视觉有效性观点相联系的是功能性视力的概念。此概念关注儿童使用视力的方法,而不是他们身体上的视力缺陷,尽管后者通过特别训练也得到了提高(卡特莱特等,1994)。

参见 功能性视力

VISUAL IMPAIRMENT
视觉损伤

戈弗雷·施蒂文在《身体障碍儿童特殊教育中的分类学》一书中使用了术语"损伤"来意指任何偏离正常的情形。这样,损伤就被许多人解释为组织水平的障碍。因此,视觉损伤意味着残疾的医学原因。例如,白内障可能是损伤,低视力可能是残疾或者障碍。由此看来,涉及视觉损伤的个体可能是正常的。

然而,近几年来,术语视觉损伤已经拥有了更广泛的意义。在许多情况下,它表示视觉损失而不是全盲,正如"盲"和视觉损伤之间的关系一样,这样就区分开了功能性失明者和那些还有一些残余视力的人。这个领域的专家也常常提到视觉损伤者,来指称有可测量的任何视觉功能损失的人,例如敏锐度、视野、颜色视觉或者两眼视力(巴拉加,1983)。在这种背景下使用的视觉损伤几乎成了视觉残疾或者视觉障碍的同义词。

参见 视觉感知和辨别;视觉训练

VISUAL - MOTOR AND VISUAL - PERCEPTUAL PROBLEMS
视觉运动和视觉知觉问题

许多研究者都强调知觉运动技能对于儿童发展的

重要性。皮亚杰和因赫尔德(1956)认为,早期的知觉运动经历是更高级智力发展的基础。谢尔顿(1948)提出,运动系统是第一个发展的神经学系统,是后期知觉发展的基础。对于知觉运动发展的关注在特殊教育历史的许多领域中是反复出现的主题。虽然知觉运动框架可以被用来讨论所有和运动反应有关的感知领域——听觉、视觉、触觉、嗅觉等——但视觉运动感知和辨别之间的关系以及学习问题也受到了最大的关注。

尽管早期的研究者认为,视觉知觉和视觉运动问题在大脑损伤的个体中是明显的,但两者间的区别并没有弄清楚。虽然戈尔德斯坦和希勒(1959)把视觉运动和视知觉缺陷看作是分离的实体,但巴特雷(1958)把知觉看作既非经验的也非运动的。一些用来测量视知觉的评估工具实际上是视觉运动的重复任务,例如,本德尔完全形态测试,韦克斯勒智力量表的代码子测试和视觉运动整合发展测试,都需要运动反应。

区分视觉知觉和视觉运动任务的失败可能有深远的影响。当物体或各种形状的图片、位置或尺寸被比较或用其他方式被区分时,知觉大多被直接地做了测试,接着就是解释所见的任务。当任务中的困难被证实需要新的设计或者空间关系时,它被描述为视觉运动困难,例如,知觉行为和再生对象的结合。有视觉运动困难的儿童可能也会有知觉问题,虽然在再生任务的基础上不能得到推论。在正常发展中,形式的视觉先于形式的视觉运动的再生(皮亚杰和因赫尔德,1956),并且复制要求不同于感知顺序的技能(阿伯克龙比,1964)。

有视觉运动问题的儿童在协调他们所看见的东西的动作中都存在困难。科克和查方特(1984)记录到,当一个儿童在视觉运动感知和区分中有问题时,在三个领域可能出现失败。第一,儿童可能会有偏向一侧的问题或者有侧面优势。当身体的两侧同时做同样的动作时或者当要求使用身体两侧,而儿童只能利用一侧时,这个问题会变得更明显。第二,儿童可能存在方位感缺失。当儿童不能发展基本的方位感(例如,区分左右、上下、前后)时,证明方位性缺失存在。很小的儿童在掌握方位上有困难,这在发展的早期是正常的,但是随着儿童日趋成熟,这个问题应该会渐渐消失。如果这些困难还继续存在,那么这个儿童的学习能力可能有问题。最后,据称,如果一个儿童的发展被限制在手引导眼睛的状态下,那他在视觉运动感知方面就存在失败。随着视觉运动感知得到改进,眼睛应该引导手。

视觉运动感知和区分的问题可以在学业的和非学业任务中见到。特别是,当儿童投入于铅笔和纸的活动、玩耍、操作玩具和物体或者捡、抛球,或当他们处于任何需要好的眼手配合的任务中时,视觉运动困难是最明显的。随后,设计了众多的训练项目以改进视觉运动技能。对这些项目的批评和支持也大量存在。

参见 知觉;知觉运动困难;知觉矫正

VISUAL PERCEPTION AND DISCRIMINATION
视知觉与辨别

视知觉是一个很难进行定义和量度的概念,因为它涉及个体和环境之间复杂的互动。基本上,视觉知觉和分辨是解释所见事物的能力。弗洛斯蒂格和霍恩(1973)将其描述为认识刺激并区分它们的能力。

视知觉问题关心的是那些虽然眼睛生理功能完好却失明的儿童。一个儿童可能有20/20视觉敏锐度和足够的眼肌控制,却仍有视知觉的障碍。这些缺陷可能包括以下形式的感知问题:辨别字母的形状、数字、图片或者物体;空间位置;辨别字或词的空间方位——左右、上下等;视觉完形;对不完整的图片或文字进行辨别;图形背景区分能力;从背景中清楚地感知形状(哈拉汉,考夫曼等,1985)。一个有视知觉和分辨障碍的儿童可能很难适应学校的生活,因为大多数学习活动要求良好的视觉技能。特别是数学和阅读对于不能辨别乘法和加法符号或者难以分辨图片、字母、数字或词的儿童来说是十分困难的。在儿童成长的早期,这些问题很常见,但是随着儿童的成熟,如果这些困难依然存在,家长和教师就应该给予关注。

参见 本德尔·格式塔;视觉感知的发展测验(第二版);伊利诺斯心理语言能力测验;视觉运动感知和辨别

VISUOMOTOR COMPLEX
视动复合体

哥特曼使用视动复合体这一术语来描述他的关于视觉运动系统及其与学习技能获得之间关系的发展模型。该模型通过强调视觉的感知方面表明哥特曼作为一个测光师的训练。他以儿童在学习视知觉和运动的技能时的发展顺序作为例子,并强调每一个成功的阶段都依赖于发展得较前的阶段。

这个模型中的6个学习水平的系统(从最低层次到最高层次)是:先天反应系统,普通运动系统,特殊运动系统,视觉运动系统,言语—运动系统和思维系统。这些系统都有助于视觉或知觉事物,从而在许多感觉被整合的时候形成认知(勒纳1971)。

参见 视知觉与辨别;视觉训练

VOCABULARY DEVELOPMENT
词汇发展

词汇知识,即认知词语和理解其含义的能力,被认为是能够理解和使用口头和书面语言的最重要的因素。词汇知识是与理解所听到或读到的内容的能力紧密联系的,可能与一般智力和推理能力也有关联。

读和写的本质是交流,而交流中最至关重要的变数似乎就是词汇知识。区别流利的、成功的阅读者与失败的阅读者的关键似乎是词汇的知识及其含义。一个成功而适当的学校词汇发展计划,外加学前儿童的经验背景,可以提供成为成功的语言使用者的关键因素。约翰逊和皮尔森(1984)给出了一个完整而详细的阐述如何提供一个合适的学校词汇发展的计划。

参见 智商;阅读;阅读矫正

VOCATIONAL EDUCATION
职业教育

职业教育项目的目标是帮助学生做好就业的准备。阿斯图托(1982)认为职业教育关注基本学业技能的发展,良好的工作习惯,个人有意义的工作价值,自我理解和对偏好的识别,技能和倾向,职业机会,计划以及做出生涯决定的能力,就业的定位与就业保证。

职业教育项目的基本构成被认为包含补习基本技能、特别工作训练、个人和社会调节技能、生涯信息、专业领域的内容调整和实习。更进一步,恩代尔和哈丁(1981)描绘了可能成为职业教育组成部分的四种职业活动:全职、兼职、志愿活动和学校职业实验室工作。

1976年的《职业教育法案》修正案指出,残疾人的职业教育享有国家优先权。它要求使用10%的联邦资金,部分用于支付多于50%的新增的为残疾学生进行职业培训所需的费用。

94-142公法明确规定,每一个有残疾的青年有权利免费获得参加合适的职业培训的机会。该法规定:职业教育指有组织的教育项目,这些项目与个体准备有报酬或无报酬的就业或者对提供除学位以外的其他工作能力要求进行培训直接相关。

此外,职业教育是"包括特殊教育"在内的,假如它是由特别设计的教学组成,且不必由家长负担费用,并能满足每一个残疾儿童的唯一需要的话。

《卡尔D·柏金斯职业教育法案》,即98-524公法,取代了1963年的《职业教育法案》。新法案要求联邦政府围绕两个广泛的主题介入职业教育:一是向残疾人提供公平的职业教育;二是职业教育的质量必须提高。法案规定联邦资助的10%必须用于职业教育服务和活动,以满足残疾人的需求,并扩大残疾个体参与的机会。这些都是通过分配给地方学区完成的。每个地方学区必须依照5个说明的要求来完成。每个参加职业教育计划的残疾学生应该得到一个关于自身的兴趣、能力和特殊要求的评估;特殊服务,包括课程适应,教学、咨询和专业职业顾问提供的职业发展活动以及帮助传统形式学校向中等教育环境转衔的咨询服务。

提供给残疾学生的职业教育依照其残疾程度的不同,一般至少有两个途径。州级水平政策上的要点就在于向参加正规职业教育项目的残疾人提供必要的服务。

参见 康复;职业评价;残疾人的职业训练

VOCATIONAL EVALUATION
职业评价

职业评价是一个包含确保参加职业教育的学生有适当且合格的职业计划的术语。职业评价中使用的特殊的构成和方法包括技能评估、倾向性、爱好、工作习惯、社交技能和体质能力(勒肯特,1985)。职业评价领域受到了1984年《卡尔·柏金斯职业教育法案》的影响。该法案要求学校向每一个参加职业教育的残疾学生或处境不利学生提供关系到能否成功完成职业教育计划的个人兴趣、能力和特殊需求的评估(科伯和拉尔金,1985)。

莱维森和开普斯(1985)把职业评价看作是这样一个过程,即产生重要信息并通过这些信息可以制定职业规划。规划包括合适目标的区分和教学方法。

皮特森(1985)为有效的职业评估提出了6个指导方针:①使用训练有素的人;②发展和使用本地已发展的工作范例;③能够进入职业评估中心的权利;④发展和壮大与团队协调的职业评估计划;⑤确定职业评估是与教学相适应且有效的;⑥确保职业评估被用于职业指导和适合的生涯及职业服务的识别。

皮特森(1985)声明说,职业评估可能"是一个在特殊学生的教育中十分有力的工具",因为它可以提供一条连接特殊教育或者宪法首章规定的服务以及职业教育的纽带。完全实施这些尊重残疾学生的服务仍然存在挑战。

参见 职业康复;职业康复咨询服务;残疾人的职业训练

VOCATIONAL REHABILITATION COUNSELING
职业康复咨询服务

根据1984—1985年版《职业展望手册》,“康复咨询师帮助肢体、智力、精神和社交上有残疾的人成为自给自足并且有创造性的公民”。虽然这个一般性的定义是正确的,但康复咨询师所从事的实际活动和他们可利用的资源却在相当大的程度上依赖于具体的工作情景。

专业的康复咨询最早是伴随1920年的236公法(史密斯-费丝法案)出现的,该法案提出了美国公民的职业康复计划。然而直到1954年通过的565公法,才有了联邦基金得以正式进行的康复咨询专业技能培训。

最卓越的康复咨询师专业组织是国家康复协会、国家康复咨询服务协会和美国康复咨询协会。在过去的十年间,在许多专业组织的努力下,康复咨询师的资格证书程序已经得到确立。证书以教育、经历和成功通过一项国家测试为基础。证书程序仅仅保证能力的最低标准,它们很可能由于限制自学成才而没有文凭的人进入专业行业而遭受非难。许多康复雇主期望申请人拥有正规的资格证书,但这绝不意味着证书是万能的,证书的最后地位目前还不清楚。

康复咨询的高社会信度可以通过在两党组成的国会支持下已经历了65年之久的康复立法得到体现。研究证明,一旦残疾人回到他们应得的工作岗位,并支付个人所得税的话,将会获得8~33倍在康复上所花费的收入(比特,1979)。在残疾人就业后,额外的经济收益有助于降低社会福利、残疾和医疗保险支出。当这些残疾个体成为贡献社会的力量时,他们所感受到的尊重和自尊是难以用金钱来衡量的。

参见 职业评价;残疾人的职业训练

VOICE DISORDERS(DYSPHONIA)
发声异常(言语障碍)

阿隆森(1985)认为,发声异常是指在声音的质量、程度、响度或灵活性方面与同龄、同性别及文化群体的人存在差异。构成发声异常的是一种由说话者、倾听者以及可以提供咨询的专业人员做出的相关判断。导致发声异常的原因通常分为器官性的(物理性)和功能性的(行为性)两大类。判断发声异常的参数需要联系上下文来考虑。例如,当一种嘶哑的声音使听者的注意力转移或者干扰可理解性,那么这种声音就可以被识别为是发声异常,需要进行治疗。有人认为女性声音程度在学龄阶段也许合适,但是参加工作后就可能变得太高了。说话声音小的人在喧闹的教室很难被听到,或者一个人的声音太呆板,以至于说话的人似乎没有感情也可能被认为异常。在某些情况下,这样的发声异常症状暗示有潜在疾病存在,需要进行医疗诊断和治疗。如果长时间存在声音嘶哑(如长于2周),就可能暗示存在严重的喉部损伤,它有可能是良性的,也有可能是恶性的。不能改变发声的程度和响度以清晰地表达意思,有可能是与先天性神经疾病有关的信号。不适当的习惯使用的高声,可能表示内分泌机能失调或者有值得关注的社会心理方面的问题(科尔顿和卡斯佩,1990)。检测和治疗发声异常,需要病理学者和耳鼻喉科医师的共同努力。

参见 言语

VYGOTSKY,LEV S.
列夫 S. 维果斯基(1896—1934)

列夫 S. 维果斯基,苏联心理学家和症状学医生。他的著作对苏联心理学的发展产生了巨大的影响(沃茨,1985)。

在西方,维果斯基以他在个体发展过程中思维和语言之间关系的著作而闻名(维果斯基,1962,1978)。在维果斯基看来,人类思维、记忆和注意等更复杂的形式依赖于个体对组织和传播智力活动的发展手段的掌握。维果斯基认为,语言首先被用于社会互动中以组织和传播许多个体在协力完成一项任务时的智力活动,他认为,这些相似的语言方式后来被个体挪用,并且当独自一个人处理相似的任务时,被个体内化用于组织和传播自己的智力活动。在这个意义上,维果斯基感到,儿童和成人(或者更有能力的人)之间的某种社会互动可以创造一种“最近发展区”,最近发展区能提高儿童在社会互动背景下的认知能力水平,而且有助于促进儿童向独立自主机能的下一个或者最接近的阶段发展。

然而,对维果斯基来说,这项工作仅仅是更广范围理论和研究计划的一部分。他的理论和研究集中于社会行为的历史发展模式和个体心理发展的各个方面的关系(米尼克,1987)。在他去世后数十年内,他的同事和学生努力完善了这个广博的理论框架,从而导致了以活动论而闻名的理论的出现。活动论是一种解释当时苏联心理学家工作的理论与研究范式。

维果斯基对发展理论、研究以及儿童和成人的非正常心理机能与发展相关的实际干预技术都很感兴趣。在这些方面他写了很多著作,建立了几个研究所。这些研究所在该领域的研究中继续发挥着重要的作用。通过他和他的同事及学生,比如A. R. 鲁利亚的工作,维果斯基在这一领域中仍然发挥着核心作用。

W

WALKER PROBLEM BEHAVIOR IDENTIFICATION CHECKLIST(WBPIC)
沃克问题行为鉴定量表

沃克问题行为鉴定量表(WBPIC)于 1983 年发行。这一版包括学前教师问题行为等级量表。这个 50 项的量表包括 6 个等级:行为表现、收回、不专心、被扰乱的同伴关系、不成熟和全部。分别向男童和女童提供量表形式。这个量表需由一个了解这个儿童至少两个月的教师来完成。此量表的最新版本是在 1855 名来自俄勒冈州和华盛顿州的儿童的样本的基础上标准化的。常模是分男性和女性呈现的。在指南中,常模的人口特征(比如社会经济地位)没有明确说明。

参见 评估;行为评估

WALLIN,JOHN EDWARD(J. E.) WALLACE
约翰·爱德华·华莱士·瓦林(1876—1969)

J. E. 华莱士·瓦林,特殊教育和临床心理学领域的先驱,1876 年 1 月 21 日出生于爱荷华州佩奇乡村,他的父母亨利和埃玛 M. 约翰逊·瓦林来自瑞典。华莱士在九个孩子中排行第三。他就读于爱荷华州斯坦顿的公立学校。1913 年 7 月 21 日,在他 37 岁的时候他和法兰西·杰拉尔丁·廷斯利结为夫妇。他们有两个女儿,1919 年出生的杰拉尔丁·廷斯利·瓦林·西克勒和 1915 年出生的弗吉尼亚·斯坦顿·瓦林·奥布林斯基。奥布林斯基后来也成为一名心理学家。

1897 年,瓦林在伊利诺斯州岩岛奥古斯塔纳学院获得学士学位,然后他去了耶鲁大学,师从爱德华 W. 斯柯利普丘博士和乔治·特朗布尔·拉兰德。斯柯利普丘在德国伟大的心理学家威廉·冯特的指导下完成自己的论文。在耶鲁大学期间,瓦林于 1899 年获得硕士学位,1901 年获得博士学位,同时他还在曼彻斯特伍斯特的克拉克大学担任 G. 斯坦利·霍尔博士的助手,同时他还是宾夕法尼亚东部施特劳斯堡州教师学院的副院长和心理系主任。在施特劳斯堡,他教授心理、儿童、遗传、非正常心理和智力落后方面的课程。随后,他又担任了大量的职务。从 1909 年到 1910 年,他担任俄亥俄州克利夫兰师范培训学院心理和教育系主任。在那里,他建立了特殊教育、心理临床诊断考试和首批群组智力测试中的一个测试。到 1912 年,他在匹兹堡大学创建了心理教育临床诊所,这是该地区首批此类诊所中的一个。瓦林后来成为许多诊所和特殊学校的董事,与至少 25 所学院和大学有密切关系(瓦林,1958)。

瓦林直言不讳,喜欢辩论,苛刻甚至有时候脾气不好,但他是为残疾儿童奋斗的改革者和先驱。他是把心理学运用于教育,尤其是涉及对残疾儿童的鉴定、判断和规定的主要倡导者,也是对临床医生进行必要培训的有力倡导者。他努力确定一条原则,即不管残疾的程度如何,所有的儿童都可以从教育中受益。他还在宾夕法尼亚州西部、俄亥俄州、密苏里州和特拉华州帮助建立了特殊的班级。瓦林在特殊教育领域和心理学发展方面做出了巨大的贡献。在他的一生中,出版了包括心理学教科书在内的 30 多本专著,发表了 350 多篇论文。他是一个政治活动家,从政策、规定和变革等方面确保有特殊需要儿童的适当的教育。他是无数专业组织的成员,在许多委员会服务,比如 1929—1930 年间,担任特殊教育理事会儿童健康保护白宫协会的秘书。90 多岁时,他仍坚持写作。他于 1969 年 8 月 5 日去世。

WATSON,JOHN B.
约翰 B. 华生(1878—1958)

约翰 B. 华生创建并普及了行为主义的基本概念。行为主义在 20 世纪 20 年代成为心理学理论中的一个主要学派。华生在芝加哥大学获得博士学位并且在那里继续做讲师直到 1908 年,那一年他被约翰·霍普金斯大学授予教授职称。华生的行为主义把人类的行为解释为对环境刺激的心理反应,把心理学解释为研究外界刺激和心理反应之间的关系的学科。华生力图把心理学发展成自然科学的一个纯客观实验的分支,并且把条件反射看作是心理学的主要方法之一。

华生极端的环境论导致其一些极端的观点,比如他宣称,可以不考虑遗传因素,就可以把任何一个健康的婴儿培养成任何一种他指定的人,如医生、律师、艺术家、商业领袖等等,甚至是乞丐和小偷。华生的行为主义在美国心理学界占据了几十年的主导地位,并为很多现今行为主义的指导方式奠定了基础。华生最终离开了学术领域,作为一名广告界的董事结束了自己

W

的生涯。

参见 行为改变;条件作用

WECHSLER, DAVID
大卫·韦克斯勒(1896—1981)

大卫·韦克斯勒主要以创作智力量表而著名。该智力量表在全世界范围内数百万个体的生活中曾经发挥而且继续发挥着重要作用。他对测试作为估价的一部分持人文主义哲学观。他的专业著作包括60多篇文章和书籍,强调动机、人格、欲望、文化机会和其他决定个体的功能水平的变量。

韦克斯勒出生于罗马尼亚,6岁时与9个家庭成员一起移居纽约。20岁时,即1916年,他在纽约市立大学获得学士学位,次年在R·武德沃斯的指导下获得哥伦比亚大学的硕士学位。此后的几年,他在部队度过。在那里,韦克斯勒帮助评价了数以千计的新兵,这些新兵中很多人不能阅读英文,几乎没有受到过正规的学校教育。在他的军旅生涯即将结束时,他作为研究员同伦敦的查尔斯·斯皮尔曼和皮尔逊·卡尔以及巴黎的亨利·皮龙、拉皮克·路易斯一起做研究,这为他以后持续不断地研究智力中的非智力因素的热情奠定了基础。

1925年,韦克斯勒在哥伦比亚大学完成博士学位,他在完成博士论文的同时还兼任纽约市新创立的儿童指导所的心理学工作。1925年~1927年任美国心理协会代理干事。1927年~1932年在其私人诊所度过。1932年起成为贝尔维精神病院首席心理学家,并在此岗位工作35年之久。这期间,他在早期的版本中以自己和贝尔维医院的名义制定了量表,包括1939年的韦克斯勒—贝尔维智力量表1和1942年的韦克斯勒—贝尔维智力量表2,1949年韦克斯勒儿童智力量表,1955年韦克斯勒成人智力量表和1967年的韦克斯勒学前和小学儿童智力量表。退休后,他继续协助修改完善他的量表。出版商的阶段性更新,使量表的实用性得以保证。

韦克斯勒认为自己重要的工作是其1930年发表文章《人类能量的范围》,这对他1935年出版并于1971年修订的与文章同名的专著有重大的意义。他更重要的贡献是使用离差智商来统计成人智力测试的分数,以此代替比奈儿童智力测验中用心理年龄计算智商。现在,几乎所有的认知能力测试都模仿离差智商做标准分数。

韦克斯勒获得了来自世界各地的许多专门团体和大学的荣誉。1973年获得美国心理协会杰出专业贡献奖,并在1960年和1970年分别获得美国心理协会临床心理学分会和教育心理学分会的杰出专业成就奖。韦克斯勒还获得了耶路撒冷希伯莱大学授予的名誉博士学位证书。

参见 评估;智力测试

WECHSLER ADULT INTELLIGENCE SCALE - THIRD EDITION(WAIS - III)
韦克斯勒成人智力量表(第三版)

韦克斯勒成人智力量表(第三版)是韦克斯勒测试家族的最新成员。它是评估16~89岁人群认知能力的测试工具。韦克斯勒成人智力量表第三版有14个子测试,包括3个智力商数(言语智商、操作智商和总智商)和4个因素指数(言语领悟、知觉系统、工作记忆和加工速率)。每个智力商数和因素指数都是以100为平均数,15为标准差的标准分数。韦克斯勒成人智力量表第三版的子测试的量表标准分以10为平均数,3为标准差。

言语智商测试由6个言语子测验(词汇、类同、算术、数字广度、常识和理解)组成。除了这些言语子测验,还补充了一种新的子测验(数字字母序列)以便在必要的时候来替换数字广度。操作智商测试由5个非言语子测试(图画补缺测验、图片排列测验、积木图案测验、拼图测验和译码测验)组成。另外,操作智力量表中有2个附加的子测试:符号寻找(用来代替译码测验)和实物组合(可以用来替代适用于75岁以下成人的任何操作子测试的一种可选择子测试)(考夫曼等,1999)。译码测试也有新的可供选择的程序,就是所谓的随机事件或数字符号学习和数字符号拷贝,用来帮助被试排除差劲操作的原因。

韦克斯勒成人智力量表第三版的标准化样组是根据年龄、性别、种族/少数民族、地域和教育水平分层抽取的2450个样本。这些样本的选取和1995年美国人口调查数据提供的基本人口统计特征相符。另外,在收集常模数据的过程中,为了实行项目的偏见分析,韦克斯勒成人智力量表第三版继续控制而且管理了200个非裔美国人和西班牙的被试(心理协会,1997年)。

韦克斯勒成人智力量表第三版数据的信度很高。在不同的群体中,平均折半信度系数是:言语智商的为0.97,操作智商的为0.94,总智商的是0.98。该量表第三版手册中报告了无数的因素分析研究(心理协会,1997年)。该量表第三版中潜在的四因素结构是有效的。不过,此结构有一个重要的例外要说明,即在75~89岁年龄组,更多的子测试是加工速率和知觉系统因素(考夫曼等,1999)。只有一个操作智商子测试,拼图测试,在年龄最大的群体的知觉因子上有一个高于0.40的因子载荷。

只要考察一下 WAIS - R(韦克斯勒,1981)和 WAIS - Ⅲ之间的关系,就能弄清楚测试的新旧版本是如何联系的。被试在 WAIS - Ⅲ的总智商量表上的得分比在 WAIS - R 的总智商量表上的得分低2.9个点。弗林在1984年的工作已经预示了这一点。总的来看,WAIS - Ⅲ和 WAIS - R 之间的相关度很高,言语智商是0.94,操作智商为0.86,总智商是0.93。

最新版本的 WAIS - Ⅲ做了许多改进,除了这本空间和可视图标外,清楚易读,管理起来也不困难。从早期版本开始,WAIS - Ⅲ的测试范围都是很广泛的,给高低功能的被试都提供了比较好的评估。WAIS - R 中利用基准组来确定每个人得分的方法没有被延续到 WAIS - Ⅲ中,这也是 WAIS - Ⅲ的改进之处。WAIS - Ⅲ中的四因素结构是一种有助于编码的很强的测量工具,另外整组的拼图测试和数字字母序列评估也使得推理能力和加工记忆能力成为可能。尽管 WAIS - Ⅲ仍有待完善之处,不过,考夫曼在1999年时曾指出了 WAIS - Ⅲ的优势超越了它的不足。WAIS - R 已经证明了自己在评估领域的领导地位,WAIS - Ⅲ也很可能成为其中的一个。

参见 智力测试;斯坦福—比奈智力量表

WECHSLER INTELLIGENCE SCALE FOR CHILDREN - THIRD EDITION
韦克斯勒儿童智力量表(第三版)

韦克斯勒儿童智力量表(第三版)是评估6~16岁儿童和青少年认知能力的一种测量工具。像韦氏儿童智力测验修订版一样,韦克斯勒儿童智力量表(第三版)是研究最广泛的儿童智力测验量表。该量表第三版有13个子测试,包括3个智力商数(言语智商、操作智商和总智商)和四因素分析(言语理解、知觉系统、注意集中和认知加工速度)。每个智商量表和因素分析得分都是以100为平均数,15为标准差的标准分。子测试标准分以10为平均数,3为标准差。

言语测试设置词汇、类比、算术、常识、理解5个分测验和1个数字广度的补充题,必要的话,可以用来代替其他的言语分测试。操作测试设置了图形完成、图片排列、积木图案、实物组合和译码5个分测试和符号搜索(用于替代编码)。由于与译码相比,符号搜索是更强的心理测量学工具,因此考夫曼在1994年就强烈推荐符号搜索作为译码的常规替代,并作为总体量表的一部分,加入操作测试。

下面对韦克斯勒儿童智力量表(第三版)中的每一个量表和子测试略作简要说明。

韦克斯勒儿童智力量表(第三版)的标准化样组是根据年龄、性别、种族、地域和受教育程度分层抽样选取的2200个样本。这些样本是根据1988年美国人口统计的基本比例特征来选择的。这个量表第三版的出色常模已经被好多评论家指出过(比如:布雷登,1995)。

韦氏儿童智力量表(第三版)的信度很高。不同群体的子测试的折半信度平均值从0.69~0.87。智力量表和因素分析的平均信度值是:言语智商,0.95;操作智商,0.91;总智商,0.96;言语理解,0.94;知觉组织,0.90;注意集中,0.87;认知加工速度,0.85(韦克斯勒,1991)。四因素分析分四个年龄组实施:6~7岁;8~10岁;11~13岁;14~16岁。基础四因素的结构是有效的,这也为韦氏儿童智力量表(第三版)的有效性提供了证据。第一个大规模非旋转因素的巨大负荷也为主要总智商量表的一般智力结构提供了支持。

言语量表	操作量表
这个量表评估言语理解、表达、推理和记忆能力。 言语理解分析。这个因素分析严于知识、表达和概念化。 词汇:儿童口头定义一系列以口头呈现的可见的词语。 类比:儿童解释两个相似的词汇,并从概念上解释如何相似。 常识:儿童回答一系列问题,听取其对公共事务、物体、地点和人类的知识。 理解:儿童回答对社会秩序理解的问题和日常概念或日常生活问题的解决方案。 注意集中分析。这个因素分析评估数字能力、序列加工和言语短时记忆。 算术:儿童用心算来解答算术问题。 数字广度:儿童顺着或者倒着重复发口头呈现的一组数字。	这个量表评估非言语思维、推理、视觉的运动定位和加工速率。 知觉系统分析。这个因素分析评估非言语思维、推理、视觉的运动定位。 图形补充:让儿童指出图画中缺少哪一部分。 积木图形:儿童用红、白两种颜色的立方体积木按图片形式摆列几个图形。 图形排列:儿童把一套打乱次序的图表中心以逻辑的有意思的顺序重新排列。 实物组合:儿童把零散的部件组合成一个完整的物体。 认知加工速度分析。这个因素分析评估反应速度。 数字符号:儿童在相应的数字下面写一个相应的符号。 符号搜索:通过在盒子上标示,儿童说明目标符号是不是出现在所呈现的一系列符号中。

W

在韦氏儿童智力量表(第三版)手册中,并没有清楚地描述如何编码和临床试用测试的结果,但是有许多获得这种信息的资源(考夫曼,1994)。单独的子测试不能做评估,子测试应该成组并与其他相关信息结合才能做出假设。言语智商和操作智商的不同通常由主试来评定,但是在韦氏儿童智力量表(第三版)中,有时候比较因素分析之间的不同也许更有好处(比如:言语理解和直觉组织,见于考夫曼,1994 的详细描述)。为了更好地编码儿童的得分,测试时的相关问题背景、常识背景、行为观察以及情景因素都必须考虑到。

韦氏儿童智力量表(第三版)已经获得了认同(布雷登,1995)。与韦氏儿童智力量表修订版相比,第三版的改善包括更新的测试材料、插图以及偏见题目的减少等等。该量表第三版的标准极佳,从总体上看,其心理测量性能非常强(布雷登,1995)。然而,迷宫被认为是韦氏儿童智力量表(第三版)中一个信度较低的子测试,信度仅为 0.57。这个子测试是如此的差,以至于考夫曼在 1994 年时说它应该被删除。符号搜索是一个好的补充题,因为它保证了四因素的结构。韦克斯勒儿童智力量表第三版中的一些观点虽然已经被混合了,但它仍然是儿童智力量表中最常用的。

参见 评估;智力测试

WECHSLER PRESCHOOL AND PRIMARY SCALE OF INTELLIGENCE - REVISED
韦克斯勒学龄前和学龄儿童智力量表(修订版)

韦克斯勒学龄前和学龄儿童智力量表(修订版)(WPPSI - R;韦克斯勒,1989)是测量 2 岁 11 个月至 7 岁 3 个月的儿童认知能力的工具。WPPSI - R 和 WCSI - III 中 6 ~ 7 岁年龄组的测试有些重叠。主试会发现,对该年龄段低功能的儿童来讲,WPPSI - R 是更好的测量工具。但是对该年龄段功能正常或者较高的儿童而言,WCSI - III 更适合。

WPPSI - R 由两个量表组成:操作智商量表和言语智商量表。每一个量表都是以 100 为平均数,15 为标准差。操作量表要求的主要是运动反应(指排列和画画),言语量表要求的主要是口头反应。两个量表分别由 5 个子测试和 1 个补充题组成。每个子测试的离差智商都是以 10 为平均值,3 为标准差。下表列举和描述了每一个 WPPSI - R 子测试。

(见后表)

操作子测试	言语子测试
实物拼凑:要求儿童把零散的部件组成有意义的整体 几何图形:首先,儿童必须看一张图片并从四张图片中指出与之相配的图片。之后,儿童复制一张几何图片。 积木图形:儿童重新用平坦的红的和白的积木搭建图形。 迷宫:儿童用纸和笔解决增加难度的迷宫问题。 图形完成:儿童找出常见的物体缺少的部分。 动物房(补充题):儿童将钉子放到颜色与呈现的颜色一样的动物图画下面的洞里。	常识:儿童必须能够指出关于公共事务地点和物体的图画或者能口头简要回答相关的问题。 理解:儿童能够从语言上回应事情因果方面的问题。 算术:儿童数数和解决较复杂数量问题的能力。 词汇:儿童给图片起名字并提供口头定义 类比:儿童挑选出有共同特征的物体的图片,或者儿童完成包含口头相似的句子。 句子(补充题):儿童逐字地复述被大声读过的句子。

WPPSI - R 的标准化样组是根据 1986 年美国人口统计比例选取的 1700 个样本。WPPSI - R 手册中介绍了信度和效度信息(韦克斯勒,1989)。言语智商、操作智商和总智商的内部一致性平均信度系数分别是 0.91,0.91,0.96。每个子测试的内部一致性信度系数从 0.54 ~ 0.93(中值为 0.83)。WPPSI - R 是相当稳定的测量工具,言语智商、操作智商和总智商的再测信度分别是 0.90,0.88,0.91。WPPSI - R 的结构信度受 WPPSI - R 手册中描述的四因素分析研究的支持。与其他测量工具比如斯坦福—比奈智力测验的密切关系进一步支持了 WPPSI - R 的信度。

WPPSI 的初版由于颜色单调和缺乏合适的儿童活动而受到批判。然而 WPPSI - R 更适合幼儿,包括简单的指令(布雷肯,1992)。尽管 WPPSI - R 对幼小和低功能的儿童而言其最低效度比较弱,但布雷肯指出,就一般情形而言,它比许多相似的测量工具更有效。WPPSI - R 的另一个不足是,手册中缺乏译码信息。考夫曼在 1992 年指出,在快速解决 WPPSI - R 中的问题时存在与年龄不符的压力。总之,WPPSI - R 是一种有用的测量工具,但是当决定用它时,应该考虑它自身的优势和不足。

参见 评估;智力;智力测试;考夫曼儿童评估标准组;斯坦福—比奈智力量表

WELSH FIGURE PREFERENCE TEST
威尔逊图形偏好测验

威尔逊图形偏好测验（FPT）是乔治·威尔逊在1949年将博士论文作为精神病理学的投射评估时提出的。最近，它已经被用作创造力的测量工具而不仅仅是精神病理学评估的诊断工具。

威尔逊图形偏好测验（FPT）是一本由400条黑白线条图形的构成的小册子。该量表由威尔逊在1980年进行了修订。它适用于6岁和6岁以上的人群，完成此测试大约需要一个小时，排除特意的投射，提供客观的计分。实施测试的说明很简单，要求被试观看每一张图片并在答案纸上回答他们是否喜欢这张图片。目的是向更广范围的被试提供非言语的刺激材料。这些被试不能用像MMPI或者像TAT之类的测量一样进行评估。

像许多其他的测验一样，威尔逊图形偏好测验可以区分能手和非能手，还可以区分冷静和不冷静人群。然而它还没有普及到能公开出版的程度。威尔逊在1986年提出，该图形偏好测试在测量创新能力上是很有用的，并且至少从1965年开始，它已经被应用于创新能力的研究。从目前看，他在创新研究领域的应用开发得更好，但是它作为精神病学测量工具的信度仍是可疑的。

参见 创造性

WEPMAN'S AUDITORY DISCRIMINATION TEST - SECOND EDITION
韦普曼听觉辨别测验（第二版）

韦普曼听觉辨别测验（第二版）（ADT；雷诺兹，1986；韦普曼，1975）是1958年首发的听觉辨别测验的修订版。听觉辨别测验是测量儿童听觉辨别能力的工具，可以作为鉴定听觉、认知、言语和语言能力有问题儿童的可靠的检测标准。这个测验是为4～8岁11个月的被怀疑有听觉辨别问题的儿童设计的。

听觉辨别测试中含有40对单词，其中30对单词在音素方面不同，另10对单词完全相同。这些单词被大声读给那些背对着主试的儿童，这样可以避免视觉线索干扰反应。听觉辨别的要求是最小限度，儿童只需要口头的或者非口头的反应——是或者不是。30对不同词组的正确反应个数就是总的原始分数，10对相同单词控制题目用于检验测试的效度。如果一个儿童在30对词汇测试中的得分是9分或者少于9分，在10对测试中得分是6分或者少于6分，那么该测试被认为是无效的。原始的得分从10分到30分，可被转化为定性分、标准分（T－分数）和百分位。

参见 听觉辨别

WERNER, HEINZ
海因茨·魏尔纳（1890—1964）

海因茨·魏尔纳于1914年以优异成绩获得维也纳大学哲学博士学位。或许当他开始阅读有关动物、人类以及宇宙的进化书刊时，他的学术生涯就开始了。在维也纳大学时，他日益对哲学和心理学感兴趣。他在心理现象领域的工作都是同心理学家、教育学家、人类学家、动物行为专业的学生以及调查审美现象的学者有关的。

海因茨·魏尔纳对心理现象领域的贡献是多方面的。在50年的学术生涯中，他共出版了15本图书和专题著作，发表了150多篇论文。他的主要出版物包括《精神发展的比较心理学与发展过程：海因茨·魏尔纳著作选集》。该书的第一卷包括他的一般理论和感性经验方面的论著；第二卷集中在认知、语言与符号方面。

魏尔纳是一个伟大的教师和研究者，他鼓励其他人在探求心理现象的理解中采用他的先例。由于他的发展原理适用于所有的生命科学，因此其理论探讨是多方面的。1958年，他在克拉克大学创建了人类发展研究所。该研究所使克拉克大学成为“在生命科学的所有领域里指向发展的现象分析方面的国际中心”（魏尔纳，1978）。魏尔纳对发展心理学领域的贡献不断地得到学术界的认可。

WEINICKE'S APHASIA
韦尼克氏失语症

韦尼克氏失语症是流畅性失语症的几个分支之一。这是得到描述的第一种类型的失语症，而且根据失语症的症状与大脑特殊部位的损伤关系，这个定位描述仍然是适用的。那些拥有和韦尼克氏失语症相一致的沟通缺陷的人在占优势的颞叶上脑回（典型的是左脑，但不总是）中存在病变。韦尼克氏失语症必然存在颞叶后上回部皮质损伤。

韦尼克氏失语症的主要语言特点是听觉理解有缺陷，阅读写作不能用既快速又连续的正常韵律重复词汇和句子，发音良好但却错乱，常常含有语义和文学的语言错乱和可能加在单词上的额外音节。

参见 失语症；言语困难；语言障碍

WHOLE WORD TEACHING
全字教学法

术语全字教学法是作为开始阅读教学的两种不同

方式的标志。马修(1966)在《阅读教学——历史的思考》一书中,把第一种方式描述为字母单词法,这种阅读方式从18世纪时被引进德国,稍后传入美国。

字母单词法发展的动力是对ABC教学法的不满意。ABC教学法是自希腊字母发明以来最流行的阅读方法。ABC教学法的危机和它潜在的理念——字母和发音(元音和辅音组合比如ba,be,bu)的掌握与学习阅读的必备技能是一致的。然而,研究者对过去教那些基本技能的过程存在异议,他们认为那是无意义的、痛苦的、十分乏味的练习工作。最终呈现在初级读者面前的是对发音和字母进行分析后逐渐形成的全词的完整形式。这是教字母的一种分析法,在这里ABC教学法是合成教学方法。在这种方法下,学生先学习单个音节的发音,再把它们组合成单词发音。

马修(1966)把第二种方式,即所谓的全词教学法称为"阅读单词法"。这个方法,通常称为"看说"法,也源自德国,早在19世纪30年代早期的美国就有一些教师采用这种方法。霍拉斯·曼是此种教学法的倡导者,通常被誉为此种教学法的推广者。(贝茨,1946)

20世纪前二十年,全字教学法在基础阅读教育项目中确立了牢固的地位,并一直保持到50年代中期。鲁道夫·弗里施(1955)在他的著作《约翰为什么不能阅读》中提出了国家基础教育中正在发生的日益加剧的公众危机,他向流行的强调看说的教学实践提出了挑战,他倡导回到发音教学法,并用当时的研究支持他的主张。

他的著作引发了公众大讨论,也相应地促进了许多致力于鉴定哪种是最好的开始阅读教学的方法的研究,其中有27项是美国教育部一级的研究和纽约卡内基公司的研究(查尔,1967)。

参见 语音学;阅读障碍;阅读矫正

WIDE RANGE ACHIEVEMENT TEST – THIRD EDITION (WRAT –3)

广度成就测验第三版(WRAT –3)

广度成就测验第三版(WRAT –3)和广度成就测验修订版(WRAT –R)都是用来评估写、算、读等技能的测量工具。1993年修订的WRAT –3恢复了它最初的模式,有两种交替的测验形式(蓝色和茶色)。两种测验形式都提供三个方面的信息:①认知并命名字母,读单词;②拼写名字,听写字母和单词;③数数,读数字符号,解决口算问题,进行书面运算。3个子测试可以按任何顺序进行,两种形式被试的年龄都是5~75岁。根据技能水平,实施这些测验大约需要15~30分钟。两种形式可以单独或者一起使用以测量被试的学习技能。结果所得原始分可转化为绝对分、标准分、等级分和百分位。WRAT –3没有考虑理解因素,这使主试可以利用这3个子测试的结果,像韦克斯勒智力量表一样,确定对被试而言有困难的领域。

参见 成绩测试

WIDE RANGE ASSESSMENT OF MEMORY AND LEARNING (WRAML)

记忆和学习的广度评估(WRAML)

记忆和学习的广度评估是一种评估5~17岁儿童对不同类型信息的学习和记忆能力的测验。WRAML是一种用于辨别有学习障碍或受到某种类型大脑损伤儿童的记忆缺陷的个别实施的测试。它由3个指数量表构成,即言语记忆指数、视觉记忆指数和学习指数。每个指数量表又有3个子测试,9个子测试构成总的记忆指数量表,它可以由培训过的有测试经验的临床医生在心理学家的指导下实施。

言语记忆指数测量学习者运用语言增强或者减弱记忆的能力,视觉记忆指数测量比较与记忆相关的技巧记忆命令,学习指数被评估者用来评价操作能力。在言语学习、视觉学习、声音符号和故事记忆过程中,WRAML也用几个延后子测试。这组测试每个任务只需1~2分钟时间,并向主试提供关于学习者记忆能力的重要信息。如果所有延后测试都进行的话,总测试时间是45分钟到1个小时。

WRAML不是智力测试,也不是测量记忆的所有方面。这个测试尤其缺乏对长时记忆功能评估的功能,相反,它通过即时回忆和学习者对获得信息后20~40分钟的回忆能力的评估来提供有用信息。

WRAML不是只利用一种理论,而是利用了各种各样的理论。这个测试似乎没有考虑到记忆发展,因为只有像八九岁的儿童,才能系统地利用活动的编码目标,10岁以上的儿童才能渐渐提炼目标,使目标更有效、更灵活(凯尔,1982)。另外,作者没有说明,在某种程度上儿童从作为发展状况功能的多种试验获益的概念是会发生变化的(布依德,1988)。

WIEACKER SYNDROME

维亚克综合征

维亚克综合征,即精神性失用症,其特征是患者不能够完成熟悉的随意运动。患维亚克综合征的儿童的身体能够完成自主运动,并且有完成运动的愿望,但不能完成所要求的动作(莫克,1987)。当患儿进行自主活动时,这种活动是不受控制的,无意识的,不正确的,笨拙的。

也有选择性精神失用症,例如:患结构性精神失用症的儿童不能够画画,而患眼球运动性精神失用症的儿童则不能动眼睛(特内,1992)。

精神失用症是由于与记忆相关的脑神经通路受损伤所致(莫克,1987)。这种损伤可能是由于中风、头颅损伤、痴呆、先天性中枢神经系统畸形、代谢性或结构性疾病所致(莫克,1987;特内,1992)。

物理治疗和职业治疗可以帮助精神失用症患儿再学习随意运动。如果精神失用症是另一种疾病的一个症状,则需要对原发病进行治疗。

WILBUR, HERVEY BACKUS

赫尔魏·巴库斯·魏尔伯(1820—1883)

赫尔魏·巴库斯·魏尔伯是医生和教育家。1848年他带领一群智力落后儿童到自己位于马萨诸塞州巴尔的摩的家中,为智力落后儿童创办了美国历史上的第一所州立学校。按照已出版的爱德华·塞甘指导他教育著作的说明,魏尔伯用自己的经验形成了一套非常成功的,以前没有可能想到的教学系统。

1851年,纽约州议会为智力落后儿童创建了一所试验性的社区学校,这是美国第二所为智力落后儿童创办的州立学校,魏尔伯作为学校监督人。在以后几年里,其他的州也陆续开办了社区学校,许多学校都模仿了纽约的学校。这所学校一直在魏尔伯的管辖之下,直到他去世。今天,这所学校已改名为锡拉丘兹发展中心。

魏尔伯是美国白痴与低能人机构医学官员协会的创办人和副会长(会长是爱德华·塞甘)。该协会现在叫"美国智力缺陷协会"。他创作了许多论述智力缺陷儿童的关照与治疗的小册子和论文。

参见 AAMD适应性行为量表

WITMER, LIGHTNER

莱特纳·魏特默(1867—1956)

莱特纳·魏特默于1896年在宾夕法尼亚大学建立了世界上第一个心理诊所。这个事件不仅标志着临床心理学的开始,而且标志着诊断手段用于教学的开始。在宾夕法尼亚大学心理实验室主任任期内,魏特默继承了詹姆斯·麦克金·卡特尔,将心理学从实验室的理论关注转移到对教室里的儿童的学习与行为问题的研究方面。他提议将心理学中的临床方法与教学中的诊断方法相融合,发展了一个适用于教育的学科间的方法。他的诊所主要培训心理学家、教师、教会工作者和医生。他还成立了特殊班级,作为培训基地,为来自全国的教师服务。作为一种模式,他向许多20世纪初期创办的特殊班级提供服务。魏特默期望特殊教育能对主流教育产生强烈的影响,他提议,对学习障碍儿童的教育将为所有儿童的教育指引道路。

WOLF - HIRSCHHORNE SYNDROME

沃—希综合征

沃—希综合征,即狼综合征或4p综合征,是一种由4号染色体缺陷所导致的遗传性疾病。此综合征的发病率大约为1/50000,且女性患病儿率比男性高,其比例约为2 :1。出生后就患此病的儿童中大约1/3在出生后2年之内由于心力衰竭和支气管肺炎而死亡。

此病的主要特征包括出生体重低,肌张力差,身体和精神发育迟缓,头颅过小。此外还包括突出的面部特征,如唇裂,腭裂,口唇下翻,下巴过小,耳朵低位,额头较高,喙状鼻等。眼睛斜视是另一种常见特征。大约50%的患儿会出现心与肾的问题,有时会出现癫痫发作。某些病例需要实施重建手术来解决面部的异常。

在学校,需要实施特殊教育来解决患儿的学习障碍。由于精神运动性发育和语言/交流能力的发育延迟,物理治疗、职业治疗、语言服务都对患者有益。职业服务及基因咨询服务也会有帮助(特内,1992)。

WOODCOCK - JOHNSON PSYCHOEDUCATIONAL BATTERY - REVISED

伍德科克—约翰森心理教育测试—修改版

伍德科克—约翰森心理教育测试—修改版(WJ - R)包含许多测试,测量认知和理解能力,在教育、临床和研究领域较为实用。WJ - R有两大部分:认知功能测试(WJ - R COG;伍德科克和约翰森,1989)和成就测试(WJ - R ACH;伍德科克和约翰森,1989)。每一部分又进一步分为标准量表和补充量表。这些量表产生几个聚集标准分值以及年龄、等级同位数和百分数,以便医生选择所需要的,能够提供与特定能力或技能相关的信息的测试。此测试可以用于年龄在2~90岁的儿童和成人。WJ - R的测试时间在40~180分钟之间。

WJ - R COG是从霍恩—卡特尔智商模型衍生而来的,包括21个小测试,产生7个因子,包括长期检索,短期记忆,处理速度,听觉合成,视觉合成,理解—知识,流动式推理。同时,WJ - R COG能够对个人成就能力进行预测,这种能力的基础是阅读,数学,书面语言,知识和口语。WJ－R ACH 包括九个标准小测试和五个补充测试。以下的十个分值是从这个部分得出的：广义阅读，基本阅读技能，阅读理解，广义数学，基本数学技能，数学推理，基本书面语言，基本写作技巧，写作表达，技能。WJ－R 用户手册中提供了关于每个分值的详细资料。

测试者手册提供了关于常模、信度、效度等技术部分的信息。这些测试的常模是从全国6359 名2～95 岁个体的样本取得的。单独的常模样本适用于学院和大学的学生。在信度方面，定时测试如视觉配合、注视和写作流利性测试的信度系数未见报道。斯皮尔曼—布朗分半统计程序提示，在认知测试中，信度系数的中位数在0.72(视觉关闭)到0.94 之间(概念形成)；在成就测试中，信度系数的中位数在0.75(书写流利性)到0.94 之间(字母－单词确认)。与内容、标准相关的效度和共同效度均已建立。对 WJ－R COG 而言，内容效度是在霍恩—卡特尔智商模型的帮助下建立的，而 WJ－R ACH 则是在外界专家和有经验的教师的帮助下建立的。共同效度在考夫曼儿童评价量表(0.74)，斯坦福—比奈混合式(0.77)，韦克斯勒儿童智商量表修改版(0.75)等测试中有所报道。

参见 成绩测验；标准参照测验

WORD BLINDNESS
字盲

先天性字盲，字盲，诵读困难，发展性诵读困难，特异性诵读困难，发展性失读症，视觉性失语症，读字倒反均是在特殊教育中，在某些情况下可以互换的名称(埃文斯，1982)，指的是儿童学习阅读的能力丧失。克里奇利(1964)对发展性诵读困难下了定义，指特异性的学习阅读困难。该病通常具有基因源性，该病的患者除了具有较好的整体智力外，没有情感问题，也没有脑损伤和视力、听力损伤。福特为先天性字盲或诵读困难给出的定义是指儿童对绘图符号的理解存在障碍。

WORDS IN COLOR
有颜色的字

W

有颜色的字是1956 年由凯莱布·加泰尼奥设计的一种一对一的声音—符号式阅读教学方法。科学家加泰尼奥，像解决数学和物理问题一样解决了阅读问题。他将暂时序列的概念引入阅读方法学(加泰尼奥，1970)。他提出，我们的语言先被编码成一系列声音，当作为序列释放的时候，就产生了我们所说的单词。声音在序列中的顺序对正确的发音来说是最重要的(奥柯尔曼，1971)。有颜色的字是基于这样的假设，即阅读是对打印的符号进行解码，再翻译成声音和单词的过程。颜色在阅读的开始阶段可以帮助学习者对符号和声音建立联系。

参见 阅读障碍；阅读矫正

WORKFARE
工作福利

工作福利是1980 年提出的描述福利改革工作的术语，这一改革要求身体强壮的 AFDC 父母在公共服务项目中工作，换取每月的收入。这些无报酬的工作一般是在城镇，其职位包括牧师、人道主义服务、停车场维持工作等。大部分的参加者是单身女性，她们的孩子大都在6 岁以上。

参见 康复；社会经济地位

WORLD FEDERATION OF THE DEAF(WFD)
世界聋人联盟(WFD)

世界聋人联盟(WFD)创立于1951 年，它由83 个团体会员组成。该组织的总部设在意大利的罗马。世界聋人联盟是来自各个国家的聋人协会的聚集。这些国家或国际组织包括为聋人、健康、社会以及与联盟的目标相关的教育集体而行动的协会和团体，专业人员包括为聋人或为联盟执行特别安排的人员，聋人的父母与朋友。通过聋人个体的社会康复，世界聋人联盟成为一个战胜聋的领导者。

联盟在自己的服务中，制定了关心聋人以及统计资料有效性的社会法律。它还作为顾问为世界卫生组织和联合国教科文组织服务。世界聋人联盟还资助一个图书馆，为在聋人教育和社会康复中取得成就和特别成绩者颁发奖金。联盟在交际、艺术和文化、教育学、心理学、医学、听力学、社会与职业康复以及精神关怀领域经常举办会议。联盟出版一份名叫《沉默的声音》的季刊，此外还有“国际大会会刊”和一本辞典。

参见 世界卫生组织

WORLD HEALTH ORGANIZATION(WHO)
世界卫生组织(WHO)

世界卫生组织(WHO)是联合国对国际卫生状况和公众卫生负责的专门机构。世界卫生组织创建于1948 年，由各成员国代表团组成，联合国成员和经过世界卫生大会审议通过加入该组织的非联合国成员都可出席会议，大会每年举行一次，会议地点通常是在日内瓦。

世界卫生组织有多种职能,包括:①指导和协调国际卫生工作;②协助各国政府增强卫生服务;③提供技术援助和紧急援助;④促进和消除、控制流行病、地方病等疾病的防治;⑤提供和改善营养、住房条件、安全饮水、娱乐方式、政治经济状况、环境卫生等。⑥鼓励科学研究机构为卫生发展作贡献;⑦改善物质条件和儿童的健康和福利,培养他们的适应能力以适应不断变化的环境;⑧开展心理健康活动;⑨提供和改进公共卫生、疾病医疗和有关事项的教学与培训;⑩从预防和治疗的角度出发,研究并报告政府和社会在影响公众卫生和心理健康方面的技术;⑪协助发展公众对健康事务的关注意识。

世界卫生组织有几项活动直接关系到特殊教育的诊断和分类问题。首先,世界卫生组织形成关于卫生数据使用的主要书面材料,并承担精神病流行病学和心理失常的比较研究。其次,世界卫生组织汇编国际疾病分类(ICD),疾病的统计分类;怀孕、分娩以及产后期并发症;事故、毒品和暴力以及先天性疾病和不明确的疾病。国际疾病分类已经被改编成疾病命名法,以精神失常为主要目录。这个目录之下有疾病的操作型定义。国际疾病分类还有几个其他系统,包括诊断和统计手册以及美国精神疾病协会的智力缺陷术语学和分类手册。第三,世界卫生组织的心理健康小组完善了获得诊断实践中各种系统材料和使用心理失常诊断的大型规划。这也促成了童年期精神疾病的多轴计划,主要有三个轴:临床精神病学综合征;不考虑病理学的个体功能水平;病理学中相关的生理、器官和社会心理因素。

参见 世界聋人联盟

WORLD REHABILITATION FUND

世界康复基金会

世界康复基金会,同时以国际康复专家信息交流大会(IEEIR)而闻名,寻求识别、进口、传播和发展其他国家的最新的康复技术和特殊教育应用,寻求其他民族的不寻常的计划、实践、研究以及政策信息以向美国的专业人员传播。

国际康复专家信息交流大会规划的基金来自美国教育部特殊教育和康复服务办公室(OSERS),这是国际残疾人研究机构(NIHR)授权为获取国外的理论和实践应用提供便利条件的自然结果。指导该项目的知识和问题领域选择的职员是由美国教育部特殊教育和康复服务办公室、国际残疾人研究机构和国际康复专家信息交流大会的职员共同配置的。

国际康复专家信息交流大会致力于访问学者奖学金的发放、出版、传播信息。访问学者项目使有资格的美国专家能够研究和报道其他国家特殊教育和康复发展情况。这个团体包括康复和特殊教育人才、研究者和管理者。其他专家如康复工程师、外科医生、心理医生、独立生活领导人和消费倡导者也可以参与。

参见 世界卫生组织

WRITING ASSESSMENT

写作评估

写作能力要求掌握和熟练运用一系列技能,为了保证这些技能的有效发展,一般认为评估也应该作为残疾儿童写作规划的一个组成部分。这个理念基于这样的假设,即评估过程产生的信息使教师能够更有准备地确定学生写作的优势和不足,从而给予个别化指导,监控写作行为并提高写作实效。

残疾儿童的写作评估集中于写作结果和写作过程的分析两个方面(格雷厄姆,1982)。有许多鉴定写作结果的各种特征的方法,最后会评论最常用的那种。常见的方法有:①及时并不断观察学生写作时的活动和行为;②口头询问学生写作的方式,就学生特殊的写作行为提问;③要求学生口头报告他们写作时的想法。遗憾的是,这些方法的信度和效度还没有被充分证明,正像许多批评家所说的,这是因为这些测试过程只能得出扭曲的写作结果。

正式的和非正式的评估方法都用于测验残疾学生写作的相对价值和不足,最常用的标准测试是书面语言测试(TOWL)。根据测试编制者的说法(哈密尔和拉森,1983),这个测量工具主要用来确定学生写出的作品是否充分,然后才能确定学生在词语运用、标点、格式、拼写、字体、词汇和句子等方面的熟练程度。写作评估中有6个子测试,其中3个子测试(词汇、主题和字体)得分源自非人为的写作样本,词汇运用、拼写和格式测验源自非人为的计划,比如学生词汇运用的熟练程度取决于完成句子的活动。尽管TOWL似乎有完善的理论基础,在理论上也具有一定的信度和效度,但其词汇和主题得分仍然存在一些问题(韦尔默斯,1985)。

非正式的评估方法用来评估从故事质量到写作技巧的各种因素。毫无疑问,学生的写作质量很明显是最难定义和测量的因素。或许最古老的测量写作质量的方法是整体法,用这种方法,主试独自对学生的写作质量作全面判断(米施等,1988),并以相当快的节奏读完每篇文章,然后试着以大约均等的比例权衡各种因素(内容、组织结构、语法等)。主试的全面印象以李克特式量表数量化,从低质量到高质量,为了增加准确性和可靠性,许多整体的分体系都包括了典型实例的具体得分。

一个鉴定写作质量的更复杂的方法是分析法。在这个方法中,学生的论文被按照几种不同的因素,比如思想、语法和拼写等来分析和评分(莫兰,1982)。每个因素的得分平均生成一个单独得分。尽管分析法可以提供对教育目的更有用的信息,但是比整体法耗费的时间更多。

写作评估的最新发展是重要特征计分法。运用这种方法时,不同的写作任务采用不同的积分体系,以写小故事为例,主试应该提前决定评估什么样的特征,每个特征中什么样的反应是恰当的或者是不恰当的。比如,一个小故事的主要特征之一是主人公的介绍和描写(格雷厄姆和哈里斯,1986),因此,充分表现描写主要角色的小故事将会获得这一特征上的信度。

可以使用许多方法来鉴定书面作品中所体现出的各种因素。通过检验作品的字数、句子的平均长度、每分钟写的单词个数可以评估写作的流畅性。词汇差异可以通过计算像形容词或副词之类的特别词汇项目的出现来进行测量,也可以通过计算批改过的标志比率或差异的标志进行测量。精通写作的技术性细节一般通过把特别行为的出现列成表格来确定(如,拼写错误),而句法的完善常常依据文本单元的平均长度来确定。

参见 残疾学生的书面语言;写作矫正

WRITING DISORDERS
写作障碍

研究写作障碍的背景是有限的,当把障碍纳入写作框架或写作模式时,写作障碍就出现了。写作是一项复杂的认知活动,要求作者在三个互相交叉、循环的写作阶段(比如,构思、写草稿、修改)协调和调整具体任务策略的运用。构思时,具体任务策略是计划和组织,作者概括挑选写作主题,决定写作的目的,写作对象,归纳汇集主题思想,把观点组成一个结构计划(如,故事叙述、比较、顺序等文本结构)。写草稿时,具体任务策略是建构计划行动,把观点写成句子,用细节充实计划中的主体部分,并说明计划中各元素的关系。在检查和修改阶段,具体任务策略是评价和分析,作者读草稿看文章是否适合读者、主旨、目的和已经形成的结构,改正和预期不符的部分。

尽管这些具体任务策略是必需的,但对于写作技能而言还是不充分的,第二步是这些目标的执行。

变化的认知知识是每个写作阶段上,有助于作者激活和精心安排活动的自我控制技巧的执行。变化认知知识包括写作时自主建构和自我指导的能力。驾驭目标运用,在成果基础上修改纠正目标运用的能力,没有变化认知知识,作者就不能鉴别写作目标,监控他们的应用,即使是他们行为中的目标。

第三步是写作流畅的技巧技能。这个过程包括作者的拼写规则知识(拼字法知识),正确书写(标点、格式)和语言知识(语法知识)。鉴于读者易于阅读的重要性,在修改阶段,这些技能对作者而言是最重要的。另外,为了成功使用这些技能,作者不仅必须获得机械技术,还必须获得具体任务策略以及支配其使用的元认知知识。比如,缺乏具体任务策略的作者不知道如何用讲述或研究单词拼写能力来提高记忆力,缺乏技巧知识的作者也许在每周的拼写测试时学会了准确拼写单词,但是在写作中不能正确拼写或驾驭同样的单词的拼写。能力较强的作者不仅有写作文本的技巧知识,而且有认知技巧来帮助他们确定什么时候以及如何利用这些方式,如何检查运用情况,如何纠正错误。

文学作品提出了阻碍学生写作能力的几个毛病,如拼写、语法和正确书写方面的不足。尽管它们不像学生缺乏具体任务策略和技巧知识那样严重阻碍成功写作,但仍需通过研究来确定写作各阶段其他各种因素(读者、优先知识)的影响。然而,可以确信的是,写作能力不仅与获得每个元素的应用的充足的目标有关,而且与有助于作者在写作各阶段知道什么时候运用这些知识的技巧有关。

参见 写作评估;写作矫正;残疾人的书面语言

WRITING REMEDIATION
写作矫正

许多残疾学生所显示的写作困难需要旨在改进写作能力的教学程序的开发和使用,特别是在残疾学生的功能性写作技巧方面。然而,残疾学生写作困难的矫正,无论是在研究文献还是学校教学环境方面,都没有引起足够的重视。例如,莱茵哈特、西格蒙德和库雷(1980)发现,残疾学生可能在一天花费不足 10 分钟时间来学习写作。

尽管许多残疾学生教学计划中关于写作矫正的时间给予的关注不够,但是教师的态度和背景是决定残疾学生写作教学数量和质量的关键因素。根据格雷厄姆的说法(1982),许多教师都不喜欢写作,也不准备教写作。而且,许多特殊教育教师觉得写作不是学生要掌握的主要技能,而选择把时间花费在教授他们认为更重要的技能上(如:阅读和算术)。

在很大程度上,残疾学生的写作教学已经大量利用了一般青年所用的手段技术。通常推荐的一个教学方法是运用阶段法。这种方法强调写作过程的各个阶段(构思、草稿、修改),并形成各个阶段运用的安全保障。西尔弗曼等人在(1981 年)所描述的阶段法中提出,教师应首先运用写作前的活动构成包括思考、体验、讨论和互动在内的写作过程。然后学生和教师形成一系列用于指导写作过程的问题。在修改阶段,教师批判性地讨论学生的作品,并同学生一起修改学生的文章。尽管这个模式或其他阶段法的经验支持有限,但是写作方法却是强调两种重要的技能:作为写作的预备技能的思考和对作品的最初草稿的修改。另外,写作阶段法尤其适合残疾学生,因为它通过解决大量的复杂问题,如思考和把它分解为更小的分问题,有助于降低认知的紧张。

另一个用来教授残疾学生具体写作技能的传统方法是模仿。在这种方法下,要求学生模仿一个典型的句式、一种著名的写作风格、某种类型的段落等等。有两种基本的模仿方式,一种强调目标解释和模式说明,另一种侧重问题解决。前一种方式,要求学生检查之后,模仿某种特殊类型的段落(比如,主旨句一般在段落的开头),分析几个代表要模仿的风格的例子。后者可以通过席夫(1978)形成的检验方法来说明。在这种方式下,选择某种类型的段落的例子,把每个段落的句子写在单独的一张条形纸上,随即排序。学生重新排列每段中的句子并和最初的模式作比较。目前,就这些方法的相关效果还不能得出任何确切结论,因为事实上还没有研究验证它们。

教授残疾学生如何提高他们对结构、格式和语言的正确运用的语言和写作知识已经引起了许多关注。写作教学史上一贯坚持的信念之一是,语法和用法教学是写作能力发展的关键。然而,正式的语法是很难掌握的,语法概念知识似乎也不是熟练运用书面语言所必需的(布朗特,1973)。这并不是在暗示教师不应该关注残疾学生写作过程中对结构或格式的运用或者说那些技能不能提高。通过直接实践,需要的格式用法和技能的提高也许能比较有效地获得实现(格雷厄姆,1982)。

一个有意思的替代传统写作方式的办法是使用寻求最小化或者避开残疾学生拙劣的写作技能。最常用的替代是口述。传统方式的口述方法是,让学生以口头的方式提供内容和观点,而教师或者同伴则组织写在纸上的材料形式。常规的口述可以用录音装置来帮助组织内容,比如,录下观点,然后由学生写出来并修改。有些情况下,口述可以作为暂时的帮助,随着学生越来越擅长使用写作技巧,它的作用会越来越小。口述对经过多年充分指导仍不能自动整合基本写作技能的有丰富口语技能的学生来讲是可行的选择方式。

最近的替代传统写作教学的方式是认知行为改变术(CBM)。一般地,认知行为改变术包括通过诸如自我指导、自我评价和自我强化之类的过程来(哈里斯,1982)教授学生调节具体任务策略和元认知策略。比如,哈里斯和格雷厄姆在 1985 年时指出,认知行为改变术的作文训练方法极大地促进了学习障碍学生对动词、副词和形容词的运用并获得了较高的故事质量等级。训练产生积极结果后,需要用 14 周的时间来概括和维持调查。这个研究中的认知行为改变术强化训练包括技能训练(具体任务是教学策略指导),元认知训练(这些目标的自我调节的教学)和关注这些活动的意义的训练。在第二个研究中,格雷厄姆和哈里斯(1986)发现,认知行为改变术可以通过故事语法策略来改善学习障碍学生的作文整体结构。训练方法和第一个研究中的相似,然而策略训练由故事文法要素如背景、目标、行动、情感反应和结局教学所构成。

教育者也试图通过进一步改进或者发展残疾学生的阅读技能、口头语言技能和思维技能来提高他们的写作技能。由于阅读、写作、思考和语言技能是互相联系的,因此口头语言方面的密集化、概括化教学将对学生的写作能力产生间接的积极的影响(葛洛夫,1978)。尽管这些技能可能互相影响,但是他们不一定以互助的方式发挥功能。阅读或者口头语言方面的概括化训练对学生写作能力的提高似乎是有限的(格雷厄姆,1982)。

残疾学生写作教学中的近期发展是计算机,特别是文字处理程序的出现。文字处理软件以其多样化的存储和编辑文本功能有可能增强并大大改变写作教学的本质。然而文字处理软件和其他的先进技术不应该被当作解决残疾学生写作问题的灵丹妙药。比如,麦克阿瑟和格雷厄姆(1986)发现手写的作文和用文字处理软件写成的作文没有太大的差异,即使是学习障碍学生在他们的学习中也已经有了大量的使用计算机的经验。

另外,格雷厄姆(1982)列出了残疾学生写作教学的矫正纲要。包括:①向学生提供足够的写作机会并使他们接触大量的实践性和想象的任务;②尽可能将写作任务当作真实的目的并有可信的读者指导;③拥有让人愉悦的鼓舞人的写作计划;④不强调写作错误。

参见 写作评估;写作障碍;残疾人的书面语言

WRITTEN LANGUAGE OF THE HANDICAPPED
残疾人的书面语言

除了其他的学业问题之外,大家公认的是残疾学生在使用书面语言表达自己的观点和思想时存在的困难(格雷厄姆,1982)。然而,目前证实这一点还有困难,因为在一般情况下,残疾学生的书面语言问题很少受到研究领域和教育领域的关注。对这种重要的语言技能缺乏兴趣的原因可能有很多,然而有两个因素值得特别关注。

首先,残疾学生的写作问题没有得到强调,因为大多数特殊教育者缺乏这个领域的具体训练,并且认为写作不是这些学生必备的技能。其次,测量书面语言的困难证明是研究者对描述残疾学生的写作特征感兴趣的可怕障碍。比如,精确地测量复杂现象如作文质量的方法不存在。

可用于残疾学生书面语言的信息主要集中于两种障碍:学习障碍和听觉损伤。即使有些有视觉损伤或生理损伤的学生需要特殊的写作计划和技术适应(内皮尔,1973),也没有这些学生写作特征的相关信息。此外,情绪或行为问题、智力落后和言语或语言障碍学生的写作问题的确切资源正是米克勒比斯特领导的一个单独的大型研究项目。

即使该领域存在比较稳定的研究,有关学生写作特征的知识仍然十分有限。比如,大多数问题集中在学习障碍学生作品的长度、句法复杂、词汇多样性等方面。然而我们的知识多侧重这些因素,仅局限于小学年龄的学生和相当狭隘的写作任务(主要是创造性的写作任务)。我们对理解残疾学生的写作技能是如何形成的并不是连续的,实质上,没有人关注他们是如何构思、修改自己的作文的,不同读者对他们书写能力的影响也鲜为人知。

尽管人们通常都同意书面语言的发展受各种因素的影响,但奇怪的是,鲜有研究残疾学生以确定他们的写作能力与遗传变量和环境变量的关系的。如果正常学生该方面的研究能被用作参照,那么,残疾学生的写作能力可能与以下因素有关或者在某种情况下受其影响:普通的语言发展、智力、成熟、阅读成就、性别、社会经济地位、个性、教育背景和具体的认知能力,如短时记忆和长时记忆(格雷厄姆,1982)。

可用的文学作品的检查揭示,被贴上智力落后标签的学生存在严重的写作困难,而且有可能长期存在。从小学到中学,他们在各种写作任务上的得分远远低于正常学生。他们常常犯更多的语法和拼写错误,而且他们的文章明显缺乏词汇的多样性。

检查听觉损伤学生的写作能力的研究主要是检查句子结构、词汇多样性、拼写、语法错误和写作效率。与健听学生相比,听觉损伤学生的句子更简单,错误更多,词汇用法变换较少。诺伦和魏尔伯在报刊上撰文指出,聋哑学生写出的故事通常缺乏创造性、紧凑性和时序复杂性。他们进一步指出,这些学生的文笔生硬、词汇选择仅限于一小部分单词。听觉损伤学生写作语言能力差,部分原因可能与他们听觉的丧失和由此引起的言语缺陷有关,但是教育似乎可以成为一种改善因素。

学习障碍学生在书面表达上存在较大困难。就整体质量和内容而言,他们的文章水平比正常学生要稍逊一筹。比如,格雷厄姆和哈里斯(1986)用整体质量等级法比较了六年级学习障碍儿童写的故事和正常学生写的故事。利用整体方法,评定人对基于各种因素的写作样本做出全面的判断,这些因素包括内容、想象力、结构、选词和写作风格。在范围为1—8的量表上,学习障碍学生和正常学生的得分分别是2.2和4.5。

另外,波普林和他的同事(1980)通过书面语言测试下的8个主题成熟子测试比较了三年级学习障碍学生和正常学生。这个子测试用来说明学生的故事是否以有效表达意思的逻辑顺序来组织,在主题成熟子测试上,学习障碍儿童和正常儿童的差异随年龄增长而增加。四五年级时没有明显的差异,但是就8级量表看,五年级时,正常学生超过了学习障碍者。

其他研究者研究了学习障碍者所写故事的结构和完整性。麦克阿瑟和格雷厄姆(1986)使用以许多小故事共同包含的要素为基础的分析量表。学习障碍学生写的大多数故事都有主要的支撑性人物、事件和结尾,但是很少人有明确而翔实的目标、起始事件或情感反应。另一方面,诺迪恩和纽科默(1985)让11岁的学习障碍学生和正常学生共用一套图片写记叙文,学生的作文被划分为故事、准故事、描述或者表达。故事作文必须有情景、冲突和结局,71%的正常学生、47%的阅读障碍学生和30%的学习障碍学生完成了故事,几乎一半的学习障碍学生(48%)写的文章没有故事线索。

研究还显示,学习障碍学生写的故事和散文与他们同龄的正常学生相比更短。比如,诺迪恩等人1985年的报告指出,学习障碍学生的故事平均字数是45个,而正常学生的字数接近104个,有限的流畅性可能与较低的整体质量和内容有关。麦克阿瑟和格雷厄姆(1986)发现故事的长度、结构与整体质量标准有很大关系。

另一个学习障碍学生表现出来的困难是写作技巧。正式和非正式的联系上下文写作的测试证明,这些学生在正确拼写单词或者正确运用标点符号和大写字母方面存在大量问题(莫兰,1981),拼写问题在学习障碍学生身上尤其明显。

尽管通常假设学习障碍学生在学习书面文法和词汇上有困难,但相关研究却得出与此相矛盾的结果。比如,莫里斯和克伦普(1982)报告说,学习障碍学生的书面词汇变化少于正常学生。相反,德诺等(1982)发现,在一些词汇测试上,学习障碍学生和正常学生没有差异,如语法和句法难度。一些研究发现他们作文中的句法成熟没有差异(诺迪恩等,1985),然而,学习障碍学生比其他正常学生更容易犯语法错误。

最后,只有一个研究定位于检验作品和写作过程。麦克阿瑟和格雷厄姆(1986)用三种方法录制了学习障碍学生的写作情况、字体、听写和文字处理过程。研究结果表明,听写的故事是其他情况下写出的故事的三倍长,他们被认为是高质量的故事。除了写作模式,学生们在写作之前几乎不构思。而且,他们很少修改写出的作品(平均 100 个单词修改 24 个),但是 57% 的修改是表面的如单词拼写的修改,只有 10% 是修改他们所写的词意。在学习障碍学生和其他残疾学生的写作过程中,需要进一步的研究来理解他们是如何写作的,这样有助于教会他们更有效地写作。

参见 书写困难;书法;写作障碍

X

X - LINKED DOMINANT INHERITANCE.

X 连锁显性遗传

X 染色体上隐性基因的作用已众所周知。然而,X 连锁显性遗传具有与之不同的方式。首先,男性和女性能够相同地显示该遗传特性,并且,如果是病理基因,则两种性别的患者都会受到影响。其次,如果具有显性特征"A"的男性携带者与具有隐性特征的"aa"女性结婚,他们所有的女儿都会显示"A"特性(她们是杂合子"Aa",从"aa"母亲那儿遗传一个 X,从"A"父亲那儿遗传另一个 X),他们的儿子则都会显示"a"特性(他们从母亲那儿遗传 X 染色体,隐性"a"的作用与显性类似)。这种从父亲传到女儿的遗传方式,非常具有特色,可以证明 X 显性基因的存在。只有几种罕见的疾病是由 X 连锁显性遗传的。虽然 X 连锁显性遗传病罕见,但可导致多种残疾。然而,并非所有的基因疾病都会致残。妊娠期间以及持续终身的正确护理能够避免许多基因疾病的自然结局。

参见 病因学

X - LINKED RECESSIVE INHERITANCE

X 连锁隐性遗传

众所周知,相同的基因可能会有不同的表型,称为等位基因。所有的等位基因都位于染色体的固定部位——基因座。任何人只有两个等位基因出现,位于同一个染色体对的两个基因座上。两个等位基因中的一个来源于父亲,另一个来源于母亲。等位基因可以是显性的(通常用大写字母"A"代表),也可以是隐性的(用小写字母"a"代表)。顾名思义,显性方式占优势,意味着"Aa"携带者(杂合子)将会显示"A"特性,隐性"a"被掩盖。要想表达自己,"a"必须存在于纯合子状态"aa"中。当两个"Aa"杂合子结婚时,他们的孩子中 25% 会是"aa"。

这种普遍规律并不适用于性染色体。在 XX 女性,其细胞中只有一个 X 是有活性的,另一个是灭活的(莱昂,1961)。在杂合子女性"Aa"中,基因"A"将在一般的细胞中表达,"a"将在另一半细胞中表达。正常等位基因在一半的细胞里是有活性的,这足以维持其正常功能。例如,如果一位女性是红绿色盲的隐性突变的携带者,她的视网膜的一半细胞将是红色盲,但其他细胞不是,这将足以使颜色视力接近正常。男性有 XY 性染色体组,只有从母亲传来的一个 X。Y 染色体非常小,只有几个基因。

任何男孩都有 50% 的概率从两个母性 X 中遗传其中一个。如果他遗传的 X 染色体含有一个正常显性等位基因,则不会有问题。如果他从杂合子母亲那里遗传的 X 染色体含有一个隐性的异常等位基因,那么他的所有细胞(而不是一半)都会受到影响。单独的"a"基因,尽管是隐性的,但是作用类似显性基因(例如,如果是色盲,他将是红色盲)。简而言之,X 连锁隐性遗传基因是由母亲遗传给其子的一半。如果是基因决定了一种疾病,那么尽管母亲很正常,但其一半的男性后代将受到影响。并且,这位母亲一半的女儿将会是正常携带者,因此她们儿子中的一半亦将受到影响。如果一个受影响的男性结婚的话,他的所有孩子都将是正常的。他的儿子们将从他们正常的母亲那儿接受 X 染色体,女儿们则是杂合体(问题是她们将来的孩子会出现病变)。只有个别报道说,杂合子女性"Aa"与受影响男性"a"结婚可生出"aa"杂合子的女儿。

在这种 X 连锁隐性遗传血统中存在着一个明显的事实:只有男性受到影响。相反地,当一个家庭只有男性显示疾病,这种 X 连锁隐性遗传才可能发生。

从预防的角度讲,对伴有精神迟钝的 X 连锁疾病,正确的诊断非常重要,检测具有异常杂合子的高危母亲亦非常重要。这是一个新的研究领域,希望在生物化学和分子 DNA 分析的帮助下,能够在不远的将来,阻止带病男孩的出生。

参见 先天性障碍;遗传咨询

X - RAYS AND HANDICAPPING CONDITIONS

X 射线与残疾状态

由于母体接受 X 射线而使胎儿在发育早期就受到辐射是迟发性身体和认知功能异常的潜在原因。一些与辐射相关的明显的影响在婴儿出生时就会看到。而一些像头颅过小等不易觉察的影响,可能会在以后出现。关于这一课题较早的研究是由扎波特(1926)、墨菲(1929)、格尔德斯坦(1930)等人进行的。

尽管早在第二次世界大战之前,人们就认识到了 X 射线对胎儿的潜在危害,但辐射的危险性直到这场战争来临时才成为了人们关注的焦点。

人们发现,在日本的广岛和长崎,怀孕妇女距离原子弹冲击点的远近与她们未出生婴儿受损伤的程度有着直接的关系。从原子弹爆炸中生存下来,但是距离爆炸点0.5英里之内的妇女均出现了流产症状;而距离爆炸点2.75英里之外的妇女其子女存在极高的头颅过小的发生率;距离更远的妇女,她们的孩子则没有出现明显的认知方面和身体上的损害,但是20年以后,当这些孩子已经成人时,他们发生白血病的几率则非常高。

一项对接受钴治疗的怀孕妇女的研究发现,75个婴儿中有20个婴儿患有明显的中枢神经系统疾病。其中16名婴儿发生头颅过小(库珀,1966)。这个结果经过随后研究的证实,使得医生们对怀孕妇女使用X射线颇为小心谨慎。正常情况下,妇女在最后1个月经周期之后2周,不应再接受腹部X射线检查。X射线检查在妊娠前3个月不推荐使用,只在非常必要时才可以使用。作为一种诊断性的检测方法,如测量胎儿的大小,X射线已经被更加无创的超声波检查所代替。事实上,最近的研究表明,一些微弱的残疾,如学习障碍等,可能是进行X射线检查的结果。

值得肯定的是,X射线在对残疾个体的评估方面起着一定的辅助作用。因此,当怀疑腕关节成熟延迟时,手和腕的骨结构对腕骨骨化的诊断具有一定的评估作用。X射线对诊断多种身体疾病和畸形,如脱色病、骨折、内伤和先天畸形等是必需的。

参见 神经效率分析仪

XYY SYNDROME
XYY综合征

多体性Y或XYY综合征是一种性染色体变异,其特征是在男性中出现了一个额外的Y染色体。除了拥有正常男性的两个性染色体之外,XYY基因型还有一个额外的男性染色体(47,XYY)。除了患此疾病的男性大多个子较高(例如,典型的身高在6岁或6岁以上即高出90%)之外,没有其他异形因子与该病有关。虽然其他的慢性健康疾患与此病无关,但是XYY男性比正常的同龄人具有更高的骨折和感染的发生率。生殖功能似乎是正常的(科亨和杜恩汉姆,1985)。在出生的男婴当中,XYY综合征的发生率是1/700到1/1000(科亨和杜恩汉姆,1985)。由于与普通男性没有什么区别,许多XYY男性从未得到过确诊。

过去对于XYY综合征的行为和发育上的后遗症有误解。非正型标本的研究提示,XYY男性是典型的暴力罪犯,并存在智力落后的情况。最近更多的对照研究提示,每950人中只有1人被送进专门机构治疗。虽然这个比例比一般人群要高,但是比早期提示的要低得多。

研究表明,通过比较学龄期XYY男性和正常同龄人,前者存在的发育和行为方面的问题有:①IQ值略低于正常但是智力发育迟缓的危险性没有明显升高;②精细动作协调和语言发展轻度下降;③阅读困难和多种学习障碍更加常见;④攻击性行为的出现频率较高;⑤未成熟行为问题,冲动行为,挫折耐力更常见(罗宾森等,1982)。

科亨和杜恩汉姆(1985)提供了一篇关于学校管理XYY综合征以及其他性染色体变异征儿童的综述。XYY综合征的可疑儿童可送至学校卫生人员处。一旦确诊,心理教育的评估用来确定可能的学习和行为障碍。由于此前提到的关于XYY综合征的误解,与XYY综合征危险度相关的预先指导尤其必要。

参见 染色体异常;遗传咨询

Y

YALE, CAROLINE A.
卡罗琳 A. 耶鲁（1848—1933）

卡罗琳 A. 耶鲁是一位教师，从 1870 到 1922 年担任位于马萨诸塞州北安普敦的克拉克聋校的校长，是美国聋人特殊教育发展的领军人物。她形成了一套教授聋人说话的方法，并和亚历山大·格雷厄姆·贝尔以及其他人一起创建了美国聋人言语教学促进协会。在克拉克聋校，她组建了一个教师教育部门，负责培训大量的实习教师。通过教师培训活动和发表的大量文章，耶鲁成为推动将言语教育作为聋童教育基本要素的主要贡献者。

参见 聋人教育

YUNIS－VARON SYNDROME
尤尼斯—瓦龙综合征

尤尼斯—瓦龙综合征是一种常染色体隐性基因引起的罕见基因疾病。患有尤尼斯—瓦龙综合征的儿童会出现骨性内皮组织（例如，指甲和牙齿）缺陷以及心肺疾病。骨骼缺陷包括完全或部分的肩胛骨阙如，手指异常（例如，手指，足趾和指尖的阙如或发育不全）以及颅骨的生长异常。这些儿童具有异常大的心脏和呼吸困难以及喂养困难，这些都是致命的缺陷，尤其对婴儿来说（国家罕见疾病组织［NORD］，1997）。事实上，围产期的死亡是尤尼斯—瓦龙综合征的一个显著的特征（拉佩尔·弗兰斯曼，1992）。

该症的其他特点包括异常或罕见的面部特征。患有此种综合征的儿童睫毛稀疏甚至没有眉毛，嘴唇较薄，下巴过小。这些儿童由于出生前或出生后生长停滞而身材矮小。

文献仅报道过 12 例患此病的病例，这说明此病较罕见，与此病相关的死亡率较高。据报道，经过婴儿期而存活下来的这类儿童也会具有其他的问题，包括双侧听觉丧失，脊柱缺陷，以及牙齿疾病（拉佩尔·弗兰斯曼，1992）。特殊教育的支持机构，如语言机构，可能对这类儿童有所帮助，尤其是明显丧失听觉的儿童。

Z

ZEAMAN, DAVID
大卫·泽曼(1921—1984)

1948年,获得哥伦比亚大学实验心理学博士学位后,大卫·泽曼开始了终生致力的事业——制定和描述低能者的辨别学习的注意理论。在20世纪50年代早期,他和妻子贝蒂·豪斯在康涅狄格州的曼斯菲尔德州立培训学校开始动物学习的引导研究。他们认为研究动物行为的技术能够适用于语言表达能力和理解语言能力低下的智力落后儿童。早期的工作证明这是有前途的,并得到了国家精神卫生研究所的一项持续20年的项目基金资助。曼斯菲尔德州立培训学校提供场所,建立了一个永久性的实验室,这个实验室至今还存在。

泽曼和豪斯研究的最初目标行为是把辨别式学习伪装成寻找糖果的游戏。早期的研究结果使他们确信,智力落后主体的不足在于其注意力的缺陷而不是学得慢。他们依据这样的基本假设,即辨别式学习需要两个学习反应环节:对相关维度的注意和对这种维度的正确的线索分析,并由此形成了一种数学注意模式。

他们处理低能儿的方式是寻找与智力相关模式的参数值的变化。最受智力水平影响的参数被证明是与任务维度相关的处理各种颜色和形式的最初概率。后来的工作说明这一发现与三个因素有关:①注意广度的范围和调节——高智商的被试,可以关注更多的维度,必要时还能够集中注意;②刺激物各维度——低智商的被试更容易关注整体刺激而非分析刺激;③可变注意要素外的固定注意要素,如阻碍学习的有力的维度选择——智力落后者的位置特征减缓了他们对刺激物的颜色、形式、大小和其他方面特征的学习。从1963年公开发布的第一个模式到1979年的研究和理论发展历史都可以在艾利斯的心智缺陷手册(1963)中找到。

大卫·泽曼是《心理公报》杂志的编辑,也是《智力》杂志的副主编,曾获得各种组织机构如美国心理协会和国家精神卫生研究所的奖励和荣誉。

ZERO INFERENCE
零推论

零推论是一个涉及有严重残疾的个体的教学需求的术语。比较典型的就是健全学生的教师用大量的材料教授一系列基本的技能(比如数木质的立方体)。假设这些学生能够以其他的自然方式学会使用这些基本技能和必要的策略、角色及概念,但不能由此推论出严重残疾学生也能在人工的(或者说非自然的)情景中使用人工的材料学会这些重要技能,也能在更自然的情景中被期望完成同样的技能。

教学中零推论策略的特征,即任何推论都不可能在训练学生以他或者她演示运用于以后的教育情景的技能水平中得出。为了使严重残疾的学生能够概括在更自然(例如,非学校)的情景中被教授的技能,必须使用保证概括能够发生的策略。横跨多种情景、材料和培训员的培训也许应该包含在严重残疾学生的课程中。也可以采用概括性的程序案例,这些案例估定了集中材料或者情景的共同特征,并努力教给学生运用于受教育之后的大量情景中的策略。另外,系统课程技术,包括数据课程和对学生进步的评估,对保证部分严重残疾的学习者有用的技能的获得是必要的。

使用包括归纳或者概括案例策略的培训技巧和系统课程将确保严重残疾学习者获得所有必要情景中用到的技能。不考虑学生成绩而利用零推论的教师更可能看到学生在要求使用相似技能的情景中的成功表现。

参见 自足式班级;自我帮助训练;学习迁移;培训的迁移

ZERO – REJECT
零拒绝

术语“零拒绝”是指一种向所有残疾儿童提供自由、适合的和公共支持的教育政策。零拒绝的宪法基础是第十四条修正案,它保证任何州都不能够拒绝在其仲裁范围内的任何人的平等的法律保护。法庭把这解释为任何州不能因为个人无法选择的特征(比如:性别、种族、年龄或者残疾)而拒绝向他提供公共服务。残疾儿童的辩护人宣称这些儿童应该和健全儿童享有同样的受教育权利。如果一个州有差异地对待残疾儿童(比如拒绝向他们提供入学的机会或者不能适当的安排他们的特殊教育计划),那么这个州就是在否认以人们无法选择的特征为基础的平等的法律保护。

参见 1975 年所有残疾儿童教育法案;公共学校与特殊教育

ZONE OF PROXIMAL DEVELOPMENT

最近发展区

最近发展区的概念是由原苏联心理学家维果斯基在他去世前即 1934 年之前发表的几篇论文中提出的。这个概念是维果斯基关于认知发展中社会互动角色阐述得较详尽的观点的重要组成部分,为认知发展评估的可选择方式提供了理论基础。作为维果斯基总体理论框架的一部分,最近发展区概念影响了前苏联的重要的传统理论、研究和实践发展,尤其是经过维果斯基的同事和学生发展出来的"活动"理论。在过去的十年,随着维果斯基在西方越来越出名以及他的理论得到西方更全面的理解,最近发展区概念已经引发了认知发展方面的理论和研究。

维果斯基理论和研究的中心是四项基本原理:

(1)像思维或记忆之类的复杂认知过程的能因不总是单个个体。它通常是两个或者更大的团体,其公共活动通过语言来组织和传达。根据维果斯基的观点,认知功能常常是心理之间的而不是心理内部的。

(2)个体中的某种认知过程的发展是他或者她对认知活动的组织和传达方式的内化和掌握,这些认知活动首先是在社会互动或者心理功能中偶然相遇。

(3)这些组织和传达复杂认知活动的方式呈现了人类社会和文化的历史发展的一个方面。

(4)这些传达认知活动的社会和历史的发展方式是通过儿童与成人或者更成熟的同伴的交往活动一代代传递的。

最近发展区概念是这些原则的自然延伸。维果斯基指出就个体发生而言,无论任何时候,存在两个不同的个体认知水平标准都是可能的。首先,集中于个体单独完成任务时的个体活动,人们可以评估维果斯基所谓的成熟认知过程。在他看来,这些过程反映了个体对首先在社会交往中遇到的组织和传达认知活动方式的掌握。个体认知发展的这个方面正是由传统的实验方法学和评估所开发的。其次,维果斯基指出,通过分析个体在技术更娴熟的人或者在任职水平更高的人的帮助下完成一项特殊任务时的活动,有可能评估出个体可能发展的认知过程。通过对合作活动中儿童表现出来的发展水平的关注,人们可以知道个体当前的发展水平和给与足够的经验和适当的社会交往或合作就能在他的发展中出现的下一个或者接近的发展水平。

维果斯基把最近发展区定义为儿童独自活动时表现出的实际发展水平和在成人或者更成熟的同伴的帮助下的合作活动中表现出的发展水平之间的距离(维果茨基,1978)。严格地讲,上述最近发展区的范围不是儿童的特性。最近发展区产生于儿童和向他们提供帮助的人之间的交往。儿童能够在什么水平上参与合作的认知活动同时也受制于帮助儿童参与活动的成人的兴趣和技能,允许儿童参与人际心理活动的知识、技能和兴趣以及从这些经历中所获得的益处。

维果斯基觉得最近发展区理论的一个重要应用就是评估非正常人的认知发展并设计帮助他们发展的技能,这反映了他对发展障碍和延迟的终身兴趣。在他看来,最近发展区在评估实践中的应用允许定性研究儿童的强势和弱点,并帮助确定促进儿童向更高认知功能发展所需要的帮助(莫尼克,1988)。这些思想被布朗和坎皮恩所发展并应用于西方学术界,与福尔斯泰因和其他发展动态评价的研究者所做的工作也是相一致的。

参见 活动论;L. S. 维果斯基

Z SCORES, IN DETERMINATION OF DISCREPANCIES

差异测定中的 Z 分数

自从 94－142 公法(1975 年的所有残疾儿童教育法案)获得通过以来,几个差异评价模式就已被推荐到测量和特殊教育中,以方便识别学习障碍儿童(伯克,1984;雷诺兹等,1985)。这些模式都被用来评价儿童的能力倾向和成就之间的距离,并决定这样的距离是否构成严重的差异。推荐使用的模式包括标准分数的运用。每个模式之下,被试能力倾向和成就之间的真实差异用各自的代表能力倾向和成就测试的标准分数来估算。许多用于个体测试的标准化的能力倾向和成绩测量都是用 100 作为标准分数的平均数,15 作为标准差的标准分数量表来规范的。

另一个可供选择的用于评估严重差异的差异评价模式的统计公式量表是 z 分数量表(霍普金斯和斯坦利,1981)。这个量表以 0 为均数值,以 1 为标准差,有利于直接用标准差为单位表示得分。下面用简单的差异模式证明它的用途。在这种模式下,用这种差异的标准差来定义,则为:[性向(x)——成绩(y)],S_D.

$$S_D = (S_X{}^2 + S_Y{}^2 - 2r_{xy}S_XS_Y)^{1/2}$$

其中,r_{xy}是 X 和 Y 之间的相关。估计差异的标准误差是 SE

Z

$SE = [S_X^2(1-r_{xx'}) + S_Y^2(1-r_{yy'})]^{1/2}$

其中 $r_{xx'}$ 和 $r_{yy'}$ 是 X 和 Y 各自之间的关系。

用 Z 分数量表，每一对性向得分和成绩得分都用下面的公式转化成相应的 Z 分数。

$$Z_X = \frac{X-\overline{X}}{S_X} \quad 和 \quad Z_Y = \frac{Y-\overline{Y}}{S_Y}$$

然后，简单的差异就是($Z-Z$)。这个差异的标准差是

$S_D = (2-2r_{xy})^{1/2}$

这里，r_{xy} 是 X 和 Y 之间的相关，估计的标准误差是

$SE = (2-r_{xx'}-r_{yy'})^{1/2}$

参见 年级差异；学习障碍中的严重差异分析；严重差异分析

ZYGOSITY
接合子型

接合子型是孪生，孪生有可能导致单卵或同卵的双胞胎和双卵受精或异卵受精双胞胎。同卵孪生的原因尚不得而知，而异卵孪生的主因是排卵作用的结果。胎盘构造有助于解释双胞胎的接合性。两个绒毛膜的胎盘存在于所有的异卵孪生和30%的同卵孪生中。单个绒毛膜的胎盘仅仅存在于同卵孪生。怀孕的80个人中就可能有1个是双胞胎，已经生过双胞胎的女人再生双胞胎的几率是1/20。不论种族或者母亲的年龄，同卵孪生的几率是3.5/1000。然而，随着母亲产龄的增高，异卵孪生的几率也在增加，而且在黑人和许多不一般的东方人中出现的可能性较大。

孪生和特殊教育部门有关，因为孪生有许多日益增长的危险：医疗、心理、发展和教育问题。孪生怀孕还伴随着恶心和呕吐的高发。大大增加的双胞胎出生死亡率(15%)源于与怀孕时间和儿童出生体重有关的较高的早产率(60%)。孪生也面临着较高的产期问题发病率，比如脐带缠绕、脐带脱垂、缺氧症、贫血、呼吸压迫综合征和黄疸。孪生还面临着先天缺陷问题，比如心脏病、唇裂、腭裂，患病率大约是单生儿童的约2倍。

调查显示，双胞胎比普通人更容易出现发展问题和行为问题。像一些医学难题，在同卵孪生儿和双胞胎身上更严重。入学前，这些问题集中表现在语言和运动发展、自制能力、分享能力、大小便训练、分离和个体需要上。这些问题在学龄儿童身上表现为教室安排、逃避学校、伙伴关系、学习表现等。到了青春期，没有解决分离问题和个体分离问题的双胞胎的性格认同危机可能会加剧。不考虑与学习相关的能力，已经发现孪生的损伤度取决于出生问题和遗传疾病，而且，马瑟利指出，与普通人相比，双胞胎更容易出现学习问题和社交问题。西格尔认为双胞胎IQ缺陷是可疑的，尤其是在控制遗传因素和环境因素之后。

推荐的解决办法和指南如下：①鼓励父母不要强调儿童的相似性。②在学校尽可能早地把双胞胎分离开。如果已经出现问题，要推迟这种分离。③建立各自的校园期待。④对有早期医学问题的双胞胎进行心理教育识别。父母可以向国际双胞胎母亲俱乐部寻求信息和资源。

参见 同胞；孪生

英文主题索引

A

B

C

D

E

F

G

I

J

K

L

M

N

O

P

Q

R

S

T

U

V

W

X

Y

Z

本书获北京市教育委员会特殊教育重点学科建设项目资助

巧儿宜(中国)有限公司、明门(中国)幼童用品有限公司

襄助本书出版,谨致谢忱!